国泰安职业教育与产业发展研究院
GTA Vocational Education and Industry Development Research Institute
GVEIDRI

中国职业教育年鉴

（2015）

陈工孟 主编

CHINA VOCATIONAL EDUCATION YEARBOOK 2015

图书在版编目（CIP）数据

中国职业教育年鉴 2015/陈工孟主编 . —北京：经济管理出版社，2015. 5
ISBN 978 - 7 - 5096 - 3653 - 4

Ⅰ. ①中…　Ⅱ. ①陈…　Ⅲ. ①职业教育—中国—2015—年鉴　Ⅳ. ①G719. 2 - 54

中国版本图书馆 CIP 数据核字(2015)第 044202 号

组稿编辑：魏晨红
责任编辑：魏晨红
责任印制：黄章平
责任校对：雨　千　张　青

出版发行：经济管理出版社
（北京市海淀区北蜂窝 8 号中雅大厦 A 座 11 层　100038）
网　　址：www. E - mp. com. cn
电　　话：(010) 51915602
印　　刷：深圳市贤俊龙彩印有限公司
经　　销：新华书店
开　　本：880mm × 1230mm/16
印　　张：42. 5
字　　数：1086 千字
版　　次：2015 年 5 月第 1 版　　2015 年 5 月第 1 次印刷
书　　号：ISBN 978 - 7 - 5096 - 3653 - 4
定　　价：980. 00 元

《中国职业教育年鉴（2015）》专家顾问委员会

刘燕华　科技部前副部长

张景安　科技部原党组成员、科技日报社社长

陈广庆　中华职业教育社原总干事

毕结礼　中国职工教育和职业培训协会常务副会长、
　　　　人社部职业技能鉴定中心副主任

杨　进　教育部职业技术教育中心研究所所长

李家华　中国青年政治学院副院长、KAB 创业教育（中国）研究所所长

裴夏生　中国技术创业协会秘书长

邓天佐　科技部条财司巡视员

宋　琦　原沈阳市副市长、广岛大学法学博士

沈剑光　浙江省宁波市教育局局长

洪永淼　美国康奈尔大学经济学系终身教授、
　　　　厦门大学王亚南经济研究院（WISE）院长

易宪容　中国社会科学院金融研究所研究员

吕新荣　香港理工大学前副校长、香港生产力促进局前副总裁

陈振远　台湾高雄第一科技大学校长

中松义郎　日本“世界天才大会”创始人兼首席执行官

阚治东　东方现代产业投资管理有限公司总裁

何国杰　广东省政府政策咨询顾问委员会企业家委员、高级经济师

顾立基　清华大学深圳研究生院兼职教授、
　　　　中国平安保险股份有限公司监事会主席

蔡达建　深圳市高特佳投资集团有限公司董事长

《中国职业教育年鉴（2015）》编撰委员会

主　　编

陈工孟　国泰安职业教育与产业发展研究院院长、

上海交通大学金融学教授、博导

副 主 编

俞仲文　中国职业技术教育学会副会长、全国民办职教分会会长、

深圳职业技术学院创校校长

丁　艳　国泰安职业教育与产业发展研究院常务副院长

苗德华　天津职业技术师范大学副校长

王肇文　深圳工业总会执行主席兼常务副会长

《中国职业教育年鉴（2015）》组织机构

理事长单位

国泰安职业教育与产业发展研究院

中国技术创业协会天使投资联盟

中国教育创新研究院

中国旅游人才发展研究院

深圳工业总会

广西中华职教社

宁波大红鹰学院

河南交通职业技术学院

理 事 单 位（按行政区域划分排名）

北京市劲松职业高中

怀安县职业技术教育中心

吉林城市职业技术学院

南京商业学校

南京金陵中等专业学校

丽水市职业高级中学

温州职业学院

杭州电子科技大学

浙江机电职业技术学院

阜阳工业经济学校

安徽省淮南技工学校

厦门大学王亚南经济研究院

厦门华厦职业学院

华侨大学

泉州师范学院

同安职业技术学校

江西师范大学

修水县职业中专

江西省机械高级技工学校

江西省井冈山应用科技学校

江西理工大学

江西财经大学

南昌职业学院

江西财经职业学院

山东省潍坊商业学校

青岛经济技术开发区职业中等专业学校

山东省济南商贸学校

山东服装职业学院

聊城职业技术学院

洛阳旅游学校

河南科技学院

郑州财经技师学院

武汉市交通学校

湖北职业教育发展研究院

深圳大学

广西师范大学

广西劳动和社会保障厅技工教研室

广西河池市职业教育中心学校

武胜县职业中专学校

四川省绵阳财经学校

四川信息职业技术学院

西南民族大学

成都职业技术学院

贵州民族大学

曲靖麒麟区职业技术学校

云南省曲靖市应用技术学校

云南民族大学

蒙自职业高级中学

红河州教育局

镇安县职教中心

克拉玛依职业技术学院

乌鲁木齐市职业中等专业学校

新疆建设职业技术学院

新疆幼儿师范学校

伊犁州高级技工学校

支 持 单 位

中国教育报社

中国教育新闻网

中国教师报社

《中国高等教育》杂志社

《人民教育》杂志社

《神州学人》杂志社

序

本人对中国教育尤其是职业教育的改革发展有着强烈的使命感与梦想。在成思危教授的支持与鼓励下，我于2011年9月辞去香港理工大学终身教授及中国风险投资研究院院长职务，全身心投入我国职业教育改革与创新发展事业；试图将过去15年我在香港应用性大学——香港理工大学的教研成果与经验，以及花了8年时间（2003~2011年）推动我国风险投资事业的踏实精神应用到发展我国职业教育事业中去。在推动中国教育梦的实践中，我与4000多位有志于教育事业的同仁一道，深入调研职业教育现状，提出数百份职业教育创新综合方案，得到职业教育界与实业界的积极评价。《中国职业教育年鉴》的编撰出版，为我国职业教育领域提供了一本比较专业、系统、全面的参考工具书，为推动我国职业教育的发展贡献一份力量。

但因资料有限及数据缺乏，编撰的内容及质量都有待进一步提升，敬请专家学者批评指正。希望借此机会让我们一道，携手促进我国职业教育这项伟大事业的发展，为振兴中华产业根基、提升国家核心竞争力做出我们这一代人应有的贡献！

借本序，我在此大声疾呼：我们国家要大力推动职业教育创新发展，以图助力“一带一路”战略实施，帮扶两亿弱势群体脱困。要把我国职业教育打造成国家软实力，并应用到“一带一路”国家。

“一带一路”战略的重要意义毋庸置疑，但在实施“一带一路”战略过程中将可能碰到一个重大障碍与“瓶颈”，即缺乏大量技能型人才或劳动力。与此同时，中国有两亿弱势群体，这个群体解决不好，到2021年第一个百年目标难言圆满。

如何解决好上述问题，有什么创新的途径、方法与机制？这一切可以依靠职业教育的全面创新。如果我们能够以“高铁战略”的意志、“高铁战略”的创新力和“高铁战略”的专业精神来办职业教育，就一定能够把我国职业教育办到极致，办成世界第一，让职业教育真正回归教育的本源。帮扶两亿弱势群体脱困，让第一个百年目标（全面建成小康社会）圆满；同时再创人口人才红利，实现经济增长模式的真正转变。

一、职业教育助力“一带一路”战略

“一带一路”战略的重要意义毋庸置疑。但是，在实施“一带一路”战略过程中碰到的一个重大障碍与“瓶颈”将会逐步浮出：那就是在当地缺乏大量技能型人才或训练有素的技能型劳动力。我们过去20年在非洲等国家所投资或承接的大多数是桥梁、道路、建筑、矿产等项目，这类项目可以由我国派遣技能型劳动力过去。未来，如果我们大规模推进实施“一带一路”战略，项目数量将数倍增加，从我国转移到“一带一路”国家的制造型及生产型大项目也会大量出现。这样，第一，我们无法派遣这么多技能型劳动力；第二，对于制造型项目，要从国内派遣技能型劳动力的成本也吃不消；第三，“一带一路”国家也会不满意，因为他们希望中国到本国投资或将生产制造业转移过去，在拉动它们经济的同时也提高它们的就业率。但是，“一带一路”国家虽人口数量可观，但技能型劳动力远远不足；而且这些国家的职业教育还较为落后，所以职业技能人才的缺乏将有可能成为我们“一带一路”战略实施过程中的一个重要“瓶颈”。因此，我们需要提前布局！

十几年前，中国高铁在世界上还没有几个人知道，而现在，高铁技术及其产业已成为国家核心竞争力，成为在国际上的硬实力；但中国在世界上的软实力还缺失。要在文化方面超越好莱坞不易，如果通过推动中国职业教育全面创新发展，一方面，让其成为我国产业转型升级及创新型经济发展的重要助推器；另一方面，使得职业教育创新体系成为中国在世界上的重要软实力，配合国家“一带一路”战略，将创新的职业教育体系应用到中亚、东南亚、中东欧及非洲 60 多个国家。用 10 ~ 15 年的时间在中亚、东南亚、中东欧、拉美、非洲及中东打造 1000 个产校融合园区，可以将其称为“一带一路职教‘高铁’计划”。这个计划将拉动 1000 亿美元的投资，创造 5000 亿美元的年产值；在产校园区的学生将达到 1000 万人，每年为“一带一路”国家培养 200 多万名实用型技术人才，而且每年选拔 10%（20 万人）最优秀的技术工人输送到从中国“走出去”的跨国企业。这个职教“高铁”计划将有助于国家“一带一路”战略的顺利实施，解决“一带一路”战略所需要的大量当地技能人才问题，为中国企业“走出去”提供人才保障。当我们为“一带一路”国家培养了 1000 万名优秀实用技术人才的时候，中国在世界上的软实力与影响力也就形成了，而且这是我们为这些国家所做的功德无量的事情，是实实在在的利人利己的大好事。为此，提出如下具体建议：

（1）建议用三年时间（2015 ~ 2018 年）在全国建立 10 ~ 20 个创新型职教产校融合园区，作为“一带一路职教‘高铁’计划”的样板示范区。我们提出的产校融合园区模式可归纳为职业教育“1 +5 模式”：“1”就是职业教育体系的创新，构建区域创新的现代职业教育体系，创新办学理念、体制机制、人才培养体系等。“5”就是“产学研训创”联动。产：就是职业院校与产业相结合，院校建设在产业园区里面，或者职业院校里面形成产业园区；学：就是教学；研：就是产业或技术研究及研发中心；训：就是技能人才实训与培训基地；创：就是创业创新孵化基地。职业院校办在产业区里面或者产业直接进入职业院校，这就真正做到了“工学”融合。通过产校融合模式，建立产校协同创新体系，打造区域产业发展与职业教育深度融合的新平台，构建以职业教育与区域产业发展相衔接为目标；以创新专业设置、课程体系、教学方法和实习实训等为手段；以创新职业院校管理机制，调动教师和学生积极性及主动性为驱动；以创新政校企新型合作模式，整合各类资源深入运营、合作发展为关键点和落脚点的共赢平台。职业教育产校融合“1 +5”创新模式能够比较好地解决长期困扰我国职业教育的种种弊端，为我国职业教育的改革创新闯出一条新路子。

（2）办学形式。①配合重大项目在当地建立定向技能人才培训中心。②在“一带一路”国家现有的产业园区（或以中资主导的产业园区）中锲入兴办职业技能学校。③在现有的职业院校里面引入系列产业。④兴办全新的产校融合园区。

（3）机制创新。①国有为主。②民营为主。③两种机制并存，一视同仁，引入竞争机制；政府购买服务，给予同样政策支持。

（4）政策引导。筹集设立规模化、专业化的“一带一路”教育产业发展基金，作为推动职教“高铁”计划的金融创新平台。

二、职业教育帮扶两亿弱势群体

职业教育事关经济发展、社会稳定。据相关统计显示，我国仍有两亿弱势群体。表现在：农民工技能不足，生存艰难；相当部分少数民族地区仍处于贫穷落后的状况；残疾人生活上的贫困与精神上的孤独；刑满释放人员及艾滋病患者受歧视及难以就业；失学失业青年人在社会上的游荡；等等。近年来，党中央、国务院高度重视弱势群体的就业问题，如缺乏技能、失业下岗人员的再就业等，最近几年都有了较大改善。但是，我们必须要正视现状，弱势群体问题仍然是比较严重的社会问题，有可能成为社会的定时炸弹，成为和谐社会的不和谐因素。失学、失业、被边缘化的年轻人很容易被诱惑蒙蔽，甚至铤而走险，做出反社会、反人类的举动。

总的来看，这个弱势贫困群体的数字还不小，农民工与比较落后少数民族地区人民有1亿多人；另还有1亿左右的残疾人、失学失业青年、失业下岗人员、刑满释放人员与艾滋病等慢性疾病患者等。这两亿弱势群体占全国总人口的15%左右，超过全国贫困县的总人口。全国贫困县到2021年基本上可以消除，但这两亿弱势群体分散在全国各地，并且在高度发达地区也存在，如果没有一个系统性、科学化、钢铁般的解决意志和战略与策略，这个问题很难解决好。到2021年，如果这两亿弱势群体仍然不能自立，得不到社会的温暖关怀，不能安居乐业，那么“全面建成小康社会”的第一个百年目标将存在很大的缺陷与遗憾，并留下社会不和谐因素。

政府在帮助弱势群体方面已做了大量工作，但主要方式是给钱（补助或救济款）。给钱就如止痛药，不能解决病根，不可持续。我国大多数弱势群体是社会性弱势群体，他们更需要的是政府与社会帮助他们提高自立能力，并得到社会的尊重与关爱。所以我们要以爱心、责任心帮助他们真正站起来，而不是长期依靠救助或施舍。为此，我提出如下建议：

1. 战略高度

要把帮扶两亿弱势群体问题提高到实现国家第一个百年目标这个高度来抓；从民族团结和谐这个高度来抓。如果少数民族群众都有一技之长，能够安居乐业，民族和谐大团结就水到渠成。

2. 技能培训

帮助弱势群体成员获得实用的一技之长，能自立谋生，融入社会，被社会所需要；同时提升他们自尊、自爱、自信，有效的职业技能与素质培训是帮助弱势群体最有效的办法。一个人拥有了社会所需要的一技之长，就有了尊严，提高了自信心；明白事理又自尊、自信、懂爱（接受与给予），人就不会做出格的事情，就成为社会的正资产。

3. 职教创新

引导社会职业教育资源为两亿弱势群体服务，要对传统职业教育的理念、方法、工具、平台与内容进行大胆的创新，以适应为这个群体服务的需要。唯有教育创新，有效的、科学的回归教育本源的职业教育，才真正能够帮助提升他们的社会生存力。

4. 机制创新

如果将这两亿群体的职业技能培训及国民素质教育的任务压给现存的职业院校体系，那么结果不理想将是大概率事件。因为，第一，目前职业教育体系本身力量不够，教学理念、方法、手段陈旧，无法适应社会的需要；第二，因体制原因，做事的活力和动力有待提升。如果上面压下来，那么他们会做做形式，搞几次培训班，但大多数只是走过场，或为了拿一些培训收入而已。为此，建议政府主导推动职业技能培训专业化和市场化。培育一批具有全国影响力的职业技能培训企业，并品牌化、规模化、专业化地运营。

5. 技术创新

在职业教育方面广泛应用现代信息技术、云计算、虚拟仿真技术、网络课堂和物联网技术等高新技术，使得农村地区、少数民族地区都能够享受先进发达地区的一流职业教育师资及课程，共享优质资源，有效填补地区教育不均衡。

6. 政府社会关注

建议成立 1000 亿元规模的“弱势群体培训就业基金”。基金来源：政府每年拨款 + 大面积社会慈善捐款。这个基金要专业化、科学化、透明化运作，要有效率，要起到 1 分钱办两分事的效果。这个基金负责评价购买社会化、专业化的培训与就业服务。要求价格低，质量好；要求培训与就业服务企业实行薄利，有爱心、社会责任心，要专业、敬业、精细化服务，要有创新服务及高科技的应用。

用系统性的“中医治本”手段解决好两亿弱势群体问题将具有深远的战略意义与重要的现实意义。第一，实现我们第一个百年目标必须有的内容。第二，促进社会和谐，降低社会风险。第三，能够拉动或提升 0.5% ~1% 的 GDP。两亿人的弱势群体，通过技能培训提升，假设其中 1/4（5000 万人）提升了劳动生产率或就业更充分，每人每年为社会多产出 1 万元，这就是 5000 亿元。第四，这个群体由于自立能力提升，消费能力也会提高，如果每人每年多消费 5000 元，那么这 5000 万人就多消费 2500 亿元。此外，帮助弱势群体进行技能培训等服务工作，至少需要 100 万个岗位，既促进了就业，又增加了 GDP。第五，提高中国国际美誉度，形成国家软实力，可以将我们帮助弱势群体的实际经验传递到“一带一路”国家，从而帮助“一带一路”国家解决弱势群体问题，促进社会和谐、提升人民幸福感。弱势群体（被边缘化群体）每个国家都有，美国也比较严重，也没有很好地解决，如果我国能够用 5 ~10 年时间非常好地解决这个问题，那么对于提高我国国际地位、国际形象，对于国家软实力输出，都具有极为重要的意义。

三、依靠创新办好职业教育

如何突破职业教育现有体制，打造一个创新型的职业教育体系？首先，需要搞清楚我们的职业教育问题出在哪里，应当如何突破。对职业教育存在的问题，无数学者、教育工作者给出了种种分析，或认为资金投入不足，或认为缺少设备，或认为缺少师资，或认为领导重视不够等。那么现在各级政府都非常重视了，国家巨量资金投入进去了，设备也相当不错了，有的甚至去德国进口一流设备，但结果如何呢？几年来，我们的职业教育还是没有得到根本性转变。关键是核心问题没有抓准，更没有得到真正解决。我们认为，最基本的问题有以下五个方面：一是职业教育的学科专业设置不合理，与当地产业发展脱节；二是课程设置、教材、教学方法及教学工具不符合职业教育特点，基本上还是采用应试教育的那一套；三是学生学习的积极性不高，原因包括社会观念、教学方法、学生本身等问题；四是职业教育教师的积极性不高，综合素质亟待提高；五是职业教育的校企合作名存实亡，效果不佳。这五大问题不解决，政府、社会投入再多的资金，只能是事倍功半。实际上，近十年国家对职教投入不少，但投入与产出（效果）不成正比。

那么我们如何改革创新呢？如何突破、解决上述五个最基本的问题呢？

第一个问题，首先我们认为，中职高职的校长一定要懂经济，要懂区域产业发展规律。中职高职的专业设置一定要与当地未来10年甚至20年的产业发展紧密结合起来，职业教育院校必须要牢牢树立起一个目标：要为当地的产业发展，为当地的社会与经济发展提供有效的技能人才保障。意义重大，责任重大！每年与当地的经济主管部门就产业发展与职业教育的专业设置进行深度研讨；每年要对目前的专业进行梳理，哪些要继续办且要加大，哪些要收缩，哪些是要对其课程设置进行优化，哪些是要淘汰，哪些是要新增设。每年向政府提交专业设置及技能人才培养工作规划报告，而这份报告必须得到相关部门的意见与建议。如果在职教人才培养方面搞错了、搞偏了，不仅严重浪费纳税人的钱，而且还会造成更严重的后果：因为缺乏技能人才而错失了产业发展的机会。

第二个问题，关于课程设置、教材及教学方法、教学工具问题。首先，搞教育一定要懂教育，懂教育必须要懂学生，要懂得因材施教，要搞清楚教育的目的是什么。以中职为例，中职教育就是要把那些不合适应试教育的初中毕业生培养成具有一技之长、能够独立谋生、热爱生活、对社会有用的技能型人才。那么我们现在的中职教育理念与方法是否适合中职教育的本质呢？答案是否定的。我们现在的中职教育还是没有摆脱应试教育的那一套，还是教条的，还是靠死记硬背、以考试为主的教育模式，脱离了中职教育的真正目的，没有做到因材施教。鉴于中职学生的特点，我们要让他们在“玩中学”（上课+实训）、“做中学”（学习+实习），采用“边玩边学、边做边学”的理念。教的东西一定要简单明了、易懂易学，而且一定要实用，要与生活、实习结合起来。对课程设置、教材及教学方法、工具，都要按职业教育特点、中职高职学生特点进行全面深入的梳理、创新、改革。改革的目的，是让学生学得开心、学得有效果、学得有积极性，使得他们动手能力强，具备适合企业需要的岗位技能和职业素养，使他们还没毕业就已很抢手。

第三个问题，如何调动学生积极性的问题。一是要提高职业技能人才的社会地位，强调劳动实干光荣；二是通过上述第一个、第二个问题的解决让学生喜欢学习、快乐学习，并且使得他们感到有前途；三是创造性地实行“职教学生奖学金”制度（创新地解决奖学金来源问题）。月奖学金与学习成绩、品行进步等变化挂钩，实习期进行绩效考核，实训实习月工资与实习表现、学习成绩、职业素养等挂钩。这样学生就有竞争、就有奔头，老师就有工具调动他们的积极性。学习学得好，奖学金就高；实训实习好，实习工资就高，差距因此拉开了。

第四个问题，如何调动教师积极性的问题。要打破“铁饭碗”、“大锅饭”、“平均主义”。要实行“能进能出（合同聘任制：要求有高度的责任心，要热爱职业教育，对不热爱职教、缺乏责任心、混日子的要坚决清除出去）、能者多劳、多劳多得”的机制，具体可采用绩效工资制拉开差距，调动老师的积极性，力争做到公平、客观、透明、合情合理，同时配套各种激励机制、办法。关于师资的选拔，对于新建的学校，要按严格标准招聘培养：招聘有5~10年实际工作经验，而且能写会说、技术能力比较突出的，经过3~6个月严格的教师培训考核后上岗；也可通过招聘中职高职任教3~5年的优秀老师，经过6~12个月集中企业工作训练及培训考核后上岗；要求教师每年有部分时间在企业里面工作。教师采用合同聘用制，平均年收入要比原来提高 20% ~50%，有少数人会下降，大多数人增加，有的甚至大幅提高。

第五个问题，关于校企合作解决实训实习就业的问题，现在学校与企业两层皮，讲不同语言，有不同目标，这是不可能有真正长期深入合作的。这种校企合作谈得热闹，最后长期下来效果不好。要真正解决实训及顶岗实习问题，需要解决两层皮问题、讲不同语言问题，那就是要建立一种“产校合一”的长效机制。这个“产校合一”最根本的机制就是学校与实习企业所有权或经营权合一，这样就成为责任一致、语言一致的校企一层皮，而解决这个问题的办法就是大量创办产校融合园区。

总的来说，我国职业教育的全面发展是件系统性工程，责任重大，意义深远，关乎国家民族的未来。百余年前，黄炎培先生提出了职业教育要以“谋个性之发展，为个人谋生之准备，为个人服务社会之准备，为国家及世界增进生产力之准备”为目的，仅借此序，共同呼吁关注职业教育的专家人士、社会各界，让我们大家一道，携手促进我国职业教育这项伟大事业的发展，追求“使无业者有业，使有业者乐业”的共同理想！

国泰安职业教育与产业发展研究院院长

《中国职业教育年鉴（2015）》主编

上海交通大学安泰管理学院教授、博士生导师

2015 年 4 月

前言

《中国职业教育年鉴》是反映中国职业教育改革发展情况的大型资料性工具书。年鉴的编撰出版对于我国职业教育学界和产业界都具有重要的参考价值和借鉴作用，不但可为政府有关部门提供决策参考，为专家学者研究中国职业教育的改革发展提供事实依据，也可为有关职业院校、行业协会、企业、教育培训机构等提供系统、准确、广泛的参考信息，可以作为图书馆、研究机构等的重要参考工具书。

年鉴的编撰是一项牵扯面广、头绪繁多而庞杂的文化工程。在编撰《中国职业教育年鉴(2015)》的过程中，编撰队伍首先进行了合理的分工：主编陈工孟确定编撰原则、内容大纲和总体思路，并在总体上对年鉴进行质量把关；编委会同仁及专家顾问对整体大纲和总体思路提供修改意见与建议，并对重要稿件进行质量把关；副主编丁艳负责年鉴编撰工作的具体规划、组织与实施；各位编委会委员则从不同的角度对年鉴的编撰提供了专业的意见与建议，并为年鉴提供了部分稿源；编辑人员全面参与了年鉴编撰的具体工作，包括收集整理资料、编撰与修改文稿、联系约稿等。

在主编确定了编撰原则、思路和大纲之后，2014 年 7 月，年鉴编撰工作组正式成立，由陈工孟担任组长，成员包括 20 余位专业背景丰富、研究能力突出的研究人员。年鉴编撰工作组的全体成员制定并按照工作计划、工作指引，全力投入年鉴内容编撰工作，并向职业教育领域的知名专家学者约稿。为了提高年鉴的质量，年鉴编撰工作组每周都要召开 1 ~ 2 次沟通协调会议，就有关问题进行探讨，并提出解决对策；同时工作组还邀请了专家学者对年鉴的各篇文稿进行审阅，获得了极具价值的意见和建议。

在中国职业教育及相关领域的学术界、实务界和政府管理部门的大力支持和积极参与下，年鉴的编撰工作已经完成。在此，我们向所有参与年鉴编辑工作的人员表示感谢！在年鉴的编撰过程中，我们也得到了有关政府部门、行业企业协会、媒体机构、众多院校、百余位学者的大力支持和配合，在此也一并表示感谢！

为尊重知识产权，我们严格要求所有编撰人员在撰写文稿时必须注明参考和引用文献资料的出处和来源。尽管如此，由于编撰工作的复杂性，在资料搜集和文稿编撰过程中依然可能存在一些疏漏，敬请海内外的有关专家学者、职业教育界人士对年鉴中存在的疏漏给予批评指正，我们将争取在编撰《中国职业教育年鉴（2016)》时加以改进，进一步提高年鉴的编撰质量。

《中国职业教育年鉴（2015)》编委会

2015 年 4 月

目录

政策篇

统计篇

国际篇

产业发展与职业教育篇

研究篇

案例篇

附录篇

政策篇

统计篇

国际篇

产业发展与职业教育篇

研究篇

案例篇

附录篇

政 策 篇

第一章　职业教育重大政策法规综述

当前，新一轮科技革命蓄势待发，世界各国的科技竞争愈演愈烈。在经济转型和产业结构调整的新形势下，培养拥有世界眼光、勇于创造的高素质应用型人才日益显示出其重要性和迫切性。而在创造更大人才红利、助推经济快速发展的过程中，职业教育肩负起时代赋予的重任，成为教育改革的新亮点。

近年来，国家高度重视职业教育，出台多项政策以推动其快速发展。2014 年，国务院召开全国职业教育工作会议，为新形势下职业教育发展指明新方向，提出新要求，开启了我国职业教育改革发展的新纪元。本章将系统梳理近年来国家出台的与职业教育有关的政策法规，以便对职业教育的发展环境有更清晰的认识。

一、政策法规综述

随着经济的快速发展和产业转型升级的加快，高素质技术技能型人才的需求日益迫切，发展职业教育显得尤为重要。近年来，国家高度重视职业教育，频繁出台与职业教育相关的政策法规以支持其发展。2014 年，国务院出台《关于加快发展现代职业教育的决定》，教育部等六部委出台《现代职业教育体系建设规划（2014～2020 年）》，这些政策规划的出台，为职业教育发展指明了方向、设定了目标、提出了新要求，也标志着职业教育上升到国家战略，进入发展新纪元。

（一）注重职业教育发展

为发挥职业教育在培养高级技能型人才、推动经济社会发展和促进就业方面的重要作用，保障职业教育健康快速发展，国家多次出台纲领性文件，对我国职业教育发展进行整体规划和全面布局，极大地促进了职业教育发展。近年来国家出台的部分指导性政策文件如表 1－1 所示。

表 1－1　　国家出台的部分纲领性职业教育政策文件

出台时间	政策法规	政策出台方
2002 年 8 月 28 日	关于大力推进职业教育改革与发展的决定	国务院
2005 年 11 月 19 日	关于大力发展职业教育的决定	国务院
2006 年 11 月 3 日	关于实施国家示范性高等职业院校建设计划加快高等职业教育改革与发展的意见	教育部、财政部
2010 年 6 月 17 日	关于实施国家中等职业教育改革发展示范学校建设计划的意见	教育部等三部委
2014 年 5 月 2 日	关于加快发展现代职业教育的决定	国务院
2014 年 6 月 16 日	现代职业教育体系建设规划（2014～2020 年）	教育部等六部委

资料来源：根据公开资料整理。

2002 年，国务院发布《关于大力推进职业教育改革与发展的决定》，明确了“十五”期间职业教育改革与发展的目标，推进管理体制和办学体制改革，促进职业教育与经济建设和社会发展紧密结合，深化教育教学改革，适应社会和企业发展需求。2005 年，国务院又颁布《关于大力发展职业教育的决定》，再一次提出加强职业教育的基础能力建设，努力提高职业院校的办学水平和质量，积极推进体制改革与创新，增强职业教育发展活力，依靠行业企业发展职业教育，推动职业院校与企业的密切结合。

2006 年，教育部、财政部出台《关于实施国家示范性高等职业院校建设计划加快高等职业教育改革与发展的意见》。2010 年，教育部联合其他部委出台《关于实施国家中等职业教育改革发展示范学校建设计划的意见》，在全国范围内开展国家示范性职业院校建设。通过示范校建设，我国职业院校在基础设施、人才培养、师资建设、校企合作等方面取得了积极的发展。

2014 年，国务院发布《关于加快发展现代职业教育的决定》，提出要统筹普通教育、职业教育、继续教育协调发展，到 2020 年形成适应发展需求、产教深度融合、中职高职教育衔接、职业教育与普通教育相互沟通，体现终身教育理念，具有中国特色、世界一流水平的现代职业教育体系。从政策发布时间及内容来看，国家对职业教育发展规划是阶段递进的，出台的政策都对职业教育工作做出重要批示，明确了职业教育的战略地位、时代重任、发展方向及重点，同时提出职业教育要服务产业升级，提高职业技能和培养职业精神，与产业发展深度融合，推动职业教育教学改革与产业转型升级衔接配套。

（二）关注职教专项发展

党中央、国务院对职业教育整体发展做出宏观指导的同时，也对职业教育包含的重要方面、发展中存在的阶段性问题出台政策或文件进行了指引，部分重要政策文件见表 1－2。这些专项文件涉及面广，内容具有针对性，大致可以分成三类：公共基础建设、人才培养和师资建设。

表 1－2　　国家出台的部分专项性职业教育政策文件

出台时间	政策法规	政策出台方
2002 年 5 月 15 日	关于加强高等职业（高专）院校师资队伍建设的意见	教育部
2004 年 7 月 15 日	关于贯彻落实全国职业教育工作会议精神进一步扩大中等职业学校招生规模的意见	教育部
2006 年 11 月 16 日	关于全面提高高等职业教育教学质量的若干意见	教育部
2006 年 12 月 26 日	关于实施中等职业学校教师素质提高计划的意见	教育部、财政部
2008 年 12 月 13 日	关于进一步深化中等职业教育教学改革的若干意见	教育部
2009 年 1 月 6 日	关于制定中等职业学校教学计划的原则意见	教育部
2011 年 4 月 19 日	关于加强中等职业学校形势与政策教育的意见	宣传部、教育部
2011 年 6 月 23 日	关于充分发挥行业指导作用　推进职业教育改革发展的意见	教育部
2011 年 11 月 8 日	关于实施职业院校教师素质提高计划的意见	教育部、财政部
2011 年 12 月 24 日	关于“十二五”期间加强中等职业学校教师队伍建设的意见	教育部
2012 年 5 月 4 日	关于加快推进职业教育信息化发展的意见	教育部

续表

出台时间	政策法规	政策出台方
2012 年 11 月 6 日	关于“十二五”职业教育教材建设的若干意见	教育部
2013 年 4 月 15 日	关于积极推进高等职业教育考试招生制度改革的指导意见	教育部
2013 年 5 月 15 日	关于推进职业院校民族文化传承与创新工作的意见	教育部、文化部、国家民委
2013 年 12 月 21 日	关于进一步加强职业院校关心下一代工作委员会建设的若干意见	教育部
2014 年 3 月 14 日	中等职业学校新型职业农民培养方案试行	教育部办公厅、农业办办公厅
2014 年 8 月 25 日	关于开展现代学徒制试点工作的意见	教育部
2014 年 11 月 25 日	关于建立完善以改革和绩效为导向的生均拨款制度　加快发展现代高等职业教育的意见	财政部、教育部
2014 年 12 月 4 日	构建利用信息化手段扩大优质教育资源覆盖面有效机制的实施方案	教育部、财政部、发改委、工信部、中国人民银行

资料来源：根据公开资料整理。

1. 加强公共基础内容建设

近年来，国家先后出台了多项政策用于指导职业教育公共基础建设。2012 年 5 月 4 日，教育部发布《关于加快推进职业教育信息化发展的意见》，明确加快教育信息化进程的战略部署，切实推进职业教育广泛、深入和有效应用信息技术，不断提升职业教育电子政务能力、数字校园水平和人才信息素养，全面加强信息技术支撑职业教育改革发展的能力，以先进教育技术改造传统教育教学，以信息化推动职业教育现代化。

2014 年 11 月 25 日，财政部和教育部联合发布《关于建立完善以改革和绩效为导向的生均拨款制度　加快发展现代高等职业教育的意见》，决定从 2014 年起，中央财政建立“以奖代补”机制，激励和引导各地建立完善高职院校生均拨款制度，提高生均拨款水平；要求各地科学合理确定拨款标准，并逐步形成生均拨款标准动态调整机制，在建立完善高职院校生均拨款制度过程中注重公平原则，切实体现改革和绩效导向，以学生规模存量调整为重点，促进高职院校加强内涵建设，防止出现吃“大锅饭”和盲目扩招的问题；鼓励职业院校向改革力度大、办学效益好、就业质量高、校企合作紧密的学校倾斜，向管理水平高的学校倾斜，向当地产业转型升级急需的专业以及农林水地矿油等艰苦行业专业倾斜，引导高职院校合理定位，办出特色职业院校，发挥应有人才培养水平。

2. 注重人才培养

人才培养是职业教育的核心内容，也是职业院校发展的基础。人才培养包含的内容很多，主要有招生、专业及课程设置、教材开发、教学等。国家高度重视人才培养的各个环节，陆续出台专项文件来规范和优化技术技能型人才的培养质量。

招生　2004 年 7 月 15 日，教育部针对中职招生情况出台《关于贯彻落实全国职业教育工作会议精神　进一步扩大中等职业学校招生规模的意见》，从调整高中阶段教育结构，加强城乡统筹、东西合作，深化招生制度改革等方面采取措施加大中等职业学校的招生规模。2013 年 4 月

15 日，教育部出台《关于积极推进高等职业教育考试招生制度改革的指导意见》，着眼优化教育结构和提高教育质量，建立多样化的高等职业教育考试招生方式。

教学 2006 年 11 月 16 日，教育部出台《关于全面提高高等职业教育教学质量的若干意见》；2008 年 12 月 13 日，教育部颁布《关于进一步深化中等职业教育教学改革的若干意见》；2009 年 1 月 6 日，教育部发布《关于制定中等职业学校教学计划的原则意见》。这些文件的出台，对职业教育的教学工作进行了规范和指导，对我国职业教育的发展起到了积极的推动作用。

教材 2012 年 11 月 6 日，教育部出台《关于“十二五”职业教育教材建设的若干意见》，提出“十二五”期间将进一步健全教材开发、编写、审定、选用、更新机制，建设一支能够适应职业教育改革发展要求的教材编写队伍、审定队伍和出版队伍，逐步建立具有时代特征的现代职业教育。这份文件的出台为我国职业教育教材建设工作指明了方向。

培养模式 2014 年 3 月 14 日，教育部办公厅与农业部办公厅联合印发《中等职业学校新型职业农民培养方案试行》，提出全面提升务农农民的综合素质、职业技能和农业生产经营能力；2014 年 8 月 25 日，教育部印发《关于开展现代学徒制试点工作的意见》，积极推进招生与招工一体化，深化工学结合人才培养模式改革等。深化产教融合、校企合作，创新技术技能人才培养模式，是职业教育的难点，也是国家指导的重点。

3. 提升师资队伍水平

职业教育办学质量的关键在教师，没有一支高素质的教师队伍就难以培养出高质量的技能型人才，也就不可能有高质量的职业教育。因此，国家高度重视职业教育师资队伍建设，出台多项文件以推动师资水平的提升。

2002 年 5 月 15 日，教育部办公厅发布《关于加强高等职业（高专）院校师资队伍建设的意见》，该意见提出提高专任教师业务水平，改善师资队伍学历结构，构建具有较强技术应用能力的“双师型”教师队伍。

2006 年 12 月 26 日，教育部联合财政部发布《关于实施中等职业学校教师素质提高计划的意见》，提出到 2010 年培训 15 万名中等职业学校（含办学特色鲜明、成绩突出的技工类学校）专业骨干教师，促进教师队伍结构优化，推动教师队伍建设的制度创新。

2011 年 11 月 8 日，教育部、财政部发布《关于实施职业院校教师素质提高计划的意见》，提出通过培训提高教师的教育教学水平；通过到企业实践提高教师的产业文化素养和专业技能水平；通过设立兼职教师岗位优化职业院校教师队伍的人员结构；通过加强基地实训的条件和内涵建设完善适应教师专业化要求的培养培训体系。

2011 年 12 月 24 日，教育部发布《关于“十二五”期间加强中等职业学校教师队伍建设的意见》，提出以推动教师专业化为引领，以加强“双师型”教师队伍建设为重点，以完善培养培训体系为保障，以实施素质提高计划为抓手，加快建设一支数量充足、素质优良、结构合理、特色鲜明、专兼结合的高素质专业化中等职业学校教师队伍。

通过这些政策文件的指导，我国职业教育的师资队伍建设取得了显著的成效，教师队伍规模稳步增长，结构逐步优化，整体素质明显提升，培养高素质技能型人才的能力不断提高，为职业教育的快速发展提供了保障。

二、重大政策法规意义评述

国家出台了多项与职业教育相关的政策、法律法规，对推动职业教育发展产生了积极影响。

本节将对重要政策法规进行较为详细的评述。

(一)《关于加快发展现代职业教育的决定》

2014 年 5 月 2 日，国务院下发《关于加快发展现代职业教育的决定》(以下简称《决定》)，立足经济社会发展转型升级和人的全面发展需要，从指导方针、体系建设、结构调整、制度完善、质量提升、投入保障等方面对加快发展现代职业教育进行了部署，为当前和今后一段时期我国职业教育的发展指明了方向。

1. 营造职业教育发展新环境

面对我国社会上仍存在对职业教育的偏见和歧视等问题，《决定》提出探索发展股份制、混合所有制职业院校，允许以资本、知识、技术、管理等要素参与办学并享有相应权利，探索公办和社会力量举办的职业院校相互委托管理和购买服务的机制，引导全社会关心、支持和参与职业教育，通过体制机制的改革真正营造职业教育发展的新环境。

《决定》要求各级人民政府建立与办学规模和培养要求相适应的财政投入制度，要求地方人民政府要依法制定并落实职业院校生均经费标准或公用经费标准，县级以上人民政府要建立职业教育经费绩效评价制度、审计监督公告制度、预决算公开制度。这是从根本保障机制上强调各级人民政府的投入职责，有助于扭转一些地方不重视职业教育的状况。

2. 搭建成才"立交桥"

《决定》提出要加强职业教育与普通教育沟通，为学生多样化选择、多路径成才搭建"立交桥"，进一步界定了职业教育的培养层次，重新构建我国的职业教育体系。今后我国职业教育将包括高中、专科、本科和研究生四个阶段，并且探索建立与职业教育特点相符合的学位制度。

《决定》提出要引导普通本科高等学校转型发展。其核心思想是要建立高等学校分类体系，通过招生、评价、投入等机制，引导一批普通本科高等学校转型发展为应用技术型高等学校。实行本科高校转型的前提是要实现分类管理，形成定位清晰、科学合理的职业教育层次结构。今后本科高校转型的基本走向会是通过试点推动、示范引领等方式，引导一批普通本科学校转型发展为应用技术型高等学校。

3. 深化产教融合、校企合作

深化产教融合、校企合作是提高职业教育办学水平、教学质量，构建现代职业教育体系的必由之路。《决定》提出要发挥企业的"重要办学主体作用"，并将以政府购买服务或税收优惠等方式给予支持；规模以上企业要有机构或人员组织实施职工教育培训、对接职业院校，设立学生实习和教师实践岗位。这就明确表明，办职业教育不仅仅是政府和学校的事，也是企业的事，对于提高企业参与职业教育办学的积极性、促进校企合作具有重要的政策引导作用。但是，企业办学不应狭义地理解为出资兴办学校，而是要全程参与职业教育教学的整个过程，如参与制订人才培养方案、接受学生实习、派遣技术人员讲授实训课等。

《决定》是我国职业教育领域的一次重大"顶层设计"，表明了我国加强现代职业教育的决心和信心。它的进一步贯彻实施，将极大推动我国教育体制的改革步伐，具有里程碑式的意义。

(二)《现代职业教育体系建设规划(2014~2020年)》

2014 年 6 月 16 日，教育部、国家发展改革委、财政部、人力资源和社会保障部、农业部、国务院扶贫办等六部门发布《现代职业教育体系建设规划(2014~2020 年)》(以下简称《规划》)，提出了我国现代职业教育体系建设的目标、总体要求，为加快发展现代职业教育指明了方向。

1.《规划》的指导思想

（1）就业导向。构建现代职业教育体系的基本出发点是以就业为导向。任何层次的职业教育，其最基本的职责就是促进就业。评价任何学校都有一个底线标准，对高等学校和职业院校来讲，底线标准就是“就业”，毕业生就业率、就业质量和长期职业发展能力是评价学校的办学水平和教学质量的重要因素。

（2）系统培养。技术进步、产业升级带来了对多层次、多样化技术技能人才的需求，进而人才培养也应该是多层次的、多样化的。构建现代职业教育体系，就需要根据技术进步、产业升级和创新驱动的要求，系统培养各层次技术技能人才。

（3）产教融合。产教融合是现代职业教育体系最核心的性质和最重要的灵魂，也是建设现代职业教育体系的根本路径。伴随着人才培养的多层次化和多样化，职业教育需要实现多样化，各职业院校则要实现差异化发展。通过产教融合，各职业院校可以根据所在地区的产业发展情况办学，实现办学特色化，破解职业教育同构化和同质化的问题。

（4）全面发展。职业院校要坚持以育人为本，教育教学以职业素质、职业技术技能为导向，为学习者的职业发展、人生幸福奠定基础。

就业导向是方向、系统培养是结构、产教融合是机制、全面发展是目标构成了一个有机整体，体现了《规划》的指导思想。

2. 体系的基本特征

现代职业教育体系的基本特征可以用“贯通”、“衔接”、“立交”、“融合”这4个词8个字来概括。

（1）贯通。要贯通从中职，到高职，到本科，到学位研究生的培养。贯通的前提是就业导向、产教融合。没有就业导向、产教融合，就难以实现贯通。

（2）衔接。普通教育与职业教育衔接，职业教育与继续教育衔接，搭建起人才多样化成长“立交桥”。要真正体现以学习者为中心，理清学习者的成长路线，把在衔接中需要解决的问题从隐性变成显性、从抽象变成具体，找出问题，解决问题，真正把这条路连通起来。

（3）立交。从现代职业教育体系角度来讲，“立交”不仅是衔接好教育体系内的各种教育，更重要的是要把教育和就业的“旋转门”建立起来。我国现行的教育体系框架存在着把各类教育封闭分割的倾向，我们需要按照“立交”的要求，打破“各自为政”的思维，把教育作为一个有机体来认识和规划。

（4）融合。要建立有效机制，促进职业教育与经济社会、产业发展相融合。特别是职业院校要与所服务的产业、所在的城市、所在的社区建立某种意义上的共同体，实现共同发展。职业教育只有与产业发展融合才能真正迎来发展的春天。

《规划》的出台表明，党和国家站在经济、社会和教育发展全局的高度，以战略眼光、现代理念和国际视野建设现代职业教育体系。它的进一步实施有助于加快我国职业教育的发展进程，有利于促进教育公平、基本实现教育现代化和建设人力资源强国。

（三）《关于开展现代学徒制试点工作的意见》

2014年8月25日，教育部下发《关于开展现代学徒制试点工作的意见》（以下简称《意见》)。该《意见》旨在深化产教融合、校企合作，推进校企合作育人机制的完善和技术技能人才培养模式的改革创新。

《意见》指出，招生与招工一体化是开展现代学徒制试点工作的基础，要求各地要积极开展“招生即招工、入校即入厂、校企联合培养”的现代学徒制试点。由此，中高职院校的招生制度改革就成为了当务之急。各地需要统筹协调好中高职教育招生工作，探索进一步扩大试点院校招生自主权的可行性办法、措施，推进招生与招工的一体化进程。

《意见》认为工学结合人才培养模式改革是现代学徒制的核心内容，而工学结合人才培养模式的关键则在于校企合作。各地如何推出企业全面参与职业院校教育教学全过程的可行性措施，真正实现校企一体化育人是一个重要议题。

《意见》强调校企共建师资队伍是现代学徒制试点工作的重要任务。现代学徒制的教学任务必须由学校教师和企业师傅共同承担，需要有“双师型”教学团队。然而，我国职业教育“双师型”教学队伍建设受现有的教师编制和用工制度的限制影响较大。对此，《意见》指出，各地要促进校企双方密切合作，打破现有的用人束缚，探索建立新的用人机制。同时，《意见》还要求试点院校把指导教师的企业实践和技术服务纳入教师考核并作为晋升专业技术职务的重要依据，这就迫使职业院校教师去积累实践经验，提升技术创新与服务能力，从而有助于职业院校教学质量的提高。

《意见》指出科学合理的教学管理与运行机制是现代学徒制试点工作的重要保障。现代学徒制的建立自然会对职业院校的管理提出新要求，职业院校需要形成与现代学徒制相适应的教学管理和运行机制。为此，各地就需要推动试点院校与合作企业共同探索、建立符合现代学徒制特点的教学运行与质量监控体系，从而保障现代学徒制试点工作的有序开展。

《意见》的出台，将有助于探索构建具有中国特色的现代学徒制，有利于推进职业教育体系与劳动就业体系互动发展的进程，对打通和拓宽技术技能人才培养和成长的通道具有重大的战略意义。

(四)《关于建立完善以改革和绩效为导向的生均拨款制度 加快发展现代高等职业教育的意见》

2014 年 11 月 25 日，财政部、教育部联合发布《关于建立完善以改革和绩效为导向的生均拨款制度 加快发展现代高等职业教育的意见》(以下简称《意见》)。《意见》对职业教育生均拨款制度的改革完善提出了明确的要求，制定了若干实施措施，意在整体提高高等职业院校(含高等专科学校，以下简称高职院校)经费水平和人才培养质量。

《意见》指出，2017 年各地高职院校年生均财政拨款水平应当不低于 12000 元；2017 年以前，对于年生均财政拨款水平尚未达到 1.2 万元的省份，中央财政按一定比例给予拨款标准奖补，其中东部地区按 25%、中西部地区按 35% 的基本比例进行奖补，然后再综合考虑各省财力状况等，建立完善的生均拨款制度；2017 年以后，年生均财政拨款水平仍未达到 1.2 万元的省份，除不再给予拨款标准奖补外，中央财政还将暂停改革绩效奖补，教育部将在下一年度招生计划安排时予以必要限制，并对其高校设置工作予以调控。高职生均拨款政策落实，将从实际和根本上保障高职院校改革的顺利实施，提升高职办学质量，促进高职教育资源优化配置。

《意见》重点提出“注重绩效”，要求相关部门探索建立高职教育经费使用绩效评价机制，充分利用评价结果调整、完善和支持所属高职院校改革发展的政策，不断提高经费的管理水平和使用效率，防止出现吃“大锅饭”的情况。从2014年起，两部门将从生均财政拨款制度建立与完善、预算安排等方面，加强对各地高等职业教育投入情况的监测，中央财政依据监测数据和相关统计资料，选取体现改革绩效导向的因素分配，鼓励各省适当向高等职业教育改革成效显著的省份倾斜，向年生均财政拨款水平率先达到1.2万元且稳定投入的省份倾斜。

《意见》有助于建立完善以改革和绩效为导向的高职院校生均拨款制度，进一步加大高职教育财政投入，逐步健全多渠道筹措高职教育经费的机制，鼓励引导社会力量举办职业教育，从而推动我国高职教育的深化改革，提高现代职业教育的办学水平和人才培养质量，也有利于促进就业和改善民生。

三、地方性政策法规

在国家政策、法律法规的指引下，地方政府结合自身经济发展水平、职业教育发展情况和区域特点，相继出台多部地方性政策法规，以推动区域职业教育发展。2009年以来，地方政府出台的部分政策如表1-3所示。

表1-3　　部分地方性政策文件

出台时间	政策法规	政策出台方
2009年3月1日	《宁波市职业教育校企合作促进条例》实施办法	宁波市政府
2012年5月4日	河南省人民政府关于印发河南省职业教育校企合作促进办法（试行）的通知	河南省政府
2012年5月28日	关于深入推进企业与职业院校合作办学的若干意见	湖南省政府
2012年12月4日	山东省人民政府关于加快建设适应经济社会发展的现代职业教育体系的意见	山东省政府
2013年1月13日	沈阳市职业教育校企合作促进办法	沈阳市政府
2013年7月1日	湖南省教育信息化三年行动计划（2013～2015年）	湖南省教育厅
2013年10月9日	关于支持现代职业教育发展的意见	贵州省政府
2014年1月22日	福建省中等职业学校教师队伍建设计划（2014～2017年）	福建省教育厅等三部门
2014年2月4日	青岛市教育局中等职业学校学生实习管理办法	青岛教育局
2014年6月11日	2015年湖北省普通高等学校招收中职毕业生技能高考考试实施办法	湖北省政府
2014年6月18日	关于全面实施中等职业教育免学费政策的通知	广西财政厅等四部门
2014年7月17日	河北省人民政府关于加快发展现代职业教育的实施意见	河北省政府
2014年8月14日	四川省人民政府关于加快发展现代职业教育的实施意见	四川省政府
2014年9月24日	关于加快发展现代职业教育的意见	河南省政府
2014年11月9日	关于促进高等职业教育改革和发展的意见	长沙市政府
2014年11月11日	关于进一步完善现代职业教育体系建设试点项目转段升学工作的意见（试行）	江苏省教育厅
2014年11月12日	浙江省中等职业教育课程改革方案	浙江省教育厅

续表

出台时间	政策法规	政策出台方
2014 年 11 月 17 日	青岛市职业学校校长专业标准（试行）	青岛教育局
2014 年 12 月 9 日	哈尔滨市现代职业教育发展规划（2014～2020 年）	哈尔滨教育局等八部门
2015 年 1 月 15 日	2015 年全省职业教育重点工作实施方案	甘肃省政府办公厅

资料来源：根据公开资料整理。

（一）推进现代职业教育体系发展

建设现代职业教育体系，是我国在工业化、信息化、城镇化、市场化深入发展的新形势下，产业结构转型升级和人的自身发展不断提高的内生需求，是现代教育体系的建设重点。近年来，国家积极引导职业教育改革发展，推进现代职业教育体系建设，地方政府也纷纷响应，相继出台政策以推动现代职业教育的发展。

2014 年 8 月 14 日，四川省人民政府发文《四川省人民政府关于加快发展现代职业教育的实施意见》，为四川省职业教育发展规划了新蓝图：到 2020 年，建立适应市场需求现代职业教育体系，深度融合校企合作模式，为四川省经济结构升级服务，增强中职高职到专业学位研究生培养体系衔接性，同时鼓励职业教育与普通教育相互沟通，构建体现终身教育理念的四川现代职业教育体系。

2014 年 9 月 24 日，河南省人民政府出台《关于加快发展现代职业教育的意见》，实行普惠性的中等职业教育政策：从 2015 年秋季学期起，对各类中等职业学校全日制正式学籍在校学生全部免除学费；到 2020 年，河南省高等教育的结构规模将更加合理，保持中等职业学校和普通高中招生规模大体相当，高等职业教育规模占高等教育的一半以上。为促进院校布局和专业设置更加适应经济社会发展需求，到 2020 年，中等职业学校和高等职业院校调整到 500 所左右，中等职业教育在校生达到 160 万人，高等职业教育在校生达到 130 万人，重点建设 10 所示范性应用技术类型本科院校、100 所品牌示范职业院校和 200 所特色职业院校。

2014 年 7 月 17 日，河北省人民政府发布《河北省人民政府关于加快发展现代职业教育的实施意见》，提出：到 2020 年，建立结构规模更加合理的现代职业教育体系，全省中等职业教育在校生达到 121.5 万人，专科层次职业教育在校生达到 73 万人，接受本科层次职业教育的学生达到一定规模，总体保持中等职业学校和普通高中招生规模大体相当，高等职业教育规模占高等教育的一半以上。为提高中等职业教育发展水平，河北省计划建成一批支撑区域经济转型和产业升级的优质中等职业学校，鼓励各市对本行政区域内职业学校进行整合，建设资源共享、特色鲜明的职业教育园区。

2014 年 12 月 9 日，哈尔滨教育局、财政局等八部门联合制定《哈尔滨市现代职业教育发展规划（2014～2020 年）》，提出加快 20 所重点职业院校建设，市属中等职业学校在校生规模在 2016 年达到 10 万人，高等职业院校在校生规模将达到 4 万人。按照规划，哈尔滨将重点扶持建设 80 个区域特点明显、专业特色鲜明的专业，加快培养高素质技能型人才，对专业特色不突出、办学质量不高、生源严重不足的职业学校进行撤并。除此之外，哈尔滨市将建设五大共享型综合性开放式的实训基地，并围绕构建现代产业体系，重点推动已组建的哈尔滨职业教育集团、哈尔滨市信息技术职业教育集团、哈尔滨市汽车职业教育集团 3 个集团实行校企联合办学。

（二）促进职业院校校企合作

校企合作是学校与企业合作，是一种注重培养质量，注重在校学习与企业实践，注重学校与企业资源、信息共享的“双赢”模式。地方政府为推动校企合作，规范和加强对校企合作的管理，出台多项文件予以指导。

2009 年 3 月 1 日，宁波市政府发布《〈宁波市职业教育校企合作促进条例〉实施办法》，这是全国首部专门针对职业教育校企合作的地方性法规，它以地方立法的形式保护与促进职业院校与企业的“联姻”。该条例明确了政府部门、职业院校和企业的职责，预防学生在实习期间意外伤害事故，保护企业商业秘密等，为职业院校和企业联手培养高素质应用型人才，促进校企合作持续、健康发展提供了法律保障，更为全国的职业教育改革提供了可借鉴的路径设计。政府对参与校企合作的企业给予一定的税收优惠，企业为学生支付实习报酬、人身安全保险费用、学生实习和教师实践活动有关的住宿、耗材、技术指导和管理人员补贴等有关费用，按税法有关规定，在相关税种税前扣除，提高企业参与职业教育的积极性。

2012 年 5 月 4 日，河南省人民政府发布《河南省人民政府关于印发河南省职业教育校企合作促进办法（试行）的通知》，成立校企合作促进委员会，对符合条件的企业按照国家规定予以相应的税收减免政策支持，促进校企合作办学的开展。

2012 年 5 月 28 日，湖南省人民政府发布《关于深入推进企业与职业院校合作办学的若干意见》，提出要采取四大措施促进职业院校与企业合作办学：一是充分发挥企业在企校合作中的主体作用；二是全面推进职业院校教育教学改革；三是加大对企校合作的政策支持；四是加强企校合作办学的统筹管理，进而加快技能人才队伍建设，促进就业结构性矛盾化解，加速新型工业化建设步伐。

2013 年 1 月 13 日，沈阳市人民政府发布《沈阳市职业教育校企合作促进办法》，指出市、区和县教育行政部门负责区域内的职业教育校企合作促进工作，参与校企合作的企业依法享有税收优惠，并建立行业职业教育校企合作会商机制等，为校企合作培养高素质劳动者和高技能人才、服务沈阳老工业基地经济和社会发展发挥了积极的作用。

2014 年 2 月 4 日，青岛市教育局联合其他部门出台《青岛市教育局中等职业学校学生实习管理办法》，从中职学生实习组织、管理、责任、报酬、安全等方面细化了实习期间的管理、要求和责任，并要求学校和实习单位严格执行“七不准”规定。该文件规范了中等职业学校开展学生实习工作，维护了学生、学校和实习单位的合法权益，有利于提高技能型人才培养质量。

（三）助力中职学生转段升学

职业教育的根本目的是促进职业院校的学生就业，但是对于中职学生而言，进入高职或者本科继续深造显得非常重要，不仅能提升自己的就业能力，也能为后期职业技能学习奠定基础。现阶段，我国多数省份对中职升学采用的主要选拔方式是文化课考试为主，而以技能见长的中职生在升学选拔考试的时候面临尴尬，常常出现知识结构与转段升学考核结构严重不匹配的问题，致使众多的中职毕业生望而却步，最终可能放弃报名或弃考，失去了进一步求学深造的机会。为解决这一难题，湖北省和江苏省率先在全国进行试点改革，在中职生高考中加入技能考试内容，以求中职学生高考的内容更加贴近中职生的知识结构，提升中职生的升学率。

2014 年 6 月 11 日，湖北省政府颁布的《2015 年湖北省普通高等学校招收中职毕业生技能高考考试实施办法》中指出：从 2015 年开始，湖北省高等学校招收中职毕业生全面实施“知识 + 技能”的招生考试改革，原来的“高职统考”正式退出历史舞台。取消高职统考后，湖北省全面实施技能高考，其中技能考试总分为 490 分，分为专业知识和技能操作两部分；文化综合考试总分为 210 分，包括语文、数学和英语。

2014 年 11 月 11 日，江苏省教育厅发布《关于进一步完善现代职业教育体系建设试点项目转段升学工作的意见（试行）》（以下简称《意见》），对转段升学考核内容进行细化，分为课程考试、过程考试和综合评价三个部分，采取“文化 + 素质 + 职业技能”的评价方式。其中，课程考试将前段部分核心课程作为考试课程，考察学生文化素质和专业核心技能的掌握情况；过程考核重点考核学生学习期间各类主要课程的掌握情况，要求培养方案中各门课程均应明确为达到合格以上要求才能获得规定学分，部分核心课程可明确为达到良好要求，获得较高绩点；综合评价重点考核学生在校期间的德育成绩和社会实践情况，只有综合评价合格的学生才能转入后续阶段学习。该《意见》的出台，有助于推动现代职业教育体系的建设。

（四）鼓励职业教育课程体系改革

课程体系是职业教育改革的载体，是职业学生知识和能力结构构建的媒介，良好的课程体系是职业院校人才培养的基本保障。随着社会经济和科技水平的飞速发展，传统的课程体系设置已无法跟上时代的步伐，职业教育亟须改革课程体系以满足经济社会需要的技术技能型人才。

2014 年 11 月 12 日，浙江省教育厅印发《浙江省中等职业教育课程改革方案》（以下简称《方案》），提出要把选择性教育思想引入中职课程改革，努力赋予学生更多的学习选择权和自主权，而学校拥有相应的课程、专业、学制确定权。

《方案》以打造多样化的选择性课程体系为切入点，深入探索课程建设机制，创新人才培养模式。一是建立学生多次选择机制。学生在校期间经过一学期适应性学习后，围绕直接就业或继续升学可以进行不少于两次的选择，包括专业方向或专业，提前毕业或延期毕业。二是优化选择性课程体系。选择性课程体系由“核心课程模块”和“自选课程模块”组成，均需设置实训实习课程，为直接就业学生开设的实训实习教学课时不低于总课时数的 50%，为继续升学学生提供的实训实习教学时数不低于总课时数的 30%。三是创新教学组织方式。学校要大胆尝试“做中学”、“学中做”等体现“理实一体”的教学方法，引导学生开展自主学习、合作学习，探索“多学期制”等创新教学方法。四是打造丰富多样的选修课程体系。学校应基于自身条件和学生需要，加强课程的顶层设计和科学规划，自行设计“自选课程模块”，同时开发数字化网络选修课程。五是建立健全与选择性课程体系相适应的教学评价新体系。

以选择性教育为理念，以多样性课程建设为抓手，以制度创新为取向，浙江省通过深化课程改革，打破了学生多样性发展的制度瓶颈，形成独具特色的课程体系，为培养高技术技能人才提供了保证。

第二章　职业教育重要观点引述

职业教育是教育体系的重要组成部分。党和国家高层领导高度重视职业教育，多次就推动我国职业教育发展、再创人才红利做出重要指示，为职业教育的发展指明了方向。教育界和企业界的知名专家、学者亦密切关注职业教育的发展，积极建言献策。本章节选出2014年对职业教育发展具有重要影响的高层领导讲话和专家观点，以此洞察我国职业教育的下一步改革发展动向。

一、高层领导讲话

2014年是职业教育快速发展的重要年度，国家主席习近平、国务院总理李克强等党和国家领导人以及教育部副部长鲁昕分别就加快职业教育发展发表讲话，为职业教育发展指明了方向。

（一）习近平：加快发展职业教育，让每个人都有人生出彩机会①

2014年6月，全国职业教育工作会议在北京召开，中共中央总书记、国家主席、中央军委主席习近平在参加会议时表示：职业教育是国民教育体系和人力资源开发的重要组成部分，是广大青年打开通往成功成才大门的重要途径，肩负着培养多样化人才、传承技术技能、促进就业创业的重要职责，必须引起高度重视和加快发展。

习近平指出，要树立正确的人才观，培育和践行社会主义核心价值观，着力提高人才培养质量，弘扬劳动光荣、技能宝贵、创造伟大的时代风尚，营造“人人皆可成才、人人尽展其才”的良好环境，努力培养数以亿计的高素质劳动者和技术技能人才。牢牢把握服务发展、促进就业的办学方向，深化体制机制改革，创新各层次各类型职业教育模式，坚持产教融合及校企合作模式，坚持工学结合、知行合一，引导社会各界特别是行业企业积极支持职业教育，努力建设中国特色职业教育体系。加大对农村地区、民族地区、贫困地区的职业教育支持力度，努力让每个人都有人生出彩的机会。

习近平要求各级党委和政府把发展现代职业教育摆在更加突出的位置，更好地支持和帮助职业教育快速发展，为实现“两个一百年”奋斗目标和中华民族伟大复兴的中国梦提供坚实人才保障。

（二）李克强：部署加快发展现代职业教育②

国务院总理李克强于2014年2月26日主持召开国务院常务会议，部署加快发展现代职业教育。会议明确加快发展现代职业教育的五大任务措施，积极引导社会力量办教育，扩大职业院校的办学自主权，通过体制机制创新为职业教育汇聚更多资源。

---

①根据新华网整理，http：//news. xinhuanet. com/2014－06－23/c_ 1111276223. htm。

②根据中央政府门户网整理，http：//www. gov. cn/ldhd/2014－02/26/content_ 2622673. htm。

措施一：牢固确立职业教育在国家人才培养体系中的重要位置，营造“崇尚一技之长、不唯学历凭能力”的社会氛围，激发年轻人学习职业技能的积极性，鼓励并支持企业重用技能型人才。

措施二：借鉴国外职业教育经验，创新国内职业教育模式，扩大职业院校在专业设置方面的改革与创新；加强学校在人事管理、教师评聘、收入分配等方面的办学自主权，建立学分积累和转换制度，打通学生从中职、专科、本科到研究生的上升通道，同时引导一批普通本科高校向应用技术型高校转型。

措施三：提升人才培养质量。大力推动专业设置与产业结构调整相匹配，课程内容与职业标准相吻合，教学过程与生产过程相衔接，积极推进职业院校学历证书和职业资格证书的“双证书”制度，做到学以致用。开展校企联合招生、联合培养的现代学徒制试点，完善企业工程技术人员、高技能人才到职业院校担任专兼职教师的政策。

措施四：引导支持社会力量兴办职业教育。积极支持各类办学主体通过独资、合资、合作等形式开展民办职业教育；探索发展股份制、混合所有制职业院校，允许以资本、知识、技术、管理等要素参与办学并享有相应权利。探索公办和社会力量举办的职业院校相互委托管理和购买服务的机制，提升民办职业教育的地位，强调其与公办职业院校具有同等法律地位，推动公办和民办职业教育共同发展。

措施五：强化政策支持和监管保障。各级政府要完善财政投入机制，分类制定和落实职业院校办学标准，加强督导评估，加大对农村和贫困地区职业教育支持力度，完善资助政策，积极推行直补个人的资助办法，健全就业和用人政策。

中国经济转型升级需要更多服务于生产一线的高级技能型人才，要用改革的办法形成良性机制，鼓励社会力量参与职业教育，共同办好职业院校，推动职业教育发展，促进职教毕业生就业，不断释放“人才红利”。用大批的技术人才作为支撑，让享誉全球的“中国制造”升级为“优质制造”。

（三）鲁昕：建立现代职业教育体系，推动教育结构战略性调整①

当前新增劳动力就业的结构性矛盾仍然十分突出，解决这一矛盾是中国教育改革最重要的战略切入点之一，关键的举措是建立现代职业教育体系，进而推动整个教育结构的战略性调整。国务院常务会议做出了加快发展现代职业教育的部署，明确提出要牢固确立职业教育在国家人才培养体系中的重要地位，构建以就业为导向的现代职业教育体系，职业教育体系的基本特征主要体现在五个方面：

其一，职业教育体系以就业为导向，特别是要服务青年人就业。近几年来的职业教育一直坚持以就业为导向，改革创新取得了巨大的发展成就。统计数据表明，高职毕业生初次就业率仅低于“985”院校，高于“211”院校和其他本科院校，中职毕业生就业率多年保持在95%以上，这是职业教育最重要的一个贡献。

其二，建立系统化的技术技能人才培养体系。职业教育的定位是培养生产服务一线的数以亿计的工程师、高级技工和高素质劳动者，职业教育的使命是支持国家完成工业化、信息化和现代化的技术技能积累。鉴于此种情况，要把职业教育作为一种人才培养的类型，并且是主要的类

①根据中国经济网整理，http：//intl. ce. cn/specials/zxxx/201403/22/t20140322_ 2531446. shtml。

型，建立系统化的人才培养制度，打破原来职业教育“断头路”、“终结性”的格局，构建从中职、高职、本科到专业学位研究生的技术技能人才培养体系，打通人才培养晋升路径。

其三，将产教融合、校企合作贯穿体系建设全过程。在办学体制上，强化行业指导，深化企业参与，将适宜行业组织承担的工作以授权、委托等方式交给行业组织，明确企业参与职业教育的责任，推动企业参与人才培养全过程。在人才培养模式上，专业设置与企业岗位相符，专业课程内容与职业技能标准相融合，将教学过程与生产过程紧密对接，积极推进学历证书和职业资格证书的“双证书”制度，使职业教育更加适应产业发展需求。

其四，构建开放立交、内外衔接的人才成长立交桥。以满足社会对人才的需求和学习者职业发展为目标，按照有机衔接、多元立交的思路，推进职业教育体系内部有机衔接、职业教育与普通教育双向沟通、职业教育和继续教育统筹发展，特别是要建立符合职业教育特点的招生考试评价制度，实现多种途径、多种形式、多次选择的职业教育模式，为广大年轻人打开通向成功的大门。

其五，充分发挥市场作用调动社会资源。一方面扩大职业院校办学自主权，推动职业院校面向社会经济需求自主办学；另一方面调动社会力量参与举办职业教育，鼓励企业办学，支持企业参与举办混合所有制、股份制职业院校。

围绕职业教育体系的五大基本特征，将着力推进三个重点领域的改革，促使职业教育创造人才红利和促进就业的作用得到更加充分的发挥。

第一，大力提升现有职业院校的办学水平，完善中高职衔接体系。着力加强职业院校的基础能力建设，健全生均拨款标准，加大对中西部职业院校的支持力度，建立行业企业参与的教育质量评价制度，推动现代学徒制试点，并深入地推进职业院校治理结构、专业体系和人才培养模式的改革，提高进入劳动力市场的中高职毕业生的科学文化素质、技术技能水平和就业质量。在此基础上，逐步扩大高等职业院校招收中职毕业生的比例，适当提高应用技术本科院校招收中高职毕业生的比例。

第二，引导部分地方本科院校向应用技术类型高校转型，从根本上缓解高校毕业生就业难的问题。当前高校毕业生普遍面临就业难的问题，主要原因是一部分地方本科学校办学定位不清，专业特色不显，与地方经济社会发展严重脱节，最终导致就业率低，不仅造成国家教育资源的严重浪费，影响数百万家庭的民生福祉，甚至导致一些家庭因教返贫，更影响到国家的长远竞争力。因此，必须学习和借鉴发达国家应用技术大学经验，通过试点推进、示范引领、产教融合、校企合作、工学结合的方式进行改革，引导部分本科高校加快转型步伐，为区域发展和产业振兴服务，培养服务生产一线的高层次技术技能人才，逐步实现人才培养和就业需求的无缝对接。

第三，坚持职业教育面向人人，增强职业教育的包容性和开放性。现代职业教育体系要为所有社会群体的就业和每一个劳动者职业发展提供服务，着力完善资助政策体系，推进中等职业教育免学费政策，建立助学金覆盖面和补助标准动态调整机制。将升学高中毕业生、农民、新生代农民工、退役军人、残疾人、失业人员等群体纳入现代职业教育体系，通过职业教育实现农村剩余劳动力的有序转移和进城农民工有机融入城镇化，着力发挥职业教育的扶贫作用，按照精准扶贫的思路，真正实现贫困家庭脱贫的梦想。着力拓宽一线劳动者的职业发展通道，扩大高等学校和职业院校招收一线劳动者的比例，促进社会纵向流动和社会公平。

二、专家观点

在推动职业教育发展的过程中，来自学界、教育界、行业企业的专家和学者纷纷从自身视角对职业教育相关重大问题进行研究或探讨，并积极建言献策，为职业教育的进一步发展提供了理论基础和智力支持。

（一）陈衍：职业教育迎来发展春天①

2014 年是中国职业教育发展的重要一年，政府和国家领导人对职业教育表现出前所未有的重视，相关政策足以说明职业教育将迎来发展的春天。

第一，从“政府主导”到“市场引导”。2002 年国务院的决定明确提出“形成政府主导、依靠企业、充分发挥行业作用、社会力量积极参与的多元办学格局”，2005 年的国务院决定进一步强调继续完善这一格局。2014 年国务院新颁布的《关于加快发展现代职业教育的决定》提出“政府推动、市场引导”的要求。从过去的“政府主导”到现在的“市场引导”，这是我国职业教育发展基本方针和原则的重大调整，意味着政府在继续肩负起“保基本、促公平”重责的同时要强化市场机制作用发挥。

第一，从“大力发展”到“加快发展”。“大力发展职业技术教育”首次出现在中共中央 1985 年《关于教育体制改革的决定》，其后 1991 年、2002 年、2005 年三次国务院关于职业教育的决定都秉承了“大力发展”这一工作方针。2014 年的国务院决定遵循中共十八大精神，提出“加快发展现代职业教育”。从“大力发展”到“加快发展”，这是对我国职业教育发展工作方针的重大调整，也给职业教育战线人士吃了一颗定心丸。

第三，从企业是“重要力量”到企业是“重要主体”。从新中国成立以来，特别是 20 世纪 70 年代中期发端，职业教育主要由行业企业举办。2014 年国家提出“深化校企融合，鼓励行业和企业举办或参与举办职业教育，发挥企业重要办学主体作用”，表明企业在职业教育办学中的政策地位发生变化，国家将更加充分依靠企业举办或参与举办职业教育的取向。

第四，从“组织动员社会力量参与”到“引导支持社会力量兴办”。我国政策原来所倡导的“组织动员行业企业和社会力量参与办学”的思想在本质上仍然是计划经济的思维模式，即通过政府的组织动员手段来发动社会力量参与职业教育。在市场主体地位得到充分确认和保障的情况下，国家 2014 年的新政是“引导支持社会力量兴办职业教育”，即政府是引导者，通过符合市场规则的办法实现由主体自主“兴办”职业教育的目的，同时对社会力量兴办职业教育在教育、财税、金融、土地等政策上给予更多的“国民待遇”。

第五，从“管理”到“治理”。2005 年国务院召开的全国职教工作会议提出“深化内部管理体制改革”，强调理顺公办职业院校内部的管理关系、组织形式和运行机制；2010 年出台的教育发展规划纲要提出“建设现代学校制度”，为社会参与学校管理破题；2014 年国务院提出，职业院校要完善治理结构，提升治理能力。2014 年末，人力资源和社会保障部颁布《关于推进技工院校改革创新的若干意见》，教育部提出《中等职业学校校长专业标准》面向社会公开征求意见。作为国家治理体系的组成部分，推进职业学校治理能力现代化也是深化职业教育综合改革、

①《人民政协报》2014 年 12 月第 31 期第 10 版。

推动职业教育现代化的迫切需要。

第六，从培养“高素质劳动者和实用人才”到培养“高素质劳动者和技术技能人才”。2014年国家提出，加快现代职业教育体系建设，“培养数以亿计的高素质劳动者和技术技能人才”。从2002年的“实用人才”到2005年的“技能人才”，再到2014年的“技术技能人才”，职业教育人才培养的基本定位更加清晰，内涵也在逐步扩大。这也是对《高技能人才队伍建设中长期规划（2010～2020年）》的进一步呼应。值得一提的是，教育部门和人社部门在对这类人才的称呼上有所区别。

第七，从“积极发展高等职业教育”到“创新发展高等职业教育”。现有高等职业院校多在21世纪初成立，当时国家的政策是“积极发展高等职业教育，有条件的市（地）可以举办综合性、社区性的职业技术学院”。2005年国家提出在高等教育阶段要相对稳定普通大学招生规模，重点发展高等职业院校。2014年国家提出“创新发展高等职业教育”，即一方面要推动高职为区域服务、为企业服务、为人的发展服务，另一方面要构设完整的职业教育层次体系和建立符合高职特点的学位制度。针对学位方面，2014年在学校和研究层面已有相关探索，当然还只是开始。

第八，从“加强衔接与沟通”到“系统培养、多样成才”。2002年国家即提出建立职业教育与其他教育相互沟通和衔接的“立交桥”，2005年国务院决定进一步强调使职业教育成为终身教育体系的重要环节。2014年国家首次提出“系统培养、多样成才”的发展原则，并对系统培养、多样成才的具体路径、方式做出一系列的规定。其中有两类试点引起社会广为关注：一是“本科转型”，引导一批普通本科高等学校重点举办本科职业教育；二是“技能高考”，推行多种形式技能考核办法。

第九，从把职业教育“纳入经济社会发展总体规划”到推动“职业教育与经济社会同步发展”。“抓职教就是抓经济，抓职教就是抓发展，抓职教就是抓民生”——这句许多地方政府和职教圈子熟悉的表述，传递的核心意思是，在所有教育类型中，职业教育与经济社会发展的关系非常密切。2002年国务院决定提出各级人民政府要“把职业教育工作纳入当地经济和社会发展的总体规划”；2005年国务院会议要求“一定要把加强职业教育纳入各级发展总体规划”；2014年国家进一步提出要推动职业教育与经济社会同步发展，即职业教育与经济社会同步规划，与产业建设同步实施，与技术进步同步升级。由此，大大提升了政府在规划职业教育上的责任。

第十，从建设“中国特色现代职业教育体系”到建设“中国特色、世界水平的现代职业教育体系”。“到2020年，形成适应发展需求，产教深度融合、中职高职衔接、职业教育与普通教育相互沟通，体现终身教育理念，具有中国特色、世界水平的现代职业教育体系”，这是2014年国务院《决定》所提出的我国职业教育改革发展的总体目标。该目标进一步丰富了现代职业教育体系的内涵，在强调中国特色的同时，也强调中国职业教育要与世界职业教育发展接轨，体现了更强的全球性和现代性的价值取向。

（二）杨进：职业教育，不能“低人一等”了①

从制度层面打通职教生从高中到研究生的上升通道，架起人人皆可成才的“立交桥”，才能打破个人发展的天花板，提升职业教育的吸引力。

最近，职业教育再次成为热门话题。一是时隔9年，国务院再次召开全国职业教育工作会

---

①《人民日报》2014年7月7日第5版。

议，发布《关于加快发展现代职业教育的决定》。二是教育部等六部门印发了《现代职业教育体系建设规划（2014～2020年）》，提出将全国1200所高校中的600多所地方本科院校转向职业教育。可以说，“中国职教升级版”大幕已经拉开。

职业教育的发达程度，体现着一个国家的经济发展水平和教育现代水平。在一个职业分工结构合理的社会，不仅需要“学术型”人才，更需要大量“技能型”人才。许多发达国家职业教育占比都是如此，比如德国就有将近80%的年轻人接受的是职业教育。对于正在转型升级的中国而言，培养大量的“技能型”人才，重要且迫切。许多地方的技工荒、招工难都说明了这一点。

然而，职业教育往往是说起来重要、选择起来次要。追求学历教育，轻视技能教育；追求普通教育，轻视职业教育，以及公众对一些职业教育学校的调侃揶揄，反映出社会的普遍心理。这也不奇怪，在目前的招生体制下，重点院校“掐尖”，职业院校“掐尾”，高职院校一直被视为高等教育的末端，成为高考落榜生的“无奈选择”。从这个角度来看，大力发展职业教育，当务之急是转变观念，打破职业院校“低人一等”的形象。

一是要进一步明确职业教育的定位。在许多国家，职业教育不但有本科，还有硕士和博士，与普通教育“平起平坐”。一直以来，我国职业教育最高只有高职层次，高职毕业生要进一步深造，有诸多现实条件限制。根据此次国务院发布的相关决定，今后的职业教育将包括高中、专科、本科和研究生几个阶段，还有与职业教育特点相符合的学位制度。从制度层面打通职教生从高中到研究生的上升通道，架起人人皆可成才的“立交桥”，不仅能够打破个人发展的天花板，还能够提升职业教育的吸引力。

二是要全面深化改革。首先要树立正确的人才观，改变歧视性政策。在选人用人上，职业院校的毕业生在待遇、职称、职务等方面还面临不少歧视，比如，从劳动制度看，“技能型”人员的工资和福利待遇，一般来说都比不上“学历型”人员。其次要深化办学方向和课程体系改革。职业教育的根本特色在于“使无业者有业，使有业者乐业”，因此需要更好地打造学生适应就业需要的职业能力，坚持产教融合、校企合作，坚持工学结合、知行合一，尤其要摒弃那种简单模仿普通高校的办学思路，改变“在黑板上种田”、“在课本上开机器”现象，让职业教育发展更加“职业”、更有特色。

发展职业教育，从个体层面来讲，是让“人人都有出彩的机会”；从国家层面来讲，是要为“两个百年”目标和民族复兴的中国梦培养数以亿计的高素质劳动者和技术技能人才。从改变观念开始，从深化改革入手，我们一定能早日建成具有中国特色、世界水平的现代职业教育体系。

（三）毕结礼：发展现代职业教育，把握服务发展，促进就业的办学方向[①]

把职业教育发展的战略定位和战略思想转化成战术、方案及行动计划，即将职业教育的战略思想落地，真正把握住为就业服务的办学方向。多年来我们一直强调职业教育要为就业服务，这次中央特别提出“把握促进就业的办学方向”，着重强调“就业”二字。体会如下：

第一，确立服务就业的职业教育发展基本准则。坚持以就业为导向建设职业教育，促进就业的办学方向，依靠政府力量积极推动职业教育发展，注重产教对接和产教结合的重要方式，不断创新办学模式和探索职教的发展规律。就业是职业教育发展的基础，上连国家和谐稳定与经济技

①中国培训网，http：//www. zhongguopeixun. net/news/html/？818. html。

术的发展，下连老百姓的生存，无论哪一个国家领导人上台的时候，演讲的第一个主题都是促进就业的问题，所以必须认识到职业教育是支持就业的技术路径、基本措施，是实现岗位成才、职业生涯发展的基本路径。

第二，职业教育的贡献率首先看它对就业的贡献率。人才是为经济发展服务，教育的目的是培养人才，培养学生的就业能力、工作能力、职业生涯发展能力，有了这种能力才能为经济发展服务，有了人才才能让企业真正走向世界，职业教育的功能就是培养人才。因此，职业教育最重要的是为人才发展服务，重视职教对就业的贡献率，能不能就业，能不能就好业，然后才是为经济发展服务。

第三，政策导向和技术开发是推进或者保证就业方向的两大节点。国内以就业为导向的机制和以能力论人才的评价机制还没有形成，技能型人才的社会地位和经济地位有待提高，应该加大开发和技术支持力度，把国家的思路变成自己的发展思路，这才是落实职教会议精神的实质所在，其关键仍然是政策导向和技术支持。

第四，破解职业教育理论研究的误区。从技能人才培养的角度出发，职业教育人才培养模式需要破解理论研究的误区：其一，就业导向是理念问题，能否落实职业教育以就业为导向的战略定位的关键是理念，然后要建立以就业为导向的理论体系，扭转从教育到教育的封闭式的理论研究，建立以就业为导向的职业教育理论体系和发展模式；其二，搞清学科教育和职业教育的区别，职业教育的目的是就业，学科教育的目的也一定是就业，两者都需要培养学生的初次就业能力、岗位提升能力和职业生涯发展能力，将人才成长的特点与社会需求特性相互匹配。

第五，要突破制度。制度建设一定要突破极限，建立以能力为本的用人机制、评价机制，落实人才评价的标准——品德、能力和业绩，通过以人为本的用人机制，建立职业教育的内生动力，增强职教活力。此外，强化职业教育的三大支柱建设：其一，教师队伍建设；其二，课程建设；其三，实训基地建设。一定要提升企业的参与度，认真研究历史总结经验，真正把校企合作之路走得实实在在，共同推进职业教育的大发展。

（四）刘占山：从解决最基本问题入手[①]

产教融合、校企合作是高等职业教育发展的基本特征，也是职业教育发展的重要方式。对于这一点，大家在理念上基本形成共识，只是在实践推动上进度不一、力度有别。加强校企合作，要从解决最基本的问题入手，才能做得实、走得远。

第一，立足解决高职院校校企合作机制不完善问题。采用什么方式、何种机制进行校企合作，这是每一所高职院校都面临的问题。职业院校应该秉持开放、融合的理念，不唯书，只为实，大胆探索，结合合作企业诉求和学校专业特点，搭建起开放式“一主多元”办学平台，形成股份制、校企联盟、订单合作和集团化等多种合作机制。实践也充分说明，校企合作的机制是多元的，没有一种机制、一种模式是“放之四海而皆准”的，对于某一学校某一专业适合的就是最好的。从这个意义上来说，高职院校在校企合作机制上进行大胆探索，高职院校与企业的合作理应呈现百花齐放的局面。

第二，立足解决高职院校技术技能型人才培养与社会用人需求错位问题。培养满足社会需求的适用性人才是高职院校的终极追求。通过校企合作，实现这个目标的载体就是课程，校企双方

①《中国教育报》2014 年 11 月 24 日第 6 版。

共同主导课程建设，在课程开设过程中引项目入校、引专家入校、引产品入校，形成多样化课程体系，使学生充分体验工作现场教学，从而强化与工作实践的对接。

第三，立足解决高职院校教学质量保障不力的问题。校企合作只有涉及教学层面才能趋于深入，才能显出成效，成效的标志就是要能保障高职院校的教学质量。要保障教学质量，关键在于前期要具备适合、“打眼”的软硬件条件，中后期要有及时、科学的检查评估。职业院校可以利用校企合作契机，抓住校企合作的优势，强化教学质量保障，通过与企业共享资源，致力于“双师型”教学团队建设，产生了一批省级技能名师，使师资条件得到保障；建立校内外生产性实训基地，实现了学生的实习实训与工厂的产品生产同步，使实践条件得到保障。

统计篇

第一章　中国职业教育发展概况

职业教育是现代国民教育体系的重要组成部分。近年来，国家积极推进职业教育发展，支持各级各类职业教育办出特点、办出水平，各地区和许多企业进行了积极探索，也积累了不少经验。从总体上看，大力发展职业教育，既是当务之急，又是长远大计。现在，我国就业和经济发展正面临着两大变化，社会劳动力就业需要加强技能培训，产业结构优化升级需要培养更多的高级技能人才。在充分认识到我国职业教育重要性和紧迫性的前提下，本章将先回顾2014年职业教育发展状况，阐述其发展特征，并重点展望职业教育发展趋势；同时我们对职业院校布局、校均规模、师资配置、经费投入、办学条件等几个方面的统计数据分析，进一步了解和把握我国职业教育的资源配置状况及发展概况。

第一节　2014年职业教育发展概况

2014年，国务院部署加快发展现代职业教育，印发《关于加快发展现代职业教育的决定》，召开全国职业教育工作会议，体现出国务院对发展职业教育的高度重视，也标志着我国职业教育进入发展的新纪元。

一、2014年职业教育发展回顾

2014年是中国深化改革年，也是教育改革年，更是职业教育发展史上具有里程碑意义的一年。这一年，职教领域发生了太多值得关注的事情，其中最值得重书一笔的便是全国职业教育工作会议的召开，开启了我国职业教育改革的新纪元。

2014年2月26日，国务院总理李克强主持召开国务院常务会议，部署加快发展现代职业教育。会议认为，发展职业教育是促进转方式、调结构和民生改善的战略举措。以改革的思路办好职业教育，对提升劳动大军就业创业能力、产业素质和综合国力意义重大。3月9日，“两会”期间，全国人大代表、江苏阳光集团董事长陈丽芬说出了很多人想说的一句话：我们企业需要有真正技能的人才，不一定要求那么高学历。德国仅有约20%的学生进入大学，80%的年轻人接受职业教育。因此人大代表们就关于“研究生质量”的这个话题所引发的争论达成了一点共识——必须重视和发展中国的职业教育。

2014年6月，在全国职业教育工作会议召开前，国务院印发《关于加快发展现代职业教育的决定》，全面部署加快发展现代职业教育，提出“到2020年，形成适应发展需求、产教深度融合、中职高职衔接、职业教育与普通教育相互沟通，体现终身教育理念，具有中国特色、世界水平的现代职业教育体系。”

时隔九年，2014年6月23~24日，全国职业教育工作会议再次召开，习近平总书记就加快职业教育发展作出重要指示。这次会议是在我国改革发展进入新阶段、教育事业面临新机遇和新挑战的背景下召开的一次重要会议。会议为我国新形势下职业教育改革发展指明了新方向，提出了新要求，绘制了新蓝图，开启了新阶段，翻开了新篇章，是我国职业教育发展史上的重要里程碑。

重视发展职业教育，推动引导全社会确立尊重劳动、尊重知识、尊重技术、尊重创新的观念，形成“崇尚一技之长、不唯学历凭能力”的社会氛围，提高职业教育的社会影响力和吸引力，已成为国家层面上的一种共识，职业教育将迎来快速发展的春天。

二、2014年职业教育发展特征

职业教育是一个国家和地区经济社会发展的基石，是其核心竞争力提升的源泉[①]。随着全国职业教育工作会议的召开，职业教育对促进经济社会发展的重要性日益显现，职业教育的发展受到了社会的广泛关注。

（一）国家指导力度大

进入21世纪以来，职业教育在法律上已被确认为“国家教育事业的重要组成部分”，中央高层也多次提出要把职业教育作为教育工作的战略重点来抓。2014年，党中央、国务院更是高度重视职业教育工作。2014年2月26日，国务院总理李克强在国务院常务会议上指出：“发展现代职业教育，是转方式、调结构的战略举措。”他同时强调：“要发展与市场相匹配的职业教育、培养与市场相匹配的职业人才，形成‘不唯学历凭能力’的社会氛围；要依靠政府、市场和社会三者的力量举办职业教育；要支持社会力量兴办职业教育。”这些要点清晰地表达了政府对职业教育和民办职业教育的重视与支持。6月23日国务院召开全国职业教育工作会议，习近平总书记专门对职业教育工作做出重要指示，明确了职业教育的战略地位、时代重任、发展方向。

《关于加快发展现代职业教育的决定》及《现代职业教育体系建设规划（2014～2020年）》等政策的发布更是体现了党中央、国务院对职业教育的高度重视和关心，为职业教育改革发展指明了方向。

发展职业教育，是提高劳动者素质、实施科教兴国战略、促进社会主义现代化建设的重要手段和必要方式，也是解决社会就业问题的一个重要举措。高素质、技能型的人才是社会建设的基础性力量，也是促进经济结构调整和产业转移的关键性因素。

（二）社会认可度提升

职业教育社会认可度的高低可以从三个指标进行考察：一是毕业生首次就业率的高低；二是新生报到率的高低；三是人民群众满意度的高低。

根据2014年发布的《教育蓝皮书（2014）》显示，毕业生初次就业率呈现两头高中间低的特点：专科生为79.7%，本科生为67.4%，硕士生与博士生为86.2%。从学校类型来看，高职高专院校初次就业率最高，其次才是重点大学及普通本科院校。近一两年，有部分考生放弃攻读

①刘晓：《加强社会力量办学　激发职业教育活力》，《中国职业技术教育》2014年第21期，第123－126页。

二本或三本的机会而选择职业教育，从侧面反映了职业院校新生报到率呈增长趋势。在就业形势日趋严峻的情况下，与其说这是一种无奈的选择，不如说是一种理性的思考。

2014 年 11 月 4 日，在第六届全国数控技能大赛决赛期间，周浩弃北大读技校的经历被《中国青年报》报道后，引起轩然大波。虽然这只是个偶然事件，但从侧面表明，职业教育对于学生个人的吸引力在不断提高。社会认可度的不断提升，为职业教育的持续发展奠定了良好的基础。

（三）财政投入显倾斜

教育部、国家统计局、财政部联合发布的 2013 年全国教育经费执行情况统计公告中显示，2013 年国家财政性教育经费为 24488.22 亿元，占国内生产总值比为 4.30%，比 2012 年的 4.28%增加了 0.02 个百分点。其中，全国中等职业教育生均公共财政预算公用经费支出为 3578.25 元，比 2012 年的 2977.45 元增长 20.18%；全国普通高等学校生均公共财政预算公用经费支出为 7899.07 元，比 2012 年的 9040.02 元下降 12.62%。

职业教育的发展离不开政府的投入和支持。2014 年 11 月，中央财政下达现代职业教育质量提升计划专项资金 40 亿元，比 2013 年增长 23.5%，用于支持地方建设中职学校实训基地、维修改造校舍、购置教学仪器设备和图书资料等方面，改善中职学校基本办学条件，提升中等职业教育基础能力。2014 年 12 月 28 日，财政部、教育部提出 2017 年各地高职院校年生均财政拨款水平应不低于 1.2 万元，两部门将从生均财政拨款制度建立与完善、预算安排等方面，加强对各地高等职业教育投入情况的监测。中央财政依据监测数据和相关统计资料，选取体现改革绩效导向的因素分配，并适当向高等职业教育改革成效显著的省份倾斜，向年生均财政拨款水平率先达到 1.2 万元且稳定投入的省份倾斜，从而加快高等职业教育的发展。从诸多数据显示，我国职业教育投入将实现大幅增加，并呈现出倾斜的特点。

（四）本科院校欲转型

进入 21 世纪以来，我国毕业生规模逐渐增加，就业压力越来越大。2013 年全球经济增长乏力，我国国民经济增长速度为 7.7%，是 21 世纪以来增速最低的一年，当年高校毕业生规模达到 699 万人，被称“史上最难就业年”。2014 年高校毕业生供给规模增加为 727 万人，而劳动力市场需求却难以同步提高。根据《教育蓝皮书（2014）》数据表明，2013 年地方本科院校初次就业率仅为 75.4%，低于重点本科（“211”及“985”高校）的 75.5%和高职高专的 78.1%。地方本科院校，特别是 1999 年以来的新建本科院校，已连年面临就业率低、专业对口率低、就业质量不高的窘状。

大学生就业难实际上是高等教育结构失衡的结果，研究型大学比例过高，应用型本科太少，已不能适应经济社会发展的需要。正是在这个背景下，李克强总理在 2014 年 2 月 26 日的国务院常务会议上部署加快发展现代职业教育，特别提到“引导一批普通本科高校向应用技术型高校转型”；2014 年 5 月，《国务院关于加快发展现代职业教育的决定》强调要“重点举办本科职业教育”；2014 年 6 月，教育部等六部门联合印发《现代职业教育体系建设规划（2014 ~ 2020 年）》，进一步提出要鼓励举办应用技术类型高校，将其建设成为直接服务区域经济社会发展的新型大学。

大力发展现代职业教育，促进地方本科院校向应用型本科转型，是我国新时期新形势下的重大战略决策，能有效改善我国目前产业领军人才、高层次技术专家和高技能人才严重匮乏的局面，同时也为大力发展以技术创新为主导的实体经济提供技术型人才和储备，对发展地方经济，推动新型工业化、信息化和农业现代化有着非常重大的意义。

（五）产教融合渐深化

自2005年国务院颁布的《关于大力发展职业教育的决定》中明确了大力推行工学结合、校企合作的培养模式，提出依靠行业发展职业教育，推动职业院校与企业的密切结合以来，国家关于产教结合的顶层机制设计不断完善。目前，在教育部的统筹管理下，已建立了59个全国行业职业教育教学指导委员会，这是进一步调动行业企业的积极性，推动职业教育科学发展的重要举措。此外，在国家教育管理部门的不断推动下，全国各地区相继成立了不同组织形式的职教集团，成为产教融合更为便捷、有效的途径。

在全国职业教育工作会议上，中共中央总书记、国家主席习近平就加快职业教育发展做出重要指示，指出“要加快我国职业教育发展就要牢牢把握服务发展、促进就业的办学方向”，“坚持产教融合、校企合作”，“引导社会各界特别是行业企业积极支持职业教育，努力建设中国特色职业教育体系”。国务院总理李克强提出“要走校企结合、产结融合、突出实战和应用的办学路子”。教育部副部长鲁昕进一步强调，下一步职教改革的重点工作是：根据中共十八大和十八届三中全会提出的，关于“加快现代职业教育体系建设，深化产教融合、校企合作，培养高素质劳动者和技能型人才”的要求，从服务国家发展战略大局的高度，努力把职业教育与继续教育改革创新提升到新的水平。

《国家教育规划纲要（2010～2020年）》特别强调，要建立健全政府主导、行业指导、企业参与的职业教育办学机制，用制度创新和政策创新来丰富职业教育办学机制的内涵。建立和完善行业、企业主动参与职业教育的激励和保障机制，从政策导向上调动企业深度参与学校职业教育的积极性，全力构建政府、行业企业与学校三方的全新合作关系，让“学校学习”与“职场学习”紧密结合起来，真正促进三方的紧密合作，有效凝聚各方共识、动员全社会力量、整合各类资源共同发展职业教育，增强其发展生机与活力。

三、中国职业教育发展展望

随着全球化竞争日益激烈，经济社会对高素质的专门技能型人才需求日益扩大，对职业教育的发展提出更高要求和挑战。我国职业教育如何能够更好地服务经济的发展，形成自身的特色，本节重点展望了职业教育发展的趋势，便于把握职业教育的发展走向。

（一）顶层设计完善化

职业教育的动态性、区域性、灵活性及终身性决定了职业教育不能走普通教育的发展模式，因此职业教育的顶层设计所涉及的发展整体思路与方针政策，对职业教育发展有着至关重要的意义。2014年，国家召开全国职业教育工作会议，并先后印发《国务院关于加快发展现代职业教育的决定》和《现代职业教育体系建设规划（2014～2020年）》，标志着我国职业教育改革发展的顶层设计已初步完成。

1. 职业教育政策导向

职业教育是现代国民教育体系的重要组成部分，在实施科教兴国战略和人才强国战略中具有特殊的重要地位。党中央、国务院高度重视职业教育，未来将会出台更多政策以支持职业教育发展。

一是鼓励扶持民办职业教育发展。当前，世界各国对职业教育的重视程度日益提高，各种形式的职业培训和非正规教育的规模日益扩大。职业教育不可能也不应当由政府包揽，而是要依靠政府、行业、企业、社会团体等各方面的力量。在发挥公办职业教育作用的同时，大力促进民办职业教育的发展。

二是扩大职业教育招生。随着经济的飞速发展，国内劳动力供求形势发生了巨大变化，技工短缺越来越严重。如何改变这种现状，我国需要对招生制度进行改革。大力发展职业教育，扩大职业教育招生规模，合理平衡应届中学生上大学及接受职业教育的比例，将在一定程度上缓解用工荒的难题。

三是鼓励终身学习。《国家中长期教育改革和发展规划纲要（2010～2020年）》强调“加快从教育大国向教育强国、从人力资源大国向人力资源强国迈进”。事实上，目前我国劳动力资源数量庞大，而劳动力质量却不高。国家经济的持续发展需要劳动者具备较高的综合素质，这就需要职业教育终身化发展，为劳动者终身学习创造条件。

四是完善农村、弱势群体职业培训。我国是一个人口众多的农业大国，农业、农村、农民问题始终是影响我国经济发展和社会进步的重要问题。在各类教育中，职业教育是与经济建设联系得最为紧密的一种教育类型，实现农村职业教育事业全面协调可持续发展，是提升农村弱势群体人力资本、摆脱贫困的捷径。

2. 职业教育体系完善

随着新型工业化的推进和科学技术的发展，现代职业教育体系越来越成为国家竞争力的重要支撑。经过多年的改革发展，我国中高等职业教育快速发展，中高职衔接呈现良好势头。《国务院关于加快发展现代职业教育的决定》提出，到2020年，我国将形成适应发展需求、产教深度融合、中职高职衔接、职业教育与普通教育相互沟通，体现终身教育理念，具有中国特色、世界水平的现代职业教育体系。

为整体推进职业教育体系建设，我国已着手编制中高职人才培养衔接行动计划，设计中高职人才培养目标、专业教学目标，解决中职和高职脱节、重复、交叉的问题，推动中职和高职科学定位、有机衔接、协调发展。在引导普通本科高等学校转型发展方面，我国将采取试点推动、示范引领等方式，重点举办本科职业教育。同时，考试招生制度将逐渐改革，拓宽职业院校招生渠道，为学校和学生提供多样化选择。在一系列措施的推动下，职业教育体系将会不断完善合理。

3. 职业教育体制机制改革

加快推动职业教育发展，建设现代职业教育体系，我国需要深化体制机制改革，建立完善的法律法规和基本制度。

一是建立健全制度标准。《职业教育法》的修订工作正在加快推进中，校企合作促进办法、集团化办学意见、学生实习管理规定等也在制定中。

二是深度构建产教融合机制，组建基本覆盖国民经济各类别的59个行业职业教育教学指导委员会，制定专项政策，形成教育与产业共同发展的组织机制。各地区积极推进集团化办学，全国已经建立职教集团700多个，覆盖所在行业90%以上的学校。

三是完善现代职业学校制度，进一步扩大职业院校在专业设置和调整、人事管理、教师评聘、收入分配等方面的办学自主权；制定校长任职资格标准，推进校长聘任制改革和公开选拔试点；建立企业经营管理和技术人员与学校领导、骨干教师相互兼职制度。

通过多项体制机制改革，我国将建立起政府、行业和学校等社会各方面共同参与制度创新平台，为现代职业教育发展提供制度保障。

（二）资金保障体系化

职业教育的发展离不开资金的支持，我国职业教育起步较晚，职业教育体系尚不完善，建设之路任重道远。完善的资金保障体系是职业教育发展的前提，也是职业教育能否在经济体制改革中发挥更大作用的关键。

1. 财政投入保障机制不断健全

《中国教育经费统计年鉴》数据显示：2006～2008 年职业教育经费占全国教育经费比重比较均衡，基本上处于 11.63%～12.02%。随着我国加大对职业教育的经费投入，职业教育经费占全国教育经费的比例上升到 2009 年的 12.85%，但是从 2010 年开始，该比重逐年下降，2011 年降至 12.11%，与全国教育经费逐年上升方向背道而驰。总体来说，我国以政府投入为主的职业教育经费投入机制存在的问题，主要是政策法规落实不到位，特别是部分省、市、地区教育费附加落实不到位，生均经费标准落实不到位。

为了解决上述问题，政府出台有关政策措施以保障经费投入。2014 年 11 月，财政部、教育部联合发布《关于建立完善以改革和绩效为导向的生均拨款制度加快发展现代高等职业教育的意见》，对职业教育生均拨款制度的改革完善提出了具体工作要求，提高生均拨款水平，并强调要建立完善以绩效为导向的生均拨款制度。从 2014 年起，两部门将从生均财政拨款制度建立与完善、预算安排等方面，加强对各地高等职业教育投入情况进行监测。

随着职业教育的地位和作用日益凸显，我国还将进一步健全职业教育经费投入政策、投入机制和拨款方式，完善各级各类职业学校的生均拨款标准；建立健全绩效评价机制，提高各类资金使用效率；建立与职业教育经费投入相适应的监督管理机制，明确各级政府之间的监督管理关系，逐步形成完善的财政经费保障制度，保障职业教育又好又快发展。

2. 社会资金投入机制逐步完善

综观世界各国职业教育资金来源，政府是投资的主体，是职业教育发展的强大推动者。不过，职业教育与社会的发展、进步息息相关，需要最大限度地调动社会资金投入职业教育的积极性，丰富职业教育资金来源。为此，李克强总理指出：“引导支持社会力量兴办职业教育。积极支持各类办学主体通过独资、合资、合作等形式举办民办职业教育；探索发展股份制、混合所有制职业院校，允许以资本、知识、技术、管理等要素参与办学并享有相应权利。”

《国务院关于加快发展现代职业教育的决定》对职业教育经费保障从完善经费稳定投入机制、健全社会力量投入的激励政策和完善资助政策体系等方面提出了要求，鼓励社会力量捐资、出资兴办职业教育，拓宽职业教育办学筹资渠道；完善财政贴息贷款等政策，健全民办职业院校融资机制；探索利用国（境）外资金发展职业教育的途径和机制。逐步完善的社会资金投入机制将为职业教育提供更多经费支持，更有利于推动职业教育的改革和发展。

（三）培养模式创新化

2014 年，李克强总理在国务院常务会议上明确提出，要以改革的思路办好职业教育，职业教育的人才培养需要“大力推动专业设置与产业需求、课程内容与职业标准、教学过程与生产过程‘三对接’”。要做到这三个对接，校企合作、产教结合是必然举措。

如果企业广泛参与到职业教育中，首先企业对职业院校的投入可以缓解职业教育设施建设的资金压力；其次企业中具有丰富经验的一线人才可以直接成为职业院校的重要师资力量；最后企业与职业院校间无缝隙的合作，不仅可以使职业院校人才输出更有针对性，也使得职业教育的毕业生有更为通畅的就职出口。只有实现校企深度合作，才能将职业教育服务国家产业和服务社会的作用发挥得淋漓尽致①。

1. 校企共育人才

校企共育人才是职业院校与企业双方充分利用各自资源，形成优势互补的教学体系。职业教育更加注重实践操作能力，对求职者实施更有针对性的教育。在教学中，职业院校拥有专业理论知识、场地、招生权利、系统的教学管理体系等优势，而企业拥有实践经验、实习场所、资金等优势，两者相互补充能促使职业教育发挥更大优势。

企业与职业院校之间，可以通过联合招生、定向招生、共同制订教学计划、合作构建考评机制等方式，保证职业院校人才的培养方向与输出质量。而由企业本身直接参与到职业院校人才培养过程中的方式，能有效实现职业院校毕业生与企业需求零距离接轨，既打通了职业院校毕业生的就业通路，也解决了企业用人难的问题。

2. 校企共建基地

实训基地的建设是注重实践能力培养的职业教育教学质量的保证，是直接反映职业教育与市场联结的核心教学载体。在我国，校企共建基地主要包括实训基地与产教园区两种方式：其一，实训基地是企业在学校中的“工厂”。通过将企业完整的生产过程进行最大限度的真实模拟，学校将实训基地建成企业的生产基地、技能考核场所、双师素质锻造地与科技创新的平台。其二，综合型产教研园区。产业园则通过将“产业链”、“教学链”、“实训链”、“就业链”的融合，直接面向社会与市场，开放办学，最终形成包罗万象又井井有条的综合型产教研园区。

只有教学系统具有全面的实训方案，才能有效促使职业教育与当地产业需求相契合，保证教学过程与生产过程的无缝衔接，切实培养出社会需要的职业人才，提高职业教育的社会地位。

3. 校企共建师资

教师是学校的教学活动主力，加强师资队伍建设是提高学校教学质量和办学水平的关键。校企共建师资队伍的目的是最大限度地运用当地人力资源优势，丰富职业教育师资类型，促进职业教育教师的可持续发展。

职业院校师资队伍以学校师资为主，以企业培训师和社会外聘师资为辅，打造专兼结合的师资体系。一是通过对在校师资进行培训、企业顶岗实习等，提升教师全面素质，最终建立兼具理论与实践能力的“双师”队伍；二是积极从企业、地区、相关行业中引入优秀人才担任兼职教师，建立完整的聘用、报酬支付、考评、培训的管理体系，让兼职教师成为职业院校重要的师资储备；三是通过行业企业的帮助，探索建立区域的优秀教师库，实现职业院校师资与企业资源的共享，从而不断充实职业教育师资队伍。

---

①李牧：《构建政府、职校、企业三方联动机制，推进“校企合作、工学结合”职业教育模式深化发展——德国“双元制”职业教育模式的启示》，《商情》2007 年第 4 期，第 57 – 59 页。

（四）职业院校转型化

随着我国经济与全球科技的飞速发展，对生产管理一线的技术工人要求越来越高，能否培养一大批高素质和适应科技发展的技能型劳动者，是我国能否完成产业升级，实现经济转型的关键。因此，国家支持建设一批示范校，以此带动我国职业教育教学的深化改革，通过进一步提高示范学校的规范化、信息化和现代化水平，办出具有特色的示范校，让其在我国职业教育发展中发挥引领、骨干与辐射的作用。而示范校的提出也表明我国职业教育走上了一个新的阶梯，如何在此环境下抓住示范校建设的机会，顺利完成职业院校的转型，是我国职业教育实现跨越发展的关键。

1. 定位功能化，产学研协同创新

国外职业教育受到20世纪实用主义的影响，其从学科设置、教学模式、课程设置与人才输出等方面都具有明显的功能意味，这种功能性主要体现在两个方面：其一，学科内容最大限度地迎合当地经济发展的需求，即职业院校主要以发展具有地方经济特色的职业教育为目标；其二，人才培养功能化，即通过在校期间各种方式的实践训练，保证职业院校毕业生与企业需求直接接轨。

正是职业教育这种定位功能化的特点，直接促使了产学研协同创新成为职业教育发展不可或缺的形式，尤其是对于技术含量高的理工科目，产学研协同创新的方式，一方面让学与产相结合，保证了职业院校人才输出符合地区经济发展的需求，建立起了学校通往社会的高效立交桥；另一方面学与研相互动，筑造了职业教育与高等教育的通道，成为了技术与理论的关键平衡点。因此，示范校的建设应当是打造更加“接地气”的职业教育，而这个过程需要职业院校联合企业、社会机构、政府与各专业机构共同完成。

2. 职业院校品牌化，后示范校可持续发展

示范校的建设不仅需要向当地输出优秀的职业人才，实现“小基地、多功能、强辐射”的示范特征，还要通过一系列高质量的项目建设，打造特色的职业院校品牌，保证后示范校的持续发展，最终形成良好的职业教育生态圈。

从国外优秀的职业教育个案中不难发现：发达国家的职业教育具有与时俱进的建设目标、坚实实用的创新基地、从招生到就业的完整服务体系与深度校企合作等特征，这些特征使国外职业院校始终保持活力，成为经济持续发展的重要推动力。示范校的建设绝不能只是建起一所更好的职业院校，而应是建立起一所对学生和教师都有吸引力的学校，提高职业院校在社会上的影响力。职业院校的专业与课程设置需要根据市场需求设置，并且应结合当地产业发展和实际岗位的要求培训学生，使学生能在其中学到真本领，树立高就业率的“品牌职校”，让示范校成为地区发展的最强动力。

3. 教学现代化，线上线下齐上阵

实现教学的现代化是国家建设示范校最直观的目标。教学的现代化对于示范校建设可以带来两方面优势：其一，人才输出的优势。现代化的教具是教学方式现代化的基础，也是示范校在职业院校中起到引领作用的保障，它保障了职业院校人才的输出质量；其二，教学推广优势。教学现代化所具有的丰富的线上线下资源，让各个职业院校的优势展示成为可能，也是职业院校对外发展，走出地区，走向世界的核心途径。

随着职业教育的发展改革，需要对教学设备和教学环境等硬件进行相当多的投入。同时，随着互联网的发展，线上的各类服务与推广，例如远程教学、MOOC（慕课）课程等，最大

限度地增加了职业院校的服务人群，充分利用了职业院校的优势，也加强了职业院校与世界的联系，提升了职业院校的知名度与社会声誉。示范校在建设的过程中，除需要引进先进的教学设备外，更需要注重教具之间的互动性，采取线上线下多样的结合模式，最终形成拥有最大提升空间的特色教学工具系统。

（五）教学资源丰富化

1. 面向大众的实训基地

实训基地是职业院校教学的物质基础，承担着职业院校人才输出质量的重任。按照党中央"促进全民终身学习创造城市美好未来"的指导，职业院校实训基地不应局限于培养职业院校在校学生，而应是面向大众的终身教育培训基地。

为了更好地发挥实训基地终身教育的作用，职业院校实训基地必须具有仿真性、先进性与系统性，保证时刻与时代、地区接轨。实训基地应当拥有完整的配套系统，包括管理、实训软件、实训教材、实训方法、师资队伍等，以保证实训基地的正常运作。换句话说，实训基地既在职业院校中，又在职业院校之外，是相对独立的完整教学资源。

2. 以职业为导向的教材开发体系

教材是直接反映职业教育软实力的核心资源，是职业教学的基础。因此，职业教育教材的编制必须从职业的角度出发，主动适应社会和经济发展的需求，尤其是当地经济发展需求，应该注重以职业为导向的教材开发体系建设。

以职业为导向的教材应该具有市场的适应性、专业的理论性、个人发展的灵活性、社会发展的开放性等，职业教育教材的编制不同于普通教育。职业教材编制需要联合区域内其他职业院校、企业、行业与政府相关组织的帮助，共同完成；在整个过程中，职业院校都需要与行业保持长期的联系与合作，确保教材可以时时反映先进行业理念，保证职业教育的活力；教材的内容应根据受教育群体的变更、学生受教育水平和需求的不同而有所调整。

3. 资源共享平台

科技的发展让现代教育体系的教育模式与管理模式发生了巨大的变化，MOOC 等新型网络教学的出现让远程教学不再是学生单向的枯燥学习，"云技术"的发展让庞大的教学资源共享与交流成为可能。这些资源让学校、科研机构、企业、行业、大众等不同主体可以在同一平台上实现信息互通、资源共享，有利于促进公民的终身职业教育；有利于让职业院校了解个体需求，不断提高教学水平；有利于保障教学公平，促进教学资源优化分配；有利于转变职业教育理念，助力国家经济体制改革。

第二节　职业教育发展统计分析

本书采用 2000 年我国对东部、中部和西部三大地区行政区域划分标准，其中西部地区包括 12 个地区，分别是四川、重庆、贵州、云南、西藏、陕西、甘肃、青海、宁夏、新疆、广西、内蒙古；中部地区包含 8 个地区，分别是山西、吉林、黑龙江、安徽、江西、河南、湖北、湖南；东部地区包括 11 个地区，分别是北京、天津、河北、辽宁、上海、江苏、浙江、福建、山东、广东和海南。

一、职业院校统计分析

（一）职业院校数量统计

职业院校数量的变化最能直观地反映我国职业教育的规模。根据教育部的统计数据，2003～2013 年全国职业院校数量如表 1－1 所示。

表 1－1　　　　2003～2013 年全国职业院校数量（所）

年份	2003	2004	2005	2006	2007	2008	2009	2010	2011	2012	2013
中职	14682	14454	14466	14693	14832	14847	14401	13872	13093	12663	12262
高职	908	1047	1091	1147	1168	1184	1215	1246	1280	1297	1321
总数	15590	15501	15557	15840	16000	16031	15616	15118	14373	13960	13583

资料来源：教育部网站。

分析以上数据可以看出：

（1）职业院校总数呈现出前升后降的趋势。2003～2008 年，中高职院校总数增加幅度较小，年均增加 70 所左右；而 2008 年之后则呈现出大幅度减少的趋势，年均减少 500 多所。如图 1－1 所示。

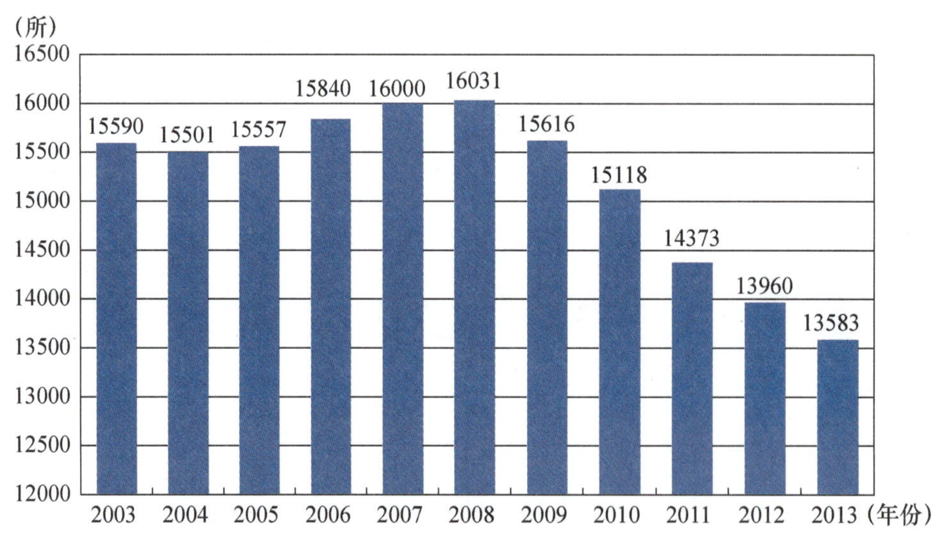

图 1－1　2003～2013 年全国职业院校总数

（2）高职院校总数呈现逐年上升的趋势。除了 2004 年的高职院校数量较 2003 年有较大幅度增长以外，其他年份的增长幅度较小。2003～2013 年高职院校数的年均增长率为 4.54%。如图 1－2 所示。

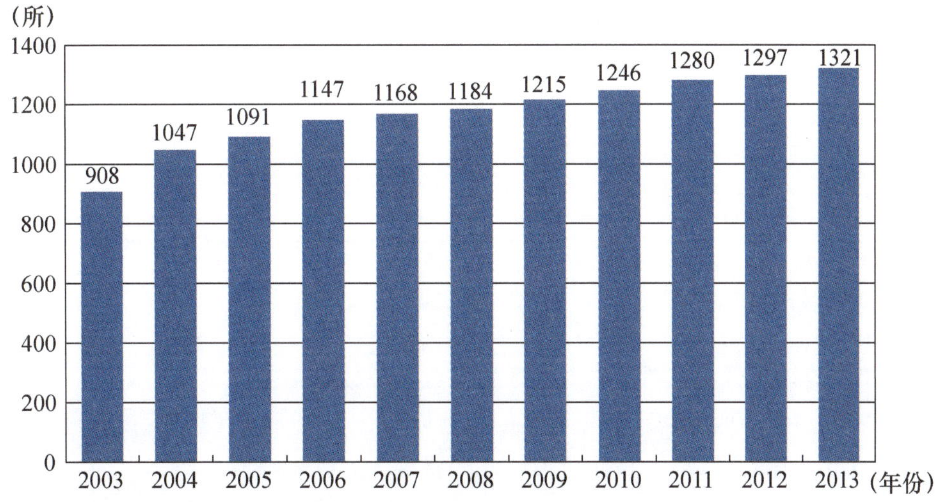

图 1－2　全国高职院校数

（3）中职院校总数呈现总体下降的趋势。中职院校数量下降幅度较大，年均减少 225 所，2013 年与 2003 年相比，减少约 16.5%。如图 1－3 所示。

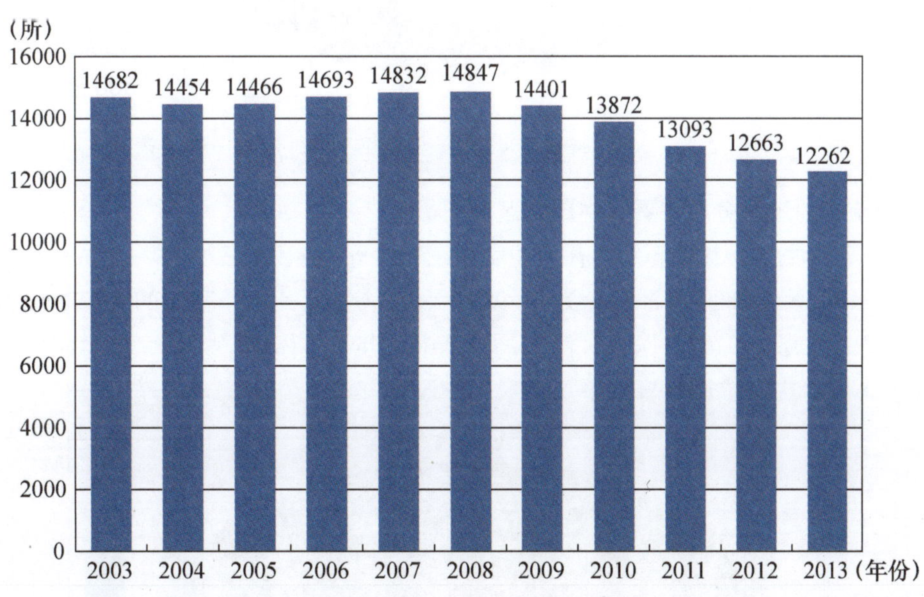

图 1－3　全国中职院校数

（二）职业院校地区分布[①]

职业院校的地区分布态势可以反映出我国职业教育的区域性差异。2013 年，我国职业院校的地区分布情况如表 1－2 所示。

①根据 2000 年国家对东部、中部和西部三大区域划分标准。

表1-2　　2013年我国职业院校的地区分布情况

地区	东部			中部			西部		
类型	中职	高职	总数	中职	高职	总数	中职	高职	总数
数量（所）	3188	547	3735	3532	446	3978	2660	328	2988
比例（%）	41.41	33.99	34.90	37.65	33.76	37.18	28.36	24.83	27.92

注：中职学校的统计不包括技校。

资料来源：教育部网站。

1. 就职业院校的地区分布来看，中部地区的职业院校数量最多

从图1-4来看，中部地区拥有数量最多的职业院校，以3978所职业院校占据优势。东部地区职业院校的数量比西部地区略多些，所占比例分别为34.90%和27.92%。

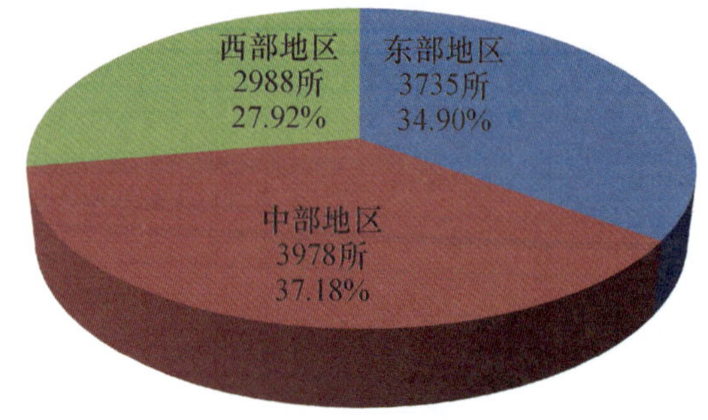

图1-4　职业院校地区分布

2. 就中职院校的地区分布来看，中部地区占比最高

由图1-5可以看出，中部地区拥有中职院校3532所，占比为37.65%，位居第一；东、西部地区分别有3188所和2660所，占比为33.99%、28.36%。此外，我国的中职学校教育总体规模比较大，中职院校数量仍然占据绝对优势，但是中职办学整体水平较低，政府应加强对职业教育资源的整合力度，提升中职教育水平。

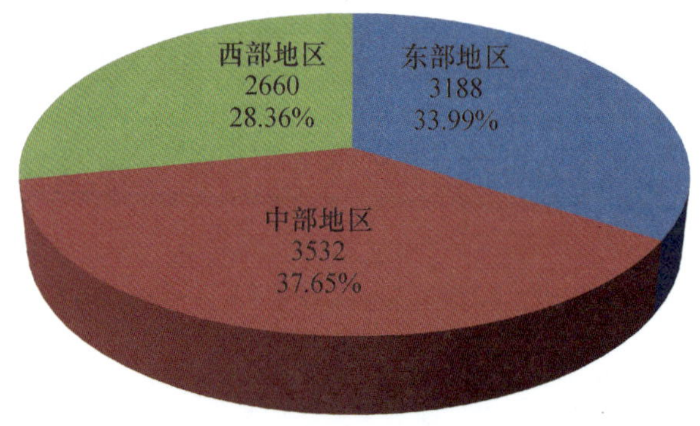

图1-5　中职院校地区分布

3. 就高职院校的地区分布来看，东部地区占比最高

从高职院校的地区分布状态看（见图1-6），我国东、中、西部地区高职教育的发展存在一定程度的不均衡。首先东部地区由于区位和经济优势，拥有的高职院校数最多，为547所，占全国高职院校总数的41.41%；其次为中部地区，占全国高职院校总数的33.76%；西部地区的高职院校数量最少，所占比例为24.83%。虽然我国中、西部地区高职教育发展较为迅速，但与东部发达地区相比，与经济建设、社会进步对高职教育的要求相比，还有相当大的差距。这就要求中西部地区高职院校不但要加强与本地区院校的交流与合作，更要主动开展跨区域合作，本着发挥优势、分工合作、资源共享、共同发展的原则，逐步减小高职教育发展的地区差距。

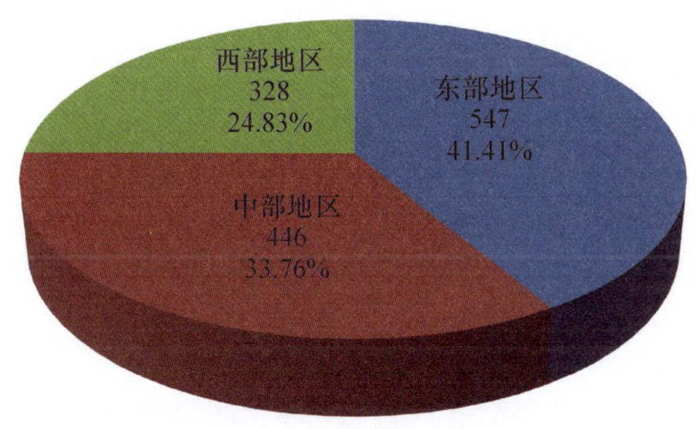

图1-6　高职院校地区分布

（三）职业院校办学类型

职业院校的办学类型可以反映出我国职业院校的办学力量。根据教育部统计数据（中职的统计数据不包括技校），全国职业院校的类型如表1-3所示。

表1-3　2008~2013年全国职业院校类型

类型		高职		中职		合计	
		公办	民办	公办	民办	公办	民办
2013年	院校数	996	325	6898	2482	7894	2807
	比例（%）	75.40	24.60	73.54	26.46	73.77	26.23
2012年	比例（%）	75.87	24.13	79.08	20.92	78.78	21.22
2011年	比例（%）	75.47	24.53	78.19	21.81	77.94	22.06
2010年	比例（%）	76.24	23.76	77.49	22.51	77.38	22.62
2009年	比例（%）	77.04	22.96	77.79	22.21	77.73	22.27
2008年	比例（%）	77.70	22.30	78.22	21.78	78.18	21.82

资料来源：教育部网站。

（1）就办学性质而言，公办院校占数量上的绝对优势。从全国职业院校的类型分布来看（见图1-7），2013年我国公办职业院校有7894所，占73.77%，办学的主要力量还是政府；民办职业教育所占比例仍然很低，但民办职业教育是我国职业教育不可或缺的重要组成部分。我国应该立足于国情与现实需要，通过对现有职业教育办学体制进行改革，合理配置教育资源，充分调动社会各方面的积极性，以形成办学主体多样化的办学模式。

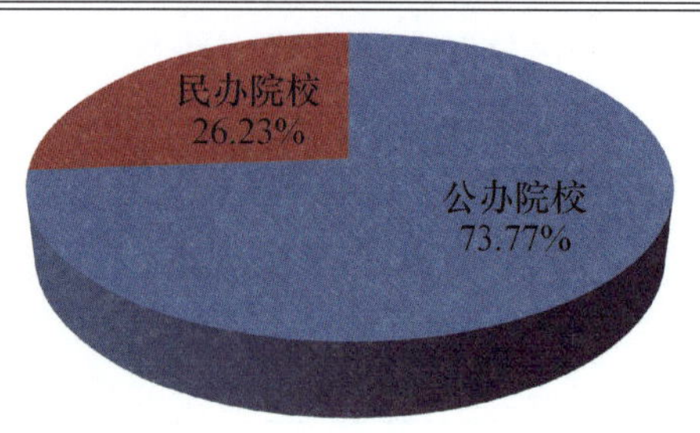

图 1－7　2013 年全国职业院校的类型分布

（2）从两类高职院校的占比来看，2008～2013 年公办高职院校占比略微下降，民办高职院校占比略微上升（见图 1－8）。

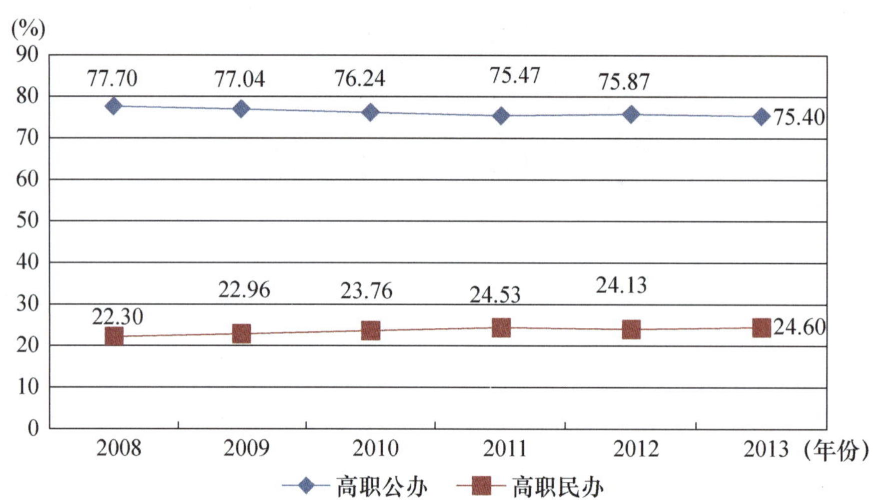

图 1－8　2008～2013 年高职院校公办、民办所占比例

（3）从两类中职院校的占比来看，2013 年公办中职院校与 2008 年相比有所下降，民办中职院校则略微上升（见图 1－9）。

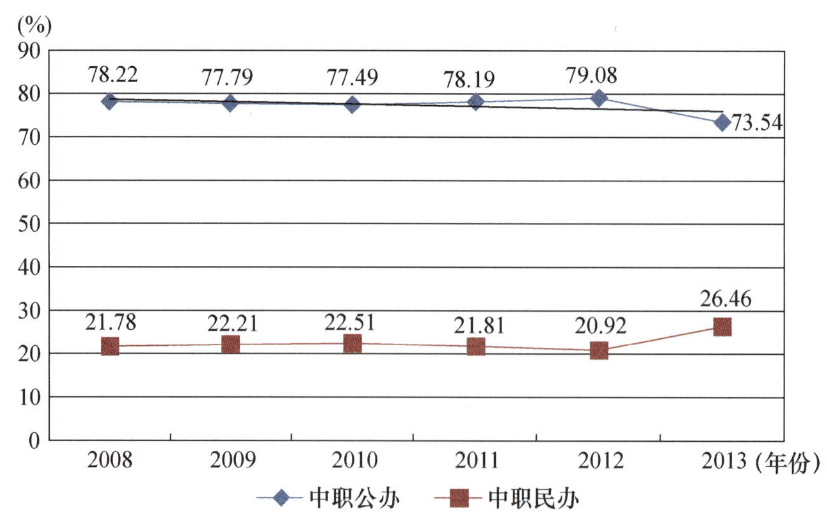

图 1－9　2008～2013 年中职院校公办、民办所占比例

二、院校学生统计分析

（一）学生规模分析

1. 在校生数量

如表1-4和图1-10所示，2004~2013年，我国中、高职在校生的人数都有一定程度的增长，但增幅较小。2004~2013年，中、高职在校生人数的年均增长率分别为5.86%、8.07%。

表1-4　2004~2013年职业院校在校生数量　单位：人

年份	中职	高职	年份	中职	高职
2004	14092400	5956533	2009	21951600	9648059
2005	16000500	7129579	2010	22317637	9661797
2006	18000500	7955046	2011	22053300	9588501
2007	19870100	8605924	2012	21136871	9642267
2008	20870900	9168042	2013	19229706	9736373

资料来源：国家统计局官网。

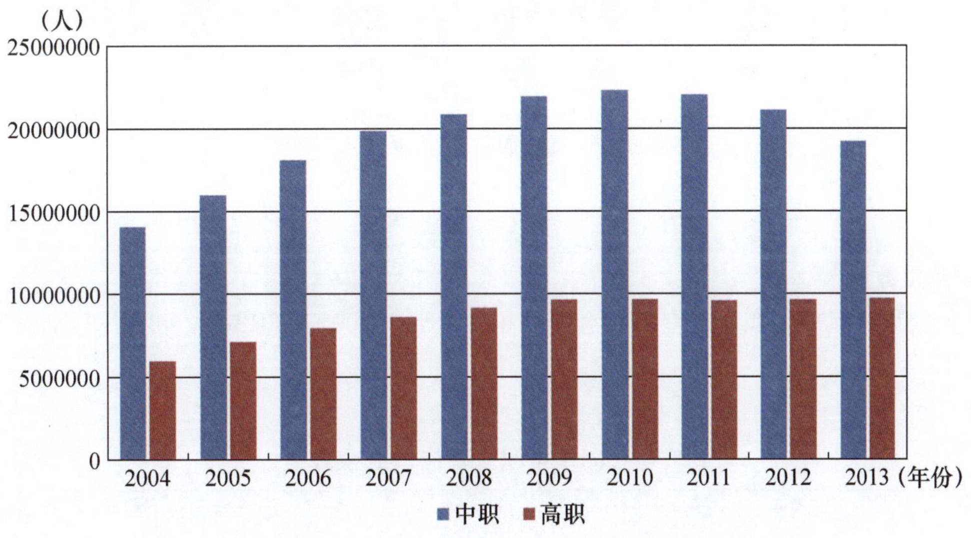

图1-10　2004~2013年我国中职、高职院校在校生数量

2. 年度招生人数

年度招生人数可以反映职业教育人才培养的增加量。根据教育部统计数据，2004~2013年职业院校年度招生数量如表1-5所示。

表 1-5　　2004～2013 年职业院校年度招生数量　　单位：人

年份	中职	高职	年份	中职	高职
2004	5662000	2374271	2009	8685200	3133851
2005	6556600	2680934	2010	8681428	3104988
2006	7478200	2929676	2011	8138664	3248598
2007	8100200	2838223	2012	7541349	3147762
2008	8121100	3106011	2013	6747581	3183999

资料来源：国家统计局官网。

通过对以上数据进行分析可以看出，2004～2009 年中职、高职院校招生人数在平稳增长，其年均增长率分别为 5.33%、3.19%；而 2010 年之后中职院校招生数呈现下降趋势，高职院校招生人数则出现小幅波动（见图 1-11）。

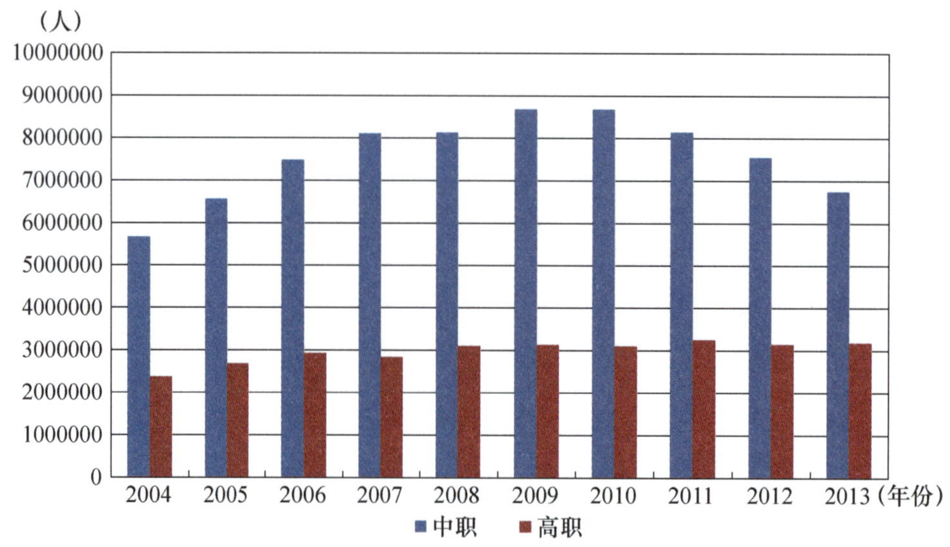

图 1-11　2004～2013 年中职、高职院校年度招生数

3. 毕业生数量

毕业生数量可以反映职业教育向社会输送的人才量。2004～2013 年，我国职业院校毕业生数量如表 1-6 所示。

表 1-6　　2004～2013 年职业院校毕业生数量　　单位：人

年份	中职	高职	年份	中职	高职
2004	3056939	1194862	2009	5096654	2855664
2005	3491921	1602170	2010	5436524	3163710
2006	3926271	2048034	2011	5411252	3285336
2007	4312433	2481963	2012	5543840	3208865
2008	4710924	2862715	2013	6744396	3187494

资料来源：教育部网站。

如图 1－12 所示，尽管近三四年中高职年度毕业生数量有小幅波动，但总体而言，2004～2013 年的中高职年度毕业生数量呈增长趋势。

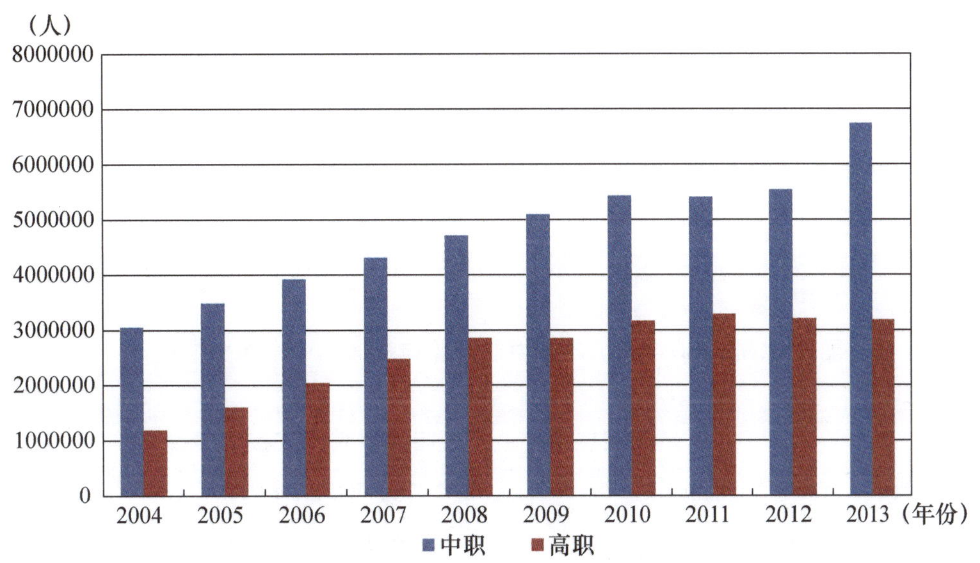

图 1－12　2004～2013 年中职、高职院校年度毕业生数

（二）学生结构分析

1. 中职院校

由于中职院校招生途径单一，普通初中毕业生是中职院校的最大生源，因此通过中职院校招生规模与普通高中招生规模的对比来分析中职教育结构规模状况。2004～2013 年中职院校招生数量与普通高中招生数量之比如表 1－7 所示。

表 1－7　2004～2013 年中职院校与普通高中招生数量比

年份	2004	2005	2006	2007	2008	2009	2010	2011	2012	2013
比例	0.69	0.75	0.86	0.96	0.97	1.05	1.04	0.96	0.89	0.82

资料来源：根据国家统计局网站统计数据整理。

从表 1－7 中可以发现，2004～2008 年，中职院校的招生数量逐步增大，并接近普通高中招生数量；2009 年、2010 年，中职院校与普通高中的招生规模之比超过了 1。虽然 2011～2013 年比例有所回落，但总体来说，中职院校的竞争力在逐步增强。如图 1－13 所示。

2. 高职院校

与中职院校的分析相类似，我们通过高职教育与普通本科教育在校生规模的比例来分析高职教育结构规模状况。2004～2013 年，高职院校与本科院校在校生规模比如表 1－8、图 1－14 所示。

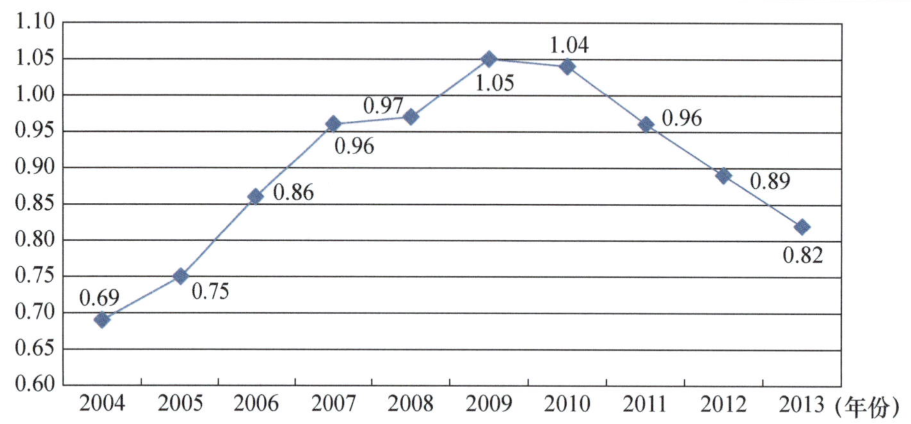

图1－13　2004～2013年中职院校与普通高中招生数量比

表1－8　　2004～2013年高职院校在校生规模与本科院校在校生规模比

年份	2004	2005	2006	2007	2008	2009	2010	2011	2012	2013
比例	0.81	0.84	0.84	0.84	0.83	0.82	0.76	0.71	0.68	0.65

资料来源：根据国家统计局网站统计数据整理。

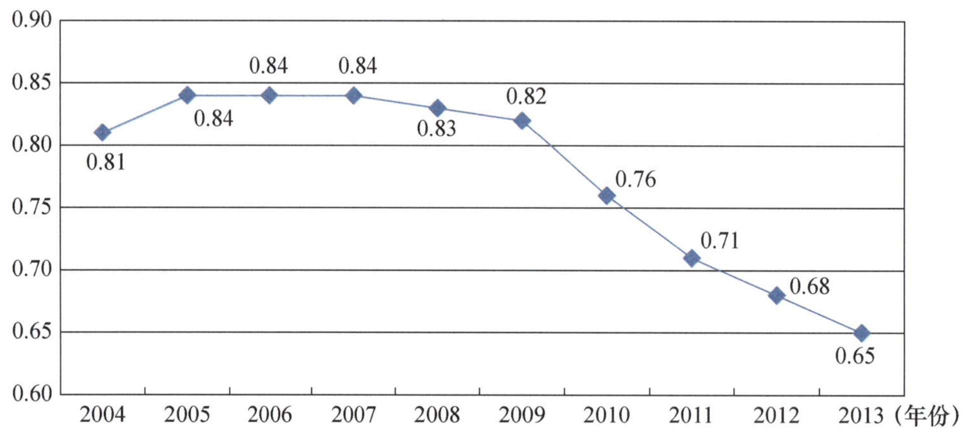

图1－14　2004～2013年高职院校与本科院校在校生数量比

通过图1－14可以看出，2004～2013年高职院校与本科院校的在校生规模之比维持在0.65～0.84，并且总体上呈现出下降态势。这表明高等职业教育规模并未占到高等教育规模的一半以上，教育结构有待优化。

（三）分学科学生规模分析

1. 中职院校

目前，我国中等职业教育所开设专业的学科门类较为齐全（见表1－9），基本覆盖了社会生产、生活所需要的方方面面。

（1）中职院校在校生人数最多的学科是信息技术类。2013年我国中等职业教育院校在校生人

表 1－9　　2013 年全国中等职业院校分学科学生数　　单位：人

学科类型	毕业生数	招生数	在校学生数
总计	5575587	5412624	15363842
农林牧渔类	757877	467279	1722323
资源环境类	46648	33843	90803
能源与新能源类	29177	20704	68184
土木水利类	181180	240140	624010
加工制造类	903618	791948	2306826
石油化工	40030	35046	107439
轻纺食品	67322	58300	152038
交通运输类	327376	457839	1135676
信息技术类	1030628	926561	2590293
医药卫生类	500063	519612	1470917
休闲保健类	25532	30861	81875
财经商贸类	634290	596711	1673386
旅游服务类	227547	261323	689918
文化艺术类	247456	260997	748355
体育与健身	37920	44709	121871
教育类	365377	511258	1396498
司法服务类	23814	22697	62428
公共管理与服务类	69921	69000	180621
其他	59811	63796	140381

资料来源：教育部网站。

数最多的学科是信息技术类，在校生数约为 259 万人。在校生数排名前五的学科依次是信息技术类、加工制造类、农林牧渔类、财经商贸类、医药卫生类。如图 1－15 所示。

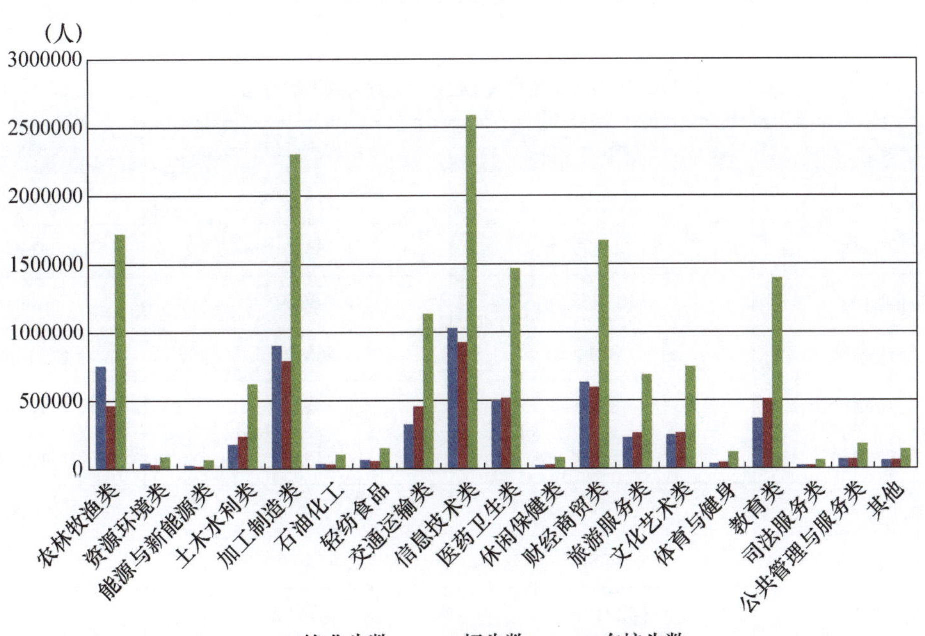

图 1－15　2013 年我国中等职业教育分学科学生数

（2）中等职业学校教育类学科招生毕业比最高。据图1-16我们发现，2013年，土木水利类、交通运输类、医药卫生类、休闲与保健类、体育与健身类、文化艺术类、旅游服务类及教育类的招生数超过当年毕业生数（即招生毕业比大于1）；对比而言，招生数相比毕业生数差距最大的五个学科依次是：能源与新能源类、农林牧渔类、资源与环境类、石油化工类、加工制造类。

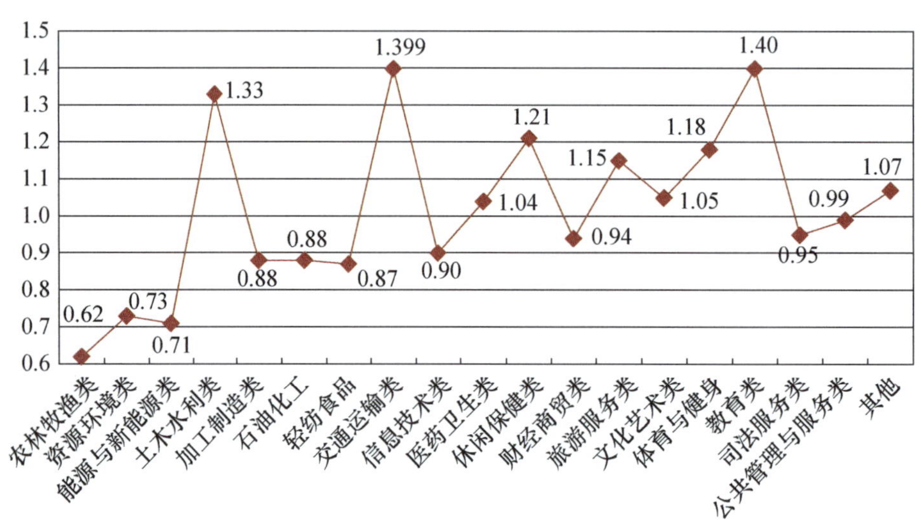

图1-16 2013年我国中等职业教育分学科招生毕业比

2. 高职院校

我国高等职业教育所开设的专业共分属19个学科大类（见表1-10），较为齐全，涵盖了社会生产、生活的各个方面，能够为学生提供较多的选择。

表1-10 2013年全国高等职业院校分学科学生数 单位：人

高职	毕业生数	招生数	在校生数
总计	3187494	3183999	9736373
农林牧渔类	56295	55578	169938
交通运输类	137055	160095	466262
生化与药品类	78844	68115	217477
资源开发与测绘类	48329	45210	145409
材料与能源类	45039	39379	125455
土建类	313035	398400	1138612
水利类	12388	14678	42744
制造类	422106	403256	1242864
电子信息类	325817	290916	892212

续表

高职	毕业生数	招生数	在校生数
环保、气象与安全类	15114	14778	44913
轻纺食品类	57604	51005	159004
财经类	668469	676475	2078204
医药卫生类	308106	324759	995420
旅游类	104287	107128	320920
公共事业类	32218	32966	96907
文化教育类	358222	297318	992417
艺术设计传媒类	154159	156091	457030
公安类	9514	11259	34675
法律类	40893	36593	115910

资料来源：教育部网站。

（1）高职院校在校生人数最多的专业是财经类专业。依据在校生指标，2013 年我国高等职业教育院校在校生人数最多的学科是财经类，在校生约有 208 万人。在校生数排名前五的专业是财经类、制造类、土建类、文化教育类、医药卫生类。如图 1－17 所示。

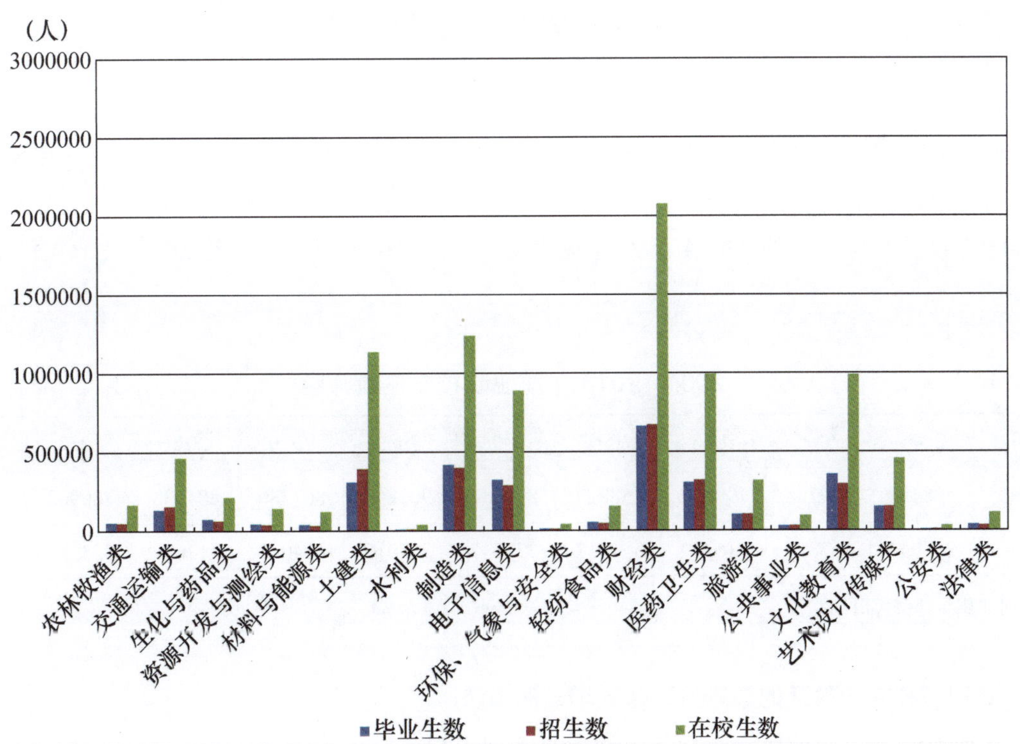

图 1－17　2013 年我国高等职业教育分学科学生数

（2）高职院校土建类招生毕业比最高。2013 年，土建类、水利类、交通运输类、医药卫生类、公共事业类、财经类、旅游类、公安类、艺术设计传媒类的招生数超过当年毕业生数；对比而言，招生数相比毕业生数差距最大（即招生毕业比小于1）的五个学科依次是：文化教育类、电子信息类、材料与能源类、法律类、轻纺食品类。如图 1－18 所示。

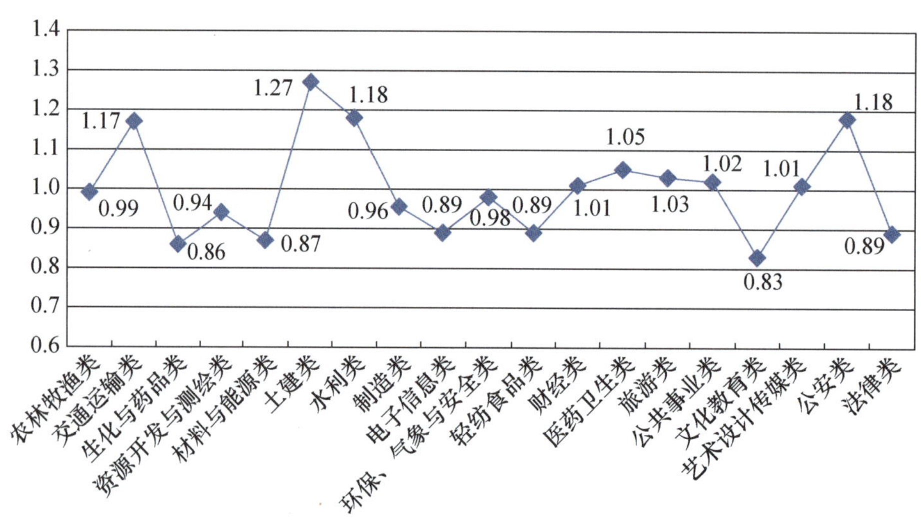

图 1－18　2013 年我国高等职业教育分学科招生毕业比

三、院校师资统计分析

（一）教师数量分析

据《全国教育事业发展统计公报》数据显示，我国职业院校专任教师总数从 2004 年的 94. 5 万人增加到 2013 年的 130. 4 万人（见表 1－11），10 年间增加了约 36 万人，年均增长率为 3. 80％。

表 1－11　　2004～2013 年职业院校专任教师数　　单位：人

年份	2004	2005	2006	2007	2008	2009	2010	2011	2012	2013
中职	708454	749788	799095	858897	894887	902869	867386	881938	880962	867943
高职	237654	267855	316299	354817	377137	395016	404098	412624	423381	436561

资料来源：教育部网站。

1. 高职院校专任教师的数量呈现稳定增长的态势

2004～2013 年，高职院校专任教师数一直呈现了稳定增长的态势，其中 2006 年较 2005 年增长达到 18％。结合前面的分析可知，高职院校专任教师数的增长与高职院校学生数的增长密切相关。如图 1－19 所示。

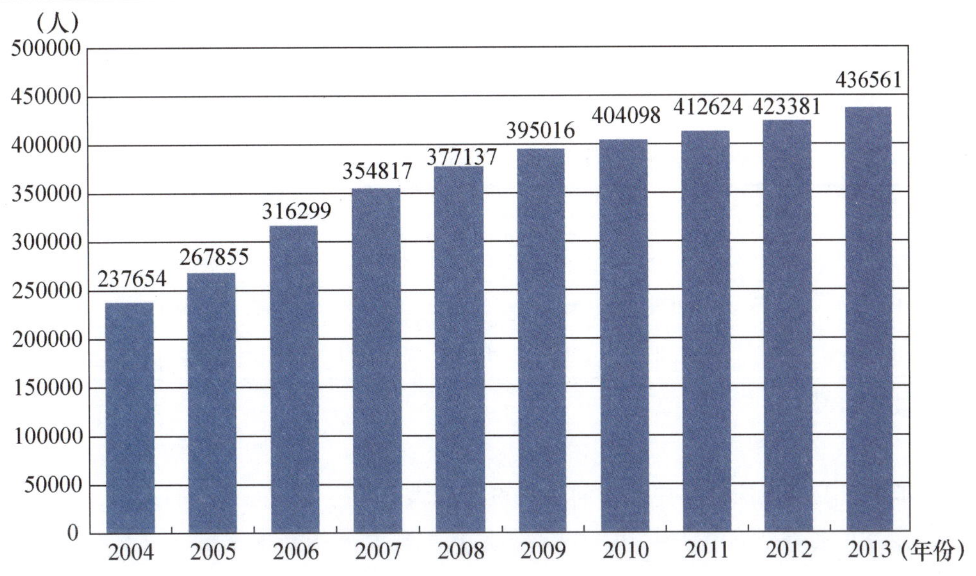

图1－19　全国高职院校专任教师统计

2. 中职院校专任教师的数量先连年增长，而后有小幅波动

2004～2009年是中职院校专任教师数增长阶段，2009年相较2004年增长率达到27%；2009年之后，中职院校教师数出现了小幅度的下降，2013年相对2009年下降3.8%。结合前文分析，我们知道专任教师数量的下降和中职院校招生数下降是有一定关联的。如图1－20所示。

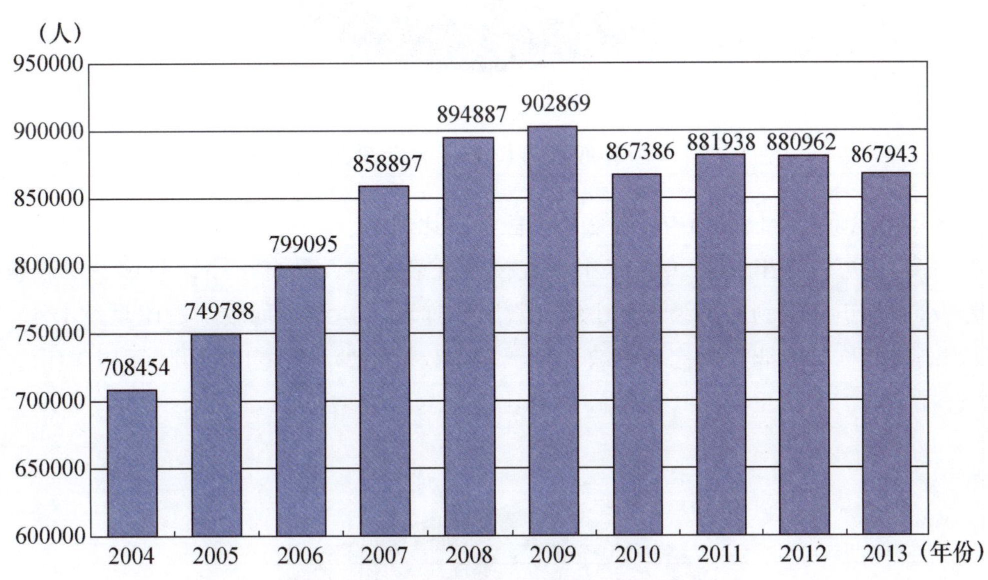

图1－20　全国中职院校专任教师统计

(二) 中职院校专任教师学历职称分析

学历结构是体现教师队伍素质的一个重要指标，也是学校教学水平的一个体现。近年来，我国中等职业教育师资中，拥有本科学历教师数量占大多数，并且呈逐年增多的趋势。这表明我国中职师资队伍质量得到了一定程度的改善，但是具有研究生学历的教师数量仍然增长缓慢。如表 1－12 所示。

表 1－12　　2013 年中职院校专任教师学历、职称情况

类型	学历					职称				
	博士研究生	硕士研究生	本科	专科	高中及以下	正高级	副高级	中级	初级	未定职称
数量（人）	915	37383	549795	76891	3770	3383	155455	268628	182596	58692
比例（%）	0.14	5.59	82.21	11.50	0.56	0.51	23.25	40.17	27.30	8.78

资料来源：教育部网站。

1. 2013 年中职院校专任教师中，本科学历占比最大

教师学历层次的提高，无论是从市场供求还是从教育发展的需求来看，都是必然的现象。同时随着国内研究生数量迅速增长，中职院校的选择空间也随之扩大。如图 1－21 所示。

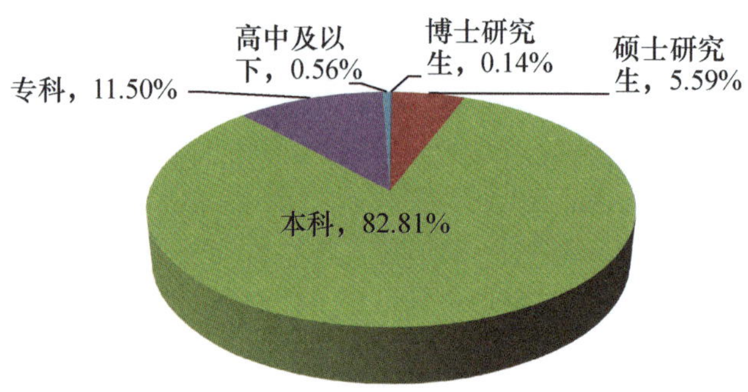

图 1－21　中等职业院校专任教师学历层次分布

2. 2013 年中职院校专任教师中，中级职称教师占比最大

从图 1－22 中可以看出，在 2013 年中职院校专任教师中，具有正高级职称的中职教师人数所占比例最小；从正高级到副高级再到中级，教师数递增，初级职称教师占比超过 1/4。这些数据表明我国高级职称的中职教师比较短缺，骨干教师数量较少。但同时我们有理由相信，伴随中职院校的选择空间扩大，正高级（教授）职称比重也会随之增长。

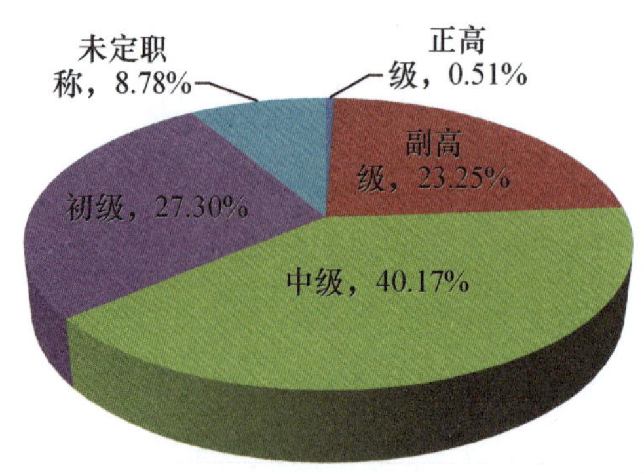

图 1－22　中等职业学校专任教师职称分布

（三）职业院校生师比分析

在校生人数与专任教师比（以下简称“生师比”）是指折合在校学生数与学校专任教师数的比例，是各级各类教学评估中用来衡量学校办学水平是否合格、合理的重要指标。由于教师在教育特别是在职业教育中的重要地位，生师比向来是学校教学工作中的重要数据。它在一定程度上体现了我国高等教育规模的大小、高校人力资源的利用效率，也从侧面反映了高校的办学质量。所以，在此我们分析职业学校生师比是非常有必要的。

1. 全国职业院校生师比统计

据《全国教育事业发展统计公报》以及教育部网站发布的教育统计数据显示，目前我国中高职学校的生师比远超过教育部制定的18:1的合格标准，说明目前我国中高职专任教师面对的学生较多，承担的教学任务更多。2004～2013年我国中高职院校生师比具体情况如表1－13所示。

表1－13　　2004～2013年中、高职院校生师比

年份	2004	2005	2006	2007	2008	2009	2010	2011	2012	2013
中职	19.89	21.34	22.65	23.13	23.32	24.31	25.73	25.01	23.99	22.97
高职	25.06	26.62	25.15	24.25	24.31	24.42	23.91	23.24	22.77	22.31

资料来源：根据教育部官网统计数据整理。

2. 职业院校生师比分析

通过对2004～2013年中、高职院校生师比数据的分析，可以发现其呈如下特点：

（1）高职院校“生师比”呈现下降趋势。由图1－23可以看出，2004～2005年高等职业教育生师比有所上升，2005年生师比高达26.62；2006年至今，高等职业教育生师比总体上呈下降趋势，其中，2009年该数据还是有了小幅的波动（上升），这说明在教师资源配置上，高等职业教育已经越来越趋向合理有效。

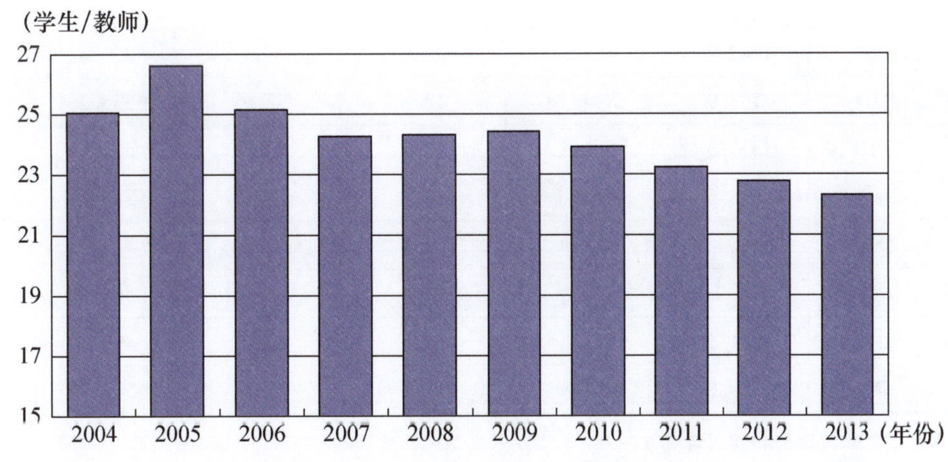

图1－23　全国高职院校生师比统计

（2）中职院校“生师比”先升而后出现下降趋势。由图1－24可以看出，2004～2010年，我国中职教育生师比逐年上升，其中2010年中职教育生师比达到了25.73；此后，生师比开始

下降，但仍然较高。这表明与中职教育相匹配的教师队伍在很大程度上跟不上目前的发展速度，这也在一定程度上导致了中职院校教学质量得不到有效的提高。

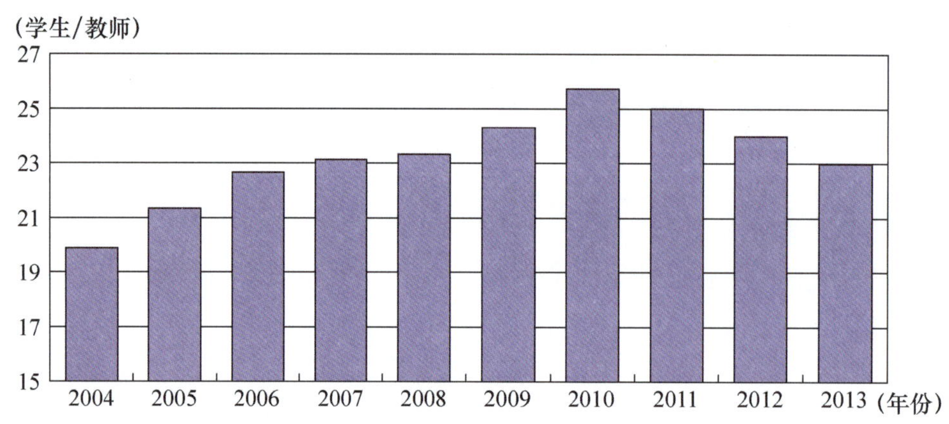

图1－24　全国中职院校生师比统计

四、教育经费统计分析

（一）全国职业教育经费投入概况

经费投入是职业教育得以开展的重要资金保障。《中国教育经费统计年鉴》的数据显示，2008～2011年我国职业教育的经费投入情况如表1－14所示。

表1－14　2008～2011年全国中、高职院校经费投入情况　单位：亿元

类型	年份	总额	国家财政性教育经费	民办学校中举办者投入	社会捐赠经费	事业收入	其他收入
中职	2008	1049.2	682.3	9.5	3.1	325.4	32.0
	2009	1198.9	814.2	12.8	3.9	335.2	32.8
	2010	1357.3	968.3	12.9	2.6	332.0	41.6
	2011	1638.5	1259.1	12.9	2.5	322.7	41.4
高职	2008	802.8	335.0	12.5	2.7	413.4	39.1
	2009	921.1	397.0	17.7	2.9	464.0	39.6
	2010	1051.5	491.6	14.6	2.9	499.3	43.0
	2011	1250.8	674.8	14.1	2.5	507.3	51.9

资料来源：《中国教育经费统计年鉴》。

（1）从投入总量来看，高职和中职的经费投入均在稳步增长。2008～2011年，中职教育经费投入的年均增长率为16.02%，高职教育经费投入的年均增长率为15.93%。如图1－25所示。

（2）从职业教育经费占教育总经费的比重来看，中职和高职都略微下降。如图1－26所示。

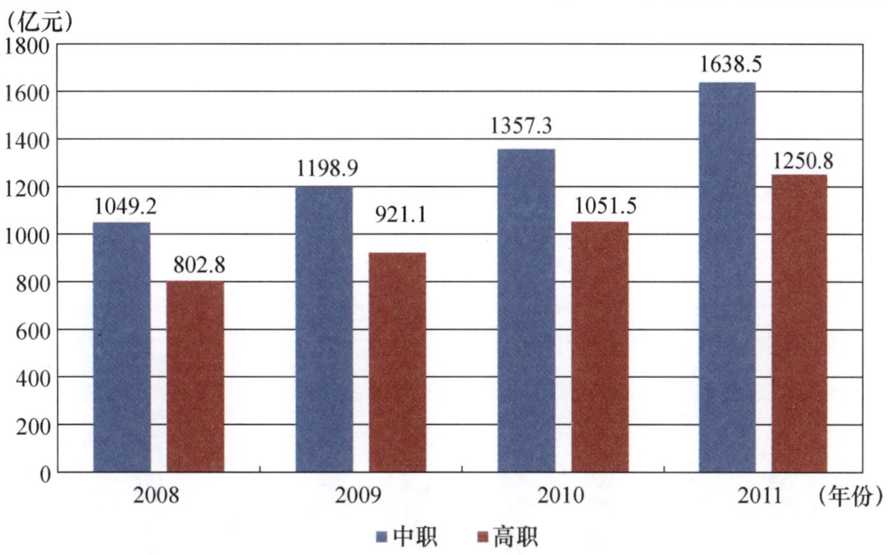

图 1-25 2008~2011 年中、高职教育的经费投入

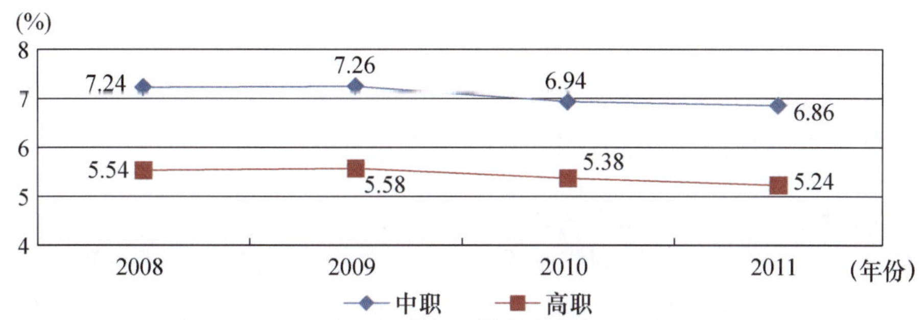

图 1-26 2008~2011 年中、高职教育经费占总教育经费比例

(3) 从教育经费的来源来看，在 2008~2011 年的中职教育经费来源中，占比最大的国家财政性教育经费逐年增加；事业收入的占比呈逐年下降趋势，民办学校中举办者投入、社会捐赠经费和其他收入等占中职教育经费的比例无较大幅度的变动。如图 1-27 所示。

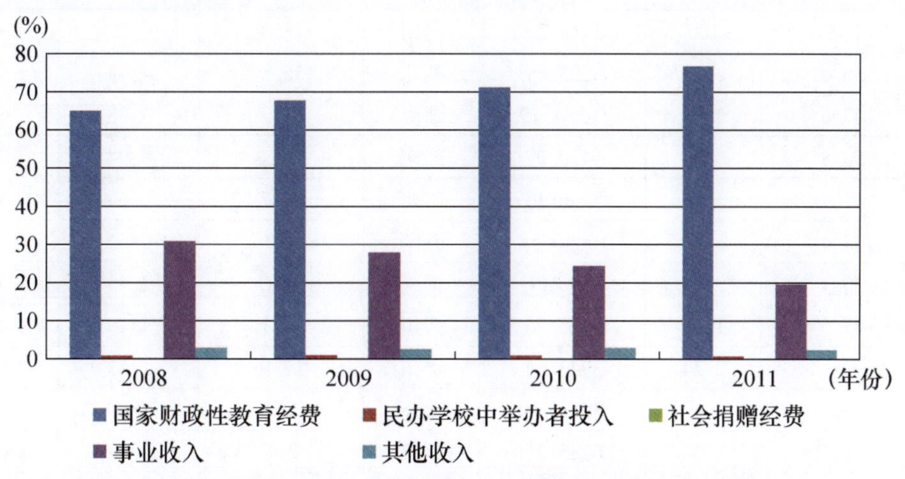

图 1-27 2008~2011 年中职教育经费来源构成

（4）从教育经费来源来看，事业收入占高职教育经费的比例呈逐年下降的态势，国家财政性教育经费占比则逐年上升，并在2011年，国家财政性教育经费首次超过事业性收入。如图1－28所示。

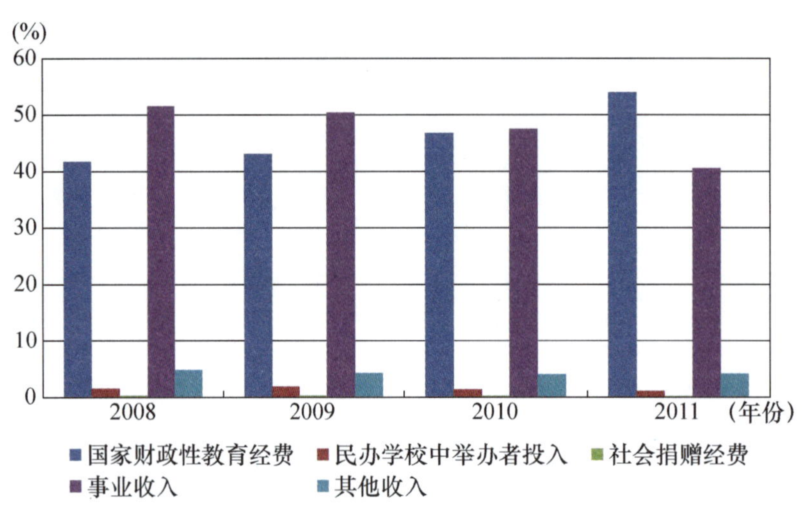

图1－28　2008～2011年高职教育经费来源构成

（二）各省（市、自治区）职业教育院校经费

1. 各省（市、自治区）高等职业教育经费分析

考虑到各省、自治区、直辖市之间职业教育的学生数量存在差距，为了更好地反映高等职业教育财政经费预算与实际经费总量的差距，下面分析各省教育经费及其占全国经费的比例以及在校生生均教育经费情况，如表1－15所示。

表1－15　　2011年各省高职院校教育经费投入情况

地区	教育经费总量（亿元）	比例（%）	在校生生均教育经费（元）	地区	教育经费总量（亿元）	比例（%）	在校生生均教育经费（元）
全国	1250.8	100	5418.22	河南	77.8	6.22	5186.18
北京	36.6	2.93	6225.69	湖北	55.5	4.44	4140.87
天津	47.6	3.81	10584.79	湖南	67.3	5.38	6302.37
河北	50.8	4.06	4420.27	广东	111.8	8.94	7320.33
山西	31.9	2.55	5366.13	广西	33.7	2.69	5615.79
内蒙古	38.6	3.09	10040.58	海南	8.2	0.66	5232.93
辽宁	35.7	2.85	3956.86	重庆	30.6	2.45	5389.10
吉林	17.3	1.38	3073.75	四川	56.1	4.49	4924.01
黑龙江	28	2.24	3943.84	贵州	17.9	1.43	5201.98
上海	20	1.60	3911.73	云南	23.6	1.89	4840.51
江苏	104.3	8.34	6285.35	西藏	2.1	0.17	6486.69
浙江	66.4	5.31	7316.95	陕西	37	2.96	3835.10

续表

地区	教育经费总量（亿元）	比例（%）	在校生生均教育经费（元）	地区	教育经费总量（亿元）	比例（%）	在校生生均教育经费（元）
安徽	45.8	3.66	4620.35	甘肃	15.9	1.27	3922.96
福建	31.1	2.49	4608.92	青海	2.3	0.18	5030.51
江西	47.8	3.82	5768.77	宁夏	9.4	0.75	10697.62
山东	80.4	6.43	4885.79	新疆	19.6	1.57	7575.79

资料来源：根据《中国教育经费统计年鉴》（2012）相关数据整理。

（1）2011年，高职教育经费占比最高的是广东省。如图1-29所示。

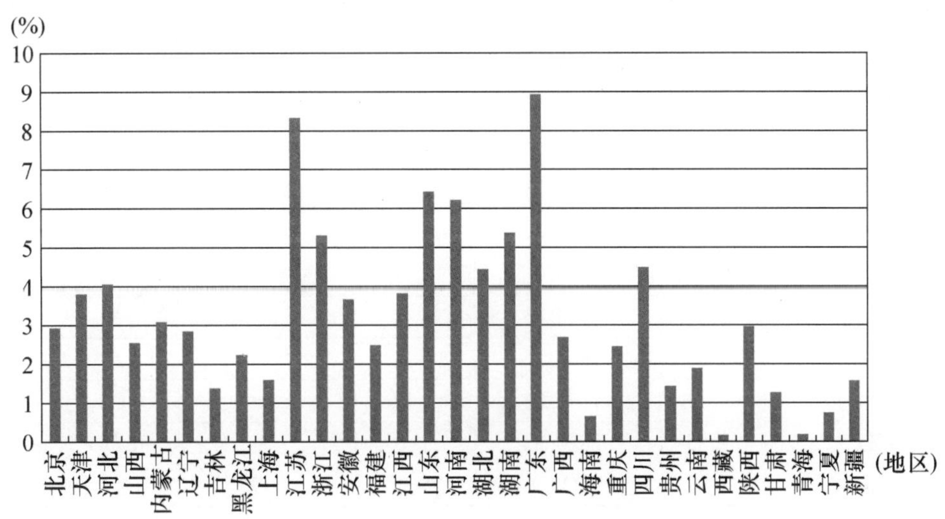

图1-29　2011年各省高职院校教育经费比例

（2）2011年，高职院校生均教育经费最高的是天津市和宁夏回族自治区。如图1-30所示。

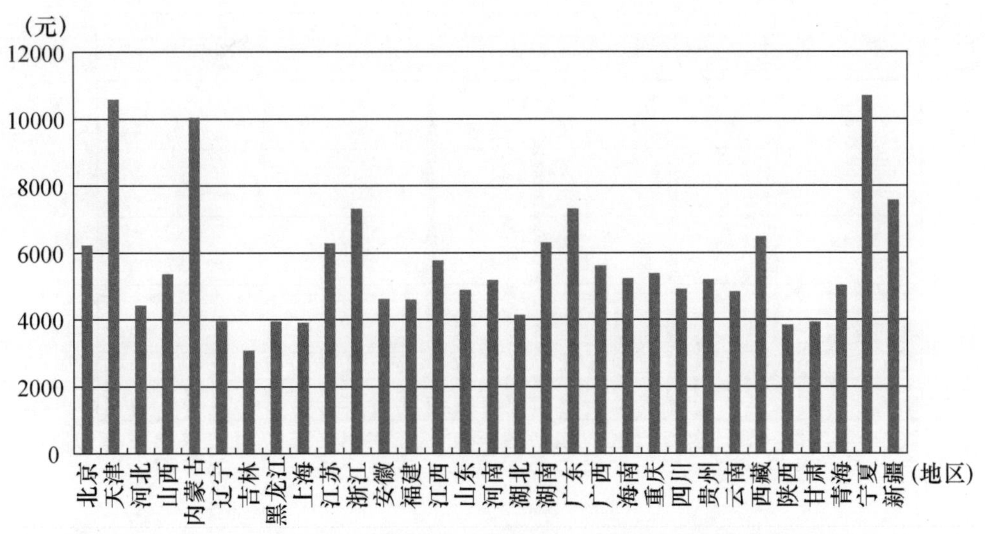

图1-30　2011年各省高职院校在校生生均教育经费

2. 各省（市、自治区）中等职业教育经费分析

同高职的分析方法，下面分析各省（市、自治区）中职教育经费投入情况，2011 年我国各省中职院校教育经费投入情况如表 1－16 所示。

表 1－16　　2011 年各省中职院校教育经费投入情况

地区	教育经费总量（亿元）	比例（%）	在校生生均教育经费（元）	地区	教育经费总量（亿元）	比例（%）	在校生生均教育经费（元）
全国	1638.50	100.00	2212.85	河南	97.14	5.93	2190.87
北京	49.07	2.99	9096.94	湖北	41.50	2.53	1126.31
天津	22.61	1.38	2981.7	湖南	47.84	2.92	1151.22
河北	69.87	4.26	1236.55	广东	166.62	10.17	2072.85
山西	46.46	2.84	1958.95	广西	50.84	3.10	2918.25
内蒙古	37.66	2.30	4031.96	海南	15.07	0.92	2495.68
辽宁	63.42	3.87	4623.94	重庆	37.26	2.27	1914.2
吉林	27.61	1.69	2089.34	四川	84.39	5.15	1623.48
黑龙江	29.56	1.80	1560.81	贵州	24.61	1.50	1641.77
上海	53.28	3.25	5394.17	云南	60.00	3.66	1907.77
江苏	134.58	8.21	1683.66	西藏	2.50	0.15	5615.89
浙江	88.50	5.40	2199.65	陕西	38.08	2.32	3084.41
安徽	63.17	3.86	1865.38	甘肃	25.80	1.57	1347.5
福建	44.46	2.71	1375.21	青海	8.86	0.54	3599.94
江西	33.72	2.06	2820.84	宁夏	7.84	0.48	2656.4
山东	134.23	8.19	2290	新疆	31.96	1.95	4610.78

资料来源：根据《中国教育经费统计年鉴》（2012）相关数据整理。

（1）2011 年，中职院校教育经费占比最高的是广东省。如图 1－31 所示。

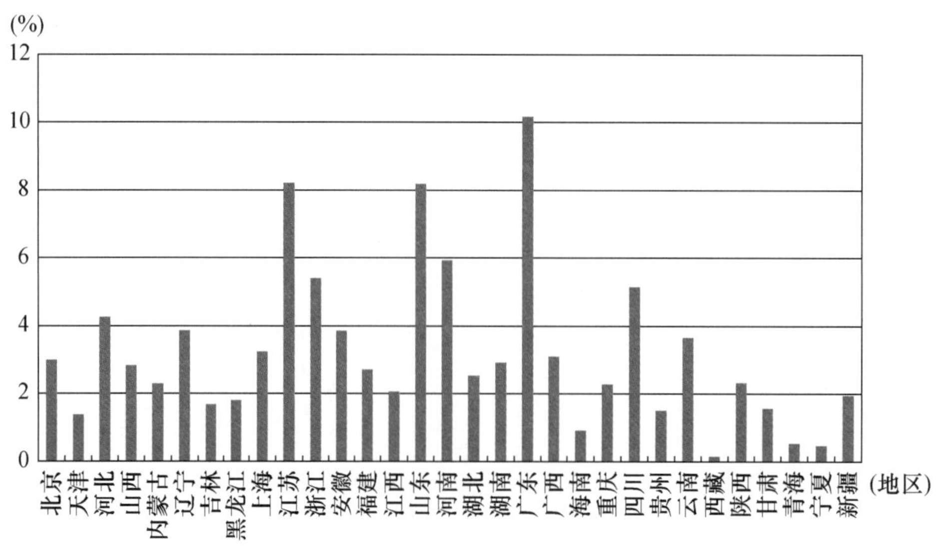

图 1－31　2011 年各省中职院校教育经费比例

（2）2011 年，中职院校生均教育经费最高的是北京市。如图 1－32 所示。

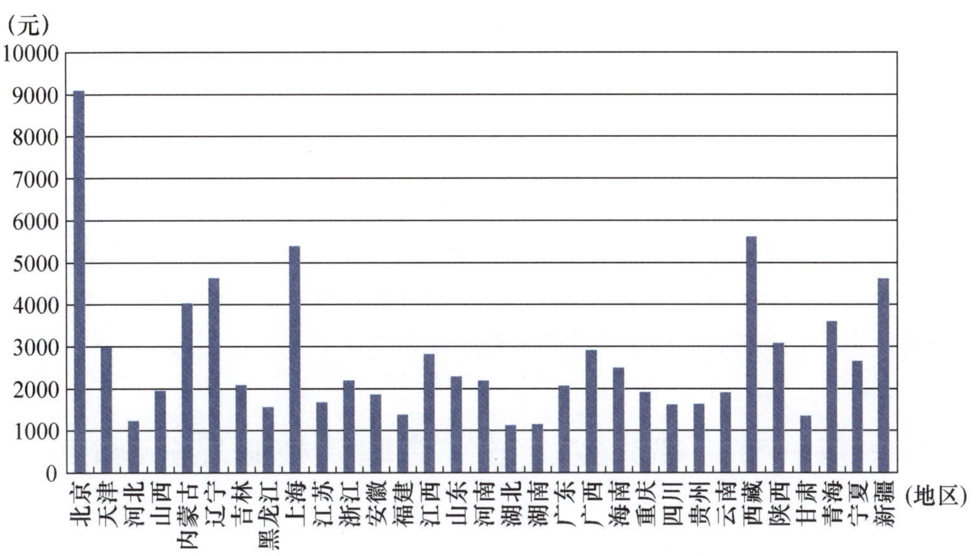

图 1－32　2011 年各省中职院校生均教育经费

第二章　部分省（市）职业院校概况

职业教育具有教育和经济双重属性，区域职业教育发展和地方产业经济紧密相关，而我国各地区的社会经济发展水平存在着较大的差距，由此也导致教育领域的地区间差距。本章选取广东、江苏、山东、浙江、天津、上海、北京、辽宁、河南和河北10个省（市）的职业教育基础信息进行分析，以了解其发展概况及区域性差异。

第一节　部分省（市）高职院校概况分析

根据《中国统计年鉴》（2014）最新统计数据，部分省市高职院校的基本统计情况（院校总数、在校生总数、年度毕业生数）如表2－1所示。

表2－1　　2013年10省（市）的高职院校基本统计情况

省（市）	院校总数（所）	在校生总数（人）	年度招生总数（人）	高中毕业人数（人）
广东	80	760296	265182	723659
江苏	82	683635	195005	425924
山东	76	763065	254094	509383
浙江	46	372219	121414	296105
天津	26	166749	56705	61167
上海	32	142029	46971	52675
北京	26	107128	34531	58072
辽宁	52	292215	96235	231626
河南	77	708164	230764	631289
河北	61	528989	165135	404542

资料来源：《中国统计年鉴》（2014）。

由表2－1的统计数据可以看出：

（1）就高职院校年招生总数与高中毕业生人数的比值来看，10省（市）之间存在较大的差异：天津、上海和北京作为直辖市，其比值分别达到了93%、89%和59%；河南省和广东省最低，仅为37%；其他省（市）则在41%～50%。这些数据从侧面反映出，经济发达省（市）由于经济发展、高职教育水平、就业质量等综合优势，其高职教育更加具有吸引力，生源亦更丰富。

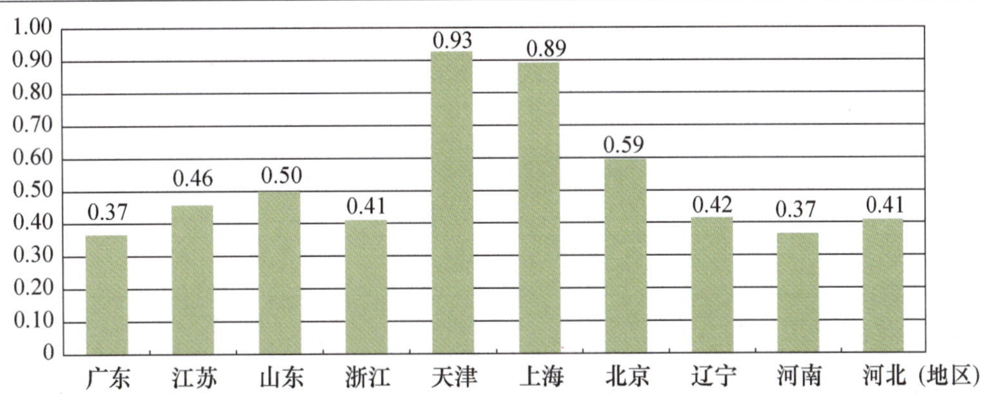

图 2－1　2013 年 10 省（市）高职院校年度招生总数与高中毕业生人数的比值

（2）就校均招生人数（年度招生总数除以院校总数）（见图2－2）而言，山东、广东、河南三省居前，校均招生人数分别为 3343 人、3315 人、2997 人；上海、北京较低，校均招生人数分别为 1468 人、1328 人。反映出广东、山东、河南等省（市）的高职院校招生规模比较大，而上海、北京等省（市）则相对比较小。

图 2－2　2013 年 10 省（市）高职校均招生人数情况

第二节　部分省（市）中职院校概况分析

根据《中国统计年鉴》（2014）最新统计数据，10 省（市）中职院校的基本统计情况（院校总数、在校生总数、年度毕业生数）如表 2－2 所示。

根据各省市中职院校的统计数据，可以得出以下几个结论：

（1）就中职招生人数占本省（市）初中毕业生人数的比例（见图 2－3）而言，10 省（市）之间不存在明显的差距，主要集中在 30%～40%。北京、上海、天津三市的中职年度招生总数与初中毕业人数之比最高，分别为 60%、47%、42%；河南最低，为 30%。

表2－2　　2013年10省（市）的中职院校基本统计情况

省（市）	院校总数（所）	在校生数（人）	年度招生数（人）	专任教师数（人）	初中毕业人数（人）
广东	502	1408894	474927	45443	1516552
江苏	269	793716	259053	44164	675206
山东	525	1031585	363547	50243	1050979
浙江	337	578523	191505	32778	485774
天津	83	97443	33786	6939	79660
上海	111	153298	44377	8358	94135
北京	97	164829	55427	7180	92373
辽宁	311	349912	117987	20750	386556
河南	716	1193105	422209	52559	1403358
河北	636	752285	220896	44211	667759

资料来源：《中国统计年鉴》（2014）。

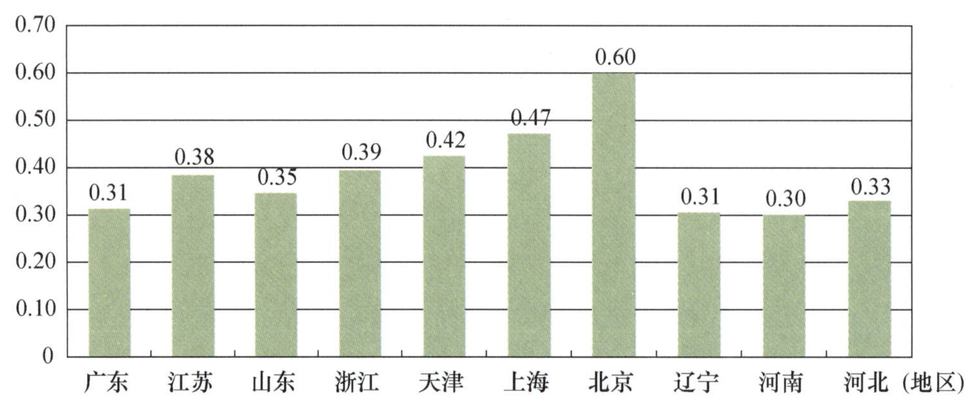

图2－3　2013年10省（市）中职院校年度招生总数与初中毕业生人数的比值

（2）就校均招生人数（年度招生总数除以院校总数）来看，江苏、广东两省的校均招生人数分别为963人、946人；辽宁、河北较低，校均招生人数分别为379人、347人。如图2－4所示。说明江苏、广东两省的中职院校招生规模比较大，也从侧面反映出江苏、广东两省的中职教育有更好的发展潜力。

（3）就中职生师比（在校生总数除以师资总数）（见图2－5）来说，天津市是最优的，其次为辽宁省和河北省，分别是14∶1、17∶1、17∶1；生师比较高的则是广东省，达到31∶1。这反映出天津市、辽宁省和河北省的中职师资配备结构较优，而广东等省（市）的师生比结构有待优化。这一结论也从侧面反映了天津等省（市）的职业教育质量较高。

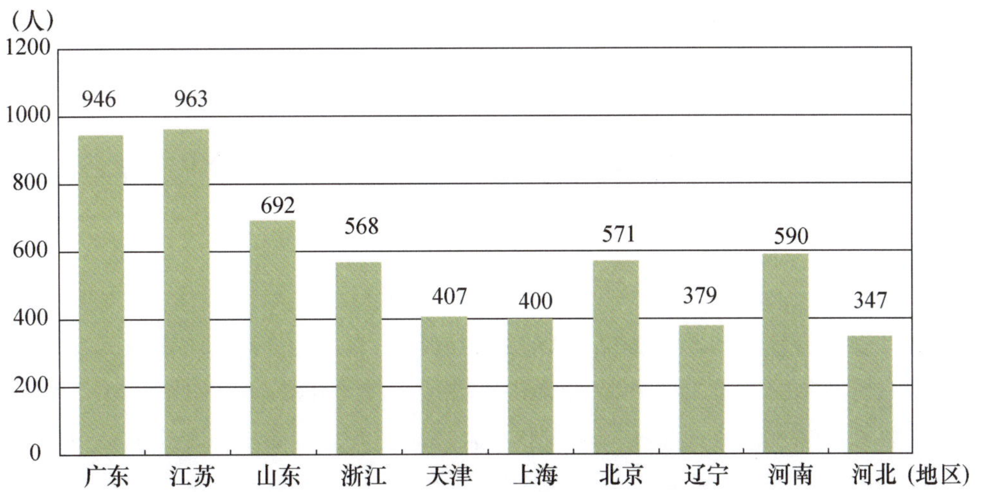

图2－4　2013年10省（市）中职校均招生人数

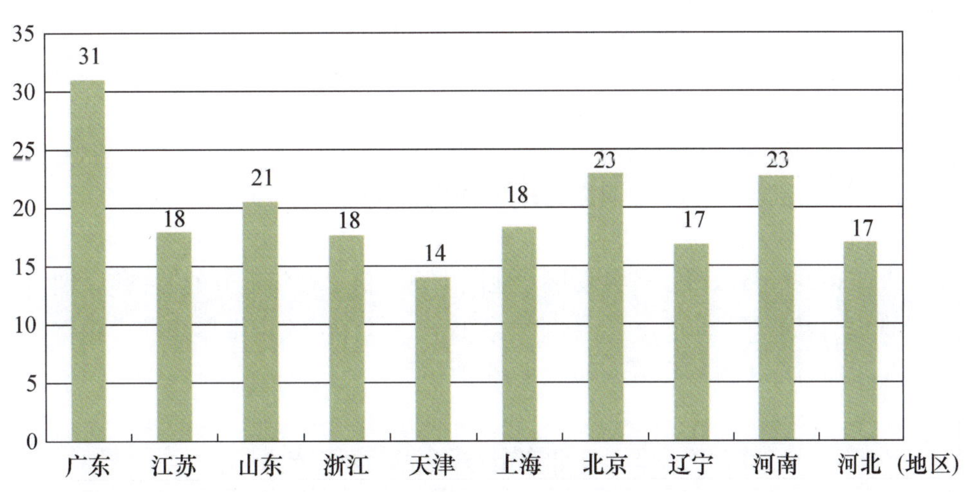

图2－5　2013年10省（市）中职院校生师比

第三章　专业结构与产业结构契合度分析

为进一步了解职业院校专业结构与产业结构的契合度，我们从东部、中部、西部地区分别选取一个典型省（市、自治区）作为研究对象，根据统计数据分析职业教育发展、专业设置及人才培养能否与区域经济发展状况保持一致。职业教育的发展与当地经济发展密切相关，并且当地主导产业的发展往往会在很大程度上引导当地职业教育的发展。因此，本章选取北京市、安徽省以及广西壮族自治区进行概要分析。

第一节　产业结构分析

一、北京市产业结构分析

近年来，北京市的经济取得了较大发展，地区生产总值呈逐年上升的态势。产业结构不断地进行调整，呈现出明显的“三、二、一”排序，第一、第二产业占地区生产总值的比重逐步下降，第三产业呈现出持续上升的态势。如表 3 – 1 所示。

表 3 – 1　　2008 ~2013 年北京市 GDP 总值及三产总值　　单位：亿元

指标 \ 年份	2008	2009	2010	2011	2012	2013
生产总值	10488. 03	12153. 03	14113. 58	16251. 93	17879. 40	19500. 60
第一产业	112. 81	118. 29	124. 36	136. 27	150. 20	161. 80
第二产业	2693. 15	2855. 55	3388. 38	3752. 48	4059. 27	4352. 30
第三产业	7682. 07	9179. 19	10600. 84	12363. 18	13669. 93	14986. 50

资料来源：《北京统计年鉴》(2014)。

具体来看第一产业所占比例保持在 1% 以内，农业生产规模逐步缩小。第二产业结构改善明显，从 2008 年的 25. 68% 下降到 2013 年的 22. 32% ，下降了 3. 36 个百分点。第三产业发展迅速并保持旺盛的发展活力，其经济总量、产业规模在三次产业中呈现出明显的主体地位。2013 年，第三产业比例达到 76. 85% ，其中生产性服务业实现增加值 9811. 8 亿元，占地区生产总值的 50. 3% 。当前生产性服务业占主导的格局已经初步确立，以计算机软件、金融、信息服务、旅游、商务服务等为代表的现代服务业的增加值基本达到全市地区生产总值的半数。如图 3 – 1 所示。

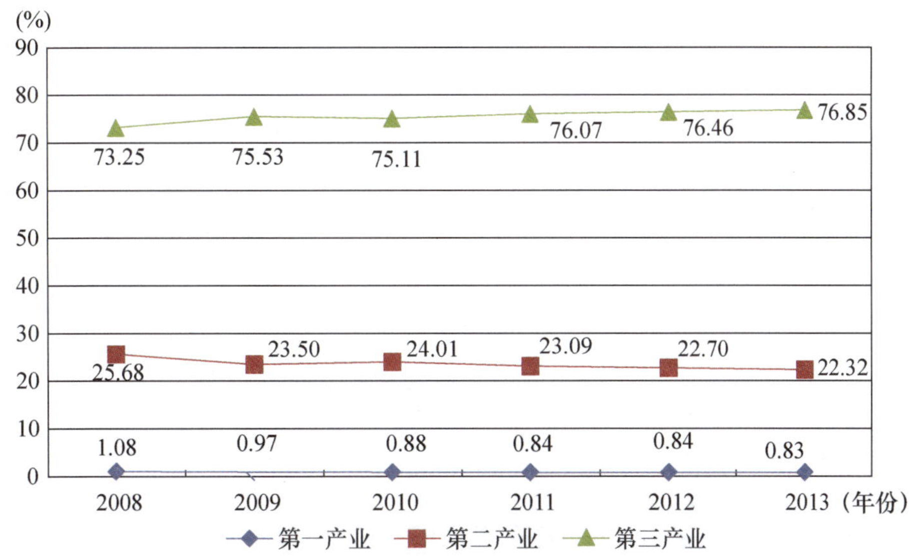

图 3-1　2008～2013 年北京市产业结构情况

根据北京市“十二五”规划，“十二五”时期北京将深度推进产业升级，“坚持优化一产、做强二产、做大三产，推动产业融合发展，构建首都现代产业体系”。其中，优化一产即要推进都市型现代农业的发展；做强二产即要提升高技术和现代制造业发展水平，延伸制造业的产业链，促进工业化和信息化融合发展，重点提升电子信息、汽车、装备制造、医药等产业的发展水平；做大三产即要加快服务业调整升级，促进金融服务、信息服务、科技服务、商务服务、流通服务等生产性服务业加快发展，促进经济结构由服务业主导向生产性服务业主导升级。根据对北京市三产情况的分析，我们可以看出北京市的产业结构调整正按照规划的方向在深入推进，生产性服务业对地区产值的贡献度不断提高，主导格局逐步确立。

二、安徽省产业结构分析

近年来，安徽省的经济取得了较大发展，地区生产总值呈现逐年上升的态势。产业结构不断地进行调整，呈现出明显的“二、三、一”排序，第一、第三产业占地区生产总值的比重逐步下降，第二产业呈现出持续上升的态势。如表 3-2 所示。

表 3-2　2008～2013 年安徽省 GDP 总值及三产总值　　单位：亿元

指标＼年份	2008	2009	2010	2011	2012	2013
生产总值	8851.66	10062.82	12359.33	15300.65	17212.05	19038.87
第一产业	1418.09	1495.45	1729.02	2015.31	2178.73	2348.09
第二产业	4198.93	4905.22	6436.62	8309.38	9404.84	10403.96
第三产业	3234.64	3662.15	4193.69	4975.96	5628.48	6286.82

资料来源：《安徽统计年鉴》（2014）。

安徽省是农业大省，但近年来，随着安徽经济发展的转型升级，三产结构有了明显的调整。具体来看，第一产业所占比例保持在 15% 左右，但自 2008 年以来，农业生产规模逐步缩小；第二产业发展迅速并保持旺盛的发展活力，其经济总量、产业规模在三次产业中呈现出明显的主体地位，其产值在经济总量中的占比从2008年的47.44%上升到2013年的54.65%，增加了7.21个百分点；第三产业在生产总值中的比重有所下降，由2008年的36.54%下降到2013年的33.02%，下降了3.52个百分点。整体来看，当前安徽省第二产业发展占主导的格局已经初步确立，以工业及建筑业为代表的第二产业增加值基本超过全省生产总值的半数。如图3-2所示。

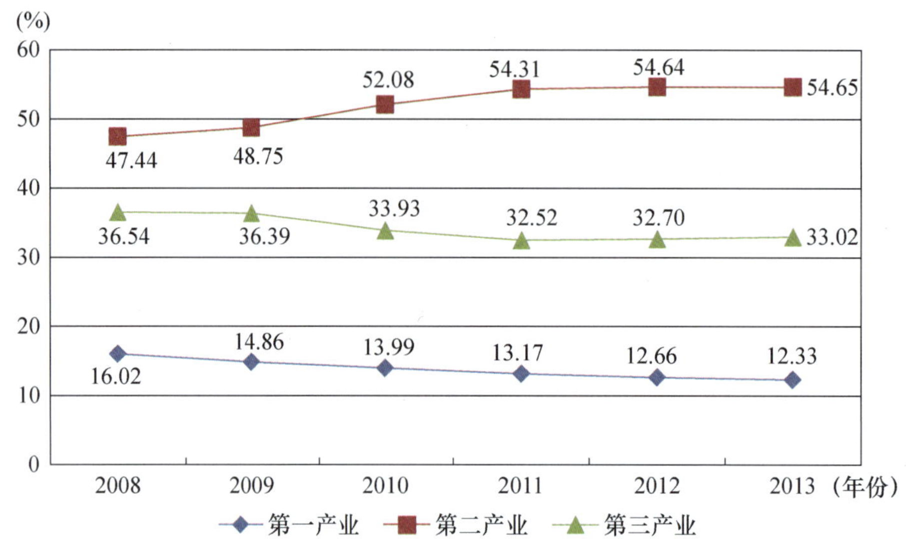

图3-2　2008~2013年安徽省产业结构情况

三、广西壮族自治区产业结构分析

广西具有沿海、沿边、沿江的区位优势，同时处在我国大陆东、中、西三个地带的交会点，是华南经济圈、西南经济圈与东盟经济圈的结合部，是西南乃至西北地区最便捷的出海通道，也是联结粤港澳与西部地区的重要通道。近年来，广西的经济取得了较大发展，地区生产总值呈逐年上升的态势，尤其自2010年以来，地区生产总值有了较大幅度的增长。如表3-3所示。

表3-3　　2008~2013年广西GDP总值及三产总值　　单位：亿元

指标＼年份	2008	2009	2010	2011	2012	2013
生产总值	7021.00	7759.16	9569.85	11720.87	13035.10	14378.00
第一产业	1453.75	1458.49	1675.06	2047.23	2172.37	2343.57
第二产业	3037.74	3381.54	4511.68	5675.32	6247.43	6863.04
第三产业	2579.51	2919.13	3383.11	3998.33	4615.3	5171.39

资料来源：《广西统计年鉴》（2014）。

随着GDP总值的增长，产业结构不断地进行调整，第一产业占比呈逐步下降趋势，第二产业占比稳中有升，第三产业占比较为平稳，变动不大。

具体来看，第一产业所占比例自2008年以来逐步缩小，2013年降为16.3%；第二产业的发展一直保持稳中上升的态势，期间呈现小幅波动，2013年产值占比达到了47.73%，其经济总量、产业规模在三次产业中呈现出明显的主体地位；第三产业占比稳定在 34.11% ~37.62%，2013 年，第三产业产值占比为 35.97%。如图 3－3 所示。

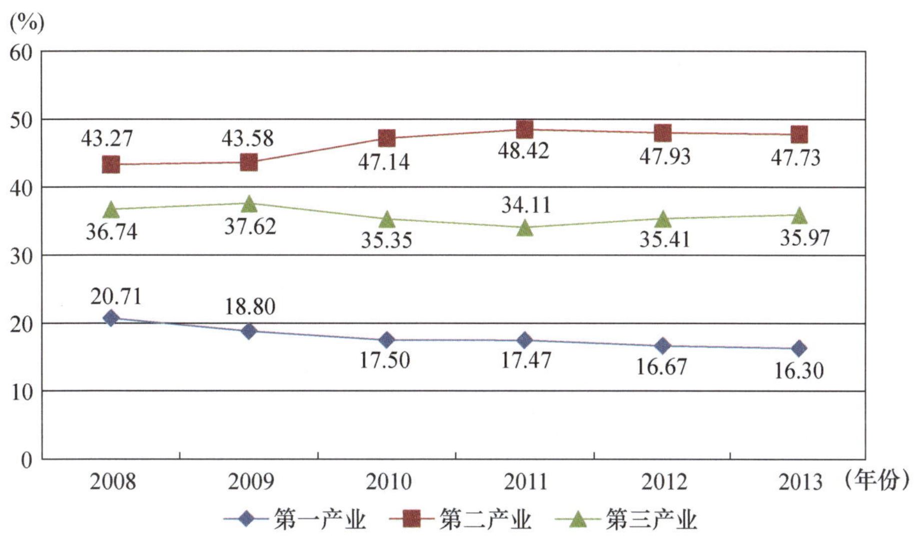

图 3－3　2008 ~2013 年广西产业结构情况

第二节　专业结构分析

一、高职院校分学科学生情况

目前，我国高职院校的学科有 19 个专业大类。按专业从属的产业分类，从属于第一产业的专业大类只有农林牧渔类，从属于第二产业的包括土建类共 5 个，而从属于第三产业的专业类共 13 个。

（一）毕业生数

1. 分学科毕业生数统计

2013 年北京、安徽和广西三个地区高职院校分学科毕业生情况如表 3－4 所示。

表 3－4　2013 年北京、安徽和广西三个地区高等职业院校分学科毕业生数　单位：人

学科分类		北京	安徽	广西
总计		41448	158141	100131
第一产业	农林牧渔类	629	1979	1692
第二产业	轻纺食品类	401	2599	1077
	制造类	3756	22925	14136
	资源开发与测绘类	187	1957	580
	材料与能源类	103	1419	2097
	土建类	2067	11893	13786
	合计	6514	40793	31676

续表

学科分类		北京	安徽	广西
第三产业	水利类	38	529	516
	电子信息类	6741	21918	8930
	环保、气象与安全类	181	312	210
	生化与药品类	370	3647	1220
	财经类	10896	36458	24161
	医药卫生类	1558	16926	9018
	旅游类	1932	6518	3362
	公共事业类	1905	1097	877
	文化教育类	3496	16713	9671
	艺术设计传媒类	4478	6475	3634
	公安类	95	0	140
	法律类	1754	1953	736
	交通运输类	861	2823	4288
	合计	34305	115369	66763

资料来源：《北京统计年鉴》（2014）、《安徽统计年鉴》（2014）、《广西统计年鉴》（2014）。

2. 分学科毕业生情况分析

通过对表3－4三个地区分学科毕业生的数据进行分析，可以得出以下结论：

首先，三个地区分属第三产业的毕业生数均最多。2013年，三个地区高职院校学生中，从毕业生数量的角度分析，分属第三产业的学生比例最高，其中，北京市这一比例高达82.77%，说明三个地区高职院校第三产业的学科发展都占有绝对优势，培养和输送了大量的专业人才，推动了产业的快速发展。如图3－4所示。

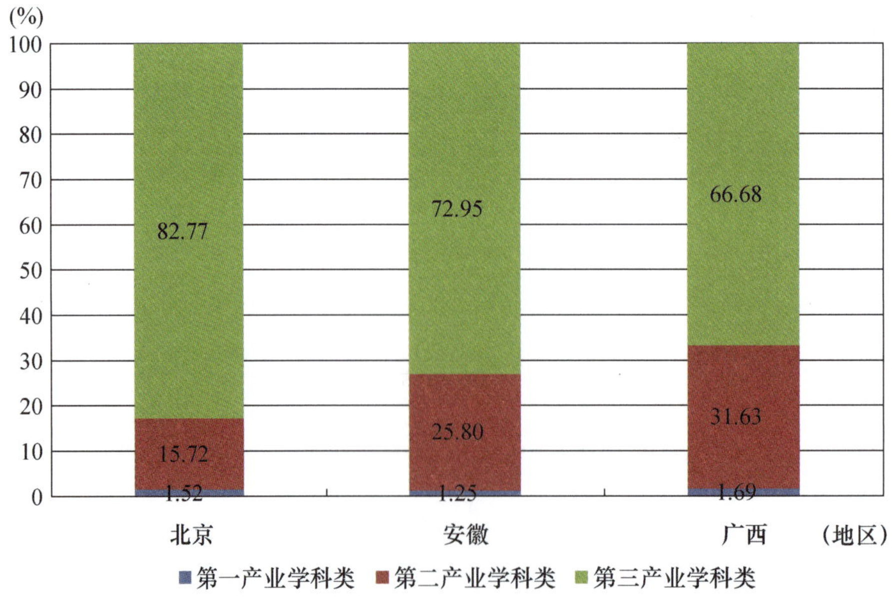

图3－4　2013年北京、安徽和广西三个地区高职院校分属三大产业毕业生比例

其次，从具体学科来看，三个地区分专业毕业生数均为财经类最多。从毕业生人数来看，北京排名前三位的是财经类、电子信息类和艺术设计传媒类；安徽省排名前三位的是财经类、制造类及电子信息类；广西壮族自治区排名前三位的则是财经类、制造类和土建类。如图 3－5 所示。

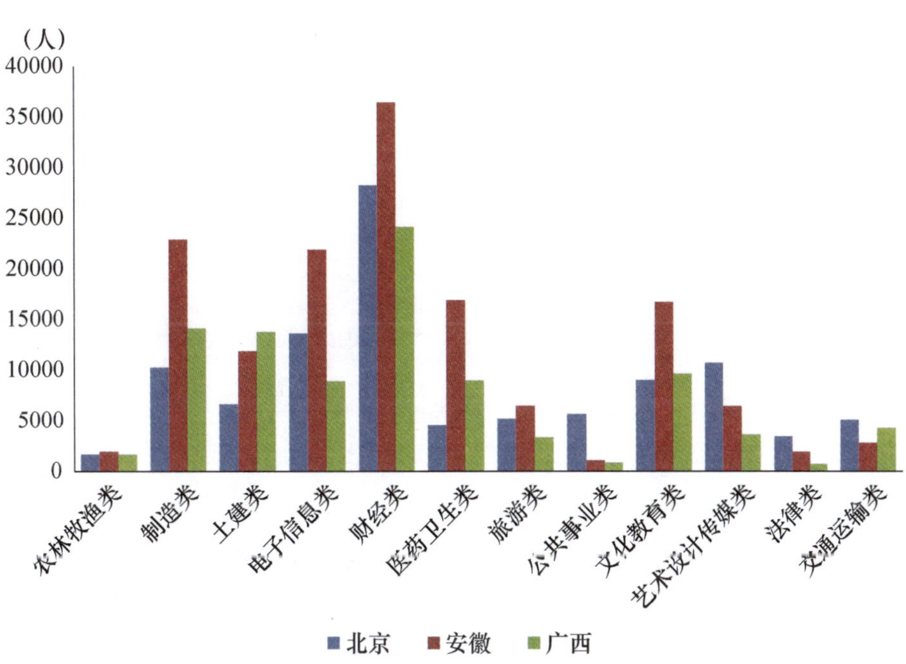

图 3－5　2013 年北京、安徽和广西三个地区高职院校分学科毕业生数

（二）招生数

1. 分学科招生数统计

2013 年北京、安徽和广西三个地区招生情况如表 3－5 所示。

表 3－5　2013 年北京、安徽和广西三个地区高等职业院校分学科招生数　单位：人

学科分类		北京	安徽	广西
总计		38792	160187	107987
第一产业	农林牧渔类	643	1912	2142
第二产业	轻纺食品类	273	2643	1202
	制造类	3693	23797	12938
	资源开发与测绘类	158	1345	715
	材料与能源类	91	1394	1626
	土建类	2559	15896	16685
	合计	6774	45075	33166

续表

学科分类		北京	安徽	广西
第三产业	水利类	47	733	597
	电子信息类	4501	16963	8744
	环保、气象与安全类	198	402	364
	生化与药品类	315	2627	1068
	财经类	9546	38374	25708
	医药卫生类	1840	21132	9375
	旅游类	1879	5456	3901
	公共事业类	2075	1031	664
	文化教育类	3357	15008	11067
	艺术设计传媒类	3776	6155	3777
	公安类	413	0	1063
	法律类	1144	1994	609
	交通运输类	2284	3325	5742
	合计	31375	113200	72679

资料来源：《北京统计年鉴》(2014)、《安徽统计年鉴》(2014)、《广西统计年鉴》(2014)。

2. 分学科招生情况分析

通过对表3-5三个地区分学科招生数据进行分析，可以得出以下结论：

首先，三个地区分属第三产业的招生数均最多。2013年，三个地区高职院校学生中，从招生数量的角度分析，分属第三产业的学生比例最高，其中，北京市这一数据高达80.88%。如图3-6所示。

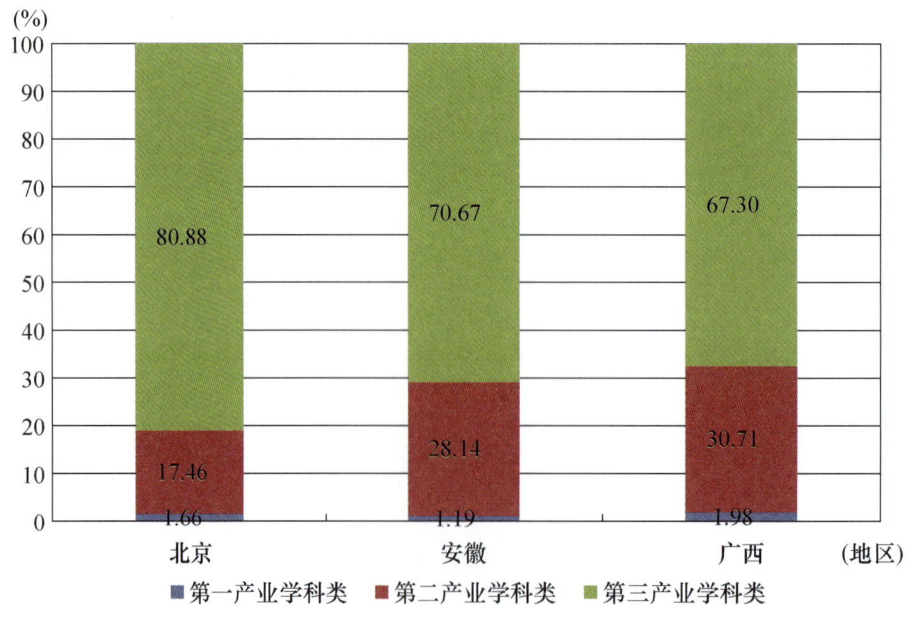

图3-6　2013年北京、安徽和广西三个地区高职院校分属三大产业招生比例

其次，从具体学科来看，三个地区分专业招生数均为财经类最多。从招生人数来看，北京排名前三位的是财经类、电子信息类和制造类；安徽省排名前三位的是财经类、制造类及医药卫生类；广西壮族自治区排名前三位的则是财经类、土建类和制造类。如图 3－7 所示。

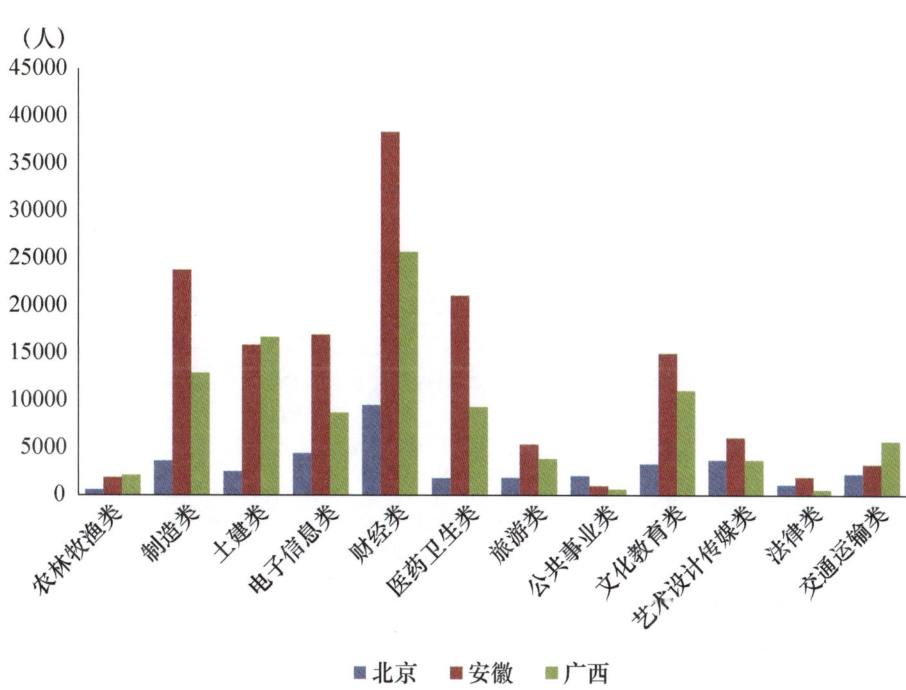

图 3－7　2013 年北京、安徽和广西三个地区高职院校分学科招生数

（三）在校生数

1. 分学科在校生数统计

2013 年北京、安徽和广西三个地区各学科在校生情况如表 3－6 所示。

表 3－6　2013 年北京、安徽和广西三个地区高等职业院校分学科在校生数　单位：人

学科分类		北京	安徽	广西
总计		108313	469034	313427
第一产业	农林牧渔类	1704	5733	5948
第二产业	轻纺食品类	924	7714	3516
	制造类	10277	68742	39427
	资源开发与测绘类	427	4790	1928
	材料与能源类	340	4300	5314
	土建类	6659	42982	47733
	合计	18627	128528	97918

续表

学科分类		北京	安徽	广西
第三产业	水利类	126	1997	1775
	电子信息类	13639	55430	25075
	环保、气象与安全类	518	1121	795
	生化与药品类	936	8842	3088
	财经类	28234	115615	77163
	医药卫生类	4543	54620	27750
	旅游类	5227	17443	11189
	公共事业类	5702	2965	2415
	文化教育类	9051	43736	29266
	艺术设计传媒类	10730	17937	10647
	公安类	625	473	1757
	法律类	3458	5654	2460
	交通运输类	5116	8940	16181
	合计	87982	334773	209561

资料来源：《北京统计年鉴》(2014)、《安徽统计年鉴》(2014)、《广西统计年鉴》(2014)。

2. 分学科在校生情况分析

通过对表 3－6 三个地区分学科在校生数据进行分析，我们可以得出以下结论：

首先，三个地区分属第三产业的在校生数均最多。2013 年，三个地区高职院校学生中，从在校生数量的角度分析，分属第三产业的学生比例最高，其中，北京市这一数据高达 81.23%。如图 3－8 所示。

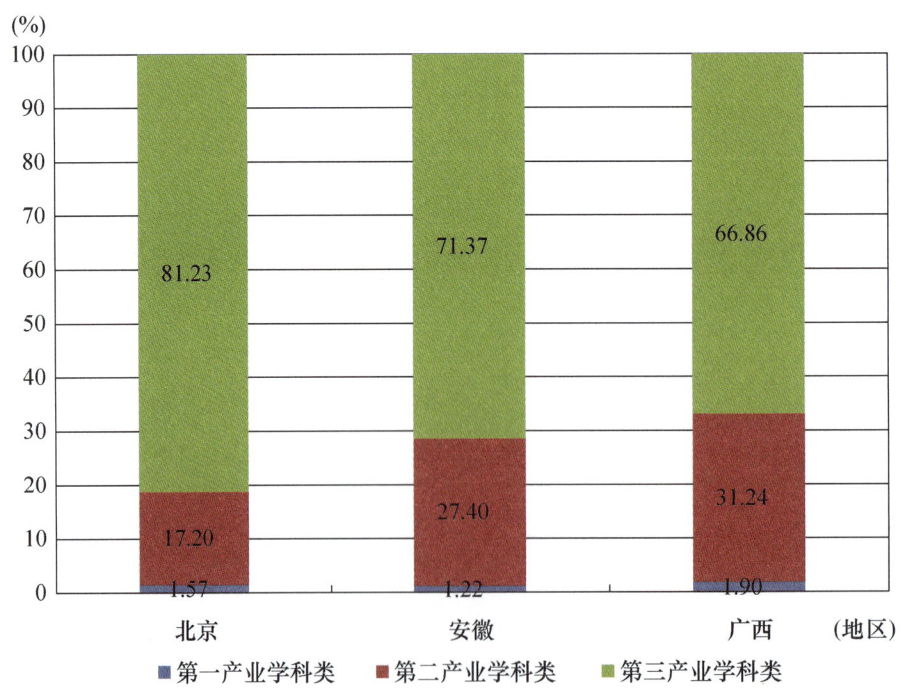

图 3－8　2013 年北京、安徽和广西三个地区高职院校分属三大产业在校生比例

其次，从具体学科来看，三个地区分专业在校生数均为财经类最多。从在校生人数来看，北京排名前三位的是财经类、电子信息类和艺术设计传媒类；安徽省排名前三位的学科分别是财经类、制造类及电子信息类；广西壮族自治区排名前三位的则是财经类、土建类和制造类。如图 3 -9 所示。

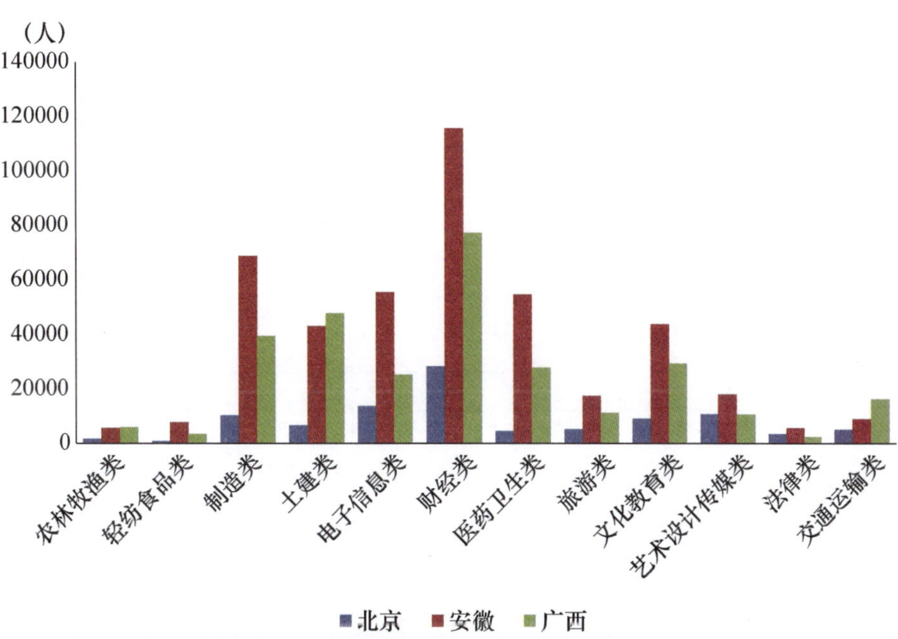

图 3 -9 2013 年北京、安徽和广西三个地区高职院校分学科在校生数

二、中职院校分学科学生情况

目前，我国中职院校的学科有 18 个专业类。按专业从属的产业分类，从属于第一产业的专业类同样只有农林牧渔类 1 个，从属第二产业的包括土建类共 4 个专业，而从属第三产业的专业类共 13 个。

（一）毕业生数

1. 分学科毕业生数统计

2013 年北京、安徽和广西三个地区中职院校分学科毕业生情况如表 3 -7 所示。

表 3 -7 2013 年北京、安徽和广西三个地区中等职业院校分学科毕业生数 单位：人

学科分类		北京	安徽	广西
	总计	58915	89586	267471
第一产业	农林牧渔类	2000	2713	30272
第二产业	土木水利类	1401	5988	4661
	加工制造类	4011	17199	58644
	石油化工类	110	1065	42
	轻纺食品类	149	471	2719
	合计	5671	27243	66066

续表

学科分类		北京	安徽	广西
第三产业	交通运输类	4746	2727	30064
	信息技术类	5533	12843	54717
	医药卫生类	3590	18922	18872
	休闲保健类	277	15	386
	财经商贸类	25228	8413	31082
	旅游服务类	3241	3161	10744
	文化艺术类	3654	2078	11891
	体育与健身	753	1083	365
	教育类	2367	9808	6305
	司法服务类	340	0	508
	公共管理与服务类	726	218	5197
	资源环境类	0	2425	321
	能源与新能源类	358	0	253
	合计	50813	61693	170705
其他	其他	431	457	744

资料来源：《北京统计年鉴》(2014)、《安徽统计年鉴》(2014)、《广西统计年鉴》(2014)。

2. 分学科毕业生情况分析

通过对表3-7各地区分学科毕业生的数据进行分析，可以得出以下结论：

首先，三个地区分属第三产业的毕业生数均最多。2013年，三个地区中职院校学生中，从毕业生数量的角度分析，分属第三产业的学生比例最高，其中，北京市这一数据高达86.25%。如图3-10所示。

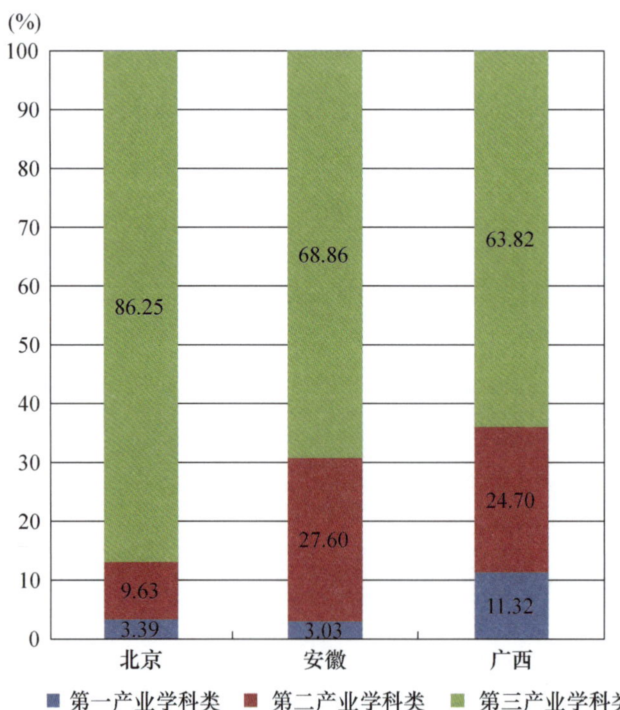

图3-10　2013年北京、安徽和广西三个地区中职院校分属三大产业毕业生比例

其次，从具体学科来看，三个地区毕业生数最多的专业各不相同。从毕业生人数看，北京排名前三位的是财经商贸类、信息技术类和交通运输类；安徽省排名前三位的分别是医药卫生类、加工制造类及信息技术类；广西壮族自治区排名前三位的则是加工制造类、信息技术类和农林牧渔类。如图 3-11 所示。

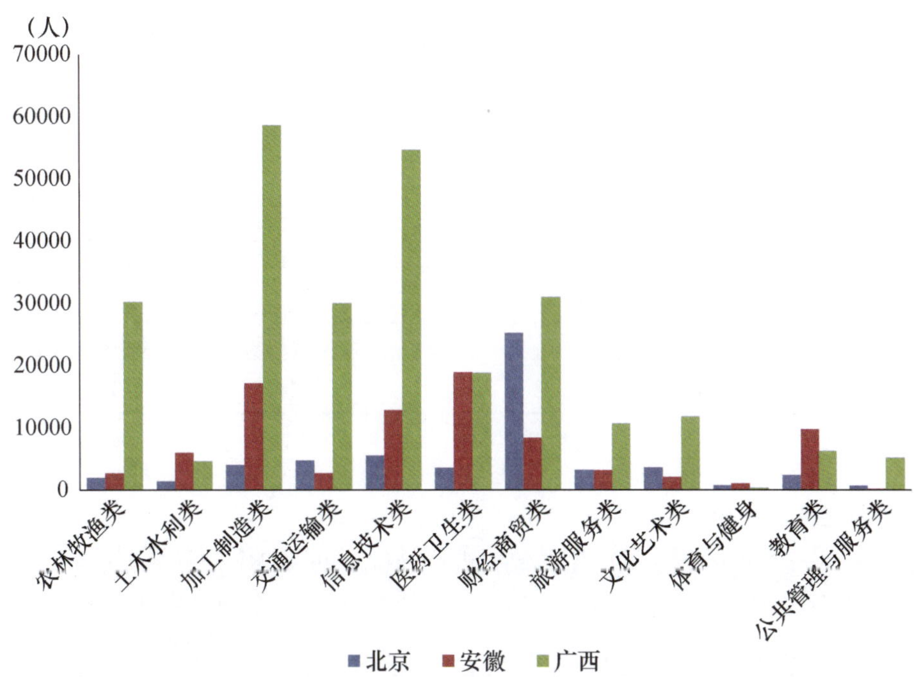

图 3-11　2013 年北京、安徽和广西三个地区中职院校分学科毕业生数

（二）招生数

1. 分学科招生数统计

2013 年北京、安徽和广西三省（市、区）招生情况如表 3-8 所示。

表 3-8　2013 年北京、安徽和广西三省（市、区）中等职业院校分学科招生数　单位：人

学科分类		北京	安徽	广西
	总计	64076	87825	303601
第一产业	农林牧渔类	1232	2218	31136
第二产业	土木水利类	2591	5068	6604
	加工制造类	3209	14524	59765
	石油化工类	0	452	199
	轻纺食品类	240	310	2759
	合计	5824	20354	69327
第三产业	交通运输类	5233	5339	43485
	信息技术类	6731	10976	55493
	医药卫生类	3543	15753	21867

续表

学科分类		北京	安徽	广西
第三产业	休闲保健类	950	159	1103
	财经商贸类	25455	10002	34303
	旅游服务类	3067	3957	15573
	文化艺术类	7636	4085	13974
	体育与健身	879	1101	346
	教育类	3486	10976	11971
	司法服务类	698	0	634
	公共管理与服务类	659	252	3482
	资源环境类	110	1043	217
	能源与新能源类	170	0	236
	合计	56776	63643	202684
其他	其他	244	1610	744

资料来源：《北京统计年鉴》（2014）、《安徽统计年鉴》（2014）、《广西统计年鉴》（2014）。

2. 分学科招生情况分析

通过对表3－8三个地区分学科招生的数据进行分析，可以得出以下结论：

首先，三个地区分属第三产业的招生数均最多。2013年，三个地区中职院校学生中，从招生数量的角度分析，分属第三产业的学生比例最高，其中，北京市这一数据高达88.61%。如图3－12所示。

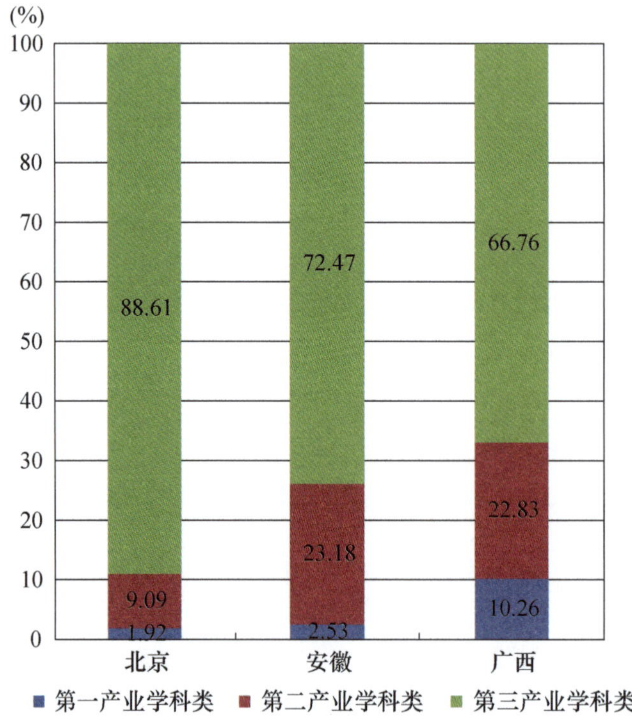

图3－12　2013年北京、安徽和广西三个地区中职院校分属三大产业招生比例

其次，从具体学科来看，三个地区招生人数最多的专业各不相同。从招生人数来看，北京排名前三位的是财经商贸类、信息技术类和文化艺术类；安徽省排名前三位的是医药卫生类、加工制造类及信息技术类；广西壮族自治区排名前三位的则是加工制造类、信息技术类和交通运输类。如图 3－13 所示。

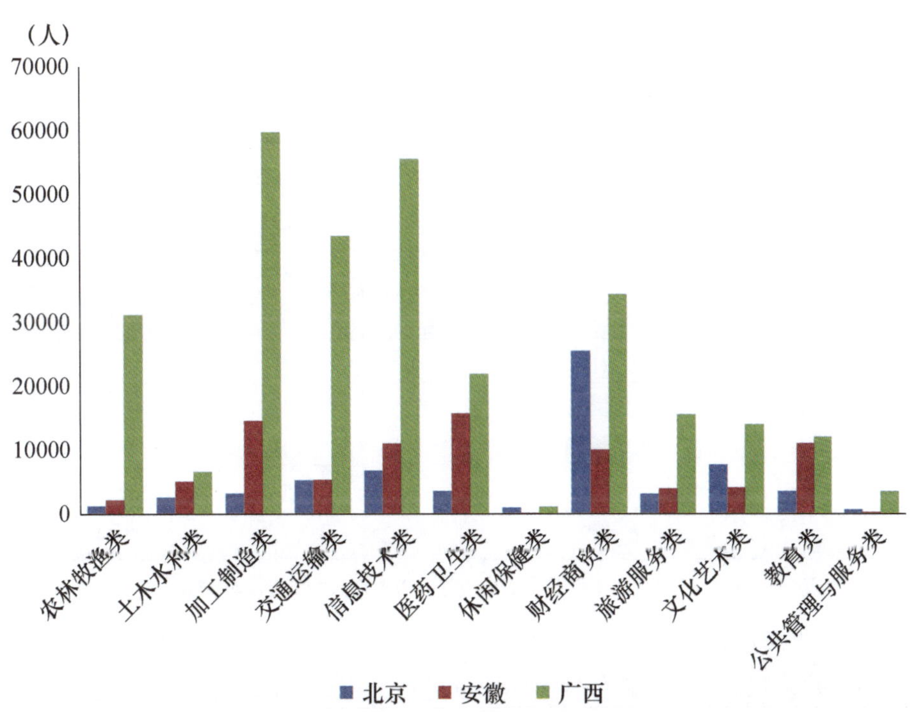

图 3－13　2013 年北京、安徽和广西三个地区中职院校分学科招生数

（三）在校生数

1. 分学科在校生数统计

2013 年北京、安徽和广西三个地区分学科在校生情况如表 3－9 所示。

表 3－9　2013 年北京、安徽和广西三个地区中等职业院校分学科在校生数　单位：人

学科分类		北京	安徽	广西
	总计	189740	256912	822241
第一产业	农林牧渔类	6464	8871	86426
第二产业	土木水利类	11018	15032	18720
	加工制造类	13357	44023	167294
	石油化工类	150	1728	965
	轻纺食品类	732	1511	8470
	合计	26047	62294	195449

续表

学科分类		北京	安徽	广西
第三产业	交通运输类	17238	12129	110805
	信息技术类	19484	29888	150582
	医药卫生类	14972	48758	58653
	休闲保健类	2604	267	2460
	财经商贸类	59866	26949	95331
	旅游服务类	10642	9438	41339
	文化艺术类	20343	8836	37066
	体育与健身	2648	3039	927
	教育类	9874	37147	29157
	司法服务类	1605	0	1552
	公共管理与服务类	3356	567	8906
	资源环境类	306	4692	674
	能源与新能源类	1410	3	2170
	合计	155787	181713	539622
其他	其他	1442	4034	744

资料来源：《北京统计年鉴》（2014）、《安徽统计年鉴》（2014）、《广西统计年鉴》（2014）。

2. 分学科在校生情况分析

通过对表 3－9 三个地区分学科在校生的数据进行分析，可以得出以下结论：

首先，三个地区分属第三产业的在校生数均最多。2013 年，三个地区中职院校学生中，从在校生数量的角度分析，分属第三产业的学生比例最高，其中，北京市这一数据高达 82.11%。如图 3－14 所示。

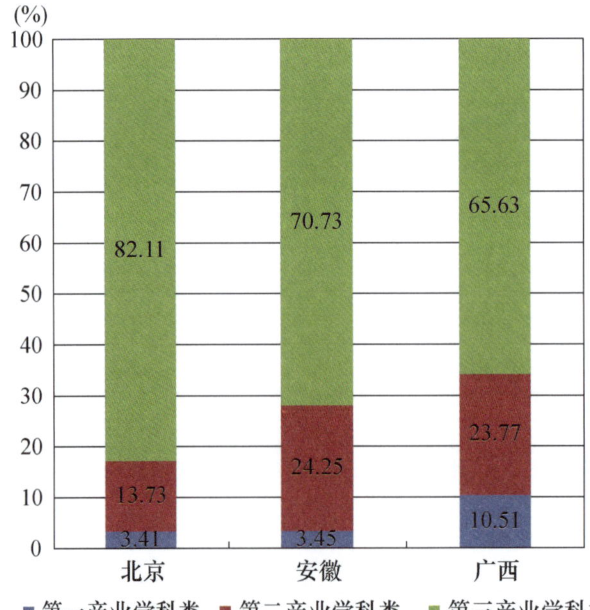

图 3－14　2013 年北京、安徽和广西三个地区中职院校分属三大产业在校生比例

其次，从具体学科来看，三个地区在校生人数最多的专业各不相同。从在校生人数来看，北京排名前三位的是财经类、文化艺术类和信息技术类；安徽省排名前三位的是医药卫生类、加工制造类及教育类；广西壮族自治区排名前三位的则是加工制造类、信息技术类和交通运输类。如图3-15所示。

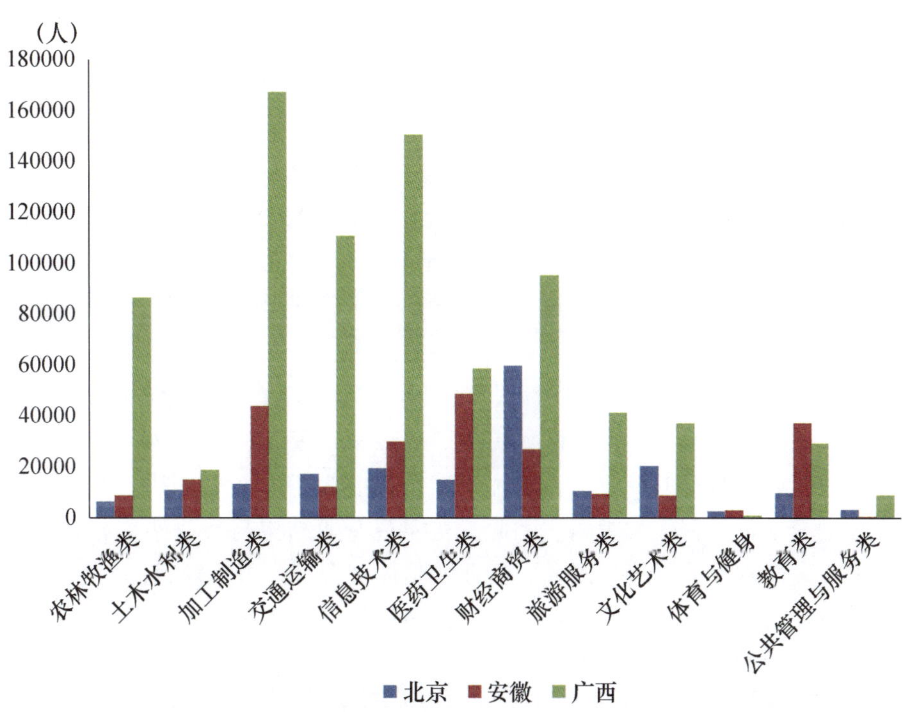

图3-15　2013年北京、安徽和广西三个地区中职院校分学科在校生数

第三节　契合度分析

通过对北京市、安徽省和广西壮族自治区近几年经济结构和职业院校人才培养情况全面的分析，我们可以发现北京市职业教育专业结构与产业结构契合度最高，广西壮族自治区的契合度相对均衡，安徽省的契合度则是最低的。

具体来看，有以下分析结论：

（1）从2013年北京职业教育专业结构来看，第一产业的学科招生人数、在校生人数和毕业生人数都是最少的，第二产业的学科学生数居中，第三产业的学科学生数占比最高，具有绝对的优势。专业结构与北京市三大产业结构表现出大体一致性，专业结构与产业结构基本相符。但从比例来看，第三产业的专业规模发展超前，第二产业专业所占比例偏小。

2013年北京市第三产业中，金融服务业的产值为2536.91亿元，占比为18.56%。而与之相对应的是，职业院校财经专业类的毕业生占了最大的比例，达到第三产业类学生数的30%以上，满足甚至超过了北京地区金融服务业发展的人才需求。

（2）作为西部战略核心省份，广西壮族自治区历年来的经济发展普遍倚靠其区位优势，大力发展海运和重工业，同时大力推广发展旅游等产业，因此，目前广西经济发展中，出现了三产较为均衡的状况。2011 年以来，作为主导产业的第二产业出现微降的趋势，而第三产业出现上升趋势。

与经济发展较匹配的是广西壮族自治区的职业发展水平也趋于平衡，从招生数、毕业生数和在校生数角度观察，分属第二产业学科和分属第三产业学科表现出了较均衡的态势。

（3）同北京市一样，安徽省 2013 年职业教育数据显示，分属第一产业的专业招生人数、在校生人数和毕业生人数都是最少的，分属第二产业的学科人数居中，分属第三产业的专业人数占比最高，具有绝对的优势。数据同时表明，目前及未来几年，安徽省的主导产业都是以工业制造和建筑为主的第二产业，2013 年，第二产业的产值占比已经达到 54.5%。

2013 年安徽省第二产业中，占主导地位的制造业产值为 8928.02 亿元，占总产值的 46.9%。而与之相对应的分属第二产业学科并没有占据主导地位；虽然分属第三产业学科占据了主导地位，但是不难发现职业院校对此类专业过于重复设置，培养理念较为滞后，同构化现象普遍，所培养的学生数量和质量难以满足第三产业快速发展的需求。

综合分析，我们可以看出，三个省（市、自治区）职业教育现有专业结构基本符合区域经济和产业结构的发展特点和趋势，但从区域传统产业转型升级、新兴产业培育以及现代服务业的加快发展来看，现有职业教育的专业覆盖面和培养模式仍然存在较大差距，与社会经济发展对多层次技能型人才的需求仍存在较大距离。因此，在宏观专业结构与产业架构相适应的大框架下，职业院校还需要提高微观专业结构与产业、行业的具体契合度。根据教育部对职业教育发展规划的要求，职业院校要有针对性地调整和设置专业，服务于三大产业内部的结构优化，合理调整专业结构，控制过于集中的专业发展规模等。

国际篇

第一章 全球职业教育发展概况

职业教育起源于西方国家，其发展已有100多年历史。职业教育的发展与经济社会发展息息相关。随着经济发展，职业教育理念、方式也在随之改变。当前面对产业发展的新动向，发达国家和地区纷纷强化职业教育的国家战略，不断提高职业教育经济贡献率。2011年2月美国政府提出：要培养具有21世纪知识和技能的美国人，打造世界一流的劳动力，这是“赢得未来”的关键。2010年11月，英国发布了“为可持续发展而提高技能”和“为可持续发展而对技能投入”两个国家战略性文件，其目标在于培养高端技能型人才，支撑实体经济和现代产业的发展。而法国则是通过“高等教育法”强化大学的职业化倾向，建立更多的“高等技术学校”和“大学技术学院”。德国政府则是鼓励企业参与职业教育，通过行业企业深度参与，使得职业教育更好地满足行业企业对人力资源的需求。本章将力求在叙述全球职业教育发展概况的前提下，分析目前全球职业教育发展的特征及趋势，以便对全球职业教育发展轮廓及先进模式有更为清晰的认识和借鉴。

第一节 职业教育发展概况

国际上关于职业教育的称谓一直争执不休，“职业教育”用英文有四种表达方式，即“Vocational Education”、“Vocational and Technological Training”、“Vocational and Technological Education”和“Technological and Vocational Education and Training”。1974年，联合国教科文组织第18届会议通过的《关于技术和职业教育的建议》文件中，提出了职业教育所使用的一个综合性术语“技术和职业教育”①。1999年4月，第二届国际职业技术教育大会在韩国召开，此次大会将这一称谓改为“职业和技术教育与培训”，将职业教育、就业培训及在职培训视为一个统一的连续过程。

近年来，联合国教科文组织等诸多国际机构普遍采用一个广义的概念，即“技术和职业教育与培训”替代传统的职业教育（TVET）。苏联的“职业技术教育”专指为国民经济各部门培养技术工人的教育。发达国家的“职业教育”，泛指除基础教育、普通高等教育、成人继续教育以外的为培养职业能力而进行的培训教育。中国大陆地区职业教育的名称亦经历多次演变，直至1994年，职业教育成为法定名称，我国台湾地区则称职业教育为“技术职业教育”。尽管称谓多样，但职业教育的本质内涵基本一致——职业教育与技术教育，培养学生获得技能的能力。

毋庸置疑，职业教育是现代教育的重要组成部分，是社会工业化和现代化发展的重要支撑。近些年来，国际组织、区域性机构和各国已经认识到发展职业技术教育对推动社会经济发展及促进就业增长的重要作用，都把发展和改革职业技术教育作为规划21世纪教育和培训体系的重要

①卢洁莹：《职业教育概念界定》，《教育与探索》2009年第2期，第5－7页。

组成部分。

西方国家职业教育体系的形成要追溯到19世纪。工业革命引发社会对技术工人的大量需求，以及两次世界大战后政府对教育的大量投入，都成功推动西方国家中等职业教育的快速发展。但艾伦·本纳沃特的研究表明，进入20世纪60年代以后，中等职业教育规模反而呈世界性的下降趋势，没有继续扩张。

中等职业教育规模下降，并不代表就放弃职业教育。相反，联合国教科文组织等国际机构积极采取各种措施推动全球职业教育的发展，譬如进一步完善与职业教育相关的国际文件，1989年通过的《技术和职业教育公约》一直是各国发展职业教育的指引性和准则性文件；1991年世界银行发表《职业和技术教育与培训》政策书，指出发展中国家要想在迅速发展的变革时代竞争成功，就需要培养大批高质量劳动力，因而需要加强中小学教育和职业教育；1999年4月召开的第二届国际技术和职业教育大会提出了新时代和新发展模式的观点，认为21世纪是一个知识信息化时代，以高科技为核心的知识经济占主导地位的时代。知识经济时代的繁荣不依赖于资源与资本的数量和规模，而是依赖于知识的积累与利用。全球化趋势的加强也必然加剧各国之间的竞争，发展职业教育，培养知识技术人才势在必行。

20世纪90年代，美国政府就颁布了《帕金斯职业和应用技术教育法案》和《由学校到就业法案》，目的在于加大联邦职业教育专项拨款力度。1994年12月欧洲理事会通过的“达芬奇”跨国职业教育和培训计划历时五年（1995年1月1日至1999年12月31日），预算高达6.2亿埃居（现称欧元）。1999年“达芬奇”跨国职业教育和培训二期行动计划启动。其他国家也纷纷出台各类政策支持职业教育发展，如澳大利亚《通向未来的桥梁——1998~2003年国家职业教育和培训战略》（1998）、匈牙利《职业培训法》（1993）、丹麦《职业教育培训法》（1999）。除此之外，各国还从资金和制度方面支持职业教育发展。这时期职业教育经费来源广泛，保障措施健全，得到空前发展，取得了良好成效。

随着全球经济形态变化，科技进步推动经济的进一步发展，职业教育发展呈现出新的特点，新的职业教育发展模式以人为本，着眼于人的终身发展，并逐渐将终身思想灌输于职业教育体系中。典型案例是中国台湾地区完备的终身职业教育体系，终身教育理念在台湾地区兴起于20世纪80年代，历经几十年的发展已颇为成熟。同时，可持续发展和环境保护观念也日渐渗透到教育领域。职业教育不再是单纯教授学生专业技能，还教授生存能力以及培养学生优秀的品行、健全的人格。

尽管世界各国职业教育的终极目标基本一致，但各国职业教育体系各有特点。尤其是在经济发达国家，人们越来越认识到职业教育在推动社会经济发展过程中的积极作用，职业教育竞争力是一国的职业教育产出与他国对比的相对优势。各国都在积极探索职业教育发展的新途径。2014年，中国教育科学研究院国际比较教育研究中心选取世界上经济和教育较为发达的37个国家，对它们的职业教育竞争力进行了评价和排名，结果显示排名第一的是瑞士。瑞士职业教育的特点是体系完备，从初级中学就开始进行职业生涯准备教育。近年来，职业教育的教育年龄提前已不是新事物。许多国家都已经把职业教育纳入中小学课堂，甚至是学前教育。遍布的中小学职业体验中心、儿童职业体验馆就是最有力的佐证。从小就开始培训学生的职业知识，激发他们对不同职业角色的实践兴趣，锻炼他们的工作和生存技能，已经成为新时期职业教育的一大特色。

知识经济时代科技与信息变化万千，时代发展步伐加快。专家预测2040年的全球职业环境将从信息时代转向概念时代，改变会更多、更快、更不可测，是以幸福与自我实现为核心的生涯。未来的职业教育发展走向将如何与时代步伐一致，我们拭目以待。

第二节　职业教育发展特征

职业教育在推动社会经济发展中起到的重要作用不言而喻，将职业教育作为本国教育改革发展的重点，也早已成为现阶段各国的共识。无论是国际教育组织，还是区域性机构，都已经把职业教育改革发展作为21世纪教育改革的重点。尽管因为地域文化差异，各国在职业教育理念和方式上有所不同，但其发展特征还是有共同之处的。

（一）政府重视，法规完善

职业教育承担着为各行各业输送专业技能型人才的任务，它是教育体系中与经济联系最为密切的部分。在西方发达国家，职业教育一直很受重视，甚至被比喻为“使社会走向博雅的杠杆”，他们认为职业教育能不断更新国家资源利用者、开发者和管理者的技能，能使整个社会的技术含量、智能含量和精神价值含量不断提升，能使一个国家的整体民族素质不断提高①。因此，重视和发展职业教育是各国教育改革发展的重点。

各国对职业教育发展的重视首先体现在立法上，均制定一套完善的法律体系来保障职业教育的发展，保证各项有关职业教育政策充分的实施。以美国为例，1890年就开始制定《莫雷尔法案》来规范职业教育的发展，1963年《职业教育法》的颁布标志着美国职业教育体系形成，此后每隔几年都会相继颁布相关法规来保证职业教育发展的延续性。1984年出台的《柏金斯法案》（Carl D. Perkins Vocational and Technical Education Act）扩大了联邦政府对职业教育对象的拨款和补助，并通过联邦拨款来促进政府与私人企业间的合作以提升职业教育的基础，同时责成美国教育部下属的职业和成人教育办公室专门统筹规划和管理②。国家的高度重视，完善的法律体系都为职业教育发展提供了坚实的保障。

（二）校企合作，多方支持

“闭门造车”不能满足市场对人才的需求，因此校企合作一直是国际上实施职业教育人才培养的基本模式，也是被各国公认为职业教育人才培养的有效途径。它能够实现职业教育与行业、企业的无缝对接，既满足了企业对人才的需求，提高了企业参与职业教育的积极性，也体现了职业教育的目的与宗旨。国际上典型的校企合作教育模式有德国的“双元制”模式，英国的“工读交替”模式，澳大利亚的TAFE模式等。这些模式的共同之处都在于，与传统的人才培养模式相比，可以为学生提供更多的实践训练机会，在实践中提升自己的专业技能，同时学校根据企业需求来合理设置课程和专业，实现资源的最优化利用。

另外，政府和其他机构也积极参与职业教育建设，为职业教育的良好发展提供支撑，形成了一个完善的支持系统。政府层面，会颁布各类法律法规与财政政策；企业层面，有合作办学、校办企业、校中厂等多种合作方式；学校层面，完善职业教育师资，以便为学生提供更好的教育；

①刘尧：《国际职业教育改革趋势及其对我国的启示》，《职教论坛》2008年第5期，第53－54页。

②Cay Adkins：搜狐教育，http：//learning. sohu. com/s2014/xldw5/。

社会层面，各种研究机构、公益组织等同样也为职业教育贡献资源。

（三）主体多元，形式灵活

政府、企业、私人等多元投资职业教育是国外职业教育办学的普遍特征。政府强调重视教育的公平性，除了国家和地方政府创办的公立职业教育学校外，还有许多企业、社会公共团体以及私人创办的私立职业教育学校，两者相辅相成，构建了多元化的办学体制①。形式灵活不仅体现在办学主体多元化，还反映在教学形式、专业设置、课程设置、培养目标、招生对象等多个方面。现阶段发达国家职业教育模式基本都打破了传统的学科授课方式，而是采用模块式教学或项目教学，强调研究性与实践性、学术性与职业性的平衡，培养学生的综合职业能力；专业和课程设计也会依据现实中市场需求进行多样化设计，采用多种形式评价学生的综合素质。

（四）以人为本，与时俱进

西方发达国家的思想一直以开放民主著称，它们认为无论何种教育，只要能使人按照自身的条件得到发展，满足社会人才需求就具有同等价值。西方国家的职业教育思想简而言之就是人尽其才，每个学生都可以根据自己的职业兴趣和发展来选择合适的学校和专业。各国的教育体系非常重视对学生个性的培养，从课程设计、专业设置、升学机制等各个方面来培养学生的创造性，让学生根据自己未来的发展需求自主选择学习方向。

以人为本是西方职业教育的基本理念，与时俱进则是西方职业教育持续发展的基础。职业教育的发展始终是与经济社会发展息息相关的，随着经济的快速发展，市场需求变化万千，职业教育业发展必然需要与时俱进。这一点在美国的职业教育发展上体现得非常明显。美国职业教育的发展历程告诉我们，针对职业教育的研究不仅要广泛深入，还要与时代发展相契合。尽管已经确定了生涯教育的职业教育理念，但随社会经济与公民的具体需求，才逐步将“从学校到工作”职业理念转换为了“从学校到生涯”的职业教育理念。在与时俱进的教育理念指导下，由政府、学校、企业与社会支持的具体实践模式也层出不穷，切实地将理念与实践落到实处。

第三节　职业教育发展趋势

随着经济飞速发展和科学技术创新周期的缩短，经济社会和公众对人才的需求也在发生着诸多改变，从而促使职业教育呈现出新的发展趋势。

（一）能力导向化

科学技术创新周期的缩短，加快了社会职业更新的频率，从而促使许多新型职业不断涌现，与此同时，在传统产业中却出现技术人员失业的现象。这对传统的人才培养模式提出了挑战。在这一大背景下，以能力为本的思想逐渐被接受。职业教育学校在课程设置与专业设计上也不再仅仅局限于狭隘的岗位技能，而是着眼于职业群或职业面。职业教育界正在从注重单纯的任务“技能”培养，向注重包括素质、品质在内的综合“能力”开发转变，教育的关注点放到了满足

①杨琪：《发达国家职业教育发展对我国的借鉴》，《高教论坛》2010年第3期，第121－123页。

个人发展需求、让学生学会"如何学习"上，着眼于培养学习者能够逐步具备在复杂多变的环境中良好生存与多次就业的能力。

（二）交流国际化

随着经济全球化的快速发展，国际间贸易文化往来亦日渐频繁，因此职业教育领域的交流合作也呈现出国际化趋势，各国之间的交流合作日益增多，形式也多样化。1989 年举行的联合国教科文组织第 25 届大会通过了《技术与职业教育公约》，指出尽管世界上教育制度、社会经济和文化状况具有多样性，但大多数国家在职业教育上都追求相近的目标，因此职业教育更需要良好的合作来保证，制订共同的方针，进一步加强国际间交流合作，分享教育成果与信息，构建一个国际合作平台①。职业技术教育国际联盟、联合国教科文组织职教信息网络等实体性和虚拟性合作平台就是基于上述目的成立的。

同时，各国、各地区之间的交流合作也日益增多，方式多元化。例如，实行联合培养计划、派学生出国留学、派教师到国外进修、招收海外学生、举办国际性会议、开展国际性职业教育研究课题等。

（三）学习终身化

职业教育是终身教育的组成部分。1999 年联合国教科文组织就强调职业教育是整体教育的一个组成部分，并为全民提供终身学习的机会。美国当前的教育改革中，"职业教育"这个词正在被"生涯教育"和"技术教育"所取代，这一名称的改变，反映了 21 世纪以来职业教育的主题是以人为本，着眼于人的终身发展。学习终身化趋势主要表现在两个方面，一是更加看重学习意识与学历能力，现代信息技术的普及使得整个教育体系更具开放性；二是职教与普教的互相融合，职业教育已逐渐渗透到普通教育当中，学生从很早就开始具备职业意识，并尝试去探索职业②。

（四）教育绿色化

在联合国教科文组织等国际组织的倡导下，环境保护和可持续发展内容也被引入到职业教育体系中。职业教育是终身教育的一个组成部分，为适应终身学习的要求，职业教育所接受的培训必须涉及保护环境、改善利用自然资源和关注可持续发展。目前的环境教育课程开发分为四个层次：第一层次强调生态概念；第二层次强调环境行为知识；第三层次处于认知过程或技能水平，培养与环境问题相关的调查研究、评估和价值判断的技能；第四层次也处于认知过程或技能水平，主要学习如何解决环境问题和参与决策过程③。这些环境教育的基本目标，是培养学生能处理与有关活动领域的主要生产者相联系的环境问题，尽可能地减少这些问题并提供解决这些问题的主要手段。同时，培养学生的安全意识，以便能够确保和处理工作过程中的人员安全和健康问题，包括减少环境危险的可能性，在可能的情况下保护个人和团体的安全，采取一定的管理措施以及对安全工作方法实行监督等。④

---

①②③④孔令锋：《世界职业教育发展的八个趋势》，《英才高职论坛》2008 年第 4 卷第 4 期，第 13 – 20 页。

第二章 发达国家或地区职业教育模式分析

职业教育已成为引领地区经济发展的重要驱动力，成为教育改革的新亮点。在德国、英国等发达国家和地区，政府都很重视职业教育，各国在不同的历史背景和社会条件下，经过若干年的努力，都摸索出一整套适合自身社会发展的职业教育体系。职业教育在东方国家起步稍迟，但也走过了半个多世纪的历程，日本等国家和中国台湾地区都建立了一套成功的职业教育体系。本章主要对德国、日本、英国三个发达国家和中国台湾地区较典型的职业教育模式进行研究，详细介绍发达国家或地区的职业教育发展情况。

第一节 德国职业教育模式分析

一、德国的职业教育概述

德国是职业技术教育最发达的国家之一，其职业教育最早可追溯至中世纪早期的行会制度。在德国，职业技术教育被视为政府、社会、企业与个人的共同行为，是德国在国际市场竞争中的原动力，是企业生存与竞争的手段，是个人生存最重要的基础及个性发展、感受自身价值和社会价值认可的重要前提。特别是企业界人士，他们认为职业教育就是产品质量，是德国经济发展的柱石。因此，德国高度重视职业教育，这是文化传统对职业技术教育的正面影响①。

历经几个世纪的发展，德国已形成一套完善的职业技术教育体系，涵盖学徒培训、初等职业教育和中高等职业教育，其中学徒培训的早期培训方式——“双元制”是德国职业教育的典范和精髓。这项制度曾被称为德国第二次世界大战后经济腾飞的武器，有力推动了德国经济的飞速发展和社会进步，深受德国中小企业欢迎。德国职业教育学校主要有“双元制”职业学校、全日制职业专科学校、职业进修学校、专业高级学校、专修学校（继续教育）等②。

二、德国的职业教育模式

（一）“双元制”简介

德国“双元制”模式形成于20世纪20~50年代，当时的德国普通高等教育入学人数迅

①腾讯大申网：《德国是职业技术教育模式最完善的国家之一》，http：//sh. qq. com/a/20140502/013424. htm。

②郑兆巍：《德国职业教育现状分析和启示》，《职业》2013年第11期，第107－108页。

速扩张，社会对不同素质人才需求不断增加。“双元制”成为德国职业教育的核心，同时被看作第二次世界大战后德国创造“经济奇迹”的“秘密武器”，是当今世界职业教育的一个成功典范。

“双元”是指参加职业培训的人员必须经过两个场所的培训，“一元”是指职业学校，其主要职能是传授与职业有关的专业知识；另外“一元”是企业或公共事业单位等校外实训场所，其主要职能是让学生在企业里接受职业技能方面的专业培训①。它将企业与学校、理论知识和实操技能紧密结合起来，是一种有效培养技能型人才的职业教育模式。接受“双元制”教育的学生，在与企业签订培训合同后，需要在学校和企业两个环境同时学习培训，兼有学生和学徒双重身份。

“双元制”职业教育将传统的学徒培训方式与现代职业教育思想结合在一起，学生在完成了9～10年的基础教育之后，自己或通过劳动局的职业介绍中心选择一家企业，按照有关法律规定同企业签订培训合同，得到一个培训位置，然后到相关的职业学校登记报到，并与学校签订相应的培训合同，合同规定了经过3年职业培训应该达到的水平。在3年的职业培训学习过程中，一般每周1～2天在学校接受理论学习，3～4天在企业接受实践培训，教育培养过程由学校和企业双方共同完成②。

德国的企业负责向培训者传授职业技能和职业经验，职业学校负责与职业相关基础知识和专门知识的传授学习，学习期间学生不需要缴纳学费，而且每月还可得到由企业提供的生活津贴及法定的社会保险，学习的最终目标是使学生具备在某一工作岗位上独立制订工作计划、独立实施工作计划和独立评估工作计划所需要的各种能力，以此缩短求职者对岗位的适应期，能够降低企业的生产成本，也增强求职者的竞争力③。

（二）“双元制”的主要特点

1. 结合实践

学生70%的时间在企业进行实际操作技能训练，接触的是企业使用的最新技术，理论与实践不脱轨。培训大都以生产性劳动的方式进行，有利于学生快速掌握工作技能从而能够顶岗工作，实现毕业与就业的零距离过渡。

2. 广泛参与

大多数企业拥有自己的培训基地和培训人员。“双元制”模式具有很强的针对性，重视能力，能够充分调动企业办学的积极性，实现学校与企业、理论知识与实践技能双方紧密结合。

3. 严格考核

德国双元制学校入学考试和考核都极为严格。以曼海姆“双元制”大学为例，学制3年，分6个学期，无寒暑假。每个学期的前3个月，学生在职业学校学习理论知识，后3个月在送培的企业接受实践培训，6个学期都如此交替进行教学和实训。前4个学期结束时要进行一次统一考试，通过者才能进行下一阶段学习④。

---

①http：//baike. baidu. com/link？url = 2 - GnVs1sXBO1ZTSGv - jjBsMI - 5NO - - f9OfM7 weWmzkUHVIXcUl1 C1AjiWxf5 Ub-MzboL6oRBUIgLqJrcg_ VbCHq。

②③范继红、马长路：《德国职业教育行动导向教学的体验及启示》，《继续教育研究》2012年第10期，第187－188页。

④中国高职高专教育网：《德国双元制大学对我国高职教育的启示》，http：//www. 71. cn/2013/1101/743244_ 2. shtml。

三、德国职业教育的特色

（一）教育界限模糊

德国职业教育与普通教育同属于学校教育系统，两者并没有严格的区分，甚至整体教育体系都有较强的职业化倾向。这一方面与务实的德国人对待高等教育与职业教育的态度有关，其并不以进入高等教育机构（大学或研究院）为找到好工作或取得较高社会地位与尊重的唯一途径；另一方面也正是由于这样的以就业为引导的整体教育体系，让德国的职业教育成为了支撑德国企业发展的有力基础。

政府引导下不分界限的学校教育体制，可以带来以下三点优势：

1. 技术型人才供应

德国人明白在公民中从事科学研究的人群占少数，需求量更大的是有实际生产能力的技术人才，他们既是国家发展的基础动力，也是解决社会矛盾（如失业问题）的重要途径，因此非常注重技术型人才的培养。

2. 职业相对平等化

教育体制从某个方面也反映了国民对职业的看法，德国职业教育与普通教育界限的模糊性，有利于国民形成任何职业都受尊重的价值观。

3. 个人与整体共提升

“四通八达”的德国学校教育系统让职业与研究接轨，专业与教养接轨，不仅有利于个人根据自身能力规划未来发展，也有利于整体国民素质的提高。

（二）政府积极主导

德国政府对职业教育处于绝对的主导地位，不断改进法律支持与保证，完善的职业教育政策体制，充足的教育投入，德国教育机构整体以公立为主、私立为辅的形式等，都反映了政府在职业教育中的积极作用。

德国中等职业教育中大部分学校为公立的，私立学校所占比例极小，而“双元制”职业学校基本为公立学校；高等职业教育中应用科技大学公立学校比例占65%；职业学院中私立学校约占60%；巴符州“双元制”大学全部为公立大学；在综合性大学中，私立学校仅占5%左右，但文理学校中私立学校是最多的。

（三）职业教育规范化

德国职业教育包括培训专业、教学内容、教学结构、教学计划、教学计划修改等环节，职业教育每一环节都有规范化的流程与设置，职业学校与培训企业需要在相应的规范下根据自身情况选择相适宜的教学计划。

德国职业教育规范程度高并不意味着其灵活程度低。相反，行业协会、工会，雇主协会与各种职业教育相关研究机构的加入，使得德国职业教育对社会市场的反应较为灵敏，每一次律法或规则的修订也更具科学性。

（四）校企合作制度化

德国职业教育从法律法规制定、培训条例与框架教学计划的制订，到具体教学中的“双元制”教育体系，都有各行业代表与企业参与的痕迹，这一方面体现了职业教育的目的与宗旨，保证技术型人才能够服务企业；另一方面直接满足了企业对人才的要求，极大地促进经济的发展，能够降低企业经营成本，增加企业参与职业教育的积极性。

“双元制”职业教育作为德国职业教育的代表，可以说是“校企合作”的典型案例。但是与其他国家校企合作最大的不同是，“双元制”职业教育中企业与职业学校的合作是在政府指导下的合作，具有很强的规范性、长期性、专业性与协作性。一旦成为培训企业，企业对学生就负有相应的责任与义务，这种制度化的校企合作形式是值得我们借鉴的。

（五）职教学生中心化

德国教育体系的重要目的就是为社会培养人才。因此，完善的职业资格认证体制、教师资格认证体制、职业教育的终身制等，都使得职业教育在德国有一个很好的文化氛围。

德国要求每个公民需要接受 12 年的义务教育，从而使德国公民素质普遍偏高。德国政府规定小学以后，即 10 岁左右学生就进入了定向阶段。在文理中学、主体中学、实科中学和综合中学四类学校中，除了文理中学与综合中学的一部分学生，剩下的学校都属于职业教育范畴，学生可以根据自己的能力和发展特点进行不同学校类型间的转移。这样既保证了公民的就业率，也让真正有研究能力或有兴趣致力于研究的高端人才得到了培养，真实地推行因材施教政策。

第二节 日本职业教育模式分析

一、日本的职业教育概述

日本职业教育历史悠久，起源于明治维新时期，如今日本是最发达的职业教育国家之一。明治年间，“职业教育”一词一直被“实业教育”、“技能教育”等词语替代。职业在当时的概念是指为了获得生活费用而从事的一切事务性活动，实业教育是国家不可缺少的一部分。第二次世界大战后，“职业教育”（Vocational Education）一词由美国引入日本，虽然当时日本还是广泛使用“产业教育”一词，但是随着第三产业的扩大化，“职业教育”一词在日本得到了广泛的使用，最终替代了“产业教育”、“实业教育”等称呼。

随着经济的快速发展，资源短缺的日本将开发人力资源作为重要发展战略。因此，提高国民教育水平，努力使全体人民都掌握职业技术能力，是日本的人才战略。自从 19 世纪中期日本革新以来，就一直重视职业技术教育，十分推崇人才强国的政策。

第二次世界大战后，日本之所以能迅速地从废墟中走出，一跃发展成世界第二经济大国，是与日本大力发展教育分不开的。日本政府积极开发人力资源，培养大量适应国民经济发展的技术型人才，助推日本经济高速腾飞，也从根本上改造和完善了日本职业教育体系。

20世纪90年代起，日本经济进入“低迷期”，受国内外科技经济形势的影响，产业结构发生变化，同时日本政府认识到因全球化、技术革新等造成的产业和企业重组，会不可避免地引起劳动力的大量流失，这在某种程度上推动日本就业政策和职业教育的转变，中等职业教育获得进一步的发展。

二、日本的职业教育模式

（一）“企业模式”职业教育简介

日本现行的职业教育体系包括三大部分，分别是学校职业教育、企业职业教育和公共职业训练。其中，日本的企业职业教育独具特色，不仅是日本企业发展壮大的重要因素，也是保持日本经济活力的必然需要。

“企业模式”职业教育是指企业所需要的技术工人基本都来自招收的高中毕业生，然后企业对其进行专业技能培训。这种教育训练以本企业的工作人员为对象，以车间为中心，以提高工作能力为目的。企业职业教育的教学目标指向与该企业有关的技术后备力量的培养密切相关；其教学形式既有培训企业严格组织的课堂教学与车间教学，又有相对灵活的企业内部在岗培训；其教学内容则是直接有关该企业相应工作岗位的生产过程和技术装备。

日本企业职业教育模式形成的原因在于，学校教育难以符合企业需求，这是早期日本职业教育发展的“瓶颈”。所以，日本放弃了发展职业学校，特别重视企业职业教育，把人的培养视为生产竞争的关键，提出“生产靠人，人靠研修”的口号。企业职业教育的形成有两个条件：一是能力养成的观念。日本企业认为，职业能力只可能在工作中逐步形成，学校所能培养的只是那些“可培训的能力”。二是文化产生的背景。日本企业的管理措施、文化传统、晋升机制和组织结构，如同终身雇佣制和年功序列制等，为企业职业教育模式的成功实施打下了坚实基础①。

（二）企业模式职业教育的主要特点②

第一，注重适应性的教育培训理念。日本企业职业教育的重点是注重适应性的教育培训，无论是培训内容的安排、培训过程的实施，还是培训方式的设计，都充分体现了这一理念。日本企业适应性教育主要通过职务开发和能力开发来进行。其中职务开发的方法有充实和扩大职务、项目研究锻炼、调职、职务代理制和目标管理制等；能力开发的方法有在职培训、脱产培训和自我开发等。

第二，注重对新员工的教育培训。制度严格，培训内容广泛是新员工培训的主要特点。一般新工人入厂后要经历半年到一年的教育培训，就职后首先要学习企业的历史与传统、企业精神等企业文化，然后有“一对一”的指导员培训一年的管理知识和制度。在就职训练结束时会举办集团的集中住宿训练，也就是所谓的“合宿研修”，通过这样的集体活动来加强新员工彼此之间

①姜大源：《日本企业职业教育模式》，中国教育新闻网，http：//www. jyb. cn/cm/jycm/beijing/zgjyb/2b/t20070814_ 105032. htm。

②马金强、蓝欣：《日本企业职业教育的现状与发展趋势》，《中国职业技术教育》2008年第9期，第33－35页。

的个人接触，加深对新员工的个性了解，体验团结合作和集体主义。

第三，注重追求实效性。企业职业教育密切联系生产实际，直接在生产过程中开展目的性明确的教育。同时，它始于职工开始工作，终于退休为止，是终身教育的一种形式。每个人的职业生涯终身都要接受定期的职业教育。

第四，注重道德教育（广义的）。日本企业职业教育的道德教育内容广泛，涵盖人格教育、情感教育、爱国和群体意识教育、忧患和参与意识教育、企业文化教育等诸多方面。对道德教育的重视给日本企业带来极大利益。企业精神和企业经营理念的熏陶，强化了职工对企业的忠诚心和荣誉感，增强了职工的凝聚力，促进了劳资关系的和谐融合，反过来也进一步调动了职工对维护企业利益而更加自觉学习技术知识的积极性。

20 世纪 90 年代初开始，日本经济长期不景气，许多日本企业陷入困境，萧条不振，但由于日本企业职业教育打下的强劲道德教育基础，一次又一次地帮助日本企业挺住了压力，渡过了难关。因此，道德教育对企业发展和经济增长有着重要作用。

三、日本职业教育的特色

如前文所述，职业教育推动着日本经济迅速发展，一跃成为世界第二经济大国。日本经济发展的奇迹让我们深刻感受到职业教育的威力，清晰地看到职业教育推动经济发展的成果。剖析日本职业教育的发展，思考其发展特色，可以为我国职业教育发展提供有益借鉴。

（一）市场化

美国专家雷·马歇尔指出，日本的经济奇迹主要靠的是企业职业培训，而不是公办的职业学校培训[①]。日本企业终身雇佣制的文化，使得企业一度是职业教育的主场，而日本职业教育学校大部分都是私立院校。2011 年日本有各类高等职业学校（包括短期大学、高等专科学院、专修学院和各种学校）5136 所，其中国立和公立院校只有 297 所，公立学校占总数量的比重仅 6%。并且从长期趋势看，公办职业院校比例仍然有下降的趋势，唯一例外的是高等专科学院以国立院校为主，在 57 所院校中有 51 所是国立院校[②]。

政府院校强调教育的公平性。私立院校根据市场规则运营，重视教育投入的效益性，办学效率明显高于公办学校，办学机制更加灵活。

（二）多样化

日本绝大部分初中毕业生都会进入一般高中学习，并且有多种选择。依据个人能力和特点、企业需求、就业特点，日本设有专修学校、专门学校、短期大学、高等专门学校、各种学校等多种职业教育形式，并且每一种形式都有较为完善的升学体系，以此帮助想进一步深造的学生。

另外，日本主要的四种职业教育机构，无论从专业、教学目的，还是从内部组织形式上，都具有各自独特的特征与侧重点。如专门学校以八大专业为主线，商业、国际关系发展较快；专修

①雷·马歇尔、马克·塔克：《教育与国家财富：思考生存》，北京：教育科学出版社，2003 年版，第 252 页。

②周红利：《专业化视角下的日本职业教育体系》，《教育与职业》2013 年第 18 期，第 15－17 页。

学校侧重实践，以职业资格的取得为目标；短期大学则相对更偏重理论教育，主要专业集中在家政专业与保健专业。这样一方面有利于实现职业教育对产业的全方位覆盖；另一方面也有利于及时适应产业结构的发展，拥有灵活的职教形式。

（三）广泛化

日本职业教育从立法到实施都与社会企业有密切联系，表现在两个方面：一是日本企业界和行业团体积极参与教育行政部门的职业教育政策和改革措施的制定，将他们对学校的职业教育与人才培养的要求反映到政策中；二是政府相关机构中的诸多委员来自日本的企业或行业团体。“产学官”合作模式就是日本企业与学校广泛合作的典范。

日本企业积极与学校合作，首先保证了学校实践教育的场所、专业师资的提升、学生工作经验和就业信息的获取；其次满足企业对选才的需求，减少求职者对岗位的适应时间，降低人员成本；最后有助于推动区域经济发展。

（四）个性化

日本职业教育注重与尊重学生个性发展及创造性的培养，基础性的教养课程、灵活的专业课程、完善的升学系统，让职业教育学生在学习中可以随时根据自身能力、未来发展需求等调整自己的学习。这既可以提高个人能力的发展，又可以促进日本整体国民素质的提高。

（五）终身化

日本职业教育，尤其是高等职业教育倾向于成为一种终身教育体系。日本很注重终身教育体系的发展，以多种方式促进职业教育的终身教育发展。一方面从受教育者角度出发，日本的职业教育学校几乎能覆盖所有日本人；另一方面积极开展针对社会人群的多种形式的职业教育，包括对社会人员的培训、公开讲座、辅导资格考试、开放学校教育设施等。

（六）国际化

日本职业教育的国际化趋势在其法律法规、专业设置与课程设置中体现得淋漓尽致。日本职业教育为适应国际化发展的需求，不断地培养国际型技术人才，采取多种措施实行国际化教育，例如职业资格证书国际化、强化外语学习、设置与国际事务相关的新课程、开展计算机辅助教学、与国外职业学校密切交流、实行联合办学、互派留学生等。

第三节　英国职业教育模式分析

一、英国的职业教育概述

英国是世界上最早进行职业教育的国家之一，经过200多年的发展，英国已经建立完善的职业教育体系和发达的职业教育培训系统。20世纪20年代初，英国的职业教育就开始实行证书制度，但由于种种原因，发展极为缓慢，远落后于欧美一些主要的资本主义国家。因此，英国政府致力于构建终身学习社会，加强青年人职业教育与培训，以期提高职业培训对经济发展的推动作用。

20 世纪 60 年代初，英国将一部分条件好的技术学院改为高级技术学院并划归中央，使得技术院校的学生也可以取得大学的学士学位；《1956 年白皮书》调整了技术教育的结构，把工艺技术一直到技术学位划分等级，规定了 11 所高级技术学院为技术教育的最高层次，其中 10 所高级技术学院根据《罗宾斯报告》的建议，于 10 年后升格为大学。这种划分就使学员在技术教育范畴内也能拿到学士学位证书，并由此形成了高等教育体系的双轨制。

20 世纪 80 年代，双轨制结束，40 多所以应用技术为重点的多科技术学院正式改成大学，与牛津和剑桥大学等地位平等[①]。由此，职业技术教育获得可以颁发与大学教育一样的各级学位证书的资格，这在英国教育史上具有划时代的意义。

在英国职业教育发展的每个关键时期，政府都在国家政策法规层面进行指导和引领，使其发展始终走在正确的轨道上。近年来，英国社会各界人士普遍认识到职业教育的重要性，要求建立一体化的职业教育体系，以解决职业教育的社会地位问题。现在英国推行的是一种“新职业主义”，“新职业主义运动”不仅是指一种职业教育思潮或理论流派，还是指通过政府领导的合作型革新来重建职业教育体系的思想、政策、立法、管理和实践努力的“混合”。

英国职业教育在教学方向上经历了由人才供给向人才需求的转变。例如，近些年高新技术的应用使一部分行业对各类技能型人才的要求提高，知识密集型和技术密集型的产业要求雇员具有扎实的理论知识和较强的操作能力，再加上劳动力市场的刚性需求，这些因素造就了英国职业教育教学方向的转变。

然而，随着对人才的需求日趋多元化，单一的劳动力卖方市场已经不复存在。在这样的时代背景下，职业教育的发展和改革已经面临着危机。因此，社会对人才的需求是英国职业教育为顺应发展的要求，自谋发展过程中必然要面临办学方向的转变，这种转变体现在办学主体、专业及课程设置等多方面。

二、英国的职业教育模式

（一）现代学徒制简介

1993 年 11 月，英国政府宣布实施“现代学徒制”（Modern Apprenticeship）计划，并于 1994 年 9 月首次在 14 个行业部门试行该计划，现代学徒制在全国范围更多的行业部门逐步展开，至 1999 年 3 月，共有 83 个部门获准提供现代学徒制培训，有 88% 的现代学徒制学员在工程制造、商务管理、汽车工业、信息技术、管道维护、建筑等多个部门接受工作本位的培训[②]。

2005 年，英国学习与技能委员会公布了《学徒制的蓝图》（Blueprint for Apprentice - ships），统一规定由四要素组成学徒制学习框架，并提出知识要素的学习应成为从学徒制升入高级学徒制和高等教育的必要条件。现代学徒制的培养目标划分为两个层次，分别是基础和高级现代学徒制，分别培养具有初级职业技能和熟练职业技能的从业人员。

完成高级现代学徒制课程的学生就可以获得国家职业资格（NVQ）三级水平和关键技能二

①郭红云：《英国职业技术教育的发展历程及其启示》，《世界职业技术教育》2003 年第 2 期，第 8 - 11 页。

②杨敏：《简论英国现代学徒制及对我国职业教育的启示》，《中国职业技术教育》2010 年第 18 期，第 16 - 18 页。

级水平及相关的技术证书。现代学徒制的课程包括关键技能课程、NVQ 课程和技术证书课程，通过课程设置、培训计划等进行协商确定，保证现代学徒制顺利实施。

（二）现代学徒制的主要特点

1. 彰显因材施教

现代学徒制是一种教师和学生、师傅和徒弟面对面的教育方式。师生以及师徒之间可以充分相互了解，教师及师傅对学生的能力和倾向可以进行有针对性的教育和培养，有利于学生职业道德和技术技能的提升，彰显了因材施教原则。

2. 提高学习兴趣

由于师傅和徒弟一直处于同一个问题和情境下，就可以在第一时间里对学生做出指导和提出建议。正是这种及时沟通和反馈，加快了学生的学习进程，及时解决了学生的疑问，对提高学生学习兴趣和强化学习效果都有重要意义。

3. 增强学习动力

现代学徒制的教学是一种情境教学，师生、师徒处于同一教学情境下，他们可以相互促进、相互启发，学习者不再是知识和技能的被动接受者，而是任务和项目的完成者和主动者，学生置身于情境之中，可以最大限度地参与学习过程，使学习的效果和学习的意愿达到最强。

4. 锻炼适应能力

通过学徒制教学，学生真正参与企业的生产进程，体验企业文化和学校文化的异同，从而使其学习更具有指向性和社会性，为终身学习打下坚实的基础。同时，现代学徒制也为学生提供了通过实际工作来考察自己能力的机会。学生们亲临现场接受职业指导、经受职业训练，了解到与自己今后职业有关的各种信息，可以开阔知识面，拓宽眼界。

5. 奠定职业意识

通过学徒制的培养，很多学生的特长和特点能够得到充分展示，在毕业时可以被原培训企业录用。同时学徒制对学生奠定职业意识、确定未来发展方向具有重要引导作用。实际工作的锻炼，可以大大提高学生的责任心和自我判断能力，使学生变得更加成熟。

6. 获取相应报酬

工作是学校专业培养计划的一部分，学生从事与普通职业人一样有报酬的工作，一方面可以获得经济收入，缓解培训过程中的经济压力；另一方面还可以真正融入社会，得到实际锻炼，提高求职的竞争力。

三、英国职业教育的特色

（一）国家高度重视

英国政府高度重视职业教育，采取了一系列措施以推动职业教育的发展，其主要包括：建立院校独立的办学机制；将教育部与劳动部合并成教育与就业部；成立政府体制外的 LSC 委员会（Learning and Skill Council）；统一规范各种证书的体系、标准等。同时，政府在职业教育和继续教育上加大投入，提供了约 75% 的教育费用补助，鼓励企业为员工提供再学习机会。1986 年执业资格证书全国委员会的成立，将英国分散的部门或地方自行的职业（岗位）证书统一起来，建立了平等互换的关系。

（二）职教产业需求化

在英国的职业教育体系中，教育、产业、政府等部门是密切合作的，以保证职业教育能立足于产业发展需求。英国资格和课程委员会是控制职业教育质量的重要部门，其成员来自政府、教育、产业等部门。在资格和课程委员会指导下产业指导机构负责制订国家职业资格标准，国家职业资格标准一般数年修订一次，以确保适应当时产业发展。

产业指导机构以产业界人士代表为主，由来自企业、工会及教育部门的专业人士组成，它是代表企业利益的民间机构。NVQ 标准分为从低到高的 5 个级别，GNVQ 标准分为初级、中级和高级，由低到高分层的职业资格标准反映了企业对不同岗位从业人员能力知识的要求，从而也构建了基于产业需求的职业教育体系，有助于求职者明确未来职业发展方向。

（三）终身教育人性化

英国职业教育体系是以人为本的终身教育体系，GNVQ 课程主要面向 16～19 岁的青年人，具有普通教育和职业教育双重功能，学生在 GNVQ 课程结束后既可以就业，也可以升学。NVQ 课程面向包括 16～19 岁青年人在内的所有成年人，学制弹性，既可以是全日制学习，也可以是业余时间学习。也就是说任何人在任何时候，都可采取灵活多样的方式进行学习，最终均可获得统一的资格证书。英国政府还采取了多项措施来推行终身教育理念，从而提高全社会从业人员的技能水平。

第四节　中国台湾地区的职业教育模式分析

一、中国台湾地区职业教育概述

在中国台湾地区，职业教育又被称为技术及职业教育，简称技职教育。其发展历程犹如一部台湾经济发展史，始于清代，历经曲折。形成初期，受制于经济发展缓慢，台湾的职业教育尚处于萌芽阶段。1953 年台湾地区订立施行第一期四年经济建设计划，引发了对技术型人才的需求。在这一大背景下，台湾地区的职业教育迅速兴起。为配合当局“以农养工，以农促工”的产业政策，台湾地区的职业教育宗旨定位在培养工农两类专门技术人才，因此全面引入美国的“单位行业训练式”的教育模式，并进行与之相适应的教育教学方式、课程体系改革。这项改革同时带动了台湾地区高职学校的发展，此前台湾地区教育体系是以中等职业教育为主。

20 世纪 60 年代，台湾地区开始由传统的农业社会逐步向工业社会过渡，工业教育逐渐发展为职业教育体系的主流①。台湾当局积极发展高职教育和专科学校，并增设技术学院，进一步完善职业教育体系。1974 年成立的“‘国立’台湾工业技术学院”开启了台湾地区职业教育体系的新纪元，至此，台湾地区职业教育体系初步形成，即职业学校、专科学校、技术学院三阶段式的一贯体系，成为台湾教育制度的一大特色。

①曾翰贤：《台湾技术及职业教育制度研究》，“国立”台湾师范大学博士学位论文，2003 年。

20 世纪 70 年代中期，台湾地区的工业发展已日渐成熟，并向高科技产业转型发展。经济转型升级推动职业教育改革，职业教育体系开始全面调整学校和科系，主要表现在：重新规划课程，实现专业能力与行业之间的有效衔接；提升职业教育层次，发展专科学校和技术学院；完善高等职业教育层次，由专科、本科升级到硕士、博士。在这一阶段台湾地区高等教育正式形成“普通高等教育”和“高等职业教育”双轨制，也标志着台湾地区高等职业教育体系的形成。

20 世纪 90 年代，台湾地区的经济进入全面转型和全面寻求产业升级的阶段，产业结构显著改变，高科技产业及服务业逐渐取代传统的制造业①。产业转型升级对专业技术人才提出更高要求，为适应经济发展的需要，职业教育体系改革势在必行。这一阶段，专科学校改级升制，技术学院和科技大学数量增加，科技大学的成立标志着职教体系的最终完成。

进入 21 世纪以来，台湾的专科学校日益萎缩，而职业院校档次不断上移，高层次的技术学院及科技大学数量不断增加，以此来适应就业市场的技术人力需求。此外，随着传统产业被新兴产业取代和从事服务业人口的增加，职业教育的专业设置也开始以服务业为主，密切配合台湾经济的发展。

综观以上分析，台湾的职业教育改革始终与其经济社会发展相联系，有力地推动当地经济发展，同时经济的发展又促使职业教育体系不断完善，为台湾地区的经济建设在不同时期培养了不同层次、不同规格的技术人才。

二、中国台湾地区的职业教育模式

（一）“立交桥”教育体系简介

中国台湾的职业教育体系属于典型的“立交桥”式体系结构。它是一个相对独立的体系，与学科教育双轨并行，相互支援，中等与高等职业教育上下衔接。台湾的职业教育发展比较完善，包括高级职业学校、专科学校、技术学院和科技大学及研究所，涵盖了中等职业教育、专科教育、本科教育、硕士教育、博士教育五个细分层次②。

具体而言，“立交桥”职业教育体系涵盖三层级五类型学校，包括三年制的高级职业学校（相当于职业高中）；二年制、五年制的专科学校；还有技术学院及科技大学，分为大学部（本科）与研究所（硕士、博士）。大学部包含二年制、四年制，修业期满且成绩合格均授予学士学位；研究所设有硕士班、博士班，修业期满且成绩合格授予硕士、博士学位。另外也涵盖属于技艺教育的国中技艺教育班与高职实用技能班，以及属于社会教育的高职进修学校、专科进修补习学校、技术学院及科技大学附设进修学院学士班等，从而构成了一贯而完整的职业教育体系（见图 2－1）。这种完善的职业教育体系为台湾的经济发展做出了不可磨灭的贡献。

（二）“立交桥”体系的特点

1. 层次完善，学制合理

台湾职业教育体系涵盖三层级五类型学校，包括高级职业学校、专科学校、技术学院、科技大学及研究所，此外还有国中技艺教育班。国中技艺教育班渗透着职业教育，实施方式主要是全

①苗静：《台湾地区技职教育体系研究》，河北师范大学硕士学位论文，2009 年。

②侯才水：《台湾职业教育特色及启示》，中国水利教育网，http：//www. cahee. org. cn/show. aspx？ id＝3898。

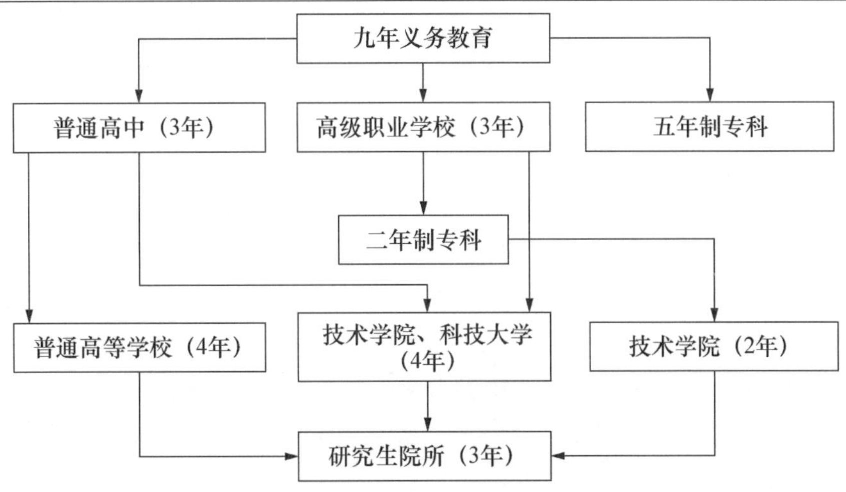

图2-1　中国台湾地区教育体系

面职业生涯教育和技艺教育课程①。高级职业学校目标是培养基层技术人才，学制一般为三年；专科学校重在培养应用型技术人才，分设有二年制、三年制、五年制；技术学院和科技大学及研究所是培养高级应用及技术型人才的最高学府，分设有两年制、四年制。

2. 职普沟通，管理科学

国中义务教育阶段的生涯试探课程和技艺教育课程是台湾职业教育的起点，职业教育与普通教育是相互融合的。从图2-1可以看出，九年义务教育结束后的学生可以分流进入不同学校，之后也可以根据个人实际情况进行不同学校选择。在研究所阶段，职业教育和普通教育又融为一个整体。台湾职业教育体系与普通教育体系齐头并进，平行发展，上下衔接紧密。这也得益于台湾的职业教育行政管理体制。台湾的职业教育行政管理体制分为“中央”、省市及县市三级，呈现一种垂直性的分布格局，且各机构管理职责十分明确，有利于职业教育改革的统筹安排②。

3. 入学多元，评鉴完备

最初台湾地区技职学校招生采用统一命题考试，历经多次改革之后，招生方式日渐多元化。现行高职和五年制专科学校的入学方式分别为登记分发入学、申请入学、推荐甄选入学三种方式；技术职业专科学校的入学方式有联招考试、单独招生、甄试入学及特定对象学生保送入学。2007年起，在招生管道方面还增加了高职精英和“繁星计划”，以保证每一个优秀学生都有机会入读科技大学，多元的入学方式有助于学生培养职业兴趣，开发潜能，提升综合素养。

台湾于1975年建立专科学校评鉴机制。在几十年中，评鉴体系经历了台湾教育主管部门主导、委托专业学术团体、委托专业评鉴团体、认可国内外专业评鉴机构、授权外部评鉴的发展过程。如今，台湾主要专业评鉴机构有社团法人台湾评鉴协会、财团法人高等教育评鉴中心基金会、“中华工程教育学会”等机构，机构众多保证了评鉴体系的公平与公正，保障了评鉴质量③。同时，评鉴体系也为职业学校的发展提供了可靠的依据。

①②苗静：《台湾地区技职教育体系研究》，河北师范大学硕士学位论文，2009年。

③侯才水：《台湾职业教育特色及启示》，中国水利教育网，http://www.cahee.org.cn/show.aspx?id=3898。

三、中国台湾地区职业教育的特色

（一）多元化的职业教育投资体系

公私并举一直是台湾职业教育的一大特色。台湾的职业教育体系有公办和民办两部分，并且私立院校是重要的组成部分。私立院校的数量和学生数一度超过公立学校。在发展公立职业教育的同时，台湾政府鼓励私人投资办学，并出台相关政策支持私立职业教育发展，形成“政府”与民间共同办学的格局。公立学校办学费用按照预算足额拨付，私立学校经费来源广泛，主要有学生的学费、私人捐资、政府补助等。经费充足为学校的发展提供了最坚实的保障。

（二）严格的职业证照制度

台湾地区实行严格的职业证照制度，台湾的职业证照分为丙、乙、甲三个等级，学生必须通过职业鉴定考试才能取得，对其升学、工作升迁都有莫大的帮助。技能考试十分严格，分为学科测验和术科测验，考试题目都是聘请专家命题且淘汰率比较高。台湾的“职业训练法”规定，在加薪和录用技术人才时，丙、乙、甲三级证照分别等同于中等职业学校、专科、技术学院毕业等级；此外，台湾“各级各类学校同等学历的办法”规定，持有职业证照者，在有若干年的工作经验之后，也能取得相应的同等学历资格①。这样的政策鼓励着各类职业学校和学生个人都非常重视职业证照。

（三）共赢的校企合作模式

校企合作也就是建教合作，是台湾职业学校实践教学的一大举措。一直以来，校企共建、产学合作都是职业教育最基本的特征，也是充分利用社会资源支持职业教育的途径。校企合作强调学生的理论学习与实践训练并重，在学校接受理论知识的学习，在企业接受实践技能的训练。在这一过程中，企业运用学校资源以促进自身发展；学校利用企业资源推动教学活动，将学生的学习环境拓展到工作场所，学生毕业前就掌握了符合企业要求的技能，能够实现学校与企业的无缝对接，提高学校的就业率。台湾非常重视校企合作，并出台相关规定进行管理和考核，对考核优异者进行奖励，对考核不合格者要求限期改善，必要时会责令其停办。

（四）完善的终身教育体系

终身教育体系是台湾职业教育的一大特色。终身教育从20世纪80年代开始在台湾地区得到快速发展。随着台湾职业教育体系的不断完善，终身学习理念也日渐融入职业教育体系中，主要体现在开展职业生涯辅导、建立回流教育制度、构造多文凭体系三个方面。生涯辅导是以人为核心，侧重终身性，着重培养学生的职业目标和职业兴趣，在某种程度上推动了台湾职业教育体系的发展；回流教育制度主张教育机会应当分布在人生的各个阶段，它促使台湾职业教育形成“就学—就业—再就学—再就业”的终身学习模式；多文凭体系的建立与职业证照的实行是分不开的，证照与文凭之间可以实现等值互换，激励着学生进行在职进修和继续学习。

---

①侯才水：《台湾职业教育特色及启示》，中国水利教育网，http：//www. cahee. org. cn/show. aspx？ id＝3898。

（五）雄厚的实训师资力量

台湾的职业学校非常重视学生的技能培养，不仅在课程设置上规划学生的核心实践能力，理论教学与实践教学所占比例为3∶7，更重要的是拥有一批强大的“双师型”教师队伍。学校对“双师型”教师要求严格，大部分教师都是来自企业的技术人员，要求参加招聘教师应具备丰富的教学和实践经验。这些教师不但拥有高学历，而且具有丰富的社会实践经验，其中有高级工程师、公司经理、科研人员、政府部门的顾问等。这样的教师对企业的具体人才需求非常清楚，是学校培养适应市场需求的实用型人才最有力的保证。

（六）特色的德育教育

台湾职业教育非常重视学生的品德和操守教育，将中国传统美德教育放在首位。德行考试成绩也是学生毕业的重要依据。很多学校的德育教育活动不仅内容丰富，而且形式多样，例如南台科技大学在“提升自我道德能知善乐善进而行善，建立品德校园文化”理念指导下，创新了一系列品德教育教学的内容：第一，通过“品德教育”系列活动，建立品德种子团队；第二，教育内容贴近学生实际；第三，重视品德网络教育。为加强对学生的德行教育，台湾职业院校均有一个共同的校训，即“礼、义、廉、耻”，传统美德得到较好的传承①。

①侯才水：《台湾职业教育特色及启示》，中国水利教育网，http：//www.cahee.org.cn/show.aspx？id＝3898。

第三章　国外应用型大学模式分析

21世纪是以知识的创新和应用为重要特征的知识经济时代，其特征是：经济增长对于自然的依赖减少，而对知识和科学技术的依赖大大增加。当前，中国正处于经济转型发展关键时期，教育是经济发展的重要支撑，而职业教育作为引领区域经济发展的重要支撑，已成为教育改革的新亮点。现阶段我国传统的高职高专教育尚不能满足经济转型升级的要求，这就对教育的发展提出了更高的要求，发展应用型大学教育就顺势成为适应经济转型升级发展的客观需要。应用型大学在国外发达国家已有多年发展历史，形成了成熟的发展模式，本章在概述国外应用型大学情况的基础上，重点介绍美国和澳大利亚的应用型大学模式，以此为国内高校转型发展提供借鉴。

第一节　国外应用型大学概述

应用型本科教育的培养目标是培养具有一定知识、能力和综合素质，面向生产、建设、管理、服务一线或岗位群并适应其要求，具有可持续发展潜力的高级应用型专门人才。国外应用型大学的人才培养模式是以职业能力为主要目标，这种模式经受了历史的考验，被实践证明是应用型人才培养的最佳模式，而且由于教学目标明确，针对性和可操作性强，培养出了专业知识与实践能力并重的高级人才。

国外应用型大学基本特征如下，借鉴国外的成功经验，对国内的应用型大学转型将大有裨益。

（一）面向实际，突出能力培养

为了使应用型大学的毕业生进入人才市场就能上岗操作，国外应用型大学许多实验内容保持与市场科学技术同步发展。以德国为例，由于该国人力资源紧张，应用型本科高校的毕业生一旦进入人才市场，就必须独当一面，适应社会新技术的发展变化，因而德国的实验课与科学技术几乎同步发展。不少领域中的新技术早已纳入该国的实验教材。

国外许多应用型大学都要求学生的毕业设计必须是在工厂、企业进行，毕业设计的题目也均是工厂、企业的实际课题。如德国、美国在实践教学中普遍采用项目教学法，根据某个实际项目，把学生组织在若干个小组内，各个学科的教师联合指导学生合作完成项目。参加项目的学生来自不同专业甚至不同职业领域，不仅提高了专业技术能力，还提高了与不同专业、职业人员的合作能力。

（二）校企合作，重视实践培训

实训基地是应用型大学的基本硬件设施，是对大学生进行技能训练的基本保证。

国外应用型大学的校外实训基地有三种情况：一是依靠公有或私有的培训部门，如丹麦的应用型大学，其产学研结合紧密，由社会合伙人和地方当局的代表一起组成学校董事会，参与制定专业技能标准，向学校提供实训基地，接收学生实训；二是依靠公共教育培训机构，如日本政府在1986年就设立了实施专业能力开发的公共教育机构——专业能力开发服务中心，开设各种能适应社会需要的专业技术教育课程和讲座；三是依靠企业教育培训机构，如德国“双元制”的“一元”就是企业参与培训。事实上，任何一个国家进行应用型人才培养都离不开企业的参与。

应用型高校利用校外实践教学资源的重要意义表现在两个方面：一是有利于推动实验室建设，探索实验教学新模式；二是有利于推动产学研在更深层次上的结合。在校内实训基地建设方面，澳大利亚高校校内实训场所的主要特点是设施先进，品种齐全，数量庞大，完全能够满足学生实训的需要。政府全额投资建设了许多校内实训基地，其资金和设备来源主要是企业直接赠送、合作、租借等。

（三）师资建设，注重实践经验和资格

许多国家的应用型大学都增加了兼职教师的比例，从企事业单位招聘有专业技术特长的工程技术人员或高级主管来校担任部分专业课程的教学工作，以期加强学生的实践教学。如韩国的应用型大学在聘请教师时，实践经验是一项重要的应聘指标；德国颁布的《实训教师资格条例》，详细规定了师资的教育资格、知识证明和职业证书方面的要求，德国柏林科技大学的所有教授都来自工业企业，且具有工程师资格。

（四）重新审视教育机构功能，构建应用性高等教育体系

现代高等教育的一个必要原则是功能的分化，人才培养是高等教育的基本职能，而问题的关键是不同功能的大学培养不同能力的人才，除了尊重传统，还要目光远大，具备前瞻思维，并对社会需求细分，才能推动高等教育多元化发展。高等教育具有选择、传递、保存、创新和发展文化的功能，还有促进社会生产发展的经济功能。对应社会经济发展要求，改革自身的管理，突破传统的限制，根据社会需求来规划未来发展方向。

目前我国地方应用性高等教育发展正在逐步深入，但依然面临一些困难，如地方政府缺少相应的办学自主权、经费不足等。教育相关部门可以考虑将相关办学自主权逐步下放到地方和高校，并成立专门的管理机构统筹指导和管理，设立专项经费，支持应用性高等教育①。

第二节　发达国家应用型大学模式分析

由于国外的国情不同以及高等教育的多样化发展，致使其应用型人才的培养模式不尽相同。下文仅着重分析美国和澳大利亚的应用型大学模式。

一、美国

（一）美国的教育体系

美国的教育大概分为四个阶段，分别是学前教育、初等教育、中等教育及高等教育。从学前

①中安在线：加速构建应用性高等教育体系，http：//ah. anhuinews. com/system/2012/03/14/004833146. shtml。

教育、初等教育到中等教育，都属于大学前的教育，也称为通才教育。美国各级各类教育在结构上相互衔接，上下沟通，学制没有学力测验、大学联考，学生凭在校成绩及SAT/ACT分数，自行申请大学入学。

美国高等教育创建和发展的历史并不长，开始于19世纪末20世纪初，它沿袭了欧洲文化传统，借鉴学习了德国大学建设的经验，经过努力探索与创新形成了美国自身的高等教育体系。

美国高等教育阶段主要有社区学院、技术学院、四年制大学与综合型大学四种类型。具体情况如表3－1所示。

表3－1　高等教育阶段高级阶段学校对比

比较类别	社区学院	技术学院	四年制大学	综合型大学
入学资格	高中学历	高中学历	高中学历	高中学历
学制	2年	2~3年	4年	本科：4年 研究生：2年 博士生：2~3年
教学结构	升学教育； 生计教育； 社区服务	培养中级技术员和管理人员	文理学院或文科学院； 独立的专业学院	学科较为齐全， 文理科皆有的大学
学历认证	副学士学位	—	文学士/理学士 专业学士	学士学位； 硕士学位； 博士学位

注：社区学院教学目的中，升学教育毕业后可升入大学三年级学习，占总人数的30%左右；生计教育以职业培训获得证书、就业为目的，占50%左右；社区服务包括成人继续教育与工商业培训与再培训，学生以更新知识、充实为目的，占20%左右。

（二）美国应用型本科教育

在美国高等教育的办学实践中，技术教育的大学和技术学院、社区学院、工程教育是美国应用型本科教育的主要模式。

1. 大学和技术学院

美国大学和技术学院中存在着本科层次的技术教育。技术教育学士学位教学计划旨在培养技术师。与工程师相比，技术师具有较强的实践操作能力和对程序规划的详细了解，在把工程师设计的装置和系统转变为实际产品的过程中，起着解决整个工程设计中的技术核心问题的作用①。在美国本科技术应用型人才的教学计划中，专业的理论要求被降低，实用实验课程比重较大，学生来源主要是招收专科毕业生和部分普通高中的毕业生。技术应用型本科教育是美国高等教育类型多样化、合理化的共同趋势。

2. 社区学院

社区学院是美国高等教育的重要组成部分，其最高学位为副学士学位。社区学院的学校数量

①袁兴国：《美国应用型本科教育的实践探析》，《江苏高教》2009年第3期，第147－149页。

和学生人数都远多于州立大学。

美国的社区学院履行三种社会职能：一是学历教育，为高中毕业未能进入正规大学学习的学生获得所学专业的副学士学位提供学分教育。若本社区学院与大学有协议，可免试直接进入大学攻读三、四年级的课程。二是就业技能教育与指导，对尚未找到工作的人和失业的人提供技能培训和就业信息，颁发技能资格证书。三是继续教育，提供终身教育的场所。为此其办学宗旨是：①提供综合教育方案；②组织教学；③提供终身学习条件；④作为立足于社区的教育机构为社区提供服务；⑤为工商业进行劳动力培训和再培训；⑥为社区的全体成员服务，实习开放式的入学政策。

社区学院实行学分制，修满学分即可毕业，学习年限因人而异。社区学院以在职学生为主，为方便学生选课，学校每天都会开课。社区学院有三大优点：一是学费低廉。以北卡罗来纳州社区学院系统内的学校为例，学费大约是2500美元，而一般本科学院学费为15000美元。若学生进入社区学院学习2年，获得相应的学分后转入本科院校再读两年，获得硕士学位，可节省25000美元学费。二是办学地点分布合理。社区学院大多位于居民区周围。学生走读，有利于减少开支。三是课程时间安排得当。大部分课程在上午或晚上，下午没有课。另外，学校课程种类丰富，既有基础性课程，也有实用性课程。学生毕业后升学或就业都可以。社区学院的另一重要特点是凡本社区居民均无须入学考试，学院为此设有补习班，作为少数学生选修学院课程的前提[①]。

美国社区学院开设了一系列的大学转学课程，通过这些课程学生可以完成大学课程前两年的学业，以此来帮助学生实现就读本科院校的梦想。注册修读大学转学课程的学生可以选修与四年制学院或大学课程的学士学位课程所设几乎一样的科目。这些科目大都与应用科学有关，包括人文学、数学、科学与社会科学等。因此，参与培养应用型的本科层次的人才便成为美国社区学院的办学目标之一。社区学院为应用型本科教育输送的学生，一般都具有很高的素养。

3. 工程教育

美国工程教育也是培养应用型本科人才的主要组成部分。与其他专业教育相比，工程教育注重与工业、经济的结合。主要特点有：①课程体系上，注重系统分析和学科的交叉融合，课程可以是跨学科的专业化，或是职业方向和部分职业方向的专门化。②教学内容上，引进新技术、新材料和新工艺，教学内容与科技发展要求适应。③教学方法上，教师掌握教学自主权，可以结合科技发展、工业现场应用技术和个人的科研成果，微量调整。④实习实践上，校企合作关系良好，力求使学生熟悉工业经济发展进程，掌握工程科技人员必备的职业要求。

21世纪以来，为了应对世界经济增长日益依赖技术进步的巨大挑战，美国工程教育通过清楚地审查学校当前的活动及相对优势确定其任务，制订未来战略方向。

一是改进课程。为使有技术能力的尖子学生接受教育创造新的机会，确保学生将来能更好地进行工程工作，工程院校开始重新设计课程和方案。

二是重视工程基础课。工程基础课是工程教育的核心，它旨在培养一种可以在任何工作岗位上都能获得成功的工程师，用科技知识和能力、灵活性来武装学生，使学生更加理解现代工程项目中的社会关系。

三是考虑伦理道德问题。工程管理人员和教职工必须帮助学生们了解，在他们的职业生涯中，会遇到很多他们必须认清并能理性处理的道德问题。同时，美国的工程教育还将在终生探索、更广泛的教育责任、人员交流、超越校园、科研资源共享方面进行改革，以其更加适应国际

①袁兴国：《美国应用型本科教育的实践探析》，《江苏高教》2009年第3期，第147－149页。

新形势的需要①。

总的来说，美国应用型本科教育有两个重要特点：一是美国高校有保持综合性的传统。从现代科技发展的趋势来看，大学各个学科相互渗透，逐渐向综合方向发展。这就要求高校开展对跨学科、新学科的综合性人才的培养。二是美国应用型本科教育的发展与其国民经济的发展紧密相连。美国高校会首先考虑学生的出路问题，对社会各方面需要人才的情况有比较细致的调查和分析，从而把应用型本科教育与国民经济的发展联系起来。

（三）美国“应用型”人才培养模式

美国大学非常注重办学特色，不同的高校往往有不同的人才培养模式，比较典型的“应用型”人才培养模式有辛辛那提大学“工学交替”模式、麻省理工学院“本科生研究机会计划”模式、百森商学院“创业实践”模式、加州大学“个人专业”模式、哈佛大学“校企合作”模式、斯坦福大学“产学研培养”模式、仁斯里尔理工学院“创业孵化器”模式、西北理工大学“办学特色”模式等。

1. 辛辛那提大学“工学交替”模式

辛辛那提大学十分重视合作教育，它将课堂学习与在公共或私营机构中有报酬、有计划和有督导的工作经历结合起来，允许学生走出校门，到现实世界中去获得基本的实际技能，增强学生确定职业方向的信心。学校对合作教育的开展有详细的规定：①理论学习和工作实践交替进行，即学生先进行理论学习，再参加实践，继而回到学校进行理论学习，这个过程将反复进行，但课程的最后阶段一定是进行理论学习。②学校设立专门的机构负责合作项目的指导和管理，并配备有教学经验和实践经验的教师。指导教师平时授课，为学生参加合作项目做基础性的准备工作，帮助学生选择合适的工作岗位，同时也负责联系企业落实学生的实践岗位并对学生进行指导和评估。③学生参加的合作项目是全职带薪的工作，由所在企业支付薪水。合作教育要培养的是既有理论知识又有实践能力，而且在个性、人格和身心等方面都相对成熟的高技能、应用型人才②。

2. 麻省理工学院“本科生研究机会计划”模式

麻省理工学院每年有2500多名学生参与“本科生研究机会计划”，60%以上的教师作为导师参与过这一计划。该校毕业的本科生在4年学习期间几乎100%参加过至少一次这一计划。学院的“五万美元商业计划竞赛”已有十几年历史，影响非常大。从20世纪90年代到现在，每年都有5~6家新的企业从这项竞赛中诞生，并且有为数不少的创业计划和创业团队被附近的高新技术企业以上百万美元的价格买走。这些由创业计划直接孵化出的企业中，有的短短几年内就成长为年营业额达十亿美元的大公司③。

3. 百森商学院“创业实践”模式

百森商学院始终坚持以培养学生的创造思维方式为中心，全力帮助学生发展“创业式的思维方式、进取心、灵活性、创造力、冒险的愿望、抽象思维力以及视市场变化为商机的能力”。坚持把创新与外延拓展、学术研究与创业实践相结合。教学计划设计包括必修课和选修课。必修课程分为战略与商业机会、创业者、资源需求与商业计划、创业企业融资和快速成长五个部分。

---

①袁兴国：《美国应用型本科教育的实践探析》，《江苏高教》2009年第3期，第147－149页。

②陈澍：《英美国家工学结合人才培养模式及其特点》，《浙江树人大学学报》2009年第1期，第89－93页。

③朱士中：《美国应用型人才培养模式对我国本科教育的启示》，《江苏高教》2010年第5期，第147－149页。

强调创业实践，学院规定所有本科生在创业课程第一年内必须实际建立一家企业，学校给学生提供启动资金，公司在学年结束时清算，本金归还给学校，盈余捐给慈善事业①。

4. 加州大学“个人专业”模式

“个人专业”一般被定义为高校为满足和实现学生的特定兴趣和学习目标，允许学生在学校已经公布的专业之外发起、提出、设计新专业。这一专业为那些不能在学校已设置专业中满足其学术兴趣、实现其发展目标的学生提供了一个学习发展的个性化选择。个人专业是美国高等教育中专业制度的一个重要组成部分，一般来说，这一过程要包括确定兴趣、发展设计个人专业、提出申请、审核与批准、执行与修改等诸多环节。在美国，大多数高校的本科教育中都提供了学生发展个人专业的机会，尤以加州大学推行的最为普遍②。

5. 哈佛大学“校企合作”模式

哈佛大学非常注重与企业界的合作，校企合作实现双赢。学校聘请企业界的专家、权威担任各系科、专业的顾问委员会成员，直接参与到学校的教学管理和专业建设，对有关学科、专业的培养目标、人才规格、课程设置、教学内容、实验室建设等提出具体建设意见。企业利用学校的人才优势，学校则需要企业的资金、技术优势，在科学研究、技术服务上广泛合作，实现科研与教育融会贯通，使教学与生产有机结合起来。

6. 斯坦福大学“产学研培养”模式

斯坦福大学处于全世界高科技发展的中心——硅谷，有着优良的创业教育环境。斯坦福大学借此优势，实现应用导向和学科间的优势互补，重视高科技创业，课程内容大多涉及如何创立高科技公司，怎样实行技术转变以及如何运用新技术来开发新产品等。商学院和工程学院联合开发课程。同时，学校与硅谷企业建立协作关系，搭建沟通交流平台。

7. 仁斯里尔理工学院“创业孵化器”模式

位于纽约州的仁斯里尔理工学院在1980年建立了创业孵化器，1983年开发大学科技园，1988年建立了工业技术创业中心，2005年一度被评为美国最好的大学孵化器科技园，现在每年都有10%～12%的学生在创业中心学习。该校以创业中心为平台，整合孵化基地、大学科技园、创业家网络、创业家培养协会的资源，建立了独具特色的技术创业，探索出一套将技术创业贯穿始终的课程教学计划③。

8. 西北理工大学“办学特色”模式

美国高校尽管办学模式不同，但都有自己独特办学的特色，从而能够在竞争对手如林的现实环境中求得生存，并获得良性发展。以美国加州西北理工大学为例，在校生只有1000多人，专业也不足10个，但它凭借硅谷优越的科技环境和人文环境，把培养各类设计人才作为自己的主打品牌，形成了从一般机械和工程项目到计算机软件设计的系列“产品”。该校培养的各类设计人才受到人才市场的青睐和社会的广泛好评，毕业生就业率多年来一直保持在90%，学校也因毕业生的创新精神和创业能力强而享誉美国教育界④。可以说，鲜明的办学特色成为美国许多高校的立身之本和发展之源。

---

①首都高校大学生创业素质调查课题组：《美英高校大学生的创业素质培养》，《学校党建与思想教育》2009年第31期，第94－96页。

②刘小强：《美国本科教育“个人专业”的启示》，《中国高教研究》2008年第12期，第38－43页。

③朱士中：《美国应用型人才培养模式对我国本科教育的启示》，《江苏高教》2010年第5期，第147－149页。

④刘小强：《美国本科教育“个人专业”的启示》，《中国高教研究》2008年第12期，第38－43页。

（四）美国应用型大学人才培养

1. 美国应用型大学人才培养的教学内容

美国应用型本科教学内容设计的目的主要是为了满足市场的需要，具有较强的实用性。在课程设置上一般包括四个内容，每个模块所占比例均有不同，具体四个模块：①实行通识教育，通识教育主要是一个基础理论课程教育过程，内容涉及各个学科。②开设专业理论课程，专业理论课程是为学生掌握专业知识所提供的专业基础课程。③开设专业学习课程，专业学习课程是为学生深入掌握本专业知识所提供的更为深入的专业课程。同时，为了开阔专业视野，还开设了相关的专业选修课，学生可根据各自对专业的兴趣和爱好，自主选择专业相关课程。④开设高峰体验课程（Capstone Experience）。高峰体验课程是为培养学生发现问题、应用所学知识和技能解决问题能力，提供的专业实践性课程。表3－2以加利福尼亚大学电气工程专业为例，介绍了美国应用型大学人才培养中课程设置的具体内容。

表3－2　　电气工程专业课程设置

<table>
<tr><th colspan="2"></th><th>具体科目</th><th>比例（%）</th><th>开设目的</th></tr>
<tr><td colspan="2">通识教育课程</td><td>微积分、大学物理、电路、电子技术、微机原理及应用等传统理工科目，此外还有外语、世界文化、书面表达等</td><td>15</td><td>基础理论课程，拓宽知识面，储备知识</td></tr>
<tr><td colspan="2">专业理论课程</td><td>自动控制原理、信号与系统、数字信号处理、传感技术、电力系统、数据通信、控制技术与系统等</td><td>20</td><td>掌握专业知识所提供的专业基础课程</td></tr>
<tr><td rowspan="2">专业学习课程</td><td>专业必修课</td><td>数字系统设计、虚拟仪器与测量总线、电工测量技术与应用、现代电子测量技术、可编程逻辑装置、可编程控制器原理等</td><td rowspan="2">25</td><td>深入掌握专业知识所提供的更为深入的专业课程</td></tr>
<tr><td>专业选修课</td><td>电磁兼容技术与原理、嵌入式系统原理与开发、工业控制总线、过程控制仪表与装置、可编程逻辑器件应用</td><td>开拓专业视野</td></tr>
<tr><td colspan="2">高峰体验课程</td><td>专题实践讨论、电气项目发展与疑难解答专题实践讨论、硬件设计的功能核查、生产实习、企业项目设计等</td><td>40</td><td>培养学生发现问题、应用所学知识和技能解决问题的能力</td></tr>
</table>

从表3－2来看，美国应用型本科基础理论课程占的比重较小，技术科学和生产设计等实践应用型课程开设较多，且将前沿新技术应用融入课程中，强调实践应用能力的培养。

2. 美国应用型本科人才培养的教学方法

为了培养学生的实践应用、交流沟通与表达能力，美国在应用型本科教学过程中主要采取现场教学法、项目教学法、案例教学法和信息技术教学法等。

（1）现场教学法（Field－based Instructional Method）。由老师营造一个良好的现场学习氛围，激发学生的学习兴趣，引导学生积极投入到所授课程的学习中去，从而取得预期的教学效果。这种教学法有利于培养学生具有想象力的实践应用能力。

（2）项目教学法（Project Instructional Method）。学生通过合作完成某个实际项目或实验，教师仅负责指导。此教学法不仅使学生从中学习相关专业知识，还培养学生的综合实践应用能力，学会综合思考、团队合作以及处理一些不确定性因素等①。

（3）信息技术教学法（Information Technology Instructional Method）。美国非常重视信息技术教学方法在应用型本科人才培养中的应用。

（五）美国应用型人才培养特征

1. 培养模式的多样化

美国培养模式多样化，大致可以分为三类：整体培养模式、高年级分流培养模式和合作培养模式。这三种培养模式共同点是重视学生的实践经验，实践经验是学生获得学位的必要条件之一。

2. 以实用为特征

美国是以实用主义哲学思想统治的国家，其专业和课程设置也以实用性为特征，基础理论课程少，专业课程和实践课程多，合理设置基础理论和实践应用型课程的比例，十分注重强调实验课程和动手能力的培养。

3. 教学方式多元化

美国的教学方式非常灵活多变。应用型本科教育除了传统的讲课、实验、学习、设计之外，还采用案例、讨论、互动交流等形式。培养学生实践能力的方式丰富多样，有现场教学法、案例教学法、项目教学法、团队教学法等。这些教学方法能调动学生的学习积极性，培养独立思考、分析、解决问题的能力，以及团队合作的精神。

4. 产学研合作教育

美国对应用型本科人才的培养主要是通过产学研合作教育来实现的。美国是世界上开展产学研合作教育最早的国家，辛辛那提大学在 1906 年制定了第一个合作教育计划。1906 年，辛辛那提大学工程学院的教授（Herman Schneider）首创了带薪合作实习教学，即 Co－op（Co－op 教学是 Co－operative Education 的简称，字面翻译为“合作教育”，也就是我们通常所说的“工学结合”，它是基于学校、用人单位与学生三方的一种合作关系），随后 Co－op 逐渐发展成为该校的一大办学特色。Co－op 的基本特征是理论与实践相结合、知识与经验相结合、学校与企业相结合。截至 2013 年，美国开办不同层次、不同类型、不同形式合作教育的高校达 1100 多所，参与全美高教合作教育的企事业单位达到 5 万多家。②

5. 政企大力支持

美国政府对应用型人才培养在政策上和经济上大力支持。政府不仅制定相关的法律来支持应用型本科教育，还设立了专项基金对应用型人才的合作教育给予资金上的支持。此外还有低息贷款、减免税收、创办科技园等措施，为应用型人才的培养提供强大的后盾。

二、澳大利亚

澳大利亚培养应用型人才的高等教育体系包括技术与继续教育（Technical and Further Education，TAFE）、大学本科教育和研究生教育。TAFE 是以能力为基础的职业教育，强调能力本位

①②张萱、姜兰：《我国应用型本科人才培养模式初探》，《湖北第二师范学院学报》2010 年第 10 期，第 114－116 页。

培训（Competency－Based Training，CBT）。澳大利亚采用企业与学校合作、生产与教学配合的“产教结合，双元教学”的职业教育课程实施模式。

（一）澳大利亚大学的国家资格体系

根据教学、研究领域及发展方向，澳大利亚大学大致分成三个集团。第一类大学是一流大学（Leading University for Research），一般为研究性大学，称为“八大大学集团”（Group of Eight）；第二类是20世纪60年代伴随澳大利亚的工业化进程而建立的大学，这类学校有9所，被称为9所大学网络（Nine University Network）；第三类是从技术学院升格为大学的，统称科技大学网络（Technology University Network），这类是伴随澳大利亚在高技术和迈向信息社会的过程中建设和发展的，成立于20世纪80年代末至90年代初①。

澳大利亚各大学开设的课程范围广泛，几乎涉猎社会、经济、文化的各个领域，涵盖农业、商科、工程、建筑学、健康科学、法学、医学、音乐、文科、理科和兽医等。大学所提供的学历及学位课程则划分为博士学位、硕士学位、硕士文凭、硕士证书、学士学位、专科文凭六个层次。

（二）澳大利亚大学学历、学位资格体系

应用型大学所颁发的各类学历、学位课程的学制、课程特点如下所述②（见图3－1）：

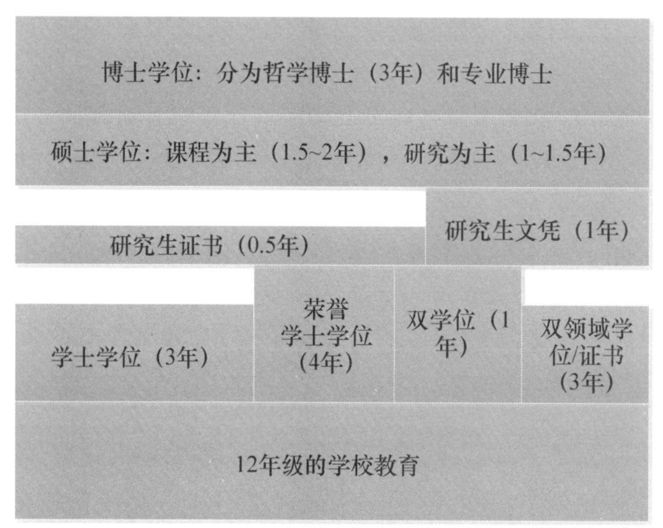

图3－1　澳大利亚学历学位资格体系

（1）文凭（Diploma）。大学中的文凭课程的入学要求与学士学位课程的要求一致，学生应完成相当于12年级的学校教育。授课方式分为课堂讲授、个别辅导、研讨会、实验室和图书馆的自修等多种。

（2）学士学位（Bachelor's Degree）。学士学位是指当学生完成了大学本科的学习，通过所

①②陶秋燕：《澳大利亚应用型大学的课程体系及办学特征分析》，《北京联合大学学报》2006年第1期，第25－26页。

有考试之后获得的学位。学士学位课程的修业年限为3～6年，主要是依据学生所攻读的课程的性质而定。一般而言，文、法、商、理科需3年学习，工科需4年，法律需4～5年，医学则为6年。通常学生必须选择主修科目，课程以循序渐进的方式进行，以便为高级课程打下基础。学习成绩达“通过”（Pass）和“一般”（Ordinary）即可①。

（3）荣誉学士学位（Honors Degree）。对于在取得学士学位过程中的成绩优秀者，若想获得荣誉学士学位，则还要增加1年的学习，因为完成本科学习只能获得一般的学士学位。增加的一年学习通常包括对专业的深入理解，并需要学习者完成一篇论文。

（4）双学位（Double Degree/Combined Degree）。澳大利亚的双学士学习机制十分灵活，学习形式可以有多种组合，并且学习时间仅在一般本科学习基础上多加1年。

（5）双领域学位/证书（Dual Awards）。这类证书通常由含有技术与继续教育（TAFE）部的大学颁发。学生研修特定的将职业教育和培训（VET）课程与大学课程综合设计的某些专业，可以在三年的时间内获得VET领域的文凭和高等教育领域的学士学位②。

（6）研究生证书（Graduate Certificate）。研究生证书课程通常为期半年，申请前提是申请人必须已经获得学士学位。

（7）研究生文凭（Graduate Diploma）。申请人必须已经获得学士学位，但如果有丰富的相关工作经验，则可能免去对学士学位的要求。其课程可在1年内完成。

（8）硕士学位（Master's Degree）。攻读硕士学位课程的学生可以选择以研究（By Research）或课程（By Coursework）两种方式进修。以课程为主的硕士课程，修业年限约一年半到二年，在完成学业前要求写一篇论文；以研究为主的硕士修业年限则为一年到一年半，攻读前提是申请人必须获得荣誉学士学位或已经完成硕士预科课程。

（9）博士学位（Doctor's Degree）。博士学位是大学提供的最高级别的课程，分为哲学博士和专业博士两种。一般是以研究方式修课，但是有些大学也提供课程方式，修业年限至少3年。

哲学博士（Philosophy Doctorate）的申请者必须已经获得硕士学位或荣誉学士学位，学习时间长达3年，能否取得学位主要取决于最后的研究论文报告。专业博士（Professional Doctorate）在澳大利亚是一个新概念，目前并不普及。

（三）澳大利亚应用型大学的课程体系

澳大利亚大学中的学位教育非常重视学生的专业应用能力，尤其是在面向技术的大学中，更加强调面向行业、结合企业开展应用性的教育与培训。在以职业教育与培训为特色的大学中，行业、企业积极参与到课程设计及教学过程中，研究生学位的课题多来自于行业、企业实践，教师、学生也具有相应的行业、企业的学习与工作经历。

以斯威伯尔尼科技大学（Swinburne University of Technology）为例，斯威伯尔尼科技大学是一所在高等教育和职业教育领域都有涉足的双领域的知名科技大学，该校可以同时提供面向就业的职业教育与培训，以及面向研究的大学教育的多学科教育。

斯威伯尔尼科技大学下设10所高等教育学院和4所TAFE学院，大学部可以提供职业教育与培训学院（Vocational Education and Training，VET）的证书、文凭和高级文凭课程；同时可以

①②陶秋燕：《澳大利亚应用型大学的课程体系及办学特征分析》，《北京联合大学学报》2006年第1期，第25－26页。

提供高等教育的研究生证书，研究生文凭，学士、硕士以及博士学位课程①（见图3－2）。

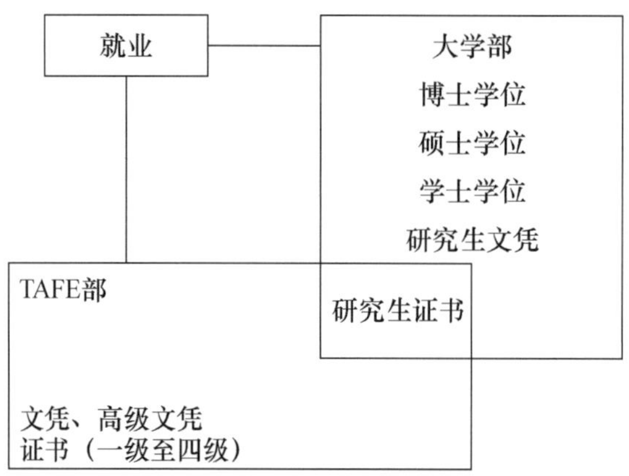

图3－2　斯威伯尔尼科技大学提供的课程体系

1. 大学部课程

大学的战略发展方向是以灵活性学习及终身学习为基点，开展综合性研究，为不同的教育市场提供特定的课程，并通过合作伙伴提供全球化服务②。大学部的学士学位教育范围广泛，主要为应用科学、技术、商务和社会科学等领域提供学位、双学位、文凭与学位统筹的双证书等课程。一般通过多种教学方式和多个教学地点来开展教学，如传统的教室教学、互联网、书面和电子书籍、研究指导、录像教学等。

在学士学位的教育过程中，学生既有机会参与广泛的国际合作项目，也能在校企合作的企业实习工作，并将其实践纳入所修学位的课程体系。斯威伯尔尼科技大学首先倡导的基于行业的学习项目，就是将企业实习作为课程结构的一部分，直接派送学生进入企业工作，大学、企业和学生三方都有很大收获。目前，基于行业的学习项目已然成为斯威伯尔尼大学的特色教学项目之一。

2. TAFE 部课程

TAFE 部可以提供几千种从学徒预备培训到研究生证书教育领域的课程，涉及短期课程、学徒预备培训、学徒培训、培训生、一级至四级证书、文凭、高级文凭、文凭和学位统筹的双证书课程、研究生资格等多个层次。

TAFE 部所涉及的教学领域也很广泛，主要有商务、创新和管理、应用科学、计算机技术与信息技术、设计、工程和技术、健康与人力服务、餐饮业与旅游，以及视觉和行为艺术等。

3. TAFE 部和大学部的比较

从教学领域上看，TAFE 属于职业教育与培训范畴，在全国统一的培训框架下开展教学，教学过程由行业驱动，注重技术的应用性和职业导向。学生多为成人，学习动机比较明确，增强工作能力、换岗培训或个人兴趣，因此多在业余时间进行兼职学习。与此同时，大学属于高等教育范畴，强调学术自由，学生可获得学士以上的学术资格③（见表3－3）。

①陶秋燕：《高等技术与职业教育的专业和课程——以澳大利亚为个案的研究》，北京：北京科学出版社，2004 年版。

②③陶秋燕：《澳大利亚应用型大学的课程体系及办学特征分析》，《北京联合大学学报》2006 年第 1 期，第 25－26 页。

表 3-3　**大学部和 TAFE 部的比较**

高等教育	TAFE 部
联邦政府 DEST 拨款	州政府 OTTE 拨款
学术自由	联邦、州合作开发的全国一致的 VET 系统
面向研究	面向应用
大学驱动	行业驱动
深造	工作能力
培养资格	培训能力
文凭、高级文凭和学位	高级文凭、文凭、一级至四级证书
多数全职学生	多数兼职学生

另外，TAFE 毕业生持有一级至四级的资格证书、文凭资格或高级文凭资格，多数从事操作员级的工作，优秀人才可以从事中层管理工作；相反，大学毕业生持学士学位、硕士学位或博士学位高学历证书，具有较强的学术研究能力，多数从事中层管理工作，少数可以从事高层管理工作，也有一部分学生从事操作员级的工作。TAFE 和大学毕业生从事的工作领域比较如图 3-3 所示①。

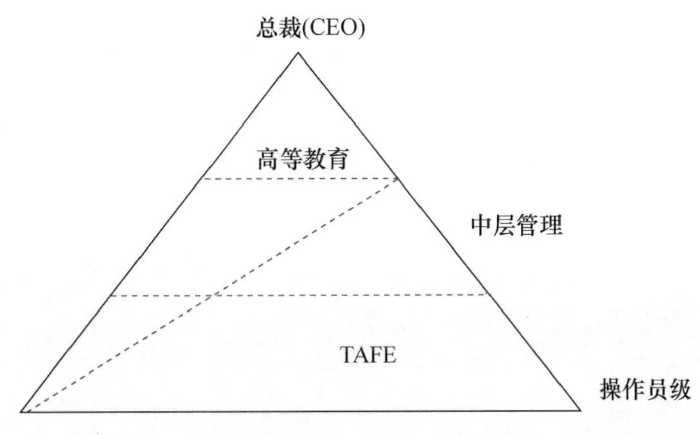

图 3-3　高等教育和 TAFE 毕业生的工作领域

4. 课程结构

以斯威伯尔尼科技大学的信息技术学院为例，该学院可以提供信息技术、信息系统、软件工程、应用科学（计算机科学）、应用科学（计算机科学和软件工程）5 个本科学位。以信息技术学士学位（Bachelor of Information Technology，BIT）为例，信息技术类应用型本科的课程体系如表 3-4 所示。

①Bouton A.，Welcome to Swinburne University of Technology，A Dual Sector Educational Institution，2002.

表3－4　BIT的课程结构①

学年	地点	时间
1	斯威伯尔尼科技大学	7～11月（5门课程）
	斯威伯尔尼科技大学	2～7月（5门课程）
	斯威伯尔尼科技大学	11～12月（3门课程）
（暑假）		
2	IBL	2～7月
	斯威伯尔尼科技大学	7～11月（5门课程）
3	斯威伯尔尼科技大学	2～7月（5门课程）
	IBL	7～11月
	斯威伯尔尼科技大学	11～12月（1门课程）
（暑假）		

BIT的课程结构由四个部分组成，分别是核心单元（信息技术和非信息技术课程）、信息技术选修单元、非信息技术选修单元以及基于行业的学习（Industry－Based Learning，IBL）。学生需要在三年的学习过程中轮换完成学校的课程学习与企业的工作实践。

学校课程主要涉及计算机基础、软件开发、数据库、软件工程、电子商务/网站开发、商务沟通及商务环境等专业内容；毕业生的就业则主要集中在系统设计、商务分析、软件工程、项目管理、产品支持、软件开发以及用户联系等工作领域，并且毕业生也可以继续在大学深造，攻读荣誉学士学位，硕士（课程）、硕士（研究）以及博士学位等更高学位。

在BIT的教学过程中，大学、行业和学生三方相互配合，形成了一个具有鲜明特色的课程类型——基于行业的学习（IBL）。

严格来说，基于行业的学习（IBL）是斯威伯尔尼科技大学1963年起在工程类学士学位的教学过程中开始施行的一种教学形式和课程类型，其主要目的是给学生提供企业工作的机会，提前熟悉职场环境，提高应用信息技术的理论解决实际问题的能力，增强对商务的理解能力，并有助于学生规划自身个人的职业生涯设计和个人发展计划。

对于主修信息技术学士学位（BIT）学生，其在企业进行学习与培训的主要工作任务都与该专业的教学内容相关。目前，BIT专业已经与24家企业建立了相对稳定的合作伙伴关系。通过对雇主的调研表明，企业希望BIT学生具备综合能力，比如有专业技术能力、沟通技巧、解决问题的能力、团队工作能力、商务规则的理解等。BIT的课程体系与教学则着重培养学生这些能力。

学生在完成两年学位课程后，还需要在企业全职、带薪工作、学习24周或48周。IBL学习计入学分。企业完成IBL后，学生返回大学继续研修学位，且通常依然和企业保持紧密联系。

IBL的主要特点可以归纳为六点：

（1）IBL是学位课程的重要组成部分。

（2）学生具备一定的学术能力，应修完2年的大学课程。

①陶秋燕：《澳大利亚应用型大学的课程体系及办学特征分析》，《北京联合大学学报》2006年第1期，第25－26页。

（3）学生是IBL接收公司的雇员。

（4）针对特定职业生涯进行技能训练。

（5）学生可以真实体验职场环境。

（6）学生由行业/企业主管、学术导师和IBL协调员三方进行管理和指导①。

鉴于上述特点，IBL已逐步成为各科技大学的一种主要教学模式和课程形式。

（四）澳大利亚应用型大学的办学特征

1. 在双领域提供教育服务

应用型大学的许多学位课程强调职业应用性，并通过教学、科研项目实现与行业紧密合作。并且，应用型大学中设置TAFE部，开设VET课程，并能够实现TAFE部课程与大学课程之间的学分转换。

2. 实现大学教育与职业教育的灵活衔接

澳大利亚的技术职业教育与大学之间建立了良好的合作关系，以便为了实现在国家资格框架下各类教育领域的顺利衔接。一方面双方协商，大学承认TAFE学院开设的证书、文凭及高级文凭等资格课程，并减免学分；另一方面TAFE学院也可以作为大学分校，授权开设大学的学位课程，甚至自行开发学位课程。

由于应用型大学可以在双领域提供教育服务，因此可以更加有效地实现各教育领域之间的紧密合作与课程衔接。目前，大学提供的各教学领域的衔接方式主要包括从TAFE学院到高等教育，从在高中进行的职业技术教育到完全的TAFE课程，也包括从学位课程转向TAFE课程②。这些过渡与衔接课程给予学生在终身学习的框架下的最大灵活性。

应用型大学的学位课程和职业技术教育的文凭课程的衔接途径（Pathway between TAFE and Degree Programs）主要有学分互换和直通车两种形式：

（1）TAFE部与大学部之间协商、签订学分互换协议，大学认定TAFE学院相应专业的课程学分，使学生从TAFE学院顺利地转入大学继续攻读学位。

（2）TAFE部所开设的VET课程与高等教育的学位课程之间具有“直通车”式的课程衔接关系。

学生的学习过程分为两个部分，第1年和第2年在TAFE部学习，每学期多加一门学位课程，两年毕业可取得文凭学历，然后再进入大学部学习一年的学位课程，毕业时即可获得本科学士学位。

3. 建立三方合作伙伴关系

斯威伯尔尼科技大学的课程设计和教学体系是建立在大学、行业和学生三方合作伙伴关系的基础之上，彼此之间相互合作。

在多年的发展过程中，斯威伯尔尼科技大学具有强大的技术优势，一方面，坚持和行业紧密合作，并成立了20所创新性的专业研究院及研究中心；另一方面，作为大学的学术研究基地，行业也是大学设计课程、开展教学的主要合作伙伴。行业和企业既提出教育需求、参与课程开发，又与大学积极配合开展IBL教学活动。

IBL教学方式对雇主、大学和学生三方有益。一是行业或企业可以利用IBL教学形式以较低

---

①②陶秋燕：《澳大利亚应用型大学的课程体系及办学特征分析》，《北京联合大学学报》2006年第1期，第25-26页。

的薪酬聘用高素质的员工，并在工作过程中可以有意识地培养有潜力的正式员工。同时，还可以广泛地参与教学过程，与大学建立良好的合作伙伴关系。二是大学可以利用 IBL 教学形式加强和企业的合作，开展应用性学术研究与教学工作。三是学生在企业工作，也可以尽早熟悉职业环境，提高应用专业知识和专业能力等综合能力。

上述分析表明，澳大利亚应用型大学的核心特征是大学、行业和学生三方之间共赢的合作伙伴关系，使大学在学术研究、专业建设、课程改革和学生就业等诸多方面拥有良好的外部环境与发展条件。

参考文献

[1] Bouton A., Welcome to Swinburne University of Technology, A Dual Sector Educational Institution, 2002.

[2] 卢洁莹：《职业教育概念界定》，《教育与探索》2009 年第 2 期，第 5－7 页。

[3] 刘尧：《国际职业教育改革趋势及其对我国的启示》，《职教论坛》2008 年第 5 期，第 53－54 页。

[4] 李建忠：《国际职业教育发展现状、趋势及中国职业教育的基本对策》，《职业技术教育》2001 年第 1 期，第 65－72 页。

[5] 杨琪：《发达国家职业教育发展对我国的借鉴》，《高教论坛》2010 年第 3 期，第 121－123 页。

[6] 赵建玲：《发达国家的职业教育模式及其启示》，《金融教学与研究》2007 年第 3 期总第 113 期，第 52－54 页。

[7] 孔令锋：《世界职业教育发展的八个趋势》，《英才高职论坛》2008 年第 4 卷第 4 期，第 13－20 页。

[8] 郝志强：《职业教育校企合作的管理机制研究》，天津大学硕士学位论文，2012 年。

[9] 邓英芝：《职业教育发展模式及效率评价研究》，天津大学硕士学位论文，2011 年。

[10] 周建华：《国外职业教育发展概况》，《湖北生态工程职业技术学院学报》2007 年第 5 卷第 2 期，第 25－29 页。

[11] 腾讯大申网：《德国是职业技术教育模式最完善的国家之一》，http://sh.qq.com/a/20140502/013424.htm。

[12] 郑兆巍：《德国职业教育现状分析和启示》，《职业》2013 年第 11 期，第 107－108 页。

[13] 蔡跃：《德国综合性大学的“双元制”教育模式研究》，《外国教育研究》2010 年第 7 期，第 80－85 页。

[14] 崔涛：《德国机电专业职业教育对我国技工学校人才培养的启示》，《机械管理开发》2013 年第 2 期，第 165－166 页。

[15] 互惠生申办中心：《双元制大学》，http://www.51hhs.com/syz/sxzs.html。

[16] 李艳霞：《借鉴德国职教经验，创建机电一体化实践教学模式》，《实验技术与管理》2010 年第 2 期，第 129－132 页。

[17] 刘风彪：《借鉴德国“双元制”职业教育模式加速我国职业教育的改革与发展》，河北大学博士学位论文，2004 年。

[18] 王敬、王勇、曹建国、邢晓琳：《德国工程类专业“双元制”职业教育课程设置及教育启示——赴德考察学习随感与思考》，《继续教育》2012 年第 1 期，第 62－64 页。

[19] 王姬：《中德职校机电专业课程设置的对比和启示》，《中国职业技术教育》2006 年第 22 期，第 37－39 页。

[20] 王永红：《从德国“双元制”职教模式透视我国职业教育现状》，《重庆电子工程职业学院学报》2013 年第 22 期，第 7－9 页。

[21] 姚琪：《德国职业教育课程标准开发的研究》，《常州信息职业技术学院学报》2013 年第 12 期，第 6－8 页。

[22] 王武林、张新科：《德国“双元制”职业教育制度设计探析》，《职教论坛》2010 年第 11 期，第 28－30 页。

[23] 范继红、马长路:《德国职业教育行动导向教学的体验及启示》,《继续教育研究》2012 年第 10 期,第 187 - 188 页。

[24] 赵玉学、孙世强:《日本企业经济人性与道德人性亲和力分析》,《现代日本经济》2006 年第 3 期,第 49 - 53 页。

[25] 王帅:《谈战后日本职业教育办学模式上的三点变化》,《职教论坛》2007 年第 11 期,第 61 - 63 页。

[26] 姜大源:《论职业教育专业设置的驱动模式》,《职教论坛》2002 年第 3 期,第 17 - 19 页。

[27] 雷·马歇尔、马克·塔克:《教育与国家财富:思考生存》,北京:教育科学出版社,2003 年版,第 252 页。

[28] 周红利:《专业化视角下的日本职业教育体系》,《教育与职业》2013 年第 18 期,第 15 - 17 页。

[29] 石伟平、徐哲岩:《新职业主义英国职业教育新趋向》,《外国教育资料》2000 年第 3 期,第 47 - 51 页。

[30] 杨敏:《简论英国现代学徒制及对我国职业教育的启示》,《中国职业技术教育》2010 年第 18 期,第 16 - 18 页。

[31] 曾翰贤:《台湾技术及职业教育制度研究》,"国立"台湾师范大学博士学位论文,2003 年。

[32] 苗静:《台湾地区技职教育体系研究》,河北师范大学硕士学位论文,2009 年。

[33] 侯才水:《台湾职业教育特色及启示》,中国水利教育网,http://www.cahee.org.cn/show.aspx? id = 3898。

[34] 民建中央考察团:《台湾职业教育考察报告》,《职业技术与教育》2010 年第 6 期,第 60 - 65 页。

[35] 程建芳:《借鉴国外经验强化应用型本科教育实践教学》,《中国高教研究》2007 年第 8 期,第 54 - 55 页。

[36] 洪林:《国外应用型大学实践教学体系与基地建设》,《实验室研究与探索》2006 年第 12 期,第1587 - 1588 页。

[37] 张玉纯、戴序、徐扬:《国外成功经验对我国高校金融专业实践教学的启示》,《中国新技术新产品》2008 年第 12 期,第 167 页。

[38] 陈微:《美国社区学院的发展历程、办学宗旨、课程规划、师资要求及经费来源》,《福建教育学院学报》2001 年第 4 期,第 54 - 56 页。

[39] 袁兴国:《美国应用型本科教育的实践探析》,《江苏高教》2009 年第 3 期,第 147 - 149 页。

[40] 陈澍:《英美国家工学结合人才培养模式及其特点》,《浙江树人大学学报》2009 年第 1 期,第 89 - 93 页。

[41] 程静:《美国应用型本科人才培养模式的特点及对我国的启示》,《网友世界》2013 年第 13 期,第 15 页。

[42] 姚加惠:《美国应用型本科与其他类高等教育的沟通及衔接》,《中国高等教育》第 23 期,第 61 - 63 页。

[43] 朱士中:《美国应用型人才培养模式对我国本科教育的启示》,《江苏高教》2010 年第 5 期,第 147 - 149 页。

[44] 首都高校大学生创业素质调查课题组:《美英高校大学生的创业素质培养》,《学校党建与思想教育》2009 年第 31 期,第 94 - 96 页。

[45] 刘小强:《美国本科教育"个人专业"的启示》,《中国高教研究》2008 年第 12 期,第 38 - 43 页。

[46] 张萱、姜兰:《我国应用型本科人才培养模式初探》,《湖北第二师范学院学报》2010 年第 10 期,第 114 - 116 页。

[47] 桂大鹏:《澳大利亚 TAFE 学院教育特色及对我国职业教育的启示》,《科技信息》2013 年第 16 期,第 93 页。

[48] 陶秋燕:《澳大利亚应用型大学的课程体系及办学特征分析》,《北京联合大学学报》2006 年第 1 期,第 25 - 26 页。

[49] 陶秋燕:《高等技术与职业教育的专业和课程——以澳大利亚为个案的研究》,北京:科学出版社,

2004 年版。

［50］胡卫中、石瑛：《澳大利亚应用型人才培养模式及启示》，《开放教育研究》2006 年第 4 期，第 92 - 95 页。

［51］蒋丽珠：《独具特色的澳大利亚职业技术教育》，《教育与职业》2006 年第 5 期，第 14 - 16 页。

［52］黄日强、赵函：《能力本位——澳大利亚 TAFE 学院职教的重要特征》，《职教论坛》2008 年第 12 期，第 57 - 60 页。

产业发展与职业教育篇

第一章　新能源汽车行业与职业教育分析报告

汽车产业是我国国民经济的支柱产业，在国民经济和社会发展中发挥着重要作用。随着我国经济持续快速发展和城镇化进程加速推进，今后较长一段时间内我国汽车需求量仍将保持增长势头，由此带来的能源紧张和环境污染问题将更加突出。加快培育和发展节能汽车与新能源汽车，既能有效缓解能源和环境压力，也是加快汽车产业转型升级、培育新的经济增长点和国际竞争优势的战略举措①。而人才是支撑产业发展的重要基础，职业院校应积极抓住新能源汽车产业快速发展的机遇，培养适合产业发展需要的专业技能人才。因此，研究新能源汽车产业发展与职业教育情况，分析存在的问题，将对我国发展新能源汽车职业教育具有重要的指导意义。

本报告在引用新能源汽车相关研究报告及产业发展数据的基础上，对我国新能源汽车行业发展、人才需求以及国内新能源汽车职业教育现状进行分析，通过分析国外新能源汽车职业教育的发展，为我国新能源汽车职业教育提供借鉴与参考。

一、我国新能源汽车行业发展概况

我国新能源汽车经过十多年的研究开发和示范运行，基本具备了产业化发展基础，电池、电机、电子控制和系统集成等关键技术取得重大进步，纯电动汽车和插电式混合动力汽车开始小规模投放市场。近年来，汽车节能技术推广应用也取得积极进展，通过实施乘用车燃料消耗量限值标准和鼓励购买小排量汽车的财税政策等措施，先进内燃机、高效变速器、轻量化材料、整车优化设计以及混合动力等节能技术和产品得到大力推广，汽车平均燃料消耗量明显降低；天然气等替代燃料汽车技术基本成熟并初步实现产业化，形成了一定的市场规模。但总体上看，我国新能源汽车整车和部分核心零部件关键技术尚未突破，产品成本高，社会配套体系不完善，产业化和市场化发展受到制约；汽车节能关键核心技术尚未完全掌握，燃料经济性与国际先进水平相比还有一定差距，节能型小排量汽车市场占有率偏低②。

（一）新能源汽车行业发展现状

新能源汽车是指使用传统能源之外的电池、太阳能等非常规车用燃料作为动力来源（或使用常规车用燃料、采用新型车载动力装置），综合车辆的动力控制和驱动方面的先进技术，形成的技术原理先进，具有新技术、新结构的汽车③。虽然我国新能源汽车的研发已开始多年，但最近几年才开始投入市场进行示范和推广。

根据2012年6月28日国务院发布的2012年第22号令《节能与新能源汽车产业发展规划（2012～2020年）》，我国新能源汽车主要包括纯电动汽车（BEV，包括太阳能汽车）、插电式

①②③国家能源局：《节能与新能源汽车产业发展规划（2012～2020年）》，http：//www. nea. gov. cn/2012－07/10/c_131705726. htm，2014－08－04。

混合动力汽车、燃料电池电动汽车（见表 1 - 1）。发展新能源汽车对降低汽车燃料消耗量，缓解燃油供求矛盾，减少尾气排放，改善大气环境，促进汽车产业技术进步和优化升级意义重大。

表 1 - 1　　我国三种重点发展的新能源汽车比较①

汽车类型	混合动力汽车	纯电动汽车	燃料电池电动汽车
驱动方式	电机—内燃机驱动	电机驱动	电机驱动
排放量	低排量	零排量	零排量或超低排量
主要特点	仍部分依赖汽油、柴油/续驶里程长	初始成本高/续驶里程短	初始成本高/续驶里程长/能源效率高
商业化进程	已规模化量产	未规模化销售	尚在研发阶段
主要问题	蓄电池效率提高	充电站建设/电池安全性	制氢技术有待改进

1. 行业发展模式

我国新能源汽车行业发展基本是“政府 + 市场”模式，即政府积极参与和支持新能源汽车的研发及市场推广，带动新能源汽车生产企业自主研发，努力达到批量生产并成功推向市场的模式②。

（1）政府大力扶持新能源汽车产业。近年来我国政府出台了一系列关于新能源汽车的政策（见表 1 - 2）。这些扶持政策的密集出台，将新能源汽车发展提到了战略的高度，有利于新能源汽车核心技术的研发水平的提升，有利于鼓励汽车企业积极开拓市场，从而促进新能源汽车的消费，实现新能源汽车的产业化③。

表 1 - 2　　国家有关新能源汽车政策一览表

发布时间	部门	政策名称	重点内容
2007 年 11 月 1 日	国家发展和改革委员会	《新能源汽车生产准入管理规则》	明确了新能源汽车的概念和范围
2009 年 1 月 24 日	财政部、科技部	《关于开展节能与新能源汽车示范推广试点工作的通知》	决定在北京、上海、重庆、长春等 13 个城市开展节能与新能源汽车示范推广试点工作，鼓励试点城市率先在公交、出租车、公务、环卫和邮政等公共服务领域推广使用节能和新能源汽车

①王薇：《中国新能源汽车产业分析》，《阴山学刊》（自然科学版）2013 年第 4 期，第 107 - 109 页。

②③张晓宇、赵海斌、周小柯：《中国新能源汽车产业发展现状研究》，《现代管理科学》2010 年第 12 期，第 75 - 76 页。

续表

发布时间	部门	政策名称	重点内容
2010年6月1日	财政部、科技部、工业和信息化部、国家发展和改革委员会	《关于开展私人购买新能源汽车补贴试点的通知》	确定在上海、长春、深圳、杭州、合肥5个城市启动私人购买新能源汽车补贴试点工作
2012年8月28日	国务院	《节能与新能源汽车产业发展规划（2012～2020年）》	我国以纯电驱动为新能源汽车发展和汽车工业转型的主要战略取向，当前重点推进纯电动汽车和插电式混合动力汽车产业化，2015年产销量力争达到50万辆
2013年9月13日	财政部、科技部、工业和信息部、国家发展和改革委员会	《关于继续开展新能源汽车推广工作的通知》	2013～2015年继续开展新能源汽车推广应用工作，插电式混合动力客车的补贴标准25万元，纯电动客车补贴范围扩大6～8米30万元，8～10米40万元，10米以上50万元，2013～2015年新能源公交车的补贴标准不变
2014年7月30日	国家发展和改革委员会	《关于电动汽车用电价格政策有关问题的通知》	明确了经营性和自用性充电设施的电价收取标准；在收取充换电服务费、充电设施配套电网改造成本等方面提出优惠
2014年8月6日	财政部、工业和信息化部等三部门	《关于免征新能源汽车车辆购置税的公告》	自2014年9月1日至2017年底，对获得许可在中国境内销售（包括进口）的纯电动车、符合条件的插电式（含增程式）混合动力以及燃料电池三类新能源汽车，免征车辆购置税
2014年9月17日	交通部	《关于加快新能源汽车推广应用的实施意见（征求意见稿）》	至2020年，新能源汽车在交通运输行业的应用初具规模，在城市公交、出租汽车和城市物流配送等领域的总量达到30万辆

资料来源：根据各部门官方网站整理。

另外，政府除了在政策上支持和鼓励新能源汽车发展外，还用实际行动支持推动其发展。例如，政府机关和公共机构以政府购买的方式支持新能源汽车。国家机关事务管理局、财政部、科技部、工业和信息化部、国家发展和改革委员会2014年7月13日联合公布了《政府机关及公共机构购买新能源汽车实施方案》，明确指出2014～2016年，中央国家机关以及纳入新能源汽车推广应用城市的政府机关和公共机构，购买的新能源汽车占当年配备更新总量的比例不低于30%，以后逐年提高。

（2）企业主导研发与产业化。作为新能源汽车产业的主角，汽车企业担负着核心技术的研发和产业化的重任。近年来，国内汽车企业纷纷涉足新能源汽车的研发与生产，参与新能源汽车的示范运行及其产业化进程①。比亚迪、奇瑞、东风、长安、上海汽车、一汽集团、江淮等是主要的参与者，目前已经成功研发多款轿车、客车及客车底盘（见表1-3）。

表1-3　　我国汽车企业新能源汽车研发简介②

汽车企业	新能源汽车研发简介
比亚迪	2008年12月15日，历时五年研发的全球首款不依赖专业充电站的新能源汽车——比亚迪F3DM双模电动车上市；2010年又推出F3DM低碳版、F6DM双模电动车和纯电动车E6；2013年上市比亚迪秦
奇瑞	2009年1月10日奇瑞A5BSG弱混合动力车作为中国首款BSG混合动力轿车正式上市；同年2月16日奇瑞S18（M1）纯电动汽车下线，3月QQ3纯电动轿车交付使用；2010年，在北京车展上推出ISG混合动力车型M11和3款纯电动汽车S18、S18B和B21；2012年上市的M1EV；近两年又推出不少车型
东风汽车	2007年，武汉市公交集团共订购100台东风混合动力电动公交车（EQ6110HEV），首批30台东风混合动力电动公交车交付用户，标志着东风混合动力公交车成为我国第一款实现批量生产销售的电动汽车；2010年，推出东风风神ISG、东风风神第二代I-car电动概念车、东风风神S30BSG、东风帅客纯电动车。2014年推出东风风神E30、E30L纯电动轿车
长安汽车	2007年12月14日，首辆搭载最新混合动力系统的油电混合动力轿车长安杰勋HEV正式下线实现批量生产；2009年长安首款纯电动车——长安奔奔MINI下线；2010年推出了纯电动概念车Green-I、志翔充电式混合动力轿车（Plug-in）和志翔燃料电池轿车等新能源车型；2014年长安逸动混动版和电动版将于年内陆续上市
上海汽车	2008年君越混合动力轿车上市，帕萨特领驭燃料电池轿车成功服务北京奥运，2010年世博会又为申沃超级电容大客车和混合动力汽车荣威750等新能源汽车提供一个展示平台；2014年北京车展上，上汽集团的纯电动车型荣威E50，插电式混合动力车型荣威550 Plug-in、燃料电池车型荣威750等新能源汽车集体亮相
一汽	“十一五”期间，开发出解放牌混合动力城市公交客车；2010年，开发出奔腾B70与奔腾B50Plug-in混合动力轿车、J6L混合动力商用车底盘、J5M电动载货车、J5P天然气牵引车及解放牌12米电混客车；2014年北京车展上，一汽发布了四款新能源车型，这四款新车分别是奔腾B50-PHEV、奔腾B50-EV、威志-EV和欧朗-EV
江淮	2002年，江淮汽车开始新能源汽车产业化技术路线探索，2009年明确提出以“纯电动”为主攻方向。并且在2010~2013年，四年的时间里累计推广近5400辆纯电新能源汽车，跃居行业第一。连续推出江淮和悦系列电动车，和悦iEV5预计2014年下半年上市，集团旗下安凯客车目前有40多款纯电动客车，处于行业领先地位

2. 产销规模情况

随着我国汽车保有量不断攀升，石油消耗量在增加，能源危机和环境污染的程度也在不断地加剧。在此背景下，新能源汽车的发展已刻不容缓，加之政府的大力支持和鼓励，政府每年加大

①张晓宇、赵海斌、周小柯：《中国新能源汽车产业发展现状研究》，《现代管理科学》2010年第12期，第75-76页。

②张晓宇、赵海斌、周小柯：《中国新能源汽车产业发展现状及其问题分析——基于我国汽车产业可持续发展的视角》，《理论与现代化》2011年第2期，第60-66页。

对新能源汽车的补贴，吸引民众购买新能源汽车，因此产销量每年都在增长，我国新能源汽车的发展也在不断地加快①。从2013年新能源补贴新政来看，其补贴金额标准如表1-4所示，中央将对纯电动汽车最高补6万元，插电式混合动力最高补3.5万元，新能源汽车还可以享有地方补贴和其他优惠政策。

表1-4　　2013年新能源汽车补贴金额标准②

车型	纯电动车			插电式混合动力车
续驶里程	80≤R＜150	150≤R＜250	R≥250	R≥50
国产车型补贴	3.5	5	6	3.5万元
进口车型补贴	0			0
中央补贴	3.5万~6万元			0
地方补贴	视各地政策而定			0
其他优惠政策	上海、广州地区免牌照拍卖费用			同纯电动车

资料来源：盖世汽车网。

政策鼓励和市场推广使我国新能源汽车产销量也在逐年增加（如图1-1所示）。根据中国汽车工业信息网统计数据显示，2013年我国新能源汽车产量1.75万辆，其中纯电动汽车14243辆，插电式混合动力汽车3290辆；新能源汽车销售1.76万辆，其中纯电动汽车销售14604辆，插电式混合动力汽车销售3038辆。从我国新能源汽车的具体产销情况可以看出，新能源汽车主要以纯电动汽车为主，插电式混合动力车总体产销规模较纯电动汽车小。

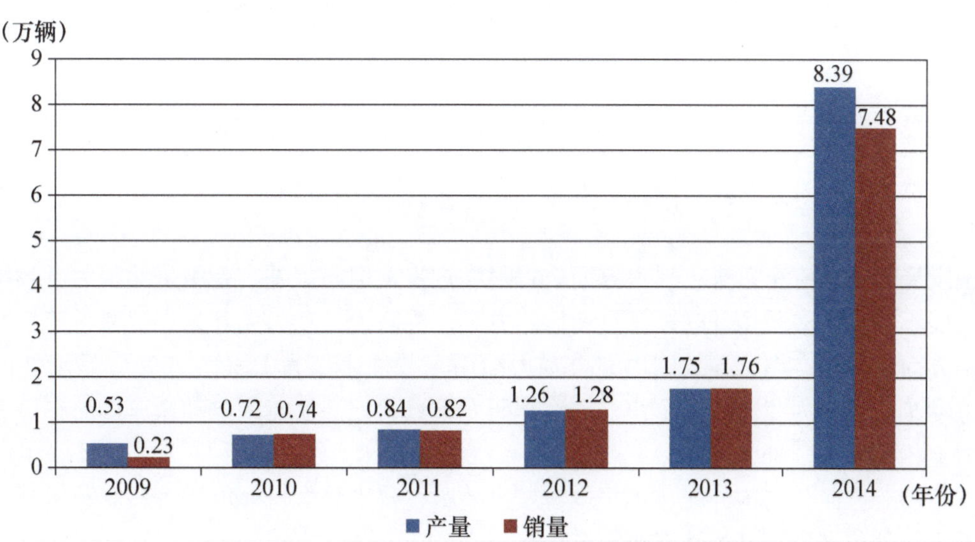

图1-1　2009~2014年中国新能源汽车产销量

资料来源：中国产业信息网。

①盖世汽车网：《2013年我国新能源汽车发展现状（上）》，http://auto.gasgoo.com/News/2014/03/0603355460286395568.shtml，2014-08-12。

②盖世汽车网：《2013年我国新能源汽车发展现状（下）》，http://auto.gasgoo.com/News/2014/03/06033554355460286395568.shtml，2014-08-18。

2014 年，我国新能源汽车生产 8.39 万辆，销售 7.48 万辆，比 2013 年分别增长 4 倍和 3 倍多。可以看出，我国新能源汽车正在以成倍的增长速度在发展，离新能源汽车的产业化进程又近了一步。

按照《节能与新能源汽车产业发展规划（2012～2020 年）》，到 2015 年底，我国纯电动汽车和插电式混合动力汽车市场保有量将达到 50 万辆以上；到 2020 年，将达到 500 万辆。我国新能源汽车发展前景非常广阔。科尔尼公司发布报告预计近几年我国新能源汽车销售量，称 2020 年中国新能源汽车保有量占世界 71% 以上①。具体预计销售量情况如图 1－2 所示。

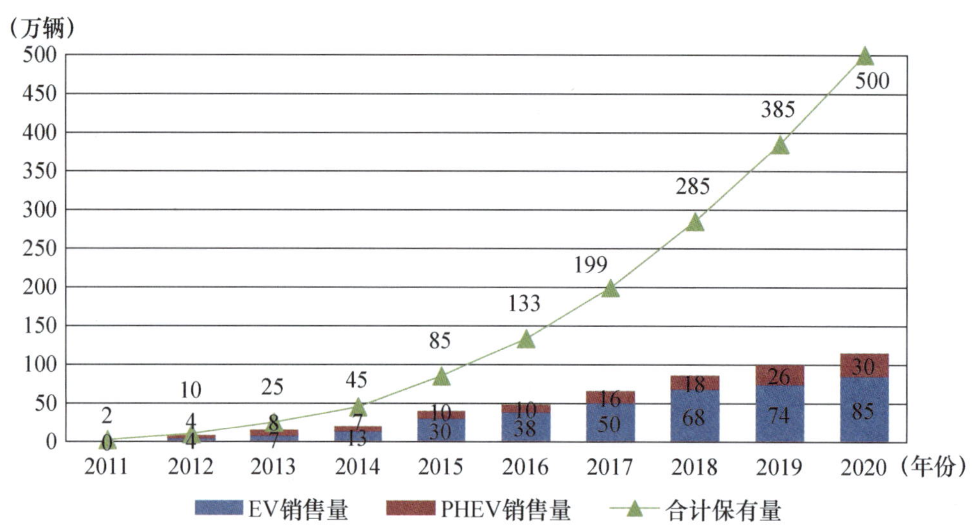

图 1－2　2011～2020 年我国新能源汽车销售量

3. 国内外差距分析

尽管节能减排和发展新能源汽车已经成为中国人的共识，但从目前的情况看，我国新能源汽车的发展依然非常艰难，与发达国家的差距正在拉大。这种差距不仅体现在技术上，还体现在产销量上。

我国发展新能源汽车以来，技术方面取得很大进步，但与国外的差距仍然很大。我国混合动力汽车发展不均衡，多采用并联以及怠速启停方案，混联混合动力尤其是在混联系统控制及动力耦合技术方面几乎为空白，导致国内混合动力乘用车节油率仅为 15%～20%，是国外产品的一半。纯电动车已经成为我国汽车企业电动汽车研发重点，但高性能纯电动汽车产品在可靠性和工程化能力上仍落后于国外先进产品②。在电池系统集成技术、大规模生产工艺设计、生产过程质量和成本控制等方面，与国外先进水平也有较大差距，特别是电机、电控等核心技术缺失，致使国产关键零部件与进口产品的性能差距较大③。

从图 1－3 可以看出，近几年，我国新能源汽车从 2012 年产销量才开始破万，2013 年也仅

①第一电动网：《2020 年中国新能源汽车保有量将占全球七成》，http：//www.d1ev.com/10777.html，2014－09－12。

②新华网：《与国外差距拉大，新能源车依然步履蹒跚》，http：//news.xinhuanet.com/auto/2013－01/10/c_ 124211635.htm，2014－09－14。

③中国环境网：《新能源车为何叫好容易叫卖难》，http：//www.cenews.com.cn/pthy/chanye/201405/t20140527_ 774882.html，2014－08－26。

有产量1.75万辆，销量1.76万辆，新能源汽车产销量主要以纯电动汽车产销量为主，且纯电动与插电式混合动力车产销差距较大。以目前新能源产销规模来看，想要完成2015年累计50万辆的产销目标难度非常大。

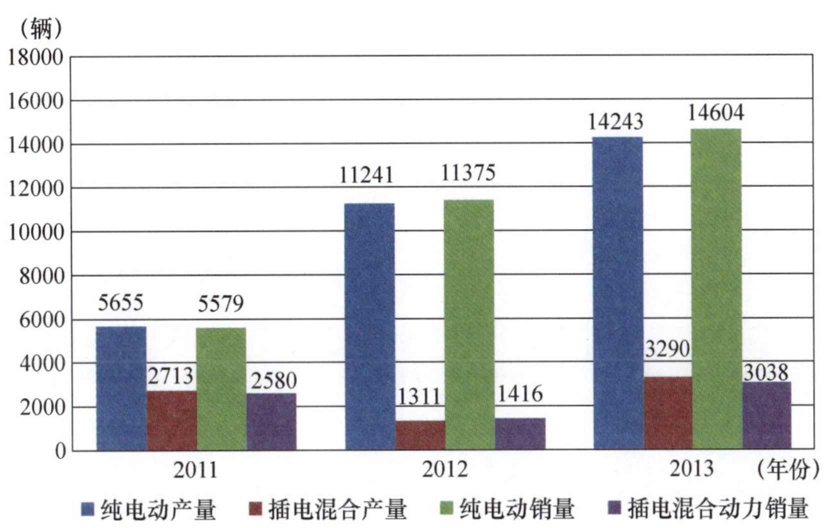

图1-3　2011~2013年我国新能源汽车产销量变化

据盖世汽车网数据显示，与我国市场相比，全球产销第一大的美国市场新能源汽车销量较高，2013年其新能源汽车销量共实现9.7万辆。其中，当红的特斯拉，在美销量达1.87万辆，超我国新能源汽车总量。日本2013年新能源汽车销量也达到3.1万辆，超出我国1万多辆。如图1-4所示。

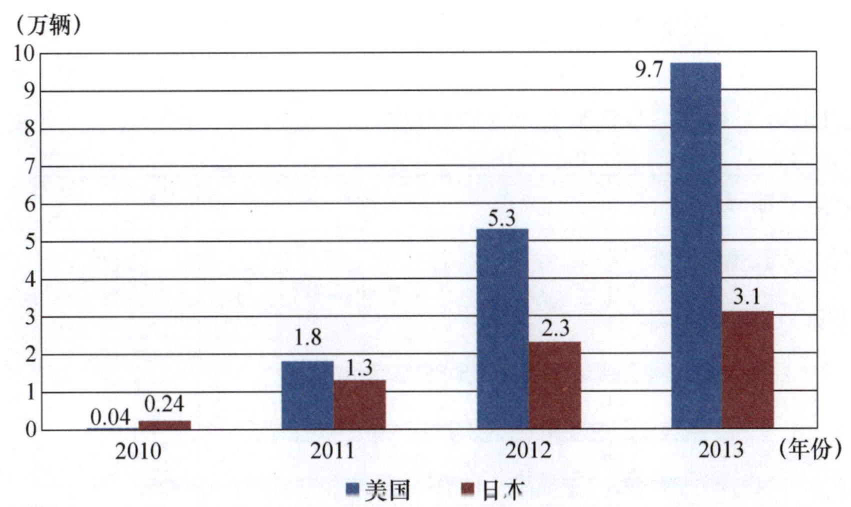

图1-4　2010~2013年美国和日本新能源汽车销量

资料来源：盖世汽车网。

我国新能源汽车销量的增长主要是依靠新车销量拉动，市场在售车型销量普遍偏低。由于近几年政府对新能源汽车大力推广和扶持，涌入新能源汽车领域的企业增多，市场上可供选择的车型也增多，但总体而言依然很少①。进入工信部新能源车目录的国产车约十几款，品牌涉及奇瑞、比亚迪、北汽、上汽、启辰、雪佛兰等，国内主要新能源汽车如表1-5所示。

表1-5　我国主要在售电动车*

企业	主要新能源汽车	市场售价（万元）	中央补贴（万元）*
奇瑞汽车	奇瑞 M1EV	14.98	3.5
比亚迪	比亚迪 E6	30.98	6
	比亚迪 F3DM	14.98	3.5
	比亚迪秦	18.98	3.5
上海汽车	荣威 E50	23.49	3.5
北汽新能源	北汽 E150EV	24.98	5
	绅宝 EV	30	5
众泰汽车	朗悦 EV	26.98	3.5
	众泰 5008EV	27.8	5
	众泰 2008EV	11.98	5
江淮汽车	和悦 iEV4	16.98	5
上海通用	雪佛兰沃蓝达	49.8	0
	赛欧 SPRINGO	25.8	0

注：*以上新能源电动车补贴均按2013年标准进行计算所得，进口车不享有补贴政策；除中央补贴外，新能源汽车还享有地方补贴和其他优惠政策，但由于各地方补贴标准不一，不一一列举。

资料来源：盖世汽车网。

目前，有公布销量（指批发量）数据的新能源汽车主要有奇瑞 M1EV、比亚迪 F3DM 和 E6、北汽 E150EV、绅宝 EV、众泰朗悦 EV 等，这些汽车2013年销量均不超过2000辆，其中，比亚迪 E6、F3DM 销量相对较多，分别为1544辆和1005辆。如图1-5所示。

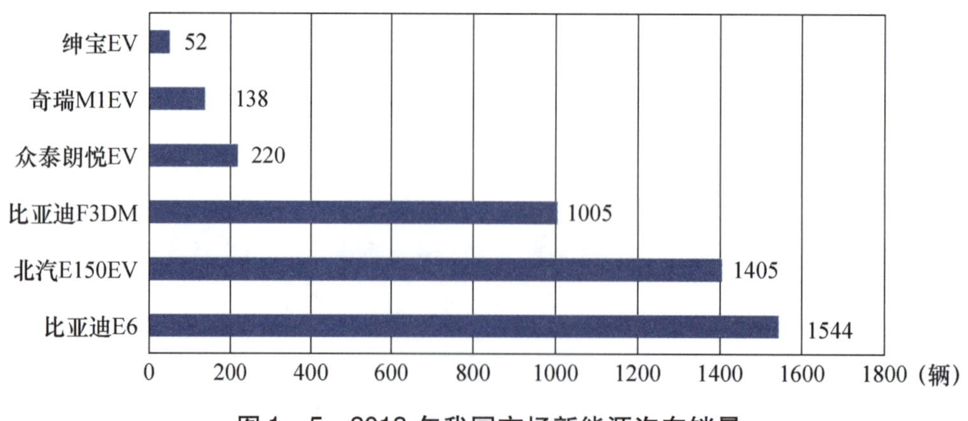

图1-5　2013年我国市场新能源汽车销量

①盖世汽车网：《2013年我国新能源汽车发展现状》，http://i.gasgoo.com/news/detail/498671.html，2014-10-09。

美国市场中，2013 年销量前十的电动车如图 1－6 所示，其中，前六大车型销量均在 6000 辆以上，前三销量更是均超过我国新能源汽车总量，特斯拉销量 1.87 万辆。

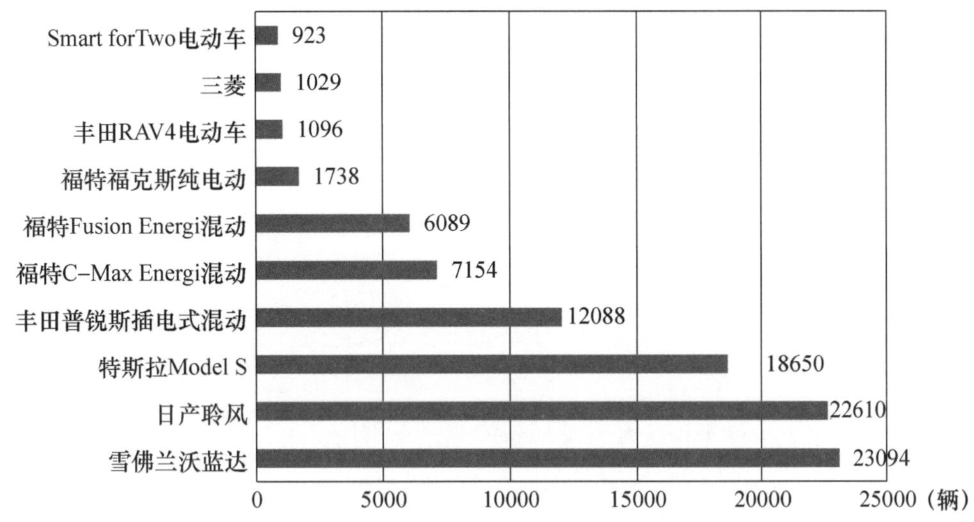

图 1－6　2013 年美国市场销量前十电动车排行

资料来源：盖世汽车网。

（二）新能源汽车行业发展特点

虽然新能源汽车具有零排放低污染的特点，让我国政府和不少汽车企业重视新能源汽车的研发和投产，但目前的技术水平尚未满足其实现规模化量产与销售的需要，新能源汽车仍然处于示范与推广的阶段，还需要解决许多相关问题，大规模的生产和销售新能源汽车尚需时日。

1. 商业模式不断创新

新能源汽车市场产业化程度低，产销规模较小，需要政府和企业不断创新商业模式。近几年，新能源汽车商业模式不断探索和创新。2012 年以前，我国新能源汽车主要有三种商业模式：一是车电整体销售模式，以福田、比亚迪为代表；二是租赁模式，国家电网比较倾向于电池租赁的换电模式；三是融资租赁模式①。2013 年以来，体验式的营销、电子商务销售模式和以租带售模式逐渐显现，开启新能源汽车商业新模式。如表 1－6 所示。

表 1－6　我国新能源汽车几种商业模式

商业模式	具体内容	代表企业
车电整体销售模式	裸车和电池需要一起销售	福田、比亚迪
租赁模式	客户可以选择不购买电池，通过租赁的方式从电池供应商处获得与车辆相匹配的电池	安凯

①高学兵：《我国新能源汽车产业商业模式研究》，合肥工业大学硕士学位论文，2013 年。

续表

商业模式	具体内容	代表企业
融资租赁模式	充换电站运营商负责购买电池，租赁公司购买裸车，整车租给公交公司（或者出租车公司），运营固定期限	上海永达浦东别克与创富融资租赁上海公司展开合作，推出“汽车融资租赁”金融产品
体验式营销模式	采用体验店的形式让消费者亲身体验新能源汽车，包括驾车体验，用车过程中各个环节的认识等	特斯拉
以租带售模式	消费者通过在租车公司租赁，只需付出较少的成本就能深入体验新能源汽车，进而购买新能源汽车	上汽、北汽
电子商务模式	通过线上线下对接销售的形式推广新能源汽车	上汽“车享网”

上汽集团与一嗨租车、巴士租赁联合破局新能源汽车市场，于2014年3月28日正式上线的O2O汽车电商网平台“车享网”将与新能源汽车销售进行对接。北汽集团于2014年6月26日与北京恒誉租车公司合作开展电动汽车分时租赁业务，面向企业和个人用户租车。此外，浙江的时空电动车则推出了电动车租赁包年服务。这些商业模式的创新，可以缓解新能源汽车由于续行里程短、购置成本高、充电时间长等因素导致的使用不便，提高产品的竞争力，扩大新能源汽车的市场规模。

2. 技术路线重新调整

2009年，我国出台了《汽车产业调整和振兴规划》，确立了发展纯电动汽车等新能源车的方向。此后几年，相继出台了一系列政策，并把新能源车的最终方向定为纯电动汽车。但是目前纯电动汽车的发展有多方面的障碍，包括产业整体创新力不足，原始技术创新匮乏，缺乏核心竞争力，产业基础薄弱，上下游产业链对汽车产品技术创新和制造水平有效支撑不足；基础设施建设滞后，公共充换电设施建设与大规模示范运行需求矛盾较突出；公众对新能源汽车认知度低，仍需扩大公众环保理念和意识①。

虽然新能源汽车的发展和推广主要是以纯电动汽车为主，但是近几年燃料电池的发展，使许多专家支持新能源汽车技术多样化的观点，建议不要把技术路线限定在纯电动汽车上。与纯电动汽车相比，燃料电池汽车由于没有传统内燃机相关装置，将节省数量可观的零部件。氢燃料电池性能优势更加突出，环保优势也非常明显，加一次氢可行驶300~400公里，加氢时间和传统汽车加油一样快，燃料电池汽车将比纯电动汽车更加适合中长途行驶，从成本上看，最近国外又研发出一些新的技术和催化替代材料，大大降低了氢燃料电池的成本②。不少企业、专家表示未来新能源汽车最终技术方向应该是氢燃料电池。

韩国现代汽车已经率先投产燃料电池车途胜 iX35 FCEV，同样丰田推出 FCV 量产燃料电池车，计划于2015年3月正式上市。上汽集团计划2015年将荣威750燃料电池轿车上市，国内已有不少汽车企业研发了燃料电池汽车，但在以纯电动为主导方向的情况下，大都没有下大力推

①中国工业新闻网：《燃料电池车势头走强，纯电动车能否 HOLD 住》，http：//www.cinn.cn/qc/320504.shtml，2014-10-13。

②腾讯汽车网：《上汽氢燃料电池车全国“路考”明年或使用》，http：//auto.qq.com/a/20140904/030432.htm，2014-10-17。

广，如表1－7所示。

表1－7　主要燃料电池汽车情况

车　型	最大时速（km/h）	续驶里程（km）	所属公司
途胜 iX35 FCEV	160	426	韩国现代汽车集团
Mirai FCV 燃料电池车	161	482	日本丰田汽车集团
FCX Clarity	160	570	日本本田汽车集团
荣威750燃料电池车	150	400	上海汽车集团
奔腾B70燃料电池车	150	300	一汽集团
志翔 SC7003EV	150	350	长安集团
东方之子燃料电池版	120	/	奇瑞汽车
大众领驭燃料电池汽车	150	300	上海大众汽车

（二）新能源汽车行业发展中存在的问题

从节能与新能源汽车在公共服务领域示范推广的情况来看，纯电动汽车的产业化之路并不乐观。短期内束缚新能源汽车发展的根本原因不是政策上的补贴力度不够，而是产品本身的品质、稳定性和可靠性方面远未成熟，离车型定型、达到市场的认可、大规模批量生产的阶段还很遥远；另外，电动车的配套设施建设还没达到商用的程度①。

总的来看，我国电动汽车的自主核心技术如动力电池、电机与驱动系统没有得到实质性突破，依然存在不少技术"瓶颈"。市场推广方面，目前电池价格仍高，扣除一次性购买补贴后的成本偏高问题得到缓解，但购买环节政策无法解决电动汽车使用中的充电难题。基于技术和使用等多种因素制约着国家有关新能源汽车推广政策难以短期内取得理想的效果②。

1. 技术创新能力薄弱

发展新能源汽车的困难主要存在于技术方面，这是整个新能源汽车产业发展的劣势。在新能源汽车领域如混合动力汽车、燃料电池汽车方面缺乏核心技术，与世界先进水平存在较大差距。在技术创新能力方面，国内仍主要停留在改进型技术创新方面，技术创新能力普遍薄弱。

新能源汽车要求电池必须具有高比能量、高比功率、快速充电和低成本、长寿命等，目前新能源汽车使用的动力电池组的成本要占整车造价的1/2，存在不少技术"瓶颈"问题。动力电池的主要性能还不能满足整车要求，整车产品续驶里程受动力电池技术水平的影响仍落后于传统汽车。动力电池基础原材料、动力电池组技术急需突破，提升性能、降低成本。另外，新能源汽车核心零部件技术（包括整车控制技术、电机驱动系统技术、电池系统技术、动力耦合技术等）

①②中国产业信息研究网：《新能源汽车行业投资分析报告》，http://www.china1baogao.com，2014－10－27。

还未取得产业化的实质性突破，部分国产零部件与进口产品的性能差距较大。动力电池的主要性能指标如表 1－8 所示。

表 1－8　　动力电池的主要性能指标①

指标类型	指标名称	指标内容
功能指标	安全性	高安全性
	比能量	续驶里程
	比功率	满足启动、爬坡等需要
	自放电率	闲置时电能损失少
经济指标	寿命	与车同寿或更换成本较低
	价格	购置成本和使用成本

2. 产业化发展困难

受新能源汽车自主核心技术水平的限制，电动汽车关键零部件的产业链尚未形成，大部分依赖进口，成本偏高。进而导致性能相当的电动汽车成本明显高于传统汽车，消费者难以承担较高的初置费用，尚无法规模化应用。

我国政府出台了许多新能源汽车发展的推广和补贴政策，新能源汽车在国内发展有所好转，但是发展不能单纯依靠政府支持。目前市场上新能源汽车销量有不少是政府采购，电动汽车主要集中在公交车领域，乘用车市场发展相对滞后。但是尽管在购车补贴、购置税免征等利好政策的拉动下，电动汽车私人消费市场的增速还是十分的缓慢，国内新能源汽车私人消费市场还未打开。私人消费是汽车市场的主力军，在美、日、欧等发达国家和地区，政府普遍通过减免各种税收或直接补贴等方式来支持消费者购买新能源汽车，所以私人消费占新能源汽车销量的主要部分，但是我国新能源汽车的私人消费比例要小得多。另外，对新能源汽车技术的不信任、担心维修和充电不方便，目前我国公民还没有那么强烈的节能环保的消费概念等，都是消费者不考虑购买新能源汽车的理由。

就目前来说，我国新能源汽车的产业化发展还面临着许多的困难。如果不综合考虑，解决困难，那产业化发展之路会充满崎岖。因此，加快产业化步伐，解决上述瓶颈问题，为电动汽车大规模示范应用和进入市场提供合格的系列产品迫在眉睫。

3. 基础配套设施不完善

新能源汽车产业的发展要能够长期、持续和稳定，稳定的能源供应是基础保障。由于电池容量相对有限，纯电动汽车相比于汽/柴油车，车载能量较少，续驶里程明显偏小。已建成的充电站数目很少，专业快充充电网络尚未健全，慢充时间长达 5 小时以上。例如，比亚迪 F3DM 双模电动车在专业的充电站上快充 10 分钟可充满 50%，但在家用电源上慢充，需要 9 小时才可以充满，给用户使用造成不便。

2010～2013 年，我国充电站数量从 76 座增至 518 座，年复合增长率高达 90%，充电桩数量

①中国产业信息研究网：《新能源汽车行业投资分析报告》，http：//www. china1baogao. com，2014－11－06。

也从1122个增长至22528个，年复合增长率为172%。2015年在省市已公开的充电设施建造计划中，包括充电站1240个，充电桩24万个①，如图1-7所示。虽然充电设施数量增长非常快，但是离满足新能源汽车的充电方便还有很大距离，主要是社区充电设施缺乏，个人家庭充电不方便。

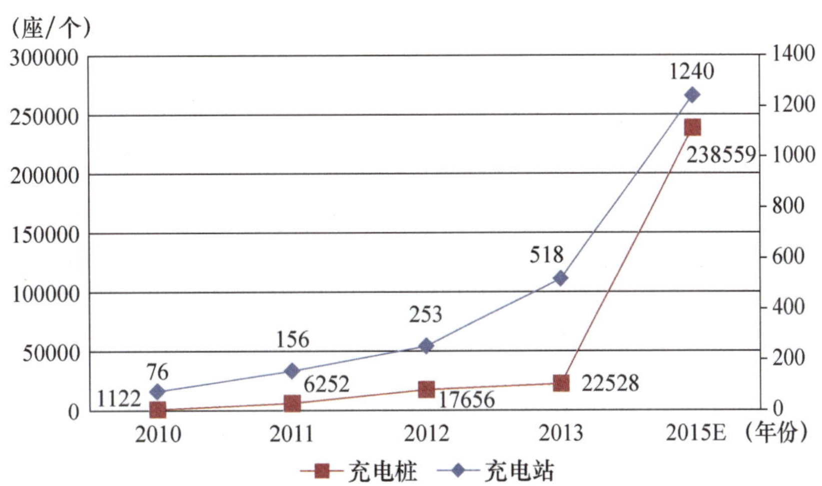

图1-7　2010~2015年我国充电站和充电桩建造②

国家和业界主体企业应在全国逐步建立起清洁能源供应体系，如建立一批加氢站、加气站和充电站。基础设施建设应保障电动汽车使用的便利性，停车场或小区慢充充电时间应控制在4~5小时；可在家充电或充电站数量足够多。要推动新能源汽车进家庭，建设像加油站那样密集的充电站，以及在居住小区车库布置充电设施等工程，需要投资和相关法规的跟进，这需要有一个过程③。

4. 专业人才缺乏

近年来，我国新能源汽车产业的整体实力得到了提升，已经形成了一支优秀的队伍，但还远远不能满足新能源汽车产业快速发展的需求，无论是技术人才还是管理人才，都存在较大的缺口。

新能源汽车的研究开发还处于示范推广阶段，研发人才相当匮乏，尤其是基础研究与关键零部件和材料的研发方面。同时新能源汽车的车型开发、实验验证等技术能力与传统汽车相比，仍然很不完善，需要专业的人才队伍。因此，我国新能源汽车的研究开发存在严重的科研人才“瓶颈”。

在管理人才方面，国家大力推广的新能源汽车的示范运行需要配备专业化的人员队伍，从管理的角度弥补技术方面的局限，形成对技术保障的高效、快速的反应能力和管理能力，从实践中积累经验以建立高效的运营管理系统等，推动新能源汽车从示范工程走向产业化。随着新能源汽车示范推广工作在全国铺开，不少企业纷纷进入新能源汽车行业，相关管理方面的人才将出现较

①②佐思汽车研究部：《中国新能源汽车充电站及充电桩发展》。

③中国产业信息研究网：《新能源汽车行业投资分析报告》，http://www.china1baogao.com，2014-11-14。

大空缺①。

因此，对正处于推动新能源汽车技术发展的汽车行业来说，要在激烈的国际竞争中掌握主动权、实现发展目标，就必须培养和吸引大批国际一流技术人才和管理人才，推动新能源汽车产业发展。

二、新能源汽车行业人才需求分析

（一）新能源汽车企业发展状况

随着国家大力支持新能源汽车的发展，不少汽车企业投入大量资金、人力研发新能源汽车，目前已有许多汽车企业研发的新能源车型投入市场推广销售。未来十年中国将投千亿打造新能源汽车产业链。此外美国特斯拉的发展，为中国汽车企业注入新的动力。传统汽车企业正面临着新的机会和挑战，不少汽车企业将战略重点转移到新能源领域，打造自身新能源汽车的研发和创新能力。新能源汽车企业的发展情况表现在以下几个方面：

1. 企业数量不断增多

据有关机构统计，截至2011年底，全国正在研制或小批量新能源汽车的生产厂家超过100家，仅山东省就拥有时风集团、山东宝雅新能源汽车股份有限公司、山东唐骏欧铃汽车制造有限公司等十多家有一定规模的企业生产电动汽车②。在浙江、江苏、安徽和广东等南方地区，新能源汽车生产企业的数量也在逐年增加。目前，我国具备新能源汽车批量生产能力的企业97家，进入《节能与新能源汽车推荐车型目录》的车型628款。新能源车企准入门槛降低，只要符合准入条件都可以获得新能源汽车生产牌照③。目前，国内涉足新能源汽车研发和生产的企业非常多，主要有中国一汽、上汽、东风、中国长安、奇瑞、宇通、中通、安凯、江淮、比亚迪、广汽等。国内新能源汽车产业呈现出企业数量增多，地区分布较广的特点。

2. 企业实力不断增强

虽然全国新能源汽车还处于研发推广的阶段，不少企业新能源汽车上市后并未得到关注，但是随着国家新能源汽车补贴政策的出台，以及相关配套设施的完善，新能源汽车的销售情况不断好转，收入情况也在不断改善。国内新能源汽车的龙头企业——比亚迪公司在发布的2013年年度报告中指出其二次充电电池及新能源业务实现收入约人民币5323百万元，同比上升12.39%。在2014年半年报中，集团新能源汽车销量增长迅猛，同比增长6倍，新能源汽车业务实现收入约人民币2748百万元，同比增长1216.67%，占集团总收入的10.29%。新能源汽车在技术和实力上也取得了很大的进步。例如，江淮汽车在新能源方面有明显突破，一方面公司新能源汽车成功“入沪进京”，再上示范运营新台阶；另一方面公司第一款正向研发的第五代纯电动汽车成功试制，标志着公司在新能源技术和产品方面的重大突破。公司新能源的先发优势将逐步显现，同时，公司将进一步强化对核心技术、市场资源的掌控，未来新能源将逐渐纳入公司的平台化管

---

①新浪汽车：《中国新能源汽车发展问题及对策》，http：//auto. sina. com. cn/news/2009 - 08 - 04/1632513581. shtm，2014 - 11 - 25。

②张雷、方海峰：《我国低速电动汽车行业现状与发展思路探析》，《汽车工业研究》2013年第1期。

③中国行业研究网：《我国具备新能源汽车批量生产能力企业97家》，http：//www. chinairn. com/print/3778518. html，2014 - 11 - 30。

理。长城汽车“全新插电式混合动力 SUV 开发项目”入围新能源汽车产业技术创新工程财政奖励资金范围,获得奖励资金。

3. 产业格局不断变化

发展新能源汽车是中国迈向汽车强国的必由之路。目前许多传统汽车企业将新能源汽车作为其战略转型的突破口。所以多数老牌传统汽车企业开始并购、重组、合作，收购一些零部件企业等，进行企业资源重新整合。例如，上汽集团认为尽管新能源汽车可能在 10 年后才有希望大规模商业化，但目前并不能放弃这一市场。投资 20 亿元的上海捷能汽车技术有限公司已挂牌成立，未来将形成混合动力、纯电动、代用燃料三大领域的布局①。2014 年 8 月比亚迪与广汽集团将分别按照 51% 和 49% 的持股比例分期注资成立广州广汽比亚迪新能源客车有限公司，注册资本 3 亿元人民币。2012 年 12 月 25 日，扬州亚星客车股份公司出资 8327.59 万元人民币，以股权变更和增资方式对丰泰汽车进行重组，取得重组后丰泰汽车 51.53% 的股权。奔驰与比亚迪成立合资公司，利用各自优势合作开发新能源汽车②。类似的事件还有很多，如表 1－9 所示。

表 1－9　汽车企业并购情况

收购方	被收购方	时间	资金	股权（%）	方向
大洋电机	佩特来 PEPSL	2013 年 10 月 14 日	11.17 亿元	72.768	新能源汽车电驱领域
山东润峰	安达尔汽车	2013 年	未公布	100	新能源汽车整车领域
事安集团	简式国际机车设计	2013 年 5 月 29 日	3.63 亿元	41.5	电动汽车设计
方正电机	铁城科技	2013 年 5 月 3 日	6000 万～8000 万元	51	新能源汽车充电机市场
万向集团	美国 A123 电池	2013 年 1 月 28 日	2.566 亿美元	80	新能源汽车锂电池领域
亚星客车	丰泰	2012 年 12 月 25 日	8327.59 万元	51.53	新能源客车领域
国能电动	萨博	2012 年 8 月 31 日	未公布	未公布	新能源汽车领域
科力远	松下镍氢电池	2011 年 2 月 9 日	4000 万元	100	车载用镍氢电池领域
正道集团	佳贝思绿色能源	2010 年 5 月 3 日	1.8 亿元	100	新能源汽车电池领域

资料来源：中国新能源网。

由此可见，新能源汽车逐渐成为传统汽车企业转型的方向。大型企业将会通过资源整合延伸产业链和通过集团化来构建各自产业生态体系，未来新能源产业的发展将更加强调市场化发展，更加注重经济规律，而不是一味地依靠政府的支持来拉动。

①中国智能交通网：《新能源车补贴惠及商用车，鼓励私人消费政策出台》，http：//www.zhinengjiaotong.com/news/show－167601.html，2014－12－05。

②中国新能源网：《新能源汽车行业并购知多少》，http：//www.china－nengyuan.com/news/54485.html，2014－12－11。

（二）新能源汽车行业人才需求分析

1. 行业人才需求现状

（1）人才缺口巨大。随着新能源汽车推广应用的步伐逐渐加快，各大汽车品牌均推出新能源车型，新能源汽车逐渐热门，会很快走进家庭，并迅速发展。根据《节能与新能源汽车产业发展规划（2012～2020年）》，到2020年，我国新能源汽车保有量达到500万辆。未来几年，对新能源汽车相关从业人员的需求量也越来越大。

按照汽车工业发达国家惯例，汽车产能与汽车制造从业人员比例为1∶0.6，汽车保有量与直接从事汽车技术服务的人数比例约为30∶1。以此推算，至2020年，我国新能源汽车的产能预计达到200万辆，而相对应的从业人员也将达到120万人左右，新能源汽车保有量约为500万辆，直接从事技术服务的人数约为17万人左右。预测数据如图1－8所示。

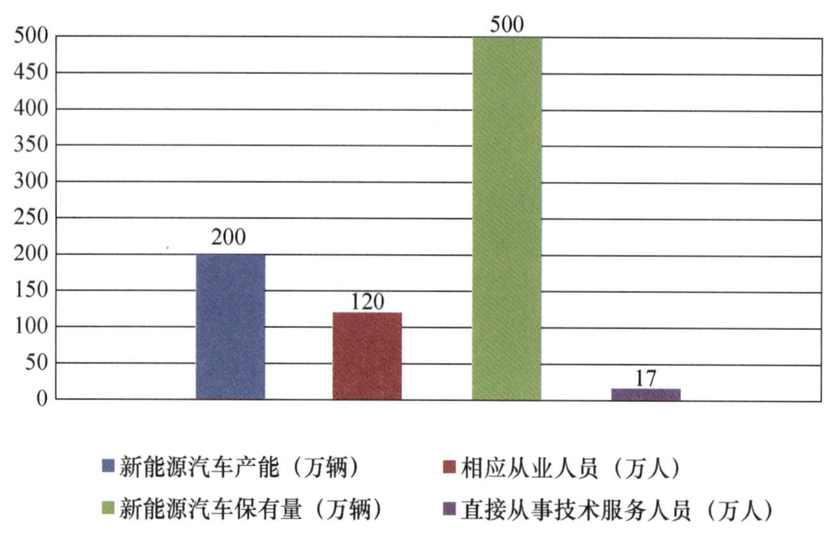

图1－8　2020年新能源汽车与相关从业人员预测数据

通过分析国内新能源汽车专业人才培养情况，发现新能源汽车以市场服务、售后保养及检修人才培养为目标的极少，相关方面的人才培养也几乎为零。我国新能源汽车也是近几年刚开设的专业，目前在校学生人数较少，已毕业的学生人数更少，面对行业需求的增加以及人才培养的缺乏，新能源汽车行业就业前景一片光明。

（2）人才结构不合理。汽车行业人才结构的不合理，在对未来新能源汽车人才的培养提供机遇的同时也面临巨大的改革空间。我国汽车业起步较晚，在研发方面，无论是自主品牌的研发，还是对国外车型的本地化研发，都急缺汽车专业人才。

全球主要汽车企业集团的中高级技工占工人总数的40%以上，而我国仅占4.3%。以汽车维修业务为例，据一份对831家汽车、摩托车维修企业的抽样调查显示，我国企业初中及以下学历、高中学历、大学专科及以下学历工人的结构比例约为4∶5∶1，而发达国家的比例一般为2∶4∶4。在我国企业中，高级技师占1.5%，高级技工占3.5%，中级技工占35%，初级技工占60%以上；而在发达国家，高级技工占35%，中级技工占50%，初级技工占15%[①]。如图1－9所示。

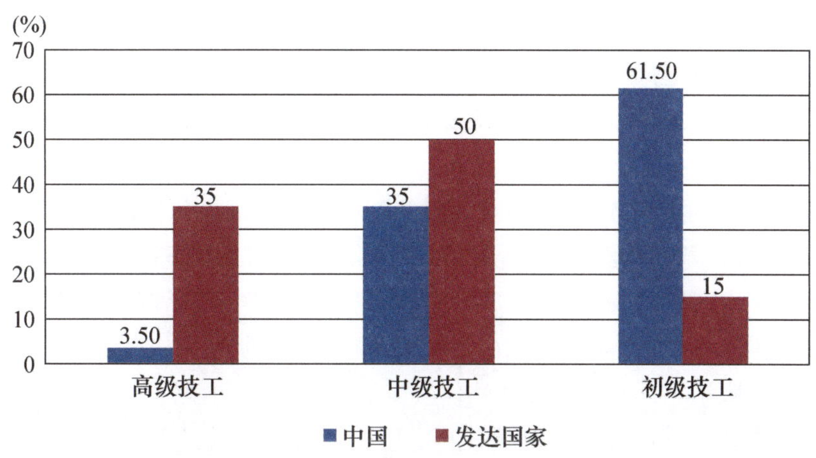

图1－9 汽车行业人才结构比较

资料来源：中国行业研究网。

中国汽车业的人才需求现状和汽车产业的高速发展相比，显得很不相称。见之于传统汽车行业汽车人才结构不尽合理，新能源汽车行业人才结构也存在不合理的现象，新能源汽车人才培养如果不做早期规划和研究，那么难以支撑中国新能源汽车产业“弯道超车”，面临再次落后的危机。

2. 行业人才需求类型

目前我国新能源汽车行业招聘还处在与传统汽车人才招聘相同渠道与方式，招聘岗位主要集中在销售、维修保障服务方面，研发岗位招聘较少，主要以电池、电控等机电技术专业高级人员为主。新能源汽车行业人才需求主要有以下两种类型：

（1）汽车产业通用性人才[②]。汽车通用性人才是新能源汽车制造的基础性人才，任何运动承载工具，都需要具备基本的机械电气技能的人才来实现。这类人才要具备汽车设计、汽车开发、动力总成设计开发、关键零部件、试制试验等技术能力。同时，还要具备品牌塑造、售后服务、维修保险、项目管理等技能。汽车设计工程师、汽车研发工程师等是人才缺口比较大的工作岗位，也成为汽车行业的热门职业。

在汽车行业，汽车设计工程师是非常重要的岗位。需要熟悉整车性能和国际标准、汽车零配件测试标准和过程、汽车项目开发流程等，同时具备较强的分析能力，通过对市场需求的分析把握决定汽车行业的方向。汽车设计工程师的素质决定汽车行业的发展。目前国内专业汽车设计人员非常少，不少是由其他非专业人员担任，缺乏创新能力。汽车设计经常模仿国外，缺乏特色。汽车设计工程师是各汽车企业争抢的高级人才，企业对新能源方向的设计人才更是求贤若渴。近几年，国内汽车企业渐渐达成共识，没有设计就没有品牌。对于想借新能源之机在国际汽车行业创品牌的国产品牌而言，汽车设计师的重要性不言而喻。

---

①中国行业研究网：《2013年汽车产业自主创新面临三大问题》，http：//www.chinairn.com/news/20130402/175750415.html，2014－12－10。

②佟亚洲：《与新能源汽车人才需求相适应的技能人才培养对策研究》，http：//wenku.baidu.com/link？2014－12－16。

研发人员是制造类企业最重要的资源，汽车研发人员更是汽车行业的关键岗位。需要熟悉国内新能源汽车政策、标准及研发流程，掌握发展趋势。新能源汽车行业由于目前技术不成熟，某些类型新能源汽车还处在研发的阶段，对汽车研发人员的需求更是旺盛。近几年，自主品牌企业频频推出不少新能源车型，这与企业加大研发力度有关。同时，跨国汽车企业抢滩中国，在中国建立研发团队，以求达到节约成本和实现研发本土化的目的，这些机构也吸引了很多中国本土的研发人员。

（2）新能源汽车针对性人才①。随着新能源汽车产业的发展，传统汽车行业的人才已经无法满足，亟须培养大批既了解传统汽车制造又掌握新能源汽车相关知识技能的人才。目前我国的汽车新能源技术正处于由研发向应用转型的阶段，涉及动力系统、产品规划、开发设计等环节的人才企业需求较多，需求专业则主要集中在汽车发动机、汽车制造、电气工程、电气自动化等上面，应届毕业生熟练应用相关的专业设计软件（如 Auto CAD、电路设计软件、硬件仿真分析软件等）是进入新能源领域的硬件要求。学习和了解国内外新能源研究方向，掌握新能源动力系统关键技术的人才才可加入新能源汽车项目的研发和生产。新能源动力工程师、系统实验工程师、新能源技术规划工程师等成为新能源汽车领域的抢手人才。

新能源动力工程师。新能源汽车研发的关键是动力系统的研发，如何保证动力系统的安全性、稳定性和续驶里程等，是决定新能源汽车研发成功与否的重要因素。目前市场上新能源汽车动力工程师紧缺，主要集中在一二线城市。有动力理论知识且具备丰富实践工作经验的动力工程师是众多新能源汽车企业争抢的重点。

新能源动力系统试验工程师。动力系统实验工程师与动力工程师同样重要，往往也需要参与新能源汽车动力系统的开发，负责新能源汽车电机、零部件等动力系统的检测及检测结果数据分析研究，帮助动力工程师完成新能源汽车动力系统的研发。新能源动力系统工程师同样是新能源汽车企业高薪竞相聘请的紧缺人才。

此外，节能与新能源汽车研究工程师、新能源技术规划工程师、新能源车辆检测分析师等都是新能源汽车发展需求的人才。人才的缺口制约了新能源汽车产业的发展，新能源汽车人才的培养已经迫在眉睫。

三、我国新能源汽车专业职业教育现状分析

（一）国内新能源汽车专业职业教育概况

新能源汽车专业的职业教育是为社会培养大量的技能应用型急缺人才，目前国内新能源汽车专业人才非常少，需求缺口很大。国家也在大力推行新能源汽车，不少职业技术学校正是看到了这点，纷纷建立了相关的学科和专业，为社会培养紧缺的新能源汽车行业人才。

1. 总体情况

随着新能源汽车的不断发展，技术和配套设施的不断完善，加之国家政策的大力支持，新能

①佟亚洲：《与新能源汽车人才需求相适应的技能人才培养对策研究》，http：//wenku. baidu. com/link？url = Wye2 diMzon-wQQZHOysZAzqDsYNx4aTUXamSQEJCg0qE5BDwUHHoElecBaYS5u_ 7S9TLK0Lpz1qpmbiJkRBoYgHD0lCdL05WA - Nu8R82nx3G，2014 - 12 - 19。

源汽车产销量在增加，未来的发展趋势更是逐级增长。新能源汽车产销量的增长带动新能源汽车人才需求的增长。目前我国新能源汽车人才普遍匮乏，而我国一些重点理工大学的教学资源优势还未完全在新能源汽车领域释放出来，在新能源汽车专业设置和科研人才培养方面还远远落后于市场需求①。

目前我国只有少数高校开设了新能源汽车专业或方向，而且大部分高校开设时间比较晚，新能源汽车专业也是近几年才开始开设的，根据国家《中等职业学校专业目录（2010 年修订）》，中职院校未开设新能源汽车相关专业。《普通高等学校高职高专教育指导性专业目录（试行）》和 2010 年核定招生的《普通高等学校高职高专教育指导性专业目录（试行）》外专业名单都未有新能源汽车相关专业，但是《高等职业教育专业目录（2014 年修订稿）》中，开设两个新能源汽车相关专业，即新能源汽车技术专业（代码 520116），新能源汽车维修技术专业（代码 580419）。截至 2014 年底，全国开设新能源汽车专业或方向的职业院校有 30 多所，另外开设新能源汽车专业或方向的普通高等教育学校也不多。所以新能源汽车在校学生也才不过几千人，每年毕业的新能源汽车专业学生则更少。这里，选取如表 1－10 所示的 10 所开设新能源汽车专业和方向的高职院校进行分析。

表 1－10　　10 所开设新能源汽车专业的高职院校

学校	专业	所属院系	专业考证	就业方向
烟台汽车工程职业学院	新能源汽车技术	电子工程系	国家汽车维修工（中级、高级）、汽车电工（中级、高级）等职业技能资格证书	新能源汽车机电维修工、新能源汽车维修管理人员、新能源汽车维修业务接待、新能源车辆质检等
湖南机电职业技术学院	新能源汽车运用技术	汽车工程学院	汽车维修工职业资格证书	新能源汽车制造、汽车检测与维修岗位、服务管理等岗位
山东交通职业学院	新能源汽车技术	车辆工程学院	驾驶证、汽车设计师、维修技师、汽车检测技师、汽车工艺师等	可到新能源汽车制造厂、汽车 4S 店、汽车检测站、汽车运输管理等部门从事技术与管理工作，并可从事汽车销售、汽车定损与保险理赔等相关工作
唐山工业职业技术学院	新能源汽车维修技术	自动化工程系	中（高）级汽车装配工、汽车维修工、汽车驾驶员（C 照）、汽车配件销售员等职业资格证书	新能源汽车整车及关键零部件的生产、装配、调试、维护及售后服务等工作

①张玗：《新能源发展人才需求及就业前景分析》，《人民论坛》2011 年第 8 期。

续表

学校	专业	所属院系	专业考证	就业方向
广东工贸职业技术学院	新能源汽车维修技术	电气自动化系	汽车维修电工中级职业技能证书，汽车维修工（中级、高级）、汽车维修电工、汽车助理营销师、机动车驾驶证（C牌）等职业技能证书	可在汽车生产、汽车维修、汽车4S店、城市公交、城市出租车等企业从事新能源汽车及其他类型汽车的装配、性能检测与分析、业务接待、销售、售后服务、生产管理、技术管理等工作
襄阳汽车职业技术学院	新能源汽车维修技术	汽车工程系	—	可到新能源汽车企业从事生产、保养、故障诊断维修以及车辆销售、索赔、售后服务等工作，也可到汽车维修企业从事汽车机电维修、电器专修等技术工作
贵州交通职业技术学院	新能源应用技术专业（能源汽车方向）	汽车工程系	汽车维修工（中级）、计算机证书、汽车驾驶证等	可到新能源汽车的生产、建设、管理、服务、销售企业，从事新能源汽车相关领域的工程技术、管理和科研等相关工作
云南交通职业技术学院	汽车运用技术（新能源方向）	汽车学院	—	国营企业、合资企业、私营企业或个体从事现代电控汽车检测、使用、维修、管理、营销、保险及售后服务等工作
黄冈科技职业学院	汽车检测与维修技术（新能源汽车）	新能源学院	—	可到新能源汽车企业从事生产、保养、故障诊断维修以及车辆销售、索赔、售后服务等工作，也可到汽车维修企业从事汽车机电维修、电器专修等技术工作
江西新能源科技职业学院	新能源汽车应用技术	新能源应用专业群	高级汽车维修工	从事供热、通风与空调工程的一般施工、设计、施工安全技术应用与监督、施工质量检验与评定、工程预算、施工组织与管理等工作，也可从事供热、通风与空调设备的安装、调试、销售、维护与维修等技术工作和生产管理工作

资料来源：各高校官方网站。

从我们选取10所高职院校统计其2013年和2014年的新能源汽车专业的招生计划来看，有6所学校2014年的计划人数要比2013年的计划人数减少。另外，其他开设新能源汽车专业的职业院校有些是从2014年才开始少量招生，可见新能源汽车专业职业教育在我国还处于起步阶段，如图1-10所示。在统计了全国近30所开设新能源汽车专业的职业院校，可以看出职业院校地区分布范围广泛。如图1-11所示。

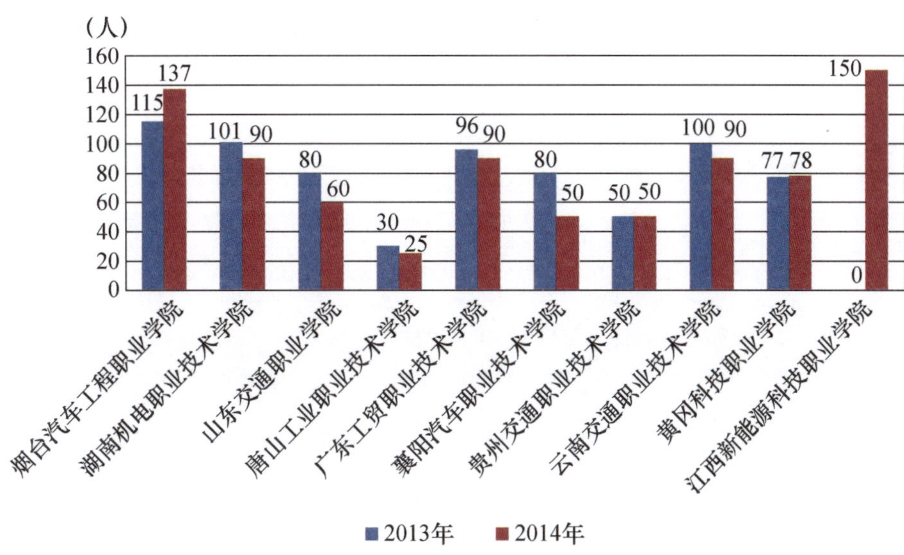

图1-10　2013~2014年10所代表职业院校计划招生人数

资料来源：各高校官方网站。

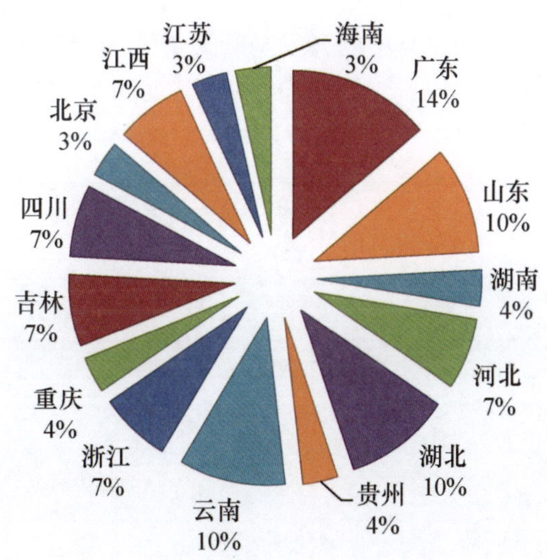

图1-11　主要新能源汽车专业院校省份分布

资料来源：阳光高考网。

2. 院校分类

目前通过对新能源汽车行业的综合分析，新能源汽车技术专业人才需求大致分为三类：第一类是新能源汽车的技术、研发类人才；第二类是新能源汽车生产、检测人才；第三类是新能源汽车营销、售后服务人才。第一类人才要求熟悉汽车项目开发流程，能从事纯电动、混合动力、新燃料等汽车研发工作，同时具备较强的分析能力，包括组件及系统的有限元分析，运动学、动力学分析等，并且能够熟练应用 CATIA 和 CAD 等软件。第二类人才要求熟悉整车性能和国际标准，熟悉机动车理论构造以及机动车检验业务，熟悉汽车零配件/汽车整车生产、测试标准和过程。第三类人才要求熟悉新能源汽车的结构、工作原理，掌握维护保养方法和维修技能，具有市场推广能力和良好的沟通能力①。如表 1－11 所示。

表 1－11　新能源汽车专业的人才需求类型和所需技能

人才类型	所需技能
新能源汽车技术、研发人才	熟悉汽车项目开发流程，能从事纯电动、混合动力、新燃料等汽车研发
	具备较强的分析能力，熟练应用 CATIA 和 CAD 等软件
新能源汽车生产、检测人才	熟悉整车性能和国际标准
	熟悉机动车理论构造以及机动车检验业务
	熟悉汽车零配件/汽车整车生产、测试标准和过程
新能源汽车营销、售后服务人才	熟悉新能源汽车结构、工作原理
	熟悉机动车理论构造以及机动车检验业务
	具有市场推广能力和良好的沟通能力

综上分析，第一类和第二类属于培养创新型人才，适用于新能源汽车研发和生产管理等，本科及研究生教育适于培养第一、第二类中的开发与管理人才。高职教育适于培养第二、第三类中的应用型人才，以培养新能源汽车技能型人才为目标②。如图 1－12 所示。

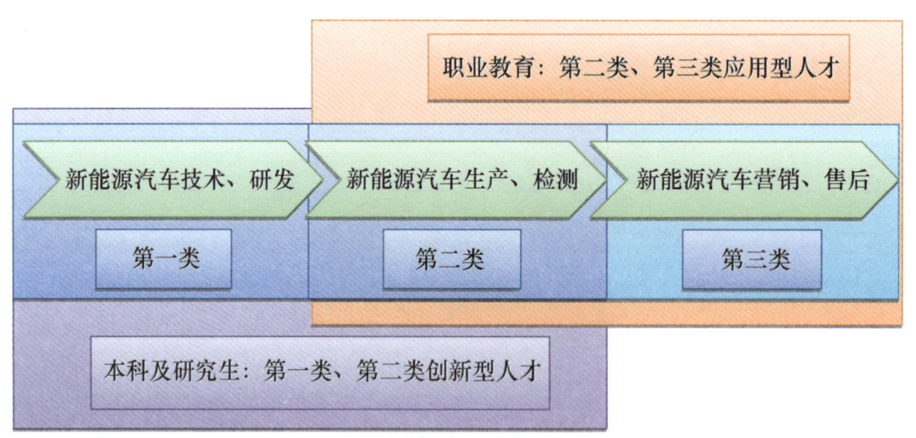

图 1－12　高校新能源汽车专业人才培养

3. 专业设置

目前国内职业院校新能源汽车相关专业的设置情况还是比较复杂的。2014 年全国高等学校

①②贺大松：《构建高职新能源汽车技术专业课程体系》，《机械职业教育》2011 年第 4 期，第 43－45 页。

专业设置备案中，可查询的新能源汽车相关专业只有两个：新能源汽车技术和新能源汽车维修技术。未备案的一些中高职院校只有少部分是单独开设新能源汽车专业，多数院校只是在传统汽车相关专业中增加新能源汽车研究方向。例如，北京市丰台区职业教育中心学校，就是在交通运输专业的传统汽车运用与维修专业中加入新能源汽车维修方向。还有一些院校是采用开设职业培训班的形式，如杭州现代汽修学校开设的汽车新能源尖端技术班。

4. 课程体系

新能源汽车专业的职业教育一般都是三年制。要把新能源汽车专业的学生培养成应用型人才，就需要针对特定职业能力，分类别培养。以新能源汽车维修技术专业为例，分析新能源汽车专业的课程体系设置情况。专业课程设置需要依据市场岗位的需求，需要对具体岗位的职业能力进行分析，考虑从专业能力、社会能力和方法能力来对新能源汽车维修岗位进行课程的设置。专业能力是岗位人员所需的基本岗位技能，社会能力是岗位人员与他人之间合作互动的社交技能，方法能力是培养岗位人员灵活解决问题的能力。具体如表 1－12 所示。

表 1－12　职业能力分析①

类型	具体技能
专业能力	具备基本的计算机操作能力
	具备专业必需的机械、电工电子、电力电子等技术能力
	具备新能源汽车维修、改装、诊断知识与技能
	具备安全、文明生产和环境保护的相关知识和技能
	具备正确使用外语专业资料的能力
社会能力	具有良好的职业道德，遵纪守法
	具有良好的人际交流和沟通能力
	具有良好的团队合作精神和客户服务意识
方法能力	制定工作计划能力
	解决实际问题能力
	独立学习新技术的能力
	评估总结工作结果能力

新能源汽车维修技术专业课程体系的建立可以分为理论和实践两大块。理论体系主要分为公共课程（基础）、专业课程（职业能力学习领域）、拓展课程（综合能力），见图 1－13。其中以突出培养专业核心能力为目标，兼顾职业能力的延伸与扩展，建立的专业核心课程有：汽车电子控制原理与技术应用、汽车电器与辅助电子系统技术与检修、驱动电机及控制技术、动力电池管理及维修技术、新能源汽车综合故障诊断等。在专业课程的实践课程上有顶岗实习、岗位轮训、岗位见习、开放实训、生产性实训和模拟实训课程等。

①《高等职业教育新能源汽车维修技术专业教学基本要求》，http：//wenku. baidu. com/link？url＝zyLT4OTFKu76b6MNi8 GtEH-MyWnH_ DAgra4L4ZGvpIavydjRbkl1TN5UIxWGK36fMhsqxjy－niVWe－b5MnBCR3s9lX1omJORxsiOMIeoACtC ，2014－12－21。

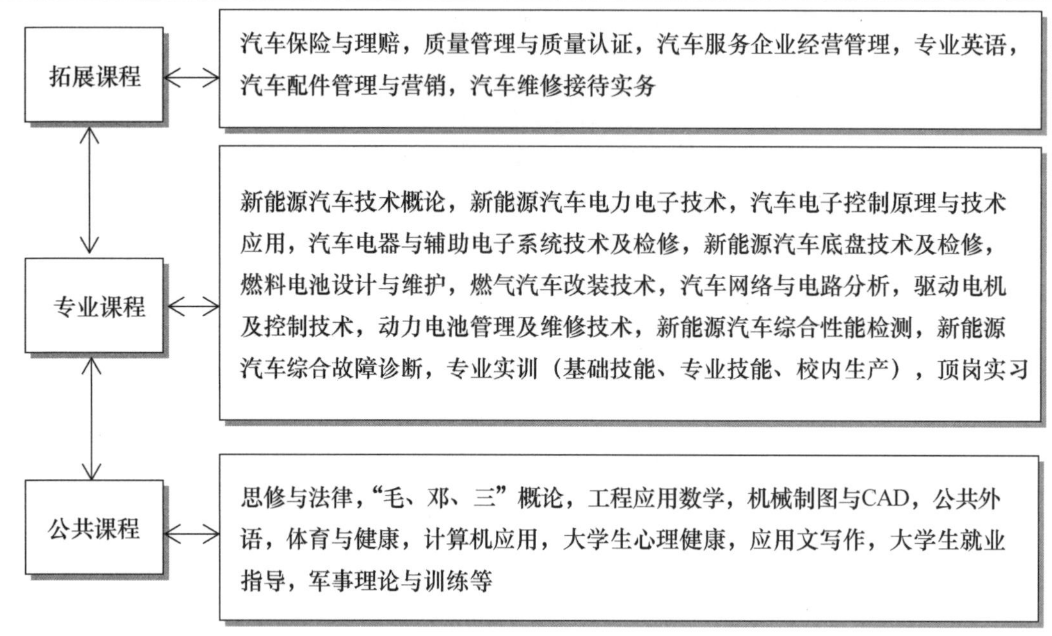

图1－13　新能源汽车专业人才教学平台①

5. 师资建设

培养学生职业技能的能力是职业教师专业知识架构的重要一环。称职的专业教师不仅需要掌握扎实的基础理论，精通专业，时刻把握本专业发展的脉搏，而且必须具备丰富的实践经验②。

不少学校新能源汽车是开设在汽车维修与检测等传统汽车专业下的，新能源汽车只是一个培养方向。因此，师资队伍多半是原有专业的师资，临时进行课程调整和新能源知识的学习后进行教学的。教师并未直接参与过新能源汽车的实际工作，教授的知识主要集中在理论的系统知识，无法满足培养实用型人才的需求。“双师型”专任教师较少，具备职业资格认证的教师也不多，新能源汽车专业师资队伍的建设停留在传统汽车行业。

（二）国内新能源汽车专业职业教育存在的问题

新能源汽车在我国还处在示范和推广的阶段，产销量也有限，所以新能源汽车相关从业人员较少，开设新能源汽车专业的职业学校也较少。总体来说，新能源汽车专业的职业教育发展还处在初级的阶段，更是缺乏一套较为完善的适应市场需求的职业教育体系。国内新能源汽车专业职业教育主要存在以下问题：

1. 培养方向单一

新能源汽车专业人才培养就业方向比较单一，而且基本处于比较低端的就业岗位。国内设置与新能源汽车相关专业基本上只有新能源汽车技术和新能源汽车维修技术这两个专业，而且人才培养目标的未来就业岗位都是与汽车维修工作相关。缺乏对新能源汽车研发、设计、动力开发、车辆检测分析等专业人才的培养。这些方向的人才正是市场上紧缺岗位所需人才，才是决定未来

①张炳力、徐国胜、窦聪：《新能源车辆专业人才培养模式的研究》，《中国科教创新导刊》2013年第1期，第62－63页。
②金兴才：《汽车维修专业对新能源汽车快速发展的应对措施》，《江苏教育：职业教育》2012年第3期，第43－45页。

新能源汽车广泛大规模稳定地投入市场的关键。

2. 师资力量匮乏

目前职业教育专业课教师严重缺乏，特别是缺乏既具备丰富的理论知识又具有实践经验的教师。有些职业院校聘请大学教师或企业技术骨干作为专职教师，这类人群虽然有一定的理论经验或实践经验，但对职业教育的理念比较单薄，而且知识结构较单一。懂理论教学的教师无实践动手能力，有实践动手能力的教师不一定具备理论讲解能力①。"双师"教师资源缺乏，国内院校新能源汽车专业开设的并不多，受过正规新能源汽车专业教育之人较少。新能源汽车专业的师资只能来自从事过新能源汽车行业工作人员，但是目前新能源汽车未大规模生产使用，国内生产新能源汽车的企业也为数不多。所以新能源汽车专业的师资多半是来自传统汽车领域，或者与汽车相关领域。这在人才培养的专业性问题上有待进一步完善。

3. 课程设置不合理

现行的新能源汽车专业的教学计划和教学大纲与实际需求差距较大，教材不仅因编写出版用期过长而远远跟不上技术发展，且专业课程设置不合理，知识面狭窄，未能形成完善的课程体系。重机械轻电器，重理论轻实践，重老车型轻新车型，如汽车传统技术的讲述过多，维修工艺偏重于机械维修的内容，而现代汽车维修中普遍要求的检测与诊断技术只做简要介绍，学生既不会操作发动机检测设备，也不会调简单的故障码。再如，新能源汽车的营销、保养、检测等并未纳入职业教育课程，体现新能源汽车行业发展趋势和要求的课程内容，在现行的课程设置中几乎空白。

4. 教学模式陈旧

当前，职业院校的生源从择优录取变为"零门槛"录取，尤其是一些民办职校。一些学生初中未毕业就进入职业院校，学校开设的专业课对他们来说是"听天书"，更谈不上吸收掌握。职业院校的学生在校学习时间较短，文化基础薄弱。教师如果一味追求高深的原理，学生就会产生畏难和厌学情绪②。目前学校专业教师教学主要以教材内容为主，上课主要以教为主，缺少与学生的互动，没有给学生提供主动学习的环境。职业教育的重点在于让学生掌握操作动手等应用型能力，理论学习只能是作为辅助学生懂得理论知识更好的服务操作和应用。但是如今学校教师只注重理论知识的传授，忽视培养学生动手实践的能力，学生缺少参加实训、顶岗实习等机会。这就造成学生在进入社会之后与企业需求相脱节，学生缺少就业竞争力。另外，教学模式也比较单一，缺少多样化的教学形式，如增加情境教学、仿真模拟、小组讨论、真岗实练等形式的教学。理论知识的学习和实践是相互促进、有针对性的，这样才能让学生更好地掌握知识和实际应用技能。

四、国外新能源汽车专业职业教育模式分析

新能源汽车是近年比较火热的话题，各国为发展新能源汽车都投入了很大的精力。但是国内新能源汽车还处在研发示范阶段。新能源汽车行业的优秀人才更是少之又少，成为限制我国新能源汽车发展的重要因素。通过分析国外新能源汽车职业教育的发展情况来了解国外发展状况，为建立国内新能源汽车职业教育体系做准备。

---

①②赵宝平：《汽车维修职业教育教学的现状与反思》，《汽车维修与保养》2013年第7期，第98－100页。

（一）德国新能源汽车专业职业教育模式分析

德国的汽车制造业在世界上占有重要地位，汽车保有量也非常高，在德国8260万人口中，汽车拥有量约62%。德国政府计划到2020年使德国保有电动车100万辆，家庭轿车的高度普及使德国的汽车保养维修服务逐步发展成一个较为完善和规范的行业，社会职业中也形成与汽车的高度关联。因此，汽车职业教育是德国职业教育的重要组成部分①。

1. “双元制”职业教育模式

德国“双元制”职业教育模式闻名海内外，是以能力培养为基准、以操作技能为核心的一种世界领先的人才培养模式。新能源汽车职业教育为汽车企业培养具备应用型的新能源汽车领域专业技能人才。把学校设在汽车工厂里，把教室搬进车间里，学生在老师和师傅的共同指导下，学习理论和专业技能，职业培训分别在车企和学校里进行。通常在车企里进行3~4天的实践培训，在学校里进行1~2天的理论培训。学生在先取得车企雇员身份后再到学校取得学员学籍，这样就具有双重身份，既是学生又是学徒。另外，只要完成车企制定的培训计划，毕业后就会被留在企业。职业院校也可根据行业不同层次、不同岗位来制定特殊的授课计划，教学内容更加符合岗位技能要求，并配有汽车企业的实训计划，使学生更加符合新能源汽车市场的需求。

2. 教学方式密切联系实际

德国的新能源汽车专业教学方式密切联系实际，德国职业学校的课程标准由德国各州文教部长联席会议制定。“学习领域”的课程方案确定了以“行动为导向”的教学法。教授过程中，全部采用“学习情景”的教学方法。大体分为四个步骤：提出问题，计划如何解决，实施计划，检查打分。注重学生动手能力的培养，利用试验实训设备，将专业理论课教学推向实训现场，教学中合理利用模型、多媒体等多种教学方法，提高教学效果。这样的教学使学生真正做到学为所用，以自己的知识来解决在实际新能源汽车相关工作过程中所遇到的问题，培养学生独立解决问题的能力②。

综上所述，新教学大纲在课程内容安排上体现了两个基本特点：①新大纲中所有学习领域层面的教学内容都与工作过程相关；②以应用为导向的教学内容不仅从抽象层面体现了专业技术，还强调了现实世界中企业、社会和个人发展的相互关系，为培养学生从事相关职业的综合职业能力奠定了坚实的基础。

德国学生在企业中接受培训的时间要多于在职业学校里学习的时间，这正体现了职业教育区别于普通教育的以工作实践作为教育重心的特色。新教学大纲的出台彻底改变了职业学校单纯进行专业理论教学而脱离实际应用的状况，使两个学习地点能够更好地在教学层面上相互协调和补充。

3. 严格统一的考核方式

在德国，职业教育实行严格统一的结业考试。德国经济部公布的国家承认的培训职业为93个职业大类、371个职业。考试分为中间考试和结业考试两种，每种考试又分为书面考试和实际操作技能考核两部分③。

在德国汽车维修技师的考核方面，学生学习的总时间为三年半，有两次考试，在学习一年半

---

①②方宗保、王荣宁、贾峰等：《德国汽车维修职业教育的借鉴》，《出国与就业：就业教育》2009年第9期，第72-73页。

③扬州特教网：《德国职业教育模式及思考》，http：//www.yztjw.net/Article/6230.html，2014-12-25。

后进行第一次中间考试，第二次为结业考试，时间在全部学满的三年半后。每次考试，学生都必须参与笔试和实际动手能力测试两部分。笔试中学生只需回答相关问题，而在实际动手能力的考核中，学生可能被要求独立地制作工作计划，一步步地计划、实施，直到最终解决问题。

每次培训结束后，教师对学生的计划和实施情况进行检测和评估。由各主管部门组织实施考试，考试在委员会的监督下进行，考试委员会主要由企业、学校、工会和各行业的代表组成①。内容的难易主要参照《德国职业教育法》规定的职业教育标准和具体要求，参考企业生产实践及企业愿望及意见，由考试委员会专家综合后出题，并对考题的范围及难度进行审核，以保证试题的水准和标准的统一。考试中，监考人员由企业实训教师和职业学校老师组成，同时又是交叉进行监考，如本企业的实训教师不监考本企业的学习员工，只监考其他企业的学习员工，以保证结果公平。

（二）英国新能源汽车专业职业教育模式分析

英国作为一个老牌的工业大国，具有发达的工业技术和职业教育体系，其新能源汽车专业职业教育模式具有以下几大特点：

1. 因材施教，引导教学

英国新能源汽车维修专业职业教育提倡构建需求导向型的职教体系，要通过职业资格证书的等级教育来实现因材施教，根据不同的人有不同的入学要求，不同基础的人可以选择不同的学习等级，具备良好学习能力的人可以快速晋级高一等级的学习。职业教育充分体现人性化教学，强调因材施教，特别要求教师针对特殊学生一对一地教学，要求将每一位学生都培养为合格的职业人才②。

英国新能源汽车专业职业教育强调充分发挥学生的主动性和创新能力培养，激发学生的学习兴趣，提倡在企业实训的过程中引导学生学习，强调教师一边示范操作一边讲解教学，通过教师的标准示范操作来引导学生养成主动学习的习惯，达到规范化教学目的。

2. 课程标准，教师专业

英国新能源汽车职业教育设置课程体系、标准的流程，如图 1－14 所示。

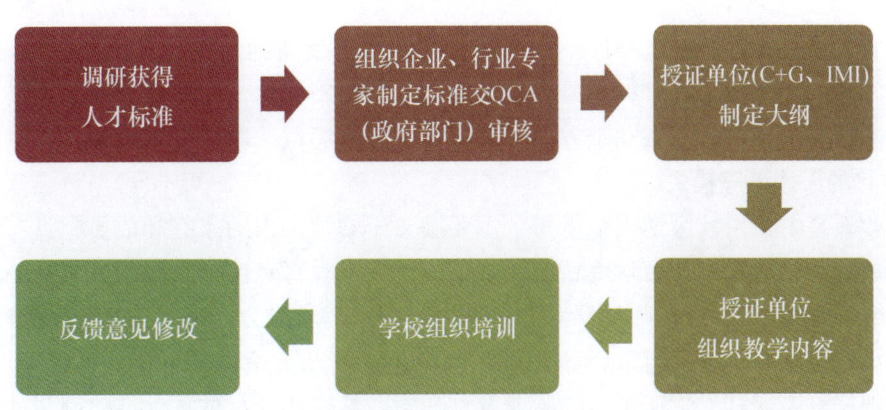

图 1－14　英国职业教育课程体系设置流程

---

①谢三山、陈春霞、廖忠诚：《德国双元制对我校汽车维修类专业教改的启示》，《成都电子机械高等专科学校学报》2008 年第 2 期，第 40－43 页。

②曾鑫：《英国汽车维修职业教育模式分析与借鉴》，《黄冈职业技术学院学报》2010 年第 2 期，第 22－24 页。

英国新能源汽车维修职业资格认证的一般要求是：3 级为蓝领技术人才，要求达到中专水平；4 级具有汽车诊断分析能力，达到专科水平；5/6 级或更高层次就可以申请学位达到本科水平，这种有工作经验的学位很受企业欢迎。

英国职业教师专门从事职业教学，不承担科研任务，也不承担教材编写，不用写教案，备课内容主要是教学进程的设计和引导。至于具体的课程体系、教材内容的确定、教案编写、课件制作等都由职业资格证书认证机构提供，可以在认证机构专网上下载或在线使用，从而保证每个学校传授的标准都一样，做到标准统一①。

3. 校企合作，突出实践

英国新能源汽车专业职业教育，职业院校和新能源汽车企业的联系非常紧密，汽车企业为职业院校提供了大量的新能源汽车相关岗位实习机会，还为职业院校提供了大量的新能源汽车研究实训设备和资金赞助支持。政府要求新能源汽车企业必须通过职业院校才能接收到新进新能源汽车人员，每个员工都需要定期进行新能源汽车技术、管理等方面的培训和考核。

英国新能源汽车职业教育采用小班教学。每个班级学生人数少，一般普遍为 15 人左右，最多不超过 25 人。每个组 1 ~3 人，工具设备配备充分。实践教学全部采用实际新能源汽车操作，注重学生的实际动手能力和培养，强调学生实训和企业生产零距离。每位老师一般带组不超过 3 个，便于一对一地指导，有利于学生素质的全面提高。学生可以自主选择教师进行学习，防止老师教学的不负责任②。

4. 认证规范，教学模块化

英国的职业资格证书的认证考核体系规范合理，有一整套的监督管理机制，建立了一套详细的考评体系，确保每一位学生都能就职业能力进行具体量化考核。

英国的新能源汽车维修职业教育分单元进行教学，每个单元教学分任务实现模块化设计，目前设置有 6000 多个教学模块，每个模块课程的教学量 40 学时左右，学生可以根据需要自由选择和组合，完成相应规定的模块学习，经考核合格，就可获得该级别的职业资格证书③。

（三）美国新能源汽车专业职业教育模式分析

美国拥有世界最大的几个汽车厂——通用、福特和克莱斯勒，并且人均拥有汽车量非常大，是世界上最发达的经济体，并且拥有最好的教育体系，在新能源汽车职业教育上有其非常突出的一面值得我们借鉴学习。下面从几个方面来分析美国新能源汽车职业教育的模式。

1. 多样化的人才培养模式

美国职业教育主要由社区学院来承担，主要服务于本社区内的家庭和成员，具有鲜明的地域经济发展背景和色彩。美国社区学院新能源汽车职业技术教育是按国家卓越汽车服务研究院 ASE 认证体系和 NATEF 汽车维修技师教育标准在美国汽车经销商协会（NADA）的协调教学④。

ASE 认证紧密联系制造商与最新新能源汽车科技，不断更新认证标准，NATEF 汽车维修技师教育标准则完整体现基于工作过程的职业教育理念。这种认证与教育标准体制为社区学院培养合格的一线新能源汽车服务人才提供了基础保障。在 NADA 的协调下，美国院校新能源汽车检

---

①②曾鑫：《英国汽车维修职业教育模式分析与借鉴》，《黄冈职业技术学院学报》2010 年第 2 期，第 22 - 24 页。

③新通留学网：《英国职业教育的特点与优势》，http：//www. igo. cn/2010/news/xtdt/gsxw/xtgd/2010/04/14/25385. shtml，2014 - 12 - 27。

④吴学敏：《中美汽车维修职业教育比较研究》，《中国职业技术教育》2013 年第 6 期，第 93 - 96 页。

测与维修专业的职业教育构建了基于教产合作模式“制造商—经销商—职业院校—学生”教育教学体系，各院校建立了各种汽车品牌冠名项目（如HONDA项目、T-TEN项目、FORD项目、GM项目、CHRYSLER项目），体现了为地方经济服务、为学生服务、为社会服务的办学宗旨。

在NADA各州分会的支持与协调下，社区学院根据新能源汽车制造商的最新产品、最新技术，按照ASE认证标准与NATEF教育标准组织教学；NADA下属的各汽车4S店接收学生实习、实训，提供兼职教师，负责学生的实践教学工作。以NADA各州分会为桥梁，美国社区学院汽车维修专业职业教育形成了“制造商提供产品与技术，以学生为主体、以社区学院为主导、以为制造商培训维修人员为依托、以服务经销商为目的”的“NADA—经销商—社区学院—学生”教产合作人才培养体系，这种体系保障了各方利益，各方互为依托，互相依存——制造商获得了产品售出后所必需的一线维修技术人员，经销商获得了合格的员工，社区学院获得了生存与发展，学生获得了技术与就业机会，形成了各方良性互动的有机整体，保障了教学质量。

2. 标准的课程教学

美国社区学院的新能源汽车职业教育专业建设和课程教学内容由行业协会进行顶层设计，构建针对新能源汽车维修技师的ASE认证标准，汽车服务行业的新能源汽车维修从业人员必须通过ASE认证方可上岗，NATEF面向新能源汽车维修技师的培训机构，制定汽车职业技术教育教学标准，社区学院的职业教育应通过NATEF认证，按照NATEF标准进行教学，学生的技能水平满足ASE的认证标准。ASE/NATEF体系下的新能源汽车专业的教学标准全美统一，各州可根据情况作相应调整，但应符合基本的认证要求；ASE/NATEF标准由行业企业专家、社区学院专职教师等共同制定，根据新能源汽车工业新技术与新技能要求，每三年更新一次，保证了教育教学质量[①]。

基于工作过程的课程教学模式为美国社区学院课程教学的主体。美国汽车维修职业教育教学根据某一典型案例，设计教学情境，进行基于工作过程的理实一体化项目教学，教师跟踪每个学生的学习与技能操作过程，掌握每位学生的工作过程，评价学生是否达到专业技能标准要求，确保学生毕业后能满足企业的岗位需求；授课地点通常为某项目实训室，教师根据标准要求讲授理论知识，学生在学完后可以进行实验验证，师生一起解决实际问题，理论与实际相结合，学生学完某个项目后即可独立进行实际工作。

3. 严格的师资认证体系

美国社区学院专职教师的技能水平要求较高，专任教师通常必须具备10年以上的一线工作经验且经过ASE认证，专任教师每年培训时间通常为40小时以上，以不断适应新的技术，更新技能水平，为给学生教授最新知识与技能提供了保障。美国社区学院新能源汽车类专业的教师无论学历如何，均须经过ASE标准认证，且教师只能从事认证领域的专业教学工作；教产合作模式下的社区学院新能源汽车类专职教师必须通过企业的认定，并定期到企业进行新技术的培训方可进行认证领域的专业教学；ASE规定认证的有效期为5年，通过ASE认证的专职教师每年必须进行相应的教学领域的再培训，获得学习新技术的认证证书，从而保证了专职教师和新能源汽车维修技师的知识与技能的持续更新，新教师必须经过严格考核方可上岗（专职教师要进行连续三年的试用，考察人为各专业的负责人、学生和顾问委员会成员组成的考察团队）；专业教师必须获得行业的认证、企业的认可，可以得到行业企业及时的新技术培训和新技术资料服务，即

①吴学敏：《中美汽车维修职业教育比较研究》，《中国职业技术教育》2013年第6期，第93-96页。

美国新能源汽车维修专业教师既是学校的老师，也是该品牌汽车的维修技师①。

4. 灵活的制度和小班教学

美国社区学院复杂的学生成分（有高中毕业生、社会失业人员和企业再培训员工三种）催生了美国社区学院灵活机动的教育教学模式，使学生在校期间的学习具有较高的灵活性，理实一体化的新能源汽车维修技术学习使学生既获得了新能源汽车维修技能，又掌握了基础理论知识，为学生整个新能源汽车维修职业生涯的再学习与再培训打下了良好的基础②。

美国的社区学院新能源汽车维修专业学制一般为 2 年，各州根据自己的具体情况，设置了不同的学期制度，普遍有 2 年 8 个学期和 2 年 6 个学期两种模式；学生可以在任意一个学期入学，在任意一个学期结束学习，可以学习一门课程（项目或专项技能），也可以学完全部课程，在通过学位课程后可以获得副学士学位、升入本科院校。这种柔性教学模式使得各年龄、各阶层的人员均可随时自主选择自己想要学习的技术与技能；美国社区学院授课时间灵活（如上午校内教学、下午学生到经销商处实习，或下午校内教学、上午学生到经销商处实习），教学形式均为理实一体化教学，保障了学生的实习实训质量；美国职业院校生源较少，班级学生人数一般在 12 ~ 16 人之间，每届只有一个班级，人均占有设备率高，能够使每个学生均有机会实际操作，教师能够一对一地进行指导，为增强学生实践技能，实现真正意义上的工学交替教学，顺利通过 ASE 考试打下了基础③。

五、对我国新能源汽车专业职业教育发展的启示

国外新能源汽车职业教育注重与市场相结合，注重培养学生的实践和应用技能。无论是课程设置、教学方式，还是师资队伍建设都脱离不了实际。人才培养模式贴近市场和岗位需求，并结合学生自身特点，课程设置流程标准化，教学方式更加灵活多样。职业资格认证与其他学历教育相关联，有着严格的师资要求和认证体系，教师需要具有相应的职业资格认证才能上岗。职业教育与其他教育之间有完善的链接与升学通道，为学生进一步深造提供多种选择。国外先进的新能源汽车职业教育对我国新能源汽车职业教育发展能提供些许启示。

（一）加大政府支持，拓宽人才培养方向

1. 发挥政府主导，创新办学模式

新能源汽车发展是“政府 + 企业”的模式，作为开设不久的新能源汽车职业教育更离不开政府的支持和帮助，无论从专业的开设、教学资源的配备、学生的职业资格认证等都需要发挥政府的功能。切实搞好本地区新能源汽车职业教育规划，在充分发挥各学校办学自主权的同时，加强对各职业院校及培训机构的规范管理，统筹新能源汽车专业各层次的职业教育和培训工作，并加强对职业院校的评估和监督，确保各职业院校新能源汽车专业顺利开展。

新能源汽车专业在办学模式上，需要尝试开放性多元化的职业教育体制。引导民资、外资进入新能源汽车专业教育，发挥企业和个人在新能源汽车专业教育中的作用，如民办职业院校和培训机构，新能源汽车企业与职业院校联合培养等。可以借鉴日本模式，为学生提供多种不同教育形式进行选择，并且有较为完善的升学体系，能相互衔接，构建“立交桥”教育体系，形成职

---

①②③吴学敏：《中美汽车维修职业教育比较研究》，《中国职业技术教育》2013 年第 6 期，第 93 – 96 页。

教与普教的无缝衔接，为新能源汽车专业学生提供多样化的选择。

2. 联系实际，拓宽人才培养方向

新能源汽车职业教育，是为了满足新能源汽车市场的需求而设立的。所以人才培养需要紧密联系实际，依靠市场需求来培养人才。目前国内新能源汽车专业的人才培养方向比较单一，主要以新能源汽车维修相关人员培养。但是人才紧缺的岗位是汽车研发工程师、新能源汽车动力工程师、系统检测工程师等。市场需要的是新能源研发和生产检测人员，而不仅是维修人员。拓宽新能源汽车人才培养方向，转变人才培养模式是新能源汽车专业的重要问题。校企合作，联合培养，形成多种人才培养模式。学生在校期间去企业顶岗实习，学习理论知识的同时掌握实践工作技能，毕业后即可到企业正式工作，形成学校与新能源汽车企业之间的完全对接。

这方面应该借鉴日本的职业教育经验。日本的“企业模式”职业教育非常发达，而相对学校职业教育却并没有那么发达，新能源汽车企业根据岗位技术工人需求，由企业招收学生然后自己进行相关技能培训。国内校企合作联合培养也很多，例如，聊城中通客车控股股份有限公司与山东工程技师学院签订合作协议，校企共建新能源汽车专业，由学校提供场地，企业提供师资和技术，培养新能源汽车装配、维修、调试、检测、销售等新能源汽车一体化人才，实行订单式培养，学生毕业后由中通客车安置就业，这是国内技工类院校中首个新能源汽车专业。

（二）符合市场需求，转变职业教育教学模式

1. 优化课程体系，掌握岗位技能

课程设置的前提是依据具体工作岗位所需的不同能力。新能源汽车职业教育在专业设置、职业考核标准的制定、课程的开发、教材编写、实训基地的筹建、实训教师的任用、实训内容和场所的安排、教学评估手段选择等方面都应加强与企业的合作。只有企业具体岗位的工作人员才知道此岗位需要何种能力。完全靠学校闭门造车，很难实现培养企业急需人才的目标。而且新能源汽车专业处于刚设立阶段，仅依靠校内的资源，很难培养实用型人才。

以具体岗位实训为主，理论知识为辅，掌握岗位工作技能为目标。学校需要企业的支持，校企间的优势互补，产教间的密切配合，最大限度地统筹利用社会资源，提高办学效益和质量，为新能源汽车企业培养出所需的实用型人才。将新能源汽车企业建设成为职业院校的实训基地，为学生开设真刀真枪的演练实训实习课程，开设岗位培训等实训课程。

2. 改变教学方式，培养应用型人才

新能源汽车教学要采用先进的教学手段，如多媒体、投影、录像、实景式教学等现代教学手段，清楚地展示汽车各零部件结构、原理及内部运作关系，便于学生的理解和掌握，提高教学效果。

采用以行动为主线、以目标为指向的“行动导向”教学方法，从学生的实际和企业的实际出发，以学生为主体，发挥学生学习的主动性，充分开展师生的教学互动，为学生提供体验完整工作过程的学习机会，经历确定任务—制订工作计划—实施计划—进行质量控制与检测—评估反馈的整个工作过程，增强学生适应企业实际工作环境和解决综合问题的能力，使学生有机会在一定程度上根据需要选择学习进度、学习资源和学习方法，并评价自己的学习成果。

新能源汽车是技术实践性很强的专业，为培养学生的实践技能和工作能力，加大实践教学力度，保证每一位学生能亲自动手反复操作，以巩固和运用所学知识，提高操作技能和解决实际问题的能力及水平，使新能源汽车专业学生毕业就能直接进入企业工作，具有较强的竞争能力。教

学手段要灵活，可实行全日制、半日制、夜学制、双休日制、工学交替制等不同的学习形式，以满足不同层次学生学习的需要①。

（三）建设师资队伍，打造职业教育体系

1. 加强师资建设，实现软硬结合

职业教育需要既懂教育又具有行业背景的“双师型”教师，要实现“为职业的教育”，教师除了要具有较高的专业职业能力，还要具备丰富的实践经验。要成为职业院校的专职新能源汽车专业教师必须有至少 4 ~5 年的新能源汽车企业的实践经验，必须有新能源汽车相关技能等级证书。可以聘请行业和企业的新能源汽车专家、高级技术人员到校任教，做学术讲座，进行技术合作或担任兼职教师，进行教学交流和参与教学②。指导教师必须具备的条件如表 1 –13 所示。

表 1 –13　新能源汽车专业教师必须具备的条件

名称	所需条件
指导教师必须具备的条件	具有系统的新能源汽车专业知识
	具有较强的专业技能和丰富的专业实践经验
	具有良好的职业道德
	懂得如何传授技艺，有能力完成培养计划
	仍在现场从事本专业的生产工作

制订本专业教师新能源汽车技能的能力培养计划，并经过培训考核；每一两年分批组织轮训一次，以保证知识和能力能适应新能源汽车的发展变化。通过一些鼓励性的政策措施，分期、分批将部分在校教师送到维修企业生产第一线去顶岗实习，在实践中掌握岗位技能，掌握新能源汽车最新的技术发展动态，及时进行知识更新、拓宽视野和调整知识结构，提高自身的实践动手能力，并直接从企业获得信息反馈③。加强教学科研工作，在教学的基础上进行新能源汽车故障、新技术的研究，为企业和今后的教学提供技术支持。

软硬结合是保证新能源汽车职业教育发展的关键，学校不仅为学生提供完备的硬件设施，新能源汽车研究实训教材、设备及技术，建立各种实训和实习基地，为学生搭建职业教育与企业及社会培训平台，建立新能源汽车专业实训基地和实习环境，还为学生配备专业学校师资和企业导师，形成完整的新能源汽车软硬件配套系统。

2. 完善资格认证，体现能力至上

职业院校新能源汽车教育仍缺乏统一的职业认证体系。德国的职业教育认证体系完善，职业教育学生根据所学内容形式与所处教育层次的不同，通过不同的方式获得职业资格证书。目前国内职业院校的文凭只具有学历证明作用，与普通高等学校的毕业文凭并没有实质上的差别。因此，学校颁发的毕业文凭应该与新能源汽车职业技能的等级证书相挂钩，以新能源汽车行业标准

①孙中义、刘英民：《浅析美国职业教育模式及其思考》，《安徽电气工程职业技术学院学报》2008 年第 2 期，第 105 –109 页。

②陈凯：《澳大利亚 TAFE 教育及其对我国职业教育的启示》，《中国农业教育》2007 年第 3 期，第 28 –30 页。

③金兴才：《汽车维修专业对新能源汽车快速发展的应对措施》，《江苏教育：职业教育》2012 年第 3 期，第 43 –45 页。

为评估标准，对职业院校的新能源汽车毕业文凭的技能含量给予直接职业资格认可。

在培养方式上加强新能源汽车企业实践和新能源汽车真车现场教学，教学工作的重点放在训练学生的实际工作能力上，注重学生的动手能力，使学生毕业后就能走上工作岗位，为此要搞好职业院校的新能源汽车实训基地建设，与本地新能源汽车企业加深合作，引进最新的新能源汽车设备和技术。新能源汽车课程设置具体内容和安排及教学的评定标准应由新能源汽车企业、新能源汽车行业专家、学院（校）和教育部门联合制定，并根据新能源汽车人才市场需求的变化情况不断修订，跟上技术发展和社会需求的步伐，切实满足新能源汽车专业就业的现实需要。

参考文献

[1] 王薇：《中国新能源汽车产业分析》，《阴山学刊》（自然科学版）2013 年第 4 期，第 107 – 109 页。

[2] 张晓宇、赵海斌、周小柯：《中国新能源汽车产业发展现状研究》，《现代管理科学》2010 年第 12 期，第 75 – 76 页。

[3] 张晓宇、赵海斌、周小柯：《中国新能源汽车产业发展现状及其问题分析——基于我国汽车产业可持续发展的视角》，《理论与现代化》2011 年第 2 期，第 60 – 66 页。

[4] 盖世汽车网：《2013 年我国新能源汽车发展现状（上）》，http：//auto. gasgoo. com/News/2014/03/060335543554602863955568_ 2. shtml。

[5] 第一电动网：《2020 年中国新能源汽车保有量将占全球七成》，http：//www. d1ev. com/10777. html。

[6] 新华网：《与国外差距拉大，新能源车依然步履蹒跚》，http：//news. xinhuanet. com/auto/2013 – 01/10/c_124211635. htm。

[7] 中国环境网：《新能源汽车为何叫好容易叫卖难》，http：//www. cenews. com. cn/pthy/chanye/201405/t20140527_ 774882. html。

[8] 盖世汽车网：《2013 年我国新能源汽车发展现状》，http：//i. gasgoo. com/news/detail/498671. html。

[9] 高学兵：《我国新能源汽车产业商业模式研究》，合肥工业大学硕士学位论文，2013 年。

[10] 中国工业新闻网：《燃料电池车势头走强，纯电动车能否 HOLD 住?》，http：//www. cinn. cn/qc/320504. shtml。

[11] 腾讯汽车：《上汽氢燃料电池车全国“路考”明年或使用》，http：//auto. qq. com/a/20140904/030432. htm。

[12] 中国产业信息研究网：《新能源汽车行业投资分析报告》，http：//www. china1baogao. com。

[13] 佐思汽车研究部：《中国新能源汽车充电站及充电桩发展》，http：//www. doc88. com/p – 9075148170844. html。

[14] 新浪汽车：《中国新能源汽车发展问题及对策》，http：//auto. sina. com. cn/news/2009 – 08 – 04/1632513581. shtml。

[15] 张雷、方海峰：《我国低速电动汽车行业现状与发展思路探析》，中国汽车技术研究中心，http：//wenku. baidu. com/link? url = QUVR3CK7qvS NZwKZzkKXd93TLSNK0cJwZW6w LQUTfEECSoSHQUOPNhBCMw27Okpj – ukeUNcA9Hm5a7u52k5zC0Fya0Dac4nt1NFsr Zcsnlu。

[16] 中国行业研究网：《我国具备新能源汽车批量生产能力企业97 家》，http：//www. chinairn. com/print/3778518. html。

[17] 中国智能交通网：《新能源车补贴惠及商用车，鼓励私人消费政策待出台》，http：//www. zhinengjiaotong. com/news/show – 167601. html。

[18] 中国新能源网：《新能源汽车行业并购知多少》，http：//www. china – nengyuan. com/news/54485. html。

[19] 中国行业研究网：《2013 年汽车产业自主创新面临三大问题》，http：//www. chinairn. com/news/20130402/175750415. html。

［20］佟亚洲：《与新能源汽车人才需求相适应的技能人才培养对策研究》，http：//wenku. baidu. com/link? url = Wye2diMzonwQQ ZHOysZAzqDsYNx 4aTUXam SQEJCg0qE5BDwUHHoElecBaYS5u _ 7S9TLK0Lpz1q pmbiJ kRBoYgHD0lCdL05 WA – Nu8R82nx3G。

［21］张玗：《新能源发展人才需求及就业前景分析》，《人民论坛》2011 年第 8 期。

［22］贺大松：《构建高职新能源汽车技术专业课程体系》，《机械职业教育》2011 年第 4 期，第 43 – 45 页。

［23］高等职业教育新能源汽车维修技术专业教学基本要求，http：//wenku. baidu. com/link ? url = zyLT4O TFKu76b6MNi8GtEHMyWnH _ DAgra4L4ZGv pIavydjRbkl1TN5UIxWGK36fMhsqxjy – niVWe – b5MnBC R3s9l X1omJO Rxsi-OMIeoACtC。

［24］张炳力、徐国胜、窦聪：《新能源车辆专业人才培养模式的研究》，《中国科教创新导刊》2013 年第 1 期，第 62 – 63 页。

［25］金兴才：《汽车维修专业对新能源汽车快速发展的应对措施》，《江苏教育：职业教育》2012 年第 3 期，第 43 – 45 页。

［26］赵宝平：《汽车维修职业教育教学的现状与反思》，《汽车维修与保养》2013 年第 7 期，第 98 – 100 页。

［27］方宗保、王荣宁、贾峰等：《德国汽车维修职业教育的借鉴》，《出国与就业：就业教育》2009 年第 9 期，第 72 – 73 页。

［28］扬州特教网：《德国职业教育模式及思考》，http：//www. yztjw. net/Article/6230. html。

［29］谢三山、陈春霞、廖忠诚：《德国双元制对我校汽车维修类专业教改的启示》，《成都电子机械高等专科学校学报》2008 年第 2 期，第 40 – 43 页。

［30］百度文库：《论析英国汽车维修职业教育模式分析与借鉴》，http：//wenku. baidu. com/view/b479dd0cf12d2af90242e68f. html。

［31］曾鑫：《英国汽车维修职业教育模式分析与借鉴》，《黄冈职业技术学院学报》2010 年第 2 期，第 22 – 24 页。

［32］新通留学网：《英国职业教育的特点和优点》，http：//www. igo. cn/2010/news/xtdt/gsxw/xtgd/2010/04/14/25385. shtml。

［33］吴学敏：《中美汽车维修职业教育比较研究》，《中国职业技术教育》2013 年第 6 期，第 93 – 96 页。

［34］孙中义、刘英民：《浅析美国职业教育模式及其思考》，《安徽电气工程职业技术学院学报》2008 年第 2 期，第 105 – 109 页。

［35］陈凯：《澳大利亚 TAFE 教育及其对我国职业教育的启示》，《中国农业教育》2007 年第 3 期，第 28 – 30 页。

［36］金兴才：《汽车维修专业对新能源汽车快速发展的应对措施》，《江苏教育：职业教育》2012 年第 3 期，第 43 – 45 页。

［37］刘百成：《中国新能源汽车产业发展现状及未来趋势研究》，2014 年。

［38］陈建林、陈荐：《新能源科学与工程本科专业人才培养模式探究》，《中国电力教育》2013 年第 22 期，第 20 – 25 页。

［39］吴延昌、郭金明：《适应能源产业发展的现代职业教育体系研究》，《理论与应用研究》2013 年第 1 期，第 10 – 11 页。

［40］曹进冬：《为新能源行业培养多层次人才》，《政策解析 · 经济》，第 43 页。

［41］王彦辉、齐威娜：《新能源产业人才培养存在的问题及对策》，《中国成人教育》2010 年第 2 期，第 54 页。

［42］于迎春：《新能源行业人才开发体系构建研究》，天津大学硕士学位论文，2011 年。

［43］安艳：《美国高等职业教育模式及启示》，河北大学硕士学位论文，2010 年。

［44］李彦：《美国汽车维修职业技能认证体系及其启示》，《职业技术教育》2013 年第 2 期，第 92 – 95 页。

［45］丁继斌：《美国社区学院汽车维修职业技术教育校企合作模式研究》，《南京工业职业技术学院学报》

2012 年第 12 卷第 3 期，第 73 – 76 页。

［46］汤勇：《中德汽车专业职业教育培训比较与思考》，《教育教学研究》2011 年第 4 期，第 65 – 66 页。

［47］国务院：《国务院关于印发节能与新能源汽车行业发展规划（2012 ~ 2020 年）的通知》，《国务院公报》，2012 年。

［48］孙浩然：《日本新能源汽车产业发展分析》，吉林大学硕士学位论文，2011 年。

［49］宋玉：《新能源汽车产业发展现状、问题与对策》，《统计科学与实践》2013 年第 11 期，第 51 – 53 页。

［50］石昊昱、杨宏进：《高职院校新能源汽车运用技术专业建设探析——以云南交通职业技术学院为例》，《昆明冶金高等专科学校学报》2011 年第 5 期，第 92 – 95 页。

［51］沈鸿星：《新能源汽车电子专业课程体系建设》，《中国职业技术教育》2013 年第 32 期，第 45 – 50 页。

［52］陈社会：《职业院校节能与新能源汽车专业建设的研究》，《江苏教育研究》2013 年第 6 期，第 14 – 17 页。

第二章　动漫行业与职业教育分析报告

动漫产业是指以“创意”为核心，以动画、漫画为表现形式，包含动漫图书、报刊、电影、电视、音像制品、舞台剧和基于现代信息传播技术手段的动漫新品种等动漫直接产品的开发、生产、出版、播出、演出和销售，以及与动漫形象有关的服装、玩具、电子游戏等衍生产品的生产和经营的产业。动漫产业隶属于第三产业的文化产业，是我国发展以文化产业为主的“文化软实力”中的一个重要组成部分。发展动漫产业对于满足人民群众精神文化需求、传播先进文化、丰富群众生活、促进青少年健康成长、进一步优化产业结构、扩大消费和就业、培育新的经济增长点都具有重要意义。

产业的发展离不开人才的培养，因此，要推动我国动漫产业的快速发展必须强化动漫人才的培养。动漫职业教育是培养动漫人才的一项重要手段。本报告在大量引用相关研究成果和产业发展数据的基础上，对我国动漫行业、企业及其人才需求、我国动漫职业教育等方面进行较为全面的分析，并借鉴发达国家动漫专业职业教育的办学经验，进一步推动我国动漫职业教育的发展。

一、我国动漫行业发展概况

（一）动漫行业发展现状

我国的动画创作已有 80 多年的历史，但动漫产业真正起步却是在 2004 年左右。国家广电总局发布的《关于发展我国影视动画产业的若干意见》可以看作我国动漫产业正式步入舞台的标志。之后，我国的动漫产业快速发展，现已成为引领文化产业发展的重要力量。

1. 动漫产业产值不断上升

2005 年我国国产动画片产量仅为 42500 分钟，2009 年就达到了 171816 分钟，短短 5 年时间，动画片产量增长超过了 4 倍。2010 年，我国共生产动画片 385 部，时长 220530 分钟，比 2009 年增长 28%，取代日本成为世界第一动漫生产大国。到了 2011 年，我国制作完成的动画产量高达 26 万分钟，远远高于作为第二名日本的 9 万分钟①。另据统计，我国动漫业产值从“十五”期末到“十一五”期末年均增长率超 30%，2013 年我国动漫产业总产值为 870.85 亿元，如图 2 - 1、图 2 - 2 所示。

除了产量上的增加，我国原创动漫也迅速发展，涌现出了一批题材多样、创意独特的原创动漫作品，不仅扩大了国产动漫在国内的市场份额，而且不断加快拓展海外市场。例如，近几年《喜羊羊与灰太狼》系列电影的累计票房已经突破 7 亿元，其品牌形象也被境外公司收购；《熊出没》的播映权销售价格在国内创下新高，其版权在意大利、俄罗斯等 50 多个国家和地区热

---

①东方财富网：《中国动画片产量2008 年来首次负增长》，http：//finance. eastmoney. com/news/1355，20130427288681045. html，2013 - 04 - 27。

销。我国动漫产品和企业积极参与国际市场竞争和合作，不但获取了收益，还推动了民族动漫品牌进入国际市场，弘扬了中华民族的传统文化。

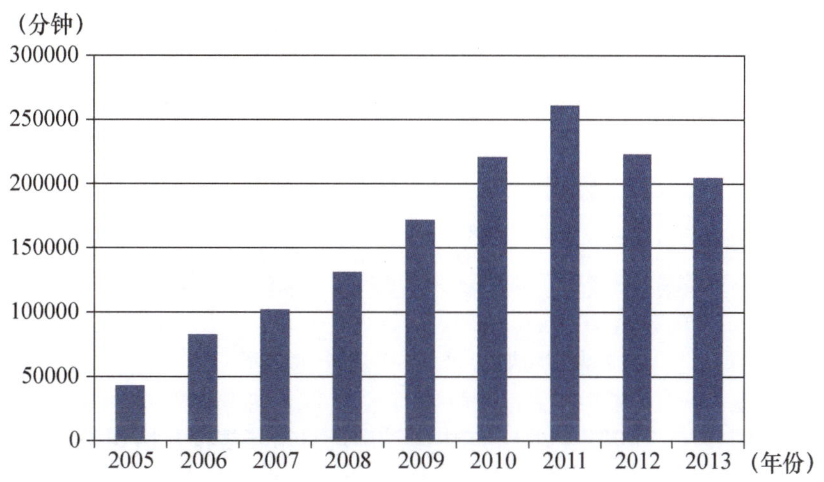

图 2－1　2005～2013 年国产动画产量

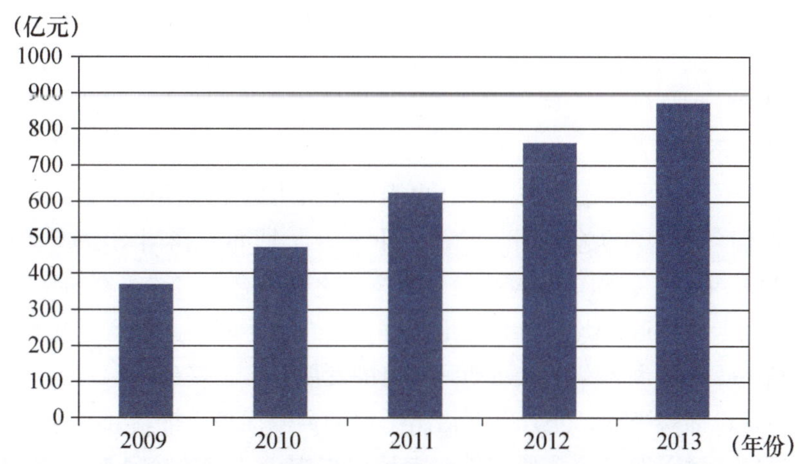

图 2－2　2009～2013 年我国动漫产业总产值

资料来源：《动漫产业蓝皮书：中国动漫发展报告（2014）》。

2. 动漫玩具市场逐步兴起

随着动漫产业的快速发展，我国的动漫玩具市场逐步兴起，且发展强劲。动漫玩具市场是动画衍生品市场中最大的细分市场之一。在国外，通常是以玩具和动画相结合的方式拓展市场，且其盈利模式已发展成熟，在动画影视片上映前，就有相关玩具产品在市场上销售了。中国动漫玩具行业同样发展迅速，国内部分动漫玩具企业在玩具与动漫结合方面做了有益的尝试并取得了可喜的成绩。根据艺恩咨询发布的《2011～2012 年中国动漫产业投资研究报告》数据显示，2011 年中国动漫玩具市场规模已经达到 93 亿元，较 2010 年增长了 17.7%，五年来一直保持稳定增长态势。如图 2－3 所示。目前，国内玩具企业主要通过两种方式拓展市场：一种是自主创作动漫形象并开发动漫玩具；另一种是与动画影视企业合作，通过形象授权的方式生产动画玩具，如翔通动漫旗下的卡通形象，绿豆蛙、酷巴熊、NOMOLOVE、闪客快打等形象就是与多家玩具公司合作，并达成授权协议。

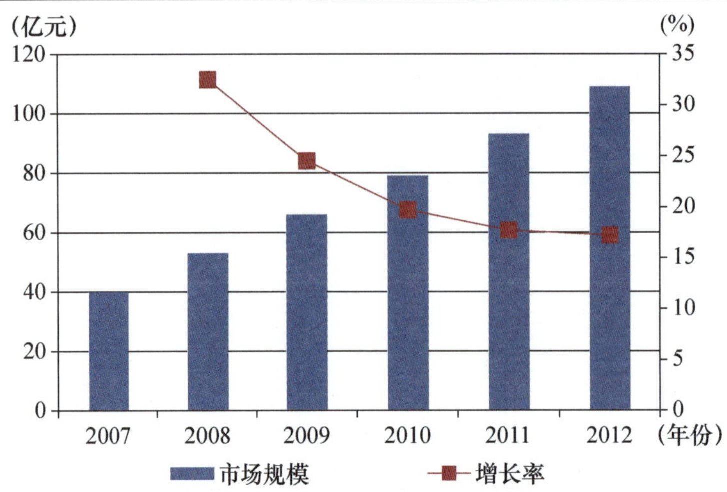

图 2-3　2007~2012 年中国动漫玩具市场规模及增长率

资料来源：中国动漫产业网。

当前，虽然国内成功的动漫形象还不是很多，但由于我国有着深厚的创造动漫形象的文化底蕴，有着较好的动漫产业基础，在当前政府的大力支持下，我国动漫产业有着广阔的发展前景，必将衍生出庞大的动漫玩具市场。

3. 动漫播映体系不断完善

中国动漫产业发展不但要有优秀的内容，更需要强有力的市场播映平台。国产动画播映体系的构建已经成为动漫产业链中的关键环节。在“十一五”期间，我国动漫产业的播映体系建设日趋完善。截至 2010 年底，我国拥有电视台 272 座，电视综合人口覆盖率为 97.23%。

其中，专业少儿卡通频道 5 座，省级少儿频道 18 个①，不断扩大的青少年群体以及国家大力发展动漫产业的相关政策，也为专业少儿动画频道的发展夯实了基础。

当前，为大力建设播映平台，充分发挥播出平台的资源优势，推动开办少儿频道和动画上星频道，国家广电总局先后下发了一系列文件，支持以央视少儿和 5 个动画上星频道、33 个少儿频道为主体，部分省级卫视和各地市级电视台动画栏目为补充的动画播映体系。各动画上星频道平均每年首播 14.5 万分钟，各少儿频道平均每年首播 9 万分钟，已形成世界第一的动画播出市场，有效促进了国产动画的创作生产。同时以湖南金鹰、北京卡酷、上海炫动为代表的播出机构也积极转型、走出了一条以媒体为核心、全产业布局、积极支持产业发展的道路，成为动漫产业中的新型市场主体。

4. 动漫传播渠道不断丰富

长期以来，我国动漫产品的传播渠道主要是电视台、影院和纸媒等传统媒体。但是，目前中国动漫在传统媒体上发展的局限性日趋明显。在以手持终端和网络为代表的新媒体平台上，中国动漫产业的发展速度相当惊人，手机动漫已成为新媒体动漫的重要平台。

在新媒体时代下，消费者越来越多地接触到多样化的信息。同时，随着现代受众生活节奏的普遍加快，传统纸媒为主的阅读方式已经不能满足用户的需求，手机动漫的便捷阅读形式恰恰弥

---

①艺恩网：《电视动画播映体系渐完善，专业少儿频道成主流》，http：//www.entgroup.cn/Views/11771.shtml，2011-10-10。

补了这一空缺，使得以传统纸媒为主的阅读方式逐渐向纸媒和数字阅读并存的阅读方式转变。因此，新媒体动漫的作品不再偏向一隅，而是全面定位，动漫形象的气质、主题、特性都随着受众审美需求的变化进行改变。这种盈利之道要求能熟练手机应用使用技巧，了解移动商城、移动通信的功能，结合各种移动应用多维开发形象。其最大的特点在于：让消费者化身成一个微媒体，通过形式丰富的手机动漫，让彩信、彩漫、短动画、桌面、主题壁纸、电子书等与动漫相结合，为广大移动设备用户提供更加全面周到的动漫产品服务。

在科技发展的推动下，包括互联网媒体、数字媒介、移动终端、触摸媒体等新媒体的发展，逐渐消解了传统媒体固有的模式和特征，信息以新的媒体形态在国界、社群和产业之间共享无阻。而动漫盈利模式比其他类别的图书更为领先、多样和成熟，其立足点已经不再是图书，将变成整个动漫产业的发展。

5. 动漫人才队伍不断壮大

目前，全国共有1200多所院校开设了与动漫有关的专业，近1900所大学设置了与动漫专业相关的课程，每年走向社会的相关专业毕业生超过60万人。不到10年的时间，全国的动漫教育机构、动漫人才数量获得了几何级数的增长。

从地域上看，动漫人才主要集中在北京、上海、无锡、深圳、长沙、杭州、苏州等东部大中城市；从学历上看，动漫人才大约有60%是大学本科学历，大专学历约占34%；从从业经验上看，动漫人才行业经验普遍偏少，2年以下年限的约占60%；从职位类别来看，从事策划类、设计类和编辑类等职位类别的人员居多，分别为45.4%、19.4%、18.5%，三者之和达到了83.3%，而财务、管理、行政等非专业类职位所占比例较低，仅为16.7%，这和动漫行业更强调专业化的发展方向密切相关①。如图2-4所示。

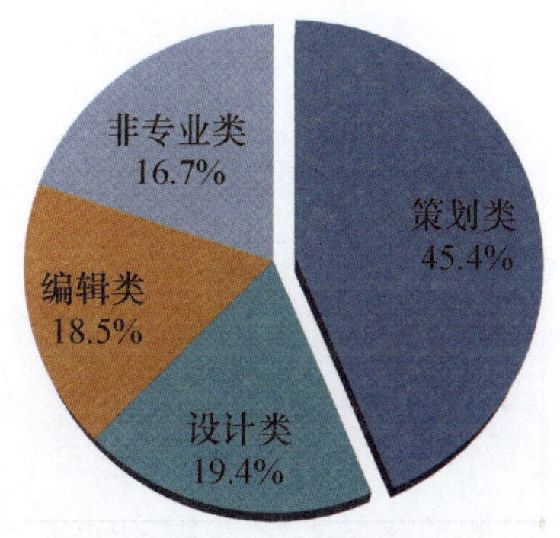

图2-4　不同职位类别人员占比

资料来源：《中国动漫行业人才及薪酬调研报告》。

6. 动漫基地节展不断升温

近年来，随着动漫产业在我国的持续升温，各地纷纷掀起了“动漫基地热”。2004年开始，国家相关部门及各级地方政府纷纷出台一系列政策，挂牌成立动漫产业基地。2005年，国家广电总局在给4所动漫专业院校颁布教育基地后，又在全国15家企业或单位设立了动画产业基地。新闻出版总署联合国家信息产业部紧随其后，先后在广州、北京、上海和成都4个城市设立了网

①腾讯网：《中国动漫行业人才及薪酬调研报》，http：//comic. qq. com/a/20080522/000004. htm，2008-05-22。

络游戏动漫产业基地。文化部在四川省、大连市和上海市设立了国家动漫游戏产业振兴基地……截至2011年，国家级动漫基地从无到有，先后建立了56家。2012年度，国家动漫产业基地自主制作完成国产动画片210部，123715分钟，约占全国总产量的55%①。全国各动漫基地的动漫生产形成了初具规模的集聚效应，形成了以大连、沈阳为中心的东北动漫产业发展带，以北京、天津、河北为中心的华北动漫产业发展带，以上海、杭州、南京、苏州、无锡为中心的长三角动漫产业发展带，以成都、重庆、昆明为中心的西南动漫产业发展带和以长沙、武汉为中心的中部动漫产业发展带。如图2－5所示。

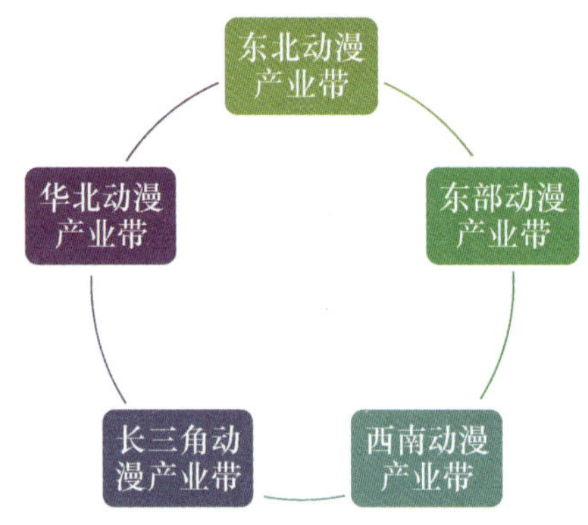

图2－5　全国各地形成的动漫产业带

在全国广泛建立动漫产业基地的同时，各类动漫节展、会展也进行得如火如荼。2006年仅上海市就举办了10场大型动漫展，此外还有北京、杭州、常州等地的中国国际动漫节、中国（常州）国际动漫艺术周、中国（北京）大学生国际动画节等。全国几乎每个月都会有各类名目繁多的动漫展、动漫节和动漫赛事，2007年国庆期间就有十多个城市举办了动漫展览会。2009年我国共有24个省市自治区举办各种动漫节展、博览会、大赛、嘉年华总计73次。2012年，全国各地举办的动漫节展为77个，平均每4.74天就有一个动漫节展。

（二）动漫行业发展特点

动漫产业被誉为21世纪最具发展潜力的朝阳产业，其具有消费群体广、市场需求大、产品生命周期长、高成本、高投入、高附加值等特点。我国的动漫产业发展过程中同样显示出这些特点，但同时，我国的动漫产业发展还因特定的阶段、国情呈现出自身的一些特色。

1. 产业发展潜力大

尽管经历了多年的快速成长，我国动漫产值同美国、日本相比仍然存在较大差距。美国是世界动漫产业的第一大国，2004年的动漫产值超过2500亿美元。而从日本数字内容协会2012年发布的《数字内容白皮书》来看，2010年日本的动漫产值达到12.1兆日元，折合约1200亿美元。中国2012年动漫产值约120亿美元，甚至不到美国迪士尼公司动漫产值的1/3。

从我国的动漫消费内容市场构成来看，中国本土动漫产品占比仍然较低。据《动漫产业蓝

---

①国家广播电视电影总局网站：《关于2012年度全国电视动画片制作发行情况的通告》，http：//www.sarft.gov.cn/articles/2013/02/18/20130218104424150332.html，2013－02－18。

皮书：中国动漫发展报告（2014）》统计，中国的动漫内容消费市场仍然被日本和欧美占据，中国本土原创动漫在我国动漫内容消费市场的占比仅为34%，而日本则占据了约46%的份额。提高中国本土动漫在国内的市场占有率是中国动漫发展的重点。由此可见，我国的动漫产业仍有广阔的发展空间和市场潜力。如图2－6所示。

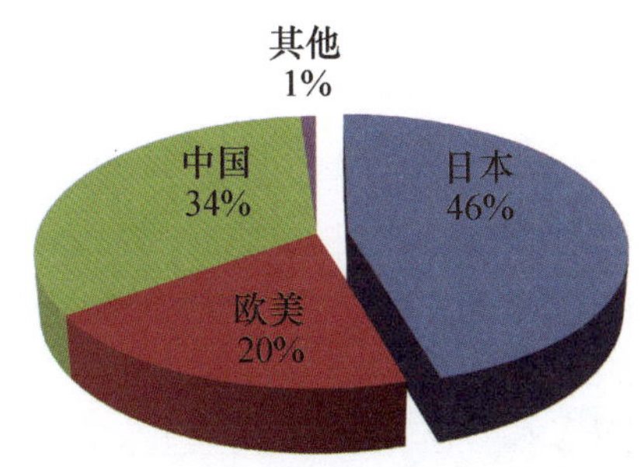

图2－6　中国动漫消费内容市场构成

资料来源：《动漫产业蓝皮书：中国动漫发展报告（2014）》。

2. 政策扶持力度大

动漫在一个国家文化产业发展中占据重要地位。从国际经验来看，在动漫产业发展的早期阶段，其产业发展往往容易受到全球化的影响，成为国外动漫产品的代工基地，从而造成一个国家动漫产业链残缺，难以形成核心竞争力。因此在动漫发展的早期阶段，国家政策扶持和保护对于完善动漫产业链的发展至关重要。

2004年以来，我国陆续出台了一系列政策措施促进动漫产业的发展，包括减免税收、限制外国动画片播映、融资支持、资金奖励等。这些政策为动漫产业的发展创造了前所未有的机遇，对我国动漫产业的发展起到了巨大的推动作用。如表2－1所示。

表2－1　国家鼓励动漫产业发展的政策措施

序号	日　期	政策出台方	政策措施
1	2004年6月	国家广电总局	《关于发展我国影视动画产业的若干意见》
2	2006年4月	国务院办公厅	《关于推动我国动漫产业发展的若干意见》
3	2008年2月	国家广电总局	《广电总局关于加强电视动画片播出管理的通知》
4	2008年8月	文化部	《关于扶持我国动漫产业发展的若干意见》
5	2009年7月	财政部、国家税务总局	《财政部、国家税务总局关于扶持动漫产业发展有关税收政策的问题的通知》
6	2011年6月	财政部、海关总署、国家税务总局	《动漫企业进口动漫开发生产用品免征进口税收的暂行规定》
7	2012年3月	财政部、海关总署、国家税务总局、文化部	《关于执行动漫企业进口动漫开发生产用品税收优惠政策有关问题的通知》
8	2012年7月	文化部	《“十二五”时期国家动漫产业发展规划》
9	2012年11月	文化部	《国家动漫品牌建设和保护计划》
10	2013年7月	国家广电总局	《广电总局发展国家动漫电影9条措施》

3. 历史文化底蕴浓

动漫是一种文化的延续，没有好的文化底蕴就没有好的作品出现，也就没有发展的动力。中国是一个拥有五千年历史的国家，文化渊远流长，民族文化多样，有着许多经典的民间故事和优良的文学作品，如《三国演义》、《西游记》、《花木兰》等，这些都是优秀的动漫创作题材。动漫的发展离不开好的故事创作，五千年历史积累的丰富文化底蕴，为中国动漫的发展提供最为根本的创作源泉，奠定了发展壮大的基础。从美国的动画大片《花木兰》到《功夫熊猫》，都可以看到鲜明的中国元素，可见，中国元素的成功性是不可替代的。

4. 手机动漫机遇大

动漫产业的发展经历了三次浪潮式变革：第一次是以传统纸质出版物和传统艺术动漫电影为主；第二次是以日本和美国为主的电视动画、图书、衍生产品相融合的“内容 + 商品”的产业化模式；第三次就是以手机动漫为代表的数字动漫。业内人士普遍认为：以手机动漫为代表的第三次浪潮，对于中国动漫界而言，将是超越欧美日等传统动漫强国的机遇。理由很简单，中国是世界上人口最多的国家，现阶段中国拥有 6 亿活跃的智能手机用户，有具备创新能力的移动互联网、移动电子商务企业，这些都是中国手机动漫发展的坚实基础。

中国手机动漫业近几年的发展已十分突出。据文化部及行业企业等统计，2011 ~ 2013 年，手机动漫市场增长率分别达到 33%、40%、32.9%，远高于中国动漫产业整体增长率。2013 年中国移动手机动漫基地服务的动漫企业迅速超过 600 家，总收入超过 10 亿元，总用户数超过 9000 万。据估计，2014 年全国动漫基地能实现运营收入 30 亿元，付费用户数 9800 万①。

（三）动漫行业发展中存在的问题

虽然我国的动漫产业经过近十年的发展取得了一些可喜的成绩，但与动漫强国相比，我国的动漫产业发展仍处于弱势地位。我国还处在动漫产业发展的初级阶段，产业发展过程中仍然存在许多突出的问题。

1. 产业链不完整

完整的动漫产业链包含三个部分，即漫画、动画和衍生品。如图 2 - 7 所示。动漫产业发展过程中，产业链之间的有效衔接，直接影响动漫产业以后的效益。动漫产业链涉及的面广，涉及的产业多，产业链的可延续性很强，因此在动漫产业发展中，其经济效益很高。但是目前，我国的动漫产业链还不健全，产业链各组成部分之间也没有形成有效的衔接，如企业原创动漫形象不足，动漫衍生品的开发、生产与销售尚显薄弱等，动漫产业生态还有待进一步完善。

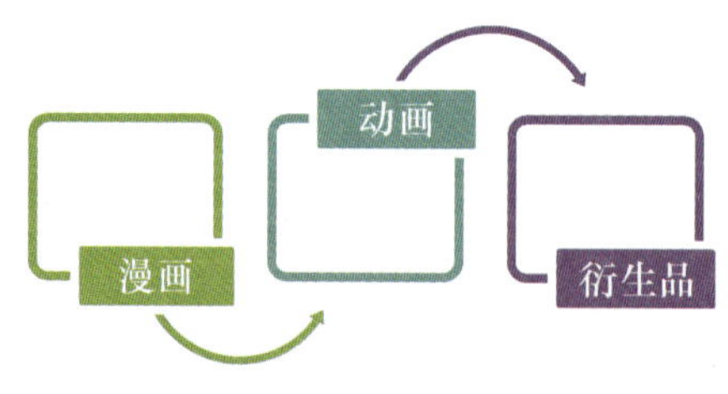

图 2 - 7　动漫产业链

①新华网：《新媒体动漫业成为中国动漫业新增长点》，http：//news. xinhuanet. com/fortune/2014 - 07/21/c_ 1111722777. htm，2014 - 07 - 21。

漫画是动画的基础，漫画的推广对培育市场读者、推广漫画刊物、拓展动漫市场具有重要的推动作用，好的漫画作品既能有效地发掘动漫人才，又能通过原创漫画的塑造，增强作品市场占有率，为动漫推广树立良好的市场基础，拓展品牌营销力。然而，由于我国动漫产业链的脱节，动漫企业很少投资于漫画作品创建，原始和本土的动漫形象创新不足，难以生成具有潜力的商业形象作品，仅有贴牌包装的动漫企业，市场效益差，更难以拓展动漫衍生品并使之良性发展。

2. 品牌传播不广泛

动漫作品在完成内部制作以后，紧接着要做的就是进行品牌传播。然而在品牌传播之前，动漫企业往往存在着以下两种先天不足，导致了动漫品牌的传播不顺。第一种是品牌意识淡薄，只是为了生产而制作动漫作品，没有商品化意识，他们认为只需要把动画片生产出来就行了，或者是拿到国外的动漫展上得个奖，很少考虑市场效益。他们不会考虑到动画片生产出来后如何去传播，如何去打造品牌，完全忽视了电视台、网络、报刊杂志等传播媒介，这样势必造成动漫作品有量无市的尴尬局面。第二种是“心有余而力不足”，企业有长远的规划，但是没有扎实的基本功，没有优秀的动漫人才，如果一部动漫产品人物形象设计没有吸引力，故事情节不精彩，制作技术不精细的话，那么其产品是没有强大生命力的，因为只有动漫形象在受众心里有了深刻的印象，其品牌才可能被人们牢牢记住。如果品牌发展不顺畅的话，那么后续的品牌传播工作就无从谈起了。

3. 企业融资难度大

动漫产业当前的状态是喜忧参半。喜的是相关的游戏产业财富故事此起彼伏，忧的是大部分动漫企业融资比以前更难，获得融资的企业数量在下降。尽管动漫产业被公认拥有广阔的发展空间，但事实上众多的动漫企业已经销声匿迹。这实际上与当前动漫产业面临的融资困难密切相关。

近年来，移动互联网技术迅猛发展、居民消费大升级，相关部门的政策红包也鱼贯而出，给动漫产业带来了重大的发展机遇。市场喜闻乐见的是百奥互动香港上市成功募集 13 亿元，《熊出没》票房 2.47 亿元，追光人动漫甚至没有利润没有收入都能获得 2500 万美元的两轮融资。

然而，中国动漫产业化进程自起步以来，除光鲜的个案之外，更多还是整体行业一直难以挣脱的融资难困局。文化企业资产轻、规模小，创意的价值难有评估与衡量标准，很难受到传统的、有严格评级与授信制度的金融机构青睐。资金的匮乏，已成为制约动漫产业快速转型升级的主要掣肘之一。

4. 企业政策依赖强

2004～2011 年，国产动画片产量增长了 20 倍之多。但从 2012 年起，我国动漫产业发展速度明显减缓，2013 年国产动画片产量也持续下降。拿动漫产业的先行军来说，长沙、杭州、无锡、沈阳等城市的动漫产业在几年快速扩张之后呈现出明显的“高台跳水式”下降趋势。另外，在现有的 24 个国家动漫产业基地中，除了少数几家，绝大多数基地无论是在制作数量还是市场份额方面，都呈现出下降趋势。再看具体动漫企业。截至 2013 年末，取得国产电视动画片发行许可证的 656 家制作公司中，连续 5 年来无产出的有 100 家（占 15.2%），最近 1 年无产出的有 439 家（占 66.9%）①。

动漫行业之所以会出现近两年的发展放缓，主要原因在于政府扶持力度的降低。从 2004 年

①人民网：《失去政府推手，缺乏市场本领，动漫发展“慢下来”》，http：//culture.people.com.cn/n/2014/0918/c172318－25684722.html，2014－09－18。

开始，为了促进国产动漫的发展，政府出台了一系列的优惠政策。然而，政府的本意是“扶上马，送一程”，不曾想却使不少企业养成了“依赖症”。正是这种依赖，很多企业把政府扶持当成了唯一的盈利模式，为了谋得政府的奖励，作品粗制滥造，宁可在播出环节搞公关也不愿在提高品质上多花成本，根本没有为作品及企业的长远发展作规划。正是认识到这一弊端，沈阳动漫产业最为集中的浑南新区和沈北新区在2013年被叫停了资金补贴和政策奖励。而那些依靠政策扶持的动漫企业少了政府这棵“大树”，失去了靠山，发展速度自然就减缓了。

5. 产品创新力不足

动漫作品的生命力在于创新，没有独具匠心的想象和创造，就没有动漫艺术的魅力；而我国动漫产品普遍存在两种倾向。一是典型的动漫是给儿童看的观念，情节老套，娱乐性不足。二是局限于历史题材，且多停留在表象，没有深入挖掘中华文化的精髓。原因在于：从动漫的剧本看，国内大多数动漫生产企业的产品在选题创意、形象造型、故事内容、技术手段等方面与世界先进水平仍有一定差距，普遍还存在制作粗糙、手法单一等问题；从动漫产业的市场需求看，动漫衍生产品要得到市场的认可，不但要在人物语言、行象、动作、表情等方面贴近现实生活，更要结合人们需求的复杂性、多样性来不断创新产品，而我国动漫产业在这方面存在明显的不足；从动漫产品看，缺少属于民族文化的动漫创意，在人物形象、故事情节、语言风格、画面质感等方面都存在明显的仿照现象。

动漫产业是文化产业的重要组成部分，动漫的背后有着厚重的人文内涵，只有处理好人文与技术的关系，动漫才会充满生命力。脱离文化的动漫，必然注定生命的短暂。我国丰富的文化资源对动漫创作有直接的借鉴作用，但需要创新的理念，使动漫产品赋予时代内涵和现代元素。

6. 专业技术人才缺乏

我国动漫产业发展起步晚，属于新兴产业。动漫专业的高素质人才积累不足，专业人才匮乏，不仅仅表现为量的不足，质也亟待提高。首先，专业动漫人才发展总量难以满足我国动漫产业发展需求，不管是从事动漫产业研发的高端人才，还是从事后期产品营销的人才都严重缺乏；其次，动漫产业内部人才技能有待提高。动漫产业中，创意人才、设计人才、动漫制作人才，以及动漫的推广人才等，其专业要求高，因此既具有动漫设计素养又能熟练掌握动漫制作的人才奇缺。此外，动漫企业内部普遍缺乏完善的人才培育和激励机制，动漫企业对人才重视不够，忽视高端人才培育，专业人才发展又缺乏有效的企业环境，这就造成了动漫专业人才工作积极性不高，企业难以留住人才。人才短缺严重制约了动漫作品的原创开发和市场开拓，无法创建自己的动漫品牌，并将动漫品牌进行拓展，影响了动漫产业的进一步发展，成为制约我国动漫产业发展的重要因素。

二、动漫行业人才需求分析

（一）动漫企业总体发展状况

动漫企业作为动漫市场的主体，在我国动漫产业化潮流中快速成长，表现在动漫企业的数量不断增加、规模实力不断增强、产品结构不断优化等方方面面，为该产业的进一步发展打下了坚实的基础。

1. 企业数量不断增加

2009 年，全国首批通过文化部、财政部、税务总局认定的动漫企业数为 100 家，2010 年又有 169 家有实力的动漫企业通过认定，动漫企业数量增长明显。到 2013 年，通过三部门认定的动漫企业有 87 家，其中有 9 家还跻身于重点动漫企业行列。截至 2013 年，全国通过认定的动漫企业累计数量已达 587 家。如图 2－8 所示。

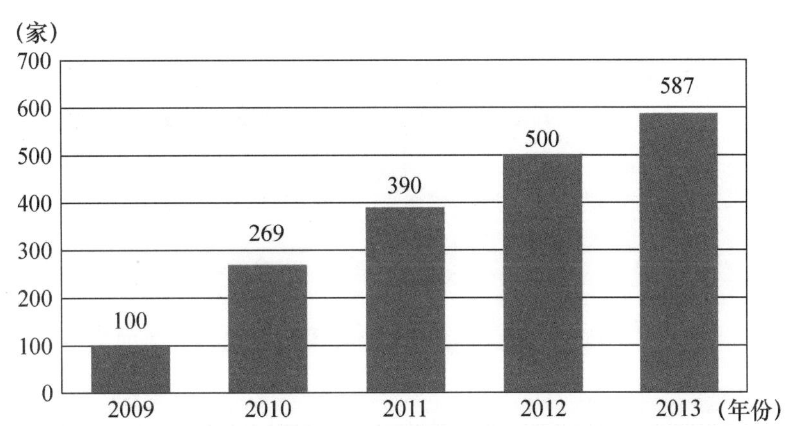

图 2－8　2009～2013 年我国累计通过认定的动漫企业数

资料来源：《动漫产业蓝皮书：中国动漫发展报告（2014）》。

2. 企业实力不断增强

目前我国动漫产业共有企业 4600 余家，从业人数近 22 万人，从业人员 50 余万人，年产值在 3000 万元以上的规模动漫企业有 24 家，年产值超过 1 亿元的大型企业有 13 家。另外，根据《动漫产业蓝皮书：中国动漫发展报告（2014）》统计，2012 年 500 家动漫企业共实现营业收入 56.3 亿元（其中主营业务收入 54.8 亿元），利润总额 8.5 亿元。以此推算，单家动漫企业平均所有者权益为 1834 万元，平均实收资本 1170 万元（国有资本所占比例为 4.61%），平均营业总收入为 1085 万元，自主开发生产的动漫产品收入占主营收入的比例为 45.35%，动漫企业总体营业利润率为 7.72%，净资产收益率为 8.97%。

国内上市公司中涉及动漫领域的主要有奥飞动漫、乐视网、拓维信息、华谊兄弟等，虽然各家公司的规模和实力不尽相同，但从各公司近几年的财务报表中可以看出企业都在快速成长，实力不断增强。以乐视网为例，2009 年公司的营业收入仅为 14573 万元，净利润为 4447 万元，而 2013 年公司的营业收入和净利润与 2009 年相比实现大幅增长，分别增长 221551 万元和 162421 万元。与乐视网一样，奥飞动漫在过去几年内也实现了迅猛增长的势头，成为动漫领域的领军企业。如图 2－9 所示。

3. 产品结构不断优化

值得一提的是，动漫企业已不再仅仅将注意力放在传统动画作品的制作上，而是正在加快涉足动漫影视剧市场。2013 年，全年共有 33 部国产动画电影与进口动画电影在国内上映，合计票房收入为 15.9 亿元，同比增长 11.1%。而且，与往年相比，国产动画电影与进口动画片的票房收入差距在缩小，涌现出《喜羊羊与灰太狼》、《麦兜》、《赛尔号》、《摩尔庄园》、《魁拔》等国产动画品牌系列。越来越多的主流发行公司开始关注国产动画电影，如光线传媒发行《赛尔号 3》，

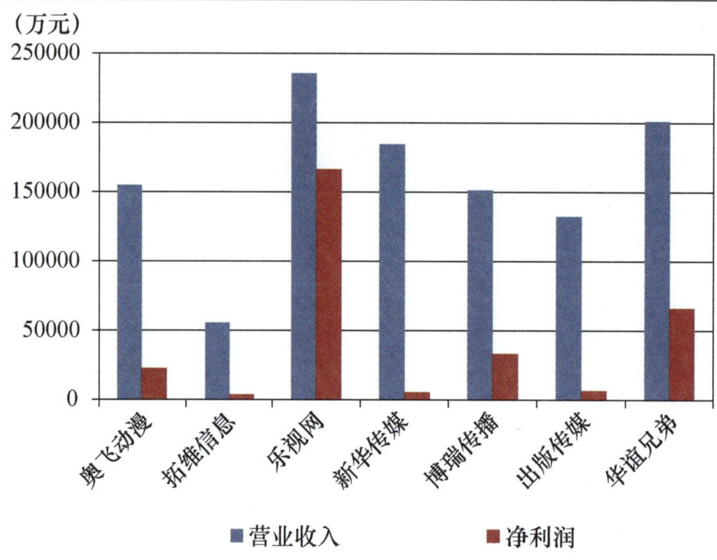

图 2-9　2013 年部分动漫上市公司营业收入与净利润

资料来源：巨潮网。

小马奔腾公司发行《开心超人》，国产动画电影开始成为文化企业看重的盈利项目。如图 2-10 所示。

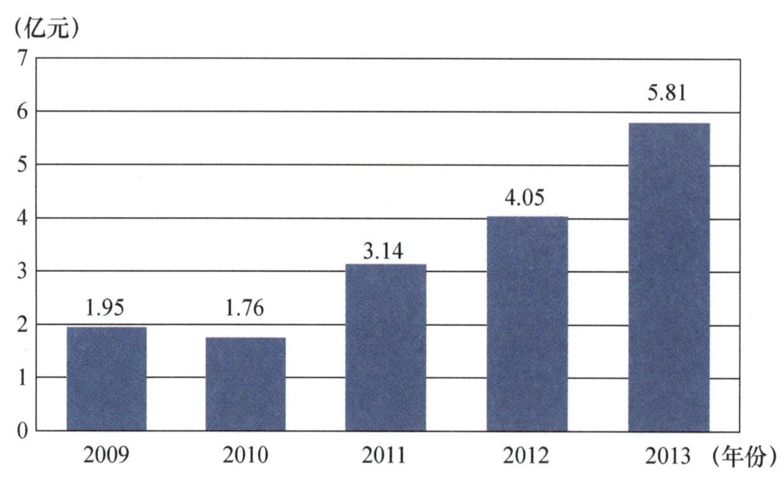

图 2-10　2009～2013 年我国国产动画电影票房收入

资料来源：《动漫产业蓝皮书：中国动漫发展报告（2014）》。

除了动画电影，动漫游戏也越来越受到人们的重视。动漫游戏作为推动文化事业发展、提高文化软实力、满足人民群众精神文化需求的有效载体，是推动文化产业结构调整、构建现代文化产业体系的重要内容。据相关数据显示，目前中国网民用户已超过 6 亿，网络游戏用户达 3.5 亿，2012 年动漫游戏市场收入首次突破 600 亿元规模；其中民族原创网络游戏连续 8 年占据市场主导，手机游戏和网页游戏异军突起成为产业新锐，单机游戏大幅增至近年最高值，海外市场拓展步伐整体加快、成就喜人。

4. 行业队伍不断壮大

经过多年的积累发展，中国动漫逐步涌现出央视动画、蓝猫卡通、宏梦卡通、江通动画、原创动力、咏声文化、漫友文化、神界漫画、卡米文化、盒成动漫等一批颇具实力和影响的动漫企业，同时也吸引了中南卡通、奥飞动漫、华强动漫、知音传媒、拓维信息等一批大型企业进军动漫领域，并收获不菲。随着中国动漫产业逐步向好、数字技术普及应用和3C革命促进产业融合的深度发展，恒大、万达等房地产企业，中国移动、中国联通、中国电信等电信运营商，腾讯、新浪、百度、爱奇艺、盛大、淘米等互联网企业，海尔等传统家电企业不同程度地涉足动漫产品的创作、发行、营销和商业运营等环节，这些战略投资者的加入为中国动漫行业的发展带来了新的生机。

5. 企业并购不断加速

受规模经济和范围经济的影响，动漫企业开始频频采取收购、兼并等手段整合行业优质资源，从而达到拓展产业领域、增强企业竞争力的发展目标。例如，2013年，奥飞动漫以6.342亿港元收购意马国际旗下资讯港管理有限公司100%股权，以及“喜羊羊与灰太狼”等相关动漫形象的商标和版权，同时以3639.6万元人民币收购广东原创动力文化传播有限公司100%股权；美盛文化以1980万元收购浙江缔顺科技有限公司51%股权用以增资。可见，拥有优秀动漫内容和强大创意制作能力的动漫企业正在成为战略投资者热衷收购的优质标的。

可以预见，未来2~3年我国动漫产业将进入深度调整期，大型企业将会通过资源整合延伸产业链并通过集团化来构建各自产业生态体系，强者愈强、弱者愈弱的“马太效应”更加明显，动漫产业的市场集中度将会得到提升。对于外部战略投资者和动漫产业领先者来说，并购依然是快速切入和嫁接（融合）发展的重要手段。预计在未来相当长的一段时间里，大型动漫企业将会大规模采取并购手段来实施战略布局，以便延伸产业链、整合优质品牌资源和提升企业核心竞争力。

（二）动漫企业人才需求状况

由于动漫产业的快速发展和广阔的市场前景，动漫企业对人才的需求越来越旺盛。产业的大规模发展必然带来岗位和技术的细分化，动漫作为知识密集型、劳动密集型、高科技密集型的文化产业，既需要擅长艺术创造的精英、商业策划运营人才，又需要数量庞大的、具有较高技能的熟练制作人才，可是目前我国动漫人才的培养远远跟不上动漫产业发展的需求。

1. 人才需求总量

尽管目前全国有近1900所院校开办了动漫相关课程，每年毕业的动漫人才超过60万人，但很多院校教育定位模糊，不了解动漫行业及人才需求情况，盲目克隆照搬动漫教学计划，缺乏对动漫实用人才的市场定位。学校教育与企业需求严重脱节，造成了毕业生找不到工作、企业又招不到人的尴尬局面。

2012年度的《中国游戏产业报告》显示，目前我国动漫人才缺口高达30万，如果算上游戏动漫及周边等产业链行业人才需求，这个数字在100万以上。中投顾问发布的《2010~2015年中国动漫产业投资分析与前景预测报告》也显示：中国目前至少有5亿动漫消费者，每年有1000亿元的巨大市场空间，但国内动漫人才的缺口却高达100万以上。另外，根据《国家中长期人才发展规划纲要》（2015~2020年）报告得知，2020年前，我国将在经济、社会发展重点领域新增培养大量紧缺专门人才，其内容涵盖16个大项、62个子项，在《社会发展重点领域急需紧缺专门人才开发一览表》中，名列榜首的就是数字出版、游戏动漫、版权保护、网络信息服务等创意策划管理人才，到2020年预计新增需求150万人。可见，动漫人才的供给和需求已严重失衡。

2. 人才需求类型

在动漫产业中，人才的需求分三个层次，呈现“金字塔”型:“塔底”为运营、支持、服务等“边缘”人才;“中段”是动漫设计与开发人才；“塔尖”是主创作师、主程序员、美术总监等人才。目前，需求最多的是“中段”人才,“中段”人才主要包括故事原创人才、动画软件开发人才、二维三维动画制作人才、动画产品设计人才、网络和手机游戏开发人才和动画游戏营销人才等。如图2－11所示。

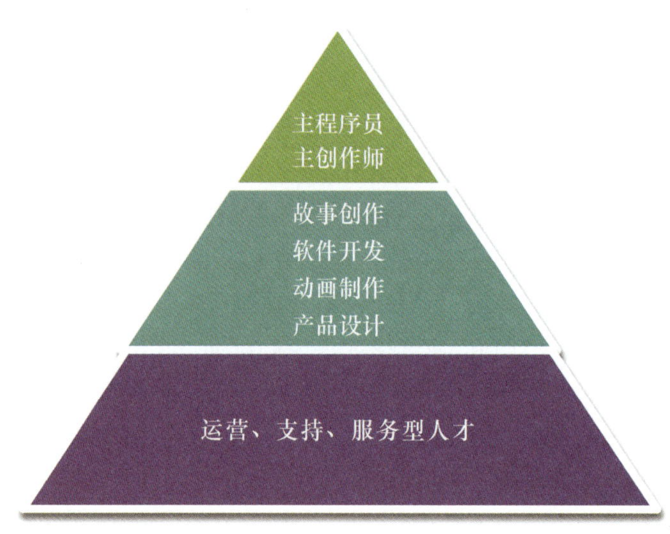

图2－11　动漫人才需求“金字塔”

人才的培养必须以市场需求为导向，通过调查和分析可知，目前我国动漫产业下列几类人才缺口较大，分别为：

（1）前期策划人员。在动漫产品的制作过程中，前期策划工作是一个重要环节。前期策划人员通过市场调研、市场需求分析来引导动漫生产的方向，如目标人群、剧种类别、剧情安排、关注热点等。策划人员素质的高低直接关系到动漫产品的成功与否。动漫策划人才必须具有创新意识和市场敏感意识。创意产业是文化产业发展创新阶段的产物，动漫产业在某种程度上属于创意产业的范畴。在创意产业发展演变过程中，科技创新作为催化动力，是促进创意产业发展的关键因素。而目前我国动漫业的前期策划人员大多是非专业人士转行而来，没有经过系统的培训，对动漫产业缺乏清晰的认识，缺乏创新思维和市场意识。因此所策划的动漫产品往往采取对热点题材盲目跟进和模仿策略，选取相同或相近的题材进行创意，这样就造成我国动漫产品题材单一、陈旧、同质化现象严重。

（2）编导人员。在动漫行业中，编导的工作内容主要是对前期策划及故事原创的要素进行整合，负责动漫作品场景的整体气氛把握、场景资源的整合和管理、场景的情景编排设计等。一个优秀的动漫编导应该对动漫作品的镜头语言有自己独特的认识，对剧情的编排有深刻的理解，有独立完成剧本的能力。目前我国从事动漫编导的人员基本上是从学美术、学计算机等专业转换而来，与专业编导相比，他们在影视动态形象、影视语言、影视编辑等方面的影视艺术修养和专业技能相对薄弱。动漫编导人才的缺乏一定程度上影响了动漫作为影视艺术的画面感和质量。

(3) 复合型设计制作人员。动漫设计制作人才包括动漫美术人才和动漫技术人才。在动漫行业中，技术与艺术相结合的高级复合型人才是我国动漫高等教育的培养目标，这也将是市场需求最大的人才。目前，我国专门从事动漫设计、制作工作的人才大多数来自以下三种途径：①具有一定美术功底的人员，在动漫企业经过短期培训后，主要从事动漫制作过程中某一环节的具体工作。②由普通高校培养出来的计算机类或者其他艺术类人才改行从事动漫设计、制作工作。③专业院校培养出来的动漫专业人才，而这些人才中，大部分毕业后直接留校，只有少数从事实务工作。由此可见，目前我国动漫制作人员基本上只能从事动漫制作过程中某一环节的单一工作，无法驾驭完整的制作项目，更谈不上制作高水平的作品了。另外，科班毕业的动漫专业的学生，一般都缺乏实际操作的经验，缺乏对动漫发展历史、趋势以及市场需求的理解和感知，这样就不可能使我国动漫制作业有真正意义上的质的突破。

(4) 营销人员。从动漫产品创作生产、传播销售到网吧、影院以及主题公园等终端服务场所，这种完整的产业链开发必须要有高素质的、熟悉动漫产业运作规律的经营人才。经营人才的作用就是通过广告宣传、市场营销等运作方式来使动漫产品被社会关注，从而增加动漫产品价值、动漫衍生产品价值。事实上，动漫营销人才的短缺直接的后果就是导致产业链的脱节。国内尽管有许多单项做得好的出版社、漫画家，但只是孤军奋战，没有衔接成链，使得销售平台缺乏。近几年在中国兴起的只是漫画书、动漫展这些能直接和受众交流的低端产品形式，就是一个证明。这表明我国动漫产业升级后劲严重不足，国内动漫产业链的经营环节已经出现了一个极大的缺口，动漫营销人才的缺乏已成为制约我国动漫市场发展的症结。

三、我国动漫专业职业教育现状分析

(一) 国内动漫专业职业教育现状

职业教育办学的目的是为社会培养大量的技能应用型急缺人才。由于社会对动漫人才的大量需求，许多职业院校纷纷建立了相关的学科和专业，力求培养相应的人才。那么，当前我国职业院校的动漫专业人才培养状况究竟如何呢?

1. 发展规模

动漫产业的快速发展为动漫职业教育带来了广阔的发展前景。有资料显示：动漫专业在所有学科建设中是普及速度最快的一个专业，而且已经成为中国高校发展最热门的专业之一。据中国劳动力市场信息网监测中心调查，2006 年底，全国有 447 所院校开办了动漫类专业，到了 2008 年，包括中职、高职在内，全国已有多达 1230 多所学校开设了动漫方向或专业，动漫专业在校学生人数达 46 万人次，当年的动漫毕业生人数有 10 万多人。而据《中国动漫产业发展报告》(2012) 统计，全国有近 1900 所各类院校开办动漫相关课程，每年毕业的动漫人才超过 60 万人。我国动漫人才教育办学层次在不断提高，教育规模在逐渐扩大，尤其是大中专院校等职业类院校的动漫教育发展迅速。

2. 院校分类

目前，国内设立动漫专业的职业院校一般情况下可以分为四类：一是艺术类院校，如上海工艺美术职业学院、辽宁职业学院等；二是综合类的院校，如牡丹江大学、南宁职业技术学院等；

三是工科类院校，如石家庄工程职业学院、安徽工贸职业技术学院等；四是其他类型的职业院校，包括师范院校、财经院校和语言院校等，如石家庄城市经济职业学院、河南经贸职业学院、马鞍山师范高等专科学校等院校。

3. 专业设置

我国职业院校开办的动漫相关专业主要有六类，包括影视动画、三维动画设计、动漫设计与制作、玩具设计与制造、游戏软件、游戏设计与制作。目前，国内大多数职业院校动漫类专业设置以动漫设计与制作为主，以技能型人才培养为目标，重视技术应用。这一点，从开办动漫专业的各类院校的比率中也能看出。2013 年，仅动漫设计与制作专业，全国 1321 所高职院校中就有 117 所设置了此专业，其中工科类院校就有 49 所，占 42%。工科类院校的动漫专业偏重对学生实际操作能力的培养，由此可见我国职业院校对动漫专业人才培养的定位主要还是以技能型人才为主。如图 2－12、图 2－13 所示。

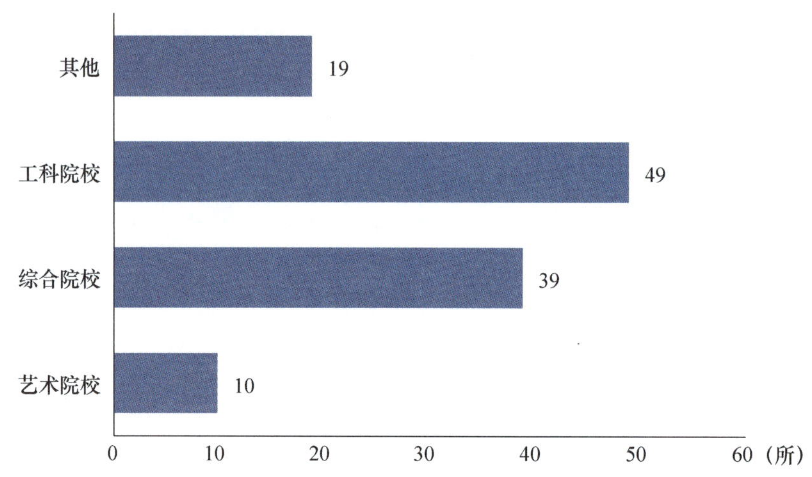

图 2－12　设置动漫设计与制作专业的各类高职院校数目

资料来源：阳光高考网。

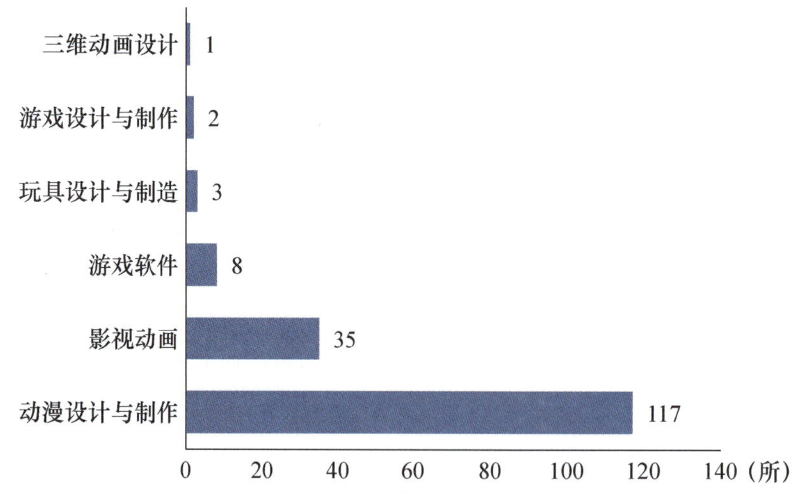

图 2－13　设置不同专业的高职院校数目

资料来源：阳光高考网。

4. 课程设置

动漫课程的设置应该与动漫产品的生产流程相贴合，因为动漫产品的制作过程就是动漫课程的实际应用。下面就以二维动画的生产流程为例，介绍动漫产品的制作流程，进而梳理出高校动漫相关专业的课程设置。

动漫产品创作过程主要包括“前期”、“中期”、“后期”三大部分。前期部分包括编辑和创作动漫剧本、文字脚本分镜、设计与制作美术（包括色彩、背景、风格、道具等）等工作；中期部分包括导演分镜头台本、制作动漫、设计与制作原画、进行画面着色、组合生成动漫效果、动漫检验等工作；后期部分包括配音、配乐、动漫组合生成的剪辑等工作。与此相对应，从动画剧本的创作到后期制作，高校的动漫相关专业都需要涵盖相关的课程。差别在于，不同类别的院校课程设置的侧重点不同。如本科院校更偏向于动漫产品制作的前期课程的设置，而职业院校的课程设置则将重点放在动漫产业链的中后期。如图2－14、图2－15所示。

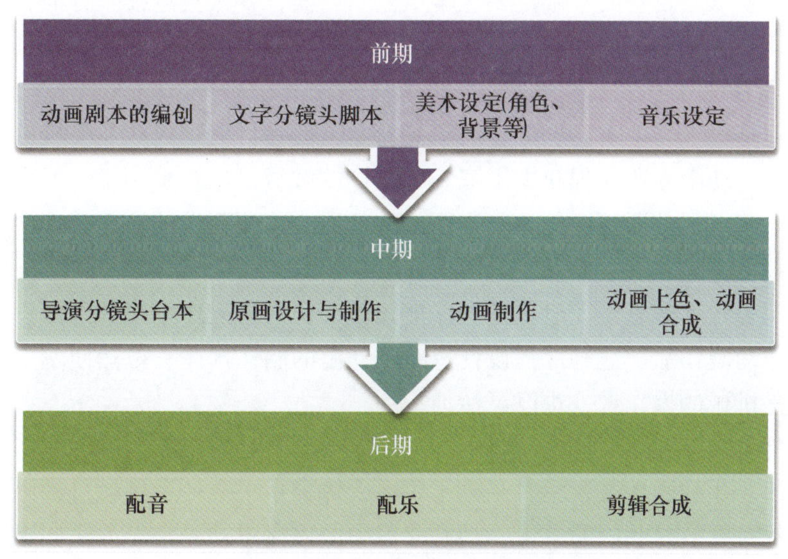

图2－14　动画制作流程

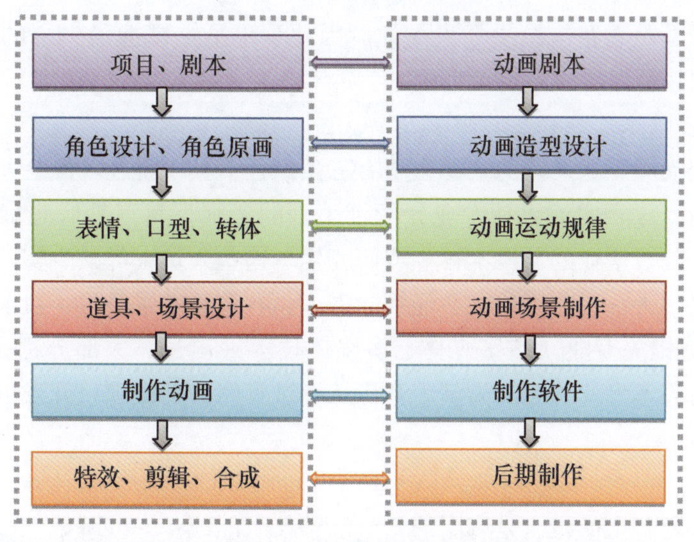

图2－15　动画制作流程与课程设置的对应关系

（二）国内动漫专业职业教育存在的问题

为了应对社会需求，我国各高校努力培养动漫相关人才，逐步设立了与动漫相关的学科与专业，职业院校也不例外。但在我国，职业院校动漫专业发展状况依旧处于起步阶段，缺少一套完善的、适应市场需求的课程体系。职业院校动漫专业办学的经验依然较少，课程设计与安排还需要不断完善。目前，国内大多数职业院校的动漫专业教育存在以下几方面问题：

1. 专业认知存在偏差

有一定比例的职业院校对动漫专业缺乏准确的、系统的认知。有的艺术类院校强调以培养学生素质修养为重点，认为动漫专业教育仅仅是在传统平面设计专业的基础之上额外增加一些动漫制作软件课程；有的非艺术类院校则强调以培养学生动漫软件应用能力为主，认为动漫专业教育仅仅是在传统的多媒体技术专业的基础之上增加一些艺术类的课程。这种状况影响了这些院校的专业设计，一些院校依靠自身的基础，要么偏重艺术方面，要么偏重技术方面，这是对动漫教育实质的狭隘理解，并且影响了高效动漫人才的培养模式以及专业学科建设等一系列体系建设。

2. 课程设置不合理

虽然动漫专业是科学与艺术高度融合的新兴专业，但是目前国内职业院校的学生所学的课程是由各学校自定的，动漫专业课程缺少国家统一编订的教材，也缺少动漫学习大纲。专业理念的偏差，使技术类与艺术类的课程比例无关紧要，这就造成了课程设计缺乏合理性，刚性地将学生划分成艺术型与技术型两大类，二者之间界限分明，缺乏交汇，影响了学生毕业后的发展。例如，有些院校的课程设计偏重于大量软件操作类知识，认为会操作常用的平面设计、三维与二维软件，就可以制作动漫作品。这种课程设计忽略了动漫的制作规律，虽然使学生学会了大量的制作软件，但仅仅是机械的操作者，难以灵活地运用。

3. 教学方式单一

高职中职动漫专业的学生在入学时基础不一，大部分从未或较少接触过动漫，其中还有一些缺少美术基础。针对有差异基础的学生，动漫学习中应该注意动漫学习方法，因材施教。而现在的动漫学习过程偏重于理论，实践环节与动漫流程结合得不够紧密，基本都是沿袭传统的粗放式动漫学习方法，培养学生综合能力的案例教学方式很少运用。当前动漫培训机构以实战经验促成学员迅速成熟的动漫学习思路与结果令人关注。因此学生虽然掌握了一定的理论知识与操作技能，但综合运用能力较低，难以适应就业要求。

4. 师资力量匮乏

目前，职业院校动漫专业老师的来源主要有三条途径，其一是在动漫公司工作过的社会实践者，其二是经过转向（学美术或设计专业）短期培训的老师，其三是从北京电影学院、我国传媒大学、我国美院等院校毕业的动漫本科生或研究生。这些人员大都缺少实践经验，培养出的学生专业实践水平较差，无法适应现代社会经济的需求。有调研结果显示，目前动漫专业的从教人员中92%以上都不是相关专业（数字媒体、多媒体技术）出身，大部分都是中途转行而来的，其中以计算机专业与美术专业的老师为多。真正从事过具体的动漫项目开发的老师较少，而有工作经验的专业老师更少。

5. 专业设备不足

职业院校在硬件配备上的投入是有限的，一般学校只能配备一些基础性设施，对于高、尖端的设备引进有一定的限制。比如动作捕捉仪，可以根据真人动作在计算机中实时生成相当于传统一分钟1000帧画面的高连贯度的动画动作。但这些设备资金投入相当巨大，普通职业院校难以承受。而游戏程序的开发设计更需要一个测试与运营的环境，缺少了专业的设备学生就无法操作，实践经验也就无从谈起。我国动漫产业的生产与制作正从老式的动画制作方式向现代计算机技术条件下无纸动画的生产方式转变，动漫教育对动漫制作的设备建设的要求还在逐渐提高，因此，动漫专业设备的缺乏必将制约我国动漫职业教育的发展。

四、国外动漫专业职业教育模式分析

动漫产业在中国发展方兴未艾，但动漫专业优秀人才的匮乏已成为制约我国动漫产业发展的瓶颈。通过分析美、日等动漫专业教职业教育开办得比较好的国家的成功经验，反思我国动漫专业职业教育中存在的问题，对提高我国动漫专业职业教育人才的培养质量、满足国家动漫产业发展人才需要，具有很强的现实意义。

（一）美国动漫职业教育模式分析

美国是全球动漫产业发展规模最大、产业链最为完善的国家，其创造的唐老鸭、米老鼠等动漫形象已经在全球观众的脑海中留下了不可磨灭的印象。美国动漫产业之所以能取得这样的成功，在很大程度上得益于美国开放的教育模式和注重实践的教学理念。这为美国动漫产业的发展提供了优秀的人才，促进了产业的持续发展。

1. 开放性

美国现有超过500家从事动漫教育的学校和机构，与中国动漫职业教育的单一性不同，美国的动漫职业教育大部分会与其他专业结合。如艺术与动画的结合，计算机技术与动画的结合，影视课程与动画的结合等。不仅如此，美国动漫职业教育的开放性还表现在培养模式的灵活性上。首先，不同学校会有不同的专攻方向。例如有的学校只提供动画特效的学习，有的则针对艺术电影的拍摄等，学生可根据不同的兴趣爱好和不同的发展规划选择不同的学校。其次，美国高校教育中的动漫专业学习期限也较为灵活。例如学生通过两年的学习，可得到一个专科学位，通过四年的学习，可得到一个本科学位。而在相应的学习期限内，有不同的作品要求，不同的学校对作品的要求也不尽相同。

2. 实践性

美国动漫职业教育的实践性传统由来已久。例如迪士尼投资的加州艺术学院（California Institute of the Arts），从成立开始就为迪士尼培养了无数的动漫优秀人才。美国文化中的实用主义精神充分体现在动漫职业教育上。正所谓不断的学习需要不断的实践检验，当今美国动漫职业教育的实践性主要表现为积极鼓励学生进行自主实习。具体方式除学校向动漫公司提供一定的学生信息以供选择外，大部分学生还可以通过各种渠道以自己的能力水平寻找合适的动漫公司进行实习。能力较强的学生可获得如皮克斯、梦工厂等大型动漫公司的实习机会，能力较为一般的学生可选择较小的动漫公司进行实习。据统计，美国90%～95%的学生均能获得实习机会。学生在求学期间进入动漫公司实习的好处在于：首先，在寻找实习公司的过程中，学生可以认识到自己的不足和动漫公司的实际要求，从而在进一步的学习中有针对性地进行补充；其次，学生在实习期间可参与一些商业性的作品或项目的制作，不管参与哪个环节的工作，都能学习到许多重要的实践知识和经验；最后，学生在实习期间如果表现优秀，则可能被该公司直接录用，这就解决了学生日后的就业问题。因此，实践教育在美国的动漫职业教育中显得尤为重要。

3. 团队性

团队合作是动漫制作的主要方式。美国动漫教育机构为学生提供必要的设备以协助学生的团体创作，同时也提供一定的奖励。美国职校中动漫创作的团队合作主要有两种形式，一种为学生间组成一个团队共同完成一个动画项目或动画作品，另一种为学生与教师间的团队合作。不管何种方式，都能使学生为日后的工作积累更多的经验，快速地适应商业动画的制作形式。

（二）日本动漫职业教育模式分析

日本动漫产业取得了举世公认的巨大成绩，成为该国第三大产业。成功的产业发展和高经济增长率归功于日本国内丰富的动漫人才，归根结底还是日本动漫人才培养的成功。因此，对日本动漫人才培养的模式进行分析，有助于我国借鉴其成功经验。

1. 传统与现代相结合

伴随着日本动漫产业繁荣发展的几十年，日本动漫职业教育经历了一个变化的过程，从动漫人才培养的“师傅带徒弟”式的实战方式转向与高校的“象牙塔”教育相结合的方式。首先，“师傅”不同于学校的老师专职从事教学，而是在具体的动漫作品制作和动漫商务实施过程中，以自己的实践进行间接教学，更有针对性和实效性。其次，“徒弟”也不同于学校的学生，而是员工或者助手。没有学生应付考试的心理，而是以一种正式工作的心态学习，这样就为以后进行动漫创作打下了良好的基础。

政府的重视催生了动漫教育的“高校版”，日本越来越多的学校开始开办动漫专业，进行高校动漫人才培养。如东京大学、东京工业大学、东京工科大学、早稻田大学以及数字好莱坞大学（University of Digital Content）都设立了动漫相关专业或开设动漫课程，尤其是作为唯一的动漫专业人才培养学校——数字好莱坞大学，拥有动漫产业运营的各个环节的人才培养机制，并设立了日本国内唯一的数字内容产业研究院。

第一，在课程设置上，动漫科目与数字基础技术教学相结合。由于动漫产业对技术的依赖性比较强，其从业人员的技术能力决定了动漫作品的质量，因此日本动漫职业教育课程中不仅包括动漫人物设计、动漫史、动漫原画概要等知识教育，还有教授动漫表现手法的动漫演出论教育，培养动漫编剧能力的动漫编剧演习课程。同时，各校还设置“综合性”学习模式，包括诸如网页设计技术、绘图软件、摄影加工、3DCG 技术等数码技术。数字好莱坞大学专门设置了“第二生命研究所”这类动漫人物研究机构，加强学生对动漫人物的深层了解。除此之外，学校为了适应动漫产业市场化发展需要，还为学生开设会计、营销、经营等相关知识，以增强学生的实际工作能力。

第二，师资力量上，这些学校的动漫教师都是活跃在动漫业界最前线的专家，类似于传统教育中的“师傅”。如读卖电视放送株式会社总制片人，《名侦探柯南》、《犬夜叉》等具轰动性效应的作品的制片人诹访道彦，著名动漫表现家且参与了《新世纪福音战士》设计的水岛精二，以及汤姆斯娱乐株式会社理事、第二影视制作部长、《剧场版名侦探柯南》的制片人吉岗昌仁等业界成功人士都是日本数字好莱坞大学的客座教授。他们为学生讲授鲜活的产业发展经验，加深了学生对业界的了解。

第三，日本各高校之间不断加强协调和沟通，本着“有特色，多样化，提高整体水平”的目标，在各校之间建立既竞争又协调的关系。这些学校相互合作，在课程设置和师资力量上彼此寻求平衡与共存，在学校教育和业界人才需求之间搭建了良好的桥梁，解决了人才教育和实践需求之间的错位问题，极大地促进了动漫产业的繁荣。

2. 重点环节重点培养

对于动漫产业来说，培养适合产业发展需求的人才是动漫教育的终极目标，产业需要什么样的人才，学校就培养什么样的人，这是一种以结果为重的职业教育理念。而日本高校的动漫教育最大的特色恰恰在于把握动漫产业发展的关键环节，据此培养重点人才。各学校形成了人才培养的"高中低结构"，包括在制作中学习的"自学成才"者、专科生、本科生及研究生院教育以及基础技术人员，充分满足了动漫企业对各类人才的需求。

日本传统的动漫产业的打造和发展是从全力抓漫画创作开始的。在日本，漫画是其动画、网络游戏的基础，漫画人才成为整个动漫产业人才的基础。一大批有创意、有活力的漫画人才的涌现，是动漫产业得以发展壮大的人力资源基础。日本漫画家的成长历程大体是自由创作或进入知名漫画家的工作室进行低层次的工作，以积累经验，而后向漫画杂志投稿或参加各种漫画大赛，争取在漫画杂志上发表连载作品，在漫画作品的连载过程中从出版社编辑处得到进一步的培训和指导，进而成长为真正的漫画家。即使在现代教育体系的规范中，漫画基础的重要性依然得到凸显。

而在新的产业发展背景和教育理念指导下，这种以漫画为基础的模式发展成为"漫画基础+动画项目运作"的全新模式。以产业的理念运营动漫，就需要产业方面的人才，制片人、策划、导演等人才就显得尤其重要。以制片人为例，其职责跨越动漫作品运营的企划、顾客管理、资金调节、预算等核心环节，具有企划、投融资、制作等能力的动漫制片人才成为产业成功的关键人物。综观全球动漫产业，即使是产业发展取得巨大成功的日本，制片人都是炙手可热而又极其缺乏的产业人才。因此，日本各高校动漫课程设置上重点突出动漫知识教育之外的会计、营销、经营等相关知识，同时注重系统地培养制片人和导演，设置动漫片论、制片论等课程，通过让学生参加用数字技术将媒体与内容技术融为一体的商业服务培训，培育能够用新的方式创造新的商业模式的人才。为了使学校人才教育更好地适应产业发展的需求，日本各动漫职业院校注重与企业合作，联合培养人才。日本拥有众多规模不等的动漫公司、工作室以及各大媒体，共同构成了日本动漫产业创作集合，这也为日本动漫教育提供了一个良好的产业外部环境。很多学校直接与动漫企业和电视台合作，动漫作品制作过程中直接起用新人，为学校培养适合业界需要的人才提供了很好的条件。以数字好莱坞大学为例，该校设置在因IT、动漫、游戏产业而享有盛名的秋叶原区，具有得天独厚的产业氛围。同时，该校还在日本以及海外拥有强大的企业渠道，与众多企业建立了稳固的实习制度，为学生提供众多课题演习机会。另有众多学校设有诸如"创业研讨会"、漫画全集网以及专门的企业职业介绍代理机构等，为毕业生顺利进入业界开始相关工作做铺垫。同时，运用YouTube等互联网方式以及电视媒体、电影等传统方式展示毕业生作品，主动向业界推荐人才。

此外，由于动漫产业是一个极其重视人的创造力和想象力的产业形式，因此动漫教育必须注重激发人的想象力和创造力，而不单纯是绘画技术的提高。日本动漫高校管理一般给学生比较宽松的空间，以培养其自主性和创新能力。在这种自由开放的"创造力"管理机制下，学生也日渐自立起来，他们经常自己组织小型的动画和漫画展，形式和内容各式各样。

（三）韩国动漫职业教育模式分析

韩国作为新兴的动漫强国，不仅地理、文化、经济、产业发展情况和我国相近，动漫发展的背景也和我国有许多相似之处，因此韩国动漫职业教育的成功模式值得我们借鉴。

1. 学科融合

近年来，韩国特别注重动漫在数字游戏、网络广告、动画影像等领域的应用，相应课程也按照专业科系的特点，以及复合媒体时代动漫的广泛适用性和产业要求进行设置。韩国动漫教学的多学科融合性的典型的代表为韩国弘益大学。该校的动漫教育课程主要设置在美术学部的视觉设计（Visual Design）专业以及游戏学部的游戏软件（Game Sof tware）专业和游戏美术设计（Game Graphic Design）专业中。值得注意的是，该校的视觉设计专业除设置基础的视觉设计课程以外，从二年级上学期开始就安排有动画以及影像相关课程，如影像设计（Motion Design）、声效设计（Sound Design）、动画等课程，二年级下学期设有3D设计、影视剪辑等课程。其中3D设计要求学生通过对3DCG原理及Maya等3D软件和原理的学习能够制作出三维动画影像。而从三年级上学期开始，学生就必须进行更深层次的影像论（包括动画、电影、广告、实验影像等）以及广告论、影像设计学等课程的学习。

2. 课程实用

韩国动漫职业院校采用视觉设计课程和动画影像课程，以及视觉符号学、信息理论，设计论坛等与前沿课程相结合的教学模式，使学生具备较高的综合素质，所创作的设计、动漫作品都具有较好的创新理念。在游戏美术设计专业的课程设置中，包含了动漫教育中几乎所有的基础课程，并根据游戏美术的具体要求进行调整，设置了数字角色动画、游戏交互设计、游戏动画学、动作研究、游戏绘画论等课程，具有较强的实用性和实效性。

3. 体制灵活

韩国的高等教育体制较为灵活，鼓励学生在学期间进行海外研修，并可根据实际需要申请休学。这就方便动漫教育的实践训练。许多韩国院校中的动漫专业学生，利用这一制度，在学期间申请若干年的休学，到海外研修，或到动漫公司进行实习、工作一段时间，再重新回到学校中完成学业。灵活的休学制度为韩国动漫教育的实践教学提供了有利的条件，加上韩国动漫教学较为完整高效的“产—学—研”良性循环体系，使韩国动漫教学培养出的学生的实践能力能够得到保证，从而推动本国动漫游戏产业的发展。

五、对我国动漫专业职业教育的启示

我国职业院校的动漫专业教育普遍偏重于对学生的理论教学，实践教育缺乏。特别是，由于我国的动漫专业教育团队组建时间短、教学基础设施差、教师经验缺乏等，所以在诸多方面还存在不足，有待改进。而国外动漫教育走在我国的前列，尤其是美国、日本等老牌动漫强国。国外动漫专业的职业教育偏重于对学生实践能力的培养，以产业需求为导向，注重团队合作，先进的职业教育经验值得借鉴。

（一）明确教育目的，定位教育方向

动漫设计虽然工作量巨大，但是却有着十分明确的分工。前期有文案、策划部门，中期有拍摄、绘制、剧务部门，后期有采编、美工、合成部门，再之后还有业务发行部门等。每个部门之间的知识结构、专业技术都相差较大，只有大家发挥自己的特长，才能制作出优秀的动漫作品。正是由于动漫业这种特殊性，所以仅靠单人力量几乎不可能完成一部中长篇作品。也正是基于这

种特殊性，动漫产业所需求的从业人员层次多样、数量众多。目前社会急需的动漫人才可分为三级：一级人才主要从事战略管理、营销策划；二级人才主要是技术人员和职能管理人员，他们是动漫产业的中坚力量；三级人才主要是加工操作型人员。因此，开设动漫职业教育必须明确动漫教育的目的，准确定位教育方向，根据具体的用人要求，开设各具特点的岗位实训课程。

（二）根据自身特色，培养适合人才

职业院校动漫教育应该注重培养适合型人才。首先，动漫产业涉及大量的行业领域，职业教育应该结合自身学科优势发展地域特色专业。如工科院校可以利用学校的专业优势开设以特效、网络、游戏程序等工科性强的课程；有优秀地域文化的中小城市则可以结合地方文化开发专项研究课程和项目，实现学生的实际价值。这样可以大大地提升办学效果。其次，职业院校动漫教育应该进行有目的、有针对性的培训，在课程的设置上，从基础动漫的专业角度提升学生对整体动漫的行业需求认知，并着重培养和提升学生的职业能力。比如：通过小组的虚拟项目训练提高学生的团队协作能力、职业规范行为能力和敬业奉献行为能力；通过项目实战训练培养学生的专业技术能力、应用创新能力和职业纵向拓展能力（包括自主学习能力、职业的前沿信息收集能力和自我修正能力）。最后，在培养方案的策划上，要在第三、第四学期开始，扩大试验、实践课程的课时数量和研究领域，并根据学校自身的特点开设动漫对外研究所，架设由高校通往动漫市场需求的桥梁，为学生提供广阔的时间、空间和平台，以实际项目锻炼学生的实践能力，让学生尽快确立自己的学科方向和发展导向。

（三）关注市场需求，加强校企合作

动漫并不是传统意义上的动画片，在行业趋势发展中，动漫公司发展模式呈现出多样化特征，除基本的动画生产外，还包括商业动画、形象包装、形象制作、动画广告、工程演示、多媒体演示等多种动漫设计需求，这些项目的出现使传统意义上的动漫内涵得到扩展。高职院校要根据这种市场需求及本校优势，开设相应的专业方向及课程，让学生熟知未来的工作岗位和内容，摒弃单一的动画创作，积极参与商业动画等模拟实战练习，使学生在学习制作技术的同时真正了解市场。这种有的放矢的教学形式要求动漫职业教育必须加强校企合作。这也是当今职业教育的发展趋势，这种模式具有很强的可操作性，采用的方式一是通过网络下单交单的方式完成合作项目，企业不必派人到学校跟进，这样不受地域的限制，节约企业的时间和成本。二是学生直接到企业去实习，参与日常的动漫制作，这样可以让其更真实地了解市场需求以及动漫产品的开发生产和市场运作。但是无论哪种方式都要处理好校企之间的关系，形成良好的互动，推进动漫职业教育朝着市场运作的方向发展。

（四）结合传统模式，创新教学方法

随着我国动漫产业的繁荣发展，传统型动漫职业教育的内涵和外延都要进行扩展，课堂上的师生教育模式也要向企业间的师徒模式推进。让有知识有经验者在具体的动漫制作和动漫商务中进行实践教学，这样会更具有针对性和实效性。首先，动漫科目要与基础技术教学相结合。动漫行业是一个对技术和文化依赖性比较强的领域，因此动漫教育要注重教育内容的科学性与实用性。除动漫基础性教育外，学校还为学生拓展会计、营销、经营等相关知识，以增强学生的实际工作能力。其次，要多聘用活跃在动漫产业最前线的专家。这方面应多向日本动漫界学习。世界

著名的日本动漫作品的作者大都在日本高校兼任教授，为学生讲授鲜活的产业发展经验，加深了学生对业界的了解。最后，动漫职业教育机构之间要不断加强协调和沟通，建立相互促进的关系。在课程设置和师资力量上可以彼此借鉴和交流。在职业教育和动漫人才需求之间搭建良好的桥梁，促进动漫产业的繁荣发展。

（五）培养创新意识，开发创新思维

中国动画学会会长余培侠说过："原创是动画资本，创造是民族之魂，只有大力创作中国风格的原创作品，才能促进中国动漫的崛起。"动漫产业的核心价值在于其创意和文化内涵。在泛动画的理论支撑下，动漫是以"创意"为核心，以动画、漫画为表现形式，包含动漫图书、报刊、电影、电视、音像制品、舞台剧和基于现代信息传播技术手段的动漫新品种等动漫产品的开发、生产、出版、播出、演出和销售，以及与动漫形象有关的服装、玩具、电子游戏等衍生产品的生产和经营的产业。所以对于动画教育而言，从学生的长远发展出发，拓宽学生的知识面，为学生提供多学科的知识内容，是激发学生创作性思维的有效方法。比如在专业必修和选修课程中，开设跨学科文化课程，或有目的地由专业教师引导，带领学生研究诸如非物质文化遗产的相关实际项目，让学生有针对性地搜集资料去探求新的学科领域，增强自己的综合竞争力，激发学生的创作欲望，由专业教师把控方向和提供指导性的经验与思路，带领学生共同完成具有独特地域文化特点的动漫相关作品。这一方面有利于学校与地方文化经济产业的结合与发展，促进中小型城市动漫产业的开发与进步；另一方面更好地开阔了学生的创意思路，进一步拓宽了其专业知识领域和就业渠道。

参考文献

［1］刘勇、刘永灼：《浅析动漫企业市场推广策略》，《商业时代》2013年第16期，第126页。

［2］张斌、何艳：《浅析我国动漫产业的现状及其发展的对策思路》，《特区经济》2007年第10期，第213页。

［3］陈层：《浅析中国动漫市场的问题与发展》，《现代经济信息》2013年第10期，第266页。

［4］聂洲：《我国动漫产业发展策略探析》，《经济问题》2013年第3期，第89页。

［5］李勇：《我国动漫产业发展存在的问题及应对策略》，《经济纵横》2007年第7期，第33页。

［6］冯俏俏、赵明：《我国动漫产业发展困境与对策研究》，《编辑之友》2012年第5期，第62页。

［7］章莉、景进安：《中国动漫产业发展问题与对策》，《生产力研究》2006年第11期，第154页。

［8］王栋臣：《浅谈国内动漫企业对人才的需求及高职动漫教育》，《常州轻工职业技术学院学报》2009年第6期，第66页。

［9］曹路：《新时期动漫行业人才需求状况初探》，《商》2013年第3期，第104页。

［10］陈林彬：《动漫人才培养模式探索》，《新闻界》2009年第4期，第174页。

［11］周著：《试论动漫企业在产业人才培养中的角色》，《学术论坛》2010年第12期，第221页。

［12］杨恒：《动画职业教育与企业人才需求研究》，《科技信息》2013年第5期，第210页。

［13］许盛：《高校动漫教育存在的问题及改革对策研究》，《教育探索》2012年第7期，第60页。

［14］龚成清：《高职院校动漫专业教学改革的探索》，《长春理工大学学报》2011年第6期，第181页。

［15］李勇智：《国内高校动漫教育现状分析》，《大舞台》2012年第3期，第218页。

［16］李世东：《基于动漫人才就业渠道的高校动漫教育创新研究》，《中国成人教育》2010年第8期，第169页。

［17］王善朝：《浅析当前动漫教育中的亟待解决的几个关键问题》，《科技信息》2011年第3期，第178页。

［18］张笑、魏婷：《中国动漫产业国际竞争力分析》，《国际经济探索》2009年第3期，第30页。

［19］孙嘉聪：《借鉴国外先进理念推动国内动画教育的良性发展》，《延边党校学报》2011年第10期，第128页。

［20］关萍萍：《日本的动漫职业教育及其启示》，《经济论坛》2011年第6期，第177页。

［21］杨瑛：《中外动画教育的现状与启示——以中、美、韩高校动画教育为例》，《赤峰学院学报》2011年第11期，第250页。

［22］刘贺、刘洋：《我国动漫产业人才需求及培养模式分析》，《中国成人教育》2011年第3期，第171页。

［23］石伟、陈琳：《优化教学设计思路中动漫企业与职业教育无缝对接策略》，《中国成人教育》2012年第4期，第142页。

［24］徐珏、于丽英：《中国动漫产业的发展战略研究》，《科技管理研究》2010年第20期，第121页。

第三章　物流行业与职业教育分析报告

物流行业是关系国计民生的重大行业，国家“十二五”规划对物流业发展明确提出了“社会化、专业化、信息化”的要求。在国家政策的引导和扶持下，市场化的物流需求将得到进一步的释放，物流企业发展的政策环境和市场环境都将得到大幅的改善，从而加快物流业的发展速度。与此同时，物流业必将承担起更多的社会责任，它不仅要支撑经济总量的持续增长，还要通过提高效率、降低运行成本、减少资源消耗，促进国民经济运行质量和效益的提高，以减轻社会经济过度依赖规模增长的压力。而发展物流职业教育，培养物流专业人才正是促进我国物流业健康快速发展的核心所在。

本报告在相关研究成果和行业发展数据的基础上，对我国物流行业、企业及行业人才需求情况、我国物流专业职业教育现状等进行较为全面的分析，同时借鉴德国、日本、美国、新加坡等发达国家和地区物流职业教育的先进经验，为加快我国物流专业职业教育发展带来启示。

一、我国物流行业发展概况

随着世界经济的快速发展和现代科学技术的进步，物流产业作为国民经济中一个新兴的服务部门，正在全球范围内迅猛发展。在国际上，物流产业被认为是国民经济发展的动脉和基础产业，其发展程度是衡量一国现代化程度和综合国力的重要标志之一，被誉为促进经济发展的“加速器”。我国现代物流业起步较晚，但是随着国民经济快速发展，物流服务业也搭着这班经济顺风车呈现出勃勃生机，发展势头异常迅猛，我国物流业未来必将获得更好、更快的发展。

（一）国内物流行业现状

随着物流业在我国的快速发展，国内物流业各方面都有了新的突破，物流行业整体的竞争力也有了一定的提高。在国内服务业快速发展的大环境下，物流业发展现状也表现出了新的特征：物流业规模增长快、基础设施逐步完善和政策环境明显好转。这些变化都为进一步加快发展中国物流业奠定了坚实基础。

1. 规模快速增长

据国家发改委、国家统计局、中国物流与采购联合会发布的统计数据显示，全国社会物流总额2013年达到197.8万亿元，比2005年增长3.1倍，按可比价格计算，年均增长11.5%（见图3－1）。物流业增加值2013年达到3.9万亿元，比2005年增长2.2倍，年均增长11.1%，物流业增加值占国内生产总值的比重由2005年的6.6%提高到2013年的6.8%，占服务业增加值的比重达到14.8%。物流业吸纳就业人数快速增加，从业人员从2005年的1780万人增长到2013年的2890万人，年均增长6.2%。

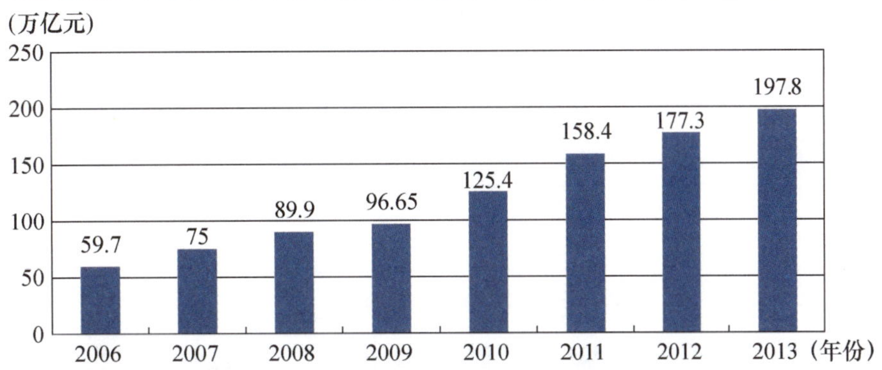

图3－1　2006～2013年全国社会物流总额

资料来源：中国物流与采购联合会。

根据国家统计局《国民经济和社会发展统计公报》，2007年我国铁路、公路、水运、民航、管道等货运总量为225.34亿吨，2008年全国货运总量为249.04亿吨，到2013年达到450.66亿吨，其具体数据如表3－1所示。

表3－1　2007～2013年我国货运总量统计　单位：亿吨

年份	铁路	公路	水运	民航	管道	货运总量
2007	31.4	162.8	27.3	0.04018	3.8	225.34
2008	33.1	181.7	29.7	0.04076	4.5	249.04
2009	33.3	209.7	31.4	0.04455	4.4	278.84
2010	36.4	242.5	36.4	0.05574	4.9	320.26
2011	39.3	281.3	42.3	0.05528	5.4	368.36
2012	39	322.1	45.6	0.05416	5.3	412.05
2013	39.7	355	49.3	0.05576	6.6	450.66

资料来源：国家统计局《国民经济和社会发展统计公报》。

由以上数据可以看出，近年来我国物流业一直保持较高的增长率，物流业规模不断壮大。像我们熟知的快递行业，在国民经济增速回落、传统大宗商品物流市场疲软的背景下，以其“便捷、高效”的特点“一枝独秀”。2011年3月以来，快递业务量增速连续33个月保持在50%以上；2013年以来，各月累计增速均保持在60%以上。2013年全年，全国规模以上快递服务企业业务量累计完成91.9亿件，同比增长61.6%。

由此2014年物流业整体上保持平稳运行态势，物流转型升级继续推进。“增速减缓、调整加快、分化明显”仍将是物流运行的主基调。预计全社会物流总额，按可比价格计算，增长会在9%左右。

2. 基础设施逐步完善

交通设施规模迅速扩大，为物流业发展提供了良好的设施条件。截至2013年底，全国铁路营运里程突破10万公里，高铁突破1万公里；全国高速公路营运里程达到10.4万公里，已超过美国，跃居世界第一位；全国港口拥有生产用码头泊位31760个，沿海港口生产用码头泊位5675个，内河港口生产用码头泊位26085个，全国港口拥有万吨级及以上泊位2001个，其中共有颁证运输机场193个。同时物流园区的建设，仓储、配送设施现代化水平在提高，一批区域性物流中心也正在建成。如图3-2所示。

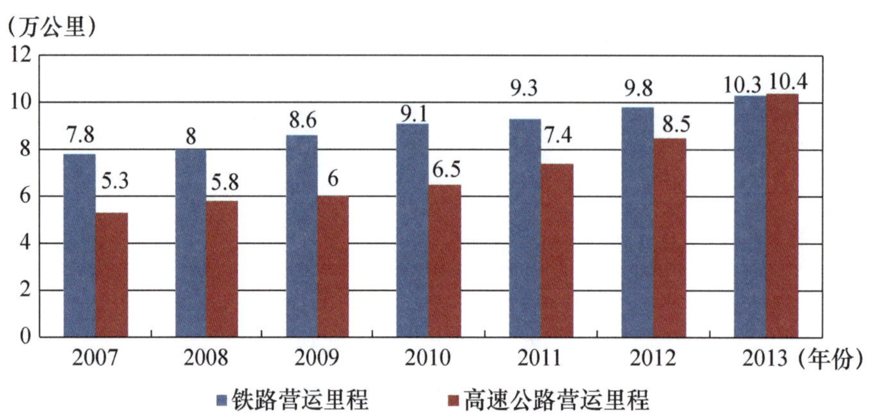

图3-2 2007~2013年全国铁路和高速公路营运里程

资料来源：中国物流信息中心。

3. 政策环境明显好转

在《中华人民共和国国民经济和社会发展第十一个五年规划纲要》中明确提出“大力发展现代物流业”，中央和地方政府相继建立了推进现代物流业发展的综合协调机制，出台了支持现代物流业发展的规划和政策。物流统计核算和标准化工作，以及人才培养和技术创新等行业基础性工作取得明显成效。2013年发布的《全国物流园区发展规划（2013~2020年）》，明确了全国物流园区的发展目标和总体布局，为物流园区发展画出“路线图”。北京、天津等29个城市被确定为一级物流园区布局城市，石家庄、邯郸等70个城市被确定为二级物流园区布局城市。物流园区布局城市可根据实际需要建设货运枢纽型、商贸服务型、生产服务型、口岸服务型、综合服务型等不同类型的物流园区，到2020年，基本形成布局合理、规模适度、功能齐全、绿色高效的全国物流园区网络体系。2001~2013年国家出台的物流政策如表3-2所示。

表3-2 2001~2013年国家出台的物流政策

时间	颁发部门	政策名称	政策点评
2001年3月	原国家经贸委、铁道部、交通部等六部委	《关于加快我国现代物流发展的若干意见》	我国政府部门联合下发的第一个有关物流发展的政策性文件
2004年8月	国家发展和改革委员会、商务部等九部门	《关于促进我国现代物流业发展的意见》	我国政府首次明确物流产业地位及发展方向的纲领性文件，指出“现代物流”是一个新兴的复合型产业，涉及运输、仓储、货代、联运、制造、贸易、信息等行业，政策上关联许多部门

续表

时间	颁发部门	政策名称	政策点评
2005 年 6 月	国家发展和改革委员会、商务部等八部委	《关于印发〈全国物流标准 2005 ~ 2010 年发展规划〉的通知》	提出了我国物流标准 2005 ~ 2010 年发展规划的指导思想、工作目标、重点任务、主要措施和具体标准项目，由全国物流标准化技术委员会和全国物流信息管理标准化技术委员会等联合编制，标志着物流标准化由部门分割向统一整合过渡
2005 年 12 月	国家税务总局	《印制关于试点物流企业有关税收政策问题的通知》	对国家发改委和国家税务总局联合确认纳入试点名单的物流企业及所属企业的有关税收政策问题的通知，包括营业税政策和货物运输业发票抵扣增值税问题等
2006 年 3 月	国家税务总局	《关于物流企业缴纳企业所得税问题的通知》	物流企业在同一省、自治区、直辖市范围内设立的跨区域机构（包括场所、网点），凡在总部统一领导下统一经营、统一核算，不设银行结算账户、不编制财务报表和账簿，并与总部微机联网、实行统一规范管理的企业，其企业所得税由总部统一缴纳，跨区域机构不就地缴纳企业所得税
2007 年 10 月	财政部、海关总署、国家税务总局	《关于保税物流中心（B 型）扩大试点期间适用税收政策的通知》	国内货物进入物流中心视同出口，享受出口退税政策，海关按规定签发出口退税报关单（出口退税专用联）。企业凭报关单出口退税联向主管出口退税的税务部门申请办理出口退（免）税手续
2008 年 3 月	商务部	《关于加快我国流通领域现代物流发展的指导意见》	主要从以下四个方面进行说明：充分认识加快我国流通领域现代物流发展的重要性和必要性；指导思想和主要目标；主要工作和任务；政策措施
2009 年 3 月	国务院	《物流业调整和振兴规划》	物流业被列入十大产业振兴规划，是政府 2009 年列入调整振兴的十大产业中唯一的生产性服务业，物流业得到了前所未有的重视
2010 年	国务院有关部门和各地政府	《物流业调整和振兴规划》	物流实施年，实施《物流业调整和振兴规划》及其细则
2011 年 8 月	国务院	《关于促进物流业健康发展政策措施的意见》	业内称为物流“国九条”，涉及税收、土地、交通、管理体制、资源整合、技术创新与应用、资金投入、农产品物流、组织协调九大问题
2012 年 6 月	商务部	《关于推进现代物流技术应用和共同配送工作的指导意见》	要求完善城市共同配送节点规划布局，鼓励商贸物流模式创新，加快物流新技术应用步伐和加大商贸物流设施改造力度

续表

时间	颁发部门	政策名称	政策点评
2012 年 8 月	商务部	《关于深化流通体制改革加快流通产业发展的意见》	提出大力发展第三方物流，促进企业内部物流社会化；支持和改造具有公益性质的大型物流配送中心、农产品冷链物流设施等；支持流通企业建设现代物流中心等
2013 年 6 月	国务院	《深化流通体制改革加快流通产业发展重点工作部门分工方案》	提出要大力发展第三方物流，促进企业内部物流社会化，加强城际配送、城市配送、农村配送的有效衔接，推广公路不停车收费系统，规范货物装卸场站建设和作业标准
2013 年 9 月	国家发展和改革委员会等 12 部门	《全国物流园区发展规划(2013～2020 年)》	明确了全国物流园区的发展目标和总体布局，为物流园区发展画出“路线图”

（二）国内物流业发展特点

1. 物流总体稳中趋升

近年来我国物流业呈现不断增长的态势，从 2006 年到现在我国物流一直呈现发展壮大的趋势，每年不但物流业社会总额在增加，而且同比增长率也一直保持在 9.5% 以上。

中国物流与采购联合会发布的 2014 年 7 月中国物流业景气指数（LPI，反映物流业经济发展的总体变化情况，以 50% 作为经济强弱分界点，高于 50% 反映物流业经济扩张，低于 50% 则反映物流经济收缩）为 56.8%，从 2011 年以来，物流业景气指数均保持在 50% 以上，平均值为 54.4%；受网购等电子商务快速发展推动，以快递为主的邮政物流业增长势头尤为突出，其指数平均值为 63.9%，明显高于其他物流行业，并且稳定性较好。如图 3－3 所示。

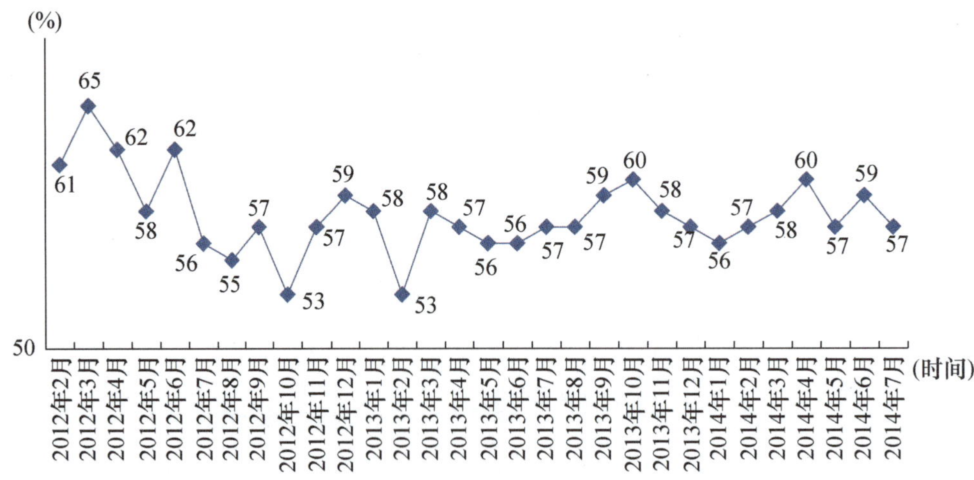

图 3－3　2012 年 2 月至 2014 年 7 月的 LPI 走势

资料来源：中国物流与采购联合会。

在社会物流总额稳中增长的同时，物流市场分化明显。一方面，受国内经济增速放缓和产能过剩等因素影响，钢铁、煤炭等大宗商品物流市场持续低迷，行业陷入深度调整；另一方面，由于内需扩大的带动，快速消费品、食品、医药、家电、电子等与居民消费相关的物流市场保持较高增长。电子商务和网络购物的快速增长促使单位与居民物品物流总额保持快速增长态势；受绿色经济、低碳经济和循环经济快速发展带动，再生资源物流总额快速增长。

2. 物流企业能力提升

随着中国经济的迅速发展，市场逐渐繁荣，这也带来了市场竞争的加剧，物流企业为了在市场竞争中获取有利地位，便纷纷采取积极应对市场变化、不断提升自身服务能力的策略。

大型物流企业重组整合，兼并收购，中小物流企业依托公共平台集聚和联盟发展。如国内航运企业大幅削减运力，调整业务结构；快递企业传统加盟模式暴露管控风险，“直营”和“收权”转型渐成趋势；公路货运市场出现一批像传化公路港、林安物流园等实体平台和信息平台的整合运营商；中国邮政速递物流 IPO 获得通过，一批市场表现优秀的物流企业积极筹备上市。

企业更加重视以客户需求为中心，开发个性化、一体化服务，在冷链物流、汽车物流、城市配送、物流地产等专业细分领域涌现了一批综合服务能力强的专业物流企业。企业加强精细化、集约化管理，通过技术改造、管理提升和人员培训等方法，应对成本上升压力。精益物流、共同配送、供应链集成等新的物流运作模式表现出强大生命力。越来越多的企业向产业链延伸服务，逐步从传统物流企业向综合物流服务商转型。①

3. 经营业态交叉融合

近年来，随着物流实践的深入，物流业态在国内日渐呈现出各种各样的业态形式。运输、储存保管、包装、装卸搬运、流通加工、配送、物流信息等物流基础功能产品及服务逐步衍生出物流加工、货物配载、电子商务、外包服务等物流增值产品及服务。随着物流的深入发展，供应链管理、物流园区管理等针对性强、聚集程度高、专业性强的物流产品及服务也应运而生，各种物流产品及服务不断扩充到我国物流经济组织的运营业务中。

各类企业跨界经营。商贸流通企业从交易功能向物流功能延伸服务，现货市场、交易中心、期货交割库等商贸物流业态快速发展。苏宁、国美、京东、当当等一批消费型商贸企业和电子商务企业投入巨资建立和完善物流网络，部分企业申请获得快递牌照，自有物流配送体系向社会开放。中邮、顺丰等快递企业开设网上业务，进入电商领域。物流企业介入代理采购和分销业务，借助金融机构开展供应链一体化服务。

多种业态深度融合。制造业与物流业联动发展，在采购、生产、销售等环节加强协作。联想、海尔、一汽等一批制造企业与物流企业深化战略合作，促进业务流程再造。商贸业与物流业共生发展，百联、物美、浙江物产、天津物产等一批商贸企业改造传统流通渠道，创新流通模式。金融与物流的融合，提升了物流业对整个供应链的掌控能力。汽车、家电、电子、医药、零售等行业上下游多种业态深度融合，供应链协同模式加快变革。②

4. 区域和国际物流整合

随着基础设施的发展，信息沟通日益通畅，我国区域经济一体化进一步推进，长三角、珠三角、环渤海、中部地区等区域物流一体化积极推进，区域通关、交通管理、公路执法等合作机制

---

①②何黎明：《稳中求进　开拓创新　推动我国物流业持续健康发展——2012 年我国物流业发展回顾与 2013 年展望》，http：//www. chinawuliu. com. cn/lhhkx/201302/06/182011. shtml，2014 -08 -10。

逐步建立。东部地区物流业发展达到一定规模，加快转型升级。中西部地区受产业转移驱动物流需求扩张，物流基础设施建设保持较快增长。北京、上海、广州、成都等一批国家级物流节点城市辐射和集聚作用明显，郑州、武汉、西安等一批中西部物流中心城市发展势头良好。

而在全球化进程中，中国物流企业积极参与国际竞争，在国际物流发掘机会。中远、中外运、顺丰速运等大型物流企业跟随国内制造和建筑工程企业进入国际市场，在工程物流、快递物流等领域取得积极进展。航空运输企业积极拓展国际航线，加入国际联盟，打造国际化航空公司。一批大型物流企业通过收购兼并等方式，加大战略性投资，积极推进海外扩张。①

（三）物流行业存在的问题

虽然近年来我国物流业取得了较快发展，但是从现阶段看，我国人均收入水平与发达国家相比仍存在相当大的差距，社会主义市场经济体制还有待不断规范和完善，传统观念和计划经济条件下形成的传统模式还难免会对现代物流产生一定的阻碍。从总体上说，我国的物流发展尚处于起步阶段，还很不成熟，物流发展中还存在众多问题。主要表现在：

1. 管理体制不统一

各级政府虽然都将发展物流产业提上了议事日程，积极为物流产业的发展提供良好的宏观环境，但由于部门利益和地方利益的牵制造成多头管理和分段管理的局面，难以协调一致。

在运输管理体制上，我国实行的是按照不同运输方式划分的分部门管理体制；同时，从中央到地方也有相应的管理部门和层次。这种条块分割式的管理体制，一方面使得部门之间、地区之间的权利和责任存在交叉和重复，难以有效合作和协调；另一方面各部门、各地区各管一块，将全社会的物流过程分割开来，实行一种分段式的管理模式。这种条块分割的体制，不仅无法适应和满足物流业发展的要求，而且在相当程度上影响和制约物流企业的发展。中国物流体系的建立，是在新旧体制转换的大背景下进行的，它不可避免地要受到旧体制的影响和约束。鉴于旧体制下物流各个要素相互之间独立发展，在国民经济中形成不同的经济和管理部门，基础设施和管理方面的“条块分割”状况比其他产业和部门更为严重。要实现系统化，就要打破条块的界限，重新配置资源，调整管理权限，这自然还要涉及权力的重新分配。同时物流的社会化往往导致原来生产和流通企业中从事同类工作的人员失去传统的工作，成为企业的冗员。在当前社会保障系统和就业机制体系尚不健全的情况下，部门和企业宁愿继续自己承担物流职能，也不采用社会化的物流服务。

2. 专业化程度不高

中国物流业受多方面因素的影响，经营方式有限，经营管理水平不高。我国物流企业大多数没有接受现代物流理念的洗礼，而是习惯于“大而全”、“小而全”的模式，提供一体化服务的很少，具有竞争力的物流企业更是少之又少，目前多数从事物流服务的企业只能简单地提供运输和仓储服务，在物流信息、库存管理物流加工等方面的服务能力还不强，特别是在提供适合用户需求的增值服务方面能力很差，由于企业缺乏必要的服务规范和内部管理章程，经营管理粗放，服务质量较低，加之员工素质不高，专业技术缺乏，服务意识不强，缺少市场开发的主动权和创新经营的能力，目前国内大多数企业都面临着物流成本上升、投资物流现代化能力不足以及专业

---

①中国行业研究网：《我国物流业健康发展现况及趋势分析》，http：//www. chinairn. com/news/20130219/15124618. html，2014 - 08 - 10。

人才短缺等物流问题，因此，如何整合社会资源以提升物流作业的效率、降低物流成本，已成为目前商业自动化目标中最关键的话题之一。

一些先进的物流企业虽在某些方面引进了高科技的管理手段，但仍停留在传统的人工操作阶段。由于新技术和新设施投资巨大，并且要求与客户之间建立接口，所以物流企业没有先进的物流信息系统，不能及时、准确地获取信息和做出决策，无法科学客观地分析市场现状、预测未来市场和制订相应计划，这是制约物流企业发展的“瓶颈”。

物流的专业化、网络化和社会化程度不高，物流的功能作用尚未得到充分发挥。由于受传统体制的影响，我国的物流行业还带有一定的行政和部门色彩，很大程度上妨碍了物流作用的充分发挥。目前，我国物流业内各经营组织所拥有的物流设施、设备为数不少，但利用率却普遍偏低。据统计，物流业仓库的使用率一般只有50%左右。很少有物流企业能提供全国性或全球的物流服务网络。而先进国家的大部分物流企业都能为客户提供全球性的物流服务，因而能适应企业跨国经营的要求。

3. 物流人才缺乏

我国在物流方面的教学和科研都刚刚起步，缺少物流研究和规划人才、高级物流管理人才、物流企业经营人才、物流经纪人和与物流相关的其他专业人才。由于物流是涉及运输、仓储、包装、信息等多项服务的集成体系，物流企业不仅要提供以上的服务，还要进行物流方案的策划、咨询、设计，将有限的资源进行重组。

目前物流业的资源处于发布不均和供给不足状态，难以实现资源的高效率整合。有经验有现代技术，掌握现代经济贸易、运输和物流理论技能，又有过硬的外语能力和国际贸易运输及物流经营技能，熟练掌握信息技术是各企业对高级物流人才的一致要求，然而目前我国一个中型企业，年薪出资50万~100万元都难以找到一名物流人才。国内相应的培养体系不够成熟和健全，物流高级人才主要是从海外留学回国的人员。我国在物流研究和教育方面还很落后，人才相对缺乏。教师物流职业培训也以企业的短期培训为主，缺乏规范的物流人才培育途径，这样势必造成物流专业人才的短缺，而物流专业人才的缺乏所引发的结果只能是物流企业经营管理水平的低下，这无疑也是物流产业发展的巨大障碍。

4. 费用占GDP比重高

我国物流总成本长期降不下来，物流企业盈利能力普遍偏低。据中国物流与采购联合会最新统计，我国全社会物流总费用与GDP的比率维持在18%左右（见表3-3），难以下降。这一比率高于美国、日本和德国9.5个百分点左右；高于全球平均水平约6.5个百分点；高于“金砖”国家印度和巴西5~6个百分点。

表3-3　我国物流费用占GDP的比重

年份	物流成本（万亿元）	全国GDP（万亿元）	占比（%）
2009	6.08	34.0	17.8
2010	7.10	39.7	17.8
2011	8.40	47.1	17.8
2012	9.40	51.9	18.1
2013	10.20	56.8	17.9

资料来源：中国物流与采购联合会。

第一，经济发展阶段是物流费用偏高的基础性原因。目前，我国总体上仍处于工业化中期阶段，服务业欠发达、工业产品附加值偏低。我国与发达国家相比，实现同样多的商品销售额、耗费同样多的物流费用，但所创造的增加值明显偏低，从而导致物流费用与 GDP 的比率偏高。

第二，生产方式粗放是我国物流费用偏高的重要原因。生产方式仍以“大批量、规模化”为主，导致产需不能有效衔接、资源周转偏慢、社会库存居高不下。2012 年，我国工业企业存货率为 9.4%，远高于发达国家 5% 左右的水平。

第三，流通模式粗放与物流费用偏高密切相关。社会资源周转慢、环节多、费用高。比如我国海铁联运比例远低于全球平均水平，目前国际上港口集装箱的海铁联运比例通常在 20% 左右，美国为 40%，而我国仅为 2.6% 左右。我国工业企业流动资产周转次数为不到 3 次，远低于日本和德国 9 ~ 10 次的水平。

二、物流行业人才需求分析

无论涉及哪个行业都要分析人才这个最重要的核心资源，人才的多少和优劣直接影响着该行业的发展，一个行业未来的成长速度如何和这个行业储备的人才息息相关，没有大量的专业人才，行业的发展速度必定会受到限制。分析人才需求状况对一个行业来说极为重要，特别是物流这种需要大量人才的行业。

（一）企业发展概况

随着我国物流业的快速发展，物流市场出现了多种类型的物流企业，传统运输、仓储、货代企业开始向物流领域拓展，新兴物流企业大量涌现。国外物流企业也看好中国的物流市场，加快在中国市场的拓展速度，物流业形成了多种类型物流企业共同发展的格局。在这种环境下，我国物流企业的发展主要变为企业规模数量快速增加、企业转型加快等。

1. 企业规模迅速增加

央视的调查数据：我国现有物流企业 700 多万家，拥有车辆 1600 多万台。据有关机构统计，近年来，我国新增物流企业的数量每年以 16% ~25% 的速度增长。我国第三方物流企业，从 1997 年占整个物流的不到 2% 增加到 2013 年的 10% 左右。

随着我国“物流热”的日益高涨，我国涌现了一批有相当实力的第三方物流。如中远集团在整合原中远国际货运公司和中国外货代理公司的基础上组建了中国远洋第三方物流，拥有资产 60 亿元，旨在为国内外客户提供现代物流、国际船舶代理、国际多式联运、仓储等服务，在国内外成立多家区域公司和代表处，形成功能齐全的物流网络系统，推出汽车物流、家电物流、项目物流和展运物流四大品牌。其他如中邮物流、中铁现代科技物流、宝供物流、德邦物流、大通物流、大田物流等渐渐成为我国第三方物流市场的领军企业。这些第三方物流各有优势资源，均具有规模大、实力强的特点，致力于新的发展战略，朝着大规模、网络化、信息化、多功能的现代物流方向发展。但是必须看到我国的物流企业整体水平还不高，整体竞争力还偏弱，它们很多是由传统的仓储、运输企业转型而来，在管理水平、技术力量及服务范围上还没有质的提高。

2. 企业转型升级加快

在物流需求规模增速减缓、市场倒逼机制效应明显增强的背景下，物流企业业务调整的动力增强，行业转型升级步伐加快。物流专业服务能力增强、供应链管理有新的发展，快递速运、物流平台、一体化物流、供应链管理等已经成为企业新的增长点。

（1）供应链管理有新的发展。物流业与制造业、流通业和金融业等多业联动进一步深化，供应链管理迎来快速发展新时期。首先，制造企业、商贸企业的一体化物流与供应链管理需求逐步显现，为物流与供应链的发展奠定了市场基础，制造、商贸、金融与物流联动发展的内生动力增强。其次，部分物流企业积极地由物流服务商向供应链管理提供商转变。部分物流企业以大宗商品物流需求增速回落为契机，低成本整合资源，主导构建供应链、提供全方位一体化服务。

（2）物流平台创新发展。长期以来，我国物流企业发展面临集中度低、信息化程度低、物流资源分散等制约，伴随着社会各方对物流要求的提升和物流市场本身竞争的加剧，物流平台得到创新发展，与电商平台融合发展。物流平台以网络为基础，以信息平台和第三方支付为手段，发现和创造商机，形成撮合交易的平台，是融合制造业和服务业的新经济模式，能够整合产品资源、客户资源、物流资源、信息资源，能够有效解决物流行业长期以来“小散乱差”的问题，对于提升物流效率、减少物流环节、降低物流成本具有重要意义。

（3）物流网络化和一体化加快发展。伴随着物流市场竞争加剧，物流网络化布局和一体化物流提供能力成为核心竞争力，行业内龙头企业借助信息化技术和行业物流资源整合，纷纷优化网络布局、延伸网络布局和覆盖范围，提高一体化物流能力，为减小物流环节、节约物流成本起到了积极的推动作用。

（二）人才需求分析

1. 人才需求总量

目前，我国的物流人才十分紧缺。我国物流涉及从业人员约为2000万人，物流业增加值每增加1个百分点，将增加10万个工作岗位。当前，中国物流业对相关人才的需求量旺盛，根据中国物流与采购联合会的权威预测，中国的物流人才缺口为600万左右，管理层的缺口至少在50万以上，而相对中下层的物流工程师和技术人才也相当缺乏，数量都以几十万计，中层和低层物流人才缺口占很大一部分。

我国物流市场庞大，物流固定资产投资加速，对物流操作人才产生了巨大需求。物流人才的短缺成为了阻碍物流业发展的“瓶颈”。另外，现代物流业是劳动密集型和技术密集型相结合的产业，随着信息技术、自动仓储技术、包装技术、装卸搬运技术及相应设备在物流活动中的大量应用，物流业的发展需要大批具有一定文化水平并具备一定技能的物流操作人才。而国内物流从业人员素质普遍较低。据统计，国内各类企业中物流操作岗位的从业人员的主要来源：一是从传统的仓储和运输企业的搬运、装卸等岗位转移而来；二是直接招聘农民工。这些人员大部分不具备物流相关知识，没有接受过系统的物流操作培训，而是直接上岗操作。在我国物流行业发展较快并且相对领先的地区，如上海和北京，大专以上学历的物流从业人员占第三方物流企业从业人员的比例分别约为21%和19%，其他地区的这一比例更低，具有物流专业教育背景的更是凤毛麟角。而美国奥尔良大学一项为期20年的全美物流职业调查显示，在被调查的物流业管理者中，92%具有学士学位，41%具有硕士学位，22%具有从业资格证书。可见，国内物流人才状况与发达国家相去甚远，远远不能满足国内物流业对现代物流人才的迫切需求。

2. 人才需求结构

（1）物流人才的需求方分析。物流人才需求领域主要集中在以下四个方面：

一是企业物流运营人才。目前，中国从事物流的企业已突破10000家，物流市场以每年30%的速度递增。企业物流人才是物流人才中需求较大的一块，这是因为企业的包括面很广，尤其是制造业对物流人才有着大量的需求。如海尔、康佳、娃哈哈等知名的制造企业均以巨资进军物流业，还有许多专业物流企业也都需要各个层次的物流人才。

二是物流规划和咨询人才。城市物流系统和企业物流系统的改造和完善，物流园区和配送中心的规划和设计，物流运输货场（站）的规划，物流网络的合理布局等，都是投资巨大的系统工程，都需要高素质的复合型的专业物流人才。

三是外向型国际物流人才。全球采购与全球销售形成的庞大的国际物流系统，需要大量精通进出口贸易、海关业务、采光系统、供应链管理的国际物流人才。

四是科研教学物流人才。我国的物流发展起步较晚，物流理论和物流技术都相对落后，这就需要我们高度重视物流理论的研究和物流技术的推广。另外，中国物流人才的严重短缺，也需要大力发展物流教育，所有这些都需要高水平的物流科研和教学人才作支撑。

物流人才需求层次分析主要有三个层次：

一是物流操作人员，这类人员主要从事具体的物流作业，如货物的上架、分拣、堆垛、包装、配送等，对他们的要求主要是操作能力的训练和吃苦耐劳精神的培养。但随着先进机械设备和信息技术在现代物流中的应用和推广，对物流操作人员的能力也提出了更高的要求。

二是物流实际管理人员，物流实际管理人员主要是对物流运作的某一部门进行管理，要求他们必须熟悉自身从事的物流环节的运营，能使本环节的物流更有效、更合理。此外，物流实际管理人员还要有整个物流大系统的理念，协同配合各相关部门，使整个物流系统合理化、科学化。因此，物流实际管理人员应该掌握物流基础理论、物流管理、经济管理、决策分析及法律法规等方面的知识，达到大学本科的知识水平。

三是高级物流管理人才，缺少高层物流管理人才和技术力量是我国物流业发展滞后的一个重要原因，中国物流业的发展呼唤物流企业家和物流理论家。近年来，许多城市和地区将物流作为经济发展的支柱产业，社会需要既懂物流理论，又有实践经验；既能进行物流管理，又具有物流技术专长；既具备现代经济头脑，又善于开拓进取的复合型人才。更加需要物流综合管理、物流规划设计、物流系统操作人才，城市物流解决方案、第三方物流企业流程再造、供应链结构分析人才以及把传统物流内容与金融、保险、电子商务等工作融合到现代物流中去的人才。高层物流管理人才要求从业人员知识面广，有较强的战略判断和把握能力，能够敏锐地发现市场的变化，对物流的各个环节进行宏观调控。

（2）物流人才的供给方分析。物流人才市场的供给方主要指开设物流相关专业教育的院校和进行各种人才教育培训的社会力量，具体指社会物流组织、团体和各类培训机构。目前，中国物流人才培养模式主要有学校的正规院校教育、物流职业教育培训（包括从业人员的在职和继续教育）和相关资格认证体系三种。

在正规院校教育中，截至2013年底，我国有近3000所职业院校开设了物流专业，其中高等职业学校800多所，中等职业学校2000多所，每年为社会培养40余万物流人才。一些学校每年都培养出大批物流及相关专业人才，成为物流人才供给的主供给方。许多应聘人员上岗后会惊讶地发现所学的知识与实际工作的差距，特别是高校毕业生，总会抱怨学校所学知识多是纯理论，是不切实际的，由此产生了物流人才供需严重不对称的现象。需求方渴求高级物流人才，供方市场只能提供数量众多的初级物流人员（素质普遍较低）或接受过高等教育的物流新手。另外，各院校培养方案各异，很大程度上反映的是与传统“母专业”的依托关系，尚未形成真正能满足现代物流人才培养的教育目标体系。显然，我国目前物流人才的供应无论从数量还是质量上远远跟不上现代物流业发展的需要。

在物流职业教育培训方面，2013 年国内行业协会组织实施的物流短期培训就有 60 多次，培训物流人员近 1 万人，再加上地方行业协会组织的一些培训，全国全年组织物流培训达 150 多次，参加培训的人员近 1.5 万人次。除此之外，各类公司自行组织的内部员工培训数量就更多了，估计年均达 2 万人左右。

国家同时推行相关资格认证体系，2002 年中国交通运输协会引进英国皇家物流与运输学会的国际物流资质认证体系，分四个级别的职业资格系列证书：物流与运输营运证书、物流与运输专业证书、物流与运输营运证书、物流与运输战略管理证书。中国物流与采购联合会联合劳动部中国就业培训技术指导中心引入世界贸易组织国际贸易中心的采购与供应链管理证书培训，于 2003 年正式推出《物流师国家职业标准》，规定物流师国家职业标准分为助理物流师、物流师和高级物流师三个等级。

（3）物流人才的职业素养。物流人才要具备怎样的职业素养才能满足工作的需求呢，下面结合企业实际情况进行分析。企业对物流人才的基本素质、知识和技能要求如表 3－4 所示。

表 3－4　　物流人才应具备的基本素质、知识和技能统计表

素质、知识和技能	比例（%）	素质、知识和技能	比例（%）
项目规划、策划能力	74	实际操作能力	73
交流与沟通能力	71	工作创新能力	70
信息资源管理能力	69	客户关系管理能力	69
专业知识学习能力	69	市场推广与开拓能力	62
诚信	60	组织协调能力	60
供应链管理能力	60	企业信用管理能力	59
灵活应变能力	58	创新研发与攻关能力	55
人才资源管理能力	57	环境适应能力	55
职业道德与忠诚度	55	品牌管理能力	55
完善的执行能力	53	市场营销能力	54
协同合作能力	52	责任心	52
项目执行能力	51	严谨周密的思维方式	51
资本运作管理能力	43	企业战略管理能力	46
库存管理能力	37	压力/困难/挫折承受力	43
标准化管理能力	36	项目管理能力	37
时间管理能力	35	潜在的领导能力	35
语言文字表达能力	34	质检纪检	35
电子支付能力	33	热心服务	31
外语应用与国际交际能力	30	办公自动化能力	30
财会工作能力	29	判断力	29
文案处理能力	28	职业培训能力	27
公关能力	27	在线采购能力	25
网络营销能力	22	理论政策水平	23

资料来源：中国知网。

由上表分析可知：企业在人才需求方面对物流人才的实际操作能力、项目规划策划能力、沟通交流能力、信息管理能力、供应链管理能力、执行能力等都提出了较高要求，这就需要职业院校在培养人才的过程中，坚持以就业为导向，以能力为本位，加强实践教学，提升学生实际操作能力。不断提升校企合作水平，让学生更好地融入到未来的工作环境中，弥补毕业生工作经验和能力上的不足，同时可以培养学生具备良好的职业道德，在实践中提升沟通协作能力。

三、我国物流专业职业教育现状分析

近几年来，物流作为“第三利润源泉”得到了政府和企业等有关方面的重视，同时党中央和国务院多次提出要把职业教育作为教育工作的战略重点来抓。在这种大好形势下，很多高职院校纷纷开设了物流相关专业，职业物流教育得到了较快的发展。我国物流专业人才的培养首先在交通、铁道、物资管理等相关行业的院校中起步，具有很强的行业特色，如北方交通大学和北京物资学院等。我国职业物流专业人才的培养则首先在深圳职业技术学院开始，深圳职业技术学院自 1993 年就开设物流管理专业。随后陆续有很多高职院校开设了物流管理专业。我国物流教育中，物流专业的博士教育、硕士教育主要集中在北京，本科教育、高职高专、中等职业教育基本覆盖全国，其中以高职教育的数量最多。同时物流专业培训也持续推进，如中物联物流师职业资格培训与认证工作自 2003 年 11 月开展以来，已有 30 多万人参加了认证培训，16 多万人取得资格证书。①

（一）物流专业职业教育现状

1. 背景概述

我国最初的物流职业教育多是由传统的物流行业如物资部门、交通运输部门组织的。一般是通过开办电大、函大、夜大、干部专修科、电视中专、职工中专等形式进行物流管理方面的行业技能培训。加入世界贸易组织后的几年中，我国物流职业教育呈现出快速发展的态势。许多科研院校、社会物流组织、政府机构面向物流从业者进行了多种形式的职业教育与培训。甚至国外一些著名的物流培训机构如英国皇家物流学会的 ILT 认证，也在中国抢滩登陆，试图在物流职业培训领域占有一席之地。各地区，尤其是深圳、广州、上海、天津、北京以及区域中心城市开设的各种层次的长期、短期物流培训班如雨后春笋般涌现。参加培训的人数众多，培训内容也是因地因人而异，物流职业培训呈现一派繁荣景象。从培训的层次上看，可以分为面向高层次物流管理者的高级培训班、面向中层部门经理的研讨班以及面向从事物流业务管理的作业训练班。从培训内容看，可以分为面向运输企业的物流培训、面向仓储企业的物流培训、面向配送连锁企业的培训以及面向第三方物流企业的培训。

2. 院校概况

截至 2013 年底，我国有近 3000 所职业院校开设了物流专业，其中高等职业学校 800 多所，中等职业学校 2000 多所，每年为社会培养 40 余万物流人才。据全国职业院校专业设置与公共信息服务平台统计，这些院校开设的与物流相关的专业数达 1008 个，主要的专业有物流管理、港口物流设备与自动控制、物流工程技术、物流信息技术和港口物流管理等。专业代码一般为

①韩冬梅：《我国高职物流教育存在的主要问题与对策》，《现代教育科学：高教研究》2008 年第 S1 期，第 149 - 154 页。

580313（物流工程技术）、590126（物流信息技术）、590129（物联网应用技术）、620505（物流管理）、520525（航空物流）、520602（港口物流设备与自动控制）、520608（港口物流管理）、620515（国际工程物流管理）、620536（冷链物流技术与管理）。其中物流管理专业尤为火爆，在1008个专业中，物流管理的开设数量为953个。如表3－5所示。

表3－5　　　　开设物流专业的代表院校

院校名称	专业	所属院系	2014年招生计划（人）
合肥物流学校	物流服务与管理	—	300
南宁市第六职业技术学校	物流管理	商贸专业部	150
山东省潍坊商业学校	物流服务与管理	经贸系	150
北京市商业学校	物流服务与管理	物流交通系	60
北京市商贸学校	物流服务与管理	商学系	40
新疆石河子工程技术学校	物流服务与管理	—	40
厦门工商旅游学校	物流服务与管理	商业部	175
开封市高级技工学校	仓储物流与包装	经济贸易系	100
广州市交通运输职业学校	物流服务与管理	管理工程教学部	100
福建省晋江职业中专学校	物流服务与管理	—	200
南通航运职业技术学院	航运物流	管理信息系	40
无锡技师学院	现代物流	商贸服务系	40
安徽国防科技职业学院	物流管理	管理工程系	75
宁波职业技术学院	物流管理	服务外包学院	135
甘肃农业职业技术学院	物流管理	经济管理系	50
厦门兴才职业技术学院	物流管理	商贸学院	10
东莞职业技术学院	物流管理	物流工程系	135
广州民航职业技术学院	航运物流	民航经营管理学院	440
湖南现代物流职业技术学院	物流管理、物流工程技术、物联网应用技术、物流信息技术	物流管理系、物流工程系、物流信息系	1100
新疆交通职业技术学院	物流管理	运输管理学院	75
海南职业技术学院	物流管理	经济管理学院	60
青海交通职业技术学院	物流管理	管理工程系	20
吉林交通职业技术学院	物流管理	管理工程分院	40
江苏经贸职业技术学院	物流管理	工商管理学院	60
咸阳职业技术学院	物流管理	财经学院	80
广东轻工职业技术学院	物流管理	管理工程系	50
南京交通职业技术学院	港口物流管理	运输管理学院	70
石家庄铁路职业技术学院	国际工程物流管理	经济管理系	120
威海职业学院	冷链物流技术与管理	经济管理系	56

资料来源：各学校官网。

3. 培养模式

我国现代物流专业职业教育还是近十多年来发展起来的新学科，很多院校成立的物流专业是从商贸、工管、计算机等专业中分离出来的，还带有“母专业”的特点。我国职业教育的教学方法是以“授课—考试”为主的方法，现有教师大多是从宏观经济学、机械工程学、管理科学、营销学、交通运输学等专业教师转移过来的，物流专业水平总体不高，所具备的知识大多来自一些物流书籍，缺乏物流实务的经验，不能“导”，只能“授”。我国职业教育办学机制是职业院校“主导”式与“双证制”教育,① 如图3－4所示。

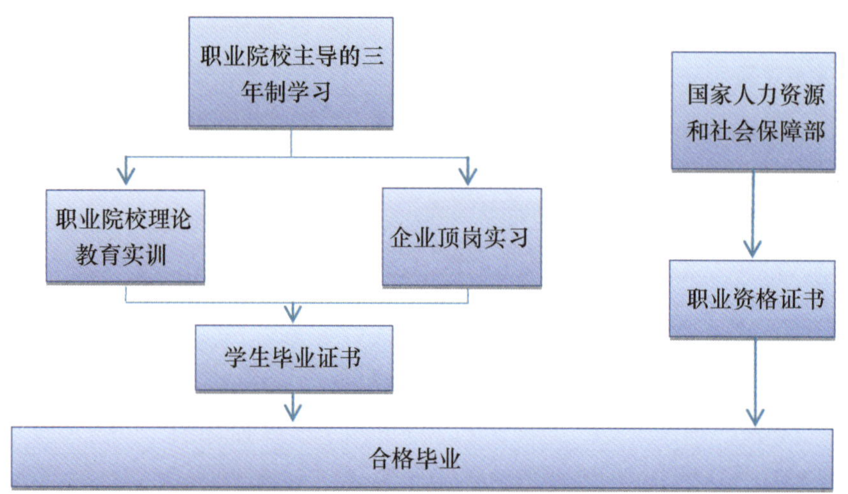

图3－4　我国职业院校“主导”式与“双证制”教育示意图

为三年级学生寻找校外实习（顶岗实习）的企业和单位是教学中最重要也是最难的工作。在职业教育中，企业既是职教的参与者，又是职教的受益者。在校企合作方面，学校也在逐步加大对它们的投入，如南通航运职业技术学院利用南京名爵、南通日通国际物流等企业建立“校中厂”，实施“引企入校”人才培养模式，实现了工学结合人才培养的全程化。同时，学院瞄准国际标准和行业人才标准，不断推进和深化教育教学改革和人才培养模式改革，形成了人才培养标准的国际化;② 北京商业学校与北京祥龙物流（集团）有限公司、北京市商业储运公司、北京一商集团有限责任公司、北京市恒物贸易公司等在基地建设、人才培养、技术创新、课题研究等多个领域开展深入合作，全力推进职教校企一体的集团化办学。③ 湖南现代物流职业学校的物流采用中外合作办学方式，国内学生在毕业时可以优先推荐到大众汽车、博世、中远物流、中储股份、中建五局、三一重工等大型企业实习就业。德国留学的可优先获得DHL、Schenker或效仿合作紧密的西门子、拜耳、德意志银行、贝塔斯曼传媒集团等企业的就业机会，同时学校与武汉海尔电气股份有限公司合作办学，开办“海尔班”，学生第三年可进入海尔集团进行实习，实习合

①黎明、钟静：《我国职院物流专业教育与德国物流职业教育之比较》，《职业教育研究》2011年第10期，第177－178页。

②新华网江苏频道：《校企合作——南通航运职业技术学院》，http：//www.js.xinhuanet.com/2014－05/12/c_ 1110646339.htm，2014－08－10。

③北京市商业学校发改办：《北京市商业学校与祥龙公司所属企业校企合作签约仪式暨校园专场招聘会隆重举行》，http：//www.bjsx.com.cn/html/sxxw2/2013/04/27/3eafbcff－acdb－4986－8049－6fa47fcd253d.html，2014－08－11。

格的学生取得相关专业毕业证书。

4. 课程设置

通过对以上30所院校的课程设计情况进行分析，可以将专业核心课程分为理论课程及实务课程两大块。在理论基础中，物流基础开设较多，物流中心设计和管理开设较少；在实务类课程中，实务课程开设较多，相关的模拟课程，如物流沙盘模拟、ERP沙盘实训等开设的院校较少。如表3－6所示。

表3－6　物流专业核心课程类别

类　型	课程名称
理论课程	物流管理基础、供应链管理、采购管理、运输管理、配送作业管理、运输经济管理、配送中心管理、仓储作业管理、物流成本管理、企业物流管理、冷链物流管理、生产与运作管理、库存管理、物流经济地理、会计学基础、国际货代管理、航空物流、连锁企业物流、物流营销、港航物流、统计学原理、物流中心设计和管理、管理学、会计学、财务管理
实务课程	包装实务、国际贸易实务、仓储和配送实务、条码技术及应用、报关实务、物流信息管理实务、包装系统设计、出入库作业、运输管理实务、物流信息处理、快递后期处理、报关报检、配载和平衡、物流成本分析、物流作业技术、实用物流技术、实用统计及软件分析、仓储管理实训、工程项目物资管理综合实训、ERP沙盘实训、物流沙盘模拟、物流模拟企业综合实训、顶岗实习

资料来源：学校官网。

（二）国内物流专业职业教育存在的问题

职业教育历来在我国都不受重视，不论是老师、家长还是学生都对职业教育产生一定的偏见，特别是现代物流在我国兴起时间并不长，社会对物流职业教育更是不够重视。这些原因都对我国物流职业教育的发展和推进产生了不小的负面影响，虽然近年来我国的物流职业教育较之以往有了一定的发展，国家也开始重视物流职业教育，各院校的物流培养教学环境和设备都有一定程度的更新，但是我国的物流专业职业教育还存在着诸多不可回避的问题，包括对物流教育的认知度低、师资水平低、校企合作环节弱等。

1. 社会认知存在偏差

社会对职业教育整体认同度偏低。据中国社会调查所对北京、上海、哈尔滨、南京、武汉的学生家长调查显示：有65%的人认为职业教育比普通高等教育低一个档次；53%的人承认在与孩子谈理想时，会鄙视职业教育；77%的人表示在孩子初中毕业后，不会让孩子接受职业教育；65%的人表示，即便孩子高考失败，也不会同意把孩子调剂到高等职业学校；73%的人认为孩子接受职业教育，以后的收入不理想。①

随着国内“物流热”的升温，越来越多的人开始关注物流，然而很多人误以为物流很时髦、很神秘，认为物流是一个高工资和高就业率的专业。这种误解造成了人们趋之若鹜的现象。实际上物流专业学生必须先就职于物流一线岗位，积累经验，才能发展成才。很多人对物流一线岗位操作的实际情形缺乏了解和认识，一些不切合实际的想法和期望值过多过高，对未来的工作缺少

①孔凡彬：《高等职业教育的法律缺失与完善》，《职教论坛》2005年第28期，第15－18页。

足够的心理准备和承受能力。

2. 师资水平不理想

目前物流职业教育师资队伍素质尚不够理想。以专任教师的学历为例，职业高中专任教师中学历不合格者占59%，专业课教师来源紧缺，有些职业学校“饥不择食”，采取若干应急措施，影响了教师队伍素质，如由联办单位选派的科学技术人员，虽具有较丰富的科技知识和一定的专业理论水平及实践经验等长处，但缺乏教育、教学理论知识和经验。由文化课教师改行的教师虽有较多的教育、教学经验，但缺乏专业知识和技能。从社会上招聘的退休科技人员、能工巧匠虽有娴熟的专业技能和丰富的实践经验，但缺乏教育理论知识以及教学经验，有的还缺乏专业理论。由非师范高等院校分配的毕业生也缺乏教育理论知识和师范教育的专业训练，对基础理论讲授不清，条理性差。①

3. 实践环节较薄弱

企业参与职业人才培养是职业教育的重要内容和特色，也是职业教育发展的重要途径。作为职业教育的直接受益者——企业还没有真正认识到职工素质对产业升级、产品质量和经济效益的关键性作用，视职业教育和培训为消费，而不是投资。多年来，许多职业学校进行了有益的尝试，形成了多样化的企业参与模式，但企业参与仅停留于各地、各学校根据自身条件进行的模式探讨和小范围内的实际应用。企业对职业教育不愿承担应尽的义务和责任，对学校的设备投资、人才培养、科学研究、技术创新缺乏应有的支持。职业教育应该是与企业和行业，与企业的生产实际紧密联系在一起的，然而，目前学校与企业在产学研的联合方面困难重重，导致职业院校的物流实践教学薄弱。

在课程设计上，很多院校开设的实务类课程中动手操作较少，如代表的30家院校中，开设物流沙盘模拟的仅2家，分别为福建省晋江职业中专学校、石家庄铁路职业技术学院；开设ERP模拟的仅石家庄铁路职业技术学院一家。在校实训时间较少，学生动手操作能力较低，而物流行业正是需要实践性强的物流人才。

4. 资格证书不统一

对现有物流业从业人员开展职业培训或职业资格认证，应是缓解物流人才供需矛盾的有效途径。我国的物流业职业资格认证工作已经启动，但很不规范，多套标准，如国家劳动和社会保障部委托中国物流与采购联合会制定了物流师国家职业标准；中国商业技师协会、中国商业职业技能鉴定指导中心制定了物流管理人员、物流经理的职业标准；中国交通协会引进的国际物流执业资格认证考试（ILT）；上海市劳动和社会保障部门在国家有关部门的支持下，制定了《物流师职业标准》等，各类物流培训班更是遍地开花。这些机构各自为政，有的只以抢夺市场、获取经济利益为目的，不利于物流业职业资格认证的推广和认可。②

四、国外物流专业职业教育模式分析

当前，现代物流人才已被列入12类紧缺人才之一。面对现代物流人才的匮乏现状，职业院校有责任承担起为物流业发展培养人才的使命。面对现代物流管理强调的专业化、现代化要求，

①熊苹：《关于加强职业教育师资队伍建设的思考》，《中国电子教育》2003年第2期，第63－66页。

②吴元佑等：《关于我国物流教育的思考》，《中国物流与采购》2004年第15期，第46－48页。

学校有必要重新思考如何建立完整的、适合社会发展需要的现代物流管理学科体系。[①] 在这方面，国外的物流职业教育发展模式值得借鉴，下面就对全球几个有代表性国家的物流职业教育模式进行概述，并重点分析南洋理工学院的物流职业教育模式。

（一）德国物流职业教育模式——“双元制”

德国物流教育分为三个层次：第一层次是大学教育，培养七年制的本硕连读高级人才；第二层次是高等专科教育，培养五年制本科学历的工程师；第三层次是职业教育，实行三年“双元”学制，以企业为培训主体，培养专科学历的技术工人。德国的物流发展与其强大的制造业有密切关系。目前，已有多所院校开设物流专业，培养专门的物流管理技术人才。学生一方面在学校接受专业理论和文化知识教育，一方面在企业接受物流职业技能的专业知识培训，这种形式称为“双元制”，被比喻为德国职业教育的秘密武器。[②]

在“双元制”下，培训时间为企业每周3~4天，职业学校每周1~2天，总共校企学习时间介于2.5~3年，实习生享受国家的实习津贴，可以满足其基本的生活费。培训期满经行业协会统一考试，合格者获得国家承认的职业证书作为就业的依据。其具体组织形式如图3－5所示。[③]

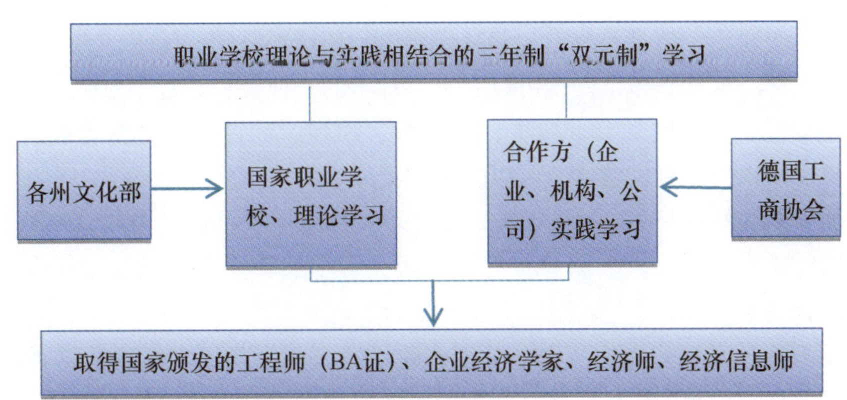

图3－5　职业学校理论与实践相结合的三年制“双元制”学习

据调查，早在1989年德国全国就业人口中，受过高等教育的仅占10.4%，而受过“双元制”职业教育的占68%，其余20%多是通过短期培训就业的。如德国巴符州州立合作教育大学乐哈克分校，其学生在毕业前一年，不但要准备正规的学术性毕业论文，而且有半年以上的时间到企业单位的物流岗位实习，撰写质量要求相当高的实践报告，撰写报告的压力和工作量不低于撰写毕业论文。[④]

德国职业学校理论课教师最低学历为大学本科（有的学校教师中有博士学位的占50%）。至少有两年从事本专业实际工作的经验，必须经过两次国家考试，合格后到学校任教还需两年试用期；每周在课堂教课25小时左右，知识更新时间不少于4小时；两年试用合格后，政府终身雇

---

①蒋长兵：《值得借鉴的国外物流教育模式》，《物流技术与应用》2010年第3期，第104－107页。

②③钟静：《德国物流职业教育解析与启示》，《职业技术教育》2008年第26期，第92－93页。

④关高峰、李诗珍：《校企合作的物流实践教学研究现状》，《职业教育》2013年第1期，第210－211页。

用，享受公务员待遇。[①]

20 世纪 80 年代以来，德国职业教育领域确定了“行动导向”教学法在职业教育改革中的基础地位。行动导向教学法强调让学生独立获取信息、独立制订计划、独立实施计划、独立评估计划，在实践中掌握职业技能，学习专业知识，从而构建属于自己的经验和知识体系。教师的基本职能从“授”到“导”，主要负责开发项目，设计学习者职业能力发展的途径，加工信息资源并采取合适的方式提供给学习者，策划和设计学习过程和学习环境。常见的行动导向教学方法有项目教学法、案例教学法、角色演练法、探究式学习法、建立模型教学法等。实践证明，行动导向教学有助于调动学生学习的自主性、积极性，变被动接受为主动探索，使学生更有效地形成必要的职业能力。

（二）日本物流职业教育模式——“宽口径”

日本是物流现代化水平较高的国家之一，也是工业化生产与物流管理相结合最为有效的国家。日本许多职业院校都设有物流专业，除基础课程外，还包括专业引导型课程和两类专业课程。专业引导型学科主要包括输送总论、环境总论；第一类专业课程主要包括：输送力学、材料力学（包装试验）、计算机工学、中转站论（美国循环促销问题）、最适化法、交通计划论、交通经济论、信息处理、输送信息开发演习；第二类专业课程主要包括：物流管理论、智能工学、物流系统论、国际交通论、信息系统论、信息环境论、环境经济学、输送信息开发演习、海上输送系统论、港湾工学。从课程体系安排可以看出，日本的专业课程设置不仅强调多元化，而且突出特色，在“宽口径、厚基础”上下功夫，使数学、物理、计算机、物流管理、情报开发、环境经济学等多方面知识形成有机整体，可以适应物流领域的多方位需求。[②]

日本政府加强职业教育相关法律的制定，如 1958 年的《职业教育法》、1963 年的《失业紧急对策法》、1978 年的《部分修改职业教育法》等，各项法律呈网式结构，法令与政令、基本法与普通法的结合是主要特点。

1994 年之后日本改革职业高中，创办了很多跨学科、多科学、多教育层次的综合性高中以及选修高中，职业高中趋于多样化。并且开办了很多短期大学。短期大学不同于高等专业学校和专修学校的是：短期大学是单纯的高等职业教育，高等专业学校和专修学校都有部分中等教育。

日本参考德国的“双元制”教育方法，采取两种方法：一种是走高中和企业的合作模式；另一种是走大学和企业界的模式。通过“企业投资”、“校企人员交流”等模式。这种校企合作办学的模式可以短期内提高企业员工素质，对企业吸收和消化国外先进技术以及自我创新和提高生产效率发挥了重要作用，从而也实现了教育成果向生产力的转化。

在我国，通常不把企业的教育算作职业教育，在日本可算一大特色，日本的大型物流企业和物流协会都非常重视物流人才的培养和教育，如日本通运、山九株式会社等，帮助政府开展了物流调查，推进学术交流、技术推广、资格培训等工作。企业教育一般分成新录用人员教育、一般工作人员训练、经营者训练、管理者训练、监督者训练、技工训练、及时训练、不同职务的训练等，美国哥伦比亚大学的帕新教授曾说：“今日的日本，几乎所有的大企业都不大依靠企业教育，他们期待公司内的训练。其理由是学校教育太专业而不对企业的实际需要，且学校教的东西

①吴玉光：《“二战”后德国高等职业教育发展的特点及启示》，《高等职业教育》2013 年第 23 期，第 27 - 28 页。

②蒋长兵：《值得借鉴的国外物流教育模式》，《物流技术与应用》2010 年第 3 期，第 104 - 107 页。

很快过时。”东京大学的天野御夫教授说：“如果日本教育有什么秘密武器的话，就是企业内再教育这个法宝。”①

（三）美国物流职业教育模式——“多层次”

美国大体上将物流学科设置在商学院与管理学院内，或者独立设置学院及物流学科，还有很大一部分与运输紧密结合，设置在运输研究体系中。课程设置体系完整，开设课程除理论研究外，还强调应用性和实用性，例如亚尼桑那州立大学本科商学课程则强调以物流应用为主。不同侧重方向的课程设置有不同的特色搭配，专科生、本科生、硕士生、博士生研究生的物流专业课程设置形成阶梯式课程体系，由简单到复杂、由易到难、由初级到高级，体现了专科生重在技能与操作、本科生重在素质和知识、研究生重在理论和方法的课程体系。

美国重视对物流职业教育这块的人才培养，首先，美国已经建立了全方位、多层次的物流职业教育，许多院校中都设置物流管理专业，并为工商管理及相关专业的学生开设物流课程，或设立了独立的物流管理专业，或附属于运输、营销和生产制造等其他专业。例如美国乔治亚技术学院除了广泛开展物流职业教育，培养物流管理专业的专科生，还与美国商船学院的全球物流与运输中心合作开展物流方面的科学研究。②

其次，在美国供应链管理专业协会的组织和倡导下，全面开展物流在职教育，建立了职业资格认证制度，例如仓储工程师、配送工程师等若干职业资格。所有物流从业人员必须接受职业教育，获得上述资格后才能从事有关的物流工作。

在职业教育体系中，美国还素有由企业参与教育活动的优良传统，为数众多的企业为学习职业科的学生提供职业教育实习活动，企业成为职业教育项目“学校到工作”（School - to - Work）的合作伙伴，如太平洋证券公司（Security Pacific Corporation）在12年的时间里与200多个加利福尼亚学区建立了合作关系，向4500多名学生提供了入门水平的工作培训机会。③ 有些企业以招募学习职业科的学生的形式参与职业教育项目，激发学生成为高质量劳动力的潜在能力，多数企业会在学生结束职业教育实习项目后招募他们为正式员工，有效地实现教育与就业的无缝对接。

（四）新加坡物流职业教育模式——“政校合作”

新加坡职业教育强调实践性和有效性，新加坡借鉴德国的“双元制”，采取“教学工厂”这种教学思想。“教学工厂”这一教学思想非常重视学生的实践教学，学生每学期有8周时间到工厂企业去实习，工厂企业对每个学生都有评估。除此之外，学校还设有工业项目组这个机构，负责对毕业生为期6个月的工业项目设计制造的指导。这6个月中，学生每周用40个小时做工业项目，周六下午还要去工厂实习。如此一来，就为培养学生的知识应用能力和动手能力开辟了道路。此外，新加坡的职业技能培训也十分注重在实践中学，在实践中训练，在实践中增长才干。如政府规定，刚毕业的大学生走上工作岗位时，都要见习一年时间，由政府用人部门或雇主安排其到有关岗位实习，并指定专门人员进行传帮带，使其尽快熟悉岗位业务及操作程序。④

---

①赵群：《日本企业物流人才培养特点》，《中国物流与采购》2008年第19期，第68－69页。

②张长森：《国内外物流教育模式对我国高校物流人才培养的启示》，《物流工程与管理》2011年第4期，第170－180页。

③张凤娟等：《美国企业参与职业教育的动机与障碍探析》，《比较教育研究》2008年第5期，第86－90页。

④谢丽英：《新加坡“教学工厂”模式给我国职业教育教学的启示》，《成人教育》2011年第5期，第127－128页。

新加坡物流教育的最大特色是政府的积极推动性。新加坡政府以讲座的形式向公司及公众介绍物流技术的最新发展，并推出政校合作、国际交流等多项物流人才培训计划，并配合市场需要推出广泛的专才训练课程，政府也与物流专业机构、协会或商会合作，推动举办物流展览会、研讨会，促进国际交流与合作。

像新加坡政府设立的南洋理工学院，培养物流专业的高级管理人才。1999 年，政府提供 2000 万新加坡元资助新加坡国立大学和美国佐治亚州科技学院在新加坡合作成立亚太物流学院，主要训练物流及供应链管理专业人士。此外，政府还鼓励私立教育机构开办物流专业课程，为在职专业人员提供培训。如新加坡物流学院，在校受训的在职人员达 1500 人。[①]

（五）南洋理工学院物流职业教育模式分析

1. 学院概况

新加坡南洋理工学院（Nan Yang Polytechnic，NYP）于 1992 年 4 月 1 日成立，它是新加坡政府所属的以理工科为主的高等教育学府，是新加坡政府为了满足新加坡不断飞跃增长的经济和对人才的需求而建立的 5 所国立理工学院之一。通过多年的发展，NYP 创建了自己独特的职业教育理念和学院文化及精神，形成了较为突出的“组织文化、创新理念、能力开发、校企合作”的“4C”特色。

NYP 组织文化的最大特色是“无界化”概念。“无界化”在 NYP 表现为多个层面，它真正打破人们思想上固有的封闭观念和传统大学组织管理结构的界限，把学校内部各要素的潜力最大限度地整合和发挥出来。[②] NYP 采用企业化管理模式，通过“项目”进行横向管理。“项目”是学院内各系部和教师以及学校和企业联系的主要纽带，院系行政层人员的职责主要是满足项目活动对各种资源的需要及其高效利用。

NYP 办学的一个重要使命是充分利用学院的资源、专才、创意及创新能力来支持企业及工业界之发展需求，并配合新加坡环球化发展之努力，其重要指导思想是源于企业、用于企业。所以，重应用、重开发，国际合作，面向世界是 NYP 办学的重要策略。通过校企合作，掌握市场发展的最新信息与趋势，引入国内外企业实习机会，开拓科研和创新项目，扩充教学与发展资源，提升师生项目研究能力，为企业提供专业优质服务，真正实现校企双赢。

2. 学院课程开发与设置

为最大化利用教师、教学资源，配合企业项目需求，保证学生到企业顶岗实习的连续性，南洋理工学院独创了“双轨系统”课程安排模式（见图 3 - 6）在全院各系推行，体现了其办学的灵活性及适应性策略，实践证明非常成功。南洋理工学院“双轨系统”的开发主要基于两点：一是企业项目需求；二是学生技能培养。在第一学年的两个学期中，分别进行的是专业宽基础培训与学期小型项目的教学。在第三学年的第一学期开始，把每班的学生分为 A、B 两组，其中 B 组学生在学院的相关系的专业科技中心，包括零售商店、客户关系管理中心、商业服务单位、电子资源发展中心等不同的商业单位中进行专项培训。A 组学生分为两部分，其中一部分进入企业进行企业实习，另一部分在相关的科技中心进行全日制的企业项目学习、研发。第三学年的第二学期进行轮换进行，采取这样的组织安排形式，可确保学院常年都有与企业保持紧密合作的人

①文锦：《新加坡物流业现状及发展概况》，《交通建设与管理》2006 年第 12 期，第 41 - 42 页。

②张荣娟等：《NYP 的办学理念与启迪》，《辽宁现代服务职业技术学院》2011 年第 2 期，第 25 - 27 页。

力，能够连续地为企业提供服务，师生在校园内常年均参与企业的实际项目；同时也能选择更好的企业项目或实习岗位给学生参与开发及实习。①

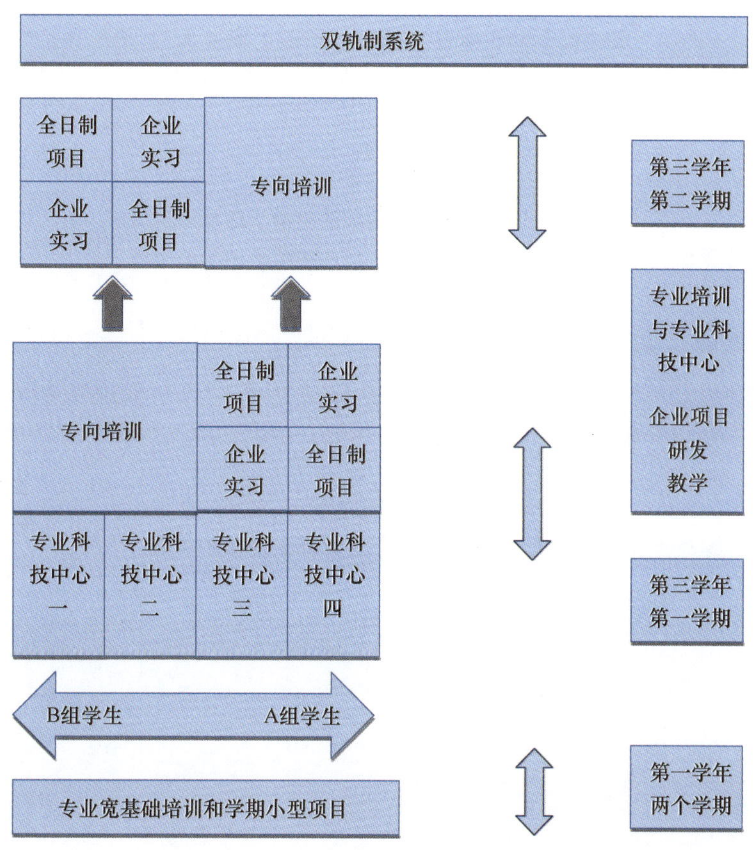

图3-6 “双轨系统”课程安排模式

3. 学院供应链管理专业文凭课程开发与设置

（1）NYP工商管理系课程开发与设置。第一学年各专业均开设相同的基础课程，主要是会计、经济、营销、商业沟通、电脑软件基本企业管理科目；第二学年开设财务、商业法律、选修外语的课程为基础课程，并进行各专业文凭的专业科目和教学企业项目训练及校外本地或外地企业培训；第三学年为各专业文凭的专业科目和本地或外地校外企业培训。② 如表3-7所示。

表3-7 工商管理系课程结构

年级	学期（课程类别）	课程名称	教学组织说明
一	上学期（基础课程）	资产会计、微观经济、商业统计方法、管理原理、商业沟通、英特网和网络技术	宽基础课程（同系一年级的课程相同，理论教学）
	下学期（基础课程）	会计原理、宏观经济、商业统计原理、市场原理、写作技术、商业软件应用	

①侯肖霞：《新加坡“教学工厂”理念下的“双轨系统”教学模式》，《石家庄职业技术学院学报》2009年第3期，第29-31页。

②新加坡南洋理工学院官网，http：//www. nyp. edu. sg/，2014-08-12。

续表

年级	学期（课程类别）	课程名称	教学组织说明
二	上学期（校内实践项目和培训）	校内教学企业项目（TEP），18 周，商业流程和项目管理，2 周，客户服务和个人自我推荐，2 周	分配到工商管理系商业创业中心的不同商业单位（教学工厂）实践
	下学期（专业课程）	根据各专业文凭设计，例如供应链管理专业课程、国际商务专业课程、人力资源管理专业课程等	使用案例研究式学习，组织形式分为理论、实验、研讨三部分
	下学期结束（校外实习）	校外企业实习项目（IPP），11 周	到公共部门企业和私营部门企业实习
三	上学期（专业课程）	根据各专业文凭设计，例如供应链管理专业课程、国际商务专业课程、人力资源管理专业课程等	使用案例研究式学习，组织形式分为理论、实验、研讨三部分
	下学期（校内实践项目和培训）	校内教学企业项目（TEP），22 周	分配到工商管理系商业创业中心的不同商业单位（教学工厂）实践

资料来源：各学校官网。

（2）供应链管理文凭（Supply Chain Management，SCM）课程是南洋理工学院的供应链管理专业在工商管理系下面的一个专业门类，工商管理系与供应链管理专业的关系如图 3－7 所示。①

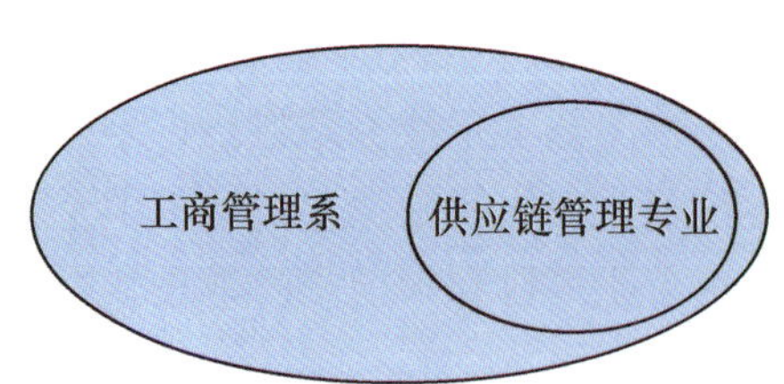

图 3－7　NYP 工商管理系与供应链管理专业关系

为了适应市场发展和企业创新的需要，南洋理工学院有灵活的课程结构和设置，以满足学习者想要学习新知识和技能的愿望。说课程结构和设置灵活，是因为他们会依据不断变化的新加坡市场需求设置课程，经常有新加的课程补充到该专业中去。

SCM 的目的是发展物流和供应链运作管理，并且使各种物流、材料和供应链流程的业务方

①乔毅、杨永富：《新加坡南洋理工学院工商管理专业课程建设及比较分析》，《职业技术教育》2009 年第 2 期，第 91－93 页。

面得到很好理解，从而满足不断变化的经济需要。它的毕业生将会在不同的业务环境中工作，适应经济格局的变化与移动的灵活性。

单个模块化证书使学习者能够建立他们的不同方面的技能和知识。它使学习者适用的知识应用到他们各自的工作职能并提高他们的技能和知识，以便能够在更高的能力水平上执行。SCM有配套课程和相应的时长，经过考核拿到供应链管理文凭SCM，[①] 其课程设置如图3－8所示。

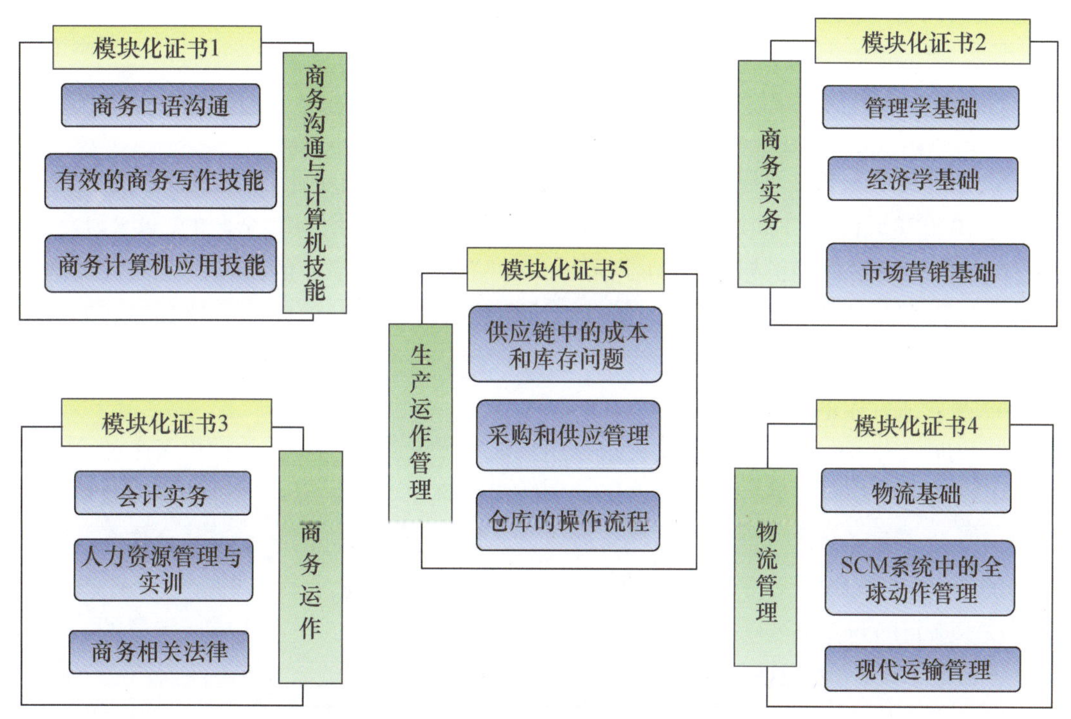

图3－8　供应链管理文凭（Supply Chain Management，SCM）课程设置

（3）教学组织。课程特征是使用案例研究式学习，个案教学为学习基础，训练学生对事物的分析及思考能力。课程教学组织形式分为理论、实验、研讨三部分。[②] 如表3－8、表3－9所示。

表3－8　课堂教学组织形式

课程	教学形式	地点和人数	学时分配（小时）
供应链管理	理论课	大讲堂、150人	240
	研讨课或实验课	教师或实验室、20人（小组）	480
	研讨课	教师、20人（小组）	180

表3－9　每门课程教师团队分工

课程	供应链管理			
协调/主讲老师	A老师			
	小组1、2	小组3、4	小组5、6	小组7、8
辅导老师（研讨、实验）	A老师	B老师	B老师	C老师

①②彭秀兰、任佳君：《新加坡职业教育课程设置模式探讨》，《职教论坛》2009年第6期，第60－64页。

（4）评定成绩方法。开课前，已经将评定内容及标准设定好。课程学习前期阶段有个人案例分析项目考核，课程学习后期阶段有小组完成案例研究及成果展示考核，课程学习结束后有期末考试。① 如表 3 - 10 所示。

表 3 -10　　课程评估因素及所占比重

课程	供应链管理			
评估方式及内容	个人案例分析	小组完成项目并表达	课堂参与	期末考试
所占比重（%）	20	30	10	40

（5）认证与奖项。参加者将在每个学期完成后收到证书（模块化），教育部资助的文凭资格将获得超过 1000 美元的 CET 资格回报。从 2011 年 3 月 1 日起，所有非全职的、受教育部资助的新加坡学生的文凭资格将获得超过 1000 美元的 CET 资格回报。毕业的第一次全面资助教育部文凭资格将都收到 CET 资格奖 1000 美元，毕业后，它将是一个比其他以前的教育部资助资格更高的资格证书。

4. 学院与企业合作情况

新加坡政府以讲座的形式向公司及公众介绍物流技术的最新发展，并推出了政校合作、国际交流等多项物流人才培训计划，并配合市场的实际需要推出广泛的专业训练课程。政府也与物流专业机构、协会或商会合作，推动举办物流展览会、研讨会，促进国际交流与合作。

NYP 的所有实训的设施几乎都是一流的，但这些设施都是企业投入的。而企业投入的动力是，企业技术项目的开发需要学院的支持，同时项目研发成功后的工业实施所需要的一线技术人员就参与项目的开发，现在这一做法在新加坡已成为一种时尚。

（1）校内教学企业项目（TEP）。从二年级开始，学生会被派到三个部门受训，即学生被分配到工商管理系商业创业中心（CBI）的不同商业单位（教学工厂）实践 6 周时间，去体验不同的商业流程和获取经验。包括在零售商店、客户呼叫服务中心、资源信息中心、金融中心等。为确保企业中心整年运行，学生被分组轮流在不同的部门受训。每个部门实践结束后，每人交一份总结报告，老师监督实践整个过程。在校内设置教学企业项目的目的是，在校园里给学生学习、管理和运作真实商业企业的机会，通过亲身在一个真实的商业环境中实践，给学生提供整合课堂知识的机会；发展学生的就业、创业能力。商业创业中心（CBI）中运行几个类型的商业单位，用于支持 TEP 实践。CBI 除了管理建立校园商业单位，CBI 也和外部的客户接触，为学生寻找商业项目。通过这些商业项目，学生学习和获得了每一个项目的实践知识，包括懂得了商业价值链和运作过程。②

（2）校外企业实习项目（IPP）。利用二年级和三年级之间或三年级的假期时间，学生要到公共部门企业和私营部门企业进行校外企业实习，即完成 11 周的 IPP（工商实习计划）项目。IPP 是 TEP 的补充。二年级结束时就可以开始了，毕业前完成就可，交一份实习报告。③

（3）NYP 的一个企业赞助项目。Infor 通过与 NYP 签订协议赞助其旗下的 SCM Warehouse Management Enterprise Edition（SCM 仓库管理使用许可）方案。Infor 的资助价值 $ 210000，将会用于支持 NYP 建立一个供应链管理中心以及 TEP（教学企业项目）在商业管理（供应链管理）

①②③彭秀兰、任佳君：《新加坡职业教育课程设置模式探讨》，《职教论坛》2009 年第 6 期，第 60 - 64 页。

的证书。与 Infor 的教育推广项目一致，这笔赞助是为了更好地挖掘供应链产业的需求，同时也为了培养出更适合 Infor 需求的专业人才。

作为学校商业管理以及信息技术学院合作的项目，SCM Warehouse Management 将会整合到学校的课程之中（包括 TEP）去模仿一个真实的供应链组织。这将允许学生在一个典型的供应链组织内练习以及执行每天的工作。学生在仓库管理中工作，会让他们更好地处理在供应链管理组织中遇到的实际问题。更重要的是，有了这些相关的仓库管理方案，导师可以提供给学生一个真实实践的例子，以便让学生更好地理解一些概念。

NYP 商业管理的副院长 Chris Lim 表示，"有了 Infor 的支持，NYP 可以在学生理工科基础形成的时期内提供给学生更好的学习工具，以便其在供应链产业方向走得更远"。来自 Infor 的赞助将会使得 NYP 的供应链管理证书对学生而言更有价值。

5. 学院职业资格认证与就业

ILT 物流和运输认证标准及相应的培训课程被澳大利亚、加拿大、新西兰、新加坡、印度、马来西亚、中国香港、南非等国家和地区所采用。新加坡的物流人才大多都是运用 ILT 物流和运输认证标准来进行认证的。

新加坡的地理位置适中，且具备完善的传播和基础设施以及无可比拟的联系网络，使新加坡理所当然地成为物流业的枢纽。目前已有 3000 多家国际和新加坡本地物流公司借新加坡所提供的环境占尽商业优势。新加坡的物流业产值占其国内生产总值（GDP）的 8%，有大约 11.5 万人受雇于物流行业，为全国总劳动人口的 6%。其中，1999 年，新加坡第三方专业化物流服务（3PL）业完成产值就已占国内生产总值（GDP）的 3%。新加坡的物流业较为发达，3PL 成为较具影响力的企业，从而奠定了其在新加坡经济中的支柱地位。① 2012 年世界银行发布《2012 加强连接，应对竞争：全球经济中的贸易物流》对 155 个经济体的物流绩效进行了排名，分数最高的十个经济体分别是新加坡、中国香港、芬兰、德国、荷兰、丹麦、比利时、日本、美国和英国。② 同时新加坡政府以各种形式，积极支持物流行业的发展，这些政策包括地税优惠、研究发展的资助和提供各项教育与在职培训计划。如新加坡引进了美国著名的 Kaplan 集团设立了"亚太管理学院"，它的物流管理课程为新加坡的物流事业发展提供了大批的人才。由此可见物流在新加坡有如此举足轻重的地位，对于物流相关专业人才的需要也是不可或缺的。

6. 学院师资建设与管理

NYP 实习教学设施、设备尽量采用最先进的，这样保证学生能掌握最先进的技术策略。再者 NYP 的职业教育教师培养注重"双师型"教师培养，加强师资培训，作为职教教师，不仅要具备政工师（教育与管理学生的能力）和讲师（理论教学能力）资格，而且要具备技师（实验实训教学能力）和工程师（解决生产和工程实际问题的能力）资格，不仅职教而且执证。即所谓示范性加职业性这两性结合才真正符合"双师型"。NYP 教师都有 3 年以上企业工作经历，要求有本科以上学历（不是追求高学历），强调教师有企业实践，能进行项目开发，以便能带领学生进行具体的商业运作及教学项目实践，教师平时的教学与实践同时接受教学经理和项目经理的指导、考核。③

---

①《水路运输文摘》编辑部：《新加坡物流业发展纵览》，《水路运输文摘》2004 年第 9 期，第 49 - 50 页。

②石油商报：《世界银行发布2012 年全球物流排名》，http://www.pbnews.com.cn/system/2012/12/12/001404559.shtml.，2014 - 08 - 12。

③杨益华：《论南洋理工学院物流管理专业教学改革与实践的特色及启示》，《科教导刊》2009 年第 16 期，第 60 - 61 页。

五、对我国物流专业职业教育发展的启示

在我国2014年《政府工作报告》中，“发展”、“经济”、“改革”是三个被提到最多的词汇，李克强总理在主持国务院常委会中也指出：“发展职业教育是促进转方式、调结构和民生改善的战略举措。以改革的思路办好职业教育，对提升劳动大军就业创业能力、产业素质和综合国力，意义重大。”中国要发展，需要改革，尤其是经济体制、产业结构的改革，而经济与产业的改革离不开职业教育的改革。①

通过分析国外物流职业教育的模式，我国应充分借鉴其成功经验，高度重视物流职业教育的重要性，不断完善物流职业教育体系，推行校企结合的培养模式，加强职业教育师资力量的建设等来保证教学质量，以适应未来国家大规模的物流人才需求。

（一）政府层面

政府与经济界的合作关系体现在培养目标和人才规格上的协调一致、教学内容上的协调一致、组织机构上的共同合作、财政支持上的共同合作等各个方面。这种共同参与和共同支持源于两点认识：一是教育，特别是职业教育应该充分考虑受教育者及就业体系的要求；二是教育与社会、经济、文化、就业等是密切相连的，因此社会各界应该积极参与教育，承担其义务。这一点对我国职业教育的校企合作非常重要。只有在共同合作的基础上，才能充分考虑到各方面的需求。

1. 加强政府重视程度，促进行业企业发展职业教育

政府应重视物流企业与行业协会在高职教育中的重要作用，要充分依靠行业和企业来发展职业教育，积极调动物流企业参与高职教育的主动意识，改善制度环境。由于企业参与院校教育的投入周期较长、见效慢，会增加企业的成本，所以很多企业不愿过多投入，政府应通过建立配套的政策机制，对参与职业教育的企业给予一定的经济优惠政策，吸引企业的积极参与。同时，政府应创造一个较为宽松、公平的外部环境，逐步提升社会中物流行业组织的地位，把大量的服务性职能如调节、培训、监督、保护等功能交给社会，使行业协会、商会等组织充分行使其职能，吸引企业积极参与、制定行业技能标准等，加强其在职业教育中的作用。②

2. 加强法规法制制定，促进物流产业健康快速发展

要让企业和社会更多地介入职业教育的实施过程，政府要制定促进企业与职业教育紧密联系在一起的法规和机制。进一步制定促进现代物流发展的政策措施，提高政府行政效率，维护市场公平竞争，引导、支持物流技术的发展和应用，从战略高度重视我国物流技术以及物流管理技术的发展，为物流应用基础研究、技术开发以及物流技术尽快形成生产力提供必要的政策支持。为我国物流产业健康、快速的发展提供强有力的法律保障。加强对物流协会的支持、指导、监督、规范，为物流协会功能的发挥提供必要的条件。职业教育改革和发展的根本动力来自企业和社会，教育部门与企业和社会的密切合作是职业教育改革和发展的根本保证。政府要对校企联合办学采取激励机制，如鼓励企业将部分税前利润转为联合办学资金，对这部分利润不得征收所得

①李克强：《2014年〈政府工作报告〉》，http://news.china.com.cn/2014lianghui/2014－03/05/content_31678795.htm，2014－08－12。

②李丽：《研究现代物流发展中的政府职能分析》，《商业时代》2006年第31期，第45－53页。

税，并允许其按出资比例分得办学盈利，以激发其投资职业教育的热情，更好地为职业院校提供实践培训基地。①

3. 扩大职业教育资金投入，保证人才输出经费要求

更重要的是加大对职业教育的资金投入，我国职业教育发展具有紧迫性——经济体制改革与民生建设需求，② 而物流职业教育由于教学过程中需要使用大量先进、完备、仿真的设备设施，以及配套的实习实训场所，因此比起普通教育，物流职业教育需要更多的资金投入作为保证。据国际研究表明，培养一个职业学生的费用是培养一个普通学生的3倍，而国外发达国家或地区对职业教育经费投入占国内生产总值的1%以上，而据数据显示我国对职业教育的经费投入远不到国内生产总值的1%。因此，加大职业教育经费投入，达到国际水平，是切实保证职业人才输出的基础。

（二）学校层面

1. 改革培养方案，优化课程体系

根据培养目标和市场对物流人才知识能力的要求，要不断调整和改革完善物流人才培养方案及课程体系。体现“厚基础、宽口径”的要求，借鉴国外各具特色的物流人才培养方案及课程体系，物流职业培养方案要真正落实应用性操作能力的培养，同时仍应保证物流理论体系的掌握。培养方案的设计要落实到基础课、专业基础课、专业课以及实践课的结构、具体课程设置以及课程改革上。要通过课程教学，完成对物流人才外语、计算机、数学运算、人文素质、组织协调能力与物流业务能力的全面培养，适应现代物流工程与物流管理的要求。同时，课程改革要注意解决教材陈旧、教学内容和方法老化的问题。借鉴德国培养物流工程师需通过大量实践教学的做法，在教学方案上一定要保证实践过程的实施。③

改革物流人才培养最重要的举措之一就是要强化实践环节。在实践中领会原理，掌握操作技能。实践教学作为培养学生创新能力和实践能力的重要途径。从学生一入学，就要保证实践教学体系不断线。根据物流专业应用型人才培养目标的总体要求和实践教学体系指导思想，本着培养基本技能、专业能力和综合能力的原则，要建立完善科学的实践教学体系平台。建议可从低年级实行实践课导师制，低年级的认识实践、社会实践，高年级的专业实践、毕业实习，全程得到培养方案的保证与实践导师的指导。

同时，广泛开展促进学生职业能力校园文化活动、各种知识能力的竞赛活动，将第一课堂与第二课堂有机地结合，形成物流人才培养实验实践的教学特色，以实现培养目标的要求。在实践教学的各个环节中，学习国外的经验，建设好校外实践基地，培养好校内外的实践指导老师，保证学生在物流企业工作岗位上得到切实有效的锻炼，这是其中最重要的一环。该实践环节绝不能留在纸上或流于形式，而是要在时间、经费、岗位、指导老师各方面都得到切实的保证，才能真正实现在实践中培养高素质物流人才的目标。

2. 关注市场需求，加强校企合作

物流人才的培养，不应以学校自身的培养能力和追求高学历为主，而是要坚持市场导向，符合物流人才市场需求。根据国家职业统计部门的报告显示，物流人才缺口巨大，且从需求结构

---

①付纯华：《德中职业教育对比》，《课程教育研究》2012年第29期，第1页。

②徐国庆：《市场经济与我国职业教育的改革和发展——一种解释性研究》，《职教通讯》2003年第1期，第14－16页。

③马春光：《国内外物流人才培养模式比较研究》，《沈阳工程学院学报》2013年第3期，第349－353页。

看，中、高级物流管理人才与初级物流人才的比例为 1∶50，目前物流企业用人以实际操作为主。[①] 因此物流教育要改变主要培养本科物流管理人才的做法，以培养技能型物流人才为主体。中国正面临着产业结构调整，即将成为世界上具有高水平创新能力的制造中心。然而，目前技术工人中，高级工仅为 4%，中级工占 36%，初级工高达 60%。[②]

我们应借鉴德国职业教育人才培养理念，培养具有综合职业能力的高技能人才。国内物流人才的需求方主要包括物流企业、企业物流部门、政府机关、科研院所以及少量外企。就物流企业而言，它们需要大量的初级物流人才和少量中高级人才。另外，有关调查结果显示：65% 的物流企业需要复合型人才、42% 的企业需要高级人才和中级人才、40% 的企业需要初级人才。调查结果表明了我国物流人才的紧缺程度，不仅需要初级、中级、高级物流人才，更需要复合型人才。[③]

因此，在培养人才定位上，要强调培养应用型、技能型的复合人才，加强与企业的合作机制，校企共建实训基地。实训基地的建设是注重实践能力培养的职业教育教学质量的保证，是直接反映职业教育与市场联结的核心教学载体。在我国，校企共建基地主要包括实训基地与产教园区两种方式：

实训基地是企业在学校中的“工厂”，通过将企业完整的生产或运营过程进行最大限度的真实模拟，将学校实训基地建成企业的生产基地、技能考核场所、双师素质锻造地与科技创新的平台。在物流专业可以实行订单教育，这不仅是必要的，而且也是可行的。实行订单教育，企业根据自身需要在明确接收毕业生数量的同时，也对毕业的规格做出明确要求。这样学院就可以完全做到量体裁衣有针对性地开展专业教学，对企业需要的重点技术技能进行重点训练，确保学生学以致用。实行订单教育，学院与企业建立产学合作共同体，企业作为学院物流专业实训基地，学生在校进行理论学习，在企业进行专业实践，可保证毕业生与企业需求零距离对接。[④]

产业园则通过将“产业链”、“教学链”、“实训链”、“就业链”融合，直接面向社会与市场，开放办学，最终形成包罗万象又井井有条的综合型产教研园区。[⑤]

只有通过系统全面的实训系统，才能有效地使职业教育与当地产业需求契合，保证教学过程与生产过程的无缝衔接，切实培养出社会需要的职业人才，让学生刚毕业就能就业，实现一个良性的职业教学模式。职业院校物流人才培养流程如图 3－9 所示。

3. 优化教师队伍，培养“双师型”教师

师资队伍建设。根据我国职业教育实际，对物流教师需要培养物流“双师型”（理论与实践型）的能力。作为物流人才培养基地的院校，可从以下方面来培养教师：落实青年教师导师制度；制订并实施青年教师行业管理部门或企业实践计划；引进具有国际或国内工程背景、擅长物流规划、管理与运行的高水平的专业人才。[⑥]

教师是学校的主体，加强师资队伍建设是提高学校教学质量和办学水平的关键。可以尝试校企共建师资，校企共建师资队伍，目的在于最大限度地运用当地人力资源优势，丰富职业教育师资类型，促进职业教育教师的可持续发展。职校师资队伍以学校师资为主，以企业培训师和社会

①刘琼华：《我国高职物流教育面临的困惑及对策》，《职教论坛》2010 年第 5 期，第 95－96 页。

②③⑥刘家珉：《国外物流教育与我国物流教育的比较与思考》，《物流技术》2010 年第 230 期，第 235－237 页。

④麻群翠：《浅谈广西港口物流人才的培养》，《中国高新技术企业》2011 年第 10 期，第 154－155 页。

⑤鲁昕：《加强对话　深化合作　加快推进职业教育集团化办学》，http：//www. worlduc. com/blog2012. aspx？bid＝17892060，2014－08－12。

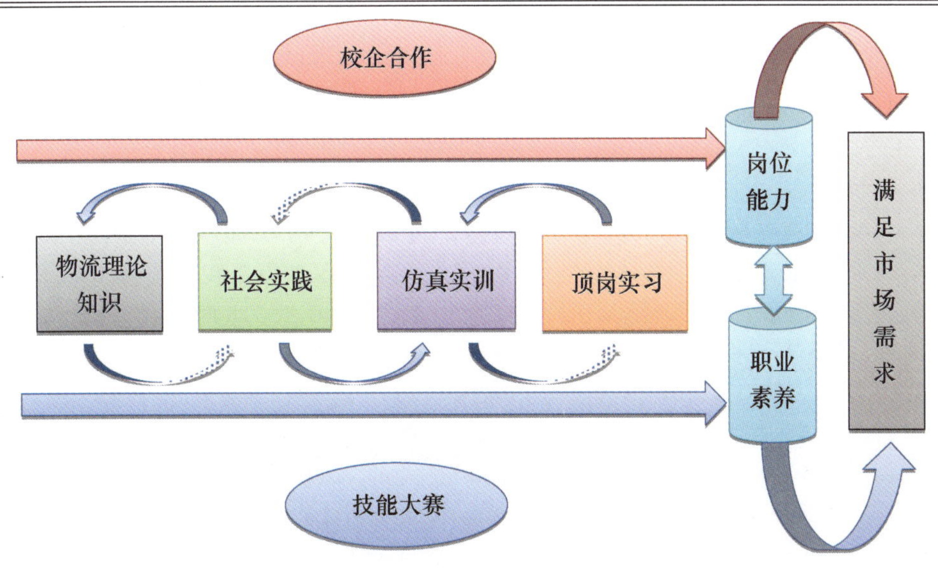

图3-9　职业院校物流人才培养流程

外聘师资为辅，打造专兼结合的师资体系。一是通过对在校师资进行培训、企业顶岗实习等，提升教师全面素质，最终建立兼具理论与实践能力的“双师”队伍；二是积极从企业、地区、相关行业中引入优秀人才担任兼职教师，建立完整的聘用、报酬支付、考评、培训的管理体系，让兼职教师成为职校重要的师资储备；三是通过行业企业帮助，探索建立区域的优秀教师库，实现职校师资与企业资源的共享，从而不断充实职业教育师资队伍。以保证我国高职的教学内容跟上科学技术和企业生产发展的步伐。①

转换教师角色。高等职业教育改革要充分注重教育过程，即教学方法，采用行为导向教学法，发挥学生学习的主体性。教师必须转换角色，更新教育观念、掌握信息技术，使自己从传统的知识传授者转变为富有创意的学习应用的指导者和组织者。其中，教师参加企业实践，到物流企业任职，同时担任学生的实践指导，可以成为培养“双师型”教师的重要途径。聘请行业、企业的校外兼职教师或实习指导教师，也可成为学校实践教师的重要补充。并且，教师间的交流学习可以促进理论与实践能力的同步提高。②

参考文献

[1] 何黎明：《稳中求进　开拓创新　推动我国物流业持续健康发展——2012年我国物流业发展回顾与2013年展望》，http://www.chinawuliu.com.cn/lhhkx/201302/06/182011.shtml，2014-08-10。

[2] 中国行业研究网：《我国物流业健康发展现况及趋势分析》，http://www.chinairn.com/news/20130219/15124618.html，2014-08-10。

[3] 韩冬梅：《我国高职物流教育存在的主要问题与对策》，《现代教育科学·高教研究》2008年第S1期，第149-154页。

[4] 黎明、钟静：《我国职院物流专业教育与德国物流职业教育之比较》，《职业教育研究》2011年第10期，

①田春霞：《高职“双师”素质与“专兼结合”专业教学团队建设》，《职业技术》2008年第8期，第66页。

②张建中等：《谈行动导向教学法与高职学生关键能力的培养》，《辽宁高职学报》2009年第1期，第1-3页。

第 177 – 178 页。

[5] 新华网江苏频道：《校企合作——南通航运职业技术学院》，http：//www. js. xinhuanet. com/2014 – 05/12/c_ 1110646339. htm，2014 – 08 – 10。

[6] 北京市商业学校发改办：《北京市商业学校与祥龙公司所属企业校企合作签约仪式暨校园专场招聘会隆重举行》，http：//www. bjsx. com. cn/html/sxxw2/2013/04/27/3eafbcff – acdb – 4986 – 8049 – 6fa47fcd253d. html，2014 – 08 – 11。

[7] 熊苹：《关于加强职业教育师资队伍建设的思考》，《中国电子教育》2003 年第 2 期，第 63 – 66 页。

[8] 蒋长兵：《值得借鉴的国外物流教育模式》，《物流技术与应用》2010 年第 3 期，第 104 – 107 页。

[9] 钟静：《德国物流职业教育解析与启示》，《职业技术教育》2008 年第 26 期，第 92 – 93 页。

[10] 关高峰、李诗珍：《校企合作的物流实践教学研究现状》，《职业教育》2013 年第 1 期，第 210 – 211 页。

[11] 吴玉光：《“二战”后德国高等职业教育发展的特点及启示》，《高等职业教育》2013 年第 23 期，第 27 – 28 页。

[12] 赵群：《日本企业物流人才培养特点》，《中国物流与采购》2008 年第 19 期，第 68 – 69 页。

[13] 张长森：《国内外物流教育模式对我国高校物流人才培养的启示》，《物流工程与管理》2011 年第 4 期，第 170 – 180 页。

[14] 张凤娟等：《美国企业参与职业教育的动机与障碍探析》，《比较教育研究》2008 年第 5 期，第 86 – 90 页。

[15] 谢丽英：《新加坡“教学工厂”模式给我国职业教育教学的启示》，《成人教育》2011 年第 5 期，第 127 – 128 页。

[16] 文锦：《新加坡物流业现状及发展概况》，《交通建设与管理》2006 年第 12 期，第 41 – 42 页。

[17] 张荣娟等：《NYP 的办学理念与启迪》，《辽宁现代服务职业技术学院》2011 年第 2 期，第 25 – 27 页。

[18] 侯肖霞：《新加坡“教学工厂”理念下的“双轨系统”教学模式》，《石家庄职业技术学院学报》2009 年第 3 期，第 29 – 31 页。

[19] 新加坡南洋理工学院官网，http：//www. nyp. edu. sg/，2014 – 08 – 12。

[20] 乔毅、杨永富：《新加坡南洋理工学院工商管理专业课程建设及比较分析》，《职业技术教育》2009 年第 2 期，第 91 – 93 页。

[21] 彭秀兰、任佳君：《新加坡职业教育课程设置模式探讨》，《职教论坛》2009 年第 6 期，第 60 – 64 页。

[22]《水路运输文摘》编辑部：《新加坡物流业发展纵览》，《水路运输文摘》2004 年第 9 期，第 49 – 50 页。

[23] 石油商报：《世界银行发布2012 年全球物流排名》，http：//www. pbnews. com. cn/system/2012/12/12/001404559. shtml，2014 – 08 – 12。

[24] 杨益华：《论南洋理工学院物流管理专业教学改革与实践的特色及启示》，《科教导刊》2009 年第 16 期，第 60 – 61 页。

[25] 李克强：《2014 年〈政府工作报告〉》，http：//news. china. com. cn/2014lianghui/2014 – 03/05/content_31678795. htm，2014 – 08 – 12。

[26] 李丽：《研究现代物流发展中的政府职能分析》，《商业时代》2006 年第 31 期，第 45 – 53 页。

[27] 付纯华：《德中职业教育对比》，《课程教育研究》2012 年第 29 期，第 1 页。

[28] 徐国庆：《市场经济与我国职业教育的改革和发展——一种解释性研究》，《职教通讯》2003 年第 1 期，第 14 – 16 页。

[29] 马春光：《国内外物流人才培养模式比较研究》，《沈阳工程学院学报》2013 年第 3 期，第 349 – 353 页。

[30] 刘琼华：《我国高职物流教育面临的困惑及对策》，《职教论坛》2010 年第 5 期，第 95 – 96 页。

[31] 刘家珉：《国外物流教育与我国物流教育的比较与思考》，《物流技术》2010 年第 230 期，第 235 – 237 页。

[32] 麻群翠：《浅谈广西港口物流人才的培养》，《中国高新技术企业》2011 年第 10 期，第 154 – 155 页。

[33] 鲁昕：《加强对话　深化合作　加快推进职业教育集团化办学》，http：//www. worlduc. com/blog2012. as-

px？bid=17892060，2014-08-12。

［34］田春霞：《高职“双师”素质与“专兼结合”专业教学团队建设》，《职业技术》2008年第8期，第66页。

［35］何增强：《现代物流业发展现状分析与研究》，《交通企业管理》2009年第9期，第52-53页。

第四章　家政服务行业与职业教育分析报告

当前我国经济快速发展，现代化进程不断加快，传统社会加速分工，中产阶层呈扩张态势，使家政服务的目标消费群迅速壮大。随着我国逐步向家庭小型化、人口老龄化、劳动社会化等现代经济社会方向发展，市场对家政服务行业的需求日益旺盛。发展家政服务业可谓大势所趋、势在必行，对于增加就业、改善民生、扩大内需、调整产业结构均具有重要作用。因此，作为第三产业的重要组成部分，近年来，我国家政服务业显现出较快发展的势头，市场需求猛增，行业规模不断扩大，服务领域也在不断拓展。然而，在整个发展过程中，存在着供需失衡、专业度不足的尴尬局面。作为培养技能型人才的职业教育，需要面对行业的发展现状，建立起一套家政服务的职业化体系，积极地培养不同层次的家政专业人才，为产业的健康发展发挥重要的作用，构建起专业化、职业化、规范化、精细化的“四化”家政服务体系。

本报告在大量引用相关研究成果和产业发展数据的基础上，对我国家政行业、企业及其人才需求、我国家政专业职业教育等方面进行较为全面的分析，并希望从发达国家家政专业教育的办学经验中得到借鉴和参考。

一、我国家政服务行业发展概况

随着我国逐步向家庭小型化、人口老龄化、劳动社会化等现代经济社会方向发展，市场对家政服务行业的需求日益旺盛。发展家政服务业可谓大势所趋、势在必行。发展以家庭及其成员为主要服务对象，向家庭提供劳务，满足家庭生活需求的家政服务业，对于增加就业、改善民生、扩大内需、调整产业结构具有重要作用。因此，作为第三产业的重要组成部分，家政服务行业被誉为一大朝阳产业，是新的经济增长点，也是新的就业机会，更是拉动消费潜力巨大的市场，前景广阔，大有可为。

当前我国国民总收入、城乡人民币储蓄存款余额、城镇居民人均可支配收入呈上升趋势（见图4－1）。不断提高的家庭经济生活质量与家庭服务需求具有同步性，需求造就产业。家政已受到越来越多的关注，按照《家政服务员国家职业标准》的界定，家政服务已有职业定义：根据要求为所服务的家庭操持家务，照顾儿童、老人、病人，管理家庭有关事务。2000年，劳动和社会保障部正式认定“家庭服务员”这一职业，家政服务踏上自身的“职业化”发展道路。家政服务人员的薪资待遇也翻了几番，从最初的600元上涨到现在的2000～10000元①。家政服务业如雨后春笋般地发展起来，如今在机遇中逐步成长，同时也正面临重重挑战。

①中华人民共和国商务部：《家庭服务业发展状况》，http：//www.mofcom.gov.cn/article/difang/guizhou/201312/20131200445021.shtml，2014－08－10。

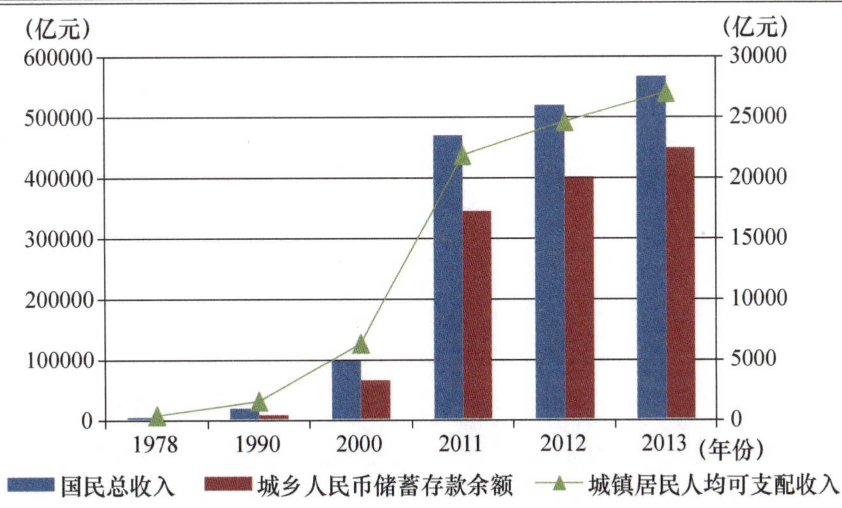

图4－1　改革开放以来我国国民收入情况

资料来源：《中国统计年鉴》（2014）。

（一）发展现状

有关部门在“你的家庭所需要的家政服务种类”的调查中，发现大部分居民最需要的是家务家政、教育家政、养老家政，保健家政需求初见端倪。① 可见，家政产业人才需求方面不仅需要简单劳务型的人才，而且广大雇主也越来越青睐于职业化、高技能、高素质的家政服务人才；家政产业服务项目需求方面也已不仅仅停步于传统的家政事务。就目前而言，国内家政产业人才供给储备量大，培训力度也有所加大，同时产业服务项目也有所增多。家政行业正势头强劲，成为待深度开发的具有良好发展前景的产业地带。

1. 人才供给储备量大

家政服务劳动力市场源源不断，有着巨大的人力资源储备。2007 年，国家劳动和社会保障部根据对包括天津、上海、重庆、沈阳、南京、厦门、南昌、青岛、武汉在内的 9 个城市的调查情况，发布了《中国家政服务业现状白皮书》。“白皮书”指出九城市家政服务从业人员共 23.96 万人，城镇从业人员占总数的 56.1%（下岗人员 63.7%、退休人员 36.3%）；农村富余劳动力占 43.9%。

虽然是抽样调查，但该数据对全国家政服务从业人员的构成具有一定的代表性和说明性。即家政服务从业人员的供方市场主要由城镇下岗职工、退休人员和农村富余劳动力三类群体组成。21 世纪初，我国城镇人口在不断上升的同时，城镇登记失业人数也居高不下（见图4－2），失业人员已 900 多万人，这些都是家政服务的人力资源储备军。另外，发展至今，已有一些大中专生甚至研究生加入此行业，他们既是家政服务高级人才的冲锋军，也是家政服务重要的人力储备军。

①人民论坛网：《我国家政行业发展现状、问题及建议》，http：//www. rmlt. com. cn/2013/0107/58986. shtml，2014－08－10。

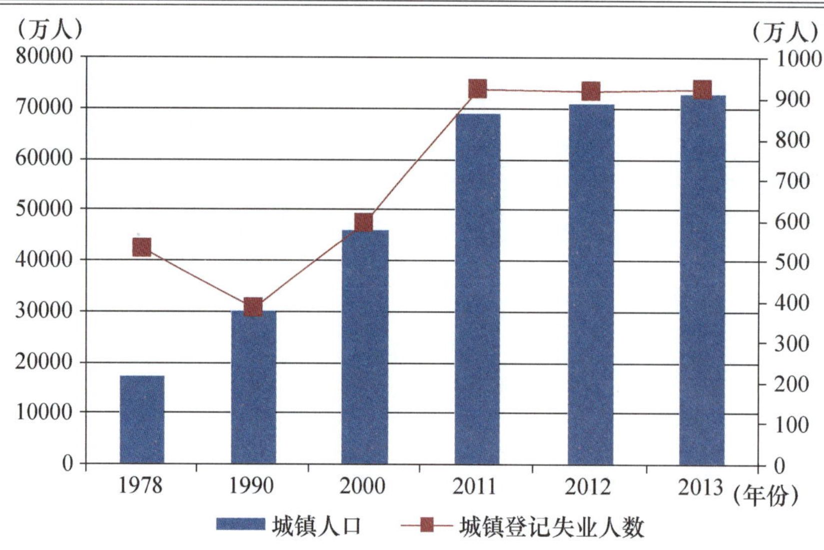

图4-2　改革开放以来我国城镇人口与城镇登记失业人数

资料来源：《中国统计年鉴》（2014）。

2. 人才培训力度加强

随着我国经济增长和社会进步，人们对家政服务从业人员的素质和技能要求逐步提高。通过相关资料查明，目前，劳动保障部门、社会团体通过教师面授、指导职业知识与技能等方式对家政服务人员展开一系列专业培训（见表4-1）。值得注意的是，部分学校也开始积极举办各种服务于校内外对象的家政培训班。如浙江省就要求各市（区）应确定至少2~3所中职学校和1所高职院校，作为本地区家政服务业人才教育培养培训的骨干单位，积极引导各级各类职业学校、乡镇成校和社区学院多形式开展家政服务与管理人员培养培训，形成家政服务人才的教育培训网络。①

表4-1　　家政服务从业人员培训形式

<table>
<tr><th>部门</th><th>形式</th><th>培训内容</th><th>培训对象及时间</th></tr>
<tr><td rowspan="2">劳动保障部门</td><td>通过所属职业培训学校、技工学校、就业训练中心、再就业培训基地和家政服务公司直接开设各种家政服务培训班</td><td rowspan="4">家政通用知识技能，如职业道德、礼仪礼节、采买记账、居室保洁、家电使用、菜肴加工、烹调技术、服装洗烫、老幼看护、孕产护理、儿童启蒙等</td><td rowspan="4">对象以下岗职工、失业人员为主；时间多以短期为主，一般是3个月左右</td></tr>
<tr><td>指导再就业培训基地和其他部门开办的职业培训机构开展家政服务培训</td></tr>
<tr><td>工会、妇联等群众团体</td><td>家政服务培训班</td></tr>
<tr><td>社会其他力量</td><td>家政服务培训班</td></tr>
</table>

资料来源：中国服务贸易指南网：《家庭服务业发展现状与趋势分析》，http：//tradeinservices. mofcom. gov. cn/e/2007-11-13/10018. shtml，2014-08-10。

①新华网：《浙江吸引和鼓励学生报考中高职校家政服务专业》，http：//news. xinhuanet. com/edu/2013-02/20/c_124367937. htm，2014-08-10。

3. 服务项目增多

在传统意义上，国内对家政工作内容的理解是包括保洁、理家、照顾老人和孩子等各种家庭事务，服务于家庭及其成员，对家政职业的定位为“保姆”、“月嫂”等。然而随着时代的发展，人们对需求的内容与层次也发生了明显的变化，家政服务业也是如此。根据对不同家政服务从业人员的需求，家政服务项目呈现多样化。如表4－2所示。其中佣家型的服务项目类似于国家职业资格五级（初级）、四级（中级）工作标准，管家型的服务项目类似于国家职业资格三级（高级）工作标准。

表4－2　多样化的家政服务项目

家政服务从业人员的类型	服务内容
佣家型	家庭厨艺及饮食、家庭保洁卫生、家庭杂务（洗衣熨烫、代交杂费等）、家庭护理（医护、侍疾、母婴护理、育婴月嫂、照顾老人、照顾病人、陪护聊天、家庭保健等）、美容护理、艺术插花、家庭园艺、家居绿化、房屋装饰、宠物照料托管、家电维护等
智家型	家庭教育（文化课辅导、语言辅导、电脑辅导、艺术辅导、艺术乐器）、家庭交往礼仪、生产经营、投资理财、法律服务、择业就业、心理咨询等
管家型	家庭所有成员的健康和膳食营养管理；家庭物业管理与相关社区物业管理之间的关系协调；日常生活流程的安排；家庭成员信息资料的档案化管理；家庭成员与亲朋好友、社会关系的处理；家用设施维护；日常生活费用和家庭财务的管理；家庭成员学业的协助管理；家庭成员患病联系、就医及发生意外事故的处理；家庭成员人身安全和财产安全的维护；大型家庭活动家庭与社会关系的公关管理

资料来源：根据公开资料整理。

（二）发展特点

发展至今，我国家政服务业体系已初步成型，行业发展特点明显，主要表现在以下三个方面：一是政策积极引导；二是产值迅速提升；三是组织形式规范化。

1. 政策积极引导

随着家政服务业的快速发展，家庭服务业越来越受重视，政府部门出台了一系列政策，支持规范家庭服务业的发展。如近年来各个省市颁布加快发展家庭服务业的实施意见；2014年5月，商务部制定了《家政服务合同》，分为员工制、中介制和派遣制范本，以监督管理家庭服务企业的服务质量，指导协调合同文本规范和服务矛盾纠纷处理工作。不仅如此，我国相关部门还颁布了有关家政服务业的其他一系列政策，如表4－3所示。

表 4－3　家庭服务业政策列表

时间	部门	政策	具体内容
2000 年 8 月	劳动和社会保障部	《家政服务员国家职业标准》	将家政服务员确定为国家的一种职业，也把家政服务业纳入了规范性发展的轨道
2009 年 4 月	商务部、财政部	《关于推进家政服务网络体系建设的通知》	运用财政资金支持试点城市实施家政服务网络体系建设
2009 年 6 月	商务部、财政部、全国总工会	《关于实施“家政服务工程”的通知》	从 2009 年开始，运用财政资金支持开展家政服务人员培训、供需对接、从业保障等工作，扶持城镇下岗失业人员、农民工从事家政服务
2010 年 9 月	国务院办公厅	《关于发展家庭服务业的指导意见》	提出到 2015 年，建立完善发展家庭服务业的政策体系和监管措施。到 2020 年，惠及城乡居民的家庭服务体系比较健全，能够基本满足家庭的服务需求
2011 年 9 月	财政部、国家税务总局	《关于员工制家政服务免征营业税的通知》	自 2011 年 10 月 1 日至 2014 年 9 月 30 日，对家政服务企业由员工制家政服务员提供的家政服务取得的收入免征营业税
2011 年 12 月	商务部	《关于“十二五”时期促进家庭服务业发展的指导意见》	从六个方面提出了“十二五”时期促进家庭服务业发展的工作任务
2012 年 12 月	商务部	《家庭服务业管理暂行办法》	规范家庭服务经营行为，维护家庭服务消费者、家庭服务人员和家庭服务机构的合法权益，促进家庭服务业发展
2013 年 3 月	商务部	《商务部办公厅关于加强家政服务培训工作的通知》	高度重视，精心组织；科学制订实施方案；完善培训内容；创新培训模式；严格把关验收；培育特色品牌；充分保障就业；统一培训教材

资料来源：根据公开资料整理。

2. 产值迅速提升

家政服务业具有无资源消耗、无环境污染、吸纳就业能力强、可持续发展等特点，存在着基本的市场根基，也蕴藏着长久生命力。《现代家政服务行业研究报告》显示，2005 年，全国家庭服务业高达近 4000 亿元的市场份额，且每年以 12% 的速度增长（特殊情况除外）。2011 年，全国家庭服务业总产值约 8500 亿元，如图 4－3 所示。《2012 年家政服务行业数据研究报告》数据显示，2012 年全国家庭服务行业市场总值为 8366.73 亿元；家庭服务行业增长迅速，2013 中国（北京）国际家庭服务业博览会新闻发布会表示，国内家庭服务业年产值超万亿元，年营业额近 1600 亿元。“十二五”时期，我国家庭服务业发展速度有望超过国内生产总值和第二产业增加值增长速度，年营业额将达到 2500 亿元。到 2020 年，年营业额将达到 3200 亿元，比“十一五”

末期翻一番。① 家政为国民经济发展做出了重要贡献，成为我国服务经济的重要力量。2005～2011 年中国家庭服务业总产值和年增长率如图 4－3 所示。

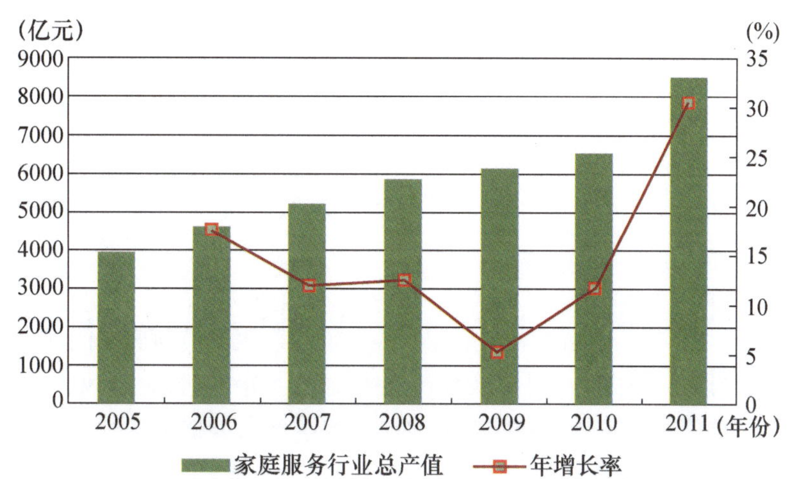

图 4－3 2005～2011 年中国家庭服务业总产值和年增长率

资料来源：《现代家政服务行业研究报告》。

3. 组织形式规范化

随着家政服务业走入朝阳产业的行列，家政服务企业要抓住发展机遇，迎头而上。就目前国内家政服务组织的运营模式来看，主要集中表现为三类组织形式，即中介制家政服务组织（企业）、员工制家政服务组织（企业）和会员制家政服务组织（企业）。如表 4－4 所示。

表 4－4 家政服务组织（企业）运营模式划分

组织形式	特点	运作模式
中介制家政服务组织（企业）	规模大、场地大、投入大	比较适合公益性政府投资支持，而不太适合一般的营利性民营机构、社会团体
员工制家政服务组织（企业）	在团队方面，人员少而精良，管理较为规范；在投入收益方面，投入小，风险小，按月进行管理费收取，小规模即可获得高收益	实行统一招生、统一培训、统一考核、统一持证、统一派遣、统一后期管理的一体化作业模式
会员制家政服务组织（企业）	规模大、场地大、投入大	介于规模型的中介制家政服务组织和精品型的员工制家政服务组织两种模式之间的一种综合经营运作模式

资料来源：根据公开资料整理。

有市场，就表明有供求关系的存在。家政服务业作为市场需求旺盛的行业，它也涉及供求双方的切身利益。对供给方家政服务人员而言，他们关心的利益是工资待遇和劳动关系，对需求方雇主来说，他们关心的是安全和优质服务。上述三类家政服务组织的运营模式都在不同程度上协

①新华网：《“十二五”时期我国家庭服务业年营业额将达 2500 亿元》，http：//news. xinhuanet. com/society/2011－10/19/c_111107630. htm，2014－08－10。

调了供求方的利益需求，只是员工制家政服务组织具有投入少、风险小、收益高的独特优势，投身家政服务业的企业一般都首选这种组织运作模式，这种模式在未来家政服务行业必定占据极其重要的位置。

（三）发展问题

家庭服务行业朝气勃勃，但在看到机遇的同时也应该看到挑战。分析把握目前家政服务行业的多重挑战，增强家政服务行业的危机感和紧迫感，不仅是对家政服务业现状的一个整体性、宏观性了解，而且也是促进家政服务行业提升的一个重要渠道。目前家政服务业存在的问题主要是保障机制不健全、市场监督不规范、企业品牌意识弱、从业人员素质低等。

1. 保障机制不健全

《劳动法》的适用主体是企业、个体经营组织，因而家政服务员与雇主的雇佣关系并不由《劳动法》保障，他们之间签订的协议也并不能被认定为劳动合同。自然，家政服务人员的工作时间、福利待遇等都无法用《劳动法》进行调整。同时，家政服务人员如果在工作中意外受伤也得不到医疗保障。我国目前已经存在着家政服务人员工作超时、服务超量的现象，甚至还会发生家政服务人员遭受歧视、虐待的事件。至今，我国尚没有一部保障家政服务人员权益的全国性法律或法规。

2. 市场监督不规范

家政市场缺口大，企业门槛低，整个家政服务行业呈现出小、散、弱的局面，组织化程度较低，总体上处于起步阶段。不乏“一张桌子、一条凳子、一块牌子”就能开张经营的现象。行业环境缺乏统一的监督体系和规范条例，行业中的实体没有统一明确的主管部门，民政、人力资源和社会保障、工商、妇联等部门均不同程度参与市场管理，但又分工不明。以至于行业内违规操作和短期行为严重，家政市场秩序不够规范，成为雇主投诉的热点。例如近年来黑心保姆制造的盗窃案、绑架案都是利用行业管理漏洞实施的，正如一名犯罪嫌疑人所言“填一个表，交一个身份证，交60元钱，就进到别人家里去了”。出于质量与安全的考虑，许多家庭实际上已有条件聘用家政服务员，但广大居民面对众多企业，往往无从选择。

3. 企业品牌意识弱

我国家政企业目前还处于初创期，街头广告、马路广告随处可见，规模化、产业化、品牌化发展有待进一步发展。当前家政企业的运营模式多为中介制管理，故存在着需求方资源易流失、供给方队伍不稳定等问题。同时，供给方也就是家政服务人员的级别鉴定基本上是由其所属公司完成的，故又存在着差异性的服务和收费标准，这容易造成企业之间恶性竞争、引发雇佣纠纷。而且，通过有关方面的调研得知，众多小企业在宏观管理上仍旧属于经验式管理，并没有采用诸如绩效管理、目标管理、薪酬管理等现代管理方式。缺乏相应的品牌意识，心理状态属于小富则安。企业内部家政职业经理也没有受过专门培训。部分企业缺乏风险意识，没有购买商业保险或采取其他方式予以规避大的经济纠纷，一旦出现承担不了的风险，便欠账不还，或关门大吉。①

4. 从业人员素质低

我国家政服务从业人员素质低主要是由以下两方面原因导致的：一方面，目前家政服务从业人员的供方市场主要由城镇下岗职工、退休人员和农村富余劳动力三类群体组成，高中以下占

---

①新华网：《我国家政服务业面临新的发展机遇》，http：//www. zj. xinhuanet. com/newscenter/2007 – 12/03/content_ 11834359. htm，2014 – 08 – 10。

83.9%，大专以上占16.1%，上岗前接受过家政服务业务培训的占30%。[①] 文化素质普遍偏低，且大部分人未受过岗前家政培训，在工作过程中会存在一些安全隐患，这使得家政服务人员的综合素质、职业技能、职业道德等方面不能满足消费者的需求。另一方面，通俗地来说，家政服务业是从保姆发家的，作为新兴产业，很多潜在从业人员只是因旧式观念如“侍候人”、“低人一等”的思想所限而未踏入该行业。尤其对于高学历人才而言，即使他们在大学期间就读的是与家政服务相关的专业，之后也并未完全从事该行业。另外，中高职学校培养的家政服务人才质量也亟待提高。

（四）发展趋势

有关研究表明，劳动力过剩的发展中国家，在其社会发展进程中，必然经历一个家政服务的快速发展时期，以解决产业调整带来的失业和再就业问题。20世纪初，美国18岁以上的从业人口中，从事家务雇工的比重达15.2%，日本在20世纪30~40年代也出现过一个“家务雇工时代”，今天的发达国家几乎都经历了家政服务产业化、规模化发展的过程。[②] 我国在经济发展水平、居民收入水平、生活质量的水准逐步提高的情况下，家政服务业未来的道路也将主要向专业化、职业化、规范化和精细化这四个方向发展。而且专业化、职业化、规范化、精细化是家政服务不可分割的四个方面，它们是相辅相成、互为联系的整体，互为促进作用。

首先，专业化是家政服务发展的基础。一方面实现家政服务人员专业化。对家政服务从业人员进行岗位培训，提高家政服务的专业水平。另一方面实现家政服务内容专业化。目前家政服务开展的项目知识含量都比较低，开展得比较普及，能形成一定规模和影响的只是一些专业性不强的工作，高层次的专业知识要求较高的家政服务还较少。通过这两面的专业化，逐渐形成一批接受过高素质教育的家政服务人员，如人称“金钥匙”的金领保姆。

其次，职业化是家政服务发展的保障。家政服务工作逐渐由封闭到开放，服务对象由特殊到普遍，服务内容由单一到复杂，服务方式由单渠道到多渠道转变。同时现代家庭需求的是品牌响亮、档次上乘、服务优质的家政服务业，如家教、理财、居室、招待客人及护理等。因而服务的职业化应体现在方方面面，从为每位家政人员提供专业制服，到为每项家政服务设立具体要求，逐步建立起一套职业化的标准。它包含：一支职业化的家政服务队伍、职业化的家政服务理念、较为专业的家政服务水平和能与国际接轨的家政服务结构以及职业化的家政教育培训体系。[③]

再次，规范化是家政服务发展的条件。家政服务体系的规范化主要是规范家政服务职业中介机构和就业实体的运作。二者的区别在于，前者是中介服务型，即从事家政职业介绍服务，工作任务以提供劳务和培训信息、输送合适人选、提供职业指导为主。目前，劳动保障部门职业介绍机构多为此类型。后者是企业运营型，即从事专门的家政服务员的派遣，并进行经营和管理，工作任务以组织供给资源、收集用人信息、输送合适人选、提供短期培训为主，并对所属员工进行劳动保障事务管理等。[④]

最后，精细化是家政服务发展的延伸。目前，家政服务项目范畴广泛，囊括家庭教育、家务管理、家庭理财、医疗保健、营养配餐、配送和居家养老等服务；家政服务对象覆盖面广，不仅

---

①创业早报：《混战的“蓝海”创业项目——家政服务行业分析》，http：//cyzaobao.cn/view/363.html，2014-08-10。

②劳动和社会保障部：《中国家政服务业现状白皮书》，2007年。

③张忠海：《家政职业化进程中的困境与对策》，《杨凌职业技术学院学报》2010年第3期，第38页。

④中国就业网：《家政服务白皮书（七）》，http：//www.chinajob.gov.cn/gb/emp/employment/2004-05-26/contento_31542.htm，2014-08-10。

涵盖了各个年龄阶段，同时也包括了不同收入水平的广大群体。家政服务内容不断丰富，服务对象不断拓宽，为适应日益多样化、细致化的市场需求，家政服务需向精细化的方向发展。

二、家政服务行业人才需求分析

在我国居民服务和其他服务业增加值呈现出逐年升高的趋势下（见图4-4），家政服务业作为关乎国计民生的重要服务产业，也正亦步亦趋地迈向蓬勃发展之路。目前，各个城市涌现出众多家政服务公司，有些甚至已形成一定品牌。面对服务内容日益增多、服务范围不断扩大的家政服务市场，全国的家政服务业包括企业与从业人员，需要进一步满足市场需求，从而真正发展为服务业中的朝阳产业。

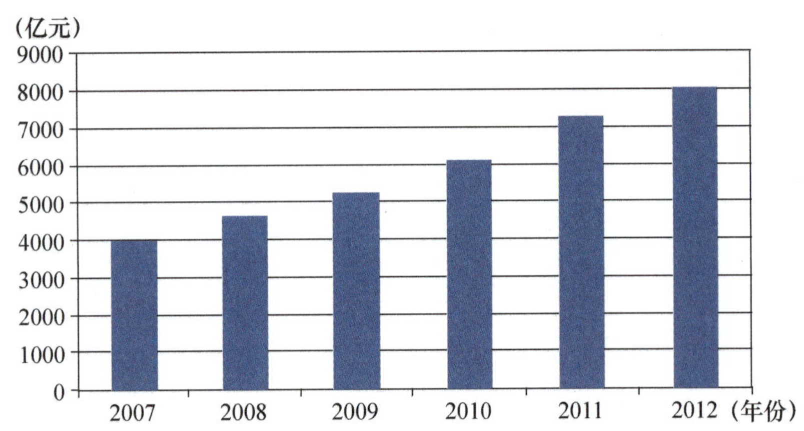

图4-4　2007~2012年我国居民服务和其他服务业增加值

资料来源：《中国统计年鉴》(2014)。

（一）行业企业发展概况

据相关部门统计，我国现有家政企业60多万家，提供20多个门类200多种服务项目。从业人数约2500万人。预计到2020年从业人员将达3000万人。不仅如此，我国已出现一些管理规范、运作良好、示范性强的家政服务公司。如北京华夏中青家政服务有限公司，全国共有一级和二级连锁机构近400家，每年最大劳务安置可达8万人次，累计为全社会输送家政员超过60万人次。① 再如好月嫂服务品牌是中国家庭服务业的中坚力量和排头兵，其市场覆盖占有量为21省45个城市138家连锁店、从业人员数量近10万名服务人员、服务客户量多达100多万家庭、品牌创服务产值量6个亿以上。② 广州市正祥和家政服务有限公司则率先在国内家政行业设立岗前培训基地，全国第一家为客户和家政从业人员购买商业保险，以国际通行的“全程企业化”的管理模式导入家政行业，规范公司的发展。③ 全国范围内还有一些发展良好的家政企业（见表4-5），

①华夏中青家政连锁网络官方网站：《公司简介》，http：//www. cyhs. cn/aboutus/about/，2014-08-12。

②好月嫂：《公司简介》，http：//www. dlhaoyuesao. com/comp. aspx？ cid=50，2014-08-10。

③广州市正祥和家政服务有限公司网站：《关于我们》，http：//zhengxianghe. shop. liebiao. com/，2014-08-12。

这些家政品牌公司为家政行业的发展起到了很好的标杆、引领作用。

表 4-5 2014 年中国家政服务公司十大品牌排行榜

企业	简介
北京华夏中青家政服务有限公司	创于 1998 年，中国家庭服务业协会副会长单位，国内家政服务行业领先品牌
大连好月嫂家庭服务有限公司	家政行业大型连锁企业，中国家庭服务业协会常务理事单位，辽宁省著名商标
浙江三替家政服务有限公司	中国家政服务业协会副会长，浙江省服务业重点企业，浙江省知名商号，浙江名牌
四川川妹子家政有限公司	集开发、培训和服务为一体的大型家政服务实体，国内家政服务行业知名品牌
北京市爱依家政服务有限责任公司	创于 1992 年，家政服务员国家职业标准制定者，中国家庭服务业协会副会长
上海爱君家庭服务有限公司	中国家庭服务业行业协会理事单位，家政服务业极具影响力品牌，中港管家集团旗下
济南阳光大姐服务有限责任公司	中国驰名商标，国内唯一的中介类服务标准化试点单位，山东省服务名牌
郑州三鼎家政服务有限公司	全国性直营连锁家政服务企业，家政行业保洁保养领域领先企业，知名家政服务品牌
广州市正祥和家政服务有限公司	中国家庭服务业协会副会长单位，全国家庭服务业百强企业，家政服务十大品牌
深圳市安子新家政服务有限公司	广东省家政行业首家特许经营企业，家政服务业影响力品牌，大型家政企业集团

资料来源：博思数据《2014 年中国家政服务十大品牌排行榜》，http：//www.bosidata.com/qtzzhsc1403/383827GRAO.html，2014-08-12。

一个城市的发展程度和家政服务需求成正比，在国内大城市 75% 的家政公司急速发展中，64% 的城市居民家庭需要家政服务。34% 的小康型家庭对家政服务的收费不存在压力，27% 的富裕家庭需要家政服务。① 另外，据劳动和社会保障部对沈阳、青岛、长沙、成都 4 个城市 1600 户居民的抽样调查表明，需要家政管理服务的家庭占 40%，以此百分比进行推算，4 个城市约有 115 万个家庭可以提供 200 万个就业岗位。更进一步说，全国城镇现有的 1.9 亿户家庭中，约 15% 的家庭需要提供家政服务，其中蕴含 2900 万个就业岗位。相比较我国现有 60 多万家的家庭服务企业和网点，现有 2500 多万从业人员，还有 400 万左右的潜在市场有待开发。总体而言，家政服务业在全国的大中型城市有了一定的发展，其中上海、北京、广州开展得不错，而其他地区的家政服务供给仍难以满足需求。

（二）人才需求分析

1. 人才需求概况

社会对家政服务的低认可度，导致家政服务行业缺乏吸引力，人才供给远远不能满足市场的需求，长期处于供不应求的局面，尤其是春节前后。

①中国行业研究网：《2011～2015 年家政行业市场全景：调研及投资评估深度研究报告》，http：//www.chinairn.com/yanjiubaogao/19272jz.html，2014-08-12。

从需求情况来看，未来20年我国中产阶层群体的扩张及城镇化进程的加速，人们对家政服务的需求随之扩大，对服务人员的学历、素质和技能要求也将同步提高。尤其是80后、90后的白领阶层，他们追求高品质的生活和舒适的环境，但繁忙的工作使他们没有时间料理家务、照顾老人孩子，而且自理能力相对较差，因此对家政服务的需求大、质量要求高。高素质的优秀家政人员十分紧俏，月薪8000元，年薪10万元的已不罕见。

从供给情况来看，家政服务业人才缺口很大，特别是中高级家政人才的供给非常不足。传统观念影响和利益保障缺失导致家政服务行业吸引力不足，从业人员增长速度慢，同时行业还面临着从业队伍老化、后劲不足的“断层”危机。随着一批20～25岁从业人员结婚成家，45～55岁从业人员进入高龄而退休，未来10年约有15%～30%的家政从业人员将退出这一行业。同时，随着农村教育的普及和城镇化进程的推进，尤其是安徽、广西、四川这些传统的家政服务人员输出大省经济快速增长，新进入家政领域的人员将急剧减少，这将导致家政领域的供需矛盾更加突出，而这个失衡的局面在一二线城市表现得尤为明显。

国家统计局曾对北京、上海、广州、成都、西安、沈阳、青岛7市居民社区服务需求作了调查，调查共涉及小时工、接送孩子上下学、上门送餐、陪伴老人、看护小孩、代人购物等17个服务项目，需要上述服务的家庭数量占7城市全部家庭的70%以上。如中部省会城市武汉对家政服务人员的需求量为10万人，目前有9万个岗位空缺；东部省会城市南京需求量为36万人，尚有24万个空缺；北部省会城市沈阳需求量为9.6万人，目前有4万个空缺。天津市的需求量每年以20%的速度增长。如图4－5所示。

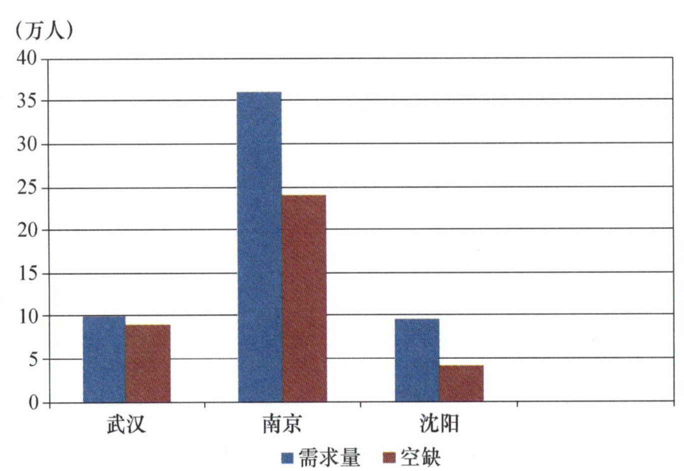

图4－5　武汉、南京、沈阳家政服务需求量及空缺量

资料来源：《中国家政服务业现状白皮书》。

2. 人才需求类型

市场产生需求，鉴于我国家庭组成结构、家庭功能转移、外籍人员入住国内直接催生家政服务业需求，以及家政服务业日趋规范化的发展，因而目前我国家政服务业的人才缺口主要由以下几类构成：

（1）家庭特殊人群服务从业人员。本报告所指的家庭特殊人群主要是指老人、病患、婴幼儿、产妇等。对于家政服务从业人员而言，他们所服务的这四类群体是有所交叉的。有时服务的老人就是病患，有时既要服务产妇也要服务婴幼儿。而且，我国自20世纪80年代实施计划生育政策以来，使得独生子女家庭成为城市中最基本的家庭组成模式。出现了“一二一四式”（一个家庭，两个中年人，一个孩子，四个老人）、“一二一式”（一个家庭，两个中年人，一个孩子）的家庭结构。因此，老人、婴幼儿的服务需求市场庞大。

一是老人服务需求市场庞大。随着社会老龄化步伐的加快，残疾、孤寡、空巢等高龄老年人口基数逐渐扩大。如图4-6所示，自2000年以来，我国65岁及以上年龄总人数及占比均呈上升趋势。到2050年左右，老年人口将达到全国人口的1/3。① 很明显，养老问题已经成为我国社会发展中必不可免的一个重大问题。我国自古以来就提倡尊老敬老，虽然目前各个城市也都设立了很多敬老院、养老服务中心，但是“养老回归家庭”，在家中安度晚年的养老观念深深扎根于国人心中。可见，老年人的家政服务业市场是相当可观的，早在2008年，全国老龄办发布《我国城市居家养老服务研究》，该报告表明我国城市居家养老家政和护理服务两项的市场规模到2020年将超过5000亿元。

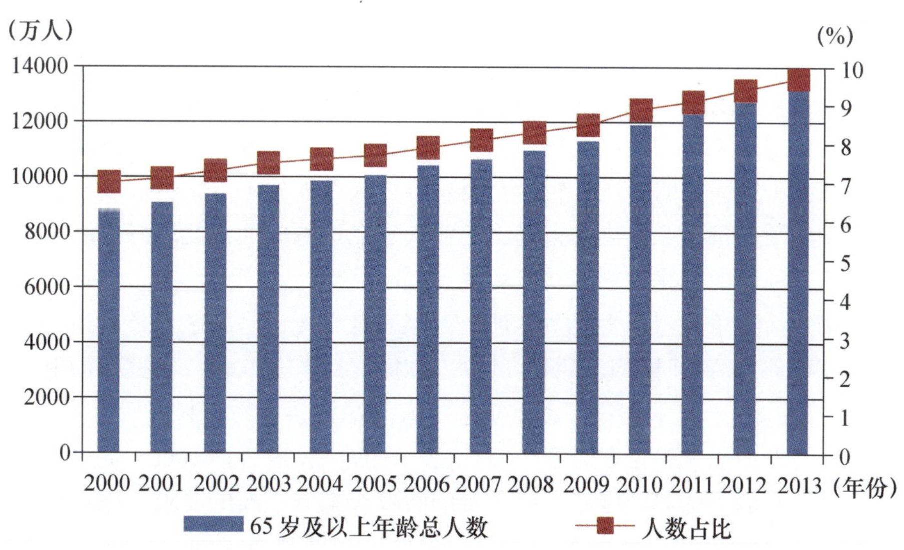

图4-6 21世纪以来我国65岁及以上年龄总人数及占比

资料来源：《中国统计年鉴》(2014)。

二是婴幼儿服务需求市场旺盛。随着生育高峰期的到来、“单独二胎”政策的落地，“80后妈妈”渐增，婴幼儿照料的家政服务需求日益旺盛。如图4-7所示，21世纪以来，我国人口出生率一直保持在12%左右。最重要的是，许多家长认为雇用专业育婴师对于孩子的启蒙教育更有益，孩子是每个家庭的核心，给孩子花钱，家长毫不吝啬，宁愿花高价也得找个称心如意的月嫂和育婴师。

有专家预测，到2015年，对居家养老服务从业人员的需求将达1800万人，到2030年将达到2300万人；对从事婴幼儿看护的服务人员需求2015年将达1681万人，到2030年将达1675万人。②

①新华网：《我国2050年老年人口将达到全国人口的三分之一》，http://news.xinhuanet.com/photo/2012-10/22/c_123855681.htm，2014-08-12。

②姜长云：《关于家庭服务业概念内涵和外延的讨论》，《经济研究参考》2010年第60期，第4-9页。

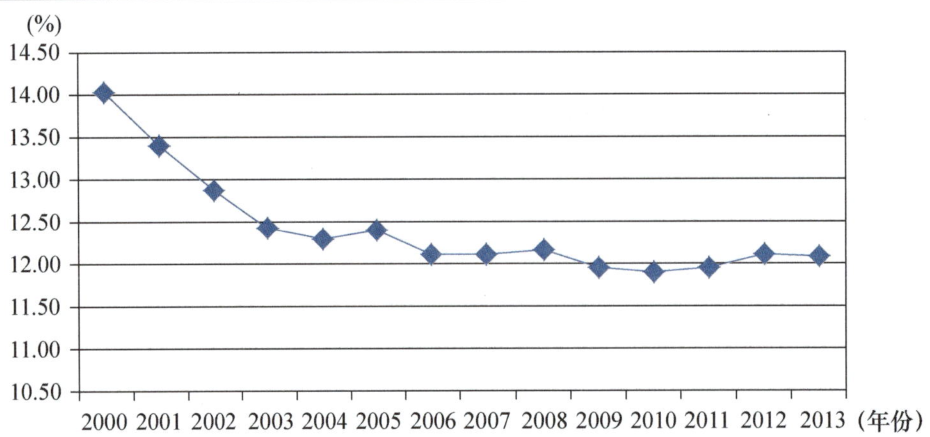

图 4－7　21 世纪以来我国人口出生率

资料来源：《中国统计年鉴》(2014)。

(2) 家庭日常生活服务从业人员。我国城镇居民家庭恩格尔系数正逐年下降，这说明人民消费在饮食方面的费用占总消费的比例越来越小，而在住、行和服务等方面的消费在逐年增加。换言之，在现代社会中，人们的工作、生活乃至思维方式都发生了巨大的改变，都比较追求物质和精神双重方面的生活质量。职业化的家庭服务业人员在这两方面都能较好地满足家庭需求，能够承接家庭转交的各种职能，完成家庭功能转移。

一方面，职场生活竞争激烈、生活节奏加快，家庭骨干无论是父亲还是母亲都追求事业上的发展。他们在家庭事务的劳动时间上都明显减少。在家庭厨艺及饮食、家庭保洁卫生、家庭杂务（洗衣熨烫、代交杂费等）、艺术插花、家庭园艺、家居绿化、宠物照料托管、家电维护等方面，家政服务人员可以帮助他们减轻家庭劳务、精神负担，提高家庭生活质量，促进家庭和谐。

另一方面，人们对老人的养老服务、对子女的教育等都有了新的要求，不再满足于纯粹的体力劳动服务。婴幼儿保育咨询、家庭教育咨询、青少年心理健康咨询、家庭关系咨询、婚恋咨询、保健护理咨询、饮食营养咨询、形象塑造咨询、家居环境咨询、家庭理财咨询、家庭消费咨询、家庭环保咨询等家庭服务项目，都大受市场欢迎。就青少年方面，据统计，全国 2.2 亿青少年学生中，平均每分钟发生一起刑事案件。多数的犯罪青少年都没有得到家庭的温暖。如图 4－8 所示，无论哪个时期，我国 0～14 岁人数总和是非常庞大的，在父母没有时间照料、关爱、教育的情况下，这部分群体急需要家政服务人员的介入。

(3) 家庭高端管理服务从业人员。随着我国与国际的接轨，越来越多的外籍人员进入我国工作甚至在我国定居。据 2011 年统计局资料（2010 年第六次全国人口普查）显示，居住在我国境内并接受普查登记的外籍人员达 593832 人。这一群体多数有雇用家政人员的消费习惯，此外，他们对国内家政从业人员的综合能力要求明显提高，他们会首选在语言、管家、护理、家教等方面有着较强技能、智能的家政服务专业人才。同时，国内家政服务消费者高端化需求日益扩张，迫切需要家庭服务中高技能、高职称专门人才。

(4) 家政服务企业管理从业人员。近年来，随着社会经济的发展，以及社会劳动分工的日趋专业化，我国家政行业得到了迅速发展，市场需求急速增长。如上文所述，我国现有家政企业 60 多万家，从业人数约 2500 万人。但是，我国的家政服务业发展依然不规范，蕴含了很多风险，

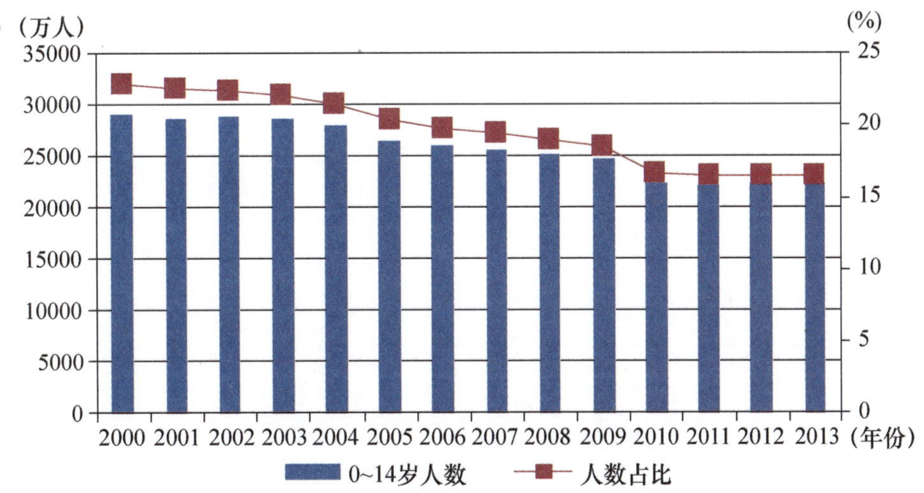

图 4-8　21 世纪以来我国 0~14 岁人数及占比

资料来源：《中国统计年鉴》(2014)。

例如行业管理风险、企业经营风险、雇主消费风险和家政人员从业风险等。这些风险的存在，在很大程度上制约了家政行业的正常发展与持续性发展。在这样的发展现状下掌握家庭服务业前沿的动态信息，倡导行业自律，顺应市场，家政服务企业管理从业人员显得尤其重要。然而现实情况是该类从业人员供量明显不足。

三、我国家政服务专业职业教育现状分析

马克思曾经说过，一门学科的发展程度，决定于社会对它的需要程度。我国家庭服务需求旺盛，然而发展相对滞后，中高端人才十分紧缺，显然已成为制约家政服务行业发展的“瓶颈”。因此，即使我国在家政专业教育的研究上中断了 30 多年，可是在社会需求的召唤下，近年来家政专业教育研究重新受到重视，职业院校家政服务专业人才培养也日趋受到广泛关注。我国家政服务行业在实现跨越式发展的道路上，必须充分发挥职业院校的人才培养功能。只有发挥职业院校专业人才培养中心地的功能、服务社会的职能，做好家政服务业人力资源的培养和开发，实现家政服务产业人才队伍建设与职业院校人才培养的无缝零对接，家庭服务产业的前景才能广阔，未来才能明亮。

（一）家政专业职业教育现状

和任何其他事物一样，每个专业都有自己产生、发展和衰亡的过程，有着自己的生命周期。专业生命周期可划分为形成期、成长期、成熟期和衰退期四个阶段。[①] 家政专业目前尚处于专业发展的形成期（见图 4-9）。我国家政专业历经从无到有、从有到无、从边缘到中心的三个发展阶段。

①顿祖义、牛亚莉：《高职院校家政专业设置的可行性分析》，《职教论坛》2008 年第 12 期，第 29 页。

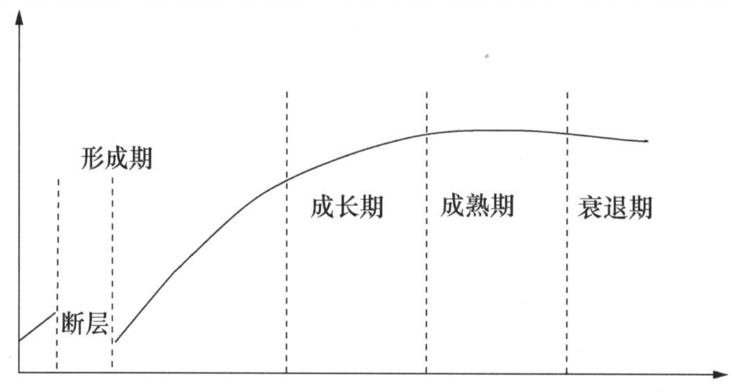

图 4-9 我国家政专业的生命周期

资料来源：《高职院校家政专业设置的可行性分析》。

第一阶段：从无到有。20 世纪初光绪年间，清廷颁布的《奏定学堂章程》和《女子学堂章程》规定，女学应养成女子的道德情操与必需的知识技能。另外，在培养女性师资的女子师范学堂，开设缝纫、手工艺等家事课程，并讲授幼儿保育方法。1919 年（民国 8 年），国立北京女子高等师范学校成立家政学系，这是大学家政教育的开端。20 世纪 20～40 年代，燕京大学、金陵女子大学、福建协和大学、四川大学、东北大学、上海辅仁大学等 10 余所高等学校也相继成立了家政系。

第二阶段：从有到无。1949 年新中国成立后，受全国高校专业调整的影响，家政专业在全国高校被全部兼并或撤销，家政专业人才培养走向没落。

第三阶段：从边缘到中心。1988 年，我国第一所传播家政知识的武汉现代家政专修学校在武汉成立，这标志着我国家政专业重新起步并开始逐步朝着规范化方向发展。2010 年《国务院办公厅关于发展家庭服务业的指导意见》明确指出：将家庭服务业经营管理和专业人员纳入国家专业技术人才中长期规划并抓好落实。支持高等院校和技工院校开设家庭服务业相关专业，培养从事家庭服务的经营管理人才和中高级专业人才。鼓励有条件的家庭服务机构与高等院校、技工院校合作建立家庭服务人才培养基地和实习基地。2012 年，教育部把家政学专业作为特设专业列入普通高等学校本科专业目录，这是适应家庭服务业对专业人才培养的新需求而做出的一个重要举措，标志着我国家政高等教育从此进入正规化发展的新阶段，为高等院校的特色办学开辟了新领域。

家政活动本身的专业性、实践性和多样性使家政教育具有职业教育的特点。家政教育可涉及衣、食、住、行等方面，包括服装、烹饪、清洁卫生、照顾老人、教育孩子、室内布置等知识和技能，以及家政从业人员自身应有的礼仪、安全和人文知识。家政教育同其他职业教育一样也是培养社会劳动力的教育，即通过“教育（培训）—劳动力—就业—生产”同社会经济产生联系。① 因此，国内高、中等职业学校设置的家政专业是培养家政专业人才重要渠道。目前，根据市场的需求和中高职院校自身的资源优势，我国已经有不少学校开设了家政专业。如武汉家政学院、广东清远职业技术学院、山东菏泽家政职业学院、福建华南女子职业学院、河北工业职业技术学院，这些学校在开办家政专业和开展家政培训方面做出了突出的成绩。

①兰玲：《谈高中等职业学校设置家政专业的必要性》，《辽宁高职学报》2004 年第 3 期，第 39 页。

家政服务业需要专业化的家政职业教育的支持。职业院校设置家政专业是推进家政服务业发展的重要举措，是对家政服务市场中高级家政服务人才的迫切需求和家政服务业市场极大的发展潜力的积极回应。在国家教育部发布的《普通高等学校高职高专教育指导性专业目录》（2004年）中，家政服务专业代码为650301，属于公共服务类。在《中等职业学校专业目录（2010年修订)》中，家政服务与管理专业代码为181300，属于公共管理与服务类。在此，选取12所开设家政专业的代表院校进行分析，如表4－6所示。

表4－6　12所开设家政专业的代表院校

学校	专业	所属系	2013年招生计划(人)	2014年招生计划(人)
广东清远职业技术学院	家政服务（家政管理方向、儿童早期教育方向）	旅游与家政管理系	106	155
山东菏泽家政职业学院	家政服务	家政管理系	18	18
福建华南女子职业学院	家政服务	生活科学系	27	22
河北工业职业技术学院	家政管理	工商管理系	23	13
重庆机电职业技术学院	家政服务（健康管理方向、幼儿早教方向）	工商管理系	50	60
河北外国语职业学院	家政服务（涉外方向）	英语系	28	30
四川城市职业学院	家政服务（老年事业投资管理方向）	公共服务系	30	30
宁波卫生职业技术学院	家政服务	健康服务与管理学院	57	75
辽宁林业职业技术学院	家政服务	人文系	50	80
北京社会管理职业学院	社区管理与服务专业（家政管理方向）	社区服务系	10	20
重庆城市管理职业学院	家政服务（营养师方向）	健康管理系	55	55
湖南工商职业学院	家政服务（幼儿早期教育、护理、健康咨询师、营养与食品卫生方向）		20	8

资料来源：根据公开资料整理。

1. 培养模式多样化

随着家政人才需求量的上升，学校家政人才培养模式呈现出多样化的特点。包括学历教育、成人教育、网络教育和职业培训。学历证书与技术等级证书教育相结合。订单培养是院校和家政企业合作的主要形式。从培养对象来看，既包括应届初高中毕业生，又包括工人、待业人员、城市下岗职工和已从事过一般家政工作而追求高技能高报酬的人员，另外，本科院校毕业生进入家政院校进行短期培训也成为高职家政职业培训的新亮点，在这些培养对象中女性占比极高。

2. 课程设置结构化

通过分析以上12所院校的家政专业课程设置，可以总结得出课程设置（主要指必修课）主要分为理论类和实务类，如图4－10所示。其中箭头上升方向表示开设频率越高的课程类型，如在理论类中，管理学开设频率最高，社会学开设频率最低。实务类亦是如此，即家政专业的学历教育普遍从基础到应用上把家政专业课程划分为专业基础课、专业技能课和实践课，并且多数学校的学生最后1年需要到企业实习。

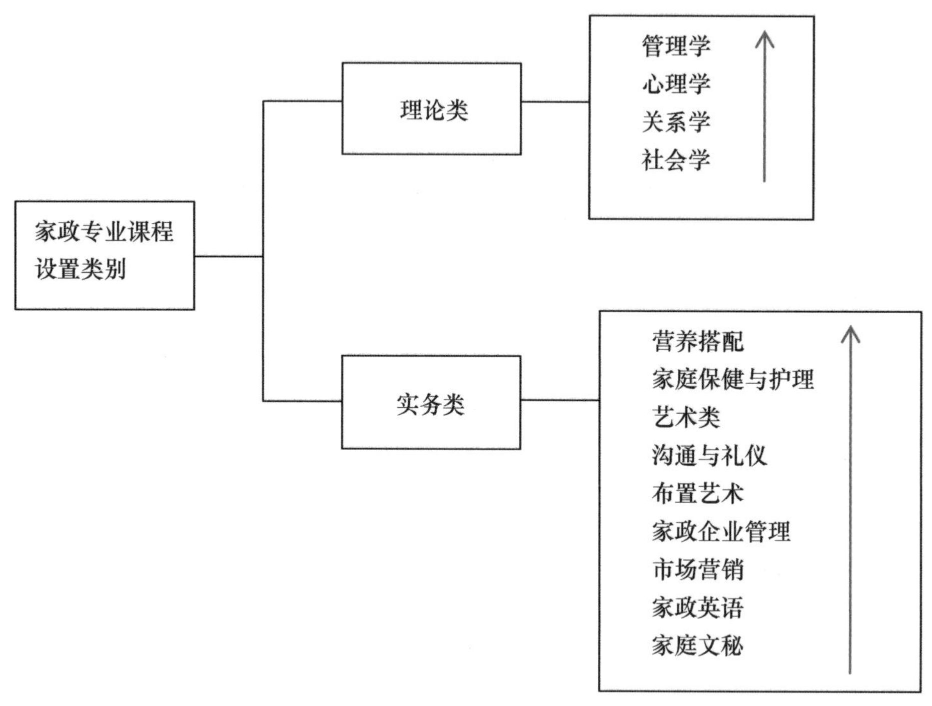

图4-10　家政专业课程设置类别

同时有些学校利用专业建设特长，加强家政服务专业课程建设。如山东菏泽家政职业学院，家政服务专业的课程结构总体分为基础课程、核心课程和特色课程（见图4-11）。在基础课程和核心课程的基础上，利用医疗卫生专业建设特长，加强家政服务专业学生的医学卫生专业知识与技能，制定特色课程9门。毕业实习——离校前进行为期1年的生产实习，全面检验所学知识，适应市场，实现学习到工作的过渡。[①] 再如天津工商职业技术学院外语系设置涉外家政专业方向、北京黎培职业学院会计系设置家政理财方向。

3. 实训方式多样化

为了吸引生源，很多高职院校在家政专业的招生简章中明确了广泛的就业方向，近年来，高职院校家政专业为社会输送了许多家政服务专业人员。高职院校家政服务专业毕业生在就业方向上的拓展与学校对实训基地的建设重视程度是密切相关的。

（1）多数学校在校内实训设施的建设上都狠下功夫，各种实训室相继建成并投入很多设备。有的在学校内不仅设有实训室，而且还直接设立了具备经营和教学实训能力的企业，其经营管理者为家政服务专业的教师和学生，在具体的经营中达到实训的目的，顺利完成了教学做一体化的教学方式，同时在环境体验上也实现了教学环境与企业环境的对接。

（2）家政专业的实训方式也多采用校内实训与校外实习相结合的方式。开设家政服务专业的不同高职院校结合自身的实际情况，分别采用了“订单式”、“校企联合式”、“工学交替式”、

①丁书杰、赵炳富：《高职家政服务专业课程设置的研究》，《中国科教创新导刊》2010年第34期，第170页。

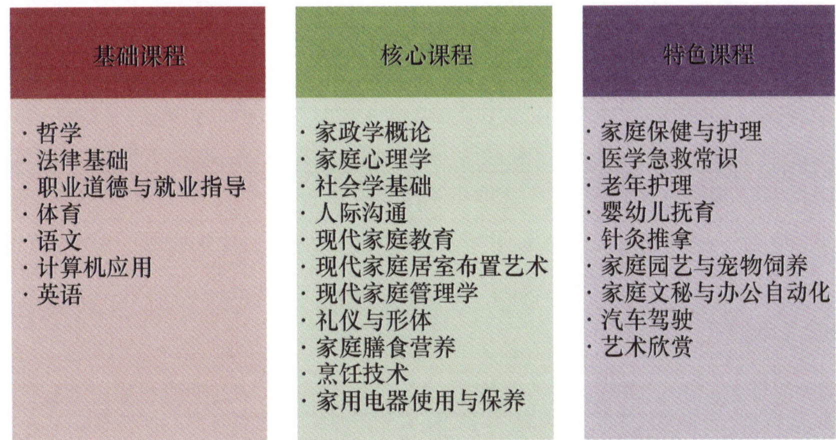

图4－11　山东菏泽家政职业学院家政服务专业课程结构

资料来源：根据《高职家政服务专业课程设置的研究》整理。

“产学合作式”、“校企互动式”等合作方式。这些合作方式在一定程度上满足了校企双方的需求。部分学校还成为合作企业的培训基地。实训设施和就业方向如表4－7所示。

表4－7　家政专业校内实训设施与就业方向列表

校内实训室	就业方向	
	机构类	岗位类
社交礼仪实训室	家政公司	家政服务
家居实训室	社会中介组织	家政护理
办公自动化实训室	其他公共服务机构	单位文职
烹饪实训室	企事业单位和政府机构	高级管家
家庭保健实训室	宾馆酒店	私人助理
花艺实训室	国内涉外家庭或机构	家政公司管理
茶艺实训室		社区管理
		物业管理

（二）家政专业人才培养问题

虽然家政服务业前景广阔，家政人才培养总体形势朝气勃勃，但同时我们也应该看到中高职院校家政专业人才培养过程中所存在的与社会需求不适应的因素，如专业定位不准导致人才培养结构与产业结构性需求存在偏差，陈旧观念等因素致使家政人才需求旺而学校招生难。下面从六个方面具体探讨我国家政专业人才培养出现的问题：

1. 学科体系尚未形成

中国家政教育发展至今始终没有形成自己的系统学科体系，由于多年来我国教育体系中没有家政学的一席之地，目前家政学理论研究还未形成一种浓厚的学术氛围，学科带头人匮乏，理论研究不足，缺乏系统性与完整性。许多人都是单枪匹马地搞研究，没有足够的机会进行相互学习与交流。加之家政专业是新兴专业，涉及医学、护理学、心理学和管理学等学科，还未形成自身的理论体系。

因理论根基薄弱，家政学理论体系尚未建立，师资力量薄弱、结构不合理，家政专业课程设置与社会实际需求有较大差异。如高职家政专业人才培养定位在高素质技能型专门人才，其在专业设置上对应用性和实践性重视不够，很难做到根据劳动力市场和人才市场需求来灵活设置课程。课程和教学内容是一些技能和知识的拼盘，重视家政服务的技能性，轻视家政学的系统性，对于从精神和物质两个方面提高人类家庭生活质量的保障体现不够。①

2. 师资构成尚未完善

家政专业还未有真正意义上的家政专业师资，缺乏学科背景或不具备“双师素质”，教学、科研和社会服务整体水平低下，教学质量和效果大打折扣，阻碍了专业发展。

首先，家政教育变成了“拼盘”。教师多是从其他或相近专业转过来的，“半路出家”从事家政专业的教学与科研。当前，在各大中小城市中兴办的家政学校、家政培训班乃至高校中设置的家政学专业，也由于家政人才奇缺，许多相关的课程多由各种相关专业教师担任。比如，聘请教育学教师讲授家庭教育课程，聘请伦理学教师讲授家庭伦理学课程，聘请医生讲授保健课程，聘请厨师讲授烹调专业知识，聘请美容师讲授化妆知识等。② 失去了家政学独特的专业优势与特色。

其次，实践性要求把握得不够深入。虽然大多数授课老师学历和职称较高，但仅是某一领域的理论专家，未深入社会一线去了解市场，未曾摸清社会对人才的实践性要求，甚至有的授课老师从学校到学校，学完理论传授理论，难免观念陈旧，致使所培养的人才与市场脱节。

再次，施教过程单一枯燥。教师多以讲授为主的教学方法，影响教学效果，不利于学生自主创新意识的培养，不利于独立分析问题、解决问题能力的培养。

最后，科研意识淡薄。师资队伍中开展科学研究的积极性不高，学术风气不浓，学术进展缓慢，对教学工作难以形成强有力的支撑。对家政专业缺乏深刻的理解和整体把握、缺乏实操经验和创新意识的专业型的“双师型”的家政师资队伍，是造成教学质量不高、人才培养水平不高、家政专业毕业生市场遇冷困境的重要原因之一。

3. 专业命名尚未规范

2002 年以来，多数高职院校的家政专业开始设立。其中除少数高职院校依照国家教育部发布的《普通高等学校高职高专教育指导性专业目录》，以家政服务这一专业名称命名，下设具体专业方向外，大部分高职院校的专业名称混杂不清，极不规范，随意性大，客观上造成专业混淆，界限模糊。近些年来相继开办家政专业的高职院校，在专业名称上更是各不相同，各高职院校都想通过专业名称的更改给招生带来更大的吸引力，通常将“涉外”、“艺术”、“理财”、“社区”等一些社会热门且谈论较多的词语冠以家政专业名称中，各高职院校的专业名称主要包括家政管理、家政护理、幼教与家政、家政与社区服务、涉外家政、家政理财、家政教育、现代家政艺术等，部分院校还按以下专业方向培养，如高级管家、健康管理、早期育儿、老年服务与管理、社区康复、卫生保健家政服务。另外通过表4－6中的 12 所院校可知，家政专业所属院系也不尽相同。这些现象，妨碍了教育行政部门的宏观管理和各机构的教学管理，也影响了与家政行

---

①赵齐阳：《高职家政专业的困境与出路》，《文教资料》2013 年第 4 期，第 112 页。

②李晴：《从中国家政教育的历史透析现代家政学的发展》，《职业教育研究》2006 年第 9 期，第 180 页。

业企业的沟通，使得报考学生产生困惑，阻碍了家政专业的发展。[①]

4. 外热内冷尚未调和

目前，家政专业陷入了尴尬境地。一头是家政市场需求旺盛，家政上升为国家战略，国家大力发展和扶持家政服务业。另一头却是职业院校家政专业生源匮乏，一些职业院校家政专业因招不到学生，直至停招或隔年招生。如近年来福州市几所职业高校和职业中专家政专业的招生遭遇几近“零”自愿率、报到率的尴尬局面。2009 年，福州市教育局管辖的福州商务职高和福清光明职高开办了家政与社区服务专业，前者计划招生 100 名，后者计划招生 50 名，然而福州商务职高报志愿者无一人，福清光明职高仅有 2 人报志愿，因人数不足该专业只得取消。福州英华学院的“涉外家政”专业 2008 年因没有学生报到，已停办。[②]

迄今为止，部分职业院校的家政专业被迫取消，而部分院校则还处于“瓶颈”时期。许多家政学研究者和家政专业的学者都对职业院校开办家政专业是否还能进行得下去这一问题产生了质疑。由于共同的市场需求催生了这些家政职业学院和家政类专业，同时也由于共同的生源不足而迫使一些学校下马或者发展处于“瓶颈”。于是便出现了家政服务类人才市场需求旺而学校却招不来学生以及家政服务类工资不断升温而从事该行业人数持续降温等现象。

5. 校企合作尚未深化

我国家政专业通过面向企业“订单式”培养、生产综合实习、顶岗实习等人才培养方式，完成了校外实训基地建设。虽然形式多样，而且双方都有持久、深度合作的愿望，但是目前还处在浅层次合作阶段。

一方面，现在每天都有数家家政公司成立，也有数家家政公司倒闭。规模大，管理正规的家政公司较少。双方在合作中都各自为自己的利益着想，如提高各自的知名度、实用度，校方以此为招生、就业做铺垫，企业以此来提高自己的业务量，双方未能就一些重要的合作内容进行经常性的沟通与探讨，企业未真正地加入到校方的教学中来，校方也未能真正地投入到企业的工作中去。[③]

另一方面，学生数量有限。如表 4-6 所示，12 所院校 2013 年、2014 年家政服务专业招生计划都非常少。目前，各高职院校所开设的家政服务专业所设置的课程内容并不完全相同，而是根据学校的软硬件条件，设得各有特色，所以在校企合作中的企业也涉及不同的行业和种类，如有家政公司、幼教机构、早教机构等，而这些企业恰好在数量上也很多，用工量也非常大，所以有限的家政专业学生满足不了市场的需求，这就造成了双方向深度合作的缓慢发展甚至停滞。

6. 产业对接尚未吻合

目前，家政专业人才培养与产业对接还存在着一定的脱节，并未严丝合缝。这主要是因为学校人才培养规模、学校人才培养质量都没有完全对接上家政服务行业的发展需求。

一方面，学校家政服务专业招生困难、招到了学生毕业后又不从事相关行业。家政服务专业学生要么是不得已被调剂到该专业、未来没有从业打算，要么是将之作为跳板希望能有机会到雇主企业工作，还有的宁愿到家政企业从事管理工作而不愿意去一线雇主家做“管家”。从教育与经济发展良性互动的角度分析，产出效应最好的状态应是人力资源供给规模适中。但现实是，家

①牛亚莉：《高职院校家政专业设置的研究》，湖南农业大学硕士学位论文，2008 年。

②中国职业技术教育网：《家政人才市场需求热职业院校家政专业却遇冷》，http：//www.chinazy.org/models/zjk/detail.aspx?artid=48048，2014-09-05。

③李晴：《从中国家政教育的历史透析现代家政学的发展》，《职业教育研究》2006 年第 9 期，第 180 页。

政专业人才培养规模与家庭服务产业规模极不对等，专业性人才供给量少，市场供不应求，家庭服务产业扩张迅速，而家政专业人才供给则进展缓慢。

另一方面，即使各个学校根据市场需求设置了相关课程，但现阶段我国中高职院校培养的家政专业人才还无法适应产业发展的要求，家政高质量服务供给大大滞后于市场的需求，仍然是在低水平状态下徘徊。比如，一些高收入的雇主为享受高品质的生活，需要聘请高级家政，扮演管家的角色，为雇主设计宴会、操作电脑、为雇主摘录信息、缴纳个人所得税等。有些家政公司每个月都能接到1～2笔这样的业务，并开出了5000元的高价，但有能力接手的家政人员却很少，即使拥有证书的家政人员是大专、本科生，但不是英语水平不够、电脑操作水平不高，就是缺乏烹饪、照顾花草和宠物的经验。①

四、国外家政服务专业职业教育模式分析

美国家政学家瑞斯顿曾说过："研究家庭，帮助家庭提高生活质量和管理水平，帮助国人提高生活素质，这是提高国力的基础。家政学正好承担这个重任。"家政学顺应社会历史需求而发展，其诞生之初就体现出多学科的交叉领域特色——化学、生物学、物理学、细菌学、经济学、环境卫生学、卫生学、家庭科学、心理学和社会学等不同领域的代表一起参加了首次家政学术会议，会议最后决定将这门新生的学科命名为"家政学"（Home Economics）。如今，国外家政教育的发展已渐趋成熟。

（一）国外家政专业教育基本模式

家政教育（Home Economics Education）本质上可以看作是一个教育序列，它可以作为基础教育阶段的普通家政教育、高等教育阶段的家政系的专业学科教育，也可以作为指向社会和成人的家政推广教育等。国外家政教育亦是一个完整的教育序列，在基本模式方面包括四种概念模式、三类专业设置实施模式、三大课程特征模式。

1. 四种家政教育概念模式

概括讲，美国和日本等许多国家，曾先后出现过四种不同形式家政教育模式（见表4－8）。家庭教育的四种概念模式深刻地影响着各个国家家政教育学科的设立与教育模式、课程设置，乃至人才培养理念，而各个国家或教育机构设立家政教学时，常常以多个模式交叉的形式组织教学，而各自侧重点的不同也导致了不同国家与地区各具特色的家政教育模式。

表4－8　家政教育的概念模式

模式	所属视角	内容	备注
家务管理教育	经济学视角	家人与家务的构成、夫妻关系、亲子关系、主仆关系以及家庭财产的获得与管理	日本小学生"家事科"教育，就是一种家务教育的概念模式
女性教育	持家视角	在正规的学校教育中，为女性达到社会所期望的社会角色而进行相应的教育	强调的是女性社会传统角色强化问题。这是一种深受传统文化、宗教与社会角色影响的概念模式

①台州人力网：《天津：高级家政人才缺口八成》，http：//www.tzrl.com/news/128521.html，2014－09－05。

续表

模式	所属视角	内容	备注
经验学科的教育	具体实用性视角	烹饪、护理、缝纫等实践操作课程	这是一种在实用主义引导下的概念模式，强调“从做中学”的教学理念
应用科学的教育	人类生态学视角	研究主题包括人类的物质环境、人类的社会性和环境与本质的关系三方面内容	教人如何在日常生活中应用科学，以让人们生活得更美好、更幸福

2. 三类家政专业设置实施模式

国外家政服务领域主要涉及服装艺术、家庭管理与家庭经济、家人关系与儿童教育、食物与营养、健康与家庭护理等。家政学专业的设置不同于其他传统专业，其一，市场对家政专业设置影响大；其二，专业设置地域化特征明显，如德国家政专业分为农村家政与城市家政两个方向。总的来说，国外职业教育专业设置实施模式主要有 3 种：①基于职业分析的能力型专业模式；②基于课程设置的学科型专业模式；③基于终身发展的综合型专业模式。家政教育的专业设置依据各个国家的规定与需求会有不同的变化。如诺兰德学院就属于终身发展的综合专业模式，而日本东京家政大学则是一种职业分析能力型的专业模式。

3. 三大家政教育课程特征模式

家政职业教育的课程模式与各个国家本国职业教育课程模式的大方向一致。

国外职业教育课程模式根据各国人才培养战略、教育体制建设与经济结构发展等实际情况的不同，一直呈现一种多元化的趋势（叶小明，2007）。但是无论课程模式如何变化，其总体上具有以下一些特征：

（1）行业需求与职业教育紧密结合，始终以培养学生职业能力为导向。职业教育的根本是为相关行业输送具有高职业素养与能力的人才，因此国外的课程模式从理念到内容都最大限度地反映了行业协会或相关市场的需求，在许多国家中，相关行业人员还会直接参与课程的设置与提纲的制定，以保证职业教育的方向与质量。

（2）教学内容是以实训为主的综合教育。课程组织或教学的方式在国外有很多，但是都十分注重职业教育中实践实训课程的比例与实施，并且对学生实践实训类课程的学习有相关硬性的规定。如德国、日本、新加坡等国，实训与实践课程往往相对独立于整体教学体系，实践类课程或独立为教学模块，或学校通过与企业的合作达到锻炼学生实践能力的目的。

（3）职业能力培养兼具专业性与灵活性。在职业教育中，国外无论以能力为本位的 CBE 模式、MSE 模式，还是强调职业群集的课程，都是在培养学生具有该行业或职业群的基础知识和技能的基础上，逐步增加学生的专业技能培训。这一方面保证了人才输出的质量（坚实的基础知识与技能），另一方面也最大限度地拓宽学生就业的范围。

（二）菲律宾家政品牌

提及家政品牌，人们的第一反应可能就是“菲佣”。“菲佣”就是来自菲律宾的高级佣工，也就是家政服务专业人员。她们被誉为“世界上最专业的保姆”。确实如此，菲律宾的家政服务业已经成为了世界上有一定影响力的招牌。在菲律宾，80%的妇女从家庭中走出来，占据了东南亚、欧美国家家政服务业的绝大部分份额，并且在我国北京、深圳等城市也已涉足。据不完全统计，全世界共有200多个国家和地区聘用了菲佣，吸纳了超过350万的菲佣。菲佣每年能够为自己的祖国带去超过100亿美元的外汇收入，成为了菲律宾经济发展的重要支柱。

对于“菲佣”这一品牌而言，它也是有一个成长周期的，“菲佣”群体的素质也都是慢慢成长起来的。它之所以能形成众所周知的专业而周到的服务标签，与以下几个方面是息息相关的：

1. 普遍化、认可化的家政从业观念

菲佣不仅是菲律宾每次大选前政客们拉票的重要对象，而且菲律宾政府非常重视菲佣等海外劳工，每年圣诞节海外劳工集中归国探亲时，政府就会在首都国际机场为他们铺红地毯，设立特殊快速通道。总统及海外劳工福利署等部门的官员还会专门搞一次接机欢迎仪式，以迎接这些新时代的国家英雄。菲律宾人非但不会瞧不起女佣，相反还觉得一个家庭有女性到海外务工是件很光彩的事情，许多受教育程度高的女性都愿意出外当家佣。

2. 战略化、权益化的家政扶持政策

在20世纪70年代，菲律宾经济低落，家务劳动技能较强的菲律宾妇女为了缓解经济压力外出家政务工，当时她们并没有丰富的工作经验和较高的学历。80年代，菲律宾将劳务输出上升为国家发展战略，从事家政服务的人员文化素质明显提高，职业技能也逐步加强。另外，菲律宾在大力发展“菲佣”品牌的同时，也非常重视对家政服务人员的管理和权益保护。菲律宾依据《劳工法》和《海外劳工和海外菲律宾人法》明确了政府部分的监管职责和雇主与家政雇佣工人各方面的权益。1974年颁布的《劳工法》规定，家庭佣人雇佣要签订合同，合同期限为2年。合同明确雇主与家庭佣工之间的关系是由劳动合同决定的，雇佣双方是平等的。规定雇主对待家庭佣人必须公平与人道，合同要约定家庭佣人的最低工资待遇和工作时间，雇主如提前解除合约，要给家庭佣人提供15天的工资等。①

3. 普及化、专业化的家政教育与培训

菲律宾的家政教育普及程度非常之高，贯穿人的一生。该国家政教育的课程设置，覆盖了生活哲学、家居管理、家庭伦理、家庭教育、家庭保健、人文艺术、食品管理、烹饪制作、手工工艺、餐饮与酒吧管理等领域。从中学生开始，该国学生的课本中就有家政课的内容。以家政为主线的现代服务业高等教育也是受全球认可的，菲律宾现有2000多所大学，几乎每所大学都设有家政专业，不乏一些品牌大学开办专门的家政院。如百年名校菲律宾大学，这是菲律宾规模最大、水平最高的综合性国立大学，据说菲律宾教育部每年的教育经费中有90%是投到菲律宾大学的，1961年该大学开设专门的家政学院，有7个学士学位专业、5个硕士学位专业、3个博士学位专业方向。②完备的家政教育体系为菲佣的职业化提供了有力的教育支撑。如图4－12所示。

此外，菲律宾政府也十分重视家政培训，首先，大部分家政专业学生毕业后，需要进入一个后续培训机构接受岗前培训，方可上岗或到国外就业。其次，国家出资建立了大量培训学校，甚至国外也出资建立培训学校。这些培训学校，对从事家政行业的女性进行免费培训，小到清洁卫生，大到理财管家，都十分突出专业化的要求。也就是说，菲律宾家政服务人员出国前都经过了正规培训，并取得资格证书。这里列举菲律宾劳工和就业部提供的培训和考核，其主要包括两个

①毕京福：《打造家政服务品牌　探索居家养老模式——菲律宾、日本发展家政服务业启示》，《山东人力资源和社会保障》2012年第5期，第51页。

②胡艺华：《五位一体：菲佣职业化发展的成功之道》，《东南亚纵横》2013年第7期，第71页。

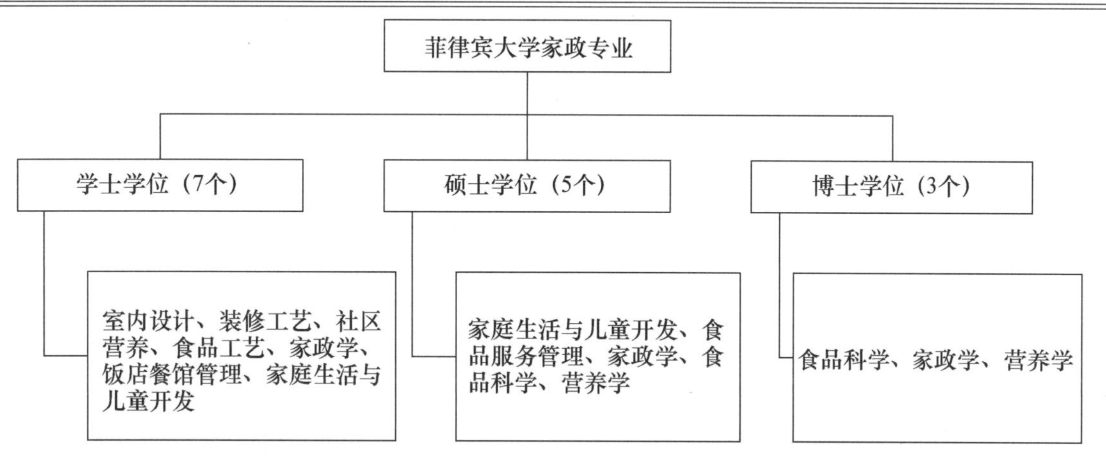

图 4 –12　菲律宾大学家政专业各个学位课程设置

资料来源：根据《五位一体：菲佣职业化发展的成功之道》整理。

部分：一个是技能培训；另一个是语言文化培训。如表 4 –9 所示。

表 4 –9　菲律宾劳工和就业部提供的培训和考核

培训类型	内容	证书
技能培训	使用各种家用电器、烹饪、卫生服务、照料老人和儿童	通过考核者由技术教育和技能开发署颁发菲律宾国家技术认证证书 NCII，有效期 5 年
语言文化培训（通过 1 周左右的培训，达到简单交流）	阿拉伯语、希伯来语、中文普通话和广东话以及英文培训 5 门课程；内容包括问候、时间、数字、厨具和电器名称、食物和调料名称、度量衡以及家庭成员称谓等；受训者还需要对目的地的地理、宗教、烹饪风格、价值观、节庆、着装要求以及社会行为准则等方面有所了解	由菲律宾海外劳工福利管理局免费提供并组织考核且颁发证书，所有首次出国提供家政服务的菲律宾劳工都必须参加

资料来源：根据《五位一体：菲佣职业化发展的成功之道》整理。

（三）美国家政标杆

目前，美国有近千所大学设有“家政系”，还有很多大学专门设立了“家政学院”，培养家政专业的研究生、博士生。在美国，家政行业规模庞大，而且吸纳了大量高学历就业人口。美国家政标杆的形成与以下几个方面是分不开的：

1. 历史悠久

国外关于“家政学”的起源有两种说法：一种是被认为起源于柏拉图，其将家政用“Home Economics”一词表示希腊平民的家庭理财和家庭管理等；另一种是亚里士多德提出的家务管理为家政教育的开端。而近代家政学则起源于美国。1804 年，美国皮契尔女士的《家庭经济学》是家政方面最早的书籍。另外，自 19 世纪 70 年代开始，美国家政教育慢慢步入正轨。美国的家政专业发展历史如图 4 –13 所示。

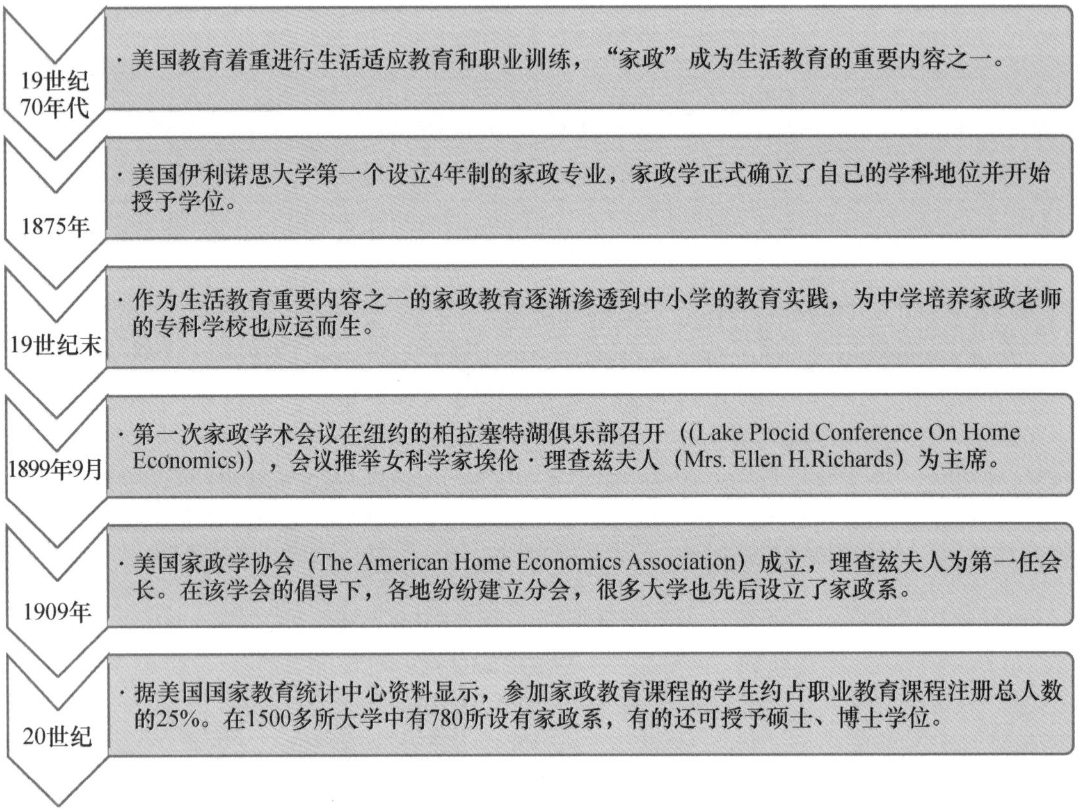

19世纪70年代	· 美国教育着重进行生活适应教育和职业训练，“家政”成为生活教育的重要内容之一。
1875年	· 美国伊利诺思大学第一个设立4年制的家政专业，家政学正式确立了自己的学科地位并开始授予学位。
19世纪末	· 作为生活教育重要内容之一的家政教育逐渐渗透到中小学的教育实践，为中学培养家政老师的专科学校也应运而生。
1899年9月	· 第一次家政学术会议在纽约的柏拉塞特湖俱乐部召开 ((Lake Plocid Conference On Home Economics))，会议推举女科学家埃伦·理查兹夫人（Mrs. Ellen H.Richards）为主席。
1909年	· 美国家政学协会（The American Home Economics Association）成立，理查兹夫人为第一任会长。在该学会的倡导下，各地纷纷建立分会，很多大学也先后设立了家政系。
20世纪	· 据美国国家教育统计中心资料显示，参加家政教育课程的学生约占职业教育课程注册总人数的25%。在1500多所大学中有780所设有家政系，有的还可授予硕士、博士学位。

图 4－13 美国家政专业发展历史

资料来源：根据《美国家政教育的发展及其启示》整理。

2. 立法到位

美国联邦和各州政府非常支持并重视家政教育，1917 年，美国联邦议会通过了关于加强职业教育的《史密斯·休斯法》（The Smith Hughes Act）。法案规定，联邦政府每年拨款资助各州兴办学院程度以下的职业教育，包括农业、家政和工业；规定联邦政府要与各州合作，开办农业、家政、商业和工业等科目的师资培训，资助开办这类师资培训的教育机构。

《1963 年职业教育法》、《1968 年职业教育修正案》规定 10% 的拨款用于家政知识与技能的职业培训，联邦、州政府和家政工作者共同协作指导家政教育，包括教师培训和管理；课程编制、课程研究和课程评价；特别演示和现场实践课程；教学材料和典型项目开发；教学设备配置以及州级管理和领导等。为了保证家政课程的有效性和适切性，美国联邦法规不断根据社会变化及时做出反应，以满足人们作为个体和一名家庭成员对美好生活的追求。①

3. 途径规范

在美国，实施家政教育主要有两条途径：正规教育和非正规教育。

正规教育即从学前、小学、中学、各种技术和社区学院，直到学院、大学、研究生和博士生教育所形成的“发展阶梯”。正规家政教育的主要目的有以下几个方面：

（1）改善和提高学生的生活能力和生活质量，培养学生的健全人格。

（2）培养培训不同层次的家政教育工作者，使他们能够胜任训练他人持家和独立生活技能

①郑文：《美国家政教育的发展及其启示》，《课程·教材·教法》1999 年第 11 期，第 59 页。

的工作。

（3）直接培训一批具有家政知识和技能的合格工作人员，使他们能够胜任相应的职业（如儿童保育、饮食服务、家庭理财咨询等）。

（4）培养家政研究领域的有关专家（如儿童发展、营养、服装面料和服饰设计、居室装饰等）。

非正规教育主要指各种成人家政教育。通过夜校和各种培训班进行函授、临场实习和研讨；还可以通过各种媒介（如广播影视、各种教育器材、书报杂志、函授小册子和小丛书、广告牌以及公共教育展览等）普及家政教育。由于非正规教育辐射面广、内容丰富、形式灵活、方法多样，已经成为传播家政教育信息的重要手段。① 100 多年来，美国正是因建立了一套从学前、小学、中学、大学直至研究生阶段的正规的完整的家政教育体系，其家政学理论和实践才会得以持续性发展。

4. 内容丰富

美国家政课内容丰富，具有应用性和实践性特点，除此之外，家政学研究范围包括精神和物质两方面，兼顾技能与道德、心理。从美国一些大学把家政系改为人类发展科学系，就侧面反映出家政学研究的深化和发展。当然，美国不同教育阶段的家政教育计划各有侧重。如大学阶段的家政教育课程和非大学阶段的家政教育课程是有区别的（见表4－10）。

（1）初中家政学课程。这类学校课程的目的不是提供完全的职业教育，而是把学生引进家政教育领域，为今后持家、在职工作或进一步接受教育奠定基础。

（2）大学阶段家政学课程。这类课程涉及家政学的理论与实际应用，其中所含学科的理论和科学原理是重点，同时也十分重视实际应用。学校通过课堂教学、实验室学习和讨论会完成主要课程。

表4－10　美国初中、大学教育阶段的家政教育计划

家政教育	课程	对象	设置	时间
初中家政学课程	普通教育：语言、文学、数学、科学、历史、地理、公民、宗教教育和体育	初中学生、相当学历的成人	普通中学，中学的专门班或专门部	为成人开设的课程，通常在技术学院或社区中心进行，学制一般为3个月，多采用部分时间制的形式
	普通家政教育培训：侧重基本原理、初级烹调和食品保存的家政课；侧重成衣和裁缝的家政课；侧重家庭装饰、家具选择或儿童养护的家政课			
大学阶段家政学课程（涉及自然科学、社会和行为科学、美术及人文学等学科）	普通家政学课程；侧重家庭及消费者食品研究与营养的家政学课程；侧重家庭生活艺术的家政学课程	高中毕业生、有工作经验者	大学或类似院校，电台或电视广播	以全日制为主，部分时间制课程　般都是进修或再培训课程

资料来源：根据《美国家政教育的发展及其启示》整理。

①郑文：《美国家政教育的发展及其启示》，《课程·教材·教法》1999年第11期，第60页。

（四）英国诺兰德学院

2014 年 4 月 7 日，英国小王子乔治首次海外出访，展开“尿布外交”。其全能型保姆波拉洛成为媒体追逐的对象。据介绍，这位精通跆拳道、可在任何天气高速驾车避开狗仔队的超级保姆是西班牙富商的女儿，毕业于世界著名的诺兰德学院。在英国，不管是贵族、是歌星，还是普通家庭，都以能请到一位诺兰德学院的毕业生为荣。

诺兰德学院（Norland College）由 Emily Ward 创建于 1892 年，前身是女佣培训学校。在搬迁了多次后，2003 年学校定址为巴斯。诺兰德学院不仅是为社会输送优秀保姆人才的学院，也是世界顶级的教育机构，其课程设置、招生范围、教学设施、办学理念等随着社会的需求与发展不断地进行着调整与规划，教育学历水平也越来越高，但是其一直以孩子为任何决定的中心，“爱永不消失”（Love Never Faileth）的办学信念却从未改变过。

1. 招生

入学条件：诺兰德学院本科课程要求学生最低具有 GCE A 级或其他学历等同（类似中国高中文凭）；基础文凭课程要求有至少 2 年的工作经验。

申请步骤：诺兰德学院入学大致分为：接收申请—面试—录取的过程。在面试中将结合申请人的申请材料，综合考虑申请人的成绩、能力、技能特点、申请人意愿、个性等因素决定是否录取。

申请途径：申请人主要可以通过诺兰德学院招生处、学院网站、英国大学与学院招生服务中心（Universities and Colleges Admissions Service，UCAS）、学校开放日申请入学。

其中为了让申请人与社会人士进一步了解诺兰德学院与儿童早期教育专业，诺兰德学院向公众设有公共开放日，在提供相关招生、学校信息的同时也有利于学校的社会形象的提升。

值得一提的是，诺兰德学院目前还没有任何有关留学生的招生信息，直到 2012 年才招收了第一名男性本科学生，这也从侧面体现了“保姆”专业受到地域文化与社会性别角色的广泛影响。

2. 课程

课程类型：三年制学士课程——BA（Hons）in Early Years Development and Learning（Norland），其被格鲁斯特大学（University of Gloucestershire）所承认；线上基础学位课程——Online Foundation Degree，针对已有工作经验的人士，诺兰德学院开设了 2 年学制的课程，学生通过网络进行讨论、团队合作与自我表现，来自诺兰德学院的教师会提供全程的支持服务，课程没有考试。

文凭课程学习模块划分：有实训体验（Placements）、儿童发展训练（Play and Learning）、儿童安全与看护（Care and Wellbeing）与烹饪与营养（Food and Nutrition）。每学年有 6 周的实习实训，属于实训体验模块学习，而其他三个模块在每周返回学校的那天或假期里学习。具体可见图 4－14。

（1）实训体验模块。实训体验的目的在于将所学到的理论知识运用到实际中；给学生提供多样、真实的工作体验，以帮助其确立个人职业发展方向。其模块包含从新生儿到 8 岁的儿童，训练场所包括：幼儿园、家庭服务中心、私立学校、真实家庭里——不住在雇主家里，也不住在外面，而是到特殊需要场所、医院场所——妇产科或儿科。三年的学习中，前两年学生需要到不同的实训场所进行练习体验，但是第三年里，学生可以自行选择实训的场所以帮助其个人职业发展。

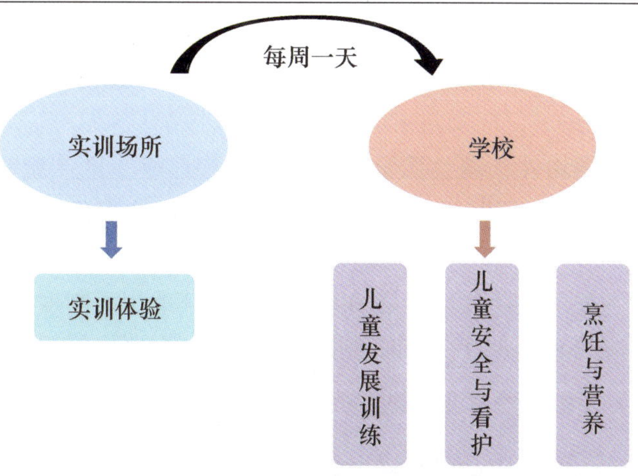

图4－14　诺兰德文凭课程示意图

（2）儿童发展训练模块。在这一训练时期，学生将研究与儿童发展相关的全部活动，并探讨如何促进儿童未来的发展。课程中学生将学会识别哪些是儿童发展的关键事件，对会影响到儿童发展的因素提高注意力与警觉。整个课程包含理论与实践部分，主题包含玩耍的价值、玩耍中如何观察儿童、理解与其他专业人士共同工作的重要性、管理控制具有挑战性的行为。

（3）儿童安全与看护模块。在此模块教学期间将涉及各式各样的实际技巧以保证儿童的安全幸福处于最重要的位置。主题包括儿童疾病、儿童的个人护理、产妇与新生儿照料、与儿童出游、家庭安全。

除此之外，在学生毕业前，需要获得儿科急救护理与过敏性休克证书（Pediatric First Aid & Anaphylactic Shock Awareness Certificate）。这个课程是为早期教育工作者专门设计的，主题包括以下课程，如表4－11所示。

表4－11　儿科急救护理与过敏性休克证书课程内容

课程内容	
事故管理	体温过低与溺水应对
人员伤亡评估	意外事故管理
气道阻塞应对	大出血控制
气喘儿童管理	骨折应对
颅脑损伤应对	脑膜炎应对
过敏休克与对应药物应用	婴儿与儿童的复苏
烧伤与烫伤应对	癫痫、痉挛儿童管理
脱水应对	中毒处理应对
眼外伤应对	中暑应对

成功完成这些课程后，学生将获得ABC医学合格急救人员徽章，这个资格的有效期为3年，3年后学生将可以返回学校更新资格限期。

（4）烹饪与营养模块。此模块学习期间，学生将学习到儿童营养需求，并实际烹饪各个年龄层的食物。主题包括如何准备儿童的特殊膳食、如何让挑食儿童食用更多、厨房安全、食品卫生学、与儿童一起烹饪。

除了以上本科的学习模块外，诺兰德学院针对保姆与月嫂（助产士）工作有其他专门的相关培训（另外收费），包括“月嫂”从业课程、新生儿照料进修课程、安全措施与安全工作训练课程等。

值得一提的是，诺兰德学院还有着严格的制服制度与其他规章制度，学院学生一年四季都有统一、干净、简洁的制服着装，并且在平时生活与教学中也有严格的规章制度，例如不到一周岁的孩子不能用塑料尿垫，必须用干净的毛巾尿布；只能把袖子挽到手腕而不能过高的校规等。

3. 就业

诺兰德学院独特的办学理念与专业性质，虽然颁发的为学士学位，但是绝大部分学生都是以就业为学习导向的，诺兰德学院也成立了只针对诺兰德学生保姆与“月嫂”职业的就业培训辅导机构，为学生就业规划、签订就业合同、就业信息与相关专业技能提升等提供专业的支持与辅导培训。

诺兰德学院整体毕业的学生围绕儿童早期教育有许多的就业方向，如表 4－12 所示。

表 4－12　　诺兰德毕业生就业方向

就业方向	概述
保姆	这是诺兰德学院培养人才的主要就业方向。保姆对照顾儿童的方方面面付相应的责任。诺兰德保姆并不算严格的住在雇主家或自己的公寓里，有假期，还需要与雇主一起旅游出行
月嫂（助产士）	月嫂是一个特殊的行业，它需要用专业的技巧、敏感细心的引导支持产妇与她的新生儿
老师	幼儿教育（1～6 岁）教师工作
幼儿园管理者与创业	毕业生根据个人的兴趣发展，担当或创立在校期间学习到知识领域的机构，例如幼儿园的管理者、面包制作坊、保姆中介机构等
继续教育	进入研究生阶段或其他教育培训
其他	特殊教育机构、幼儿滑雪教练、社会保健、营养保健等

在诺兰德学院就业板块中，以各个方向成功的诺兰德毕业生感受为例，讲述他们对诺兰德的感受，其中可以发现：一是在诺兰德的学习中，丰富的实训经验让毕业生受益最多；二是学习是一种长期的、习惯性的行为与意识，诺兰德学院为在校生、毕业生提供大量的额外学习培训机会，促进了学生的全面发展；三是“保姆”行业看似单一的、专业性极强的行业，但是其本质上却是多学科的专业，从业者根据个人兴趣是可以向其他领域发展的。

五、对我国家政服务专业职业教育发展的启示

随着各个国家普通教育体制与职业教育的发展，国外家政与家政教育已经形成了较为完善的

职业教育体系，而职业教育也是家政服务人员主要的教育层次。国外职业家政教育中，注重学生的实训实践操练，根据当地经济情况、文化特色等因素，着力培养“一专多能”的复合型家政人才。我国家政无论家政职业教育体系、学科建设、家政市场、家政相关法律法规、家政校企合作等都处于起步阶段，与国外有着巨大的差距，还需向国外进一步学习。

（一）教育通道建设

1. 转变家政传统观念

家政职业教育发展的必备前提即是正确的教育和从业观念。在菲律宾的多数人看来，家政服务业是一个很有前途很有发展前景的职业，一些学有专长、学识丰富的大学生或研究生宁愿放弃本职工作，远离家乡，奔赴中国香港、台湾和其他发达国家从事家政。这与其国民的传统习俗和职业观念是分不开的。在美国，无论从事何种职业，注重人人平等的价值观和理念已经深入人心。对于政府和企业界，他们主张每个个体必须提高自己的可就业性，增强自己的可持续性就业能力，如需掌握两项或两项以上的专业知识和技能，从而实现学习与就业良性的动态循环。

受到我国士大夫文化影响，我国职业教育一直处于弱势的地位，而家政在民众心中等同于“佣人”、“下人”的传统概念，导致家政的职业教育可以说是职业教育中的弱势教育，家政专业是弱势专业，因此在民众中树立正确的职业教育观、宣传家政文化与知识对家政发展具有重要意义。通过各种渠道，利用各种媒体，广泛宣传家政专业及家政学知识，提高全社会和教育工作者对家政学的认识，强化和扩大家政教育的深度和辐射面，改变社会对家政的误解，让社会普遍认可家政职业教育与家政人才。

2. 构建家政教育体系

“家政”在国外已经有着较为成熟的发展，家政专业所涵盖的范围横向上包含一般家政服务，即传统理解的家务、初生婴儿照顾、产妇照顾、幼儿照顾（包括幼儿园老师）、老年人照顾、家庭管理（包括财政、日常起居、儿童照顾等全方位的内容，类似管家）等多个领域。而纵向上，从学前教育到博士的高等教育，都有相关的家政学科设置，家政教育在国外有着完整的教育序列。

中国现代家政教育恢复不久，远未形成阶梯式的家政教育序列。全国范围内的中小学阶段尚没有独立开设家政教育课，只是在各个阶段渗透家政教育课程，如活动和劳技课，其具体目标不够明确，只是作为素质教育的一部分而安排课程，学校也没有专业的家政教育老师。因此，这类学校的家政教育课程很难达到先进发达国家的目标。高层次的家政教育状况是：一方面，全国目前仅吉林农业大学家政学专业有家政学硕士点，国内还没有家政学专业的博士点。另一方面，各学科都有学历函授教育和自学考试，唯独家政学没有，但社会上从事相关工作而希望获得家政知识与学历证明的人却不在少数，如妇联、工会、共青团、幼儿教师、保健师、酒店宾馆等服务行业工作人员。因此我国可效仿国外，建立完善的家政教育体系，根据不同的对象进行不同层次的教育。为有志于从事家政工作、家政教育的学生提供优惠政策。比如对申报中高等职业学校家政专业的学生提供奖学金、学生贷款、就业优惠政策等各类支持条件。另外，教育管理部门应在有条件的地方批准设立家政自考委员会等服务成人教育的（如学历函授教育）相关组织机构。

3. 开设岗位胜任力式的家政服务专业课程

在美国小规模的学院中，每一专业领域可能涵盖2～3种课程，而在大规模的大学中，家政领域包括相关的专业科目。各大学常见的家政课程有人类科学、社会科学、生物科学、材料学以及人际关系学方面的课程，占家政课程的40% ~60%，其余则集中在家庭经济及相关的职业科目上。德国在家政专科学院的课程学习上，家政课程分为5类，学生根据不同的要求，可以选择不同组别的课程进行学习，培养目标为社会工作者。①

我国可根据现实情况，开设岗位胜任力式的家政服务专业课程。作为家政服务行业，管理能力应该是专业技术能力的进一步提升，专业技术能力应是管理能力的基础。因此，根据家政服务岗位、家政服务职业资格证书以及行业岗位职业发展等方面需要，可以将家政服务专业课程分为三大类四个模块。② 如表4－13表示。

表4－13　　根据岗位胜任力能力要求模块式分类家政服务专业课程

三大类别	四大模块	课程内容	岗位名称
专业技能	家庭日常生活服务技术	管理学、社会学、关系学、心理学、材料学、家庭膳食烹饪、家用电器操作和维修、家庭教育、家庭理财等	家政服务员、公共营养师、家庭管家、早教师
	家庭特殊人群服务技术	管理学、社会学、关系学、心理学、生物学、老人照护、母婴护理、心理咨询与辅导、用药指导等	养老护理员、育婴师、病患陪护员、月嫂师资、月嫂
职业素养	家政服务企业管理技术	管理学、社会学、关系学、心理学、客户关系管理、市场营销、家政培训技术等	家政企业管理师、家政培训师、家政职业经理人
职业发展能力	家政服务职业综合素质提升	管理学、社会学、关系学、心理学、社交礼仪、涉外家政语言、不同文化背景下的家政服务、家政服务法律法规、社会工作等	涉外家政服务员、管家、管家助理

4. 搭建师资队伍建设平台

家政是一门独特的学科，它需要综合自然科学及社会科学等多方面的基础知识。个人和家庭在一生中会碰到多种复杂的问题，包括技能性的和心理性的，这就要求家政教师必须能够综合各方面的知识，选择合适的教学方法帮助个人运用学到的知识和技能解决各种实际存在的或将来可能会遇到的问题。根据利和米尔斯（Ley and Mears，1981）进行的个案研究认为，一堂成功的家政教育课涉及10个主要因素，其中排在第一位的是教师。③ 可以说，作为与学生直接互动的教师是一堂成功的家政教育课最关键的因素。美国从1917年颁布《史密斯·休斯法》以后，就把家政师资的培养和培训作为一项法律形式固定下来，逐渐建立起系统的教师职前和在职培训。职前培训主要是通过师范教育。美国许多州立学院或大学把师范教育作为整个教育计划的一项重要内容。

师资队伍建设是家政专业人才培养的重要保障和坚强堡垒。在当前家政师资力量严重薄弱的

---

①顿祖义、牛亚莉：《高职院校家政专业设置的可行性分析》，《职教论坛》2008年第12期，第31页。

②朱晓卓、陈延：《基于岗位胜任力的高职家政服务专业课程体系的构建》，《黑龙江教育》（高教研究与评估）2014年第1期，第15页。

③中华心理教育网：《对大学生进行系统的家政教育的必要性和可行性》，http：//www. xinli110. com/qsnxl/xxjy/200702/11862. html，2014－10－22。

情况下，高职院校需要采用多种方式努力壮大师资队伍，提高师资水平，促进教师专业化（见图4－15）。

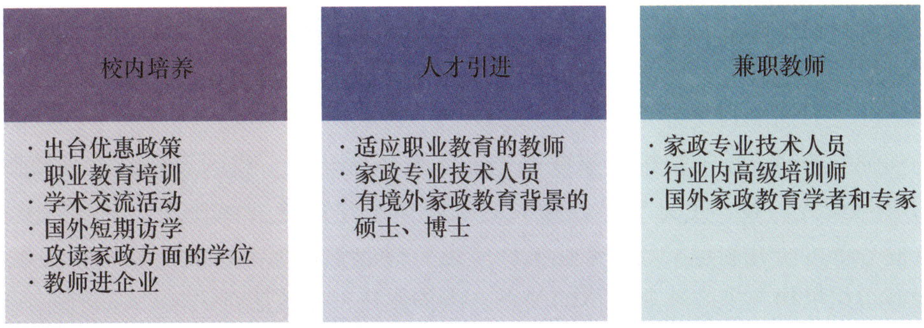

校内培养	人才引进	兼职教师
·出台优惠政策 ·职业教育培训 ·学术交流活动 ·国外短期访学 ·攻读家政方面的学位 ·教师进企业	·适应职业教育的教师 ·家政专业技术人员 ·有境外家政教育背景的硕士、博士	·家政专业技术人员 ·行业内高级培训师 ·国外家政教育学者和专家

图4－15 壮大师资队伍、提高师资水平的三种方式

一是积极开展校内培养。对家政专业的教师或有志于家政专业的教师，出台各方面的优惠政策；支持他们到国内外参加职业教育培训和专业研讨等学术交流活动；有计划、有步骤地派遣现有专业教师到国外相关高校进行短期访学或攻读家政方面的学位，学习家政服务领域的新技术、新知识、新理论和新方法等，提升职业教育教学科研水平；鼓励家政专业教师进入家政企业、家政协会联盟等组织观摩学习，更新教师的专业知识结构，掌握家政市场一线真实的教学数据与材料，切实了解掌握相关技能。

二是加大引进力度。有计划地引进适应职业教育的教师；将具备教师条件、处在行业生产第一线、有丰富实践经验和操作技能的家政专业技术人员充实到教师队伍中；利用近年来的“归国热潮”，积极引进具有境外家政教育背景的硕士、博士来校任教，开阔人才培养的国际视野。

三是建立高素质的校外兼职教师队伍。常年聘请有实力的家政企业专业技术人员作为兼职教师，对兼职教师进行教育教学能力的培养，使之承担专业技能训练课程和学生的顶岗实习等教学工作；积极从行业内规模型家政企业中引进有丰富实战经验的高级培训师、讲师、高端管理人才等，聘请他们为客座教师进入课堂；学校层面积极与发达国家家政专业人才培养体系成熟的高校结成友好伙伴关系，定期邀请该类学校的家政专家来校举办学术报告会，参加学术研讨会，担任教学模式、专业建设和人才培养的高级顾问或客座教授。①

（二）就业通道建设

1. 以政府支持为保障

美国政府对家政职业教育的支持表现在立法、资金和管理等方面。政府用于家政知识与技能的职业培训的专项拨款和资助，从资金上保证了家政职业教育的顺利实施，并要求州或地方按联邦制定的有关法令法规指导和实施家政教育计划。同时还建立了系统健全、层层负责的管理网络。菲律宾政府对家政职业教育的支持表现在从立法的高度保护海外劳工的权益、免收海外劳工个人所得税，菲政府一直致力于积极主动地拓展海外劳务市场，全力保障海外菲佣的合法权

①喻彩霞：《基于行业引导的高职院校家政专业人才培养方案》，《职业时空》2014年第2期，第88页。

益。[①] 菲律宾家政服务业的兴旺与菲政府的高度重视和相对完善的政策措施的支持是分不开的。

我国的家庭服务企业尚处于起步阶段，缺乏政府行为的倡导与支援，各地发展不平衡。总的现状是沿海一带和长江下游家政行业与家政教育的发展相对迅速，这与纳入政府行为、得到政府支援和重视有关；西部地区发展缓慢，除去这些地区经济相对落后因素外，主要原因也与政府和社会的重视程度不够有关，在立法、资金和管理方面都没有明确的规定。[②] 借鉴国外经验，我国政府可从以下几个方面加强支持力度：

首先，加强立法研究，加快推进家政服务业法规体系建设。我国家政教育家政服务业涉及20多类200多项服务内容，足见与家政相关的法规体系建设是一项长期而又艰巨复杂的任务。从宏观上，商务部可研究制定家政服务业统计体系、行业管理标准。从涉及的利益相关主体上，规范家庭服务组织机构与家政从业人员的关系，维护用户、家政服务人员、家政服务组织机构各方的合法权益，调整各方之间的利益关系。尤其是要加强维护家庭服务人员劳动报酬、休息休假、劳动安全卫生保障等权利。此外，鼓励家政服务组织机构实行员工制管理，吸纳工作年限长、表现好的人成为正式员工，为其办理社会保险。通过各项措施保障员工权益，加强培训，稳定队伍，促进其职业化进程。[③]

其次，各地区在商务部门配合下进行调研，制定出台专门适应当地家政服务业发展要求的地方性法规。一方面，完善行业相关配套标准，建立本地区家政服务业统计体系，指导企业规范经营。另一方面，充分调动相关协会组织的积极性，支持各个协会组织机构加强相互间的交流，发挥家政行业协会组织在人才培训、行业自律等方面应有的作用。对于还未成立家政服务业相关协会组织机构的地区，应根据本地区现实情况建立相应行业组织。

最后，各个地区要落实好家政服务业发展的包括国家层面的相关政策措施。举例来说，如果一些地区在品牌家政企业培育方面，就注册登记、市场融资、经营管理、网络运营、设备引进、市场推广等方面给予指导和扶持，那么为了真正贯彻好相关政策，引导家政服务业规模化、规范化、品牌化发展，有关部门需要将政策落地，增强家政企业的竞争力和辐射带动力，而不能使政策成为空中楼阁，落不到实处。

2. 以专业培训为支撑

德国家政职业教育普遍采用学校教育和企业培训相结合的方式来进行。负责企业教育的“师傅”们必须具有相应职业资格水平，方可成为“师傅”。家政行业中的“师傅”首先需要在家政职业学校毕业经过3年在职实践，再到专业学校学习1年管理理论、教育学、经济、法律等知识，参加由州一级主管部门组织的晋升“师傅”考试，考试内容有四个方面，凡通过四项考试并且家庭作业合格者才能被授予“家政师傅”称号。根据联邦职业教育法规定，凡被职业学校录取的家政学徒，必须在当地负责部门协助下找一家符合培训条件的企业（如家庭农场）作为实践培训场所，双方协商同意并签订培训合同后，家政学徒便吃住在师傅家并接受培训。菲律宾政府为了保证菲佣输出的质量，打造品牌，规定申请出国务工的女性必须年满18岁并经过正规职业培训。所有出国务工人员必须首先参加由专业的职业中介机构或当地就业技术培训中心举办的免费出国前定向培训班，对优秀人员选拔和培训后才能输出。[④]

---

①④顿祖义、牛亚莉：《高职院校家政专业设置的可行性分析》，《职教论坛》2008年第12期，第31页。

②陈金华、陈家太：《中美家政教育比较研究》，《鸡西大学学报》2010年第5期，第5页。

③人民论坛网：《我国家政行业发展现状、问题及建议》，http：//www.rmlt.com.cn/2013/0107/58986.shtml，2014-08-10。

虽然我国职业教育学校（中职、高职院校）包括部分本科院校开设了专门培养家政从业人员的家政专业，然而真正从事于家政行业的大部分群体远远不止于这类学子，概括来说，我国的家政服务人员，大多都缺乏较系统的、完整的专业技能培训，为适应家政服务市场不同层次的客户需求，要加强各类专业性家政服务人员的培训。

第一，成立统一的大型培训机构。可借鉴或编制教材，从培训目的、内容、方法、手段几个方面，对从业人员进行系统培训。建立科学的课程体系，从职业观念、技能、交往能力等各方面，集中精力培训出具有现代理念与技能的高素质家政队伍。①

第二，开设各类有针对性、实用性、适时性的家政服务人员培训班。适应国家逐步推进家政服务员持证上岗制度、不断完善从业人员的资格管理制度的步骤，从初级、中级、高级等不同层次的技能和知识要求方面逐步提升各个层次家政服务人员综合素质。

第三，对现有从事家政专业教育的包括中职、高职、本科院校在内的教师提供师资队伍建设的相关培训，包括家政学相关理论知识、家政课堂教学方式、社会对家政最新需求、家政实践操作技能等。

（三）特色通道建设

国外家政服务业与家政专业教育的建设都有着切合各个国家国情的发展特点与特色，如国家立法、家政教育观念、就业想法等都是保障家政行业发展的不可或缺的重要原因。具体到国内，因经济状况、文化传统和伦理道德观念的不同，我国必然需要区别对待，走出自己的家政服务业、家政职业教育特色，我国可从以下几方面促成家政服务业的特色发展：

1. 推动产、学、研协同育人

产学研协同育人作为教育发展的内在诉求与新型人才培养方式，是接轨市场需求、对接行业要求、将育人落到实处的必由之路。

（1）严格筛选合作企业，奠定共生体系基础。对于学校而言，需要从内涵到外延对合作企业都要有深度的、准确的调研。具体到合作上，一方面学校引入行业企业技术标准共同研究开发满足企业人才需求的专业课程体系，共享专业教学资源，发挥合作企业在人才培养规格、知识技能结构、课程设置、企业师资、人才评价机制等方面的重要作用；另一方面完善双方合作中的法律保障机制。签订的协议内容应由合作双方共同商定，明确双方权利和义务，避免出现不符合国家相关法律、法规的规定，不应出现不公平现象，尤其是涉及学生权益的条款。

（2）发挥学校教育科研优势，加大推进产学研各方面资源融合。高校在育人方面为家政企业培养输送家政管理人才、为家庭打造中高级家政服务人才，在科研方面也在为家政服务行业的可持续发展提供源头上的大本营性质的学术理论支持和智力保障。利用自身教育资源、师资力量、研究平台等优势，高校在进行家政专业人才培养的过程中可为家政行业或家政企业提供继续教育和培训服务，将科研成果转化为科技生产力。如学校在开设家政学历教育专业的基础上，应继续加强举办一些社会急需的“短、平、快”的家政职业培训。如表4－14所示。通过学历教育与职业培训的多元结合，充分发挥教学设施、试验场所、实习基地的作用，使得家政专业设置的供给与家政服务市场的需求趋于平衡，减少家政人才层次上的供求错位。②

---

①人民论坛网：《我国家政行业发展现状、问题及建议》，http://www.rmlt.com.cn/2013/0107/58986.shtml，2014－08－10。

②顿祖义、牛亚莉：《高职院校家政专业教育存在的问题及对策》，《宁波职业技术学院学报》2008年第3期，第14页。

表 4-14 家政从业人员资格培训

培养目标	基本要求	资格证书	培训类型与时间
育婴师	文化基础或初级证书	育婴师证书	根据培训对象的具体情况，分为专职培训45天至3个月；兼职培训2~6个月
营养师	文化基础或初级证书	营养师证书	
职业护理	相关医护专业文凭或中级证书	高级家政服务员证书	
涉外管家	进行英语听力、口语测试	高级家政服务员证书	
康复医疗师	相关医护专业文凭或中级证书	康复师证书	
家政管理员	文化基础或家政经验	高级家政服务员证书	

资料来源：根据《高职院校家政专业教育存在的问题及对策》整理。

2. 打造社区式的家政教育、职业培训体系①

目前，传统“乡村社会”和“机关社会”的社会结构正在转变成“家庭+社区”的结构，社区成为现阶段大部分家庭尤其是城市家庭的主要栖息地，社区与千家万户相生相伴、存在着紧密的联系。我国的社区服务逐步由传统的福利性社区服务转变成具有专业化与市场化特征的现代社区服务，作为社区服务重要内容之一的家政服务也开始走上了市场化和社会化的道路。面对高职院校家政专业办学的重重困难，高职院校将成为社区发展的参与者，开展以社区为依托的家政教育与职业培训是推动高职家政专业发展的重要举措。

首先，调动各种力量并开展广泛合作。利用社区资源和服务平台，努力与政府、社区居委会、社区单位以及民间非政府组织合作，利用政府的经费资源，为社区内失业职工、贫困家庭、孤老残幼等特殊社会群体提供无偿服务和低偿的家政培训和家政服务，为社区居民提供家政教育培训，扩大宣传。

其次，建立家政服务就业和再就业职业技能培训网络。21世纪是以信息为核心的时代，我国相关单位可引导传统家政企业引入现代流通方式，实施新型电子商务模式。即以互联网为基础，以连锁经营和电子商务等为手段，以社区为载体，以高职院校为主体，社会单位、社区组织和其他家政服务企业为补充，以社区居民需求为依据，将传统家政公司和家政电子商务相结合，发展整体优势，推进规模化发展，降低服务成本，扩大服务范围，实现市、区、街道三级家政服务培训与就业信息服务网络。

再次，家政职业培训组织形式多样化。广泛吸纳当地政府机构、教育机构、家政企业、非营利机构、志愿者等的参与。适时建立单个社区甚至各个社区间的家政职业教育联盟，可由政府为主导，教育机构、家政企业等按照平等自愿原则组建资源共享性、联合开放性的合作平台，最终实现家政教育与区域经济的有效有机联动，促进家政产业繁荣发展。

最后，家政职业培训方式多样化。将上课讲解、情景教学、进入社区家庭实践等方式结合起来，将学校内的教育、上岗前的培训、就业期间的再训、短期强化培训等结合起来，实行全过程的跟踪服务和监督。培训时间可根据培训对象和培训地点的具体情况，分为上午、下午和晚上进行。对于社区居民的培训多采用晚上和周末进行。内容为中医推拿、茶艺与插花艺术、家政管理员、医学常识与家庭护理、家庭生活常识讲座、营养配餐与家用菜肴烹制、幼儿教育与心理健康。

①顿祖义、牛亚莉：《高职院校家政专业教育存在的问题及对策》，《宁波职业技术学院学报》2008年第3期，第14-15页。

参考文献

［1］中华人民共和国商务部：《家庭服务业发展状况》，http：//www. mofcom. gov. cn/article/difang/guizhou/201312/20131200445021. shtml，2014－08－10。

［2］人民论坛网：《我国家政行业发展现状、问题及建议》，http：//www. rmlt. com. cn/2013/0107/58986. shtml，2014－08－10。

［3］新华网：《我国家政服务业面临新的发展机遇》，http：//www. zj. xinhuanet. com/newscenter/2007－12/03/content_ 11834359. htm，2014－08－10。

［4］新华网：《浙江吸引和鼓励学生报考中高职校家政服务专业》，http：//news. xinhuanet. com/edu/2013－02/20/c_ 124367937. htm，2014－08－10。

［5］中国服务贸易指南网：《家庭服务业发展现状与趋势分析》，http：//tradeinservices. mofcom. gov. cn/e/2007－11－13/10018. shtml，2014－08－10。

［6］新华网：《"十二五"时期我国家庭服务业年营业额将达2500亿元》，http：//news. xinhuanet. com/society/2011－10/19/c_ 111107630. htm，2014－08－10。

［7］创业早报：《混战的"蓝海"创业项目——家政服务行业分析》，http：//cyzaobao. cn/view/363. html，2014－08－10。

［8］中国家政网：《家政服务社会化、专业化、产业化的必然性》，http：//www. xfjz. com/news/show－825. html，2014－08－10。

［9］华夏中青家政连锁网络官方网站：《公司简介》，http：//www. cyhs. cn/aboutus/about/，2014－08－12。

［10］好月嫂：《公司简介》，http：//www. dlhaoyuesao. com/comp. aspx？cid＝50，2014－08－10。

［11］广州市正祥和家政服务有限公司：《关于我们》，http：//zhengxianghe. shop. liebiao. com/，2014－08－12。

［12］博思数据：《2014年中国家政服务十大品牌排行榜》，http：//www. bosidata. com/qtzzhsc1403/383827GRAO. html，2014－08－12。

［13］中国行业研究网：《2011～2015年家政行业市场全景：调研及投资评估深度研究报告》，http：//www. chinairn. com/yanjiubaogao/19272jz. html，2014－08－12。

［14］新华网：《我国2050年老年人口将达到全国人口的三分之一》，http：//news. xinhuanet. com/photo/2012－10/22/c_ 123855681. htm，2014－08－12。

［15］中国职业技术教育网：《家政人才市场需求热　职业院校家政专业却遇冷》，http：//www. chinazy. org/models/zjk/detail. aspx？artid＝48048，2014－09－05。

［16］台州人力网：《天津：高级家政人才缺口八成》，http：//www. tzrl. com/news/128521. html，2014－09－05。

［17］英国诺兰德学院官方网站，http：//www. norlandagency. co. uk/，2014－09－10。

［18］中华心理教育网：《对大学生进行系统的家政教育的必要性和可行性》，http：//www. xinli110. com/qsnxl/xxjy/200702/11862. html，2014－10－22。

［19］姜长云：《关于家庭服务业概念内涵和外延的讨论》，《经济研究参考》2010年第60期，第4－9页。

［20］顿祖义、牛亚莉：《高职院校家政专业设置的可行性分析》，《职教论坛》2008年第12期，第14－31页。

［21］兰玲：《谈高中等职业学校设置家政专业的必要性》，《辽宁高职学报》2004年第3期，第39页。

［22］丁书杰、赵炳富：《高职家政服务专业课程设置的研究》，《中国科教创新导刊》2010年第34期，第170页。

［23］赵齐阳：《高职家政专业的困境与出路》，《文教资料》2013年第4期，第112页。

［24］李晴：《从中国家政教育的历史透析现代家政学的发展》，《职业教育研究》2006年第9期，第180页。

［25］牛亚莉：《高职院校家政专业设置的研究》，湖南农业大学硕士学位论文，2008年。

［26］毕京福：《打造家政服务品牌　探索居家养老模式——菲律宾、日本发展家政服务业启示》，《山东人力

资源和社会保障》2012 年第 5 期，第 51 页。

[27] 胡艺华：《五位一体：菲佣职业化发展的成功之道》，《东南亚纵横》2013 年第 7 期，第 71 页。

[28] 郑文：《美国家政教育的发展及其启示》，《课程·教材·教法》1999 年第 11 期，第 59 - 60 页。

[29] 朱晓卓、陈延：《基于岗位胜任力的高职家政服务专业课程体系的构建》，《黑龙江教育》（高教研究与评估）2014 年第 1 期，第 15 页。

[30] 喻彩霞：《基于行业引导的高职院校家政专业人才培养方案》，《职业时空》2014 年第 2 期，第 88 页。

[31] 陈金华、陈家太：《中美家政教育比较研究》，《鸡西大学学报》2010 年第 5 期，第 5 页。

第五章　服装行业与职业教育分析报告

随着我国经济持续、稳定、快速发展，内、外贸易量不断扩大，我国服装行业也迎来了快速发展，已成为国民经济的支柱产业之一。服装企业的数量在增长，国内自主品牌的服装企业也在成长，我国已成为世界最大的服装生产、消费和出口国。服装行业多年来一直是国内消费市场的热点，是我国的出口创汇大户，在国际服装贸易中占有重要地位。伴随着我国服装行业、企业的发展，对专业人才的需求在不断上升，与之相关联的职业教育也必然要跟上步伐。

本报告在大量引用相关研究成果和产业发展数据的基础上，对我国服装行业、企业及其人才需求、我国服装专业职业教育等方面进行较为全面的分析，并借鉴发达国家服装专业教育的办学经验来进一步推动我国服装专业职业教育的发展。

一、我国服装行业发展概况

（一）行业发展现状

随着我国经济的快速发展，我国服装业迎来了快速发展的时期，服装行业的发展大大推动了国民经济的发展。在我国服装业的发展历程中，近十年可以说是其高速发展的辉煌时期，主要表现在以下几个方面：

1. 行业规模不断扩大

作为传统的劳动密集型行业，我国服装行业的规模处于不断扩大之中。如图 5 -1 和图 5 -2 所示，2005 年以来，虽然我国服装行业建设总规模和固定资产投资额的增速时高时低，但它们均

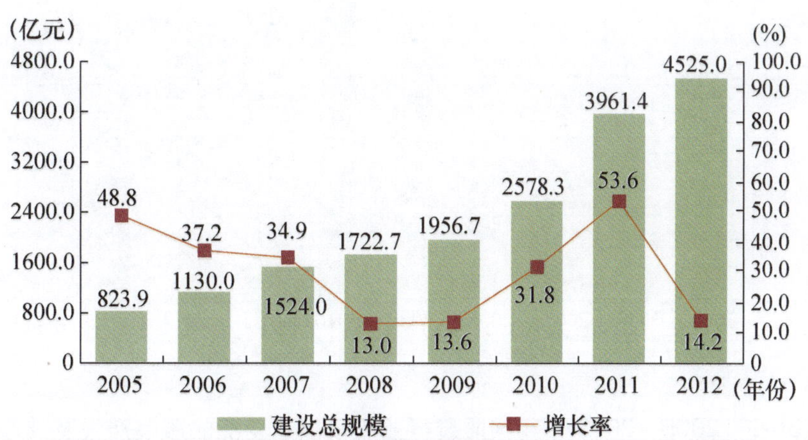

图 5 -1　2005 ~2012 年我国服装行业建设总规模及其增速

资料来源：《中国统计年鉴》(本书所引用的《中国统计年鉴》数据均出自网络版，http：//www. stats. gov. cn/tjsj/ndsj/。图 5 -1 中 2005 ~2011 年的数据采用对应年份“纺织服装、鞋、帽制造业”项目的数值，2012 年的数据采用“纺织服装、服饰业”项目的数值)。

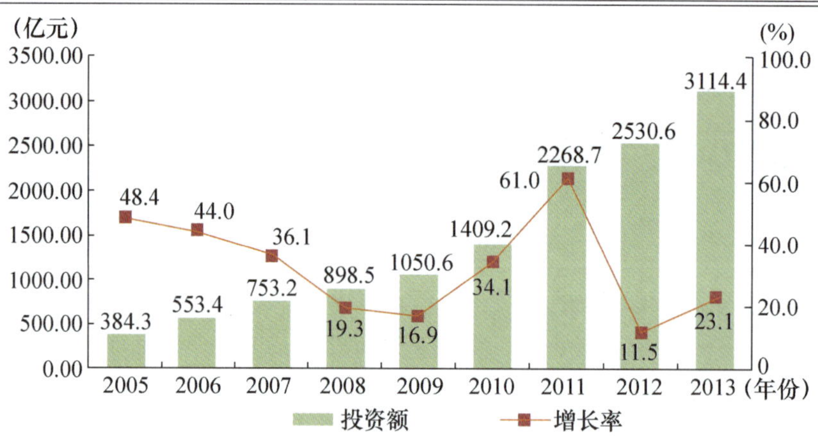

图 5-2 2005~2013 年我国服装行业固定资产投资额及其增速

资料来源:《中国统计年鉴》(2005~2011 年的数据采用对应年份"纺织服装、鞋、帽制造业"项目的数值,2012 年和 2013 年的数据则采用"纺织服装、服饰业"项目的数值)。

在不断增长。2005~2012 年,我国服装行业建设总规模的年均增长率为 27.5%,2005~2013 年,我国服装行业的固定资产投资额年均增长率为 29.9%。

2. 服装产量平稳增长

总体而言,2005~2010 年我国服装行业规模以上企业的服装产量增速较高。2011 年的产量出现较大幅度的下滑,其主要原因是从 2011 年 1 月起,国家统计局将纳入规模以上工业统计范围的工业企业起点标准从年主营业务收入 500 万元提高到 2000 万元。从 2012 年起,规模以上企业的服装产量开始回升,但 2013 年的增速较低。2014 年 1~6 月,服装行业规模以上企业累计完成服装产量 141 亿件,同比增长 3.76%,较 2013 年同期提高 3.21 个百分点,增速有所上涨。如图 5-3 所示。

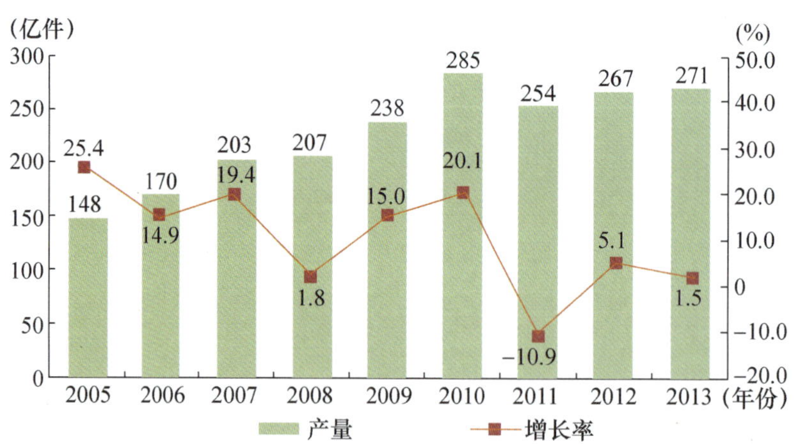

图 5-3 2005~2013 年我国服装行业规模以上企业的服装产量及其增速

资料来源:中国行业研究网。

3. 服装零售额增速高

服装是人们的生活必需消费品,随着我国城镇化的发展和人均可支配收入的提高,再加上我国庞大的人口规模以及随之而来的国内消费市场，我国服装业的销售额也相应快速增长。据统计，2004～2012年，我国限额以上服装零售总额从1020亿元增加至7022亿元，增长率均值为22.4%，比同期GDP增长率均值高近12个百分点，比同期社会消费品零售总额增长率均值高6个多百分点。如图5－4所示。

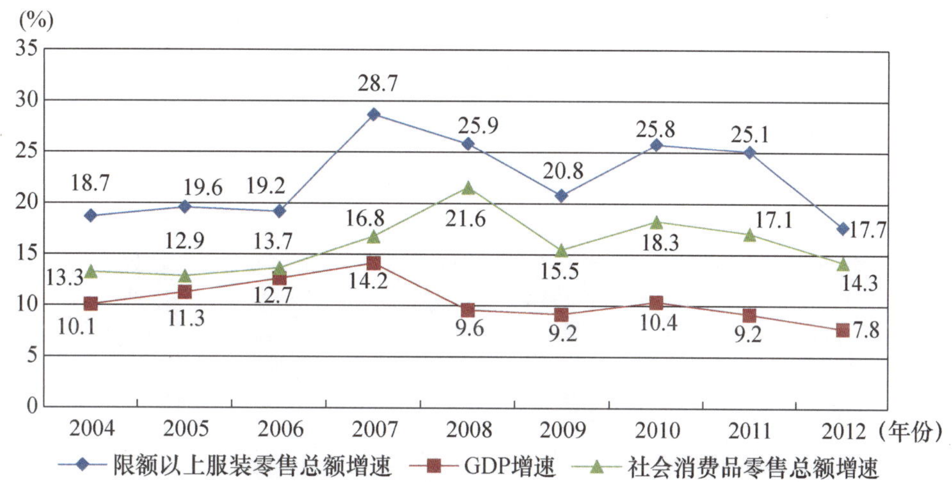

图5－4　2004～2012年我国服装零售额与GDP、社会消费品零售总额的增速比较

资料来源：国家统计局。

4. 进出口金额平稳增长

如图5－5所示，2004年以来，除了2009年因受国际金融危机的影响，我国服装进出口金额有所下降之外，其他各年份均在平稳增长，出口年均增长率为13.04%，进口年均增长率为14.40%。毫无疑问，服装行业是我国的出口创汇大户。

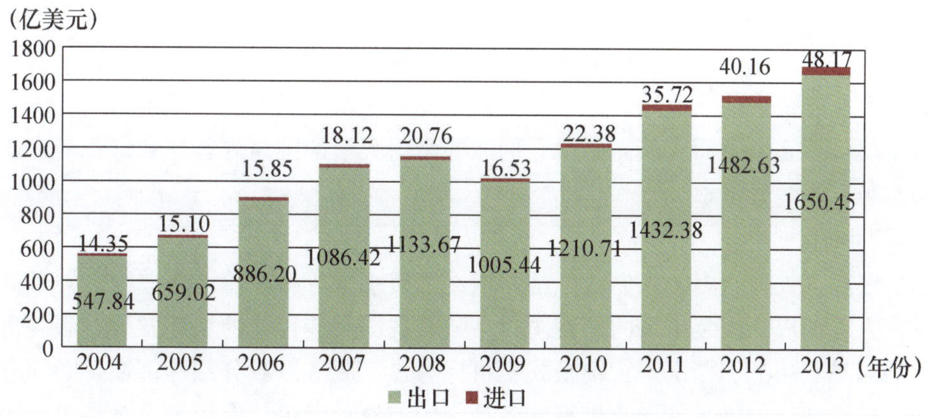

图5－5　2004～2013年我国服装业进出口金额

资料来源：《中国统计年鉴》（各年的数据采用对应年份“针织或钩编的服装及衣着附件”与“非针织或钩编的服装及衣着附件”两个商品类别的数值之和）。

（二）行业发展的特点

在近十年的高速发展过程中，我国服装行业有着自身的特点，主要表现为如下几个方面：

1. 产业集聚现象明显

产业集聚是指在产业的发展过程中，处在一个特定领域相关的企业或机构，由于相互之间的共性和互补性等特征而紧密联系在一起，形成一组在地理上集中的相互联系、相互支撑的产业群的现象。我国服装行业的产业集聚现象尤其明显。从总体来看，服装行业企业主要集聚在东部沿海地区，以长江三角洲、珠江三角洲、环渤海三角洲三大经济圈为辐射中心，作为服装主产区的广东省、浙江省、江苏省、山东省、福建省等地，围绕着专业市场、出口优势、龙头企业形成了众多以生产某类产品为主的服装产业集聚区。从图 5－6 中可以看出，尽管东部地区规模以上服装企业产量占全国的比重在不断下降，但它依然集中了我国服装产业的大多数产能。同时，我国还涌现了一批极具特色的服装产业城市，如“女装之都——杭州”、“男装之都——宁波”、“南方皮革之都——海宁”、“衬衫之乡——义乌大陈”，等等。

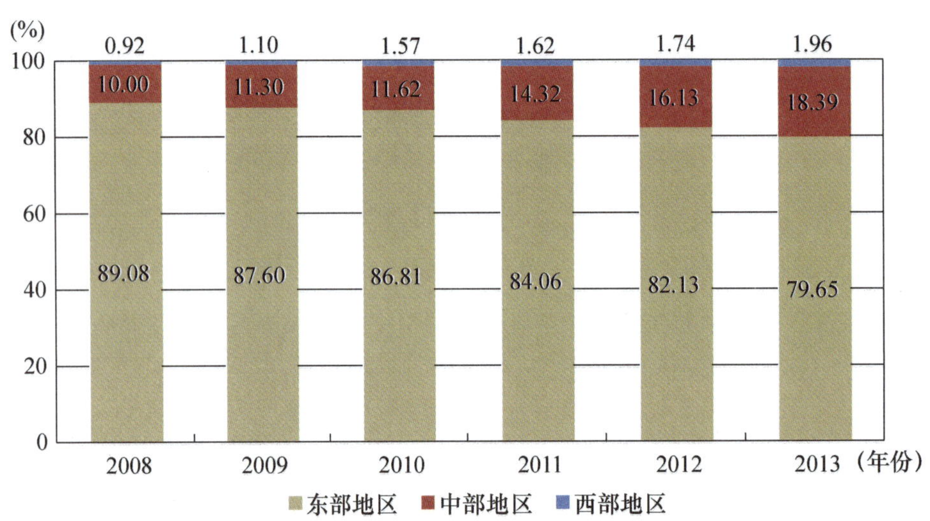

图 5－6　2008～2013 年我国东中西部规模以上服装企业产量占全国的比重

资料来源：《2013 年服装行业经济运行概况》。

产业集聚区具有很强的产业综合竞争能力，主要表现在较低的生产成本、交易成本、政策成本和整体协调优势等几个方面，从而使得它们能够吸引大量的国内外客户和订单。产业集聚有助于推动我国服装行业的发展。

2. 市场不断细化

我国幅员辽阔、人口众多，人们的生活习惯、消费水平等存在着诸多差异。并且，讲求个性化的年轻一代人逐渐成为服装市场的消费主力。随着我国服装行业的快速发展，服装市场已向纵深发展，产品品类、功能、档次、营销模式、目标客户、服务区域分割等都在不断细分、不断多样化。市场的精细划分促进了各产业集群和各品牌的差异化竞争，促使各品牌在设计研发、品牌理念、营销策略上更加明确风格定位、突出自身的品牌内涵，力求深度细分市场，取得差异化竞争优势。

3. 行业竞争模式悄然转变

当前，我国服装行业已经进入一个竞争异常激烈的格局，竞争模式也在悄然转变。服装行业的数量竞争时代接近尾声，竞争从数量、价格向技术、品牌转变，走向涵盖品牌、质量、服务的综合实力竞争，单纯依靠价格竞争的厂商趋向微利。而大企业蓄积了较为雄厚的资金和技术力量，其以产品创新和管道掌控能力为基础的品牌竞争力将大大提升。

伴随着数量和价格竞争模式的逐渐远去，“科技创新贡献率”和“品牌贡献率”的意识和自觉行动在服装行业开始盛行。企业用于衡量可持续发展能力的指标，已经从生产规模转向设计研发投入比重、设计研发人员比重、高学历职工比重、生产自动化信息化程度、营销网络规模质量、品牌覆盖率、单位面积销售收入等。中国服装协会也已将“销售利润率”作为“产品销售收入”和“利润总额”之后对企业进行考评的又一重要指标。

4. 网购市场十分活跃

网购市场为满足用户日趋广泛的商品需求在不断地进行品类拓展，其中服装鞋帽类商品网购率居高不下。中国电子商务研究中心的监测数据①显示，2013 年我国网络购物市场销售占比最高的品类是服装鞋帽，用户购买率达 76.3%，预计 2014 年服装鞋帽品类商品的用户网购率将逾八成。2013 年我国服装行业网购渗透率达 21.7%，较 2012 年上涨 5.8 个百分点；进而，2013 年的服装网购市场交易规模达到 4349 亿元，比 2012 年增长 42.6%，占全国网购市场的 23.1%。2014 年我国服装网购市场整体规模将达到 6153 亿元，同比增长 41.5%，占全国网购市场规模的 22.1%。由此可见，我国服装网购市场十分活跃。如图 5－7 所示。

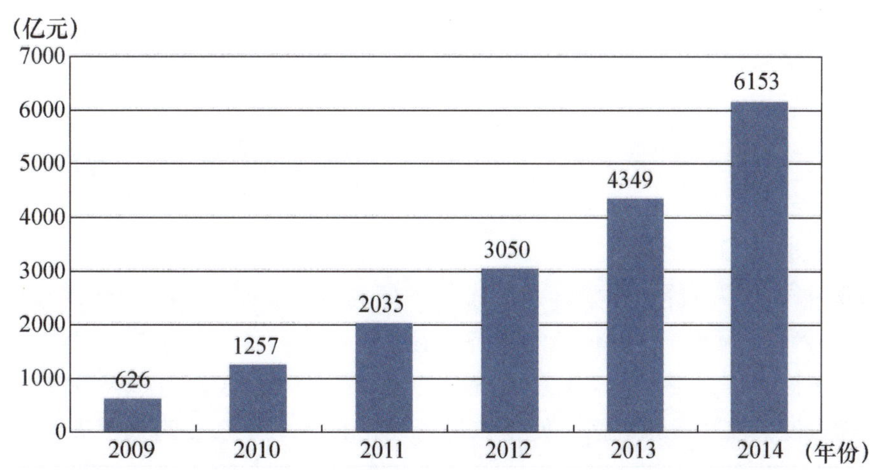

图 5－7　2009～2014 年我国服装网购市场规模

资料来源：中国电子商务研究中心。

（三）行业发展存在的问题

通过多年的发展，我国服装业已经取得了显著的成就，我国已成为世界最大的服装生产国、消费国和出口国。但是，我国还算不上是世界服装强国，服装业仍然存在着诸多的问题。

1. 自主品牌缺位

近年来，我国服装行业品牌意识越来越强，并打造了一些消费者耳熟能详的品牌，其中有不少被认定为中国驰名商标。但是，我国众多的服装企业仍然停留在代工生产或贴牌生产的模式上，依旧处于“要什么，做什么”、“有什么，卖什么”的阶段，一味依赖于外贸订单，而不去

①中国电子商务研究中心：《〈2013 年中国服装电子商务运行报告〉发布》，http：//www.100ec.cn/detail－6183418.html，2014－08－20。

培育自己的品牌，迄今为止我国还没有造就世界级的服装品牌。西方的世界级服装品牌都有上百年的历史，具有丰富的文化内涵、鲜明的品牌形象以及广泛的认可度和很高的美誉度，从而也就培育了庞大的消费群体。而我国整个服装行业自主品牌缺位，其要害应该是创意能力不足且不重视研发，不是很清楚如何建立独特的自主品牌，往往停留在品牌名称和品牌标志上，模仿多，原创少，对于品牌建设必须着眼于文化的意义把握不充分。如何在品牌建设中体现出我国独特的文化内涵以及一种专属的灵魂和精神，并使自主品牌得到更高程度的认可，我国服装业还有很长的路要走，整个行业的自主品牌建设刻不容缓。

2. 区域发展不平衡

如前所述，我国服装行业的产业集聚现象明显，东部沿海地区是我国服装行业的产业集聚区。虽然产业集聚有利于服装行业的发展，但也导致了地区间行业发展呈不平衡态势。中西部地区拥有丰富的自然与人力资源，但其服装产业链不完整，更缺乏协调匹配性，服装业的发展严重滞后于东部沿海地区，这种状况需要改善。

近年来，东部沿海地区的生产成本上升，在东部沿海地区继续发展服装业这样的劳动密集型产业会有越来越多的困难，产业和企业的区域性梯度转移已见端倪。然而，目前的转移主流仍然是省内流动，苏南企业到苏北开发，粤南地区产业慢慢向粤北和东西两翼发展，福建、浙江一些产业集群也向周边扩散，沿海省份的“内陆”地区成为我国服装产业梯度转移的首选地，企业对于向中西部转移通常持审慎态度。长此以往，我国服装业的区域发展不平衡状况难以得到改观。在国家西部大开发战略和中部崛起战略的引导下，中西部地区完全可以成为长江三角洲、珠江三角洲服装业转移的重点方向。

3. 发展模式比较落后

我国服装业过往依靠廉价生产要素，形成了“低成本、低技术、低价格、低利润、低端市场”的“低价工业化”模式。这种传统的经济发展方式就是一种“以生产为中心”的硬性发展方式，而不是基于价值链为核心的柔性发展方式。它的最大弊端就是忽视对管道控制权和资本控制权的掌握，而过度关注产量和规模，使得该类劳动密集型中小企业陷入了廉价劳动力“比较优势陷阱”，对创新缺乏动力，导致核心技术受制于他人，在全球价值链中受控于他人。近些年，伴随着行业竞争模式的悄然转变、生产成本上涨以及融资困难，依靠过往的低成本、大规模投资来拉动增长的传统发展模式已不可持续，我国服装行业的发展模式有待转变。

4. 信息化水平较低

在发达国家，以计算机和网络技术为代表的先进技术已广泛应用于服装行业的信息采集传递、产品设计、生产管理、电子商务等环节。服装 CAD/CAM 系统的普及率在一些国家达到 60% ~70%，计算机集成制造系统（CIMS）也得到广泛应用，从而形成了小批量、高质量、多品种、短周期的现代化生产经营模式。

与发达国家相比，我国服装行业的信息化水平还很低。CAD/CAM 系统的普及率和使用率较低，企业对信息和网络通信等现代化技术的应用还比较陌生，获得国内外市场信息的速度慢，缺乏对服装发展趋势的把握，从而直接制约了我国服装行业的生产管理能力和快速反应能力。如何运用先进技术实现数字化、信息化管理，已成为我国服装行业、企业亟待解决的问题。

5. 出口压力增大

如前所述，我国是服装出口大国，服装业为我国的出口创汇做出了较大的贡献。然而，我国服装业面临的出口压力也在不断增大，除了我国服装业自身的劣势（如自主品牌缺位、发展模式落后等）是一大原因之外，还有以下几方面的原因：

一是贸易保护主义抬头。近年来，我国服装出口也成为了贸易壁垒的重灾区。据商务部统计，我国纺织服装出口2009年遭遇国外"两反一保"案件14件，2010年12件，2011年12件，2012年13件。需要注意的是，案件不仅来源于发达国家，也来源于新兴市场国家。贸易保护主义抬头导致我国服装出口正在遭遇发达国家和新兴市场国家的双重夹击。

二是生态标准等技术贸易壁垒。环境问题已成为世界各国、社会各界普遍关注的问题。在这样的背景下，发达国家和地区纷纷制定和出台了一系列"生态纺织品标准"。例如，欧盟于2003年9月实施的《关于禁止使用偶氮染料指令》，禁用22种偶氮染料，对纺织原料提出非常苛刻的要求；2003年5月欧盟又出台了《关于化学品的注册、评估、许可管理办法》；2004年1月《欧盟通用产品安全指令》修正案正式生效。① 毫无疑问，这些规定或指令会对我国服装的出口造成不利影响。

三是来自于其他国家的竞争。国际服装市场的竞争日益激烈，在高端市场，我国产品仍将与美国、欧盟、日本等国竞争；而在低端市场，我国则将与数量更多的、具有基本相同优势的发展中国家相竞争，这既包括东南亚国家，又包括墨西哥和加勒比地区各国，也包括中南美洲的一些国家。② 这些发展中国家的服装业发展以及服装出口会冲击我国服装业的全球市场份额。

二、服装行业人才需求分析

（一）行业企业发展概况

1. 企业数量稳增

如图5－8所示，2007～2013年，我国服装行业大中型企业数在不断增加，年均增长率为19.06%。2007～2010年，服装行业规模以上企业数稳中有升。2011年规模以上企业的数量出现

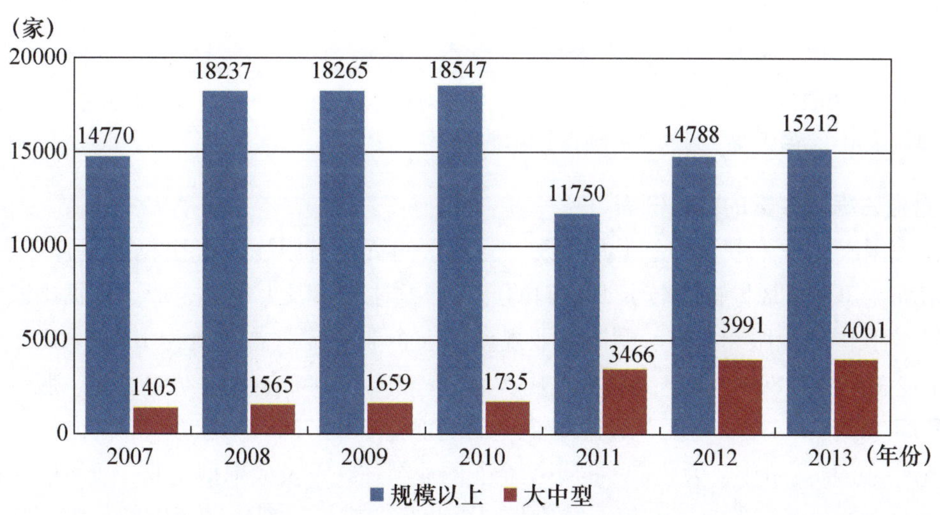

图5－8　2007～2013年我国服装行业企业数

资料来源：《中国统计年鉴》（2007～2011年的数据采用对应年份"纺织服装、鞋、帽制造业"项目的数值，2012年和2013年的数据则采用"纺织服装、服饰业"项目的数值）。

①②何元贵：《中国纺织品服装业发展面临的威胁和机会》，《对外经贸实务》2004年第12期，第8页。

大幅下滑，其主要原因是从2011年1月起，国家统计局将纳入规模以上工业统计范围的工业企业起点标准从年主营业务收入500万元提高到2000万元；2012年，规模以上企业的数量又出现较大幅度的上涨，同比增长25.86%。

2. 小型企业占多数

根据国家统计局的资料（见图5－8），2013年我国纺织服装、服饰业规模以上企业的数量为15212家，而大中型企业的数量为4001家，大中型企业所占的比例仅为26.3%，剩下的为小型企业。由此可见，在我国服装行业企业中小型企业占多数。其主要原因是，服装行业属于劳动密集型行业，对技术、资本量的要求不高，进入门槛较低。小型企业对市场变化往往能及时做出调整，在消费品需求个性化的时代，部分小型企业往往能运用自身专业化的特点取得规模化生产的企业无法获得的订单。

3. 规模以上企业整体效益平稳

如表5－1所示，2007年以来，我国服装行业规模以上企业的几项主要指标良好，或维持稳定，或平稳增长。在这5年间，服装行业规模以上企业的工业总产值、资产总额、主营业务收入和利润总额的年均增长率分别为15.53%、16.98%、18.70%、26.21%。

表5－1　　2007～2012年我国服装行业规模以上企业的若干主要指标

指标 年份	企业数（家）	工业总产值（亿元）	资产总计（亿元）	主营业务收入（亿元）	利润总额（亿元）	工业成本费用利润率（%）
2007	14770	7600.38	4559.15	7335.75	357.13	5.20
2008	18237	9435.76	5655.88	7695.13	487.34	5.74
2009	18265	10444.80	5946.06	10140.52	611.20	6.46
2010	18547	12331.24	7026.08	11988.61	851.91	7.66
2011	11750	13538.12	7468.30	13204.41	951.88	7.81
2012	14788	未统计	9985.24	17285.89	1143.69	7.11

资料来源：《中国统计年鉴》(2007～2011年的数据采用对应年份“纺织服装、鞋、帽制造业”项目的数值，2012年的数据则采用“纺织服装、服饰业”项目的数值)。

4. 大企业占据了多数的市场份额

虽然在我国服装行业中小型企业占多数，但是它们资产有限，融资比较难、管理水平偏低，在激烈的市场竞争中抗风险能力较弱，它们的经济效益往往不及大中型企业。根据国家统计局的资料，2011年我国纺织服装、鞋、帽制造业规模以上企业的工业总产值为13538.12亿元，大中型企业的工业总产值为8031.11亿元，所占比例为59.32%；2012年我国纺织服装、服饰业规模以上企业的利润总额为1143.69亿元，大中型企业的利润总额为736.04亿元，所占比例为64.41%。因而，在激烈的市场竞争中，为数众多的小型企业的业绩往往不及大中型企业，排名前几位的大型品牌服装企业占据了多数的市场份额，导致我国服装行业市场呈现较高程度的集中态势。

例如，根据中华全国商业信息中心对2013年12月全国重点大型零售企业服装品类销售情况的统计[①]（见表5－2），该月八个主要服装品类的销售前十名品牌具有较高的市场综合占有率，

①中华全国商业信息中心：《2013年全国重点大型零售企业服装销售情况》，http://www.chinairn.com/news/20140221/162518809.html，2014－08－22。

占据了多数的市场份额，个别服装品类（如羽绒服、女性内衣、运动服）的销售前十名品牌更是具有50%以上的市场综合占有率。

表5-2　2013年12月主要服装品类市场销售情况

服装品类	销售排名前十位品牌的市场综合占有率（%）	销售排名前三位的品牌企业
T恤衫	19.2	金利来、鄂尔多斯、皮尔卡丹
女装	25.3	VERO MODA、ONLY、拉夏贝尔
男西装	30.7	雅戈尔、金利来、罗蒙
童装	33.5	巴拉巴拉、安奈儿、Adidas
羽绒服	57.7	波司登、雪中飞、鸭鸭
女性内衣	52.9	爱慕、安莉芳、曼妮芬
棉毛衫裤	41.5	三枪、皮尔卡丹、A&B
运动服	56.9	Adidas、NIKE、李宁

资料来源：《2013年全国重点大型零售企业服装销售情况》。

5. 未来发展趋势

（1）行业洗牌在所难免。如前所述，我国服装行业呈现较高程度的集中态势，大型品牌企业占据了多数的市场份额，它们的产品销量、产品销售收入和利润总额一直稳居前列，而众多小型企业的经济效益不及大中型企业（尤其是大型品牌企业）。伴随着原材料、劳动力、物流等成本的进一步上涨，我国服装业开始进入高成本时代。许多中小企业利润率低、议价能力差，在激烈的行业竞争中处于弱势地位，再加上融资难，它们很难应对各种冲击。而大型品牌企业蓄积了大量的资金和较为雄厚的技术力量，它们的竞争力和抵御各种冲击的能力强。在我国产业结构调整、升级的大背景下，产业资源将加速向大企业流动，服装行业的洗牌在所难免。

（2）本土企业走品牌化、国际化之路。当人们在购买产品时往往喜欢选择耳熟能详的牌子，这表明好的品牌代表着卓越的质量内涵，这些质量内涵包括质量、功能、工艺、服务、附加值等。虽然我国服装业的品牌意识越来越强，但自主品牌缺位，还没有造就世界级的服装品牌。伴随着越来越激烈的市场竞争以及竞争模式的转变，一些本土企业（如雅戈尔、海澜之家等）开启了自己的品牌化、国际化战略。它们开始创品牌、创名牌，以国际化品牌为追求，通过与国际一流品牌公司的合资合作或进行并购，引进国际化的设计、管理理念，与国际接轨，跨国进行资源分配，并强化对本土原创品牌的提升，从而推动品牌走向国际市场，以期创造更新、更多的经济价值。

（3）个性化服务，满足不同消费者的需求。穿梭于各大商场、品牌店的主力消费群正趋于年轻化，随着这支生力军的消费能力不断提升，企业也将营销重点放在了他们身上。而现在的年轻人有个性，重视个人形象，注重自身的服装搭配以及对个人形象的塑造，以达到符合自己品味的独特一面。同时，这代人的受教育程度、文化水平较高，更容易接受新事物，乐于接受科学的形象指导和形象顾问。因此，服装企业应针对该群体，提供个性化搭配服务，这将会大大提升消费者的满意度。

在这方面，年销售量超过百万条的瑞典牛仔裤品牌——Nudie的模式就值得学习、借鉴。它在追求业绩的同时，也非常注重顾客的个性化需求。它在英国 SOHO 区开设了 Nudie 的维修站，这间门店的最大特色是，客户可以选择 Nudie 的牛仔专家免费修改和修复旧的 Nudie Jeans，几乎所有的个性化需求都能在此得到满足。Nudie 的个性化维修服务为客户带来了一个更健康、更可持续的消费模式，提高了消费者的满意度。① 这种售前、售后的满足性消费值得国内服装企业学习、借鉴。

（4）线上线下共同发展。传统的营销模式，主要基于线下渠道的整合。传统渠道的竞争不仅加大了企业的营销成本，而且在消费者互动营销上也受到极大的限制。伴随着移动互联网科技的发展和消费文化的改变，电商已兴起为一种重要的商业模式，而我国服装网购市场也十分活跃。依托移动互联网平台能够有效地增加企业和客户之间的互动，为企业提供一个更为理想的营销思路。

现在，对于一家企业、一个品牌而言，线上和线下已经是管道布局战略不可分割的有机组成部分。电商的出现和快速发展自然会冲击实体店铺。但是，电商为王、实体必死的想法与实体店稳如泰山、电商不足为虑的看法一样，都是不正确的。大批街铺、没有体验的组合店和产品无特色、价格无优势的店铺一定会关门，但百货商场、购物中心、综合体的店铺依然会存在，并会有所发展。从长期来看，一家企业、一个品牌必须对线上、线下同等重视，进行“线上线下，双翼齐飞”的一体化管道布局，贯通线上线下管道，合理配置资源。

（二）人才需求分析

如前所述，经过 30 余年的发展，我国服装行业、企业取得了显著的成绩，但也存在着不少的问题。我国服装行业、企业要解决这些问题，并推动自身的进一步发展以应对日益激烈的市场竞争，必然对服装专业人才提出新的需求。

1. 人才需求回升

前几年，因受国际金融危机和国际市场波动的影响，我国服装业产量有所下降，并曾一度出现企业关门潮、倒闭潮，企业的人才需求量也随之有所下降。近两年来，随着经济形势和市场形势的好转，服装行业回暖，人才需求也开始回升。如图 5 -9 所示。

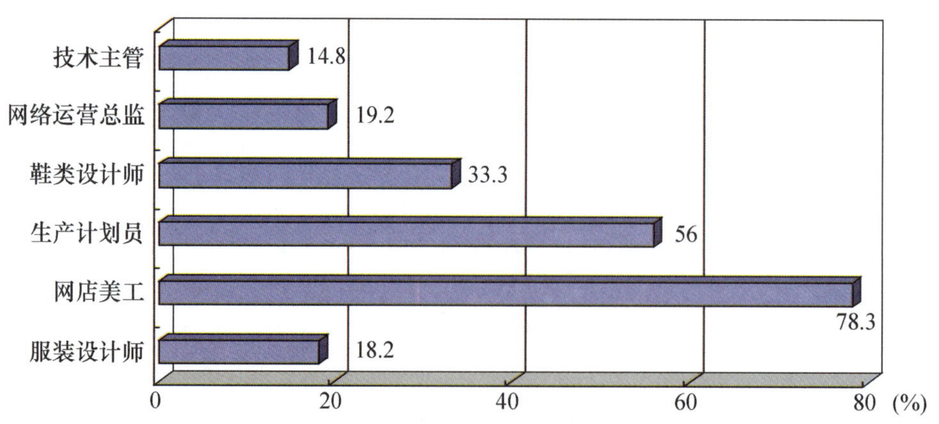

图 5 -9　2013 年服装行业热招职位同比增长

资料来源：服装英才网。

①高琦：《服装 4S 模式下的终端创新》，http：//news. efu. com. cn/newsview -1056956 -1. html，2014 -08 -26。

根据英才网联旗下的服装英才网的资料，截至 2013 年 12 月，服装行业招聘需求较 2012 年同期上涨了 18.3%，服装设计师、网店美工、鞋类设计师、网络运营总监、生产计划员、技术主管成为了 2013 年的热招职位；[①] 2014 年上半年服装行业人才招聘需求与 2013 年同期相比增长了 8.3%，全国需求量排在前三位的职位分别是服装设计师、导购/营业员/店员和制版师，增幅最大的三个职位是服装设计师、服装工艺师和品牌推广/拓展。[②] 如图 5－10 所示。从区域分布看，北京、上海、广东三地仍是人才需求重地，占 2014 年总需求量的 63.8%。尤其是广东地区，与 2013 年同期相比上涨了 24.2%，与其他两个一线城市相比涨幅最大。其次，江苏、浙江地区也有所攀升，涨幅均超过一成。而中西部地区的人才需求与 2013 年同期相比基本持平，涨幅在0.5%～2%。从数据上看，人才向中西部地区转移的趋势还不明朗。[③]

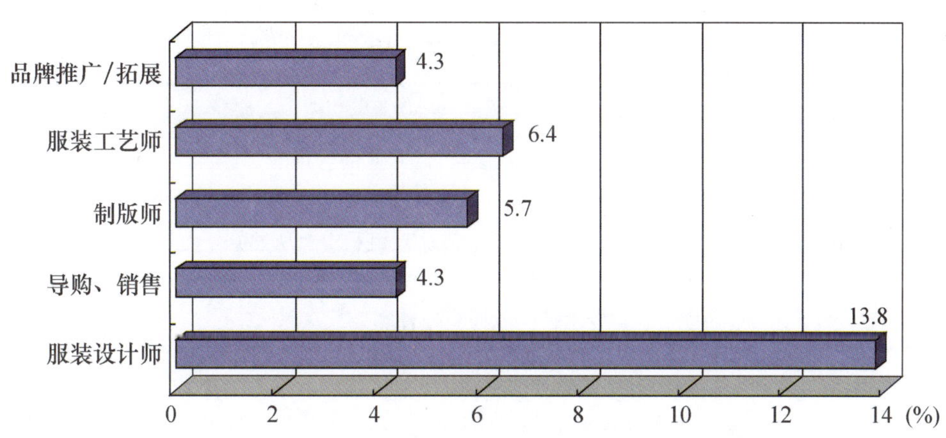

图 5－10 2014 年上半年服装行业热招职位同比增长

资料来源：服装英才网。

2. 高素质、高技能专业人才短缺

人才需求随着经济形势的好转而有回升的趋势，我国服装行业的从业人员也很多，但是真正懂服装行业的人却很少，而高素质、高技能专业人才更是严重短缺。在我国服装行业的快速发展过程中，许多企业并没有做好人才的储备和人才结构的调整，诸如高级服装设计师、商品企划师、陈列设计师、高级制版师、高级物流经理以及高级生产经理等岗位，或是由于企业没有给予充分的重视，或是由于在职人员缺乏相应的专业素质、专业技能，制约了这些岗位发挥应有的作用。

在我国服装行业的从业人员中，一部分具备相关学历的人才缺乏实践经验；而大批基础技术员工大多来自农村，进入企业之后，仅仅是经过简单培训而后由师傅带领上岗，他们只具备实际操作经验，却严重缺乏科学的理论指导。以制版师为例，中国在职的制版师中，受过高等教育的不足 10%，受过专业训练的不足 6%，绝大部分制版师都是裁缝出身，不少是先做 3 年缝纫工，

①田亚迪：《2013 年服装行业人才盘点设计师问鼎热门》，http：//news. clothr. com/138898041/134692/1/0. html，2014－08－26。

②夏吴雪：《2014 年上半年服装招聘盘点服装设计师最热门》，http：//news. clothr. com/1411009191/144280/1/0. html，2014－08－26。

③世界服装鞋帽网：《服装行业人才需求回升设计、生产管理类职位需求大》，http：//www. sjfzxm. com/news/difang/20140702/392202. html，2014－08－26。

再跟着制版师傅做 1 年学徒，之后就开始自己从事制版工作。在宁波、温州、深圳等城市，花百万重金聘请国外制版师的现象并不鲜见。销售、物流等环节亦是如此，其中的多数人员都是从社会上招聘的，经过简单的培训后即上岗工作，缺乏相关的专业知识、技能。而具备专业知识的高职毕业生或本科毕业生要么眼高手低，不愿意从事基层工作，要么没有实践经验，难以胜任相关环节的工作。

归根结底，未来我国服装业的发展需要人才来推动，而企业间的竞争从根本上说也是人才的竞争。高素质、高技能专业人才的匮乏严重制约着我国服装行业和企业的发展，影响企业的品牌化、国际化之路和国际竞争能力的提升。

3. 所需人才的类型

就所在部门而言，我国服装企业所需的人才主要有以下四种类型，如表 5 - 3 所示。

表 5 - 3　　服装企业各部门所需的人才

所在部门	所需人才	对知识和能力的要求
管理部门	中高端管理人才	① 具备现代化的管理理念，以专业的管理学、经济学知识来指导自己对企业的管理 ② 要对服装专业技术、企业生产流程等有所熟知 ③ 能够有效地进行战略决策、企业发展策划、部门管理、跨部门协调、对外沟通交流、突发事件的应变与处置等
研发部门	高素质技能型人才	① 具备扎实的专业技术知识和娴熟的专业技能 ② 具备对高新技术有及时的捕捉能力和应用新技术、新工艺的能力 ③ 能运用科学的思维方法，进行有创意的产品设计和技术研发，开拓新的生产领域，提出解决实际问题的新思路
销售部门	中高端营销人才	① 拥有与服装、市场营销相关的专业知识 ② 能够为企业制定切实可行的营销策略，灵活地运用营销为企业拓展市场，及时收回投入 ③ 能够及时捕捉、反馈市场信息和预测市场行情
生产部门	熟练技术工人	① 了解服装生产及其设备的基础知识 ② 能够熟练地操作各种先进的生产设备 ③ 能够适应现代服装企业的快节奏生产环境

就具体岗位而言，我国服装企业所需的人才主要有以下几类，如表 5 - 4 所示。

表 5 - 4　　服装企业若干岗位所需的人才

具体岗位	对知识和能力的要求
服装设计师	① 要具备扎实的美学基础、服装设计知识和创新性思维 ② 善于捕捉时尚潮流 ③ 能熟练地运用现代信息技术进行服装设计 ④ 能够进行一定的管理、策划工作

续表

具体岗位	对知识和能力的要求
制版师	① 有着丰富的制版理论知识，熟练地掌握基本的制版工艺、技能 ② 熟悉各种面料的特性 ③ 既能按照客户提供的成衣样板进行制版，又能按照品牌设计师提供的款式图样进行制版
销售员	① 具备丰富的服装知识、市场营销知识和销售经验以及良好的表达和交流能力 ② 了解市场行情并能进行适当的预测 ③ 既可以捉摸消费者的穿衣消费心理，又能给消费者提供服装搭配的知识
面料采购员	① 具备一定的审美素养，掌握一定的流行信息 ② 面料知识丰富，熟知各种面料的性能、特点等重要技术参数 ③ 能够理解品牌设计师的设计创作意图，结合品牌的市场特点和流行色，采购到符合品牌设计所需的面料
陈列设计师	① 有着丰富的服装产品与陈列知识 ② 具有敏锐的流行时尚感觉，熟悉服装的色彩、面料及其搭配 ③ 具备一定的组织和管理能力

三、我国服装专业职业教育现状分析

（一）我国服装专业职业教育的发展现状

1. 我国服装教育的发展历程

20 世纪 80 年代初，服装业是刚刚改革开放的中国最活跃的产业之一，社会开始期盼服装专业人才的出现，对专业性、高等级服装教育提出了需求。当时，国内没有任何服装教育的经验、模式或参照物，服装专业需要开设什么课程、培养目标如何、用什么教材以及用什么样的人才做教师，对当时的服装教育开拓者来说是一片空白，服装专业教育就是在“摸着石头过河”。经过这一代人的努力探索，教学体系、师资队伍得以初步建立，培养了一批服装专业人才，为我国服装教育的进一步发展奠定了基础。

随着时间的推移和经验的积累，我国服装专业的教学条件逐步改善，师生素质也得以提高。到了 20 世纪 90 年代，我国服装教育体系逐步完善。伴随着 90 年代末的高校大调整，许多服装类高等学校被合并、重组，同时一些非服装类高等学校为了适应社会经济发展的需求也开设了服装专业及相关课程。

进入 21 世纪，我国服装教育则在全方位发展、提升。高等学校教育发展迅速，除公办学校开设服装专业外，民营资本也进入服装教育领域，创立服装类高等学校；一些省市组建了服装职业教育集团，国际合作办学也成为一大亮点。与服装教育有关的文化、专业媒体以及相应的组织机构等从无到有。此外，非学历教育也走向正轨，与职业资格认证相配套的培训逐步完善。截至 2007 年，我国开设服装专业大专以上的院校有 500 多所，再加上各省市的职业高中、技术学校在内，学校数量突破1000所，形成了多层次、多方位的服装教育体系。

目前，我国服装教育已涵盖了中等职业技术教育、高等职业技术教育、大学本科教育、硕士和博士研究生培养等不同层次的院校专业教育，同时还有包括电大、函授、夜大、专升本、成人脱产班及各类培训班在内的成人教育。就教育类型而言，我国服装教育可以分为四类：一是以服装科学研究为主；二是以服装设计和艺术创作为主；三是以服装工艺技术及其应用为主；四是以服装营销与管理为主（包括服装表演）。

2. 服装教育的专业设置情况

在中等职业教育层次，根据教育部于2010年新修订的《中等职业学校专业目录》，在轻纺食品专业类中设置服装制作与生产管理专业，其专业（技能）方向有五个：服装CAD技术应用、服装单证和质量管理、服装物料管理、服装生产流程管理、服装制作。目录中所列举的对应职业（岗位）有服装制作工、裁剪工、缝纫工、服装鞋帽检验工、服装水洗工、缝纫制品充填处理工等。

在高等职业教育层次，按照教育部2014年5月颁发的《普通高等学校高职高专教育指导性专业目录》，在轻纺食品类下设有纺织服装类专业，内有针织技术与针织服装、服装设计、服装工艺技术、服装设计与加工、服装制版与工艺、服用材料设计与应用、服装营销与管理、服装陈列与展示设计、服装养护技术、鞋类设计与工艺等专业；在艺术设计传媒类的表演艺术类专业中设有服装表演专业。阳光高考网2014年8月的统计信息显示，开设服装类专业的高职（专科）院校总数达367所，如图5-11所示。各专业的全国毕业生规模如下：针织技术与针织服装为500~600人，服装设计为14000~16000人，服装工艺技术为800~900人，服装设计与加工为400~450人，服装制版与工艺为700~800人，服用材料设计与应用为50人以下，服装机械及其自动化为50人以下，服装营销与管理为100~200人，服装表演为200~250人，鞋类设计与工艺为800~900人。由此可以看出，服装设计专业的开设学校数最多，毕业生规模也最大；服装工艺、制版类专业的开设学校数较少，但毕业生规模居中；而与企业所需的面料员和营销、销售人才有关的服用材料设计与应用和服装营销与管理两个专业的开设学校数很少，毕业生规模也最小。

此外，在本科教育层次，根据2012年教育部印发的《普通高等学校本科专业目录》，在工学门类下设置纺织专业类，内有服装设计与工程专业（可授工学或艺术学学士），并特设服装设计与工艺教育专业；还在艺术学门类的设计学专业类中设置服装与服饰设计专业，一般按艺术类招生，授艺术学学士。根据阳光高考网2014年8月的信息，开设服装设计与工程专业、服装设计与工艺教育专业、服装与服饰设计专业的院校数分别是122所、6所、201所。更高层次的硕士和博士研究生教育一般为服装设计与工程专业、设计学专业，授予工学或艺术学学位。

中等职业技术学校服装专业教育的培养目标是使学生掌握较强的服装生产技术技能，成为高级技术工人，这类人才在服装行业中需求量最大，是企业的一线生产骨干。高职高专服装专业教育和一部分本科服装专业职业教育是为了培养服装行业、企业的生产、管理与发展所需要的应用型技能人才，这类人才是我国现阶段服装行业、企业的技术骨干和管理核心，也是企业发展的中坚力量。而普通本科和研究生教育则应树立“大服装”的人才概念，以服装工业生产为依据，培养高级服装设计师或理论水平较高的服装专业人才。

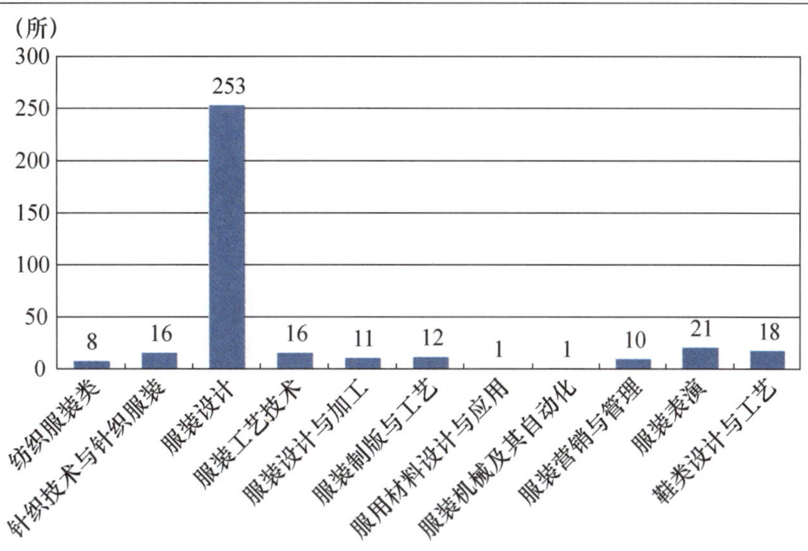

图 5－11 2014 年我国开设服装类专业的高职（专科）院校数

资料来源：阳光高考网。

3. 服装专业职业教育的人才培养模式

经过 30 余年的探索和发展，我国服装专业职业教育的人才培养模式逐渐丰富。总体而言，其主要有以下三种模式：

（1）"工学结合"模式。"工学结合"是以学生为主体、就业为导向，充分利用校外环境与资源实现工作与学习的有机结合，以期获取工作经验、提高学生的综合素质和专业技能的人才培养模式。在具体的实施过程中，学校与企业相互合作，学校负责学生理论知识的学习，企业则为学生提供实际生产、实习的机会，锻炼学生的动手能力。学校与企业联合拟定学生的培养方案，从而达到学以致用的目的。

在这样的模式中，学生在学校学习理论知识与在企业实习之间交替进行，一方面能够让其更加确切地感受企业的生产环境，帮助他们更好地了解所学专业并较为准确地定位自己，为以后更好更快地适应工作岗位打下良好的基础；另一方面，通过在学校对理论知识的学习，学生能够加深对生产实习的理解以及加强对生产经验的总结、积累，学生也更容易理解和掌握理论知识和技能。这种"学习—实践—再学习—再实践"的人才培养模式符合人们的认知规律，有利于提升学校的教学水平以及学生的职业素质和职业技能。

（2）"订单"模式。"订单"模式是让学生进入学校后以企业准员工身份接受职业教育，形成学校招生与企业招聘人才结合、实习与就业同步的校企"零距离"合作教育模式。这种模式以市场为导向，可以根据不同时期企业对人才需求类型的不同而适时地做出招生专业、招生数量和课程设置方面的变化。学生入学时就与企业签订协议，一旦毕业即可到该企业工作。

在人才培养过程中，培养方案由学校和用人单位共同制订，学校依据用人单位的需求对学生进行相应的教育、培训和锻炼，让学生既能够学到一定的专业理论知识，又能够掌握企业所需的专属技能。企业会与学校进行较多的沟通，交流服装行业领域的新型工艺或者前沿性研究。当学校需要时，企业应为学生提供实习机会，或是指派专业人员到学校对学生进行培训，讲授专业技能知识。这样就把企业人力资源开发计划与学校的教学工作相对接，使企业的人才需求和学校的人才培养紧密结合，学校的教学针对性更强，教学效果也会更好，有助于提升学校的毕业生就业率。同时，这种模式也有助于解决企业仓促招聘人才的难题，降低企业的招聘成本和风险。因而，这种模式可以实现学校、学生、企业三者共赢。

(3)“X+1”模式。“X+1”模式是指学生的前X年在学校学习本专业的理论知识，并会接受一定的生产实践和实验训练，让学生对自己所学的专业有所认识，打下了坚实的理论基础，然后在最后一年学校要求学生进入相关企业实习，结合自己的实习内容完成各自的毕业设计。这种模式是学校与企业紧密合作共同培养人才的模式，它依托企业的有效资源，利用企业的设备和环境，具有教学训练与生产零距离接触的教学特色。

在具体的实施过程中，“X+1”模式分为校企共同制订培养计划、学生完成在校学习、企业顶岗实习、企业就业四个阶段。培养计划由对口支持企业的相关负责人与学校有关专业的负责人一起制订，计划中既规定了学校承担的教学课程和培训任务，又含有合作企业讲授的符合实际工作需求的岗前训练课程。学生在校的学习自然就以培训计划为导向，校方和企业各自履行自己的职责。学生去企业定岗实习先是以师傅带徒弟的方式进行培养、训练，学生在实际工作中也要做好师傅的助手；待企业认为学生达到了顶岗实习的要求时，再把学生安排到一些技术性要求不高、对企业影响不大的岗位开展些许独立的工作。企业接纳学生就业要经过一个选拔的过程，企业会对学生的基础知识、专业素养、专业技能等进行考核，考核合格的学生方可被企业录用。

（二）我国服装专业职业教育的发展特点

1. 教育大众化

服装专业是一门应用性、实践性很强的专业，服装行业、企业不大需要懂得高深理论的学术型人才，而是需要更多的熟练掌握相关专业知识、专业技能的应用型人才。我国的服装专业职业教育不是精英教育，而是大众化教育，其目标是培养符合社会经济发展需求的一线高级技术工人和高素质的应用型技能人才。本科和研究生教育注重基础知识和专业理论知识的教授、研究，而服装专业职业教育更加注重对学生专业知识的教授和专业技能的培训。

2. 注重合作办学

从前述的服装专业职业教育的人才培养模式中，我们可以看出，我国服装专业职业教育注重与相关企业合作办学。学校与企业共同制订教学、培训计划，各有自己的教学、培训任务。学校侧重于基础知识、专业理论知识的教学，企业则侧重于专业技能的教学和训练，并为学生提供必要的实习机会，锻炼学生的动手能力。校企合作共同提升学生的专业素养和专业技能。

除了校企合作外，国际合作办学也是我国服装专业职业教育发展的一个亮点。国内一些高职院校和本科院校纷纷与国外的服装教育类院校、院系建立合作关系，积极学习和吸收国外先进的服装专业职业教育理念，借鉴国外的办学经验，拓宽办学的资源渠道，在国际交流和合作过程中提升自身的办学水平、突出服装专业职业教育特色优势，积极探索国际化办学道路。

3. 集团化办学兴起

近些年来，我国服装专业职业教育领域兴起了一股集团化办学的浪潮，一些省、市组建了服装职业教育集团，如浙江服装职业教育集团、河北纺织服装职业教育集团、江苏纺织服装职业教育集团、安徽服装职业教育集团、淄博市纺织服装职业教育集团、东莞市纺织服装职业教育集团。这些集团是依托某一学校为龙头单位，联合服装企业、行业协会和相关职业院校，以服装专业为纽带，以校企合作、校际联合为重点，以培养服装行业高素质技能型人才为目标而组成的非营利性产教联合共同体。服装职业教育集团由政府部门、行业协会提供政策指导，区域内开设服装专业的职业院校和区域内外著名品牌服装企业自愿加盟组成集团理事会。

组建服装职业教育集团具有一定的意义。它有助于实现服装专业职业教育资源优化、整合与共享，促进服装职业院校和服装行业企业的优势互补，提高服装专业职业教育办学效益与办学水平，探索服装专业职业教育发展的新途径和新模式，从而为我国服装专业职业教育的进一步发展奠定了良好的基础，也有利于提升服装专业职业教育服务经济建设和社会发展的能力。

（三）我国服装专业职业教育存在的问题

经过30年的探索与发展，我国服装专业职业教育从无到有，获得了一定的成就，形成了多层次、全方位的教育体系，人才培养模式逐渐丰富。但是，我国服装专业职业教育仍存在着不少问题。

1. 社会观念的偏见

长期以来，我国社会存在着对服装业和服装教育的偏见。许多人认为服装业就是“小裁缝”行当，服装教育就是裁缝培训，根本无学术理论可言；同时，还有一些人认为，服装行业是一个劳动密集型行业，不需要高技术、新技术，只要有足够的熟练技术工人就够了。这些看法在他们的脑海里已根深蒂固，他们觉得没有必要去提高现在服装教育的档次、水平，教出来的学生能做熟练技术工人就行了。殊不知，将来的服装企业不再依靠廉价的劳动力来取得价格上的优势打倒竞争对手，而是依靠服装的品牌以及自身服装品牌所赋予的理念和风格。此外，当前的中国依然很重视学历教育，在许多人（包括学生家长）眼里，中职、高职的学生都是“差生”，没能考上好的高中、大学，他们进入中职、高职学习也是“混日子”，毕业后也只能进工厂打工，做技术工人。这些社会观念的偏见必然制约服装专业职业教育的发展。

2. 行业、企业的参与度不高

尽管我国服装专业职业教育注重与行业企业合作办学，并有一定的模式和相应的措施，但是在现实中并未实施到位，校企合作多流于形式。

企业没有意识到对教育的投资就是对企业未来前景的投资，不能主动担起为社会培养人才的责任，没有将职业教育的人才培养义务融合到企业的价值链中。在许多情况下，企业和学校签订校企合作协议，将写有“实习基地”字样的牌子往企业门口一挂，可能就再无下文，校外实习基地便名存实亡。品牌服装企业是锻炼服装专业学生的最好课堂，但遗憾的是，由于可能牵涉到商业机密或其他原因而使得这些企业不太愿意接受大量学生实习。即使接受了实习生，它们也往往是给实习生安排一些无关痛痒的工作，甚至只是将实习生当作廉价的劳动力。这样一来就没有达到校企合作的真正目标，企业只是一个被动的接受者，而学校离开企业培养人才也只能闭门造车，造成学校的人才培养与企业的人才需求之间脱节。

此外，行业组织对行业起着引领、指导和服务功能，对服装业的发展会起积极的促进作用。而我国服装行业组织成立时间短，还处于发展之中，对服装教育的引领、指导和服务也还有待加强。

3. 办学层次比较模糊

一般而言，教育体系基本上都是宝塔形结构，高层次数量少而质量高，低层次的学校普及性广、数量大；各层次分明，比例适当，人才去向明确。目前我国服装教育涵盖了中等职业技术教育、高等职业技术教育、大学本科教育、硕士和博士研究生培养等不同层次的院校专业教育，同时还有成人教育。不同的学校培养服装专业人才的目标应是不同的，办学层次应有差异。但是，我国服装专业职业教育的办学层次比较模糊。

目前不论是中职、高职教育还是本科教育等，其服装专业的教学计划和课程设置基本上是雷同的，高职层次的服装教育基本上成了本科层次服装教育的“压缩饼干”，产生了办学层次模糊、学校缺乏各自特色的问题。探究其原因，主要是我国服装专业教育是一个新的领域，是在特定的社会经济改革阶段发展起来的，而且发展的历史较短、底子薄，在开办服装教育时没有太多的经验，一般是实力较强、名气较大的学校先走一步，其他的学校就紧跟而上，教学计划和课程设置也是相互参考，稍做修改，培养出了千篇一律的学生，造成了职业教育培养的学生（尤其是高职毕业生）与本科毕业生并无太大的档次区别。①

4. 课程设置不尽合理

服装专业是一门实践性、应用性很强的专业，该专业的教学需要大量的实践类课程，以锻炼学生的动手能力。但我国职业教育服装专业的课程设置不尽合理。

许多学校的服装专业教学并没有充分考虑到培养对象的现实需求和学生的未来发展，在专业课的教学过程中，学校往往过于注重专业理论课程的教学，理论课程占有很大比例，而实践类教学课程明显不足、不系统，离实际应用很远。这往往导致学生创作水平较好，但真正动手制作还存在一定的缺陷；还导致学生的市场意识淡薄，对服装工艺、制作、结构版型及企业生产、市场营销、流行预测、面料性能等方面的知识量不足，对如何打版、如何缝制、如何销售知之甚少。即使设置了实践类教学课程，但许多高职学校没有对实践教学内容体系进行整体的、全面的规划，实践教学各个环节之间缺少很好的衔接，有些必要的实习环节给放了，学生动手操作能力的培养还不到位，没有真正达到实践教学的目的。

此外，中职、高职学校不太重视学生的职业生涯规划和就业指导工作，课程设置中往往并不包含这方面的内容，或者在实际教学过程中对此部分不重视。在课程设置时，学校之间也相互参考、借鉴、复制，缺乏各自的特色。

5. 师资队伍建设有待加强

师资队伍是学校教学质量的保证，也是教学的关键。但如今我国服装专业职业教育的师资队伍建设却跟不上行业的发展，难以满足企业所需人才的培养工作要求。

首先，我国服装教育最初的大部分专业教师是从纺织或美术类专业转过来的。这些教师虽然基础扎实，学术水平高，但对于服装专业的知识了解不够透彻，对服装的本质认识不深，其教学指导思想存在错位，在教学过程中重视服装美感形式和画法表现能力及其训练，轻视服装工艺与技能训练环节。

其次，有相当一部分教师是从企业调入的熟练工匠和工艺师。他们多由传统的“师徒制”成长为“艺人”，比较熟练地掌握传统工艺技术，但技术刻板，缺少与服装相关的文化知识、现代服装意识与工艺技术。

再次，年轻一代的专业教师虽知识面广、专业理论知识扎实，且在教学观念、教学方式上能有所创新，但大多是从校门到校门的“学院派”，他们的市场和实践经历不多，实践经验比较缺

---

①郑焰英：《我国高等服装教育历史考略及改革发展研究》，福建师范大学硕士学位论文，2008 年。

乏。中职、高职学校固然需要高学历和具有深厚文化知识的教师，同时也迫切需要有实践经验的教师能让学生了解更多的实践技能。

最后，中职、高职学校侧重的是技术的传授和技能的培训，而不是基础知识的创新。但当前我国许多中职学校尤其是高职学校过于重视教师的理论水平，依然要求教师发表学术论文，并把此作为教师的业绩考核、职称评定和职务晋升的重要参考指标，从而导致教师把许多时间和精力用于学术论文的撰写和发表，而不是投入一线的教学活动。这种现象亟待改变。

6. 教学活动缺少创新

创新对服装类专业（尤其是服装设计专业）的学生影响非常大，如果具备了良好的创新性思维和较强的创新能力，那么学生就具备了对产品设计的控制力。培养学生的创新意识与创新能力，既是教学任务的需要，也是为学生未来具体工作实践打下坚实的基础。但是，我国服装专业职业教育的创新意识并不强，教学手段单一，缺乏科学性和灵活性，对学生创新能力的培养不够重视。

许多学校的教学手段没有任何创新，更不用说培养学生的创新能力。所采取的教学手段依然是传统的以教师为中心的教授式教学：教师讲课，学生听课；教师在黑板上板书，学生在下面记笔记；群体上大课，以课本为中心；缺少案例教学，缺乏启发性、针对性和互动性，采取的作业形式也比较单一。[①] 在这样的教学过程中，学生一直处于被动接受的状态，教师是课堂的主宰。更有甚者有些老师不是从学生的思路出发加以引导，而是将自己的观点和偏好强加于学生，学生也为了迎合老师的口味而逐渐失去了自我。虽然这种教学方式能够传授给学生专业知识、专业技能，但它无形中抑制了学生的创新思维，学生学习的能力、创新能力以及主动思考问题、独立解决问题的能力得不到培养。长此以往，学生就失去了学习兴趣，单纯地为上课、做作业、考试、拿证书和文凭而学习。

四、国外服装专业职业教育模式分析

发达国家的服装专业教育已经有了一两百年的历史，其人才济济、大师辈出。巴黎、米兰、伦敦、纽约这四大国际时装之都时时刻刻吸引着人们的目光，引领国际潮流。国外发达国家服装专业教育的教学环境良好，人才培养模式成熟，办学经验丰富，具有鲜明的办学特色，值得我们借鉴、学习。

（一）部分发达国家的服装教育概况

1. 法国

法国是世界公认的服装强国，巴黎则是国际时装之都。法国的服装教育有着悠久的历史，为法国服装业培养了一代又一代的各种专业人才。目前，法国的服装教育侧重于职业教育，分为初、中、高三个等级，具体情况如表 5－5 所示[②]。

①郑焰英：《我国高等服装教育历史考略及改革发展研究》，福建师范大学硕士学位论文，2008 年。

②刘玉梅：《法国高等服装教育特点与启示》，《苏州工艺美术职业技术学院学报》2004 年第 2 期，第 6－7 页。

表5－5　法国职业教育服装专业文凭

<table>
<tr><th>等级</th><th>文凭类型</th><th>招生对象</th><th>学制</th><th>学科/专业方向</th><th>备注</th></tr>
<tr><td rowspan="2">初级</td><td>CAP（专业技术合格证）</td><td rowspan="2">初中毕业生</td><td rowspan="2">2年</td><td>缝纫、男装、女装、刺绣、制帽、花饰和羽毛</td><td rowspan="2">该文凭主要是基于就业的考虑而帮助学生求职，学生毕业后通常是进入到服装企业的基层，做熟练工人</td></tr>
<tr><td>BEP（专业学习合格证）</td><td>成衣和配饰、软材料（面料）</td></tr>
<tr><td rowspan="4">中级</td><td>BAM（传统工艺证书）</td><td rowspan="2">已有CAP、BEP的毕业生</td><td>2年</td><td>刺绣（分手工刺绣、手动机绣和纯机绣3种）</td><td></td></tr>
<tr><td>BT（技术证书）</td><td>2~3年</td><td>服装设计、裁剪</td><td></td></tr>
<tr><td>bac pro（职业高中文凭）</td><td rowspan="2">初中毕业生或是已有CAP、BEP的毕业生</td><td rowspan="2">3年</td><td>软材料、服装及时尚配饰传统工艺</td><td></td></tr>
<tr><td>bac techno（技术高中文凭）</td><td>工业化工艺与科学（实用美术）、技术与软材料</td><td>该文凭含金量最高，特别是实用美术专业的技术高中文凭</td></tr>
<tr><td rowspan="3">高级</td><td>BTS（高级技术员证书）</td><td rowspan="2">高中毕业生或已有各类中级文凭的毕业生</td><td rowspan="2">2年</td><td>有实用美术和软性材料工业两个学科</td><td>其培养目标是设计师助手</td></tr>
<tr><td>DMA（传统手工业文凭）</td><td>属于传统工艺美术类文凭</td><td>它更注重传统工艺和手工艺术</td></tr>
<tr><td>DSAA（实用艺术高级文凭）</td><td>BTS、DMA的毕业生</td><td>2年</td><td></td><td>国家级文凭，培养能从头至尾独立完成设计方案的设计师，毕业生在业内声誉很高</td></tr>
</table>

从表5－5中可以看出，法国服装专业职业教育层次分明，各层次的培养目标明确，且各层次之间衔接顺畅。法国的整个服装专业职业教育体系较为完善，能够为学生提供各级别、多专业的教育、培训。

2. 英国

英国是世界上最时尚的国家之一，在纺织服装界尽情展现英国式的贵族传统和时尚特色。伦敦也是国际著名的时尚之都，时时散发着时尚的艺术气息和魅力，激发人们的创造灵感。悠久的历史文化、成熟的现代设计教育传统和鼓励、启迪个性创造思维的浓郁氛围更使得这里成为世界最佳的艺术人才教育培养中心。在英国，服装专业很早就进入了学校，在义务教育、中等职业教育、高等教育、成人继续教育及企业培训等各种不同层次的教育机构中均设置了服装教育课程。①

（1）“三明治”式的教育模式。英国很多学校的服装专业推行“三明治”式“以学生为中心”的教育模式，注重培养学生的实践能力。整个教学按照“理论—实践—理论”的模式开展，也就是学生先在学校学习，然后经学校联系，安排到相关的公司或企业进行一段时间的实习，实

①马小丰、王德庆：《英国服装职业教育的发展历程及启示》，《武汉科技学院学报》2006年第11期，第25－26页。

习结束后再返回学校完成学业。学生通过实习，可具备一定工作经验，并建立自己的人际关系网络。大多数实习都是带薪的，并且比普通打工的工资要高得多，这就会降低学习的经济成本，减少学生家庭经济负担。并且，还有很多学生会通过“三明治”模式拿到学位之后在实习的公司最终实现就业。在这种模式中，学校能够根据社会的实际需求设置相应的专业，能够利用它和企业两种不同的教育环境和教育资源，将课堂上的学习与工作中的学习结合起来，工作实践成为学校教学活动的重要组成部分。

（2）职业资格认证。英国有着齐全的职业资格认证体系，并已覆盖了服装专业，其职业资格证书分为国家职业资格证书（NVQ）和普通国家资格证书（GNVQ）。国家职业资格证书认证为服装业提供了一个综合性、多层次、多角度的资格体系，它以实际工作表现为考核依据，由专门的考核机构组织认证考核，具有公平、多样的认证考核方式以及完备的认证考核档案。国家职业资格证书由低到高共分为5个等级，据统计，在英国服装行业的就业大军中，目前约有80%的雇员获得不同等级的国家职业资格证书，其中有50%达到了职业资格证书2级，其余大都是1级或3级，达到4级、5级的人数还比较少。[①] 而在普通国家资格证书考核体系中，对服装专业学生的认证考核主要以教学过程中学生与教师的互动、协商、咨询以及主动开展的相关教学活动为凭据，分类呈现给认证考核人员，供其参考。普通国家资格证书是国家职业资格证书的一个较好的补充。

此外，英国还建立了职业资格证书与普通教育证书等值等效的制度，国家职业资格证书与普通学院教育文凭在地位上有对等的关系。如服装职业资格证书NVQ4级大体相当于学士学位，5级大体相当于硕士学位，同时可以相互转换。获得职业资格证书NVQ3级的人，可以申请进入大学学习学士学位课程。考上大学的学生，也可以转入服装职业资格证书体系中进行学习培训，职业证书可以取代文凭。

3. 德国

德国的服装教育主要分为两种模式，即传统的综合性大学和应用型的高等专科学校（又称应用型科技大学，简称FH），服装教育在具有实践性的高等专科学校所占的比重更大，人数与规模均要超过综合性大学。

（1）FH的教育模式。在德国高等专科学校中，产学研一体的教育形式是其主要特点之一，它以实践教学和项目设计为特征，艺术风格重理性与简洁，教学紧密结合时代，强调实践及应用能力的培养，其独特的教育方式已造就了一大批服装专业人才。

德国FH的教育一般分为两个阶段：前4个学期为基础阶段，后4个学期为主要阶段。基础阶段开设的是必要的基础课和实践课，此阶段的教学重视学生基本功的培养和知识面的拓展，为主要阶段的综合性学习创造条件。在基础阶段的第四个学期会有一次考试，只有通过考试才可以进入主要阶段的学习。主要阶段的教学重视学生实践能力的培养。在基础阶段和主要阶段，学校会各安排一个学期让学生下厂实习。基础阶段的实习强调服装基本功的练习、了解工厂的基本设施和基本管理；主要阶段的实习是与项目结合起来进行的，它要求学生掌握设计和市场的关系，培养学生的独立能力和合作精神，同时学生参与项目也是为其毕业设计搜集资料和获得经验做准备。[②]

（2）职业资格认证。德国服装专业学生在通过严格的期中考试和结业考试之后，就可获得考试证书。这种考试证书，是对持证者具备一定的职业行为能力的证明。在择业过程中，这样的

①马小丰、王德庆：《英国服装职业教育的发展历程及启示》，《武汉科技学院学报》2006年第11期，第26页。

②吴红：《试析德国的高等服装教育》，《宁波大学学报》（教育科学版）2002年第5期，第20－21页。

证书无疑是颇具竞争力的。更重要的是，德国近来加入了欧盟的“职业资格及成绩认证体系”，使得德国服装专业学生在本国取得的考试证书，在欧盟成员国都得到了认可，这也更大地增强了服装专业职业教育对年轻人的吸引力。

4. 日本

（1）服装教育受重视。日本素来重视教育，有着崇尚教育兴国的传统。日本政府对纺织服装产业的结构调整有专门的研究机构和政策，每一阶段的调整都对人才培养很重视。日本的服装专业教育与服装行业的发展联系紧密，服装教育覆盖面非常广泛。

日本的服装教育已走在世界前端，其拥有800余所服装学院、专科学校，主要以私立为主。其课程设置与安排专业针对性强，强调技能的培养，单环节知识量丰富，并讲求知识的深度和高度专业化，具有独特的定位。此外，日本的各种短期服装训练班也非常普及。由于日本经济发达，对开展服装教育的着眼点也较高，无论对待服装教育的普及还是职业技能的提高，均着眼于未来，而不是仅仅限于眼下一片繁荣。日本企业、政府和学校还相互支持，积极联合进行人才培养。

（2）职业资格认证。在日本，服装专业的职业资格认证依据国家制定的职业技能标准或任职资格条件，由政府或政府委托的团体协会等鉴定机构对服装专业学生的职业资格进行客观公正、科学规范的评价和鉴定，对合格者授予相应的资格证书。随着日本产业结构的调整与科技的发展，服装专业的职业资格认证不但考核对服装的款式设计、色彩设计、绘图设计能力，而且对掌握现代服装生产技术、服装材料等综合能力也提出了更高的要求。

（二）国外服装教育的特色分析

1. 各校特色鲜明

与我国相比，发达国家服装教育的办学层次就比较分明，它们注重培养目标的不同档次，每个学校都有自己的特色，学校与学校之间基本上不在同一个层面上竞争。[①] 如日本奈良女子大学的4年制教育中以培养高级技术人才、高级管理人才和科教人才为主，在课程上扩充了理论课程和周边课程；而许多2年制和3年制的院校则以培养实用性的专门人才为主，学制短、成才快。法国的服装学校也有着各自特色，如法国时装工会学校长于技术，杜百利学校、夏东·莎瓦学校以创新著称，法国高级服装学院（ESMOD）和高等实用美术学院则以职业化闻名；并且法国还有着详细的服装专业教育文凭分类、分级。通过多样化人才培养，各个院校所培养的毕业生可以在服装业各个领域就业，从事服装行业内的不同工作。它们培养出来的学生社会适应性较强，并可以逐步成为各个领域的专家。

同时，由于不同层次教育机构的毕业生在类似的领域或是工作机会中竞争，因而每个教育机构都不得不努力使自己的课程与其他机构有所区别。大学比较注重培养服装企划、服装制作、服装管理、服装市场以及物流等方面的领军者；专业院校则侧重于培养实践技术人员；开设特殊课程的研究生院则着力为产业界人员提供进修课程。这样，每个教育机构都可以各自开发一些特殊的课程，并以此在某一个领域建立起自己的声誉。而且，发达国家的服装教育课程也丰富多彩，分门别类地为学生提供大量的课程选修。如纽约时装技术学院（FIT）要求学生学习艺术史课程并获得3学分/门，而提供给学生8门同类课程选修；[②] 法国时尚学院（IFM）要求学生必须修满

①郑焰英：《我国高等服装教育历史考略及改革发展研究》，福建师范大学硕士学位论文，2008年。

②陈莹：《改革创新，迎接我国高等服装教育的第二次飞跃》，《苏州丝绸工学院学报》2001年第2期，第5页。

20门课程，而提供给学生选择的课程却达到60门。①

此外，发达国家十分重视培养目标的社会定位，其所制定的培养目标以及设置的专业、课程，往往都是建立在充分社会调研的基础上，并且能够做到随着社会和行业的发展而随时进行调整。例如，英国、法国及日本等有关学校，其各个专业的教学计划均是在与企业、专卖店，甚至批发和零售等各个领域的密切交流过程中制定出来的，并且随时为行业、企业的发展确立新的培养目标和方向。学生是按照行业和社会的需求“定做”的，因而学生毕业后步入社会有很强的社会适应能力。

2. 师资质量高

在发达国家，由于“能力本位”的教学理念根深蒂固，学校对教师的要求是很高的。作为一名专业教师，除了具备专业的学历、资历外，还必须具备丰富的理论知识和扎实的专业技能。因此一个教师的身份往往具有“多重性”，在学校是一名传授知识和技能的专业教师，而在企业是指导设计的生产师，在时装设计界则可能是引领时装潮流的时装设计师，多重身份决定了其必须不断学习来提高自身的业务水平和专业设计能力。

在英国，学校会邀请活跃在时装界第一线的著名设计师、高层管理人员到学校给学生授课、开设讲座和研讨会，或者将企业的能工巧匠及设计师聘为培训教师，教学结合实践，紧跟时尚潮流。在日本，技能型的教师和具有实践经验的专任教师在教师队伍中占很大比例，尤其是企业兼职教师都是在企业工作多年的资深设计或技术人员，有着丰富的经验和高度的敬业精神，不仅可以向学生传授知识和技术，而且能够将课堂教学与企业实际联系在一起，结合企业课题开展教学研究。而瑞典则要求专业教师每年必须下厂一个学期，其工作量和报酬按教学工作量来计算，以保证教师和企业的紧密联系。

3. 教学形式灵活多样

相较于我国服装专业教学手段单一、缺乏科学性和灵活性而言，发达国家的服装专业教学形式多种多样、灵活性强，教学氛围自由、活跃；注重培养学生的创新性思维，强调发挥学生的学习主动性和个性施展；积极创造条件让学生了解行业、企业和市场的需求和发展趋势，鼓励学生把自己的创意思维和企业的风格、市场的定位进行有机的结合；重视实践教学环节和教学内容，其实践教学不是作为理论教学的辅助手段，而是处于同等地位，学校通过灵活多样的教学方式有效地把理论与实践相结合。

法国杜百利学校开设的《设计工作室》课程就是一个典型，可以说它是设计公司或企业设计室的缩影。它把专业课程归纳在设计工作室中，以主题的形式呈现，以设计工作室的方法运作，自然而然地要求教师从教法上摒弃传统的个体教法，而采用教学小组的形式，使得原来互不关联的学科之间也由主题而串联起来，形成了知识的系统性。② 这样的工作形式也增强了教学的互动性，教师因讨论和沟通在知识结构上得到了互补，学生的学习也从被动变为主动。

又如，意大利的服装设计专业课程教学采用以“工作室”教学为主的形式，③ 其由集中讲课、实践交流两部分组成，两部分教学活动或依次进行，或互相穿插。1/3的时间用来讲解与课程相关的知识，剩下的时间进行实践操作和教学交流活动，教学安排相对比较自由。教学交流不仅有助丁师生之间的教学相长，同时有利于同学之间的相互启发和信息交流。在这一过程中，信息的提供方

①张喆：《从法国服装教育看我国服装高等教育的改革》，《宁波大学学报》（教育科学版）2001年第2期，第46页。

②刘玉梅：《法国高等服装教育特点与启示》，《苏州工艺美术职业技术学院学报》2004年第2期，第7页。

③刘晓刚等：《中意服装设计高等教育比较》，《设计艺术》2009年第2期，第43页。

不再是教师一个人，而是扩展到教学活动的所有参与者，通过交流活动模糊了教与学之间的界限，提高了教与学之间的沟通能力，使教学气氛更加自由、活跃，教学的目的性更加明确。

4. 重视传统文化的学习与传承

欧洲深厚的传统美学思想和文化艺术，为英国、法国、意大利等国高级服装的生存和发展提供了必要的土壤和空间，也为服装及服装设计师能步入艺术殿堂做出了巨大的贡献。在这些发达西方国家，其服装教育（尤其是服装设计方面的教育）普遍重视学生的传统文化学习和传承，甚至于一些顶尖的服装或艺术学校会把重视传统文化当作教学的宗旨。

英、法两国的服装设计教育对传统文化的开发利用，不是局限在某个专业的技能上，而是对学生在社会学、艺术史、文艺理论、人文知识等方面的要求都非常高。[①] 意大利是文艺复兴的发源地，其服装设计教学的基本理念是提倡对传统艺术的尊重和对人文精神的传承。它把服装设计看作是一种关于生活形态的思考和表达，是表现设计师个人观点的载体，是为满足他人穿着需要所进行的设计活动，同时也是将意大利的传统文化精神和精髓传达给世界的途径。从这点来说，意大利的服装设计教育已经不完全是传授知识、教导技法的过程，它更接近于引导思维和审视生活的哲学思考与启发，也更接近于传承文化、反映社会动态的交流和引导。[②]

不可否认的是，在这种传统文化的学习和传承过程中，学生的品位、气质和鉴赏力、审美能力都可以得到提升。在西方众多著名的设计师作品里，有很多源于西方的传统文化和艺术，他们都具有深厚的传统文化素养积累。例如，英国著名服装设计师约翰·加利亚诺（John Galliano），在他的无数场以传统文化为主题的时装发布会上，世人无不惊叹其创作的艺术才华，这归结于他不断钻研服饰历史资料，利用传统的服饰作为灵感参考的基石。法国高级时装设计大师伊夫·圣·洛朗（Yves Saint Laurent）被认为是一位处在时装之巅的艺术天才，他以多种传统的文化艺术风格相结合的方式来体现他的设计理念，极富多元性和创新性。

5. 与产业界的合作密切

在服装业发达的国家，如日本、美国、德国等都已经把服装教育完全纳入了产业轨道去管理。因此，服装教育部门和产业界、用人单位都建立了紧密的合作关系。

学校通过将行业、企业中的能工巧匠及设计师聘为培训教师、兼职教师等方式，让活跃在服装行业第一线的著名设计师、高层管理人员到学校给学生授课、开设讲座和研讨会，让学校、学生了解服装业的最新发展动向，不至于让学校的教学偏离服装业的现实需求和发展趋势。产业界则为学生提供实习计划，给学生亲身体验服装业的机会；产业界有时也会要求教育机构对他们的员工进行再教育，以便他们能了解最新的信息、应用最新的技术。[③]

法国教育部规定职业学校的学生在最后一年为毕业做准备的设计必须在企业内完成。每个学生在假期中就要开始与企业联系实习的事宜，也有些企业是由老师联系的，因为学校和企业已建立了长期的合作关系。而每年的毕业展是学校、学生和行业、企业接触的最好时机，学校和毕业生都对毕业展非常重视，对学校来说是检验教学成果的时候，对学生则正好是与企业沟通、进行双向选择的机会。一些学生的作品通常还会被一些展会组织者看中，去参加另一个专题展。学生在校期间也会参加大大小小各类活动，大到国际设计大赛，小到一个公司或时尚店中的一个柜台的陈列。学

①王蕾：《中、英、法高等服装设计教育教学方法与课程设置的比较及思考》，云南艺术学院硕士学位论文，2010 年。
②刘晓刚等：《中意服装设计高等教育比较》，《设计艺术》2009 年第 2 期，第 42 页。
③郑焰英：《我国高等服装教育历史考略及改革发展研究》，福建师范大学硕士学位论文，2008 年。

校、学生与产业界的联系就是这样一点点积累起来的。在与产业界的互动中，学生能够全方位地展示才能、锻炼自己、积累经验、日臻成熟，参加的活动也就像滚雪球一样越滚越大。①

6. 职业资格认证体系相匹配

随着发达国家逐渐形成较为完善的职业教育体系，其职业资格认证体系也逐渐趋于完整，并且在其国内具有很高的社会认可度。如前所述，与服装专业相匹配的职业资格认证体系在发达国家也较为齐全、完善，并且英国还建立了职业资格证书与普通教育证书等值等效的制度。这对于提高劳动者素质、推动劳动力市场的建设以及促进社会经济发展都具有重要意义。

（三）典型案例——日本文化服装学院

日本文化服装学院（Bunka Fashion College）的前身是由并木伊三郎先生于1919年在东京青山裁缝店里创立的裁缝教导班，1923年获得认定而成为日本政府承认的第一所专注于服装教育的高等学校。它的办学目标是“培养活跃于日本乃至世界服装产业界的人物”。从20世纪60年代开始，日本文化服装学院的众多毕业生进入了国际时装界，高田贤三、山本耀司、三宅一生、津森千里、渡边淳弥、高桥盾、安逸猿、山本里美、小筱顺子、小筱弘子等国际知名设计师都毕业于这所学校。目前，日本文化服装学院是世界十大服装设计院校之一、亚洲知名度最高的服装设计师摇篮院校。学校每年不但向世界各地输送大量服装设计类人才，并且在服装品牌营销、服装工艺制作、服装生产管理等分支上也培养了大量实用型人才。

日本文化服装学院坚持教育适应产业发展的办学宗旨，根据产业背景设置专业、根据社会需求确定培养目标、根据培养目标设置课程、根据课程特点确定教学方式、根据教学方式确定师资结构，从而形成了一套独具特色的教学模式。②

1. 专业设置市场化、培养目标多元化

日本文化服装学院根据行业背景设置专业，结合人才需求确定培养目标，强调知识的针对性和应用性。它认为服装行业的职业分工将越来越细化，无论多么优秀的人才都不可能独自承担设计、生产、管理、营销任务。多职种的人才通力协作将是今后服装企业必然的发展趋势。因此，学院分别设置了侧重于理论研究的“服装社会学科”和侧重于实践技能的“服装造型学科”。服装社会学科分为“服装历史学”和“服装社会学”两个专业，服装造型学科分为“服装造型”、“服装设计”、“服装科学”三个专业。即使是同一学科，不同专业的培养目标与课程结构也不相同。如图5－12所示。

在日本文化服装学院的专业设置中，有的定位于培养设计管理方面的复合型人才，有的定位于培养科学技术方面的研究型人才，还有的则定位于培养应用环节的专用人才。与国内一些学校的“全才”教育观相比，文化服装学院的做法更有实质性的意义，这是因为市场经济下的服装企业是多元化的，企业的人才需求也是多元化的，那么服装院校的培养目标也应当是多元化的。

2. 课程结构科学、教学方式灵活

以服装造型专业为例，其四年的课程共计170余门，分为通识科目、专攻科目、选修科目三大类课程，涉及有关服装的历史与文化、艺术与科学、材料与工艺、技能与技术、人体运动与健

①刘玉梅：《法国高等服装教育特点与启示》，《苏州工艺美术职业技术学院学报》2004年第2期，第8页。

②吕学海：《服装教育与产业背景下的人才培养——由日本东京文化服装学院教学模式引发的思考》，《设计艺术》2005年第1期，第14－15页。

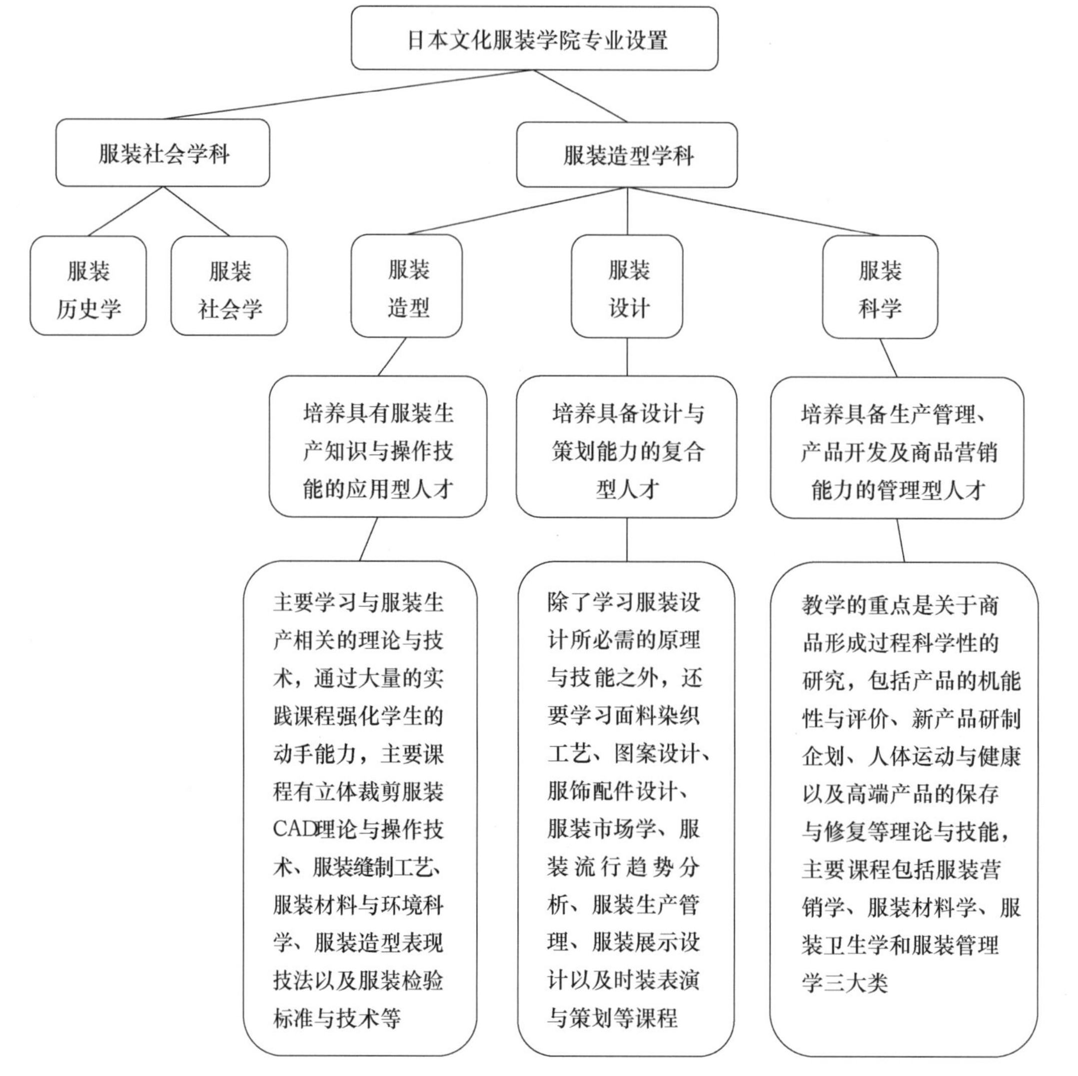

图5－12　日本文化服装学院的专业设置

康知识、生产与营销知识、流行分析与情报调查知识、消费科学与消费生活知识、食品营养与调理学知识、服装卫生学知识、文化人类学知识，等等。学生前两年不分专业在通识科目中选修一定数量的理论修养、专业基础和基本技能方面的课程。从第三年开始学生根据自己的意愿选择专业，完成相应专业规定的必修课程与选修课程，这一阶段属于专攻式的教育，专业骨干课程与学生培养目标密切相关。第四年开设包括毕业设计在内的研究性课程，通过一系列的专题研究，使学生对所学知识融会贯通，为毕业后走向工作岗位奠定基础。

日本文化服装学院根据课程特点确定教学方式，除了少量的修养课是在教室里采用常规授课方式外，大部分课程是在工作室或实习车间里授课，采用理论与实践相结合的教学方式，学生边学习边实践，在实践中验证理论，用理论指导实践。这种教学方式既能加深学生对理论的理解，又能提高操作技能。

3. 师资结构多元、管理机制灵活

在文化服装学院的师资队伍中，技能型的助教和具有实践经验的讲师占很大的比例。尤其是，企业兼职讲师都是在知名企业工作多年的资深设计或技术人员，有着丰富的实践经验和高度

的敬业精神，他们不仅向学生传授知识和技术，而且能够将课堂教学与企业实际联系在一起，结合企业的项目、课题开展教学研究。企业兼职讲师承担阶段性课程教学，学院对于这类教师采取长聘与短聘相结合的灵活的管理机制。企业在向学院派出讲师的同时，还向学生提供一定数量的奖学金，不仅能调动学生学习的积极性，而且还为学生日后的就业提供了机会。

4. 信息资源广泛、硬件设施先进

日本文化服装学院的信息资源、信息处理、信息化教学手段以及先进的硬件设施成为教学的重要组成部分。在图书馆里学生通过内部网络可以检索到来自世界各个时尚中心的最新流行趋势，观赏到世界服装大师各个时期的作品发布会，能够查阅来自世界各国3000余种服装杂志。在服装材料信息中心，学生能够通过计算机看到近万种服装面料，包括面料的产地与生产商、性能与特点以及其他相关的技术参数，必要时还可以通过先进的自动调档设备获取面料实样。在庞大的服饰博物馆里，2万多件来自世界各国不同历史时期的宫廷服饰、不同地域的民族服饰以及大量的面料饰物等琳琅满目，向观赏者传递着浓郁的服饰文化信息。

日本文化学院的教学大楼里分布着各种功能的教学空间，其中用于服装生产实习的空间和设备投入，反映出学校注重实践的教学倾向。学校拥有规模达数百台计算机的服装CAD实验室，装备了具有先进自动裁剪设备的服装CAM实验室以及模拟生产流水线的服装生产管理实验室，还有面料染色实验室、材料鉴定与检测实验室、计算机编织实验室、人体三维立体测量实验室、服装形态与机能实验室等。教师结合课程带领学生进入相应的实验室进行教学与实践，将理论与实践有机结合，培养学生运用理论解决实际问题的能力。

五、对我国服装专业职业教育发展的启示

发达国家的服装教育历史较为悠久，办学经验丰富，实效性强，成果丰硕，其办学思路、办学模式等值得我们借鉴、学习。

（一）改善教学环境

1. 改变理念和提升意识

如前所述，我国社会存在着对服装业和服装教育的偏见，但在发达国家不存在这样的偏见，其服装教育有着良好的社会环境。那么，我们有必要纠正我国社会上传统观念的偏见，营造一个良好的服装专业职业教育社会环境，形成“不唯学历凭能力”的社会氛围。这不仅需要学校、学生方面的努力，更需要国家政策法规的引导、扶持和行业、企业的积极参与。

（1）政府应加强引导、扶持。目前，我国已经认识到了职业教育对于提高劳动者素质、促进就业和推动社会经济发展的重要性。2014年6月，国务院印发了《关于加快发展现代职业教育的决定》；《职业教育法》修订工作也在紧锣密鼓地进行；同时我国也在积极探索本科层次的职业教育。这些都显示出政府对职业教育愈加重视。但就服装专业职业教育这一领域而言，政府或有关部门并未出台专门的政策、法规和措施予以引导、扶持。因而，政府或有关部门该加强这一方面的工作，应联合行业协会、企业、学校，做好以下一系列工作：共同制订行业人才发展规划，共同探索建设和完善服装教育体系，共同创新服装专业职业教育培养模式，共同深化教育教学模式改革，共同完善教师企业实践机制，共同推进服装职业教育集团办学，共同深化质量多元评价机制，共同建立、健全相匹配的职业资格认证体系，等等。

（2）行业、企业应积极参与。我国服装行业组织应加强对服装专业职业教育的引领、指导与服务。企业应认识到对教育的投资就是对企业未来前景的投资，增强参与职业教育的意识。在关注自身发展的同时，企业也应关注人才的发展，切实履行培养人才的义务，实现“人”的发展和企业发展的和谐互动。国家或有关部门可出台相关政策法规和措施，鼓励、推动行业、企业积极参与服装专业职业教育。

2. 优化校园环境

（1）加强硬件设施建设。在前面介绍日本文化服装学院的内容中，我们可以看出，其硬件设施齐全、先进，现代化、信息化程度高。毫无疑问，我国在进一步发展服装专业职业教育的过程中，也应该加强硬件设施方面的建设，有条件、逐步地进行硬件设施的现代化、信息化改造、升级，添置先进的教学设备、一流的图书杂志，建设功能齐全的实验室、实训室、图书馆等，从而提升学校的办学能力和办学条件。

（2）更新教学理念。在市场经济条件下，我国职业教育服装专业院校或院系必须树立新的教育理念。服装专业职业教育要以培养技能型人才为核心，以市场需求和学生就业为导向，以学生为中心，以服务为宗旨，积极探索服装专业职业教育规律，大胆创新专业人才培养模式，系统和深入地推进服装专业职业教育改革和发展。

首先，服装专业职业教育要明确自己的办学层次、功能定位，即自己是要培养市场经济条件下服装行业、企业所需求的应用型技能人才，这不同于素质教育和学历教育。并且，各学校应尽量有自己的办学特色，避免千篇一律。其次，职业教育服装专业院校或院系要以学生为中心，学生是学校的“客户”，而学生的需求——教学水平和质量是学校的“产品”，学校必须不断提高“产品”质量，全面满足“客户”的多样化需求。最后，还要树立“服务”的观念，要通过向社会提供“服务”来赢得社会的认可和支持，创造生存和发展的条件。这种以学生为中心、以服务为宗旨的理念的建立，会为认识教育过程中学生的主体性、学校与社会的关系等一系列问题奠定基础。

（3）提高师资质量。高素质的师资队伍是高质量教育的一个基本条件，要提高服装专业职业教育水平和质量，必须建设一支理论扎实、技术过硬、熟悉生产一线和市场运作、教学水平高的师资队伍。概括而言，职业教育服装专业的师资队伍建设主要是按照“走出去、引进来”的方针进行。

一是引进具有高水平的优秀学科带头人和聘用服装企业中具有丰富实践经验的工程技术人才和知名设计师、优秀管理人员，聘用不一定为终身制，可以在一定的时间内承担教学、科研、主持设计专题等工作，以此优化师资队伍结构，实现师资队伍的科学组合。

二是注重对中青年教师的培养，鼓励他们走出校门，支持他们建立工作室，积极参与企业的经营运作、设计打版等工作。通过参与企业产品研发、企划设计工作的实际操作，使教师认识市场，把握市场的规律，做到理论与实践的结合，只有这样才能将新课题、新观念、新知识带到专业教学中去。

三是有条件的学校还可选送教师到国外学习或聘请外籍教师来校任教，把国外先进的科学技术和丰富的办学经验引进来。

此外，还要做好教师教学团队的建设，推动老中青结合，合理构建师资梯队，提高教师的教学水平，推进教学工作的传帮带，确保人才培养质量不断提高。

（4）强化校风学风建设。我国中职、高职院校的学生整体素质不高，自信心不强，学习动力不足，逃课、挂科等不良现象较为严重。因此，加强中高职学校的校风学风建设也必不可少。学校应完善针对学生课业的考核评价制度并严格执行，把好质量关，提高学生的职业素质和职业技能；同时，学校还要做好学生的心理辅导工作，提高他们的自信心，增强他们应对挫折和压力的心理承受能力。

（二）健全教学内容

1. 完善课程设置

针对我国职业教育服装专业的课程设置不尽合理的现状，并借鉴发达国家的办学经验，我国服装专业职业教育的课程设置可进行如下方面的完善。

（1）要保证各类课程所占的比例协调。我国服装专业职业教育的专业以及课程应该根据市场经济条件下的专业人才需求、服装业的发展新趋势进行设置。课程的设置应注意基础文化课程、专业理论课程和专业实践类课程所占的比例协调，要提高并保证专业实践类课程所占的比例。基础文化课够用即可，专业理论课以应用为目的，把握必要适用的度，实践类课程则以技术应用能力要求为主，合理地构建这三类课程的内容架构。同时，学校可以发挥各自的特长和优势，并结合所在地域的特征，追求课程设置的差异化，避免相互复制。

（2）要注意服装专业的学科交叉性特点。一件衣服要经过设计、制版、生产、质检、运输、陈列展示、销售等诸多环节，一家品牌服装企业是由管理、设计、生产、销售等多部门和各种职能的人员组成并协同运作的。因此，在一定程度上，服装专业是一门交叉学科，其知识领域跨度大。在课程设置和制订教学计划的过程中，学校应注意服装学科的交叉性特点，虽说不要培养“全才”，但至少要让一个专业方向的学生对其他专业方向的知识要有所了解。例如，法国时尚学院（IFM）的学生组织方式和课程选修要求就非常值得称道。它同时招收艺术设计、工程技术和管理营销三个专业的学生，而且把他们放在一起学习，每个人必须选学另两类专业中的若干门课程。这种学生组织方式和课程选修要求可以让学生了解其他专业方向的学生的专业内容、思考方法，让他们学会与不同专业的人相处、交朋友。① 这一点值得我们借鉴、学习。

（3）应加入传统文化的教学内容。如前所述，像英国、法国、意大利等国家在服装教育过程中重视传统文化的学习和传承；在西方众多著名的设计师作品里，也有很多源于西方的传统文化和艺术。中华文明有着五千年的历史，传统文化博大精深。在课程设置时，我国的学校也应适当加入相关的传统文化内容，以提高学生的品位、气质和鉴赏力、审美能力。

2. 强化实践教学

在我国，中职、高职学校的服装专业教育往往把实践教学环节视为理论教学的辅助手段，实践教学环节不足，学生的实际操作能力得不到有效而充分的锻炼。在教学过程中，强化实践教学环节是必不可少的。

（1）要保证实践类课程的数量和质量。在课程设置时，学校应保证实践类课程所占的比例与其他类型的课程相协调，甚至略高；要保证理论课和相关实践课的衔接顺畅，使学生及时地将理论与实践相结合。学校应根据企业的人才需求及要求，并结合本校的实际情况和学生的实际需求，加强实验实训室的建设，完善实验实训室的管理制度；可根据实践课程的特点，对实验实训教学内容进行模块化拆分，分层次、分阶段、循序渐进地开展实践教学；增强实验实训室的开放

①张喆：《从法国服装教育看我国服装高等教育的改革》，《宁波大学学报》（教育科学版）2001 年第 2 期，第 47 页。

性，提高其利用率，鼓励学生在业余时间多进实验实训室锻炼自己的实际操作能力；进一步探索考核评价体系的建设，对学生实验技能、实践能力和创新能力进行量化评价与考核。学校还可鼓励教师将一些成熟的研究成果转化为实验教学项目。

（2）应加强与企业、厂家、商家的合作。学校和企业应进一步完善校企合作办学的规章制度，明确各自在实践教学中的职责、任务，提高企业参与实践教学的程度；与企业、厂家、商家联手建立实习基地，让学生在校期间就学会关注社会、关注市场，把市场和企业作为第二课堂。学校可探索建立专业教师定点联系企业的制度，鼓励教师在校外锻炼，参与企业产品开发，提倡教师要联系一个服装企业、解决一个课题、带好一批学生。

（3）要做好学生的校外实习安排。学校可规定学生在最后一年为毕业做准备的设计，必须到企业、到服装市场完成。在原有各种实习的基础上，学校可以集中适当的时间将学生分散安排到有关企业部门，或挂职跟班熟悉具体工作，或带着项目与有关人员共同进行技术攻关，或按照指标完成一定的营销任务等。这样就能使学生真正参与实际工作并从中培养能力，积累社会经验，打破课堂教学与实习、与车间分离的状况，提高学生独立工作的能力，缩短学生参加工作后的“适应期”。这有助于教学与市场同步，形成教育界和企业界的优势互补、良性循环；这是服装教学改革的必由之路，也是服装公司引进人才、扩大发展的切实措施之一。

此外，学校还可以利用课程环节、假期及参加各种大赛等各种机会，积极探索产、学、赛相结合的实践教学规划。

3. 加强就业指导

我国职业教育服装专业毕业生的就业期望值过高，有业不就和一味追求去大公司、大企业是目前毕业生就业过程中存在的两个突出问题。因而，学校有必要在日常教学、管理过程中做好就业指导工作。学校应加强职业生涯规划或就业指导一类的课程教学，教授他们有关于求职的技能、技巧，并做好实习、就业方面的心理健康教育，以此来把他们一步一步引入社会，指引他们更好地求职、就业。学校还应与校外就业指导机构和行业、企业加强沟通、交流与合作，为毕业生提供及时、有效的就业信息。

（三）丰富教学形式

在我国的整个教育领域，教学形式单一，“以课堂为中心、以教师为中心、以教材为中心”的旧式教学方式依然大行其道。我国服装专业职业教育也是如此，这并不符合服装专业应用性、实践性很强的特征。因而，学校要丰富服装教育的教学形式，鼓励教师加强教学研究，探索新的教学方法、教学手段，提高教学水平和教学质量。

1. 加强教学的互动性

学校、教师应突破传统的“教”与“学”的对立关系，突出学生在教学活动中的主体地位，更加强调师生互动，以活跃教学氛围。意大利的服装设计专业课程教学所采用的“工作室”教学形式，就模糊了教与学之间的界限，提高了师生之间教与学的互动性，使教学气氛更加自由、活跃，教学的目的性更加明确。

除了加强师生互动，还应注重学生之间的互动。如英国索尔福特大学每周会给一年级学生安排1天时间来帮助三年级（毕业班）的学生做毕业设计。毕业生会向一年级的助手讲解他们的设计理念，布置一些任务给一年级助手，一年级学生也会提供他们的想法给毕业生参考。这种学生互动，一是可以让毕业生对自己的设计有着明晰的思路；二是可以让一年级学生知道他们未来需要做些什么，以便补充相关知识；三是可以给毕业生的设计提供新鲜血液，完善设计。

2. 理论与实践相结合

在教学过程中，教师应注重将理论和实践相联系，避免理论课程的教学程式化、空洞化和理想化。意大利的服装设计专业课程所采用的模拟设计方案教学方式就值得我们借鉴。模拟设计方案教学涵盖了服装设计的整个过程，包括研究流行趋势、确定设计主题、选择面料和色彩、设计款式、制作面料小样、设计稿的排版和装帧以及最终的陈列、说明和展示。这种操作流程事实上就是服装品牌进行设计活动的一般方法，也是提升设计活力和保证作品质量的科学方法。在教学中引进这种方法有效地将教学同现实设计对人才的要求联系起来，避免了教学内容的程式化、空洞化和理想化，同时培养学生对设计操作过程的掌控能力。① 学生通过参与模拟设计活动的各个环节，自然就会发现许多理论、创意与实际操作之间所存在的问题。进行设计方案的模拟操作，对于培养学生将抽象观念变为设计实物的能力、设计理念的表达和推广能力具有促进作用。

3. 强调知识的融会贯通

服装专业是一门交叉学科，知识领域跨度较大，因而在教学过程中，教师应该积极探索并尝试将相关知识融会贯通的教学方法。法国杜百利学校开设的《设计工作室》课程就是这样一种典型，它把专业课程归纳在设计工作室中，以主题的形式出现，以设计工作室的方法运作，自然而然地要求教师从教法上摒弃传统的个体教学法，而采用教学小组的形式，使得原来互不关联的学科知识之间由主题而串联起来，形成了知识的系统性。②

4. 注重培养学习能力和创新能力

旧式教学方式使学生被动学习，学生的个性被忽视，学生往往难以提起学习、研究、探索的兴趣。因而，探索新的教学方式、手段，就得激励学生主动学习，提高他们的学习兴趣，培养他们的学习能力；注重学生的个性化发展，进行差异化指导，培养他们的创造性思维和创新能力。

在教学过程中，教师应主要教会学生如何学习、如何查阅资料、如何发挥想象力，促使学生主动地参与课堂的教与学，以培养学生的学习能力。作业题目可多以实际问题为主，既需要学生亲自动手，又需要小组协作和发挥想象力，从而引导学生对问题进行分析、思考和解决。这种无统一标准答案的课后作业，可以充分发挥学生的创造性。教师更应鼓励学生大胆地尝试任何标新立异的概念和实验，帮助学生结合自己的想法，不断拓展表达方式，让思维更加活跃、自由，让原本简单的元素、简单的工艺变化出极强的新颖性，以此培养学生的创造性思维和创新能力。

此外，教师还应帮助和引导学生发掘自身特点。教师可采用分层教学法，通过对每个学生的深层了解，将学生按学习基础、学习兴趣、接受能力、现有掌握程度等指标分为几个档次和若干个学习小组，让不同层次的学生进行分层学习和实践。教师进行分层指导、检测和评估，使不同层次的学生通过不同要求的理论课程和实践课程的学习，在其原有基础上有更好的收获。这种分层教学方法以学生的个性特点和兴趣为依据，进行差异化指导，进而做到因材施教。

参 考 文 献

［1］陈继红、别敦荣：《从中西教育比较论我国高等服装教育创新》，《武汉科技学院学报》2006 年第 5 期，第 46－48 页。

①刘晓刚等：《中意服装设计高等教育比较》，《设计艺术》2009 年第 2 期，第 42 页。

②刘玉梅：《法国高等服装教育特点与启示》，《苏州工艺美术职业技术学院学报》2004 年第 2 期，第 7 页。

［2］陈莹：《改革创新，迎接我国高等服装教育的第二次飞跃》，《苏州丝绸工学院学报》2001 年第 2 期，第 4 – 8 页。

［3］崔丽娜：《德、英、法三国与我国的服装高等教育现状对比思考》，《轻纺工业与技术》2011 年第 1 期，第 80 – 83 页。

［4］邓超：《我国大学服装设计专业课课程设置比较研究——以北京服装学院和川师大服装学院为例》，四川师范大学硕士学位论文，2012 年。

［5］付新芳：《服装品牌战略与服装教育的人才培养——河南省区域状况研究》，郑州大学硕士学位论文，2007 年。

［6］高昌苗：《中外高等教育中服装设计与工程专业课程设置研究》，四川师范大学硕士学位论文，2011 年。

［7］高琦：《服装 4S 模式下的终端创新》，http：//news. efu. com. cn/newsview – 1056956 – 1. html，2014 – 08 – 26。

［8］国家统计局：《中国统计年鉴》（网络版），http：//www. stats. gov. cn/tjsj/ndsj/，2014 年 8 月至 2015 年 1 月。

［9］何元贵：《中国纺织品服装业发展面临的威胁和机会》，《对外经贸实务》2004 年第 12 期，第 7 – 9 页。

［10］李淑敏：《服装行业发展对服装教育改革的诉求分析》，《轻纺工业与技术》2013 年第 6 期，第 107 – 108 页。

［11］李艺、肖琼琼：《关于高校创新型服装人才培养的几点思考》，《湖南工业职业技术学院学报》2010 年第 4 期，第 109 – 111 页。

［12］刘丹：《中日服装专业教学模式比较与思考》，《教学论坛》2010 年第 1 期，第 152 – 153 页。

［13］刘晓刚等：《中意服装设计高等教育比较》，《设计艺术》2009 年第 2 期，第 41 – 43 页。

［14］刘玉梅：《法国高等服装教育特点与启示》，《苏州工艺美术职业技术学院学报》2004 年第 2 期，第 6 – 8 页。

［15］刘众：《我国服装业转型的难点与思路》，《开放导报》2013 年第 6 期，第 73 – 77 页。

［16］陆曦：《日本的服装教育》，《天津纺织工学院学报》2000 年第 5 期，第 84 – 86 页。

［17］吕学海：《服装教育与产业背景下的人才培养——由日本东京文化服装学院教学模式引发的思考》，《设计艺术》2005 年第 1 期，第 14 – 15 页。

［18］马小丰、王德庆：《英国服装职业教育的发展历程及启示》，《武汉科技学院学报》2006 年第 11 期，第 24 – 26 页。

［19］漆为欢、陈国芬：《中外服装教育对比及其有效性研究——以浙江纺织服装职业技术学院为例》，《纺织服装教育》2013 年第 6 期，第 460 – 463 页。

［20］世界服装鞋帽网：《服装行业人才需求回升　设计、生产管理类职位需求大》，http：//www. sjfzxm. com/news/difang/20140702/392202. html，2014 – 08 – 26。

［21］束霞平、张蓓蓓：《基于企业需求下高校服装人才培养改革》，《丝绸》2012 年第 5 期，第 65 – 69 页。

［22］束霞平、钱孟尧：《基于文化创意产业需求下高校服装人才培养》，《丝绸》2013 年第 9 期，第 75 – 78 页。

［23］苏明明：《基于就业导向的高职服装专业实践教学的研究》，温州大学硕士学位论文，2012 年。

［24］汤爱青：《我国高校服装专业本科课程设置改革探究》，东北师范大学硕士学位论文，2007 年。

［25］田亚迪：《2013 年服装行业人才盘点　设计师问鼎热门》，http：//news. clothr. com/138898041/134692/1/0. html，2014 – 08 – 26。

［26］王伏妮：《中职服装专业人才培养模式的现状、问题及对策研究》，湖南师范大学硕士学位论文，2013 年。

［27］王蕾：《中、英、法高等服装设计教育教学方法与课程设置的比较及思考》，云南艺术学院硕士学位论文，2010 年。

［28］王琳秀：《中职服装专业实践教学的改革和探索》，辽宁师范大学硕士学位论文，2009 年。

［29］王晓云、徐东：《德国服装院校技术课程体系设置及教学模式研究》，《艺术设计研究》2011 年第 1 期，第 107－109 页。

［30］温海英等：《基于 CDIO 的法国服装高等教育及对我国的启示》，《山东纺织经济》2013 年第 10 期，第 68－71 页。

［31］吴红：《试析德国的高等服装教育》，《宁波大学学报》（教育科学版）2002 年第 5 期，第 19－21 页。

［32］吴丽华：《产业细分化背景下高职服装设计专业课程改革》，《邢台职业技术学院学报》2013 年第 5 期，第 23－25 页。

［33］吴艳、丁珊：《法国服装设计教育模式及其启示》，《纺织服装教育》2013 年第 2 期，第 169－172 页。

［34］夏吴雪：《2014 年上半年服装招聘盘点　服装设计师最热门》，http：//news. clothr. com/14110 09191/144280/1/0. html，2014－08－26。

［35］袁仄、汤传毅：《中国服装教育的发轫、发展与思考》，《宁波大学学报》（教育科学版）2001 年第 2 期。

［36］张巧玲：《中外服装营销专业高等教育教学模式与课程体系的对比研究》，东华大学硕士学位论文，2006 年。

［37］张喆：《从法国服装教育看我国服装高等教育的改革》，《宁波大学学报》（教育科学版）2001 年第 2 期，第 46－47、第 54 页。

［38］赵平：《坚持艺工融合构建新时期服装人才培养体系》，《纺织教育》2009 年第 5 期，第 31－33、第 44 页。

［39］郑焰英：《我国高等服装教育历史考略及改革发展研究》，福建师范大学硕士学位论文，2008 年。

［40］钟安华等：《关于服装人才的特色培养模式研究》，《武汉科技学院学报》2008 年第 11 期，第 67－70 页。

［41］中国电子商务研究中心：《〈2013 年中国服装电子商务运行报告〉发布》，http：//www. 100ec. cn/detail－6183418. html，2014－08－20。

［42］中国服装协会产业部：《2013 年服装行业经济运行概况》，http：//www. tnc. com. cn//info/c－001001－d－3443051. html，2014－08－22。

［43］中华全国商业信息中心：《2013 年全国重点大型零售企业服装销售情况》，http：//www. chinairn. com/news/20140221/162518809. html，2014－08－22。

［44］竺近珠：《依托市场需求的高校服装设计专业教学改革初探》，《兰州教育学院学报》2013 年第 3 期，第 131－132 页。

第六章　健康管理行业与职业教育分析报告

随着社会老龄化进程加快，人们对于健康的关注度越来越高，传统的以医疗为主的卫生服务模式已不能满足人们日益增长的健康需求①。合理健康投资，主动追求健康，定期健康体检，成为越来越多人的选择。一种新兴的健康服务模式逐步形成和发展起来——健康管理②。建立一支健康管理专业队伍，对于改善和提高中国国民身体素质、全面建设小康社会也有着十分重要的意义。近年来，国内一些职业院校积极顺应健康产业快速发展的情况，开始尝试培养健康管理专业人才，以适宜市场需求。为此，本报告在该背景下，分析了我国目前健康管理业的发展情况、健康管理业人才需求情况、国内外职业院校健康管理专业发展情况以及发展职业教育健康管理业过程中所面临的问题及挑战，旨在对促进我国职业教育健康管理业的快速、稳步发展提供参考。

一、我国健康管理行业发展概况

健康管理即对个体或群体的健康危险因素进行全面的监测、分析、评估、预测，并通过提供咨询和指导对疾病进行预防和维护的全过程③。具体做法是为个体和群体提供有针对性的科学健康信息并创造条件采取行动来改善健康④。目的在于使病人以及健康人更好地拥有健康、促进健康，并有效降低医疗支出。健康管理是连续的、长期的、循环往复、始终贯穿的过程。可分为健康档案管理、健康体检管理、健康风险分析以及评估管理、生活方式管理、亚健康管理、疾病管理、健康需求管理、健康知识管理、动态跟踪管理九部分，并适用于所有人群，即健康人群、亚健康人群、急性病患者、慢性病患者⑤。

（一）行业发展现状

健康管理最早起源于20世纪50年代的美国，近30年来在西方发达国家得到了快速的发展，已经成为西方医疗服务体系中不可缺少的一部分。我国早在2000多年前，《黄帝内经》就有“圣人不治已病治未病”，在那时就已经有许多健康管理的思想火花⑥。我国现代健康管理开始出现在20世纪90年代，是近年来引入的一门全新的学科和行业。虽然在我国出现只有10余年，但其发展极其迅速。主要体现在以下几个方面：

1. 巨大需求催生健康管理

随着中国经济和人们生活水平的提高，人口老龄化趋势不断扩大，社会休闲时间增多，人们

---

①王伟刚等：《健康管理模式的国内外发展概况》，《中国医药导报》2013年第10卷第1期，第27页。

②李利斯、刘宝花：《我国健康管理发展的现状及前景》，《临床和实验医学杂志》2009年第8卷第3期，第128页。

③陈君石、黄建始：《健康管理师》，北京：中国协和医科大学出版社，2007年版，第12页。

④盛立萍等：《健康管理》，《职业与健康》2011年第27卷第10期，第1176页。

⑤豆丁网：《健康管理服务内容》，http：//www.docin.com/p－756421111.html&key＝预防医学、卫生学，2014－08－03。

⑥戴云云、何国平：《健康管理在中国的发展现状趋势及挑战》，《中国预防医学杂志》2011年第12卷第5期，第425页。

从单纯追求物质生活开始向追求精神生活的观念转变，也开始从“健康换财富”转向“财富换健康”，人们对健康管理的需求日益增加。

（1）人口老年化加快。我国人口老龄化虽然起步晚（2000 年步入老年型国家行列），但速度快、数量大，在经济尚不发达、国民生产总值不高的情况下迎来人口老龄化[①]。据《中国统计年鉴》（2013）数据显示，2012 年，我国 65 岁及以上老年人口 1.27 亿人，占总人口的 9.4%。据权威部门测算，这个数字到 2025 年将突破 3 亿人，将占世界老年人口的 1/5。人口老龄化超过经济发展的承受力，“未富先老”，沉重的医疗费用和经济负担使个人、集体和政府不堪重负。因此，不仅仅是养老服务业，包括医药医疗、健康保健、健身养生在内的整个中国健康服务业发展空间和潜力都很大[②]。如图 6－1 所示。

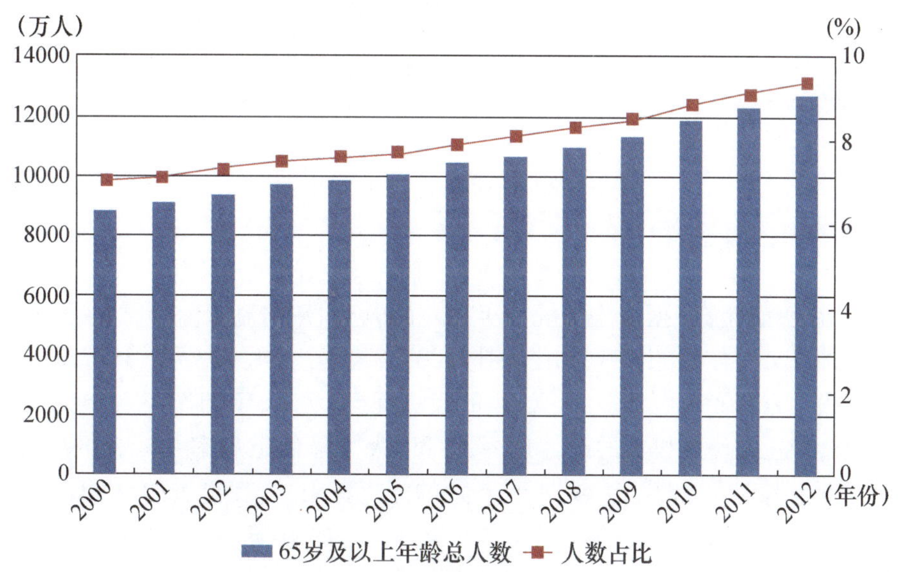

图 6－1 我国 65 岁及以上年龄总人数及占比

资料来源：《中国统计年鉴》（2013）。

（2）慢性病“三率”居高不下。权威统计显示，中国 60 岁以上的老年人平均患有三四种慢性疾病[③]，且慢性病相关危险因素日益严重。2011 年 4 月，卫生部发布了《中国慢性病报告》，报告显示，中国人死亡死因位于前 3 位的是脑血管病、慢性阻塞性肺部感染和心脏病，均属于慢性病（见图 6－2）。从这些数据可以看出，慢性病已经成为我国居民死亡的主要原因。疾病危险因素越多，所需的卫生服务成本越大。在疾病负担中，中国人的医疗费支出中慢性病的费用达 69%。其中高血压、糖尿病和心脑血管病等慢性病的医疗费用占全部医疗保健费用的比例达 70%[④]，给社会和个人均造成了沉重的医疗和经济负担。

①饶克勤等：《我国人口老龄化对卫生系统的挑战及其应对策略》，《中华健康管理学杂志》2012 年第 6 卷第 1 期，第 6－8 页。

②《健康养老成撬动内需新支点（热点聚焦）》，《人民日报》2013 年 8 月 30 日海外版，第 2 版。

③《60 岁以上老年人平均患三四种慢性疾病》，《每日商报》2010 年 4 月 27 日，第 21 版。

④39 健康网：《中国 2.6 亿人确诊患慢性病，医疗费将超 5000 亿美元》，http://zl.39.net/a/120819/4037261.html，2014－08－10。

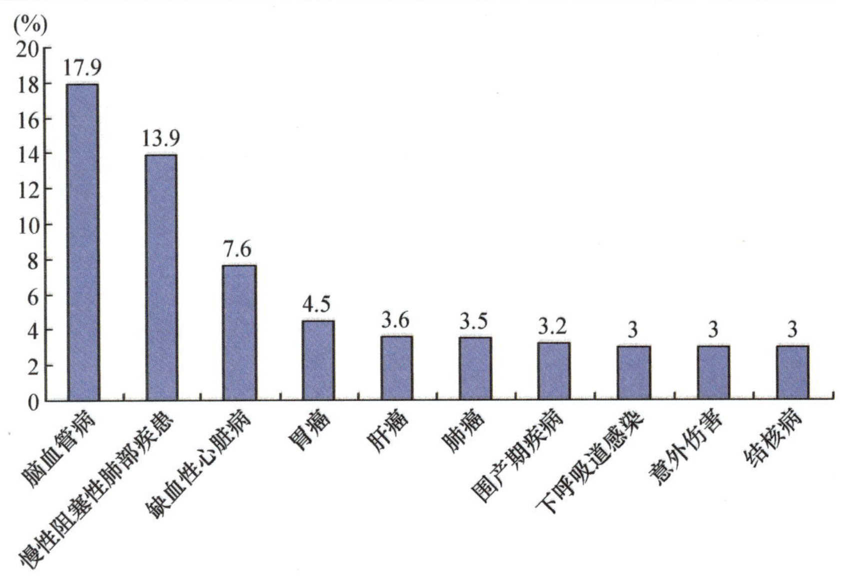

图6-2　慢性病占死亡率比例

资料来源：《中国统计年鉴》(2013)。

(3) 医疗费用持续上涨。据《中国统计年鉴》(2013) 数据显示，2012年全国因恶性肿瘤、脑血管病、病毒性肝炎而住院的医疗费用分别为237.8亿元、34.4亿元、11.2亿元。医疗费用急剧上涨，给个人、家庭和政府都造成了沉重的经济负担。寻求有效降低医疗经济负担的策略迫在眉睫，而健康管理正是健康投资的最佳选择，可以大大降低患病率并减少医疗支出。研究表明，健康管理方面投入1元，相当于减少3~6元的医疗费用①。在过去的30年，西方国家通过实施健康管理，90%的个人或单位的医疗成本减少到原来的10%，平均每投资1美元，至少可以获得7~10美元的健康回报②。所以，健康管理对于社会、企业和个人都是必要的，它节约了医疗费用的支出，也提高了个人的生存质量。因此，加强健康管理，走投入少、效益高之路，实在是解决居民看病难、看病贵的必要途径。

2. 健康管理重要性不断提升

健康管理在我国最早出现在20世纪90年代后期。1994年，在中国科学技术出版社出版的《健康医学》中，将“健康管理”作为完整一章，比较系统地阐述了健康管理的初步概念与分类原则、实施方法与具体措施等③。迄今健康管理在我国已经发展了10余年，尽管发展过程艰难，但其理念已逐步获得了社会认可④。以健康管理为主题的各类会议、论坛蓬勃开展，相关论文数量逐年增加（见图6-3）。2004~2010年共召开了7届中国健康产业论坛与健康管理学术会议（见表6-1），就健康管理问题取得基本共识。2005年，国家公布健康管理师新职业，中国医师协会医师健康管理与医师健康保险专业委员会（简称“专委会”）成立。2006年9月16日，中华预防医学会健康风险评估与控制专业委员会成立，2007年，中华医学会健康管理学分会成立，《中华健康管

①苗蕾、王家骥：《我国目前开展健康管理的SWOT分析》，《中国卫生事业管理》2010年第3期，第150页。

②高仰山：《“健康管理”势在必行》，《中国保健营养》2006年第15卷第6期，第1页。

③苏太洋：《健康医学》，北京：中国科学技术出版社，1994年版，第78-112页。

④王伟刚等：《健康管理模式的国内外发展概况》，《中国医药导报》2013年第10卷第1期，第27页。

理学杂志》创刊[①]。同年，卫生部会同劳动和社会保障部制定了《健康管理师国家职业标准》，从而为我国健康管理奠定了政策基础[②]。中国的健康管理在探索中不断前行。

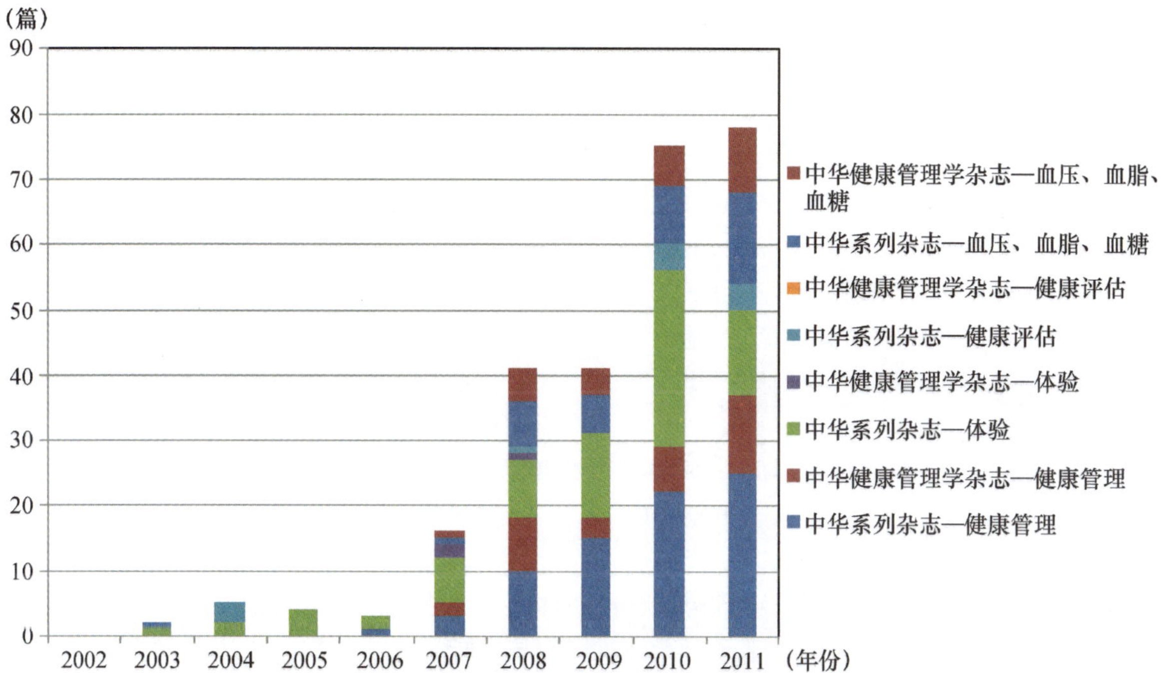

图 6-3 2002~2011 年中华系列杂志与中华健康管理学杂志相关论文发表情况

资料来源：中国科技统计源期刊。

表 6-1 历届论坛学术主题与学术构架比较

	时间	地点	主 题	优秀论文评选	参加人数
第一届	2004 年	北京	体检中心的建设与运营	无	200
第二届	2005 年	北京	体检标准与规范	无	300
第三届	2006 年	北京	健康管理的内涵与实践	无	500
第四届	2007 年	广东东莞	健康管理学科与产业体系	有	1200
第五届	2008 年	北京	健康评估与健康行动	有	1500
第六届	2009 年	北京	中国的慢性病负担与健康管理	有	2000
第七届	2010 年	四川成都	健康管理医学服务与规范	有	2500

资料来源：健康产业论坛。

①黄建始：《健康管理在中国：理论与实践》，《预防医学学科发展蓝皮书》2008 年，第 27 页。

②黄建始：《最大回报健康投资》，北京：中国协和医科大学出版社，2004 年版，第 1-3 页。

3. 健康管理机构快速发展

2001 年我国第一家健康管理公司注册成立，且当时主要开展的业务并不是综合性的健康管理业务，而主要是健康体检业务①。虽然健康管理相关服务机构起步较晚，但发展迅速。同时相关学术组织机构的成立，为我国健康管理机构的发展奠定了研究理论基础。2008 年，卫生部正式提出了实施“健康中国 2020”战略规划，将会勾画和推进健康管理发展。据中国健康促进基金会理事长白书忠介绍，2000 年以来，我国健康管理机构每年以 25% 的速度增长，2005 年为 2000 余家。2008 年至少有 5700 多家健康管理机构，国家认定的健康管理师有 3000 多人。2009 年达到近 7000 家，2011 年 10 月发展到 8000 多家②。分布在全国 23 个省、4 个直辖市和 4 个自治区。其中北京市数量最多，约占全国总数量的 1/10。其次是广东省、江苏省、山东省和上海市③。

4. 培训规范且项目增多

从 2007 年开始，我国健康管理行业保持发展势头。随着健康管理业的迅速发展，群众健康观念的转变，对健康养生保健知识和服务的需求急剧增长，同时对健康管理从业人员的素质和技能要求逐步提高。各类健康管理培训机构抓住这一形势，如雨后春笋般涌现。为规范全国健康管理服务市场，促进健康管理事业的健康发展，加快推进我国健康管理从业人员相关资质的规范化培训和认证工作。截至 2011 年，各相关部委发布了多项相关健康管理规范，明确规定了我国健康管理服务从业、经营、操作等各个方面的要求。特别是对从业人员必须持有相应资质证书且具有国家认可机构培训经历的硬性要求。全面提高健康管理服务从业人员职业水平，人力资源和社会保障部中国就业培训技术指导中心与中华中医药学会联合开展 CETTIC（中国就业培训技术指导中心推出的国家级职业培训项目）、健康管理系列岗位职业培训项目（见表 6 – 2）。经培训考核合格的学员，颁发全国健康管理服务人员专业技术培训证书（国家级的权威证书）④。

表 6 – 2　　健康管理系列岗位职业培训项目

培训种类		培训内容
健康管理师		健康管理概论、健康风险评估和风险管理、健康保险与健康管理、健康教育与健康促进、健康管理服务与营销、临床医学基础知识、预防医学基础知识、流行病学和医学统计学基本知识、主要慢性非传染性疾病、循证医学、中医药学基础、医学信息基础、营养与食品卫生、身体活动、心理健康、疾病管理
公共营养师		基础营养学、临床营养学、中医基础理论、中医饮食调补理论、中医营养评价、食品卫生学、特殊人群的营养、各类食品的营养价值、营养专题教育、营养计算软件的应用、营养师就业创业指导、食品的物理及简单的生化检测方法等
亚健康调理师	经络调理师	经络系统基础知识、特色经络推导按摩、常见症状调理养生、点穴自我保健、全息罐诊罐疗等

①中国产业动产网：《中国健康信息管理产业发展历程》，http：//www. 51report. com/free/3056119. html，2014 – 08 – 11。

②吴非：《我国有健康管理机构 8000 多家》，《健康报》2011 年 10 月 31 日，第 1 版。

③21 保健品网：《建银国际行政总裁胡章宏：50 亿元组建首只医疗产业基金》，http：//www. bjspw. com/news/showNews. jsp? id = 391343，2014 – 08 – 08。

④中国健康促进网：《全国养生保健从业人员专业技术培训认证》，http：//www. chcjkgl. org/news. asp? lb = % BB% FA% B9% B9% B6% AF% CC% AC，2014 – 08 – 03。

续表

培训种类		培训内容
养生师	食疗调理师	食疗调理概论、中医食疗调理基本理论、现代营养学基础、药食同源的食疗调理应用、体质的中医辨识、四季食疗调理、不同地域水土的食疗调理、常用食疗调理法等
	养生经营管理师	养生经营管理概论、养生保健基本技能评价体系、中医体质养生及个体化操作、当地养生市场研究与分析、专业企业可持续经营战略的构建与管理、养生机构文化和品牌的建设、养生经营管理的服务营销等
	中医养生美容师	中医美容基础理论、事物美容、按摩美容、中药美容、方剂美容、中医养生美容综合技术等
	养生保健师	养生保健师概述、生命、健康与体质、养生保健与中医体质养生、人体体质划分和体质调养方法、易经养生、道教养生、经络养生等

资料来源：中国健康促进网。

（二）行业发展特点

1. 政府积极参与引导

近年来，我国不断加大对健康管理业的重视，大力支持健康管理业建设。胡锦涛总书记在中共“十七大”报告中明确提出：“健康是人全面发展的基础，关系千家万户幸福。”中共“十八大”报告又提出“健康是促进人的全面发展的必然要求”。这些观点深刻揭示了健康在人的全面发展中的重要基础性作用。2012 年 8 月，“健康中国 2020”战略研究报告编委会发布了《“健康中国 2020”战略研究报告》，阐述了我国卫生事业发展所面临的机遇与挑战，以“健康中国”战略为导向，明确了发展的指导思想与目标，提出了发展的战略重点和行动计划以及政策措施。最近国家又相继出台三个政策，第一个是 2013 年 35 号文件《关于大力加强养老服务产业发展的若干意见》；第二个是 2013 年 40 号文件《关于加强健康服务产业发展的若干意见》；第三个是于 2014 年 7 月 9 日国务院常委会通过的《关于加快现代保险服务业发展的若干意见》。这三个文件为我们的健康管理业提供了有力的政策支持。随着政府各项举措的逐步完善和推进，健康管理产业将释放出巨大红利，从总体规模到发展模式上均能够实现巨大飞跃。如表 6－3 所示。

表 6－3　　2013～2014 年国家推出加快健康管理业政策

时间	政　策	发展目标
2013 年 9 月 6 日	关于大力加强养老服务产业发展的若干意见	到 2020 年，全面建成以居家为基础、社区为依托、机构为支撑、功能完善、规模适度、覆盖城乡的养老服务体系。养老服务产品更加丰富，市场机制不断完善，养老服务业持续健康发展
2013 年 9 月 28 日	关于加强健康服务产业发展的若干意见	到 2020 年，基本建立覆盖全生命周期、内涵丰富、结构合理的健康服务业体系，打造一批知名品牌和良性循环的健康服务产业集群，并形成一定的国际竞争力，基本满足广大人民群众的健康服务需求。健康服务业总规模达到 8 万亿元以上，成为推动经济社会持续发展的重要力量

续表

时间	政　策	发展目标
2014 年 7 月 9 日	关于加快现代保险服务业发展的若干意见	到 2020 年，基本建成保障全面、功能完善、安全稳健、诚信规范，具有较强服务能力、创新能力和国际竞争力，与我国经济社会发展需求相适应的现代保险服务业，努力由保险大国向保险强国转变。其中，保险深度（保费收入/国内生产总值）达到 5%，保险密度（保费收入/总人口）达到 3500 元/人

资料来源：中国健康促进网。

2. 产值迅速增长

20 世纪 60 年代起，美国颁布了系列健康维护法案。英、德等国相继建立了不同形式的健康管理组织，日本则颁布“健康管理法规”，有力推动国民素质、健康水平的提高，催生了庞大市场需求。从国际情况看，人均 GDP 超过 1 万美元之后，健康服务业需求日趋旺盛。数据显示，过去 20 年间，美国健康服务业增长 36 倍，日本增长 32 倍，欧盟年均增长速度为 17%①。从国内来看，虽然起步较晚，但发展势头异常迅猛。从 2014 年健康管理高峰论坛获悉，2009 年我国健康管理服务市场规模达到 732 亿元，到 2013 年，四年的时间迅速发展到 876 亿元。据预测，到 2020 年我国健康管理服务市场规模将达到 3177.6 亿元（见图 6－4）。基于此，国内上海、杭州、大连、长春、重庆、成都等城市已捷足先登，纷纷把健康产业列入支柱产业，并给予重点扶持。

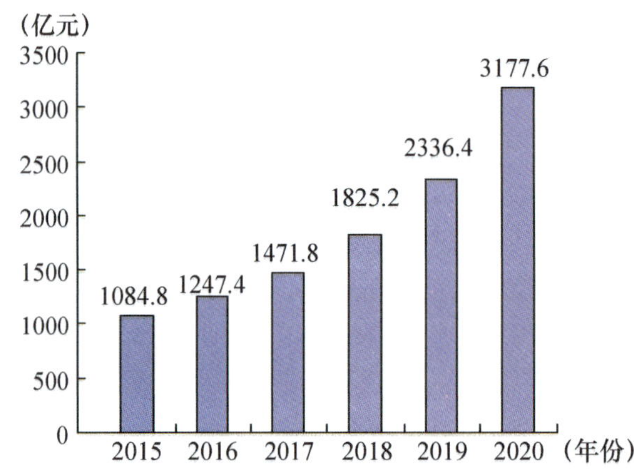

图 6－4　2015～2020 年中国专业健康管理服务市场规模预测

资料来源：2014 年健康管理高峰论坛。

3. 健康管理高端化

随着国内经济的发展，一部分富起来的人对更好的医疗质量和服务需求越来越迫切，北京、

①倍泰网：《健康服务业需求快速增长催生 8 万亿元市场》，http：//www.belter.com.cn/xingyedongtai/36－39.html，2014－08－03。

上海、深圳等城市都开始出现了高端健康管理服务——“私人医生”这一新兴服务[①]。事实上，重组医疗保健服务流程，提供规模、先进、规范的私人医生服务，显然是社会需求催生的新型服务和市场潜力巨大的朝阳行业。“私人医生”一对一的VIP服务，除了所享受的西医上门问诊服务，还包括极具特色的中医常规理疗上门服务，以及24小时电话医生。这些服务便于客户快速精准地对接与自己相匹配的医疗资源，避免多次重复、延误就医所产生的医疗资源浪费和健康风险。中医常规理疗上门服务是根据客户需求，为约定范围内的客户提供客户所在当地（约定城市范围内）的中医理疗师，上门为客户提供包括推拿、按摩、拔罐、刮痧等常规中医理疗服务。该服务具有便捷、私密以及专业的特点。只要你想看病，只需一通电话，与私人医生预约好时间后，到了医院，没有拥挤和嘈杂，没有排队和等待，所有的服务都是针对你一个人，让客户无须在身体疲乏之时还要去中医院大排长龙[②]。这样的服务确实有着独特的诱惑力，这也成为未来健康管理发展的一个趋势。

4. 健康管理数字化

随着健康服务业和互联网的融合逐步深化，数字化健康管理逐渐成为全球热门趋势。面向患者、医生、医院等的创新互联网模式正不断涌现，医疗健康领域的互联网产品也应运而生。未来的健康管理将面向更多的健康人群，不仅仅局限于病人。人们不需要通过定期到医院进行体检来获得常规的健康指标，如“体重体脂”、“心率”、“血压”、“血糖”等，而是使用各种类型的健康管理设备，随时随地采集身体体征数据，甚至是人体的基因数据，通过综合分析身体体征数据与环境数据、外部数据等，属于个人的连续健康图谱就跃然纸上，形成“数字化”自我。

“数字化”健康管理将扮演重要角色，行使职能包括：一是人工智能解读，将搜集到的数据进行机器的反馈和解读，形成健康曲线，阶段性的健康报告，紧急健康预警；二是医生远程干预，医生可以针对数据进行健康反馈，而这种服务将跨越地理距离；三是将解读到的数据进行合理分发，包括导入线下医院、体检机构、急救中心，完成从线上到线下完整的服务闭环。利用数字化技术可以做到对身体健康数据的收取、健康的评价、健康的干预、健康的改善、健康的不断跟踪。通过这样的循环，使得每个人保持健康的生活方式[③]。

（三）行业发展问题

目前我国健康管理科研创新体系、医疗服务体系、制度、规范、标准体系都不成熟，严重制约健康管理业的建设和发展，未来的体系建设任务十分艰巨。虽然我国政府积极引导健康管理业的发展，但是目前国内健康管理仍与国际水平存在着一定的差距，具有中国特色的健康管理服务系统和运营模式都还有待发展。

1. 学科建设滞后

当前人们对健康的需求已不仅局限于简单的体检，而是希望获得包括监测、评估和有效干预等更多健康服务[④]。虽然健康管理已经成为中国媒体关注度很高的一个词，但是，中国的健康管

---

①新浪网：《北京　上海　深圳等城市先富人群需求私人医生》，http：//finance. sina. com. cn/china/20130225/165614639589. shtml，2014-08-07。

②中国健康促进网：《主动干预，健康管理进入“私人医生”时代》，http：//www. jkcj. org/news_ type. asp? id=509，2014-08-03。

③中国健康促进网：《“数字化自我”自我，引领健康管理风潮》，http：//www. jkcj. org/news_ type. asp? id=504，2014-08-03。

④中国健康促进网：《两岸四地专家共商健康管理学科发展》，http：//www. jkcj. org/news_ type. asp? id=516，2014-08-03。

理学科和中国的健康管理行业目前还处于“胚胎期”，尤其是国内在健康评估、健康维护、健康产品、服务模式、运行模式、服务范围上都与国际水平存在着一定的差距。健康管理的理论研究刚刚起步，健康管理的服务还在探索之中，我国在健康管理学术理论和技术研究方面还有许多工作要做。

2. 公众认知度不高

由于健康管理在我国出现的时间比较晚，社会健康管理理念宣传力度不够，健康管理对于我们而言是一个新概念，所以公众的认识度还不高，而且健康管理的一些理念，如为预防疾病的发生而预先付费等，还不能被公众普遍接受。大多数居民对健康的认知还停留在疾病治疗和自我保健上。尤其是在我们国家大部分地区，只有少部分人会主动参与健康咨询，人们的健康预防意识仍不强①。

3. 服务对象狭窄

由于健康管理理念在我国的接受度还不高，健康管理理念并未被大众化地接受，所以健康管理的参与者比较少，基本集中在经济收入较高的人群中，所以市场比较狭窄。健康管理服务对象也主要为高端人群。以“私人医生”高端服务来说，在中国，目前只有少部分高端人士在享受高端私人医生服务②。我国目前私人医生服务刚刚起步，服务模式不同。北京、上海等城市，服务模式都是采取会员制，会员每年缴纳数千元至数万元不等的会费，全年享受多项系统服务。在欧美等国家，私人医生已经发展为一个十分成熟的产业。不管是知名企业家、政府官员、明星、运动员还是艺术家等都拥有自己的私人医生。

4. 专业人才紧缺

从全国健康管理相关服务机构的基本状况可以看出，我国是一个健康管理起步晚但发展迅速的国家。健康管理服务机构以医疗机构为主，国有企业占大部分（41%）；健康服务机构服务人数都在1～200人，总体服务覆盖人数还远远不及健康服务需求。虽然健康管理相关机构在我国发展迅速，数量庞大，但仍存在服务内容和质量上的参差不齐，专业技术人才匮乏等问题③。我国目前不但非常缺乏健康管理人员，全国的医院、体检中心、社区卫生服务中心都需要专业的健康管理人员；而且真正意义上的健康管理人员需经过营养学、运动学、心理学、环境卫生学等全方位的培训，我国的健康管理人员大多由临床医生转型或短期考证上岗，知识有待复合化和系统化，因此通过专业培训产生的新型健康管理专业人员必然大有作为。

5. 健康管理公司有待探索

到目前为止，就全国而言，现在尚无一家具备一定规模并能够系统全面地提供健康管理全面服务的机构。虽然现在以体检为核心的健康体检中心，以休闲娱乐为核心的休闲度假中心，以职业病防治为核心的疗养院，以健康咨询管理服务、健康中介服务、计算机辅助健康评估服务为主的健康管理网站和咨询机构以及以依赖于运动健身、中医健康调理等为核心的各类健身、养生俱乐部和诊所都高举着健康管理服务的大旗，并且市场竞争如火如荼，但这些服务并不能够真正系统地解决健康问题，并不能够满足人们对全面解决健康问题、提高个人健康素质和预防重大疾患发生的需求。

---

①马丽斌：《借鉴美国经验发展我国的健康管理事业》，《药业纵横》2007年第16卷第8期，第15页。

②中国健康促进网：《健康管理产业成市场所需》，http：//www. jkcj. org/news_ type. asp? id =490，2014－08－03。

③张娴等：《中国健康管理相关机构现状调查》（2007～2008），《中华健康管理学杂志》2009年第3卷第4期，第210页。

二、健康管理行业人才需求分析

（一）行业企业发展概况

1. 行业企业发展现状

目前我国健康管理产业尚处于成长初期，这一时期的市场增长率很高、需求高速增长、技术渐趋定型，行业特点、行业竞争状况及用户特点开始明朗。广阔的前景、庞大的市场需求以及增长率无疑让投资者看到了新的商机，因此健康管理成为无数创业者以及机构的最佳投资项目。以下是我国发展规模比较大，具有品牌性的健康管理公司（见表6－4）。这些公司为我国健康管理行业的发展起到了很好的引领作用。虽然健康管理行业迅速发展，但健康管理在中国还尚处雏形阶段，仅有少数专业的健康管理机构，这些机构同时存在独立运营与融合兼并两种趋势。目前健康体检服务为健康管理中的主导，健康咨询、就医指导和健康教育讲座为后续的辅助支持服务。① 从健康管理的从业人数来看，没有准确的数据，估计全国在10万人以上，而享受科学、专业的健康管理服务的人数只占总人数的万分之二②，与美国70%居民能够在健康管理公司或企业接受完善的服务相去甚远。

表6－4　我国品牌性健康管理公司

企业	简　介	类型
慈铭体检	成立于2004年，创始性开展健康体检管理行业先河，将健康管理从理念探讨引入实际运用实践。目前在国内主要城市拥有63家体检中心，总部设在北京	体检主导型
广州瑞衡	隶属于瑞士SISHINY尚美环球医疗集团，是中国首家引进瑞士健康管家模式，以健康管家服务为核心的国际顶尖私人健康管理机构	私人医生型
爱康国宾	由爱康网和国宾健检组建成立的联合服务机构。为个人及团体提供从健检、医疗、家庭医生、慢性病管理、健康保险等全方位个性化服务，中国领先的提供体检和就医服务的健康管理机构	体检主导型
上海时云医疗科技	时间生物学理论、技术和方法，同云计算、互联网、移动通信、人体无线传感网络及大数据技术等紧密结合，全方位从衣食住行到健身养老防病治病的监测、咨询、辅导，提供个体化服务	技术服务型
杭州国太	公司成立于1999年，国内规模最大的健康管理公司之一，主要为各地的知名人士、企业家及高级会员提供健康管理服务，同时也是医院体检中心VIP会所的专业管理公司	私人医生型

①360个人图书馆：《中国健康管理的现状与发展》，http：//www.360doc.com/content/09/0907/17/253195_ 5686413.shtml，2014－08－08。

②山西煜华生物科技有限公司官网：《健康管理是一门新兴学科》，http：//www.sxyhsw.com/html/jiankangyuandi/yufangyixue/20130617/163.html，2014－08－09。

续表

企业	简　介	类型
武汉盛世康和	隶属于全国高科技健康产业工作委员会现代病防治专业委员会，是一家致力于现代健康管理事业的服务机构。公司拥有国家级专家资源网络和强大的专业技术力量，具备丰富的健康教育与健康管理服务经验，是湖北省推行健康管理服务的先行者	资源整合型
杭州胡庆余堂	由清末著名红顶商人胡雪岩于 1874 年创立。现有 30 余家连锁店，同时实行医与药经营互动。充分发挥了中医中药的优势与特长	中药调理型

资料来源：各企业官网。

2. 行业企业发展模式

目前，我国健康管理服务主要是由健康管理企业来提供，不同的企业会根据企业行业产品特点、盈利模式、业务构架和经营范围等选择适合自身发展的模式。总体来看，我国健康管理企业主要有以下几种发展模式：

（1）从营利模式和业务构架进行分类。根据营利模式和业务构架的不同，国内的健康管理公司大体可以分为以下六类：

1）体检主导型。体检是目前健康管理服务领域最成熟的营利模式，也是客户接受度最高的健康管理服务品种。由于其客户基数大，利润率高、现金流稳定，各地体检中心如雨后春笋般地冒出来。为了充分挖掘客户资源的消费潜力，部分体检中心开始介入健康管理服务。由于体检中心拥有大量客户资源，具有最适合的服务切入点，只要操作得当，在体检中心基础上发展起来的健康管理公司将垄断健康管理行业的半壁江山。如慈铭体检中心和爱康国宾体检中心是我国规模最大、体检次数最多的两家大型健康管理机构。从目前的情况来看，健康管理公司已经成为体检中心的重要合作伙伴，是体检中心客户源的重要传输者。

2）中药调理型。健康管理的重要特点在于对疾病的前瞻和预防，但是亚健康相对西医来说是一个很难精确定位的模糊概念。中医理论却能很好地诠释“亚健康”的形成与发展，并迅速提供解决方案。中医作为国粹，首先在群众中有大批的拥护者，具有深厚的市场基础。其次中药方具有针对性强，效果好，副作用小的特点。中医还拥有针灸、推拿、膏药等传统的内病外治方法，这些都可以成为健康管理的有效工具。如杭州著名的百年老字号红顶商人胡雪岩一手创办的胡庆余堂至今仍继承祖传验方和传统制药技术，保留了大批的传统名牌产品。产品有丸、散、膏、丹、胶、露、油、药酒方 400 多种。

3）资源整合型。当前各地的健康管理公司的实力都不是特别强，为了生存和发展，有些健康管理公司充分利用和整合当地的资源，以最小的代价，推出符合市场需求的服务。例如武汉盛世康和健康管理公司就充分整合医大和医大附属三甲医院的稀缺人力资源及高端仪器设备，以连锁加盟的方式，为各大私人诊所和中小医院提供检验、检查、会诊等服务，在实现多方共赢的同时，提高了当地医疗资源地优化配置。

4）自我服务型。有些健康管理公司是依托大集团的需求而发展起来的，它的前身类似医务室。这个诉求和功能与国外的健康管理方式已经非常接近了。一些大的民营集团公司出于降低医药费，提高员工身体素质，提高劳动生产率的考虑，把最初的医务室改造成为独立核算的健康管理公司。这类健康管理公司依托集团的需求就能解决生存问题，然后借助集团的无形资产如雄厚的实力、良好的市场形象、丰富的客户资源进行市场拓展。

5）技术服务型。这类公司从宏观需求着眼，从技术研发着手，为健康管理公司和体检机构提供一些标准化的服务工具或服务。如上海时云医疗科技有限公司。目前北京、深圳等多家软件、电子商务、医疗器械企业也开始介入这种服务模式。提供诸如标准化的体检报告、体检过程控制及数据电子化、导医挂号、慢性病评估、心理素质评估、亚健康评估、运动处方、疾病在线或无线管理等服务。由于这种服务具有标准化和网络化的特性，使它们可以不受地域的限制，为众多客户提供同一种服务。这种服务如果能够真正符合消费者及健康管理服务商的市场需求，成功的概率还是很大的。

6）私人医生型。这是一类诉求非常明确的公司，他们将客户目标锁定在中高端，广泛整合医疗资源尤其是稀缺的医生资源，通过精细入微的服务来赢得市场，运用各种增值服务来获得商业利润。这也是目前大多数健康管理公司在走的一条路。如广州瑞衡健康投资管理有限公司，是一家专门为中高端人群提供 VIP 服务的私人高端健康管理机构。旗下拥有形体健康管理、生殖健康管理、产后修复健康管理、体质健康管理、妇科特色疗理等多项高端健康管理服务。但是由于私人医生是人力资源密集型产业，人力资源的稀缺限制了它的运营规模和服务人数。同时增值服务产品的开发滞后也严重阻碍了对客户消费能力的深度挖掘①。

（2）从主体性质进行分类。从主体性质进行分类，目前国内的健康管理公司大体可以分为三类：一是设置在各级医疗机构中的体检中心、健康管理中心；二是以养生、保健、休闲、美容、运动与康复为服务内容的非医学服务机构；三是以疗养院、高端健康会所、老年颐养中心（基地）为依托的整合式服务机构。健康管理机构中单纯做体检的机构占绝大多数，真正开展健康管理服务的不多②。由于三类机构注册和管理机构不同，服务人员资质与服务对象不完全相同，提供健康服务的主要技术、服务模式和路径不完全一致，因此在这样一个重要的转折期，健康管理机构建设面临各种机遇和挑战。

1）医院健康管理。随着人们群众对健康需求的不断提高，医院简单的医学体检已不能满足群众日益增长的卫生保健需要，由单纯的体检服务向真正的健康管理转变已是很多大型医院的共识。在大型医院开展健康管理，可设立专门的健康管理科室，由取得健康管理资格证的医生专门负责医院健康管理工作，如为病人和门诊就医者提供包括健康体检、健康咨询、健康指导、健康干预、健康评估和健康教育等一系列服务，如果遇到专科难题则利用医院强大的专家优势，及时向相关科室主任咨询和探讨，必要时可直接转向专科治疗。专业的医疗队伍可以提供更专业的健康分析和健康评估；高端精密的医疗设备可以提供更精确的健康检查和信息采集监测；更容易获取人们的医疗信任等③。但目前大型医院所提供的服务主要是以疾病治疗为主的医疗服务，而对疾病的预防保健服务缺乏足够的重视。可见，开展医院健康管理，不仅可以弥补医院在健康管理方面的不足，还可以使医院改变“以病人为中心”的传统服务理念，树立“以健康为中心”的新理念，建立“防治结合，预防为主”的新型医疗保健模式，有利于医院的可持续发展。同时，医院雄厚的专家队伍和多学科的综合优势反过来又可以确保健

①豆丁网：《健康管理的营利模式及体系构建》，http：//www. docin. com/p-184465752. html，2014-08-11。

②万学中等：《甘肃省社区健康管理服务机构现状与发展对策》，《中国初级卫生保健》2013 年第 27 卷第 6 期，第 24 页。

③黄振鑫、张瑛：《国内外健康管理进展》，《中国公共卫生管理》2012 年第 28 卷第 3 期，第 255 页。

康管理服务价值的真正体现。

2）非医学服务机构。休闲养生保健服务逐渐成为人们追捧的生活时尚。健康管理非医学服务机构发展呈现强劲态势，已成为我国健康服务行业的一支生力军。2011 年《中国保健协会休闲保健专业委员会报告》指出，我国各种各样的休闲保健机构约 60 余万家，且仍以 15% 的速度增长。北京目前有足疗按摩、养生保健和生活美容中心共计 1500 余家，从业人员 4000 万人，并形成了 20 余家民营休闲保健服务连锁机构（集团）。如中国郭氏集团旗下有 500 家直营店和加盟店，遍布国内 24 个省市自治区，年产值逾 7 亿元人民币。重庆有 600 余家，广东省有 1000 余家。全国美容服务机构 6000 家，足疗按摩机构上万家，养生、健康会所 1000 家。其发展特点，是以民营连锁机构为主体，以城镇中高收入人群为主要服务人群，以休闲保健、中医养生、生活美容、足疗按摩为基本服务内容，以会所及会员式服务为主要模式，现以形成与疗养旅游和运动健身相结合的新兴健康管理非医学服务朝阳产业。

3）整合式服务机构。随着人口老龄化、高龄化的加剧，失能、半失能老年人的数量持续增长，我国正面临着人口快速老龄化与高龄化、失能化、空巢化相交织的严峻形势。党的十八大做出了“积极应对人口老龄化，大力发展老龄服务事业和产业”的战略部署，为未来我国老龄事业发展指明了方向，也为在社会养老服务体系中充分发挥康复医学的服务功能提供了重要历史机遇①。于是，整合式一体化健康管理综合服务机构正悄然兴起，预计我国有近 1000 家能够提供整合式一体化健康管理综合服务的疗养院、养生保健基地、老年颐养中心及高端健康会所等机构。特别是以会员式服务为主要形式，提供集旅游体检、休闲养生、保健疗养、营养与运动以及就医绿色通道于一体的综合健康管理服务备受青睐。其发展特点是以民营连锁机构为主体，以城镇中高收入人群为主要服务人群，以休闲保健、中医养生、生活美容、足疗按摩为基本服务内容，以会所及会员式服务为主要模式，现已形成与疗养旅游、运动健身、健康地产相结合的新兴健康管理非医学服务朝阳产业。与此同时，近年来金融、地产等各领域对健康管理事业持续关注，使服务机构持续增长，产业化发展提速，已成我国公共卫生与医疗保健服务的重要组成部分，将在防控慢性病、促进公众健康、拉动内需、促进新兴产业增长中发挥重要作用②。

（二）行业人才需求状况

从全国健康管理相关服务机构的基本状况可以看出，我国是一个健康管理起步晚但发展迅速的国家。随着我国经济和社会的发展，健康问题越来越成为社会公众关注的焦点和热点，也越来越成为幸福指数的关键指标。健康管理服务随之而生，健康管理人才的需求也与日俱增。但是，与健康管理发展及市场需求相比，我国的健康管理专业人员的数量还远远不够。

1. 人才需求概况

自 2012 年 5 月，卫生部门出台《中国慢性病防治工作规划（2012～2015 年）》显示：我国慢性病发病人数快速上升，现有确诊患者 2.6 亿人。中国保健协会食物营养专委会孙树侠会长指出：慢性病和亚健康的防治需改变生活方式，而健康的生活方式必须通过健康管理来完成。人口

①新浪网：《我国应大力发展康复养老服务机构》，http：//health. sina. com. cn/news/2013 - 03 - 05/155074883. shtml，2014 - 08 - 11。

②健康报网：《休闲养生保健服务需求渐热》，http：//www. jkb. com. cn/news/technology/2011/1101/103618. html，2014 - 08 - 11。

统计数字表明，我国有6.5亿劳动人口处于亚健康和疾病状态，按照每1000人配2名健康管理专业人员计算，至少需要130万名专业健康管理人员。再加上健康人口和民营资本投资的健康管理机构、健康保险公司等机构对健康管理人员的需求，据估算人才缺口达到200万~400万名。而从以上行业发展情况所知，目前我国健康管理的从业人数全国在10万人以上，享受科学、专业的健康管理服务的人数只占总人数的万分之二，与美国70%居民能够在健康管理公司或企业接受完善的服务相去甚远。健康管理从业人员缺口很大。

2. 人才需求类型

市场需求以及健康管理业日趋规范化的发展，健康管理专业人才队伍建设正在受到广泛关注。目前我国健康管理专业人才缺口主要由以下几类构成（见表6-5）：

表6-5　健康管理专业人才需求类型

职称	职业内涵	职业标准	就业领域
养生师	从事健康养生方面的专业人员	掌握健康养生知识和中医诊疗技能等	美容养生馆、养生会所、中医诊所等
健康管理师	负责健康和疾病的监测、分析、评估以及健康维护和健康促进的专业人员	采集和管理个人或群体的健康信息；评估健康和疾病危险性；进行健康咨询与指导；制订健康促进计划；进行健康维护、健康教育和推广	健康保险公司，健康管理公司和其他健康产业公司，医院保健和医疗保健机构等
公共营养师	从事公众膳食营养状况的评价与指导、营养与食品安全知识传播的专业人员	进行人体营养和膳食营养状况评价、管理和指导；对食品及配方进行营养评价；进行营养知识的咨询与宣教	各级医疗卫生单位、食品卫生监督机构和各类餐饮业及食品加工单位
亚健康调理师	运用中医学和体质学理论进行个体调理的专业人员	为亚健康人群诊断、检测、调理等提供全面的专业性指导	健康管理公司和其他健康产业公司、养生会所等
心理健康师	心理咨询师、心理医生、心理治疗师等心理服务专业人士	从事心理咨询、心理治疗或者心理健康教育促进等的心理服务职业	心理咨询机构或工作室、学校、青少年健康中心等

资料来源：中国健康促进网。

（1）健康管理师。为解决目前国内紧缺健康管理专业人才的燃眉之急，催生了一个新职业——健康管理师。依照职业定义，健康管理师是指从事个体或群体健康的监测、分析、评估以及健康咨询、指导和健康危险因素干预等工作的专业人员。体检机构、保险机构、商业健康管理服务机构、社区卫生服务机构是健康管理师的主要服务领域①。2005年10月，劳动和社会保障部正式把“健康管理师”纳为11个新职业之一。2007年，中国健康教育协会启动了“健康管理

①陈君石、黄建始：《健康管理师》，海口：海南卫生出版社，2007年版。

师”人才资质认证与培训项目。

据了解，目前全国培训取得《健康管理师证书》的健康管理专业人员在10万名左右，95%以上在社区医院、疾控中心、企业、学校及事业单位卫生机构、老年人服务机构、保险公司、健康管理公司、医院体检中心、康体中心就业。据中国健康管理师网显示，目前，健康管理师月收入平均在3000～7000元，也有特别优秀的健康管理师月薪可达数万元。如图6－5所示。

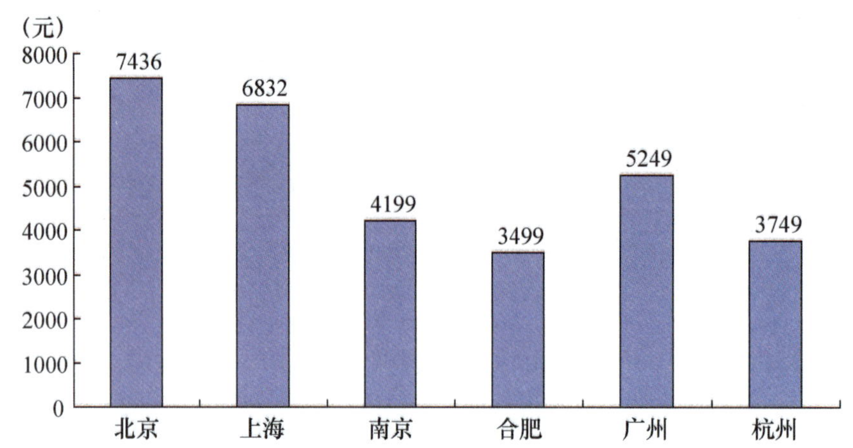

图6－5 健康管理师平均月收入

资料来源：职友集。

（2）公共营养师。由于膳食不合理、营养失衡所引发慢性病的健康问题正越来越受到人们的高度重视，聘请营养顾问成为现代人的消费时尚。公共营养师是国家人力资源和社会保障部颁布的2005年第4批新职业之一，是指从事营养指导、营养与食品安全知识传播，促进社会公众健康工作的专业人员。营养师的职业集厨师、保健师、医务、中医、心理师、营销员、管理员等职业的特点于一身，是比较综合的职业。他们不但是食物的专家，更是营养检测、营养强化、营养评估等领域的专家，帮助人们获取健康①。

公共营养师成为国家新职业，也为从业者提高了职业身份和社会认知度。据劳动保障部表示，我国的营养专业人才十分紧缺，缺口将达400多万人。而据不完全统计，我国现有从事公共营养工作的专业人员不足3000人。这也为从业者提高了职业身份和社会认知度②。据了解，在中国台湾，医院营养师的月薪可以达到10万新台币，甚至更高。据人力资源机构透露，北京的一些高档社区营养师，每服务一个对象，收入为平均2000～3000元，若在保健品公司讲课，月薪可超万元。中等水平的公共营养师年收入在10万元左右。营养师已经像医生一样，拥有了让人羡慕的高收入和地位。公共营养师将是我国最热门的职业之一。如图6－6所示。

①②职业培训教育网：《健康理念催生市场商机》，http：//www. chinatat. com/new/178_ 235/2009a8a21_ sync7306205940212890022950. shtml，2014－08－09。

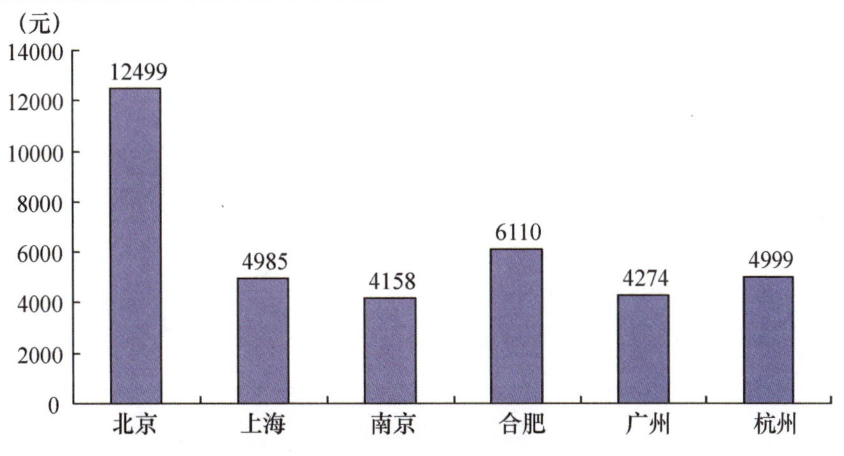

图6－6　公共营养师平均月收入

资料来源：职友集。

（3）亚健康调理师。所谓亚健康，可理解为健康透支状态，即身体确有种种不适但又没有发现器质性病变状态。据分析，全国约有45%的人群处于亚健康状态，真正健康的人仅占5%①。于是，催生了亚健康调理师。亚健康调理师要系统地掌握亚健康的基础知识及常见临床症状、检测方法、调理方法、产品的营销与管理等，所学的知识广泛运用于亚健康领域，为亚健康人群诊断、检测、调理等提供全面的专业性指导人才②。

近几年来亚健康研究机构和相关服务机构应运而生，蓬勃发展。但亚健康服务手段缺乏规范，专业人才数量匮乏和质量低下是制约亚健康事业发展的瓶颈，亚健康调理人才紧缺，导致行情一路看涨③。据国际权威机构预测，未来中国需要亚健康调理师约40万人。据了解，合肥亚健康管理师平均收入高达8000元以上，亚健康调理师将成为我国最热门的职业之一。如图6－7所示。

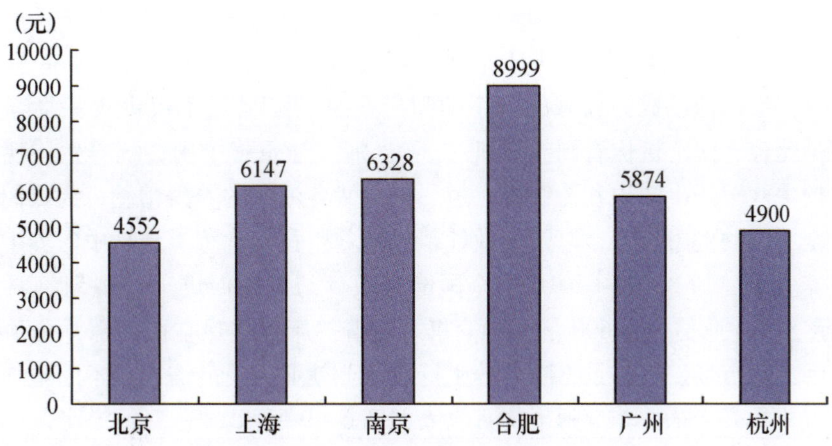

图6－7　亚健康调理师平均月收入

资料来源：职友集。

①②豆丁网：《亚健康咨询师培训计划》，http：//www. docin. com/p－113885971. html&key＝亚健康怎么治，2014－08－07。

③心天泻血培训总部网：《亚健康调理师资格证书》，http：//www. houxue. com/kecheng/277150/，2014－08－09。

（4）心理健康师。我国居民心理问题突出，心理健康状况不容乐观。据世界卫生组织统计，有1.9亿人在一生中需要接受专业的心理咨询或心理治疗；在年满20岁的成年人中，有心理障碍的患者每年以11.3%的速度增加；17岁以下未成年人有各类学习、情绪、行为障碍者约3000万人；大学生中16%～25.4%的人有心理障碍；高达68%的警察存在心理压抑现象；医护人员具有离婚率高、药物滥用、酗酒和疾病多发四大特点；企业员工中普遍存在着亚健康状况和自杀问题。而现代心理健康管理专业人员少之又少，市场需求越来越大。强大的社会需求为心理健康管理师提供了一个施展才华的舞台，从业人员收入节节攀升。据职友集职位招聘报告显示：在国内，心理咨询收费从每小时100元到1000元不等，平均收费200元/小时。在北京的一些CBD商务区内，咨询收费往往会达每小时100美元。如图6－8所示。

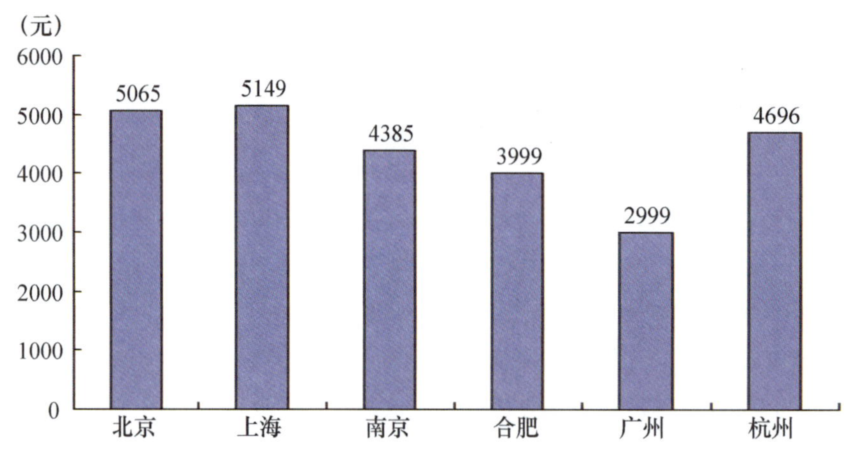

图6－8　心理健康师平均月收入

资料来源：职友集。

（5）养生师。随着社会发展，人们生活水平不断提高，对健康理念也彻底更新，对养生的需求日益强烈，养生产业已成为新兴的一个朝阳产业。“养生热”不仅带火一批养生专家、养生节目，也使不少美容、洗浴机构看到新商机。“养生师”注重将中国传统养生与现代科学养生相结合，深入传授中西医养生知识和传统佛、道、儒、武各流派的养生精髓，为人们提供全面系统的养生指导、全方位的健康教育，以及实效性很强的养生技能训练。包括中医养生美容师、养生经营管理师、养生保健师①。据《2010年全国健康教育与健康促进工作规划纲要（2005～2010年）》数据显示，养生业估计有600亿元的商机。随着健康养生热空前高涨，也预示了健康养生师这个新职业巨大的市场发展前景，随着养生行业从业就业人员的需求量不断增加，也必将掀起一场健康养生行业的大变革！养生师平均月收入如图6－9所示。

①健康养生师贴吧，http：//tieba. baidu. com/f? kz＝1581296764，2014－08－07。

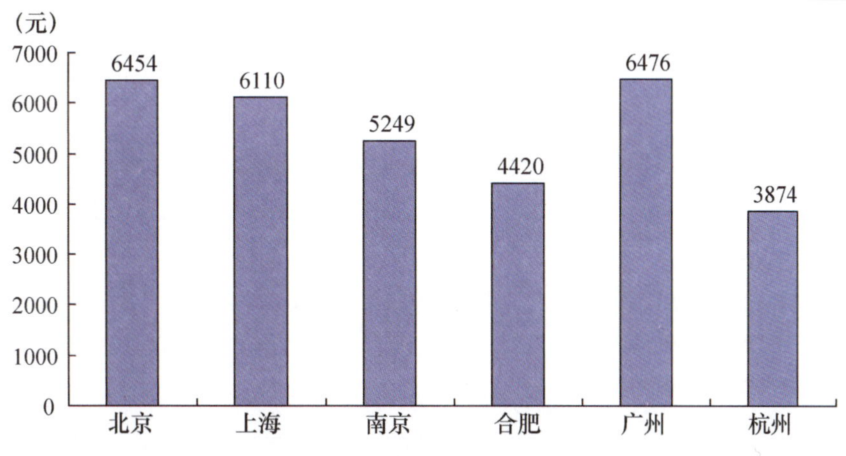

图6-9　养生师平均月收入

资料来源：职友集。

三、我国健康管理专业职业教育现状分析

健康是我国的一项基本国策。随着社会发展，人们生活水平的普遍提高，生活方式的改变，以生物技术和生命科学为先导，涵盖医疗卫生、营养保健、健身休闲等健康服务功能的健康产业已成为21世纪引导全球经济发展和社会进步的重要产业。经济体制的改革势必会引起职业技术教育改革。作为与社会经济发展更为密切的职业院校，更应立足于我国健康管理业的现状，积极顺应健康产业的快速发展，开设健康管理专业，尝试培养健康管理专业人才。为这一新兴服务产业提供更好的人才支撑，同时也为自身发展拓展更大的空间。

（一）职业教育现状

目前我国开展卫生管理专业的高校有101所，其中有80%的高校培养本科生，开设健康管理专业及该方向的职业院校屈指可数，致使健康管理的职业教育滞后于市场需求①。在此，本报告选取了我国八所开设健康管理专业的代表性高职院校，通过对健康管理专业人才培养方案的现状，即培养模式、课程设置、毕业考证和就业岗位等问题进行分析，以期对我国职业院校健康管理的专业设置和人才培养提出相应的建议。

从目前我国高职院校健康管理专业设置情况来看，健康管理专业一般设置在公共卫生管理院系。某些高职院校在培养健康管理专业人才时，一般都将某一专业下设置健康管理方向，如广州工商职业技术学院、江苏建康职业学院和武汉商贸职业学院。从表6-6可以看出，我国各大高职院校也是近几年才开始开设健康管理专业，时间不超过10年，还是个新兴的专业。有的院校还是2014年才开始招生的，如北京汇佳职业院校。以2013年和2014年各个院校健康管理专业招生人数来看（见图6-10），招生人数为30~80人，各个院校每年的招生人数基本变化不大。专业教师以中青年教师为主，具有较高的职称和学历层次。

1. 订单式培养模式

通过对以上八所开设健康管理专业的高职院校的分析，“订单式培养模式”是健康管理专业

①冯磊等：《健康管理本科人才培养模式的思考与实践》，《中国高等医学教育》2010年第12期，第9页。

产学结合的重要载体，全程实行工学交融。在实践教学内注重学生校内专业课程的学习与企业实际工作的一致性。学制三年，三年教学以能力的培养为主线，对理论知识、操作技能作有条理、有步骤的培养。培养学生专业基础知识和熟练的专业技能。

表 6－6　　8 所开设健康管理专业的代表院校

院校	专业	所属院系	专业考证	师资队伍
浙江医学高等专科学校	健康管理专业（2012 年成立）	公共卫生系	医护支援人员证书、健康管理师、营养师	研究生学历占 60% 以上
广州工商职业技术学院	公共事务管理（食品安全与健康管理）（2009 年成立）	物流与公共事务管理系	食品检验工、食品安全师、公共营养师、健康管理师	教授 2 人，副教授 1 人；硕士以上学历 6 人
广东食品药品职业学院	健康管理专业（2012 年成立）	国际交流学院	健康管理师、营养师、育婴师、健康助理证书、	硕士研究生 16 人，占 54%；博士研究生 9 人，占 46%
海南科技职业学院	健康管理专业（2012 年成立）	健康管理学院	健康管理师、计算机一级证书	教授 3 名，副教授 5 名；博士 4 名，硕士 3 名
江苏健康职业学院	公共卫生管理（健康管理专业）（2007 年成立）	卫生事业管理与公共卫生系	健康管理师、公共营养师	副教授 2 人，讲师 7 人。硕士 12 人，占 60%
宁波卫生职业技术学院	健康管理专业（2013 年成立）	健康服务与管理	健康管理师、公共营养师	硕士占 70% 以上
武汉商贸职业学院	营养与配餐（健康管理）专业（2011 年成立）	健康管理学院	健康管理师、公共营养师、高级营销师、心理咨询师	教授 2 人，客座教授 3 人。硕士研究生 3 人，占 15%
北京汇佳职业学院	健康管理专业（2014 年成立）	娱乐经济与管理系	健康管理师	

资料来源：各学校官网。

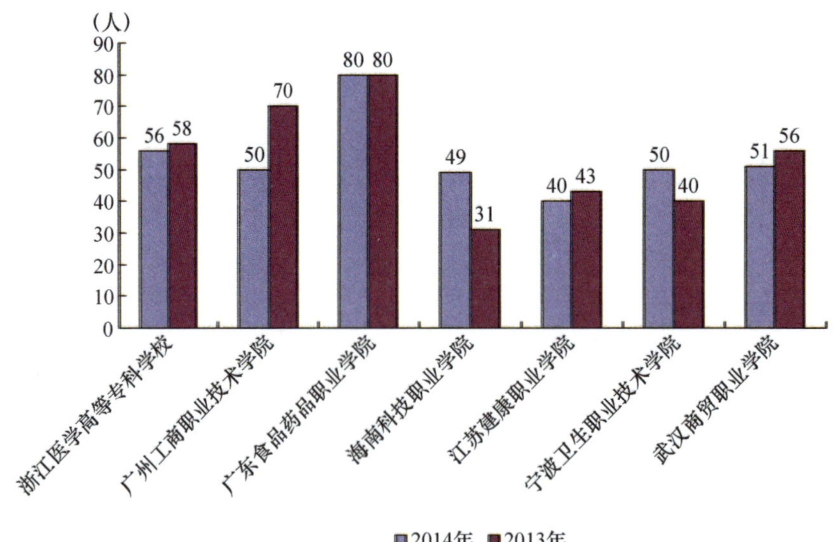

图 6－10　2013 年、2014 年健康管理专业招生计划

资料来源：招生网。

如北京汇佳职业学院与全国最大、唯一在美国上市的健康管理公司爱康国宾集团开展订单式人才培养。爱康国宾健康管理公司可根据本专业的教学需要安排学生的实习实训及顶岗实习。本专业学生毕业后可以优先选择在爱康国宾健康管理公司从事健康管理岗位工作。如武汉商贸职业学院与爱康国宾集团和国有控股上市公司国药阳光健康管理有限公司等企业建立了战略合作伙伴关系，采用冠名班形式订单培养，入学即与企业直接签订就业协议，读书期间可到企业带薪实习，毕业即顺利实现就业。如表6－7所示。

表6－7　健康管理专业订单式培养合作实习单位

学　校	实习单位
浙江医学高等专科学校	拥有20余家体检中心、健康管理机构、疗养院等
北京汇佳职业学院	爱康国宾健康管理公司
宁波卫生职业技术学院	浙江省人民医院、宁波市第一医院、宁波市疾病控制中心、宁波美苑美容、嘉和整形医院等60多家省内外各级各类医疗机构和企业
武汉商贸职业学院	爱康国宾健康管理公司武汉分公司、国药阳光健康管理有限公司、盛世康和健康管理有限公司、广东罗浮山养生中心

资料来源：各学校官网。

2. 技能化课程设置

通过对以上八所学校健康管理专业课程设置综合分析，职业院校健康管理专业一般需要开设的课程情况如表6－8所示。

表6－8　健康管理专业课程设置

课程类别	课程名称
医学基础课程	病理学、护理诊断学、流行病学、循证医学、药理学、预防医学、医学伦理学、职业道德与礼仪、康复医学、生理学、解剖学
健康管理技术课程	营养学、中医养生学、体质测量与评价、推拿保健学、预防保健学、社会医学与健康促进
健康科研课程	心理学与心理咨询、科研方法与论文写作、医学统计学
健康管理专业核心	医学文献检索、健康管理学、健康教育学、环境健康学、健康营销学

资料来源：各学校官网。

专业基础课程情况：有的高校对于医学基础课程进行整合，如临床医学基础、中医学等。如武汉商贸职业学院、北京汇佳职业学院、宁波卫生职业技术学院、广东食品药品职业学院等。有的高校未做整合，如浙江医学高等专科学校、江苏建康职业学院，仍分设人体解剖学、病理学（含病生、病解）、生理学、药理学等课程。此外还包含了医学相关类课程：康复医学、医学伦理学、预防医学等专业基础课。

专业技能课程情况：各高职院校根据自己人才培养不同的要求，专业技能课程差异比较大，但基本都会开设健康管理课程。偏向公共卫生的，开设社区卫生服务、医学统计学、健康营销、卫生事业管理等课程，如浙江医学高等专科学校、江苏建康职业学院、宁波卫生职业技术学院。偏向健康服务方向的，一般开设营养学、预防保健学、推拿保健学等课程；偏向食品营养安全管理的，一般开设营养与食品安全、食品加工技术、公共营养师、营养配餐与评价、食疗药膳制作、食品标准与法规、食品市场营销等课程。如广州工商职业技术学院、武汉商贸职业学院。

3. 实用性毕业考证

高等职业教育旨在培养具有实用性和实践性的高技能人才，许多行业内的认证证书已经成为学生求职过程中一块很好的敲门砖，因此高职院校一般都鼓励学生获得双证，但由于健康管理在我国刚刚兴起，从人才的培养目标上各高职院校都存在较大差异，这也体现在健康管理人才培养在职业资格证书上没有实现比较好的吻合①。从调查的八所高职院校来看，以公共卫生为主要培养方向的学生考取的行业证书主要有社会工作者，食品营养方向的主要为食品检验工、食品安全师、公共营养师、健康管理师。但总体来看健康管理师、公共营养师仍然为各高职院校在培养健康管理专业人才最为重要的资格证书（见表6－6）。

4. 多方向就业岗位

根据人才培养目标，对于偏向公共卫生方向的健康管理专业，学生毕业后主要在健康服务机构、医疗保健机构工作。如江苏建康职业学院、浙江医学高等专科学校、宁波卫生职业技术学院。对于偏向食品营养方向的健康管理专业，毕业学生主要就业方向为食品卫生部门或相关部门的营养保健、咨询和膳食指导工作。如广州工商职业技术学院、武汉商贸职业学院。对于偏向健康服务方向的健康管理专业，毕业学生主要就业方向为在各类养生保健场所、健康服务机构等工作。如广东食品药品职业学院、北京汇佳职业学院。通过比较，健康管理专业学生毕业后就业岗位大致为以下4个方向（见图6－11）。

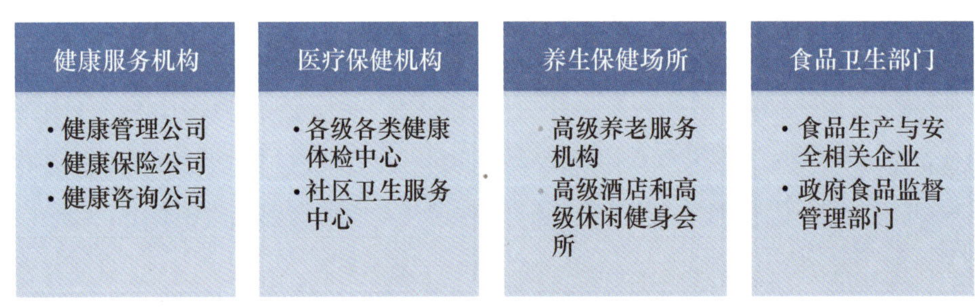

图6－11　健康管理专业毕业生就业岗位

（二）人才培养问题

近年来，我国健康产业开始步入快速发展的高速路，健康管理相关人才需求量越来越大。作为与社会经济发展更为密切的职业院校，积极开设健康管理专业，培养健康管理人才，将会有利于推动产业的发展。总体来看，我国职业院校培养了一定数量的健康管理类人才，但依旧存在人才培养定位不明确、课程设置重理论等问题。

①朱晓卓等：《高职院校健康管理专业人才培养方案的现状分析》，《中国卫生事业管理》2013年第2期，第142页。

1. 人才培养定位不明确

根据健康管理业人才的需求，健康管理专业的人才培养目标应是培养知识结构合理、业务能力强，具备医药学、预防医学、食品和营养健康管理的基本知识和技能，能在健康保险、健康咨询服务、卫生（食品）安全、健康产品生产经营以及康复保健、养老护理领域从事健康管理工作的高端技能型人才。但是由于健康管理专业是最近几年才开设的，各个职业院校人才培养经验不足。受办学主体多样化影响，有医学院、公共卫生学院、社会科学系、管理学院等多种办学主体，对于人才的培养定位，各办学单位认识不一，标准各异。某些高职院校在培养健康管理专业人才时，一般都将某一专业下（一般设置在公共卫生管理院系）设置健康管理方向，导致人才培养目标定位不明确①。

2. 课程设置重理论

由于健康管理专业是个新兴的行业，目前国内院校开设此专业的学校很少，健康管理专业理论体系尚未建立。在传统教学模式下，绝大多数学校培养的主要是知识蓄积型卫生管理人才，过于重视书本理论知识传授，对实际工作能力和创新能力培养意识淡薄，缺乏应用型健康管理人才的培养体系，教育方法难以满足市场对健康管理人才的实际需求。

3. 专业特色不突出

我国的健康管理专业课程体系形成晚，且基于临床医学专业课程设置基础之上，形成了以“医学+管理学”为总体特征的课程构架，没有脱离临床医学教育模式，专业教育特色不明显越发凸显，如何把握专业基础知识与技能和相关学科的科学合理融合，以培养知识、能力、素质全方面协调发展的应用型管理人才，已成为专业发展的重要现实问题之一。综合以上对八所高职院校开设健康管理专业课程设置情况来看，各个学校办学主体不一样，其专业定位缺乏共识，医学、管理学各有偏重，理论功底与实践技能培养重心不一，由此导致专业方向不明确，健康管理专业特色不明显。

4. 技能证书体制不完善

健康管理是一个新兴学科和产业，中国并没有健康管理方面的人才培养体制和机制，也没有成熟的师资队伍，更没有相应的人才储备。健康管理产业发展前景广大，但是，与中国的健康管理发展需求相比，专业人员的数量还远远不够。目前针对健康管理专业人才的劳动部门所认定的职业证书为健康管理师，一些医疗卫生机构也在行业内开始逐步推行，但在推行过程中仍然存在体制上的障碍，一些健康服务类企业对于该证书的认可也仍处于起步阶段。

5. 师资队伍建设不合理

由于健康管理人才的缺乏，再加上高等职业教育的快速发展，高职院校的招生数迅速增加，健康管理专业的师资数量从长期来看严重不足，师生比例大大超过合理比例。健康与管理专业是一个培养复合型人才的专业，因而对“双师型”教师的要求较高，目前，职业院校健康与管理专业教学团队主要是由本专业教师与本学院相近专业教师和学校门诊部医生组成的，共同完成专业教学任务。专业课和实习指导课教师数量不足。①教师结构不合理，从以上八所职业学院健康管理专业师资建设现状的描述可以看出，健康管理专业年轻教师居多，中年教师偏少。②职称结构不合理，高职称教师偏少，具有博士学位的教师太少，“双师型”教师偏少。

---

①朱晓卓等：《高职院校健康管理专业人才培养方案的现状分析》，《中国卫生事业管理》2013 年第 2 期，第 141 页。

四、国外健康管理专业职业教育模式分析

（一）国外健康管理主要模式

在健康管理的发源地美国，从政府到社区、从医疗服务机构到健康管理机构、从雇主到员工、从病人到医务人员，都积极参与健康管理，比例达到70%①。在如今的美国主流社会中，律师、理财师、健康管理师已经成为中产阶级生活中不可或缺的部分。"三师"几乎已经成为尊贵生活的一种象征。在著名的"长寿之国"日本，普遍享有健康管理机构及保健医生的长期跟踪服务，包括为家庭建立健康档案、负责家庭的健康管理等。现在，日本的人均寿命已达83岁，位居世界第一。芬兰从1972年开始探索健康管理方法，不仅改善了人口健康状况，提高了生命质量，还大大提高了医疗资源的利用效率。随着各国健康管理业的发展，形成了6种健康管理模式②。

1. 生活方式管理

主要关注健康个体的生活方式、行为可能带来什么健康风险，这些行为和风险将影响他们对医疗保健的需求。生活方式管理使用对健康或预防有益的行为塑造方法促进个体建立健康的生活方式和习惯以减少健康风险因素。生活方式管理方案的结果在很大程度上依赖于参与者采取什么样的行动。因此，要调动个体对自己健康的责任心。生活方式管理通过采取行动降低健康风险和促进健康行为来预防疾病和伤害。促进健康行为改变的主要干预技术措施是教育、激励、训练和市场营销。

2. 需求管理

以人群为基础、通过帮助健康消费者维护健康以及寻求适当的医疗保健来控制健康消费的支出和改善对医疗保健服务的利用。需求管理试图减少人们对原以为必需的、昂贵的和临床上不一定有必要的医疗保健服务的使用。需求管理使用电话、互联网等远程病人管理方式来指导个体正确地利用各种医疗保健服务满足自己的健康需求。

3. 疾病管理

着眼于一种特定疾病，如糖尿病，为患者提供相关的医疗保健服务。目标是建立一个实施医疗保健干预和人群间沟通，强调病人自我保健重要性相协调的系统。该系统可以支持良好的医患关系和保健计划。疾病管理强调利用循证医学指导和增强个人能力，预防疾病恶化。疾病管理以改善病人健康为基本标准来评价所采取行动的临床效果、社会效果和经济效果。

4. 灾难性病伤管理

为患癌症等灾难性病伤的病人及家庭提供各种医疗服务，要求高度专业化的疾病管理，解决相对少见和高价的问题。通过帮助协调医疗活动和管理多维化的治疗方案，灾难性病伤管理可以减少花费和改善结果。综合利用病人和家属的健康教育，病人自我保健的选择和多学科小组的管理，使医疗需求复杂的病人在临床、财政和心理上都能获得最优化结果。

---

①公共卫生管理学院官网：《国内健康管理机构简介及国外健康管理概况》，http：//gwxy. jzmu. edu. cn/onews. asp？/258. html，2014－08－13。

②中国联合健康管理网：《国际健康管理主要模式分析》，http：//www. health－china. com. cn/index. php？ m＝Article&a＝show&id＝20，2014－08－12。

5. 残疾管理

试图减少工作地点发生残疾事故的频率和费用代价，并从雇主的角度出发，根据伤残程度分别处理以尽量减少因残疾造成的劳动和生活能力下降。残疾管理的具体目标是：①防止残疾恶化；②注重残疾人的功能性能力恢复而不仅是病人疼痛的缓解；③设定残疾人实际康复和返工的期望值；④详细说明残疾人今后行动的限制事项和可行事项；⑤评估医学和社会心理学因素对残疾人的影响；⑥帮助残疾人和雇主进行有效的沟通；⑦有需要时考虑残疾人的复职情况。

6. 综合的人群健康管理

通过协调以上五种健康管理策略来对个体提供更为全面的健康和福利管理。健康管理实践上基本都考虑采取综合的人群健康管理。其目的是通过全面的、系统的综合健康管理解决疾病问题，进行疾病的预防和维护。使病人以及健康人更好地拥有健康，并有效降低医疗支出。

（二）国外健康管理专业教育基本模式

健康管理作为一门科学和产业，1978 年诞生于美国，当时是在密歇根大学，Edingtond - W 博士成立了健康管理研究中心，主要研究生活方式及其对人的健康和医疗、生命质量和医疗卫生情况的影响①。如今，健康管理在美国的发展日益迅速，据美国劳工部预测，健康管理专业将成为美国需求量较大的专业，与护理专业、医生等职位同为未来的热门就业领域。健康管理专业已成为国外院校炙手可热的专业，多所学校已开设该专业的硕士、博士课程②。

1. 美国健康管理专业教育概况

据 2004 年美国社区学院热门专业报告分析，在美国社区学院热门专业中，健康管理类专业高居榜首，其次是公共技能类和工程技术类专业，大多数健康管理类专业是采用学分制。据 2013 年美国大学——健康管理专业排名情况来看，第一的学校是哈佛大学肯尼迪政府学院，其次是约翰霍普金斯大学，加利福尼亚大学排在第三位。如表 6 - 9 所示。

表 6 - 9　2013 年美国大学——健康管理专业排名

排名	学　校	所在城市
1	哈佛大学肯尼迪政府学院	卫星城剑桥
2	约翰霍普金斯大学	巴尔地摩市
3	加利福尼亚大学伯利克分校	伯利克
4	普林斯顿大学威尔逊学院	普林斯顿
5	南加州大学戴维斯老龄科学应用研究和管理学院	洛杉矶
6	杜克大学	达勒姆
7	密歇根大学安娜堡分校	安娜堡
8	纽约大学瓦格纳学院	纽约

①中大网校论文网：《高职健康管理专业就业前景分析》，http：//www. wangxiao. cn/lunwen/jyl/06901115522. html，2014 - 08 - 13。

②嘉华世达美国留学网：《美国健康管理专业渐成留学新宠》，http：//www. educationusa. com. cn/information/major/health/content_ 7501. html，2014 - 08 - 13。

续表

排名	学　校	所在城市
9	威斯康星州大学麦迪逊分校	拉福莱特
10	乔治华盛顿大学	华盛顿
11	锡拉丘兹大学麦斯威尔学院	锡拉丘兹
12	乔治敦大学	华盛顿
13	明尼苏达大学双城分校	明尼苏达州
14	加利福尼亚大学	洛杉矶
15	北卡罗来纳大学查珀尔希尔分校	查珀尔希尔
16	卡耐基梅隆大学	匹兹堡

资料来源：美国大学数据库。

（1）培养目标。美国的健康管理的目标是改善健康状况，降低医疗费用，与保险捆绑式紧密合作。美国的院校与社会需求紧密结合，培养的健康管理专业人才，在专业技能上，必须具备基本的分析能力、沟通能力、细节分析和解决问题的能力、处理人际关系的能力，以及学习新技术的能力。主要负责规划、指导和协调医疗卫生服务，为个人提供健康评估服务、制订健康计划、提供专业的疾病管理服务等。他们的职责不是治病救人，而是以提高人的健康生活质量、延长寿命、消除健康差距为目的。

（2）课程设置。健康管理专业一般都被列在卫生与医药学科类。主要是将医学、生物相关学科、食品营养和人类健康相关学科有机地综合起来的一门综合性学科。宗旨是培养既懂医学又懂食品与健康学的综合性人才。课程设置侧重卫生与管理知识，具体开设以下 14 门专业基础课程（见表 6 - 10）。

表 6 - 10　　国外健康管理专业课程设置

Course Offered	课程设置
Alternative Medicine	另类疗法
Biometrics and Biostatistics	生物和生物统计
Communication and Sciences	信息科学
Food Sciences and Nutrition	食品科学与营养
Genetic Counseling	遗传咨询
Health Care and Hospital Administration	卫生保健和医院管理
Health Education	健康教育
Health Sciences	健康科学
Health Services Research	健康服务研究
Human Services	人类服务
Occupational Health and Hygiene	职业健康与卫生

续表

Course Offered	课程设置
Physical/Occupational Therapy and Sciences	职业技能与科学
Public Health and Epidemilogy	个人健康与流行病学
Sports Medicine	运动医学

资料来源：美国大学数据库。

（3）考证就业。美国健康管理师都是专业的医疗健康管理人员。健康管理师方面的职位有很多，可以选择医疗保健管理，也可以选择医疗保健、操作、监督类型的工作，还可以选择行政方面的工作，如医疗保健经理。不过，要想成为一名健康管理师并不容易，本科及以上学历是基本要求。目前，越来越多的美国高校开设健康管理专业，学位主要分为四个种类[①]：其一，健康管理专业的肄业证书（类似于大专），时间为两年；其二，本科学位，四年完成；其三，硕士学位，上学期间学生可根据个人喜好自由选择具体的研究领域，两年完成学位，甚至可以更快；其四，博士学位，学生要进行一系列的研究及理论知识方面的探索，为期3～5年。

需要取得国家的认证证书。所有州都要求护理机构的管理者必须有许可证，每个州的要求可能不一样，所以认证证书在各州之间不能通用。如果要换到另一个州工作，很可能需要重新考取许可证。执业许可证严格按照州和联邦法律执行和颁发。获得证书后，健康管理师们必须学习不断变化的医疗保健法及新技术。大部分州要求健康管理师拥有学士学位，通过许可证考试，完成基本培训后才能上岗。但如果只是一些简单的医疗卫生方面的服务，则可以不需要许可证。

据数据显示，截至2012年，美国已有31万余人成为专业健康管理师。他们工作在不同的领域，包括管理医院设备、养老院以及负责医疗训练等工作，也常被称为健康服务管理师或健康医疗师。预计至2022年，健康管理师会增长23%，大约增加7.3万多人。劳动统计局的数据显示，健康管理师的平均工资约为每小时42.59美元。

2. 案例——美国南加州大学老龄科学应用研究和管理学院

在美国，与健康管理类专业相关的专业院校并不多，而美国南加州大学的戴维斯老龄科学应用研究和管理学院，则是个中翘楚。美国南加州大学成立于1880年，在最新的美国大学排名中居第23位，是世界顶尖研究型大学。学校位于洛杉矶市中心，是美国西部历史最悠久的私立大学。美国南加州大学戴维斯老龄科学应用研究和管理学院成立于1975年，是创立最早、规模最大的老龄科学与健康管理研究学院。作为美国老龄科学与健康管理研究领域的先驱，学院开创性地设立了多个教育教学项目，包括世界上第一个老龄科学博士学位和第一个结合商业管理与老龄科学的硕士学位。作为世界上最主要的老龄科学与健康管理研究与教育中心之一，学院师资强大，有来自分子生物学、神经系统学、老年医学、人口统计学、心理学、社会学以及公共政策研究学等多个领域的专家；研究方向广泛，涵盖人体老化研究、交叉学科研究、健康管理和全球政策研究等与老龄学有关的内容。近40年来，戴维斯老龄学院始终走在老龄学与健康管理研究的前端，持续不断地为老龄学与健康管理的研究开辟新的领域。本院提供本科、硕士和博士学位，项目如下：

---

①搜狐网：《美国有30多万健康管理师》，http：//roll. sohu. com/20140401/n397522381. shtml，2014－08－13。

（1）学士学位。人类生命历程健康科学本科学位和人类发展与社会科学/健康科学本科学位，两个学位分别以生物医学、应用科学和社会科学为理论基础，毕业生将在老年政策、健康医疗、长期护理等老龄科学领域具有一技之长，并对人类发展和衰老过程中出现的生理、心理和社会问题进行研究。学生们可以从生命历程发展的广阔视角出发，从医学、药剂学、理疗学、公共政策、心理学、健康管理学或是社会学等领域，对人类衰老过程中各个阶段的不同状况有更深入的理解。通过严格培训，未来可在政府机构、企业公司、非营利组织等机构中发掘到更多具有挑战性且报酬丰厚的职业。两个学士学位毕业要求均为128个学分。可选课程有老年生理学、老年神经生物学、老龄化与健康管理、老年与卫生保健、老龄化社会政策等。

（2）硕士学位。

1）老龄学理学硕士学位。该项目是本院的明星项目，旨在为政府部门、研究机构、企业公司等老龄学相关机构的领导者，在科研和管理方面提供更好的老龄服务。毕业要求为44个学分，包括专业课、选修课和课外实习三部分。可选课程有发展心理学、社会老龄政策研究、老年健康咨询服务、交叉学科老龄学等。本项目还提供包括与商学院、医学院、药剂学院、公共政策管理学院、法学院和社会工作学院等其他学院联合颁发的双硕士学位。

2）老龄化服务管理学硕士学位。该项目旨在培养老龄服务部门的管理者，使他们获取老龄化服务的技术和管理知识。毕业要求为32个学分。可选课程有老龄服务管理研究、老龄消费决策制定、老龄科技创新研究、老龄相关法律与制度管理等。

3）长期照护管理学硕士学位。该项目结合了社会学、心理学、生物学相关的老龄化研究和长期照护机构的管理与运营等多方面的知识，是戴维斯老龄学院与马歇尔商学院联合举办的项目。本学位毕业要求为28个学分。可选课程有长期照护机构管理学、财务管理与会计基础学、长期照护机构法律与政策环境研究、老年心理及家庭咨询等。

4）老龄学文学硕士学位。该项目旨在为不同领域的专家提供更深层次的学习、更好地帮助塑造他们已有的技能，为他们创造与老龄学相关的、个性化的，以及无与伦比的专业价值。教学课程宗旨和老龄学理学硕士学位相似，但毕业要求为28个学分。可选课程有老龄学专业问题探讨、社会政策与老龄化关系的研究、行政系统管理学等。

（3）博士学位。老龄学博士学位，该项目旨在培养老龄学的高精尖人才，每年都吸引着全球顶尖学生的申请。经过研究方法和统计分析等高水准科学研究训练，毕业生将掌握老龄学研究的顶尖科学技术和相关领域的管理技能，成为老龄科学专业学者和领导者。

（4）就业情况。南加州大学戴维斯老龄科学应用研究和管理学院的毕业生就业领域广泛，包括医学、健康管理机构、科研院所、社会服务机构、政策部门、商业和市场营销、法律机构、建筑和城市规划、娱乐和广告策划等。本院享誉业界，校友资源丰富。随着全球老龄人口与日俱增，老龄学与健康管理领域成为具有巨大潜力的新兴市场，拥有老龄学学位的毕业生在该领域将大有作为。

五、对我国健康管理专业职业教育发展的启示

高校发展健康管理专业是解决健康管理专业人才缺乏的有效途径。然而至今，仅有部分高校设有健康管理或相近专业。我国职业教育发展健康管理专业应充分借鉴国内外先进经验，结合本校特点改革创新，寻求切合实际的培养模式和课程体系，以迎接挑战，促进发展。

（一）健康管理专业体系建设

根据国家教育部专业目录，健康管理应属于管理学一级学科下的公共事业管理专业（专业代码650313），从人才培养目标及职业方向，应区别于卫生事业管理方向，将专业名称定为公共事业管理健康管理。

1. 明确培养目标

健康管理专业旨在培养具备现代健康管理等方面的知识以及应用能力（见表6－11），毕业时顺利通过考证，胜任健康管理企事业单位健康管理与服务工作的高级应用型人才。

表6－11 健康管理专业人才综合职业能力分析

类型	专业能力	方法能力	社会能力
基本能力	能够掌握医学基础知识、临床、护理、预防医学基本知识、营养、运动等基本保健常识，常见心理疾病的技能等。能独立完成利用计算机信息技术搜集健康检测信息、健康状况评估、慢性病及其并发症的防治、预防保健、营养膳食、心理咨询等工作	能够运用所学知识，针对某一个或一群服务对象，通过计算机完成健康检测、评估和健康维护的常规工作	具有健全的心理状态和健康的体魄，良好的沟通能力，具有亲和力和良好的职业道德，具有伦理意识、法律意识、医疗安全意识，以及评判性思维能力和社会适应能力
较高层次能力	以掌握法律、经济、自然等常规知识，良好的表达和理解能力，较强的适应能力和创新精神为基础，具有计算机信息技术基本操作技能和一定的英语应用能力，具有初步获取相关专业领域新理念、新知识、新技术、新方法的能力	能够较全面地分析问题和独立解决问题，具有良好的信息接收能力，并能灵活运用迁移处理新的问题	有计划组织能力，能妥善处理好竞争与合作的关系，协调能力较强，具有一定的心理压力承受能力

（1）培养学生具有良好人文精神的人文社会科学知识（包括人文科学知识，社会科学知识，信息科学知识，人际关系与沟通技巧）。通过对学生人文品性的认识和熏陶，培养融科学精神与人文精神于一体的高尚职业精神，通过掌握一定的人际交往和社会沟通技巧，能够顺利协调健康管理领域各个部门之间的关系，同时，也能够为提高学生的健康管理专业能力和专业素养提供更好的创造性思维和高尚职业情操。

（2）培养学生具有厚实的临床医学与健康管理基础知识，使学生拥有足够的发展后劲，具有在今后健康管理事业改革与发展过程中厚积薄发、迎接挑战的基本能力。

（3）培养学生具有扎实的专业实践知识（包括在实验基地和校外企业进行健康管理学课程中的教学），真正让学生不仅能够掌握现代健康管理理论和管理方法，而且要具有基本素质和技能的应用型健康管理人才。

（4）培养学生具有解决健康管理工作实际问题的能力，学生毕业后能很快适应我国健康管理相关机构或企业行业对应用型健康管理专业人才需要，在卫生行政机构、医疗管理和健康管理服务机构、科研机构等领域从事健康管理工作。

2. 改进课程设置

健康管理是一门综合性的交叉学科，涉及预防医学、临床医学、社会科学等领域，其中，循证医学、流行病学、统计学、信息管理学、心理学、社会学、中医学、运动学和营养学都是与健康管理密切相关的重要学科。结合现阶段我国健康管理事业的发展现状和健康管理人才需求类型情况，以及研究整理分析多所职业院校课程设置和教学计划，健康管理职业教育的培养内容应在医学和管理学的基础上，进一步扩展健康管理相关学科知识为补充，强化人文素质培养，突出实践教学，凸显专业特色。除了教育部规定的公共课程之外，体现岗位核心能力的专业课程必须符合健康产业对于管理人员的岗位要求。结合健康行业中不同领域不同方向开设相应的课程（见表6－12）。

表6－12　健康管理专业课程设置一览表

<table>
<tr><th colspan="2">课程类别</th><th>课程设置</th></tr>
<tr><td colspan="2">公共基础课程</td><td>专业英语、计算机应用、法律基础、健康管理学、健康教育学、循证医学、人体解剖学、人体运动学等</td></tr>
<tr><td colspan="2">专业基础课程</td><td>病理生理学、诊断学基础、临床疾病概要、体检诊断学、中医基础理论、中药学概论、养生学概论、保健按摩基础、医学心理学等</td></tr>
<tr><td rowspan="4">专业技能课程</td><td>养生保健方向</td><td>中医养生学、中医诊断学、经络学、针灸学、中西医保健学、运动养生学、中医运动学、传统文化养生学等</td></tr>
<tr><td>公共营养方向</td><td>营养学基础、营养配餐与设计、中医药膳学、食品卫生学、食品营养学、烹饪营养学、营养学与疾病预防等</td></tr>
<tr><td>心理健康方向</td><td>医学心理学、临床心理学、心理学基础、认知心理学、生理心理学、积极心理学等</td></tr>
<tr><td>亚健康调理方向</td><td>人体体质概论、人体体质与亚健康调理、亚健康中医辨证、亚健康中医调理技术综合调理、亚健康调理指南等</td></tr>
<tr><td colspan="2">选修课程</td><td>芳香疗法、音乐疗法、催眠疗法、中医足疗美容技术等</td></tr>
</table>

3. 加强师资队伍建设

师资队伍比较薄弱，“双师型”教师缺乏。因此，加强健康管理师资队伍建设，不断提高师资队伍的业务素质，是职业院校发展健康管理专业的关键途径。

（1）规范教师选用机制。在临床医学基础教育方面，选用经验丰富的临床医生担任相关专业的临床医学理论与实践教学任务，结合临床医学教师职务聘任，制定相关文件和办法，以加强临床医学教师的选聘、使用、培养和管理。在健康管理学方面，重视“双师型”教师人才的选拔和培养，选用实践经验丰富且从业多年的教师，可聘请企业专家为兼职教师。重视队伍教学水平的培养和提升，不断提高教学技能与水平，强化教学意识，规范教学管理，保障教学质量。

（2）建立教师培养机制。实施青年教师教学实践，建立基地锻炼培养与职称晋升相挂钩的长效制度。鼓励教师去高校攻读公共事业管理（健康管理）硕士学位和博士学位，提升教师学历层次水平。通过有计划的选派青年教师赴健康管理企业锻炼，让青年教师接触实践，接触问题，在实践中学习与锻炼，为青年教师提供理论与实践相结合的平台，并将实践工作知识及时转化到专业课程课堂教学中，不断提高教学质量。同时发挥科研团队精神，建立科技资源共享创新平台，以实验区为研究现场，从实验区的实际工作中发现问题、研究课题，促进科研成果及时转化到社会服务和课堂教学之中。

（二）国家政策支持建设

针对目前健康管理行业发展情况，国家对职业院校健康管理专业人才培养的重视还不够，为了使健康产业能够良性蓬勃发展，政府应结合社会力量，尽快从国家层面组建顶级学术研究机构和行业管理平台，提高国人的健康素质和生活质量。具体建议措施如下：

1. 提高社会认知度

（1）加强宣传力度，提高健康管理认识。各级卫生行政部门和卫生工作者要统一认识，始终把增进健康放在一切卫生工作目标的优先位置。全面普及健康管理知识，提高全民健康意识。开展多种形式、多种类型的健康管理教育活动，充分发挥各种新闻媒体的作用，加强知识宣传，提高公众对健康管理的认知度和接受度，提高健康管理专业人才的社会地位，宣传健康管理专业将是我国未来炙手可热的专业之一。同时增强健康管理机构、医院、消费群体、保险公司等各方面的健康投资观念。引导健康管理方向，帮助人们建立正确的健康理念。

（2）加强政府引导，增加投入。政府相关部门的支持引导将对健康管理产业的发展起到积极的推动作用。这种支持包括：产业政策的鼓励，加大医疗预防保健的投入，医疗保险体质改革的深化，资金的投入，健康管理技术规范化标准的制定和推行。另外，卫生行政部门应尽早界定健康管理的行业概念和范畴，并由此制定健康管理的机构资质要求、业务范围等，对各级医疗机构内独立设置的健康管理部门以及专业健康管理公司在服务项目、方法、从业人员的资质、培训、管理等方面提出原则性指导意见。

2. 规范行业制度

（1）规范健康管理行业。健康管理行业很流行，但市场混乱。目前，我国还没出台有关健康管理方面的相关政策。各种体检中心、健身会所、休闲娱乐中心、保健品推销商等众多组织和机构都称自己从事健康管理事业。健康管理专业人才培训考证在全国各地开展的如火如荼，但鱼龙混杂。这就要求我国相关职能部门尽快完善健康管理这一行业相关政策的制定，规范健康管理服务市场的运行，有效地在全国推广健康管理服务。

（2）规范证书考核制度。针对健康管理在推行过程中存在的体制上障碍，建立和健全相关法律法规，规范健康管理职业标准，借鉴国外健康管理专业人才培养标准，必须持证上岗就业，规范健康管理市场。建议：针对不同的岗位，应以健康管理师为主要证书，同时可以建议学生考取健康行业中不同的行业证书，如医药商品购销员（健康产品营销）、信息化办公和档案管理员（医院健康管理）、保险经纪人（医疗保险）、社会工作者（社区健康管理）、公共营养师（餐饮企业食品管理、学校和酒店食品卫生管理等）、心理健康师（心理咨询室）、养生师（高级养生会所、中医馆等）。

3. 加快人才队伍建设

据从卫生部人才培训中心了解的数据，截至目前，全国获得健康管理师认证资格的仅有1400余人，这种健康管理专业人才匮乏的现状无法适应健康管理事业发展的要求，同时具备健康管理师职业资格的人员，在医疗领域还未被认可。为此，卫生管理部门应出台相应的政策，加大培训力度，发挥专业院校的教学优势，建立完善的人才培养机制，在保证质量的前提下加快健康管理人才培养速度，支持社会机构扩大培训。打造专业研究队伍和科研机构，组织开展对健康管理的分析与研究，统一健康与亚健康的概念、内涵、界定范围，最终形成权威的、统一的健康与亚健康评判标准和健康管理服务规范。引导医疗机构设置健康管理师岗位，强化用人机制，使健康管理专业人才真正发挥应有的作用。

参考文献

［1］王伟刚等：《健康管理模式的国内外发展概况》，《中国医药导报》2013 年第 10 卷第 1 期，第 27 页。

［2］李利斯、刘宝花：《我国健康管理发展的现状及前景》，《临床和实验医学杂志》2009 年第 8 卷第 3 期，第 128 页。

［3］陈君石、黄建始：《健康管理师》，北京：中国协和医科大学出版社，2007 年版。

［4］盛立萍等：《健康管理》，《职业与健康》2011 年第 27 卷第 10 期，第 1176 页。

［5］张秋苹：《我国部分城市健康管理服务现状与发展对策研究》，南京师范大学硕士学位论文，2011 年。

［6］戴云云、何国平：《健康管理在中国的发展现状趋势及挑战》，《中国预防医学杂志》2011 年第 12 卷第 5 期，第 425 页。

［7］饶克勤等：《我国人口老龄化对卫生系统的挑战及其应对策略》，《中华健康管理学杂志》2012 年第 6 卷第 1 期，第 6 - 8 页。

［8］《健康养老成撬动内需新支点（热点聚焦）》，《人民日报》2013 年 8 月 30 日海外版，第 2 版。

［9］《60 岁以上老年人平均患三四种慢性疾病》，《每日商报》2010 年 4 月 27 日，第 21 版。

［10］苗蕾、王家骥：《我国目前开展健康管理的 SWOT 分析》，《中国卫生事业管理》2010 年第 3 期，第 150 页。

［11］高仰山：《“健康管理”势在必行》，《中国保健营养》2006 年第 15 卷第 6 期，第 1 页。

［12］苏太洋：《健康医学》，北京：中国科学技术出版社，1994 年版。

［13］吴非：《我国有健康管理机构 8000 多家》，《健康报》2011 年 10 月 31 日，第 1 版。

［14］马丽斌：《借鉴美国经验发展我国的健康管理事业》，《药业纵横》2007 年第 16 卷第 8 期，第 15 页。

［15］张娴等：《中国健康管理相关机构现状调查（2007 ~ 2008）》，《中华健康管理学杂志》2009 年第 3 卷第 4 期，第 210 页。

［16］万学中等：《甘肃省社区健康管理服务机构现状与发展对策》，《中国初级卫生保健》2013 年第 27 卷第 6 期，第 24 页。

［17］黄振鑫、张瑛：《国内外健康管理进展》，《中国公共卫生管理》2012 年第 28 卷第 3 期，第 255 页。

［18］陈君石、黄建始：《健康管理师》，海口：海南卫生出版社，2007 年版。

［19］朱晓卓等：《高职院校健康管理专业人才培养方案的现状分析》，《中国卫生事业管理》2013 年第 2 期，第 141 - 142 页。

［20］豆丁网：《健康管理服务内容》，http：//www. docin. com/p - 756421111. html&key = 预防医学、卫生学。

［21］39 健康网：《中国 2.6 亿人确诊患慢性病，医疗费将超 5000 亿美元》，http：//zl. 39. net/a/120819/4037261. html。

［22］中国产业动产网：《中国健康信息管理产业发展历程》，http：//www. 51report. com/free/3056119. html。

［23］21 保健品网：《建银国际行政总裁胡章宏：50 亿元组建首只医疗产业基金》，http：//www. bjspw. com/news/showNews. jsp？id = 391343，2014 - 08 - 08。

［24］中国健康促进网：《全国养生保健从业人员专业技术培训认证》，http：//www. chcjkgl. org/news. asp？lb = % BB% FA% B9% B9% B6% AF% CC% AC，2014 - 08 - 03。

［25］倍泰网：《健康服务业需求快速增长催生 8 万亿元市场》，http：//www. belter. com. cn/xingyedongtai/36 - 39. html。

［26］新浪网：《北京上海深圳等城市先富人群需求私人医生》，http：//finance. sina. com. cn/china/20130225/165614639589. shtml，2014 - 08 - 07。

[27] 中国健康促进网：《主动干预，健康管理进入“私人医生”时代》，http：//www. jkcj. org/news_ type. asp? id =509。

[28] 中国健康促进网：《“数字化自我” 自我，引领健康管理风潮》，http：//www. jkcj. org/news_ type. asp? id =504。

[29] 中国健康促进网：《两岸四地专家共商健康管理学科发展》，http：//www. jkcj. org/news_ type. asp? id = 516。

[30] 中国健康促进网：《健康管理产业成市场所需》，http：//www. jkcj. org/news_ type. asp? id =490。

[31] 360 个人图书馆：《中国健康管理的现状与发展》，http：//www. 360doc. com/content/09/0907/17/253195_ 5686413. shtml，2014 -08 -08。

[32] 山西煜华生物科技有限公司官网：《健康管理是一门新兴学科》，http：//www. sxyhsw. com/html/jiankangyuandi/yufangyixue/20130617/163. html。

[33] 豆丁网：《健康管理的营利模式及体系构建》，http：//www. docin. com/p -184465752. html。

[34] 新浪网：《我国应大力发展康复养老服务机构》，http：//health. sina. com. cn/news/2013 -03 -05/155074883. shtml。

[35] 健康报网：《休闲养生保健服务需求渐热》，http：//www. jkb. com. cn/news/technology/2011/1101/103618. html。

[36] 凤凰网：《公共营养师：成兰州职场新宠儿》，http：//news. ifeng. com/gundong/detail_ 2013_ 03/13/23028479_ 0. shtml。

[37] 职业培训教育网：《健康理念催生市场商机》，http：//www. chinatat. com/new/178_ 235/2009a8a21_ sync7306205940212890022950. shtml。

[38] 豆丁网：《亚健康对人体的深入危害》，http：//www. docin. com/p -921419046. html&key = 亚健康怎么治。

[39] 豆丁网：《亚健康咨询师培训计划》，http：//www. docin. com/p -113885971. html&key = 亚健康怎么治。

[40] 心天泻血培训总部网：《亚健康调理师资格证书》，http：//www. houxue. com/kech eng/277150/。

[41] 中国健康促进网：《心理健康管理师 职业发展新方向》，http：//epaper. tynews. com. cn/shtml/tywb/20140729/520619. shtml。

[42] 健康养生师贴吧，http：//tieba. baidu. com/f? kz =1581296764。

[43] 公共卫生管理学院官网：《国内健康管理机构简介及国外健康管理概况》，http：//gwxy. jzmu. edu. cn/onews. asp? /258. html，2014 -08 -13。

[44] 中国联合健康管理网：《国际健康管理主要模式分析》，http：//www. health -china. com. cn/index. php? m =Article&a =show&id =20。

[45] 中大网校论文网：《高职健康管理专业就业前景分析》，http：//www. wangxiao. cn/lunwen/jyl/06901115522. html，2014 -08 -13。

[46] 嘉华世达美国留学网：《美国健康管理专业渐成留学新宠》，http：//www. educationusa. com. cn/information/major/health/content_ 7501. html。

[47] 搜狐网：《美国有30 多万健康管理师》，http：//roll. sohu. com/20140401/n397522381. shtml。

第七章　旅游行业与职业教育分析报告

随着我国第三产业的快速发展，作为其支柱产业之一的旅游业也呈现出明显的全球化趋势。国民大众旅游消费时代的到来，给我国的旅游业带来了新的契机，也提出了新的要求。当前旅游业的巨大拉动作用受到世界各国的高度重视，据世界旅游组织预测，我国将在2020年从一个旅游大国向旅游强国迈进。因此，伴随着旅游业的快速发展，旅游业发展方式在悄然转型，旅游专业的人才需求不断增加，旅游职业教育将在我国旅游业的发展过程中扮演越来越重要的角色，同时也要不断提升水平以适应新的社会需求。

本报告在大量引用相关研究成果和产业发展数据的基础上，对我国旅游行业、企业及其人才需求、我国旅游专业职业教育等方面进行较为全面的分析，并分析了发达国家旅游专业教育的办学经验，为我国旅游专业职业教育发展提供借鉴。

一、我国旅游行业发展概况

改革开放以来，我国旅游业得到了迅猛的发展，随着我国人民生活水平和消费水平的提高，以及我国综合国力和国际地位的上升，我国入境旅游业和国内旅游业都进入了一个新的发展阶段，旅游市场越来越大。根据国家统计局网站显示，2013年我国入境旅游人数达到12908万人次；旅游外汇收入517亿美元；国内旅游人数达326.2万人次，国内旅游花费达到26276.12亿元①。

（一）发展现状

随着国民大众旅游消费时代的到来，旅游业发展方式在悄然转型，从长期看旅游消费需求将维持中速增长，常态化的旅游需求及其增长将是未来一段时间内我国旅游市场需求的主力。2014年旅游经济发展相对乐观，将延续平稳较快增长态势。

1. 入境旅游市场概况

30多年来，随着我国对外开放政策的实行和对外交往的增加，来华旅游者呈现出不断增长的态势。根据国家统计局网站显示，来华的入境旅游人数从2000年的8344.39万人跃升到2013年的1.29亿人；旅游外汇收入从2000年的162.64亿美元增加到2013年的516.64亿美元，在这14年的入境旅游市场发展中，出现了两段浮动。如图7－1、图7－2所示，2003年入境人数和外汇收入有所下降，出现这样的原因主要是受到2003年SARS病毒的影响；而2008年和2009年这两项指标也有所下降，这个主要是受到金融危机影响，入境旅游市场整体处于低位运行状态。不过随着世界范围内经济的回升，入境旅游市场将逐步恢复。

①中国国家统计局网站：《中国统计年鉴》，http：//www.stats.gov.cn/，2014－08－10。

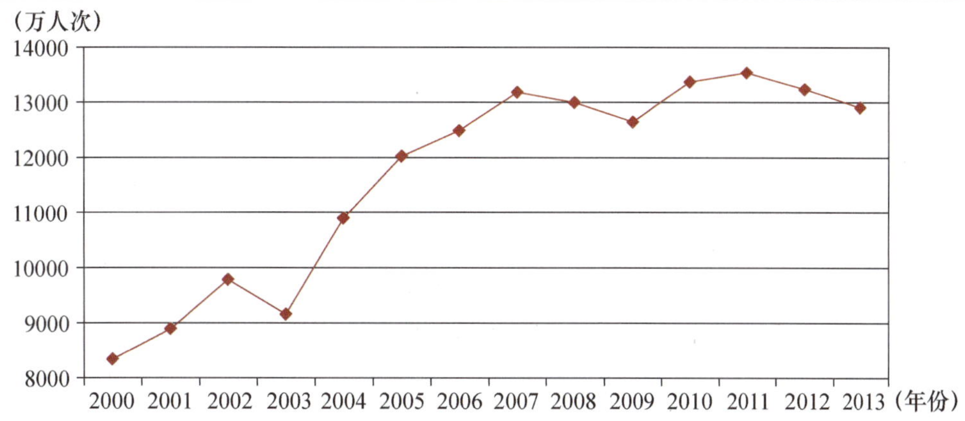

图 7－1　2000～2013 年入境旅游人数

资料来源：中国国家统计局网站。

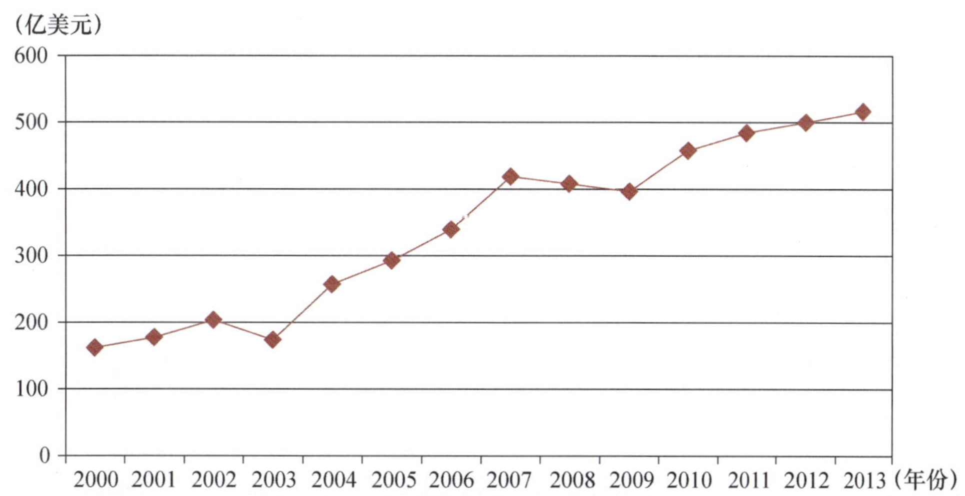

图 7－2　2000～2013 年入境旅游外汇收入

资料来源：中国国家统计局网站。

入境旅游这种发展阶段的形成一方面与我国经济发展情况有密切关系，另一方面也与全球经济环境密切相关。据国家旅游局预测，随着月度降幅不断收窄，未来我国入境旅游将继续保持增长态势，到 2014 年底，我国国际旅游外汇收入将有望达到 530 亿美元。

2. 入境游市场分析

2014 年上半年，我国累计接待入境旅游者 6231.38 万人次。其中，香港同胞达 3732.01 万人次，同比下降 2.8%，占全部入境旅游者的近六成；其次是外国旅游者，总共有 1253.14 万人次，同比下降 1.78%，占入境旅游总人数的 20%；紧随其后的澳门旅游者 991.98 万人次，同比下降 4.15%，占比为 16.16%；台湾旅行者有 254.25 万人次，占比为 5.5%[①]（见图 7－3）。但从旅游收入来看，外国旅游者贡献度最大，贡献了超过六成的收入来源，这与其来华目的以商务和观光旅游有关。

①迈点网：《2014 年上半年旅游业分析报告》，http：//papers. meadin. com/document/detail/3af21e94－0e44－4838－9b60－8c8e8f74d6eb，2014－08－20。

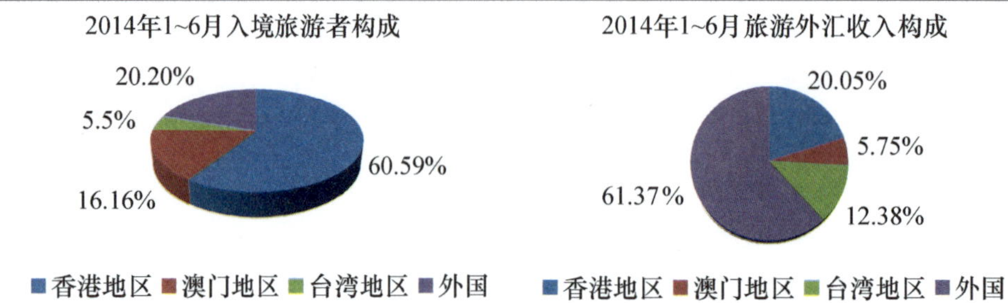

图 7-3　2014 年上半年入境旅游者及外汇收入构成

资料来源：迈点网。

3. 国内旅游市场情况

改革开放初期我国在发展旅游产业时选择的是以国际旅游市场为重点的创汇导向型模式，而对国内旅游业采取的是“不提倡、不鼓励、不反对”的政策。进入 90 年代以来，随着我国国民经济的发展，人民收入水平的提高，人们消费观念的变化，我国国内旅游业迅速发展。从图 7-4 中可以看到，国内旅游出游人数从 2000 年的 74400 万人次增加到 2013 年的 326200 万人次；国内旅游花费从 2000 年的 3175.54 亿元增加到 2013 年的 26276.12 亿元①。自国务院出台了延长节假日的规定后，国内旅游更加兴旺，形成了国内旅游消费的热潮。旅游产业在扩大开放、拉动内需、推动社会发展、提高生活质量等方面的作用愈来愈显著，以旅游为主体的新的消费机制已经启动。

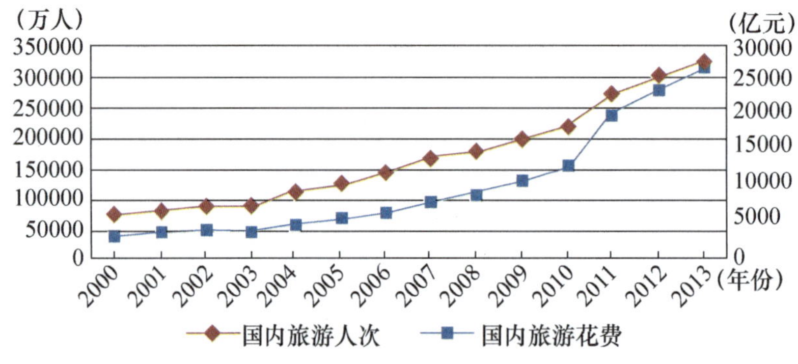

图 7-4　2000~2013 年国内旅游人数和旅游花费变化趋势

资料来源：中国国家统计局网站。

4. 国内旅游市场分析

中国旅游研究院的报告称，2014 年上半年在相对有利的旅游经济发展环境下，受居民收入增长跑赢 GDP 增速、居民对旅游的刚性需求较大和节假日的影响，我国国内旅游市场需求旺盛，旅游产业总体景气水平保持平稳，区域旅游一体化进程加快。根据世界旅游组织预测，到 2020

①中国国家统计局网站：《中国统计年鉴》，http：//www.stats.gov.cn/，2014-08-10。

年，国内旅游将达到28亿人次，居民平均出游率2次/年，将成为全球最大的国内旅游市场①。具体数据如表7－1所示。

表7－1　　2020年世界前5大旅游目的地

序号	目的地	接待人次（万/人次）	市场份额（%）	1995～2020年增长率（%）
1	中国	13710	9.6	8.0
2	美国	10240	6.4	3.5
3	法国	9330	5.8	1.8
4	西班牙	7100	4.4	2.7
5	中国香港	5930	3.7	7.3

伴随着旅游消费结构升级，高端旅游消费需求的比重将有所提升。而高端旅游消费需求属于度假游阶段。从人均消费较低阶段到高端旅游消费一般会经历观光游、休闲游、度假游三个阶段②。这三个阶段的发展特点如图7－5所示。

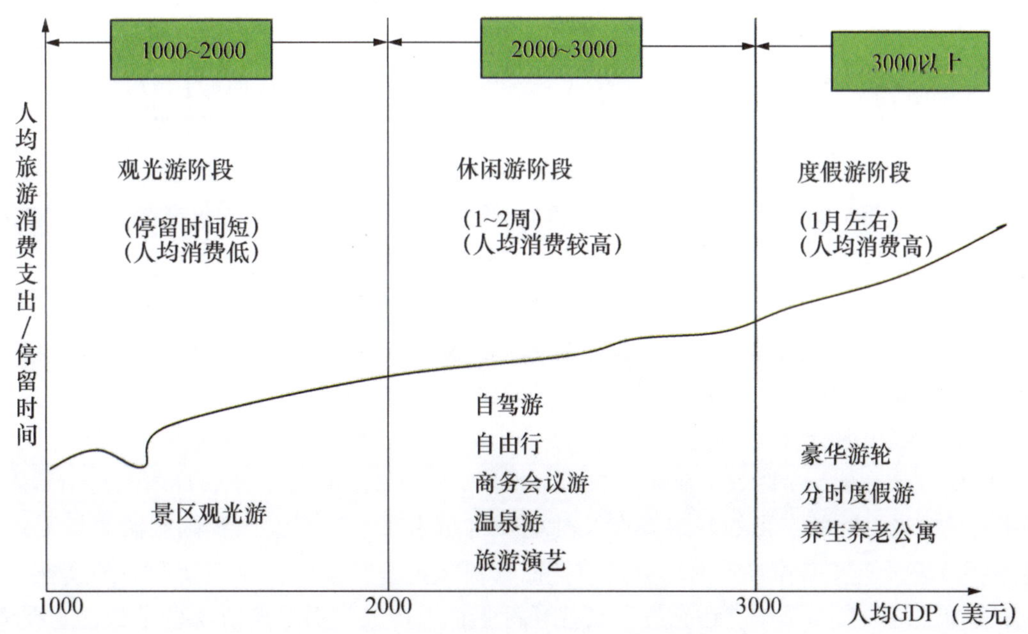

图7－5　旅游业发展阶段示意图

资料来源：中国产业信息网。

（1）观光游阶段。根据旅游业发展的国际经验，当人均CDP处于1000～2000美元时，旅游业处于观光旅游阶段。在进入小康社会之前，国民旅游目的主要是观光。观光旅游中，旅游者的

①中国产业信息网：《2014年中国旅游行业发展现状及前景分析预测》，http：//www.chyxx.com/industry/201401/227329_2.html，2014－08－28。

②刘松、韩福文：《休闲、度假与中国旅游业发展阶段分析》，《北方经贸》2007年第6期，第117－118页。

目的性很强、很明确。

(2) 休闲游阶段。人均GDP处于2000~3000美元时，旅游业处于休闲旅游阶段，在这个阶段内，旅游业收入的增长主要依靠旅游人次的增长，规模驱动较为明显。

(3) 度假游阶段。当人均GDP达到3000美元以上时，旅游业的发展进入度假游阶段，旅游业收入的增长主要依靠人均旅游消费的增长，价格驱动较为明显。旅游消费已经不再局限于传统的旅游消费模式，人们更加注重个性化的发挥①。

(二) 发展特点

当前，中国旅游业发展格局基本形成，大众化需求不断发展，发展中大国的大众旅游优势日益凸显，为迈向世界旅游强国奠定了基础。未来几年，伴随中国经济社会进一步发展、在线旅游呈现燎原之势、各类旅游方式兴起、产业地位进一步提升，旅游业发展环境将持续优化，功能将进一步释放，进入战略性发展机遇期。

1. 在线旅游迸发光彩

国民经济的快速发展，居民收入水平和消费需求提升，使得旅游成为国民重要生活方式和“大众消费”重要载体。而随着网络的快速发展，在线旅游发展呈现出燎原之势。在线旅游，通俗点说，就是通过网络来查询、预订、支付酒店、机票、旅游线路、景区景点等旅游产品，以及分享旅游过程和经验。自1997年首个旅游网站上线，我国旅游电子商务已走过17年的历程，并保持了持续快速发展的势头。随着新一代信息技术的蓬勃发展和大众旅游时代的来临，在线旅游呈现出了爆发式发展势头。根据迈博汇金网站资料显示，2013年中国在线旅游市场交易规模增29.0%、渗透率7.6%；中青旅遨游网机票频道上线；佰程旅行网获阿里巴巴1500万美元B轮融资；“在路上”获高额B轮融资等，一系列的在线旅游商旅得到了市场肯定②。根据艾瑞咨询公司2014年在线旅游行业年度监测报告显示，中国在线旅游市场交易规模2012年约达1730亿元，同比增长31.6%，2013年中国在线旅游市场交易规模达到2181.2亿元，同比增长27.7%，如图7-6所示③。与传统经营模式相比，在线旅游已成为一种趋势，“不求所有，只求所用”的“轻资产战略”和“你中有我，我中有你”的网络联盟战术将是今后在线旅游的发展方向。

2. 新兴旅游方式层出不穷

随着国民大众旅游消费时代的到来，旅游业发展方式在悄然转型，从长期看旅游消费需求将维持中速增长，老百姓常态化的旅游需求及其增长将是未来一段时间内我国旅游市场需求的主力。2014年旅游经济发展相对乐观，将延续平稳较快增长态势。旅游业的新产品和新业态层出不穷，像海洋旅游、自驾车旅游还有房车旅游等新业态正在成为引领旅游消费增长的重要领域。此外，为了轻松自在享受假期，带着帐篷去旅游正成为中国人旅游休闲的新时尚，“帐篷游”市场在逐渐壮大，一批批户外俱乐部、车友会、高校户外社团、登山社也应运而生④。“帐篷游”作为一种特殊的体验方式，在人们个性化出游、自助式出游越来越深化的情况下，有利于深度体验景区之美，有一定的发展前景。

---

①孔繁嵩：《观光旅游向度假旅游过渡阶段的旅游消费特征》，《商场现代化》2008年第15期，第246-247页。

②迈博汇金网：《2013年中国在线旅游市场分析》，http://www.microbell.com/result.asp，2014-09-01。

③艾瑞网：《2014年在线旅游行业年度监测报告》，http://ec.iresearch.cn/reservation/20140113/224796.shtml，2014-09-01。

④江城日报：《带着帐篷去旅游》，http://jcrbszb.chinajilin.com.cn/html/2011-12/15/content_2483313.htm，2014-12-15。

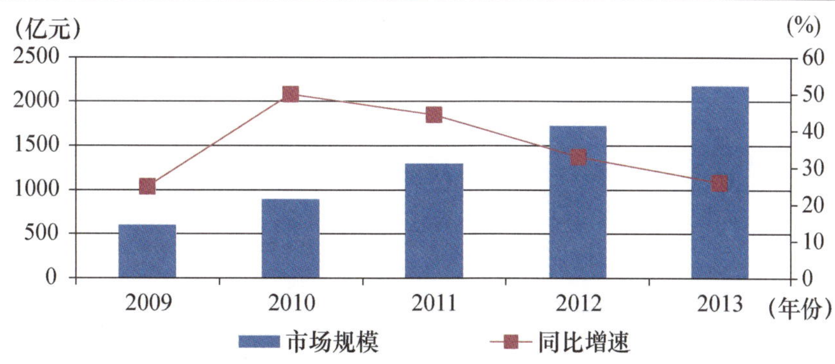

图7-6　中国在线旅游市场交易规模

资料来源：迈博汇金网站。

3. 政策环境不断得到优化

随着旅游业发展步伐的加快，我国的旅游政策法规体系也在不断完善，发展环境也更为有利。表7-2反映了近年来旅游政策环境的一些变化。

表7-2　　近年来旅游政策的环境一览表①

时间	重要文件	内容概要
2008年3月	关于大力发展旅游业促进就业的指导意见	指出国家将采取财税、信贷等一系列政策措施促进旅游业发展
2009年1月	旅行社条例	2009年5月1日起正式实施该条例，主要有关放宽旅行社设立条件、业务年检三大制度等
2009年9月	关于促进文化与旅游结合发展的指导意见	打造文化旅游系列活动品牌，打造高品质旅游演艺产品，积极培育文化旅游人才，推动文化与旅游发展
2009年11月	关于进一步发展假日旅游的意见	首次将旅游行业定位于国民经济战略性支柱产业
2009年12月	关于推进海南国际旅游岛建设发展的若干意见	将海南建设国际旅游岛上升为国家战略，提出海南的发展目标
2010年3月	关于开展海南离岛旅客免税购物政策试点的公告	对乘飞机离开海南岛旅游实行限次、限值、限量和限品种免进口税购物，在实施离岛免税政策的免税商店付款
2011年12月	旅游“十二五”规划	未来5年，围绕实现两大战略目标和建设世界旅游强国，我国旅游业将朝着产业化、国际化方向发展
2012年6月	关于鼓励和引导民间资本投资旅游业的实施意见	鼓励民间资本投资发展旅游业

①慧博投研资讯：《餐饮旅游行业研究报告》，http://www.microbell.com/docdetail_1381462.html，2014-09-02。

续表

时间	重要文件	内容概要
2013 年 2 月	国民休闲纲要	推动带薪休假制度落实，推动有条件的地方制定鼓励居民旅游休闲消费的政策措施，提升消费水平
2013 年 4 月	中华人民共和国旅游法	2013 年 10 月 1 日起实施，分总则、旅游者等 10 章 112 条，为中国旅游业发展奠定法制保障
2013 年 10 月	大众化餐饮发展指导意见	商务部将于年内出台推动大众化餐饮发展指导意见，为大众化餐饮发展提供动力
2014 年 1 月	关于印发 2014 中国旅游主题年宣传主题及宣传口号的通知	国内市场的宣传主题和口号分别是“美丽中国之旅——2014 智慧旅游年”、“美丽中国，智慧旅游”、“新科技，旅游新体验”
2014 年 8 月	关于促进旅游业改革发展的若干意见	指出要增强旅游发展动力、拓展旅游发展空间、优化旅游发展环境、完善旅游发展政策

未来五年，国际旅游市场环境更加复杂，国内旅游发展方式转变任务也会更加繁重，旅游业需要转变发展方式，以市场化为导向，提升产业发展的综合能力，加速推进我国旅游业又好又快地发展。同时，我们也要进一步扩大对外开放与国际合作，统筹国际国内两个市场，综合利用国际国内两种资源，将“走出去”与“引进来”相结合，进一步增强我国旅游业在世界旅游经济体系中的竞争力和话语权。

（三）发展问题

当前“十二五”期间，虽然我国旅游业总收入不断增长、旅游业发展迅速、产业规模不断扩大、产业体系日趋完善，但与旅游发达国家相比，中国还面临着旅游资源开发挖掘不够、旅游精品和高端项目不多、旅游产业规模不大、旅游品牌知名度不高、旅游市场竞争力不强等问题。中国旅游业在发展现代旅游业的理念和意识上与先进地区还存在较大差距。主要表现在：

1. 旅游业产业化层次较低，供需矛盾长期存在

我国旅游业的发展已经开始从劳动密集型向资本技术密集型转变，从资源驱动向创新驱动转变，这一转变要求旅游集团从单一的“吃、游”向“吃、住、行、游、购、娱”横向延伸，从满足单纯的游览需求向专业和多样化需求的纵向延伸，以应对旅游业总量和结构上深刻变化所带来的挑战。但是当下，我国旅游品牌化、多样化进程缓慢：国内旅游行业在品牌化、多样化方面优势不足，大部分旅游景区在挖掘自身文化内涵、细化景观设计、更新旅游理念、扩大延伸旅游层次方面进程缓慢，面临产品重复性高、专业化和多样性服务水平低的问题，导致对“门票旅游经济”的严重依赖。此外，当前全国很多景区，尤其是各个山区小景点，由于彼此间恶性竞争或者交通不便等原因，各自分散经营，相互合作少，游客消费成本高，旅游市场发展也面临着尴尬瓶颈。而未来五年，中国旅游市场规模将超过 2.5 万亿美元，出境旅游将超过 5 亿人次。但当下旅游服务质量不高与游客不断提升的需求层次之间的矛盾日益突出，旅游产品数量供给不足与城乡居民日益增长的旅游需求之间的矛盾阻碍了市场的发展。

2. 旅游市场秩序混乱，旅游业标准化水平较低

当前我国旅游市场秩序混乱，没有形成有效的经营模式。一是“零负团费”经营模式普遍，旅行社承包、挂靠现象普遍，加剧了低价恶性竞争。二是旅游商品购物点、旅游景点的门票和旅游酒店的住宿费用虚高标价，导游获取回扣问题严重。虚高标价，导游和经营点相互勾结，从而获取回扣在旅游业是普遍存在的现象，既严重影响了旅游形象和旅游服务质量，也不利于自助式的散客旅游的壮大发展。三是我国各个旅游城市和地区都不同程度地存在“四黑”现象。欺客宰客，兜售假冒伪劣商品，海鲜大排档等旅游餐饮点短斤缺两，以及黑团黑车甩客现象等都是游客常有的投诉。

除了市场秩序混乱外，我国旅游业的标准化规范化水平也比较低。主要表现在以下几点：一是市场定价不规范。买卖双方市场存在信息不对称，部分景点定价随意。二是服务标准不统一。旅游消费活动链条多，容易出现合同条款不明晰、各项活动安排服务标准和责任界限模糊的问题。此外，由于旅行社经营者没有长远的战略计划，市场定位不明确，同时受经济利益驱动，各种不正当竞争现象在旅游市场中普遍存在。

3. 景区规划缺失，监管机制不健全

当前不少旅游景区存在重开发、轻规划、先开发、后规划的现象，开发规划工作没有摆在重要位置，规划意识淡薄。特别是在景区开发初期，建设的自发性、自主性和随意性明显。有些景区虽然在开发前制定了规划，但是规划不够科学合理，或是景区内各投资主体只进行了局部规划，缺乏总体规划、统一规划，还有科学、统一的规划在实施过程中并未很好执行，再加上管理部门对规划实施的监督不力，导致旅游开发失控。此外，由于景区的多重管理，使得控制权力过于分散，群龙无首，各行其是，缺乏统一的管理和协调。因此景区无法制定和贯彻统一的开发建设规划，旅游主管部门对景区的纵向管理职能也受到了进一步削弱，景区内无序开发、恶性竞争在所难免。

综合以上分析，可以看出目前我国旅游市场监管主体主要面临以下问题：一是旅游监管的职能和手段有限。二是对旅游监管工作重视不够。三是旅游监管力量薄弱。四是旅游监管职能交叉。五是国内旅游市场庞大，国内旅游服务配套设施的发展跟不上旅游消费者扩大的步伐，国家投资也较少，基本上是贯彻“以旅游养旅游”的方针，花钱多的项目几乎很少触及，因此只能因陋就简，以致设施不全。

4. 游客素质较差，不文明现象严重

游人当从“我”做起。“人山人海”也是由一个个游客组成。正是不经意地举手投足之间，才产生触目惊心的遍地垃圾。正是行为修养的缺失，才导致各种景区“到此一游”的现状频出，而排队、等车之时，更需多一点理解、多一点耐心、多一点配合，尽享胜景，更尽显素养。说到底，作为公民，每个人都是社会管理的参与者，管好了自己的言行举止，才有最美丽的“人的风景”。

5. 培养目标不清晰，人才缺乏竞争力

目前我国的旅游人才整体素质偏低，旅游专业的人才培养目标大多没有明确的岗位细分，专业化程度不高。与快速发展的旅游业相比，旅游教育支撑不足，人才保障机制和开发机制相对滞后①。

①李玉华：《21世纪中国旅游人才现状之分析》，《艺术文化交流》2014年第2期，第331－332页。

旅游行业吸纳了近80%的中低层次人员就业，与他们相比，旅游专业大学生实际经验和操作能力都比较欠缺，但就业的期望值和收入要求较高，不符合旅游企业的最佳选择。而在企业缺乏的高层次人才如小语种人才、涉外人才、高级导游、高级营销策划人才方面，旅游专业大学生们能达到企业需求的比较少，整体水平偏低，与企业需要不尽一致。一方面，旅游业大发展急需人才；另一方面，旅游专业大学生与企业要求的综合素质不相符，由此出现了高不成低不就的就业尴尬局面。

二、旅游行业人才需求分析

据世界旅游理事会（WTTC）在世界贸易组织召开的世界大会上宣布，中国旅游就业是世界第一位的，根据世界旅游组织的研究结果，到2020年，中国将成为世界第一大旅游目的地，能够达到一年接待1.37亿人次的入境旅游者，同时到2020年出境人数将有1亿人次，位列世界第四。庞大的出境与入境旅游者，将对我国旅游各类型人才有很大的需求。

（一）旅游行业企业发展情况

旅游企业是旅游产业的微观基础，企业活力和市场竞争力是产业促进的第一着力点。改革开放以来，我国旅游企业的总体规模保持了较快增长，形成了一批旅行社、旅游饭店、旅游景区，以及复合型的旅游集团和行业品牌，这些企业在发展过程中呈现出了不同特点的发展形式。

1. 企业发展方式多样化

近几年来在线旅游产业的发展异军突起。在线旅游为传统旅游注入了活力，激发了它们的创新激情，为转型升级提供了范例与模式。虽然互联网对旅行社传统业务带来一定的冲击，但也带来了全新的发展机会和商业机会。未来旅游行业将是传统业态与新兴业态、线上操作与线下服务、旅游互联网与互联网旅游的相融合，传统企业与互联网企业将进行公开、公平、理性的有序竞争。

另外，餐饮业方面品牌力成制胜法宝，文化餐饮将更具竞争性。随着信息化的不断发展，网络营销愈加受到重视，用网络搜索自己中意的餐厅、美食已是常见景象。餐饮企业已经充分认识到微博微信在餐饮行业的营销中发挥的重要作用，餐饮业的O2O模式已然开启。

2. 企业发展规模迅速增长

据国家统计局网站资料分析，我国旅行社从2000年的8993家增加到2013年的24944家，增长幅度为177.37%；星级旅游饭店由6209家增加到11367家，增长幅度为83.07%。餐饮行业的营业总额从2000年的15.23亿美元增长到2013年的4419.8亿元①（见表7-3）。

从2000~2013年我国的统计数据来看，中国旅行社和星级饭店数量一直稳定增长，相对应地，它们的营业额也在增长，包括餐饮行业的收入也在快速增长。《中国旅游业“十二五”发展规划纲要》中对旅游产业明确提出了未来发展要求：旅行社发展方面要进一步推进专业化分工体系，加大市场开放力度，促进多元化的市场主体跨区域发展；饭店方面需要优化结构并推进集团化发展，要不断提高服务质量和管理水平，培育一批有产业竞争力和社会影响力的饭店品牌，

①中国国家统计局网站：《中国统计年鉴》，http://www.stats.gov.cn/tjsj/ndsj/，2014-09-06。

推进饭店连锁化和集团化发展。要构建饭店资产评估和交易平台，促进饭店产权跨区域、跨所有制流动；餐饮行业则应该大力挖掘传统菜系和地方特色餐饮，进一步提升餐饮在旅游产业中的支撑作用，同时探索旅游餐饮经营模式，形成有竞争力的旅游餐饮品牌和标杆企业①。

表 7-3 2000 年与 2013 年中国旅行社、旅游饭店数量、餐饮行业及营业额②

年份	旅行社		星级旅游饭店		餐饮行业
	数量（家）	营业总额（亿元）	数量（家）	营业总额（亿元）	营业总额
2000	8993	469.95	6209	603.71	1523（百万美元）
2013	24944	3374.75	11367	3528.0	4419.8（亿元）

另外，根据《中国旅游统计年鉴2013》数据显示，2011 年，我国旅游景区总数有 5573 家，其中 5A 级有 130 家，4A 级有 1814 家，3A 级有 1840 家，2A 级有 1661 家，A 级有 128 家，接待总人数为 26.9 亿人次，营业收入为 2658.6 亿元。到了 2012 年，我国的旅游景区总数达到了 6042 家，其中 5A 级的景区有 147 家，4A 级的有 1966 家，3A 级的有 2123 家，2A 级的有 1689 家，A 级的有 117 家，这些景区的接待总人数达到了 29.26 亿人次，营业收入有 2898.93 亿元。无论是从营业额还是景区的 A 级数量来看，都呈现了递增趋势，具体如表 7-4 及图 7-7 所示。

表 7-4 2011 年与 2012 年旅游景区、营业收入及接待人数

年份	旅游景区（家）	营业收入（亿元）	接待人数（亿人次）
2011	5573	2658.6	26.9
2012	6042	2898.93	29.26

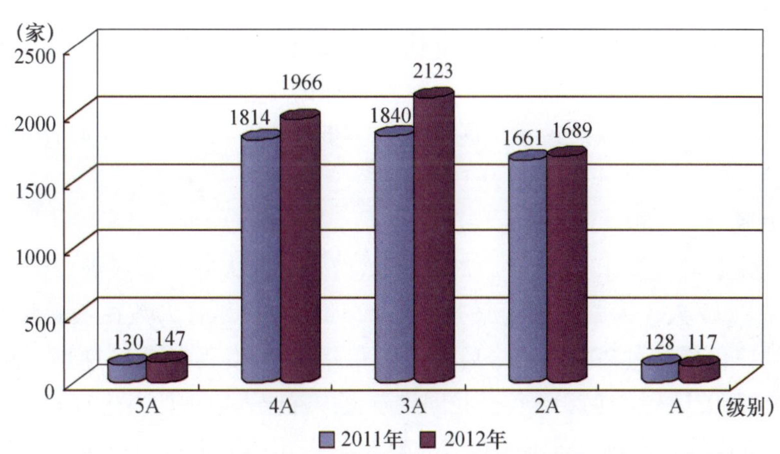

图 7-7 2011 年与 2012 年我国各 A 级旅游景区数量

资料来源：国家旅游局网站。

①中国经济网：《中国旅游业“十二五”发展规划纲要》，http：//www.ce.cn/cysc/newmain/yc/jsxw/201303/06/t20130306_21439079.shtml，2014-09-06。

②李玉华：《21 世纪中国旅游人才现状之分析》，《艺术文化交流》2014 年第 2 期，第 331-332 页。

随着当下旅游业的不断发展，旅游景区的数量及收入将会持续增长。我们在此基础上一方面要进一步完善景区的管理机制，形成覆盖广泛的 A 级景区动态管理机制；另一方面也需要加强景区外部配套建设，提高景区的可进入性，促进旅游景区更快更好的发展。

3. 企业市场竞争愈发激烈

近年来，我国在线旅游行业发展迅猛，据 IDC 预计，2014 年市场规模将同比增长 28.3%，达到 2798 亿元人民币，其中境外旅行是一个快速增长的市场。据我趣网提供的数据显示，2012 年中国去美国的人数达 140 万人，2013 年为 178 万人，2014 年超过 200 万人①。

行业的迅猛发展也使市场竞争日益激烈。据旅游网站资料显示，目前在线旅游市场有三类网站：第一类是携程、途牛网做出发地参团游或机票、酒店；第二类是来来会、爱旅行网做出发地自由行尾单特价产品；第三类则是做目的地参团旅行，如途风。

与此同时，BAT 开始参与在线旅游市场。阿里在自建淘宝旅行的同时，投资了在路上、穷游、佰程等多家不同领域的在线旅游网站；百度更是对在线旅游龙头去哪儿网进行战略投资；腾讯则通过股权收购形式进驻同程网和艺龙。综合来看，目前在线旅游市场格局比较稳定，百度投资的携程、去哪儿呈现两强局面，艺龙的市场地位有所下滑，虽然艺龙在酒店领域的份额还是比较高，但在线旅游业本就具有比较庞杂的体系，单纯的酒店业务不够，腾讯投资的同程虽然增长势头不错，但短时间内仍然难以撼动现有的市场格局。

综观当下旅游市场，旅游行业正在经历深刻的变化，传统线性生产链正走向没落，新型企业之间的竞争愈发激烈。未来旅游市场的竞争，不再是单一的旅游企业间的竞争，而是巨头的生态圈之间的竞争。

（二）旅游行业人才需求分析

旅游人才是我国旅游业发展的首要资源。加快人才资源开发已成为在激烈的国际竞争中赢得主动权的重大战略选择。“十一五”期间，我国旅游人才队伍建设取得很大成绩，与旅游行业特点相适应的旅游人才体系初步建立。与旅游业快速发展相适应的各类人才队伍不断壮大，形成了一定的规模优势。尤其是在饭店、旅行社、景区等领域的专业化程度具有较强的优势，用市场机制配置人才资源的能力显著增强。人才发展环境进一步优化，人才资源在旅游业发展中的战略支撑和引领作用日益突出。

1. 人才需求总量

据《中国旅游统计年鉴 2013》统计，2012 年旅游业从业人数在星级饭店的有 159059 人，在旅行社工作的有 318223 人，为旅游景区服务的有 226434 人，尽管人数在不断壮大，但目前国内旅游业人才需求缺口仍然超过 200 万，今后还将以每年超过 10 万的速度递增。2012 年，旅游行业直接从业人数为 1250 万人，到 2015 年，我国旅游直接就业人数预计将达到 1525 万人。随着旅游业的发展壮大，旅游业的总体规模将不断扩大，对旅游人才的需求量也将进一步增加。图7－8 能清晰地反映出未来我国的旅游人才需求趋势。

①我趣网：《芒果网前总裁创办我趣网，切入出境游细分市场》，http：//tech. sina. com. cn/i/2014－05－04/17369357457. shtml，2014－09－06。

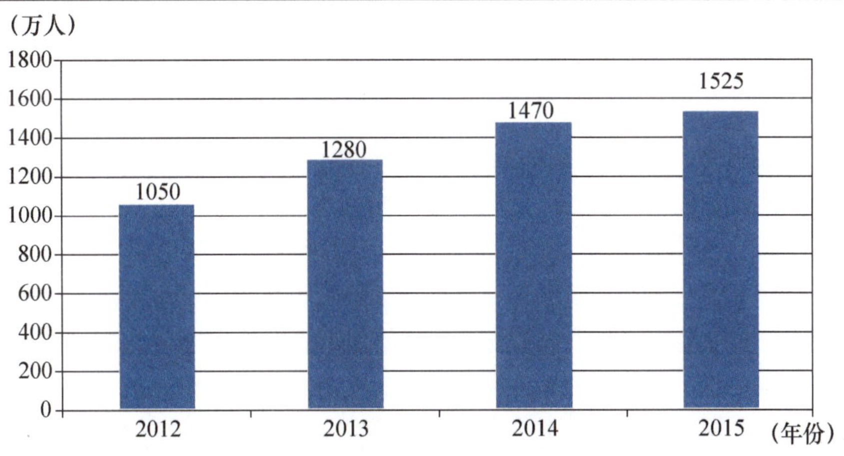

图7-8　我国旅游人才需求趋势

资料来源：《中国旅游统计年鉴2013》。

2. 人才需求类型

旅游人才的巨大缺口与旅游教育的相对滞后，将会影响国家建设世界旅游强国目标的实现。据2011年新疆旅游行业人才需求调查报告显示，当前中国的旅游市场中旅游人才供不应求主要集中表现在以下几个方面（见表7-5）。

表7-5　旅游专业缺少人才结构占旅游总人数上升比例情况的调查分析

课程名称	所需每年上升（%）	课程名称	所需每年上升（%）
酒店英语	10	计算机基础	8
英语口语	15	酒店财务	14
导游英语	15	旅游法规	15

资料来源：根据2011年《旅游行业人才需求调研报告》计算整理得出。

通过上面的调查显示当前我国旅游业需求以涉外旅游专业和法律等方面的人才尤为突出，具体来说可以分成以下几类：

（1）第二语言人才。旅游业的国际化使得语言的国际化显得越来越重要。从全世界来看，说英语的人数已经超过了任何语言的人数，10多个国家以英语为母语，45个国家的官方语言是英语，世界1/3的人口讲英语。外贸行业也把英语作为通用语言，外贸交往、国际礼仪、书信函电、进出口文件，还有银行文件语言等，都把英语作为标准通用语言。就国际旅游业的繁荣发展以及英语的广泛应用，旅游英语专业在国际专业需求中是非常强烈的。中国加入世贸组织加速了中国经济与世界经济的融合，给旅游业的发展提供了更大的空间，旅游市场人才需求空前高涨。随着入境游、出境游的不断增加，旅游英语人才更为紧缺。人才的短缺会制约我国旅游业发展。因此培养适应社会经济发展需要的、服务于现代化涉外的旅游英语的人才来填补旅游市场需求的空缺是非常必要的。

（2）专业的旅游法律人才。旅游国际化的今天，在旅游活动中产生的游客与旅行社、旅游管理部门之间的纠纷和争端也日益增多，诸如价格、服务、保险、赔偿、违约等方面。要想旅游市场稳定健康的发展，就必然要求法律不断完善，旅游市场走向正规。随着人们出行旅游频率的增多，人们的法律意识也逐渐增强，在旅游活动中，当其合法权益受到损害时，不再以发发牢骚、抱怨为途径，而是会选择运用法律手段解决旅游中出现的各种问题，以维护自身的合法权益。而处理这些问题，就需要专业的旅游法律人才，需要熟悉《中华人民共和国消费者权益保护法》、《旅游安全管理暂行规定》、《旅游投诉暂行规定》等旅游法规，各地方的旅游管理条例，以及国外的旅游法律法规和国际惯例，能够用法律来处理旅游中出现的国内、国际纠纷或投诉，从而净化市场，使旅游业健康发展。因此，专业的旅游法律人才在当下旅游发展的市场中也亟须培养。

（3）旅游营销人才。面向21世纪的旅游业，要想形成强有力的市场竞争力必须在形象力、营销力和产品力上做好文章：整合资源、营造氛围、精心策划、强势营销、创造需求；同时还应与消费者建立长期的、双向互动的关系，尤其在营销力上，要灵活运用目的地整合营销（IMC）理念，改变营销的思考重心，由4P'S（产品、价格、促销、渠道）转向4C'S（顾客、成本、方便、沟通）建立一种由外向内的营销策划模式。另外，从需求层次来看，旅游营销需求分三个层次，呈金字塔形，即营销决策、营销业务与管理、基层服务营业人员①。决策层主要来自研究生层次，但该层次在我国教育是重理论轻实践，初级营销人才主要来自中专、职专层次，该层次人才培养受自身素质影响，只具备单一的操作技能。相形之下具备理论知识基础，同时实践应用能力突出的专科类人才就是市场上急需的人才了。

三、我国旅游专业职业教育现状分析

职业教育是“以能力培养为基础，以职业为导向”的准就业教育，职业教育存在的基础就是为了满足社会职业岗位的需求。进入21世纪以后，随着全球化进程加快以及科学技术的不断进步，劳动力市场也在不断提出新的要求，这也为职业教育提出了新的挑战。面对我国蓬勃发展的旅游业，面对当今更加自主、更加个性化的青年一代，如何将他们培养成为能够主动适应未来日益加快的技能革新的高质量旅游人才，是当代职业旅游教育的首要问题，也是我国旅游业可持续发展的关键。

（一）旅游专业职业教育现状

我国的旅游高等教育对于其他发达国家来说起步相对比较晚，是伴随着1978年改革开放以后旅游业的发展而发展起来的。虽然起步晚，但是发展的速度比较快，经过多年的努力，中国的旅游职业教育已经初具一定的规模。

1. 发展规模

旅游行业的快速发展为旅游教育带来了广阔的发展前景。根据国家旅游局网站资料显示，2013年全国共有1067所普通高等院校开设了高职高专旅游大类专业，全国共招生12.91万人，毕业14.32万人。2013年开设旅游相关专业的中等职业学校近1000所，当年全国共招生11.70万人，毕业10.44万人。

《中国旅游业“十二五”人才规划（2011～2015年）》出台后，确立了“旅游人才在旅游业发展中优先发展的战略地位”；确定了“加大旅游人才开发力度，努力形成旅游人才竞争的比较

①张侨、盛颐：《用人单位对旅游人才能力的需求特征研究》，《科技和产业》2014年第14卷第3期，第33－34页。

优势，培养造就一支规模宏大、素质优良、结构合理、与旅游业发展相匹配的旅游人才队伍”的目标。面对难得的发展机遇以及飞速发展的旅游行业对高素质旅游人才的新需求，旅游教育进入了内涵式、集约化发展的新阶段。

2. 专业设置

根据2010年修订的中等职业学校专业目录，旅游服务类下设酒店服务与管理、旅游服务与管理、旅游外语、导游服务、景区服务与管理、会展服务与管理等9个专业。目前我国高校中关于旅游方向的专业设置主要以旅游管理专业为主，这个旅游管理专业又包括了酒店方向、旅行社方向、景区方向、会展方向和涉外旅游方向。

根据国家旅游网站资料统计，2013年全国共有1067所普通高等院校开设了高职高专旅游大类专业。其中旅游管理专业全国共招生5.00万人，毕业6.16万人。酒店管理专业全国共招生4.73万人，毕业4.95万人。涉外旅游专业全国共招生0.51万人，毕业0.71万人。会展策划与管理专业全国共招生0.79万人，毕业0.63万人。旅行社经营管理专业全国共招生0.14万人，毕业0.19万人。景区经营与管理专业全国共招生0.12万人，毕业0.13万人。休闲相关专业（包括休闲服务与管理专业、休闲旅游专业）全国共招生0.12万人，毕业0.06万人。导游相关专业（包括导游专业、英语导游专业）全国共招生0.46万人，毕业0.60万人。具体情况如图7－9所示。

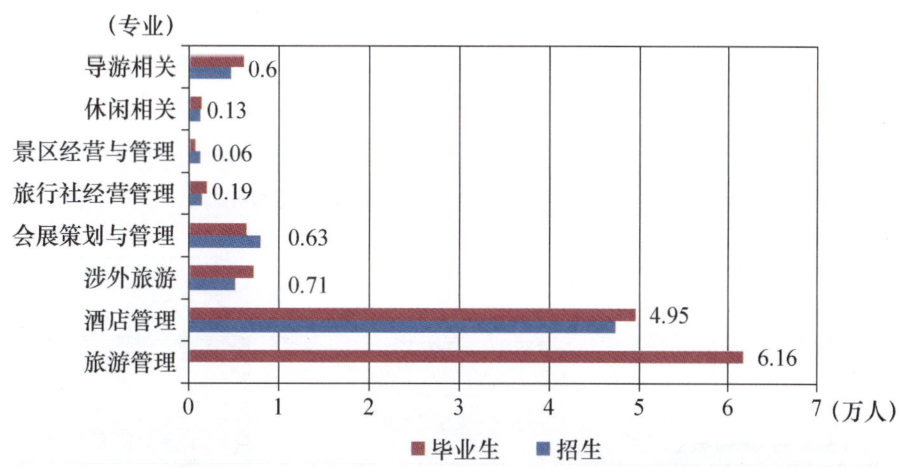

图7－9　中职院校旅游专业的毕业生及招生情况

2013年开设旅游相关专业的中等职业学校近1000所。其中高星级饭店运营与管理专业全国共招生2.53万人，毕业2.54万人。旅游服务与管理专业全国共招生5.13万人，毕业4.59万人。旅游外语专业全国共招生0.54万人，毕业0.55万人。导游服务专业全国共招生0.93万人，毕业0.95万人。会展服务与管理专业全国共招生0.16万人，毕业0.12万人。如图7－10所示。

3. 课程设置

通过以上各个院校开设的旅游专业的方向来看，职业院校的课程体系设计需要与旅游管理专业培养目标相适应。课程体系不仅是实现培养目标的手段，也是提高人才专业素质和水平的核心所在。故而职业院校在构建课程体系时就要具有针对性，强调理论联系实际，理论与实践并重，强化实践教学，有针对性地学习所需要的基础知识和专业知识。

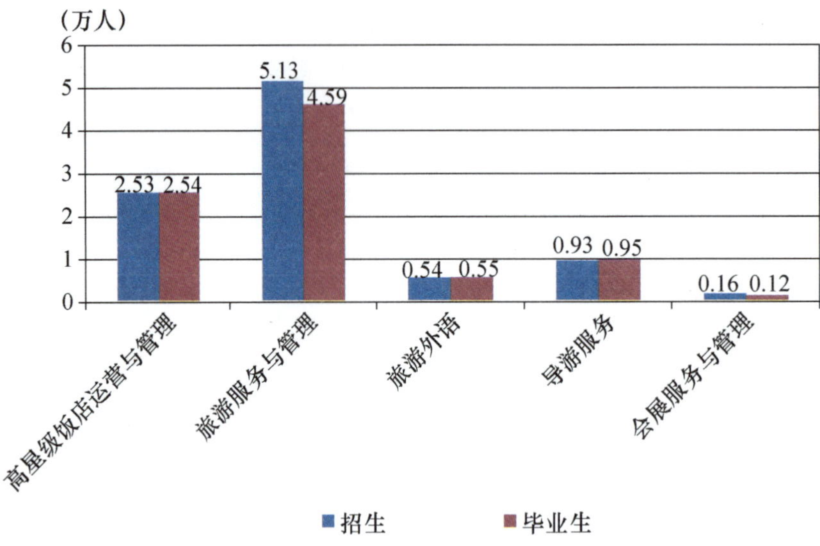

图 7－10　中职院校旅游专业的设置情况

当下，职业院校的旅游专业普遍把旅游专业课程划分为专业基础课、专业技能课和实践课，实践课大多采取校企结合或者定岗实习的方式让学生最后 1 年到企业实习，切实将理论与实践知识相结合。基础课程包括旅游英语、计算机、政治、职业道德、普通话、旅游学、旅游法规、导游基础知识、旅游心理学、旅游市场营销学等，专业技能课程一般包括饭店管理、旅行社管理、导游带团技能、旅游规划与开发、旅游经济学、饭店经营与管理、餐厅服务与管理、客房与前厅服务与管理、饭店会计、旅行社经营与管理等。具体如图 7－11 所示。

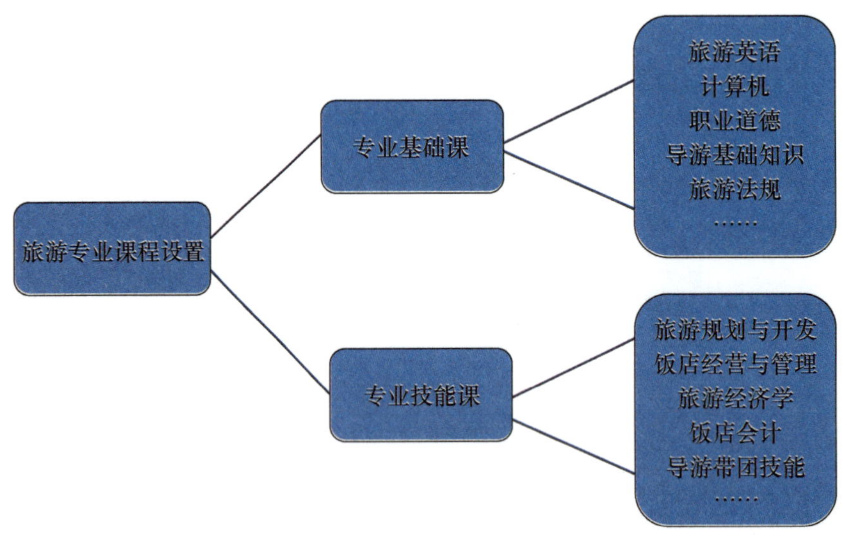

图 7－11　旅游专业课程设置类别

（二）职业院校专业设置存在的问题

亚太经合组织在 2008 年 4 月的一次会议上定义了 21 世纪技能标准：21 世纪劳动力市场需要

的不再是遵守纪律的生产线工人，而是有主见、独立的公民，能承担风险的企业家，以及在全球化和技术进步的背景下能不断汇聚新出现的专业技能的技术人才。这一标准的提出，使全世界各国都在反思自己国家的职业教育。我国旅游职业教育自20世纪80年代起步以来，取得了很大的进步与发展，但也存在一些不适应未来旅游业发展的问题，具体表现如下：

1. 课程设置不妥

在我国职业院校旅游管理专业发展的30多年中，课程设置始终停留在传统的基础课、专业基础课、专业课的结构模式上。而且根据学校的不同，有些学校的课程设置偏重于管理类、经济类等内容，有些则依附于历史、地理、英语等专业进行繁杂的设置，这样的课程设置从意识观念上到系统理论上都缺少职业功能性，只重视知识传授、技能训练，却忽视了对学生职业观念、职业素质、职业精神的培育，导致学生对所学专业缺乏认同，对旅游业缺乏了解，没能树立起正确的职业理想，从而使得旅游管理专业的毕业生就业率低、流失率高。

2. 课程体系欠缺

这样的课程体系设置导致许多课程在内容上出现大量重复，学生和教师无所适从。部分课程，从不同角度分析旅游活动过程中涉及的具体事物和现象，为了突出完整性，每门课程强调自成体系，教学内容重复十分严重，浪费计划课时，内容侧重不明确，直接影响了教学效果。

在专业课内部，由于向不同专业方向细分，形成“小而全”的现象。如旅游管理通常分化出饭店管理、旅行社管理与旅游景点管理三个方向，其专业方向之间的课程设置呈现出“小而全”的特点，如饭店类课程涉及饭店经营管理、饭店市场营销、饭店人事部运行与管理、饭店财务部的运行与管理等，而在旅行社管理方向同样出现了旅行社经营管理、旅游市场营销、旅行社人事部的运行与管理、旅行社财务部的运行与管理等课程，在景点管理方面同样会出现这种类似课程，这显然是专业方向分化而缺乏有效综合的结果。显然，这种“大而多、小而全”的特点，必然导致大量课程内容的重复。最后，课程设置缺乏灵活性和前瞻性，未能根据旅游业发展和产业结构调整的需要，相应调整专业及课程，远不能适应知识经济时代的知识更新和产业结构调整加快的特点。

3. 办学缺乏特色

目前我国中等职业学校多以“粗放型”为办学特征，而涉足旅游职业教育，普遍存在办学特色缺乏的问题。旅游职业教育还在沿袭传统的应试教育形式，没有结合旅游行业实践性强等特点进行办学，导致培养的学生职业技能水平差，无法凸显旅游专业的办学特色。旅游专业的人才培养目标大多没有明确的岗位细分，毕业生可以从事旅游行业的各个职位，专业设置内涵不清楚，培养目的不明确，专业定位“偏杂”。盲目跟风办学，各学校开办旅游专业都是看别的学校哪个专业学生就业情况好就跟着开设同类热门专业，反之，一些市场前景好但目前较为冷门的专业却鲜有学校问津。中山等旅游职业教育专业如表7－6所示。

从表7－6可以看到，各学校设置的旅游相关专业包括旅游服务与管理、酒店服务与旅游、中餐烹饪和酒店管理共四个专业方向。但同一专业各学校的名称各不相同，校际间缺乏交流与沟通，如饭店服务与管理专业，就有不同的名称：酒店管理、旅游与酒店管理、酒店服务与管理、旅游服务与酒店管理。培养目标广泛本是为了培养全面发展的旅游专业人才，但结果却是培养出来的学生各专业都只略知一二，如旅游服务与管理专业，既学导游，又学饭店服务，甚至还学礼仪模特表演和烹饪，导致学生各专业方向都达不到“专”的要求，毕业后变成“夹生饭”。

表 7 – 6　　**2014 年中山等旅游职业教育相关专业计划招生情况**　　单位：人

学校名称	旅游服务与管理方向	酒店服务与旅游方向	中餐烹饪方向	酒店管理方向	招生合计
中山中专	212	0	0	0	212
中山建斌中等职业技术学校	50	0	0	0	50
三乡理工学校	100	0	100	50	250
中山工贸技工学校	0	60	120	0	180
中山起航技工学校	0	0	50	150	200
中山技师学院	0	540	70	0	610
合计	362	600	340	200	1502

4. 教学手段落后

由于教学设施等硬件条件的限制，大多数学校旅游专业的教学活动仍采用“教师—教材—学生”这种应试教育模式，缺少创新。教师在实际教学工作中，不注重教学创新，仍沿袭教师讲、学生背的“填鸭式、满堂灌”的传统教学方法，多媒体的教学手段使用较少，课堂教学还是以教师为主导，没有把课堂真正交给学生，多数教师都是依据教材来讲课，课堂上更多的时间是讲理论。旅游专业是一个实践性很强的专业，但现状是实践教学往往被忽视了。原因主要有两个方面：一是学校缺乏相应实践教学所必需的设备设施，因此在课程设置时就不重视，绝大多数学校都把旅游实践教学作为“辅助性”课程来讲授。二是实习实践指导老师师资的缺乏。

5. 师资力量不足

一支结构合理且专业素质高的教师队伍是中等旅游职业教育健康发展的重要保证。目前，多数职业学校的师资管理、引进与普通教育采取相同的模式，且现有师生比例不合理问题突出，现有的师资力量不能适应当前旅游职业教育发展需要。很多院校从事旅游职业教育的师资有一大半以上是从高校旅游管理专业毕业后直接到校任教，少数一些老师是“半路出家”从其他专业中途因工作需要“转行”的，没有行业背景或受过系统的专业学习，真正“双师型”教师极少。专业课教师对自己所教课程涉及的具体工作流程仅有一个基本的了解，但对整个工作程序却不清楚。此外，专业课教师实践经验不足，很多人没有企业工作经验，即使有企业工作经验者，其工作经验也很有限，对旅游服务与管理缺乏一个全面的理解和认识。因此，在应对市场变化调整课程设置及教学时，往往难以适应，教学过程中理论脱离实际的现象严重，从而导致学校教育与企业需求和学生需求不一致。

6. 实践基地落后

校内实践基地是各职业院校模仿实际工作环节建立的仿真职业场所，主要指多种相关实训室，如“导游模拟实训室”、“旅游电子商务实训室”等。职业院校旅游管理专业都配有一定数量的实训室，但在管理和使用中存在一些问题：第一，实训室设备不齐全。一些职业院校旅游管理专业的导游模拟实训室缺少相关的设备，如无线话筒、导游旗等。第二，实训室指导教师缺乏经验。好些职业院校旅游管理专业实训室指导教师极少对学生进行指导，大多数情况下是学生自己进行摸索，这就很容易造成相关设备的损坏。第三，实训室开放次数较少。实训室的开放需要耗费大量的财力，因此，考虑到资金使用情况，大多数职业院校只把实训室当成一种摆设，用以应付相关部门的检查。

校外实践基地是指真实的工作场所，包括旅行社、景区等供学生外出见习和实习的基地。各职业院校拥有各自合作的校外实习基地，但实习的质量却令人担忧。一方面，职业院校为旅游管理专业学生提供大型酒店和饭店作为实习基地，与将来的就业方向不一致；另一方面，实习单位提供的实习岗位大都是基层操作岗位，缺乏一般管理岗位的实习，不利于学生职业能力的培养。除此之外，学生进入实习单位后，大都仅限于一个岗位的实习，轮岗实习流于形式。

四、国外旅游专业职业教育模式分析

一般来说，世界旅游教育的源头可以追溯到1893年瑞士洛桑旅馆学校（现洛桑酒店管理学院）的建立，它是世界上第一所培养旅馆管理人员的学校，而其他国家陆续在职业院校中设立旅游专业则始于20世纪60年代末至70年代初。经过几十年的发展，国外旅游职业教育已经形成了比较完善的体系，其发展历程大致可划分为以下三个阶段：

第一阶段：20世纪70年代以前，旅游专业教育处于初级阶段。主要是由旅游企业和旅游机构自发组织的旅游初级培训教育，强调实践性和应用性，几乎不涉及理论方面的研究。

第二阶段：20世纪70~80年代，这是形成阶段。政府和教育机构相继开始介入旅游专业教育，旅游职业教育逐渐形成。

第三阶段：20世纪80年代以后，是快速发展阶段。随着旅游业的高速发展，旅游教育得到进一步完善，逐渐形成了多层次、多学科视角的教育体系。

由于世界各地区、国家各自的发展背景不同，起步有早晚，因此具体发展时间段也会略有不同。

（一）国外旅游职业教育人才培养模式

随着旅游业在全球的日益蓬勃发展，职业院校旅游教育在培养技能型应用旅游人才方面起着越来越重要的作用。由于在教学传统与院校所处环境方面的差异，每个国家的旅游人才培养教育模式又各具特色。综观世界各国职业旅游教育的发展，美国、瑞士与澳大利亚的职业旅游教育在经历了较长时期的发展之后已经各自形成比较完善又独具特色的培养模式，是迄今已形成的三种较具代表性的职业旅游人才培养模式。如表7-7所示。

表7-7　国外旅游人才培养比较一览表①

培养模式	美　国	瑞　士	澳大利亚
发展动力	起初是由于国内酒店业高速发展，中高层酒店管理人员需求推动；后期由于旅游业更全面深入的发展	早期是第一线员工的需要推动职业教育的发展，后期由于高层人才的需要，推动学历教育的发展	入境旅客快速增长，中层酒店与服务管理人才需求驱动
特点	职业教育与学术教育混合存在，具有弥散性和混合性的特点，人才培养注重个人能力的培养	治学严谨、学以致用、店校合一、重点强调理论与实践相结合	市场针对性强，旅游职业教育与职业资格密切结合，关注学生职业生涯的发展

①贾玉云：《中外对比视角的高职旅游人才培养模式研究》，辽宁师范大学硕士学位论文，2009年。

续表

培养模式	美　国	瑞　士	澳大利亚
课程开发	课程内容是根据旅游行业的发展变化及国际旅游业的发展现状来设计与确定的，强调教学内容更切合实际，同时具有预测性，教给学生终身受用的东西	课程体系既有行业定向性，同时还有综合性和创新性。理论课程教学重在培养学生职业能力和综合素质，实践课程教学侧重培养学生岗位适应能力	在旅游企业人员的共同参与下研究制定的，符合市场对旅游专业人才的要求，有明确的依据和标准，并随着旅游市场的变化而调整
培养途径	通过学校和教师为学生提供完善的学习条件和帮助，由学生自己努力完成	店校合一，以店为校	途径灵活，根据自己的工作、生活情况选择学习方式
发展趋势	强调管理能力培养向管理与技能并重转型	强调国际意识，注重国际市场竞争	加强对市场进行细分，划分小型市场专业

从表 7 - 7 中可以看出，职业旅游教育发展特点均与本国旅游业的发展特点密切相关，无论是美国、瑞士还是澳大利亚，职业旅游教育都是在旅游与服务业人才需求的推动下发展起来的，但不同的旅游业发展特征促成了各国职业旅游教育的不同特征。例如，美国早期国内酒店业发展迅速，中高层人才需求促使职业旅游人才培养重个人能力培养，强调个人职业能力的发展，重视通过个人知识与技能在旅游与服务接待业中的运用来培养管理能力，特别强调学生解决问题的能力培养；瑞士旅游教育注重职业教育的发展，治学严谨，强调学以致用，店校合一的特点显著；而澳大利亚职业旅游教育市场针对性强，注重旅游职业教育与职业资格的结合，更强调旅游的社会与经济方面的理论学习，关注学生职业生涯的发展，这种教育体系既体现在课程设置与时间安排上，也体现在对旅游研究的态度上。

（二）国外旅游职业教育人才培养模式特点分析

虽然各国的职业旅游教育各不相同，但综合各国的旅游人才培养模式，可以发现它们具有几点共同的特征：

1. 发展行业协会，促进旅游教育的协调发展

旅游行业协会在促进旅游教育发展、推动旅游研究成果的应用、协调旅游教育的均衡发展等方面都起着重要的作用。美国没有专门的旅游管理部门，只设有白宫旅游政策委员会，负责制定国家的旅游发展政策，而其他职能则主要由行业协会、企业及教育研究机构通过产业政策和市场来进行引导。因此，美国的旅游教育研究呈现出高度的市场化特征。瑞士旅游教育主要为饭店教育，它由饭店协会创立。瑞士饭店协会不仅是代表瑞士饭店业的官方组织，还创建了瑞士洛桑饭店管理学校，可见行业协会在瑞士旅游职业教育方面发挥着重要作用，从而推动了院校旅游教育与研究。澳大利亚的旅游教育领域由澳大利亚旅游理事会、澳大利亚旅游研究局、澳大利亚旅游研究理事会及澳大利亚旅游研究学院等组织广泛参与，共同推动。

2. 联合政府企业，建立院校合作体系

随着旅游业在全球经济地位的逐步提高，美国、瑞士、澳大利亚等国相继制定了一些政策，从而保障和落实各项旅游人力资源的开发，促进旅游从业人员素质的提高，保证旅游业的可持续发展。美国许多院校与企业紧密合作共同研究旅游教育，通过精心设置的培训专案与教育资源整合，来提高旅游管理的专业水平。店校合一是瑞士办校的一大特点，学院课程设置包括三期专业课程和三期带薪实习，实习在瑞士酒店或餐厅进行，从而培养学生的实践操作能力。在澳大利亚，旅游企业纷纷与高校联合，形成一个全方位、多形式、交叉式的培训网络结构。

3. 理论联系实际，强调理论教育与职业教育相结合

从旅游教育发展历程与特点来看，各国几乎都经历了一个从职业教育到专业教育再到专业教育与职业教育并重的过程。无论职业旅游教育最初是重短期学习、重技能课程，还是重学历教育、重管理能力，目前国际化职业旅游教育的发展都在向二者并重的方向转变，相互吸收。

4. 加强国际合作，重视国际旅游业人才的培养

随着旅游业全球化的进程进一步加快，旅游业的国际合作也越来越多，相应的人才需求也将会越来越大。旅游业将面临更加激烈的国际竞争，加强旅游教育的国际合作，积极培养国际旅游业人才有利于增强旅游业的国际竞争力。美国、瑞士、澳大利亚的职业旅游教育都朝着国际旅游的水准发展，广泛开展国际范围的合作，注重分析能力的培养，放眼全球，培养学生的商业道德观及沟通技巧。

（三）瑞士洛桑酒店管理学院模式分析

1893 年，洛桑酒店管理学院创立于日内瓦湖畔的一家旅馆里，是世界上第一所专门培养旅馆业管理人员的学校。1975 年，学校从湖畔迁至洛桑城北依山傍湖的哥白镇。1998 年，洛桑酒店管理学院被瑞士联邦政府列入职业院校序列，是迄今为止得到联邦政府承认的唯一一所酒店业职业大学。瑞士联邦政府与州政府不仅派官员参加学校董事会，而且给予 30% 左右的经费补助。在瑞士的数十所酒店学校之中，洛桑酒店管理学院也是得到瑞士酒店业民间行业协会——瑞士酒店学校协会认可的 12 所酒店学校之一，并被认为是其中的最佳代表。

百余年来，洛桑酒店管理学院在酒店管理人才培养和旅游教育理念的探索方面卓有成效，“洛桑模式”成为国际公认的酒店管理人员培养的成功模式。“洛桑模式”的主要特点如下：

1. 店校合一，产教结合

学院的教学楼就是酒店。教学楼一层有大堂、前台、会议厅、咖啡厅、酒吧、餐厅和厨房，分别供教师和学生课间休息享用，既提供用餐与服务，又作教学场所，店校合一。学院没有一名食堂职工和厨师，学生既是顾客，又是服务员，要轮流扮演顾客和服务员的角色，教师在旁边授课和指导①。教学楼二层以上是教室、实训室，具备不同的功能，如电脑、信息、餐饮、品酒、宴会、酒吧、洗涤等，还有中小型会议室和一座能容纳 200 多座位，备有多种同声翻译及新闻传媒的国际会议厅，整座大楼处处体现了职业教育的环境。

2. 师资队伍不离实践，与行业接轨

洛桑学院的教师必须有经营酒店的经历，每隔三五年，学院要求教师回到企业去，不断丰富经营经历，获取经营信息，调研国际化经营中出现的新问题，从而不断更新教学内容，提高教学质量。如此循环往复，使学校教师始终与行业接轨②。学院始终处于酒店行业开发和科研的最前沿；学院鼓励教师一专多能，允许教师在企业担任一定职务，甚至主动向企业推荐教师兼任顾

①林明居：《借鉴国际先进经验试行新的办学模式》，《新教育》2010 年第 4 期，第 1－3 页。

②刘宁宁：《旅游人才教育培养模式的国际比较》，《山东省经济管理干部学院学报》2003 年第 3 期，第 45－46 页。

问，从而保证了教师不脱离经营管理实践。学院对教师要求非常严格，不仅要求教学要结合实际，而且要求教学不断创新。学院行政及其领导要面对校董会的考核，如果各系科、各部门负责人以至校长，在几年内无所创新，那就难以继任。普通工作人员更是在师生的共同监督下，要为教学提供高效率的服务。

3. 课程设置不断更新，与国际接轨

学院的教学课程一般分为三类：理论课、实践课和语言课。实践课设有操作性的联系课、模拟性分析课、研究性调查课。学生不但要亲手制作产品，还要分析产品质量，有了问题还要调查原因，提出解决办法。一般情况下，学生每学完一个门类课程，就要进行一段实践的实习，通过实践巩固理论学习的成果，在实践中接触管理事务，培养管理意识。近年来，学院推出的“国际营销策略”、“国际化市场学”、“全球战略”等课程很受学生欢迎。即使是一些传统性的酒店管理课程，也要根据国际酒店行业的发展变化，不断地更新内容。学院还经常请国际著名企业的CEO来校讲课。

4. 重视学生，加强职业素质培养

学院对新生的要求很高，要有两位熟悉其本人的教师推荐，入学时要对学生进行面试，而职业经历是面试的主要内容。申请入学者要具备领导意识、独创性，成熟、自信、智商、写作能力、数学概念、参与性、团队精神和纪律性条件都是面试内容。对于那些对酒店缺少敬业精神，不能吃苦的人一律不接收入学。学生入学后，要经过18周的酒店基本功锻炼，每周一个课题，如餐饮备料、运输、初加工、餐具洗涤、客房整理、食堂服务、大堂清洁等。这些活动以小组班级为单位，培养学生尊重劳动、尊重员工、与人相处、团队精神等，形成“敬业是职业学校的灵魂”①。

总的来说，“洛桑模式”就是重视理论与实际的结合，学院教学的每个环节都要围绕实际动作能力培养展开，使教学内容、教学大纲等都要理论结合实际，把产教结合渗透到教学内涵中去。

五、对我国旅游专业职业教育发展的启示

随着全球化进程的日益加快，我国旅游产业的国际化步伐也在快速跟进，这必然会对旅游人才素质提出更高的国际化要求。因此，我国的旅游职业教育也要紧跟世界步伐，与国际接轨。

职业教育与国际接轨的过程就是一个在办学理念、管理模式、人才培养等各方面吸收外国职业教育先进经验的过程，也是与外国职业教育进行交流与合作的过程。旅游职业教育作为职业教育的一种类型也应该有其自身国际化发展的过程。未来，世界旅游教育的发展趋势大致有如下几个方面：第一，旅游教育与旅游行业间的联系越来越密切；第二，旅游教育的国际合作与交流日益频繁；第三，更加突出通才教育；第四，重视人才综合素质的培养。因此，我国旅游职业教育要从培养目标、课程体系、办学模式、师资队伍、学生职业意识培养五方面入手，做到与国际全方位接轨。

---

①董立民等：《旅游与酒店管理专业课程体系优化》，《教学研究》2013年第7期，第37－38页。

（一）调整培养目标，培养复合型人才①

旅游职业教育培养的是为旅游业服务的技能应用型人才，各国高职旅游教育的培养目标千差万别，各具特色。美国康奈尔大学对旅游职业教育的要求是：学会制订旅游发展计划，掌握饭店的服务技能，能管理现代饭店的复杂设备。瑞士洛桑酒店管理学院的目标是“为国际接待业，尤其是世界一流的酒店餐馆和连锁饭店培养高层管理者”，宗旨是“以高质量的教育培养学生的各种技能，使他们在竞争激烈的酒店行业中脱颖而出”。澳大利亚凯瑞克学院的目标是培养具有出色专业水平，具备国际化视野的应用型人才。相比之下，我国高职旅游教育的培养目标十分宽泛，没有特色和重点。例如，我国浙江旅游职业学院的培养目标是德、智、体全面发展，具有较强实际操作能力、综合服务能力和岗位应变能力，有一定的专业基础理论知识，熟识行业国际规范的应用型中高级技术人才。山东旅游职业学院的培养目标是培养德、智、体、美、劳全面发展，能适应社会主义市场经济和现代旅游业发展需要的，具有良好的职业道德素养和较好的社交能力，具备必要的酒店管理理论知识和较强的职业技能，能适应旅游实际工作需要的中高级应用型人才。它们这样做的出发点虽然是立志于造就旅游行业的“通才”，却容易造成“蜻蜓点水”的后果。

旅游职业教育作为培养旅游高级人才的主要渠道，必须要根据市场的实际需求以及自身的实际层次去培养人才，做到学生毕业后能够补行业所缺，而不是成为“闲置品”。因此，旅游职业教育人才的培养目标应该是一种“面向全社会的、长期的多目标结构”，着力培养复合型的旅游人才②。

（二）完善课程体系，兼顾内容的国际性

课程体系是进行教学活动不可缺少的重要依托之一，旅游课程体系应当体现旅游业和旅游学科的发展，体现人才培养的目标和教育规律。国外旅游与酒店管理职业教育的课程设置以本国职业教育设置的大纲为基础，依据先进的课程理念与模式，结合当地与学校自身办学特色，逐步形成了有利于学生终身全面发展的课程体系。英国旅游管理课程安排如表 7 - 8 所示。

表 7 - 8　英国旅游管理课程③

学年	主要课程	选修课
第一学年	旅游与旅游业介绍；旅游研究技巧；旅游财务与经济	信息技术与旅游；欧洲旅游等
第二学年	旅游市场；旅游发展；旅游人力资源管理；旅游服务法律法规	旅游电子商务；旅游公共关系等
第三学年	旅游管理；旅游服务心理学；旅游规划与发展；国际旅游	工作岗位调查；事件管理；遗产管理等

我国旅游职业教育由于起步晚、发展封闭，各方面专业化程度以及国际化程度都不是很高，在课程体系上表现尤为明显。针对当前旅游职业教育课程设置结构性失衡等问题，旅游职业院校

①韩冰：《复合型旅游人才培养策略刍议》，《邢台学院学报》第 28 卷第 1 期，第 174 - 175 页。

②杨慧敏：《中外高等院校酒店管理人才培养模式比较研究》，辽宁师范大学硕士学位论文，2010 年。

③沈少剑：《英国旅游高等教育发展研究》，山东大学博士学位论文，2012 年。

在进行课程体系设计的时候首先要摆脱“模式化”，要根据自身的实际情况来设计，而不是照搬照抄其他院校的课程体系，另外要强调课程内容的全球性和国际性。总的来说，在进行课程体系设计的时候要遵循以下几个原则：

第一，方向性原则。这是课程体系设计的最基本原则。从宏观上来说，我国社会主义性质决定了我国职业院校的课程体系建设必须要围绕社会主义方向，因此在设计课程内容的时候既要体现国际化，又不能偏离社会主义这一基本方向。“全球化时代的各国教育目标既离不开世界共同价值观的规导，也离不开国家特殊价值观的约束。”课程体系作为人才培养目标的外在表现形式一定要处理好国际化与本土化之间的关系。从微观上来说，各院校的课程体系还应该要能反映各自的人才培养方向。

第二，合理性原则。课程体系作为学校向学生传授知识的主渠道，既要符合专业本身的规律也要符合教学及学生身心发展的规律。因此，在建立旅游专业的课程体系时，要考虑知识的衔接、先后顺序，要符合教育规律，包括知识传播规律、教学规律、循序渐进规律、学生的身心发展规律等。一方面，要协调好公共课、基础课以及专业课之间的关系；另一方面，要处理好专业选修课和必修课之间的关系，旅游专业课程改革的趋势应该是减少必修课时数，增加选修课时数，这样才能提高学生自主学习的能动性和积极性。

第三，整体性原则。旅游专业课程体系建设必须与本专业知识体系的基本结构和内在联系相对应，结合旅游业的结构与发展趋势，把素质和能力的培养作为基础知识的升华，在更高层次上体现通才教育。在课程设置上不仅要注意内容的深度也要注意内容广度，旅游业是一个涉及范围极广的产业系统，其课程体系的设计也应该是全方位的，要体现出和旅游业相适应的整体性，要有点有面，点面结合。

第四，可操作性原则。这就要求各旅游院校在设计课程体系的时候要充分考虑到自身的实际条件，由于旅游行业的特殊性也决定了旅游专业在理论教学过程中必须与实践教学相结合，是否具有完备的实践教学条件将很大程度地影响到一些专业课的教学效果。如果不考虑这些实践教学条件，而只是纸上谈兵地进行理论灌输是达不到应有效果的。实践教学是旅游专业教学当中十分重要的一环，要想让学生将理论知识转化到实际中去必须要加强实战练习，理论与实践相结合的课程体系将大大加快学生对专业知识的吸收和消化速度。

（三）改革办学模式，促进产学一体

旅游业的行业特殊性要求其从业人员除具有一定的理论知识之外还需要具备很强的实际操作能力，职业旅游院校人才培养的指向应该是高层次的复合型人才。旅游类专业教学体系要求理论教学与实践教学相互渗透，强调以应用能力为核心，针对旅游行业岗位群的要求确定实用性、实践性、时效性的实践教学内容。学校要为学生创造良好的环境和条件，特别是实践教学条件。但是在我国，由于传统教学思想根深蒂固，旅游这一新兴专业在教学过程中难免会陷入“唯理”的泥潭，重理论、轻实践。我国旅游职业教育和国外相比有个很大的缺陷就是实训基地建设十分落后，在国内，旅游职业教育与旅游中等教育相比也很落后，因此，必须加强实训基地的建设①。

实训基地建设一般可分为模拟实践室和真实实习基地。模拟实践室一般多用在实践教学课

①李晓冬：《浅谈高职旅游与酒店管理专业特色实训教学》，《职业教育研究》2010年第7期，第119页。

上，实习基地则是指学生在掌握一定的理论以及实际操作知识之后进行自我锻炼的实际行业环境，一般以实际运营的企业单位为主①。要想拥有完善的实践教学设备和环境，单凭院校自身的力量是远远不够的。欧美的一些旅游名校之所以能获得成功，很重要的一个因素就是实践教学抓得好，校企联合的开放式办学模式已经成为这些名校成功的共同经验。例如瑞士的酒店管理学院都有很多合作的企业伙伴，美国的休斯敦大学酒店管理学院就建在希尔顿饭店，很多课都在饭店里面上，还有纽约新大学旅游管理学院将计算机和航空公司联网，方便学生学习和实际体验。我们应该借鉴国外旅游职业教育的成功经验，改革我国旅游职业院校的办学模式，通过校企合作等多种渠道积极推进实训基地建设，为学生创造真实的行业环境②。

（四）打造师资队伍，以实践经验为标准

保证旅游教育质量的关键之一是高质量的师资，要想培养出一流的学生，就必须拥有一流的教师队伍。琼·托马斯（Jean Thomas）有句名言："革新的成败最终取决于全体教师的态度。"③在任何重大的教育教学改革中，人们都会把教师素质的提高视为关乎教育教学改革成败的重要因素。

国外旅游专业教师均经过严格的选拔，绝大多数都有在旅游行业长期工作的经历，有丰富的职业经验。为了使教师队伍始终处于高水平状态，瑞士洛桑学院实行高工资制，并且鼓励教师一专多能，允许教师在企业推荐下担任兼职顾问，从而保证了教师不脱离经营管理实践，保证了"洛桑模式"的生命力。美国康奈尔大学酒店管理学院的专业教师，一般都有从事过旅游企业管理和旅游业务的经历。教师主要由两部分组成：一部分是兼职教师，基本上由企业家和专家组成；另一部分是专职教师，来自企业或积累过实践经验，经受过实际锻炼。由于一些客观的原因，我国旅游专业任课教师无论从专业理论上还是对旅游的认识和实践上都存在着相当大的差距④。2002 年初，国家旅游局首次制定下发的《中国旅游业"十五"人才规划纲要》，明确"十五"期间我国旅游人才开发的主要任务之一是促进旅游职业教育的发展，提高旅游专业教师理论联系实际的能力，建立一支高质量的专职与兼职相结合的旅游教育师资队伍。

旅游专业是一门实践性很强的专业，这更加要求以实践经验为标准，打造师资队伍。美国心理学家柯乐伯提出的"经验培训圈"理论认为，一个教师要取得成功，必须要经历四个阶段（见图 7－12），教师应在已有的知识经验的基础上，进行教育观念的更新，基于自己的知识结构来消化和吸收新的教育理论，并在实际的工作中运用这些新的知识和经验，解决实际问题⑤。旅游教育的行业特征要求从事专业教学的教师要有较强的"旅游专业角色"意识，他们不仅是教师，也应该是旅游从业人员。积极引导职业院校的专业教师，应由片面追求高学历转向努力提高自身的行业经验和实践技能，成为既有深厚理论又有实践经验的"双师型"教师。为此，必须加强师资队伍的建设，派遣教师到企业挂职，从事第一线的工作，积累第一手的实践经验，同时与行业专家一起做科学研究，关注行业的前沿知识。

---

①④杨慧敏：《中外高等院校酒店管理人才培养模式比较研究》，辽宁师范大学硕士学位论文，2010 年。

②杨艳：《旅游高等教育模式的优化研究——基于就业能力理论》，华东师范大学硕士学位论文，2012 年。

③S. 拉塞克等：《从现在到 2000 年全球教育内容发展的全球展望》，北京：教育科学出版社，1996 年版。

⑤申继亮：《教师人力资源开发与管理》，北京：北京师范大学出版社，2006 年版。

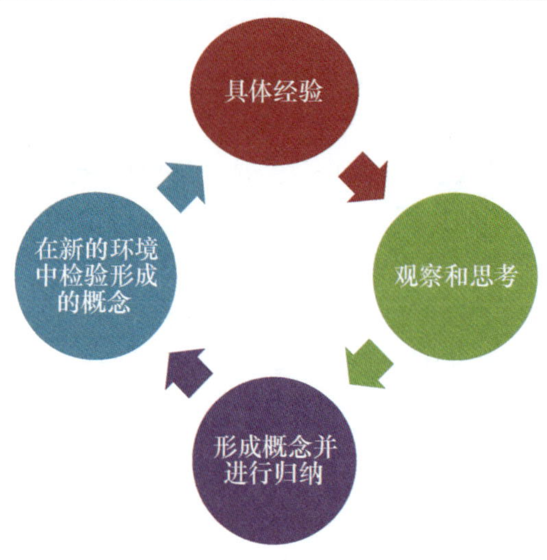

图 7－12　柯乐伯的经验培训圈理论

（五）培养职业素质，端正就业心态

加强职业素质教育，是职业旅游教育培养学生的关键。职业旅游从重视传授知识到重视能力培养，再到更注重知识和能力得到充分发挥的职业素质教育，无疑承担着培养高素质旅游人才的历史重任。职业素质教育是职业旅游人才培养模式构建的基础，它的思想核心是教会学生做人。为此，不仅要使学生掌握文化及专业知识，而且要促使其学会做事，更重要的是促使其学会做人，学会合作。旅游学是一门实践性很强的学科，旅游业属于服务行业，职业旅游教育培养的学生应该是既有旅游专业的知识，又会与人共事的具有职业素质的人。美国旅游管理学院，学生利用课余时间到饭店、餐馆、旅行社、航空公司去勤工俭学，每人每周工作十几到几十个小时，洗碗、端盘子、做推销员、秘书、经理助理等，不仅增强了实际工作能力，还使学生融入社会，受到了锻炼。

以创新精神和实践能力的培养为重点，培养学生由过去的被动接受到主动学习、自主探究，由过去单独掌握知识到学会合作，倡导学生树立“主动参与，乐于探究，交流与合作”的学习态度，推进职业旅游职业素质教育①。如图 7－13 所示。

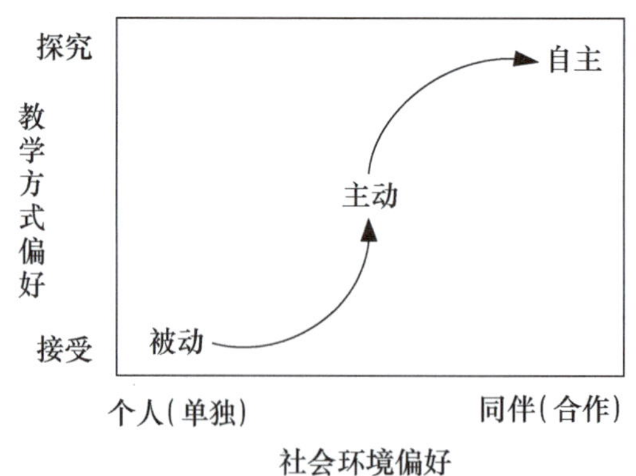

图 7－13　培养学生学习方式的转变

①贾玉云：《中外对比视角的高职旅游人才培养模式研究》，辽宁师范大学硕士学位论文，2009 年。

当今世界政治、经济、文化等各方面发展的一个总的走向和趋势就是全球化，随着第三产业的迅猛发展，作为其支柱产业之一的旅游业也呈现出明显的全球化趋势，我国作为一个旅游大国要向旅游强国迈进必须紧跟世界旅游业的发展步伐。旅游业要发展，关键在人才，旅游职业教育将在我国旅游业的发展过程当中扮演越来越重要的角色。

参考文献

[1] 中国国家统计局网站：《中国统计年鉴》，http：//www. stats. gov. cn/，2014－08－10。

[2] 迈点网：《2014 年上半年旅游业分析报告》，http：//papers. meadin. com/document/detail/3af21e94－0e44－4838－9b60－8c8e8f74d6eb，2014－08－20。

[3] 中国国家统计局网站：《中国统计年鉴》，http：//www. stats. gov. cn/，2014－08－21。

[4] 中国产业信息网：《2014 年中国旅游行业发展现状及前景分析预测》，http：//www. chyxx. com/industry/201401/227329_ 2. html，2014－08－28。

[5] 刘松、韩福文：《休闲、度假与中国旅游业发展阶段分析》，《北方经贸》2007 年第 6 期，第 117－118 页。

[6] 孔繁嵩：《观光旅游向度假旅游过渡阶段的旅游消费特征》，《商场现代化》2008 年第 15 期，第 246－247 页。

[7] 迈博汇金网：《2013 年中国在线旅游市场分析》，http：//www. microbell. com/result. asp，2014－09－01。

[8] 艾瑞网：《2014 年在线旅游行业年度监测报告》，http：//ec. iresearch. cn/reservation/20140113/224796. shtml，2014－09－01。

[9] 江城日报：《带着帐篷去旅游》，http：//jcrbszb. chinajilin. com. cn/html/2011－12/15/content_ 2483313. htm，2014－12－15。

[10] 慧博投研资讯：《餐饮旅游行业研究报告》，http://www. microbell. com/docdetail_ 1381462. html，2014－09－02。

[11] 李玉华：《21 世纪中国旅游人才现状之分析》，《艺术文化交流》2014 年第 2 期，第 331－332 页。

[12] 中国经济网：《中国旅游业"十二五"发展规划纲要》，http：//www. ce. cn/cysc/newmain/yc/jsxw/201303/06/t20130306_ 21439079. shtml，2014－09－06。

[13] 张侨、盛颐：《用人单位对旅游人才能力的需求特征研究》，《科技和产业》2014 年第 14 卷第 3 期，第 33－34 页。

[14] 贾玉云：《中外对比视角的高职旅游人才培养模式研究》，辽宁师范大学硕士学位论文，2009 年。

[15] 林明居：《借鉴国际先进经验试行新的办学模式》，《新教育》2010 年第 4 期，第 1－3 页。

[16] 刘宁宁：《旅游人才教育培养模式的国际比较》，《山东省经济管理干部学院学报》2003 年第 3 期，第 45－46 页。

[17] 董立民等：《旅游与酒店管理专业课程体系优化》，《教学研究》2013 年第 7 期，第 37－38 页。

[18] 韩冰：《复合型旅游人才培养策略刍议》，《邢台学院学报》第 28 卷第 1 期，第 174－175 页。

[19] 杨慧敏：《中外高等院校酒店管理人才模式比较研究》，辽宁师范大学硕士学位论文，2010 年。

[20] 沈少剑：《英国旅游高等教育发展研究》，山东大学博士学位论文，2012 年。

[21] 李晓冬：《浅谈高职旅游与酒店管理专业特色实训教学》，《职业教育研究》2010 年第 7 期，第 119 页。

[22] 杨艳：《旅游高等教育模式的优化研究——基于就业能力理论》，华东师范大学硕士学位论文，2012 年。

[23] S. 拉塞克等：《从现在到 2000 年全球教育内容发展的全球展望》，北京：教育科学出版社，1996 年版。

[24] 申继亮：《教师人力资源开发与管理》，北京：北京师范大学出版社，2006 年版。

[25] 问建军：《实施"新洛桑"人才培养模式提高酒店人才培养质量》，《陕西教育·高教》2011 年第 1－2 期，第 144－145 页。

[26] 吕柏玲、孙来柱：《校企合作教学中旅游人才培养的方法》，《华章》2014 年第 9 期，第 154 页。

［27］陈安锋：《我国旅游专业大学生劳动力供求失衡影响因素研究》，湖南大学硕士学位论文，2011 年。

［28］张侨、盛颐：《用人单位对旅游人才能力的需求特征研究》，《科技和产业》2014 年第 14 卷第 3 期，第 31－33 页。

［29］袁媛：《中国旅游人才培养模式研究》，中国社会科学院研究生院博士学位论文，2013 年。

［30］陈悬：《旅游业全球化的发展现状和我国的对策研究》，《青春岁月》2013 年第 2 期，第 407 页。

第八章　机电行业与职业教育分析报告

机电产业涉及机械、电子、汽车、轻工等多个行业，作为我国国民经济的支柱产业之一，近年来，随着国际间产业转移，我国机电行业得到了突飞猛进的发展，机电制造业迅速崛起，高新技术的应用越来越广泛，再加上劳动力成本日益增高，企业对所需人才的知识结构和能力结构提出了更高的要求。对此，我国职业教育应紧紧抓住机遇，紧跟行业发展的步伐，突出职业教育的特点，通过创新的教学改革，不断提高教学质量，使人才培养与未来产业发展相适应，为经济发展培养出更多优秀的机电人才。本报告在大量引用相关研究成果和产业发展数据的基础上，对我国机电行业发展、企业及其人才需求状况、职业院校机电专业设置和国外机电职业教育等方面进行较为全面的分析，为进一步推动我国机电专业职业教育的发展提供参考。

一、我国机电行业发展概况

（一）机电行业发展现状

机电业在我国国民经济中占有重要的地位，是支撑整个国民经济不断发展与进步的保证。长期以来，我国机电业受到国家政策的重点扶持和保护，显示出良好的发展前景。加入 WTO 后，我国机电业更是迎来了新的发展机遇。近些年，随着机电科学与技术迅速发展，特别是微电子、自动化、计算机和信息管理等有关技术向传统机械工业的不断渗透，给机电业带来了前所未有的活力，推动其朝着智能化、模块化、网络化、微型化、绿色化、系统化的方向加快发展。

1. 形成集聚效应和规模效益

改革开放以来，我国机电业发展迅速，加上国际上发达国家非核心机电产品制造向我国转移，使我国已初具“世界工厂”的态势。机电业在快速发展的同时，已有进一步集中的趋势。根据《剑桥制造评论》分析，就机电产业生产区域而言，竞争优势明显的是东部地区，江苏、广东、山东是制造强省（陈云，2004）。就工程机械方面而言，《福布斯》认为我国已悄然形成了六大生产基地，分别是徐州、常州、厦门、长沙、济宁和柳州及其周边地区①。

以广东江门为例，企业集群化发展模式在江门机电业中得到成功实践，已经涌现不少特色经济产业集群，比如江门市区的摩托车及零配件、蓬江区杜阮镇的五金卫浴、新会区的五金不锈钢、大鳌镇的集装箱、开平水口镇的水暖卫浴设备、恩平的麦克风等，形成了“中国摩托车产业示范基地”、“中国五金卫浴产业基地”、“中国不锈钢制品生产基地”、“中国（水口）水龙头生产基地”等②。此外，江门市拥有三个中国名牌产品，分别是大长江集团的125C 豪爵牌摩托

①中国路面机械网：《中国工程机械六大生产基地形成》，http：//news. lmjx. net/2005/200504/20050406114100. shtml，2005 -04 -06。

②廖炎昌：《江门机电工业产业集聚效应凸显》（特色产业基地新闻），《人民日报》（海外版）2004 年 4 月 12 日，第 12 版。

车、金羚集团的波轮洗衣机和金桥铝型材厂有限公司的“SAP”牌铝合金建筑型材。在江门市吸引投资的全球500强企业中，有三菱重工、松下、ABB、艾默生等7家投资江门机电工业，主要产品包括空调、电容器、集装箱、低压开关等。这些竞争力较强的大企业集团和特色产业群引领机电行业发展方向，凸显产业集聚效应，对江门市机电业的健康快速发展起到中流砥柱的作用。

随着经济全球化的进程加快，机电产业市场配置资源要素的作用愈发明显。大型企业通过重组、兼并等实现快速扩张，向集团型发展；中小型企业通过做精做专向专业巨人方向发展，产业集聚速度明显加快，生产集中度越来越高，企业规模越来越大，形成规模效益已成为机电业制胜的有效手段。

2. 成为国民经济的支柱产业

（1）机电产品出口规模大。集货物贸易、技术贸易和服务贸易于一身的机电产品贸易，是国际贸易及国际高新技术产品贸易的主导产业，也是衡量一个国家参与经济全球化分工能力和外贸竞争力的重要标志①。自加入世界贸易组织以来，我国对外贸易呈现爆发式快速增长的趋势，外贸出口的平均增速达到21.3%。其中，机电产品连续成为我国第一大类出口商品，占货物出口的比重达到了50%以上②（见图8－1），为我国国民经济的稳定快速发展和出口创汇做出了重要贡献。

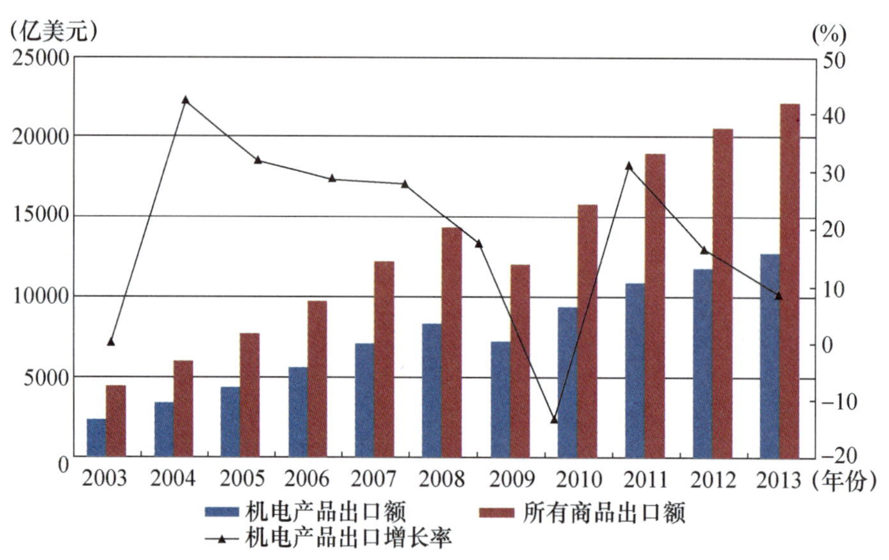

图8－1　2003～2013年我国机电产品出口与所有商品出口额比较

资料来源：联合国Comtrade数据库和国家数据。

从图8－1可以看出，在总量和规模上，2003～2013年我国机电产品的出口总体上保持着上升趋势。2012年我国机电产品出口额为1.18万亿美元，同比增长8.69%，高于同期外贸出口总体增速0.8个百分点，占我国外贸出口总值的57.6%，我国继续成为世界机电产品出口大国。2013年，我国机电产品出口稳步增长，出口额为1.27万亿美元，同比增长7.63%，占出口总值

①郭洪武：《我国机电行业发展现状及问题分析》，《机电产品开发与创新》2013年第1期，第31页。

②李朝辉：《我国机电产品进出口情况分析》，《中国贸易经济》2013年第2期，第22页。

的比重为57.3%。受我国“入世”影响，2003~2008年，机电产品出口一直呈现增长趋势。而2008年美国金融危机爆发，对各国制造业出口都造成了严重影响，我国机电产品出口也在2009年出现了负增长。但随着全球经济复苏，2010年机电产品出口开始回升，并且出口额超过了金融危机前出口额的最高值，成为拉动我国贸易快速增长的强大动力。

（2）机电产品出口结构改善。从出口的机电产品商品结构来看，我国在家电和包括消费类电子产品、通信产品、电子元器件等在内的电子信息类产品以及机械类大型单机和成套设备上已经形成了自身的竞争优势，其中，通信设备及零件、电子元器件、电工器材出口增长较快。“十一五”期间，我国汽车整车（包括成套散件）出口突飞猛进，出口数量与出口金额上都实现了跨越式发展：从不足16万辆的出口量增长到56万辆，出口额也从15.33亿美元增长到68.98亿美元①。同时，自2002年以来，我国以加工贸易方式在逐步向承接世界造船业转移，凭借劳动力成本低、配套能力强、制造业体系完备等综合竞争优势，船舶、船用设备及其零附件出口开始起步并快速发展，并且在高技术、高附加值船舶方面也实现了突破。按新接订单计算，当前我国已经超越韩国成为世界第一大船舶出口国。铁路装备产品已由低附加值、低技术含量的配件出口变为高附加值、高技术含量的内燃机车、客车、货车、地铁客车和动车组等整车出口，实现了重大的飞跃。

（3）机电产品出口市场多元化。我国机电产品在维持传统出口市场的同时，也加速开拓新兴市场。2013年我国机电产品贸易已遍布全球231个国家和地区，呈现出口市场多元化局面。中国机电产品主要出口市场包括欧盟、美国、日本、韩国、印度、俄罗斯、澳大利亚、东盟和中国香港、中国台湾等国家和地区。2010年，中国机电产品的前五大出口市场为欧盟、美国、中国香港、东盟和日本，出口金额占机电产品出口总额的比重达到71.8%，传统出口市场稳定增长②。与此同时，出口市场多元化格局不断加强。在新兴市场，我国机电产品也保持了较高出口增速，已经扩展到墨西哥、乌克兰、哈萨克斯坦、阿根廷和埃及等36个国家和地区。这在一定程度上分散了由于市场过度集中带来的贸易风险，提高了我国机电行业应对国际市场波动的能力。

3. 国际竞争力不断提升

出口竞争力体现了我国机电产品出口在国际上的影响力，也在一定程度上反映了我国机电产品的供给能力。随着机电产品出口总额的不断提升，我国已经成为机电产品的出口大国之一，国际地位不断上升。

国际市场占有率（International Market Share，IMS）是指一个国家出口总额占世界出口总额的比例，反映一国某种产品出口的整体竞争能力和比较优势③。IMS越大，说明该产品在国际市场上所占出口份额越大，从量上说明了一国在该产业具有优势。我国机电产品的国际市场占有率在2008~2012年期间增长迅速，从2008年的12.63%增长到2012年的16.87%，而德国、美国、日本等市场占有率较高的国家在2012年其比例分别为11.69%、9.84%、8.38%，表明我国已经超过一些传统机电产品出口强国，成为2012年国际市场占有率最高的国家④。总之，在国际市场上，我国机电产品的整体竞争优势在不断增强，且占有较大的市场份额，已经成为我国外贸的

①卢启航：《“十一五”我国机电产品出口结构和市场变化情况》，《国际技术装备与贸易》2011年第3期，第35页。

②张小雪、武丹、张小双：《中国机电产品出口竞争力分析》，《对外经贸》2012年第5期，第13页。

③郭鹏辉：《中国机电产品出口竞争力及制约因素分析》，《经济研究导刊》2012年第33期，第204-206页。

④王秀丽、江飞涛、杨平：《中国汽车工业：竞争力提升趋势、挑战及对策》，《中国经贸导刊》2013年第15期，第21页。

支柱产品，是我国外贸“调结构”与“稳增长”的重要载体和主要支撑。

（二）机电行业发展存在的问题

1. 出口市场拓展不均

尽管出口市场多元化战略的实施使得我国机电出口贸易集中度比例有所下降，并在开拓新兴市场上也取得了一定的突破，出口市场多元化的趋势逐步凸显，过度集中的出口市场分布局面逐步得到缓解。但是，在我国机电产品出口快速增长的同时，也暴露出在出口市场拓展方面存在的问题。

在我国机电产品出口中，对发达国家出口占到我国对世界总出口的68%左右[①]，因此，经济发达国家及地区仍是我国机电产品出口拓展的重要对象。从出口集中度来看，对发达经济体的出口过度集中在美国、欧盟、日本以及中国香港等国家和地区，其出口额占到80%以上。出口集中程度过高，这将不利于规避市场风险，容易引起机电产品出口波动。例如，金融危机和欧债危机爆发后，各国都希望通过增加出口振兴国内经济，欧美等国先后出台“奖出限入”措施，实施“再工业化”，鼓励产业回流，加上我国与欧美等地区贸易摩擦不断，对欧盟、美国等传统市场的出口增长相对停滞。所以说从长远看，出口集中度过高会影响中国机电产品国际竞争力的提升和产业升级创新的实现[②]。此外，我国企业在开拓新兴市场方面与发达国家相比，存在着资金短缺、产品竞争力相对较弱等劣势，进而导致开拓难度大、风险大，这些都增加了我国机电产品企业市场开拓的成本。

2. 自主创新能力欠缺

目前我国远销海外的50多种机电产品可划分为六大类：金属制品、机械设备、电器及电子产品、运输工具、仪器仪表和其他产品，表8－1为2003～2012年我国机电产品出口结构。不难看出，电器及电子产品和机械设备等技术含量偏低的产品出口比重较高，二者的比重之和超过70%，已成为机电产品出口的主要产品。但是运输工具和仪器仪表等资本和技术密集型产品所占比重较低，此类资本和技术密集程度较高的产品多集中在外资企业，国内企业在技术含量上仍然与国外有较大的差距。国内大多数的企业缺少独立开发新产品的能力，主要生产方式依然是仿制。能够体现高科技水平的车辆、大型机械、精密仪器、成套设备等产品所占的出口份额并不高。

表8－1　　2003～2012年我国机电产品出口结构　　单位:%

年份	金属制品	机械设备	电器及电子产品	运输工具	仪器仪表	其他产品
2003	8.84	25.47	43.74	8.80	6.00	7.16
2004	8.84	28.27	43.19	7.90	5.43	6.57
2005	8.00	32.35	41.46	6.71	4.69	6.79
2006	6.99	36.68	39.13	6.86	4.64	5.70

①张小雪、武丹、张小双：《中国机电产品出口竞争力分析》，《对外经贸》2012年第5期，第13页。

②杨昌荣：《当前机电产品出口形势及其出口产业的优化升级与价值创新》，《世界机电经贸信息》2003年第5期，第17－25页。

续表

年份	金属制品	机械设备	电器及电子产品	运输工具	仪器仪表	其他产品
2007	6.93	36.54	40.10	6.49	5.02	4.93
2008	6.91	35.08	40.38	6.66	5.97	5.00
2009	7.05	33.96	41.40	6.99	5.94	4.65
2010	7.07	32.60	42.83	7.84	5.29	4.36
2011	7.19	32.64	41.56	8.60	5.27	4.74
2012	6.71	31.87	41.32	9.19	6.16	4.75

资料来源：海关统计数据。

我国很多机电出口企业缺乏核心技术和自主知识产权，目前国内近90%的机电产品通过加工贸易方式出口，其中外商在华投资企业出口额又占到加工贸易的75%①。在这些加工贸易产品中，产品工艺的技术含量普遍不高、产品需求弹性小、附加值较低，企业的收益并没有随着表面上总量的提高而大幅攀升，加工费仍然是企业的主要收入。此外，我国开发和创新能力远落后于西方发达国家，美、日、德三大机电产品出口国全部研发投入占GDP比例和人均研发费用分别为2.45%和645美元、2.9%和597美元、2.27%和458美元，而我国仅为0.64%和3.9美元②。因此，我国机电企业自主创新能力明显不足，机电行业发展和拓展深度的基础技术薄弱，前沿科技争议问题缺少有效解决机制，重大技术创新成果鲜见。

3. 行业竞争无序混乱

当前我国机电产品对新兴市场出口大多低价竞争。由于对非洲及南美地区出口的企业以中小企业为主，产品档次不高的中小型企业以中低端产品迅速占领这些市场，如尼日利亚、加纳、哥伦比亚等国家。受经营者经营理念、管理才能、资金技术和人才等诸多条件的限制，中小企业出口的中低端出口产品，产品同质性大，技术创新及升级能力不足，且出口的依存度高，因此企业主要以低价竞销的方式来扩大规模、抢占市场。例如，随着我国机电产品出口的快速增长，小五金、家电、通信器材、交通工具等产品也出现了增量不增价的现象。大部分机电生产企业面临着产能分散、生产规模小、技术水平低、生命周期短、行业集中度低等问题，这些企业在利用资源效率方面与大企业存在着差距，而且有些企业采取不合理的量化扩张策略，加重了行业内产能过剩的问题。这些分散经营的中小企业面对机电出口市场化、国际化和国际竞争日趋激烈的挑战，暴露出规模小、效率低、抗风险能力弱等问题，难以和那些在生产组织上已经产业化、集约化、规模化和商业化程度较高国家的机电出口商进行竞争，在应对国外贸易壁垒方面也处于不利地位。多年来，我国机电产品出口存在的无序竞争、低价竞销等问题一直比较严重，使得机电出口数量持续增长，价格却没有匹配增长，这在很大程度上限制了我国机电产品的出口空间，加大了企业出口压力和国际市场的开拓难度③。

4. 贸易摩擦频繁发生

近年来，我国机电行业成为技术性贸易壁垒（Technical Barriers to Trade，TBT）的重灾区，

①郭洪武：《我国机电行业发展现状及问题分析》，《机电产品开发与创新》2013年第1期，第31页。

②包斯日古楞等：《我国机电产品出口国际竞争力分析》，《经济论坛》2014年第9期，第113－117页。

③汤韩玲：《基于技术创新的我国机电产品出口竞争力提升研究》，重庆工商大学硕士学位论文，2007年。

欧盟、美国等主要贸易伙伴频频对我国机电产品实施技术性贸易措施限制，尤其是在保护知识产权和生态环境方面设置的技术性贸易壁垒。2002 年，我国机电产品遭受累计通报数为 200 次，占当年通报总数的 31.2%①。2011 年，这一比重达到 32%。在 2012 年 2 月涉及重点行业 157 项通报中，机电产品通报 58 项，占 36.9%。2013 年总共发生 92 起针对我国的贸易救济调查，发起主体涉及 19 个国家和地区，相比 2012 年的数量增长了 17.9%②。我国机电产品出口遭受的 TBT 一直居高不下，其原因主要是：一方面，由于我国机电产品出口多集中在美国、欧盟及日本等国，而该地区是全球科技水平最高、技术标准最严格的国家和地区，我国机电产品出口因附加值低、不环保等因素频繁遭受技术性贸易壁垒、环境贸易壁垒和反倾销调查等措施的制约；另一方面，近年来国际市场持续低迷，欧美传统发达国家需求疲软，新兴经济体增长也有放缓趋势，全球贸易保护主义抬头。

二、机电行业人才需求分析

机电技术是各种高新技术的基础，以其特有的技术优势与广泛的应用前景受到企业的高度重视。近年来，随着国际间产业转移，沿海地区航运、造修船等机电行业得到了突飞猛进的发展，机电制造业迅速崛起，高新技术的应用越来越广泛，再加上劳动力成本越来越高，企业对所需人才的知识结构和能力结构提出了更高的要求。

（一）机电企业发展概况

机电企业是制造业的重要组成部分，也是制造业的核心部分，其兴衰成败不仅仅关系着经济的发展，还影响着国防、工业、建筑等行业的发展，其重要性可见一斑。20 世纪 90 年代后期，机电企业开始向智能化方向迈进，主要表现为：一是光学、通信技术等进入机电一体化，出现了光机电一体化和微机电一体化等新分支；二是对机电一体化系统的建模设计、分析和集成方法以及机电一体化的发展趋势进行深入研究。同时，人工智能技术、神经网络技术及光纤技术等领域取得的巨大进步，为机电企业发展开辟了广阔天地。

1. 隶属密集型企业

在国民经济行业分类中，机电企业隶属于包括金属制品业、通用设备制造业、专用设备制造业、交通运输设备制造业、电气机械及器材制造业、通信设备计算机及其他电子设备制造业、仪器仪表及文化办公用机械制造业和其他制造业的八大领域。从图 8－2 可以看出，2012 年我国通用设备制造业、电气机械及器材制造业和金属制品业的机电企业数量较多，分别占 19.95%、19.07% 和 16.81%，而这些机电企业大多属于资本密集型和技术密集型企业。一方面，机电企业从生产通用类装备，如农用机械、工程机械，到生产基础类装备，如机床、工装，再到生产成套类装备，如石油、化工、煤化工等，以至更高级的生产安全保障类装备和高技术关键装备，如军事、航空航天装备等，其厂房成本、设备成本、材料成本、研发成本、人力成本等开支都十分巨大，需要很大的财力投入；另一方面，机电企业在生产如数控机床、大规模集成电路、仪器仪

①潘飞霞、阮明烽：《我国机电产品出口所面临的技术性贸易壁垒及对策》，《企业经济》2007 年第 2 期，第 81 页。

②中国贸易救济信息网：《2013 年中国依然是贸易保护主义的最大受害国》，http：//www.cacs.gov.cn/cacs/newcommon/details.aspx？articleid＝121070，2014－01－17。

表、大型科学仪器和医疗设备、通信、航管及航空航天装备等技术含量高、工艺精密的产品时，对研发水平、技术实力、知识产权投入方面的要求都很高，所以又可谓是技术密集型企业。

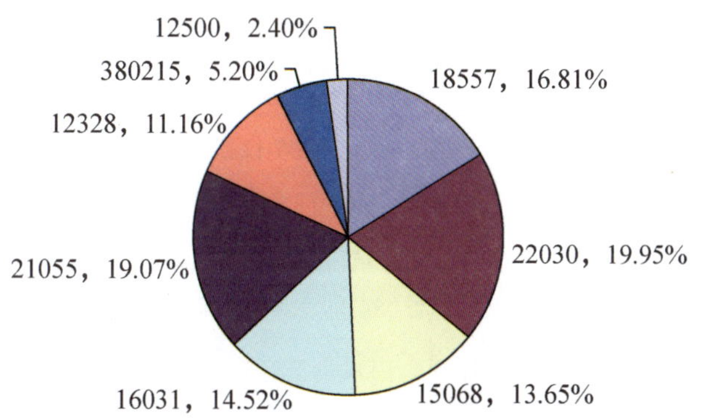

图 8－2 2012 年机电企业的数量

资料来源：《中国统计年鉴 2013》。

2. 对外依存度下降

从全行业的情况看，机电出口企业加快了将积累的机电技术转化为新产品的步伐，且技术转化的效果是很明显的，机电产品技术对外依存度这一关键指标就发生了明显变化。根据相关部门统计，在我国大量出口的主要大宗机电产品中，关键制造技术的对外依存度已由先前的 85% 降到了如今的一半左右，而且已有部分核心关键技术被具有自主知识产权的新技术所替代，对外依存度也有明显下降①。从某种意义上讲，适度的对外技术依存度，仍然是后危机时代我国机电企业保持中长期出口稳健增长、提升国际竞争力和扩大国际市场份额的助推力量②。目前，机电出口企业从战略高度致力于提高自主创新能力，通过产学研相结合的模式，通过适度引进技术，使企业真正成为研发投入、技术创新和出口成果转化的主体。

3. 成长迅速

从单个企业看，经过多年的积累和发展，我国机电产业已经发展起一些龙头企业和重点企业，它们的某些类型产品市场占有率较高、基础和技术都比较好。如上海汽车工业（集团）总公司、海尔集团公司、中国第一汽车集团公司、中国机械工业集团、沈阳机床（集团）有限责任公司、安徽江淮汽车集团有限公司等，这些机电行业的龙头企业都培植了一批在国内外市场有一定声誉且具有较高市场占有率的拳头产品。部分机电企业的装备水平和工艺水平经过发展有较大提高，创新能力明显增强。例如，泰豪科技股份有限公司技术中心被认定为国家级技术中心，以泰豪科技股份有限公司、华源机电工业园、江西银河江变有限公司、江西东元有限责任公司、东元电机为代表的江西机电产业，重点生产发电机组、移动电站、智能楼宇控制器系统、大型循

①东旭机电官网：《机电出口企业仍要努力》，http：//www. dx－ev. com/news/page/73，2013－12－10。

②中研网：《我国机电出口企业发展策略探讨》，http：//www. chinairn. com/print/608225. htm，2010－08－23。

环流化床锅炉、数控机床、整流变压器、大中型电机、水轮发电机组等产品，近些年来发展迅速。表 8 – 2 为我国机电行业成长最快企业 20 强榜单。

表 8 – 2　　我国机电行业成长最快企业 20 强榜单①

公　司	简　介
清华大学机械厂	主要经营制造切削工具，教学仪器，超声波清洗机，中频电源，空调维修设备的制造，家用电器，制冷设备维修，销售汽车配件
涿州清洗机厂	开发生产的各种类型清洗机，产品为国内汽车行业、摩托车制造业、液压件生产行业提供了各种类型的专用配套设备
北京中兴新创塑料机械制造有限公司	设计生产 SHJ 同向积木式平行双螺杆、3ME—60 系列三螺杆挤出造粒机、塑胶热切造粒机及配件的专业厂家
荆州巨鲸传动机械有限公司	国家最早定点的专业减速机生产厂家之一，减速机设计、生产能力在全国同行业处于领先地位，中南地区最大减速机专业生产厂家
大连普阳发电机组有限公司	目前已成为北方地区生产规模最大、规格型号最全的柴油发电机组制造企业，市场占有率在同行业中也名列前茅
沈阳侨源专用设备厂	生产自动加工和装配系统所需的供料系统，承接自动焊接工作站业务，产品得到了国家八六三计划专家组专家们的肯定与支持
北京恒博山科技发展有限责任公司	以激光打标机、气动打标机、电化学打标机为首席产品，为企业降低生产成本与提高运营效率提供最完善的打标解决方案
河北博纳电器设备有限公司	致力于工业自动化产品的开发设计、生产和销售，主要产品有软管、软管接头、电缆防水接头、工程塑料拖链、钢铝拖链、防护罩等
宁波市北仑减速调速电机厂	生产齿轮，蜗轮减速，电子调速，电磁制动，离合，单相，三相交流减速电动机和直流减速电动机，努力拓展多元化的减速电机市场
北京中达菱科电气科技有限公司	自主开发新一代菱科变频器，从很大程度提高变频器实用性，适应中国复杂电网使用
上海瀛洲节能电炉厂	中国热处理协会会员单位，是一家专业生产节能炉的工业企业
甘肃红峰机械有限责任公司	原国营九二〇厂，为众多的工业企业和国家重点、大型工程供应了大批优质高效的节能产品和节能装置
安徽省三力机床制造有限公司	专业为铁路、航空、轻工、冶金、建筑、汽车、电力、装潢、采矿等行业提供所需的金属板材加工机械和专用破碎成套设备
河北华利实业有限公司	以科研、开发、生产制造、经营销售为主要业务，重点产品以机械附件、机器配件、胶木制品、工程塑料制品、组合件为主
北京新兴超越离合器有限公司	中关村国家级高新技术企业，我国研制、生产超越离合器的专业厂家

①国际金属加工网：《中国机电行业成长最快 20 强榜单》，http：//www. mmsonline. com. cn/info/35275. shtml，2007 – 05 – 08。

续表

公　司	简　介
资阳益华工业科技有限公司	是一家集科、工、贸于一体，专业从事钻尖刃磨技术及设备、钻孔工艺研究的民营科技型企业
六安滚动轴承有限公司	原国有六安轴承厂基础上改制设立的民营企业，定点生产调心滚子轴承和圆柱滚子轴承的专业生产企业，安徽省轴承行业重点骨干企业
北京凝华科技有限公司	国内领先的精密机床制造商，也是仅存的最早的一批电加工机床研发企业之一，成为全球超硬材料电加工领域的领导者
常州市兰生数控机床销售有限公司	按照“一站式采购，产业链服务”的数控机床超市营销模式，致力于为数控加工提供合理的解决方案，帮助用户提高工效并降低成本
浙江富马仪表有限公司	专业开发、制造、销售流量计量仪表、流量标准校准装置、工业自动化工程成套、信息化控制系统的高新技术企业

（二）机电业人才需求分析

1. 机电业人才需求量大

我国现有8000万名机电产业工人，其中高级技工仅占3.5%，技师与高级技师不到1.4%，而世界发达国家高级技师、高级技工的比例达到30%～40%①。随着计算机及自动控制技术的迅猛发展和广泛应用，机电业获得前所未有的发展机遇，急需大量高素质、高技术的应用型人才。图8－3为2007～2012年我国机电安装工程从业人数和高、中级职称人员数的比较，从中可以看出，这期间从业人数整体呈上升趋势，2009年受金融危机影响从业人数有所下降，但2010年人数开始回升，之后对机电人才需求数量不断增多。

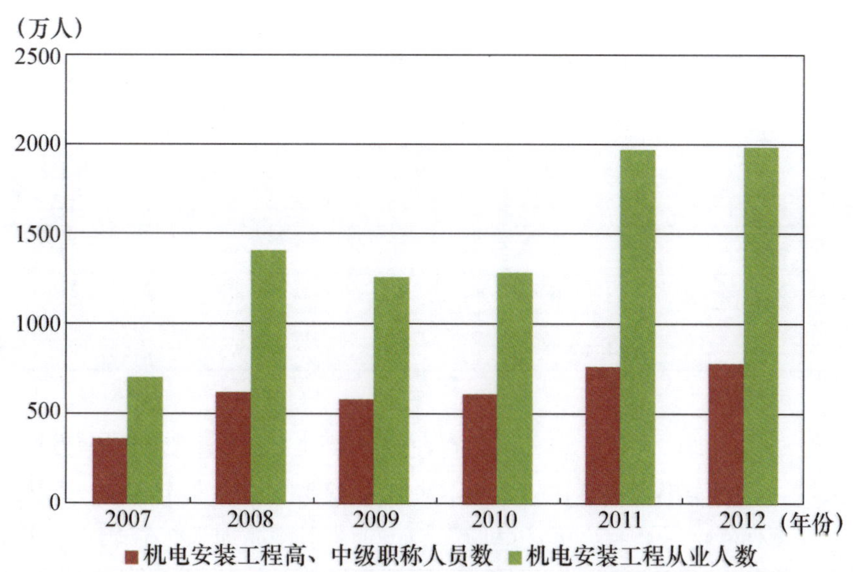

图8－3　2007～2012年我国机电安装人数比较

资料来源：国家数据。

①豆丁网：《电气自动化专业市场调研报告》，http：//www.docin.com/p－494211698.html，2012－10－18。

以东三省机电产业人才需求为例，经过多年的发展，东三省机电产业已具有相当规模。当前东三省工业化进程正处于上升期，特别是“十一五”期间，国家对东北老工业基地的政策支持，使工业产值逐年攀升。各种成分的经济为了在日益激烈的市场竞争中占有一席之地，大量引进高新技术设备，其中机电产品更是占主导地位，这给机电行业的发展带来了新的挑战和机遇。近年来，随着东三省工业结构的调整和优化组合、电子技术对机械制造领域的渗透、新兴技术的综合应用、大量更为先进的机电设备投入使用，对操作和维修人员提出了更高的要求，特别是机电产业技术应用人才的需求量将逐年增加。有关调查结果显示，东三省的技师和高级技师占全部技术工人的比例不到4%，而企业需求的比例是14%以上，供求之间存在较大差距[①]。未来5~10年，黑龙江省高技能人才缺口约26.85万，而每年仅有约5.24万人才供给[②]。表8－3为东三省部分企业对机电技术专业人才的需求情况。

表8－3　　东三省部分企业对机电技术专业人才需求量　　单位：人/年

企业名称	机电技术专业人才每年需求量				
	2008年	2009年	2010年	2011年	2012年
哈尔滨汽轮机厂有限责任公司	98	106	120	135	158
哈尔滨锅炉厂有限责任公司	94	96	108	126	182
哈尔滨电机厂有限责任公司	17	21	40	58	72
哈尔滨三精制药	20	25	30	40	48
哈尔滨光宇集团	14	20	32	36	48
哈尔滨轴承集团有限责任公司	42	45	50	68	120
哈尔滨肇东伊利乳品有限公司	18	24	33	40	45
哈尔滨飞机工业集团	73	99	126	146	168
哈尔滨东安汽车动力股份有限公司	29	39	45	62	83
上海三一重工	50	56	70	83	92
东北轻合金有限责任公司	22	25	28	36	54
哈尔滨先锋机电技术开发有限公司	75	83	104	152	186
牡丹江恒丰纸业有限公司	24	30	35	38	46
哈尔滨五环电器设备制造公司	30	32	40	67	91
总　计	606	701	861	1087	1393

随着我国行业结构的调整和优化组合，各行业的发展进入了一个新的快速发展阶段，因此对人才的需求量大增。尤其是机电一体化技术，这种通用专业的技术人才需求一直呈上升趋势且供不应求。另外，在诸如农、林、牧、渔产品的深加工企业，食品加工、造纸、印刷以及交通运输以至现代商业企业等都离不开机电一体化技术。因此，机电业的繁荣必将带来对机电专业人才的

①娄爱花：《我国技术工人短缺的现状与原因分析》，《西安航空技术高等专科学校学报》2006年第6期，第5页。

②豆丁网：《机电一体化技术专业人才培养方案》，http：//www.docin.com/p－402599599.html，2012－05－15。

大量需求。

2. 机电业人才需求类型

根据对机电企业人才需求情况和近些年毕业生就业情况的分析，机电业的就业岗位群主要有三类：一是机电设计方向，包括计算机辅助绘图、运用 CAD/CAM 技术进行机械设计；二是机械制造工艺方向，包括数控加工编程、机械加工工艺规程制定、工装设计与制造、质量检验与质量管理、生产经营与技术管理等；三是机电控制方向，包括生产线的安装、调试、运行、维护与维修、技术改造、管理等。具体岗位及其职业能力分析如表 8－4 所示。

表 8－4　职业岗位能力分析

就业岗位	岗位描述	职业能力
普通机床操作工	能进行车床、铣床、钻床操作加工和钳工零件加工	1. 机械加工图纸识读 2. 车、铣等机床结构的认知 3. 工件测量与检验能力 4. 机床操作加工能力
数控机床操作工	能对较复杂零件进行数控设备的编程和基本操作加工	1. 机械加工图纸识读 2. 数控机工中心、数控车、铣的结构认知 3. 工件的测量与检验的能力 4. 数控设备故障诊断、维护和编程知识的运用能力
机电设备检测、维修工	能进行车间、企业的机电设备检测和维护	1. 机械材料选用及自动控制所具备的专业能力 2. 机床设备结构与应用所必备的基础知识及运用能力 3. 机电设备故障诊断、维护和编程知识及运用的能力
自动生产线调试维护工	能进行自动化生产线设备的调试和维护	1. 自动线、生产线的运行认知 2. 对自动线设备进行检测、诊断和维修的能力
机电产品设计员	能运用 CAD 等软件进行相关机电产品制图	1. 加工工艺及设计的能力 2. 典型轴类、套类和箱体零件的结构认知与应用能力 3. 简单电路的相关知识及运用能力

此外，机电企业对人才素质和其他职业能力要求如下：一是具有良好的思想政治素质、行为规范和职业道德；二是具有较强健的体魄、良好的心理素质，能够进行自我心理调节；三是具有热爱科学、实事求是的态度，能够独立思考问题、制订工作计划；四是具有严谨的工作作风、吃苦耐劳的职业精神、较强的开拓发展创新意识；五是具有安全、保密的法律意识和与人沟通交流、协调合作的团队意识。

华中科技大学机电研究中心和国家机械工业教育中心 2004 年联合对机电专业人才培养状况进行了调查和分析（见表 8－5）①。根据调查，可以把机电业人才大致分为三个层次：第一，“白领层”是最受欢迎的人才，也是企业最需要的人才，虽然这类人才仅占岗位比重的 3.8%，

①机械工业教育发展中心、华中科技大学国家数控系统工程技术研究中心：《关于数控人才需求与数控职业教育教学改革的调研报告》，《中国职业技术教育》2004 年第 17 期，第 18－21 页。

但人才太过缺乏。第二，“灰领层”属于储备型人才，占岗位比重的24.0%，这类人才是高校培养的重点。第三，“蓝领层”占岗位比重的69.2%，企业需求量最大。不同企业的不同岗位，对机电业人才的需求也不相同，外资企业、民营企业，由于是生产型企业，岗位要求更多是机电一体化设备的操作和维护，而国有大中型企业对“白领层”人才的需求偏多。

表 8－5　　机电业人才培养现状统计表　　单位:%

地区	人才来源			学历状况				工作岗位类型			
	学校招聘	企业招聘	自培人才	本科以上	本科	专科	中专及其以下	基础操作	系统维修	机械操作	以上均可
东北	71.2	17.1	11.7	1.3	17.8	47.9	32.9	14.2	16.7	68.9	0.3
华北	60.1	11.7	27.0	1.1	8.6	26.5	64.0	15.8	11.0	69.3	4.8
华中	25.0	10.1	66.0	0.5	1.8	25.2	72.3	15.0	12.0	68.0	3.0
西北	44.1	14.6	43.2	0.9	6.8	34.6	59.7	7.7	5.4	76.9	12.0
西南	65.3	15.9	16.7	1.7	12.3	28.2	56.0	11.8	12.1	73.1	0
华东	29.4	17.1	53.5	0.6	6.8	41.5	53.0	13.8	18.5	63.1	5.7
华南	42.8	21.3	35.8	1.8	8.3	15.7	77.5	9.9	11.4	71.6	8.2
平均水平	48.3	15.4	36.3	1.1	8.9	31.4	59.6	12	12	69.2	3.8

资料来源：机械工业教育发展中心、华中科技大学国家机电系统工程技术研究中心。

从表8－5可以看出，我国现阶段机电业人才的学历平均水平普遍偏低，拥有本科及其以上学历的人才仅占10%，大专学历占了31.4%，59.6%为中专及其以下学历。企业需要的操作工有36.3%是通过自己培养实现的，从学校招聘而来的占了48.3%，虽然比例较高，但也反映了学校培养的机电业人才还不能满足企业的需要，有很大一部分还不能满足岗位工作的需要。企业为了生产和发展的需要，必须从社会招聘人才，还要自身培养。如果企业和学校能深度合作，学校为企业培养人才，企业通过学校选用人才，这样就可以达到“双赢”。

在机电产品的生命周期中，机电行业最紧缺的是具有综合能力的复合型人才。机电产品从市场分析、研发设计到加工制造再到销售及售后服务等方面都需要多部门、多环节的相互协调才能完成，这就要求各部门的从业人员必须对行业整个制造过程有着全面清晰的了解以及具备多方面的知识与技能。具体到职位上，最缺乏的是优秀的机电设备操作与维护工程师、机电设备调试工程师、机电设备营销工程师等。随着机电产业的发展和科学技术的不断进步，对从业人员的技能要求从以前单纯的“懂机”或“懂电”，向既“懂机”又“懂电”，特别是向懂得机电技术综合应用的方向发展①。

三、我国机电专业职业教育现状分析

专业建设是职业院校教学工作主动灵活地适应社会需求的关键环节，是学校建设和发展

①区域性教师专业发展平台：《上海市机电技术应用专业改革浅探》，http：//www.jxxx.ykedu.net/jsfz/blog/archive.aspx？id＝5357，2009－08－16。

的根本所在。如今，机电产业以其特有的技术带动性、融合性和广泛适用性，逐渐成为高新技术产业中的主导产业，成为21世纪经济发展的重要支柱之一，使得就业市场对机电专业技能型人才需求增加。在此影响下，各职业院校纷纷开设机电专业，以满足社会对该专业人才的需求。

（一）机电专业职业教育现状

机电专业是机械、电气、计算机控制等学科的高度融合，随着技术进步和企业劳动组织方式的改变，职业教育的培养目标也悄然发生变化，逐步由培养动作技能为主转变成以培养学生的智慧技能为主、由培养再造技能为主转变成以培养创造技能为主。据全国职业院校专业设置与公共信息服务平台统计数据显示，2014 年全国有 1128 所高职学校开设机电专业，专业方向主要分为航空机电设备装修、矿山机电、机电安装工程、机电设备运行与维护、机电一体化技术、机电设备维修与管理和新型纺织机电技术。

1. 专业设置

目前，国内制造业基本形成了三种模式①：第一种是广东珠江三角洲模式，主要是利用当地丰富的劳动力资源进行来料加工，进而发展制造业，这一模式属于劳动力密集型和加工密集型；第二种是以江浙地区为代表的以个体私营、家庭作坊为主的制造业，这种制造业技术含量比较低，但是发展势头很猛；第三种是正在形成的以技术密集型为标志的高新技术产业，如集智力资源、研发力量、技术和信息等优势的北京。这三种模式对机电类人才的需求平稳且较旺盛，因此这些地方有较多的高职院校开设机电专业。表 8－6 为 2014 年广东省、江浙地区和北京市开设机电专业的部分高职院校名单及招生情况。

表 8－6　2014 年广东省、江浙地区和北京市开设机电专业的部分高职院校名单及招生情况

所在地	院校名称	专业名称	所属院系	招生人数（人）
广东	顺德职业技术学院	机电一体化技术	制造	159
	中山火炬职业技术学院	机电一体化技术	制造	111
	广东环境保护工程职业学院	机电设备维修与管理	制造	76
	广州民航职业技术学院	航空机电设备维修	交通运输	100
		飞机机电设备维修		888
	广东松山职业技术学院	机电一体化技术	制造	138
		机电设备维修与管理		138
江浙	江苏建筑职业技术学院	矿山机电	资源开发与测绘	42
		机电一体化技术	制造	85
	连云港职业技术学院	机电一体化技术	制造	1329
	苏州工业职业技术学院	机电一体化技术	制造	135

①豆丁网：《机电人才需求分析》，http：//www. docin. com/p－719979124，html，2013－11－02。

续表

所在地	院校名称	专业名称	所属院系	招生人数（人）
江浙	苏州工业园区职业技术学院	机电一体化技术	制造	59
		机电设备维修与管理		66
		光机电应用技术		44
	南京化工职业技术学院	航空机电设备维修	制造	32
		机电一体化技术		55
		机电设备维修与管理		25
	盐城工业职业技术学院	机电一体化技术	制造	137
		新型纺织机电技术	轻纺食品	80
	嘉兴南洋职业技术学院	机电一体化技术	制造	98
	杭州职业技术学院	机电一体化技术	制造	90
	宁波职业技术学院	机电一体化技术	制造	133
		机电设备维修与管理		90
	浙江国际海运职业技术学院	机电一体化技术	制造	80
北京	北京工业职业技术学院	机电一体化技术	机电工程	130
	北京电子科技职业学院	机电一体化技术	制造	47
	北京劳动保障职业学院	机电一体化技术	制造	110
	北京交通职业技术学院	机电一体化技术	制造	30

资料来源：广东省、江浙地区和北京开设机电专业的部分高职院校 2014 年招生简章和招生计划。

2. 课程体系

机电专业课程体系的确定，一般是根据机电专业特点设置公共基础课、专业核心课、素质拓展课等，并结合理论课程内容、进度、特点等设置技能课和实训、实验等实践性课程。课程体系的设置以培养岗位技能和专项技能为依据，以学生掌握扎实的理论基础和实践技能为目标。因此，理论学习与实践训练相结合成为机电专业课程体系设置的关键因素。表 8 - 7 为职业院校机电专业主要课程设置的一般情况。

表 8 - 7　　职业教育机电专业主要课程设置一般情况

课程类别	主要课程
公共必修	思想道德修养与法律基础、毛邓三概论、形势与政策、军事理论、英语、高等数学、计算机应用基础、体育
公共选修	大学生职业发展与就业指导、校级平台选修课程
专业必修	机械制图与计算机绘图、工程力学、机械设计基础、电工与电子技术、机械制造技术、液压与气压传动技术、数控机床编程与操作、电气控制与 PLC、单片机原理与应用、机电一体化技术、自动化生产线的调试与维护、设备故障诊断与维修、机电设备管理

续表

课程类别	主要课程
专业选修	工业组态软件、现代变频技术、机电设备安装与调试、起重设备应用与维护、企业安全技术知识、机电设备招投标、市场营销、文献检索等
基本素质和能力	军事训练与入学教育、社会实践、毕业教育
集中性专业实践环节	金工实习、零件测绘、机械基础课程设计、电子实训、中级维修电工实训、交直流调速实训、数控机床编程与操作实训、单片机原理与应用实训、PLC 实训、顶岗实习、毕业设计

3. 就业方向

机电专业所覆盖的技术领域主要有机械设计、机械制造、机电控制、计算机辅助设计、计算机辅助制造等，根据所培养的人才将来在技术领域中的不同侧重，可以分为以机为主，或以电为主，或是机电结合。这些技术涉及人们生产生活的各个领域，按行业及其产品分类看，机电技术应用的主要领域涉及机械行业的普通机床、数控机床、刀具等；涉及电工行业的电机、电工元器件、电工仪器仪表、电源、电器设备等；涉及化工行业的化工机械与设备等；涉及电子行业的电子元器件、通信器材与设备、监视识别设备等；涉及环保行业的环保机械，水处理、工业废物处理机械等；涉及建筑行业的建筑机械、建材机械等；涉及运输行业的起重机械、运输机械、装卸机械。其他还有冶金机械、汽车、医疗器械、出版印刷机械、饮食机械、服装机械等。可以说，这些领域机械设备的设计、制造、使用和维修无一不和机电技术密切相关。

机电技术所覆盖的广泛领域，既为机电专业铺设了广泛的职业岗位范围，也对专业人才培养提出了较高的要求。机电专业培养的毕业生初始阶段可以做绘图员、资料管理工作，也可以进行机械制造工作或进行工艺编制和设备维修、保养工作。现在数控设备应用较多，相应地需要较多的操作人员，程序编制人员，设备安装、调试、维护人员，毕业生可以在企业从事机电结合产品的零部件、电子控制线路的设计、制造、调试和管理工作，或在技术产业部门（主要指公司）进行机电类新产品（包括硬件和软件）的开发、生产、检测、调试以及管理等工作；还可以在高等院校、科研院所的机电类实验室、研究中心等从事实验教学和研究以及现代设备、仪器的操作、调试、检测、维护以及管理工作。毕业生经过再培训，还能胜任计算机外围设备、办公室自动化设备、家电产品、仪器仪表等设计、制造工作或机电类产品的经营、销售工作。

（二）机电专业职业教育发展问题

目前，职业院校机电类专业毕业生必须具备扎实的理论基础和过硬的实践技能，才能具备较强的解决实际问题的能力，满足社会的需求。当下不少职业院校陆续地进行了面向高级技能型人才培养的专业建设或教学改革，然而建设与改革不是一朝一夕完成的，教育改革当中出现的问题多种多样，和学校的专业教育水平息息相关。学校要培养出精良的技能型人才，关键在于对存在问题的了解有多深入，这样才能做到有的放矢，才能加以改进并保障教学质量稳步提高。

1. 专业特色不明显

很多职业院校机电专业的培养目标是“培养面向现代制造业机电工程技术的高等技术应用型人才”，这个目标看似全能，其实没有侧重自身特色。机械与电子作为独立的两大学科，各自包含十分丰富的内容，涉及面也都非常广，采用这种众所周知的“理想化”定位，往往容易造成“机不太懂、电也不太通”的尴尬局面，失去了机电专业应有的特色，达不到人才培养目标的要求，无法满足用人企业“短适应期”甚至“零适应期”的要求，造成学生就业困难，没有达到职业教育的目标①。例如，国内某些高职院校的毕业生不能胜任高技术含量的工种，只能和仅仅受过短期培训的人员一样从事技术要求不高的流水线操作。

2. 课程体系不合理

根据企业对人才的需要，很多职业学校对机电专业的课程设置进行了改革，但是专业课程的设置不能很好地突出以就业为导向和社会需求的要求，具体表现在以下几个方面。首先，传统的教学模式一般只注重理论教学和教师的课堂说教，理论课比重过大，实习、实验、实训环节不完善，实践教学环节经常由于条件限制而流于形式，完全忽视了对学生实践能力和职业素质的培养，不能真正学以致用，未能体现以技能为本位的职业教育课程观。其次，现有课程设置没有充分围绕学生的就业方向和社会需求来设置，理论教学与实际的控制系统设计、制造要求存在着很大的差距，不能跟周围大环境的具体需求密切结合，没有很好地突出以就业为导向的职业教育课程观。最后，机电专业采用教材很多没有充分体现出现代机电行业的发展水平，内容陈旧、落后，实用性不强，缺乏一些反映机电一体化先进技术的课程，且各门课程之间相互独立，相关知识未能有机地渗透和融合在一起，导致课程设置和教学内容与技术发展不相适应②。

3. 师资队伍建设有待完善

近几年，由于职业院校招生规模扩大，发展势头良好，学生生源相对充足，导致职业院校机电专业的教师数量相对不足，学历、职称、年龄方面的结构不合理，严重影响了职业教育的发展。

从学历结构看，职业院校机电专业教师的学术水平不高，学历层次偏低，与国家要求的水平还有很大的差距。目前，我国高职院校硕士研究生及在职攻读硕士学位的教师比例不超过10%，而国家教育部提出高职院校师资中具备研究生学历的应达到30%以上③。从职称结构看，中高级职称教师比例偏低，正高级职称的教师比例更低，仅为3%，不能满足教育教学的需要，并有一些中高级职称的教师，是由中专学校的高级讲师平转而来。从年龄结构看，青、中、老年教师青黄不接现象严重，31～45岁中年教师不多，大多老年教师又接近退休年龄，有的学校甚至是返聘已经退休的老师，青年教师则是大学刚毕业，虽然年轻，有朝气，有活力，但是教学经验不足，影响教学质量和教学效果。从教师队伍的整体能力看，“双师型”教师严重缺乏，全国独立设置的高职院校中有40%的学校“双师型”教师比例低于15%，没有“双师型”教师的高职院校多达130所④。师资力量较弱已经成为制约职业院校机电专业快速发展的重要因素。

4. 产学合作不密切

产学合作的人才培养模式并没有把各方之间的积极性调动起来。在主观能动性方面，学校由于师资、设备、就业压力等因素对产学结合表现出足够的动力，而企业在招聘人才过程中由于劳动力市场供大于求，再加上学校培养的学生实用性不强等原因，没能和学校建立互惠互利的人才培养模式，所以对校企合作的兴趣不大，也缺乏动力。政府在产学结合、校企合作过程中牵线搭桥的引导作用没有发挥出来。另外，产学结合的各方之间关系没有理顺，职责没有明确，运行体

①赵毅、兰杰、张雁琴等：《对高职机电专业建设的思考》，《湖北三峡职业技术学院学报》2006年第1期，第5页。

②徐超：《对机电一体化专业课程改革的一点思考》，《商情》2011年第35期。

③郭德侠：《高职院校师资建设存在的问题及改进建议》，《教育与职业》2006年第29期，第18页。

④张玲：《高职教师培训的现实与思考》，《职业时空》2009年第5期，第24页。

系没有构建，运行效果的评价机制也没有建立起来。产学结合没有政策支持，没有动力推动，现有的产学结合只是某一方面的结合，只能看作是在实习层面上的结合，校企双方没有深度介入，未能形成良性循环①。

四、国外机电专业职业教育模式分析

国外机电职业教育在培养模式、课程设计、教学方法、校企合作等方面都有各自不同的发展方式和特色，其共同特征是以人为本，在教育与培训过程中，充分考虑人的个性发展，适应信息社会中人的工作方式和生活方式的变化，认同终身教育的观念，将人的可持续发展作为机电职业教育和培训的基本出发点。

（一）国外机电职业教育模式概述

1. 培养模式

国外机电职业教育从总体上可以划分为两类：一类是以德国“双元制”为代表的企业为主的产学结合；另一类是以美国合作制为代表的学校为主的产学结合②。以后各国都效仿这两种模式，并结合各自国情发展成各具特色的机电职业教育模式。

（1）企业为主，学校为辅的机电职业教育模式。德国的“双元制”为这种模式的典型代表，它是一种由培训企业和职业学校双方在国家法律的保障下，以企业训练为主、学校教育为辅的分工培养技工的职业培训体系③。“双元制”模式针对性较强、重能力，能充分调动企业办学的积极性。在这种制度保证下，企业不仅会制订完善的培训规划，促进专业理论与职业实践相结合，强化技能培养，而且能提供充足的培训经费，使教学有足够的物质保证。因此，机电职业教育的内容与企业在机电专业技术方面几乎是无缝对接，造就了德国机电专业职业教育始终朝气蓬勃，富有生命力。荷兰、奥地利等国也有这种以企业为主的校企合作职业教育，英国的“工读交替”和日本的“产学合作”教育也属于此类模式④。图8－4清楚地显示“双元制”职业训练体系结构。

（2）学校为主，企业支持的机电职业教育模式。该模式的代表有美国的“学工交替”教育和苏联的“学校—基地企业培训计划”⑤。这种模式的主要特点是：首先由学校聘请机电行业中一批具有代表性的专家组成专业委员会，按照岗位群的需要、层层分解，确定从事机电职业所应具备的能力，明确培养目标。然后由学校组织相关教学人员，按照教学规律，将相同、相近的各项能力进行总结、归纳，构成教学模块，制定教学大纲，依此施教。其科学性体现在它打破了以传统的公共课、基础课为主导的教学模式，强调以岗位群所需职业能力的培养为核心，保证了职业能力培养目标的顺利实现。这种以学校为主的合作教育模式，较典型的还有英国多科技术学院实施的“三明治课程”、加拿大的“合作教育”、韩国的“合同制”等。尽管各国的机电职业教育模式各异，但由于体现了学校与企业在文化知识教育和技能训练方面的职能分工，理论与实践

①王振海：《高职教育提升产学结合水平的对策研究》，《管理观察》2011年第7期，第103－104页。

②陈智强：《国际产学合作举办高职教育的借鉴与启示》，《淮海工学院学报》（社会科学版）2009年第1期，第32页。

③朱利军、屈有安：《国外典型高职教育模式的比较与剖析》，《职教论坛》2005年第6期，第63－64页。

④刘春生、马振华：《发达国家职业教育发展趋势述略》，《职教论坛》2003年第21期，第60－64页。

⑤黄亚妮：《高职教育校企合作模式的比较研究》，《职业技术教育》2004年第28期，第15－18页。

的结合，以及校企资源共享等优势，从而具有较强的生命力。

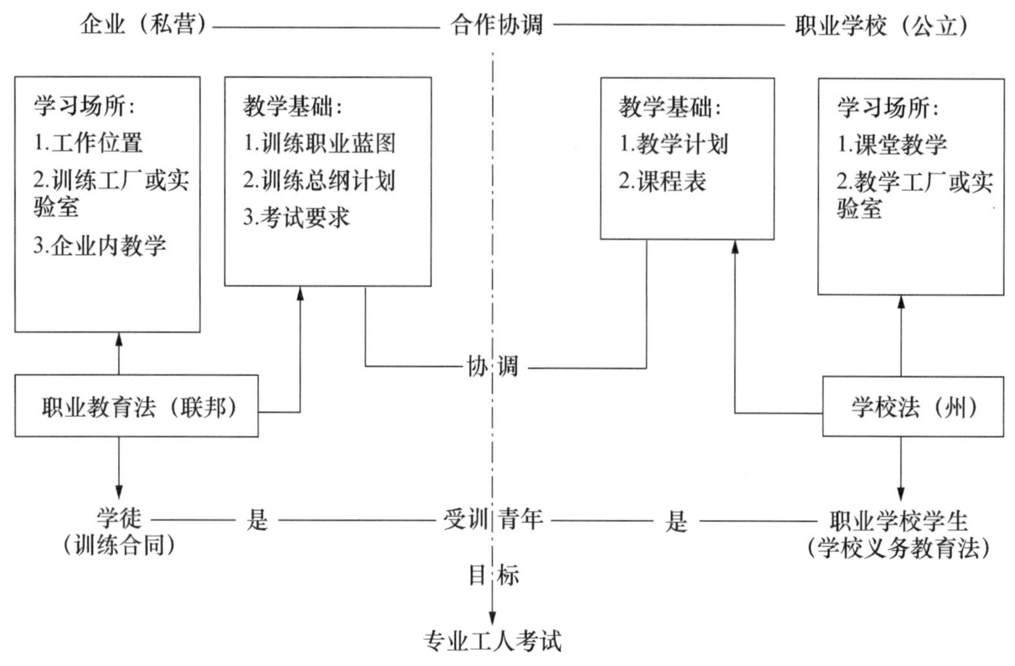

图8-4　“双元制”职业训练体系结构

2. 课程设置

（1）新加坡。在市场对集机械、电子和计算机技术于一体的机电产品的需求日益增加的情况下，毕业生将有一个宽广的从业领域，如精密机械、电子、化学、石油化工、生物医学、信息传输和航空航天等。新加坡机电专业的培养目标在于：毕业生能够从事过程自动化、产品的设计和研发、工程检测、高技术设备和工具的操作与维修等方面工作①。以新加坡义安理工学院（Ngee Ann Polytechnic）为例，课程设置如表8-8所示。

表8-8　新加坡机电专业主要课程设置

学　年	课　程
第一学年	计算机编程、电子CAD、工程数学1、电工技术、电工电子实践技能（含可编程）、工程职业创新导论、机械制图与CAD、模电、工程力学、创新与实用思维技能、制造技术与实践、个体与社区、沟通技巧、运动与健康
第二学年	工程数学2、现代工程材料、数电、机电工程实践与CAD、机电系统的机械部分、机械设计、跨学科基础课程1、跨学科基础课程2、传感器与驱动器、微处理程序与接口、工程应用程序、工业自动化（含可编程）、创新与创业
第三学年	数据通信理论、机电系统设计、机器人与机器视觉、系统建模与控制项目管理、跨学科基础课程3、世界报道：新加坡视野、6个月工业实践

①黄永辉：《新加坡职业教育的特色及对我国职业教育的启示》，《无锡商业职业技术学院学报》2007年第7期，第5-7页。

（2）澳大利亚。澳大利亚机电专业的培养目标是：学生完成本专业的学习以后，能够从事对机械、电子、计算机技术集合的仪器装备进行操作、购买、组装、调试、安装、维护和调整等工作，这些仪器设备包括机器人、数控设备、自动化机器和工厂、柔性制造中心、生物医学工程及其他医院设备、照相和扫描设备等；学生的技术水平要在工程师和熟练技工之间，并且在两个方向上有所重叠；学生能够使用已经比较完善的通用方法并且在专业人员的指导下工作①。以摄政职业技术学校（Regency College of Tafe）为例，课程设置如表8－9所示。

表8－9　澳大利亚机电专业主要课程设置

学　年	课　程
第一学年	应用数学、工程导论、制图、计算机技术、电工技术导论、工程力学、电子技术原理、工程检测
第二学年	工程系统A、工程系统B、控制原理1、控制原理2、工程测绘、计算机系统、材料学、管理学原理、项目设计、工业实践

（3）德国。德国机电专业的培养目标：学生通过学习掌握一些机电的基础知识，为以后的职业生涯打下一个良好的基础，也为以后技术学习打下基础。此外，德国的2＋1年制是非常灵活的，机电专业实行模块化教学，学生可以学2年就毕业，取得工程师助理资格后，从事机电行业的一般技术工作②。几年后根据需要可再读＋1，在2年制的基础上，进一步深入学习机电知识和相关的管理知识，学成后得到应用工程硕士，从事技术含量较高的机电领域的技术工作。当然也可以直接2＋1，三年一起完成学业。这种学制的灵活性与德国的终身教育体制和严格的考试密切相关。以德国曼海姆职业学院（Beruf－sakademie Mannheim）为例，课程设置如表8－10所示③。

表8－10　德国机电专业主要课程设置

学　年	课程类型	主要课程	备　注
第一学年至第二学年	基础课程	机械基础、工程数学、工程物理、信息技术编程、制造技术、工程化学与材料学、企业管理	通过2年4学期的学习，具有机械、电工电子和信息技术领域的基础知识和基本技能，认识与熟悉机械设备的运行与操作，懂得技术与企业的系统管理等，成为工程师助理，从事机电一体化的一般操作与管理
	机电专业特殊课程	数控技术液压与气动、微机Ⅰ、机电系统Ⅰ、机电基础实验Ⅰ、液体系统	
第三学年	机电专业特殊课程	机械自动化系统、传感器/测量值的处理、信息学与编程、机电系统Ⅱ、机电基础实验Ⅱ、质量保证、组织/人文/法律、机械传动系统	通过第三年2个学期的进一步学习，完成毕业设计，成为应用工程硕士（BA）（相当于国内的高职），能自主完成所选机电一体化领域的工程项目
	选修课程	微机Ⅱ、处理系统、工作与企业安全、维修管理、测试与起动、销售技术、市场/产品管理、运动系统	

①黄海：《中澳应用型机电类专业课程设置比较》，《深圳职业技术学院学报》2005年第3期，第77－81页。
②王姬：《中德职校机电专业课程设置的对比和启示》，《中国职业技术教育》2006年第22期，第37－39页。
③肖争鸣：《德国曼海姆职业学院工学交替人才培养模式的研究与借鉴》，《教育与职业》2010年第20期，第31－32页。

从表8-8、表8-9和表8-10可以看出，国外的机电专业课程设置的不同之处是：澳大利亚的两年制机电专业开设先进技术的课程比德国、新加坡的学校要少。从国外三所学校的课程来看，新加坡学院的课程中反映新技术最多，如机器人与机器视觉课程中含图像分析与模式识别、运动控制等课程。另外，新加坡学院在第三年还有跨度较大的专业方向选择，其课程有航空应用、微机电系统等，因此毕业生就业面广，且主要在高端技术岗位。

3. 职业资格认证体系

在发达国家，职业资格认证体系相当完善，并已覆盖了机电专业。

（1）英国。英国的机电专业职业资格证书分为国家职业资格证书（NVQ）和普通国家资格证书（GNVQ）[①]。NVQ认证的架构是针对机电行业领域提供的一个综合性、多层次、多角度的资格体系，以实际工作表现为考核依据，由专门的考核机构组织认证考核。其特点如下：一是标准化的考核内容和过程；二是确保考核证据的客观、公正、严格等；三是专业化的考评人员；四是详细周密的认证考核工作计划；五是公平、多样的认证考核方式；六是完备的认证考核档案。在GNVQ考核体系中，对机电学生的认证考核主要通过教学过程中学生与教师的协商、咨询并主动开展的相关教学活动积累凭据，并分类呈现给认证考核人员，以供考核者使用。

（2）日本。在日本，机电专业的职业资格证书是按照国家制定的职业技能标准或任职资格条件，通过政府或政府委托的团体协会等鉴定机构的考核，对机电专业学生的技能水平或职业资格进行客观公正、科学规范的评价和鉴定，对合格者授予相应的资格证书[②]。随着日本产业结构的调整与科技的发展，只是考核技能的职业资格证书越来越少，取而代之的是可以同时具有技术与综合能力的资格证书。除此之外，为了顺应全球化的趋势，机电专业职业资格证书全球一体化的趋势加强。

（3）德国。德国机电专业学生在通过严格的期中考试和结业考试之后，就可获得考试证书[③]。这种考试证书，是对持证者具备一定的职业行为能力的证明。在择业过程中，这样的证书无疑是颇具竞争力的。更重要的是，德国加入了欧盟的"职业资格及成绩认证体系"，使得德国机电专业学生在本国取得的考试证书，在欧盟成员国也会得到认可，这更大地增强了机电专业职业教育对青年人的吸引力。

4. 师资建设体系

国外机电专业教育师资力量雄厚，尤其是德国，机电专业的教学团队是根据机电一体化技术的实际要求而精心配置的。而教学团队聘用的每一位授课教师，上岗前首先按专业进行挑选，然后再强化培训，最后由德国工商大会考试委员会组织执业教师资格的考核，由德国工商大会颁发德国机电一体化专业教师执教资格证书，才能在机电专业任教[④]。教师的任教条件包括：一是具备与项目专业一致的教师资格，最好在企业机电技术岗位工作过；二是具有幽默感和极强的感染力，是学生喜欢的，能够跟学生一样对新事物保持兴趣；三是选派师资必须经过培训，获得德国机电一体化专业执教资格证书。

德国机电专业的教师要进行严格的培训，培训中教师所学的理论知识、实践技能与将来

①王爱珍：《英国国家职业资格证书制度（NVQ）》，《职业技术教育》2009年第21期，第28-31页。

②李福东、曾旭华：《国内外职业能力评价研究和应用》，《中国电力教育》2012年第12期，第34-36页。

③王姬：《中德职校机电专业课程设置的对比和启示》，《中国职业技术教育》2006年第22期，第37-39页。

④豆丁网：《"标准化中德班"人才培养模式的特色解读》，http://www.docin.com/p-734835544.html，2013-12-03。

任教的课程完全一致。这种全员培训的系列措施，保障了教学团队的“双师型”教师符合德国机电一体化教学的执教要求。同时，德国还强调教学团队的建设。为了形成教学团队，根据教学的实际需求，每个机电一体化专业班配有七名专业教师，并对七名教师按专长进行细致的分工，电工、PLC、电子、钳工、车铣工、数控加工、液气压传动各配一名。任课教师要分工协作，形成合力，充分发挥教学团队的作用，在人才培养中会收到事半功倍的理想效果。

（二）典型院校——巴登符腾堡双元制应用技术学校

1. 学校概况

2009 年，巴登符腾堡双元制大学（Duale Hochschule Baden - Wuerttemberg，Stuttgart，DH）由职业学院更名成立，成为德国第一所以“双元制”命名的大学，同时，也是第一所依照美国州立大学模式建立的德国州立高校①。DH 现有全职教授约 650 人，双元合作伙伴大约 9000 个，在经济与管理科学、工程技术科学和社会科学领域提供 22 个专业教育，在 100 个专业方向开展培训。2012 ~2013 学年 DH 约有 31000 名在册学生，有超过 12 万的校友规模，是当前巴符州规模最大的高校。

DH 继承了职业学院的特色，其核心特征是双元学习方案，即“每一名大学生，同时也是一名培训生”，通过理论与实践交替进行以及紧密的校企合作，达到“知识到能力转化”的目的。企业和社会机构自己选拔学生，与他们签订 3 年的培训协议，并在学习期间给学生提供持续津贴②。通过校企 3 个月紧凑而连续的理论与实践交替式培训，学生能获得专业和方法、知识与能力以及其他在职业生活中需要的行动和社会能力。在劳动市场上，DH 的毕业生以其扎实的知识和丰富的实践经验始终具有强劲的就业竞争力。调查显示，有超过 85% 的毕业生在学期间就已经签订了雇佣合同。

DH 除了提供众多带有“国际焦点”的课程之外，学生在几乎所有专业学习中都会有一部分在国外完成的机会。DH 与世界上 200 多所高校有合作关系，学生可以通过向德意志学术交流中心（DAAD）、德国国际继续教育与发展协会（InWEnt）以及巴登符腾堡基金（Baden - Wurttemberg Stif - tung）申请奖学金到国外学习或进修。通过与英国伦敦开放大学（Open University）合作，学生有机会获得国际学士学位。此外，在跨国公司的实践培训阶段，学生也将有在国外逗留的机会。国外学习不仅能获得学分，而且还能改善语言学习，获得跨文化工作经验。

自 2011 年始，DH 也对精选的毕业生提供硕士课程，依据课程和学习领域，毕业生可以获得工商管理硕士学位（MBA）、人文硕士学位（M. A.）、工程硕士学位（M. Eng.）或科学硕士学位（M. Sc.）。对攻读硕士学位课程有兴趣的人，可以在与工作单位协商后，直接到相应的分校申请。DH 的毕业生可以得到学术性毕业文凭（Akademische Urad），与此前职业学院颁发的“国家承认证书”（Staatlich Anerkannte Abschuliisse）相比，DH 的毕业证书不仅具有职业针对性，同时也具备与其他高校毕业证书等值的学术性。根据课程与学习领域，毕业生可以获得人文学士学位（B. A.）、科学学士学位（B. Sc.）或者工程学士学位（B. Eng.）。DH 的全部课程均受到

①逯长春：《德国“双元制”本科教育管窥——以巴符州双元制大学为例》，《职业技术教育》2013 年第 23 期，第 92 - 96 页。

②逯长春：《从“职业学院”到“双元制大学”——德国巴符州职业学院发展轨迹及启示》，《高校教育管理》2014 年第 8 期，第 104 - 108 页。

国家（ZE－vA）和国际认证（通过英国开放大学认证服务）。

2. 机电专业的课程设置

巴登符腾堡双元制应用技术学校的机电专业课程包括机电系统组成、综合技能和技能拓展三个方面，这些内容紧密围绕机电产品或设备的生产制造与安装使用工作过程，从内部构造到整体维护，从专业技能到管理能力与社会交往能力逐步展开①。通过若干个互相关联的学习领域的学习，学生可以获得某一职业的从业能力和资格。这是一种将理论与实践一体化的课程体系，它打破了理论与实践相脱离、教师讲授为主导的模式，使职业技能的培养按照实际工作任务的项目或课题由学生在教师的指导下自主实施。教学和培训定向于保证毕业生能很快适应各种各样的应用方面的实际工作任务，这一点是与德国职业教育对培养学生的综合“职业行为能力”要求相一致的，思路如图 8－5 所示②。

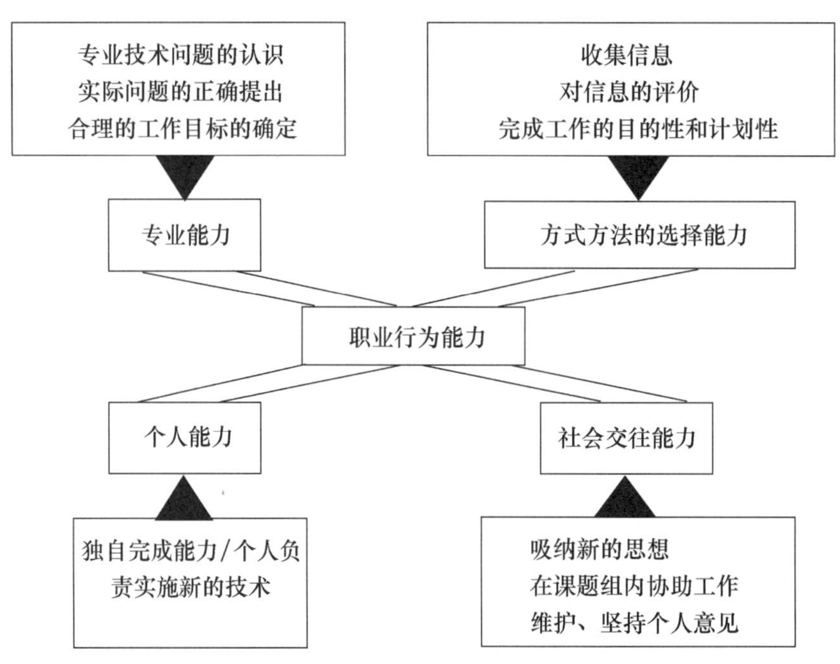

图 8－5　德国职业行为能力的要求

表 8－11 为巴登符腾堡双元制大学机电专业的课程内容，它属于一种行动体系的课程，是针对行动顺序的每一个过程环节来传授相关的课程内容的③。由于每一行动顺序都是一种自然形成的行动过程序列，而且学生认知的心理顺序也是循序渐进的过程序列。因此，课程内容注重实践能力的培养，以实践与理论一体化为核心，课程内容充分体现了少而精、实用、高度综合等特点。尽管这种基于工作体系的课程相对于学科体系来说内容可能是不完整的，但对于每一个职业行为来说却是完整的，体现了职业教育的实用性。

①张皓明：《我眼中的联邦德国的“双元制”职业教育——赴德国进修随感》，《世界职业技术教育》2005 年第 4 期，第 14－19 页。

②黄强：《德国实践教学中对学生职业行为能力的培养》，《计算机教育》2007 年第 9 期，第 51－53 页。

③成光琳：《德国职业教育课程改革给我们的启示》，《职教论坛》2005 年第 1 期，第 61－62 页。

表8-11　　机电专业学习内容一览表

学习领域	课　时		
	第一学年	第二学年	第三/四学年
机电一体化系统中功能关系的分析	40		
机械分系统的制作	80		
电气器具的安装	100		
电气、气动和液压组件中能源和信息流的分析	60		
数据处理系统	40		
工作进程的计划和组织		40	
简单机电一体化部件的现场安装		100	
机电一体化系统的设计和制作		140	
完整的机电一体化系统中信息流的分析			80
装配和拆装			40
启动、故障寻找和维护			160
预防、维护			80
机电一体化系统向用户交付			60
总计	320	280	420

3. 机电专业的校企合作

巴登符腾堡双元制大学机电专业职业教育的专业设置定位明确，完全是根据德国企业的机电一体化生产技术的现状，对人才的实际需求而开设的。学校对德国企业的机电一体化生产技术深入调查和了解，做到有的放矢，从而为学生提供参与合作的培训企业的名单及企业简介[①]。学生一般提前一年向提供培训岗位的企业或社会事业机构申请，然后由企业或社会事业机构选拔录取，再到学校注册入学。企业作为“双元制”职业教育体系的主要学习地点，必须按照德国《联邦职业教育法》的规定，与接受“双元制”职业教育的学生签订公法范畴的《职业教育合同》，并根据《职业教育条例》规定的全国统一的资格标准及相关教学内容，进行基于工作（工作岗位、工作过程）的学习，培养学生的职业能力。学校作为“双元制”职业教育的重要学习地点，必须遵循各州《教育法》和德国《各州文教部长联席会议》与联邦政府签署的各项框架教育协议，按照与《职业教育条例》配套的《职业教育框架教育计划》，通过基于工作过程的课程，传授与职业实践相关的专业知识和普通文化知识（社会、法律、外语、体育等），以使学生获得完整的职业行动能力，实现对企业学习必要的系统性补充[②]。由于技术和劳动组织的最新发展被引入企业工作过程，学习就不仅与企业职业实践紧密结合，而且还与经济和社会发展现状适时结合。

目前巴登符腾堡双元制大学与9000多家企业建立合作关系，包括西门子、奔驰、保时捷、SAP软件、IBM、大众汽车、巴斯夫、汉莎航空、德国邮政、德国铁路、德累斯顿银行等众多著

①王姬：《浅谈德国机电一体化专业“学习领域”课程方案——德国职业教育课程改革的启示》，《职教论坛》2006年第8期，第63-64页。

②王璐：《德国“双元制”职业教育法律法规研究》，天津大学硕士学位论文，2009年。

名大型企业和外向型的中小企业①。尽管每培训一名双元制大学的学生要花去企业 4 万 ~6 万欧元的费用，但通过学校与企业之间在教学内容和实训内容方面的良好合作，学校可以得到企业在师资、技术、设备方面的支持，还能有足够的资金投入到教学设施的购置上，而企业也参与了人才的培养，并将其看作是一种费用优惠的获取人才的措施。校企合作不仅培养了学生在学校完成学业后具备解决机电专业任务的能力，而且培养学生掌握全面的和综合的职业能力，使学生能够为就业做好充分的准备。所以，巴登符腾堡双元制大学的学习被认为是高等教育阶段的双元制培训。表 8 – 12 为巴登符腾堡双元制应用技术大学和企业分工协作表。

表 8 – 12　　巴登符腾堡双元制大学与企业分工协作

学校培训地点	学校与企业协作	企业培训地点
针对科学与实践的专业知识 ——应用性的科学知识 ——针对实践的	工作技术与方法经验 针对应用方面的思考 对社会环境适应能力 系统和全局的观念 处理经营问题的能力 个性和小组工作	针对应用的专业知识 ——基本技能经验 ——工艺技能经验

4. 机电专业的教学管理

（1）师资建设与管理。巴登符腾堡双元制大学的机电专业职业教育具有极强的实践性、应用性等教学特征，对教师要进行严格的培训，培训中教师所学的理论知识、实践技能与将来任教的课程完全一致。这种全员培训的系列措施，保障了教学团队的“双师型”教师符合机电专业教学的执教要求。学校的教学人员是由部分专职教师和众多兼职教师（承担课时约占总课时的 80%）组成的②。其中，专职教师必须获得博士学位，且要求有在企业至少 5 年的专业实践的经历，其中至少 2. 5 年在高校以外的工作领域工作。兼职教师主要来自于应用科技大学、学术性的大学和职业实践领域。各类教师承担不同的教学任务，入门性质的教学任务由大学教师担任，基础学科的教学任务由从事科学研究的大学教授负责，应用性的教学活动由专科大学的教授负责授课，而职业专业学科和实践性教学任务由来自于企业的、在职业实践领域富有实践经验的专业人员担任。他们掌握最新的技术和工艺，熟悉企业生产过程和管理过程，保证教学内容紧紧跟上科学技术和企业生产发展的步伐，永远保持先进水平。

（2）教学过程管理。巴登符腾堡双元制大学机电专业职业教育的教学过程中没有纯理论教学，没有年复一年重复使用的教科书。教材全是教师根据德国企业现实生产过程中采用的机电技术资料编写的资料作为教材。因此，随着德国企业生产技术每年的更新，机电专业教学的资料也会随着改变。教师多数在课前将教材复印给学生，教材的内容非常灵活，因而教师在教学中有一定的自由度，且能够极大地调动学生学习的自主性、积极性。机电专业在三年半的学习过程中，

①逯长春：《从“职业学院”到“双元制大学”——德国巴符州职业学院发展轨迹及启示》，《高等教育管理》2014 年第 4 期，第 104 – 108 页。

②李卓娅：《高职院校“双师双优”专业教学团队建设研究——基于德国“双元制”模式》，《陕西教育》（高教版）2014 年第 4 期，第 68 页。

只有两次考试，即期中考试和结业考试①。而且整个考试过程中，没有什么死记硬背的东西，考试内容有理论、实践，还有面试，注重考查学生对知识综合应用的能力和实际动手操作的能力。此外，毕业论文的题目由企业选定，一并报学院考试委员会审定。毕业论文由企业教师作为学生的第一指导教师，学校教师作为学生的第二指导教师。

总之，德国在发展职业教育过程中，始终坚持严格的高质量观，并贯彻到职业教育发展的每个环节②。其先进的教育发展理念、科学的专业设置与课程结构、以实训为核心的“双元”教育制度以及严格的师资要求等，不仅实现了从学校到就业的“无摩擦”的平稳过渡，而且为实施职业继续教育，尤其是高中后职业教育打下了坚实的基础，体现出科学的职业教育质量观。世界各国将德国“双元制”职业教育视为职业教育改革与发展的样板，为世界各国发展职业教育提供了宝贵的经验③。

五、对我国机电专业职业教育发展的启示

在深化教育改革加强素质教育和创新教育的今天，我国职业教育得到了迅猛发展，同时也面临着诸多问题和困惑，需要研究和解决。总的来说，国外机电类职业教育和我国机电类职业教育相比较，在机电专业课程设置、“双师型”教师团队培养、小班制教学、项目带动的教学方法、学生的毕业考试等五方面的做法，很有借鉴和指导意义。中外机电类职业教育对比情况如表 8 – 13 所示。

表 8 – 13　　中外机电类职业教育对比

对比类型	国　外	国　内
课程结构	注重专业技能和综合职业能力的培养；学习领域包括机电系统组成、综合技能和技能拓展	较强的“学科化”倾向，以“知识为本位”，而非“以能力为本位”
课程内容	课程少而精、实用且高度综合	更强调和重视学科体系的系统性和完整性
课程形式	小班制和现场教学	普通教育教学模式，教科书多年不变，存在与现实生产实践结合不紧密，甚至脱节的情况
课程评价	只有期中考试和毕业考试两次，考试包括理论和技能测试，每个学习领域只进行过程性评价，原则是开放式和多元化相结合，证书由企业主管部门考核颁发	每门课程均设有考试，考试仅限于本门课所涉及的内容，缺乏各门课程和各类知识的融合，考试内容与工作技能要求差距较大；本校主持考试，过关很容易，证书不具权威性
师资建设	双师型	只要求大的专业方向对口，即可从教
跨区域合作	效率优先；一体化进程，标准化、可比化、终身化；开放协调	公平优先；招生就业多，培养过程少，合作模式多，合作标准缺；行政指令

①嘉华世达国际教育中国（教育部）留学服务中心：《中德职业学校机电一体化专业分析》，http：//www. chivast. com/germany/hotsubject/201309/13558. html，2013 – 09 – 29。

②翟法礼：《德国高等职业教育发展模式概述》，《英才高职论坛》2006 年第 2 期，第 120 – 131 页。

③陈光华：《德国“双元制”职业教育的发展历程》，《教育史研究》2000 年第 1 期，第 90 – 93 页。

认真分析和总结国外机电业实施职业教育的模式和成功经验，对于推动我国机电类职业院校的教育实践，具有如下的启示和借鉴作用。

（一）明确专业设置，真正实现校企结合

当今，国内经济建设突飞猛进，生产技术日新月异，专业学科相互渗透，综合性人才奇缺已是不争的现实。企业为了自身能够持续发展，大量开发或购入先进的生产设备，这就需要具有机电专业相关知识又能正确操作及维护机电设备，同时还能解决生产实际问题的高技能综合素质人才。目前我国职业学校在专业申报时，往往存在“跟风”申报，追“热点”申报和看“生源多少”申报，没有认真到企业调查。由于国内学校、企业还是隶属两个不同的主管系统，职业学校与企业脱节，导致学生所学的一些知识和技能不对路、用不上，丧失了职业教育的根本职能。而企业缺乏配合学校的积极性，导致校企结合喊得响，但在教学、实习、实训、毕业生就业等实际过程中，很难保证校企之间真正合作①。

我国职业学校教学要实现校企结合的目标，应当对学生将来就业的企业生产技术和人才需求深入地了解。机电类职业院校要结合自身实际，明确专业设置定位，可聘请机电业内专家作为专业建设指导委员会成员，参与教学指导、教学计划修订、举行专业讲座、毕业设计指导答辩、教材编写、提供学生实习场所及实习指导、接受新教师实践锻炼、科研项目合作、校内实训基地建设方案制订、接收毕业生就业，等等。再者，利用人才“入股”，融入到企业的科研项目中去，强化校企合作关系，让学生得到企业的重视，成为企业生产管理和技术研发的人才和后备力量。此外，借鉴国内外职业院校机电专业的成功办学经验，研究经济与社会的发展变化，把握企业和行业的人才需求，从实际工作岗位出发，培养专业性强、侧重实际操作的应用型人才和高级技术人才，使其成为能把理论知识转化为实际应用技术的“桥梁式的职业人才”。

（二）注重能力培养，优化课程体系设计

这里的“能力”不仅指操作技能，而且指以操作技能为中心的各种能力的综合，从而适应社会需要的职业能力。职业院校应结合本校学生实际，适应市场的需要，在人才培养模式、课程设置等方面体现以职业能力培养为核心，切实加强学生的技能训练。因此，机电专业课程设计应根据产业的发展需要，以职业能力为本位，以岗位群的需求为依据，将知识内容与技术、技能培养相互融合，理论和实践教学场所相互融合，使理论教学体系和实践教学体系的功能相互交叉，知识、技术和技能培养的落脚点相互交叉，通过设置模块化的“专业核心教学与训练项目”，实现理论学习和实践锻炼的多元整合。

图8－6为机电专业课程体系，其中专业核心教学和训练涵盖了一般专业课程模块、专业技术课程模块、专业技能训练模块和综合实践课程模块，满足了学生从新学徒—普通技工—熟练技工—高技能人才的职业生涯成长规律②。其中，一般专业课程模块将机电技术领域中必备的技术理论和基础技能有机整合实现综合化；专业技术课程模块将机电技术领域中某种技术知识和技术应用方法有机整合，突出技术的实现过程，实现理论实践一体化；专业技能训练模块将典型的工

①刘秀梅：《浅谈职业学校中的“订单教育”》，《群文天地》2012年第4期，第136页。

②王亮伟、王猛、耿淬：《“机电专业实践教学体系与实践教学基地的研究”课题评述》，《江苏教育：职业教育》2013年第1期，第62－63页。

作过程系统化和项目化，着重培养专项技能，突出熟练技术应用能力的培养。确立职业教育课程体系改革的目标是培养生产、建设、管理、服务第一线需要的高等技术应用型人才，因此，在课程设置时要把握文化基础知识以“必需、够用”为度，专业知识强调针对性和实用性，充分考虑与地方经济紧密结合①。

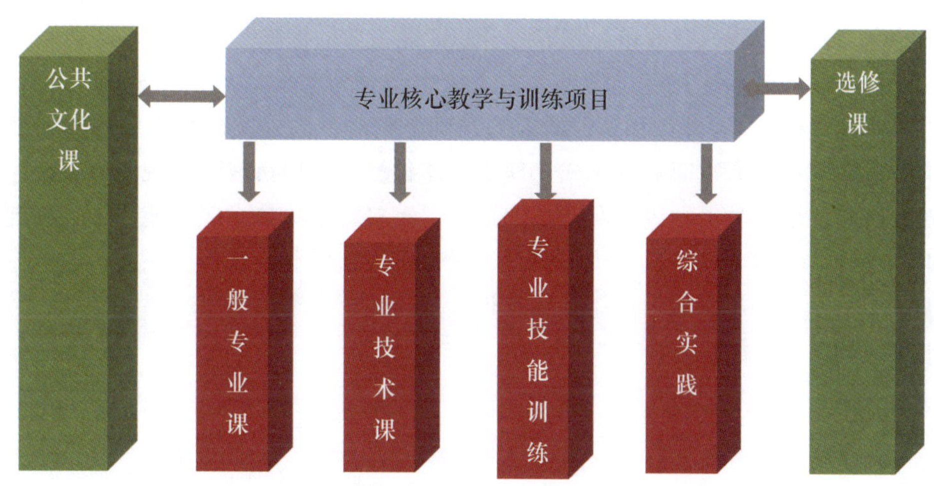

图8-6 机电专业课程体系

（三）引导学习活动，采取灵活教学方法

灵活多样的教学方法是以学生为中心，利用工作过程引导学习活动，侧重于职业能力的培养，以真实工作任务及工作过程为依据，教学内容针对性强，理论实践一体化，学生在教师的引导下，利用必要的学习资料，完成各种项目任务，通过学习体会的方式获得知识。教师是学习活动的帮助者和促进者，而不单纯是知识的传授者与灌输者，让学生不仅具有专业技术能力，还具有职业关键能力并形成良好的职业道德素养。因此，机电专业教学要结合课程特点，灵活采用合适的教学方法。

1. 行动导向教学法

它强调“思维”和“行动”的统一，让学生先到相关企业做短期的认识实习，其感性认识会对今后的学习产生重要的影响。然后在设有实训设备的教室进行课堂讲授，面对实物现场教学，再加上多媒体课件辅助教学，为学生将来的持续发展打下扎实的、系统的专业知识基础。这种教学方法适用于进行机械、电工电子以及微机控制基本原理、基础知识等内容的教学。如在“电机拖动”等课程采用这个方法之后，学生分析搭建典型控制电路时增强了自信，教学效果良好。

2. 项目教学法

即根据企业实际情况设置课程、具体授课内容和训练项目。比如机电专业的船舶电气方向，可采用电动液压起货机控制系统、电站并车解列等案例，先让学生经过思考，收集资料信息，并独立进行复杂回路的分析，同时在实训台上进行元器件的选取、回路的搭建、调试运行、故障分

①郎杭：《浅论高职应用电子技术专业课程设置改革的探索和实践》，《中国科技教育》（理论版）2011年第4期，第213页。

析等。学生通过确定项目任务（师生共同制定）—制订计划（学生分组完成）—做出决策（师生共同研讨）—实施计划（小组协作完成）—检查控制（自评互评）—评价反馈（展示评价，集中研讨）等环节，为今后独立工作奠定了坚实的基础。

3. 实践教学

实践教学是职业学校专业基础能力建设的主要指标之一，是职业学校实现人才培养目标、形成专业优势特色、开展实践教学改革、培养综合职业能力等的保障[①]，如图 8－7 所示。从图 8－7 可以看出，学校可以创新性地开展以学校为主、校企结合为辅的“校内校外、整合互动”机电专业实践教学基地建设[②]。在理论和实践研究的基础上，对校内外实践教学基地的功能实现有效整合。其中，校内实训可通过证书嵌入式、理实一体化教学或项目教学实现职业资格考证、课程设计、创新教育等，培养学生的机电专业基础技能、大多数专项技术应用能力和创新能力；校外实践教学则以工学结合的方式，实现认识实习、社会实践、毕业设计等，在实习过程中发现并解决问题，提早了解企业生产实际，树立质量意识、安全意识、管理意识，学会与他人沟通协作、提高技术水平，培养学生的综合能力。

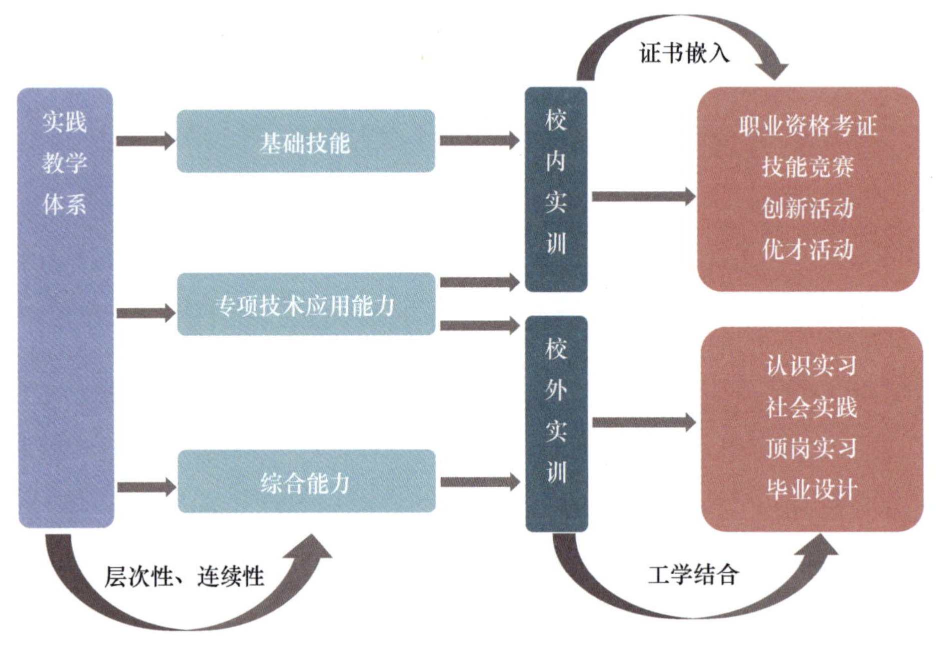

图 8－7　机电专业校内外实践教学

4. 考评方式

不再以单一的闭卷考试为唯一的评价手段，结合机电专业课教学特点，考试应分为开卷考试、实际操作技能、综合解决问题能力、平时作业等多种形式进行综合评价。以学生为对象，以能力为主体，通过全面的考试内容与崭新的考试形式，综合考核学生的知识、能力、素质。比如在电工电子课程的考核中，可以采用电子产品制作的方式来考核学生的动手能力；PLC 与控制技

①岳建锋、谢望：《新形势下高校本科机电专业实践教学体系探索》，《高校实验室工作研究》2012 年第 2 期，第 10 页。

②王亮伟、王猛、耿淬：《“机电专业实践教学体系与实践教学基地的研究”课题评述》，《江苏教育：职业教育》2013 年第 1 期，第 62 页。

术课程可以采用鼓励学生利用所学专业知识创造电子小产品的形式来考核。

（四）选拔“双师型”教师，强调教学团队建设

综观国内职业院校的教师队伍的选拔，只要求大的专业方向对口就有从教资格，没有下功夫对专业课教师进行对口的实践技能培训，出现了“双师型”教师的要求喊得响，落实不够，很多学校停留在口头上的现象①。而解决机电专业技术问题是一项系统工程，没有一支强有力的教学团队，必然会减弱对学生专业技能培养的效果。要体现机电专业的教育特色和教学水平，提高教师的教学水平是其至关重要的一个方面。

（1）积极鼓励在职教师进修或到相关企业实习锻炼，促进“双师型”教师队伍的建设、扩大和发展。机电专业领域既广又深，横跨机械、电子两个方向，要求现有教师精通各领域的理论与实践是不切实际的。因此，学校应积极聘任企业愿意从事教学工作的优秀技术人才和管理人才来校任教，改善学校的师资结构，同时让理论与实践融会贯通，有利于密切学校与企业的联系，也有利于学校降低办学成本、提高学校的社会声誉。

（2）从教师的终身教育着手，给教师创造一个继续教育的环境。由于机电技术的快速发展和新知识的不断更新，持续不断而有需求性的“在职进修与训练”活动已成为机电类教师的必备条件。通过扩大与机电企业交流，定期举办机电技术研讨会或座谈会，要求教师寒暑假参与机电实践或组织相关的参观学习活动，参与机电企业的评监、咨询顾问服务、检验和试验、在职训练等活动，从而提高教师自身的专业知识和业务水平。

（3）制定机电专业“双师型”教师的任职资格标准，规范化“双师型”教师队伍培养工作②。从用人机制、投入机制、物质保障机制等方面进行改革，建立健全保障机制与激励机制。此外，改革教师职称评审制度，使教师职称评审工作与职业教育的性质、工作任务相结合，切勿脱离教育的实际意义。在机电专业“双师型”教师的职称评定应有单独的标准，并逐步设立单独的评审机构，采取相应的评审办法。建立“双师型”教师评价体系，对教师进行定期考核，将外在压力转为内在动力，形成争先创优的良好氛围③。并从职务晋升、评优评先、课务安排、培训机会、福利待遇等各方面向“双师型”教师倾斜。

总之，机电专业教学必须坚持“面向现代、面向世界、面向未来”的发展方针，从实际出发，紧跟行业发展的步伐，突出职业教育的特点，充分调动教师教学的积极性以及发挥学生的创新精神，通过合理适时的教学改革，不断提高教学质量，使人才培养与未来社会发展需要相适应，为社会主义现代化建设培养出更多优秀的机电人才。

参考文献

［1］陈松涛：《更新办学理念　创新办学模式　培养高素质人才——重庆市龙门浩职业中学办学特色概述》，《科学咨询》2010年第12期，第14页。

［2］李朝辉：《我国机电产品进出口情况分析》，《中国贸易经济》2013年第2期，第22页。

［3］卢启航：《“十一五”我国机电产品出口结构和市场变化情况》，《国际技术装备与贸易》2011年第3期，第35页。

①豆丁网：《开展“双师型”教师的实施情况总结》，http：//www.docin.com/p-907024420.html，2014-09-01。

②周佩锋：《机电一体化专业“双师型”教师队伍的培养》，《中国成人教育》2005年第7期，第111页。

③王宏：《构建“双师型”教师资格体系研究》，《经济研究导刊》2014年第2期，第112页。

［4］郭洪武：《我国机电行业发展现状及问题分析》，《机电产品开发与创新》2013 年第 1 期，第 31 页。

［5］王亮伟、王猛、耿淬：《“机电专业实践教学体系与实践教学基地的研究”课题评述》，《江苏教育：职业教育》2013 年第 1 期，第 62 – 63 页。

［6］包斯日古楞等：《我国机电产品出口国际竞争力分析》，《经济论坛》2014 年第 9 期，第 113 – 117 页。

［7］张小雪、武丹、张小双：《中国机电产品出口竞争力分析》，《对外经贸》2012 年第 5 期，第 13 页。

［8］郭鹏辉：《中国机电产品出口竞争力及制约因素分析》，《经济研究导刊》2012 年第 33 期，第204 – 206 页。

［9］王秀丽、江飞涛、杨平：《中国汽车工业：竞争力提升趋势、挑战及对策》，《中国经贸导刊》2013 年第 15 期，第 21 页。

［10］娄爱花：《我国技术工人短缺的现状与原因分析》，《西安航空技术高等专科学校学报》2006 年第 6 期，第 5 页。

［11］郭德侠：《高职院校师资建设存在的问题及改进建议》，《教育与职业》2006 年第 29 期，第 18 页。

［12］逯长春：《德国“双元制”本科教育管窥——以巴符州双元制大学为例》，《职业技术教育》2013 年第 23 期，第 92 – 96 页。

［13］汤韩玲：《基于技术创新的我国机电产品出口竞争力提升研究》，重庆工商大学硕士学位论文，2007 年。

［14］潘飞霞、阮明烽：《我国机电产品出口所面临的技术性贸易壁垒及对策》，《企业经济》2007 年第 2 期，第 81 页。

［15］黄永辉：《新加坡职业教育的特色及对我国职业教育的启示》，《无锡商业职业技术学院学报》2007 年第 7 期，第 5 – 7 页。

［16］翟法礼：《德国高等职业教育发展模式概述》，《英才高职论坛》2006 年第 2 期，第 120 – 131 页。

［17］陈光华：《德国“双元制”职业教育的发展历程》，《教育史研究》2000 年第 1 期，第 90 – 93 页。

［18］刘秀梅：《浅谈职业学校中的“订单教育”》，《群文天地》2012 年第 4 期，第 136 页。

［19］王璐：《德国“双元制”职业教育法律法规研究》，天津大学硕士学位论文，2009 年。

［20］王姬：《浅谈德国机电一体化专业“学习领域”课程方案——德国职业教育课程改革的启示》，《职教论坛》2006 年第 8 期，第 63 – 64 页。

［21］逯长春：《从“职业学院”到“双元制大学”——德国巴符州职业学院发展轨迹及启示》，《高校教育管理》2014 年第 8 期，第 104 – 108 页。

［22］赵毅、兰杰、张雁琴等：《对高职机电专业建设的思考》，《湖北三峡职业技术学院学报》2006 年第 1 期，第 5 页。

［23］郎杭：《浅论高职应用电子技术专业课程设置改革的探索和实践》，《中国科技教育》（理论版）2011 年第 4 期，第 213 页。

［24］黄强：《德国实践教学中对学生职业行为能力的培养》，《计算机教育》2007 年第 9 期，第 51 – 53 页。

［25］张玲：《高职教师培训的现实与思考》，《职业时空》2009 年第 5 期，第 24 页。

［26］王振海：《高职教育提升产学结合水平的对策研究》，《管理观察》2011 年第 7 期，第 103 – 104 页。

［27］陈智强：《国际产学合作举办高职教育的借鉴与启示》，《淮海工学院学报》（社会科学版）2009 年第 1 期，第 32 页。

［28］朱利军、屈有安：《国外典型高职教育模式的比较与剖析》，《职教论坛》2005 年第 6 期，第 63 – 64 页。

［29］刘春生、马振华：《发达国家职业教育发展趋势述略》，《职教论坛》2003 年第 21 期，第 60 – 64 页。

［30］黄亚妮：《高职教育校企合作模式的比较研究》，《职业技术教育》2004 年第 28 期，第 15 – 18 页。

［31］李卓娅：《高职院校“双师双优”专业教学团队建设研究——基于德国“双元制”模式》，《陕西教育》（高教版）2014 年第 4 期，第 68 – 68 页。

［32］张皓明：《我眼中的联邦德国的“双元制”职业教育——赴德国进修随感》，《世界职业技术教育》2005 年第 4 期，第 14 – 19 页。

［33］成光琳：《德国职业教育课程改革给我们的启示》，《职教论坛》2005年第1期，第61－62页。

［34］黄海：《中澳应用型机电类专业课程设置比较》，《深圳职业技术学院学报》2005年第3期，第77－81页。

［35］王姬：《中德职校机电专业课程设置的对比和启示》，《中国职业技术教育》2006年第22期，第37－39页。

［36］肖争鸣：《德国曼海姆职业学院工学交替人才培养模式的研究与借鉴》，《教育与职业》2010年第20期，第31－32页。

［37］周佩锋：《机电一体化专业“双师型”教师队伍的培养》，《中国成人教育》2005年第7期，第111页。

［38］王爱珍：《英国国家职业资格证书制度（NVQ）》，《职业技术教育》2009年第21期，第28－31页。

［39］李福东、曾旭华：《国内外职业能力评价研究和应用》，《中国电力教育》2012年第12期，第34－36页。

［40］王宏：《构建“双师型”教师资格体系研究》，《经济研究导刊》2014年第2期，第112页。

［41］岳建锋、谢望：《新形势下高校本科机电专业实践教学体系探索》，《高校实验室工作研究》2012年第2期，第10页。

［42］机械工业教育发展中心、华中科技大学国家数控系统工程技术研究中心：《关于数控人才需求与数控职业教育教学改革的调研报告》，《中国职业技术教育》2004年第17期，第18－21页。

［43］逯长春：《从“职业学院”到“双元制大学”——德国巴符州职业学院发展轨迹及启示》，《高等教育管理》2014年第4期，第104－108页。

［44］徐超：《对机电一体化专业课程改革的一点思考》，《商情》2011年35期。

［45］廖炎昌：《江门机电工业产业集聚效应凸显》（特色产业地新闻），《人民日报》（海外版）2004年4月12日，第12版。

［46］杨昌荣：《当前机电产品出口形势及其出口产业的优化升级与价值创新》，《世界机电经贸信息》2003年第5期，第17－25页。

［47］中国贸易救济信息网：《2013年中国依然是贸易保护主义的最大受害国》，http：//www. cacs. gov. cn/cacs/newcommon/details. aspx？ articleid＝121070，2014－01－17。

［48］豆丁网：《“标准化中德班”人才培养模式的特色解读》，http：//www. docin. com/p－734835544. html，2013－12－03。

［49］东旭机电官网：《机电出口企业仍要努力》http：//www. dx－ev. com/news/page/73，2013－12－10。

［50］嘉华世达国际教育中国（教育部）留学服务中心：《中德职业学校机电一体化专业分析》，http：//www. chivast. com/germany/hotsubject/201309/13558. html，2013－09－29。

［51］中研网：《我国机电出口企业发展策略探讨》，http：//www. chinairn. com/print/608225. html，2010－08－23。

［52］国际金属加工网：《中国机电行业成长最快20强榜单》，http：//www. mmsonline. com. cn/info/35275. shtml，2007－05－08。

［53］中国路面机械网：《中国工程机械六大生产基地形成》，http：//news. lmjx. net/2005/200504/20050406114100. shtml，2005－04－06。

［54］《区域性教师专业发展平台——上海市机电技术应用专业改革浅探》，http：//www. jxxx. ykedu. net/jsfz/blog/archive. aspx？ id＝5357，2009－08－16。

［55］豆丁网：《电气自动化专业市场调研报告》，http：//www. docin. com/p－494211698. html，2012－10－18。

［56］豆丁网：《机电一体化技术专业人才培养方案》，http：//www. docin. com/p－402599599. html，2012－05－15。

［57］豆丁网：《机电人才需求分析》，http：//www. docin. com/p－719979124. html，2013－11－02。

［58］豆丁网：《开展“双师型”教师的实施情况总结》，http：//www. docin. com/p－907024420. html，2014－09－01。

研究篇

第一章　职业教育发展研究

研究报告一　以终身学习理念为指导，加快发展现代职业教育①

《国务院关于加快发展现代职业教育的决定》（以下简称《决定》）对新时期我国职业教育的改革和发展做出了全面、系统的战略部署。《决定》一个鲜明的亮点就是在《国家中长期教育改革和发展规划纲要（2010～2020年）》提出的"到2020年，努力形成人人皆学、处处可学、时时能学的学习型社会"，"构建灵活开放的终身教育体系"的基础上，以终身学习理念为指导，对加快发展现代职业教育做出部署。《决定》中一系列相关表述顺应了国际社会推进终身学习的潮流，提出了以终身学习理念为指导加快发展职业教育的若干具体机制，同时，还指出了一系列围绕终身学习理念的值得研究的课题。

一、《决定》顺应国际社会推进终身学习的潮流

终身学习的理念深深根植于人类的历史中，在许多文明、社会和宗教中都有所反映和传承。谚语"活到老、学到老"就充分体现出中国悠久的终身学习传统。联合国教科文组织、经济合作与发展组织、欧盟委员会等国际或地区组织致力于保障每个人受教育的权利和强调终身学习在促进经济社会发展中的重要作用。联合国教科文组织于1972年发布的《学着做人——教育世界的今天和明天》（《富尔报告》，一般译为《学会生存——教育世界的今天和明天》）以及1996年发布的《学习：财富蕴藏其中》（《德洛尔报告》）已经成为里程碑式的论著。《富尔报告》指出，教育已经不再是"精英"的特权，也不能仅面向"学龄"阶段的青少年；相反，教育应该是普遍的、面向大众的和终身的。《德洛尔报告》指出，全民终身学习是社会发展的动力，它深刻阐述了终身学习应该围绕四大支柱——学着认知、学着做事、学着做人和学着共处来开展。这样一些指导原则，对国际社会制定终身学习政策、提供终身学习机会以及建设学习型社会起到了重要的指导作用。之前，我们将这四大支柱"Learning to know"、"Learning to do"、"Learning to be"和"Learning to live together"依次翻译为"学会认知"、"学会做事"、"学会生存"、"学会相处"或"学会共同生活"。按照终身学习的观点，学习是伴随人们一生的连续过程，所以，用"学着"比"学会"更确切一些。另外，"学会生存"应该调整为"学着做人"。

当今世界处在深刻的变化和调整之中，科学技术日新月异，各行各业也必须加速适应。未来世界能否获得经济繁荣、和平安定以及环境改善，取决于人们能否找到途径提升能力以更好地做

①本文作者：杨进，男，教育部职业技术教育中心研究所所长。文章来源：《中国职业技术教育》2014年第21期，第8－12页。

出决定，以适应快速变化的社会以及解决迫在眉睫的环境问题。同时，受到金融危机的影响，青年人和成年人的就业形势受到了前所未有的挑战。国家财富的增长和民众福祉的提高越来越依赖知识和创新的累积，也就是越来越依靠丰富的人力资源和积极主动的民众。全民终身学习成为积极推动这些方面发展的不可或缺的组织原则。在这样的大背景下，国际社会越来越重视终身学习在解决全球发展问题中所发挥的重要作用。

2013 年 5 月，由联合国秘书长成立的“2015 年后联合国发展议程高级别名人小组”向联合国提交了一份题为《新型全球合作关系：通过可持续发展消除贫困并推动经济转型》的调研报告。该报告提出了 2015 年后 12 个全球发展目标，其中第四项目标为：提供接受高质量教育和终身学习的机会。2013 年 11 月，联合国教科文组织第 37 届大会通过的 2014～2017 年发展规划决议，把“发展教育体系，扩大面向全民的终身学习机会”作为第一项“战略性目标”和“工作重点”。值得一提的是，联合国教科文组织认为，近年来，各方面的发展重新强化了终身学习的重要性。这些发展包括全球化程度越来越高并不断快速发展变化、新技术的广泛使用、信息呈指数性增长、人口流动、社会转型、气候变化以及可持续发展等。为了应对这些变化，人们需要提高各方面的能力，这就需要全民终身学习。2013 年，联合国教科文组织重申：“终身学习是 21 世纪的教育哲学、概念框架和组织原则”，并把通过学习来增进人们能力的理念放在中心位置。

在重视推进终身学习的同时，国际社会始终把职业教育作为终身学习体系中的一个重要组成部分。1989 年，联合国教科文组织第 25 届大会通过的《关于技术与职业教育的公约》明确规定：“技术与职业教育应在开放和灵活的结构范围内、以终身教育的原则来考量和设计。”1999 年，联合国教科文组织以“终身学习与培训：通往未来的桥梁”为主题，在汉城召开第二届国际技术与职业教育大会。会议通过的《技术与职业教育和培训：21 世纪的展望》明确提出：“终身教育是一条有着许多途径的旅程，而技术与职业教育和培训就是这条旅程中的有机组成部分。因此，应将技术与职业教育和培训体制设计为除有经济层面的内容外，还有对文化与环境内容的生活体验。”“要对终身教育做出最大贡献，技术与职业教育和培训体制必须是开放式的、灵活且以学习者为导向的。技术与职业教育和培训不仅仅是为学习者提供知识和为具体工作提供技能，还必须使学习者更广泛地适应生活和工作岗位的要求。”2012 年 5 月，联合国教科文组织在上海举行第三届国际职业技术教育与培训大会。会议通过的《上海共识：第三届国际职业技术教育与培训大会的建议　“职业技术教育与培训的转型——培养适应工作与生活技能”》指出：“作为终身学习战略的一项内容，将职业技术教育与培训与普通教育结合起来，确保各级教育层次采取灵活的途径，便于接受职业技术教育与培训的学生进一步接受高等教育”；“确保所有教育途径都能有助于年轻人掌握契合劳动力市场需求的技能，同时具备良好的读写和计算能力、可迁移的胜任力、价值观和态度。”

《决定》在“基本原则”部分，明确指出职业教育要“服务经济社会发展和人的全面发展，推动专业设置与产业需求对接，课程内容与职业标准对接，教学过程与生产过程对接，毕业证书与职业资格证书对接，职业教育与终身学习对接”，“加强职业教育与普通教育沟通，为学生多样化选择、多路径成才搭建‘立交桥’”。在“目标任务”中指出：“到 2020 年，形成适应发展需求、产教深度融合、中职高职衔接、职业教育与普通教育相互沟通，体现终身教育理念，具有中国特色、世界水平的现代职业教育体系。”上述表述，顺应了国际社会推进终身学习，并把职业教育作为终身学习体系一个重要组成部分的潮流。

二、《决定》深刻体现了终身学习理念

近年来，在终身学习理念受到广泛关注的情况下，国际社会形成了一些基本共识。2011 年，联合国教科文组织大会修订通过的《国际教育标准分类法》（ISCED）将“教育活动”定义为“有意识的活动，涉及某种形式的交流，旨在引发学习”，且进一步把“学习”定义为：“个人通过经历、实践、修习和听讲而在信息、知识、理解力、态度、价值观、技艺、能力或者行为方面的获取或改变。”这些定义对“教育”和“学习”本质和内在关系的界定，以及对“学习”含义的拓宽，有助于明晰“终身学习”的根本含义。《决定》明确提出，职业教育要“服务经济社会发展和人的全面发展”，“在保障学生技术技能培养质量的基础上，加强文化基础教育，实现就业有能力、升学有基础”。“全面实施素质教育，科学合理设置课程，将职业道德、人文素养教育贯穿培养全过程。”这不仅有利于切实保障发挥职业教育在终身学习体系中的作用，也有利于学生的终身可持续发展。

终身学习的根本关注点在于对传统教育观念的创新。这包括从“教育”到“学习”的转变，从以教师为中心到以学习者为中心的转变以及从知识和特定技能的获得向个人创造潜力的发掘和培养的转变，特别要使学习者具备分析自身周围环境和对生活做出知情选择的能力，提倡养成核心能力（如创新思维、解决问题、批判性思考、与他人合作和参与决策）。《决定》指出的“推进人才培养模式创新”，“坚持校企合作、工学结合，强化教学、实习、实训相融合的教育教学活动”和“推动项目教学、案例教学、工作过程导向教学等教学模式”等，为发挥学习者主体作用、提高学习者各方面能力提供了有力保障。

终身学习另外一个非常重要的关注点在于，学习是所有人的权利，而不是精英阶层的特权，这也就是为什么联合国教科文组织在 2013 年再次提出推进“全民终身学习”。这意味着必须保障全体人民群众享有平等获得学习的机会。对于有某种困难或有特殊需要的群体，就要提供特别的关注和支持，从而抑制或抵消社会的不平等，促进社会的公平与和谐。在这一方面，《决定》中有一些明确的表述，如“建立有利于全体劳动者接受职业教育和培训的灵活学习制度，服务全民学习、终身学习，推进学习型社会建设”；“坚持学校教育和职业培训并举”；“面向未升学初高中毕业生、残疾人、失业人员等群体广泛开展职业教育和培训”；“推进农民继续教育工程，加强涉农专业、课程和教材建设，创新农学结合模式”；“利用职业院校资源广泛开展职工教育培训。”这些要求很好地体现了职业教育面向人人、关注弱势群体的理念。

三、《决定》提出了终身学习理念下推进职业教育发展的具体机制

如上所述，为回应经济和社会发展的挑战，终身学习理念成为国际教育议程和很多国家推进教育改革的重要原则，这是一个积极的趋势。理念固然重要，终身学习理念也确实需要进一步得到巩固和发展，但很多国家的首要任务是将这一理念转换为执行战略，制定和实施可操作性的政策和机制。在这方面，《决定》明确提出了一系列具体的政策和机制。

在加快构建现代职业教育体系方面，《决定》提出巩固提高中等职业教育发展水平、创新发展高等职业教育、引导普通本科高等学校转型发展、完善职业教育人才多样化成长渠道、积极发

展多种形式的继续教育等一系列政策措施。例如，在完善职业教育人才多样化成长渠道方面，《决定》具体指出："健全'文化素质+职业技能'、单独招生、综合评价招生和技能拔尖人才免试等考试招生办法，为学生接受不同层次高等职业教育提供多种机会"；"适度提高专科高等职业院校招收中等职业学校毕业生的比例、本科高等学校招收职业院校毕业生的比例。逐步扩大高等职业院校招收有实践经历人员的比例。"

课程衔接是建立职业教育体系的根本保证，在建立健全课程衔接体系方面，《决定》明确提出："推进专业设置、专业课程内容与职业标准相衔接，推进中等和高等职业教育培养目标、专业设置、教学过程等方面的衔接，形成对接紧密、特色鲜明、动态调整的职业教育课程体系。"

信息化已经成为时代发展的重要标志，现代信息和通信技术（ICTs），特别是互联网，已开辟了终身学习的新的可能性。信息和通信技术不仅能够拓宽远程教育和学习的获得途径，灵活地提供个性化的学习机会，实现随时随地学习，也能够通过分享优质资源和方法，支持情境学习，提高教育和学习的质量，提供实时反馈及评估，也有可能消除教育中的不平等（特别是与弱势群体有关的不平等）。信息和通信技术也同时能够促进成本效益最大化，并为教师职业发展和更有效的教育教学管理以及行政管理做出贡献。在此背景下，《决定》指出："构建利用信息化手段扩大优质资源覆盖面的有效机制，推进职业教育资源跨区域、跨行业共建共享，逐步实现所有专业的优质数字教育资源全覆盖"；"支持与专业课程配套的虚拟仿真实训系统开发与应用。推广教学过程与生产过程实时互动的远程教学。"

值得一提的是，《决定》从职业教育面向人人、关注弱势群体的理念出发，提出了完善资助政策和加大对农村和贫困地区职业教育支持力度。《决定》明确提出："进一步健全公平公正、多元投入、规范高效的职业教育国家资助政策。""完善面向农民、农村转移劳动力、在职职工、失业人员、残疾人、退伍士兵等接受职业教育和培训的资助补贴政策，积极推行以直补个人为主的支付办法。"《决定》还进一步提出积极发展现代农业职业教育，建立公益性农民培养培训制度，大力培养新型职业农民，在人口集中和产业发展需要的贫困地区建好一批中等职业学校以及加强民族地区职业教育、改善民族地区职业院校办学条件等要求。

四、《决定》提出了一系列围绕推进终身学习、加快发展现代职业教育值得研究的课题

终身学习和职业教育的理念古老而又常新、丰富而又具体。随着经济社会的发展和转型，在推进全民终身学习和发展现代职业教育中，重复过去、墨守成规不行，头痛医头、脚痛医脚也不行，必须不断研究新情况、新问题，不断创新机制和模式。《技术与职业教育和培训：21世纪的展望》曾指出，对技术与职业教育和培训在终身教育旅程中当前的选择，我们理应知道更多情况。应鼓励开展更多的研究工作，以便使我们了解那些关键性的问题、难题，潜在的障碍和机会；这些都是技术与职业教育和培训的师生，在终身教育旅程的不同阶段所要碰到的问题。要以终身学习理念为指导，加快发展现代职业教育，就必须按照《决定》所指出的，"加强职业教育科研教研队伍建设，提高科研能力和教学研究水平，用优秀成果引领职业教育改革创新"。

就研究的内容而言，当前比较突出的问题包括：我国经济社会发展特别是转方式、调结构、促升级、惠民生对高技能劳动者和技术技能人才提出的要求；建立具有中国特色、世界水平的现

代职业教育体系的理论和评价指标；开发与现代职业教育体系相配套的课程体系的理论和机制；职业院校基础能力建设和专业教学标准（包括师资、实训实习条件和信息技术手段等）；教育教学质量评估的理论和策略；建立学分积累与转换制度、推进学习成果互认衔接的理论和策略等。

需要特别指出的是，《决定》要求强化督导评估，完善督导评估办法，加强对政府及有关部门履行发展职业教育职责的督导；完善职业教育质量评价制度，定期开展职业院校办学水平和专业教学情况评估，实施职业教育质量年度报告制度。这就迫切需要针对职业教育发展的关键问题进行更多的跟踪性研究。2013 年，经济合作与发展组织发布的“国际成人能力评估”（International Assessment of Adult Compentences，PIAAC）结果就是一个很好的例证。该报告基于 2011 年 8 月到 2012 年 3 月对 24 个国家和地区约 16.6 万名 16 ~ 65 岁的成年人能力水平及应用程度进行的实证调查，得出了一些非常有说服力的结论：由于世界经济变得更加依赖于技能，低技能水平的国家可能失去竞争优势；在很多国家，有相当比例的成年人缺乏最基本的技能；技能水平会对个人的生活机会产生重大影响，技能水平较低的人员越来越有可能被抛在后面；在技能水平上的不平等会导致收入上的不平等；那些具有较低技能水平的人员也倾向于拥有较差的健康状况和较低的公民参与和信任度。更为重要的是，基于上述结果，该报告有针对性地提出了一些政策建议：提供高质量的初始教育和终身学习机会，确保所有儿童在教育上拥有良好的开端，并使所有人都有接受终身学习的条件；建立学习世界与工作世界之间的紧密联系；为在职人员提供培训并确保培训的相关性；及时发现并帮助那些在技能方面遭遇困境的人群；及时考核和认证技能水平。

在研究方法上，终身学习理念为开展职业教育研究提供了新视角和新思路。我们需要把研究国际职业教育发展趋势与研究我国职业教育发展问题结合起来，把集中力量研究热点、难点问题与带动职业教育战线协同创新结合起来，把研究基本理论问题与总结实践探索经验结合起来，把理论分析与实证方法结合起来，尽快围绕《决定》提出的重要理论和实践问题开展研究，推出一批高质量的研究成果。

总之，在推进《决定》精神的贯彻落实中，我国职业教育科研机构要以终身学习理念为指导，以推进职业教育更好地满足经济社会发展和人的全面发展为出发点，进一步成为探寻规律和创新理论的思想库、服务教育决策和管理的智囊团、开发教育教学策略的设计师、树立正确人才观念和推进教育观念创新的宣传队以及指导教育教学改革和实践的顾问团，为加快发展现代职业教育作出应有的贡献。

研究报告二　树立大职教观　共同推动现代职业教育发展[①]

近年来，我国的职业教育事业得到了长足的发展、取得了巨大的成就，这是党和国家高度重视、教育部门大力推进、社会各界热情支持、广大职业教育工作者奋发努力的结果。本人就学习和践行黄炎培先生大职业教育思想，进一步推动我国现代职业教育发展，讲几点不成熟的意见与大家一起探讨。

①本文作者：陈广庆，男，中华职业教育社原总干事。文章来源：《百年职教路　十年续华章》，2015 年 1 月第 1 版，第 251 – 257 页。

一、建立现代职业教育体系，体现了黄炎培先生“大职业教育主义”的主张

黄炎培先生是我国近现代职业教育的先驱，是近现代职业教育理论的奠基人。自 1917 年创立中华职业教育社始，他和职教社众先贤，艰辛探索、深入实践，毕生致力于推行与生产劳动和职业活动紧密结合的职业教育，在大量国内外调研和办学实践的基础上，提出了一套富有时代特征和普适价值及中国特色的职业教育思想，为推动我国职业教育从实业学堂模式发展到现代职业学校模式做出了重要的贡献。

“只从职业学校做功夫不能发达职业教育，只从教育界做功夫不能发达职业教育，只从农工商职业界做功夫不能发达职业教育”；“办职业学校的，须同时和一切教育界、职业界努力地沟通和联络；提倡职业教育的，同时须分一部分精神，参加全社会的运动”……他的这些思想至今仍闪烁光芒。他还谆谆告诫职业教育工作者，除了办好内部工作，“对外还须有最高的热情，参与一切；有最大的度量，容纳一切”。

黄炎培先生高度概括了职业教育的重要功能和作用：“谋个性之发展，为个人谋生之准备，为个人服务社会之准备，为国家及世界增进生产力之准备”；明确了职业教育的最终目标是“使无业者有业，使有业者乐业”；尤其指出了职业教育在整个教育体系中的地位应该是“一贯的”、“整个的”和“正统的”。“一贯的”是指建立起从初级到高级的职业教育体系，把职业教育贯穿于全部教育过程和全部职业生涯；“整个的”是指各级各类教育都要与职业相互沟通；“正统的”是指应破除视普通教育为正统，而视职业教育为偏系的传统观念，职业教育应与普通教育等量齐观、共同发展。这一思想与当前国家正在构建的现代职业教育体系不谋而合。黄炎培先生还进一步提出了职业教育的办学方针是“社会化、平民化、国际化、科学化”，提出职业学校要“面向大众，服务社会”。此外，在黄炎培职业教育思想体系中，还包含了“手脑并用”、“做学合一”、“虚实互证”、“理论与实际并行”、“知识与技能并重”的教学原则以及“敬业乐群”、“责在人先、利居众后”等职业道德思想和观点。这些主张尽管已近百年，但仍有一种穿越时空的力量，从中让我们看出，他所提倡的职业教育是一种面向全民的教育、贯穿终生的教育，具有内涵上的深刻性、内容上的丰富性、层次上的多样性、体制和制度上的开放性和融通性等特征。

求木之长，必固其根。中国正在兴办着世界上最大规模的职业教育，既需要博采众长、吸收先发国家发展现代职业教育的先进经验和理念，从而使中国的职业教育瞄准世界水平，又必须本土化、民族化地发展中国的职业教育，使其具有中国特色，而这必须要有一个中国自身的灵魂和核心，这一灵魂和核心就是黄炎培及其职业教育思想。唯此，才能使我国的职业教育真正立足于世界之林。

二、建立现代职业教育体系，突破了一个小框架，重建了一个大格局，实现了“百年中国职教梦”

职业教育是类型教育，本应有初、中、高多个层次。按照 2011 年版的《国际教育标准分类法》，在本科阶段教育之前，是按照“普通教育”和“职业教育”“双轨并行”的模式来设定的。而从本科到硕士研究生再到博士研究生教育，则按照“学术型”和“专业型”并行设定，

从而把职业教育专科以下层次称为“职业教育”，而本科以上直至博士称为“专业教育”，可授予专业学士、专业硕士和专业博士学位。也就是说“专业教育”就是本科以上层次的高等职业教育。从《国际教育标准分类法》中可以看到，职业教育在整个教育体系中占有重要的地位，它是使教育与职业沟通的重要通道，在劳动者就业过程中起着重要的桥梁和纽带作用。从先发国家和地区教育发展的进程和经验中我们可以发现一个规律，就是本科及以上层次的高等职业教育的发展和突破，都是在其高等教育实现大众化的过程中，伴随着科学技术发展到一定程度、技能技术应用极大推动经济社会发展和产业转型升级的关键时期实现的，而目前我国正处于这一重要的时期。

自《国家中长期教育改革和发展规划纲要》颁布实施以来，教育行政部门不失时机地从2011年起开始布局谋篇现代职业教育体系建设，从而推动中国的高等教育和职业教育从观念到制度发生了深刻的变革。总目标和总导向就是要适应国家“五位一体”的发展战略和经济社会发展的时代需要，把建设现代职业教育体系作为高等教育结构调整和制度变革的切入点，其重大突破就是确立了地方本科高校转型的大战略。在这样的大背景下，从2014年开始，启动了“应用技术大学改革试点战略研究”，成立了“应用技术大学联盟”，在极短的时间内全国就有150多所院校加入联盟，积极投身于高等职业教育的创新探索与实践中。此举，既可以完善我国职业教育的层次和结构，也可以缩短与世界先发国家职业教育发展的差距，也让我们理解了“三步走”中建立“中国特色、世界水准的现代职业教育体系”的深刻含义。

自此，中国的职业教育突破了一个小天地，搭建了一个大舞台；抛弃了一个小框架，重建了一个大格局；超越了一个小理想，实现了一个大目标。这不仅是我国教育发展战略布局的重大调整，也是近现代职业教育发展历史进程中的重大突破，实现了我国职教先驱们的“百年中国职教梦”。在旧中国，黄炎培先生曾无奈地表示：“在腐败政治底下，地方水利没有办好，忽而水，忽而旱，农业是不会好的；在外人强力压迫底下，关税丧失主权，国货输出种种受亏，外货输入种种受益，工业是不会好的。农业不会好，工业不会好，农工业教育哪里会发达呢？国家政治清明，社会组织完备，经济制度稳固，尤之人身元气浑然，脉络贯通，百体从令，什么事业都会好。反之，什么事业都不会好。”为此，他的“大职业教育主义”的梦想也只有在今天才能够变成现实。

三、树立大职教观，共同推动现代职业教育发展

当前，我国职业教育改革与发展已进入一个关键时期，既面临良好的发展机遇，也面临严峻的挑战。党和国家高度重视职业教育工作，中共十八大提出“加快发展现代职业教育”，十八届三中全会进而提出“要加快现代职业教育体系建设，深化产教融合、校企合作，培养高素质劳动者和技能型人才”。2014年2月26日，李克强总理主持国务院常务会议，部署加快发展现代职业教育工作。党和国家的高度重视，说明了加快发展职业教育的重要性。中国有超过13亿的人口，其中初中文化的人口尚有5.19亿。在当前社会转型、产业升级的关键时期，就业形势异常严峻。黄炎培先生曾说，职业教育是“为己谋生，为群服务，为社会生利”的事业。民以生为本，以业为基，有业者乐，无业者祸，而就业问题又关乎着国家改革、发展、稳定的大局。为此，加快“以就业为导向”的现代职业教育发展，是全社会的共同责任。

此外，在加快创新型国家建设的关键时刻，我们也清醒地意识到发展现代职业教育所面临的

新挑战。突出表现在两个方面：一是产业领军人才、高层次技术专家和高技能人才严重匮乏。在电信行业，现有高端人才占全行业专业技术人员比例仅有0.14%；在海洋领域，我国在世界海洋专家数据库中登记的专家不足百人，不到全球总量的1%，仅有美国的1/20；在电子信息产业，技师、高级技师占技术工人的比例仅为3.2%，而先发国家这一比例一般在20%～40%。二是研发力量相对薄弱。在装备制造业，我国研发人员占从业人员的比例为1.26%，而美国为6.02%、日本为4.95%、法国为2.87%、德国为2.86%、英国为2.83%。高层次专门人才和研发力量的不足已经严重制约了我国重点领域创新能力的提高。为此，加大重点领域高层次专门人才开发和研发队伍建设已十分迫切。而这些均需要加快发展与国家战略产业、新兴产业等密切相关的高等职业教育。

职业教育是跨界的教育，也是一项辐射面很广的教育，仅仅靠学校自身无法实现产业链、教育链、人才链、信息链和价值链等的衔接与融合。为此，必须从国家战略全局出发，树立大职教观，调动政府、行业、企业、院校和其他社会组织的积极性、主动性和创造性，形成发展职业教育的强大合力，共同推动现代职业教育的发展。近百年前，中华职业教育社的诞生就是教育家、政治家与实业巨子联合的产物。黄炎培先生曾说："我们的社团，叫做中华职业教育社，这个名称，就说明了我们努力的全部意义。凡有利于中华，我们有一分力用一分力。职业教育有利于中华，我们要用力。"近年来，中华职教社组织国内外著名的专家团队，探索现代职业教育理论体系建设并创新现代职业教育实践，把发展黄炎培职业教育思想提升到又一崭新阶段。

我们深知，当前国家提出的"加快地方高校转型发展，加快调整人才培养结构，努力建设100所世界一流的高水平应用技术大学，打造中国职业教育的升级版"，对我们来说既是新任务也是新课题。为此，站在新的历史起点上，面对新形势对职业教育工作提出的新要求和新任务，我们要继续发挥自身的特色和优势，不断学习，深入研究，努力探索新形势下工作的新途径、新方法，不断改进工作方式和提高工作水平，进一步继承和弘扬黄炎培先生的大职业教育思想，同心同德，不断开创工作的新局面，为助推我国现代职业教育发展做出新的更大的成绩。

研究报告三　终身职业培训体系建设的再思考①

一、背景与意义

中共十八届三中全会提出了"完善城乡均等的公共就业创业服务体系，构建劳动者终身职业培训体系"的职业教育改革和发展的战略目标。2014年，《国务院关于加快发展现代职业教育的决定》对推进加快现代职业教育体系建设和发展，做出了全面的系统部署。作为终身学习、终身教育的重要组成部分，终身职业培训体系的构建迫在眉睫，显得尤为重要，当前，引起全国

①本文作者：毕结礼，男，中国职工教育和职业培训协会常务副会长、人社部职业技能鉴定中心副主任。文章来源：《终身职业培训体系建设的再思考——终身职业培训体系建设的背景与意义》，《中国培训》2014年第10期，第4-5页；《终身职业培训体系建设的再思考——国外终身教育的经验与借鉴》，《中国培训》2014年第11期，第8-9页；《终身职业培训体系建设再思考——当前我国终身职业培训体系建设现状分析》，《中国培训》2014年第12期，第5页；《终身职业培训体系建设的再思考——终身职业培训体系模式构建的理论框架》，《中国培训》2015年第1期，第6页。

上下，特别是职业培训工作者的关注。人力资源和社会保障部党组书记、部长尹蔚民还专门发表署名文章，论述终身职业培训体系建设，并在建设思想、原则和目标上，对终身职业培训体系建设提出了要求。希望能引起全国职业培训工作者的关注。

讨论终身职业培训体系建设，首先应该搞清楚为什么要建，然后才能考虑建什么和如何建的问题。关于为什么要建立终身职业培训体系的问题，基本要考虑两个方面：一是背景分析，搞清楚终身职业培训体系建设的依据；二是意义分析，或说是价值体现，搞清楚终身职业培训体系建设的现实意义和长远意义。搞清这两点的意义在于：让大家从思想上认识终身职业培训体系建设，对我国人才建设、职业教育培训可持续发展的战略价值，引起大家对终身职业培训体系建设的重视。

（一）终身职业培训的背景分析

关于终身职业培训的背景分析，可以从国内外两大视角，经济技术发展、人才发展战略和职业教育培训发展趋势三个因素切入，落脚到人才培养，特别是技能人才培养的有效性上。主要有以下几个方面：

1. 快速发展的经济技术新时代，必须有适应人才能力不断提升的新模式

21 世纪是一个复杂多变、快速发展的时代，特别是随着电子信息技术的发展和应用，人们普遍感到工作、生活节奏不断加快，深感适应能力不足，如何不断提升适应发展的能力，并有相应的平台和模式，成为世界发展的主题。这一主题的核心就是经济发展的国际化和知识化，对职业教育培训的客观要求和主观愿望。

（1）经济技术的发展，打破了旧的经济格局，使世界经济重新调整和布局，并不断创新发展战略，以知识为支柱的经济技术发展新格局正在取代旧的发展格局，知识在经济技术增长中的含量逐渐提升，信息技术尤为突出。据经合组织 1996 年统计分析，其成员国国内生产总值 50% 以上是以知识为基础的。在 20 世纪 40 年代前，西方主要工业国家经济增长中的科技贡献率不足 30%。另据相关数据分析，2002 年美国经济增长以知识增长为基础的因素占到 70% 以上。企业知识密集型岗位占到 80% 以上。近几年，信息产业、IT 技术迅速发展。信息技术的发展与应用，将人们带进一个崭新的时代，大发展、快速发展和质量发展的新时代，也是综合素质能力发展的新时代。因此，职业教育培训事业的科学发展，也成为发展的主流和经济技术发展的支柱。

（2）终身学习、终身教育和终身职业培训已成为一种发展趋势。终身学习、终身教育和终身职业培训，是从不同的角度来定义的，终身学习和终身教育，是从两个视角、两个主体来看的：作为个人而言，学习是一生的事；作为政府而言，对国人的教育也应该是一生的。因此，终身教育和终身学习，对人的培养和成长应从不同的方面去建章立制。而终身职业培训则是从另外一个视角来定义的，具体讲，就是从就业和职业生涯发展的角度。作为个人而言，人的一生最重要的阶段是就业与职业生涯发展成长时期。从就业的角度看，可以把人的一生分为三个重要阶段：第一个阶段是就业前的准备阶段，即初次就业前的阶段；第二个阶段是就业与职业生涯的发展阶段，指第一次就业到退休；第三个阶段就是退休养老阶段。在这三个阶段中，职业的成长和发展，构成人一生的主体部分，也是推动社会发展的人生的社会价值体现的重要期，这个时期的特点，是人们成长发展的职业性和岗位性，培训将伴随着人们职业生涯发展的始终，从这个意义上看，终身职业培训是终身学习和终身教育的重要组成部分。

2. 发达国家已将终身学习和终身教育的思想作为教育改革、人才培养的原则加以强化

据有关材料证实，日本非常重视职业培训（实际上就是终身岗位培训），并同终身雇佣制度相联系。终身教育学习的提法和概念，1920 年以前就出现于英国，见于 1944 年的法令中。随后，世界各国采取多种措施，推动终身教育和终身学习的发展。1966 年，西德将终身教育纳入德国的基本法；1976 年，美国制定了终身学习法；1994 年，终身学习成为美国六大教育目标之一；1996 年，韩国制定终身学习法；1999 年，韩国提出终身学习通向未来的桥梁。可以说，推动终身学习和终身教育发展，已经成为一种国际趋势，工作学习不分离，大势所趋，职业教育和职业培训，必须在这个大潮中发展，终身职业培训体系建设，必须加快步伐推进。

（二）终身职业培训体系建设的意义

认识终身职业培训建设的意义，可以从两个方面去理解，一是终身职业培训体系建设的现实意义；二是终身职业培训体系建设的发展价值和长远意义。

1. 终身职业培训体系建设的现实意义

我国的经济技术发展已经进入新的历史时期，这个新的历史发展时期的主要特征：一是发展方式转变和产业结构调整；二是新知识、新技术和新产品不断涌现；三是中国制造正在向中国创造转化；四是发展中的人才红利日益凸显；五是人们生活需求和需求期望值越来越高。值得注意的是，这些发展和变化的内在因素，没有人才和能力支撑是不可能变为现实的。人才队伍建设，是发展的万源之本。而职业培训现实的能力，还不能有效地支持员工职业生涯和岗位能力提升的需求。突出问题表现为职业培训体系不完善、覆盖面窄；灵活性和有效性差，职业培训自身发展能力不足；制度、政策和法律体系存在一定的空白点，培训的吸引力弱，且不规范等问题。终身职业培训体系的现实意义，不仅是职业培训事业自身发展的需求，更是解决中国经济新发展对新人才需求的重要战略，它的现实意义极为重要。正像尹蔚民部长在《加强职业教育培训，培养亿万高素质劳动者》一文中所指出的那样：加快职业教育培训转型升级，助推经济发展方式转变，要大力实施国家高技能人才振兴计划；要深刻领会和把握缓解就业结构性矛盾对职业培训工作提出的新要求。这些理所当然应成为当前职业教育培训改革和发展的重点目标和任务，毋庸置疑。

2. 终身职业培训体系的发展价值和长远意义

终身职业培训体系建设，是职业培训事业发展中的理念创新和行为革命，它的最大贡献是，有力破解了职业培训在自身发展中的主要矛盾，即培训同需求相脱节的问题。不仅如此，终身职业培训体系建设也是职业培训事业发展和自身完善的必然结果，更是我国职业培训事业同国际接轨的必然举措。

职业教育培训同需求脱节、针对性差，是多年困扰职业培训的大问题，其中有很多原因，但现在看来，是职业教育培训自身问题所致，突出表现在：在管理理念、管理制度和运行体系上，将职业教育培训同职业岗位需求脱节。存在两张皮甚至是多张皮现象。终身职业培训体系将从制度层面破解这一难题，终身职业培训体系建设的三个基本点可以体现它的发展价值和长远意义：一是将职业培训工作作为岗位工作需求和就业能力需求的组成部分，同职业岗位能力需求和就业能力需求同步设计、同步实施，使职业教育培训真正成为员工职业生涯发展的组成部分和助长器。二是建立以就业为导向、以能力为中心的职业教育培训标准体系，使职业教育培训规范发展和科学发展，确保职业教育培训为就业服务的发展方向和其功能的发挥。三是职业教育培训与国

际接轨，是实现职业教育培训的现代化和国际化水平的必然举措。

二、国外终身教育的经验与借鉴

早在1920年以前，终身学习和终身教育的思想就已经存在，经过40多年的实践和推广，对许多国家产生了深远的影响，据有关材料分析，法国在1956年的议会立法文件中，首次使用了"终身教育"的概念。当前，终身学习和终身教育，已经成为各国发展的热门话题，发展战略。在这里值得提醒的是，国外在研究终身学习和终身教育体系时，用的是"大学习、大教育"概念，其中包括终身职业教育培训的重要内容。而我们把终身职业培训体系建设单独提出，与我们国家教育发展的价值观念、文化背景以及职业教育培训的发展现状密切相关，即我们的职业教育培训在国家经济技术发展中的身份不明，或说没有身份、没有地位，或说地位不高。单独提出终身职业培训体系建设，有让社会更加关注职业教育培训事业的思考。职业教育培训同学科教育没有孰轻孰重之说，只是分工和功能在人们成长过程中体现了不同的作用。我们研究国外终身教育，重在学习它们的观念和方法，建设能够在中国落地的终身职业培训体系。

（一）国外终身教育的概念与内涵

1. 终身教育的概念

终身教育，是指人们一生连续接受教育的过程（从受教育者的角度看，就是终身学习，下同），也可以概括为，贯穿于人的一生的教育过程。终身教育的早期倡导者保罗·朗格朗认为：将个人的一生分成两半，前半生是受教育，后半生是劳动，这是毫无科学依据的，教育应是一个人从生到死的一生中连续的过程（保罗·朗格朗，法国著名教育家，1956年，联合国在法国巴黎召开成教大会，保罗阐述了自己的终身教育思想）。

2. 终身教育的内涵

终身教育是贯穿于个人一生的教育过程，主要包括以下几方面的内容：

（1）人们个体的生存与发展，始终与教育相伴，不可能分离。这一教育的概念是大教育概念，包括各种层面、各种类型和人生各个阶段的教育，统一于人生的全过程。

（2）终身教育的思想是建立在以人为本管理基础上的教育。它是把社会经济技术发展建立在关注人的发展基础之上的。它的主要价值是搭建了每个个体成长的通道。这一点，在德国等发达国家，体现得非常明显。

（3）各类不同的教育实体和体系，有着内在的联系，形成统一的体系和制度，受着法律的保护，任何单位和组织，没有拒绝个体接受教育和学习的权力。国家给每一个体提供受教育的平台、机会和帮助。

（4）终身教育的内容和学习方法是个性化的，学习者可以自由选择学习的课程和方法，灵活性强，对个体职业生涯发展有很强的针对性。

（二）国外终身教育的主要做法

关于国外终身教育的论文和宣传材料很多，但我认为有两点做法值得关注：一是在宏观上，重在通过立法和制度建设推动发展；二是在微观上，重在运行体系和运行机制建设提升引力。

1. 国外在法律制度上实施终身教育的做法

1966 年，西德将终身教育纳入国家的基本法律。

1976 年，美国制定终身学习法。

1990 年，日本制定终身学习法。

1996 年，韩国制定终身学习法。

特别值得提到的是，1971 年，日本中央教育审议会议指出：有必要从终身教育的观点出发，全面调整教育体制，同年，提出了在全国实施终身教育的目标要求。1988 年，在文部省设立了终身教育局。1990 年 6 月，颁布了《生涯学习振兴推进整备法》，终身教育成为日本政府的一项基本国策。1997 年，日本厚生劳动省成立了全国第一个职业生涯培训中心，成为终身职业培训的典型范例。

2. 国外在运行管理上实施终身教育的做法

在运行管理上，它们的具体举措有：一是建立机构，如日本成立终身教育局、职业生涯培训中心，美国成立社区学院等。二是实施目标管理，如美国，1994 年就将终身学习列为美国六大教育目标之一；又如经济合作与发展组织，在 1996 年将“全面实现终身学习”视为成员国的优先工作目标。三是在终身教育政策制定和体系建设方面，可以从以下几个方面概括它们共性的做法：

（1）建立普教与职教沟通互认的立交桥，形成不同层次之间的职业教育与职业培训体系贯通，并与普通教育相衔接的职业教育体系，使教育、学习与人们一生的成长与发展各个不同阶段相衔接。

（2）搭建在工作、生产过程中的学习和教育平台。职业教育培训最基本的规律和特征，就是职业性。是在职业生涯发展、生产和工作过程中的行为体现，与工作生产不搭界的职业教育培训是无效的，普教是职业生涯发展和人民一生的基础，很重要，但不能视为职业生涯发展的本身，职业发展的特定性就是职业发展的针对性，即职业的个性化。

（3）资源整合，搭建多元化学习、教育平台，实行产学、工学和校企结合的开放性办学模式，形成职业教育培训的网络化。

（4）建立终身学习和终身教育制度，同财政支持、证书制度挂钩，以增强终身学习和终身教育的动力和吸引力。

（三）国外发达国家推行实施终身学习和终身教育已有半个多世纪，创造了比较成熟的经验

（1）理念引导、立法推动。理念引导和立法推动，是发达国家推动职业教育培训比较成型的做法。如德国的“双元制”得到了德国从上到下的普遍认可，是因为他们建立了职业教育和职业培训的文化，建立了职业教育培训发展的法律体系。

（2）服务发展、完善体系。服务发展，就是从职工学习、接受教育和利于成长出发，建立不同教育培训类型之间相互衔接的运行体系。其中日本、德国、美国的做法很典型，经验比较丰富。

（3）平台建设与内容发展并重。终身学习和终身教育有两大支柱是绝对不能忽略的：一是去哪里学，或说通过什么方式实施教育，如美国的社区学院；二是学习什么内容，或说用什么课程实施教学，如澳大利亚的课程包课程体系模式。

上述国外终身教育、学习的主要经验，应成为我们在推进终身职业培训体系建设过程中，主要借鉴的要素。

三、当前我国终身职业培训体系建设现状分析

自“构建劳动者终身职业培训体系”职业培训事业发展的目标写进“十八大”报告以来，全国关注职业培训事业发展，探讨终身职业培训体系的人士越来越多，热情不断高涨，也取得一些成就。值得大家关注的是，主管职业培训、就业工作的人社部部长尹蔚民同志发表署名文章，对终身职业培训体系建设提出了既具有方向性指导价值，又有具体工作任务要求的“五个目标”和“四个重点”。那么，如何将“五个目标”和“四个重点”工作落到实处，无论从理论角度，还是从实践角度看，还需要做大量的工作，仍有许多空白点需要填补。特别亟须强化和完善终身职业培训体系的法治建设和制度政策体系建设。

（一）亟须强化依法推进终身职业培训体系建设的力度

1956 年，法国在立法议会文件中，首次使用了“终身教育”的概念，至今已有近 60 年的发展历程。而我们国家在 1995 年颁布的《教育法》中才提出了终身教育的发展目标，起步比法国晚了 40 年。发达国家推进“终身教育”和“终身学习”不仅起步早，而且操作性措施非常强。如美国于 1976 年制定了《终身学习法》，并于 1994 年将终身学习列为美国的六大目标之一。日本则在 1990 年制定了《终身学习法》，并设立终身学习局，制定了终身学习审议会制度和成立了职工职业生涯培训中心。韩国在 1996 年制定了《终身学习法》。通过对比分析发现，我国虽然在推进终身教育和终身学习方面做了一些工作，但与发达国家相比还相差甚远。特别是我国职业教育和职业培训吸引力不大，社会地位不高的弊端仍然没有找到有效的解决途径，这些都是我国终身职业培训体系建设必须面对的主要问题。而造成这些问题的根本原因是法制建设滞后，公民的法律意识和法律观念不强。

国外发达国家推进终身教育和终身学习的具体进程可以概括为三个方面：一是理论论证；二是立法推进；三是建立组织具体实施。而从当前看，我国终身教育、终身学习的制度和法律体系尚没有形成，缺乏具体的标准、措施和评价机制等，也缺乏具体的推动措施。由于终身职业培训体系建设是国家终身教育和终身学习的构成部分，它的构建必须建立在终身教育和终身学习制度、法制体系建设框架之内，从而更好地实现普通教育和职业教育、职业教育和职业培训、国家提供教育和培训与国民个人自觉学习之间的有效衔接。制度和法律的空白是当前终身职业培训体系建设的主要困扰。如何突破这一障碍，是推进终身职业培训体系建设的重大工程。

（二）亟须加强终身职业培训体系建设的理论研究及体系构建

构建劳动者终身职业培训体系，至少应建立理论和以制度为基准运行的两大体系。但是，从当前看，我国的理论研究非常欠缺，不仅对研究的重视程度不够，人、财、物投入不足，且研究的深度和广度亦十分有限。据资料证明，2002 年初，劳动和社会保障部立项对终身职业培训体系建设进行研究，并出版了《终身职业培训体系建设》一书，这是我国最早、最系统的研究终身职业培训体系建设的理论文本，其他很少有终身职业培训体系建设的理论文章。再看看，我国终身学习和终身学习组织的建设，也曾热过一阵，但由于制度体系和运行机制的欠缺，目标效果

并不明显，学习只是成为一种形式，而没有形成有效的行动力。据有关材料证明，发达国家在建立一项制度时，70%的时间用来调查研究、论证分析，30%的时间用来决策实施，而我们国家决策往往先于研究分析，有些研究和实践存在两张皮现象。所以笔者认为：终身职业培训体系建设，首要的任务是克服理论研究障碍，把构建劳动者终身职业培训体系的理论体系建设放在突出的位置，加以高度重视。

劳动者终身职业培训体系建设理论的重点，可以概括为以下几个方面：

1. 在立法方面

加大劳动者终身职业培训体系建设的制度框架与法律文本研究，依法推进终身职业培训体系建设的力度。如果说独立设立劳动者终身职业培训体系的法律环境、条件尚不成熟，可以考虑在《劳动法》、《职业教育法》、《就业促进法》中增加终身职业培训体系的相关条文和内容。总之，如果不改变立法的现状，终身职业培训体系建设很难取得有效的成果。

2. 在制度方面

一是终身职业培训制度的理论建设很薄弱，某些重大问题还没有突破。如举办职业培训的动力机制和接受职业培训的内生动力不足，如果这个问题不通过制度建设和政策导向来解决，终身职业培训体系建设将成为空壳，有名无实。没有动力就没有活力，这是终身职业培训体系的灵魂所在。二是政府主导与市场机制的协调性差，政府与市场的职能定位不准，职业培训乱象问题还没有有效的解决办法。如何使政府职能在主导职业培训的过程中，既充分发挥市场的灵活性，又实现职业培训的规范有效运行，是终身职业培训体系建设的核心节点。其中，包括三个关键性制度体系，即以就业和国家人才战略为导向的办学机制、以用人为导向的人才评价机制和以能力业绩为导向的晋升晋级机制。三是政府服务终身职业培训的技术与平台、方法策略有待开发研究，需要形成制度和规范，并科学发展等。

3. 在职业培训执行能力建设方面

立法和制度建设是终身职业培训研究和能力建设的重要方面，但需要强有力的执行力作为支撑，建议从三个方面加以强化：一是加强职业培训职业化队伍建设，强化职业培训自身的人才开发，强化职业化队伍建设的专业化理论研发；二是加强运行机制、模式研究、提出运行有效的方法和策略；三是加强技术支持和职业培训的平台建设研究等。

总之，改变终身职业培训体系建设理论研究不力的现状，提出“构建劳动者终身职业培训体系”的理论框架是当务之急。

（三）以实践为基础加大终身职业培训体系建设的试验力度

由于人们在理论上对“构建劳动者终身职业培训体系”认识还不够全面，在实践上仍存在名不副实的现象。如在调查中发现，有些组织将培训项目冠上一个终身职业培训的名字，就声称终身职业培训，显然，这种对终身职业培训的实践探索是不科学的，应该按照终身职业培训的基本准则进行实践试验，既为理论探索提供实践依据，也为运行模式创建模板。

其实，终身职业培训的概念并不难理解，简单地讲就是贯彻人们一生的与职业生涯发展相关的各种职业培训活动。包括职业岗位适应能力培训，在职岗位能力提升培训，职业能力拓展培训等。其核心思想是按照职业人的职业就业发展需要，提供全过程、全方位、个性化的培训服务。终身职业培训的功能特点，理论上的内在含义是，培训内容的接续性和可选择性，以职业生涯发展需求和就业需求对接为原则，在实践运行上，以职业培训的有效性为第一原则，把服务员工发展、就业服务发展和经济技术发展作为实施培训的宗旨和目标。在组织管理方面，打破格局分割，实施综合性统一协调，把员工成长当作常态实施成长服务。笔者建议按照这种理论思考和实践设计，开展劳动者终身职业培训体系建设的区域性试验工作。

从实践角度看，当前劳动者终身职业培训体系最大的问题是点状发展，基本上都是阶段性的、缺乏系统设计、培训绩效差，没有形成网络化、平台化和学习课程内容的系统化等，亟须用绩效改进策略去推进劳动者终身职业培训体系建设的实践。当前，劳动者终身职业培训的实践必须实施区域化、综合性、统筹协调指导。因为终身职业培训体系是网状型的，一个企业或学校，只能作为劳动者终身职业培训体系中的一个节点，只有点点连接互动，形成统一协调的运作体系，才能让员工有自主选择学习的权利，有适合员工职业生涯发展学习的内容；才能深度探索劳动者终身职业体系建设规律，推进其制度构建。

四、终身职业培训体系模式构建的理论框架

终身职业培训体系构建是非常复杂的系统工程，在构建过程中，有几个重大问题需要从理念和行为上破解和创新：一是打破陈旧的职业培训观念。当前首要的任务是，职业培训的观念要从消费说向投资说转化，由职业培训的消费行为向投资效益行为转化。二是消除职业培训事业发展的人为乱象。当前首要的任务是，职业培训事业的发展由人治化向法制化转化。三是科学确定政府与市场在职业培训事业发展的功能定位。当前的主要任务是，强化政府的服务意识和服务能力，建立市场服务机制，培养市场服务能力。四是打破职业培训机构的点状化、分割式和孤立化格局。当前的主要任务是，以劳动者生涯发展为主导，搭建教育和职业教育、职业教育和职业培训，以及公立与私立不同教育培训实体相融合的网络化、可灵活选择的大学习、大教育、大培训的平台。五是打破职业培训职业化师资不被重视的陈旧想法。当前的主要任务是，尽快培养和建立一支职业化的职业培训师队伍。

上述五大任务，无论从理论角度看，还是从实践角度看，都是构建劳动者终身职业培训体系最为关键的要素，或说重要因素。基于此思考，拟提出构建劳动者终身职业培训模式架构的理论要素，首先构建终身职业培训体系模式的理论框架，供大家参考。

（一）关注终身职业培训体系的目标构建，形成终身职业培训科学可行的目标体系

构建面向全体劳动者终身职业培训体系，是“十八大”提出的我国职业培训事业发展的重大目标，在这一体系目标框架内，又有若干子目标因素或子体系。具体讲：有主体目标和非主体目标等。它的主体目标是，为劳动者终身职业生涯发展和成长提供有效的学习平台。平台必须内含着一定的设定标准和评价依据。它的非主体目标，是不可或缺的终身职业培训体系的框架要素，如政策体系、技术支持条件等，非主体目标也可以视为实现主体目标的条件。关于终身职业培训体系构建的目标，人社部尹蔚民部长在《加强职业教育培训，培养亿万高素质劳动者》一文中描述了五个方面：一是培训对象广覆盖；二是培训类型多样化；三是培训组织多层次；四是培训载体多元化；五是培训管理规模化。尹部长还提出构建这一体系的四个方面的重点工作，即健全制度、完善政策、加大投入和突出重点。笔者认为，尹部长提出的五个目标，培训对象广覆盖就是这一体系的主体目标，其他四个目标为非主体目标，是主体目标实现的条件。

主体目标是构建终身职业培训体系的核心要素，是全体劳动者实现终身职业培训的目标体系

群，这个目标群是由劳动者培训需求的层次性和类型性决定的。譬如尹蔚民部长提出的农村转移劳动者、失业人员、高校毕业生和企业高技能人才四个培训重点对象，应该有不同的培训目标、不同的培训标准和不同的培训方法等。有效的终身职业培训平台体系，应该能够提供这些不同的培训需求。特别值得注意的是，从终身职业培训的概念和内涵来看，这些培训只是劳动者终身职业培训的节点目标，是人生职业生涯的一个目标节点。终身职业培训体系是不同培训目标节点的联系和有效链接，对个体劳动者而言体现了终身职业培训目标的时代性和时段性特征。其实这一点很容易理解。譬如对农村转移劳动者培训，不仅包含时代特征，还必须有时续性，如转移的基础培训，转移后的上岗培训、岗位提升培训以及岗位转移培训等不同的培训目标和标准等，否则，培训目标不明显，培训有效性差。

终身职业培训体系的培训对象的目标体系群和评价标准是这一体系的核心，必须高度关注和重视。当然非主体目标也不能忽视，没有非主体目标，主体目标难以落地。

（二）关注制度和关键技术两大核心体系建设

制度和技术体系，虽然不是终身职业培训的主体目标，但是这一体系的核心支点，是这一体系框架的重中之重。具体讲，主要应包括以下几个方面：

1. 依法推进和依法保障终身职业培训体系的构建和实施

中共十八届四中全会确定了我国依法治国的新时期新的发展战略，《职业教育法》修订工作也提到了依法推进职业教育发展的议事日程，应该说对依法推进构建劳动者终身职业培训体系建设创造了机遇，也提供了更加有利的条件。当前亟须加大终身职业培训体系建设的立法力度。

关于终身职业培训体系的立法，我们的思路是全面推动，分步分阶段实施，有三种设想：一是修改《劳动法》、《就业促进法》，在这两部法中，强化构建劳动者终身职业培训的内容，并作为专属章节进行细化；二是在《职业教育法》修改中，强化构建劳动者终身职业培训的内容条款，并作为专属的章节细化；三是依据《劳动法》和《教育法》设立《职业培训法》，同《职业教育法》并重。无论采取哪种形式，启动立法是关键，没有法律保障，终身职业培训体系建设很难落地。

在推动和推进终身职业培训体系立法的同时，人力资源部门可根据十八大的精神要求，制定构建劳动者终身职业培训体系的办法或部门规范，还可以选择职业培训较为发达的区域推进地方人大立法，实施区域化试点工作，探索终身职业培训体系构建的规律，为推进终身职业培训的立法创造经验和条件。

2. 以现代技术推进和保障终身职业培训体系的建设和实施

如前所述，劳动者终身职业培训体系构建，是非常复杂的系统工程，如果说制度和立法保障是战略的话，其技术开发和建设则是这一体系的支柱，是战术，两者必须相匹配，缺一不可。

关于终身职业培训体系的技术开发和建设，主体上可以分为三个子系统：一是学习平台与网络建设；二是课程开发与教材建设；三是学习评价与标准指标体系、评价技术方法开发等。终身职业培训体系建设的技术开发，其功能设计应该实现三大目标：第一个目标是，学习平台功能的多元化与开放性，能够提供不同需求的培训需求；第二个目标是，学习课程动态化和可选性，实现学习内容的时代性和个性化；第三个目标是，学习效果的可测性，能够实现培训效果的跟踪性评价，保证职业培训的针对性和有效性。

从国外终身教育、终身学习的实践经验看，学习培训平台建设，是实现终身学习的关键节点，如美国的社区学院、日本的终身职业培训中心和与之相配套的网络化学习技术，都成为其实现终身学习、终身职业培训的重要平台。平台的有效性取决于其功能定位、内容设计和运作机制三大要素，其核心指标应是，横向看，能够为全体劳动者提供培训服务；纵向看，能够为劳动者个体职业生涯发展的每个节点提供培训服务，横向与纵向的衔接互动，平台与培训机构的互动衔接，构成平台的网络化和全覆盖，才能形成面对全体劳动者的终身职业培训体系。

3. 强化职业培训自身能力建设，夯实终身职业培训体系运行的基础

法规及其制度、政策体系，平台及其技术、课程体系，以及运行及其评估体系，是构成构建劳动者体系的三大子体系，中又可以分为若干子体系。关于这些子体系，在劳动部课题组 2003 年的构建劳动者终身职业培训体系的报告中已有论述，现在看来基本可行。在此不加赘述。但从十几年推行构建劳动者终身职业培训的实践和研究结果看，其基础建设和执行能力不足，是影响构建劳动者终身职业培训体系的主要障碍所在。概括讲主要是五大问题：一是职业培训的执行力不足。存在无法无规可依问题，也存在有法有规不落地的问题，如企业培训经费的提取与使用，一直存在不落地的问题。二是师资队伍建设不到位。从理念、制度到运行看，都没有按照职业培训的规律和特点来培养职业培训师资，还在套用学科性教师的做法在实施职业培训。三是课程和教材建设严重滞后，学用脱节，职业性、使用性和针对性差。四是不同类型的人才培养、评价和使用机制没有形成，严格说来，以知识和学历论人才的旧意识和制度没破题，干得好，或者会干的、能干的不如会考的和能考的，由于这些因素的存在，是职业教育的吸引力、技能型人才的吸引力不足。北大学子退学读技校，竟被认为毁了一个“人才”，可见学历至上的陈旧理念根深蒂固。五是以就业为导向的职业院校专业设置、以岗位适应能力为导向的课程和教材开发、以职业能力为导向的职业培训师培养机制还没有建立起来。

（三）结束语：终身职业培训体系构建的理论架构

终身职业培训体系是复杂的系统工程，大系统架构下包括若干子系统。从宏观上看主要包括国家法律法规和政策体系、技术支持体系和管理运行体系。如法律法规体系架构主要是：以终身职业培训法或职业培训法为主法，包括各项规章制度在内的法规制度体系；技术支持体系架构主要是以现代信息网络技术为主干，包括各类教育培训技术在内的技术支持体系；管理运行体系的架构主要是以平台建设为实体、以队伍建设为核心和以组织建设为关键的管理运行体系，形成管理的网络和学习平台的网状化，以达到学习培训运行方便有效和高效的目的。真正实现终身职业培训体系建设，从横向看，能够面对并服务于全体劳动者的培训需求；从纵向看，能够面对每个员工的职业生涯发展并服务于员工职业生涯发展的每个节点的培训需求。

研究报告四　着力解决四方面问题推动职业教育科学发展①

《国务院关于加快发展现代职业教育的决定》（以下简称《决定》）提出，加快发展现代职业教育，对于创造更大人才红利，加快转方式、调结构、促升级具有重要意义。加快发展现代职

①本文作者：李梦卿，男，湖北工业大学高等职业教育研究中心主任，湖北职业教育发展研究院院长、教授。文章来源：《教育发展研究》2014 年第 17 期，第 1 页。

业教育是民生之需、是经济社会发展之需、是国家教育战略之需。当前，为加快推进现代职业教育发展，需要着力解决政策“悬浮”问题、校企合作关系“异化”问题、职业院校管理“低效”问题和师资队伍建设“低质”问题，努力提高技术技能人才培养质量。

1. 解决好职业教育政策“悬浮”问题，推动政策有效落实

综观我国职业教育政策的执行情况，可以发现，政策执行不到位即政策“悬浮”的现象还是时有发生的。比如一再重申的中等职业学校不准升格为高等职业院校或并入高等学校，专科层次的职业院校不准并入或升格为本科高等学校，这在2004年、2005年、2011年的相关政策文件中都能找到类似的规定，但事实上，在政策颁布后，一直都有中高职学校升格的现象发生。《决定》再次重申了这一内容，这一规定性的政策或将自此能有效落实。1996年施行的《中华人民共和国职业教育法》规定，各地应当制订本地区职业学校学生人数平均经费标准。然而，至今仍有一些省份尚未完成此项工作。由此观之，在政策落实过程中，各级政府要明确分工、明确责任、明确期限、明确效果，要抓政策传达、过程监管、结果考核，让“悬浮”的政策落地生根，造福千万学生和家庭，促进经济社会发展。

2. 解决好校企合作关系“异化”问题，加强产教深度融合

校企合作是加快发展职业教育的核心问题，也是一个难点问题。教育部部长袁贵仁明确指出，当前我国职业教育发展弱在校企合作。媒体时有报道，有些企业和职业学校，打着工学结合、校企合作、顶岗实习的幌子，安排学生从事与专业毫不相干的流水线生产工作；有的企业支付给学生较少的劳动报酬，却让学生加班加点地付出大量的劳动，涉嫌非法廉价出卖学生劳动力并牟取暴利等。这些公然违反国家相关法律法规、违背教育教学规律的行为，使原本非常好的校企合作的育人模式走上了“异化”的轨道，为此，应给教育部门和职业学校敲响警钟，使校企双方走实质性合作的路子，不能让职业学校“异化”为只是给企业输送顶岗实习的廉价劳动力的中介机构，而要通过校企合作，实现《决定》提出的专业设置与产业需求对接，课程内容与职业标准对接，教学过程与生产过程对接等，为培养技术技能人才服务。

3. 解决好职业院校管理“低效”问题，提高人才培养质量

当前，职业院校要抓住机遇、大胆创新、完善制度、健全机制、提升科学管理能力。但不少职业院校在管理上却表现出“低效”的现象，为此职业院校应按照《决定》要求，依法制定体现职业教育特色的章程和制度，完善治理结构，提升治理能力，在完善制度、健全机制、科学管理上下功夫。制度建设是职业院校科学管理的重要保证，要以提高效能为目的，能激发广大教职工教书育人的积极性、责任心，达到提高工作效率的目的。健全机制是学校科学管理的基本条件，健全的管理机制、流畅的沟通机制、高效的协调机制、及时的服务机制、全面的保障机制等都是职业院校管理所需要达到的。职业院校要向管理要成效，要通过科学管理将“低效”变成“高效”，推进校企一体化育人，提高技术技能人才培养质量，把学校建设成为真正意义上的现代职业学校。

4. 解决好师资队伍建设“低质”问题，提高教师“双师”素质

目前，亟须建设一支高素质专业化的“双师型”教师队伍，以解决职教师资的“低质”问题。建设“双师型”教师队伍，需要抓好三个方面工作：一是源头，即要加强“双师型”师范生培养，要推动高校探索“教师＋技师”、“教师＋工程师”的“双师型”师范本科生和研究生培养模式，以从根本上解决“双师型”师范生培养不足的问题。二是要设计好优秀工程技术人员到职业院校担任兼职教师的路径，以保证他们既是企业编制，又能在教师岗位上为技术技能人才培养服务。三是要改革职业院校教师聘用制度，增加职业院校自主选聘的力度，注重技术技能知识和水平测试，让具有“双师”素质并有志于职业教育事业的人真正走上职业院校的讲台。

综上所述，有效执行职业教育政策，坚持产教融合、校企合作，完善现代职业学校制度，促进职业政策生根、校企合作务实、学校管理高效和教师队伍优质，抓质量、建内涵，培养高素质劳动者和技术技能人才，加快推动现代职业教育发展，于国于民善莫大焉。

第二章　职业教育专题研究

研究报告一　职业教育体系创新与实践探索[①]

《国家中长期教育改革和发展规划纲要（2010～2020年）》提出，到2020年，形成现代职业教育体系。2014年6月，国务院印发《关于加快发展现代职业教育的决定》，全面部署加快发展现代职业教育，把加快发展现代职业教育摆在更加突出的战略位置。然而，当前我国职业教育还存在诸多问题，如专业设置与地方经济发展相脱节、"双师型"职业教师严重不足、学生学习主动性不高等，这些问题都困扰着职业教育的进一步发展。对于如何解决这些问题，笔者认为，应以创新思维、更宽广的视野构建现代职业教育体系。因此，创造性地提出"1＋5"创新职业教育模式，建设"产学研训创"一体化联动的产校融合园区，并从办学理念、学科专业设置、课程体系与教学、教学方式方法、实训体系、教材及教学资源、师资队伍培养、学校管理体制机制、智慧校园建设等方面设计了可操作性的职业教育体系创新实务探索。

一、当前职业教育背景分析

现代职业教育是服务经济社会发展需要，面向经济社会发展和生产服务一线，培养高素质劳动者和技术技能人才并促进全体劳动者可持续职业发展的教育类型。随着新型工业化的推进和科学技术的发展，现代职业教育体系越来越成为国家竞争力的重要支撑。当前，在中国经济发展进入新常态的历史阶段，职业教育肩负着更加重大的历史使命。

（一）产业转型升级，倒逼职业教育创新发展

当前，我国经济转型与结构调整倒逼职业教育创新发展。过去30年以高投入、高消耗、高排放、低效率的粗放型扩张的经济增长方式已难以为继。过度的自然资源消耗、资金资本投入与低廉的人力资本投入，带来了十分尖锐的生态资源和社会环境矛盾，这种粗放的发展模式已不可持续。从国际国内来看，当前产业分工更加细化，产业转移的重心由原材料工业向加工工业、由初级产品工业向高附加值工业、由传统工业向新兴工业、由劳动密集型产业向技术密集型产业转移，全球将进入空前的创新密集和产业振兴时代。

（二）国内外实践，职业教育战略地位凸显

面对产业发展的新动向，发达国家和地区纷纷强化职业教育的国家战略，加大职业教育投

---

①本文作者：陈工孟，男，国泰安职业教育与产业发展研究院院长，深圳国泰安教育技术股份有限公司董事长兼总裁，上海交通大学金融学教授、博士生导师。

入，创新校企合作模式，不断提高职业教育经济贡献率，职业教育已成为引领地区经济发展的重要驱动力，成为教育改革的新亮点。2011 年 2 月美国政府提出：要培养具有 21 世纪知识和技能的美国人，打造世界一流的劳动力，这是“赢得未来”的关键。2010 年 11 月，英国发布了“为可持续发展而提高技能”和“为可持续发展而对技能投入”两个国家战略性文件，其目标在于培养高端技能型人才，支撑实体经济和现代产业的发展。法国则是通过《高等教育法》强化大学的职业化倾向，建立更多的“高等技术学校”和“大学技术学院”。德国政府则是鼓励企业参与职业教育，通过行业企业深度参与，使得职业教育更好地满足行业企业对人力资源的需求。

（三）再造人才红利，职业教育首当其冲

中国目前正在经济转型过程中面临一个十字路口，是整个国家面临的独一无二的建立现代工业体系的机会，过去 30 年依靠大量劳动力供给的人口红利已至拐点。如何助推中国经济转型，再造人口红利已成为中国经济能否持续健康发展的核心和关键。要打造这个“中国经济升级版”，最终驱动力在于教育和科技。随着全面深化改革的推进，教育领域即将发生深刻而重大的变化，而职业教育可谓首当其冲。

（四）多方合作共赢，构建地方现代职教体系

《国家中长期教育改革和发展规划纲要（2010 ~ 2020 年）》特别强调，要建立健全政府主导、行业指导、企业参与的职业教育办学机制，用制度创新和政策创新来丰富职业教育办学机制的内涵。建立和完善行业企业主动参与职业教育的激励和保障机制，从政策导向上调动企业深度参与学校职业教育的积极性，全力构建政府、行业企业与学校三方的全新合作关系，让“学校学习”与“职场学习”紧密结合起来，真正促进三方的紧密合作，有效凝聚各方共识、动员全社会力量、整合各类资源共同发展职业教育，增强其发展生机与活力。

二、职业教育存在问题分析

中国政府对职业教育发展表现出前所未有的重视，不断利用制度和政策创新来丰富职业教育办学机制的内涵，希冀职业教育再创人口红利，助力产业结构调整与经济。但国内职业教育发展也存在一些问题，如专业设置与地方经济发展相脱节、“双师型”职业教师严重不足、学生学习主动性不高等，这些问题都困扰着职业教育的进一步发展。

（一）职业教育与产业脱节，无法满足区域发展

从发展理念来看，职业教育定位不准、定性不清、投入不足，人才培养的理念和服务地方产业发展的水平严重滞后。从专业设置来看，职业教育的专业学科设置不合理，陈旧落后，职业教育的质量、结构、规模、效益与当地产业发展脱节，不能有效满足区域产业发展对职业人才的需求。

（二）教学方法与实际背离，缺乏自身办学特色

职业教育课程设置、教学方法及教学工具等不符合职业教育特点，基本上还采用应试教育的那一套，并未考虑职业院校学生的实际情况。职业院校中的很大一部分学生都不爱读书，尤其是

中职院校的学生，他们的理论知识学习力及理解力相对较弱，不能照搬应试教育那一套。此外，许多高职学校的某些实用型专业完全按照普通高校的办学模式，导致教学内容、方法十分靠近，越靠近越没有出路、没有前途，所以要有准确的定位与科学合理的人才培养模式。

（三）学生学习主动性不高，职教观念根深蒂固

学生主动性不高的主要原因包括社会观念问题、教学方法问题、学生本身问题等。现实中“重文凭、轻技能”的社会观念和思维定式，根深蒂固存在于国民之中，以至于认为职业教育是差等生教育；不少人的成才观念仍然是“初中毕业升普通高中，高中毕业升普通大学”，甚至是报考普通高校无望的学生才报考职业院校。对技术人才的身份、地位、待遇都存在观念歧视，价值被严重低估；社会上重普教、轻职教；重科研型人才、轻技能型人才的现象仍很突出。

（四）职业教师积极性较低，综合素质普遍偏低

职业院校的教师数量不足，很多教师没有经过专业的职业培训，师资队伍比较薄弱，教学水平低，“双师型”老师短缺。加上受到体制机制的影响，学校没有能力吸引优秀专业人才到学校任教，大部分教师缺乏积极性，缺乏企业实践经验，并缺乏专门的职业技能培训，难以完成相应的实训教学及指导工作，这是职业教育亟须解决的重要问题之一。

（五）校企合作名存实亡，整体实践效果不佳

校企合作是职业教育最核心最关键的内容之一，体现了职业教育与经济社会、与行业企业联系最紧密最直接的鲜明特色，又是当前改革创新职业教育办学模式、教学模式、培养模式和评价模式的关键环节。虽然社会各界普遍认同这种发展模式，但在实际运作过程中，却遇到很多制约和实际操作的难题，导致校企合作名存实亡，缺乏实际效果。

三、职业教育改革创新思路

梳理当前职业教育存在问题只是创新职业教育体系的前提，重要的是谋求职业教育体系新突破。针对上述问题，笔者提出一些改革创新思路。

（一）专业设置要与区域产业发展相适应

职业院校须牢牢树立起一个目标：要为当地的经济社会发展提供有效的技能人才支撑。那么，职业院校的领导、教师就必须对区域产业发展的现状、未来发展方向有更多了解，职业院校的专业设置也一定要与当地当前和未来一二十年的产业发展规划紧密结合。

各地区的教育主管部门和职业学校要多与地方主管产业规划、经济发展和科技发展的政府部门进行深入接触，通过一系列调研活动对职校当前的专业进行梳理，明确哪些需要增加，哪些需要收缩，哪些需要优化，哪些需要淘汰。调研活动要有结果，需要向政府有关部门提交关于职校专业设置及人才培养工作的规划报告，而报告内容需要得到相关政府部门（诸如国家发展和改革委员会、经济和信息化局、科技局及人力资源和社会保障局等）的意见与建议。这样就可以减少或避免职业教育在发展过程中走错、走偏，同时也将为政府节省大量资金，对当地而言，也不会因为缺乏技能人才而错失产业发展机会。

（二）课程设置、教学方法要体现职业教育特点

职业教育的目的在于培养应用型人才和具有一定文化水平和专业知识技能的劳动者，其侧重点在于实践技能和实际工作能力的培养，而当前的职业教育理念与方法较为陈旧，基本上还是摆脱不了应试教育的套路。以“靠死记硬背考试”为主的教育模式脱离了职业教育的真正目的。职业教育的精髓在于“以人为本、因材施教”，根据职业教育和中高职学生的特点，各地区需要对职业教育的课程设置、教学方法等进行全面深入的梳理、创新和改革。

（三）以制度创新调动学生的积极性

为提高中高职学生的积极性，一方面要大张旗鼓地宣传优秀高技能人才的典型事迹、劳动价值和社会贡献，努力营造劳动光荣、崇尚技能、尊重高技能人才的良好校园氛围；另一方面还要通过制度创新来使学生喜欢学习、快乐学习，并使得他们感到有前途。

（四）以管理体制机制创新调动教师的积极性

要调动教师的积极性，必须要打破“铁饭碗”、“大锅饭”、“平均主义”，要实行“能进能出，能者多劳，多劳多得”的激励竞争机制。职业院校可以实行合同聘任制，要求职业教育教师必须有高度的责任心，要懂教育、爱教育。与之对应的，在工资上可采用绩效工资制，即工资构成为基本工资加上浮动绩效工资，绩效工资每季度考核一次。此外，师资的选拔与培养要按照严格的标准进行，建立健全一套行之有效的评价机制，更好地调动教师的积极性，促进学校的发展。

（五）以产教融合、产校合一解决学生实训、实习和就业问题

校企合作之所以效果不佳，是因为学校与企业双方有着不同的目标和诉求，校企合作往往只是停留在表面，这种校企合作谈得热闹，但不可能有真正长期深入的合作。要真正解决职教学生的实训和实习问题，就需要建立一种“产教融合、产校合一”的长效机制。而“产教融合、产校合一”最根本、最有效的机制就是实现学校与企业的所有权或经营权的合一，这样校企双方就达到了责任一致、目标与诉求一致，从而有效解决学生实训、实习和就业等问题。

四、职业教育体系创新

基于以上改革创新思路，笔者从办学理念、学科专业设置、课程体系与教学、教学方式方法、实训体系、教材及教学资源、师资队伍培养、学校管理体制机制、智慧校园建设等方面设计了可操作性的职业教育体系创新实务探索。

（一）办学理念创新

构建现代职业教育体系的核心内容是搭建人才成长“立交桥”，使职业教育形成一个开放的系统，在职教与普教之间相互沟通，在中职与高职之间相互衔接。因此，要在充分考虑区域经济结构、产业发展规划、岗位情况的基础上，结合学校历史沿革及学校特色，对学校整体定位进行明确。在办学上，可以开办中职、高职、应用型本科，甚至可以有应用型研究生班。这种贯通式

的办学理念和模式能够最大化发挥职业教育核心聚合优势，将搭建起职业教育人才培养的"立交桥"，能够加强各层次职业教育在专业设置、课程、教育教学等方面的有效对接，从而能为区域经济社会发展培养输送更多高素质技能型人才。这种办学理念下的现代职业教育体系如图2－1所示。

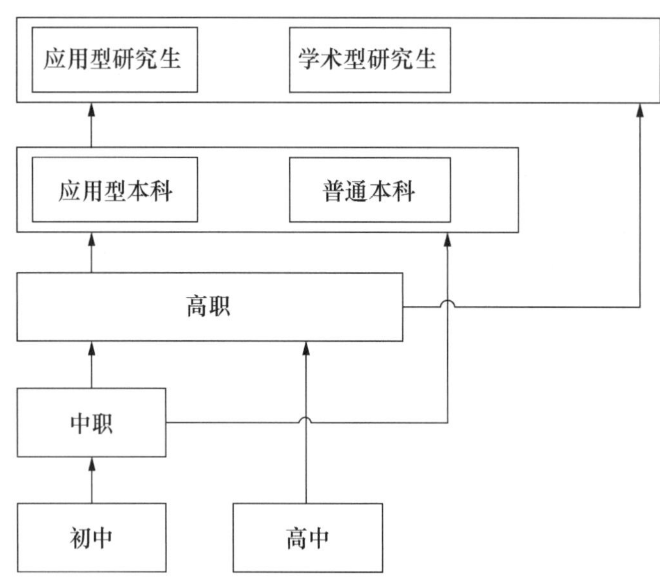

图2－1　构建现代职业教育体系

（二）学科专业设置改革创新

职业教育直接为地方经济服务，人才培养与市场需求息息相关。关于各层次职业教育的专业设置，首先根据当地产业发展规划设置若干当地产业发展所特需的专业，然后再结合当地发展特色设置一些能够体现地区差异的特色专业，最后还需要设置一些通用专业（如人力资源、行政文秘、财务会计、市场营销、基础IT等）。总体上形成"特需专业＋通用专业＋特色专业"的专业体系结构。

（三）课程体系与教学计划创新

在课程设置上，现代职业教育体系更加灵活和富有弹性，也更加具有人性化特点，它不仅把一个人当作适应社会的客体，只停留于"就业"层面，而且更重要的，它把一个人当作创造世界的主体，追求就业的幸福感。以学习化生存为目标建立现代职业教育体系，就是要把人的可持续发展和就业幸福感作为职业教育的终极关怀。职业教育的教学要采用"玩中学"（上课＋实训融合）、"做中学"（学习＋实习融合）的理念，尤其是要在"做中学"。按照职业教育的特点和中高职学生的特点，对课程设置、教材、教学方法、教学工具进行全面深入的梳理、创新、改革。这个改革的目的，是让学生学得开心，学得有效果，学得有积极性，使得他们动手能力强，适合企业的岗位技能需求，并具备职业素养。

（四）教学方式方法创新

职校学生普遍文化基础、学习习惯、学习自信心、学习耐力和学习注意力相对较差，如按传统学科式教学则很难达到理想的教学效果，因此在教学中应做到让学生“在玩中学，在做中学”，把学生培养成具有一技之长，能够独立谋生，热爱生活，对社会有用的技能型人才。基于“在玩中学，在做中学”的理念和在“学中做、做中学、教中做”的教学模式，在教学方式上对传统的讲授式、填鸭式教学进行彻底的变革，更多地采用启发式、互动式、案例式教学，多结合案例，多示范，课堂教学摆脱枯燥的纯理论性灌输，让理论真正成为实践的基础。

在教学方法上，要启发学生的思考能力和表达能力，采用讨论法、练习法、直观演示法、参观教学法、现场教学法、自主学习法等方法，一改“教师为主、学生为辅”的传统教学模式，实现“教师为主导、学生为主体”的创新课堂教学。

（五）实训体系建设提升

实训体系建设旨在打造区域领先的创新实训综合体，结合地方产业结构特点和学校重点专业设置，依据相关岗位需求，培养应用技能型人才。主要定位为面向校内外的地方产业应用技能人才实训基地。在专业方向上，充分利用现有资源，对现有实训室进行改造升级。在整体层面上，基于学校专业设置，创新提出“跨专业多岗位实训生态圈”建设理念，实现“产学研训创”联动，即产业发展、教学开展、创新研究、实习实训、创业就业的联动。以学生—老师—学校—人才输出为中心，多角度、全方位、跨专业、多业态进行覆盖，打造综合实训生态圈。

（六）教材及教学资源创新

在教材设计上，进行配套教材重新开发，融入全新的教学理念、教学方法，每门课程配套教师手册、学生手册及相关辅助工具、资源、实训平台等。这充分体现以全面素质教育为基础、以就业为导向、以职业能力为本位、以学生为主体的理念，同时在形式上结合多介质、多媒体，支持全程教学环节，满足不同教学所需的立体化教学方案。

在教学资源上，结合学校主干专业搭建教学资料库平台，以核心课程和平台课程为重点，兼顾全校性的关键能力课程，建设体现中职教育教学改革最新成果和特色的、开放共享型的教学资源库，主要包含基础教学资源（案例、习题、试卷、图片、表格、Flash 动画、电子课件、视频等）和高级教学资源（三维立体影像、计算机创作环境、相关的计算机资源等）。

（七）师资队伍培养提升

推动教育事业又好又快发展，培养高素质人才，教师是关键。没有高水平的教师队伍，就没有高质量的教育。在师资队伍建设上，以形式突破创新为特点，整合社会资源，强化社会培训力量，完善职业培训制度，主要通过综合能力培训、教师校外实践进修、教师境外考察交流、引进兼职师资和顾问、提升教师奖励机制、师资队伍增值服务等形式，全面提升“双师型”师资队伍的能力。

现有的师资队伍，通过综合能力培训、校外实践进修和教师境外考察研究等方式，提升其专业知识、信息技术和专业素养等能力，同时为教师提供教师阳光心态培训、教师综合能力培训和情绪压力管理培训，全方位提高教师的专业素质和人格魅力。

在学校现有教师队伍的基础上引进兼职师资，多种途径聘任兼职教师、建立兼职教师专门管理机构，聘任符合兼职教师任职条件的高级技术、管理人员或能工巧匠到校任教，同时搭建兼职教师队伍建设工作从聘任到管理都走上制度化、科学化的轨道。

（八）学校管理体制机制创新

学校管理是一种具有组织特性和权力特征的活动，能够为教育的发展注入新的生机。具有管理功能的体制是发挥学校组织管理效能的一种重要手段，是科学管理的重要标志。结合学校当前情况，加强对学校管理体制改革的完善，建立适应现代化建设要求的学校管理体制。

1. 优化管理体制

从组织架构入手，重新划分和合并原有部门，协调各部门的职责，协调管理幅度与管理层次。建立健全责权明晰的内部领导制度，形成招生就业委员会、教学双实委员会、综合管理委员会的格局，各司其职、各尽其能，相互补充、互相制约。

招生就业委员会主要负责学校招生、毕业生就业以及就业咨询等相关服务工作。教学双实委员会主要负责学校教学与实训实习运行、教学管理、教学研究、教学质量监控、师资队伍管理、专业及课程建设管理、考试管理、教材开发与管理（含实训教材）、教学档案管理等工作。综合管理委员会主要负责学校整体的管理工作，包括人力资源、信息管理、财务管理、组织绩效考评、对接引入第三方评估机构等。

2. 改革用人机制

对传统的教师选聘机制进行改革，打破“铁饭碗”、“大锅饭”及“平均主义”的传统的教师任用制度，实行合同聘任制，聘请具有高度责任心、懂教育、爱教育的人，对于缺乏责任心、不热爱职业教育、不能全心投入的予以淘汰，实现能者多劳、多劳多得的绩效工资制，充分利用社会人力资源，增进各地区教学经验的传播。

3. 完善评价机制

在完善评价机制方面，实施针对学校、教师、学生以及教学体系、教学效果等的360度多维开放式评价体系，促进学校快速发展。

学校：实行“政府督导+学校自我评价+信息平台与社会监控”，实现以自评为辅、外评为主的学校评价体系，在学校的规划与管理、教与学、德育与文化、学生发展等方面开展自我评价，建立从学生入学到就业的质量监控体系，以贡献和能力为依据，将就读巩固率、考证合格率、技能达标率、就业稳定率、自主创业率、学生及家长对学校的满意度、对地方经济建设的贡献率等指标纳入评价、考核范围，建立适应技能型人才培养要求的学校综合质量评价体系。

教师：基于对师资的考评，选出20%～35%的A类教师（经验丰富、能力强、兼具责任心与爱心），20%～50%的B类教师（基础扎实、兼具进取心和创新意识），10%～20%的C类教师。针对A类教师，优先纳入教师管理梯队及骨干老师、双师型老师培养梯队；针对B类教师，提供系列培训和3～9个月企业全职培训，每学期带学生在企业工作实践，提高教学能力和实际工作能力；针对C类教师，提供3～6个月的时间进行改进，若不能达标便淘汰。

学生：实行“学校（教师、同学）+企业+家长”的学生评价体系，共同对学生的职业素养、职业能力、就业质量、企业满意度等开展可量化的综合评价。

此外，注重引入第三方机构、企业、社会等有关方面参与评价，接受各方监督，做出科学评价。

4. 创新激励机制

学校可设立专项奖励基金，联合战略合作机构（如校企合作联盟的企业、行业协会及相关政府部门等），调动多方资源共同参与，建成奖教金（教师/管理者）、奖学金（学生）、实习基金（学生），激励与支持中职师资在教育改革创新方面的努力；鼓励学生努力学习，减轻经济负担。

学生在校期间获得的收入主要由奖学金、实习工资、奖金及中职生补助等组成。在制度创新方面，可以实行“月职教学生奖学金”制度，学生的月奖学金与学习成绩、品行变化、实习期绩效考核、职业素养等挂钩，这样老师就有了调动学生积极性的工具，学生之间就有了竞争，职教生就有了奔头。

对于管理人员和教师的激励机制，将进一步明确职责，实行责、权、利的统一，形成“多劳多得、优质优酬”的绩效工资激励机制。工资构成为基本工资加上浮动绩效工资，原工资的75%作为基本工资，浮动绩效工资为原工资的25%加上25%（等额增加），绩效工资每季度考核一次。充分调动学校管理者和教师积极性，克服“职业倦怠”。在绩效管理方面，制定公开透明的管理方案，使得绩效考核制度化、透明化。薪酬待遇向重点岗位、一线教师倾斜，将学校、学生、企业三方对教职工的考核评价与薪酬相挂钩，以充分发挥薪酬的激励作用。此外，平衡物质奖励和精神奖励，以学校内部挖潜为调节手段，形成教师素质和待遇、教育质量和办学效益同步提高的自我完善、自我发展的机制。

（九）智慧校园建设

智慧校园是教育信息化发展的一个必然趋势，智慧校园的建设将推进教学、科研、管理、服务等一系列校园资源的合理利用和全面提升，让信息化成为校园核心竞争力的手段。

构建适合学校当前水平和未来发展的信息化平台建设，基本实现易教学、易管理、易科研、易生活、易服务、易文化等功能，优化信息化水平，打造智慧校园。有利于形成灵活多样的教学和学习方式，有利于培养高素质人才，有利于提高办学水平和优化学校管理，智慧校园的建设和发展能够适应新时期网络技术的发展、社会的需要，以及学校管理、教学改革等方面的需要。

五、实践探索：产校融合园区建设

职业教育体系创新，目前没有现成的、可以直接移植套用的经验和范式，唯有创新之道，别无选择。为使职业教育体系改革创新思路落地，笔者创造性地提出“1+5”职业教育创新模式，新规划建设产校融合园区，实现“产学研训创”一体化联动。

（一）职业教育模式创新：“1+5”创新模式

“1+5”职业教育创新模式的内涵为：“1”就是职业教育体系创新，构建区域现代职业教育体系，办学理念、体制机制、人才培养体系创新等；“5”就是“产学研训创”联动。笔者建议各地区应整合现有的职业教育资源，联合相关行业、企业，建立一个集生产、教学、培训、技能鉴定、技术研发、新技术应用、就业创业等诸多功能于一体的区域性、综合性、共享型、开放式的新型产校融合园区，打造全新的技能型人才培养基地。这样一个新型产校融合园区需实现“产学研训创”五大功能的联动。职业院校就办在产业区里面或者产业直接进入职业院校，这就真正做到了“产学”融合。

“产”是指相关行业企业的生产。新型产校融合园区要建立或引入各类实体企业，从事生产性活动。企业要为职业学校的学生提供实训、实习机会，并需给予实习生相应的报酬；学生毕业后可就近在园区内的企业就业。

“学”是指职业学校的教学活动。职业学校办在园区内，其教学活动贴近园区内的企业生产活动，学生实训实习便捷，教学更有针对性，教学效果自然也会提高。

“研”是指新技术的研发。行业企业或独立或与职业学校合作，在园区内设立技术研发中心/基地，开展新技术的研发工作。职业学校的学生可以以实习生的身份在中心/基地里实习，并获得相应的报酬。而由于园区内已有实体企业，新研发的技术即可立马投入应用，产生经济效益。

“训”既是指职业学校学生的实训，也是指针对社会人员提供的技能培训。新型职教园区具有开放性，园区内的企业、技能实训设施不仅仅面向职业学校的学生，满足他们的实训需求，也面向社会，为各类社会人员（如农民、企业职工、个体户、退伍军人等）提供技能培训，提高他们的就业、从业能力。

“创”是指创业创新项目孵化。新型职教园区的建设自然要以就业为第一导向，但也要为人们的创业提供支撑与服务，为技术和服务创新创造条件，助推创业创新带动就业。

（二）产校融合园区建设内容

产教融合是指产教一体、校企互动，实现职业院校教育教学过程与行业企业生产过程的深度对接，它是职业教育的本质特色，也是职业教育与其他教育的最大区别。产教深度融合集教育教学、生产劳动、素质养成、技能历练、科技研发、经营管理和社会服务于一体，不仅能促进高素质劳动和技术技能型人才培养，还能将职业院校和企业的研发成果转化为现实生产力，推动企业技术进步和产业升级转型，更好地服务地方经济发展。新型产校融合园区集“产学研训创”为一体，将集中建设现代职业教育区、实训实习产业区、产业综合服务区这三大核心区域。

1. 现代职业教育区

现代职业教育区将包含中职、高职、应用技术型大学（独立学院），主要用于开展各类教学活动。现代职业教育区是职业教育体系改革创新思路落地的载体，在办学理念、学科专业设置、课程体系与教学、教学方式方法、实训体系、教材及教学资源、师资队伍培养、学校管理体制机制、智慧校园建设等方面进行实践探索。在人才培养体系方面，紧扣区域产业布局和主体功能区定位对不同层次、类型职业人才的需求，打造中职—高职—应用型本科多层次技能人才培养和输送一条龙服务。真正实现以产业发展为主进行人才培养，以企业需求为主确定培养目标，以实践能力为主设置课程体系，以实训基地为主培养专业技能。

2. 实训实习产业区

实训实习产业区将重点用于成立或引进各类实体企业，以此来保障职校学生的实训、实习和就业。引入与当地产业发展要求及院校主要专业相关的契合度高的企业，也可由大学生参与创办，如人力资源服务公司、餐饮服务公司、酒店管理服务公司等。根据企业对各级各类职业技术人才的实际需求，储备与培养职业技能人才。创新校企合作“订单式”人才培养模式，实现招生与企业用人、学校教育培训专业设置与企业工种要求、教学与企业生产经营实际要求、办学模式与企业生产、毕业生与企业招工等紧密对接。

3. 产业综合服务区

为保障实训实习产业区内各类实体企业的正常、规范运营，园区内还将成立或引进一些为产业服务的实体机构，提供诸如技能人才培训、管理顾问服务、科技服务、创业孵化等服务。这样，既能满足园区内企业的各项需求，又能给学生提供实习实训场所，建立起完整的产业生态链。

由此，这样一个新型产校融合园区践行“1+5”职业教育新模式，实现产教深度融合，助推职业教育的突破性发展。

研究报告二　从再现到创新——高职院校推行创新教育之我见①

2014年10月10日，李克强总理向德国总理默克尔赠送了一件不同寻常的礼品：精美的用铝合金制作的鲁班锁。这是天津中德职业技术学院三位同学制作出来的作品。听到这个消息，我作为高职战线上的一个老兵，由衷地为高职学生的习作能作为国家礼品而让高职教育“露脸”大加点赞，这件礼品表达了全球最大的制造大国和最强的制造强国之间的对话，它让世界明白了，今天年轻的中国大学生可以用德国的先进技术再现任何想再现的东西。然而大加点赞之余，也让我陷入更深的思考之中。

中国至今还不是制造强国，更不是创造强国。摆在全国高职战线面前的一个严峻挑战是：如何为我国成为制造强国做出贡献？如果还要以鲁班锁为载体的话，那么我们就要从再现鲁班锁转到创新鲁班锁，完成这个案例实际上就是让学生完成从善于再现到善于创新的革命性转变。这就需要我国的高职教育要从单纯面向现实的实务教育，发展到面向现实的实务教育与面向未来的创新教育同时并举，这是我国高职教育转型升级的重要指标。

那么，如何在高职院校中全面推行创新教育？需要解决如下问题：

一、必须提高高职院校全面实施创新教育紧迫性的认识

今天，我国已成为世界第二大经济体，但是人均GDP却仍然十分落后；我国是世界制造业大国，但是重引进购买，轻消化吸收。根据全国机械行业总会报告，80%的核心制造技术不在我们手上；我国大规模引进了无数的生产线和生产设备，但是却没有大规模引进生产线的生产能力或先进设备的生产能力；我国是世界汽车消费的第一大国，但是依然是外国的核心技术和制造设备加上我国廉价人才、廉价劳动力的组合体，中国市场几乎都是外国汽车的天下；我国医院成了国外医疗设备的庞大的博览馆；甚至如电梯、厕所的出水感应器、新型打印机、照相机等生活产品依然是外国品牌的世界。刚刚过去的春节，有45万中国游客到日本“扫货”，一时间日本的智能马桶盖和电饭煲销售一空，让许多国人感到脸红。

造成上述局面的重要原因是改革开放30多年来，经济增长主要靠“两头在外”的贸易驱动、利用外国设备和我国廉价劳动力进行代加工的不对称驱动，或者是用国内市场去换取国外先

①本文作者：俞仲文，男，中国职业技术教育学会副会长、全国民办职业技术教育分会会长、深圳职业技术学院创校校长。文章来源：《光明日报》2015年4月7日，第15版。

进技术的模仿驱动，而不是主要靠创新驱动。

另外创新驱动的长期缺位，又在很大程度上缘于我国高等教育出了问题。这些问题主要是：

（1）我国大学在结构、类型、功能方面存在着严重的缺陷。我们的高等教育，包括学科教育、高等工程教育、高等技术教育，而恰恰是高等技术教育被许多人看不上。一段时间以来，有人羞于从事技术与职业教育。

（2）我国的高等教育存在着根深蒂固的应试教育的弊病。上课记笔记、下课对笔记、考试考笔记的现象在高校非常严重，我国高职院校也不例外。相当长的一段时间里，只要求学生以工作过程为导向，以适应岗位的需求，并不鼓励学生敢于创新、敢于试错、敢于挑战的精神。而新加坡南洋理工学院则非常注重培养学生的创新精神。学院要求每个学生在三年学习时间里，要从学校的知识管理系统（实际上是过往学生或老师的设计作品、已经完成了的社会服务项目的成果库）中任意选择四个题目，采用与原来不同的方法重新做一遍，达到或超过既有的效果。学院据此对学生进行专业素质的评价。这是新加坡南洋理工学院学生创新素质和创新成果一直名列亚洲高校前列的奥秘。

这里需要克服认识上的两大误区。一是认为创新教育是985、211高校或普通本科院校的任务，高职院校只要培养学生熟悉实务、流程、规范、标准，取得技术等级证书就万事大吉了。其实创新是有层次的，既有重大的、领军式的、“山尖”上的创新，又有融合在生产、管理、服务、建设一线中的局部的技术革新和技术改良的所谓“山基”下的创新，对现代化建设而言，二者都非常重要，缺一不可。二是认为高职学生基础差、底子薄，不适合搞创新。实际上正好相反。我曾经在深圳职业技术学院和广东岭南职业技术学院大力推行创新教育，每年举办一次“金点子大赛”。实践证明，高职学生由于有很强的动手能力，如果再培养他们能够认识创新、欣赏创新、改进创新的素质，他们的创新能力一点不比本科学生甚至研究生逊色。广东岭南职业技术学院2014年有5000多名学生参加该院的“金点子大赛”，共提交了2003件作品，其中的不少作品被企业重金购买就是明证。

二、必须大力建设浓厚的创新文化氛围，形成宽松的创新环境

20世纪五六十年代曾经风靡全国的全民创新活动具有重大意义。那时候，大到“两弹一星”、万吨水压机、内燃机火车、万吨油轮、油井开发、炼钢炼铁、机床改造等，小到工夹具、作业法、生产工艺、配方等，凡是有劳动生产的地方，就有一线职工群众大搞技术革新。国家领导人李瑞环是在我国十大建筑施工技术的革新中脱颖而出的；全国总工会主席倪志福也是因为创造了“倪志福钻头”而闻名中国。而这支技术革新队伍大部分是由中专技校和各类厂校直接培养出来的。

今天，像当年那种全民性的技术革新热潮已经不复存在，挑灯夜战、大搞技术攻关之风也越来越少了。我国的高职院校必须承担起继承和发扬这一创新文化的历史遗产，并在高职院校中发扬光大，培养出千千万万新时代的像包起帆那样的技术革新能手。这对于加速我国新型工业化进程，完成中华民族的伟大复兴具有重大而紧迫的意义。

我国的高等职业教育一定要加大技术教育的分量，不仅要让学生适应今天的岗位、工种或职业所包含的技术发展现有水平，而且还要让学生适应技术发展的未来趋势，用明天的技术来武装今天的劳动者，这是实现高职教育专业教学标准和教学内容转型升级的重要指标。

当前，我国的高职教育面对着三大新的判断，即知识离开大数据、云计算、物联网、移动互联网没有未来，高职专业离开跨界没有未来，教学效果离开提高学生的创新能力没有未来。

今天，一个不会处理大数据、不会运用云计算、不会驾驭移动互联网、不会利用电商等商务平台的人将是新时期的“新文盲”。

大数据背景下的产业已经悄然发生了许多新变化，与之相关联的高职专业也发生了巨大变化。这给高职院校的学生提供了创新发展的极其宽广的舞台。主要是：

电子商务、物联网技术、移动互联网的大规模发展，将对高职的专业建设提出新的挑战。例如用手机建立个人移动的保健中心和体检中心：这就需要培养大量的既懂传感器使用，又懂生命指标的测试和评价，还懂利用智能手机制作专家系统的技术技能型人才；用手机建立个人的实时营养中心：这就需要既懂得医学营养设计，又熟悉智能手机实现手段的技术技能型人才；用手机建立 Face to Face 的个人教育中心：这就需要培养熟悉移动互联网技术、熟悉教育技术的技术技能型人才；等等。将智能手机的未来功能项目化，是当今高职学生创新发展的大显身手的大舞台。

通过开展诸如“创新达人”、“创新秀”、“创新之星”、“金点子大赛”等喜闻乐见的形式，鼓励学生跨专业、跨区域、跨单位组织创新团队，与企业行业一起，从小专题开始做起，让每个学生经受一场创新实战的训练。例如可以从厨具小设备、厕所新型设备、小家电智能化、养生保健用品等小专题开始做起，有基础了，再选择替代国外进口产品以及国内独创技术等大课题进行攻关。

必须建设一支能担当全面推行创新教育的师资队伍。新加坡南洋理工学院之所以能够在业界那么有知名度，很重要的是建设了一支“三过硬”的教师队伍：他们来自企业行业，对企业行业的熟悉程度相当过硬；他们有强烈的使命感，专业知识和动手能力相当过硬；他们了解当代年轻人的特点，指导学生创新的理念和方法相当过硬。正是这支队伍使得该院成为亚洲地区职业技术教育的典范。

反观我国的教育有一个最大的通病，就是让学生记住“弯弯的月亮像什么”的标准答案：只能像小船。在这样的教育理念下，使学生成了考试机器，把学生教傻了甚至教坏了。如果改一个教育思路，同样是“弯弯的月亮像什么”，谁要能给出不同的“像什么”，给出得越多则评价越高，那就完全是另外一种场景。前者扼杀了学生的创新能力，后者发展了学生的创新能力。

目前，具有前者的教育理念的高职院校的教师已不在少数，而具备后者的教育理念的实在是凤毛麟角。

研究报告三　应用技术大学办学现实性与特色分析①

应用技术大学是 20 世纪六七十年代世界高等教育适应经济社会发展的产物，现已成为许多国家高等教育或职业教育体系的重要组成部分。我国已进入高等教育大众化的提高期，《国家中长期教育改革和发展规划纲要（2010～2020 年）》明确提出：“建立高校分类体系，实行分类管

①本文作者：孟庆国，男，天津职业技术师范大学党委书记、应用技术大学（学院）联盟理事长。文章来源：《职业技术教育》2014 年第 10 期，第 5－10 页。

理。”发达国家或地区应用技术大学的实践为我国高等教育分类改革提供了重要参考。为此，本文主要以欧洲应用技术大学为例，结合中国地方高校开展应用型人才培养的实践，在充分分析应用技术大学产生的社会经济条件的基础上，来把握和认识应用技术大学的办学特色。

一、应用技术大学是经济社会发展到一定阶段的产物

（一）培养应用型人才是经济社会发展的要求

1. 产业结构调整的要求

经济发展过程表现为产业结构不断调整优化的过程。随着科学技术的快速发展、社会需求和人口结构的变化，经济发达国家在20世纪中期开始，产业结构转移升级加快，表现为劳动密集型产业减少，资本技术密集型产业增加；低技术产业减少，高新技术产业增加；低附加值产品减少，高附加值产品增加。同时，随着社会对环境的日益关心，尤其是20世纪70年代初的世界石油危机，促使世界各国积极转变生产发展方式，由粗放经营向集约经营转变，由高能耗经济走向低碳经济，由要素驱动的发展模式走向效率驱动的发展模式，由政府主导发展模式走向市场驱动发展模式。产业结构调整和经济发展方式的转变加大了对技术应用和开发创新人才的需求。

2. 社会变化发展的需求

第二次世界大战结束后，世界进入和平时期，各国经济快速发展，极大促进了社会生产力的发展，社会物质产品极大丰富，市场由以往的卖方市场进入买方市场，在激烈的竞争中，要求企业加强新技术的应用和新产品的开发，来增强市场竞争能力。同时，经济快速发展带来了人们生活水平的提高，市场需求表现为个性化、多样化和多变化，迫使企业加强技术开发与应用，不断开发新产品和新市场，以更好地满足消费者需求。可见，社会需求的这些变化使企业迫切要求具有技术应用和开发创新能力的人才。

3. 高等教育大众化的需求

随着经济社会的发展和人们受教育程度的不断提高，高等教育必然步入大众化阶段。高等教育大众化意味着高等教育从单一化走向多样化，从利益集团走向广大民众，从决策层走向基层，从服务政府走向服务民生。因此，大众化的高等教育不仅培养探寻规律、创造知识、传播知识的人才，而且培养应用知识和转化知识的人才；不仅培养学术型的精英人才，而且培养生产生活实践的实用人才；不仅培养满足服务国家科技战略所需的人才，而且培养企业发展的应用型人才。只有不断适应多样化的社会需求，高等教育大众化水平才能不断提高。

（二）应用技术大学是国家制度化的产物

教育类型和学校类型是两个密切联系但却并不完全相同的概念，对社会应用型人才的需求并不一定产生应用技术大学制度。世界各国的实践表明，政府在这一过程中发挥了重要作用。

1966年，英国教育与科学部颁布《关于多科技术学院及其他学院的计划》白皮书，在全国范围内通过挖潜现存的高等教育力量和结构优化调整，将高等技术学院和独立学院等合并组建了30所多科技术学院。荷兰从20世纪60年代开始重视培养应用型专业人才，但长期以来受《中等教育法》的限制，类型虽多样但层次不高，80年代开始对培养应用型人才的学校进行大规模重组，并于1986年颁布《高等职业教育法》，使相关机构脱离了中等教育的范畴，进入高等教

育体系。1976 年德国联邦会议颁布《高等教育总法》，正式确立了应用科技大学在德国高等教育中的法律地位，推动应用科技大学逐步走向健康的发展轨道。瑞士为满足经济社会发展和提升国家竞争力的需要，1993 年开始改革高等教育，发展地方高等专业学院，以提升高等教育在产业转型升级和国家竞争能力提高中的作用，1995 年联邦政府颁布《应用科技大学联邦法》，并将各地工程类、设计类、经济类、管理类、艺术类的 50 多所专业院校合并组建了 7 所州立应用科技大学。

（三）应用技术大学在教育分类体系中的定位

从世界各国的实践来看，联合国教科文组织（UNESCO）在统计世界 100 多个国家教育制度的基础上进行归类并建立了国际教育分类标准，其中把第三级教育（中学后教育），即高等教育分为 5A 和 5B，5A 培养理论型人才，5B 培养实用性、技能型人才，适用于具体职业。5A 又分为 5A－1 和 5A－2，5A－1 培养从事理论研究的人才，5A－2 培养民法律师、教师、工程师等。各国（地区）对应用技术大学的分类有一定差异，如德国把应用科技大学看作是“为职业实践而进行科学教育，而不是带有某些理论的职业教育”，很明显把应用科技大学看作是 5A－2。经济合作与发展组织（OECD）认为，瑞士的应用技术大学是“第三阶段教育 A 类的职业教育”。我国台湾地区将其纳入 5B，称为技职学院和科技大学。可见，由于各国和地区教育制度和体制的不同，对将应用技术大学归入职业教育体系，还是归为高等教育体系中的一类新型高等教育或学校，各国（地区）的认识并不一致，但对其作为一种新的高等教育类型的认识是一致的。

（四）我国的实践探索

世界各国的实践证明，发展应用技术大学需要国家在制度上安排。《国家中长期教育改革和发展规划纲要（2010～2020 年）》明确提出：“建立高校分类体系，实行分类管理。”1999 年中国开始实行高等教育大众化战略，产生了一批新建本科院校，这些院校许多年以前是高职高专院校。近年来发挥自身优势，积极探索应用型人才培养，如上海电机学院等。2010 年 6 月我国启动“卓越工程师教育培养计划”，标志着政府层面开始以项目形式探索应用型人才培养工作，此后，教育部与中央政法委联合实施了“卓越法律人才教育培养计划”、与卫生部联合实施了“卓越医生教育培养计划”、与农业部和国家林业局联合实施了“卓越农林人才教育培养计划”、与中共中央宣传部联合实施了“卓越新闻传播人才教育培养计划”五大计划。2013 年初，教育部启动应用技术大学（学院）改革试点战略研究工作，6 月 28 日成立应用技术大学（学院）联盟，开始从国家层面上探索应用技术大学改革试点工作。

目前，中国发展应用技术大学（学院）在民间和政府已形成共识，但在发展路径上还存在着争议。当前主要有三种建议：一是新建本科院校和独立学院转型发展；二是部分优秀高职院校升格为应用技术大学（学院）；三是直接支持以工程和技术命名的大学（学院）。

我国已建立了世界上规模最大的高等教育，截至 2012 年，我国普通高校中本科院校 1145 所，在校生 1427 万人，但支持中国高等教育大规模发展的经济社会条件在各区域存在不平衡性，甚至差异很大，因此以任何单一的形式发展应用技术大学都不符合中国国情，我国应按照区域经济社会需求和高等教育资源的多寡，采取多元化的应用技术大学发展路径。对于新建本科院校和独立学院以及部分优质高职院校升格为应用技术院校，可以称为本科阶段的职业教育；对于一些本科历史发展时间长，尤其是以技术或工程命名的地方本科院校，也可以称其为介于职业教育与普通本科教育之间的一种新型高等教育，不一定非要归入职业教育体系。要充分遵循学校的办学自主权，让学校根据自身办学历史、办学条件和社会需求来进行选择，调动学校试办应用技术大学的积极性，避免人为硬性地将其归为某一类教育产生的不良后果。总之，应用技术大学作为经济社会发展的产物，如何归类可能影响其发展进程，但并不能阻碍其发展趋势。

二、应用技术大学办学特色

（一）办学定位

应用技术大学的办学定位：以实践为导向，办学直接面向市场和经济社会发展需求，并与企业界、职业界建立紧密联系，强调培养学生的技术应用和开发创新能力。各应用技术大学围绕应用型人才培养，形成了不同于传统普通高等院校的办学理念和办学特色。如上海电机学院提出的“技术立校、应用为本”、天津职业技术师范大学提出的“动手动脑、全面发展”的育人理念等。

应用技术大学办学定位的形成并非一蹴而就，各国在实践过程中也是逐渐被社会和政府认可的。德国从20世纪50年代开始探索应用科技大学，但直到1976年颁布的《高等教育总法》才规定，应用技术大学的文凭与综合大学的文凭具有同等效力。

（二）培养目标

应用技术大学是适应高等教育大众化、科学技术社会化、人才需求多样化、产品需求个性化、生产技术集成化、企业发展创新化、政治民主化等一系列经济社会发展变化的产物。应用技术大学通过对学生进行必要的基础理论教育和充分的职业训练，培养适应各行各业发展需要的、具有独立从事职业活动能力的高级技术人才。尽管应用技术大学的毕业生在理论方面要低于一般大学的毕业生，但他们长于实践和技术应用与开发，德国经济界和工商管理界把他们称为把理论知识转化为实际应用技术的“桥梁式职业人才”。应用科技大学一般要求学生达到三个目标：解决来自生产和生活实际中的具体问题；能完成新的科研与技术开发项目；引进、优化和监控新方法、新工艺的使用。中国“卓越工程师教育培养计划”的培养目标是培养造就一大批创新能力强、适应经济社会发展需要的高质量各类型工程技术人才。

（三）入学条件

从应用技术大学的服务面来看，主要是满足人民群众接受高等教育的需求和社会所需的应用型人才，突出实践性。培养目标的实现，既取决于办学条件，也受不同生源的影响。总体来看，应用技术大学的生源要求具有一定的实践认知能力。瑞士应用科技大学的入学条件为具有职业高中毕业证书，并完成与大学专业相关联的基础职业教育；或具有瑞士认可的高中毕业证书，且具有至少1年的工作经验并获得与大学专业相关联的职业实践知识与职业理论知识。德国中等职业教育包括“双元制”职业学校、职业文理中学、专业高中和职业专科学校，“双元制”主要是为企业界培养合格的技术工人。职业文理中学同时实施职业教育和普通教育，学生毕业后具有上普通高校的资格；专业高中的培养目标是为应用技术大学输送合格新生。当然，招生对象也取决于本国中等职业教育的发展情况，对于中等职业教育发展滞后的国家，应用技术大学主要招收普通高中的学生。

我国中等职业教育分为四种类型：中等专业学校、职业高中、技工学校和成人中专。历史上中等专业学校培养国家干部，职业高中培养技术技能人才，技工学校培养技术工人，成人中专开展成人职业教育。目前四类学校培养目标日渐相同，应借鉴国外经验，进一步明确四类学校的办学定位。我国培养职教师资和高级应用型人才的职业技术师范院校，多年来一直招收中等职业学校和普通高中两类生源，实践证明两类生源各有利弊。中等职业学校生源实践能力较强，但理论水平较弱；而普通高中生源理论水平较高，实践能力较弱。鉴于中国应用技术大学刚开始试办，近期的招生选择要两类生源并存，在发展中逐渐明确主要招生对象。

（四）专业设置

专业是学校链接经济社会的纽带，是学校服务社会经济的桥梁，专业设置直接影响学校服务社会的能力和水平。基于应用科技大学服务区域经济的职能，其专业设置应突出以下特点。

一是按工程领域或技术来设置专业。哲学研究表明，知识按照用途和功能可分为科学知识、工程知识、技术知识三元，三者对应三类教育。科学教育以培养科学家为主，工程教育以培养工程师为主，技术教育以培养技术师为主。根据以培养应用型人才为主的特点，应用技术大学不像学术教育按学科划分专业，而是按工程或技术甚至工艺领域来划分专业方向。德国的应用科技大学，以工程科学领域为例，其设置的专业包括建筑学、服装技术、矿山工程、运行技术、媒体印刷技术、园艺技术、冶金技术、工程塑料技术、农业技术、食品技术、机械技术、船舶运行技术、技术健康学与生物工程、酿酒技术和材料工程等30多种专业。

二是突出服务实体经济。欧洲应用技术大学专业设置主要集中在工程、管理和社会三大类专业领域，重点为工程科学，特别是建筑工程、电气工程、机械工程领域以及经济科学、信息科学、社会科学和工业设计等领域。以德国为例，在应用科技大学注册的学生有37.7%在法律、经济、社会科学领域，有48.3%的学生在工程科学领域。两者的注册学生占应用科技大学在校生总数的86%。相比之下，普通大学只有26.2%的在校生在法律、经济、社会科学领域注册，只有13.7%的在校生在工程科学领域注册，两者的注册学生仅占大学在校生总数的40%。

三是具有鲜明的地方和行业特色。应用科技大学是适应和服务于当地经济和社会发展的产物，专业设置与当地的经济结构、产业结构密切联系。这既有利于得到地方政府的支持和有效开展校企合作，也有利于学校融入当地经济社会发展，促进毕业生就业。如德国不伦瑞克/沃芬比特尔应用科技大学设有车辆工程专业，为所在地区（其中一个校区在大众公司总部沃尔夫堡）培养汽车行业的工程师；奥登堡、东弗里斯兰、威廉港应用科技大学所在地区的航海业和造船业发达，该校也设置了相应的专业。

四是灵活的专业调整机制。随着现代经济和技术的飞速发展，社会职业更替、企业产品更新速度加快，企业生产从规模经济向范围经济转变。应用科技大学注重拓宽专业方向、灵活设置专业。如近年来随着知识经济时代的到来，出现了高技术岗位群。德国应用科技大学专业设置不断适应这种变化，设置的新专业涉及新的生产领域、交叉和边缘学科等。如亚琛应用科技大学就新设置了能源和环境保护、核能技术、飞机制造、太空飞行技术、计算机一体化、生物医学等专业，体现了现代科技的交叉和融合。

（五）课程体系

课程作为教育教学活动的核心，是实现教育目的和培养目标的重要手段。课程是办学特色的重要表现，不同类型的教育其课程各有特色。应用技术大学培养应用型人才，其课程内容主要是依据科技发展对人才提出的要求，并结合相应的岗位、工作任务来确定，突出应用性和针对性。课程在保证本科教育水平的同时，突出技术应用和工程技术教育；教学强调理论与实践的结合，推行实践导向的项目教学。与普通大学相比，应用科技大学专业和课程设置具有以下特点：

一是课程结构上体现“宽、实、多”结合。应用科技大学培养的是应用型人才。为适应市场多样化、多变化的需求，一方面，同一专业往往设置多个专业方向，以适应毕业生就业需求。另一方面，适应具体工作岗位的需要，教学内容知识面较广，理论教学表现出宽而实的特点，实践教学比例大；课程体现出范围广、门类多，必修课比重大，课时数较多的特点，这就要求课程教学安排要紧凑、合理，通过提高效率来完成教学任务、提高教育教学质量。德国应用科技大学每个专业通常设置30门左右的课程，其中必修课约占2/3；平均周学时为24～30小时，普通大学平均周学时为17～20小时。

二是课程内容体现区域产业特色、行业企业需求。专业是课程的一种组织形式，课程是专业的载体。应用技术大学服务区域经济的专业设置决定了其课程内容的地方性和针对性。以德国阿亨应用科技大学Jülich机械工程系的课程设计为例，Jülich系是德国核能科学研究基地，该系的39门必修课程中，除一般机械系开设的工程制图和CAD、数学、工程力学等课程外，还有近20门课程，如热电工艺与生产、能源系统工程、能源供给与环境保护、能源资源再利用、能源传递、储存和配送、能源资源和核能源的合理使用等，这些课程都凸显了“核”及“环境保护”的地方特色。

三是课程类型上实践课程比例大。应用技术大学教育是技术应用能力本位教育模式，强调理论与实践的结合，强调技术应用和实践教学，强调产学研结合进行人才培养。德国一些综合型大学中，一门课程中理论教学、练习、实验时间分配约为5∶3∶2，而一些应用科技大学约为1∶1∶1。为加强实践环节，学校经常组织学生到企业考察和实践。在德国米特韦达应用科技大学，每学期学生在校的理论教学时间不超过3个月，其余时间主要用于实践。同时，学生毕业论文选题也主要来自企业的实际问题。据统计，德国应用科技大学许多专业的毕业论文选题来自企业，尤其是工科类专业更为明显。不仅如此，毕业论文在企业实践中完成比例为60%～70%。

四是课程组合上采用模块化。为适应市场需求变化和多个专业方向的要求，课程组合采用灵活多样的模块化形式。以德国埃斯林根应用科技大学汽车工程系为例，在课程设置上，采用模块化、组合型、阶段化（阶梯递进）的课程。一般有6×7－2×5＝32门左右课程，课程设置布局为6×7格式，即纵向按学期，每学期6门课程左右，在学校总共7个学期中，1～2学期是基础阶段，3～4学期是专业基础阶段，5学期是实习阶段，6学期是专业方向阶段，7学期到企业做毕业设计、论文；横向按课程系列组成模块，从学科、技术应用的角度逐层加深、复合，形成专业方向，充分考虑了课程衔接关系。

（六）师资队伍

人才培养目标的实现，办学条件是基础，教师是关键。教育特色在很大程度上是通过教师特色体现的。应用技术大学培养应用型人才，要求教师不仅具有较高的理论水平，还要有较强的专业实践能力。具体体现在以下几个方面：

在教师资格方面。应用技术大学实践导向的人才培养特点，对聘任教师不仅要求具有较高的理论水平，而且要求具有较强的实践能力。德国《高等教育总法》规定，应用科技大学教授的聘任条件是：高校毕业；具有教学才能；具有从事科学工作的特殊能力，一般通过博士学位加以证明，或具有从事技术工作的特殊能力；在科学知识和方法的应用或开发方面具有至少5年的职业实践经验，其中至少3年在高校以外的领域工作，并做出特殊成绩。这就要求应用技术大学的教授不仅在承担教育教学任务时能理论联系实际，传授知识、指导实践，有效培养应用型人才，而且能够与企业紧密合作，为企业解决实际问题，具备为企业服务的能力。

在教师配备方面。教师配备包括生师比和专兼职教师等，生师比既反映教师教学能力，也是保证教学质量的一个重要指标。聘请一定的生产一线高级专业技术人员和管理人员作为兼职教师，建立专兼结合的师资队伍也是培养应用型人才的客观要求。如德国埃森经济管理应用技术大学共聘请了180位大学教授，此外还有500多名资深客座教授，教授均为具备丰富管理经验和教学资格的工商界人士，全校有超过15000名在校生，师生比例达到1∶20。

（七）校企合作

应用型人才培养离不开真实职业环境，校企合作培养人才成为应用技术大学的重要办学特色。校企合作的基础之一是企业本身开展职业培训，校企双方有合作平台，如德国大型企业一般都设有实训的生产岗位和企业培训中心，中小型企业则提供实际的生产岗位，为学生企业实践教学提供切实可靠的保障。同时，校企合作能够给企业带来利益，应用技术大学教授能够帮助企业解决许多实际问题，学校与企业合作形成了双向互惠的机制，企业成为学校生存的基础和发展的源泉，学校成为了企业创新的人才库和技术革新的思想库。

从众多应用科技大学的成功案例来看，学生在企业中进行工作本位学习是应用科技大学教学工作的重要组成部分。1996年德国科学委员会通过“对应用科技大学双轨制改革的建议”的决议，决议中首次承认企业也是应用科技大学的学习地点，在企业中学习是应用科技大学教学不可缺少的组成部分。德国应用科技大学4年共分8学期，其中有两个实习学期。第一个实习学期一般安排在第3学期，学生到工厂开展本专业基础工种的实习，以及工厂一线生产的组织管理实习。企业选配有经验的技术或管理人员担任实习指导教师，实习结束由企业指导教师鉴定，同时要求必须完成60页的实习报告。第二个实习学期主要安排在第7学期或第8学期，要求学生到企业主要从事本专业工程技术人员的工作，在经验丰富的专业人员或经营管理者指导下完成具体的工程设计任务，学校教师与企业指导员要密切联系，共同指导学生。若是在第8学期进行实习，大多与毕业设计（论文）结合在一起，选题来源于企业实践中的真实问题，在相应岗位上进行探索，在服务企业的过程中来完成毕业设计和论文。

（八）实践教学

为培养学生的技术应用与创新开发能力，人才培养突出实践导向。实践性不仅表现在校企合作培养人才，而且在学校内部也要加强实践教学体系建设，德国应用科技大学实践性和应用性教学比例一般在30%～40%。实践教学环节主要包括实验教学、实践学期、项目教学、毕业设计和学术旅行等。由于“双元制”的职业教育传统，德国形成了企业主导的实践教学模式，企业在实践教学中占有重要地位，企业主导整个实践教学过程，具体表现在实践教学的经费主要来源于企业，评价、考核实践教学成果主要依靠企业。实践性不仅表现在教学方面，还表现在科学研究突出应用性，即如何把已有的知识转化成现实的生产力。如“机器人”不是研究如何制造机器人，而是研究如何运用机器人来分拣物品和生产原料，承担生产线上的工作；模糊控制不是研究模糊控制理论、原理的新发展，而是研究如何用模糊控制基本原理实现起吊重物的平衡移动和定位等。对于学生而言，因经常跟随教授一起到实践中开展研究，学习经常处于实际工作环境，进行工作本位学习，有效培养了学生的技术应用与开发能力，学生毕业后就可投入实际的工作岗位，节约了企业聘用新员工的培训费用，因而受到企业的普遍欢迎。

研究报告四　转设背景下独立学院产权制度的困境与对策[①]

独立学院自成立以来，一直受到社会各界的争议。2008年2月，为规范独立学院办学行为，教育部颁布了《独立学院设置与管理办法》（也称教育部“26号令”，以下简称《办法》），计划用5年的“过渡”期，引导独立学院向“撤”、“并”、“转”三个方向发展：“撤”，即被市场淘汰，自生自灭；“并”，即被收归到举办高校，成为其中一部分；“转”，即脱离举办高校，真正独立为民办高校。根据《办法》的精神，目前已有22所独立学院成功转设为独立建制的民办高校（截至2012年3月）。但是与现存未申请转设的303所独立学院相比，绝大部分独立学院仍然处于观望状态，其中关键性因素在于当前产权制度不够完善，影响着独立学院转设政策的有效执行。

一、独立学院产权制度的内涵

在产权经济学界，如何界定产权目前尚没有统一的定论。德姆塞茨认为，“所谓产权，意指使自己或他人收益或受损的权利，是社会的工具”；诺斯认为，“产权本质上是一种排他性权利”；阿尔钦认为，“产权是一个社会所强制实施的选择一种经济品的使用的权利”；E. 富鲁布顿和S. 佩杰威齐认为，“产权不是关于人与物之间的关系，而是指由物的存在和使用而引起的人们之间一些被认可的行为性关系”；等等。综合来看，产权以排他性的所有权为核心，不是由个别权利构成的，而是一种权利束，可以分解为所有权、占有权、支配权、使用权、经营权、收益权、交易权、处分权等一束责、权、利的关系和规则的总和，并统一呈现一种结构状态。它是人们（主体）围绕或通过财产（客体）而形成的经济权利关系，这种产权关系由相应的产权制度支持。所谓产权制度，是指既定产权关系和产权规则结合而成的且能对产权关系实现有效的组合、调节和保护的制度安排。产权制度最主要的功能在于降低交易费用，提高资源配置效率。基于此，独立学院产权本质上是一种独立学院与政府、举办者（母体高校）、投资合作者（社会资本）之间的社会关系。其主要表现形式为：对所有资产（包括有形资产和无形资产）的终极所有权，以占有权、使用权和处置权表现形式的经营管理权，以合理流动与转换为特征的交易权，行使终极所有权或经营权可以而且应当得到回报的

①本文作者：李道先，安徽建筑工业学院发展规划处处长；罗昆，安徽建筑工业学院发展规划处助理研究员；阙海宝，四川师范大学教育科学学院教授、成都学院副院长。文章来源：《中国高教研究》2012年第10期，第76－79页。

收益权。独立学院产权制度就是将这些产权关系予以制度化，使其实现有效的组合、调节和保护，进而发挥其激励约束功能和资源配置功能。

二、转设背景下独立学院产权制度面临的困境

（一）产权主体资格的不明确性与独立学院政策规定之间的矛盾

目前，关于作为产权主体的独立学院是何种性质的法人主体尚存在着争论，理论界主要有三种划分：事业法人和民办非企业法人、非营利性社团法人、民办事业单位法人。2001 年，有关部门联合制定的《教育类民办非企业单位登记办法（试行）》将民办学校认定为民办非企业法人，但是这一规定并没有随着《民办教育促进法》的颁布而修改，一直沿用至今。正是“民办非企业”这一模糊的法人定位，使得独立学院在办理法人资格过程中，有的是在人事部门办理法人资格，有的是在民政部门登记，还有一些是在教育部门注册。之所以会选择在不同的行政管理部门登记注册，就在于没有明确规定独立学院究竟属于哪类法人。独立学院是由母体高校利用民办机制创办的二级学院演变而来，包括民有民营、国有民营、公有民营和混合民营等多种类型的办学模式，从产权角度上看，主要包括国有和民有两大类。《办法》第三条规定：“独立学院是民办高等教育的重要组成部分，属于公益性事业。”那么是否意味着将国有性质的独立学院也一并纳入民办高校范畴呢？其法人属性是否也应归属于“民办非企业”性质呢？这些在相关转设政策文件当中尚没有明确。可见，产权主体资格不明确阻碍了独立学院转设政策的顺利执行。

（二）产权关系的模糊性与办学主体的收益权要求之间的矛盾

按照《民办教育促进法》相关规定，独立学院的母体学校及投资主体对学校不具备所有权，只具有事实上的使用权，占有权、收益权及处分权受到严格限制，这必将造成事实上的所有权及处分权“主体虚置”。产权主体之间产权关系不明晰，意味着谁的权利都没有限度、没有边界，但谁都不能确保自己的产权，也就等于事实上的“没有产权”。从法律上讲，独立学院的资产归学校所有，但在学校的实际运行过程中产权是不明晰的，对独立学院投资方已出资的财产及增值部分不享有法人财产所有权，因而造成独立学院缺乏活力、丧失约束力。同时，现有的政策与法规过于强调对独立学院收益权的控制，如《办法》第 43 条规定：“独立学院在扣除办学成本、预留发展基金以及按照国家有关规定提取其他必需的费用后，出资人可以从办学结余中取得合理回报。出资人取得合理回报的标准和程序，按照《民办教育促进法实施条例》和国家有关规定执行。”但是相关的具体办法一直都没有出台。由于产权关系的模糊，未能达到各主体对自己的行为负责并受到相应约束，使得各产权主体难以产生稳定的预期利益，也就更少地从长远利益考虑办学，而是强化了短期行为与机会主义，影响着独立学院的健康可持续发展。

（三）产权结构的多元性与转设政策的单一性规定之间的矛盾

独立学院产权主体包括公办高校和合作单位，合作单位可以是民营企业，也可以是地方政府、国有企业、公办高校等。可见，独立学院产权结构具有多元性的特点，但是总的来说可以分为两类：一种是“国有的”独立学院，另一种是“民有的”独立学院。前者的举办模式包括“公办高校＋地方政府”模式（如电子科技大学中山学院）、“公办高校＋国有企业”模式（如

中国石油大学胜利学院)、“公办高校+地方政府+国有企业”模式(如浙江大学城市学院)、“公办高校+公办高校”模式(如浙江工业大学之江学院)等。后者的举办模式则主要包括“公办高校+民营企业”模式(如四川师范大学成都学院)和“公办高校+外资企业”模式(如重庆工商大学派斯学院)。教育部对独立学院的界定实际上只针对“民有的”独立学院这一类型,而现有的转设政策则是针对所有独立学院,具有单一性的特点,“国有的”独立学院较难执行这一政策。现实中也很容易发现,已转设成功的22所独立学院均属于民有性质,没有一例属于国有性质。可见,现有的独立学院转设政策忽略了“国有的”独立学院这一产权类型,影响了其有效的执行。

(四)产权过户的困难与转设政策的强制性之间的矛盾

当前独立学院产权过户存在着一些难题,包括:①无形资产评估困难。对公办高校参与办学的无形资产及其增值部分进行评估与作价比较困难,当前尚没有比较权威的法规依据,在实践中也缺乏专业的机构和成熟的办法与手段来开展这项活动。②过户费用高。独立学院资产过户及变更登记,涉及土地、房产、财政、税务、工商、银行、建设、教育、行政以及社团管理等部门,各部门政策不一,手续极其复杂。如资产评估费、土地增值税、契税和印花税等,过户手续烦琐,规费昂贵,而国家尚未出台具体的优惠与减免政策。③土地过户困难。当前,很多独立学院是按非营利性教育用地的规定而获得政府的“划拨用地”,即主要是获得土地的使用权,而没有相应的产权。一些独立学院主要靠租用土地来办学,就谈不上土地过户的问题。如果土地不过户,产权过户就没有实质的意义。还有一些独立学院的投资方是国有企业或事业单位,将国有闲置土地或工厂用于办学,再加上国有教育用地不准用于买卖、抵押、担保等交易行为,因此,这部分独立学院也无法进行过户。而独立学院转设政策则要求所有独立学院必须在1年内完成资产过户工作,并限定5年的过渡期,否则不颁发办学许可证。这种强制性规定与现实中产权过户工作的复杂性与困难性形成了矛盾,进而使转设政策难以顺利进行。

三、完善当前独立学院产权制度的对策

(一)明确产权主体,合理界定法人属性

当前,我国的经济体制结构是以公有制为主体、多种所有制结构并存的局面。在这一体制结构中,对于是否属于公有制的判断标准,关键是看所有制结构中的公有成分,只要公有成分所占的比例超过私有成分,就是以公有制为主体。这一判断思路完全可以引入教育领域,用以对独立学院属性的判定。如果独立学院的资产结构是以国有资产占主体,其属性应界定为“公办”,应纳入公办院校范畴;如果资产结构是以私有资产占主体,其属性应界定为“民办”,相应地纳入民办高校范畴。“国有民营”独立学院举办的主体是公办本科高校,合作的主体是地方政府或国有企业,其资产的结构仍然是以国有资产为主体,只是其运行机制有民办因素而已,但这不应影响其国有成分占主体的地位,其性质理应界定为“公办”。如果将其界定为“民办”,大量安排招生人数,无疑是将政府公共财政经费责任转嫁给老百姓,有悖教育公平。因此,相关法律法规有必要对“国有民营”独立学院的合法性做出明确规定,并将其纳入公办高校范畴,登记为事业单位法人;“民有民营”独立学院则应纳入民办高校范畴管理,登记为非企业法人。

（二）明晰产权关系，实施分类登记

由于独立学院的构成主体不同，应将其区分为“营利性”独立学院和“非营利性”独立学院，即在法人登记证上明确区分出“营利性”和“非营利性”。登记为“营利性”的独立学院，要明确其“合理回报”，以保护投资者的财产权；登记为“非营利性”的独立学院，要注重发挥其公益性特点，履行其公益性义务，投资者不得要求“合理回报”。因前述已经建议将“国有民营”独立学院纳入公办高校范畴，其只能选择登记为“非营利性”独立学院，其财产所有权归国家所有，其投资者（地方政府或国有企业）不能要求行使收益权。“民有民营”独立学院既可以登记为“营利性”独立学院，也可以登记为“非营利性”独立学院，选择前者的，在登记时产权主体需要提供各自的产权划分比例、明确各自的权责利，并按照规定的程序（具体申报程序需要相关部门出台具体实施办法）要求“合理回报”；而申请登记为“非营利性”独立学院的，则视同捐资办学，投资者不得对独立学院要求行使收益权，也不再是独立学院产权的主体，其财产所有权归独立学院所有。

（三）明晰产权结构，实施分类管理

独立学院产权结构具有多元性的特点，因此对独立学院转设政策的完善也应遵循多元性的特征，实施分类管理，给予不同类型的独立学院选择发展的路径。首先，要进一步规范独立学院的管理，出台专门的法律法规，如制定与颁布《独立学院促进法》，以增强政策的法律效力与执行力度，这是对独立学院实施分类管理的前提。其次，加强转设政策执行的力度，鼓励和支持更多的独立学院走转设发展道路。“民有民营”独立学院要进一步理清内部产权关系，健全法人治理结构，尽快执行独立学院转设政策，走转设为民办高校发展的道路。“国有民营”独立学院也可以改变其现有的产权结构，引进民间资本（非国有资产），先变为“民有民营”独立学院，然后再选择时机转设为民办高校。再次，加强对无真正投资方办独立学院的清理力度。对现实当中尚没有真正投资方的独立学院，要限期寻找真正的投资方，否则将其合并到母体高校，取消办学资格。最后，重视对“国有民营”独立学院的规范管理。建议进一步完善独立学院转设政策，允许国有民营独立学院转设为独立建制的公办高校。

（四）多渠道化解产权过户难问题

1. 建立高校无形资产评估与管理机制

首先，要在明晰产权前提下进行无形资产评估，在办学协议中需要明确无形资产带来的增值部分归独立学院所有。无形资产的转让可以分为所有权转让和使用权转让，普通高校与投资方达成协议，只能转让其品牌的使用权，且不能转让给第三者，所有权仍归母体高校所有。在未来，如果独立学院脱离母体高校完全转为民办高校，双方依托关系解除，无形资产的使用权终止。其次，完善评估指标体系、建立专门化资产评估机构并进行分类评估，对独立学院无形资产进行评估时应采取分类评估与作价的办法。再次，在如何对独立学院无形资产进行作价、评估及参照标准等方面，相关部门要进行政策配套，出台可操作性的评估细则，完善现有法律法规。最后，协调评估中利益相关者之间的关系，包括独立学院与母体高校、投资方、政府、社会之间的关系，充分发挥各自的优势，在和谐共生的基础上解决无形资产评估的问题。

2. 降低转让的费用

资产过户的费用应当由交易双方共同支付，但作为独立学院的资产过户的转让方本身是无偿转让自身的财产，因此，作为独立学院应当支付过户产生的各项费用。我国《土地增值税暂行条例实施细则》第12条规定“企业、联营投入被投资对象的土地，暂时免征土地增值税，报地方税务（分）局备案”；财政部、国家税务总局《关于教育税收政策的通知》（财税［2004］39号）第2条规定“国家拨付事业经费和企业办的各类学校自用的房产、土地，免征房产税、土地使用税”。因此，土地增值税、房产税和土地使用税都是可以免缴或缓缴的。同时，独立学院的资产过户不属于交易行为，且在过户过程中，投资方并没有获利行为，所以也不应缴纳交易税及交易所得税。此外，公告费、评估费及验资费等也应予以免除。因为资产过户是政府部门的强制要求，而不是学校自己发生的行为。只有这样，才能取得举办方的理解和支持。

3. 分类解决土地过户问题

对于划拨取得土地，因其没有对土地的产权，仅拥有土地使用权，建议政府相关部门出台相关配套措施，将其土地使用权转移到独立学院名下，由独立学院单独享用，视同其完成土地的过户问题。对于那些租用土地办学的，要限期独立学院举办者取得土地的产权，否则取消办学资格。对于利用国有闲置土地或工厂办学的，可以申请相关部门的认定，进行土地产权的分割与转移，将其过户到独立学院名下，但性质仍为国有资产，如执行转设政策，也只能转设为国有性质的院校，不能转设为独立建制的民办高校，否则会间接造成国有资产的流失。

案例篇

第一章　开拓发展之路　打造职教品牌

品牌是一所学校精神、文化和综合实力的象征，制定与实施各具特色的“品牌战略”是学校走向成功的重要举措。随着改革的深化和推进，特别是中共十八大召开以来，职业教育肩负起更重要的历史使命。职业院校如何打造自身品牌，创办社会满意的职业教育已刻不容缓。

案例一　中山市沙溪理工学校

——服务经济发展，创新职教之路[①]

背景：

在广东省中山市沙溪理工学校，很多学生还没毕业就被企业大量“预订”，这样的情况并不鲜见。沙溪理工学校在“立交桥”办学基础上，进一步创立并实行“专业对接产业链，教育对接价值链”的“中职沙溪模式”，为服务当地企业发展，推动中职教育发展，做出了积极的尝试。

一、学校概况

中山市沙溪理工学校（以下简称“沙溪理工”）创建于1991年，是一所公办综合性全日制中职学校。学校设置有服装设计与工艺、纺织品检测、汽车运用与维修等十大专业近20个专门化方向，建成由中央财政支持建设的服装专业实训基地，打造中纺标CTTC中山检测中心、中纺院深圳测试中心中山站，承办了中山市休闲服装工程研究开发中心、中山市服装设计师协会，与企业开展“全面、深度、高端”的产学研合作，研发出亚麻系列、世博变温T恤、中小学生校服等深受欢迎的服装产品。

经过20多年的发展，沙溪理工的整体办学质量稳步提升。目前，学校已培养了3万多名高级技能人才和管理人才，从中走出了一大批技能人才、行业新秀和管理精英，为当地经济建设和社会发展提供了一定的支撑。

二、敢为人先，构建“立交桥”办学模式

沙溪理工以当地产业经济为依托，注重调查研究，紧密结合实际，不断改革，积极探索人才培养方式，形成了多层次、多形式和多功能的“立交桥”特色办学模式（见图1－1），辐射广泛，成为广东省中等职业教育三大办学模式之一，取得了显著的办学效益和社会效益。

---

①本文根据中山市沙溪理工学校官网等公开资料编撰而成。

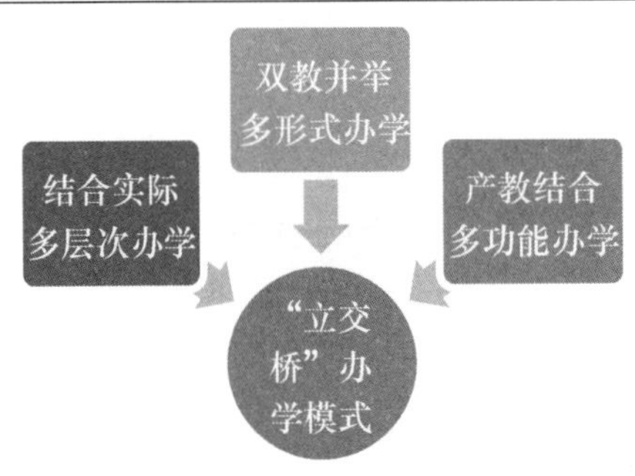

图 1－1　“立交桥”特色办学模式

（一）结合实际，多层次办学

为了适应社会对人才多层次、多规格的需求特点，力求与市场经济接轨，学校坚持多层次办学，分别设有 4 年制、3 年制甚至 2 年制等多种学制供学生选择就读。其中，4 年制开办了中级技工班和中专班，还与沙溪镇所属 3 所初级中学联办“毕业生 3 + X 职前班”，设置家电、服装裁剪、服装缝纫、电子基础等专业；3 年制培养初级程序员，2 年制培养熟练操作员，学生毕业后一律要持“双证”（毕业证和技术等级证）上岗。这样，学生可根据市场需求，并结合自己的智力、经济、兴趣、专长等条件选择专业和学制，企事业单位也可根据自身的需求选聘来自不同学制的毕业生，使职业教育真正融入市场经济，更有效地服务于经济建设发展。

（二）双教并举，多形式办学

发展成人文化技术教育，提高乡镇企业劳动者素质，是沙溪理工“立交桥”办学模式的重要目标之一。为此，学校坚持职业技术教育与成人文化技术教育并举，学历教育与非学历教育并重，开发多形式办学。学校与当地厂企、管理区保持密切联系，取得了市干部培训中心、政府组织办、外经办、企业办和农电所等多家单位的大力支持。参加各类培训的对象也十分广泛，有农村干部、专业户农民、企事业单位员工，还有外来的打工人员等。学校以灵活多样的办学形式为乡镇企业培训急需人才，显著地改善了沙溪镇干部、职工队伍的学历和技术力量结构，有力地促进了乡镇企业和当地农业生产的发展。

（三）产教结合，多功能办学

以培养社会适用人才为目标，沙溪理工充分利用自身师资、专业、设备和场地上的优势，发挥多种功能，为乡镇企业承担一些技术攻关项目，还选定某些专业开设展销部、维修部和对外服务部作为学校的一个对外窗口，通过这种产教结合的方式把学校与社会紧密地连在一起。例如，家电专业毕业班学生利用双休日到集市为群众维修家用电器，并以电子厂提供的元件装配了大批录音机和收音机；机械班的学生在毕业前一个学期全部回厂参加生产实习；服装班的学生利用实习课，直接为制衣厂进行服装加工。产教结合，学生可以将消耗性实习变为生产性实习，检验学习水平差距，从而激发起学习的主动性和自觉性，努力提高技能水平，更好地参与市场竞争。

沙溪理工不断适应市场经济发展的需要，构建起“立交桥”办学模式，探索出了一条多层次、多形式、多功能办学的新路子，逐渐形成了自身的专业优势，培养出了更多为社会经济发展所需的人才，并带动了广东省乃至全国职业教育的发展。

三、积极探索，推行“中职沙溪模式”

随着沙溪镇发展成为中国休闲服装名镇，服装设计、工艺制作、营销物流和电子商务等产业链环节进一步完善。为满足新的产业人才需求，沙溪理工在“立交桥”办学基础上，进一步创立并实行“专业对接产业链，教育对接价值链”的“中职沙溪模式”，为服务当地企业发展、推动中职教育发展做出了积极的尝试。

（一）专业对接产业链

“专业对接产业链”是指“专业拓展对接产业链、实训中心对接产业链、专业教学对接产业链”。通过产业发展来办专业，可以更有目标性地培养人才，最大限度地满足企业的人才需求，有利于提升学校的教育水平，推动区域经济的发展。

1. 专业拓展对接产业链

学校紧紧依托并服务当地产业，对接产业开设专业，面向市场培养人才，将专业设置和专业拓展密切与产业的发展和需求结合在一起，及时调整专业方向，改造老旧专业，增设新兴专业，不断增强专业的吸引力和生命力。例如，学校根据服装产业发展和市场人才需求，对应服装产业链中设计、生产、检测、营销等各个环节，设置服装设计、服装制版、服装工艺等专业或专门化方向，还与电子商务专业、物流专业、工艺美术专业等进行无界化合作，开设服装电子商务、服装物流和服装服饰设计等专门化方向，并依托服装检测中心开设全国中职学校中唯一的服装检测专业。

2. 实训中心对接产业链

学校将企业生产线引进学校，建立“教学工厂”或“教学实训车间”，不仅真实地按生产流程和岗位要求来配置设施设备，还考虑了教学实训需求。例如，近年学校引进了英仕婚纱晚礼服生产线、EK 休闲服装生产线、合鹰单量单裁自动裁剪生产线等，并将企业的先进理念、新技术、新设备、新工艺等广泛应用于生产线上，从而增强企业对专业人才的依存度。

3. 专业教学对接产业链

沙溪理工把课堂搬进车间，让学生上课就是上岗。学校专业教师与企业技师共同培养学生，推进全方位教学改革。一是改革教学模式，通过“教学工厂”或“教学实训车间”，让学生在真实的工厂和车间环境里“做中学”。二是改革教学方式，全面推行“项目教学法”，以学生为中心，以工作任务为驱动，强化学生技能训练，着力提高学生技能水平。三是改革评价模式，让企业技师与专业教师共同负责指导学生和对学生的岗位技能进行考核评价。四是改革教学内容，构建校本课程，开发校本教材。五是改革教学手段，加快教学资源库建设进度，教师和学生利用丰富的教学资源来辅助教学和进行网络学习，大大提高了教学效果和教学效率。

沙溪理工在两年的示范校建设过程中，以“专业对接产业链”的教学改革模式为思路，加强重点专业建设，强化学生职业技能和素养的培养，全面提高了人才培养的数量和质量，打造了中职学校品牌专业，为示范校的专业建设和教学改革提供了宝贵的经验。

（二）教育对接价值链

“教育对接价值链”主要是从教育的目标、过程和效果三个方面来全面对接产业链（见图 1－2）。

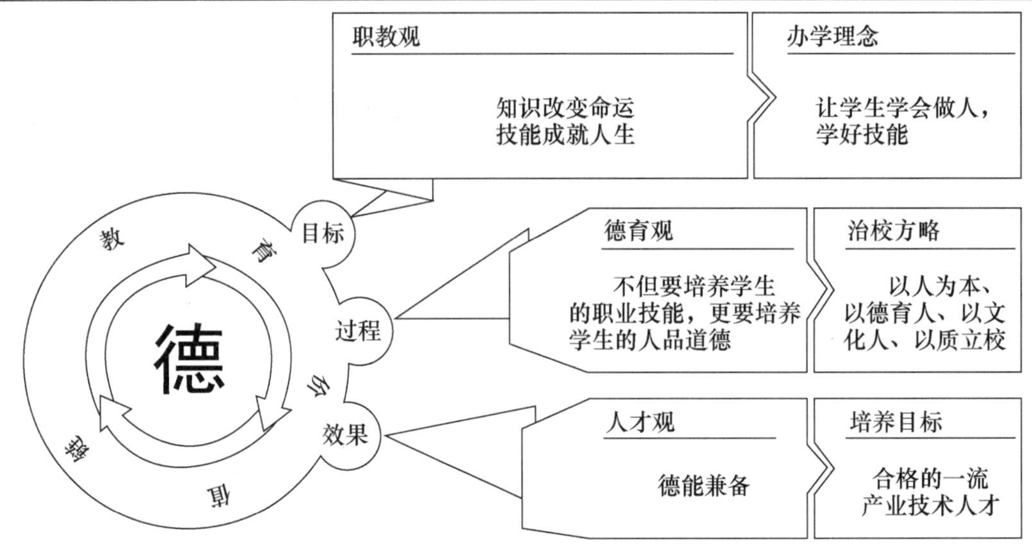

图1－2　教育对接价值链

1. 教育目标对接价值链

它强调的是职教观，即知识改变命运，技能成就人生。一位中职生成才就业，可能会实现一个家庭脱贫致富；一个地区的中职生学有所用，就可能夯实当地经济社会发展的基础。沙溪理工的办学理念就是“让学生学会做人，学好技能，为学生幸福而有意义的一生打下良好的基础”。围绕这一教育目标，学校提炼出“自强不息，和谐发展”的校训，形成“求真、务实、崇善、尚美”的校风，构成了沙溪理工人的精神共识——打造幸福的职教文化。

在这种精神的指导下，教师们身体力行，将职业教育看作“吃苦修行，积善行德”的事业，是尊重人、培养人、激励人、成就人的教育，用爱心、智慧和辛劳谱写了一个个感人的故事。培养一位优秀的中职生，与培养一位优秀的大学生同样重要，这就是沙溪理工教师的共识。

2. 教育过程对接价值链

“教育过程对接价值链”强调的是德育观，即职业教育不但要培养学生的职业技能，更要培养学生的人品道德。因此，沙溪理工紧紧围绕教育目标，根据中职学生薄弱环节，培养学生的学习能力、自控能力、实践能力等各方面能力。学校坚持“以人为本、以德育人、以文化人、以质立校”的治校方略，加强人文教育，大力发展内涵建设，通过灵活的学分制、丰富的文化活动、主题突出的学校文化树立学生自强自信的观念，提高学生的综合素质，培养学生的职业道德、职业技能和就业创业能力。

3. 教育效果对接价值链

“教育效果对接价值链”强调的是人才观，即培养德能兼备的学生。评价中职学校的教育效果如何，主要看学生的学习状态、知识和技能的掌握情况、就业或创业情况以及社会的认可度等，让学生实现自身个人价值和社会价值。如2003年毕业于沙溪理工学校的“中国好人”陈嘉庆，2006年大专毕业后回乡参加农村工作，从一名一线巡逻队员逐渐成长为巡逻队长、治保会副主任……村委会委员、治保主任，用实力和行动成就自身、回馈社会，实现了个人价值与社会价值，更见证了学校的教育效果。

四、体会与思考

（一）依托产业经济，构建特色模式

沙溪理工办学以来，根据当地经济发展需要，不拘一格培养人才，形成了鲜明的“立交桥”办学特色，并创立了“专业对接产业链，教育对接价值链”的“中职沙溪模式”。人才培养主要由学校、企业、行业和社会共同参与，有计划地将课堂上的理论学习与工作中的实践学习有机结合。其本质在于把职教与社会经济发展紧密联系在一起，实现良性互动，形成“双赢”局面，其核心是产学合作、工学结合、各方参与，实现的目标是增强学校的办学效益和企业的人才竞争优势，最终目的是促进社会经济的发展。沙溪理工多元化的人才培养模式加强了产教的结合，有效推进了中等职业技术教育社会化服务、市场化运作和企业化管理办学，有利于学校的可持续发展。

（二）树立就业导向，开展教学改革

近年来，沙溪理工推进以就业为导向的教学改革。首先，强化实训培养工作经验，积极拓展实训基地，创造实训条件，提高学校各专业学生的专业实际操作能力；其次，推进课程改革，满足市场需求，积极开设适应市场需求和发展水平的专业；再次，以品牌专业提升就业竞争力，结合学校自身专业优势，大力打造学校品牌专业，培养了专业性强、竞争力强的毕业生；最后，多证上岗就业提高学生综合素质。在培养学生较强动手能力基础上，为提高学生可持续发展能力，沙溪理工加大对学生综合素质培养，积极推广多种技能考证上岗，有效促进了学生技能水平的提高，实现“零距离”就业，毕业生就业优势显著，学校骨干专业的毕业生供不应求。

案例二　深圳市华强职业技术学校

——打造社区综合大职教体系[①]

背景：

深圳市华强职业技术学校是全国职业教育改革创新的实践者和先行者，其办学水平和办学规模在深圳市、广东省甚至是全国排在前列。学校开创社区教育，搭建中职教育、成人教育、社区教育、职业培训、继续教育为一体的职业教育“立交桥”；另外学校还与新加坡等国家和地区合作办学，联合培养，构建全方位、多层次、现代化、开放性的社区综合大职教体系。

一、学校概况

深圳市华强职业技术学校（以下简称“华强职校”）是国家重点职校，创办于1986年，以计算机应用专业和金融专业为主干专业。学校现有五个校区，下设五个专业部，开设12个专业。其中计算机应用专业为全国重点示范专业，计算机应用专业和金融专业为广东省重点建设专业。学校建有设备一流的现代化实训中心，是广东省中等职业教育实训基地。学校现有在校生4000余人，毕业生就业率保持在98%以上。20多年来，学校为深圳市邮政、电信、移动、银行、证券、保险、地铁、政府机关等单位培养了数以万计的技术服务一线人才。

华强职校经过多年的发展，取得了多项成绩和殊荣。2011年，学校被批准立项为国家中等职业教育改革发展示范校建设学校。

二、引领职教改革，打造华强品牌

华强职校是职业教育改革的先行者，在职教改革的道路上发挥引领、示范、带头作用。在职教改革中创新模式，学校主动探索，积极行动，树立华强品牌，为深圳市职业教育品牌树立了典范。

（一）创新办学模式，打造社区综合职教体系

华强职校积极创新办学模式和办学体制，办学机制灵活多样，办学领域不断拓宽。学校以中职教育为主体，集中职教育、成人教育、社区教育、职业培训、继续教育于一体，构建全日制与业余教育相结合、职业学历教育与职业技能培训相结合、职前教育与职后教育相结合的职教“立交桥”，并形成了全方位、多层次、现代化、开放性的社区综合大职教体系。

华强职校建有国际教育交流基地，是深圳市最早开展中外合作办学的中等职业学校之一。自2004年开始创办国际班以来，学校已经先后与新加坡商业学院、新加坡哥伦比亚学院、新加坡博伟国际教育学院开办5届中外合作办学班，先后有100多名学生通过联合办学途径赴新加坡学习和实习，其中，23位同学取得了新加坡工作准许证，5位学生已经获得新加坡绿卡，50位同

①本文根据公开资料编撰而成，资料来源包括深圳华强职业技术学校官网、中国校长网、深圳新闻网等。

学陆续在新加坡攻读高等教育学位课程。学校在国际化办学中创新合作办学模式（实行“学分互认、2+1模式”），创新课程管理形式，创新质量监督形式（班主任跟踪管理，到新加坡和学生同吃、同住、同上课），创新教师交流方式，经验被全国多所职校借鉴。

在完善现有社区教育课程基础上，华强职校引入网络远程教育手段，开发社区教育课程体系。学校建立“工学桥”平台，加强政府、学校与企业之间的联系，深化校企一体化办学模式探索，深入推进成人教育工学结合的人才培养模式；开办社区学院6年，开设免费知识讲座，开发各类社区教育课程20多门，近3年共计培训3550人次。

（二）“深造+就业”人才培养模式，体现社区综合职教体系

“深造+就业”的人才培养模式，是指多渠道深造、多途径就业，保持高升学率和高就业率①。华强职校围绕人才培养模式建设，针对学校的重点建设专业，如计算机网络技术专业、金融事务专业、计算机动漫与游戏制作专业的实际情况，开展广泛调研，定期召开专业指导委员会会议，论证分析岗位素质和能力需求，研讨学生专业核心技能和专业素养的培养，探索构建了3种各具特色的人才培养模式（见图1-3）。

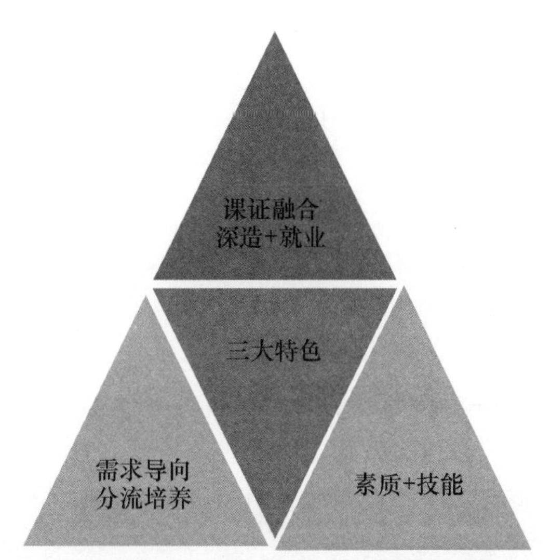

图1-3　深圳华强职校三大人才培养特色示意图

1. “课证融合、深造+就业”

“课证融合”是指专业课程与职业考证相融合。华强职校将职业资格考证项目贯穿于专业人才培养全过程，将课程体系与专业职业能力体系相对应，为学生的职业生涯奠定良好的基础，同时也为中职学生继续进入高职院校进行深造创造条件。

2. “需求导向、分流培养”

通过校企联合，组建顾问团队；根据校企的顶层规划，设计人才培养路线；对市场进行需求调研，重新架构社会需求人才的规格；以市场和社会需求为导向，改革创新课程体系；响应市场

①福田政府在线：《福田华强职校“深造+就业”对接新高考》，http://www.szft.gov.cn/zf/ftxx/xwdt/tpxw/201405/t20140520_390361.html，2014-12-25。

对人才的需求，进行分流人才培养。

3. “素质 + 技能”

华强职校根据素质和技能需求的不同层次创设了三个平台，其中一年级为“素质平台”（宽素质），二年级为“表现平台”（强技能），三年级为“实用平台”（促就业），层层递进，满足学生成长需求。

（三）全面深化课程体系改革

华强职校在课程体系改革中，积极推进产教融合、校企合作，校企共同开展核心课程、精品课程的建设，编写校本教材，建设学校教学资源网站，开发教学资源库。学校创新课程体系，形成了“三段一体，以生为本”（即学做一体的课堂教学、模拟操作的实训教学、真岗实做的实习教学）知识与技能一体化模块的教学特色。学校现已开发了 3 门国家共建共享计划课程、14 门理论与实践一体化课程、20 门核心精品课程，出版了教材 13 本，凸显了学校课程改革的丰硕成果。学校建有设备一流的现代化实训中心，为华强职校的理论学习和实训教学提供了强有力的保障①。

（四）打造优秀的师资队伍

结构合理、素质优良的师资队伍是学校最宝贵的战略资源与最重要的核心竞争力。华强职校为教师的成才、成名、成家提供最有力的支撑，尽全力提高教师的生活质量与生命质量，使其充分享受到职业的幸福与满足。

一方面，学校创新教师培训途径与方法，开展以骨干教师为重点的全员培训，巩固专业名师队伍建设。通过“国、省、市、校、海外”五级培训模式，学校建立校企合作师资培训机制，将国家培训引进校园，培养“双师型”教师；筹建广东现代教育研究院职业教育研究所，推出“五台阶”（教学新秀、骨干教师、学科带头人、星级教师、首席教师）荣誉体系评选（见图 1 -4），激励教师专业成长。学校邀请专家团队到校开展“双师型”教师培训，建立专业教师到企业的实践制度，并有计划地安排优秀教师到国外进修考察和专业实践。先后组织 20 多位教师走出国门，还有更多的老师参加了省级、国家级的专业技能培训。

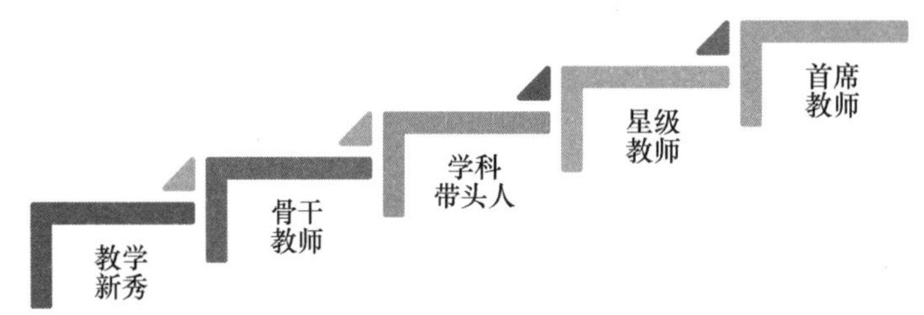

图 1 -4　深圳华强职校教师“五台阶”荣誉评级示意图

另一方面，学校注重兼职教师队伍建设，从企业聘请高级技术人员、能工巧匠担任兼职教师，为学校的“智慧宝库”注入了鲜活的血液。

---

①中国校长网：《深圳福田区华强职业技术学校办学特色撷珍》，http：//www. zgxzw. com/News/View. asp？ID = 194761，2014 -12 -23。

最近两年，学校大胆提拔和任用年轻干部，一批朝气蓬勃、锐意进取的中青年骨干教师被推上改革的前台，走上了管理工作岗位。他们中有市区名师、优秀教育工作者，也有国赛金牌教练和行业专家。正是这样一支师资队伍才让华强职校取得了如今的成绩。

（五）改革管理模式，校企深度融合

1. “X+1”专业管理模式

近年来，华强职校积极改革管理模式，突出专业优势。学校将原来的年级管理模式改为专业管理模式，设立“X+1”的专业管理模式，即各专业部+公共基础部，既突出职业学校专业特色，又保持了学校高考升学的传统优势。学校在改革管理模式以后，专业得到迅速发展，参加全国省市专业技能比赛年年都有新突破，高考成绩稳步提高，这些事实强有力地证明了管理模式改革的正确性。

2. 华强职业教育集团

华强职校积极推进校企深度融合，牵头成立了深圳市华强职业教育集团。该集团是一个集企业、学校、行业协会、培训机构、科研机构以及其他社会组织于一体，自愿组成，具有联谊性质的合作共同体。集团以校企合作、共建共享、互惠互利、共赢共长为原则，自愿、平等、互利[①]。另外，企业专家在学校设立专家工作室2个，学校在企业建设校外实训基地5个。企业接受教师锻炼培训，提高专业技能，学校聘请企业专家做兼职教师，对接企业文化，培养学生职业素养。

三、体会与思考

华强职校经过20多年的发展，办学规模不断扩大，所取得的成绩更是不菲。华强职校取得的这些成绩，与学校在各方面进行的探索密切相关。

（一）更新办学理念，确定学校发展方向

华强职校作为深圳市第一品牌学校，形成了新的办学理念：以“为每一个学生幸福的职业人生奠基”为宗旨，致力培养具有“国际视野、民族情怀、特区气派、华强风格”的“基础宽、技能精、创新强、素质优”的现代职业人[②]；通过“让专业贴近行业、课程贴近企业、技能贴近岗位”，探索职业教育信息化、多元化、集团化、国际化发展之路；建设活力校园、技能校园、开放校园、创感校园，努力构建全日制与业余教育相结合，职业学历教育与职业技能培训相结合，职前教育与职后教育相结合的“立交桥”，形成全方位、多层次、现代化、开放性的社区综合大职教体系。

（二）改革管理模式，突出专业优势

华强职校改变原来学校以年级为管理对象的方式，将专业作为管理的直接单位。创设了

①深圳新闻网：《华强职业学校成立教育集团》，http：//www.sznews.com/news/content/2013－04/29/content_8002617.htm，2014－12－27。

②中国校长网：《深圳福田区华强职业技术学校办学特色撷珍》，http：//www.zgxzw.com/News/View.asp？ID＝194761，2014－12－23。

“X + 1”的专业管理，突出学校的专业优势。华强职校以计算机和金融两大专业方向为主，形成计算机网络技术、金融和计算机动漫与游戏制作三个重点专业。专业管理模式使华强职校的管理更有针对性，也让华强职校的专业更具优势和特色，实现高考升学率保持较高水平。

（三）创新人才培养模式，加强校企合作

华强职校的多渠道深造、多途径就业的人才培养模式是其一直保持很高的高考升学率的根本原因。学校的深造渠道多样化，主要包括高职类高考、成人高考、3 + 2 对口直升、海外留学等多种形式。同时，华强职校保持着高就业率的原因在于其就业途径多种多样，包括顶岗实习、订单培养、自主创业等多种方式，多样化选择增加了学生的就业机会。

2012 年，学校成立华强职教集团并以其为依托，加强校企合作交流，建立校企合作长效机制；完善学生就业服务体系，提高就业质量；积极开展以就业和技能提升为目的的职业技能培训，促进多元发展。在原有顶岗实习基地、校企合作实训基地的基础上，学校将不断开拓新的顶岗实习基地①。

①广东省高中与中职教育网：《加快为特区培养输送技能型紧缺人才》，http：//www. gdgzzz. cn/news/news_ detail. aspx？ id = 841，2014 - 12 - 25。

案例三　金华职业技术学院

——特色示范的创新高地①

背景：

金华职业技术学院自建校以来，坚持“特色强校”，积极探索并开创“五位一体”办学模式、基地“两化”建设和校企利益共同体等校企合作的特色模式，开启一条独具“金校精神”的特色模式之路，发挥了积极的示范引领作用。

一、学校概况

金华职业技术学院（以下简称“金华职院”）自1994年开始创办，1998年经国家教育部批准成立。2003年，金华职院由民办转为公办，成为我国最早运用产权联结方式构建混合所有制的办学体制模式并获得成功的实例。2007年10月，学校成功进入国家示范性高等职业院校建设单位的行列，标志着学校办学跨上一个崭新的平台。目前学校占地2216亩，建筑面积60万平方米，开设机械制造与自动化、应用电子技术、生物制药技术、艺术设计、畜牧兽医、会计、汽车检测与维修技术、电子商务、学前教育、园艺技术、护理等80多个专业，其中国家重点支持建设的示范专业3个，省级特色专业11个。

近年来，金华职院秉承“知行合一、务实创新”的校训，在办学实践的不断探索中，紧紧抓住校企合作的关键点，坚持以职业能力培养为重点、以就业为导向、以学生发展为核心，探索形成了基地、招生、教学、科研、就业“五位一体”的办学模式，开创了一条独具特色的高职教育教学、科研改革之路。为深化、创新校企合作，学校全面推行“校内基地生产化，校外基地教学化”职教战略，实施校企利益共同体建设，有效带动学校做优做强。

二、“特色强校”的探索之路

金华职院以“特色强校”作为长期发展战略，在不断的探索创新中，逐渐形成“五位一体”的办学模式和校企利益共同体三大校企合作的创新模式，探索出一条具有自身特色的强校之路。

（一）特色示范一：“五位一体”的办学模式②

金华职院主动适应地方经济社会，由传统“经院封闭式”向现代“开门办学式”转变，开始加快改革和创新的步伐，致力于探索实践“基地、招生、教学、科研、就业”五位一体的办学模式，开启了一条独具“金校精神”的特色模式之路。

1. 构建模式有内涵

“五位一体”办学模式中的“五位”是指基地、教学、科研、招生、就业，“一体”是指

①本文根据公开资料编撰而成，资料来源包括金华职业技术学院网、中国社会科学网等。

②杜世禄：《打造统筹地方经济社会发展的办学模式》，《金华职业技术学院学报》2004年第4期，第1－3页。

通过系统论的方法把办学的五个环节紧密融合在一起，强调了办学过程中各个环节的互动与融合，五个环节环环相扣，构成一个完整的体系，这也是其精髓所在。“五位一体”办学模式的基本特征是以系统科学理论为依据、以经济社会需求为动力、以教育资源整合为前提、以紧密型基地建设为重点、以拓展多元利益为驱动和以提升综合素质为目的。通过强调学校的人才培养与地区经济社会发展相适应，强调产学研结合、校企合作、校企联营，突出开门办学、社会办学。

（1）基地——创建紧密型基地是校企联姻的关键和基础。创建紧密型基地是校企合作的基础。学校与企业的关系由松散转变为紧密，由“邻居”转变为“亲戚”，合作由单一到多元，使校企成了“一家”；基地对招生、教学、科研、就业各个环节都产生了巨大的辐射和带动作用。

（2）招生——招收国内国际学生是校企互动的起点。根据企业需求调整专业结构，进一步拓展“订单培养”，让学生进入学校即以企业准员工身份接受高等职业教育，密切关注人才市场和生源市场的变化，将基地建成招生宣传的窗口。

（3）教学——贴近市场需求的教学是校企合作的核心。通过紧密型校企合作，进一步深化教学改革，坚持专业设置与产业发展需求贴近，坚持专业建设与产业结构调整贴近，坚持教学内容与职业需求贴近，坚持实践教学与职业岗位需求贴近。

（4）科研——保持良好的就业是校企双赢的硕果。通过紧密型基地的建设，构建高层次科研管理体系，建立多元投入机制，实施评估考核，采取联办应用型研究所、合作建立学科性公司等方式促成资源共享，联合攻关，解决目前高校科研与经济建设之间的目标隔离、人员隔离、经费隔离和成果隔离等问题。科研不能简单地从书本到书本，要面向实际，切实为地方经济建设提供技术性服务，解决实际生产问题，创造盈利价值，才能树立起自己的品牌。

（5）就业——校企双赢的硕果。培养“合格 + 特色”的人才是学校的追求，这种人才也是企业的需求。通过校企双方共同把握市场人才需求，共同实施个性化就业指导，共同实施市场化动作，规模推进学生就业，畅通毕业生的就业渠道，使学校与企业获得双赢的硕果。

2. 实践模式显成效

“基地、招生、教学、科研、就业”五位一体的办学模式使得高职教育与地方经济社会发展相互协调，适应了高等职业教育的发展要求，在高技能人才培养等方面取得了有目共睹的成效。具体表现为：实现紧贴市场的专业发展规划，形成公办民助的多元运作机制，建成规模效应的多元协作基地，优化高技能人才的特色培养模式，提高应用型科学的研究水平，保证毕业生的高就业率和增强优质文化的相互融合等。

“五位一体”不仅办学模式概念清晰，成果丰富，资料翔实，参与面广，参与度深，而且具有普遍意义和可操作性，是高技能人才培养的有效模式，具有开放办学、社会办学理念和可用教学资源综合利用的高等职业教育特色，适应高等职业教育的发展要求。

（二）特色示范二：利益共同体的校企合作①

2008 年，职业院校急需寻找新的突破点和载体，实现内涵发展，而企业迫切希望参与人才培养，在此情况下，金华职院开启由内到外的教育教学和管理体制改革，与企业、行业和政府一

①李鸿雁等：《对“2 + 1”模式下校企深度合作的思考》，《现代教育科技》2010 年第 1 期，第 11 – 12 页。

拍即合成为利益共同体，探索出一条以合作办学为机制、以合作育人为模式、以合作就业为目标、以合作发展为动力的校企利益共同体，实现了学校与企业的深度合作。

校企利益共同体即寻找校企（行业）双方利益的交集点，以互利共赢为内驱力，通过建立跨界的组织架构、工作机制、教学平台和制度体系，形成“人才共育、过程共管、成果共享、责任共担”的合作模式。如图1－5所示。

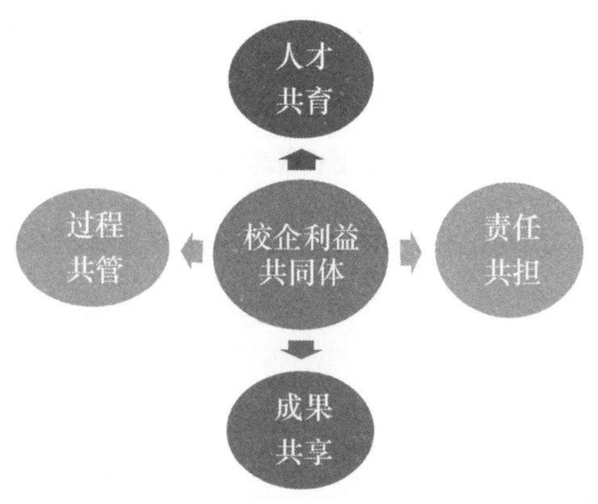

图1－5　校企利益共同体的核心内涵

（1）人才共育。在校企利益共同体中，企业拥有设备、技术和资金优势，学校拥有信息、知识和人才资源优势，校企双方在人才的培养过程中要实现优势互补，就需要企业和学校的互相参与，企业需要参与学校的课程设置、教学过程、教学内容、课程评估等工作，学校也需要参与企业员工实习、培训等。通过共同建设实训场地和“双师结构”教学团队，建立技术研发中心、工程研究中心，使校企双方共同承担人才培养的责任，从而实现共同发展。

（2）过程共管。通过企业实习、订单班、讲座、企业兼职老师授课、实训室建设等多种形式，企业参与人才培养，学校的教学与管理过程融入企业文化，使校园文化与企业文化进行有机结合，将学生的成长视为学校和企业的共同义务。

（3）成果共享。校企利益共同体的共同管理、共同建设、共同组织和共同愿景等特点，要求校企双方共同享有科技研发、人才培养、社会服务等合作成果。因此，企业有权优先录用符合企业需要的毕业生，以提升企业的人才队伍；对双方合作开发的技术成果转让所取得的收益，企业有权获取其应得的收益；对双方合作开发的科技成果，企业享有优先使用权，以提高企业技术水平和经济效益。

（4）责任共担。校企合作双方在合作过程中必然存在一定的风险，如双方合作项目的效益，共同开发的科技成果转化等存在一定风险；企业的资金、设备的投入也会给企业带来风险。作为校企合作组织创新的校企利益共同体，使校企双方成为紧密相连的利益共同体，共同承担连带责任，当风险降临时，双方将共同承担风险，从而使双方的风险降低，提升效益。

为保障共同体的利益，金华职院结合西方合作教育的经验，设计构建了独特的组织架构，包括决策机构、执行机构和咨询机构，成员都是校企双方人员，如图1－6所示。

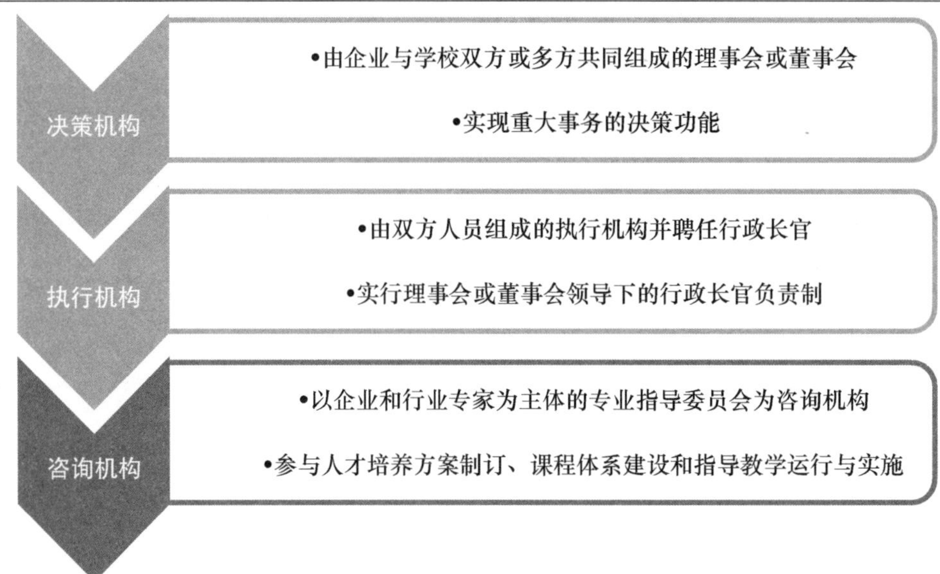

图1-6　校企利益共同体的组织构架

通过几年的不断摸索，金华职院目前已有皇冠学院、众泰汽车学院、华亿金华设计院、高新IT学院、现代农业技术培训学院、国际商贸学院等10多个利益共同体，涵盖了学校43个专业，为社会输送了大量技术人才。

三、体会与思考

近年来，随着金华职院的快速发展以及校企合作模式的不断深化，探索出了“五位一体”育人模式、基地“两化”建设、校企利益共同体和“订单培养”模式等高职教育的发展之路，校企合作也从一般、紧密、示范到共建学院的深化发展。金华职院不仅走出了一条独具自身特色的高职教育道路，而且对全国其他高职院校的教育也起到了良好的示范作用。

（一）“五位一体”办学模式弥补制度不足

我国高职教育在校企合作实践中有几大难题：一是缺乏具体的实施规则使校企双方在合作过程中受益；二是缺乏具体的方案和监控制度使校企合作切实深入到教学和科研领域；三是缺乏制度和法律制约使校企双方都能够积极主动地参与。

在这样的境况下，金华职院在建立紧密型校企合作办学模式方面所进行的探索和实践显得尤为可贵。“五位一体”的办学模式，通过校企双方互惠互利、合作共赢的深度结合，在一定程度上解决了校企合作“一头热一头冷”、企业缺乏动力的难题，有效弥补了目前制度环境方面的不足，从而提高了人才培养的质量。

（二）校企利益共同体深化双方合作

高职院校的校企合作走向更深层次，高职教育的人才培养目标是高技能应用型人才，这也是高职院校有别于普通高校的地方。由于多方面的原因，许多高等职业院校在组织架构和管理机制上机械照搬普通高校，导致高职院校的运行机制不够顺畅，教学实训出现“两张皮”的现象。金华职院另辟蹊径，把改革自身的组织架构作为突破口，建立起符合高职教育教学和人才培养特点的组织架构和管理机制，在此基础上，开展了全方位的教育教学改革，推动和深化了校企合作机制——校企利益共同体，走出了一条高职教育的特色发展之路。

随着高等教育国际化、大众化、现代化的进程加快，我国的中外合作办学得到了迅速发展，金华职院把握发展的契机，积极开展中外合作办学，采取引进国外优质教育资源、提出优化中外人才培养方案、完善中外合作培养人才的质量保障体系等战略措施。在金华职院的未来发展蓝图上，将更需要以质量求生存、以特色促发展，增强核心竞争力，全面实施“特色强校”战略，走出一条更具特色和影响力的发展之路。

案例四　天津中德职业技术学院

——中德品牌，金牌蓝领[1]

背景：

天津中德职业技术学院借鉴国外先进的职教理念和职教模式，加深与企业的合作交流，强调特色办学模式，以服务地区经济发展为己任，坚持“先期重仿、长期重创、仿创结合、重在创新”的办学思路，形成了适应中国国情、面向区域经济社会发展、对接现代产业的办学特色。学院成功打造了“天津中德”职教品牌，为社会培养了一大批优秀的高技能人才。

一、学校概况

天津中德职业技术学院（以下简称“中德职院”）创办于1985年，前身为中德培训中心，是一所天津市属全日制独立设置的公办高职院校。2007年10月，中德职院被教育部确定为“国家示范性高职院校”建设立项单位。2011年春季，学院顺利迁入中国天津海河教育园区，新校区占地48.36万平方米，总规划建筑面积达36万平方米。目前，中德职院拥有在校生8000余人，价值2.2亿元的先进教学仪器设备，馆藏图书40多万册，中外文期刊200多种。

中德职院紧密围绕天津市滨海新区开发开放发展战略和重大工业项目建设对人才的需求，构建了以先进制造技术、航空航天应用技术、自动化技术、汽车应用技术、新材料新能源技术、信息技术、经贸管理、应用语言、艺术等制造业及制造类服务业十大专业组群，提升了学院的核心竞争力和社会服务能力。经过多年教学实践，中德职院已经成为了工、经、管、文相结合，适应国家经济建设和社会发展的需要，以培养高技能人才为办学宗旨的高职院校。

二、塑造“中德品牌”，锻造“金牌蓝领”

（一）注重国际交流，加强国际合作

近年来，中德职院在中德、中日、中西项目合作的基础上，进一步拓展了与加拿大、澳大利亚、美国、中国香港、中国台湾等国家和地区的知名院校、机构和企业的实质性合作，不断拓宽国际合作领域和项目。注重国际交流可以说是中德职院最鲜明的特点，同时，也是其快速发展的关键。

1. 借鉴职教模式

中德职院自建立之初即引入德国“双元制”的职业教育模式，经过不断学习与实践、总结与凝练，学院在借鉴德国“双元制”的基础上不断创新，形成了本土化的“双元”教学理念。如学院进一步强化了德国“双元制”职业教育理念，实施了适合学院自身发展的“双元”，即教学场所、教学师资、教学环境、教学评价、技术标准、生源来源、教学督导及服务对象的全面

---

①本文根据公开资料编撰而成，资料来源包括《中国教育报》、《天津日报》和天津中德职业技术学院官网等。

"双元"，形成了技能人才培养过程中动脑和动手、理论和实践、学校和企业、职业教育和社会需求、职业教育和人的全面发展五个"最真实的结合"。如图1-7所示。

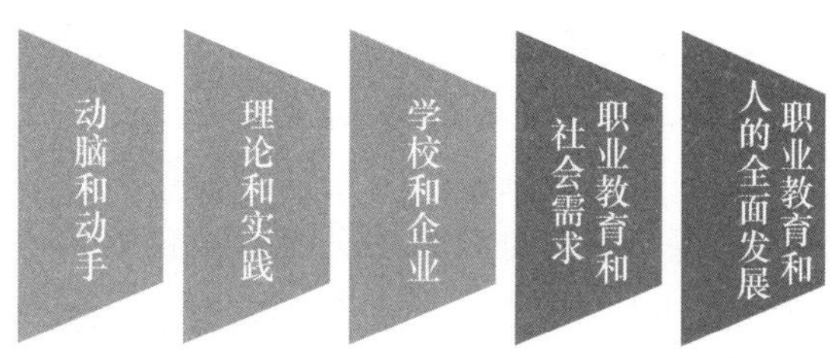

图1-7 五个"最真实的结合"

目前，中德职院与其他国家的交流合作已成常态。在建设国家示范校的3年期间，中德职院100多名教师和管理人员还被派往德国、西班牙、加拿大、日本、新加坡等国家学习交流，17名教师参加了教育部举办的"中德高等职业教育师资进修项目"。学院领导还参加了教育部高职院校领导海外培训项目，前往美国、澳大利亚研修，并赴德国考察"双元制"教育及教育质量保障体系，学习借鉴国外职业教育的先进经验。

2. 牵手知名校企

中德职院同德国路德维希应用技术大学、德国空客汉堡培训机构、加拿大BC省理工学院、西班牙机床学院、澳大利亚中央技术学院等国外知名院校联合培养具有国际化水准的高技能人才，探索国际合作共享共建教学资源的双赢机制。目前，学院还凭借自身的吸引力，与德国德马吉、博世、西门子，日本三菱，美国IBM等跨国公司和行业龙头企业共同投资6000余万元建设了数控技术中心、液压与气动、电机自动化机械手技术实训中心与体验中心等一批校内实训中心。这些实训中心和体验中心都是由校企共建、共管、共享，直接服务于技能人才培养，为学生创造了真实的生产实训环境，保持了技术先进性，实现了使用最先进的设备和技术培养人才的目标。

（二）深化校企合作，共育技能人才

中德职院坚持以国际合作为依托，以校企合作为支撑，按照企业提出的人才培养目标和知识能力结构，校企共同制订人才培养计划，师资、技术、办学条件合作共享，工学交替进行，学生毕业直接到用人单位就业，企业避免人才选择的盲目性，学生就业有了保障。

1. 资源共享

高职院校作为职业教育平台，肩负着向社会输送专业技能人才的重任。然而只依靠学院本身的资源很难实现专业人才的培养标准，与企业等社会机构合作，实现专业资源共享，是一条可选择的道路。中德职院正是意识到这一点，从而不断加深与企业的合作，实现资源共享。例如，自2011年开始，中德职院新能源应用技术专业积极与企业、协会等社会机构合作，联合建设资源共享平台。2011年10月，学院利用央财资源建设风能与动力专业，与中广核风力发电公司正式签署了战略合作协议，双方共同致力于构建国内先进的高素质风电技能人才的培养、培训基地，实现实训基地的资源共享。同时，双方在学院内合作共建"中广核风电培训中心"，搭建风电人才的高端培训平台，共享平台资源。

2. 订单培养

订单培养一方面为企业提供了急需的人才，另一方面也解决了毕业生的就业问题，是校企合作的重要形式。2010 年以来，大火箭、空客和天航等大企业都采取了订单班的方式和中德职院共同培养企业需要的高技能人才。实践证明，订单式培养，企业提前介入，学生精心挑选，课程精心设计，实训精心安排，学生感到收获大、进步快。

同时，中德职院将“洋气”的国际交流和“本土”的订单培养这两大元素结合在一起，在 2013 年 3 月推出“中德学院与德国 NZWL 和施洛特公司订单班”，挑选 50 名学员，培训考核合格后赴德国进行为期一年的技术培训，于 2014 年底返津成为德国 NZWL 和施洛特天津公司的首批雇员和生产一线骨干。这项活动不仅有效地实现了学校、用人单位、学生的“三赢”，也推动了中国职业教育国际化的进程。

（三）突出特色办学，创新人培模式

特色办学就是要勇于创新，争创不同，将教育办出特色、办出水平。中德职院以工学结合人才培养模式建设、课程和教材建设、校内外实训基地建设、师资队伍建设、人才培养质量保障体系建设、信息资源及共享型教学资源库建设“六项工程”为抓手，实现了综合实力的全面提升，使“中德特色”更加凸显。

1. 专业建设

中德职院借鉴德国职业教育理念，提出以“核心技术一体化”专业建设为指导的人才培养模式。“核心技术一体化”就是指构成某一专业的若干个核心技术组成一个紧密衔接、相互配合的整体。“核心技术一体化”专业建设就是依据人才市场需求和职业、岗位要求，每个专业明确若干个核心技术技能，整体教学过程围绕核心技术技能展开。在专业大类平台基础上，学院构建专业平台，搭建以能力为本的教学模块，将理论与实验、实训相结合，形成了课堂与实验（实训）室、实习车间和生产车间交叉的一体化教学模式。

以机电一体化专业为例，该专业的人才培养更多地呈现出一种“非连续学习、往复式学习、工学交替、终身造就”的特点。按照基于工作过程的建设理念，中德职院构建了“一个核心、两个阶段、四个层面”的一体化专业人才培养方案，即针对机电一体化技术专业的“核心技术”，将学习分为校内两年半学习和企业半年实习两个阶段，构建了基础学习、专业学习、综合实训、拓展学习四个层面的模块训练型课程体系（见图 1－8）。

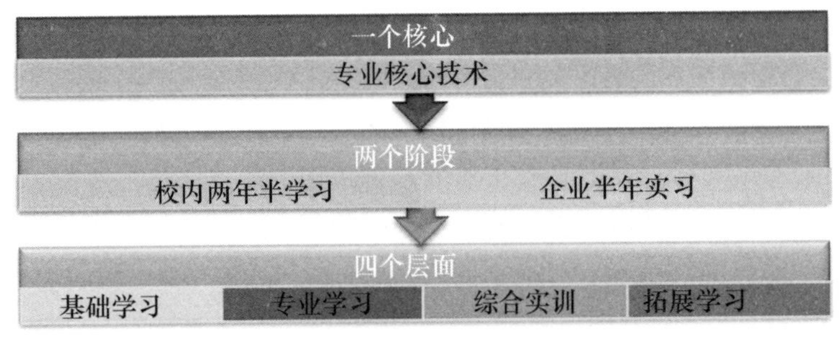

图 1－8　一个核心、两个阶段、四个层面

2. 课程建设

在课程改革与建设中，学校按照“核心技术”的一体化人才培养方案，校企深度融合，聘请企业专家参加课程建设，共同制定突出职业能力和素质培养的课程标准，共同设计课程内容和教学方法，共同编制特色教材，共同扩展网络化资源，共同创新课程质量考核评价体系。在示范校重点建设专业的带动下，学院每门专业的核心课程均形成了集课程标准、电子教案、教学课件、特色教材、网络资源等多位于一体的教学资源包。教学资源包类型多样，内容丰富，使用方便，更新及时，利用率高，为专业教学提供了非常有价值的素材，同时也开拓了学生视野、丰富了课堂教学，为学生自主学习搭建了平台。

3. 师资建设

在师资建设中，中德职院打造的以教学名师为引领的专兼结合优秀教学团队迅速成长。学院从“双师素质”和“双师结构”两个方面采取“引、聘、送、下、带”和专任教师与企业技术人员“互兼互聘，双向交流”等措施打造专兼结合的优秀教学团队。双师结构主要从引进企业兼职教师、建立企业兼职教师人才库等方面入手；双师素质则从企业兼职教师教学能力培养，专任教师下企业实践、承担企业项目、出国培训、学历提升、参加实训基地建设、指导和参加大赛等多方面入手；同时，安排一门“现代职业教学法及其实践”的课程，有针对性地为新教师制定4个月的基础实践和专业技能培训，安排新教师进行针对性较强的2~3个月的企业实习，提升新教师的教学水平。

三、体会与思考

职业院校的根本任务就是培养学生的职业技能，天津中德职业技术学院之所以能在全国职业院校中位居前列，被誉为锻造“金牌蓝领”的摇篮，并不是因为其拥有先进的机器设备和先进的办学理念，最根本的原因在于为社会培养了优秀的技能型人才，满足了社会需求，同时也实现了学生的自身价值。因此，人才培养能力才是评价一所学校最基本的准则。中德职院依靠国际合作、校企合作、特色办学、服务地方经济等办学模式，成功地培养了一大批优秀的高技能人才，获得了社会的广泛认可，值得借鉴。

（一）国际合作是依托

从建校开始，中德职院就被贴上了“国际合作”的标签。不同的是，学校已从开始时的中德合作，发展到后来的德国、日本、西班牙三国合作，再到现在的与澳大利亚、加拿大等多国合作。可以说，国际合作伴随着中德职院发展至今。学院通过引进国际化的专业技术标准、优质的教育教学资源、高端的人才智力资源、先进的技术设备和产品等，并将其嵌入专业建设和教学中，强化了专业建设。同时，通过国际合作办学、专业对接、课程共享、教师进修、学生交流、专项合作、管理互动、平台搭建等，强化国际化教学资源和人力资源及管理模式的引进、强化实训基地建设同国际高端知名跨国企业的合作、强化具有国际化视野和能力水平教学团队的打造、强化国际通用职业证书标准的嵌入，有效提升了学院人才培养的国际化水平，提升了学生的专业技能。

（二）校企合作是支撑

目前，职业教育面临的一个突出问题就是：对企业来说，学校培养的人才缺乏实践经验，学生毕业之后不能满足企业的需求；而对学生来说，虽然拿到了毕业证却找不到工作。最终导致企业招不到人，学生又找不到工作的尴尬局面，而校企合作是解决这个难题的关键。中德职院正是意识到这一点，才会以校企合作为支撑，强调与企业的合作办学。中德职院通过与校企共建共享平台，以企业对人才的实际需求能力为标准培养学生的动手实践能力。又通过订单培养，与企业一起制订人才培养方案，着力培养企业急需的人才。学生的就业有了保证，企业也能招聘到真正掌握技术的人才。

（三）特色办学是前提

如果所有的职业院校都按一个模式去发展，就没有特色可言，就难以出类拔萃，规模也难以发展壮大。因此，职业院校要想办得好，特色办学是前提。中德职院为了鼓励和培养学生的科技创新精神，体现学院的办学特色，按照“搭建平台、典型引路、积极引导、重在普及”的思路，在学校大力营造“崇尚科技创新，精于专业技能”的科技文化氛围，建立完善的大学生科技创新活动工作机制，积极探索和优化创新型人才培养模式，实现了学院在专业、课程、师资等多个领域的特色办学模式，培养出了具有创新精神的大学生。

案例五　丽水市职业高级中学

——“丽水技工”品牌的打造之路[①]

背景：

人才培养模式和校企合作一直都是中职院校教学改革的重点。因地制宜的人才培养模式才能培养出满足社会需求的人才，深度的校企合作则能为优秀人才的培养提供条件。丽水市职业高级中学结合各专业特色，采用不同的人才培养模式，打造出三层次的实习体系，提高了教学质量，教学改革取得一定成效，其中有很多地方值得我们深入思考。

一、学校概况

丽水市职业高级中学（以下简称“丽水职高”）位于丽水市莲都区，是丽水市教育局直属的唯一一所办学规模最大、办学条件最好的国家级综合性重点中等职业学校。学校总占地297亩，总建筑面积12.3万平方米，开设数控、电子、餐旅、汽修、综合五大类12个专业，其中电子与信息技术、数控技术应用、烹饪专业为省级示范专业，汽车运用与维修、旅游服务与管理、学前教育为市级骨干专业。学校拥有高标准建设的实训基地，其中山海协作职业技能培训基地是浙江省首批综合公共实训基地。

丽水职高积极参与组建由丽水市人民政府批准建立的丽水职业教育集团，是集团副理事长单位；积极探索“区域引领合作”模式，为促进丽水市职业教育均衡发展作贡献。建校40余年来，学校先后获得“国家级重点中等职业学校”、“中国职业院校500强”、“浙江省中职学校30强”、“浙江省中等职业教育课程改革优秀基地学校”、“浙江省职业教育科研工作先进集体”、“丽水市职业教育先进单位”等50多项殊荣。

二、另辟职教蹊径，打造“丽水技工”品牌

丽水职高自创办以来，不断开拓创新、另辟蹊径形成了独具特色的发展模式，其中包括“三实、三气、三强”制的人才培养目标、理实一体化的课程体系、“识岗、知岗、顶岗”的三层次实习体系，开拓丽水市职教中心、丽水市职业高级中学的新时代职业教育之路，打造“丽水技工”品牌。

（一）顺势改革发展，创新各专业人才培养模式

丽水职高以培养“三实、三气、三强”技能人才为目标，重点加强学生职业道德教育、职业技能训练和继续学习能力提升。“三实”指心灵诚实、生活朴实、做事务实；“三气”指秉承正气、胸怀大气、待人和气；“三强”指动手能力强、适应能力强、服务意识强。结合“三实、三气、三强”制的人才培养要求，丽水职高四个重点示范专业以“三强”为目标，注重对实践

①本文根据公开资料编撰而成，资料来源包括丽水市职业高级中学官网、丽水市政务信息网、光明网、求是理论网等。

技能的塑造，结合专业特色情况建立了各具特色的专业人才培养模式。

1. 创建“基本素质 + 专业技能 + 创新能力”的人才培养模式

依托丽水市大力发展休闲养生旅游经济的行业规划，对接当地旅游业行业发展方向和企业岗位实际的人才需求，旅游服务与管理专业以学生为本位，以就业为导向，突出休闲养生等核心技能的培养，创建了“基本素质 + 专业技能 + 创新能力”的人才培养模式。

“基本素质”即通过德育课程、文化课程和专业基础课程的教师与学生、教与学的双向互动，以培养学生的综合素养、终身学习能力和社会发展适应能力；“专业技能”即以校企双向课岗对接、工学结合的形式，综合采用以任务为驱动的项目教学、场景教学、模拟教学、案例教学、岗位教学等教、学、做一体化的教学模式，通过专业技能课的教学、校内实训基地虚拟仿真的实训内化与校外企业真实工作任务环境的阶段性认知实习的磨炼，实现学生旅游专业知识和技能的系统化吸收和掌握；“创新能力”即以“基本素质”和“专业技能”为基础，以专业拓展课为突破，充分调动和激发学生的学习兴趣和积极主动性，挖掘学生的开拓创新潜力，以顶岗实习为实践提升形式，通过系统完善的岗位实习，培养学生独立思考、发现问题、分析问题、解决问题的科学思维和综合创新能力。

2. 以“能力梯次递进”为特征的工学交替人才培养模式

以培养学生的就业竞争力和发展潜力为培养目标，数控技术与应用专业依据工作过程确定教学顺序，以生产性实训为主线，按照认知→基本技能→专项技能→综合技能的培养路径，教学期间结合企业实践，能力梯次递进，同时将职业素质教育贯穿人才培养全过程，实现学生向员工角色的逐步转变。

3. 以“培养基本素质能力和技术应用能力”为主线

汽车运用与维修专业坚持以“培养基本素质和技术应用能力”为主线的人才培养模式，形成学生终身发展的基本素养教育模式。该模式以职业素养提升为切入点，全面提升学生的综合素质，带动学校的教育教学管理、学生管理等工作，充分利用校企合作平台资源，从学校、企业、教师、企业技术骨干等渠道全方面向学生进行职业素养知识的灌输；以学生的兴趣爱好为引导，开展丰富多彩的校园文化活动和社会实践活动，充分体现本专业职业素质培养特色。由此，学校搭建了“职业素养 + 专业技能”培养的立交桥，为社会培养一批高素质技能型人才。

4. 实施“以教产融合为方针，以能力培养为核心”的人才培养模式

电子与信息技术专业坚持“以教产融合为方针，以能力培养为核心”的改革方向，加强“工学结合”的校企合作模式，与企业在共同开展课程体系建设、课程开发、技能竞赛、师生实习实践等领域进行了深入合作，收集了大量企业一线的实用工程案例，使学生所学知识和技能与社会实际需求更加紧贴。

（二）深化校企合作，打造多层次实习体系

如何锻炼中职学生的动手能力，提高他们的实际技能水平，是中职学校教育的一项重要任务。丽水职高进一步深化校企合作，打造了多层次的实习体系。

1. “识岗、知岗、顶岗”三层次实习体系

丽水职高改变传统的单一层次实习体系，打造“识岗、知岗、顶岗”三层次实习体系（见图1-9）。在识岗阶段，从培养学生的职业意识和职业信念出发，在一年级开学之初，学校组织一个星期的企业参观、考察任务，使学生了解未来从业环境及从业岗位，激发其对学习的兴趣和

动力，树立正确的职业认知。在知岗阶段，安排学生在二年级累计一个月的时间轮岗体验及接受企业技能专家的辅导，巩固所学的专业技能基础知识，并结合岗位实践融入到技能专业训练中，使学生能够及时将掌握的技能知识运用到实践中，反馈实际的工作问题，在教学中得到解决。企业反馈、课堂调整、工学交替是知岗阶段的核心。在顶岗实习阶段，安排三年级学生到专业对口的指定企业进行上岗前的顶岗实习工作。顶岗实习具有衔接作用，有助于增强学生的岗位意识和社会经验，缩短学生的就业准备期和工作试用期。

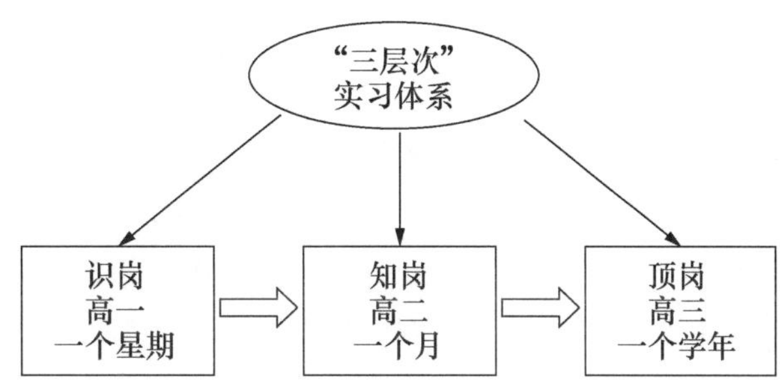

图1-9　丽水职高"识岗、知岗、顶岗"的三层次实习体系

2. 建设校外实训基地，校企共育人才

丽水职高成立了由企业、学校负责人、企业技术专家和学校专业带头人组成的专业建设指导委员会，组建校企合作、工学结合运行管理机构，形成规范的规章制度和管理办法，建立校企合作、工学结合运行长效机制。丽水职高累计建立40多家校外实训基地，可同时容纳500名以上的学生参与顶岗实习工作，并为实践教学任务提供帮助。校外实训基地的建立，为培养学生专业应用能力提供了良好的平台。通过深入企业调研、座谈，学校在专业设置、人才培养目标和培养方案设计方面吸纳企业专家合理的建议，激励教师积极参与企业产品的研发与生产，激励企业技术人员参与学校教学改革与专业建设，促进了校企深度合作。

3. 开发校企合作管理平台，拓宽就业渠道

为了更好地推进校企合作，提高学校、企业、学生之间的互动性，加强对学生顶岗实习管理与过程的监控，以及开拓毕业生对口就业渠道，丽水职高建立了校企合作信息管理平台。学校积极拓展在校企合作管理平台中的注册企业，现已联系到20多家注册企业进驻。通过校企合作管理平台，校企合作信息更加透明，为学生提供了解企业的信息渠道；同时，学生信息也对企业透明，为企业选择优秀学生提供信息渠道。顶岗实习管理系统则可以加强学校和企业对学生顶岗实习期间的管理，提高学校管理效率和企业生产效率。

4. 发挥社会经济效益，反哺丽水人民

丽水职高不断加强社会服务力度，利用学校资源服务地方经济发展，服务企业技术进步。近两年来，学校为浙江爱铂门控有限公司、高乐公司水公园提供员工培训服务，并为丽水市退役士兵、下岗工人、少数民族兄弟姐妹等开展就业培训，开展的工种培训有汽车驾驶员、汽车机修工、汽车维修电工、电焊工、厨师、餐厅服务员、育婴师、幼师等10个类别，累计培训人员达25000人次以上，创造了良好的经济效益和社会效益。

三、体会与思考

近年来，丽水职高改革人才培养模式和深化校企合作，服务地方经济，走出了一条独具特色的高职发展之路。

（一）培养“精兵强将”，发挥品牌优势

丽水职高以培养“知识+技能”的人才为宗旨，以体现专业特色和专业定位为准则，努力让技术和需求结合，就业和社会接轨。学校提出了“紧贴区域经济和社会发展需求、紧贴学生全面发展的就业创业需求、紧贴学校现实基础和市场经济走势”和“围绕市场设专业、围绕企业建实训基地、围绕岗位设课程”的办学理念，大力推进改革创新，强调理论教学与实践教学一体化，实行实训课车间化管理、学生准员工化训练。在加强专业建设中，学校还及时根据毕业生就业后专业的适应性和专业发展趋势，不断调整专业结构和课程设置，以培养更多适应地区经济社会发展需求的人才，让学生成为服务地方经济发展的“永久牌”技能人才。

（二）校企“双强联合”，创新职教实践

丽水职高的校企合作实现了两大转变：一是大大提高了学校选择企业的标准，强化了学校在校企合作当中的主导性。丽水职高更注重企业的成长潜力。二是变浅层次的校企合作为深层次的人才共同培养提升机制。如学校与嘉利集团、纳爱斯集团等大型企业签订了专门的订单合作班。在合作办班的基础上，以工学结合的形式让学生在就读期间对企业能有更多感性的认识，企业专门设立学生评价体系，完善对学生的鼓励、扶持、资助政策，同时校企间互派学员相互学习，加强理论与实践的结合。

第二章　转变办学思路　凸显院校特色

随着现代职业教育体系建设加快推进，学校如何抓住机遇，从众多竞争者中脱颖而出已显得尤为重要。转变办学思路，以特色促发展不失为学校提升竞争力、提高办学成效的一种积极尝试。

案例一　海南省经济技术学校

——扶贫扶志基地[①]

背景：

扶贫重在扶志，扶志重在育才。海南省经济技术学校围绕扶贫开发，开设巾帼励志中专班、失地农民子女中专班、勤工俭学中专班等，解决贫困家庭子女的教育问题，让受助者学有所成，自食其力。这不仅体现了强烈的社会责任意识，也为我国职业教育扶贫做出了一定贡献，其办学思路和办学方向将为我国职业院校的发展提供借鉴和参考。

一、学校概况

海南省经济技术学校（以下简称“海经技校”）的前身是海南省粮食学校，1964 年 11 月创建，于 2007 年 5 月更名为现名，是海南省教育厅直属的省级重点中等职业学校。学校分为府城和桂林洋两个校区，总占地面积 95.01 亩，总建筑面积 33618 平方米。学校现开设农产品保鲜与加工（食品检验技术）、会计电算化、休闲体育（高尔夫管理）、酒店服务与管理、中餐烹饪、西餐烹饪、美发与形象设计、计算机应用、计算机网络技术、平面媒体印刷技术、汽车运用与维修、电子与信息技术、空调设备运行与维修、服装设计与工艺等 16 个专业，其中食品检验技术、会计电算化、计算机应用、汽车运用与维修专业为海南省重点建设专业。

近年来，海经技校紧紧抓住海南省提出的“自 2007 年起，用三年时间打好职业教育翻身仗”的发展机遇，确定面向市场、对接本省产业发展的办学思路，大胆创新办学模式，取得了跨越式发展。2012 年 9 月，海经技校被确立为“国家中等职业教育改革发展示范学校建设计划”第三批立项建设学校，这将积极地推进学校进入发展的快车道。

二、扶贫扶志铸特色

自海南省成为经济特区以来，我国唯一的这座热带岛屿经济社会水平提升明显。然而由于起步晚，基础水平不高，海南省与发达地区相比还存在相当大的距离。在全省 18 个市县当中，贫困县占到 11 个，农村贫困人口数量达 50 万人。相应地，这种形势下的教育也不容乐观，很多贫

①本文根据海南省经济技术学校官网等公开资料编撰而成。

困家庭子女因经济原因在初中毕业后便没有继续升学。海经技校深入当地进行调研，积极探索职业教育扶贫新路子，创办扶贫巾帼励志中专班、失地农民子女中专班、勤工俭学中专班，一定程度上解决了贫困家庭的教育问题。

（一）扶贫巾帼励志中专班

2009 年在省教育厅、省财政厅、省扶贫办的支持下，学校联合省妇联创办了扶贫巾帼励志中专班，为全省教育扶贫开发事业做出了巨大贡献。2010 年 1 月 11 日，习近平同志对该校这一做法做出重要批示："扶贫重在扶志，扶志重在育才"，并于 4 月 13 日亲临学校视察。

1. 好女孩、好母亲、好家庭

"女子能顶半边天"，一个家庭乃至一个社会的稳定繁荣发展都离不开女子这一群体的支持与贡献。好家庭需要一个好母亲，好母亲的蜕变之前往往也是一个好女孩。按照反向思维，女子教育事业需要从"娃娃"抓起。2009 年初，海经技校通过对各市县中职教育生源情况调研发现，约 60% 的农村贫困家庭女孩初中毕业后就没有继续接受教育。这些女孩不是外出务工，从事简单繁重的体力劳动，就是早早结婚生子。经济条件的制约使得这些女孩没有机会获得更多的教育，限制了自身价值的实现，阻碍了当地经济的发展。

针对此种情况，海经技校创新职业教育模式，创立扶贫巾帼励志中专班，专门招收海南省农村户籍家庭经济困难子女、享受低保待遇家庭子女、孤儿学生、单亲家庭子女等。她们不仅可以免费接受职业教育，学习技能，谋得就业的一技之长，还可以提升自身的文化素质，实现自身价值。根据扶贫巾帼励志班十年规划：从 2009 年起，海经技校将用十年时间培养 1 万名掌握技术技能、品德优良的好女孩，培养 1 万名掌握家政知识、善于持家的未来好母亲，兴旺 1 万个好家庭。

扶贫巾帼励志班的创立，产生了积极的社会影响。一方面，为贫困家庭女孩的教育事业开创了一个新的起点，为女子教育事业增添了别样的风景线；另一方面，学校把教育事业、扶贫事业和妇女发展事业三者有机结合起来，创造了学校的办学特色，赢得了社会各界的广泛好评。

2. 扶贫、扶志两不误

鉴于扶贫巾帼励志中专班的特殊情况，海经技校一方面对该班学生进行经济补助，另一方面在扶贫的同时也积极扶志，结合班级特点、女性特点安排教育教学工作，如进行心理辅导、双专业课程教学等。

（1）经济补助。扶贫巾帼励志中专班自 2009 年开始招生至 2013 年，五届学生累计 5065 人。该班学生享受"五免二补"政策：免学费、免住宿费、免教材费、免体检费、免校服费；补两年国家助学金，每人每月 150 元；补两年省扶贫办发给的扶贫生活补助费或补两年海南省经济技术学校助学金，每人每月 150 元。另外在《关于做好 2014 级扶贫巾帼励志中专班招生工作的通知》中，可以知悉该班学生可以享受"五免 + 每月补助 350 元"资助。"五免"：免学费、免住宿费、免课本费、免校服费、免入校体检费；每月补助 350 元；第一、第二学年每人每月补助 350 元，第三学年顶岗实习不再享受补助。与前五届学生的补助金额相比，2014 年补助金额每人每月增加了 50 元。

（2）励志教育。海经技校将扶贫巾帼励志中专班列为示范校建设的特色项目建设计划。在建设过程中，学校积极探索各种励志教育方式。第一，建立巾帼励志档案。通过对新生进行归档，便于班主任进行专业分班、安排分层教学、采取特殊辅导。第二，开设功能化励志室。这类功能化励志室主要是励志教育实训室、励志心理咨询室。实训室的功能是借助多媒体设备、十字绣等用具为该班学生进行励志教育。心理咨询室的功能是在配备心理辅导老师的基础上，为这些学生答疑解惑，为她们带去人文关怀，缓解经济、学习、未来选择等各方面所带来的心理压力。第三，构筑励志教育类课程。一方面，开设意志教育、“三勤”教育、感恩教育、心理健康教育、行为习惯教育、责任意识教育、挫折教育、“四信”教育、党团意识教育、理想目标教育十方面的特色励志教育课程，并开设各种励志讲座；另一方面，针对女性特点，海经技校设置了双专业课程，即学生可以在原就读专业的基础上辅修家政专业，把学生培养成兼技术、品德的双面能手，为未来好母亲做准备。第四，安排励志教育实践活动。为了锻炼学生所必需的专业素质与相应的吃苦耐劳、遵守纪律、敬业爱岗、团结合作等非专业素质，海经技校不仅成立了励志志愿者服务队，建立了励志党支部，而且也积极为扶贫巾帼励志中专班创造勤工俭学的机会。

扶贫巾帼励志中专班学生就业主要采取学生“自主择业+学校推荐”、订单培养方式。如农产品保鲜与加工专业与海南罗牛山食品集团有限公司合作办学，该专业的学生毕业后可安排在该公司工作；计算机网络技术专业与中国电信海南分公司合作办学，该专业的学生毕业后可安排在该公司工作；美容美体专业与海口红妆美容有限公司合作办学，该专业的学生毕业后可安排在该公司工作。如今该班已有千余名毕业生，她们“有文化、懂技术、会经营”，其中很多毕业生已逐渐成为企业骨干和家庭经济的顶梁柱。

（二）失地农民子女中专班

与巾帼励志中专班创办理念一样，海经技校也创办了失地农民子女中专班。这主要是考虑到海南省在大发展和国际旅游岛建设时期，大量农民土地被征用作为新兴工业、旅游业建设用地，在农民失地的情况下，学校深入失地农民家庭调查，了解可就学子女情况，与政府共同发动、资助农民子女入学就读。失地农民子女中专班的学生在就读期间，他们可采取工学结合形式完成学业。毕业后可以被推荐就业。

如此，一方面，招收失地农民子女入校学技能，可以让他们实现自力更生，并为家庭提供经济帮助；另一方面，从长远来看，此举可以使失地农民的后期生活有所保障，从而在这些农民土地补偿款花销完之后，不再一味依赖政府支持。这在一定程度上可以为政府减轻压力，并利于社会安定。

（三）勤工俭学中专班

基于扶贫扶志理念，海经技校为了给更多农村贫困家庭子女提供就学机会、让他们实现脱贫夙愿，学校与企业（主要是餐饮企业）合作，共同招生、培养，创办勤工俭学中专班。与其他班级相比，该班学生学费的收取、完成学业的方式会有所不同。其一，在学费上，该班学生在入学时可以先不交学费，而是后期通过勤工俭学挣钱再来交学费。其二，在学业上，主要是分为旺时旺季的勤工俭学和淡时淡季的在校学习的特殊方式完成学业。在这一过程中，学生通过勤工俭学能把课堂上所学知识运用于实践，锻炼动手操作能力，培养吃苦耐劳等非专业素质。与此同时，企业可以通过这种校企合作方式，解决其旺季、旺时的用工急、用工难问题，降低用人成本，实现持续性的人才培养和储备。

三、体会与思考

海南省经济技术学校围绕扶贫开发，解决贫困家庭子女的教育问题，让受助者学有所成，自食其力，这不仅体现了强烈的社会责任意识，而且也为职业教育扶贫做出了一定的贡献。在肯定成效的同时，我们也应为海经技校进一步发展提供相关建议。

（一）扶贫扶志应不止于创立扶贫巾帼励志中专班

海南省经济技术学校在办学方式上找准了市场空隙，赢得了政府、社会的美誉，达到了办学效益、社会效益的双赢。起初从表面上看，扶贫巾帼励志中专班貌似缩小了招生范围，实则一旦打出品牌，争得政府、社会支持，短时间内就会形成良性循环。这种利国、利民、利学校的办学模式可以为其他职业院校提供一丝启发，学校应该“明其道不计其功”，明确办学理念，实现可持续性发展，不计较“一城一池”的得失。

海南省经济技术学校这类职业教育扶贫扶志方式只是一个完美的开始，而绝不是“句号”。比如，有专门为贫困家庭女子开设的巾帼励志班，为何不能再为贫困家庭男子开设精忠报国班呢？或者在不久的将来，海经技校能否与大专院校开通巾帼励志中专、大专直通车呢？

（二）专业设置应不止于对接地方产业规划

在海南建设国际旅游岛之际，海经技校根据海南省产业规划，对接市场需求，为扶贫巾帼励志中专班学生设置了酒店服务与管理、农产品加工与检验技术、烹饪与糕点制作、企业财务与超市收银、服装设计与制作、高尔夫服务与管理等 13 个专业。海经技校根据现实情况，进行教育教学安排，可以让学生更好地实现就业，与市场“零距离对接”。只是需要明确三点：首先，学校需要调研市场行业实际人才需求，不能某个行业火就盲目扩大该行业对应的专业招生人数。其次，学生在某些特殊专业的学习上应该具有迁移性，例如，高尔夫服务与管理专业的学生也应该具备其他类似服务与管理专业的技能，使学生在某一专业上有所精，也使学生在类似专业上有所长。如此，学生就不必特别担心那些市场容量低的行业需求。最后，学校在服务地方经济的同时，也应考虑学生的期望就业地点，结合多数学生的意愿，开设某个地区乃至全国市场行业需求的对接专业。

（三）资金筹措应不止于依赖外界支持

在扶贫扶志的道路上，学校面临的最主要的问题便是经费。如何筹措经费，如何持续保障经费来源，是摆在学校面前的一大现实问题。2009 ~ 2013 年，在海经技校、省扶贫办和社会慈善团体等的资助下，共为扶贫巾帼励志中专班学生免除学费、住宿费及提供的生活补助费高达 2000 多万元。除了政府及社会的经费支持外，海经技校需要依靠其他渠道进行创收，如校企合作模式创新、公共技能培训等，保障扶贫扶志班的连续性。

案例二　北京劲松职业高中

——“国际化”职校中的一棵“劲松”①

背景：

发达国家先进的职业教育经验和理念的确值得我们借鉴和学习，但是如何做到合理有效引入先进理念和模式，而不是单纯地模仿，则需要国内中职院校根据自身实际情况，因地制宜，方能达到最佳效果。在这方面，北京劲松职业高中的国际化合作办学为学校的快速提升发挥了积极作用。

一、学校概况

北京劲松职业高中（以下简称“劲松职高”）始建于1983年，是北京市一所独立设置的职业高中。学校占地面积9.1万平方米，建筑面积10.09万平方米，平均在校生4000多人，教职工300多人，各类培训年均4000多人次。现学校开设有烹饪（中餐、西餐）、美发与形象设计、美容美体、饭店运营与管理、影像与影视技术、旅游服务与管理、音乐、乐器修造、计算机动漫与游戏制作、休闲体育服务与管理、商务英语、国际商务、电子商务等专业。其中烹饪专业、美发与形象设计专业是北京市示范专业。

1993年劲松职高开始与德国合作，开办“双元制”培训。2000年学校引进欧洲先进的办学理念，把英国伯恩茅斯学院职业教育的课程引进国内，并引进西餐厨师专业、国际酒店管理专业、美容美发专业，结合学校实际情况，改造引进课程，实现课程本土化。在这30多年的发展过程中，劲松职高形成了鲜明的办学特色：贴近市场，培养人才，办国际化特色的职业高中。

二、国际合作，追求卓越，锻造精品

多年来，劲松职高一直致力于国际化合作教育，不仅培养了大量高素质的技能型人才，还促成了很多国际友好交流项目，赢得了良好的声誉。

（一）国际合作建设现代化专业

20世纪90年代初，学校开始进行国际职业教育交流与合作的探索，引进欧洲现代化教育理念建设现代化专业。

1. 中德合作建设烹饪专业

1993年，劲松职高与德国巴登—符腾堡州旅店餐饮协会及菲林根烹饪学校开展了中国学生在德国参加“双元制”职业培训的合作项目，派遣西餐专业二年级学生到德国参加“双元制”职业技术教育培训。“双元制”职业教育是在德国形成并发展起来的一种教育形式，它对德国经济发展起了积极的推动作用，被称为德国经济腾飞的“秘密武器”。“双元制”培训的实质就是理论与实践相结合，以实践为主；学校与企业相结合，以企业为主；学生不以获得学历为目的，

①本文根据公开资料编撰而成，资料来源包括北京劲松职业高中学校官网等。

而是以全面掌握技能获得上岗任职资格为目标。[①] 学生在学习过程中能取得四个证书，即中国的职业高中毕业证书和德国烹饪学校的毕业证书，中国和德国的厨师证书。其中德国的厨师证书在欧共体国家通用。通过与德国合作进行学生的“双元制”培训，劲松职高的学生在各方面均取得了较大的收获。从德国学习回来的学生可以直接在北京五星级饭店申请到领班岗位，而这一岗位通常是要有3年的本饭店工作经历才可能申请到。劲松职高引进德国“双元制”培训教学理念，不仅提升了学生就业能力，也提高了学校教育质量。

2. 中英合作共建4个专业

1999年劲松职高开始引进欧洲优秀的职业教育学院的专业课程，与英国伯恩茅斯学院洽谈联合办学事宜。与中德合作只局限在烹饪专业，中英合作内容更广泛，也更深刻，学校一共引进西餐烹饪、美容、美发、国际酒店管理四个专业。学生在劲松职业高中用三年时间完成英国两年的课程，通过考试可以取得英国NVQ（National Vocational Qualification System，即英国国家职业资格证书制度，是以国家职业标准为导向，以实际工作表现为考评依据的一种新型的职业资格证书制度）职业技术证书和中国烹饪中级厨师证书，同时取得劲松职高毕业证书和伯恩茅斯学院毕业证书。此外，学校每年可以派出12名教师去英国进修，学习英国的教学模式。[②]

劲松职高按照学校的培养目标，从教学模式、课程模式、实践能力的培养以及考核方法等方面进行了全方位的课程改革，[③] 将英国课程实现本土化。同时，学校积极进行岗位技能分析和职业分析，形成适合自身合作办学的“多元选择式课程”模式。学生在学校学习期间在学习模式、去向、考证方面都有多种选择，教学具有针对性和有效性。

（二）国际合作培养国际型人才

在引进国外课程的同时，根据学校实际课程情况，劲松职高形成了课堂教学、活动教学和实践教学“三位一体”的人才培养模式。

1. 课堂教学

劲松职高形成了具有本校特色的教学模式——“仿真式教学”，即在教学语言、教学内容、教学考核、教学环境方面进行岗位现实模拟仿真，对教法、学法、考法进行改进，推行菜单式教学、课业式考学、任务式考核等教学方法。如图2－1所示。

模拟仿真教学语言（双语教学）：选派外语教师去英国学习专业理论知识，回国后用外语讲授专业课，提高学生的英语听说读写能力；专业课教师出国则重点学习专业教学理念、教学模式；英国派教师来北京进行交流。教师教学用英语、法语、德语等语言，介绍西餐的菜谱和厨房的有关知识，使学生熟悉外籍管理者语言环境。

模拟仿真教学内容（菜单式教学）：根据餐厅的中西餐菜单组织教学内容，使学生们学会合理利用原料，按菜单制作热菜、冷菜、汤和甜点。

模拟仿真教学环境（设备、用具、位置）：按照北京市五星级厨房的样式，合理安排教学实习室，设备、用具都按照饭店标准配备，相关设备和用具的摆放位置都与饭店相仿，利于学生养成符合工作程序的职业习惯。

---

①贺士榕：《走出国门，培养高质量人才》，《民主》1995年第3期，第10页。

②《北京劲松职业高中：联合英德，感受新理念》，上报引刊，第88页。

③《加强国际合作，推动职教发展——北京市劲松职业高中采访纪实》，上报引刊，第13页。

图2－1 4个“模拟仿真教学”

模拟仿真教学考核：按照劳动局技术等级考核的方式进行每学期末的专业课考核，包括理论笔试和实际操作，使学生适应技术等级证书的考核，结合英国职业资格证书的考试大纲，改进学校烹饪专业的教学和考试方法。①

2. 活动教学

劲松职高先后多次组织学生到国际型酒店参加社会服务工作，如2004年参加全球瑞士酒店总经理年会的服务工作，参加中国政府宴请克林顿、温家宝总理宴请加拿大总理的服务活动等，② 并与这些国际性企业签订合同，利用饭店的资源培训学生。学校在企业淡季时对学生进行整体培训，包括企业的文化、从业要求、专业知识、专业技能；在企业人员不足时，学校安排学生顶岗实践，实现学生与工作单位的零距离接触，提高学生动手操作能力。

3. 实践教学

劲松职高烹饪和酒店管理专业的学生会被分配到五星级饭店去实习，在高规格的环境中，接受高规格的训练。对于实践教学，劲松职高提出“四个合一”的工作目标：一是学习者与工作者合一；二是教育者与行业专家合一；三是作品与商品合一；四是教育效益与经济效益合一。实践教学以育人为目标，同时也创造价值，使“消耗型”实习变成“盈利型”实习，达到在育人中创收，在创收中育人的效果，使产教结合、校企合一落到实处。

（三）国际合作培养多元化教师

劲松职高在建校之初，就着手组建专业教师队伍，从各专业第一批毕业生中选择优秀毕业生留校，培养青年教师，鼓励青年教师继续学习，并为他们提供各种进修机会。学校先后派出教师100多人次到英国、德国、法国、澳大利亚、中国台湾、中国香港等国家和地区进修，学习先进

①《加强国际合作，推动职教发展——北京市劲松职业高中采访纪实》，上报引刊，第14页。

②《职教劲松》，上报引刊，第39页。

的教学理念。同时，学校还通过承办或协办各种大型比赛，加强与行业、协会、酒店等单位的联系，给教师和学生创造较多的学习机会；并聘请了多位“国宝”级大师作为行业顾问，通过组织座谈、访问、指导和提供最新信息等方式，来解决教师行业实践经验和时间不足的难题。

三、体会与思考

劲松职高实行国际化合作办学，培养出一批具有综合职业能力的一线技术人才和劳动者，教学质量有明显提高，教学发展成效较为明显。

（一）实现战略转变，更新办学理念

劲松职高根据社会经济发展和中等职业教育形势的变化，实现战略转变，走国际化职业教育路线，更新办学理念，创新人才培养模式，确立“走内涵发展之路，创职教品牌”的发展目标，先后与德国、英国、法国、澳大利亚等国家合作办学，引进国外职业教育先进的办学模式和教育理念，以多种方式开展交流与合作。学校把国外职业教育注重培养学生操作能力的特点与国内注重学生掌握基础知识的优势相结合，吸收不同国家职业教育的长处，不仅有利于提高学生的综合能力，促进其成功就业，还创新了传统办学模式，提升整体办学水平。

（二）以就业为导向，改革课程体系

劲松职高以人为本，以就业为导向，对课程体系进行改革创新，确定课程改革的任务，适应教学改革的形势，吸收国外的先进教育理念。学校积极进行岗位技能分析和职业分析，形成适合自身的“模拟仿真教学模式”和“多元选择式课程模式”，充分体现以学生为本位、以就业为导向、以培养学生实用能力为基础、以培养实用人才为目标的特点。丰富的学习科目和实践活动为学生提供知识积累，培养其升学和就业能力，使其满足国内外企业的需求。

案例三　陕西省镇安县职业教育中心

——助推“三农”发展的职教先锋①

背景：

农业、农村和农民问题一直是我国在全面建设小康社会过程中不可回避且需要大力关注的难题。要真正解决“三农”问题，必须实现农业的产业化、农村的现代化和农民的知识化，而能够为实现这“三化”直接服务，最具推动力的便是职业教育。镇安县职业教育中心积极探索农科教结合之路，培养大量新型农业技术人员，有效地服务地方产业发展。

一、学校概况

陕西省镇安县职业教育中心（以下简称“镇安职中”）是在1983年创建的镇安县职业高级中学的基础上合并县内七所行业学校于2000年组建的，是一所集职业技术学历教育、成人学历教育、继续教育、农村剩余劳动力转移培训、农村实用技术推广培训等多种职能为一体的综合性国家级重点学校。学校占地面积200亩（主校区占地面积50亩），建筑面积7.9万平方米，设有机电、电子、计算机、现代服务、农学、学前教育6个专业部，包括数控技术应用、机电技术应用、市场营销、宾馆与酒店服务、农副产品加工、果蔬与花卉生产栽培技术、畜禽养殖与疾病防疫、农业机械运用与维修、民间传统工艺、中餐烹饪、建筑工程技术、学前教育等17个专业。

近年来，学校始终坚持“以服务为宗旨，以就业为导向”的办学宗旨，不断创新办学模式，取得了快速发展。学校毕业生一次性就业率达95%以上，年培训5000人以上，有效地服务了县域劳务输出，为县域经济社会发展做出了积极贡献。2006年，镇安职中获评“陕西省职业教育先进单位”；2008年，被评为“文明校园”；2009年，被授予“全国教育系统先进集体”称号。2012年，学校获批成为“国家中等职业教育改革发展示范学校建设计划”立项建设单位。随着国家示范校建设的不断深入，镇安职中将迎来新的发展阶段。

二、创新服务“三农”办学模式

在国家高度重视“三农”问题的新形势下，最贴近“三农”的县级职教中心，应充分发挥其社会职能，为解决“三农”问题做好服务工作。在全面建设小康社会和农村社会转型的大背景下，努力保持和挖掘职教中心的办学特色，根据形势的变化推进职教中心的调整、改革、创新，既是培育新型农民，解决“三农”问题的需要，也是农村职业教育自身发展的需要。

镇安职中坚持把服务县域经济社会发展作为办学的根本出发点，与农业、科技相结合，以市场为先导，以服务“三农”为重点，探索出了一条具有地方特色的农科教结合之路，不仅走出办学困境，而且成为县域经济发展的“助推器”，实现了自身事业发展和服务经济社会建设的双赢。

①本文根据陕西省镇安县职业教育中心官网等公开资料编撰而成。

为了促进涉农专业办学模式改革，转变服务“三农”工作思路，提高农民的科技知识水平，加速农业产业化进程，提升农村职教中心服务地方经济建设的能力，该校通过实施五大工程，打造“服务‘三农’”特色项目，有效发挥了农村职校服务“三农”的职能作用。如图2－2、图2－3所示。

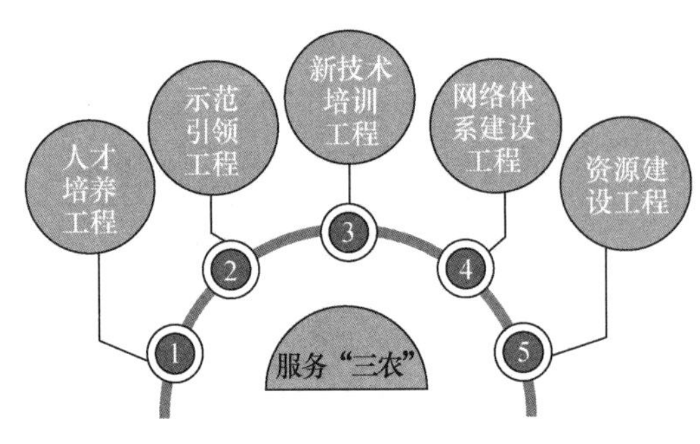

图2－2　五大工程

图2－3　人才培养工程方法示意图

（一）实施人才培养工程，满足农村发展的人才需求

近年来，镇安职中始终把服务县域经济社会发展作为办学的根本出发点，紧紧围绕县域经济建设中心，服务和服从于新农村建设大局，积极实施人才培养工程，以校内全日制涉农专业班、“村校合作、产教结合”及农村产业开发技术短期培训班为主，努力为农村社会经济的发展培养数以千计的技能型人才，充分发挥人才引领作用，有力地推动了县域经济社会发展。

（二）实施新技术培训工程，加快农民致富步伐

为进一步加大扶农力度，提高广大农民科学文化素质，大力发展一村一品致富产业，加快农民致富步伐，镇安职中积极开展实施新技术培训工程，其培训主要采用以下三种方式。

一是集中培训。学校的师生走进田间地头，将核桃科学管理（嫁接、核桃修剪技术、核桃病虫害防治）、板栗科管（采用插皮接、插皮舌接、修剪、去雄的最新技术）、制茶工艺、养殖、栽桑养蚕、蔬菜种植、香菇种植、木耳种植等农村实用技术送到千家万户。

二是通过传播新的栽培技术从而提高中药材的产量和质量，如猪苓丰产栽培新技术、天麻室内栽培技术、白芨覆膜保温栽培技术。栽培技术的革新，对传统药材生产都有着革命性的里程碑式的意义，为该县农业增效、农民增收提供了新的途径。

三是采用企校家联动的方式。学校与陕西美云秦秀有限公司合作办学，开展传统民间工艺技术（如十字绣、手工钩织、手工编织等）培训，年培训约2000人次。学校与企业通过组织城区及农村无业妇女学习十字绣、手工钩织、手工编织等技艺，既解决了她们的就业难题，又增加了

其家庭收入，实现妇女足不出户就能致富的目标。据统计，近五年来，全县20万农民接受了以镇安职中为主的实用技术培训，其中90%的人掌握1~2项实用技术，成为农业科技带头人。

（三）实施示范引领工程，充分发挥辐射带动作用

为了进一步发挥示范基地、示范点辐射带动作用，镇安职中积极实施示范引领工程。学校探索和实行“学校+基地+农户”的办学模式，投资600余万元，建成了拥有猪舍四栋1500平方米、良种母猪300头、年产仔猪4500头的菌床养殖种猪示范基地。同时，学校还建设了多个种植示范点，成效显著。

一是庙沟镇五四村板栗科管示范点，对12000多亩的板栗林采用新的嫁接技术，科学修剪，及时防治病虫害，改变了过去的粗放管理模式，经济效益显著提高，极大地提高了农民的积极性，板栗种植业已成为该村的主导产业。

二是木王镇朝阳村核桃示范点，使300多户农民转变了观念，逐步引进核桃优良品种，对实生树进行高接换头，加强科学管理，经济效益日渐凸显，成为朝阳村的主导产业，辐射、带动全县核桃产业的发展壮大。

三是木王镇栗扎坪村猪苓栽培示范点，目前已初具规模，带动了10户农民发展猪苓2000窝，三年后将获得60万元的纯收入。该示范点通过带动全村发展中药材产业，形成了独一无二的产业结构。

四是回龙镇水源村小杂果示范点，其拥有适合小杂果生长的自然环境，建设而成的优质小杂果示范点经济效益明显提高，改造引进的大樱桃栽培喜获成功，并在镇安樱桃市场占有一定的份额，使果农的经济效益提高了50%以上。

种植示范点的建成，服务带动产业示范大户60余家。按照“带一户、联一片、兴一方”战略，镇安职中以各种基地建设为依托，联村挂户，辐射带动了八亩坪等6个养猪专业村、红光等5个养羊专业村，推动农村主导产业规模化发展。

（四）实施网络体系建设工程，构建长效服务机制

镇安县属于陕西省农村职教发展工程示范县，为了更好地发挥示范县的功能，镇安县初步建成服务“三农”发展的长效机制。

镇安县建立以镇安职中为龙头，以乡镇“三农”服务中心为依托，村组农技校为辐射的现代职业教育学习培训网络体系。该体系集“培训、示范、服务、推广”为一体，在25个乡镇和100个村分别建起农技校，成立农林专业师生为主的为农服务队，定期深入村组农户、田间地头培训指导，并从杨凌农科院等处请来专家、教授为农民举办讲座，解决难题。通过多种途径，学校年培训农民上万人次，累计培训农民科技“二传手”5000多名。长效服务机制的建立，有效地保障了农技培训的持续性和长期性。

（五）实施资源建设工程，提升服务“三农”能力

镇安职中在积极实施人才培养、示范引领、技术推广、现代职业教育体系建立的同时，还不断地加强服务“三农”的资源建设工程。该校组建了农学专业部，设置了为农服务专门机构——培训部，配备多名专业课教师，同时聘请了多名行业专家作为兼职教师，师资力量完全能够满足服务需求。学校建立起能满足教学、培训需求的较为完备的教学信息资源库：购置了11

个专业50门课程教材，开发了8门乡土教材，购买了与专业教学有关的音像资料、电子书及参考书籍，配备了移动多媒体（投影仪、电脑、音箱等）、摄像机、果树嫁接刀具，以满足培训授课时的需求。随着服务“三农”教学培训资源的不断充实完善，学校服务“三农”的能力和水平都得到了较大的提升。

镇安职中始终坚持扎根于农村，服务于“三农”，想农民之所想，急农民之所急，通过实施“五大工程”把农民最需要的新技术、新品种、新成果及时送到农民手中。学校大胆创新服务“三农”的工作模式，初步探索出了服务“三农”的新路子。实践证明，学校的改革创新效果良好，为实现农业发展、农民增收提供了有力的支撑。“五大工程”的有效实施，推动了县域经济的发展，不仅使千万户农民实现了脱贫致富，而且令数以千计的农民获得了创新生活的思路和技艺。

三、体会与思考

通过实施“五大工程”，镇安职中培养了大量农业技术人员，为县域经济的发展做出了积极的贡献，也为我国职业院校培养适合产业发展、服务地方经济的技术人才提供了借鉴参考的样本。

（一）人才培养模式的创新

在国家和社会越来越重视职业教育发展的今天，学校如何做到将人才培养与当地产业发展深度融合，是关乎学校长远发展的大计。

镇安职中依据县内主导产业的发展需求以及政府对农村产业结构发展的规划，充分发挥学校人才、技术、信息、资金、管理等资源的优势，开办涉农专业实行学历教育和创办各类种养殖基地作为学生（学员）的教学实习和技能培训基地，同时发挥示范基地辐射带动作用，培植、扶持、发展种养殖专业户。根据建立联村挂户的产业发展思路，通过专业户、示范户的引领辐射以及学校开展的培训使更多的农民成为有一技之长的新型高素质农民。在多年实践经验的基础上，探索出了“学校+基地+农户”的创新涉农专业人才培养模式，发挥农村县级职教中心服务县域经济社会发展的职能。

（二）校企合作的深度融合

目前，很多职业院校尤其是中职院校在校企合作中的人才培养并没有从学生的根本立场出发，而是为拓宽学生就业渠道，开设更多的合作课程，从根本上忽略了人才培养和管理模式质量的提高及学生的个体发展。

镇安职中按照校企“共建共育”的办学理念，牵手企业，校企合作深度融合，与50余家企业签订了合作办学协议，开辟了“长三角”、“珠三角”、“京津地区”、西安以及县内五大就业基地，与江苏中达电子等省内外多家企业通过实行冠名班的方式开展订单培养模式。同时，学校与多家企业签订“半工半读”以及阶段性教学实习，与省内及县内多家旅游公司、高级酒店签订“工学结合、旺出淡入”等办学协议，实行“工学结合”。

牵手企业建设校企共同体，共同制订专业人才培养方案，实现专业与行业岗位对接，课程内容与职业标准对接，将学校的教学过程和企业的生产过程紧密结合，校企共同完成教学任务，从而达到校企在深度融合中共同受益、共同发展。

（三）职业教育契合产业发展

服务于地方经济社会发展是职业教育的本质属性，职业院校的专业设置必须与地方产业发展相吻合，这已成为业界共识。然而，由于历史和现实的诸多因素，职业院校尤其是中职校的专业设置还面临不少问题。镇安职中加速专业调整与建设力度，在区域产业结构调整、企业转型升级进程中更好地发挥中职院校的人才支撑作用，在现代职业教育体系建设中彰显了职业学校的人才尤其是技术人才的培养作用。

针对该县剩余劳动力现状，学校建立和完善“村校合作、工学交替、产教融合”的服务“三农”模式。该校瞄准当地主导产业，大力开展各类短期培训，依托主干专业优势，充分利用专业教学资源开展农村实用技术、农村新增劳动力转移和各类社会培训工作，构建为“三农”服务的职教网络体系，满足了县域经济主导产业发展和劳动力转移输出技能培训的需要。

案例四　大连东软信息学院

——创意创新创业，共促人才培养[①]

背景：

2014年国务院下发的《关于加快发展现代职业教育的决定》和教育部等六部门颁布的《现代职业教育体系建设规划（2014～2020年）》，为应用技术型大学的发展指明了方向和发展路径。近几年，国内其实已经有一些本科高校在这一方向上展开探索。其中，大连东软信息学院坚持“教育创造学生价值”理念，根据自身的办学定位，不断深化教学改革，以CDIO教育模式来改进教学方式，逐步走出了一条属于自己的特色办学道路。

一、学校概况

大连东软信息学院（以下简称“东软学院”）是经国家教育部批准设立，由东软控股、亿达集团共同投资兴办的一所以工学为主，兼办管理学、文学、艺术学等学科专业的民办普通高等院校。该校的前身是创建于2000年的大连东方软件技术专修学院，2001年其升格为大连东软信息技术职业学院。2004年，由东软控股和亿达集团投资，与东北大学合作，经国家教育部批准设立为独立学院——东北大学东软信息学院。2008年9月，经国家教育部批准，原“东北大学东软信息学院”转设为“大连东软信息学院”，成为全国首批独立学院转设为普通高等院校的四所高校之一。

目前，东软学院占地面积57.3万平方米，总建筑面积31.6万平方米。学校下设计算机科学与技术系、信息技术与商务管理系、电子工程系、数字艺术系、英语系、日语系、基础教学部、科研管理与研究生部、国际教育学院、继续教育学院10个教学机构，开展普通全日制本专科教育、成人高等教育、高等教育自学考试及留学生教育等多种教育形式，全日制本专科招生纳入国家普通高等学校招生计划。学校全日制在校生人数近14000人，其中包括留学生400余人。学校还与东北大学合作开展了东北大学软件工程硕士、项目管理硕士（大连教学点）的培养。

虽然仅有十余年的办学历史，但东软学院依托东软IT产业优势以及大连软件园区国家软件产业基地的环境优势，学校拥有一流的软硬件环境和“双师型”师资队伍。学校以“为经济和产业发展培养高素质IT应用型人才”为愿景，以“建设有特色高水平的创业型应用技术大学”为使命，坚持“教育创造学生价值”的理念，不断为社会培养基础知识扎实、掌握最新IT技术、具有创新精神和实践能力的高素质、应用型专业人才，获得了社会各界的广泛认可与赞誉。

二、构建一体化TOPCARES－CDIO人才培养模式

人才培养模式不仅要符合国情，而且要服务于经济和产业的发展，要真正面向个体，以学生

①本文根据公开资料编撰而成，资料来源包括大连东软信息学院官方网站、《大连东软信息学院特色文化建设促进内涵式发展》等。

的能力和素质为中心。东软学院紧紧围绕这一中心，结合区域经济建设和产业发展情况，积极探索出一种独具“东软”特色的一体化 TOPCARES－CDIO 人才培养模式。

（一）一体化 TOPCARES－CDIO 培养目标体系

人才培养，首先要明确培养目标。为了体现教育对学生的最高关注，实现“实用化、国际化、个性化”IT 应用型人才的培养目标，东软学院借鉴学习国际工程教育发展的最新成果——CDIO 工程教育模式。基于“教育创造学生价值”理念，作为 CDIO 工程教育模式试点院校，东软学院将 CDIO 本土化、本校化，在全院范围内开展了 TOPCARES－CDIO 教育教学改革，构建了以学习者的“TOPCARES”能力指标为体系和具有“东软”特色的一体化 TOPCARES－CDIO 培养目标体系。如表 2－1 所示①。

表 2－1　TOPCARES－CDIO 八个一级指标

序号	简写	英文全称	中文全称
1	T	Technical knowledge and reasoning	技术知识与推理能力
2	O	Open minded and innovation	开放式思维与创新
3	P	Personal and professional skills	个人职业能力
4	C	Communication and teamwork	沟通表达与团队合作
5	A	Attitude and manner	态度与习惯
6	R	Responsibility	责任感
7	E	Ethical values	价值观
8	S	Social contribution by application practice	实践构思、设计，实现和运行对社会的贡献

在 TOPCARES－CDIO 人才培养模式下，对教育教学进行了全面、系统的改革。改革过程中，除了专业知识教授和专业技能培养外，学校特别将沟通能力、职业道德、创新能力等“软”素质的培养融入到人才培养过程中。

教育要与社会的发展相适应。在充分调研学生、教师、产业和社会等利益相关者需求的基础上，学院确立了“为经济和产业发展培养高素质 IT 应用型人才”的愿景，同时经过对专业人才培养预期应掌握的知识、能力、态度进行明确的、具体化的分析，在 TOPCARES－CDIO 能力指标体系基础上，提炼出各专业的人才培养能力指标，形成从 TOPCARES－CDIO 能力指标到各专业人才培养目标的映射表，进而最终确定各专业人才培养目标与培养规格。此外，一个专业设置的每一门课程的教学目标，必须与该专业的培养目标相一致。

（二）模块化、分层次的课程体系

在 TOPCARES－CDIO 人才培养模式中，东软学院深入开展了面向应用的一体化专业人才培养方案，课程教学大纲，项目教学大纲及课程教案，项目教案的设计、制定、论证和实施工作。

①温涛：《基于 TOPCARES－CDIO 的一体化人才培养模式探索与实践》，http：//www. unesco－ee. org/news_ move. asp? id＝395&news1id＝2。

结合各专业培养目标与培养规格，建立从各专业培养目标到课程题词的映射，从课程目标到各知识单元课程都有明确的、具体化的能力培养的要求，并根据各门课程对专业培养目标的贡献，重新设计了教学计划的架构和次序，以及课程之间的对应关系。

在一体化课程体系设计中，每个专业必须有精心规划的构思、设计、实施、运行项目。从构思阶段的概念设计开始，经历产品设计和实现阶段，培养应用工程科学知识设计产品的能力以及产品和系统的制作能力。东软学院将 TOPCARES－CDIO 项目划分为四级，其中，一级项目（基石项目及压顶石项目）是指包含本专业主要核心课程和能力要求的综合项目，重点培养学生的专业核心能力；二级项目（课程群项目）是指基于多门课程、包含一组相关核心课程能力要求的课程群项目；三级项目（课程项目）是指单门课程内为增强该门课程能力目标的实现而设的课程项目；四级项目（单元组项目）是指基于 1 门课程的 2 个以上单元（模块）能力要求、为强化课程能力目标而设计的单元组项目。

（三）倡导“做中学”、“学中做”

一体化的学习，力求使学生学习专业知识的同时获得个人和人际交往能力，产品、过程和系统构建能力。这就要求教师要主动改变教学方法，学生也要找到与之适应的学习方法。同时，在教学过程中，要注重学思结合，多开展启发式、探究式、参与式教学。

东软学院倡导“做中学”、“学中做”的教学方法。在理论课堂教学中，强调“精讲多练”，重点是多实践，以共同完成小组项目等形式，激发和训练学生的能力；在教学过程中，坚持以项目为导向，将项目的设计和实现贯穿大学 4 年教学。学校实施“1321”的教学模式和学分制管理，即 1 学年被安排成 3 个学期，2 个学期是基于案例的理论教学，1 个学期是实践教学。理论教学强调“精讲多练”，实践教学强调“面向行业应用，进阶式实践教学”。同时，学院部分专业实施“3＋1”教学模式，即大学最后一年，通过综合项目实践，全面强化学生的专业实践技能，使学生在校便具备了 1 年的“工作经验”。

三、塑造特色鲜明的创新创业环境

东软学院在培养理实结合的应用型人才的同时，还积极尝试培育创业型人才，着力在校内打造内容丰富、形式多样、特色鲜明的创新创业环境。

（一）创新创业：实现大学使命与价值

面对当下甚至未来不断变化的产业和行业发展为高等教育带来的挑战与机遇，东软学院认为，培养创新创业人才是大学的重要使命，创新创业教育也会使大学生的人才培养生机盎然。创新创业教育，不是教导大学生只有通过创业才能走向成功，而是通过创新创业教育为每一位大学生注入“企业家的基因”，教会他们以创新的精神品格，使用不一样的创新方式、方法去实现自己的梦想。创新创业教育，是以培育学生的创业意识、创业精神、创新创业能力为主的教育，目标是培养出具有创造性思维、创业能力的高素质创新型人才，而不是让每个人都成为老板。

东软学院认为，让学生能够在浓厚的校园创新文化氛围的熏陶下，逐渐拥有这样的创业精神、创新思维和实践能力。这样，在未来不断变化的时代中，大学生也就有能力创造出属于自己的价值，并通过自己的创业实践帮助他人就业，从而为社会创造更大的价值。

（二）SOVO：从校园“虚拟公司”开始创业

为增强学生在企业的实战经验以及就业时的核心竞争力，东软学院按照真实的 IT 企业环境组建了大学生创业中心（Student Office and Venture Office，SOVO）。在 SOVO，学生可以根据各自的专业和兴趣方向，在企业导师和专业教师的创业实践指导下创建虚拟公司。通过 SOVO 实境体验的方式，一方面，学生能够真实、全面地了解现代企业的工作流程和运作方式，模拟企业运营，完成真实的商业项目；另一方面，学生能够进一步完善专业技能，提高应用实践、组织和沟通、团队协作等能力，全面培养综合素质，为以后的职业生涯积累经验。[①] 目前，SOVO 正在运营的虚拟公司有 30 多家，正式员工 1000 余人。自运行以来，共有 7000 余名学生进入 SOVO 工作，累计成立了 146 家虚拟公司，并成功孵化出 60 多家实体公司。

此外，为了更好地促进创新创业工作的有力开展，东软学院积极对接外部资源，引入第三方创业诊所——大连科技孵化产业联盟创业诊所，为学生创业团队进行创业过程的全程诊断和评估，以促进学生团队的创业活动健康、有序进行，带动更多的学生创业团队早日实现创业梦想。

四、体会与思考

在教育教学实践中，东软学院根据自身的办学定位不断地进行深化教学改革，探索使用 CDIO 教育模式来改进现有的教学方式，逐步走出了一条属于东软自己的特色办学之路，而不是照搬、仿效公办高校或国外高校的优秀教学成果和经验。

（一）CDIO 模式，破解人才培养“瓶颈”

在我国高等应用技术型人才培养中，人才培养与人才录用不能有效衔接是影响应用技术型人才培养的一个最大的“瓶颈”。不少以应用型人才培养目标定位的院校却较为严重地存在着实践教学薄弱的问题，普遍存在高校毕业生实践能力差、分析问题和解决问题能力不强的现象。东软学院通过深入分析中国的政治、经济、文化环境和学生身心发展特征等，结合企业人才需求现状，引入 CDIO 教学模式，让学生以主动的、实践的、课程之间有机联系的方式学习。通过 TOPCARES - CDIO 教育教学改革，东软学院一体化地培养了学生的专业技术能力、沟通能力、责任感和价值观、开放式思维等硬技能和软素质，学生的职业能力、综合素养以及创新精神显著提升，突破了高校应用技术型人才培养的“瓶颈”问题。[②]

（二）产教深度融合，助推学生学有所用

东软学院一直将产教融合作为持续发展的原动力，通过与产业的合作互动为教育提供现实依据，为创新注入持久活力。从企业方面，企业深度参与到人才培养过程中，有助于学校结合产业需求和行业标准强化培养学生的工程能力和创新能力，有利于学生更早熟悉工程化实践，有效提升其职业竞争力；从学生方面，学生经过产教融合方式的培养，能够满足社会和企业的用人需求。总之，在产教融合这个人才培养生态链上，学校、学生、企业三方都能受益，这也从根本上

①王国红：《东软信息学院大学生创业教育模式研究》，大连理工大学硕士学位论文，2008 年。

②郑晋：《大连东软信息学院积极探索教育模式提升人才知识运用能力》，《教育与职业》2014 年第 28 期，第 65 - 66 页。

解决了大学传统教育模式中教学内容滞后于实际应用，以及学生所学不能所用的问题。

（三）创新创业教育，助力学生梦想成真

据抽样调查结果显示：中国大学生中仅有6.8%～11.3%准备毕业以后创业，而真正毕业以后创业的比率更低，2008届大学毕业生实际创业仅有1%。经济学的研究结果证明，一个经济体中创业型人力资本与职业型人力资本的比率决定该经济体的长期增长路径。

如果，学生在学校学习期间就能够学会创新、懂得创业，那么，当学生进入社会后，他们就更有能力并快速适应这个时代和社会环境，也就更加能够实现自己的梦想，从而有可能改变世界，贡献社会。经过SOVO创新实践基地的锻炼，学生不仅锻炼了实践能力，强化了专业理论知识及应用，而且还学习并积累了公司运营管理等方面所需的能力，更容易实现高质量就业和顺利创业。运行10年来，在SOVO中参加过实践的学生就业率100%，越来越多的学生通过SOVO实现了优质就业和顺利创业。

面向未来，大连东软信息学院将继续坚定不移地走“创业型应用技术大学”之路，通过不断深化的教育教学改革，提高人才培养质量，为社会输送更多的高质量、具有创新精神和实践能力的全面发展的应用型人才。

第三章　创新办学模式　引领职教发展

办学模式是一所学校整体办学思想的折射、教育品质的保证，围绕产业结构调整升级，制定与实施各具特色的办学模式创新战略，不断探索，大胆创新，适应经济发展，已成为学校做大、做强的重要举措。

案例一　广西河池市职业教育中心学校

——学校整合发展的标杆①

背景：

我们往往会发现，同一座城市的中等职业学校会存在专业设置趋同、人才培养模式相近等现象，导致中职学校难以做大做强，制约了职业教育服务区域经济的发展。面对这样的问题，广西河池市积极创新，根据中职院校的实际情况进行整合，成立河池市职业教育中心学校。在短短几年内，新组建的河池市职业教育中心学校快速成长、发展，取得了良好的成绩。

一、学校概况

广西河池市职业教育中心学校（以下简称“河池职校”）地处河池市政府所在地——金城江，2008 年 8 月由河池市机电工程学校、河池民族中等专业学校、广西河池财经学校、河池经贸学校四所学校合并组建而成，是国家级重点中等职业学校、自治区示范性中等学校。

在组建河池职校之前，原四所学校相邻，但分属不同行业部门管理，师资力量薄弱，设备严重不足，生源竞争激烈，发展举步维艰，甚至到了崩溃的边缘。2008 年，河池市委、市政府决定四校合并，组建河池市职业教育中心学校，全面推进办学、教育、教学、培养等方面的改革。通过改革，学校焕发出勃勃生机，不断“上档进位”，实现了快速发展。短短几年时间，河池职校已发展成为国家级重点中职学校、国家中职教育改革发展示范学校、全国中职信息化建设试点学校，成为学校整合发展的典范。

二、跨越式发展之路

河池职校在短短两三年内“脱胎换骨”，成为国家级重点中职学校，并在 2012 年被确定为“国家中等职业教育改革发展示范学校建设计划”第二批立项建设学校。河池职校如何在短期内实现飞跃式发展，其创新之处值得我们去深入探究。河池职校的创新发展模式如图3－1 所示。

①本文根据河池市职业教育中心学校官网等公开资料编撰而成。

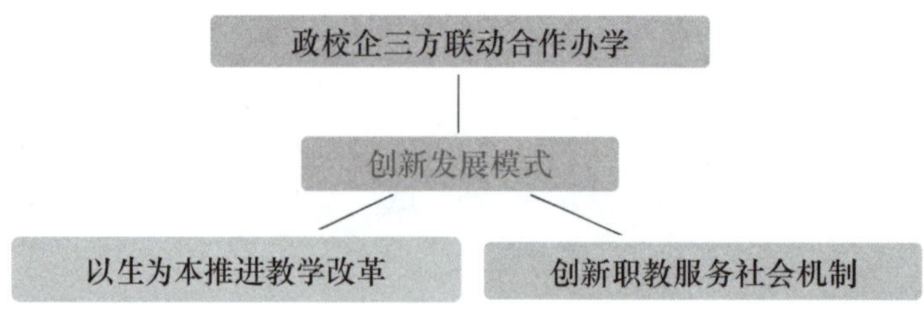

图3－1　河池职校的创新发展模式

（一）政校企三方联动合作办学

校企合作办学是现代职业教育人才培养模式的一大发展趋势，也是职业技术学校可持续发展的不竭动力，河池市政府和河池职校高度重视校企合作，由此探索出政校企三方联动的新型合作办学之路。

1. 构建政校企合作办学的管理体系

为推进校企合作机制建设，河池职校建设了三级校企合作管理体系，各司其职，发挥了积极的作用。

河池市政府成立以市长为组长的“河池市校企合作协调工作领导小组”。该小组负责协调各行业、各部门支持职业教育发展；支持指导校企合作理事会工作；推进全市职教集团的构建和发展，支持解决全市职业教育发展遇到的突出问题。

政府主管部门、行业、企业和学校四方共同参与组建“河池市校企合作理事会”，负责决定学校校企合作的发展方向和重点工作任务；决定理事会各机构的设立和工作安排；组织协调校企协同办学，多形式筹措办学经费；建立健全有利于校企深度合作的体制机制，促进学校与政府、行业协会、企业紧密合作；负责监督执行情况，协调学校各教学部与企业开展合作，使各专业的校企合作项目与整体性规划有机衔接。

河池职校以专业教学部为主体，在机电设备安装与维修、电子技术运用、会计、汽车运用与维修4个重点建设专业建立了专业指导委员会。委员会由相关行业企业人员、教学部领导、专业负责人、部分骨干教师等组成，负责专业与产业对接、课程与岗位对接、教师与技师对接、教室与车间对接、校园文化与企业文化对接“五个对接”工作。

2. 建立政校企三方联动的运行机制

在政校企三方联动合作办学的运作过程中，政府协调，校企合作，工学结合。为此，政府、学校与企业制定了一系列的管理制度，并将各项管理制度落实到具体工作中，实现了校企合作工作管理的制度化、规范化、人性化，有效地鼓励教师积极投入和改革创新，促进了校企合作工作的实效性和长效性。如表3－1所示。

3. 创新政府支持职教发展的新模式

河池职校的发展获得了政府的大力支持，政府、学校也在积极探索政府支持、推动职业教育发展的新模式。例如，河池市政府统一规划，将河池市新体育馆建在河池职校新校区与广西现代职业技术学校之间，与两所学校的距离均不超过500米，保障两校共用体育馆的可行性。体育馆建成后，市政府又建立了共用体育馆的管理机制。共用体育馆，从根本上解决了河池职校新校区建立后体育运动场所不足的问题，提升办学实力，也创新了政府支持职教发展的模式。

表3－1　校企合作制度一览表

制度类别	制度名称
校企合作管理制度	《河池市校企合作理事会章程》、《专业建设指导委员会章程》、《校企合作办公室工作职责》、《教师到企业实践管理办法》、《校企合作共建校外实习实训基地建设与管理办法》、《校企合作管理制度》、《校企合作共建校内生产性实训基地管理办法》
顶岗实习管理制度	《顶岗实习管理办法》、《顶岗实习带队教师选派与管理办法》、《顶岗实习带队教师工作职责及要求》、《顶岗实习学生守则》、《顶岗实习学生保险制度》、《顶岗实习突发事件应急预案》、《顶岗实习成绩评定办法》、《优秀实习生评选办法》、《优秀实习指导教师评选办法》
就业工作管理制度	《毕业生就业指导工作制度》、《应届毕业生就业管理规定》、《毕业生就业跟踪反馈制度》

4. 共建校内企业工程

在政府主导的河池市校企合作理事会领导下，河池职校积极与相关企业开展合作。各专业通过开办企业“冠名班”、与企业共同建设校内外实训基地等方式，进一步探索、发展“订单培养、定向培养、对口就业”的人才培养模式。目前，与学校合作的企业已扩大到50家，引进6家企业在校内办厂，实现专业与产业的无缝对接，每年可安排学生实习16000多人次，接收毕业生就业2000人以上。

（二）以生为本推进教学改革

目前，我国教育领域处于改革创新的重要时期。作为一所中等职业技术学校，该如何推进自己的改革创新，以提高自身的教学水平、教学质量，从而满足社会经济发展的需求，是其必须要考虑的重大问题。河池职校在发展过程中，积极探索，努力推进以生为本的教学改革。学校大力贯彻“因材施教”的理念，实施分层次教学。学校根据学生的学习基础、学习能力进行分班教学，并允许学生根据自身的进步状况，在不同层次的班级间流动。

在教学内容上，河池职校根据职业岗位能力要求，将课程教学内容整合为不同的模块，每个模块由若干教学项目组成。不同层次的班级选择若干个教学模块进行教学，层次高的班级选择所有的模块进行教学，层次较低的班级则减少部分教学模块。这样就从内容上解决了优等生“吃得饱”、中等生“吃得好”、学困生“吃得了”的教学问题。

学校的测试、考核也同样分层次，构建以实践动手考核为主、多种考核形式相结合的学生学业评价模式，不同层次教学班级采用不同的评价内容和方法。同时，学校还建立了技能三级抽查制度，由低到高分别为教研组、教学督导小组、校长的随机抽查。这样的技能抽查对师生都有一定的压力，能够促进教师的“教”和学生的“学”的全面提升，是一项行之有效的考核制度。

通过这样的因材施教、分层次教学，各层次学生都能够建立信心，主动学习，实现“人人成功、个个发展”的教育目标。

（三）创新职教服务社会机制

贫困地区的学校应该利用学校的教学资源为当地百姓办实事、为地区社会经济建设做贡献。河池职校以服务河池革命老区脱贫致富为己任，承担全市农村贫困劳动力技能培训工作，并在政府的主导下，学校与企业一同创新职业教育服务社会的机制。

1. 创新校企共促就业机制

河池职校积极寻求与沿海发达省市合作，探索新的就业促进机制，推动当地技能人才外出就业。由东莞市经协办、河池市扶贫办主导，河池职校与广东智通人才连锁股份有限公司成立“东莞河池市共建就业扶贫基地”，确定在就业扶贫、毕业生就业、人才引进等方面进行合作。东莞经协办统筹人才需求计划，广东智通不定期组织校园招聘会，向东莞输送技能人才。学校在智通人才东莞总部设立“学校就业服务站”，负责具体安置及跟踪服务。通过这样的校企共促就业机制，有力地推动了当地的就业、脱贫。

2. 创新校企服务社会机制

学校的农民工培训中心设立管理委员会，成员由人社局、扶贫办、学校领导、智通公司及培训处相关人员构成，制定规章制度。政府部门负责制订与发布年度培训计划，学校负责制订培训实施方案、选编教材和落实师资，采取市、县、乡、村、屯、企业“六位一体”模式对农民工进行培训，最后通过智通公司有组织地送到各类企业就业。通过“政府组织、学校承办、个人免费、企业输送”的方式，政府主导、校企合作、三方携手培育高技能人才的工作机制初步形成。

通过上述的职业教育服务社会机制创新，河池职校为当地社会经济的发展做出了较大的贡献。近两年来，共有 12500 多人次参加河池职校开展的各种技能培训，安置农村劳动力就业 5100 多人次，农民人均年收入增加 2.3 万元，使 3600 多个家庭实现脱贫致富。

三、体会与思考

建校近 7 年来，河池职校依托地方政府的支持，推进改革创新，加强校企合作，实现了自身的跨越式发展，在贫困地区树立了一面职业教育的大旗。这其中的许多经验值得我们去体会、感受、思考。

（一）办学定位与时俱进

把准职业教育创新发展的时代脉搏和前沿走向，找准办学定位，是学校实现快速发展、成长的法宝。河池职校坚持解放思想，紧密按照学校组建与发展背景，把“办什么样的学校”和“怎样办好学校”这两个关系学校长远发展的根本问题摆在首位，树起了“创建品牌学校，办人民满意的职业学校”的旗帜，为学校长远发展指明了方向。确定办学目标后，明确了“为学生成功铺路”的办学理念、“立德、立行、立技、立业”的校训、“身心健康、技能精湛、素质优良”的人才培养目标。适时正确的方向引领，准确可行的目标定位，为学校点燃了奋发有为的引擎，推动学校发展、进步。

（二）学校精神奋发向上

学校精神是一种理想和价值追求，是一所学校的凝聚力、生产力、创造力和生命力的源泉和动因。学校办学自然需要充满鲜活生命力的学校精神。

原四所学校发展举步维艰，教职工对整合组建能否成功缺乏信心，徘徊观望、消极情绪弥漫。面对困难和压力，2009 年学校组织开展历时一年的“河池职教中心学校要打造什么样的精神”的大讨论活动。最终，此次大讨论活动凝练了学校精神，明确了“团结协作、敬业奉献、艰苦奋斗、开拓进取、争创一流”的价值追求。从此，学校精神不断深入人心并得以弘扬，教职工精神面貌得到极大提升，“爱生、敬业、博学、有为”，锤炼出特别能吃苦、特别能战斗、特别能奉献的工作团队。

（三）治校方略科学规范

科学管理是学校能够健康发展、创新发展的长期动力。河池职校由四所学校整合而成，如何实现稳定融合，成为组建工作必须解决的问题。学校认识到，整合组建过程，是机构、制度重新建构的过程，而建构一套顺应学校建设发展的治理制度，关键是要有基本一致的价值取向、相互认同的文化理念和共同遵循的行为规范。为此，学校紧紧围绕关键制约因素，持续开展学校治理创新，建立、健全治校制度和相关机构，强化制度的执行督查，用制度建设保障学校的改革与发展，构建科学规范的治校方略。

案例二　中山职业技术学院

——“校地”深度耦合的典范[①]

背景：

职业教育的目标是培养适应社会经济发展所需的高素质、高技能应用型人才，它需要与区域经济建设、产业发展有着很高的契合度。职业院校如何根据地方社会经济建设、发展状况找准定位，实现学校自身改革、发展与地方经济发展、产业转型升级的互动、共赢，需要进行深入思考和研究。中山职业技术学院在这方面所进行的探索、积累的经验将为我国职业院校服务地方经济发展带来一定的借鉴和启发。

一、学校概况

中山职业技术学院（以下简称“中山职院”）是一所省市共管、以市为主，面向社会、面向市场，培养高素质技术技能人才的公办全日制专科层次普通高等学校。与国内的一些老牌高职院校相比，中山职院的办学历史非常短。该校筹建于2005年，2006年6月正式挂牌成立，目前学院正处于实现由外延扩展向内涵发展的战略转变关键期。

虽然中山职院的办学历史非常短，但它积极探索、大胆创新，走出了一条“校地”深度耦合的办学道路，获得了可喜的成就。2010年，中山职院提前一年顺利通过教育部人才培养工作评估。近几年，学院的毕业生就业率高达99%，居广东省用人单位最满意的高职院校排行榜第二名。2013年10月，学院成为广东省示范性高职院校立项单位；2014年，荣获“黄炎培职业教育优秀学校奖”。

二、“校地”耦合的发展之路

中山职院的所在地广东中山市地处珠三角经济圈核心地带。近年来，中山市的经济发展迅速，且在加快产业转型升级。“十二五”期间，中山市着力做强做优电子信息、装备制造等先进制造业，加快发展金融、现代物流、信息服务、科技服务、总部经济、商务会展、文化创意、旅游八大现代服务业，改造提升灯饰、家具、家电、五金、纺织服装等传统优势产业，大力培育生物医药、新能源、新材料等战略性新兴产业，加速构建产业结构高级化、产业发展集聚化、产业竞争力高端化的现代产业体系。[②]

中山职院紧紧围绕中山市地方经济发展和地区产业转型升级，积极探索、大胆创新，走出一条学校自身改革、发展与地方经济发展、区域产业转型升级的深度耦合之路。

---

①本文根据中山职业技术学院官网等公开资料编撰而成。

②沈孟康：《产业升级与高职教育的耦合研究》，《机械职业教育》2014年第6期，第9页。

（一）大力推行“政校企行”合作办学模式

中山市政府全力支持中山职院的发展，将学院的建设发展作为重要内容纳入其发展职业教育的战略规划中，对学院的建设项目优先提供资金保障。作为广东省“政校企”合作人才培养体制改革试点单位，中山职院依托这种特有的地方政治资源优势，充分考虑相关各方的发展利益，积极推进政府主导、行业指导、企业参与的人才培养机制改革，实现“政校企行”的深度合作办学。

1. 组织机构保障实施

中山职院成立“政校企行”合作人才培养体制改革领导小组，由学院院长担任组长，成员包括政府主要部门负责人、专业镇区主要领导以及中山市行业协会负责人、大中型企业负责人等。领导小组承担体制改革组织和规划任务，研究部署、指导学院“政校企行”合作人才培养体制改革工作的实施。

2. 会议活动促进交流

自 2008 年起，中山职院每年召开校企合作大会，邀请政府、行业和企业代表参会，明确校企合作办学思路，制定校企合作年度规划，签署年度校企合作协议。学院会定期召开由学院、镇区、政府部门领导参加的联席会议，对话磋商学院建设发展、专业设置调整、人才培养模式等重大问题，借助政府力量，利用各方资源，推动“政校企行”合作办学。政府则借由联席会议制度，为“政校企行”合作及时提供运作引导、政策支持和资金保障。政府的引导和协调，有效促进了中山职院与企业的人才互换和资源共享，进一步实现合作发展和共赢。

3. 合作平台扩大办学

学院积极与有关部门合作，创新高职教育服务社会经济建设、产业转型升级的体制机制，搭建一系列“政校企行”合作平台，例如，中山心苑社会工作服务中心、专业技术人员继续教育基地、中山市创业孵化基地服务中心、中山市社会发展研究院等。这些合作平台的建立，既有利于提高学校的办学水平、教学质量，又进一步拓展了学校的办学服务范围，能更好地为社会发展服务。

（二）构建“一镇一品一专业”的专业结构

专业镇经济是中山产业发展的特色和亮点。中山市专业镇密集，全市 18 个镇中有 15 个省级专业镇，全市 27 个国家级产业基地有 19 个设在专业镇。中山市几乎每个镇都拥有自己的主导产业，基本形成了“一镇一品”的产业发展格局。

中山职院坚持以服务区域经济发展的办学方向，围绕镇区产业布局设置专业，紧扣镇区产业发展建设专业，形成了与区域产业结构高度对应的“一镇一品一专业”的专业结构布局，如表 3－2 所示。

表 3－2　“一镇一品一专业”的设置

镇区	产业	对应专业	镇区	产业	对应专业
南区	电梯制造业	电梯维护与管理	港口	游戏游艺业	动漫设计与制作
古镇	灯饰制造行业	灯具设计与工艺	南朗	旅游服务业	旅游管理

续表

镇区	产业	对应专业	镇区	产业	对应专业
大涌	红木家具业	雕刻艺术与家具设计	小榄	现代服务业	营销与策划
黄圃	食品加工业	工业分析与检验		五金制造业	模具设计与制造
南头	家电制造业	电子信息工程	火炬	健康医药业	精细化学产品生产技术
东凤	小家电制造业	电子信息工程		装备制造业	数控技术
沙溪	纺织服装业	服装设计		电子信息业	电子信息工程技术
阜沙	精细化工业	精细化学产品生成技术			

这种"一镇一品一专业"的专业设置布局紧贴地方产业发展的实际需要，吸引了众多行业、企业与中山职院开展合作。中山市现代服务业协会、物流协会、汽车流通协会、商业联合会等多个行业协会入驻学院；数十家企业与学院共开办包括蒂森电梯班、霞湖世家服装班等在内的20余个订单班；160余家企业、20多个商会和学院签订合作协议，共同开展高技能人才培养工作，实现互利共赢、合作发展。

（三）建设新型"园区学校"和"校内工厂"

中山职院实施开放办学战略，积极融入国家产业基地，与镇区政府、行业企业合作，将人才培养延伸至产业基地，创新产教融合新模式，打造新型"园区学校"，服务地方经济和区域产业转型升级。根据各镇区产业集群的特点，学院与有关镇区政府合作成立学院，如南区电梯学院、古镇灯饰学院、沙溪纺织服装学院、小榄工商学院等。这样的"园区学校"紧密贴近技术研发和产品生产的第一线，充分发挥"政校企行"合作的积极作用，各方优势互补，共同创建课程体系，开发教学资源，进而实现"专业—产业、课程—岗位、教室—车间、教师—技师、实习—就业、学生—员工"的无缝对接，形成"专业共建、人才共有、师资共培、资源共享、协同创新、实习就业共担"的校企合作人才培养机制。而通过与学校进行教学、考证和技术项目的合作开发，企业获得了新的发展平台，拓展了新的利润空间。

除了积极"走出去"，利用校外资源办学外，中山职院还依托学校筑巢引凤，积极引入各种校外资源，打造"校内工厂"。学院通过引进各类技能大师，在校内建立工作室，如世界知名手模大师马乐山工作室、苏绣大师周雪清工作室等。大师亲自向相关专业学生传授技能、培训教师、指导专业建设，在传授操作技能的同时，让学生动手参与产品的设计与制作。这种"学徒式"的校内生产性实训场所，拓展、深化了实践教学。此外，学校还积极引入企业工作室，共同进行项目开发。学生在教师带领下参与项目研发工作，从而实现"学中做、做中学"。

三、体会与思考

中山职院的办学历史虽只有八九年，但或许正因为其"年轻"而没有校史悠久的老牌职业院校身上的"历史包袱"。它有活力、有闯劲、有干劲，敢为人先，勇于探索，大胆创新，在短时间内便取得了可喜的成绩。

（一）改变思路，树立科学的人才培养理念

长期以来，我国高等教育受到计划经济体制的影响与制约，办学模式和人才培养模式存在诸多问题和弊端，尤其是应试教育的模式一直或明或暗地影响着教育模式的改革与发展。高等职业教育是高等教育的重要组成部分，同时它又是职业教育的重要组成部分，它的办学模式和人才培养模式应该与普通本科教育有所区别，不能照搬本科教育模式。中山职院改变思路、革新观念，紧密围绕中山本地区的经济建设和产业转型升级，从市场需要出发设置专业，创新产教融合新模式，注重学生的实践能力培养。就此而言，我国职业教育院校要始终以提高学生的操作技能和实践能力为目标，培养出满足产业需求、适应区域社会经济发展的高层次复合应用型人才，进而为推动区域经济社会的发展做出一定的贡献。

（二）打破传统，根据市场优化专业设置

高等职业教育是为生产、建设、管理、服务等第一线培养应用型、复合型技术人才和管理人才。因此，在很大程度，高职院校的人才培养应与地区产业、市场、职业、技术等有较为密切和直接的相关性。中山职院在设置专业时，紧密围绕中山地区经济建设和产业发展现状，打破传统高校专业设置以学科为中心的模式，按照市场和产业需求以及职业和技术发展进行专业设置和调整，构建了“一镇一品一专业”的专业结构。这样的专业结构既可以保证学生就近获得实习实训机会，锻炼专业技能，保障学生就业，也可以直接服务于当地的社会经济建设。其他职教院校可借鉴中山职院的经验，充分考虑所在地区经济发展的特点，将市场、职业、技术等因素进行综合分析，设置相应专业并适时做出调整，形成专业设置符合区域经济发展的办学特点。

（三）开放办学，构建新型产教融合模式

高等职业教育的目标是为各行业培养应用型人才，人才的培养必须符合职业和岗位的要求。中山职院积极进行校企合作、产学结合，探索、创新产教融合的模式。校企合作、产学结合，办学模式从知识传授向实习实训倾斜，将学校的办学与行业、企业、社会进行有效的结合。一方面，这样可以使学校充分了解生产一线所需要的人才类型和专业技能，寻找科研课题，利用校外优质资源，促进办学质量和科研水平的提高；另一方面，这又可以将企业的领导、行业精英等吸引到学校进行行业发展指导、技术指导和实践技能传授等活动，学习他们新的管理理念、人才培养理念和技术技能，促进学校的专业改革、课程改革等活动的有效进行。这种产学结合、以技能教育为本的模式对推动我国高等职业技术教育的发展具有非常重要的作用。

案例三　青海省乐都县职业技术学校

——联合办学，取长补短①

背景：

教育振兴，教师为本。有一支优秀的教师队伍，是中等职业学校长足发展的关键和基础。而我国各地存在着区域及经济发展的不平衡，导致我国职教师资资源同样也存在着极大的不平衡。乐都县职业技术学校在发展中同样面临师资力量不足和实训设备短缺的困境，为突破这一困境，学校大胆尝试联合办学，与企业、政府、行业多方合作，取得了较为明显的成效，学校发展迈上新台阶。

一、学校概况

青海省乐都县职业技术学校（以下简称“乐都职校”）成立于1980年10月，是一所集学历教育、短期培训、技能鉴定、成人教育、特殊教育为一体的综合性国家级重点中等职业技术学校。学校占地面积约7.4万平方米，教学面积约1.4万平方米，现有教职工240余名，其中专任教师200名，兼职教师46名，“双师型”教师130多名。学校开设计算机应用、机电一体化、烹饪、服装设计与制作、幼儿教育、汽车运用与维修、焊接、饭店服务与管理、美容美发与形象设计等15个专业，其中电子技术应用、服装制作与生产管理属省级重点专业，机电技术应用、烹饪、焊接、计算机应用等专业为学校优势专业。

乐都职校依托专业教师、实训基地等优势，开展对农民工、下岗职工、初高中回乡青年、退役军人等的技能培训和鉴定工作，先后被确定为“乐都县职业技术学校国家职业技能鉴定所”、“海东地区下岗职工培训定点单位”、“农村劳动力转移阳光工程培训基地”、“雨露计划培训基地”，承担着海东地区乃至青海全省农村劳动力技能培训和劳务输出任务，为乐都县乃至青海全省劳动力转移和经济建设做出了积极贡献。学校先后获得“海东地区农村劳动力技能培训暨劳务输出先进单位”、“青海省职业教育先进单位”、“2004～2005年度全省农牧民劳动技能培训先进单位”、“全国德育先进集体”、“全国开展勤工俭学先进单位”、“农村教育综合改革先进集体”等荣誉称号。

二、校企联合办学，服务地方经济

为提高办学水平和人才培养质量，乐都职校在办学过程中，大胆尝试校企合作、工学结合的人才培养新模式，推进联合办学的分段式教育，取得了一定的成效。

（一）“两对接一渗透”，“政行企校”四方共建

乐都职校重视人才培养的实践性和职业性，紧跟市场趋势，紧贴社会需求办学，与相关企业

①本文根据公开资料编撰而成，资料来源包括乐都县职业技术学校官方网站、乐都县职业技术学校示范校建设网站等。

紧密合作，从社会、学生、企业多角度出发，完善和创新人才培养模式。政府主导，学校、行业和企业等多方合作，以互惠共赢为基础，从职业岗位需求出发，企业全程参与，共同讨论和完善人才培养方案（包括课程体系和教学内容、实训基地及师资队伍建设等），共同实施教学，共同负责学生就业，构建“技能对接岗位需求、课程对接企业需要、德育渗透专业教学”的“两对接一渗透”的工学结合人才培养模式（见图3－2）。

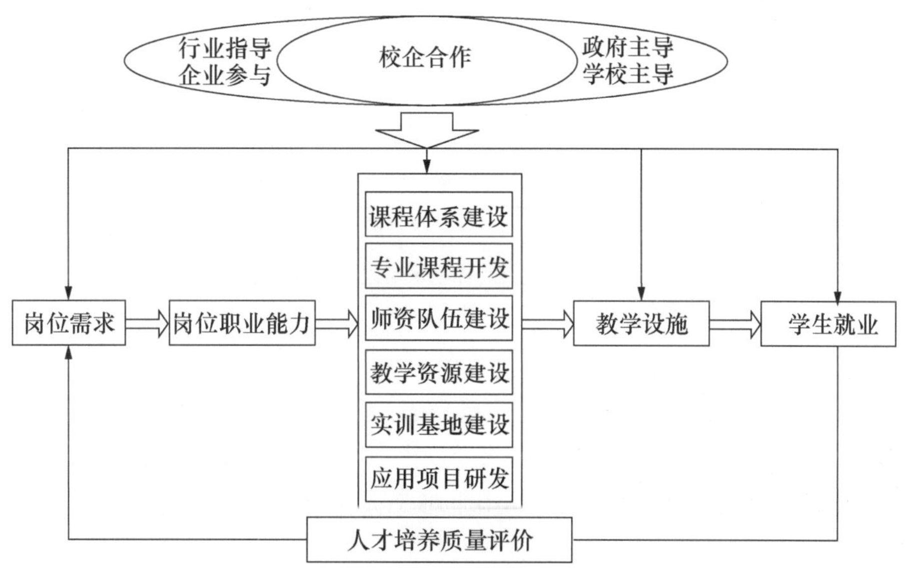

图3－2　“两对接一渗透”的人才培养模式

（二）“1＋1＋1”分段式教育，多渠道推进联合办学

为了弥补学校师资力量不足和实训设备短缺，2005年，学校与天津市城市建设管理学校尝试合作办学，开联合办学之先河。此后陆续与北京商贸学校、江苏常熟第一职专、北京工美学院、浙江汽车职业技术学院等11所国家级重点职业学校联合办学。采用“1＋1＋1”形式，即第一年在乐都职校学习理论基础知识，第二年在联办学校进行实际操作训练，第三年到企业顶岗实习，实现“企业用人—学校培养—全员上岗”的就业之路。截至目前，乐都职校已向联办学校累计输送学生1852名。

除校校联合办学外，在现有的企业合作办学基础上，乐都职校还积极与企业通过多种方式和渠道联合办学。学校依据校内不同专业开办了“综合加工公司”、“一枝花服装公司”等公司，公司既是教学实体，同时也是经营实体，学生可到公司上课，也可以到公司实习、兼职，形成了“学中做、做中学”的培养模式，实现真正意义上的“班级就是车间，车间就是班级，学校就是企业，企业就是学校”的新格局。

（三）因“岗”施教，深化教学内容改革

根据企业的用人标准和岗位需求，乐都职校对所设专业的课程体系和教学内容进行改革，职业教育内容从专业定向教育向素质教育和综合职业能力教育转变。学校结合专业变化与市场需求，在参考相关资料、市场调研、专家座谈、往届毕业生反馈等基础上，组织行业、企

业专家和专业教师共同建立以专业基础课、专业骨干课与专业拓展课为核心的专业课程体系，完善各专业教学计划。通过课程改革，学校培养的人才愈来愈适应社会经济技术的发展。如图 3 – 3 所示。

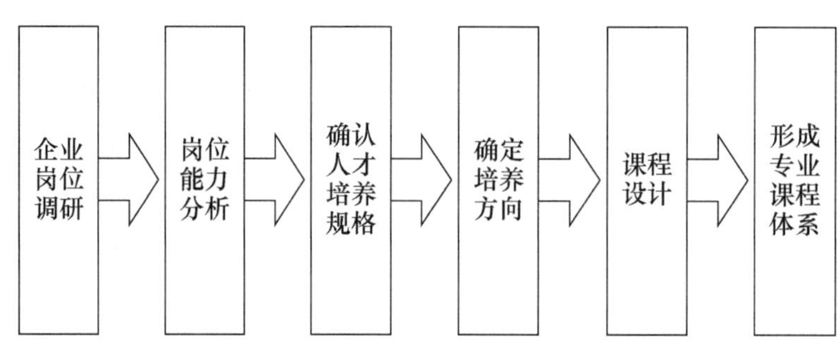

图 3 – 3　专业课程体系建设的基本思路

（四）四个注重，破解职教四大难题

乐都职校确立“以服务为宗旨，以就业为导向，争创国家级重点职业技术学校”为实践载体，着力破解影响和制约学校科学发展的“招生难、管理难、就业难、评价难”等难题，取得了扎实成效。

1. 破解招生难题

乐都职校加强对就业招生工作的领导，调整中层管理处室的设置，将原有专业划分成四个专业部归口管理，明确职责，层层签订目标责任书，突出宣传教育工作、就业引领工作，建立健全招生激励机制，做到目标明确，责任到人。

2. 破解学生管理难题

为破解学生管理难题，加强对学生职业素养的培养，努力提高学生适应社会的能力，乐都职校突出校园文化建设、活动载体建设和教育网络建设，先后修订完善《教职工管理条例》、《学生学分制管理办法》、《住校生管理细则》等一系列管理评价制度，将学生的仪容仪表、出勤、文明卫生、体育锻炼、见习实习和社会实践活动等日常表现，采取学分制的办法进行约束、规范，并依据学分评优选先、安置就业。还通过校园教育网站，开展优秀学生、家长、班主任三位一体经验交流等活动，研究学生心理，商讨管理办法。

3. 破解就业难题

首先，乐都职校从加强专业师资队伍建设和实训条件建设入手，为提高学生业务素质促进就业打基础。学校依据三个零距离（专业设置与社会经济零距离配合、教学内容与职业需求零距离贴近、实践教学与职业岗位零距离接触）的构想，进一步加强实训基地建设，扩大校外实（见）习基地的规模数量，着力推进教、学、做一体化的教学模式。

其次，通过组织开展“人人奉献一节优质课”、师生技能展示、专业技能大赛、校园歌手大赛、运动会、诗歌朗诵会等活动，丰富校园文化，重点锻炼学生技能，提高就业能力。同时，学校还在长三角、珠三角、格尔木等地设立就业联络处，为毕业生提供优质、高效的就业信息服务，已先后与省内外 20 余家企业达成意向性用工协议。

4. 破解教师评价难题

为解决教师评价难题，乐都职校进行机构改革，将原来的3处3室改为2处4部6室，新设立了招生就业办公室、鉴定培训办公室、学生管理办公室，将原来的14个专业归口到电子电工、护理幼师、汽车装潢、服装烹饪4个专业部，实行教导处与专业部交叉管理，责任到人，分工明确，并从过程性评价、终结性评价、业务考试及其他四个方面对教师的教育教学质量进行综合评价，提高教学质量。同时，学校对各处室和专业主任进行考核，极大地增强了教职工的工作责任感和工作热情。

三、体会与思考

乐都职校坚持学校教育与社会实践相结合的原则，坚持校企联合办学，努力形成自身独特的办学特色，跻身于国家级重点职业技术学校行列。

（一）在校企合作中创新运行机制

乐都职校充分依靠企业，积极发挥行业作用，带动社会力量参与，以区域共享实训基地、职教园区建设为平台，全力推进“校企合作、工学结合”，以职业素质提高为重点推行“三高”（高素质、高技能、高质量）育人模式，构建专业建设指导委员会，建立教育与产业结合、学校与企业结合、教学与生产结合、学习与就业结合的“工学结合”的校企合作关系，形成政府主导、行业指导、企业参与、学校实施的“政行企校”四方共建、资源共享、人才共育的校企合作长效运行机制，提高了高素质技能型人才培养质量，促进了区域经济社会发展。

（二）在联合办学中拓展发展空间

乐都职校为解决师资力量不足和实训设备短缺难题，与有实力的发达地区职校联合办学，多渠道推动联合办学，拓展发展空间。学校先后与11所国家级重点职业学校跨区域联合办学，采用“1+1+1”联合办学形式，实现“企业用人—学校培养—全员上岗”的就业之路，为学生提供更多更好的学习和就业机会。同时，学校还积极与本省企业联合，发展了10多个合作伙伴。康泰大酒店、乐都光明农机制造有限公司、海力幼儿园等成为学校烹饪、焊接、酒店管理、幼师等专业的实习、见习基地。实训基地的实训提高了学生的就业能力和就业质量。近年来，学校就业率一路攀升，2008年底，一次性就业率达98%，并形成以乐都为中心，辐射到全省乃至北京、上海、江苏、浙江、山东、福建等地的就业网络。

（三）在制度建设中博得发展先机

近年来，在制度建设中，乐都职校着力破解四大难题，修订完善《教职工管理条例》、《学生学分制管理办法》等，使学校各方面工作进一步制度化、规范化、科学化。实行机构改革，责任到人，分工明确。学校对各处室和专业主任进行考核，极大地增强了教职工的工作责任感和工作热情，提升了学校为学生教育服务的能力，从而推动学校发展。

案例四　河北省玉田县职业技术教育中心

——校企深度合作，铸造品牌职校[①]

背景：

企业需要什么样的人才，学校培养输送的人才是否迎合企业的需求，实践证明，校企联合、校企合作是培养企业所需应用型人才的有效途径，在很大程度上可使企业实现“量体裁衣”，达到校企双赢。河北省玉田县职业技术教育中心在校企合作模式方面进行了有效探索，并取得了积极的成效。

一、学校概况

河北省玉田县职业技术教育中心（以下简称“玉田职中”）建于1983年，始称玉田县杨家套乡农业技术中学，1994年迁址并变更为现名。该中心占地215亩，建筑面积10.2万平方米，专任教师近300人，全日制在校生5000余人，开设数控技术应用、机电技术应用、机械制造技术、会计电算化、工艺美术、计算机技术、学前教育等17个专业（方向），是玉田县唯一一所融中专、技工、函授、培训为一体的国办中等职业学校，是国家重点中等职业学校、国家重点技工学校。2012年6月，玉田职中被教育部、人力资源和社会保障部及财政部批准为“国家中等职业教育改革发展示范学校建设计划”第二批立项建设单位并顺利通过评审，跨入了全国千所职教示范校建设的行列。

建校30余年，学校在办学实力、规模、效益等方面都取得了快速发展，得到了国家、省、市、县等各级教育主管部门和有关专家的高度评价，为输出大批适应社会发展需求的应用技能型人才做出了一定贡献。

二、多方位的校企合作之路

校企合作协同育人作为职业教育发展的内在诉求与新型人才培养方式，是接轨市场需求，对接行业要求，将育人落到实处的必由之路。玉田职中与企业在办学模式、教学模式、师资建设、人才评价模式、文化引领等方面深度融合，实现互补共赢，培养了一大批有素养、有技能、有知识、有文化的应用型人才。

（一）融校企合作育人模式于集团化办学

玉田县地处京津唐腹地，京津唐是我国北方最大的综合性工业基地，工业体系门类齐全，而素有“中国印机之乡”美誉的玉田县，紧跟时代步伐，以较大市场份额成为我国印刷机械生产基地以及全国电子、新能源等高新产业发展基地，培育了“胜利”、“玉印”、“新联”、“盛田”等一系列知名品牌企业。依托产业优势，在县政府主导下，玉田职中联合县工促局、印刷机械行

①本文根据河北省玉田县职业技术教育中心官网等公开资料编撰而成。

业协会、周边职业学校和河北海贺胜利印刷机械集团等50多家装备制造企业，组建多元化的玉田县装备制造业职业教育集团，在开放办学、多元发展、扩大社会服务等方面增强示范辐射效力，培养“企业人”。

装备制造业职业教育集团成立后，为加强集团内涵建设，协会、企业和学校根据产业需求和岗位标准，联合启动五项共建行动：共同制订招生、培养计划，培育应用型人才；共同制定课程标准，研究课程设置、教材内容及教学组织形式；共同开发实用教材，多方开展产教结合、产品开发等项目；共同制定评价标准，发挥各自优势；共同建设实训中心，在技术服务上，实施共同培养。通过这种人才培养模式，学校已为职教集团的相关企业输送优秀对口应用型人才300余人，推动了地方企业的发展。

（二）融校企合作教学模式于理实一体化

为使学生具备适应企业需求的综合职业能力，玉田职中开展工学结合的“一体化”课程研究，教学内容具有实用性、先进性和创新性；量身定制合作企业合作项目，深入开展项目教学、场景教学、模拟教学、岗位教学等，构成“产教融合，学岗融通”为主体的培养模式。

玉田职中各个专业部根据自身教学内容与岗位需求相契合的出发点，在培养学生综合职业能力方面，形成各个专业的不同特色。例如，数控技术应用专业“学产一体”，与河北盛田印机、新联印机等多家企业开展产教结合，实施有原料、有图纸、有加工、有产品、有收入的“五有”教学；会计电算化专业“虚实交替”，学生前两个学年在校内综合会计模拟实训室虚拟建账，第三年到企业实际建账做账；机电技术应用专业“工学交替”，一年级学生在校学习实习，二年级定期到工厂实训，三年级定岗实习。教、学、做合一的理实一体化教学模式，实现了教学过程与实践过程的高度一致。另外，“公司制班级管理”也是其一大特色，一班一公司，虚拟工资代替学分，学生以公司员工的身份，参与公司机构设置、公司章程制定、公司管理和岗位工作模拟等，将素质培养与未来职业相对接。

（三）融校企合作师资建设于复合型团队

玉田职中积极学习借鉴国内外先进学校的经验，努力锻造“名师、双带、双师、骨干、兼职”五支队伍，构建复合型教学团队。

名师培养项目化：以校内主持项目、校外示范引领等方式，打造名师并发挥名师应有的作用。

带头人培养组合化：以聘用行业企业高级管理人员、技术骨干和校内名师共同组成专业带头人队伍，合力促进专业发展，提升团队水平。

双师培养活动化：开展“练、赛、学、训、研”五类专业教师提升活动，搭建政府牵头、行业指导、企业支持的教师企业实践平台，推进“双证书”、“双经历”、“双能力”的双师队伍建设。

骨干教师培养任务化：让骨干教师承担培训、教改、科研、指导等任务，促进专业素质和整体能力提升。

兼职教师培养导师化：对于学生，聘请的行业企业能工巧匠是技能导师，对于专业和教师，他们又是专业建设和教师发展的导师。

除此之外，玉田职中的师资复合型团队还包括领导团队。在领导团队能力提升方面，学校实施领导对接企业制度，密切校企关系，定期培训。学校班子成员及内设机构主要负责人都要联系一个企业，每年选派 1 ~ 3 名干部到示范院校和知名企业学习锻炼。

（四）融校企合作评价模式于多元化评价

在“以人为本”的现代职业学校管理和评价模式的指引下，玉田职中构建了由政府、行业、企业、家长等多方共同参与的“以贡献考量学校、以过程考核教师、以能力考评学生”的校企一体评价体系。

以学生的综合评价为例，其评价内容以能力为导向，侧重过程评价，评价形式为校企共同评价。校企共同评价主要围绕学生的课堂表现、技能水平、职业能力三个方面展开：一是共同评价课堂表现，学校将企业制度文化融入学生日常管理，让企业建制进班级；二是共同评价技能水平，学校邀请企业参与学校考试命题，并担任指导和监考；三是共同评价职业能力，企业将定岗学生纳入员工管理范围，评估结果作为学生推荐就业的直接依据。① 这种多元化的评价模式能够促进学生养成良好的职业素养，能让学生和企业在双向选择中更有针对性。

（五）融校企合作实训于前校后厂基地建设

本着建设主体多元化、运行机制灵活化、筹资方式多样化原则，玉田职中与企业合作共建了一批教、学、做、产、研多功能校内、校外实训基地。

校内实训基地凸显“五有”：有企业的文化、有企业的投入、有企业的设备、有企业的师傅、有企业的项目。重点建设专业在现有校内实训设施、基地建设基础上扩充、优化、提升，打造企业化模拟车间，营造仿真、全真实训环境，发挥场地、设备和人力资源优势，开展职业培训、技能鉴定和技术咨询，完成各项培训、鉴定任务。

校外实训基地突出“三新”：拓展新基地、开发新项目、增加新形式。学校充分发挥职教集团合作企业和其他合作企业校外实训基地功能，深入开展“前校后厂”工学结合的校企一体化办学，开辟新基地，开展教师校外培训基地的新项目，将企业设备、流程移到校内的“模拟工厂”新形式。

总体上，玉田职中建成融教学实训、社会培训、产品生产、技能鉴定、技术服务等于一体的实训基地运行模式，创新实践“前校后厂”、“校中厂、厂中校”的校企共建共管共赢实训基地建设模式。

（六）融校企合作文化引领于“职”字特色文化

在传承“学做人之道，修立业之本”的文化核心下，玉田职中在精神文化、环境文化、管理文化、行为文化、课程文化五种文化方面形成了基于可持续性发展的“有魂精神文化”、基于职业氛围和企业元素的“有色环境文化”、基于职业发展和职业操守的“有形管理文化”、基于职业体验和文明传承的“有标行为文化”、基于职业活动导向的“有果课程文化”，从而提升了各类文化的“职”字特色文化内涵。

在精神文化方面，玉田职中通过学习研究、内容拓展、理念整合、主题实践四段式建设对“融”字主题文化进行建设。学习研究与内容拓展阶段本质上都是感知职业教育的“融”，融个

---

①河北省玉田县职业教育中心：《河北省玉田县职业教育中心》，《中国职业技术教育》2014 年第 17 期。

人生存、经济发展、企业需求于一体；理念整合阶段，从校训、办学理念、办学模式等方面细化“融”的内容；主题实践阶段，以建筑物名称征集活动、校徽校歌征集传唱活动等形式多样的活动丰富校园生活。

在环境文化方面，环境建设上科学规划，完成景观建设和改造，如吸收企业文化元素的文化广场、体现师生原创精神的“融心”公园等；完成实训环境文化建设；完成教学环境和生活环境文化建设；完成校外实训基地和德育基地建设等。

在管理文化方面，学校以讲公正、扬正气、可操作的制度建设为依托，有针对性地引进企业优秀管理文化，在办学模式改革、教育教学改革、专业建设、教师团队建设、学生管理等方面形成公平、有序的管理状态。

在行为文化、课程文化方面，学校主要通过相关的实践活动，培育师生的职业素养，如开展艺术节、体育节、技能节；校企对接，开发系列实训教材，建设仿真或全真职业情境，改革课堂教学模式。

三、体会与思考

在校企合作中，各方往往都为自身利益考虑，只是存在着名义上的合作关系，容易出现两头冷或一头热的局面，未能真正走向一体化办学。玉田职中在校企合作方面，从多方位积极探索融合模式，为自身的发展指明了强力支撑，也为其他职业院校的发展指明了进一步思考的方向。

（一）发挥学校教育资源优势，加大推进各主体资源融合

面对校企合作的两头冷或一头热的困境，玉田职中以集团化办学为载体，加大力度推进相关利益方各个方面的资源融合，变“双主体”为“共同体”、变“相互需求”为“共同扶持”、变“服务”为“义务”、变“一方主动”为“双方主动”①，从利益相关方突破合作瓶颈，让企业真正地融入到学校的教学中，学校真正地加入到企业的实践中。

然而集团化办学只是一个途径，针对校企合作，各个学校包括玉田职中在内最重要的就是找到合适的途径与方法实现各个主体利益方的资源融合。以学校为例，在育人方面为企业培养输送应用型人才，在理论方面也应为企业、行业的可持续发展提供源头上的大本营性质的理论支持和智力保障，同时利用自身教育资源、师资力量、研究平台等优势，学校在进行应用型人才培养的过程中可为行业、企业提供继续教育和培训服务。

（二）打造品牌职校，发挥引领示范作用

玉田职中与企业在办学模式、教学模式、师资建设、人才评价模式、文化引领等方面深度融合，校企合作协同育人，不仅使育人落到实处，培养一大批满足市场、行业需求的应用型人才，而且玉田职中在各方资源互补的过程中，学校建成品牌职校，对其他地区乃至全国的中职院校发挥了标杆性、引领示范性作用。

全国各地的中职院校，在办学机制、办学规模甚至办学理念上都大同小异，在众木成林的中职院校中如何脱颖而出，成为品牌职校，是不少学校在发展之路上必不可免的一道难题。玉田职

①河北省玉田县职业教育中心：《河北省玉田县职业教育中心》，《中国职业技术教育》2014 年第 17 期。

中在校企融合方面树立了榜样，打造出品牌职校。各地职校抑或可选择就某一方面如校企合作、德育活动、校园文化、特色专业等进行生命力的挖掘与培育优化，提高学校品牌核心竞争力；抑或在多个方面综合包装如师资力量建设、硬件设施建设、国际合作、素质教育等，从而实现质量提升，建设成为具有良好美誉度与社会满意度的品牌职校。

第四章　探索校企合作　培育技能人才

产教融合、校企合作是职业院校提高办学水平和教学质量的必然选择，也是我国推进职业教育改革发展、加快构建现代职业教育体系的必由之路。职业院校如何结合自身实际和行业企业发展现状，寻找校企合作的新模式，已成为培育适合经济发展所需技能型人才的难题之一。

案例一　广东岭南职业技术学院

——“双需求”人才培养模式的探索①

背景：

产业转型升级对人才提出了更高的要求。目前，高职院校培养出来的学生普遍具有明显的职业岗位需求中“职”的特性，但是缺乏高等职业技术教育中“高”与“技术”的特性。在此背景下，广东岭南职业技术学院从“双需求”的高端技术技能型人才培养教育理念出发，通过校企合作深度融合，构建技术技能融合项目专业课程体系，创新师资队伍建设与人才质量评价等措施，系统地培养学生的技术技能综合运用能力和实践创新能力。

一、学校概况

广东岭南职业技术学院（以下简称“岭南职院”）成立于2001年5月，是一所经广东省人民政府批准、教育部备案、具有大专学历证书颁发权的全日制民办普通高等院校。岭南职院以制造类、财经管理类、电子通信类、创意设计类、医药健康类和建筑工程类专业为主体，设有17个二级学院，招生专业39个，在校学生1.5万余人。

岭南职院广州校区地处广州经济技术开发区，毗邻国家软件产业基地、广州天河软件园，坐拥职业教育的丰富资源，地理位置优越。学院办学条件优越，占地面积516亩，校舍建筑面积逾31万平方米，教学仪器设备总值达10267多万元，校内实训和生产性实习场所140余个，图书馆藏书达135万余册。历经20余年，岭南职院已基本建设成设施完善、环境优美的现代化院校。

岭南职院坚持“服务转型升级，谋求创新发展”，利用自身优势，在办学理念、育人模式、管理服务等方面改革创新并形成了鲜明的办学特色，取得了显著的成效。毕业生总体就业率连续多年位居广东省民办院校前列，深受用人单位的欢迎和好评。

二、基于“双需求”的技术技能型人才培养的实践

职业教育直接服务于区域经济发展，为产业转型升级提供高技术人才支撑。在如何培养适合

①本文根据广东岭南职业技术学院官网等公开资料编撰而成。

于区域经济发展所需要的人才方面，岭南职院积极探索，提出了基于“双需求”的技术技能型人才培养的教育理念。“双需求”是指职业岗位需求和技术活动过程需求，其中技术活动过程需求是指从事某一岗位工作所需技术的支撑技术、职业素质、工作过程的创新能力、运用高新技术和创造高新技术的能力、分析解决问题的能力等。

基于“双需求”的技术技能型人才培养的教育理念，岭南职院从“产学研”校企合作深度融合、师资队伍建设、人才培养方案、课程体系、教学组织、实践设计、质量评价等方面进行改革，培养学生的创新思维和创新能力，在注重技术技能训练的基础上，着重训练学生的技术能力，从而达到培养高端技术技能型人才的目的。

（一）组建以政府为主导的区域产教联盟

岭南职院紧抓区域产业转型升级契机，充分发挥自身区位优势，在广州开发区政府的主导下，与高职院校、技工学校以及行业协会、大中型企业共同成立“开发区产教联盟”，提升人才的培养质量与层次，更好地服务于开发区产业转型升级，可持续地为区域发展提供高端技术技能型人才。

凭借庞大的开发区产教联盟资源优势，岭南职院在人才培养模式、办学、就业等方面得到了开发区政府、行业、企业的指导与支持。经过多年实践经验积累，形成了“三三融合”的办学特色，即通过“政府、学校、企业”融合实现“区位、校企、工学”融合。

（二）构建校企“双主体”办学机制

经过多年的探索与实践，岭南职院在校企合作方面实现了由学校“单主体”向校企“双主体”的办学体制转型。通过混编专职教师与兼职教师、混编学校资源与企业资源、混编学校学生与企业员工、混编学校评价标准与企业评价标准、混编校园文化与企业文化等将企业的资源、标准、文化充分引入高技能人才的培养过程，进而培育出更适合企业需要的人才。

岭南学院在校企合作方面更有针对性地融入开发区的元素，创建了岭南科技园，广泛开展校企合作办学、合作育人、合作发展、合作就业，与企业先后建立了岭南中兴通讯3G学院、岭南国际服务外包学院、星力量动漫游戏学院、岭南香港祷业学院、穗峰建筑工程管理学院、国际物流学院6家“双主体”办学二级学院，校企合作共建GBA数字创新岭南中心、深圳瑔丽美化妆品研发中心（岭南）、圆和方模具厂（岭南）等一批技术研发中心、实训生产基地，实现了校企的深度融合。

（三）构建“四融合”项目专业课程体系

以“双需求”对知识、技术技能、职业素养、技术素养的需要为基础，岭南职院构建包括基本技术技能融合项目、专业技术技能融合项目、综合技术技能融合项目、创新技术技能融合项目四级递进式技术技能融合项目在内的专业课程体系，如图4－1所示。

以模具设计与制造专业为例，岭南职院通过对模具专业岗位和工作过程的调研，依据模具职业岗位需求和模具生产技术活动过程对人才技术技能的需求，归纳典型工作任务，引入模具行业标准、企业规范，构建以模具设计与制造工作过程导向的“技术技能融合项目”课程体系。由此，岭南职院将专业技术知识融入教学项目，并制定标准化的考核流程。融合项目的层次由低到高分别为：基本技术技能融合项目、专业技术技能项目、综合技术技能项目、创新技术技能项目。基于“双需求”的要求，模具设计与制造专业的技术技能课程体系如表4－1所示。

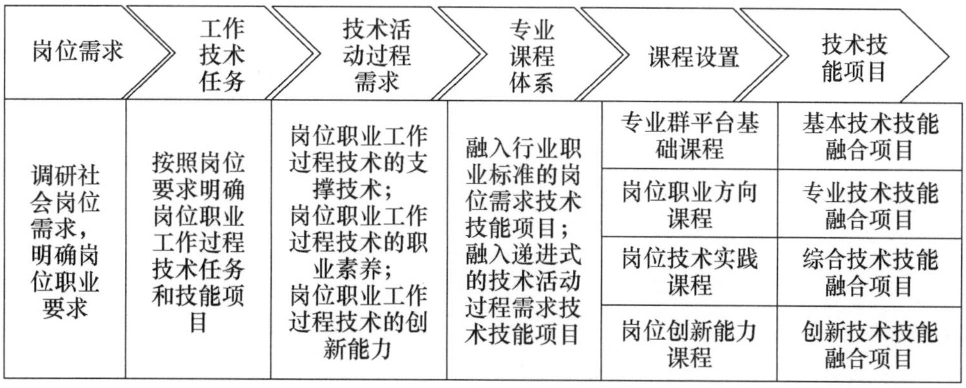

岗位需求	工作技术任务	技术活动过程需求	专业课程体系	课程设置	技术技能项目
调研社会岗位需求，明确岗位职业要求	按照岗位要求明确岗位职业工作过程技术任务和技能项目	岗位职业工作过程技术的支撑技术；岗位职业工作过程技术的职业素养；岗位职业工作过程技术的创新能力	融入行业职业标准的岗位需求技术技能项目；融入递进式的技术活动过程需求技术技能项目	专业群平台基础课程	基本技术技能融合项目
				岗位职业方向课程	专业技术技能融合项目
				岗位技术实践课程	综合技术技能融合项目
				岗位创新能力课程	创新技术技能融合项目

图4－1　基于“双需求”的要求构建“四融合”项目的实施方案

表4－1　　基于“双需求”的要求，模具设计与制造专业的技术技能课程体系①

专业技术	技术技能融合	专业技能
工程数学（含 Matlab）	基本技术技能融合项目（岭南之珠）	工程应用计算能力
工程制图与计算机绘图		绘图、读图能力
机械设计与体现		通用零部件设计能力
公差配合与测量技术		质量控制能力
机械制造工程		车、铣、钳基本技能
产品三维设计		产品设计能力
工业自动化与夹具设计	专业技术技能融合项目（模具设计与制作）	夹具设计能力
模具技术		模具设计能力
产品分模与模具排位设计		三维设计能力
数控加工工艺与编程		工艺结构设计
数控编程技术	综合技术技能融合项目（CAE 成型分析）	模具加工能力
先进制造技术		模具分析能力
成型数值模拟分析（CAE）		质量管理
质量管理		质量控制
特种加工	创新技术技能融合项目（微型机床）	先进技术的应用能力
先进制造技术课程二		企业技术的改进能力
先进制造技术课程三		工艺创新能力

①徐炳文：《基于“双需求”的高职技术技能型人才培养的实践研究——以广东岭南职业技术学院为例》，《高等职业教育：天津职业大学学报》2013年第2期，第7－9页。

（四）组建“三组合”标准的专家型师资队伍

人才培养，师资是关键。基于“双需求”的要求，岭南职院组建了“三组合”的专家型师资队伍（院校教师+企业教师+行业专家教师），岭南职院从邻近的著名高校聘请了100多名讲师以上职称的兼职教师和一大批知名的专家和企业家作为学院的客座教授。岭南职院实行专家治校，院系领导全部具有高级职称，并具有长期担任校（院）、系领导的经历和丰富的高等学校教学与管理经验。

以药学专业为例，针对药学专业，岭南职院组建了由115人组成的“三组合”师资队伍，其中行业专家25人、专职教师45人、企业技术骨干45人。专职教师队伍中高级职称18人、“双师素质”38人；从医药企业及省级科研院所引进教师10名，均具有高级职称、“双师素质”。现任岭南职院医药健康学院的院长是广东省高职教育食品药品类专业教学指导委员会委员、广州岭南教育集团“岭南名师”、国家职业技能鉴定医药工业高级考评员。

（五）构建“三评价”标准的多级教学质量评价体系

岭南职院通过完善人才评价体系的建设，改变以往单一的课程评价模式，在技术技能融合项目实践教学体系的基础上，引入项目评价，建立与企业技术标准对接的课程标准和项目考核标准。同时，学院还将社会（包括用人单位、家长等）对学生的评价纳入教学质量评价体系，构成以课程评价、项目评价（自我评价、过程评价、比赛评价和展示）与社会评价相结合的技术技能型人才三级多元素评价体系。基于“双需求”的高端技术技能型创新人才培养模式评价体系如图4-2所示。

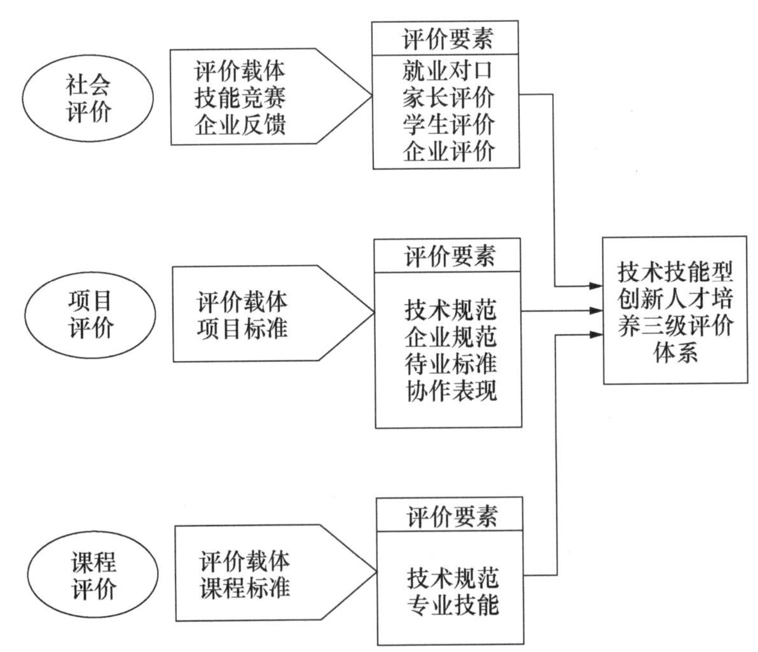

图4-2　基于“双需求”的专业技术技能型创新人才培养评价体系

三、体会与思考

过去，职业教育往往以职业岗位需求作为教学设计的逻辑起点。现在，从产业转型升级对人才的需求来看，这种理念是不全面的。基于“双需求”，岭南职院重构了人才培养的规格，将人才培养定位为培养高端技术技能型创新人才。对技术技能型人才培养模式的改革与创新，使得办学内涵不断得到提升并取得了一定成果。

（一）校企“双主体”办学推动了校企深度融合

岭南职院大力推行校企“双主体”办学，有力推动了学校改革发展与区域经济社会建设的校企深度融合。对于学校来说，在改革过程中得到了举办方、政府、行业企业的大力支持，解决了建设资金投入问题；对于企业来说，得到了更多符合企业发展要求的人才。此外，校企合作办学还有利于促进“教学—研发—生产”一体化，增强办学活力，提高人才培养质量，强化学校面向企业的社会服务能力。

（二）“四融合”项目教学系统培养了高端技术技能型人才

基于“双需求”的专业技术技能型创新人才培养，改变了过去以“职业岗位需求”为出发点进行组织教学的方式，不仅让学生掌握了各种技能，还让学生具备了对某种技术的应用能力，使他们经历持续改进或创新现有的工艺、产品、生产过程、服务方式等完整的技术活动过程。实践表明，通过基本技术技能、专业技术技能、综合技术技能、创新技术技能四阶段融合项目教学的实施，校企合作深度融合下基于“双需求”的专业技术技能型创新人才培养，系统地培养了学生的综合运用能力和实践创新能力。

案例二　珠海市第一中等职业学校

——创新人才培养模式，打造核心竞争力①

背景：

近年来，随着国家、社会对职业教育愈加重视，许多职业院校也纷纷开展大规模的改革创新，以提高自身的办学水平和教学质量，培养更能适合经济发展、社会建设所需的人才。珠海市第一中等职业学校借助国家大力发展职业教育的机遇和地方政府的支持，采取多项新措施，推进学校改革、发展。该校在人才培养模式、实训教学模式以及跨区域校地合作方面的改革创新举措值得去深入分析。

一、学校概况

珠海市第一中等职业学校（以下简称“珠海一职”）创建于1984年，1993年独立办学，是珠海市最早的一所中等职业学校。目前，学校总占地面积150多亩，在职教师210多人，在校生6300多人。学校立足珠海，根植信息技术、旅游、电子商务、财经等现代服务业，开设计算机应用与软件技术、旅游服务与管理、物流信息管理等19个专业。

近年来，借助国家大力发展职业教育的机遇和地方政府的支持，珠海一职秉持“培育现代职业人，打造核心竞争力”的办学理念，推进教育教学改革，实现快速发展，逐渐成为了一所学校教育与职业培训并举、全日制与非全日制并重、境内与境外合作办学多元发展的职业学校。因综合实力强、办学特色明显、办学效益好，珠海一职获得了多种表彰。2012年7月，学校获批成为“国家中等职业教育改革发展示范学校建设计划”立项建设单位。

二、“群项目引领、三循环递进”育人

教育部鼓励并引导各级各类职业院校走“产教结合、校企合作”的职业教育之路，大力提倡职业教育人才培养的“三个对接”：专业设置与产业需求对接、课程内容与职业标准对接、教学过程与生产过程对接。我国很多中职学校在校企合作的模式上不断探索，也取得了一定的实效。

其中，珠海一职通过对企业进行职业群与岗位群调研，提出了以企业岗位职业标准为标杆，以科学的课程体系设置为支撑，以集成岗位所必需的多项专业知识和专业技能的“群项目”建设为目标，努力实现学校育人标准与企业岗位要求“无缝”对接。

“群项目”是集对应专业相关企业岗位群的专业知识、专业技能及专业素养为一体的综合实训项目。它根据企业生产或服务过程要素和学校教学特点，通过校企双方共同开发或编制的综合实训项目，重构模块化课程体系。与传统的综合实训项目相比，“群项目”有着显著的区别：以前的综合实训项目是通过所学的各门专业课程内容来编制，而“群项目”则是由当今企业的各

①本文根据珠海市第一中等职业学校官网等公开资料编撰而成。

岗位最新职业标准来确定。

“群项目”具有明显的“四强”特征：

（1）针对性强。“群项目”是由校企双方根据该专业目前企业在做什么、以什么样的技术做以及相对应的岗位与岗位群的职业要求是什么，而共同编制出来的一个产品化或准产品化的综合实训项目。相关的专业知识、技能、职业素养等形成了一个“群”。

（2）创新性强。“群项目”是学校对应专业最新职业标准的载体，突破了中职学校已陈旧的教学内容，是对企业岗位群的专业知识、专业技能进行的重新组合与集成。

（3）认同性强。学生的学习、训练、实习的过程对应企业岗位和岗位群的生产或服务过程，使学生对自己将来从事的职业了解得更清晰，定位得更准确。

（4）同步性强。“群项目”是随企业技术进步而时刻更新、随企业流程调整而动态变化的。

在“群项目”的引领下，学校完成对学生的基本技能培养、职业技能强化、职业岗位（群）实践三个循环，层层递进，实现与企业用人标准的无缝对接。由此，珠海一职形成了体现工学结合的“群项目引领、三循环递进”人才培养模式。如图4－3所示。

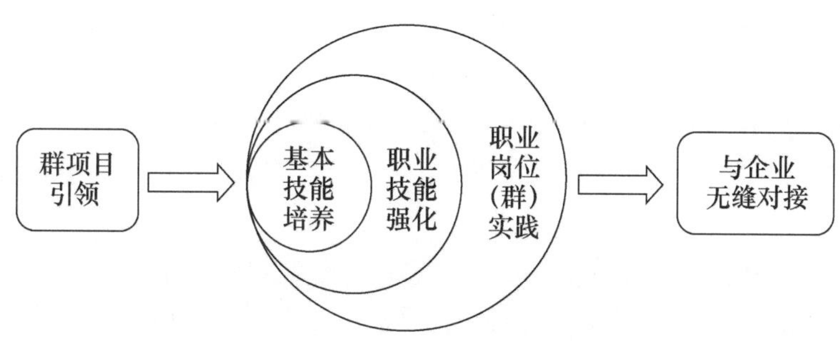

图4－3　人才培养模式创新

三、五步递进，系统培养学生技能

随着经济社会的发展，学校原有的实践体系在“工学结合”方面存在诸多限制：企业出于人力成本考虑不愿接收和培训技能差、经验弱的学生；企业由于设施设备、培训师资不足等原因难以系统培养人才，容易造成学生沦为短期劳动力的现象；学校教学计划具有前置性，容易与实际企业实践的时间冲突……面对这些问题，珠海一职在推动校企合作办学过程中，探索出了“五步递进”的新型实训模式。

“五步递进”的新型实训模式把学生的实训实习分为五个阶段，即“周实训制—月实训制—寒暑假实习制—特定阶段实习制—学期实习制”。在这五个阶段里，学生的学习过程从适应型实习开始，经“任务型实习”、“开放型实习”、“深入型实习”的不断深化，最终达到“生产型实习”。相应地，学生的专业知识和专业技能在经过“五步递进”的新模式过程中，逐步实现“认知—内化—外化—整合—定型”的转化，以此来系统培养学生的职业技能。如图4－4所示。

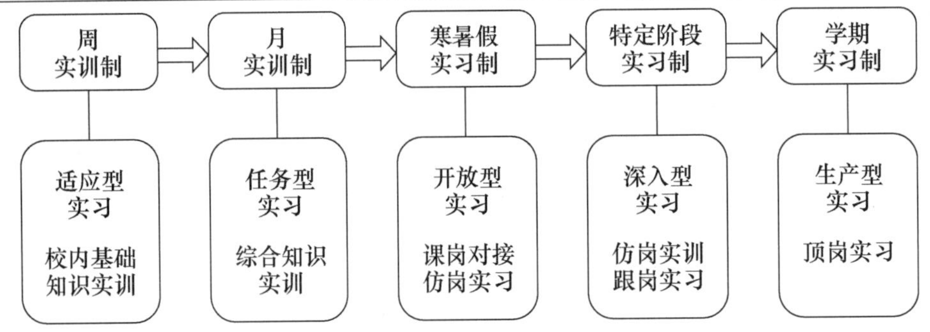

图 4 -4 “五步递进”新型实训模式

（1）“周实训制”对应适应型实习，其对象是新生。在开学第一周，全校开展“专业认知实训周”，以专业介绍、专业技能体验、企业认知体验、优秀毕业生风采展示、优秀实习生报告、企业参观、行业企业专家讲座、就业讲座等方式，将专业性较强的综合性项目化为可接受的实训课程。

（2）“月实训制”对应任务型实习，对象为高二阶段的学生。通过月实训，珠海一职将企业真实项目引进校园，由企业专家和校内专业教师共同开发出符合企业岗位需求以及职业标准的“群项目”教程，“群项目”教程的教学也由专业教师和企业专家共同完成。这种以“月”为时间单位的综合实训，把分散的知识与技能整合起来，有助于增强学生对“项目”的实际操作能力、培养团队合作意识；同时也有利于提升教师的专业素养以及项目的督导和协调能力，达到教学相长的目的。

（3）“寒暑假实习制”对应开放型实习，对象是 16 周岁以上的学生。学校鼓励他们到负责任、有条件、重文化的企业中进行开放式的寒暑假实习。它不仅可以使学生从中获得报酬，更重要的是，它能让学生体验企业运作机制，感受职业精神和市场竞争，更客观地评价、提高自省和反省能力，明确学习目的，端正学习态度。

（4）“特定阶段实习制”对应深入型实习，对象是全体学生。该阶段的实习是按照教学计划的要求，针对不同企业、行业协会在某些特定时间段开展的短期实训活动。它旨在让教师和学生在特殊环境下感受市场高精尖新技术以及新产品、新设备、新方法带来的启发，直接与前沿高技术人才和管理者对话与探讨，促进教师的分层教学，开拓学生的视野和创新性思维。

（5）“学期实习制”对应生产型实习，对象是三年级学生。在“2 + 1”学制下，三年级学生全面进入各合作企业开展顶岗实习。学生的职业素养将得到长足的进步，敬业与团队精神也将得到全面检验，最终为自己的职业生涯开创一个崭新的起点。

四、珠联澳合，共育国际标准人才

作为国家特别行政区的澳门和经济特区的珠海，两地毗邻而立，同根同源，陆路相通，山水相连，人口往返流动频繁，协同发展的因素早已存在。面对两地国际化酒店业人才短缺的问题，推动珠澳两地酒店业人才培养的合作及协同发展是实现两地优势互补、互利共赢的必然选择。

（一）引进国际标准，定向培养国际酒店专业人才

在珠澳两地政府的大力支持与推动下，珠海一职凭借得天独厚的地域优势与澳门旅游学院先

后签订合作备忘录和合作协议，正式引入受到国际酒店行业高度认可的澳门职业技能认可基准。协议明确约定在珠海一职引入澳门职业技能认可基准中酒店行业 7 个工种的培训课程，酒店专业人才培养目标由原来的“培养掌握星级酒店服务与管理的基本和专业技能的应用型技能人才”提升为“培养熟悉国际酒店职业技能标准，胜任国际品牌酒店和国内自主品牌高星级饭店前厅、餐饮、客房等岗位工作的接待服务和管理岗位的专业人才”。

（二）融合两地实情，优势互补推进教学改革

1. 珠澳职业教育课程优势互补

澳门职业技能认可基准培训课程高度重视实践和服务意识的培养，教材内容以项目呈现，实训项目按流程教学，是以工作过程为导向的一套培训课程，对培养标准化、规范化的服务技能人才有显著效果。与此相比，内地开发的课程更重视系统和全面地培养学生，力求让学生知其然更知其所以然，可帮助学生夯实理论基础，为未来可持续发展提供知识积淀。

2. 珠澳优势互补进行教学改革

（1）课程体系创新。两地合作构建了以职业能力为核心、以实践性教学为主线、以项目课程为主体的理实一体的模块化、综合化课程体系。专业课程划分为专业基础、专业技能、职业拓展、综合实践四大模块。各模块培养目的和主要课程如表 4 -2 所示。

表 4 -2　　专业课程四大模块

课程模块	培养目的	主要课程
专业基础模块	培养学生的基本职业能力	《酒店管理基础知识》、《服务心理学》、《营养与食品保健》、《康乐服务》
专业技能模块	培养学生的核心职业能力	《饭店服务英语》、《中餐服务》、《西餐服务》、《前厅服务》、《客房服务》、《调酒员》、《形体与礼仪》
职业拓展模块	培养学生的职业发展能力	《茶艺》、《艺术限选》、《任选课》、《书法》、《心理健康》
综合实践模块	培养学生的综合职业能力	《专业认知》、《餐饮活动设计与运营》、《酒店产品销售》、《酒店英语》

（2）教学形式调整。珠海一职将传统上课模式调整为以周为单位的实训周教学模式。通过实训周的形式集中强化训练标准化、规范化的操作技能，通过综合实训项目让学生学习和体验将来所要面对的岗位群的综合知识和技能，帮助学生提高对所学专业知识和技能的综合应用能力，为第三年的顶岗实习角色转变（学生→职业人）提前做好准备，为学生将来可持续发展打下良好基础。

（3）教学方法改革。为了实现教学过程与生产过程对接，珠海一职在专业核心课程中进行了“高仿真模拟一体化教学法”改革，在实践性课堂中体现为以下四大特征：一是模拟酒店真实工作环境，实现教学环境真实化；二是模拟酒店各岗位职业角色，实现学生角色职业化；三是模拟酒店岗位工作流程，实现教学内容项目化和教学过程规范化；四是模拟酒店评价方式对学生进行考核，实现考核评价企业化。

（4）课程资源整合。经过市场调研和分析，珠海一职编写了融通珠澳两地实情、适用培养两地职业资格、具有自身特色的《中餐实训教程》和《前堂服务实训教程》校本教材，并首创了专门用于专业认知实训周的《高星级饭店运营与管理专业认知》校本教材。

（三）珠澳师资互培，锻造通晓两地标准的师资队伍

在珠澳两校合作协议的指导下，珠海一职的专业教师多次到澳门旅游学院接受关于澳门职业资格认证考评员的培训，同时澳门旅游学院课程主任和负责人也多次来珠海一职对师生进行培训。经过培训，专业教师掌握了澳门职业资格认证的职业标准和技能要求，成为同时通晓国家职业资格标准和澳门职业资格标准的两地双师型专业教师。另外，学校通过面向酒店行业公开招聘、企业专家自愿报名、企业推荐的方式创立了一支来自企业的兼职教师队伍，对来自企业一线技术主管进行澳门职业资格标准的培训，形成了校内教师、酒店专家共同组成的通晓两地标准的两地双师型专业教师队伍。

（四）任考两地资格，实施校企合作评价办法

学生在校期间既可以考取劳动局颁发的国家职业资格中级证，又可以考取澳门职业资格证，成为同时具备两地资格的专业人才。为了培养贴近企业需求专门人才，珠海一职创立了校企合作的技能考核评价办法。校企合作考评主要体现在两个方面：一是考核内容来源于企业真实的工作任务，考核标准按照企业真实的服务过程设定考核要点和要求，考核方式采用模拟企业真实工作场景的方法，考核过程关注学生的服务意识和职业素养；二是考评员既有校内教师，又有企业人士。企业人士参与考核，一方面对学生学习和备考形成压力，增进企业人士对学生和办学的了解；另一方面可以带来最新的市场信息，有助于实时调整技能考核评价标准，使培养的人才能够顺应企业发展、贴近企业需求。

五、体会与思考

珠海一职抓住机遇，依托地方政府支持，积极推进教育教学改革，优化、创新人才培养模式与实训教学模式，加强珠澳合作、优势互补，以此创造适合学生的教育，打造核心竞争力。

（一）优化人才培养模式，无缝对接企业

怎样培养人才，是关乎教育发展的一个重要问题。在职业教育领域，推进产教融合、校企合作是职业院校提高办学水平和教学质量的必由之路。珠海一职积极优化人才培养模式，创造性地开展“群项目”建设，以企业岗位职业标准为标杆设置课程体系。在“群项目”的引领下，学校逐步培养学生的职业技能，实现学校育人标准与企业岗位要求“无缝”对接。

（二）创新实训教学模式，提升学生技能

实训教学是职业院校教学活动的必备环节。然而，实训教学环节存在的问题也是困扰职业院校进一步发展的一大难题。面对这一难题，珠海一职积极探索，创新实训教学模式，推行“五步递进”的新型实训教学模式。这种模式契合学生的认知规律，由浅入深，层层递进，系统培养学生的职业技能。

（三）强化校地合作办学，实现优势互补

为了提高办学水平、教学质量，许多职业院校都与所在地的政府、行业协会、企业以及其他职业院校开展合作办学。这自然有助于学生职业技能的提升。然而，这种仅限于当地的合作办学免不了会产生同类学校恶性竞争、人才培养同质化、人才难以向外输出、人才供给大于当地需求等问题。那么，职业院校可否扩大合作办学的地域范围，寻求更大的发展空间呢？答案是肯定的。珠海一职面对酒店业人才培养的困境，充分利用地域优势，与澳门开展合作。珠澳两地优势互补，共育国际标准酒店业人才，实现互利共赢。

案例三　云南省曲靖市麒麟职业技术学校

——“云南职业教育的一面旗帜”①

背景：

在中等职校“门前冷落车马稀”的现实背景下，如何让社会、企业、家长看到中等职校的重要性，在这一问题上，众多中等职校都在为职业教育的蓬勃发展而绞尽脑汁。在云南职教园地之中，麒麟职校积极探索校企合作的创新教育模式，建立富有特色的学分制教学管理制度，成为“云南职业教育的一面旗帜”。

一、学校概况

云南省曲靖市麒麟职业技术学校（以下简称“麒麟职校”）创办于1983年，发展至今，该校已有东南西北四个校区，现有在校生35000余人、教职工1016人。根据市场的需求，学校先后开设护理、幼教、汽修、数控、航空、高铁服务等55个社会急需实用专业，挂牌成立鉴定工种多达32个的等级鉴定考试站。通过校企深度合作、订单培养等方式，学生就业率达到98%以上，为社会输送了大量优秀毕业生。

2011年6月，麒麟职校被省教育厅批准成立“云南省曲靖幼儿师范学校”、“云南省曲靖航空学校”、“云南省曲靖护理学校”三所学校；7月，学校开展国家示范性中等职业院校建设。2012年，学校又成立了“曲靖开放学院”，成为全国第一所市级开放学院。为做大做强，学校正投资15亿元，建盖一所占地1200亩，在校生5万人，企业员工3万人，融一所大学、包括“云南省曲靖市体育运动学校”在内的五所中专为一体的云南麒麟职教中心，实现前校后厂的办学模式。

通过持之以恒的努力，麒麟职校不断发展壮大，成为国家级重点中专学校。显著的办学成绩获得了各级领导和社会各界的好评，学校被教育部及省领导誉为“云南职业教育的一面旗帜”和“走向全国的一张职教名片”。

二、“一面旗帜”的炼成

麒麟职校之所以能成为“云南职业教育的一面旗帜”，这与其校企合作模式的探索、学分制教学管理制度的建立等方面都是分不开的。在这些过程中，学校佐以人才培养质量保障体系予以保证，吸纳行业企业参与人才培养与评价，将就业水平、企业满意度作为衡量人才培养质量的核心指标。

（一）创新教育模式的校企合作

麒麟职校始终贯彻“以就业为导向，以服务为宗旨”的办学方针，探索校企合作的创新教

①本文根据曲靖市麒麟职业技术学校官网等公开资料编撰而成。

育模式，兼顾以学校、企业为主的校企合作教育模式，切实走出了以学生就业为导向，以服务市场、服务地方经济为目标的发展之路。

1. “三段式”

麒麟职校大胆推行制度性创新，将“三段式”人才培养模式与麒麟区初中教育统筹联系。在全区初中学校进行3~4门课的专业教学，初三学生毕业后若考取高中，麒麟职校为其颁发相应专业培训合格证。未考取高中的学生如果就读麒麟职校，他们之前所接受的专业教学课程可抵为一年级教学课程，二年级在麒麟职校学习，三年级学生就可在企业顶岗实习。该人才培养模式不仅扩大了麒麟职校办学规模，而且也提高了麒麟区的初中升学率，促进了普通教育与职业教育的沟通。

2. 培训式

麒麟职校主要面向企业、农村开展职业技能培训、职业技能鉴定和创业培训。企业方面，如同多数职校培训方式，麒麟职校采取“学校育人，单位埋单”的运作模式。农村方面，主要通过三种方式开展劳动力转移及职业技能培训：第一，与妇联联合开设家政培训班；第二，构建农村职业技能培训网络，学校、乡镇（街道）、农村现代远程教育网点相统筹；第三，结合“无文盲乡镇”活动开展实用技术培训。

3. 实训基地、前校后厂式

为了锻炼学生的实践操作能力，麒麟职校积极为学生提供良好的物质条件。不仅逐步完善校内专业实验实习设备，而且通过尝试多种融资渠道，建设花卉园艺示范基地、旅游服务业基地300亩。同时，实训基地的建立辐射了4个乡（镇）、街道，带动了3个产业发展，有力促进了本区经济社会的协调发展。

为了加强校企合作，达到学员、学校、企业、社会四方共赢，麒麟职校按照“前校后厂”办学理念，投资15亿元，建盖一所占地1200亩的现代化新校园。新校园分两期建设，一期建设为教育教学主体建筑；二期引进轻加工、高科技、高附加值、环保型、劳动密集型企业入驻，以实现“有教学的地方就有实训基地，有教学的地方就有科研”的发展目标。如此，麒麟职校“产学研”一体化，其专业发展推动产业建设，产业建设带动专业发展，最终区域范围内的产业结构得以调整优化，巨大的人才效益、社会效益、经济效益迸发。

（二）“因材施教”的学分管理

在教育领域，如何因材施教往往成为各个学校的难题。麒麟职校积极探索学分制管理，以期通过以学分作为学习量的单位，以绩点作为学习质量的衡量标准，以取得教学计划规定的最低学分作为毕业标准的方式实行学生的人本化、科学化管理。其学分制管理所体现的“因材施教”具体分为学习内容、学习时限、学习方式、培养模式四个方面。

1. 学习内容的选择性和自主化

首先，在总体课程架构上，麒麟职校学分制实施性教学计划将教学内容分为必修课、限定选修课和任意选修课三大类型。在对学生的考核上，任意选修课采取考查的方式，其余两种课程的评价都是采取考试的方式。成绩及格者方可获得相应学分。值得注意的是，麒麟职校尤其重视提供选修课程为学生进行多样化选择，并使选修课程的学分不低于总学分的20%。其次，按照就业优先、学生优先、企业需要优先的原则，培养学历文凭、职业资格证双证书型学生，开设与各类职业资格证书相应的课程或培训项目。学生可依据自己的爱好、实际需求自主选择，在获得学分的同时，培养自己的技能。最后，为了加强对学生的职业生涯规划，所有专业都设置了“创新与创业”、“求职技巧”、“心理健康”、“三生教育”等课程。

2. 学习时限的灵活性和弹性化

麒麟职校按照学分制管理，第一，允许学生提前或推迟毕业，不强求统一毕业时间；第二，当该校学生年满 16 周岁后，可申请工学交替，在学分修满的情况下即可毕业；第三，对于在规定年限内需要修满学分的而难以达到的，学生可以重修或改修。

3. 学习方式的指导性和主体化

麒麟职校学分制的核心是选修课，如何指导学生选择适合自己的选修课成为学校的必做功课。每学期末学校公布下学期可选修课程，各科教师介绍新课程的课程特点、培养目标等；学生在教师指导下进行自主选择；教务处汇总选课情况，开设相关课程。另外，学校还会定期将学生学分情况公布，并书面告知学生家长，以便于学生能够根据自己学分情况选修课程，也能便于家长动态了解孩子的学习情况以提供学习指导及建议。

4. 培养模式的创新性和多样化

麒麟职校通过学分制管理，建立学分制银行，构建中高职一体化办学的学分互认体系。为大批中专学子圆大学梦奠定了坚实的基础，也为教育教学质量的提高找到了衡量标准和保障体系。而且，曲靖开放学院落户麒麟职校在很大程度上得益于该校的学分制管理，这种教学管理制度为学生的继续教育、终生学习搭建了桥梁。

三、“一面旗帜”的启示

一所职业学校如果要办好，需要学校运行中各个组成部分的强大合力与效力，像办学理念、人才培养模式、师资队伍、专业设置、教学组织等都是必不可少的组成部分，其中任何一个组成元素没有达到相应的要求，学校都很难在整体上办出特色，办出效果，办出规模。麒麟职校能够成为“西南第一，全国第二”的国家级重点中专学校，成为“云南职业教育的一面旗帜”，与其系统内的各个组成要素的合力配合是息息相关的。

（一）办学理念是主线，贯穿方方面面

麒麟职校在办学中坚持“以就业为导向，以服务为宗旨”，这条主线贯穿学校运行的始终。校企合作模式、专业建设、师资配备、教学模式等都是以围绕学生就业、服务市场经济为中心的。以该校的教学模式改革为例，麒麟职校的教学模式改革方向就是以就业为导向，最大限度地与社会需求相对接。首先，专业结构设置与职业分类相对接，依据职业分类确定专业设置，即学校根据劳动力市场需求进行专业设置与招生人数的调整，并且按照工作体系结构设置课程体系结构。其次，教学内容、情境与工作岗位要求、工作情境相对接。最后，学生学业评价方法与企业评价相对接，引导教师融合企业评价标准和方法。如上文所述，麒麟职校校企合作模式、专业建设等更是全程贯彻其办学理念。

（二）特色鲜明是招牌，升华方方面面

麒麟职校结合云南省与滇东中部优势产业，发展特色鲜明的招牌专业，如艺术设计、汽车运用与维修、数控技术应用、园艺花卉与农村科技、学前教育 5 个示范专业和校园数字化特色项

目。就园艺花卉与农村科技专业而言，学校不仅建设花卉园艺示范基地，而且利用中央生物示范基地的带动作用，挂靠乡镇，科技扶贫。如一个专业挂靠一个乡镇、一个班级挂靠一个村委会、一个学生挂钩一户农户就是特色专业的一次典型升华。学生通过专业基地，习得农业科技，像越州镇的烤烟基地、茨营乡的蚕桑基地、潇湘乡的药材种植基地、沿江乡的花卉园艺基地、三宝镇的养殖基地等。之后学生将自己所学送到村村寨寨，实现就地实习，让成果就地转化，以此辐射带动区域农业经济的发展。

（三）创新突破是亮点，活化方方面面

学校虽然是比较稳定的一个组织，但是如果一味地因循守旧、墨守成规，不去创新突破，学校也只能在原地打转，满足不了社会需求。麒麟职校不断突破，勇于制度创新，实现自我的不断发展。如麒麟职校大胆推行“三段式”制度创新，把人才培养模式与麒麟区初中教育相统筹，不仅为学校自身带来了生源基础，而且为职业教育与普通教育的沟通提供了一种可行性的实践模式。不仅如此，麒麟职校探索应用学分制管理，建立学分制银行，构建中高职一体化办学的学分互认体系。此举一方面满足了中专学子提升技能与学历的需求，另一方面为中职与大专的互通提供了另一种渠道。

案例四　上海工商信息学校

——"跟单"教学促发展①

背景：

"订单培养"，这是近年来不少职校采用的密切学校与用人单位联系，解决毕业生出路，并带有契约性质的一种办法。不过，当签约的企业发生变化，尤其是需求量缩减时，毕业生的就业就会发生困难，而纯粹为某一家企业量身定制的学生又有适应面狭窄的局限。而上海工商信息学校创新运用"跟单"教学模式，把"订单"变为"跟单"，在某种程度上解决了以上难题。

一、学校概况

上海工商信息学校创办于1985年，是首批国家级重点中专、上海市现代化标志性中等职业院校，也是上海市青浦区教育系统规模最大的学校。学校分设有五个办学实体，分别是财经商贸类和公共管理与服务类专业的工商一部，加工制造类专业的工商二部，旅游服务类和园林园艺类专业的工商三部，电子信息类专业的工商四部以及社会各行业岗位能力培训和劳动力转移培训的培训部。

"十一五"期间，该校提出以"服务社会、面向市场、以人为本、和谐发展"为办学思想，以"信心的有效建立、责任的有效养成、技能的有效生成、知识的有效建构"为育人目标，办学实践成效明显。

尤其是近年来，学校围绕上海加快发展现代服务业和先进制造业、建设"四个中心"对高素质技能型人才的需求，全面调整和优化专业设置和专业结构，形成与区域经济和社会发展相适应的专业布局。最终以会计、数控技术应用、旅游服务与管理、电子技术应用、计算机及应用五个专业为重点专业，形成电子电气、加工制造、财经商贸、旅游服务、计算机五个专业群和一个园艺专业的专业布局。

二、创建"跟单"教学模式，实现产教融合教学

教学模式是中等职业学校开展教学活动的前提，采用何种教学模式才能培养出社会需要的人才，一直都是中职院校教学改革的难点。2004年起，上海工商信息学校致力于不断开展实践研究，创新校企合作办学模式，在这一过程中，遵循"任务引领、做学一体"理念，探索"工学结合、校企合作"结合点，形成以"选择典型产品（或服务），以工作过程为载体，有效培养学生职业技能和核心素养，促进其社会化和职业化成长"为特色的"跟单"教学模式。

"跟单式"培养模式是借鉴现代企业"跟单式生产"的经营管理方式，由学校承接企业的产品加工订单，通过跟单员协调校企间在师资、技术、管理、学习领域等方面的合作，并以产品加工为载体，在真实的工作情境中实施教学，促使学生信心、责任、技能、知识有效生成的人才培

①本文根据公开资料编撰而成，资料来源包括上海工商信息学校官方网站、上海工商信息学校示范校专题网站等。

养新模式。目前，“跟单式”模式已经在数控技术应用专业、电子技术应用专业实践。

全面落实和发挥“跟单式”教学的优势，需要以崭新的理念来构建教学场所和教学情境，提升教师的生产实践能力，改革学校管理模式。

（一）实施“跟单”模式的目标

1. 实践训练课程化

以一组产品加工项目为实战训练的载体，根据事物发展规律，构建一系列知识和技能，进而形成课程；打造学习领域教学资源动态完善机制，确保新技术能随着“跟单产品”及时进入学校，提升学生综合实践能力，有效落实“产教融合”。

2. 课程建设项目化

以学习项目建设小组为单位，采用项目化管理方式推进学习课程建设，从而完善由纸质教材、电子教案、多媒体辅助课件、Flash动画等组成的学习领域教学资源库。通过项目小组责任制，促使专业老师主动钻研生产技术，提升自身的生产实践能力，进一步推动双师型教师成长。

3. 师生成长社会化

基于实际训练的教学方式能帮助学生和老师直观深刻体验产品加工过程，学生在学习知识和技能的过程中也在积累工作经验，培养责任意识和安全意识，接受学习和工作的双重成长。“跟单”教学模式有效地拉近了师生和社会的距离。

4. 运作管理企业化

改革学校传统管理模式，使之匹配企业管理文化。确保提供适合教学的“跟单”产品，同时确保产品符合企业质量要求。

（二）实施“跟单”教学的四步法

1. 选择典型产品，落实教育教学载体

以满足学生职业成长所需为原则，选择一组涵盖某一行业的典型产品。然后学校和企业签订“跟单”合作协议，制定“跟单”教学策略，为实施产教融合做好前期准备（见图4-5）。

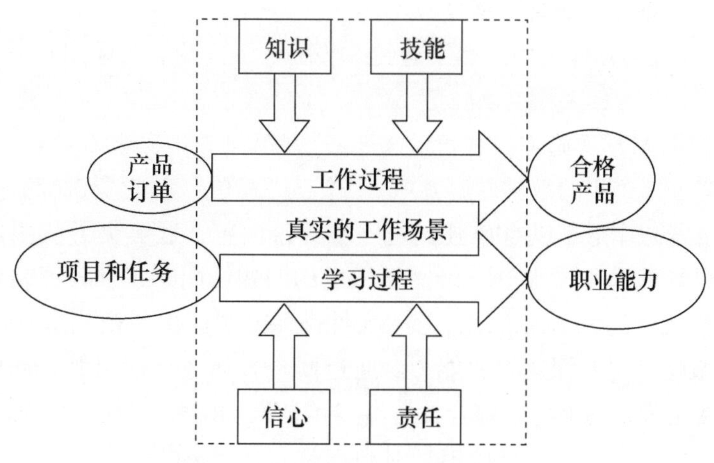

图4-5　“跟单”式教学模式

2. 校企“跟单”合作，开发项目教学案例

第一，根据“跟单”合作协议，组织教师前往具有合作项目的企业顶岗、轮岗实习，先期

体验产品加工和企业管理模式。

第二，企业安排技术人员（跟单员）与学校老师深度交流合作。校企双方合作制定加工工艺并尝试生产，梳理该产品生产加工所涉及的所有的知识点和技能，并将其分解到各工序的生产和教学活动中，进行教学设计，开发教学案例（见图4－6）。

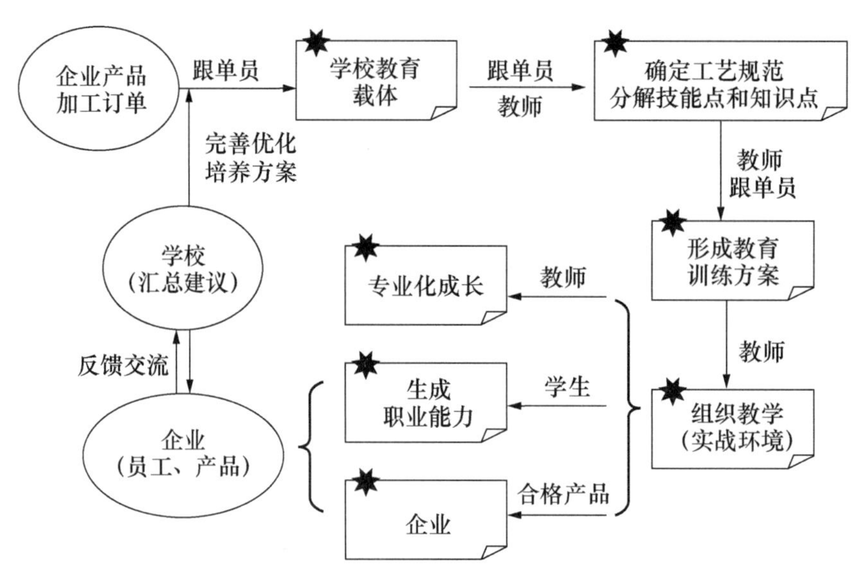

图4－6　“跟单”式教学模式的基本流程

3. 打破学科边界，系统建构教学资源

首先要打破传统的学科边界，以职业岗位群为依据划分专业核心内容，并以专家引领、组长负责和同伴互助的方式开展学习，通过不断的实践学习，完善教学标准和修正项目教学案例。随着教师产教融合经验的日渐丰富，教学资源也有一定的积累，梳理提炼“跟单”项目教学案例，以工作过程为导向，系统构建项目教学资源库，充实教学资源库的内容。

4. 制定保障措施，确保“跟单”教学应用

“跟单”教学模式在实际应用中必然会遇到一些困难，这就需要采用相应的措施去保障它的实施应用。

（1）完善“跟单”教学实施方案和教学文件。“跟单”教学实施方案中，教学载体采用6:4格局循环滚动的策略，即每年的教学内容60%取材于“跟单”教学资源库，40%采用新的跟单产品。换言之，教学资源库每年以40%比例进一步完善内容，这解决了“跟单”产品的无序性与教学的有序性之间的矛盾和“跟单”产品不稳定的问题。同时，学校还制定《上海工商信息学校“跟单”教学模式下的教学评价体系》等文件来保障“跟单”模式的有效实施。

（2）制定课堂策略，提升课题驾驭能力。通过联合教研、专家引领、同伴互助等举措来提升教师们产教融合课堂教学的能力，综合提炼出“示范教学法”、“任务引领教学法”、“项目教学法”等不同情境下的教学方法，设计出针对知识学习任务采用学案导引、针对技能学习任务采用“生产教学单”和“任务操作细化单”导引等教学手段；创建出以学生为主体的小组互助学习的“导生制教学法”。

三、体会与思考

"十年树木、百年树人"，上海工商信息学校近年来为社会输送了一批又一批优秀的技术人才，连续三年来就业率平均为95.7%。学校不断探索创新办学模式，提升师资力量，为区域经济建设和社会发展做出了重要的贡献。

如何实现学校与企业的无缝对接，如何保证毕业生能够满足社会的需求，一直都是中职院校教育建设改革的重点。上海工商信息学校创新"跟单"教学模式，以企业真实产品为载体，以职业生产活动为主线，有效地实现了产教合一、教学做合一，做到与企业岗位零距离对接，不仅提高了教学质量，而且满足了企业的需求，成功实现校企双赢。

"跟单"教学模式在数控技术应用、电子技术应用两个专业得到广泛应用。同时，旅游服务、财经商贸、信息技术等专业也在积极借鉴该模式的成功经验，充分利用校企合作资源，改革本专业人才培养模式，例如，财经商贸类的"岗位仿真"模式，以仿真实训和岗位实训等多种形式开展实战训练；旅游服务类专业则采用"学校—企业"二元模式，工学结合，利用参观学习、礼仪服务、外包服务等多种形式教学。

先进的教学模式成功地推动学校教育的发展，一方面搭建校企合作平台，丰富完善学校的校企合作资源库；另一方面带动双师型队伍的成长，有利于学校师资力量的壮大，促进毕业生质量得到提高，学校毕业生供不应求，其职业能力与工作态度都得到企业的一致好评。

案例五　山西省贸易学校

——多元评价，全面考核①

背景：

当前中职教学评价模式面临新的挑战。过去的教学评价体系更多的是强调鉴别和选拔的功能，评价标准和方式过于片面、评价主体过于单一等问题已经成为当前教学评价模式改革的桎梏。近几年，山西省贸易学校面向社会、面向市场，以社会需求和学生就业为导向，实行校企参与的多元考核评价方式，实现了校企评价融合，取得了一定成效。

一、学校概况

山西省贸易学校（以下简称“山西贸校”）创建于1953年，是一所集文、理、工为一体的多学科综合性国家级重点中专学校。学校位于省城享有“太原中关村”之称的市中心南内环街，现代科技和文化氛围十分浓厚。

山西贸校设有会计、市场营销、物流管理、电子电器应用与维修、电子技术应用、电脑美术设计、广告制作与装潢、酒店服务与管理、计算机网络技术、计算机及应用、计算机软件、文秘等专业20余个，其中，会计、计算机、电子3个专业为省级示范专业。学校拥有现代化的图书馆，藏书20余万册，拥有专业实训室，各类实训设备总价值1600万元，建有校外实习实训基地30个，各专业实训课开课率98%。学校教师队伍结构合理、专业配套、业务精熟、素质较高，现有教师总数260多人。除生产实习指导教师外，专任教师全部为本科以上学历，具有研究生学历41人，占专任教师的19%。近年来，山西贸校坚持以就业为导向，以服务为宗旨，不断深化教育教学改革，教学质量稳步提高，办学实力不断增强。

二、以文化、技能为抓手，建设育人评价环境

职业教育不仅在培养学生技能上要下功夫，在学生做人方面更要下大功夫。对此，山西贸校针对企事业用人单位的需求和学生现状，运用创新思维设计，审视和定位教书育人坐标，构建“将德育渗透到教学的每个环节”的教书育人模式。山西贸校通过标识文化建设，营造文明和谐的育人环境，通过开展技能大赛，营造良好的实践育人环境，培养一批既具有科学的世界观、人生观的职业道德和行为规范，又具有基本的科学文化素养、必需的文化基础知识、创新精神、比较熟练的职业技能和继续学习能力的复合型高素质人才。

（一）用标识文化熏陶学生，营造文明校园环境

学生行为养成教育是当前山西贸校德育工作的主要任务之一。标识文化是重要的育人载体，

---

①本文根据公开资料编撰而成，资料来源包括山西省贸易学校官方网站以及阎图强（山西省贸易学校校长）《校企深度联合，共建“美特好商学院”》等。

可以直接地作用于教育对象，对学生能起到最直观的激励作用，对学生良好行为习惯的培养具有润物无声的作用。山西贸校通过标识文化建设，营造文明和谐的育人环境。通过名言警句标识，激励学生奋发向上，传递经典教育正能量；通过企业文化标识，强化学生对企业员工身份的认同；通过专业文化标识，激发学生热爱所学专业，明确职业发展方向，增强就业创业信心。标识文化对学生起到了潜移默化的教育作用，使校园的一草一木、一砖一石都熏陶着学生，起到了良好的育人效果。

（二）以技能大赛为突破口，营造良好实践环境

多年来，作为国家级重点中专学校，山西贸校高度重视技能比赛工作，把技能大赛列入学校教育教学工作的重要日程，把技能大赛作为提高职业教育教学质量的突破口和催化剂，并充分发挥技能大赛的引领和评价作用，推进学校专业建设和教学改革。从课程安排、计划制订、课堂教学、实习实训、顶岗实习、技能鉴定到校园活动都贯穿技能大赛的内容，学校营造了竞赛标准与课程标准、竞赛项目与实训内容、竞赛设计与教学设计、竞赛过程与教学过程、竞赛组织与课堂教学、竞赛规程与教学管理、竞赛要求与实训办法、竞赛安排与校园活动等相结合的良好的校园实践环境。

三、推进教育教学改革，强化教育教学评价

毕业生就业工作是学校工作的重点，山西贸校积极与一些知名企业进行校企合作，为企业量身打造、订单培养专门的技能型人才，为毕业生提供就业保障，解除家长和学生的后顾之忧，努力打造“对接式培养、针对性教学、有效性训练、毕业即就业”的教育教学特色，强化教育教学评价。

（一）校企深度融合，改变教师评价标准

在校企共建中，学校通过“走出去，请进来”等形式，提升团队教学能力。学校聘请企业技术骨干和岗位能手，组成稳定的兼职教师队伍，参与指导学生技能训练和对教师进行实践操作培训，及时将社会科技、经济发展的新变化反映到教学中。企业一线技术工人与学生面对面地交流，传授最鲜活的技术和实践经验，为学生解决不少课堂上的困惑。

学校每年选派3~5名专业课教师到企业实践锻炼，并参与对企业员工的理论培训和新技术开发工作，将教学延伸到企业，又将企业中的实际问题带到课堂研究。教师的实践水平和职业素养得到明显提升。

（二）课程岗位对接，开发模块化课程评价体系

为了培养满足企业需求的人才和促进学生职业生涯发展，以课程内容对接岗位任务为切入点，以企业岗位标准为依据，将岗位标准融入课程内容，按照“职业岗位标准—岗位工作任务—教学内容—职业能力”的思路，针对原有课程体系与企业岗位工作任务要求关联度弱、人才培养标准与企业用人需求脱节的问题，从课程体系结构、项目内容、设备师资、教学模式等方面，确立由“基本素质课程模块+职业岗位课程模块+岗位综合能力拓展模块”组成的课程结构，构建了教学内容与企业岗位对接的课程体系。

同时，为了解决学生在顶岗实习中难以实现完全对口问题，校内实训室布局按照企业岗位流程布置，以一个企业一个月的经济业务为实训内容，反映工作的整个业务流程，进行真实的操作，提供形象直观、图文声像并茂的仿真环境，以Flash动画再现的实际工作场景使学生如同在实务工作一样，模拟与人交往、外出办事、完成工作业务等，有身临其境的感觉，从而更好地激发学生的学习兴趣，培养企业需要的实用人才。专业技能课程的30%安排在苏宁售后部、物流中心和国美门店等合作企业内进行现场教学，将企业文化、企业运作流程直接呈现给学生，由企业技术骨干任课，学生身临其境，在感受企业文化、接受专业知识和技能培养的同时，也对工作环境和岗位业务流程有所了解，感受当企业人的“滋味”，有效地激发了学生热爱企业、掌握专业技能的热情。

（三）转变教学评价模式，由“会做题”转向“会做事”

针对职业教育教学存在的问题，特别是学生学完后只会“做题”却不会“做事”（工作）的问题，结合课程新课标，山西贸校提出了基于职业要求促进学生从“做题”向“做事”转变的教学改革思路。“做事”就是解决实际问题。“基于职场需求”是指教师根据职场人才需求，设计体现实践性和应用性的学习任务，使学生通过与职业密切联系的真实或仿真的工作任务来学习专业知识与专业技能的同时，逐渐具备在动态的真实职业情境中工作的专业应用能力，进而提升“做事”的能力。

四、校企参与的“三关”考核评价方式

山西贸校实行校企参与的“三关”考核评价方式：学生入学要经过企业面试和学校选拔录取，才能进入订单班；在校第1～4学期的学业考核，由学生自评、小组互评、教师和企业评价组成，学生自评侧重自我过程反思，小组互评注重合作过程反思，教师和企业评价注重全程评价；第5～6学期为顶岗实习期，学生的考核纳入订单企业管理考核，考核评价以企业为主、学校为辅。学生就业前，要结合学业成绩、企业考核面试，方可录用。如图4－7所示。

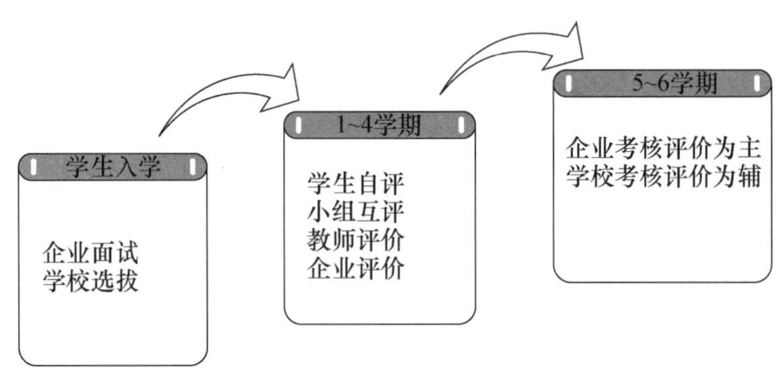

图4－7　校企参与的“三关”考核评价方式

学校的考核内容多元，以操作规范、操作过程表述、作品完整性、作品创新性、实训报告等内容为主。一方面，学校采用学习测评积分的办法，促使学生按照教学要求进行学习，不断完成各项测验任务，每次完成测验任务获得一定的测验积分，完成学习全过程后，按照课程期末考试

方案进行打分考核；另一方面，根据开放教育学生的特点，学校进行合理的教学过程设计，改变形式性考核的内容与方式方法。采用学习软件和网络考试相结合的方式，促使学生在平时学习时要不断地操作实验，直到正确为止，这样进一步强化了学生的实践操作能力，有助于学生综合素质的训练和提高。考核评价办法的改革，极大地调动了学生的积极性，课堂学习效率明显提高。

五、体会与思考

（一）育人环境是教学改革的基础

作为育人场所的校园，人文环境在育人中发挥着重要作用。标识文化的创建是校园环境建设中人文环境建设的一部分，标识文化为师生营造了健康向上的氛围。在某种程度上讲，良好的氛围、无声的熏陶比有声的说教育人效果好。因而，校园环境建设应力求做到软环境不软，硬环境有情，自然与人文相辅相成，让校园的每一面墙壁都会说话，每一个角落都是风景，一砖一瓦都可育人，一草一木皆是文化。良好的育人环境是进行教学甚至教学改革的基础。

（二）校企合作是教学改革的基础

在专业建设和课程设计上，学校依托地方经济发展，坚持走校企合作的道路，充分发挥校企合作的优势，积极联系企业，促成建立巩固的校外实训基地，为学生提供稳定的校外实习实训条件。通过与企业保持紧密联系和交流，学校在课程设计，教学内容的选择，教学项目、教学案例的收集等方面实现与企业的紧密结合。

（三）任务驱动是教学方法改革的依据

在基于任务项目教学过程中，融“教、学、做”为一体的教学方式激发了学生的学习主动性和学习热情。学生在校学习的内容就是“做事”（解决问题），并且通过完成任务，亲历“资讯、计划、决策、实施、检查、评估”的完整“行动过程”，习得“如何做事”（如何解决问题），特别是通过应用所学的专业知识解决工作中的问题，实现与职场的“零距离”对接，这将促进学生增强就业竞争力和岗位适应能力。基于职场需求调整教学内容、设计凸显职教特色的学习任务，采用任务驱动实施教学，也使得课堂教学质量得到提高。

（四）全面考核是教学评价改革的手段

随着社会和职业教育的发展以及其对学生要求的提升，职业院校应该建立促进学生全面发展的评价体系。评价不仅要关注学生的学业成绩，而且要发现和挖掘学生多方面的潜能，了解学生发展中的需求，帮助学生认识自我，建立自信。山西贸校实行校企参与的“三关”考核评价方式，学生、学校、企业全员参与到评价的全过程中，引导学生主动积极参与课堂教学。让每个学生在原有基础上，于不同起点上获得最优发展，充分尊重学生发展存在的差异，让每个学生都能够形成自己的特色和鲜明个性。企业参与全程评价，实现校企评价融合。通过企业考核录用的学生，企业满意，学校满意，家长满意。

第五章　注重培养方向　服务行业发展

职业教育的显著特点是为当地经济发展培育高素质专业技术人才。职业院校的建设和发展应立足区域经济基础，根据产业的需要设置专业、开设课程、开展培训等工作。只有这样，职业学校才能找准人才培养方向，真正发挥为产业发展提供人才支撑的功能，并进而形成自身的竞争优势，提升办学成效。

案例一　石家庄铁路职业技术学院
——“铁道兵”的培育基地[①]

背景：

石家庄铁路职业技术学院具有悠久的办学历史和优良的办学传统，作为国家首批全国示范性高等职业院校之一，秉承“自强不息、追求卓越”的办学精神和“艰苦奋斗、志在四方”的“铁道兵”精神，开创了“四双”培养模式、“做中学”课堂模式和 CEC－CDIO 教学模式等特色模式，走出了独具石铁职院特色的“铁道兵”培养之路。

一、学校概况

石家庄铁路职业技术学院（以下简称“石铁职院”）始建于1950年9月，前身为铁道兵工程学院财务材料系，是一所具有优良传统的省属全日制普通公办高校，也是国家首批全国示范性高等职业院校之一。学院位于河北省石家庄市，现有全日制在校生8200余人，其中工程教育本科试点班376名。学院开设交通系、建筑系、测绘工程系、信息工程系、轨道交通系（机电工程系）、电气工程系等11个教学系（部），39个招生专业，已建成国家示范专业4个，形成以测绘工程为龙头、交通土建为主干、信息机电为两翼、财经人文为支撑的专业格局。

多年来，石铁职院牢记“技艺、科学、真理”的校训，秉承“自强不息、追求卓越”的办学精神、“艰苦奋斗、志在四方”的“铁道兵”精神和西柏坡的革命精神，坚持“面向地方、面向行业，服务河北、服务交通”（双服务双面向），积极探索校企合作新模式，为交通建筑行业培养了一大批优秀的、高素质技术技能型人才，许多大型国有企业纷至沓来，得到了铁路局、工程局等用人单位的广泛认可，形成了特色鲜明、具有品牌效应的人才培养模式。

---

①本文根据公开资料编撰而成，资料来源包括中国教育信息网、中国教育新闻网和石家庄铁路职业技术学院网等。

二、持“铁道兵”精神，育“筑路”先锋

石铁职院坚持以“学生为中心、能力为本位、就业为导向”的高职教育理念，与同根而生的中国铁道建筑总公司（简称“中国铁建”）一道，致力于为中国铁路建设培养新型建设人才。石铁职院凝练办学理念，梳理办学思路，创建了校企合作的产学研联盟，形成了“四双”培养模式、“做中学”课堂模式、CEC－CDIO 教学模式等。

（一）“四双”培养模式的校企嵌入

石铁职院紧跟“小学校、大课堂”的办学思路，以“注重内涵、深化改革、强化特色”为核心，坚持服务河北、服务铁路并面向全国的“双服务”意识，与河北金舵建材科技开发有限公司、中国铁建股份有限公司等企业建立校企合作关系，实现专业校企共建、人才校企共育，共同探索“双结构师资”、“双课堂教学”、“双赢利合作”、“双证书就业”的校企合作“四双”人才培养模式。如图 5－1 所示。

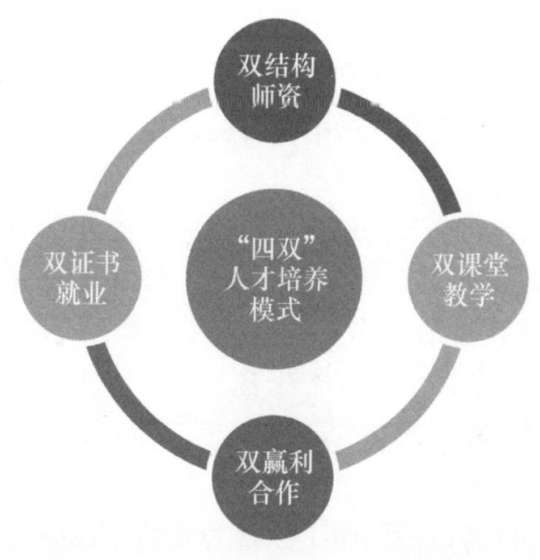

图 5－1　“四双”人才培养模式

1. 双结构师资

校企合作共建专兼结合的专业教学团队，专职教师要具备教学、科研和技术服务的能力，能够走上讲台、进入试验室，深入企业生产、施工现场一线。兼职教师能够在企业生产、施工现场一线带领学生进行项目教学和顶岗实训，参与人才培养方案制订、课程建设和校内实训项目的考核。

2. 双课堂教学

加强校内理论教学课堂教学的同时，石铁职院按照企业和施工现场标准建设校内高性能混凝土实训中心，将企业项目引入校内，专业课程教学依托校内实训中心建立模拟生产环境课堂，开展校内生产性实训。同时，在建材企业、施工现场一线依托项目建设真实生产环境课堂，开展依托企业项目的实践教学和顶岗实训。学生在第一、第二学年以校内模拟生产环境课堂学习为主，

部分课程实施校外真实生产环境课堂的教学方式，第三学年以校外真实生产环境课堂为主，开展基于企业项目的实践教学和顶岗实训。

3. 双赢利合作

建设设备先进的校内实训基地，为企业提供试验、检测的场地和设备，减少企业投入。学校以此为平台，引进企业真实的项目，实现校内生产性教学。教师带学生进企业、下现场对企业项目进行技术服务，减少企业的科研投入和高技术人力资源引进，降低项目实施成本。学校专职教师得到实践锻炼，学生也在真实的职场环境中进行“做中学”的学习，不仅能够学到专业知识和技能，同时也培养了职业精神。

4. 双证书就业

石铁职院坚持服务强校发展道路，积极开展科技攻关和技术服务工作，通过创新专业课程和组建专业的教学队伍来培养人才，逐步走上了“教学、科研、技术服务”相互促进、良性发展的轨道。学校建成国家级高速铁道技术专业教学资源库和国家级电气自动化技术专业实训基地，以良好专业教学团队和校内外实训基地为教学平台，通过校企合作的项目教学，以及规范的多方评价体系，确保学生获得高职学历证书和职业资格证书，实现双证书就业。

（二）“做中学”模式的课程创新①

石铁职院在办学实践过程中，根据高速铁路施工点多、线长、面广、流动性大的特点，以高速铁路建设项目为载体，构建并实施了“做中学”的课程模式。

1. 建校设站，搭建实施平台

按照“共建、共管、共享、共赢”的原则，在高速铁路建设一线建立“工地流动学校”，下设“合作教育流动工作站”，开设“工地流动课堂”，形成“校管站、站成链、流动课堂成一线”的课程实施平台。合作教育流动工作站具有项目教学、现场教学、顶岗实习、技能鉴定、职工培训和技术服务等功能。流动课堂车穿梭于各工点间，实施现场教学，及时为学生解疑释惑，帮助解决施工现场的技术问题。

2. “九步”集成，构筑课程体系

围绕职业能力培养目标，以高速铁路施工项目为载体，运用“九步法”构建由基础课、专业技能课和培训课程三个系统构成的“做中学”专业课程体系。具体步骤有九步：调研人才需求，校企共同分析、归纳出专业人才的知识、技能和素质要点；确定培养目标，建立 CEC－CDIO 人才培养规格和教学标准；检测教学条件，包括国家标准、行业标准、学校规定、现有课程、课程结构、所设项目和传统做法等；整合现有课程，包括课程与学习目标的符合度，以及学生所有的学习过程；设计教学项目，一级为综合项目，二级为相关联课程项目，三级为单门课程项目；确定课程结构，将课程与培养目标、教学项目关联起来；制定教学顺序；编制教学计划，形成符合教学目标的课程体系；评估反馈，通过学生成绩评定检验课程体系。如图 5－2 所示。

3. 学校分层，构建能力培养体系

打破一年两学期的界限，实行“7 周学段制”，即 7 周为 1 个教学周期，称之为“1 学段”，一年划分为 6 个学段，整个培养期为 18 个学段。按照学习学段为工作学段打基础的原则，确定递进衔接式能力培养层次，每个学段在相应的工程背景下确定教学目标。第一层次：初级技能培

①胡振文：《秉承“铁道兵”精神创新人才培养模式》，《教育与职业》2008 年第 16 期，第 88－89 页。

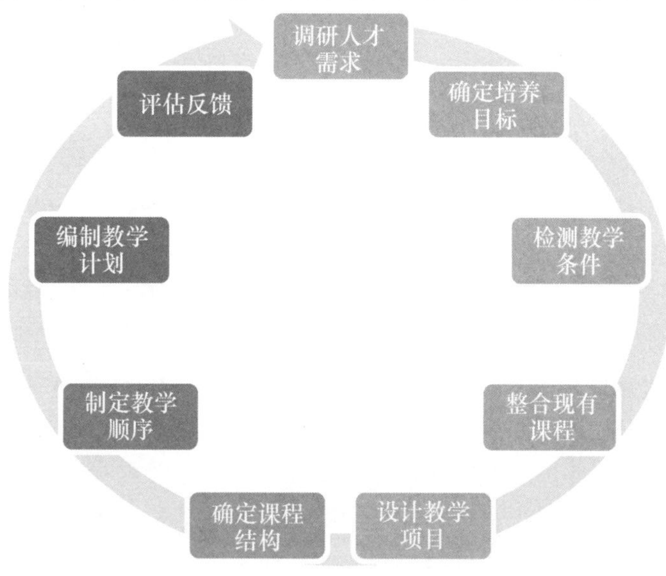

图5－2　九步“做中学”专业课程体系

养段（1～6学段），以学校为主、企业为辅，对学生进行初级操作技能培养。第二层次：中级技能培养段（7～12学段），校企合作培养，学习与实训交替进行。第三层次：高级技能培养段（13～14学段），校企合作培养，以项目为载体，以任务为导向，校企循环培养。第四层次：综合职业能力培养段（15～18学段），以企业为主、学校为辅，主要形式是顶岗实习。如图5－3所示。

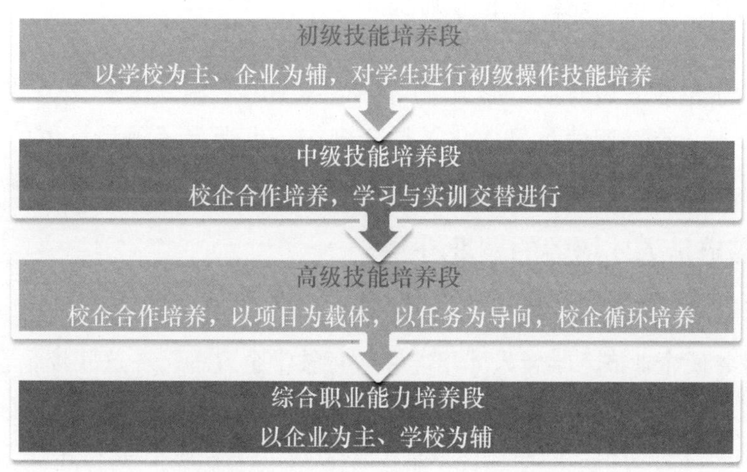

图5－3　石铁职院能力培养体系

（三）“CEC－CDIO”模式的高技能人才培养

自获得国家示范性高等职业院校建设项目以来，石铁职院积极借鉴国内外先进的职业教育理念，深入开展专业建设与课程改革，把校企深度融合CEC（College 学院、Enterprise 企业、Cooperation 合作）模式作为基础平台，并与 CDIO（构思、设计、实现、运作 4 个英文单词的缩写）工程教育理念对接，创新了 CEC－CDIO 高技能人才培养模式，实现了基础知识成系统，实验、实训、实习成系统，解决了教什么、怎么教的实质问题。实践证明，学院推行的 CEC－CDIO 高技能人才培养模式注重校企合作、工学结合，并充分利用企业的优势资源，在培养过程中注重人文精神和企业文化的熏陶，从而培养出具备良好的职业道德、创新意识和团队合作能力，并具备国际视野、国际理念和国际竞争力的高技能人才。

以"CEC－CDIO'做中学'"教育教学理念为指导，学院将施工职场环境纳入教学过程，以施工项目为载体，采用集成化课程设计方法，通过一个个典型施工项目把课程集成在一起，构建并实施"做中学"集成化课程体系。学生在项目实施中"做中学、学中做"，学习、工作交替，知识、技能融合，使知识、技能和素质协调发展。在确定课程结构时，按照人才培养目标和培养规格要求，以施工项目为载体，采用集成化课程设计方法，把课程分成三个系统，即基础课程系统、专业技能课程系统和培训课程系统，知识学习、技能训练和工作经历相结合，系统整合个人能力、团队合作能力和工程项目施工材料检测能力，使学生在复杂且不断变化的职场环境中更好地生存和发展。

实践证明，石铁职院实行 CEC－CDIO 高技能人才培养模式，为实现培养具备良好的职业道德、创新意识和团队合作能力，具有国际视野、国际理念和国际竞争力的高技能人才的培养目标提供了有益的经验。同时，该模式的一系列项目实践也为企业和学生搭建了一个良好的平台，既为企业培养了急需、适用的人才，同时也为学生拓展了就业渠道，提升了就业层次。

三、体会与思考

石铁职院从起初与中国铁建建立起"血缘式"校企合作关系，为学生顶岗实习提供了广阔的平台；到国家示范校建设时期，实施"四双"培养模式、"做中学"模式等来全面深化校企合作；再到后示范校发展时期，形成了"CEC－CDIO"模式等"嵌入式"的校企合作新模式。这一路的发展，石铁职院不仅深化了校企合作，也走出了独具特色的"铁道兵"培养之路。

（一）企业需求是人才培养的"北斗星"

石铁职院提出的"四双"培养模式、"做中学"模式、"CEC－CDIO"模式等多种形式，都是把企业引入学院，使企业嵌入学校人才培养和教育教学全过程。在这些校企合作的模式下，校企共同确定以高素质技术技能人才培养为目标，以学生为中心，以项目教学为主线，构建基于生产项目的"做中学"课程体系，创建合作教育工作站，搭建"做中学"课程实施平台。工地在哪里，课堂就设在哪里。企业的需求在哪里，学校的教学着力点就在哪里。企业需求成为学校人才培养的指挥棒、北斗星。这样不仅可以充分发挥学院的自主科研创新能力，与企业共同开展技术攻关，还可以把企业的部分功能嵌入教学一线，让学生真正领悟到"知不能行，非真知"的实践要义。

（二）校企紧密融合是利益的共同体

石铁职院大力实施"服务强校"战略，通过技术开发和技术服务，不断提高科研水平和服务社会的能力。在与中国铁建共同建设的青岛地铁 2 号线中，前后就共有 60 多名学生直接参与了监测工作。学生在校内实习，不用承担责任，错了再测，反复多次都可以，而在施工现场，尤其是在从事真实生产任务、承担质量责任的岗位，心理压力陡增，责任感急剧增强，工作的责任心不言而喻。这种紧密的校企合作不仅锻炼了师生的技术技能，也促进了企业的创新发展。

案例二　深圳信息职业技术学院

——打造软件王国[①]

背景：

校企合作是高职院校办学的重点与难点。高等职业院校如何依托行业企业建立有利于校企合作的崭新机制和教学模式，政府、企业和学校在高等职业教育改革中扮演怎样的角色是我国高等职业教育改革的突破口。作为国家示范性软件职业技术学院，深圳信息职业技术学院走“政校行企”合作办学之路，推进学校信息软件专业整体建设，取得了显著成效。

一、学校概况

深圳信息职业技术学院创办于2002年4月，是经广东省人民政府批准、教育部备案，由深圳市人民政府举办的公办全日制高等院校。凭借大运村全面先进的信息系统，学校对接深圳市支柱产业，打造信息技术特色，共设软件学院（兼软件合作学院）、电子与通信学院（兼中兴联通学院）、计算机学院（兼神州红旗学院）、数字媒体学院、机电工程学院、交通与环境学院、商务管理学院（兼电子商务学院）、财经学院、应用外语学院、继续教育学院、公共课教学部、思想政治理论课教学部、信息技术研究所、职业教育研究所等10院2部2所；开设信息类为主的专业41个。学院现有国家骨干校重点建设专业4个，国家高等职业学校提升专业服务产业发展能力建设专业2个，国家高等职业教育教学资源库建设专业1个，广东省示范性专业4个，省级重点建设专业3个；国家级精品课程7门、省级精品课程15门、省级思想政治理论优质建设课程2门。

深圳信息职业技术学院师资力量雄厚，双师型教师占比近八成，副高及以上职称教师242人，多数教师获得国家级优秀教师和省级优秀教师称号。学校坚持校企合作办学，协同创新育人，设有“三会两办”推进校企合作，与行业协会、著名企业共建4个二级学院。2004年学校成为“国家示范性软件职业技术学院”建设院校；2010年成为国家骨干高职院校建设单位；2012年入选教育部“中德职教汽车机电合作项目”试点院校。学校飞速发展，早已跻身于全国高职“第一方阵”，力争打造高职院校的软件王国。

二、政校行企合作办学　协同创新育人

校企合作是高职院校办学的重点与难点。高等职业院校如何依托行业企业建立有利于校企合作的崭新机制和教学模式，政府、企业和学校在高等职业教育改革中扮演怎样的角色是我国高等职业教育改革的突破口。深圳信息职业技术学院敢于改革，创新办学体制，坚持走“政校行企”合作办学之路，完善校企合作机制，推进学校整体建设，提高人才培养质量和办学水平。

---

①本文根据公开资料编撰而成，资料来源包括深圳信息职业技术学院官方网站等。

（一）“政校行企”办学的基础

1. 有力的政府支持

在政府主导的职业教育体制下，深圳信息职业技术学院的办学体制改革必然离不开国家和地方政府的大力支持。2006 年深圳市颁布的《深圳市人民政府关于贯彻落实国务院关于大力发展职业教育的决定的意见》指出，支持深圳信息职业技术学院办好国家级示范软件学院和国家技能型紧缺人才培养基地，争创全国示范校高等职业院校。此后，深圳市政府和中央政府也相继出台多项政策措施支持职业教育改革创新。2012 年深圳市被教育部确定为“国家高等教育综合改革试验区”，“先行先试”的探索为深圳信息职业技术学院创新办学体制提供了前提条件，多项政策措施的支持为学校的改革创新保驾护航。

2. 强劲的产业背景

深圳是我国改革开放以来所建立的第一个经济特区，是我国改革开放的窗口，创造了举世瞩目的“深圳速度”，是我国经济中心城市。深圳产业发展潜力巨大，产业区域集聚优势突出，尤其是信息产业。以信息产业为例，行业发达，企业众多，有着良好的发展前景。2013 年深圳信息产业产值高达 12431 亿元，占全国该产业总产值的 1/4，连续 23 年居全国首位。经过多年的发展，深圳诞生了腾讯、华为等一批国内外知名的本土 IT 企业，也吸引了 IBM、ORACLE、联想、方正等全球和全国知名的 IT 企业。它们共同打造了深圳 IT 产业基地，为深圳信息职业技术学院打造软件王国，实施“政校行企”、“多元协同”办学提供了有利的外部条件。

3. 独特的专业体系

深圳信息职业技术学院的专业建设紧密结合深圳市信息产业的发展，以软件、通信、信息设备制造业为核心的专业占 60% 以上，打造体现产业发展导向、市场需求旺盛、专业群结构合理、办学特色鲜明、校企深度融合、内涵建设扎实的专业体系，已经形成“信息”学院的办学优势。根据办学定位，学校将在现有专业基础上扩充专业数，强化信息技术类等优势特色专业，紧跟科技进步与社会发展，拓宽专业外延，增设新兴专业方向，增强专业结构对未来产业发展方向的适配性。

（二）“政校行企”办学的实施

1. 实行“三会两办”的新体制

学校创新构建“三会两办”的办学管理体制，与政府相关部门、行业协会、企业联合组建“校企合作办学理事会”，全面领导学校校企合作办学事务；各二级学院（学生处）与企业成立“校企合作办学管委会”，具体管理校企合作项目，推进教学共管、资源共享和就业共促；各专业完善“专业教学指导委员会”，由行企代表担任主任，分别指导各专业的建设，推进教学改革。

学校设立校企合作办学管理办公室，作为理事会的常设机构，统一管理全校合作办学行政事务；二级学院设立合作办学管理办公室，作为专业教学指导委员会和合作办学管委会的办事机构，具体负责管理合作办学项目；学校校企合作办学管理办公室联系管理各二级学院合作办学办公室，协调学校人事、国有资产等管理部门，统一管理校企合作中的人、财、物。学校政校行企办学“三会两办”体制结构如图 5－4 所示。

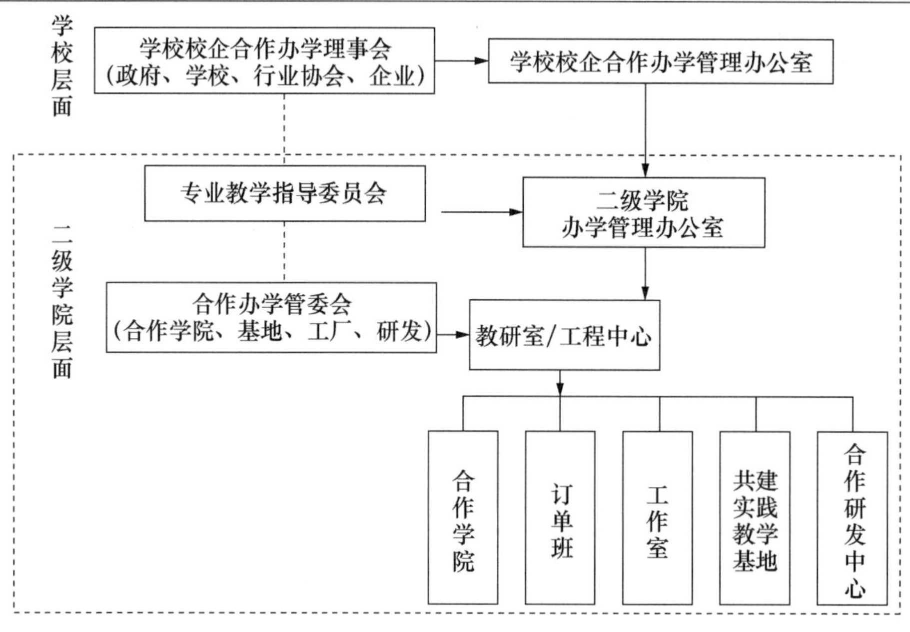

图 5－4　“三会两办”政校行企合作办学组织架构

在新的办学体制下，政府、学校、行业、企业四方联合修订与完善理事会、指导委员会、管委会《章程》，合理确定各方责权利，加强研讨，把《章程》修订过程变成四方统一思想、凝聚共识、指导行动的过程。同时，依据具体项目，分别签署“人才合作培养”、“工程中心建设”、“兼职教师聘用”、“校中企（厂、工作室、公司）合作建设”、“校外实践教学基地（校区）建设”、“人才培养质量评价”等多种类型的合作协议，确保合作项目的落实与有效运作；制定《学校（二级学院）合作办学办公室工作职责》，保障政校行企多元协同实施常规化。

2. 共建校企二级学院

学校通过与行业企业合作共建二级学院的方式，推动校企合作育人，带动重点专业的建设与改革。目前学校与行业企业共建的四个二级学院分别是：与深圳市易思博信息技术公司共建“易思博合作学院”；与中科红旗软件有限公司组建“红旗计算机学院”；与深圳电子商务协会合办“电子商务行业学院”；与中兴通讯、深圳联通等公司联合组建“中兴联通学院”。同时，学校还与神舟电脑公司合作共建“神舟企业校区”，与深圳电子商务产业园共建“电子商务产业园校区”。深圳信息职业技术学院充分利用实践教学场地和平台，与合作企业实现多维度和深度合作，形成培养标准共订、课程资源共享、师资队伍共育、实践基地共建、教育教学共管、就业服务共担的紧密合作体系。

3. 探索“双核”培养

深圳信息职业技术学院致力于探索全面发展，突出专业核心技能、职业核心能力的“双核”培养和工学结合培养的人才培养模式。学校依托校企合作，共订工学结合人才培养方案，通过理事会继续发挥行业协会汇集订单的优势，利用行业协会的“行业订单”和中介企业“中介订单”以及就业大户的“直接订单”等形式，形成多形式订单培养。依据每个专业特点，软件技术专业探索“全程多维、分段递进”的人才培养模式，计算机应用技术专业创新“2＋1”行企汇集型订单人才培养模式，电子商务专业探索行业订单人才培养模式改革，通信技术专业实施“四层递进”的工学交替人才培养模式。

4. 建设课程新体系与资源库

引入行业企业的技术标准和岗位任职要求，校企共同开发专业课程标准，优化和重构课程体系。学校构建四个重点建设专业各具特色的新课程体系，并按照国家级精品课程建设标准建设24门专业核心技能课程。同时，学校还引入美国甲骨文课程、红旗Linux和金蝶软件的认证课程等企业（行业）优质课程教学资源。依托学校承担教育部国家网络技术专业共享型教学资源库建设立项的优势，加强全校专业（专业群）教学资源库的建设，学校共建成四个校企共享的优质教学资源库。

5. 打造“一师双岗”的双师队伍

深圳信息职业技术学院现建有“企业名师工作站”、“兼职教师工作站”、“教师访问工作站”（企业），根据深圳市政府岗位设置和绩效工资等人事制度改革相关政策，将专职教师双师素质培养和兼职教师任课要求纳入岗位设置管理。

首先，将教师岗位分为“常设岗位”（专职教师）和“非常设岗位”（兼职教师）两类，常设岗位专职教师（含辅导员）设置校内、企业两个工作岗位；非常设岗位聘任企业专业人员、能工巧匠担任兼职教师。

其次，专职专业教师实施“一师双岗”（学校岗位、企业工作岗位）管理。每位专任专业教师每学年在学院岗位承担75%的教学工作量，另外25%的工作量在企业岗位完成。企业岗位工作量包含带学生下企业（含校中企）实训实习、在企业授课培训员工、与企业合作研发项目、开展技术咨询服务、在企业顶岗实践等多个方面。企业兼职教师“一师双岗”工作量管理是按照各专业的专业课总学时的50%以上设置，每人每年承担160学时的专业课工作量，同时，每个专业聘请企业专业带头人1名。专业教学班按兼职教师承担50%教学工作量计算，每班平均聘请2名兼职教师。

三、体会与思考

深圳信息职业技术学院走在我国高等职业院校办学体制改革的前沿，其创立的“政校行企”联合办学体制不仅仅是其办学的亮点，也能为国内众多高职院校改革提供某些借鉴与参考。

（一）深化政校行企合作，构建利益共同体

大多数高职院校的校企合作、工学结合只停留在教学改革层面上，没有深层次地全面推进。政府、学校、企业、行业四个层面的联合推动，才能真正实现校企合作与工学结合的长效机制。国内高职院校可以借鉴深圳信息职业技术学院独特的政校行企合作模式，结合院校自身实际情况，探索校企合作办学新模式，促进学校与企业共同发展，从而带动当地经济发展。深圳信息职业技术学院坚持走“政校行企”合作办学之路，并完善校企合作机制，共建人才培养保障体系，取得了良好的办学效益和社会效益。首先，对学校而言，崭新的办学体制有利于提升学校办学水平，加强师资队伍建设，提高毕业生的就业质量，促使学校发展迈上新台阶。其次，对企业和政府而言，“政校行企”合作办学体制能够提升学校服务政府与行业企业的水平，表现在三个方面：一是学校能够满足企业的人才需求和智力需求，企业可以优先利用学校高端人才的优势，合作进行技术研发与转化；二是能够满足行业企业生产、研发、培训与营销的需求；三是补助合作

的行业企业及有关人员。接受学校学生实训实习、就业的行业企业，得到学校和政府相应见习、就业经费补贴及相关税收政策优惠。

（二）建设特色的专业体系，服务地方产业

职业教育具有区域发展性，就是为地方经济服务。要想实现职业院校与社会的零距离对接，就需要依据当地产业结构合理设置专业。经过多年的发展，深圳已经成为我国具有国际影响力的创新城市，是国家高新技术产业聚集地，培育了一批以华为、中兴、腾讯为代表的具有世界竞争力的 IT 企业。在深圳加快转变产业经济增长方式，推进产业结构优化调整中，IT 产业发挥了重要的引领、渗透和带动作用。目前，深圳正在建设“智慧城市”，实施信息化带动战略，把信息化作为创新驱动、产业升级、城市发展的重要支撑，大力推进经济社会各领域信息化，实现信息化与工业化深度融合。深圳信息职业技术学院就是依托于深圳市的信息产业发展，重点建设 IT 专业，形成独具特色的 IT 专业体系，打造深圳职业教育的软件王国，满足当地经济发展需求，从而实现双赢。

案例三 山东服装职业学院

——服装设计的“东方巴黎”①

背景：

山东服装职业学院作为我国第一所国办服装类高等职业院校，坚持“质量立校、特色兴校、创新强校”的办学理念、“建一流服装学院”的发展目标和“培养高素质、高技能、创新型人才”的培养目标，不断深化校企合作、创新管理机制和改革教学模式，走出了一条独具“山服”特色的创新发展之路。

一、学校概况

山东服装职业学院（以下简称“山东服院”）创办于2000年，是山东省唯一的一所服装高校，也是我国第一所国办服装类高等职业院校。学院位于国家历史文化旅游名城山东省泰安市，坐落在国家级泰山风景名胜区内，占地600亩，建筑面积20万平方米，在校生8000余人。学院开设有服装设计与制作、服装制版与工艺、服装营销与管理、动漫设计与制作、服装表演、旅游管理、国际经济与贸易等38个专业，专业体系建设以服装类专业为龙头，以国际贸易、旅游管理、装潢艺术设计、机电一体化技术、动漫设计与制作等热门专业为重点。服装设计专业、旅游管理专业被评为省级特色专业，并获得了中央财政支持。

山东服院立足于高等职业教育，始终坚持正确的办学方向，以发展为主题，以改革为动力，走质量、规模、结构和效益协调发展的道路，坚持“一切为了学生”的指导思想，确立了“质量立校、特色兴校、创新强校”的办学理念，明确了“为当地经济建设和社会发展服务，为全省服装职业教育服务，为省内外服装行业服务”的办学定位，提出了“建一流服装学院”的发展目标和“培养高素质、高技能、创新型人才”的培养目标，在实践中探索出了一套成功的办学模式。

二、创新品牌发展，打造“东方巴黎”

山东服院以打造特色高职院校为旗帜，以培养高素质、高技能、创新型人才为己任，用“泰山石敢当”精神凝聚起强烈的社会责任感，勇立潮头，大胆探索，经过多年的探索已经积累了较为丰富的经验，为高等职业教育改革发展树起了一面旗帜，走出了一条独具特色的创新发展之路，逐渐成为响亮的“山服”品牌。

（一）深化校企合作，培育天下英才

山东服院紧紧围绕如何创新校企合作办学模式，实现“工学结合、学做合一”，全面提升教学质量等问题进行了积极的探索与实践，对校企合作办学模式有了更深层次的理解和认识。

①本文根据公开资料编撰而成，资料来源包括泰安在线、人民网、光明网和山东服装职业技术学院网等。

1. 培养模式

学院大力实施“校企合作、订单培养、工学结合、学研合作”等人才培养模式，先后与国务院国资委职业经理研究中心和科技部国家制造业信息化培训中心联合建立人才培养、孵化、培训基地，与红领集团、杉杉集团、新郎希努尔集团、岱银集团、中国联通、国人西服、航天特车、鲁能电缆等省内外知名企业建立了良好的合作关系，在北京、济南、宁波、上海、苏州、广州、深圳等地设立了70余家教学实习基地，与山东琴雅服饰集团联合办学建立“山东服装职业学院琴雅学院”。

选择优秀企业作为合作伙伴，在学院建立企业“人才培养基地”，组建了“联通班”、“岱银班”、“昊宝班”、“汇泉班”、“宝龙班”等一批根据企业人才需求标准、面向企业培养人才、单独进行教学和管理的教学班，实行订单式培养模式。通过这种合作经营，即利用学院的场地和其他资源优势，与企业合作进行相关的项目投资经营，学院可以以场地或其他现有资源作为股份参与投资，利用企业生产经营的优势来完善学院人才培养的途径和方式，以生产项目带师生实训来增加学校收入。

通过校企合作、订单培养等人才培养模式，学生不仅可以在企业得到锻炼，还培养了吃苦耐劳精神、良好心理素质、独立处事能力、社交沟通能力，提高了学校的就业率和就业质量，最终实现了校企双赢。

2. 联合办学

山东服院努力开拓联合办学之路，与国内外众多企业、高校建立了长期友好合作关系。学院现已与中国台湾、美国、加拿大、俄罗斯、澳大利亚、韩国、日本、马来西亚、泰国等国内外多所知名大学及国际连锁企业、研究机构建立了长期友好合作关系，并且聘请了一批外籍教授、专家来校任教。为做好合作交流，学院有计划地选派优秀教师到国外参加国际学术交流、讲学、进修，在人才培养、科研等方面加强合作。为了培养更多的优秀学生，学院每年选拔部分优秀学生赴国外学习、研修，国际化办学特点日益明显。

3. 就业通道

在就业方面，山东服院为学生成功成才开辟了“四条通道”：一是组织学生参加省内专升本考试，使部分优秀毕业生升入本科院校继续深造。二是组织大型招聘会，邀请省内外大中型企、事业单位参加，让单位和学生实现“双选”。三是通过联系国外高校，组织部分学生赴国外研修。现有200余名学生在美国、韩国、日本、俄罗斯等国家留学、研修。四是积极进行创业教育，鼓励学生自主创业。现有400余名同学创办了自己的公司。此外，学院还积极鼓励大学生征兵入伍。通过多种方式，山东服院实现了“让所有毕业生有适合的工作岗位、让多数毕业生有满意的工作岗位、让部分毕业生有理想的工作岗位”的就业目标。

（二）创新管理机制，实现跨越发展

山东服院从成立至今，经过十几年的发展就取得了举世瞩目的成就，这主要得益于山东服院独具创新的管理机制。管理创新是开启成功的金钥匙，勇于担当是学院不辱使命的躬身实践。立足泰安市经济社会发展需要，搞好目标定位，抓好领导班子，带好职工队伍，用科学的体制提高发展动力，用灵活的机制激发发展潜力，是学院的基本管理思路。

1. 理念先行

山东服院创新管理理念，凝聚“山服”精神，推进科学发展。学院提出“建特色名校”的

发展目标，并通过实施二次创业，发扬学院传统和“山服”精神，强化“质量立校、特色兴校、创新强校”的办学理念，努力实现教学质量和办学水平、招生数量和就业质量、办学环境和文化建设、运行机制和自身建设的新突破。

2. 制度保障

山东服院探索出一种将国办高校的稳定体制与市场经济的激励机制完美结合的管理模式，大力推进工作目标责任制。分级签订目标责任书，是学院实行层级管理的重要举措之一。学院先在纵向结构设计中确定层级数目和有效的管理幅度，再明确各层级、各职位的职责、权力和利益，领导重心下移，管理效率提高，管理从宏观粗放走向了微观细致。

3. 层级管理

明确目标责任，实行层级管理，强化考核奖惩。将山东服院的总体目标层层分解，自上而下层层落实，领导负总责，成员齐抓共管。院党委、院委会与分工院领导签订工作目标责任书；分工院领导和系院领导分别与分管部门联系来签订工作目标责任书，一级抓一级，一级对一级负责，形成了分工科学、权责明确、政令畅通的管理体系。学院督察小组对工作成效实施全过程管理和科学评价，对各系、各处室的重点工作进行定期督促。

4. 领导带头

注重思想引导，突出领导带头。弘扬正气，倡树典型，学院开展了“寻找身边的榜样”活动，用师生身边的优秀人物教育引导大家积极进取，乐于奉献，形成了良好校风。管理的问题不是只靠制度完成的，领导者的敬业精神、人格魅力，就是一种强劲的黏合剂、一股巨大的推进力，它造就出了一个坚强的团队。领导会亲自到各系和部门调查研究，到省内外企业、院校学习交流，调查市场信息，为科学决策的管理奠定基础。现代企业需要受过高等教育的，既有理论又有技术的高级技能型人才，生产第一线更需要动手能力强的技术工人。“一切为了学生”成为学院各项管理制度的出发点和落脚点。

（三）实行教学改革，形成特色优势

山东服院努力深化教学改革，推进实施教学做一体化、理实一体化、学习项目与工作项目一体化等教学模式，开展工学交替、项目教学等教学改革。学校不断适应企业和社会的需要来调整教学内容，致力于提高教学质量，铸就了自身的专业特色优势。

1. “导师制”模式

山东服院借鉴研究生教育中学生由导师负责培养的模式，将“导师制”培养引入到学院教学中，针对不同的学生选派不同的教师，对他们采取不同的教育教学方式，从而做到了“因材施教，个性化教学”，培养出了高质量的“山服学子”。

山东服院“导师制”培养模式是对专业学生进行分析，将学生按照创业、就业、升学、大赛等将来的发展方向进行分类，每种类型选择一定数量的、十分具有潜力的学生组成一个小组，小组由数名教师负责，在学生课余时间由负责老师针对学生将来发展方向进行辅导。为了激励教师和学生，学院对“导师制”培养制定了严格的考核规定，辅导教师平时辅导根据学生分组时各小组制定的培养目标完成量的比例计入工作量，并发放课时费；学生在教师辅导完毕后参加各种考试、考核，取得较好成绩的学院给予其资金奖励。通过考核制度的严格执行，山东服院10多年来培养出了“山服学子”400余名，他们成为了行业之中的佼佼者，在工作中成绩斐然，受到了同行的称赞。

2. 学生小班制

在学生管理上，山东服院构建了“靠制度抓管理、靠教学抓管理、靠教育抓管理、靠活动抓管理、靠文化抓管理、靠服务抓管理”的学生管理立体通道，形成了良好的校风、学风。

山东服院在学生入校分班时，为了更好地进行管理，实行小班制管理模式，这种管理方式，一方面有利于上课教师统计学生出勤率，减少学生逃课、迟到等现象，进而可以减少学生在上课时间外出出现各种问题的可能；另一方面，小班制学生天天在一起上课，可以建立起长期的同学友谊，班级之间可以通过学院和系部组织的各种活动进行竞赛，很好地培养了学生的主人翁精神和集体主义观念，同时也有效地解决了普通高等学校上课无固定教室，同学关系除了同宿舍紧密外，与同专业其他同学关系疏远，班级集体观念淡薄的问题。

3. “2.5+0.5”模式

这是山东服院服装设计与表演系探索的一种新的教学模式——“2.5+0.5”模式，就是将高职学生3年的学习时间划分为2.5学年的课程学习和0.5学年的顶岗实习两个阶段，这个模式引领了当前高职教育改革的新方向。课程学习阶段包含专业认知、课程实习、项目实习和专业实习四个方面的课程实训，主要是培养学生的相关文化基础知识、专业理论基础知识、专业基础技能；顶岗实习是学生进入相关企业的部分岗位，顶岗工作，接触到真正的一线工作实际，体验岗位对技能的需要和对其他职业素养的要求，既磨炼学生的心智和品质，又强化学生的知识技能。

4. 项目工作室

山东服院服装工程与管理系推出的项目工作室是教学改革创新的一个重要举措。学院通过工作室来推动相关服装款式的设计与研发工作，并形成系列产品，现有女装工作室、男装工作室、童装工作室和制服工作室。工作室的成立使教学过程发生了三个转变：一是教学之变，营造项目驱动互动合作的教学模式，在项目为导向的工作室教学中，“班级、课程”的概念被淡化，取而代之的是师傅带领徒弟共同完成项目；二是课堂之变，工作室取代普通教室，将教学、研究、实训、生产融为一体，由教师带领学生在承接和完成生产技术项目的过程中完成综合专业技术的训练；三是效果之变，学生有热情，教师有压力，师生合作过程中能看到自己的作品变成商品，产生激励效应。

（四）积淀特色文化，缔造“山服”精神

用文化塑造学生的综合素质，这是山东服院开阔的办学思路的一种体现。以深厚的文化渗透力，陶冶师生性情，引导师生行为，增强发展自信，造就优良素质，是山东服院的一种管理方式，一种人才培养方式。以学生为主体，用文化抓管理，拿校园当课堂，把活动作教材，走出了一条独具特色的人文校园建设之路。

山东服院每年举办一次的区域性大型专业赛事打造出了“山服”亮丽的名片。以服装专业为依托，与泰山文化和泰山旅游相结合。学院推出的“华裳天下”服装表演，以我国历朝历代和五十六个民族特色服饰文化为主线，融合国际多元服饰风格，以学院师生自主设计、制作服装为主，伴随符合时代特色的背景音乐，通过学生服装模特的展示把中华服饰文化全方位、立体式地展现在观众面前，让观众清晰地看到中国经济社会的发展历程和中国服饰文化的演变历史。泰山大讲堂文化交流中心、泰山文化研究院等文化组织也相继成立。这些组织依托泰山文化和驻泰高校资源优势，会聚国内外知名的专家、教授，解读热点话题，倡导文明时尚，提升人文素养，传承中华传统文化，弘扬泰山文化，成为了文化传播的窗口、人才培养的阵地。

三、体会与思考

山东服院凭着“山服人”精神和理念而得以快速发展，以“质量立校、特色兴校、创新强校”的办学理念和“建一流服装学院”的发展目标，走出了一条独具特色的“山服”品牌之路，成为服装业的“东方巴黎”。

（一）强化质量管理，坚持立校之本

建特色高职院校，培养高素质、高技能、创新型人才，必须走外延扩张和内涵建设并重的发展路子。山东服院自创建以来，一手抓发展，一手抓管理，正确处理了规模、结构、质量、效益之间的关系，大力推行以实践教学为核心内容的教学改革，加强师资队伍建设，强调人才强校；积极探索和推进个性化教学，实行导师制培养；建立群众性的教学质量督导系统，使学院教育教学质量居同类院校前列，毕业生社会满意率达到92%。质量立校，培养高水平人才是山东服院的最终目标。

（二）突出办学特色，走出兴校之路

作为山东省唯一一所国办全日制普通高等服装职业院校，山东服院明确了“为当地经济建设和社会发展服务，为全省服装职业教育服务，为省内外服装行业服务”的办学定位，在专业设置上实施名优特战略，确立了以服装专业为龙头，以国际贸易、计算机、机电、旅游专业为重点的专业结构，培育出服装设计等名牌专业。学院大力倡导人文教育、素质教育和技术教育并重，近几年学生参加职业技能鉴定的平均通过率为91.58%，居同类高校之首；在首届山东省大学生服装模特大赛中30余名学生获得冠亚季军等奖项。山东服院坚持特色兴校，不断地张扬个性，创造出自身发展的优势。

（三）创新工作思路，把握强校之源

山东服院创造性地引入并大力实施全面质量管理，创新工作思路，提升人才培养水平。首先，学院采取“建立友好学校”等一系列措施，保障高质量生源，为培养高水平人才奠定了基础；其次，建立“特困生基金”、“院长基金”、“特别奖励基金”等，体现了学院对学生的关心，调动了学生刻苦学习的积极性；最后，推行全员聘任制改革，破除事业单位的职务终身制，院领导实行目标责任制，中层干部实行竞争上岗制，教职工实行全员聘用制、末位淘汰制和风险金制。在推行全员聘用制的同时，采取“高职低聘、低职高聘”等一系列措施，形成干部能上能下、人员能进能出、待遇能升能降，充满生机与活力的用人机制。不断完善一人多能、一人多岗，能者多劳、多劳多得，效率优先、兼顾公平，向教学一线倾斜、向优秀人才和关键岗位倾斜的分配激励机制，挖掘教职工的工作潜力，调动教职工的工作积极性。创新强校，才是学院发展的动力之源。

案例四　广东省贸易职业技术学校

——食品专业特色发展道路典范①

背景：

校企合作、工学结合被认为是国际职业教育发展的先进经验，也是破除职业教育弊端的一剂良方。但实际中很多中职院校的校企合作仅仅停留在表面，没有进行深度开展，也没有切实结合现实。广东省贸易职业技术学校的食品专业的培养模式在某种程度上就打破了这一弊端。该校食品专业不仅实现与美国小麦协会的强强联合，还结合食品行业的旺淡季需求，创新“旺入淡出、工学交替”的人才培养体系，在校企合作方面取得了一定成绩。

一、学校概况

广东省贸易职业技术学校（以下简称“广东贸校”）地处广州市，是一所有 50 多年历史的国家级重点中等职业学校，直属于广东省教育厅。现广东贸校已成为一所以食品类专业为龙头和特色，食品、财经、国际商务三大系列专业并举的全日制的文、理、商科的综合性中等职业学校，具有中等学历教育、职业技能培训、干部岗位培训等多重职能。目前学校在校学生 5000 多人，并建立了一支近 300 名以国内外行业专家为专业带头人的优秀教师团队。

广东贸校经英国 EWC 质量认证中心严格审核，通过了 ISO 国际质量管理体系认证，并先后被认定为：国家级重点中专学校、中国烹饪协会会员单位、国家职业技能鉴定所、中国面包西点研究、广东省高技能人才实训基地、烘焙食品工程研发基地、广东省中等职业教育实训中心、全国烘焙业协会副会长单位、全国外经贸经理人职业资格、广东省食品学会副理事长单位、认证培训中心、广州西餐协会副会长单位。

二、食品专业特色发展之路

近年来，广东贸校以国家示范性中职院校建设项目为契机，及时转变发展理念，积极改革，创新“强强联合”的食品专业合作模式，构建“旺入淡出、工学交替”的人才培养体系，走出一条独具特色的内涵发展之路。

（一）“强强联合”的食品专业合作模式

1. 发挥龙头专业的特长与专业协会共发展

广东贸校虽然一直以来以经贸专业立校，但其食品专业尤其是西餐烹饪等相关专业发展迅速，已成为学校的龙头特色专业，并达到全国领先水平。美国小麦协会是世界顶级的面粉、烘焙、面食业服务商，为全世界 100 多个国家提供面粉烘焙、糕点制作培训等服务。广东贸校和小麦协会的合作始于 30 年前，长久合作，双方实现互利共赢。一方面，广东贸校在合作中熟练地

①本文根据公开资料编撰而成，资料来源包括教育部官网、广东贸易职业技术学校官网等。

掌握了小麦协会的西点制作及烹饪方法，大大提高了教学水平；另一方面，美国小麦协会在合作中更进一步地拓宽自己的服务范围。广东贸校前瞻性的发展眼光使得其在国内同类学校中具有领先的办学优势。

实现“强强联合”之后，食品专业教学及实训实力已达到较高的水平。学校食品专业现有在校生722人，有专业教师38人，并聘请企业兼职教师17人。9名主讲教师均受训于美国烘焙学院，并在新加坡、泰国、中国台湾、中国香港等地受过专业训练，拥有20年以上的教学及生产操作经验。另外，学校每个学期还邀请国外及中国香港的烘焙专家前来学校讲学示范。

2. 发挥地域优势与企业联合培养人才

为最大限度挖掘学校人才培养的潜力，广东贸校结合地域优势，先后与广东30多家知名的食品、酒店等企业开展联合培养，并签订长期稳定的校外实习基地协议，已增设14个校外实训中心。最主要的是这30多家单位地处经济发达的珠三角地区，该地区具备如下优势：一是食品生产量大，职业岗位需求量多，在高峰周期，每家企业能同时吸纳20～100名学生参加专业实习；二是企业规模大，工厂设施和设备齐全，管理规范，便于学生系统全面地学习先进的生产管理方法和岗位职业技能；三是企业合作基础好，企业具有丰富的实习管理经验和落实到位的后勤保障措施。

（二）“旺入淡出、工学交替”的食品专业人才培养体系

1. “旺入淡出、工学交替”模式的特色

广东贸校按照食品类专业的对口岗位，发现该行业一年中共有春节、春交会、中秋节、秋交会、圣诞节等比较大型的节日和繁忙时段。按照“学习—实践—再学习—再实践”的认知规律，实行“学校—企业—学校—企业”相结合的“旺入淡出、工学交替”的人才培养模式，旺季阶段学生的专业实习计划由学校和实习单位共同制订。

专业实习的岗位主要包括中式快餐厨房、酒店中西餐厨房的制作工艺、中餐砧板刀工工艺、炒锅工艺、西菜加工与制作工艺等，学生专业实习的岗位与内容随时间进程变换，以便全方位锻炼和提高学生的职业能力和综合素质。

2. “旺入淡出、工学交替”模式的运行

为保证“旺入淡出、工学交替”模式的长期有效运行，广东贸校建立了与工学交替相适应的配套管理制度，包括学生专业实习管理制度、专业实习指导老师管理制度、学生专业实习成绩评价标准、校外实习基地管理规定等。如图5－5所示。

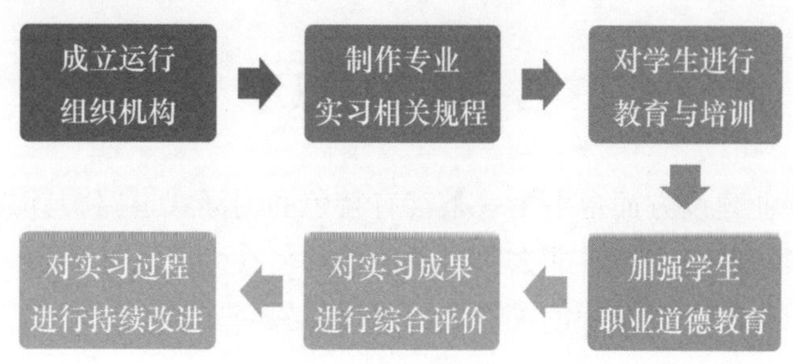

图5－5　“旺入淡出、工学交替”模式的运行示意图

（1）成立运行组织机构。成立由学校代表、企业代表、食品行业和企业专家、职业教育专家等参与的运行组织机构，审定“旺入淡出、工学交替”实施方案，协助解决运行过程中出现的重大问题。

（2）制作专业实习相关规程。与企业一起制订学生专业实习方案、学生实习指导手册、实习生考核标准及考核办法、学校教师到企业参加实践锻炼的工作条例及管理方法。

（3）对学生进行教育与培训。每次专业实习之前，给学生开动员大会，并接受食品企业的安全生产教育，参加岗位操作规程、企业文化与规章制度的学习。

（4）加强学生职业道德教育。学校安排专职教师进入食品工厂企业管理学生的实习，配合企业做好学生的思想工作，引导学生不怕艰苦、克服困难、爱岗敬业，提高职业素质，树立良好形象。

（5）对实习成果进行综合评价。在专业实习过程中，要求学生针对实习单位的工作岗位，每周写一篇工作总结，最后再完成整个专业实习的鉴定。学生专业实习结束后，企业指导教师和学校专业教师根据学生在实习过程中的职业素质、专业能力、协作能力和实习鉴定等对专业实习的学生进行综合评价，评定学生的专业实习成绩。

（6）对实习过程进行持续改进。根据实习过程出现的问题提出修改意见，总结实习经验，对专业实习方式进行持续改进。

3. “旺入淡出、工学交替”模式的实施效果

通过实施“旺入淡出、工学交替”人才培养模式，学校与食品行业深度合作，实现了学生、学校和企业三方受益。

（1）促进人才培养模式的转变。实行“旺入淡出、工学交替”人才培养模式，把以课堂教学为主的学校教育和直接获取实际经验的校外工作有机结合。学生在校内根据专业教学的要求参与以理论知识为主要内容的学习活动，在校外根据食品行业和企业的用人需求以“职业人”的身份参与食品生产相关联的实际工作，促进人才培养模式的转变。

（2）提高学生的职业能力和综合素质。一是将理论学习与实践经验相结合，加深对所学专业的认识，提高理论学习的主动性和积极性。二是完成从学校到一线食品生产人员的角色转变，掌握岗位职业技能。三是用企业文化、企业精神、企业质量意识和竞争意识影响并教育学生，促使学生养成良好的习惯，从而提高学生的综合素质。

（3）促进企业的发展。一是企业在食品生产高峰期有大批固定的专业学生顶岗实习，保证食品工厂生产的有序进行，提高企业的经济效益；二是通过校企合作，企业能够获得学校提供的各种管理、技术咨询以及人员培训等方面的服务。

三、体会与思考

广东贸校在食品专业建设方面走出了一条富有特色的内涵式道路，其与外界的合作模式、专业人才培养体系，都紧密联合企业。那么各个学校该如何在专业人才培育上做到真正意义上的迎合市场需求，广东贸校食品专业的特色发展之路值得借鉴与思考。

（一）接轨企业需求，培养食品专业人才

近年来，企业和职业学校开展深度合作的典型方式便是开设“冠名班”、“订单班”，学生在

学习的过程中都是按照企业的需求来培养。广东贸校在校企合作开展过程中的一系列做法行之有效，在“冠名班”、“订单班”这些特殊的班级管理上，向企业收取管理费用，同时为保证学生符合企业的需求，在轮岗实习的过程中安排学校老师进行管理，规范学生行为。例如“东莞伯顿”西餐厅冠名班，学生在学校实训中所制作的菜式和餐厅的菜单一致，制作手法也相差无几。因此，该冠名班的学生在参加工作之后能够立即顶岗工作，而不需要再培训，为企业节省培训的成本。

（二）提高食品专业影响力，加强校企合作黏性

考虑到广东贸校在烘焙行业的巨大影响力，一些品牌企业免费给学校提供烘焙原料并出资赞助学校活动。从短期看企业似乎是有所损失，但从长远来看，如果学生在学校习惯了使用某种品牌的原材料，那么在他毕业进入工作后会继续使用同一品牌的材料。一旦使用该品牌原材料的学生日后学有所成，这必将会创造品牌效应和名人效应，提升品牌知名度，给企业带来更为客观的利益。反之如果学校在行业内影响力一般，则难以获得企业的支持。因此，学校在行业中形成强大影响力之后，拥有企业的支持，会同时促进学校和企业的发展，实现共赢。

第六章　强化德育渗透　拓展职教内涵

《国家中长期教育改革和发展规划纲要（2010～2020年）》明确提出，坚持以人为本、全面实施素质教育是教育改革的战略主题，要坚持德育为先、立德树人。由此可见，德育工作在学校教育中的重要性。职业院校应积极探索德育模式，拓展职业教育的内涵，为经济发展输送高素质技能型人才。

案例一　温州市瓯海职业中专集团学校

——筑梦职教，开辟育人新路径①

背景：

在办学过程中，中职学校往往面临着产学结合、校企合作不紧密，学生选择专业存在盲目性从而导致学习兴趣不高，德育工作效果不明显等诸多问题。针对这些问题，温州市瓯海职业中专集团学校积极推进教育教学改革，构建“四段螺旋递进”人才培养机制，开展入学“面试”，建设“德育银行”，从而助推学生成长、发展、成才。

一、学校概况

温州市瓯海职业中专集团学校（以下简称“瓯海职校”）创办于1985年。2000年，瓯海职校被评为省级重点职业学校；2004年，学校被评为国家级重点中等职业学校；2011年，学校又晋升为“国家中等职业教育改革发展示范校”立项建设学校。

目前，瓯海职校设有交通运输、商务信息、现代物流、服装烹饪、文化艺术、旅游服务、财务会计、中高衔接八大专业部。汽车运用与维修专业为省级示范专业、省骨干专业，设有省产学研联合体、省开放实训中心；电子商务、物流服务与管理为省级示范专业；电梯保养与维护专业为省特色专业；装饰美术、会计电算化、服装设计与工艺、幼师为市级示范专业。汽车运用技术为国家职业教育实训基地，汽车维修为中央财政支持的中等职业教育实训基地，现代商贸、群众艺术、现代会展为温州市职业教育实训基地。学校现有全日制中专在校学生4100余人；教职员工320多名，省市区优秀教师、教坛新秀（中坚、宿将）、学科骨干教师等110多人次。

通过多年的发展，瓯海职校积极探索教育教学改革创新，已成为一所上规模、有特色、现代化的中职学校，为社会发展贡献了积极的力量。

---

①本文根据温州市瓯海职业中专集团学校官网等公开资料编撰而成。

二、以生为本，推进教育教学改革创新

中等职业教育的培养目标是使学生掌握较强的专业生产技术、技能，成为能够适应社会经济建设需要的高级技术工人。为了达到这一目标，中等职业学校的教育模式、教学方式自然要不同于普通素质教育。基于此，瓯海职校以生为本，大力开展教育教学改革，探索职教育人的新路径。

（一）整合资源，构建人才培养新机制①

为摆脱学校专业教学与企业岗位需求脱节的困境，瓯海职校通过深入企业调研发现，中职学校的学生如果采用传统的人才培养模式只能走进死胡同，只有通过产学融合、校企合作，把企业、学校和社会的资源整合起来，构建新的人才培养机制，让学生走进企业，接触工作岗位，方可破解困境。为此，学校大胆探索，摸索出了“四段螺旋递进”的人才培养新机制。

所谓“四段螺旋递进”人才培养机制，就是根据学生文化课和专业理论课学习的需求，对接企业工作岗位的要求，将学生的学习分为四个阶段，实施真正意义上的工学交替教学。按照该机制，第一阶段为高一整个学年，学生在校学习文化课程和专业理论知识、专业技能，同时每学期安排1～2周的企业见习课程，让学生了解行业情况、企业文化和岗位需求，明确职业生涯取向；第二阶段为高二上学期，学校采取边学边做的教学方式，安排1个月的时间，让学生进企业拜师学艺，切身体会所学专业知识与岗位的联系，掌握岗位技能要领，提高岗位实操能力；第三阶段为高二下学期，学生进企业完成为期2个月的顶岗实习，该阶段要求学生进入企业的项目小组，在组长带领下进行团队合作，完成项目工作任务；第四阶段为高三上学期预就业阶段，学生以“准员工”的身份到企业参加实际生产活动，逐步适应岗位要求，熟练掌握工作流程，形成独立工作的能力，借此实现学生和岗位的双向磨合，为学生高质量就业做好铺垫。

通过这样循序渐进、“螺旋递进”的四个阶段学习、实践，学生不仅可以获得专业技术知识，锻炼专业技能，还可以对即将从事的行业、职业有更加清晰的认识，会更加有利于个人的职业发展与规划。

（二）入学“面试”，缓解学生择业盲目性②

专业选择至关重要，因为选择一个专业，或许就决定了一个人的人生方向。中职学生在选择专业时往往具有盲目性，或是迫于家长压力，或是只看专业的“冷”与“热”。不少学生往往随意填写专业志愿，这就使得学生在入学后，由于感受到现实情况与最初预期的极大落差，出现了中途转换专业或无心学习而“混日子”的现象。为了缓解这一问题，瓯海职校采取了一项新举措，即入学“面试”。此“面试”的主要目的不仅是要了解新生的基本情况，更是在互动中引导学生选择适合自己的专业。

在“面试”现场，“面试”教师会向学生展示该专业的教学计划、发展前景、岗位要求等。

①单克胜：《校企“动”起来　合作“活”起来——温州市瓯海职业中专教育集团学校深化产学研的探索》，《职业》2014年第15期，第14－15页。

②吴家宏：《做有梦的职业教育——温州市瓯海职业中专集团学校开辟育人新途径》，《职业》2014年第16期，第8－9页。

除了会与学生进行一对一的面谈之外，“面试”教师还会要求学生当场填写一份《专业性向测试》。《专业性向测试》具有更强的科学性和准确性，它可根据测试者的性格特点、爱好、特长等，统计分析出其所感兴趣的和个人能力所适应的职业类型，并提供与之相对应的专业类型让学生以及家长选择报读。根据面谈情况和测试结果，参与“面试”的专业教师最终要填写一张学生专业明细表，记录学生的基本情况、学生报读专业的原因、学生是否适合该专业及分析。

毫无疑问，瓯海职校通过入学“面试”这样的创造性举措，能有效缓解学生选择专业的盲目性，增强学生所学专业与个人情况的匹配度，从而可以提高学生的学习效果和学校的教学质量。

三、“德育银行”，探索德育工作新模式

德育是教育的一项重要任务。然而，传统的德育模式已经不适应新情况：德育管理局限于某个点而难以形成全程德育，德育队伍局限于班主任而不是全员德育，德育评价只有零星的结果而结不成全网德育，德育记录停留于人工抄写而远离信息德育。

如何创新德育模式，拓宽德育渠道，切实加强和改进学校的德育工作，开创德育工作的新局面，一直是困扰瓯海职校的一大问题。经过不断地摸索、取经，瓯海职校德育管理部门提出了构建“德育动态管理评价系统”的大胆设想，通过开发一套软件，把笼统的道德指标转化为学生以及班级的日常行规，细化为评分标准，建立德育管理评价数据库。

（一）设计理念与工作原理

“德育银行”的操作平台是由学校学生工作部自主设计研发的一套德育动态管理评价系统。它为每个学生、每个班级以及集团学校的各个校区建立德育管理数据库，就像银行对账户的管理一样，一个学生一个账号，一个班级一个账号，每个账户的数据相对独立，所有数据都保留着，随时可以查看。

学生和班级的“德育银行”账户以学期为单位，设有不同的基础分，而两者的分数既相对独立又相互影响，把学生个人行为与班级集体荣誉捆绑在一起，实现班级力量对个人行为的制约。

学校根据管理实际制定评分标准，确定评分项目以及分值，全体教师和各职能部门根据评分标准，对所有学生和班级进行评价并录入，经过现代信息手段（即“德育银行”内部的处理转化），生成一条条评价管理记录和分数之后，校长、班主任、任课老师、学生、家长等都可以通过“德育银行”前台页面直接查询，也可以登录“德育银行”后台查看或下载具体数据。

通过“德育银行”这样的创新型综合评价管理系统，瓯海职校将原本较虚的德育评价化为实事，学生的德育行为得以量化体现，学校的德育工作效果也更容易得到较为准确的评估。

（二）评价内容与评价主体

根据学校管理和中职生学习生活的特点，瓯海职校的德育评价内容从课堂常规、生活常规、文明素养和职业特长四个方面，把学生个人和班集体在校园中的纪律、卫生、宿管、两操、奖励、考勤、学习七大板块内容的100多条子项目全面囊括进去，涉及学生健康成长、成才、成人的方方面面。学校把正面强化引导和负面弱化消除相结合，科学奖惩，张弛有度。此外，评价者

在完成德育评价环节的规定动作后，还可以以备注的形式在上面留下更加详细的信息，如加减分的其他理由、老师的主观感受等，老师可以自由发挥，这样的评价内容不再是硬邦邦的条框，而是对某一事件的形象描述，它的内容更加具体、更具人情味，学生也更容易接受。

在落实评价主体的过程中，瓯海职校实施的是全员德育。全体教师、值班室、各功能处室（包括传达室、图书馆、宿舍、阅览室等）共同采集学生、班级的信息，录入平台，自动量化为分数。任课老师可以对学生的课堂表现给予评价，传达室对迟到的学生进行信息录入，宿舍管理人员对优秀寝室的每个人员及所在班级给予评分，等等。全员德育不再是虚的口号，班主任即使不在校，也可以随时了解班级的各种情况。各个评分主体的评分录入还坚持“谁负责谁录入、谁检查谁录入、谁碰到谁录入”、“我的课堂我做主”的原则，凡是校内开展的各类文体、技能竞赛活动，组织活动的负责人在活动结束后要及时给出德育评价。学校还要求全体教师每学期要完成一定量的德育评价条目，以强化全员德育意识和保障德育评价的有力实施。未来，瓯海职校还将开展“家长留言反馈”活动，学生在家表现良好的由家长给予加分，形成家校合一的文明塑造教育体系。

（三）评价数据的实际运用

德育评价数据库面向师生、家长、企业甚至社区开放，他们可以根据权限大小查询相关信息。例如，班主任可以查询班级所有学生的全部信息，家长可以查询自己孩子的全部信息，企业可以查询被指定学生的部分信息等。

通过后台，学校可以用 Excel 表格形式导出所有数据，进行排序或筛选，如班级总分、学生总分、周班级总分、学期评分等，也可以直接在后台界面进行点击排序，轻松掌握任一层次或同类问题的学生群，从而使学校、老师可以很好地把握德育管理的动态，德育工作也就更加有的放矢。

学校将“德育银行”的分数作为学生和班级评优评先的必要审核条件，引导学生扬长取长又补短，不断激励前行。同时，学校还将教师的德育评价条数以及内容作为其德育工作的考核依据，从评价条目的数量以及内容可以分析一位教师的德育管理的参与度和实效。

（四）储蓄文明学生进步大

“德育银行”中“储值”的多少不仅仅是评价学生个人的主要依据，也是考评班级的一个重要方面。为了使自己的账户上“积分”越来越多，让自己的形象不断“升值”，也为了给自己的班级增光，很多学生主动做好事、讲文明，遵守校规校纪，自觉规范自己的行为。无论是仪表还是言行、课内还是课外，学生们的表现都明显进步。学生从“要我做”到“我要做”，逐步养成良好的行为习惯，良好的校风、学风得以形成，整个学校的学习、生活环境自然也为之大变样：校园变干净了，没有关好水龙头的现象不见了，随手关灯的好习惯养成了，迟到、早退的现象明显减少了，骂人的脏话听不到了，亲切的问候、温馨的祝福、善意的劝解、殷切的鼓励增多了……毫无疑问，“德育银行”已经在学生心目中扎下了根。

通过上述的分析，我们可以看出，“德育银行”开辟了中职德育管理的新模式，使德育精细化管理有了具体的载体，使全员德育有了实质性内容和可量化的结果，使学校德育评价更具有全面性和发展性。

“德育银行”展示的不仅是一个新的管理工具，更是传递了一种全新的管理理念。它不只是一个对结果的奖励，而是对学生整个在校学习生活过程的动态激励，是学生接受学校、社会、家庭等多方面监督反馈的真实记录。学生在它的激励下，不断匡正行为，体会成长，积极前行。学生通过扣分的原因，找到纠正行为的钥匙，实现主动约束负面行为，从而学会克制、学会判断、学会选择，逐步成为一个受欢迎的人、一个发展进步的人、一个追求幸福的人，为将来的成功奠定道德基础。

四、体会与思考

针对自身教育教学中存在的问题，瓯海职校以生为本，积极探索，推出新举措，开辟育人新路径，推动了学校的发展，也为其他职业院校带来了启发。

（一）产学结合改革育人机制

职业教育的目的是培养适应经济发展、社会建设所需的高素质、高技能应用型人才和具有一定文化水平和专业知识、技能的基层劳动者。产学结合、校企合作是实现这一目标的有效路径。在探索校企合作、共育人才机制之初，瓯海职校并未获得预期的效果。后经努力，瓯海职校摸索出了“四段螺旋递进”的人才培养新机制。在这样的新育人机制下，学校与企业合作，学生走进企业，接触工作岗位，体验真实的工作环境，所学的专业知识与工作岗位紧密联系，专业技能获得锻炼，学校的办学质量、教学水平也得到有效提升。

（二）引导择业助推人人成才

每个学生的情况各不相同，学生自己及其家长不一定能根据学生实际情况选择专业，而往往存在盲目性、随大溜现象。为了缓解这一问题，瓯海职校创造性地进行入学“面试”，帮助学生选择适合自己的专业，增强学生所学专业与个人情况的匹配度，从而助推每一个学生都能学有所成。职业院校可大胆探索招生、入学机制改革，使学生选对专业、选对职业，帮助人人成才。

（三）德育创新提高学生修养

加强德育工作、提高学生的道德修养是职业教育的一项重要任务。然而，传统的说教、奖惩模式已经难以适应德育工作的新需求。针对新情况、新问题，瓯海职校创新举措，建立“德育银行”，为每个学生、每个班级开建账户。“德育银行”的一系列实施细则把德育评价化虚为实，具有可视性和可操作性。而“德育银行”的信息化管理方式则推进全程全网全方位评价，有助于家校合一共同培育学生的道德修养。它不仅仅是一种教育管理方式创新，更是一种管理理念创新，体现着学校着力助推学生成长、发展的情怀。

案例二　皖江职业教育中心学校

——德育教育的领跑者[①]

背景：

中等职业学校德育是对学生进行思想、政治、道德、法律和心理健康的教育。它是中职学校教育工作的重要组成部分，对学生健康成长成才和学校工作具有重要的导向、动力和保证作用。中职学校必须把德育工作摆在素质教育的首要位置。皖江职业教育中心学校深入思考，联系实际，以学校调研中发现的问题为切入点，并为此开展德育教育的实践研究，形成特色鲜明的德育教育体系，为学校的发展起到了积极作用。

一、学校概况

皖江职业教育中心学校位于马鞍山市大学城内中职园区，占地面积592亩，建筑面积15万平方米，由原马鞍山职教中心和信息技术学校2012年合并而成。它是安徽省首批国家级重点中等职业学校、国家中等职业教育改革发展示范学校，兴办职业教育30多年，已获得包括“全国职业技术教育先进单位”、“全国汽车运用与维修专业领域技能紧缺型人才培训基地”、“全国职业技术学校职业指导工作先进学校”等多项殊荣，毋庸置疑地成为安徽省中职教育的领跑者。

目前，学校已形成“以普通中专、职业中专、综合高中、五年制高职四个类型的学历教育为主，短期培训为辅”的多层次办学格局，开设有汽修、电子、计算机、旅游、机电、会计等多个专业，其中汽修、电子、计算机为省级示范建设专业。师资力量雄厚，“双师型”教师占比高达91.3%，企业兼职老师27人，具有高级职称的老师65人，有一大批全国优秀教师、马鞍山市技术能手、马鞍山市职工技术状元等名师。学校教育教学成绩斐然，在各种技能比赛上，学子们取得优异成绩，摘金夺银；对口高考成绩亦多次领先于其他学校。学生就业情况良好，连续多年平均就业率达到98%以上。学校硬件设施完善，教学和实训设备先进，整体办学实力处于安徽省前列。

二、构建德育创新体系，彰显办学内涵

中等职业教育是适应社会大工业生产兴起和发展起来的，旨在以适应社会需求为目标，培养技术应用型专门人才。传统的中等职业教育重点在强化学生的专业操作技能，弱化和忽视了学生的思想道德教育，使得大多数中职学生缺乏清晰的自我认识，没有形成正确的人生观和价值观。

皖江职业教育中心学校在校内开展一次德育教育的问卷调查，调查涉及机电技术应用、市场营销、汽车运用与维修、机器人应用技术、电子技术运用、计算机应用、机械加工技术（数控）、电气自动化设备安装与维修、会计、旅游服务与管理、文秘11个专业。问卷内容包括学

①本文根据公开资料编撰而成，资料来源包括皖江职业教育中心学校官方网站等。

生的个人基本情况、学生综合素质与知识现状、学生的行为、学生对自我价值的评价、对学校德育工作的认识与建议等开放性问题。调查结果显示，目前学校德育教育有一定成效，但仍然存在一些问题。例如，开展德育的广度和深度还不够，德育课程设置不够合理，从事德育的师资力量薄弱，学生综合素质教育匮乏等。为此，皖江职业教育中心学校开展德育教育的实践研究，形成特色鲜明的德育教育体系（见图6－1）。

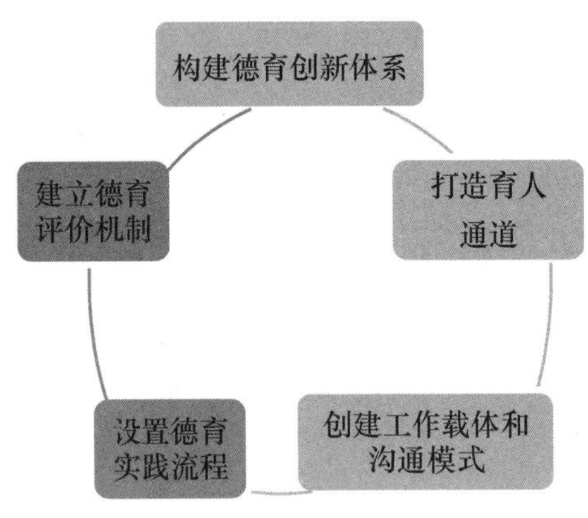

图6－1　德育教育体系

（一）构建德育创新体系

学校构建生活化和职业化为主要内容的德育创新体系，其中，生活化是指让学生在德育实践中学会做人做事，学会交往，学会适应社会；职业化是指按照职业人要求，对学生进行职业化训练，包括加强职业化工作形象训练和职业化工作态度训练，以及加强职业化工作道德教育，要求学生具备职业人的基本素质。

1. 建立教化、示范、养成三位一体德育基本途径

近年来，皖江职业教育中心学校从学生的日常行为规范抓起，注意教化、示范、养成教育，培养学生良好的行为习惯。尊师重教，文明礼貌，通过新生军训、入学教育、共青团作用，开展丰富多彩的思想教育活动。同时，学校加强对学生进行心理健康教育、法制教育等，组织学生开展有益于身心健康的活动，建立起教化、示范、养成三位一体的德育基本途径。

2. 确定七大职业化培养主题

职业化培养的方向是把学生培养成“社会人”和“职业人”，它主要有七个培养主题，分别是爱国主义和理想信念教育、公民意识教育、职业生涯教育、合作精神教育、心理健康教育、就业择业教育和创业创新教育。

（二）打造育人通道

皖江职业教育中心学校打造“三位一体”的育人通道，具体是指常规教学渗透、校园文化熏陶和企业文化浸润。如图6－2所示。

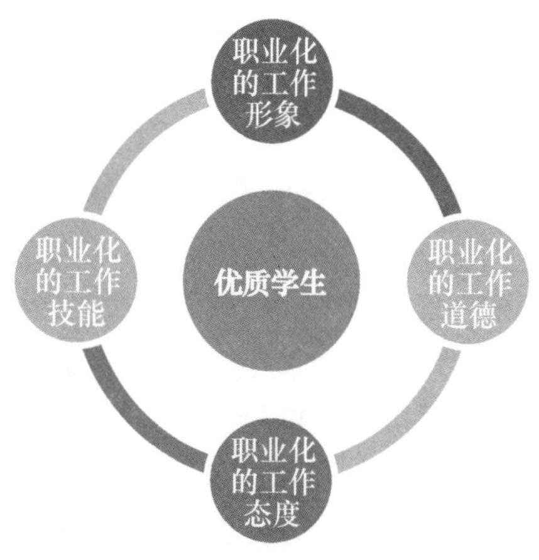

图6－2　优质学生德育模式

1. 常规教学渗透德育

学校对中职学生职业化素养的培养，立足教学与课堂，在学科教学中渗透，做到学科性、专业性、职业性的统一，让学生在学科教学中学习技能。学科渗透德育，就是要求教师在教学过程中自觉地、有意识地运用心理学的理论和技术，营造积极的课堂心理气氛，激发学生的学习动机，培养学生良好的学习习惯。

2. 创新运用“校园文体节”的活动模式

良好的校园文化可以提升学生综合素质。皖江职业教育中心学校坚持每年举办一届“校园文体节”，文体节活动贯穿整个学年，从每年的3月持续到12月。文体节期间，学校开展各类丰富的文体活动，如“温馨家园”班级布置比赛、宿舍文化评比活动、学生社团文化、“唱红歌”红色经典合唱、“新星杯”球类比赛、“慈善一日捐”和校园二手市场等。在活动开展中贯穿价值观、人生观教育，具有职业特色的校园文化对学生有较大的吸引力，其无声教育的功能得到较好的拓展①。

3. 开展企业文化教育

职业教育实质是就业教育，进行企业文化教育是中职德育教育重要的组成部分。中等职业学校通过企业文化的浸润对学生进行职业化培养，使学生达到“职业人”的要求，具备职业化的工作技能、职业化的工作形象、职业化的工作道德、职业化的工作态度四个方面的职业化综合素养，把学生培养成一个优秀合格的“职业人”，如图6－2所示。

（三）创建工作载体和沟通模式

构建有职业教育特点的工作载体和沟通模式是德育创新工作的基本保证，是编织网络化立体化德育的前提。

首先，创新运用“谈心”与“谈话”的教育模式。学校为了进一步培养学生良好的学习习惯和规范的行为养成习惯，塑造学生健全的人格，独特地创造了“谈心”与“谈话”的教育模式。非班主任教师都要深入到班级中，协助班主任对学生进行思想教育和心理素质教育，定期和

①胡常海：《中职学校德育创新的实践研究——以皖江职业教育中心学校为例》，《职业》2014年第26期，第119－121页。

不定期地与学生谈心、谈话，确保了解学生的思想动态和真实想法，并要求做好记录，以便对学生的心理素养做出适时的评价，并在学期末进行检查和考核。此举是学校德育人文素质培养创新的又一尝试①。

其次，创新运用“全员育人值班”的深化模式。多年来，皖江职业教育中心学校坚持把立德树人作为工作重心，建立起“网络畅通、制度健全、活动强化、机制推进”的全员德育管理体系，构建“发现问题—研究问题—反馈意见—解决问题”的全员育人值班深化三级管理模式。第一层次——决策层：强调对学校德育工作的领导、协调；第二层次——执行层：贯彻学校德育工作意见，落实德育工作要求；第三层次——操作层：直接对学生进行德育管理②。

最后，创新运用技能大赛的激励模式。技能大赛是一个区域、一所学校职业教育的“检验尺”，是“双师型”教师素质的“试金石”，是学生升学就业的“敲门砖”。学校建立技能大赛的激励机制，以技能大赛为出发点，以赛促学，以赛促教，强化技能训练，塑造学生的创新意识和实践动手能力，教育教学质量稳步提高，提升学生的心理素质。

（四）设置德育实践流程

皖江职业教育中心学校设置以培养职业操守为阶段性目标的德育创新实践流程。在职业化培养过程中，按照“认知、养成、过渡”三个阶段循序进行。在新生阶段主要进行职业化素养的认知教育，主要进行文明礼貌、仪表端庄、语言规范、举止得体、待人热情等方面内容的职业行为教育。二年级主要结合教学实习对学生进行“准职业人”训练，主要进行办事公道、坚持真理、公私分明、公平公正、光明磊落、勇于负责的职业道德教育。三年级，通过顶岗实习强化学生职业化素养的培养，主要进行法制教育和职业情操教育。

（五）建立德育评价机制

皖江职业教育中心学校初步形成集德育学分、课程学习学分、实习学分、特长学分和奖励学分为一体的学分体系，把德育量化考核引入学分范畴，使德育真正成为衡量学生能否毕业的硬性指标。学校以德育学分为抓手，引导学生端正态度、学会做人做事、增强社会责任感，练就职业素养。德育评价体系涵盖内容广泛，包括纪律状况、心理状况、学习状况和个人表现、劳动态度、生产效率、职业习惯、师德关系等多个方面。

第一，构建中职学生综合素质内涵与评价标准。职业学校德育的终极任务之一是培养中职学生具有爱心、责任心，培养学生具有正确的人生观、价值观、世界观。

第二，创新运用“德育千分制”的管理模式。皖江职业教育中心学校创新运用“德育千分制”的管理模式。“德育千分制”具体指学生在校期间每学期德育总分为1000分（按10分/天×100天/学期=1000分/学期测算），起评分800分，采取增减分办法进行考核，每学期为一个“千分制”考核的时间单位，每个学期考核一次。期末统一结算，结算结果为学期实得德育分数，分数900分及以上为优秀，750～899分为良好，600～749分为及格，599分及以下为不及格。新管理模式在时间、空间上对学生行为进行全方位掌控，是反映学生德、智、体、美等全面发展状况的“素质发展档案”，可以促使学校德育工作有的放矢地开展，达到事半功倍的效果。

第三，创新运用“学分制”的教学模式。构建中职学分制模式，充分发挥课堂教学的作用，

①②胡常海：《中职学校德育创新的实践研究——以皖江职业教育中心学校为例》，《职业》2014年第26期，第119－121页。

是进行德育创新实践、塑造学生健全人格，建立适应经济建设、社会进步和个人发展需要的更加灵活、更加开放的教学组织和管理制度的重要举措。学校早已把德育学分纳入学校学分体系中，充分发挥课堂教学的作用，寻找德育发展的新的生长点。

三、体会与思考

皖江职业教育中心学校独具特色的德育创新体系为学校的发展提供最坚实的保障。它的成功经验或许能为其他职业院校的发展提供有益借鉴。

（一）德育创新，彰显内涵

中等职业学校的学生正处于人生观、价值观形成的关键时期，他们对身边的事物已经开始有自己独立的想法和思考，如何帮助他们在校期间形成正确的人生观、价值观、世界观是大多数中职学校德育教育面临的难题。皖江职业教育中心学校独具特色的德育教育体系是其在德育教育方面的一个创举。实践证明，它的创新体系有效地促进了学生的综合素质提高，让学生不仅“成才”，而且“成人”。其他学校可以借鉴参考其德育创新体系，结合学校自身具体情况，开展德育教育工作，努力把学生培养成一个优秀的“职业人”。

（二）良好沟通，共同成长

在培养学生正确的人生观、价值观的过程中，老师与学生的沟通显得尤为重要。良好的沟通才能促进思想的交流，才能提高教学质量，因为教学的过程就是师生在交往和互动中传递知识和思想的过程。由于中职学生基础差、素质参差不齐，中职学生沟通难一直是我国中职学校的“一大特色”。

皖江职业教育中心学校创新运用“谈心”与“谈话”的教育模式，有效地解决了沟通难的问题，拉近了学生与老师之间的距离；创新运用技能大赛的激励模式，用实践塑造学生，以赛促教，同时也让老师在与学生交流沟通的过程中进一步积累经验，改进教学方法，双方获益，共同成长。学习道路上，不进则退；信息时代，变化万千。作为安徽中职教育的领跑者，皖江职业教育中心学校将继续探索，追求自身更快发展。

案例三　安徽六安技师学院

——德才兼备的人才培育基地①

背景：

老区，往往是我国经济社会建设和教育发展都比较落后的地区。如何推动老区职业院校的发展，职业院校如何为当地的经济社会建设服务，是大家一直关注的问题。作为老区的一所培养技能人才的学校，安徽六安技师学院在逆境中谋生存，在困境中求发展，不断改革、提升自身办学水平和教学质量，围绕地方产业发展培育人才，推动地方产业经济的发展。

一、学校概况

安徽六安技师学院（以下简称“六安技师院”）创办于1958年，于1991年通过技工学校评估验收，成为全省首批合格技工学校。2005年，六安技师院通过评估，被安徽省政府认定为省级重点技工学校。2007年4月，学校被国家劳动和社会保障部认定为国家重点技工学校。2008年3月，学校又被国家劳动和社会保障部批准为高级技工学校。

目前，学校占地面积达到400余亩，学生规模超过5000人，教师人数达360多人，实训设备近3000台（套）。学校开设了机械制造、数控技术、模具制造与维修、电气自动化设备安装与维修、电子技术、汽车维修、电工技术、机电一体化、计算机网络技术、动漫设计、电子商务、会计电算化等专业。

六安技师院以市场需求为导向，以“让学生家长放心，让学生满意”为办学目标，与百余家企业建立了良好的合作关系，构建起稳固的就业渠道，缓解了学生对就业的担忧。多年来，学校共向社会输送了3万余名毕业生，获得了相关企业的高度评价。

二、彰显办学特色，打造职教品牌

多年来，六安技师院以培养模具制造与维修、数控机床加工、机床切削加工、机电一体化等行业高技能人才为主要方向，科学规划专业设置，突出专业和办学特色。在各级党委、政府、主管局和社会各方的大力支持下，学院始终坚持以追求社会效益为第一，培养德才兼备应用型人才，朝着创办技师学院和一流品牌学校的宏伟目标迈进。

（一）技能创新，砥砺前行②

近年来，随着工业化、城镇化战略的推进，社会对技能人才的需求量大增，特别是具有较强动手能力、有着实践操作经验的技校毕业生更是供不应求。在此形势下，六安技师院以市场为导向，突出品牌专业建设、夯实基础设施、打造师资队伍、拓展人才培训，从而保障毕业生质量。

①本文根据公开资料编撰而成，资料来源包括皖西在线和安徽六安技师学院网等。

②马善国、苏力：《彰显办学特色，打造职教品牌》，《职业·中旬》2013年第3期，第5页。

1. 锚定市场，建设技能专业

六安技师院以市场和企业需求为出发点，在专业设置上，相继推出机械制造、数控技术、模具制造与维修、电子自动化设备安装与维修、电子技术、汽车维修、计算机网络技术、动漫设计、电子商务、会计电算化、工业与民用建筑、建筑施工管理、宾馆服务与旅游管理、学前教育等一系列的紧缺专业，增强专业设置的竞争力、吸引力。同时，从教学内容、教学手段、教学形式、教学机制等各方面进行改革，坚持“以人为本、因材施教”的原则，采取理论联系实际、教材结合实训的方式，依托实习实训中心，让学生在“学中练、练中学”，努力培养学生的动手能力，并探索出适合技校学生特点的教学方法，独创出实体教学法、模拟教学法、模块教学法、分类教学法。

此外，六安技师院还与上百家企业建立“校企合作”关系，为学生提供实习与就业的机会，让学生从学校到企业一步到位，技能实用实现无缝对接。“肯做事、能做事、做好事”是六安技师院毕业生的显著特点。

2. 夯实基础，凸显品质发展

新校区建设时，六安技师院根据技能人才培养工作的特点，把实训中心建设作为重头戏，不仅在所有的单体中率先开工建设，而且实训中心单体建筑面积近 1.2 万平方米。在建设新校区的同时，学院积极争取省市有关部门的支持，通过项目资金和世界银行的贷款，筹措 3000 多万元添置实训教学设备。如今，在新校区的实训中心，建成了集机械加工、数控技术、模具制造、汽车维修、电工电子五大实训中心为一体，拥有 46 个实训车间（室）的全省一流的实训基地，有各种实训设备 1500 多台套、实习工位 2100 多个。这些实训设施极大地改善了教学条件，为培养高技能人才打下了坚实基础。

在改善硬件设施的同时，学院还下大力气强化师资队伍建设，从企业退职人员中聘请有教学能力的工程技术人员、高级技工、技师担任实习教师，从大专院校毕业生中招录优秀人员充实教师队伍，派出骨干教师到大专院校和大型企业培训，壮大了师资力量，提高了师资水平。基础牢固了，成效逐步显现出来了。现在，六安技师院正朝气蓬勃地向着建设“六安最强、全省一流、全国知名的高技能人才培训基地”这一宏伟目标奋力迈进。

3. 挖掘资源，拓展人才培训

六安技师院把握技师学院培养高技能人才的内涵，在办好学制教育的同时，充分挖掘资源，积极拓展技能人才的培训面，将技能人才培训工作延伸到企业，延伸到社会的方方面面，立志服务民众、服务社会。

其一，六安技师院组织精干力量组成 SYB（创业小老板）培训师资队伍，带上教材、教学仪器到县区、高校、社区，为有创业意向者提供培训服务，每年培训 2000 余人次。在搞好创业培训的同时，学院热心为学员提供创业服务，帮助学员设计创业项目、了解优惠政策、申请小额贷款，帮助数百人创业成功，带动近万人实现就业。在搞好创业培训的同时，学院热心为学员提供创业服务，帮助学员设计创业项目、了解优惠政策、申请小额贷款，帮助数百人创业成功，带动近万人实现就业。

其二，每年，学院都利用假期组织骨干教师，根据农民工的特点，精心编写培训教材，为农民工提供短期职业技能培训服务。为了节约农民工参训成本，学校让教师带上教学设备，将培训课堂搬到有培训需求的农民工聚居区，提供上门服务，受到了广大农民工的热烈欢迎。同时学院根据国家技能人才培训大纲，进行企业职工技能提升培训，组织骨干教师研究新材料、新工艺，编写出校本教材，与企业合作，通过送教上门的方式，每年为企业提供2000多人次的岗位技能、岗位规程和技能提升培训，为企业培养了大量的高技能人才。

其三，为职业学校提供师资培训服务，对退役士兵开展技能培训，为大中专院校学生提供操作技能培训。学院职业技能鉴定站每年为社会提供技能鉴定服务达数千人次。同时，学院作为六安市专业技术人员继续教育培训基地，每年通过继续教育培训数百人次。

（二）德育之花，寓教于乐[①]

专业紧跟市场需求，是职业教育未来发展的方向和路径。但在发展道路上，职业教育的德育教育尤为重要。六安技师院始终秉承“成才先成人，育人先育德”的原则，坚持养成教育，并突出教育的阶段性。

1. 彰显人文，发展德育特色

六安技师院结合不同年级学生的特点和不同阶段学生的思想状况，有针对性地开展教育活动，把思想道德教育融入各种活动之中。

一方面，在六安技师院，每年一度的新生军训，是新生的行为习惯得以匡正，提升“精气神”和吃苦精神的“入门课”；不定期开展的技能比赛、运动会等各种活动，成为培养学生争先创优精神，增强学生体质和意志的“训练场”。除此以外，学院还经常对学生进行健康教育知识普及和培训，通过专家讲座、主题班会等形式，解答学生青春期各种心理问题，确保学生身心健康；一年一度的评先评优活动，极大地激发学生的荣誉感和遵规守纪的积极性。学生在整个成长过程中，始终浸润在一个充满生机趣味的德育氛围中，深刻影响着学生的品德修养和人生观、价值观、世界观的形成。

另一方面，尊重学生的主体意识，激发学生的责任感和凝聚力。学院组织了由学生参与的护校队，保障师生有一个良好的学习生活环境；组织了风纪督查队，督查学生的衣着、行为情况；学院的广播站、院报为学生发挥主体作用搭建了舞台；组织各种兴趣小组，让学生在业余时间有事做，培养学生的成就感和管理能力，激发学生的责任意识和凝聚力。发挥文化的引领作用，让学生在潜移默化中受到传统文化的感染。因此，在如今的安徽六安技师学院校园里，道路旁、餐厅里、教学大楼内、实训中心的走道墙壁上以及技师湖畔的石头围栏上，到处都能看到文化小品和名言名句，使学生能够时时处处受到文化的熏陶。

2. 管理学生，倾注母爱式关怀

“学校办学，就是要坚持以学生为本。一切为了学生，为了学生的一切，引导、教育学生学做人、学知识、学技能，是我们一贯秉承的学生管理工作理念。”六安技师院高度重视学生管理工作，建立了多层次、立体化、全方位、全时段的值班体系。

针对学生年龄偏小，目标方向不明确的特点，从新生入学开始，六安技师院便着力培养学生的自理能力，不断打造学生自立自强的人格。在教学过程中，学院十分重视教育，引导学生树立远大的理想和人生目标，着力培养学生的专业兴趣，提升学习能力，为学生的职业发展奠定基础。在日常学生管理中，班主任和老师是学生的贴心人。在课余时间，他们主动走进学生中，与学生促膝谈心，了解他们的思想动态和生活状态。

此外，在六安技师院里，每天都有院领导、中层干部、各系部老师、班主任等在教学区、生

①马善国、苏力：《彰显办学特色，打造职教品牌》，《职业·中旬》2013年第3期，第4－6页。

活区、宿舍区24小时值班。深入学生中，与学生同吃同住，随时解决学生可能遇到的困难和问题，并督促学生养成良好的学习和行为习惯，被称为“保姆式”的管理模式。

三、体会与思考

六安技师院以国家大力发展职业教育为契机，坚持育人为本，以服务经济社会建设为宗旨，以培养高素质劳动者和技能型人才为目标，推进改革创新，迈出德才兼顾的职教发展步伐，不断提升办学水平和教学质量。

（一）实训中心筑根基，培养技能

职业教育主要侧重于学生的技能操作训练，为了保障实训教学的需要，学院跑项目、跑政策、跑资金，甚至到合作企业去“化缘”，建起了设施齐全、功能完备、全省一流的数控技术、模具制造、金属切削加工、电气自动化、汽车维修、计算机应用六大实训中心，设备总值高达4000万元。如今，随着发展的需要，宾馆服务与旅游、建筑施工与管理、学前教育、会计电算化、物流与电子商务等专业实训中心已初具规模，功能正在逐步完善。这些使学生有充分的实训设备、充足的实训工位、充裕的实训时间保证技能操作训练，为培养高素质的技能人才打下了坚实的基础。

（二）优良师资保培育，兼顾德才

优良的师资是搞好职业教育的保障，为此，学院制订了一项师资培育计划，新来的教师两年内取得中级技工职业资格，五年内取得高级技工资格，十年内取得技师资格。并且，所有的专业课教师必须既有文凭，又有职业技能等级证书；既能担任理论课教学，又能担任实训指导课教学。学院每年都安排一批教师到企业在岗锻炼，每年暑期在学院实训基地安排教师参加技能强化训练。通过多年的努力，六安技师院的师资队伍水平得到了提升，为保障教学成效提供了有力支撑。

案例四　山东省济南商贸学校

——构建生本德育校园①

背景：

德育工作是学校教育的灵魂，是学校工作的重中之重，正所谓“十年树木，百年树人”，职业院校越来越体会到教育的本质不仅是教书，更要育人，学校发展应当是以人为本，以生为本。地处泉城文化名区——济南市历下区的山东省济南商贸学校秉承“德厚立身，技娴立业”的校训，探索德育与技能同时发展的新路径，积极构建生本德育校园，全面提高学生职业素养和创业创新能力。

一、学校概况

山东省济南商贸学校（以下简称“济南商贸”）是2004年经济南市人民政府审批，合并而成的全日制普通中专学校，占地面积近110亩，学生规模达到4500人左右，教职工300人左右。学校以普通中专学历教育为主，附设职业中专，并开设“三·二连读”、五年制大专（联办）、业余函授大专与本科，以及多种短期专业技能培训班。学校始终坚持“学校有特色、专业有特点、学生有特长”的办学思想，以服务地方经济发展为己任，开设商贸服务、会计、信息等相关专业，全面为地方经济发展服务，其中财经类、旅游类专业发展为学校骨干专业。学校的发展目标是在较短时间内实现由市重点、省重点到国家级重点中等职业学校的发展，并逐步形成“综合性、开放式、多层次、高质量”的办学特色。

二、就业导向型人才培养模式

企业需要什么样的人才，济南商贸就培养与其相适应的人才。济南商贸在“以服务为宗旨，着眼于学生的终身发展；以就业为导向，立足于学生长远的职业生涯；以能力为根本，突出学习能力等职业核心能力”的办学思想指导下，高度重视专业建设、实训基地建设、校企合作探索，并取得了一定的成效。

（一）与企业携手培育重点专业

依托省、市现代服务业和信息产业大力发展的背景和优势，济南商贸各专业构建起适合中职教育及专业人才培养特点的人才培养模式和课程体系，人才培养规格和质量受到用人单位的高度认可。济南商贸将分属三个专业群中的酒店服务与管理、会计电算化、计算机网络技术三个专业建设成为特色鲜明、起到示范作用的品牌专业，使人才培养质量得到企业和社会的高度认可，形成学校的品牌专业。

学校围绕重点专业和特色项目建设创新校企合作机制，与企业共同制定培养方案、课程标

①本文根据山东省济南商贸学校官网等公开资料编撰而成。

准，编写实训教材，搭建工学一体的课程体系，建立“人才共育，过程共管，成果共享，责任共担”的紧密型校企合作办学模式。与此同时，学校聘请行业专家、企业工程技术人员和学校专业教师组成的专业建设指导委员会，参与人才培养方案的制订、教学计划的修订和教学质量的考评。

（二）搭建综合实训基地

济南商贸与行业、企业联合，建设集教学、职业技能培训与鉴定、项目开发经营等功能于一体的综合性实训基地。根据岗位职业能力要求与课程建设要求，贯彻学生技能训练“系统、递进”思想，学校按专业制定核心职业技能训练标准，做到实训教学内容与职业技能标准相符，与企业实际要求同步，与社会培训需求接轨。同时，按照资源共享、互利共赢的原则，通过校企共建或引企入校的方式，学校建设集教学、培训、技能鉴定、生产经营、技术服务于一体，符合“三真”要求、开放式的校内实训基地。此外，学校设立了代理记账有限公司、商务宾馆等教学与经营于一体的实训基地，对外提供代理记账、咨询、住宿等服务，也为学生的实习实训提供了更好的条件。

如近三年来，为提高办学水平、加强专业建设，济南商贸在校内已设有会计模拟室、ERP沙盘模拟实训室、CENC智能电器应用专家系统、计算机基础实训室、计算机网络实训室、动漫与艺术设计实验室、数控电子实训室、实习餐厅、中西餐宴会厅等30余个功能实训实习室、100多个多媒体教室、15个微机室及容纳300人的学术报告厅和1000人的大礼堂，这些实习实训场所及设施，为学生搭建了良好的实习实训平台，最大程度锻炼了学生实践技能。

（三）校企合作向国外延伸

学校与济钢集团、重汽集团、山水集团、华达集团、山东移动公司、国务院事务管理局培训中心、钓鱼台国宾馆、北京国谊宾馆、上海建国宾馆、济南南郊宾馆、山东银座股份有限公司、济南人民商场、大观园商场等100多家大中型企事业单位，与山东经济学院、济南大学、山东商业职业技术学院、山东电子职业技术学院、济南铁道职业技术学院等多所高等院校建立了密切的合作关系，为学生成人、成功、成才提供了广阔天地。

与此同时，学校与山东商业职业技术学院、山东银座股份有限公司联合举办四年半制大专班，实行订单培养，毕业生按柜组长待遇被安排在银座商城及各地市连锁店工作。学校还为济南动漫产业城定向培养动漫制作技能人才，着力培养符合企业需求的应用型、技能型人才。更为重要的是，学校十分重视国际合作交流，与日本函馆清尚学院高等学校联合办学，先后有10余名同学进入该校留学；2008年4月，芬兰万达市万达瓦利亚职业技术学院代表团莅临学校参观考察，双方建立了密切的合作关系；学校与韩国、新加坡等国家和地区的有关企业友好协作，安排学生实习就业。

三、积极构建生本德育校园

济南商贸特别重视学生的思想道德教育工作，开设德育课程，并辅助开设其他道德课程和德育活动，如“道德讲堂”和文明风采竞赛等，使道德教育紧密联系社会实际和学生生活实际，突出育人特色，进一步体现职业教育的特点，把传授知识与陶冶情操、养成良好的行为习惯结合起来。

（一）构建生本德育体系

济南商贸在发展中形成了自己特有的学校精神、职教品位和职教风格，构建了全员育人、全过程育人的机制。学校“为学生一生着想，对学生每天负责”的办学理念，“德厚立身，技娴立业”的校训，“关爱、尊重、让学生体验成功”的教风，“自尊、自信、靠自己把握人生”的学风，“敬业乐群”的校风，准确鲜明地体现了学校的教育观念、价值追求及“做学合一”、“知行合一”的职教文化理念。

学校遵循中职教育规律，把握中职学生特点，创新以学生为本的德育内容和德育形式，完善德育工作机制，形成以“自我教育、主动发展”为特色的生本德育体系。此外，学校关注学生的全面发展，从培养学生的自信和良好行为习惯做起，深入挖掘校园文化的内涵与底蕴，打造富有职教特色的校园文化，提高学生自我管理、自我教育的能力，逐步达到全体学生的自我教育和主动发展。

（二）开启“道德讲堂”

济南商贸启动“厚于德、诚于信、敏于行”道德讲堂，以“身边人讲身边事、身边人讲自己的事、身边事教身边人”为载体，大力弘扬“存好心，做好事，当好人，有好报”的价值取向。学校广泛普及社会主义核心价值体系理念，推动形成“我为人人，人人为我”的良好学校风尚，潜移默化地影响着学生，让其自觉成为道德的传播者和践行者，鼓励他们将关爱他人和志愿者服务行动进行到底，打造成为商贸学校的品牌活动。

（三）以文明风采竞赛展现学生魅力

全国文明风采竞赛活动是由教育部、中央文明办和中华职业教育社共同举办的，由中职学生广泛参与的一项德育活动，是新形势下加强中职学生思想道德教育工作的有效途径，是加强中职学校校园文化建设的有效载体，是意义深远的中职学生德育实践活动。济南商贸把文明风采竞赛活动作为德育工作的主线，贯穿教育教学实训实习的全过程，将以人为本、以德育人、以爱感人、以诚聚人的育人理念落到了实处，形成了全员参与、重在过程的长效机制，打造“懂人、识人、提升人”的职教平台，实现学生成长、教师发展、和谐育人、学校提升的德育目标。

（四）以社团联合打造自主发展平台

济南商贸各社团由四系分别管理，计算机与艺术系 13 个社团，商贸系 11 个社团，旅游系 8 个社团，机电系 3 个社团，这些社团以兴趣爱好为出发点，涵盖技能、文艺、文学、手工制作、体育运动等方面，类型众多。为打造精品社团，学校成立校社团联合会，为学生搭建一个自我管理与服务为职能的社团活动联系平台。社团结合学生专业所长，将工学结合渗透到社团活动中来，发挥学生自主管理的优势。此外，学校通过成立社团银行、开启展销市场、设立年终奖制度、开展社团纳新及社团展示等新型管理模式，促进社团成长。

四、体会与思考

济南商贸紧跟时代发展的步伐，将国内外各种先进的职教办学理念融入学校创建工作中来，在办学思想、办学模式和办学机制等方面都实现了重要转变，取得了积极的成效。

（一）突出特色专业，打造示范专业

紧紧围绕国家职业教育发展的总体要求，济南商贸总结示范专业建设经验，如酒店服务与管理专业、会计电算化专业等，在此基础上创新改革培养模式、教学模式、师资队伍建设、完善内部管理和改革评价模式等，并推动学校信息化建设。在中等职业教育改革发展中，职业院校都需进一步增强学校吸引力，提升学校的竞争力，带动学校招生、就业、综合管理、社会服务等各项工作协调发展，成为全国中等职业教育改革创新的示范、提高质量的示范和办出特色的示范。

（二）注重思想建设，推崇德育教学

中职学生是我国未成年人的重要组成部分，他们中的绝大多数毕业后将直接跨进社会，步入职业生涯，他们的思想道德状况如何，直接关系到就业人员的素质，进而影响产业的发展。因此，学校需要高度重视中职学生思想道德教育，教育广大中职学生热爱党、热爱祖国、热爱社会主义，拥护改革开放，关心集体、乐于助人，努力学习、钻研技能，积极向上、自强不息，思想道德状况主流积极、健康、向上。同时，包括济南商贸在内，各个学校也应该清醒地看到，在积极构建德育校园的过程中，面对国际国内形势深刻变化和新时期新阶段的任务要求，中职学生思想道德教育面临严峻挑战，工作中还存在许多不适应的地方和亟待加强的薄弱环节。

第七章　借鉴国际经验　提升职教水平

发达国家和地区的职业教育起步较早，在职业教育理念和办学模式方面已经积累了丰富的经验，培育了大量技术技能型人才，为经济的发展贡献了积极的力量。在大力倡导、支持发展职业教育的新形势下，我们应积极学习发达国家和地区先进的职业教育模式，提升国内的职业教育水平。

案例一　百森商学院

——全球创业教育的领航者[①]

背景：

百森商学院是美国的一所私立商学院，坐落于东海岸的名城波士顿城西的小镇威尔斯利。1919 年 3 月，罗杰·百森创立百森协会，于 1969 年改名为百森商学院。1979 年，百森进行改组，从综合性商学院变成了一所致力于培养创业者和创业精神的学校。该校规模虽小，但却声望卓越，成就显赫，可以说是创业教育领域的领航者。

一、前瞻的教育理念

在百森商学院开展创业教育之初，许多人认为这种教育的价值在于“企业家速成”，即帮助学生在校期间就能创办公司，成为大大小小的“比尔·盖茨式”的创业企业家。有着“创业教育之父”称号的杰弗里·蒂蒙斯（Jeffry Timmons）教授则认为，这种功利主义的创业教育是在用“拔苗助长”的方式造就所谓的创业者，无法满足以创立高新技术产业为标志的“创业革命”对人力资源的需要。在他看来，学校的创业教育不同于社会上的以解决生存问题为目的的就业培训，也不是一种“企业家速成教育”。因而，有必要革新创业教育理念。

蒂蒙斯教授提出了具有战略性意义的教育理念：致力于为美国高校学生培育创业者应具备的素质，即“设定创业遗传代码”，以打造“最具革命性的创业一代”为目的的创业教育。这才是与时俱进的高校创业教育的根本所在。“创业遗传代码”是将“比尔·盖茨式”的创业个性特质、创业能力和创业意识等特质传授给学生，并使之内化为一种特有的创业素质。显然，蒂蒙斯与众不同的创业教育理念是非功利性的，是更具有前瞻性、更能发挥高等教育的社会经济功能的教育思想，与常规性创业教育理念有重要的区别（见表 7－1）。

①本文根据百森商学院官网等公开资料编撰而成。

表 7－1 蒂蒙斯创业教育理念与常规性创业教育理念之间的区别

	常规性创业教育理念	蒂蒙斯创业教育理念
教育目标	使受教育者成为自食其力、自谋职业、创业致富的社会成员	使受教育者具有创业意识、创业个性心理品质和创业能力，以适应社会的变革
教育内容	主要根据社会就业的现状，为受教育者提供急需的职业性或专业性技能、技巧	主要揭示社会创业的一般规律，传承创业的基本原理与方法、创业者应具有的素质
教育功能	为受教育者提供就业机会，缓解社会就业压力，实现教育为现实社会服务的功能	为受教育者“设定创业遗传代码”，造就“最具革命性的创业一代”，发挥教育的经济功能

在蒂蒙斯教授的教育理念指导下，百森商学院致力于培养能创造巨大经济价值和社会价值的企业家领袖，把学生的企业家精神和创业者素质特别是创业精神和创业能力作为人才培养目标，将科学教育与人文教育、智力教育与非智力教育进行整合，建立起一套完整、规范的创业教育课程体系，并把创业意识和行为贯穿于课堂和课外活动当中。它的创业教育已经超越“教授学生创办企业”的传统模式，创业不单是一门学科、一项技能，而是一种生活方式、一种文化精神。百森商学院就用这种生活方式浸染学生，让学生生活在创业精神的熏陶之中。

二、“3C”创业人才培养体系

基于前述的创业教育理念和教育目标，百森商学院认为，在知识经济时代，创业人才应具备四大核心能力，即逻辑推理能力和创造性思维；在瞬息万变的环境中认识自我，清醒地认识到自身及同伴的优缺点、周围的竞争因素及其他环境因素，具有对挑战做出正面回应并能从错误中学习的能力；具有招募同伴、组建团队、善于化解冲突、解决问题、带领团队共同完成项目的能力；具有将思路转变为高潜力商机的能力，在“机会之窗”打开时能及时捕捉机会。为此，百森商学院设计了一套包括课程学习（Curriculum）、课外延伸活动（Cocurriculum）和文化培育（Culture）的“3C”创业人才培养体系。①

（一）课程学习

百森商学院的创业教育课程结构完整、内容丰富、教学方法多样、评价方式规范，以此培养学生广阔的人文视野、创业精神和创新思维、全球化和多元文化的视角以及良好的社会道德与社会责任。

1. 完整的课程结构

基于广义的课程概念，百森商学院打破了传统的学科界限，把适应未来创业需要的创业意识、创业个性特征、创业核心能力等“创业遗传代码”和有关创业的社会文化知识进行整合，力图实现创业教育的社会价值和本体价值之间的整合。这种整合性的课程结构，将学生置于完整的创业过程和创业经济人文环境中，引导学生对与创业相关的经济、社会的思考，激发学生的社会责任感。

①宣葵葵：《美国百森商学院创业人才培养范式探析》，《现代教育科学》2014 年第 2 期，第 24 页。

在本科创业教育领域，针对不同学习阶段的学生，百森商学院提供了初级、中级、高级“三段式”的课程。创业教育初级课程为提高大一学生构思能力、探究能力和批判性反思能力奠定了基础。二年级的时候，学生便进入创业教育中级课程的学习。中级课程的学习内容相比初级课程更广，需要学生应用本学科和跨学科的知识研究、解决学习中遇到的问题。创业教育高级课程则是大三、大四学生学习的课程，通过高级课程的学习使学生的自信程度、独立程度和创造力得到加强。

2. 丰富的课程内容①

创业是一个过程，需要学生思考是否要创业、创业要具备何种能力和素质、如何发现商机、如何创办企业、如何经营企业等。而创业教育又具有典型的跨学科特点，多学科的交叉和渗透在拓展学生知识面、培养学生创造性思维方面有着重要的作用。因此，百森商学院把创业视为一个整体，按照创业的流程来划分课程内容的模块，努力使学习者置身于创建企业、发展企业这样一个动态过程中。同时，百森商学院还为学生提供众多的其他学科的课程学习内容，以此来丰富学生的社会文化知识，拓展他们的视野。

（1）初级创业教育课程项目。百森商学院本科初级创业教育课程为期一年，在这一年里，学生将从管理和创业基础课程（Foundation of Management and Enterpreneurship，FME）这门核心课程学到创业管理方面的基础知识。此外，还有历史、社会、人文方面的课程，学生从这些课程中学到的分析方法和认知技能对今后学习更高级的课程将有很大的帮助。定量研究方法、企业法、会计、修辞等也是初级创业教育课程的主题。

为了使大一新生实现从高中到大学的顺利转变，百森商学院在初级创业课程里设计每周一次的主题活动，包括团队合作、沟通能力、学习技巧和社区活动等。在春季学期，学院设置领导力指引、团队合作等方面的课程，旨在通过学生之间的互动提高学生的领导力、团队合作决策、倾听和口语交际水平。

（2）中级创业教育课程项目。中级创业教育课程学习的时间为大学二年级和大学三年级上学期，其核心内容就是教授学生在激烈变化的环境中如何进行有效的组织管理。这个综合管理项目向学生提供会计、经济、金融、市场营销、组织行为学和经营等课程。从事这些领域教学、研究的师资团队向学生讲授影响企业的关键因素、这些因素之间如何发生关联以及相互之间的影响。通过精心开发的案例研究，该课程让学生诊断实际业务问题。此外，学生通过研究、考察、在当地公司实习形式获得实践经验。

随着学生进入更高级创业教育课程的学习，学习内容变得越来越复杂。在这个阶段，学生学习历史和社会科学、文学和视觉艺术、文化和价值观，最后需要运用理科定量研究方法完成中级水平课程。和初级创业教育课程一样，学生仍旧要学习领导力指导、团队合作课程，只不过版本更高一级。

（3）高级创业教育课程项目。到了高级项目阶段，百森商学院的学生可以根据自己的职业生涯规划进行深化学习。这个学习过程就相对自由些，他们可以根据自己的意愿选修课程，如高级管理课程、综合文科课程以及参与实践。随着基础策略和其他商业课程的学习结束，学生便完成了顶级管理课程。总而言之，高级创业教育课程大多是综合交叉学科的一系列高度浓缩课程。学生通过高级创业教育课程的学习，自身的创业理论和实践能力得到了较大增强，为参与创业活

①黄爱珍：《美日英创业教育模式的比较及对我国的启示》，江西财经大学硕士学位论文，2012 年。

动奠定了坚实的基础。

3. 多样的教学方法①

百森商学院创造了“浸入式”创业教育方式，将创业意识与企业家精神融入到教学和管理的各个环节中，形成“整合式的、体验式的学习环境”。为了实现课程目标，在课程实施中教师需要选择有效的教学方法。百森商学院针对不同的课程类型和课程内容设置了不同的教学方法，在同一门课中也采用了多种教学方法。例如，“创业和新风险投资”课主要使用个案研究的方法；“创业营销”课采用讲座、案例研究和分析的方法；“零售经营管理”课使用实践教学法等。老师注重师生互动，教授过程与创业活动周期相吻合。学校还将企业家引入课堂，与学生、老师一起讨论，一起设计课程。

“问题中心”教学法在百森商学院的创业教育课程中被广泛使用。教师在教学中不是单纯的讲授，而是提出在创建企业和发展企业的动态过程中可能面临的实际问题，例如，怎样在创业中进行有效的公关交往、怎样激发创造潜能、怎样有效地利用资源为企业融资和发展提供支持等具体问题。这些问题不只是关于创立公司的经济和管理问题，还涉及公司的后续发展和创业者的社会责任，如如何在发展中保护环境等。教师通过这些问题引导学生进行全面而深入的思考和探索，实现对创业意识和企业家精神的培养。

在教学中，教师还尤为注重案例研究。在选择案例时，既有创业成功的案例，也有创业失败的案例。通过对精心选择的案例进行讲解、研究，不仅增加了教学的鲜活性，而且培养了学生对创业问题的分析与判断能力。

4. 规范的评价方式

百森商学院不断完善其创业课程评价体系，它对创业课程的评价与传统的关注课程数量和种类不同，构建了一系列评价指标，更加注重课程内容的适用性和课程实施的有效性，着眼于既定的课程目标能否符合社会的需求和学生的发展。②

百森商学院创业研究中心组织专门科研人员开发和设计创业课程，并全程跟踪课程的教学过程和实施效果，根据调查结果对课程计划进行修整和完善。除对创业课程教师教学的评价，学院还建立激励机制，鼓励教师与企业界加大联系，获得更多社会资源的支持。学院对研修创业教育课程的学生发放问卷，对学生的满意度及学习效果进行测评，并根据调查结果及时对课程教学计划进行修改和完善。

（二）课外延伸活动

百森商学院强调创业理论和实践相结合。为了营造良好的创业氛围、为学生提供大量的资源、增加学生体验创业的机会、提升学生的创业技能，学院提供诸多的创业技能拓展平台，开展多元化的课外延伸活动。

1. 创业名人堂：学生与创业者的沟通桥梁

1978 年，百森商学院成立了世界上第一个创业“名人堂”——“卓越创业者协会”。该协会奖励那些对全世界自由创业发展做出显著贡献的创业者，其评价标准不仅涉及创业者的成就，还考虑创业者对社会的回报。很多创业者都是该协会的成员，他们积极参加百森商学院的各项创业活动，尤其是具有最悠久传统、每年举办一次的创业庆典——“创建者之日”，并担任在该天

①②韩琪瑄：《美国高校创业教育课程体系研究——以百森商学院和斯坦福大学为例》，河北大学硕士学位论文，2013 年。

举办的百森商学院创业计划大赛的评委。

2. 巴特勒企业加速器项目：学生创业的高端服务者

巴特勒企业加速器项目（John E. and Alice L. Butler Venture Accelerator Program）为所有寻求创业或是推动企业发展的学生提供服务和支持，其提供服务与支持的方式包括创办创业共同体、提供咨询和其他有价值的资源等。它所提供的服务与支持将贯穿创业的整个过程，从探索创业机会到开始行动再到企业创办、成长。其能提供的资源包括法律顾问、工作场所、种子资金、研讨会、同行组织、导师与顾问等。

3. 创业计划大赛：创意转化为实践的平台

百森商学院是世界上首次举办创业计划大赛的学术机构。自 1984 年将创业计划大赛引入创业教育体系以来，百森商学院强调创业计划的可行性，要求学生充分考虑市场特征和运行过程汇总的各种可能问题。同时，越来越多的创业校友担任创业计划大赛的评委，为学生提供了一手的创业动态。他们对创业计划的反馈和建议至关重要。目前，百森商学院的研究生和本科生分别参加“道格拉斯基金会研究生创业计划大赛”以及“约翰·马勒本科生创业计划大赛”。据调查，毕业于 1985～2003 年的校友中，35%创办了自己的企业；撰写了创业计划的学生中，40%毕业后创办了自己的企业；没有撰写创业计划的学生中，25%毕业后创办了自己的企业；入选百森商学院创业计划大赛决赛的学生中，62%毕业后创办了自己的企业；没有入选百森商学院创业计划大赛决赛的学生中，38%毕业后创办了自己的企业；42.5%的男生创办了自己的企业；21.5%的女生创办了自己的企业。这说明大学期间的创业学习和创业活动对毕业后的创业生涯具有重要的作用。

4. 夏季创业项目：创业体验实验室

每年暑假，“夏季创业项目”面向全校本科生与研究生开放，每期招收 24 人，持续时间为 10 个星期。有意参加的学生先向学校递交创业计划书，经面试合格后入选此项目。学校配备校内指导教师、外部导师及学生导师，对入选学生按计划书进行指导，并根据学生遇到的实际困难以及需求，有目的地邀请当地法律顾问、同行业企业主等来校与学生共进午餐或开设讲座，帮助学生解答各类疑难问题。此外，学校还会为学生提供孵化场地、3 万～10 万美元的现金资助，等等。通过 10 周孵化，很多学生都建立起实体公司，并且这种实体公司往往会一直存续到学生毕业之后。有些学生即使没有建立起真正的实体公司，但在孵化过程中，通过和学生导师、当地企业主、指导教师等面对面接触，创业技能得到较大提高，为今后创业积累了经验。

（三）文化培育

除了创业方面的课堂教学和课外延伸活动，百森商学院还注重对学生进行文化培育。它的文化培育主要体现在以下三个方面[①]：

1. 重视创新

被誉为“美国创业教育之父”的蒂蒙斯教授生前任职于百森商学院，他曾经就创业和创新的关系做过如下精辟的描述：“如果把创业比作美国经济的发动机，那么创新就是此发动机的汽缸，它带动了新发明和新技术的诞生。”百森商学院的人才培养体系一贯重视培育创新文化，学生事务部通过鼓励学生创建各类社团组织和开展创新论坛及科技竞赛等，营造浓厚的创新氛围，

①宣葵葵：《美国百森商学院创业人才培养范式探析》，《现代教育科学》2014 年第 2 期，第 27－28 页。

传授给学生一种突破惯性思维的能力、不墨守成规的精神、习惯探究新知的意识，为培养新技术革命和经济全球化背景下的创业领袖提供文化土壤。

2. 宽容失败

百森商学院认为，人们生活在一个无法确定的、未知的世界里，每天面临着无数突发情况。创业成败不仅取决于已知因素，更重要的还受到许多未知因素的影响。“创业精神是一种敢于冒险的精神，创业过程就像摸着石头过河，具有不确定因素，存在失败的可能性。”创业失败或挫折是一种经验学习，创业者正是在这一过程中逐步成长、成熟、成功的。即使是失败的创业项目，其在创建过程中所产生的社会价值、示范价值、启发意义也不容忽视。因此，百森文化培育体系中倡导宽容失败的文化氛围，通过各类校园文化活动，引导学生不断试错、证伪，自我反思与分析，促进学生的成长与发展。

3. 多元文化融合

随着全球化趋势加快和技术快速进步，如何让学生适应日新月异的创业环境，学会在多元文化环境中有效创业是百森商学院面临的挑战。百森商学院认为，多元文化融合是全球环境中成功创业的重要影响因素，而且它的学生、教师和职员来自世界各地，它的校园文化是多元的。这种多元文化融合的战略视野，是确保百森商学院“培养能在世界各地创造巨大经济和社会价值的创业领袖”使命顺利完成的关键。百森商学院已经建立起拉丁俱乐部、南亚俱乐部、全球多样化俱乐部等，旨在培养学生的多元文化意识。

三、体会与思考

作为全球创业教育领域的领导者，百森商学院适应社会经济环境变化，构筑“3C”创业人才培养体系，创新人才培养范式。其教学过程强调理论联系实践，注重课内外实践体验及创新，使人才培养更具有目标性、现实性和应用性，同时强调文化影响作用，培养学生的社会责任感、意志力和全球化视野。

与国外相比，我国创业教育起步较晚，总体处于起步阶段。百森商学院前瞻性的教育理念、创新型的人才培养模式，为我国发展创业教育提供了些许启示。

（一）革新创业教育理念

百森商学院创业教育以打造“最具革命性的创业一代”为目的，创业教育所提供的不仅仅是一种能力或技能，更应该是一种精神、一种文化。我国发展创业教育首先就必须摆脱视野狭隘的、功利性的目标，树立前瞻性的创业教育理念，确定合理的创业教育目标。

政府应基于科学合理的创业教育理念来制定指导方针、政策。首先，高校应树立合理的创业教育理念和课程目标，加深对广义创业教育概念内涵和外延的理解，有效整合政策、资金、师资、课程建设和课程管理等各方面资源，建设适合本校创业教育和区域经济发展的课程体系。其次，学校应增强大学生的创业意识和精神、创业知识和技能，培养具有开创个性的人，将创业信念渗透到整个民族，建立一个充满活力的创业型社会。最后，学生、家长及社会各界也应树立正确的创业和创业教育理念，将提升个人综合素质作为目标，纠正落后的就业思维，积极创造和把握发展机遇，实现创业教育本体价值和社会价值的统一。

（二）创新创业人才培养模式

在百森商学院的“3C”创业人才培养体系中，课程学习分阶段、循序渐进地推进，课程目标明确、结构完善、内容丰富，教学方式多样化，课程评价合理、规范，使学生能够有效地获得丰富的创业理论知识和其他文化知识。课外延伸活动则帮助学生将理论与实践有机结合，培养、提升学生的创业技能。而文化培育则对铸就学生的创业创新精神、增强学生的社会责任感、培养学生的多元文化意识等诸多方面起着重要作用，促进学生成长、成熟、发展。

我国在发展创业教育的过程中，各高等院校应结合本国国情、地区社会经济发展情况和本校校情，创新人才培养模式。在革新创业教育理念的基础上，科学、合理地确定人才培养目标；建立健全创业教育课程体系，注重课程结构的完整性，分层次、循序渐进地设置课程内容，并提高课程内容的实效性、跨学科性；摒弃“满堂灌”、“填鸭式”的传统教学方式，加强教学方法研究，提高教学活动的有效性。大力拓展课外延伸活动，助推学生的理论知识与实践相结合。加强校园文化建设，营造鼓励学生创新、创业和敢于冒险的氛围，促进学生的长远发展。

（三）培育专业化、多样化的师资队伍

如前所述，百森商学院开设的课程内容丰富、教学方式多种多样，而这自然离不开多样化、专业化的教师团队。百森商学院师资队伍的专业涉及金融学、管理学乃至文学等领域，包括企业家、职业经理人、学者、作家、研究员、诗人、艺术家，等等。他们掌握的第一手知识和切合实际的洞察力有效地保证了学生创新创业课程的质量，注重引导学生自主学习，在观察与思考中制订出解决创业过程中的一些现实问题的方案。

相比较而言，我国在创业教育师资建设方面存在许多不足之处，亟须培养具备创业学知识和创业实践经验的专业教师队伍。首先，大力发展创业教育师资培训项目，培养创业学专业教学、研究人才，改变依然依靠商学院或经济管理学院的师资力量开展创业教育的现状。其次，吸引有创业实践经历的优秀企业家、高层管理者等进入高校，参与创业教育课程教学和研究工作。最后，各高校可以探索建立教师互聘制度，缓解高校创业教育师资短缺的窘境，实现优质创业教育师资资源的共享，提高教师的积极性，缩小创业教育区域和校际差异，促进创业教育全面发展。

案例二　马兰欧尼时装与设计学院

——时尚与设计的圣殿①

背景：

马兰欧尼时装与设计学院于1935年在国际时尚之都米兰建立，是世界知名的时装设计专业院校，拥有极高的业界声誉。自创立之初，学院将人才培养的目标设定为向整个时装和设计行业输送和培养高级专业人员。通过先进的教育理念和突出的办学特色，学院已为意大利乃至世界服装界培养了3万多名专业人才，成为世界公认的时尚界高等学府。

一、学校概况

马兰欧尼时装与设计学院（ISTITUTO MARANGONI，简称马兰欧尼，又译马兰戈尼。）建立于1935年，由意大利著名的时尚设计师和服装教育专家Giulio Marangoni先生创办，是第一所被意大利教育部认可的专业时装艺术院校。2002年，马兰欧尼时装与设计学院成立伦敦校区；2004年巴黎校区成立；2012年6月，学院在中国上海开设亚洲首个国际水准的时尚培训中心。

马兰欧尼时装与设计学院云集世界级大师，引领时装潮流的国际化。每年都有来自世界各地92个国家的2500多名学生会聚在马兰欧尼学习时尚潮流，其中85%的学生为外国学生，为马兰欧尼带来了丰富的不同的时尚元素和文化，加上专业老师——来自时尚最前沿的专业人士的引导和鼓励，使这里成为了一个充满创造性和想象力的“小世界村”。

二、教育理念独一无二

马兰欧尼时装与设计学院是一所专门为高端专业时尚领域输送专业人才和技术人员的学校。学院注重培养学生的专业技能并挖掘学生的创造力，其独一无二的教育理念是“以今日的专业教育培养明天的专业人才”。

（一）时尚与设计教学

马兰欧尼时装与设计学院的教学宗旨是为整个时装和设计行业输送和培养融激情、创造性和商业头脑为一体的新一代时尚设计专业人才。“时尚与设计教学”是马兰欧尼时装与设计学院遵循的使命，学院始终遵循创始人的初衷，持之以恒地传授时尚与设计领域的知识。

马兰欧尼时装与设计学院只有时装学院与设计学院两个学院，从整个专业设置来看，也只有时尚与设计两个大的专业方向。马兰欧尼时装与设计学院将时尚与设计相辅相成，坚定不移地为选择马兰欧尼的学子们提供最佳的创意表达教学方法。他们的教学目标是专注时尚与设计，强调自己的个性部分与品牌价值，致力成为一所出类拔萃的国际时尚与设计学院。

①本文根据马兰欧尼时装与设计学院官网等公开资料编撰而成。

（二）专业与国际视野

国际化的视野再加上对专业化的不懈追求，这一直是马兰欧尼时装与设计学院教学方式中的两笔重要财富。在师资选择上，马兰欧尼聘请时尚公司、设计工作室、生产和销售或者出版社机构的兼职资深专业人士，他们除教授专业知识外，还与学生分享工作经验，培养学生的专业技巧和优秀创造力。此外，学院提供与时尚和设计业内知名企业交流的机会，不仅每年有机会参加博览会、展览会、时装秀，还可以在学院与时装和设计行业的一线品牌合作组织的特别项目中展示自己的风采。丰富的课程、专业的师资和便利的学院设施无不向世人传达了马兰欧尼时装与设计学院专业、国际视野的价值追求。

三、办学特色突出领军地位

马兰欧尼时装与设计学院之所以是世界公认的时尚界最高学府、世界设计学院领导者以及世界三大时装学院之一，与它的办学特色是息息相关的。通过对学院的深入分析，可以归纳为以下几点：

（一）专业设置既少又多

马兰欧尼时装与设计学院现有时装学院与设计学院，从整个专业设置来看，也只分为时尚专业和设计专业两个大的专业方向，在大专业的基础上细分小专业，且本科生和研究生细分的专业也不一样。如本科生教育，与时尚相关的，专业设置细分为服装造型、服装设计、服装商业、时尚传播与新媒体及时尚营销与品牌管理等；与设计相关的，专业细分为室内设计、产品设计、配饰设计和视觉设计等。研究生教育，与时尚相关的，专业设置细分为时装设计、时尚产业、时尚买手、时尚业管理和时尚配件等；与设计相关的，细分为设计总监、室内设计和产品设计等。如表 7 - 2 所示。

表 7 - 2　　马兰欧尼时装与设计学院专业设置列表

教育层次		本科	研究生
专业设置	与时尚相关	服装造型、服装设计、服装商业、时尚传播与新媒体及时尚营销与品牌管理	时装设计、时尚产业、时尚买手、时尚业管理和时尚配件
	与设计相关	室内设计、产品设计、配饰设计和视觉设计	设计总监、室内设计和产品设计

从这样一个专业设置不难看出，显得“既少又多”。“少”体现在大的专业方向上，只有“时尚”与“设计”两个方向，而设计这个大的专业方向中，仅有室内设计、配饰设计和产品设计这几个专业。“多”体现在其“时尚”这个大方向下，有着多达十几种的专业细分。从这点上可以体现，马兰欧尼时装与设计学院一直遵循学院的使命和办学特色，在学院定位上强调自己的个性和品牌价值。这也是马兰欧尼时装与设计学院一直在国际上享有很高地位和声望的一个重要原因。

（二）师资力量国际化

马兰欧尼时装与设计学院注重师资的选聘和培养，目前学院拥有 70 名专业教师和 120 名客座教授。学校每年会聘请数十名来自 ELLE、Capllini、Gucci、D&G 和 LV 等国际大牌公司的设计师、摄影师、造型师和经理人到马兰欧尼担任访问讲师，如 Cappellini 艺术总监 Giulio Cappellini、Elle 意大利版总监 Luca Lanzoni、Vogue 意大利版高级时尚编辑 Sara Maino 等。这些知名设计师、优秀经营管理人员、市场营销专家、咨询顾问，不仅为马兰欧尼带来了雄厚的师资力量，还有助于提高其国际地位。

此外，2014 年 3 月 11 日马兰欧尼时装与设计学院成立顾问委员会（The Advisory Committee，IMAC），旨在确保来自时尚、设计等方面杰出的国际化专业人士参与学院的教学活动，为学院的教学质量提升提供建议。

（三）国际交流化教学

马兰欧尼时装与设计学院三个校区——米兰、伦敦和巴黎，每年都有很多大型的、著名的展览活动。例如米兰校区，每个夏季和冬季都有为期一周的米兰时装周，每年的 4 月都有为期一周的米兰设计周。另外，在米兰的一些时尚街道中心常年都有设计展和家具展。这些大大小小的展览在国际上都有很高的名望，而马兰欧尼时装与设计学院也会积极地参与其中。在每年的米兰时装周、米兰设计周等大型展览期间，学院就把课堂教学搬到活动现场，免费发放门票，让学生们亲自参与其中，采集一线资料。特别是一年一度的米兰设计周专门为马兰欧尼时装与设计学院设立一个展示厅，展示学院在设计专业上的现状和成果，使得学生的作品也成为整个米兰设计周的一部分，参与到整个大展览会当中。

另外，马兰欧尼时装与设计学院每年会组织设计专业的毕业生做时装发布会，展示自己的作品。同时，时装公司、设计工作室、媒体和猎头公司的专业人士来观摩学院的毕业秀，挖掘人才，也为学员提供了向世界展示自己的机会。

（四）服务机构全面化

1. 信息和指导中心

马兰欧尼时装与设计学院成立信息和指导中心，为所有学生提供了一系列全面周到的服务，包括学校概括信息、课程信息、展览活动信息和就业服务信息。学院每个校区信息中心的员工随时方便提供各种活动信息服务，鼓励学生积极参加各种展览活动。对于学生在课程选择上，学院提供全方面的帮助，让学生根据自身的能力和意向选择合适的课程，并让学生体验“马兰欧尼制造”的特色课程风格。

2. 成立就业中心

就业中心一直是马兰欧尼时装与设计学院最为重要和最受关注的部门之一，同时它也是学院为学生和服装设计公司之间交流搭建的一个桥梁。每年，学院就业中心都会得到来自各知名企业和品牌公司超过 500 个的职位和实习机会，有超过 90% 的毕业生通过就业中心，进入各个知名企业和品牌公司实习和就业。2012 年，马兰欧尼时装与设计学院米兰、巴黎和伦敦三大校区的就业中心共为学院毕业生在欧洲顶级时尚公司安排了超过 500 份的实习工作。

3. 成立就业指导服务中心

马兰欧尼时装与设计学院成立就业指导服务中心，从初期就业指导、就业实习、求职面试到毕业工作这一系列的过程，为学生提供全方位的就业指导服务，帮助学生顺利地进入理想的企业工作。

就业指导专题会是对全体学生开放，旨在让学生了解在进入职场之前首先要做的一些准备：例如，如何写简历，如何在面试中表现自己，如何分析招聘信息并进行回复等，这些都是专题会要讨论并讲授的知识。

就业实习是专门为毕业生和研究生安排的辅导项目。这项服务将帮助学生进入 Gianni Versace、Dolce & Gabbana、Giorgio Armani 等世界领先品牌公司实习或工作。

个人面试是就业指导服务中心的一个新服务，指导中心专家会为学生进行个人面试（包括进行简历分析和个性筛选），随后根据不同学生的愿望和能力为其选配最合适的职位。

毕业后服务是就业指导中心为学生在毕业后所提供职业发展空间的服务。事实上，学院拥有的广阔就业人际网络将会为毕业后的学生和公司继续搭建桥梁，为毕业后的学生提供职业发展空间的同时，也为公司提供合适的经验丰富的人才资源。

四、体会与思考

马兰欧尼时装与设计学院作为历史悠久声誉卓著的时尚教育界知名院校，向学生们展示了设计精髓，并帮助他们获得成功，为当代设计领域的发展做出了积极的贡献。

（一）培养理念是生命

马兰欧尼时装与设计学院起初创办的使命是“时尚技能与新技能并重”。自建校以来，马兰欧尼也一直信奉这一历史使命，注重培养学生的创新能力、开发能力和专业能力，注重对知识的运用、拓展和创造，并将这种创新技能人才培养理念完全融入到时尚与设计教学之中。例如，从马兰欧尼时装与设计学院课程结构安排中可以发现，对于没有任何基础能力的学生，安排入门课程，可以全面了解时装与设计的各个概念；对于有实践经验的学生，则可以选择强化课程，强化各个技能，然后再过渡到下一个阶段的课程中。如果学生在学习过程中发现自己不适合所选的专业或课程，可以通过重新选修的方式加以改变或调整。这些体现出马兰欧尼时装与设计学院对学生兴趣爱好和个性的培养及尊重，给学生充分自我选择的权利和空间，反映了学院的教育培养理念。

（二）教师职业化是特色

教师职业化是马兰欧尼时装与设计学院教学中一个很有特色的部分。每年有数十名来自 Armani、Versace、Gucci、D&G、LV、Tony&Guy 等大牌公司的设计师、摄影师、造型师和经理人到马兰欧尼担任访问讲师，同时还与学校合作开展项目。马兰欧尼聘请专业的资深人士使教师职业化的主要目的是加强同企业的合作、强化学生毕业前的实习和增加实践学习的机会等。正是得益于老师的职业化，学校的课程设置非常实际，围绕时装与设计培养学生的设计能力和创造力。

（三）国际视野是升华

在马兰欧尼的米兰、巴黎、伦敦和上海校区，有来自世界各地的学生在这里相互交流，他们有着各自的服饰文化习俗与传统，不同的想法和创意项目，多元的文化元素和远见卓识相互交融，推动了时装与设计审美品位的提升。另外，得益于得天独厚的各个校区的地理位置和地域文化优势，学生可以近距离感受不同时尚之都的独特魅力。马兰欧尼时装与设计学院为学生们展现了国际化的视野，为学生更好地踏入时尚与设计行业奠定了良好的基础。

案例三　罗伊特林根应用技术大学欧洲商学院

——国际化商务人才的摇篮[①]

背景：

罗伊特林根ESB商学院在德国商科排名前三，无论是国际化的培养视野，还是其海外学习实习的机会，抑或是多元的校园文化等都是国内职校值得学习的地方。ESB商学院以培养顶尖的国际化管理人才和经济工程师为办学目标和理念，模块化的课程设置和多样化的教学形式等都是脱颖而出的重要创新内容，也是培养国际化商务人才的重要因素。

一、学校概况

德国罗伊特林根应用技术大学欧洲商学院简称罗伊特林根大学ESB商学院（下文简称ESB商学院），成立于1979年，是一所小型规模的大学独立研究所/商学院，它是在罗伊特林根应用技术大学的经济类院系的基础上合并成立的一所综合型商学院。ESB商学院致力于培养顶尖的国际化管理人才，是德国国家级重点商学院，德国最早提供综合性、国际性课程的公立大学之一，也是德国最大的商学院之一。ESB商学院的优势专业是国际经济学、企业管理学、国际商业学和经济信息学。在2008年6月《德国经济周刊》基于企业管理学方向开展的大学排名中，ESB商学院在应用技术大学中排名第一。

ESB商学院位于德国巴登符腾堡地区罗伊特林根市，处于最具创新能力和最有活力的经济圈内，有大型的跨国企业，还有历史悠久且善于创新的中型企业、众多的高科技中心、现代服务企业，它们在世界范围内活跃着。ESB商学院和这些企业保持着良好的交流，学生有许多到企业实习和工作的机会。

二、“四位一体”突出培养特色

ESB商学院的人才培养强调“鲜明的国际特色，跨学科，面向实践应用”。通过课程设置、教学方式、师资培养等多方面进行创新，ESB商学院已为全球企业输送多位优秀的商业管理和经济等专业人才，成为培育商业精英和经济人才的摇篮。

ESB商学院能发展成为全德国最大的商学院之一，甚至在国外也小有名气，这与它全新的办学理念和特色是息息相关的。如图7-1所示。

（一）模块化的课程设置

ESB商学院实行模块化课程体系，学院从大一至大四的所有课程都是以模块课程的方式呈现，模块课程的总量少，但课程的综合化程度比较高，大部分模块课程都是由两门甚至两门以上的课程组合而成的，每一个模块由一位教授负责协调、统筹。值得一提的是，学院还纳入两个实

①本文根据公开资料编撰而成，资料来源包括前途出国网、威久留学网、东方留学网、天道留学网站等。

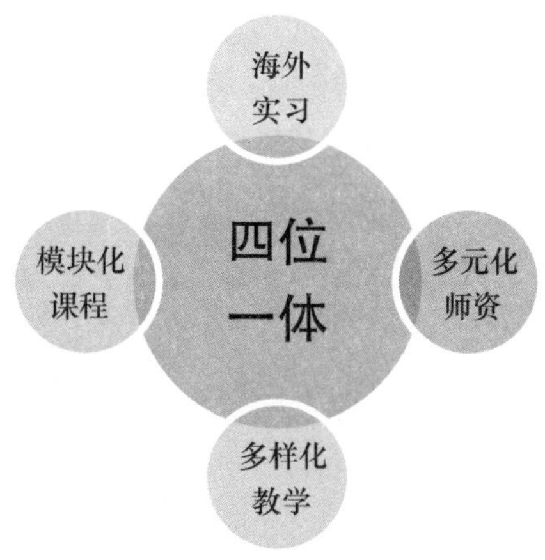

图 7 -1 “四位一体”的培养特色

习模块和一个国外学习模块，穿插在几个学期之中（见表 7 -3）。例如，学院为学生安排一个学期到国外进行学习，学生可以在欧洲、亚洲、北美洲或澳洲等 30 个合作院校里学习。国外的学习阶段是教学的一部分，所取得的成绩全部被公认。学院还把理论授课与该学科课程对应的实践部分有机结合在一个模块内部，大大提高了理论与实践结合的紧密程度，也有利于提高学生的理论应用能力①。另外，ESB 商学院为学生开设以商务类课程为中心，综合管理、法律、社会能力等跨学科的课程体系，培养学生的综合应用能力。

表 7 -3 罗伊特林根大学 ESB 商学院国际商务专业模块课程安排

学期	课 程
第一学期	企业管理模块（内含两门课程）、微观经济学模块、商务方法 1 模块（内含两门课程）、商法模块、商务沟通 1 模块（内含两门课程）
第二学期	商业方法 2 模块（内含两门课程）、市场营销模块、管理方法模块（内含两门课程）、商务沟通 2 模块（内含三门课程）
第三学期	宏观经济学模块、研究方法及应用模块（内含两门课程）、金融与会计模块（内含两门课程）、人力资源管理模块（内含三门课程）、商务沟通 3 模块（内含两门课程）
第四学期	实习 1（内含实习座谈会）
第五学期	通识学习模块（内含跨学科和商业伦理课程）、专业模块（五个专业方向中选一个，每个含 5 个研讨课程）
第六学期	国外学习
第七学期	实习 2、毕业论文

ESB 商学院课程设置的另外一个特点是，以专业课程为主，通识课程为辅。以国际商务专业

①刘丽建：《德国应用科技大学课程特点及模式研究——以德国罗伊特林根应用科技大学为例》，《西南交通大学学报》（社会科学版）2014 年第 5 期，第 17 -21 页。

课程来看，除了有一个模块的“通识学习”外，其他所有模块都属于专业课性质，甚至外语也是以专业外语的形式出现。学院认为通识教育应该主要在中小学阶段进行，大学阶段应以专业教育为主。同时学院十分重视应用性，立足于劳动力市场需求开设课程，着眼于就业形势的变化，其课程设置的指导思想可以表达为“为职业实践而进行的科学教育，而不是带有某些理论的职业教育”①。

（二）教学形式多样化

ESB 商学院教学，除了第二外语课程外，没有指定的教材。各专业的教学大纲、课程和课程提纲都放在学院网站上供学生下载。学生不仅课前要先预习材料，课后还必须进行大量的资料搜索和阅读。这不仅能激发学生的积极性和主动性，拓展学生的学习范围，突出学生应用能力的培养，而且没有教材的束缚，老师在课堂上也能把最新的信息和自己的研究成果传授给学生，克服了教材内容陈旧的缺陷。另外，教学不局限于课堂，围绕理论知识应用、提高应用能力进行实地场所的演练，模拟练习，多媒体教学，分小组讨论，启发式教学，各种讲座、研习、学术旅游等都是其教学方式多样化的体现。

学院教学的另外一大特点是学生主要以自学为主，学习以“习”为主。学生在校时间中通常包含 1 倍的课堂上课时间，2 倍甚至 3 倍的自学时间，自学时间由老师通过习题量所花费的时间加总计算而得，而学分计算是以这两部分学习时间的总和为基础进行计算，如图 7－2 所示。因此，充分体现“以学生为中心”的教学，其中的“学”主要是通过“习”（习题）的方式进行。例如，学院国际商务专业的“企业管理”模块课程的学习，教授上课的总时间约为 60 小时，学生的自学时间大致为 120 小时，共 180 小时②。

图 7－2 罗伊特林根大学 ESB 商学院学生学习时间安排

（三）师资队伍多元化

ESB 商学院为学生配备了强大的师资队伍，包括 54 名全职教授、173 名来自大学、银行、会计师事务所等企业界、拥有不同学科背景的兼职讲师。学院教授一般都具有博士学位，具有良好的科学理论知识，同时大都具有 5 年以上在企业的工作经历，其中至少 3 年是在高等学校范围外的工作经历，并在有关应用或科技开发方面取得了特殊成就，富有实践经验。另外，学院教授和兼职讲师是来自不同国家各个行业的精英，以优秀管理者、知名学者、经济工程师、商界顾问等身份来 ESB 商学院授课、交流等，不仅给 ESB 商学院创造了国际地位，还为 ESB 商学院带来了雄厚的师资力量，这也正符合 ESB 商学院的国际化培养目标。

---

①②刘丽建：《德国应用科技大学课程特点及模式研究——以德国罗伊特林根应用科技大学为例》，《西南交通大学学报》（社会科学版）2014 年第 5 期，第 17－21 页。

（四）海外实习机会

为了实现国际化培养目标，ESB 商学院通过国际合作，积极鼓励学生到海外进行实习，并且通过学校的合作企业，安排学生到国外企业考察、实习，这让学生与国外企业进行了实际的接触，最大限度地让学生体验到国际化的学习环境和工作环境。此外，ESB 商学院还要求学生至少要掌握两门外语，这为以后学生进入国际化就业市场增加竞争力和机会。

ESB 商学院将海外实习和学习纳入到课程体系当中，算作课程学习学分，成绩被学校和社会公认。这意味着海外实习和学习也是学生必须要修的课程，必须掌握至少两门以上的外语①，也为学生进入国外就业市场提供最大可能。

三、体会与思考

目前我国已经确定建设应用技术大学目标，通过对罗伊特林根应用技术大学欧洲商学院的分析研究，对我国应用技术大学的建设和发展带来一定的启示。

（一）围绕地方经济，实现“校企双赢”

应用技术学校既要服务于产业与区域经济社会发展，又要服务于学生的就业、成长、成才。一方面，学生的学习内容应直接面向岗位需求，强调真实环境下的学习，重视技术技能训练；另一方面，引进第三方机构评价“学生就业率”、“专业对口就业率”等，这些指标应该作为专业设置与修订人才培养方案的重要依据②。

ESB 商学院所在地区有大型跨国企业，还有历史悠久善于创新的中型企业，众多的高科技中心，现代服务业。ESB 商学院和这些企业都有着良好的交流，学生有众多到企业实习和工作的机会。我国目前尚不具备这样的基础，校企之间缺少实质性的合作。高校应该主动出击，与相关企业加强沟通和联系，寻找合作共赢的机会，力争保持良好的校企合作关系，确保实践性教学环节的有效落实。

（二）改革课程设置，强调应用能力本位

“鲜明的国际特色，跨学科，面向实践应用”是 ESB 商学院的课程设置特色。其培养的应用型人才在结构上体现复合性，在教学内容上体现广泛性，在教学环节上体现实践性。我国应用技术型大学的课程体系建设，应该借鉴 ESB 商学院的成功经验，以技术应用能力为主线设计课程，使得理论知识与实践知识紧密结合，从而提升学生的综合应用能力。应用技术型大学应建立符合本科技术教育特点的模块化的课程体系及相应的教育教学资源，建构学生应该掌握的基础理论、基础知识和基本技能，以及在校期间应该完成的基本训练，采取注重实践应用的教学组织模式、教学方式与方法，充分体现“学中做”与“做中学”。具体来说，一是增加实践性教学课程比重，让学生有更多时间到企业实习、考察和研讨，加强对企业的认识和结合；二是增加团队协

①刘丽建：《德国应用科技大学课程特点及模式研究——以德国罗伊特林根应用科技大学为例》，《西南交通大学学报》（社会科学版）2014 年第 5 期，第 17 – 21 页。

②王维坤、温涛：《应用技术大学：新建本科院校转型发展的现状、动因与路径》，《现代教育管理》2014 年第 7 期，第 80 – 83 页。

作、沟通能力等社会能力课程，提高学生的情商，培养能够适应复杂社会竞争的毕业生[①]。

（三）加强国际合作，强化师资队伍

ESB 商学院具备国际化视野，培养具有国际化企业经验的毕业生。应用型高校应该坚持开放办学，加强国际合作。一方面要“走出去”，与国外大学合作，为学生开设国际合作课程，授予第二学位，派遣学生到国外学习和实习；另一方面要“请进来”，通过邀请国外大学教师来校授课，选派优秀教授出国进修等方式，在对外交流中培养和锻炼一批与国际接轨，具有较高教学和科研水平的商学院师资队伍。通过广泛开展国际合作办学，学习先进办学模式，培养专业师资队伍，学校才能培养出真正符合社会需求的毕业生[②]。

建设一支专兼结合、结构合理的“双师型”师资队伍，是应用技术大学内涵式发展的关键所在。目前我国大多数职业院校的教师是从学校门进学校门，有经验的企业专业技术人员没法担任教师，学校大多数教师缺乏专业实践经验，双师要求不易达到。这不仅需要从教师人事制度上进行改革，大力引进和聘用有企业经验的专业技术人员担任专任教师，也要由学校自身去积极聘请有企业经验的人员担任兼职教师，改善当前师资队伍的情况，为职业教育提供有力的支撑[③]。

---

①②程光：《德国应用科技大学商学院教育及其启示》，《财会学习》2010 年第 4 期，第 69 – 71 页。

③王维坤、温涛：《应用技术大学：新建本科院校转型发展的现状、动因与路径》，《现代教育管理》2014 年第 7 期，第 80 – 83 页。

案例四　韦伯州立大学

——汽修教育的佼佼者[①]

背景：

美国汽车职业教育一贯采用工学交替方法教学，大部分职业学校都通过校企合作项目方式进行职业教育，取得了不错的教学成绩。以韦伯州立大学汽车职业教育为例，该校深度开展与众多知名汽车企业合作，设置不同项目计划教学，课程设置紧密结合汽车行业标准，将理论学习与实践相结合，专业教育颇具成效，为汽车行业培养了一批高技能人才。

一、学校概况

韦伯州立大学（Weber State University）成立于1889年，位于犹他州奥格登，是一所州立的综合性大学，提供副学士、学士和硕士学位以及215个证书认证培训。学校由应用科学技术学院、艺术及人文学院、商业经济约翰学院、教育学院、健康学院、理学院、社会与行为科学学院组成，一共开设有100多个专科、本科、硕士专业，包括汽车技术学、计算机科学、计算机与电子工程技术、生产工程技术、机械工程技术、信息系统技术等。其中，应用科学与技术学院的汽车技术学专业是该校的特色专业，而汽车服务技术（Automotive Service Technology）的应用型副学位课程（Associate of Applied Science Program，AAS）更是达到全美一流水准，获得高度评价。

美国汽车服务职业教育一贯采用工学交替方法教学，这是一种基于“制造商—经销商—院校—学生”为一体的教学方法。大部分职业学校都采用校企合作项目的方式进行职业教育，韦伯州立大学也不例外。学校和克莱斯勒、福特、通用汽车、本田、ICAR、丰田等世界知名的汽车公司保持良好的合作关系，这些公司能够为学校提供先进的设备、现代技术以及培训、实习的机会。此外，应用科学与技术学院还拥有大量的校企合作项目，例如，汽车服务技术项目，为学生提供了良好的职业教育平台，促进整个汽车专业教育的发展。

二、校企深度合作，共同培养汽修人才

美国院校汽车维修专业教学均通过校企合作模式下的专业汽车培训中心（Professional Automotive Training Center，PATC）完成。PATC中的企业项目班进行面向学生职业生涯的汽车维修专业项目化教学，使学生达到制造商所要求的技能水平。学生通过所有的PATC项目课程和通识课程后即可毕业，但必须通过至少4个ASE认证后才可到经销商处工作。韦伯州立大学与克莱斯勒、通用、丰田等公司有不同的合作项目和培训计划，如克莱斯勒汽车学院计划（Chrysler College Automotive Program，CAP）、福特汽车保养和轻型维修计划（Ford Maintenance and Light Repair Program，MLR）、通用汽车服务教育计划（General Motors Automotive Service Educational Program，ASEP）、丰田汽车技术教育网（Toyota Technical Education Network，TTEN）和本田汽

①本文根据公开资料编撰而成，资料来源包括学校官网、全球职业教育调研报告等。

车职业培训（Honda Professional Automotive Career Training，PACT）等，为合作企业培养了大量技术型人才。

（一）完善的课程体系

虽然韦伯州立大学汽车维修专业校企合作项目众多，但这些项目都是采用"理论＋实训＋实习"的工学交替、理论实践一体化教学方法，课程体系大致相当。因此，本文仅以克莱斯勒汽车学院计划（CAP）为例，介绍该校AAS项目学生培养计划。韦伯州立大学在1998年与克莱斯勒合作，为汽车专业学生提供克莱斯勒汽车学院计划。克莱斯勒汽车学院计划（CAP）是以克莱斯勒服务技术为重点的两年副学士学位课程，完成这个学位的学生将作为技术服务人员在克莱斯勒（道奇、克莱斯勒、吉普）经销商处工作。

1. 课程开发与设置

韦伯州立大学汽车服务副学士学位项目所包含的课程有必修课、必修辅助课程、选项课、项目专业课程，必须拿到至少63个学分才算完成学习课程。克莱斯勒汽车学院计划所包含的课程如表7－4所示，从专业课程可以看出，主要集中在制动系统、转向和悬架系统、发动机机械、手动动力传动系统等，专业性非常强。

表7－4　　韦伯州立大学CAP计划课程

课程类型	课程名称
必修课程	汽车服务介绍、技术原理或者初级物理、技术数学或数学
必修辅助课程	写作基础、电脑运用（Word、PPT、Excel）、客户沟通技巧
选修课程（任选一个）	小企业管理、基本销售技巧、销售和服务理论、课程主管批准的课程
专业课程	克莱斯勒制动系统、克莱斯勒转向和悬架系统、克莱斯勒发动机机械、克莱斯勒手动动力传动系统、克莱斯勒汽车电子及电气、克莱斯勒发动机控制系统、克莱斯勒车身控制系统、克莱斯勒温度控制系统、克莱斯勒发动机控制系统、合作实习

2. 课程学习计划

克莱斯勒汽车学院计划根据汽车技术人才的需要设计了理实交替的课程学习计划（见表7－5），包括NATEF汽车维修技师教育标准要求八个汽车领域的理论、诊断和操作课程；与克莱斯勒经销商连接的电子服务信息使用课程；共900小时的对最新型号克莱斯勒汽车动手实验室的工作实践和发展技能培训课程；扫描工具（StarMobile，StarSCAN，WiTech）使用的课程；开发诊断和故障排除技能的培训课程，其重点是克莱斯勒的六步诊断过程；车间安全，S/P2危险废物处理和污染预防的实践课程。

3. 实习课程

参加CAP项目的学生必须在学校的监督下完成至少640小时在指定经销商的工作（实习），同时能够在道奇、克莱斯勒和吉普经销商处接受服务技师的有偿实习培训。实习计划及内容包括以下四个方面：

（1）第一年的春季学期开学前进行320小时的实习实训。在这一阶段实习前，学生们已经在学校的实验室接受过克莱斯勒电气和电子知识方面的培训。在实习开始阶段，大多数学生先从事润滑油架技术员的工作，在考察合格后，学生们将转移到克莱斯勒汽车服务的其他领域工作。在这段实习期间，经验丰富的技术人员会给予学生技术指导。

表7－5　2013年秋季至2015年春季韦伯州立大学CAP项目课程表

时间	课　程
2013年秋季学期	汽车服务介绍、CAP汽车电子、克莱斯勒汽车电子车身控制系统、克莱斯勒发动机、克莱斯勒发动机控制系统
2014年春季学期	克莱斯勒手动动力传动系统、克莱斯勒自动变速器、物理、技术数学、合作实习
2014年夏季学期	合作实习（可选）
2014年秋季学期	合作实习（320小时）、客户服务技巧、写作介绍、电脑应用介绍、社会科学选修
2015年春季学期	克莱斯勒转向和悬挂系统、克莱斯勒气候控制系统、克莱斯勒制动系统、介绍化学、人际与小团体沟通、选修课

（2）暑假期间，学生将在经销商那里工作到8月底，直到开学。

（3）最后320小时的实习会在大二秋季学期的前8周进行。在此次实习之前，学生们已经在学校接受过系统的培训，具备刹车、转向、悬挂和气候控制系统实验室操作经验，这将有利于学生的第三次实习工作。

（4）大二的春季学期，学生们会接受培训，包括发动机维修，发动机控制系统，自动变速器和手动传动系统的实验室操作。

（二）严格的职业资格认证

韦伯州立大学要求所有参加汽车维修AAS项目的学生都必须接受美国卓越汽车维修服务研究院（以下简称ASE）规定的八个汽车项目考核，考试成绩合格者方可毕业。严格的职业资格认证考试保障学生熟练掌握技能，提高就业质量。为提升汽车维修从业人员技术水平和确保汽车维修服务质量，美国需要实行汽车维修人员水平认证及教育培训机构水平认证制度。ASE制定出全国统一的职业技术能力及鉴定标准，规定汽车从业人员应具备的基本要求包括：深入了解汽车系统和零部件；具有良好的计算机技能；具有良好的沟通技巧；具有一定的机械能力倾向；具有良好的推理能力；具有一定的阅读能力，并能按照要求和规范进行操作；具有较强的动手能力。

ASE考试的内容分为三大部分。一是基本的技术知识：测试从业人员对汽车各个系统的知识、构造原理和工作过程的掌握情况，在修理和调整过程中可采用的正确程序和可能出现问题的预防措施。二是服务与维修的知识和技能：测试从业人员在拆装、修复、检查、调整过程中对通用的程序、预防措施的理解力和技能娴熟度，考查其使用维修手册及精密工具的情况。三是检测与诊断知识和技能：测试从业人员的故障分析能力，使用有效方法及检测设备进行诊断的能力；能关注某些特殊的影响因素，并找到故障形成原因。表7－6为轻型汽车维修技师ASE认证系列与对应的测试项目。

表7－6　轻型汽车维修技师ASE认证系列与对应的测试项目

认证系列	专项认证代码	专项认证项目
轻型汽车维修技师系列	A1	发动机机械部分维修
	A2	自动变速器维修
	A3	手动变速器及驱动桥维修

续表

认证系列	专项认证代码	专项认证项目
轻型汽车维修技师系列	A4	悬架及转向维修
	A5	制动维修
	A6	电器及电子维修
	A7	暖风机空调系统维修
	A8	发动机性能维修

三、体会与思考

目前，国内汽车维修专业职业教育存在教育教学模式单一、教师缺乏实际工作经验、专业课程陈旧、学生文化基础薄弱、实训实习内容偏离实际等诸多问题，导致培养的汽车维修专业人才不能够满足社会发展的需求。韦伯州立大学汽车维修人才培养的经验，或许可为我国汽车维修专业职业教育的发展提供些许参考。

（一）深化校企合作

韦伯州立大学汽车维修专业积极与汽车企业开展校企合作，合作项目众多，满足学生多样化需求，有效地提高了学生的实践能力。在校企合作中，学校可以了解到最新的技术革新信息、行业企业对人才的需求情况，从而使学校根据社会对人才的技能要求开展教育教学工作，提高办学水平和人才培养质量。企业通过校企合作项目直接参与汽车人才的培养，保障了企业对汽车维修专业人才的需求，节省了大批培训费用，实现了多方共赢的局面。

校企合作是推动职业教育发展、提高职业院校办学水平和教学质量的必由之路。针对汽车维修这样实践性要求很强的专业，我国职业院校需在校企合作上多下功夫，结合实际情况，与维修企业、制造企业建立高层次、多方位稳定的合作关系，建立互惠共赢、互利互补、资源共享、协调发展的校企合作机制，促使学校、企业和学生都能从中获得利益，推动校企合作健康发展。

（二）完善课程体系

课程体系是实现人才培养目标的载体，是保障和提高教育质量的关键。通过上述分析可以看出，韦伯州立大学的克莱斯勒汽车学院计划课程齐全，课程目标与内容紧跟行业企业的标准，专业理论课与实践课并重，理实结合。这种课程设置不仅可以满足学生对专业知识、技能的多样化需求，而且学生所获得的专业知识和技能紧贴行业的标准要求，使学生的就业更有保障。我国汽车专业职业教育可借鉴国外院校的经验，进一步健全、完善课程体系，丰富课程内容，推动课程设置与行业企业的标准要求相对接，实现基础文化课、专业理论课和专业实训课等课程之间的协调，培养更有市场竞争力的技术人才。

附录篇

附录一　中国职业教育大事记

1978 年

［1］2 月 11 日，经国务院批准，全国技工学校结合管理工作由教育部划归劳动总局主管，教育部协助。

［2］3 月，邓小平主持全国科学大会，指出，“教育事业绝不只是教育部门的事，各级党委要认真地作为大事来抓。各行各业都要来支持教育事业，大力兴办教育事业。”

［3］4 月，全国教育工作会议召开，邓小平强调要“扩大农业中学、各种中等专业学校、技工学校的比例”。

［4］7 月 4 日，国务院批准重建中央教育科学研究所，并专门设立职教研究室。

1979 年

［1］1 月，国务院批准在吉林省、天津市、山东省、河南省设立 4 所本科层次的技工师范学院。

［2］6 月，《全日制中等专业学校工作条例（征求意见稿）》向社会公布。

［3］6 月 28 日，《中等专业学校学生学籍管理的暂行规定》试行。

1980 年

［1］4 月 10～25 日，全国中等专业教育工作会议在北京召开。

［2］5 月 8 日，中共中央书记处对教育部做出指示：“中学的结构改革是个很大的问题，非改不可。”“高中毕业生要经过专门训练，才能进工厂当工人。”“教育制度的改革，要跟干部制度的改革紧密结合起来。第一是搞重点大学，第二是搞职业学校、技术学校，第三是提高工人的文化技术水平。将来的工人都通过技术学校、职业学校招。”

［3］10 月 7 日，《关于中等教育结构改革的报告》出台。

［4］10 月 22～28 日，全国农民教育座谈会在济南召开。会议强调要继续搞好扫盲，积极、稳步发展业余小学，广泛开展农业技术教育。

［5］12 月 10 日，《关于确定和办好全国重点中等学校的意见》出台。

1981 年

［1］2 月 20 日，中共中央、国务院决定加强职工教育工作，重点之一是要对“文化大革命”以来入厂的青壮年职工进行政治思想和文化、技术补课。

［2］5 月 20 日，胡耀邦指示：“根据城市就业的需要，能否将 1/3 的普通中学改为职业学校，力争近年就着手办。”

［3］11 月，全国职工教育工作座谈会在山西太原召开。

1982 年

［1］1 月 21 日，《关于切实搞好青壮年职业文化、技术补课工作的联合通知》发布。

［2］2 月 27 日，《中等专业学校学生守则》在全国试行。

［3］8 月，教育部将中等教育司改为职业技术教育司，综合管理中专、职业学校和农业学校。

［4］9 月 9 日，教育部提出今后中等专业学校应按专业不同的特点确定招生对象，逐步增加初中毕业生的比重。

［5］12 月 4 日，五届全国人大五次会议通过修订的《中华人民共和国宪法》，其中明确规定“普及义务教育，发展中等教育、职业教育和高等教育”，把发展职业教育正式列入国家根本大法。

1983 年

［1］5 月，开展农村学校教育改革，强调要改革农村中等教育结构，发展职业技术教育。

［2］10 月，城市中等教育结构开始改革，发展职业技术教育。

［3］12 月，万里批示同意利用世界银行贷款促进广播电视大学及短期职业大学发展。

1984 年

［1］4 月 2 日，劳动人事部要求不得随意改变技工学校性质。

［2］5 月 15 日，高等学校开始举办干部专修科。

［3］6 月 15 日，中等专科学校开始举办干部、职工中专班。

［4］教育部对“文革”前中专学校试招高中毕业生学历问题提出意见。

1985 年

［1］1 月 29 日，教育部要求政企分开后妥善处理好中专从属关系等问题。

［2］5 月 15 ~ 20 日，全国教育工作会议召开。

［3］5 月 27 日，《中共中央关于教育体制的决定》颁布，“调整中等教育结构，大力发展职业技术教育”被确立为教育体制改革的重要方面。

［4］7 月 4 日，国家教委同意上海电机制造学校等 3 所中专试办五年制技术专科。

［5］12 月 25 日，劳动人事部开展技工学校改革。

1986 年

［1］1 月 3 日，国家教委开始建立职业技术教育委员会。

［2］3 月 24 日，普通高等学校开始试招少数职（农）业中学应届毕业生。

［3］4 月 17 日，全国成人中等专业教育工作会议在辽宁沈阳召开。

［4］4 月 26 日，地质职工教育研究室、地质继续工程教育研究室成立，其主要任务是建立网络、传递信息、组织交流、加强研究、促进改革、出版刊物。

［5］7 月 2 日，国家教委、国家计委、国家纪委、劳动人事部联合召开第一次全国职业技术教育工作会议。

1987 年

［1］2 月 27 ~ 28 日，河北农村教改试验区第一次会议在河北省涿州市召开。

［2］5 月 29 日，中共中央发出《关于改进和加强高等学校思想政治工作的决定》，提出了在改革开放条件下改进和加强高等学校思想政治工作的指导方针与措施。

［3］6 月，国家教委决定与河北省共同建立农村教育改革试验区。

［4］6 月 20 日，劳动人事部发布《关于实行技师聘任制的暂行规定》。

［5］6 月 23 日，国务院批转国家教委《关于改革和发展成人教育的决定》。

［6］7 月 8 日，国家教委发出《关于社会力量办学的若干暂行规定》。指出社会力量办学是我国教育事业的组成部分，是国家办学的补充，应予以鼓励和支持。

1988 年

［1］1 月 29 日，劳动人事部下发《关于技术学校毕业生当工人实行劳动合同制的通知》。

［2］2 月 21 日，国务院办公厅转发《关于从工人农民及其他劳动者中选拔和培养各种技术人才的意见》。

［3］5 月，中国国家教委与德国汉斯·赛德尔基金会在湖北省十堰第二汽车厂召开“中德职业教育研讨会”，国家教委副主任王明达在研讨会上表示，国家教委坚决支持中德职教合作项目，对取得的经验要逐步宣传并在更大范围内推广。

［4］9 月，经国务院批准，国家教委部署实施“燎原计划”，该计划旨在通过改革和发展农村教育，大面积提高农村劳动者素质，与科技部门的“星火计划”，农业部门的“丰收计划”相结合，增强农村吸收和运用科技的能力，促进农村建设。

1989 年

［1］1 月 26 日，全国高等教育自学考试指导委员会召开在京委员会议。

［2］4 月，中国国家教委主任李铁映批复无锡借鉴德国“双元制”职教试点方案并指出“方案基本可行，在实践中不断总结经验”。

［3］4 月 18 日，劳动部印发《关于开展工人岗位培训工作的意见》。

［4］6 月 13 日，国家教育委员会印发《关于试行〈高等教育自学考试教育管理专业考试计划〉的通知》。

［5］7 月 27 日，劳动部印发《关于评聘高级技师试点工作的意见》。

［6］9 月 18～22 日，在青岛召开世界银行贷款职业技术教育工作会议，将项目深入实施。

［7］10 月，天津大学职业技术教育学院、浙江大学职业技术教育学院分别成立。

［8］10 月，在无锡召开“中国—联邦德国‘双元制’职业教育研讨会”，总结交流了职教合作的成果和经验，李铁映发表书面讲话。

［9］12月，中国外经贸部和德国经合部三次举行会谈，制定《中华人民共和国职业教育研究所项目》计划草案。

1990年

［1］3月10日，国家教委发出《关于将成人教育指导协调工作委员会和职业技术教育委员会合并为成人教育和职业技术教育协调工作委员会的通知》。

［2］5月25日，国务委员兼国家教委主任李铁映参观了北京市职业教育10年成果展览。

［3］6月7日，国家教委发出《关于动员农林中专和农村职业中学做好科技兴农工作的通知》。

［4］6月21日，《中国教育报》报道：为做好成人高等教育治理整顿工作的协调与指导工作，国家教委成人高等教育治理整顿工作协调小组近日成立，国家教委副主任王明达任组长。

［5］6月27~30日，国家教委师范教育司在北京召开高等职业技术师范教育办学指导思想座谈会。

［6］7月10日，中国职业技术教育中心研究所在北京举行成立典礼。

［7］8月18日，国家教委职业技术教育司在山东省烟台市召开中国职业技术教育师资队伍建设研讨会。

［8］11月16日，中国职业技术教育学会在北京成立。

［9］12月3~10日，国家教委副主任何东昌一行四人去香港访问，重点考察职业教育。

1991年

［1］1月6日，国家教委发出《关于加强普通高等专科教育工作的意见》。

［2］1月11日，国家教委发出《关于开展普通中等专业学校教育评估工作的通知》。

［3］1月15日，国家教委发出《关于认定首批省级重点职业高级中学的通知》，公布了首批206所省级重点职业高级中学的名单。

［4］1月18~21日，国家教委、国家计委、劳动部、人事部、财政部在北京联合召开全国职业技术教育工作会议。

［5］2月22日，农业部、国家科委、国家教委、林业部、中国农业银行联合成立的农科教

统筹协调领导小组召开第三次会议，对 1991 年重点抓好的建立农村技术培训网络、逐步推进“绿色证书”制度、抓好农科教结合试点工作和进一步解决农村职教师资问题四项工作进行了研究和安排。

［6］2 月 22 日，国家教委办公厅发出《农村成人学校人口教育项目实施意见》。

［7］2 月 26 日，国家教委发出《关于成人高等学校治理整顿工作的意见》。

［8］3 月 1 日，国家教委发出通知，印发《普通高等学校工程专科教育的培养目标和毕业生的基本要求（试行)》和《普通高等学校制订工程专科专业教学计划的原则规定（试行)》。

［9］3 月 5 ~ 9 日，中国教育国际交流协会在厦门召开中国、加拿大高中后职业技术教育国际研究会，中加两国近 70 名代表参加，国家教委副主任王明达在开幕式上作书面发言。

［10］3 月 22 日，国家教委、人事部发出《关于成人高等教育〈专业证书〉教学班复查清理工作的通知》。

［11］3 月 25 日，国家教委下达 1991 年普通中小学、中等职业技术学校、成人高等教育招生计划。

［12］4 月 27 日，国家教委副主任王明达主持召开成人高等教育治理整顿工作协调小组第 5 次会议，会上，通报了 17 个省、市治理整顿工作进展情况，讨论了互查验收和普通高校成人教育“四定”问题。

［13］5 月 7 日，国家教委、国家科委、农业部、林业部联合发布《关于进一步组织高等学校科技力量为振兴农业作贡献的决定》。

［14］5 月 7 ~ 10 日，中国联合国教科文全委会委托中央教育科学研究所在北京举办中国中小学教育改革评价方法研讨会。

［15］6 月 12 日，李铁映主任签署国家教委令第 16 号，发布《中等专业教育自学考试暂行规定》。

［16］6 月 20 日，全国首届职工教育先进单位表彰大会在北京举行。

［17］6 月 20 ~ 21 日，1991 年成人高校招生计划调整工作会议在北京举行。

［18］6 月 26 日，国家教委下达成人高教招生计划调整方案。

［19］7月20日，国家教委、国家物价局、财政部、劳动部联合发布《中等职业技术学校收取学费的暂行规定》。

［20］10月17日，国务院发出《关于大力发展职业技术教育的决定》。

1992年

［1］2月16日，劳动人事部发布《关于扩大高级技工学校试点工作的通知》。

［2］3月，中国职业技术教育学会学术委员会成立。

［3］4月8日，国家教委印发《关于加强少数民族与民族地区职业技术教育工作的意见》的通知。

［4］5月22日，由国家教委和德国汉斯·赛德尔基金会合作建立的平度“双元制”农村职业培训中心落成。

［5］12月10日，第一部《中华人民共和国工种分类目录》颁布。

1993年

［1］1月10日，国家教委、农业部、林业部经商国家计委、人事部后，联合发出《关于加强农村、林区中等职业技术学校和农民中专农、林类专业师资队伍建设的几点意见》。

［2］1月12日，全国普通中等专业学校（不含中师）专业目录审议会在山东省济南市召开，国家教委副主任王明达到会讲话，强调要重视发挥专业目录的作用，以指导中专办学和设置专业，提高教学质量。

［3］2月10日，中央国家机关各部门中专处长联席会在河北省涿州市召开，研究职业技术教育的改革思路及中专深化改革等问题。

［4］2月13日，中共中央、国务院印发《中国教育改革和发展纲要》。

［5］3月1~4日，中国全民教育国家级大会在北京和河南召开，会议通过《中国全民教育行动纲领》。

［6］5月10日，国家教委评选国家级、省部级重点普通中等专业学校。

［7］5月13日，国家教委发出《关于职业技术教育教材规划工作的意见》。

［8］6月5日，《中国职业技术教育》杂志在北京创刊。

［9］6月15日，国家教委城市教育综合改革领导小组办公室、职业技术教育司联合在江苏省苏州市举办德国“双元制”职业技术教育经验讲习班。

［10］7月7～9日，全国职业技术学校大力发展校办产业，加强实习基地建设工作座谈会在北京举行。

［11］7月8日，国家教委、劳动部、中华职教社联合主办的全国职业技术学校校办企业产品展销会在北京展览馆开幕。

［12］9月13～18日，国际职业技术教育研讨会在北京举行，会议的主题是“现代化与职业技术教育”。

［13］10月，《中共中央关于建立社会主义市场经济体制若干问题的决定》提出“要制定各种职业的资格标准和录用标准，实行学历文凭和职业资格两种证书制度”。

［14］12月5日，海峡两岸教育学术座谈会在北京举行。

［15］12月12日，江泽民在中央农村工作会议上发表讲话，提出大力发展农村职业技术教育和农村成人教育。

1994年

［1］1月21～23日，国家教委职业技术教育司在山西省太原市召开12个省市的职业技术教育（中专）处长和招办主任及中专招生工作研讨会。

［2］3月8日，国家教委副主任王明达会见世界银行第二个职业技术教育发展项目确认团，并就本项目贷款的使用问题与该团负责人交换意见。

［3］3月9日，国家教委印发《关于普通中等专业学校招生与就业制度改革的意见》。

［4］4月20日，国家教委印发《关于改革和发展成人中等专业教育的意见》。

［5］5月27～31日，全国骨干职业技术学校（中心）建设工作研讨会在河北省石家庄市举行。

［6］6月30日至7月4日，经济发达地区职业教育发展研讨会在上海举行，会议就经济发达地区的特征、职教发展趋势及规划作了探讨。

［7］8月23日，国家教委、国家体委、劳动部在山西省太原市召开全国职业技术教育系统体育工作先进学校表彰大会，对武汉铁路运输学校等228所全国职业技术教育系统体育工作先进

学校进行表彰。

［8］8月31日，全国职业技术学校办学经验现场会在山西省左云县综合技术学校召开。

［9］9月4日，劳动部在北京召开全国职业培训优秀教师和工作者表彰大会，表彰全国职业培训优秀教师216名，优秀工作者204名，并公布首批国家级重点技工学校。

［10］11月14～18日，由国家教委、德国汉斯·赛德尔基金会、德国技术合作公司联合举办的中德职业技术教育学术研讨会在杭州举行。

1995年

［1］1月27日，国家教委办公厅发出《关于开展国家级重点职业高级中学评估认定工作的通知》。

［2］2月26～28日，国家教委召开1995年全国职业教育工作座谈会，会议指出年内职业教育要贯彻和落实1994年全国教育工作会议关于大力发展职教的方针、努力开创职业教育工作的新局面。

［3］3月3日，国家教委副主任王明达宴请以德国联邦经济合作部亚洲司司长普洛伊斯为团长的德国职业教育专家代表团，双方就加强两国在职业技术教育方面的交流与合作交换了意见。

［4］3月18日，第八届全国人民代表大会第三次会议通过《中华人民共和国教育法》，并开始改称“职业技术教育”为“职业教育”。

［5］3月20日，国家教委发出《关于颁发中等职业技术学校政治课〈法律〉教学大纲（试用）的通知》。

［6］3月21～24日，国家教委主任朱开轩赴河北省考察职业教育工作。

［7］3月27日，中国教育国际交流协会在厦门市召开全国职业技术教育国际交流研讨会，同时成立“全国职业技术教育交流中心”。

［8］3月28日，由国家教委起草的《职业教育法》上报国务院后，经国务院第39次常务会议讨论通过，正式提交全国人大常委会审议。

［9］4月17日，国家教委发出《关于做好1995年普通中等专业学校招生工作的通知》。

［10］5月23日，国家教委办公厅发出《关于实行五天工作制后调整普通中专和职业高中教学时间的意见》。

［11］6月1～3日，“职业技术教育师资培训基地工作会议”在北京举行。

［12］6月14日，国家教委成立高等职业教育协调组，其任务是有条件、有程序、有要求地引导高等职业教育的健康发展。

［13］7月14日，国家教委发出《关于加强在中等专业学校举办专科程度小学教师班和高等职业技术班试点工作管理的通知》。

［14］7月26日，劳动部、国家技术监督局和国家统计局联合召开关于制定国家职业分类大典工作会议。

［15］8月21～23日，国家教委在北京平谷县召开发展高等职业教育座谈会，邀集有关部门的部分专家、学者参加。

［16］9月20～23日，国家教委在山东省即墨市召开全国部分省市农业职业教育研讨会。

［17］10月4日，国家教委成立高等职业教育协调组。

［18］11月9日，国家教委印发《关于成人高等学校试办高等职业教育的意见》。

［19］11月14日，国家教委主任朱开轩在北京会见德国联邦教育科学研究技术部长博于尔根·吕特格斯博士一行，双方就进一步加强两国在教育领域尤其是职业教育领域和高校间的合作达成原则性一致意见，并签署了《会谈纪要》。

［20］12月4日，李鹏总理主持召开国务院第39次常务会议，讨论并原则通过了《中华人民共和国职业教育法（草案）》。

［21］12月20日，八届全国人大常委会第十七次会议在北京举行，国家教委主任朱开轩受国务院委托，就《中华人民共和国职业教育法（草案）》作了说明。

［22］12月20～22日，中华职业教育社第七届理事会第二次全体会议在北京举行。

1996年

［1］1月17～20日，劳动部召开了“全国职业技能鉴定工作会议”，职业技能开发司司长李亨业就职业技能鉴定工作社会化管理试点工作作了总结讲话。

［2］2月14日，国家教委公布首批296所国家级重点职业高级中学（中心）名单。

［3］4月6～8日，全国就业工作会议在北京召开。

［4］4月24～27日，世界银行贷款第二个职业教育项目启动。

［5］5月15日，八届全国人大十九次会议审议通过了《中华人民共和国职业教育法》。

［6］6月17日，国家教委、国家经贸委和劳动部联合召开第三次全国职业教育工作会议。

［7］7月11日，国家教委下发《关于取得中等职业学校实习指导教师资格应当具备的学历的规定的通知》。

［8］8月30日，国家教委与德国国际发展基金会合作项目，第一批职教管理干部研修班抵德开课。

［9］9月1日，《中华人民共和国职业教育法》正式实施。

［10］10月18日，中国职业技术教育学会职业高中教育委员会在江阴市召开第一届第四次年会。

［11］11月29～30日，国家教委职教司在天津召开“全国职业高中开展职业技能鉴定工作会”。

［12］12月16日，国家教委、国家计委、财政部关于颁发义务教育等四个教育收费管理暂行办法的通知。

1997年

［1］1月13～16日，中国职教学会城市委员会一届三次年会在上海召开。

［2］1月15日，国家教委召开年度教育工作会议，国家教委副主任张天保就发展高等职业教育的若干问题发表意见。

［3］2月24日，全国职教工作座谈会在重庆召开。

［4］3月25～29日，第一届全国中等职业学校书法教育学术研讨会暨中等职业学校书法教育专业委员会成立大会在天津召开。

［5］4月4～5日，五年制高等职业教育学校协作会会长会在郑州召开，会议决定正式成立五年制高等职业教育公共课开发指导委员会。

［6］4月26～30日，全国（10省市）职校学生择业指导研讨会在武汉召开。

［7］5 月 22 日至 6 月 1 日，首届全国重点中专校长教育理论高级研修班在北京举行。

［8］6 月 18 ~ 21 日，全国高等职业技术师范院校教学改革座谈会在河南召开。

［9］6 月 21 ~ 25 日，中国职教学会期刊编辑委员会 1996 ~ 1997 年年会在江西召开。

［10］7 月 31 日，国务院颁布《社会力量办学条例》。

［11］8 月 4 日，国家教委办公厅发出关于检查《职业教育法》贯彻落实情况的通知。

［12］8 月 16 ~ 19 日，全国省级职教研究机构协作会首届年会在湖南长沙召开，会议通过了全国省级职教研究机构协作会章程。

［13］9 月 25 日，国家教委向各省、市、区发出《关于高等职业学校设置问题的几点意见》。

［14］10 月 13 日，全国高职教改研讨会在深圳举行，国家教委副主任张天保在会议上强调，发展高等职业教育一定要坚持“三个有利于”的指导思想；要以内涵发展为主；把加强教学工作和教学改革摆在更加突出的位置。

［15］10 月 20 ~ 22 日，高等职业技术教育研究会学术年会在京召开。

［16］11 月 6 ~ 8 日，国家教委职业教育教学改革座谈会在北京举行。

［17］11 月 29 日至 12 月 12 日，国家教委组织两个检查组，对浙江、福建、辽宁和山东四省贯彻落实《职教法》的情况进行检查。

1998 年

［1］2 月 11 日，国家教委印发《关于加快中西部地区职业教育改革与发展的意见》的通知。

［2］2 月 16 日，国家教委发布《面向二十一世纪深化职业教育教学改革的原则意见》。

［3］2 月 23 ~ 27 日，全国职教工作座谈会暨中等专业学校招生工作会议在湖南省长沙市举行。

［4］3 月 11 日，国家教委职教司召开国务院有关部委职教工作座谈会。

［5］3 月 16 日，教育部、国家经贸委、劳动和社会保障部印发《关于实施〈职业教育法〉加快发展职业教育的若干意见》。

［6］3月20～22日，教育部职成教司在京召开全国中专课程组组长联席会议，会议的主要议题是汇报交流制定中专各课程教学大纲的改革思路、调研论证情况、主要内容和要求等。

［7］4月15日，教育部发出《关于动员各类学校大力开展再就业培训的通知》，要求各省、市、自治区教委和国务院有关部委教育司及各计划单列市教委积极利用学校资源，大力开展再就业培训工作。

［8］4月21～23日，劳动和社会保障部在京主办技工学校素质教育研讨会。

［9］5月，中国职教学会中专教育委员会教学研究会在常州成立。

［10］7月21日，国务院批准并公布了《教育部职能配置、内设机构和人员编制规定》，确定教育部内设18个司（厅、室），原职教司改为职业教育与成人教育司。

［11］8月17～20日，教育部职教中心所“中国经济体制改革与职业教育发展”研讨会在山东省日照市召开。

［12］8月17～19日，海峡两岸第二届职业教育理论研讨会在厦门召开，研讨会主题是“职业教育与民族素质”。

［13］10月7～9日，教育部职成教司在北京召开了职业教育改革和发展座谈会。

［14］10月24日，安徽省颁布《关于加强职业教育改革和发展的决定》。

［15］10月26～28日，21世纪职业教育发展与改革趋势国际研讨会在上海召开。

［16］11月12～16日，中国职教学会期刊编辑委员会1998年年会在湖北宜昌召开。

［17］12月16～18日，全国教育科研规划领导小组职业教育学科组会议在浙江省温州市召开。

1999年

［1］2月24日，教育部《面向21世纪教育振兴行动计划》正式颁布，第32条明确提出了积极发展高等职业教育的方针政策。

［2］5月25日，《中华人民共和国职业分类大典》正式颁布并出版发行。

［3］5月29日，全国高职高专教育人才培养工作委员会在北京成立。

［4］6 月 16 日，改革开放以来第三次全国教育工作会议召开，江泽民在会上指出："努力办好各级各类职业技术教育是一篇大文章。各地各部门要狠狠抓它 10 年、20 年，必会大见成效。"

［5］6 月 19 日，第一次全国高职高专教学工作会议在北京召开。

［6］7 月 4 日，教育部下发《关于支持中央部委院校进行示范性职业技术学院建设有关问题的通知》。

［7］7 月 27 日，教育部筹建八大类专业教学指导委员会。

［8］9 月 4 日，教育部印发《关于开展建设示范性职业技术学院工作通知》，要求整体推进高职高专教育改革和建设。

2000 年

［1］1 月 17 日，教育部印发《关于加强高职高专教育人才培养工作的意见》。

［2］1 月 17 日，教育部发出《关于组织实施〈新世纪高职高专教育人才培养模式和教学内容体系改革建设项目计划〉的通知》。

［3］1 月 26 日，教育部印发《关于进一步加强和改进中等师范学校德育工作的几点意见》。

［4］1 月 27 日，教育部下发《关于加强高职高专教育人才培育工作的意见》，提出高职高专的办学指导思想、人才培养工作重点和工作思路，并决定组织实施《新世纪高职高专教育人才培养模式和教学内容体系改革与建设项目计划》。

［5］2 月 17 日，教育部印发《2000 年全国各类成人高等学校招生规定》。

［6］3 月 15 日，教育部发布《高等职业学校设置标准（暂行）》，具体规定了设置高职学校的具体要求和标准。

［7］3 月 21 日，教育部印发《关于制定中等职业学校教学计划的原则意见》。

［8］4 月 13 日，国家民委、教育部在重庆石柱召开全国民族地区职业教育经验交流现场会，研究在新形势下民族地区如何发展职业教育问题。

［9］5 月 1 日，国务院授权省、自治区、直辖市人民政府审批设立高等职业技术学校。

［10］5 月 12 日，劳动和社会保障部启动技工学校等职业培训机构调整与改革工作。

［11］5月16日，教育部、全国教育工会印发《中等职业学校教师职业道德规范（试行）》。

［12］5月31日，首批国家级重点中等职业学院名单发布。

［13］6月9日，教育部高等教育局下发《关于加强本科院校举办高等职业教育管理工作的通知》。

［14］6月28日，北京工业职业技术学院等15所学校被教育部确定为示范性职业技术学院建设单位。

［15］8月1日，教育部印发中等职业学校语文等课程《教学大纲（试行）》。

［16］8月15日，教育部发出《关于支持第二批示范性职业技术学院建设有关问题的通知》。

［17］9月14日，教育部发出《关于启动第一批示范性职业技术学院建设的通知》。

［18］9月18～20日，改革开放以来第一次全国中等职业教育师资工作会议在云南召开。

［19］10月19日，教育部印发《关于中等专业学校管理体制调整工作中防止中等职业教育资源流失问题的意见》。

［20］11月30日，教育部副部长吕福源在北京会见应邀来访的新西兰毛利事务部长兼协理教育部长、协理社会服务和就业部长帕雷库拉·霍罗米亚一行，双方互相介绍了本国教育改革和发展情况，并就信息技术教育、职业技术教育、派遣留学生等共同关心的问题交换了意见。

［21］12月6日，全国首家专门从事各级各类教师继续教育的教师培训学院在北京师范大学成立。

2001年

［1］1月18日，教育部印发《中等职业教育国家规划教材申报、立项及管理意见》。

［2］2月16日，教育部、北京市政府在北京召开高等教育自学考试制度建立20周年纪念大会。

［3］3月5日，九届全国人大四次会议在北京开幕，提出要落实科教兴国战略，大力开发人力资源。

［4］3月5日，教育部公布《第三批全国重点建设职业教育师资培训基地名单》。

［5］3 月 15 日，《中华人民共和国国民经济和社会发展第十个五年计划》提出：大力发展职业教育和职业培训，发展成人教育和其他继续教育。

［6］3 月 20～21 日，2001 年度全国职业教育与成人教育工作会议在上海举行，会议提出了“十五”期间我国职成教改革的总体目标，部署了当前职成教战线必须全力推进的重点工作。

［7］4 月 12 日，教育部副部长章新胜在北京会见应邀来访的以约旦教育部秘书长加齐·法赫迪·哈里夏为团长的约旦教育代表团，双方就基础教育、互派留学生、职业教育等问题进行了广泛的探讨，希望两国在教育领域的合作进一步巩固和加强。

［8］5 月 13 日，教育部发出《关于中等职业学校面向农村进城务工人员开展职业教育与培训的通知》。

［9］5 月 17 日，“2001 职业教育国际周”在北京开幕。

［10］5 月 31 日，教育部公布第三批备案的高等职业学校名单。

［11］6 月 6 日，中宣部、教育部、团中央、全国学联在北京召开电视电话会议，部署 2001 年暑期大中专学生志愿者“三下乡”社会实践活动。

［12］7 月 2 日，教育部印发《中等职业学校设置标准（试行）》。

［13］7 月 18 日，教育部办公厅公布《〈现代远程中等职业教育与成人教育资源建设工程〉首批开发项目》。

［14］8 月 17 日，教育部在职业学校进行学分制试点工作。

［15］9 月 3 日，全国人大教科文卫委员会在北京听取了教育部、劳动和社会保障部实施《职业教育法》的情况汇报。

［16］9 月，教育部、劳动和社会保障部在上海联合召开高职院校推进“双证书”教育试点工作座谈会。

［17］10 月 19 日，卫生部办公厅、教育部办公厅印发《中等医学教育结构调整的指导意见》。

［18］10 月 26 日，教育部要求中等职业学校面向农村进城务工人员开展职业教育与培训。

［19］11 月 1 日，国家体育总局、教育部印发《中等体育运动学校设置标准（试行）》。

［20］11 月 21 日，教育部印发《关于“十五”期间加强中等职业学校教师队伍建设的意见》。

［21］12 月 12 日，文化部、教育部印发《中等艺术学校设置标准（试行）》。

2002 年

［1］1 月 17～19 日，全国本科院校高职教育协作会第二届学术年会在南京举行。

［2］1 月 25～26 日，2002 年度职业教育与成人教育工作会议在浙江省杭州市召开。

［3］2 月 24～26 日，全国重点建设职教师资培训基地协作会在江苏南京举行。

［4］4 月 6 日，中国高等职业技术教育研究会召开六届二次常务理事会。

［5］4 月 24～26 日，全国中专纺织教育会议在山东省召开。

［6］5 月 11 日，首届企业培训师职业资格培训在北京召开。

［7］5 月 27 日，中国职业教育发展趋势研讨会在上海召开。

［8］6 月 12 日，中国职协教育培训机构专业委员会年会在南京召开。

［9］6 月 14 日，美籍华人、诺贝尔奖获得者、著名物理学家丁肇中教授应邀到访日照职业技术学院并受聘为该院名誉院长。

［10］7 月 8 日，国务院总理、国家科技教育领导小组组长朱镕基在中南海主持召开国家科技教育领导小组第十一次会议，听取教育部关于职业教育工作和实施现代远程教育工作的汇报。

［11］7 月 28～30 日，国务院在北京召开全国职业教育工作会议，会议确定“十五”期间职业教育发展的主要任务：职业教育必须为经济结构调整和技术进步服务；职业教育必须为促进结业和再就业服务；职业教育必须为农业、农村和农民服务；职业教育必须为推进西部大开发服务。

［12］8 月 7 日，全国职业技术院校实验室工作研讨会 2002 年年会暨学术研讨会在新疆召开。

［13］8 月 24 日，国务院颁发《国务院关于大力推进职业教育改革与发展的决定》。

［14］10 月 15 日，全国财经职业教育协作会在北京召开。

［15］10 月 20 日，中国职业技术教育学会召开第一次会员代表大会，进行换届选举，选举产生第二届理事会。

［16］11 月 5 日，中华人民共和国民政部颁发“中国职业技术教育学会社会团体法人登记证书”。

［17］11 月 18 ~ 22 日，全国中等职业教育教学研究协作会第十一届年会在昆明召开。

［18］12 月 2 日，教育部副部长王湛同志和澳大利亚教育、科学与培训部部长布伦丹·纳尔逊在堪培拉分别代表本国政府签署“关于加强两国在教育与培训领域合作的备忘录”。

2003 年

［1］1 月 6 ~ 8 日，中国职教学会职业技术师范教育委员会三届二次全委会在苏州大学职业技术学院召开。

［2］1 月 20 ~ 21 日，2003 年度职业教育与成人教育工作会议在广西南宁召开。

［3］2 月 11 日，以“高职教育的质量与发展”为主题的 2003 年海峡两岸（天津）高等职业教育研讨会在天津召开。

［4］2 月 20 日，“中国民办教育政策与管理”学术研讨会在北京大学举行。

［5］3 月 5 日，教育部“全国高职高专教育工作会议”在上海召开。

［6］3 月 5 日，朱镕基总理在十届全国人大一次会议上《政府工作报告》中说：“加强职业教育和培训。”

［7］3 月 20 日，中国职教学会与北京艺术设计学院共同成立中国职业技术教育学会培训交流部。

［8］3 月 21 日，全国职业培训教材工作会议在北京召开，会议讨论了劳动保障部提出的《三年三千种职业培训教材开发计划》和《职业培训教材开发实施细则》。

［9］4 月 24 日，中国职教学会第二届学术委员会成立。

［10］5 月 25 ~ 28 日，“全国职业指导、创业教育与招生就业工作高级培训班”在天津开班。

［11］6 月 3 日，劳动和社会保障部、教育部联合印发《关于 2003 年高职院校毕业生职业资格培训工程》的通知。

［12］7月6日，我国首批“本科+技师”型大学生在天津职业技术师范学院毕业。

［13］8月11日，中国高等职业技术教育研究会第六届三次常务理事会在贵阳召开。

［14］9月15日，全国城市职教教研协作会第十二届年会在长春召开。

［15］10月15日，中国职业技术教育学会期刊编辑委员会2003年年会选出第三届委员会，会议通过《中国职业技术教育学会关于期刊编辑委员会工作条例》。

［16］11月5日，2003海峡两岸高职（技职）教育学术研讨会在北京召开。

［17］11月21日，中国职业技术教育学会教学工作委员会在北京成立，同时召开了第一届理事大会。

［18］12月7日，中国职业技术教育学会2003年学术年会在青岛市举行，会议主题是全面建设小康社会与现代职业教育体系构建。

［19］12月12日，“中国成人教育协会年会暨构建学习型社会论坛”在北京召开。

2004年

［1］1月5日，安徽省职业教育2003~2007年五年规划出台。

［2］2月13日，全国中等职业学校产教结合经验交流会在无锡召开。

［3］3月13日，中国职教学会中专教育委员会常委（扩大）会议在湖北宜昌召开。

［4］3月26日，国务院总理温家宝视察江阴职业技术教育学院。

［5］3月30日，中国职业技术教育学会2004年秘书长会议在广州市召开。

［6］3月31日至4月11日，陕西省与东部8省市中等职业学校联合招生合作办学洽谈会在西安举行。

［7］4月8日，周济部长在2004年全国高职院校毕业生就业工作网络视频会议上讲话。

［8］4月18日，第一份民办教育宣言在成都发布。

［9］4月22日，全国高职高专校长联席会议2004年第一次专题研讨会在云南召开。

［10］5 月 24 日，中国职教学会学术委员会、湖南省教科院职成所承办的“第一期全国职业教育专家学术报告会”在湖南省举行。

［11］6 月 13 日，中国职教学会发布《科研规划项目课题指南》和《科研规划项目课题申报办法》。

［12］6 月 17 ~ 19 日，全国职业教育工作会议在江苏召开。

［13］7 月 9 日，2004 年海峡两岸技职院校长会议在深圳举行。

［14］7 月 18 日，杭州推出“职业青年导航计划”。

［15］8 月 2 日，全国民办职业培训经验交流暨工作推广会议召开。

［16］8 月 3 日，“第一期全国职成教管理人员高级研修班在宁波举行”。

［17］8 月 15 日，首届全国职业教育发展论坛在南京举行。

［18］8 月 22 ~ 24 日，中国职教学会第二届理事会第三次会议暨 2004 年学术年会在牡丹江召开。

［19］9 月 17 日，全国交通职业教育工作会议在呼和浩特召开。

［20］9 月 25 日，中国职教学会教学工作委员会课程理论与开发研究会成立暨 2004 年职教课程研讨会召开。

［21］9 月 28 日，全国职工技术创新成果表彰大会在北京召开。

［22］10 月 16 日，中国教育学会、中国职业技术教育学会等 10 部门在杭州市联合举办“教育家与企业家共话教育”论坛。

［23］10 月 24 日，中国职业技术教育学会职业高中教育委员会第九次会议在江苏张家港召开。

［24］11 月 6 日，全国高等卫生职业技术教育协会第四届年会在河北省沧州市召开。

［25］11 月 18 ~ 30 日，国家教育督导团赴河北、辽宁、广西、广东、四川、陕西六省开展职业教育工作专项督导检查。

［26］12 月 8 日，中国职教学会教学工作委员会 2004 年常务理事会在宁波召开。

［27］12 月 21 日，教育部首颁高职高专指导性专业目录。

2005 年

［1］1 月 19 日，十六届五中全会召开，会议要求“普及和巩固九年义务教育，大力发展职业教育，提高高等教育之路，深化教育体制改革，加快教育结构调整，促进各级各类教育协调发展，建设学习型社会”。

［2］2 月 28 日，教育部发出《关于加快发展中等职业教育的意见》，明确提出以科学发展观为指导，大力推动中等职业教育快速健康持续发展，是当前和今后一个时期我国教育事业改革与发展的重大战略任务。

［3］3 月 17 日，教育部印发《关于进一步推进高职高专院校人才培养工作水平评估的若干意见》。

［4］3 月 29 日，教育部公布备案的 56 所高等职业学校名单。

［5］4 月 26 日，教育部在江西省新余市召开全国民办中等职业教育工作经验交流会。

［6］5 月 12 日，国家高技能人才东部地区培训工程在上海启动。

［7］6 月 15 日，教育部与国家发展和改革委员会在陕西宝鸡召开全国县级职教中心改革与发展座谈会。

［8］7 月 21 日，教育部、财政部联合在北京召开职业教育实训基地建设工作会议。

［9］8 月 19 日，天津市市长戴相龙、教育部部长周济分别代表天津市人民政府和教育部在天津签订协议，决定在天津市共建“国家职业教育改革试验区”。

［10］8 月 21 日，中国职业教育首届杰出校长表彰会暨中国职教学会 2005 年学术年会在北京召开。

［11］9 月 20 日，国务委员陈至立在辽宁考察高新技术企业和职业教育工作时强调，要加强自主创新和职业教育工作，依靠科技和教育，促进东北老工业基地振兴。

［12］10 月 28 日，教育部颁布《关于大力发展职业教育的决定》。

［13］11 月 2 日，2005 年度全国职业教育与成人教育工作会议在四川泸州召开。

[14] 11 月 7 ~ 8 日，全国职业教育工作会议在北京召开，会议的主要任务是部署贯彻《国务院关于大力发展职业教育的决定》。

[15] 11 月 13 日，教育部印发《关于学习贯彻〈国务院关于大力发展职业教育的决定〉和全国职业教育工作会议精神的通知》。

[16] 11 月 19 日，教育部在广西桂林市召开贯彻落实全国职教会精神座谈会。

2006 年

[1] 3 月 13 ~ 15 日，中国职业技术教育学会在广西桂林召开年度工作会议，学习贯彻教育部职业教育年度工作会议精神，交流工作经验和情况，研究、部署 2006 年学会工作。

[2] 4 月 27 ~ 28 日，安徽省职业与成人教育学会在安徽合肥成立，会上选举产生第一届理事会成员，原安徽省教育厅常务副厅长金辉当选成为会长。

[3] 6 月 2 日，全国人大教科文卫委员会教育室、中华职业教育社、中国职业技术教育学会联合举办《职业教育法》颁布实施十周年座谈会。

[4] 7 月 5 ~ 6 日，中国职业技术教育学会期刊编辑专业委员会在黑龙江省哈尔滨市召开年会，传达教育部、中国职业技术教育学会年度工作会议精神，交流办刊经验，常务副会长刘来泉出席会议并讲话。

[5] 8 月 11 ~ 13 日，中国职业技术教育学会学术委员会在河北北戴河举办“2020 年中国职教前景展望学术研讨会”。

[6] 8 月，中国职业技术教育学会、教育部职业技术教育中心研究所、《中国职业技术教育》编辑部联合编制的《群雁高飞——中国职业教育杰出校长事迹汇编》由高等教育出版社出版。

[7] 9 月 22 日，中国职业技术教育学会 2006 年学术年会在国家职业教育改革试验区天津召开。

[8] 11 月 9 ~ 11 日，中国职业技术教育学会管理工作委员会在江苏扬州召开第三次理事会暨职业教育管理理论创新“校企合作”专题论坛。

[9] 11 月 10 日，中国职业技术教育学会发布《2006 ~ 2007 年中国职业技术教育学会科研规划项目课题指南》和《中国职业技术教育学会科研规划项目课题申报办法》，正式启动科研规划项目的申报工作。

［10］11月17~20日，中国职业技术教育学会城市职教专业委员会、全国城市职教中心研究会第十八届年会在山东青岛召开。

2007年

［1］1月10日，国务院常务会议原则通过《中华人民共和国就业促进法（草案）》。

［2］2月2日，全国高职高专校长联席会议在南京举行以示范院校建设促高职内涵发展案例研讨会。

［3］3月11日，首届中英职业教育研讨会举行。

［4］3月25日，《就业促进法》草案向社会各界征求意见。

［5］3月27日，中华职业教育社专家委员会成立。

［6］3月31日，全国首批“双师型”硕士在天津工程师范学院毕业。

［7］4月9日，2007年全国商业职业教育工作会议在上海召开。

［8］4月21日，全国中等职业教育师资工作会议在南京召开。

［9］5月9日，国务院总理温家宝主持召开国务院第176次常务会议，讨论并通过《国务院关于建立健全普通本科高校、高等职业学校和中等职业学校家庭经济困难学生资助政策体系的意见》。

［10］5月30日，中国社会科学院发布2007年人才发展报告。

［11］6月11日，教育部、财政部贯彻落实中等职业教育国家助学政策座谈会在北京召开。

［12］6月23日，首届农业职业教育与社会发展论坛在京召开。

［13］7月20日，2007高等职业教育国际研讨会在青岛举行。

［14］8月13日，国际劳工组织在北京举办“亚洲就业论坛”。

［15］10月10日，中国—东盟人力资源开发高层研讨会在昆明举行。

［16］11月3日，中国产学研合作促进会成立大会暨高峰论坛在北京举行。

［17］11 月 25 日，全国城市职业教育教研协作会第 16 届年会在天津召开。

［18］12 月 2 日，中国职业技术教育学会第三次会员代表大会在北京召开。

［19］12 月 10 日，中国就业市长论坛在成都举行。

2008 年

［1］4 月 11～12 日，中国职业技术教育学会在上海召开 2008 年度工作会议。

［2］5 月 10 日，中国职业技术教育学会第三届学术委员会在天津工程师范学院召开第一次全体会议。

［3］5 月 21～23 日，中国职业技术教育学会轨道交通专业委员会成立大会暨轨道交通发展趋势与职业教育论坛在广西南宁召开。

［4］6 月 6 日，中国职业技术教育学会教材工作委员会成立大会在北京召开。

［5］7 月 10 日，教育部职业教育与成人教育司组织骨干力量编印《职业教育实验实训仪器设备参考目录》。

［6］8 月 18 日，中国职业技术教育学会在北京召开《国家中长期教育改革和发展规划纲要》职教专题调研开题会。

［7］10 月 19 日，国家示范性高等职业院校建设计划 2008 年度立项建设院校建设方案研讨会在北京召开。

［8］10 月 19 日，《中共中央关于推进农村改革发展若干重大问题的决定》提出要大力发展农村教育事业。

［9］10 月 25 日，中国职业技术教育学会德育工作委员会第二次理事会、全国德育工作实验基地学校协作会成立大会暨中职德育工作研讨会在山东青岛召开。

［10］11 月 12～13 日，中国职业技术教育学会 2008 年学术年会暨第二次理事会在江苏南京召开。

［11］11 月 21 日，中国首家现代职业教育史馆在长春建立。

2009 年

［1］1 月 4 日，国务院总理温家宝在国家科教领导小组会议上发表题为“百年大计，教育为

本”的讲话。

［2］2 月 28 日，《国家中长期教育改革和发展规划纲要》第一轮公开征求意见工作结束。

［3］3 月 10 日，中国职业技术教育学会 2009 年工作会议在合肥召开。

［4］3 月 18 日，全国高职高专校长联席会议在北京举行。

［5］4 月 22 日，十一届全国人大常委会第八次会议在北京人民大会堂举行第二次全体会议，教育部部长周济作《国务院关于职业教育改革与发展情况的报告》。

［6］5 月 14 日，教育部与重庆市政府共建教育综合改革试验区高层会谈在重庆举行。

［7］6 月 3 日，国务院总理温家宝主持召开国务院常务会议，研究部署进一步加强就业工作的措施。

［8］6 月 26 日，中国职业技术教育学会教学工作委员会第二次会员代表大会在天津召开。

［9］6 月 26 日，“全国残疾人职业教育师资培训基地”揭牌仪式在南京举行。

［10］6 月 30 日，全国中职德育工作会议在天津召开。

［11］7 月 5 日，由教育部职业教育与成人教育司和徐州市人民政府共同举办的 2009 中国淮海职业教育节在江苏徐州市国际展览中心开幕。

［12］7 月 8 日，全国高职高专教育教师培训联盟成立大会在北京举行。

［13］7 月 14 日，教育部与宁夏回族自治区人民政府在北京举行《关于大力支持宁夏教育事业改革发展的合作协议》签字仪式。

［14］7 月 24 日，教育部、财政部中等职业学校教师素质提高计划重点专业师资培养培训方案、课程和教材开发项目中期检查会议在同济大学召开。

［15］7 月 31 日，教育部再次召开 2009 年全国中等职业学校招生工作会议。

［16］8 月 1 日，交通行业职业教育发展战略论坛在天津举行。

［17］8 月 6 日，国务院法制办公室公布《职业技能培训和鉴定条例（征求意见稿）》。

［18］8 月 18 日，中华职业教育社第十次全国代表大会在北京举行，国务委员刘延东出席并发表讲话。

［19］9 月 11 日，国务院新闻办举行发布会，教育部部长周济出席会议并介绍新中国成立 60 年来教育事业发展成就。

［20］10 月 14 日，全国流通职业技术教育研究会年会在合肥召开。

［21］10 月 15 日，教育部党组成员、副部长、中职和中小学学习实践活动指导小组成员鲁昕调研东北三省中职学习实践活动，在延吉市召开了“东北三省中等职业学校校长座谈会”。

［22］10 月 18 日，由教育部职业教育与成人教育司、中国成人教育协会、中国教科文全委会秘书处以及北京、上海、太原等 25 个城市共同举办的“2009 年全民终身学习活动周”总开幕式在山西省太原市举行。

［23］10 月 19 日，华北五省（区、市）中等职业学校校长座谈会在山西省太原市召开。

［24］10 月 24 日，河南省人民政府和教育部共建国家职教改革试验区工作领导小组第一次会议在郑州举行。

［25］10 月 25 日，中国职业技术教育学会 2009 年学术年会在河北省石家庄市召开。

［26］10 月 31 日，“2009 全国汽车职业教育年会”在无锡举行。

［27］11 月 3 日，“全国农业职业教育发展研讨会暨全国农业职业教育 2009 年学术年会”在南昌市召开。

［28］11 月 9 日，教育部在新疆喀什召开中职学校学习科学发展观座谈会。

［29］11 月 10 日，教育部、国家统计局、财政部发布关于 2008 年全国教育经费执行情况统计公告。

［30］11 月 18 日，2009 年中国国家级开发区职业教育年会在广州开幕。

［31］11 月 19 日，第三批深入学习实践科学发展观活动中南六省区中等职业学校校长座谈会在广州举行。

［32］11 月 25 日，由国家商务部主办，宁波职业技术学院承办的“发展中国家高等职业教育管理研修班”在宁职院开班。

［33］11 月 26 日，教育部在辽宁沈阳召开全国中等职业教育教学资源信息化建设现场会暨农村职业教育改革发展座谈会。

［34］11 月 26 日，“全国高等职业教育专业改革与教学资源建设工作研讨会暨国家示范性高职院校建设三周年成果展示会”在北京召开。

［35］11 月 28 日，人力资源和社会保障部在北京召开全国职工教育职业培训先进个人、先进单位表彰大会。

［36］11 月 29 日，“中德职教合作三十周年庆典暨中德职教合作发展论坛”在北京举行。

［37］11 月 29 日，教育部中等职业教育调研组对陕西中等职业教育工作进行专题调研指导。

［38］11 月 30 日，中职和中小学学习实践活动指导小组在北京召开技工学校深入学习实践科学发展观活动座谈会。

［39］12 月 2 日，国务院总理温家宝主持召开国务院常务会议，决定从 2009 年秋季学期起，对公办中等职业学校全日制在校学生中农村家庭经济困难学生和涉农专业学生逐步免除学费。

［40］12 月 2 日，教育部副部长鲁昕赴天津考察海河教育园区。

［41］12 月 2 日，中职和中小学学习实践活动指导小组在北京召开民办学校学习实践活动座谈会，传达、学习习近平同志重要批示精神，交流民办学校加强党建工作经验和活动开展情况。

［42］12 月 13 日，“第一期中等职业学校校长改革创新战略专题研究班”在国家教育行政学院举行开班典礼。

［43］12 月 19 日，第三批深入学习实践科学发展观活动华东六省一市中等职业学校校长座谈会在江西南昌举行。

［44］12 月 22 日，财政部、国家发展和改革委员会、教育部、人力资源和社会保障部在北京联合召开视频会议，部署中等职业学校农村家庭经济困难学生和涉农专业学生免学费政策工作。

2010 年

［1］1 月 13 日，教育部职业教育与成人教育司和中华职教社首次举行联席会议。

［2］1 月 21 日，教育部“中等职业学校校长培训网”在北京开通。

［3］1月25日，教育部、中华全国工商业联合会联合主办“校企对话论坛”在北京举行。

［4］2月2日，2009中国教育年度新闻人物评选结果在北京揭晓。山西省长治第一职业中学校长张素珍被评为2009中国教育年度新闻人物。

［5］2月10日，《教育部2010年工作要点》公布。

［6］2月24日，国务院总理温家宝主持召开国务院常务会议，研究部署进一步贯彻落实重点产业调整和振兴规划。

［7］3月2日，中国职业技术教育学会2010年年度工作会议在温州市召开。

［8］3月18日，2010年度全国职业教育与成人教育工作会议在北京召开。

［9］3月18日，全国中等职业教育教学改革创新指导委员会成立大会在北京举行。

［10］3月26日，教育部、国家旅游局联合主办全国旅游职业教育校企合作对话在长沙召开。

［11］4月8日，人力资源和社会保障部在广东珠海召开全国职业能力建设工作座谈会。

［12］4月15日，共青团中央、教育部、人力资源和社会保障部联合举办的“我的青春故事”全国优秀中职毕业生报告会在北京人民大会堂举行。

［13］5月5日，国务院总理温家宝主持召开国务院常务会议，审议并通过《国家中长期教育改革和发展规划纲要（2010～2020年）》。

［14］5月25日，中共中央、国务院在北京召开全国人才工作会议。

［15］6月6日，《国家中长期人才发展规划纲要（2010～2020年）》发布。

［16］7月13日，中共中央、国务院召开的全国教育工作会议在北京举行。

［17］7月29日，《国家中长期教育改革和发展规划纲要（2010～2020年）》发布。

［18］8月16日，教育部副部长鲁昕到山东宣讲全国教育工作会议和教育规划纲要。

［19］9月10日，国务院新闻办公室发表《中国的人力资源状况》白皮书，并举行新闻发布会。

［20］9月27日，国务院总理温家宝主持召开国务院常务会议研究部署加强职业培训促进就业工作。

［21］10月7日，世界技能组织在牙买加召开2010年世界技能组织大会上，经表决中国正式加入世界技能组织。

［22］10月12日，中华职业教育社十届二次理事会在北京召开。

［23］10月25日，教育部副部长鲁昕会见泰国教育部副部长娜丽萨拉·查瓦丹披帕女士一行。

［24］11月3日，教育部召开中等职业教育国家助学金和免费政策落实情况检查工作培训会议。

［25］11月7日，中国职业技术教育学学科建设与研究生培养研讨会在常州召开。

［26］11月27日，全国职业院校宣传部长联席会在北京举行。

［27］12月2日，全国中等职业教育教学改革创新工作会议在上海召开，国务委员刘延东作重要批示。

［28］12月19~26日，人力资源和社会保障部、教育部、科技部、工业和信息化部、中华全国总工会、中国机械工业联合会六部委共同主办的第四届全国数控大赛决赛在广州佛山举行。

［29］12月28日，教育部召开新闻发布会，介绍《教育部中等职业教育改革创新行动计划(2010~2012年)》有关情况。

2011年

［1］1月11日，教育部、外交部、青岛市政府共同主办的亚欧（ASEM）职业技术教育研讨会在青岛召开。

［2］1月24日，2011年全国教育工作会议在北京举行。

［3］2月12日，亚太经合组织技能开发促进中心揭牌仪式暨亚太经合组织技能开发促进项目启动仪式在无锡举行。

［4］3月2日，中国职业技术教育学会2011年工作会议在昆明召开。

［5］3月3日，全国财经类高职教育改革与创新研讨会在北京举办。

［6］3 月 11 日，教育部在北京召开“全国职业教育改革发展座谈会”。

［7］4 月 2 日，高等职业技术教育研究会会长会议在海口召开。

［8］4 月 16 日，全国商业职业教育教学指导委员会成立大会在四川举行。

［9］4 月 23 日，全国测绘职业教学指导委员会成立暨第一次全体委员会议在郑州召开。

［10］5 月 10 日，全国职业技能鉴定工作座谈会在上海举行。

［11］5 月 12 日，教育部职业技术教育中心研究所和德国职业教育与培训研究所签订合作谅解备忘录。

［12］5 月 30 日，中国职业教育与商业服务业创新发展对话活动在重庆举行。

［13］6 月 1 日，中国职业教育与服务外包行业对话暨全国服务贸易（服务外包）人才培养国际峰会在北京召开。

［14］6 月 8 日，全国职业院校学生实习安全与责任保险推进会在北京召开。

［15］6 月 14 日，教育部启动中等职业教育改革创新示范教材遴选活动。

［16］6 月 25 日，教育部“促进中等和高等职业教育协调发展座谈会”在天津召开。

［17］6 月 27 日，教育部、人力资源和社会保障部在天津联合召开全国职业教育科研工作会议。

［18］7 月 5 日，国家教育督导团发布《国家教育督导报告：关注中等职业教育》。

［19］7 月 6 日，中央组织部、人力资源和社会保障部联合发布《高技能人才队伍建设中长期规划（2010 ~ 2020 年）》。

［20］7 月 9 日，经教育部批准，全国食品药品职业教育教学指导委员会在北京成立。

［21］7 月 22 日，全国教育人才工作会议在北京召开。

［22］8 月 12 日，教育部副部长鲁昕调研呼伦贝尔市职业教育工作。

［23］9 月 8 日，人力资源和社会保障部召开全国职业培训教材建设工作会。

［24］9月13日，教育部“全国高等职业教育改革与发展工作会议”在杭州召开。

［25］10月13日，现代职业教育体系建设国家专项规划编制座谈会在南京举行。

［26］10月18日，中华职业教育社十届三次理事会在京召开。

［27］10月18日，第二届中国职业教育与汽车行业对话活动在北京举行。

［28］11月4日，中央财政下拨2011年中等职业教育免学费补助资金47.4亿元。

［29］11月6日，中国民办教育发展大会暨中国民办教育协会第二次全国代表大会在昆明举行。

［30］11月8日，教育部、财政部启动实施职业院校教师素质提高计划。

［31］11月27日，全国高职教育改革与发展研讨会在金华举办。

［32］11月27日，全国第三届职业培训与就业促进发展论坛在北京举行。

［33］12月9日，全国民政职业教育教学指导委员会在北京成立。

［34］12月28日，十一届全国人大常委会第二十四次会议举行第二次全体会议，教育部部长袁贵仁受国务院委托作关于实施《国家中长期教育改革和发展规划纲要（2010～2020年）》工作情况的报告。

2012年

［1］1月6日，2012年全国教育工作会议在北京举行。

［2］1月13日，教育部、河南省人民政府就“加快河南教育发展、推进中原经济区建设战略合作协议”签字仪式在郑州举行。

［3］2月10日，全国职业学校学生实习责任保险示范项目签约仪式在北京举行。

［4］2月13日，2011年全国职业院校技能大赛总结会暨2012年大赛说明会在天津召开。

［5］2月14日，全国独立设置职业技术师范院校校长联席会议在天津举行。

［6］2月20日，中共中央政治局就实施更加积极的就业政策进行第32次集体学习。

［7］2月27日，全国职业能力建设工作座谈会在昆明召开。

［8］3 月 1 日，2012 年中国职业技术教育学会年会在宁波召开。

［9］3 月 3 日，教育部和上海市共建国家教育综合改革试验区领导小组工作会议在北京举行。

［10］3 月 6 日，中国职业技术教育学会信息化工作委员会在北京成立。

［11］3 月 7 日，教育部、天津市人民政府共建天津职业技术师范大学协议签字仪式在北京举行。

［12］3 月 8 日，教育部与安徽省政府签署“加快省级政府教育统筹综合改革——推进皖江城市带承接产业转移示范区建设”战略合作协议在北京举行。

［13］3 月 12 日，教育部启动中等职业教育专业技能课教材立项工作。

［14］3 月 14 日，教育部、山东省人民政府支持黄河三角洲高效生态经济区和山东半岛蓝色经济区发展战略，共建潍坊国家职业教育创新发展试验区协议签字仪式在北京举行。

［15］4 月 5 日，教育部职业教育与成人教育司和德国 DMG 公司在职业教育数控专业领域合作启动仪式在北京举行。

［16］4 月 13 日，中国职业教育史展览在长春揭幕。

［17］4 月 13 日，全国高职高专校长联席会在南宁召开。

［18］4 月 17 日，教育部举办的全国内地西藏中职班、内地新疆中职班管理工作研讨会在和田召开。

［19］4 月 20 日，2012 年高等职业教育科学研究与可持续发展研讨会暨全国高等职业教育科研机构协作会成立仪式在杭州举行。

［20］5 月 6 日，中华职业教育社成立 95 周年纪念大会在北京举行。

［21］5 月 7 日，云南省政府与教育部在北京举行工作会谈，全面落实云南省与教育部签署的《推进义务教育均衡发展备忘录》和《加快云南教育事业发展　推进桥头堡建设战略合作协议》。

［22］5 月 14 日，第三届国际职业技术教育大会在上海举行。

［23］5月17日，全国职业学校管理工作会议在杭州举行。

［24］6月7日，教育部公布全国重点建设职业教育师资培训基地和全国职业教育师资专业技能培训示范单位名单。

［25］6月18日，教育部职业技术教育中心研究所与高等教育出版社签署全面战略合作协议。

［26］6月21日，全国企业技能人才队伍建设经验交流会在青岛召开。

［27］6月26日，中国就业促进会2012年上半年就业形势分析会在北京举办。

［28］6月28日，教育部在天津召开人大代表、政协委员职业教育专题座谈会。

［29］7月11日，教育部在青岛召开职业教育集团化办学工作座谈会。

［30］7月12日，国务院在北京人民大会堂隆重举行全国就业创业工作表彰大会。

［31］7月26日，科学技术部、教育部“加强协同创新，提升高校科技创新能力合作协议”签字仪式在北京举行。

［32］8月15日，教育部发布《2012年度国家职业教育改革发展示范学校建设计划项目单位公示》。

［33］8月23日，教育部和德国联邦教育与研究部主办的“中德职业教育校企对话系列活动”在重庆举行。

［34］9月7日，国务院召开常务会议，决定扩大中等职业教育免学费范围，完善国家助学金制度。

［35］10月10日，中华职业教育社举办的第三届黄炎培职业教育奖颁奖大会在重庆举行。

［36］10月11日，中华职业教育社社史陈列馆在重庆举行开馆仪式。

［37］10月26日，教育部职业技术教育中心研究所《中国特色职业教育发展之路之中国职业教育发展报告（2002～2012年）》发布会在北京举行。

［38］11月8日，中国共产党第十八次全国代表大会在北京开幕，十八大报告明确提出“加快发展现代职业教育”目标。

［39］12 月 8 日，人力资源和社会保障部、教育部等 13 部门在北京召开第十一届高技能人才表彰大会。

［40］12 月 11 日，全国民族职业院校教学成果展演 2012 年总结会暨 2013 年活动研讨会在重庆召开。

［41］12 月 15 日，中国食品药品职业教育联盟在淮安成立。

［42］12 月 25 日，教育部发布涉及 18 个大类的 410 个高等职业学校专业的首批教学标准。

［43］12 月 28 日，全国职业教育师资工作会议在南宁召开。

2013 年

［1］2 月 23 日，中国职业技术教育学会第四次会员代表大会在北京召开。

［2］4 月 2 日，教育部在北京召开职教系统“中国梦”主题教育座谈会。

［3］4 月 12 日，中国成人教育协会第五次会员代表大会在北京召开。

［4］4 月 15 日，教育部发布《关于积极推进高等职业教育考试招生制度改革的指导意见》。

［5］5 月 15 日，教育部、文化部、国家民委联合印发了《关于推进职业院校民族文化传承与创新工作的意见》，并随后遴选了首批 100 个全国职业院校民族文化传承与创新示范专业点。

［6］5 月 31 日，教育部职成司与中宣部《时事报告》杂志社在苏州启动“中国梦——人人皆可成才”职业院校系列宣讲活动。

［7］8 月 27 日，教育部办公厅、人力资源和社会保障部办公厅、财政部办公厅印发《关于下达“国家中等职业教育改革发展示范学校建设计划”第三批补充项目学校建设方案及任务书的通知》。

［8］9 月 20 日，教育部印发《中等职业学校教师专业标准（试行）》。

［9］10 月 21 日，由教育部、联合国教科文组织和北京市人民政府联合举办的首届国际学习型城市大会在北京召开。

［10］11 月 9 日，中共十八届三中全会在北京隆重召开，全会通过了《中共中央关于全面深化改革若干重大问题的决定》，提出“深化教育领域综合改革”的总体要求，并要求“加快现代职业教育体系建设，深化产教融合、校企合作，培养高素质劳动者和技能型人才”。

［11］12 月 31 日，教育部办公厅、财政部办公厅印发《关于公布高等职业学校提升专业服务产业发展能力项目验收结果的通知》。

2014 年

［1］1 月 8 日，教育部办公厅印发了《关于进一步加强职业院校关心下一代工作委员会建设的若干意见》。

［2］2 月 26 日，国务院总理李克强主持召开国务院常务会议，部署加快发展现代职业教育。

［3］3 月 22～23 日，2014 年职业教育专业教学资源库建设工作研讨会在四川成都顺利召开。

［4］3 月 25 日，教育部在北京召开 2014 年度职业教育与继续教育工作会议。会议以加快构建就业为导向的现代职业教育体系为主题，就职成教战线深入学习宣传贯彻党的十八大和十八届三中全会精神，落实政府工作报告和国务院常务会议要求，深化职业教育和继续教育领域改革创新做出部署。

［5］4 月 12 日，高职院校章程建设研讨暨全国高职高专校长联席会议主席团（扩大）会议在温州职业技术学院举行，来自 100 多所全国高职高专校长联席会议成员单位的院（校）长参加了会议。

［6］6 月 3 日，全国政协在北京召开“深化产教融合、校企合作，加快现代职业教育体系建设”专题协商会。

［7］6 月 16 日，教育部等六部门关于印发《现代职业教育体系建设规划（2014～2020 年）》的通知。

［8］6 月 23 日，国务院印发《关于加快发展现代职业教育的决定》。

［9］6 月 23 日，国务院召开全国职业教育工作会议电视电话会，贯彻落实习近平总书记、李克强总理的重要指示精神和国务院《关于加快发展现代职业教育的决定》，进一步明确和部署今后一个时期加快发展现代职业教育的方针政策、目标任务和重大举措。

［10］7 月 9 日，教育部下发学习贯彻习近平总书记重要指示和全国职业教育工作会议精神的通知。

［11］7 月 15 日，《2014 中国高等职业教育质量年度报告》发布会在京举行。

［12］7 月 22 日，全国职业教育工作会议精神宣讲活动（北京专场）在中国地质大学国际会议中心举行。

［13］9 月 5 日，教育部发布关于开展现代学徒制试点工作的意见。

［14］9 月 12 日，教育部职业技术教育中心研究所就《职业教育法》修订召开座谈会。

［15］10 月 17 ~ 19 日，在江苏泰州召开“创新发展高等职业教育暨全国高职高专校长联席会议 2014 年年会”，会议主题为贯彻落实职教会议精神，创新发展高等职业教育。

［16］10 月 20 日，国务院发布关于加快发展体育产业促进体育消费的若干意见，意见要求完善人才培养和就业政策。

［17］11 月 13 日，国家职业教育改革试验区座谈会在重庆召开。

［18］11 月 16 日，中央财政下达现代职业教育质量提升计划专项资金 40 亿元，用于改善中职学校基本办学条件，提升中等职业教育基础能力。

［19］11 月 21 日，全国高职“校企一体化办学”创新联盟在山东莱芜成立，50 所高职院校和 50 家合作企业成为联盟首批成员。

［20］11 月 21 ~ 22 日，全国高等职业教育“校企一体化办学”经验交流暨创新联盟成立大会在山东莱芜市召开。

［21］11 月 28 日，财政部、教育部宣布，建立完善以改革和绩效为导向的生均拨款制度，2017 年各地高职院校年生均财政拨款水平应不低于 1. 2 万元。

［22］12 月 4 日，教育部公布《关于深化职业教育教学改革全面提高人才培养质量的若干意见（征求意见稿）》。

［23］12 月 7 日，全国职业院校职业指导工作经验交流会在浙江宁波召开。

［24］12 月 9 日，为做好全国人大建议和全国政协提案办理工作，教育部在京召开关于加快构建现代职业教育体系两会代表座谈会。

［25］12 月 19 日，教育部在京召开全面提高职业教育人才培养质量工作视频会议。

附录二　中国职业教育相关政策法规汇编

附录 A　中国职业教育相关政策法规汇总

颁布时间	政策名称	发布单位
1983 年 5 月 9 日	《关于改革城市中等教育结构、发展职业技术教育的意见》	教育部、财政部、劳动人事部、国家发展计划委员会
1986 年 6 月 23 日	《关于经济部门和教育部门加强合作促进就业前职业技术教育发展的意见》	国家教育委员会、国家经济委员会、国家计划委员会
1991 年 10 月 17 日	《国务院关于大力发展职业技术教育的决定》	国务院
1995 年 5 月 17 日	《关于普通中等专业教育（不含中师）改革与发展的意见》	国家教育委员会
1996 年 5 月 15 日	《中华人民共和国职业教育法》	第八届全国人民代表大会
1997 年 12 月 25 日	《关于普通中等专业学校招生并轨改革的意见》	国家教育委员会、国家发展计划委员会
1998 年 2 月 16 日	《关于印发〈面向 21 世纪深化职业教育教学改革的原则意见〉的通知》	国家教育委员会
1998 年 3 月 16 日	《关于实施〈职业教育法〉加快发展职业教育的若干意见》	国家教育委员会、国家经济贸易委员会、劳动部
1999 年 6 月 13 日	《中共中央、国务院关于深化教育改革　全面推进素质教育的决定》	中共中央办公厅
1999 年 9 月 9 日	《关于调整中等职业学校布局结构的意见》	教育部
2000 年 1 月 17 日	《关于加强高职高专教育人才培养工作的意见》	教育部
2000 年 3 月 21 日	《关于全面推进素质教育、深化中等职业教育教学改革的意见》	教育部
2002 年 5 月 15 日	《关于加强高等职业（高专）院校师资队伍建设的意见》	教育部
2002 年 8 月 24 日	《关于大力推进职业教育改革与发展的决定》	国务院
2002 年 11 月 29 日	《关于进一步推动职业学校实施职业资格证书制度的意见》	劳动和社会保障部、教育部、人事部
2003 年 12 月 18 日	《关于进一步加强中等职业学校实习管理工作的通知》	教育部
2004 年 4 月 30 日	《关于推进职业教育若干工作的意见》	教育部、财政部
2004 年 7 月 15 日	《关于贯彻落实全国职业教育工作会议精神　进一步扩大中等职业学校招生规模的意见》	教育部

续表

颁布时间	政策名称	发布单位
2004 年 7 月 21 日	《职业教育实训基地建设专项资金管理暂行办法》	财政部、教育部
2004 年 9 月 14 日	《关于进一步加强职业教育工作的若干意见》	教育部、国家发展和改革委员会、财政部等七部门
2005 年 2 月 28 日	《教育部关于加快中等职业教育的意见》	教育部
2005 年 10 月 28 日	《国务院关于大力发展职业教育的决定》	国务院
2006 年 7 月 24 日	《财政部、教育部关于完善中等职业教育贫困家庭学生资助体系的若干意见》	财政部、教育部
2006 年 11 月 3 日	《关于实施国家示范性高等职业院校建设计划　加快高等职业教育改革与发展的意见》	教育部、财政部
2006 年 11 月 16 日	《关于全面提高高等职业教育教学质量的若干意见》	教育部
2006 年 12 月 26 日	《关于实施中等职业学校教师素质提高计划的意见》	教育部、财政部
2007 年 9 月 21 日	《中等职业学校教师素质提高计划专项资金管理暂行办法》	财政部、教育部
2008 年 12 月 13 日	《教育部关于进一步深化中等职业教育教学改革的若干意见》	教育部
2011 年 8 月 30 日	《教育部关于推进中等和高等职业教育协调发展的指导意见》	教育部
2011 年 12 月 24 日	《教育部关于“十二五”期间加强中等职业学校教师队伍建设的意见》	教育部
2012 年 5 月 4 日	《教育部关于加快推进职业教育信息化发展的意见》	教育部
2012 年 11 月 6 日	《教育部关于“十二五”职业教育教材建设的若干意见》	教育部
2013 年 4 月 15 日	《教育部关于积极推进高等职业教育考试招生制度改革的指导意见》	教育部
2013 年 5 月 15 日	《教育部、文化部、国家民委关于推进职业院校民族文化传承与创新工作的意见》	教育部、文化部、国家民族事务委员会
2013 年 12 月 21 日	《教育部办公厅关于进一步加强职业院校关心下一代工作委员会建设的若干意见》	教育部办公厅
2014 年 5 月 2 日	《国务院关于加快发展现代职业教育的决定》	国务院
2014 年 8 月 25 日	《教育部关于开展现代学徒制试点工作的意见》	教育部
2014 年 10 月 30 日	《财政部、教育部关于建立完善以改革和绩效为导向的生均拨款制度　加快发展现代高等职业教育的意见》	财政部、教育部

附录B　2014年职业教育重大政策汇编

国务院关于加快发展现代职业教育的决定

国发〔2014〕19号

各省、自治区、直辖市人民政府，国务院各部委、各直属机构：

近年来，我国职业教育事业快速发展，体系建设稳步推进，培养培训了大批中高级技能型人才，为提高劳动者素质、推动经济社会发展和促进就业作出了重要贡献。同时也要看到，当前职业教育还不能完全适应经济社会发展的需要，结构不尽合理，质量有待提高，办学条件薄弱，体制机制不畅。加快发展现代职业教育，是党中央、国务院作出的重大战略部署，对于深入实施创新驱动发展战略，创造更大人才红利，加快转方式、调结构、促升级具有十分重要的意义。现就加快发展现代职业教育作出以下决定：

一、总体要求

（一）指导思想

以邓小平理论、“三个代表”重要思想、科学发展观为指导，坚持以立德树人为根本，以服务发展为宗旨，以促进就业为导向，适应技术进步和生产方式变革以及社会公共服务的需要，深化体制机制改革，统筹发挥好政府和市场的作用，加快现代职业教育体系建设，深化产教融合、校企合作，培养数以亿计的高素质劳动者和技术技能人才。

（二）基本原则

——政府推动、市场引导。发挥好政府保基本、促公平作用，着力营造制度环境、制定发展规划、改善基本办学条件、加强规范管理和监督指导等。充分发挥市场机制作用，引导社会力量参与办学，扩大优质教育资源，激发学校发展活力，促进职业教育与社会需求紧密对接。

——加强统筹、分类指导。牢固确立职业教育在国家人才培养体系中的重要位置，统筹发展各级各类职业教育，坚持学校教育和职业培训并举。强化省级人民政府统筹和部门协调配合，加强行业部门对本部门、本行业职业教育的指导。推动公办与民办职业教育共同发展。

——服务需求、就业导向。服务经济社会发展和人的全面发展，推动专业设置与产业需求对接，课程内容与职业标准对接，教学过程与生产过程对接，毕业证书与职业资格证书对接，职业教育与终身学习对接。重点提高青年就业能力。

——产教融合、特色办学。同步规划职业教育与经济社会发展，协调推进人力资源开发与技术进步，推动教育教学改革与产业转型升级衔接配套。突出职业院校办学特色，强化校企协同育人。

——系统培养、多样成才。推进中等和高等职业教育紧密衔接，发挥中等职业教育在发展现代职业教育中的基础性作用，发挥高等职业教育在优化高等教育结构中的重要作用。加强职业教育与普通教育沟通，为学生多样化选择、多路径成才搭建“立交桥”。

（三）目标任务

到 2020 年，形成适应发展需求、产教深度融合、中职高职衔接、职业教育与普通教育相互沟通，体现终身教育理念，具有中国特色、世界水平的现代职业教育体系。

——结构规模更加合理。总体保持中等职业学校和普通高中招生规模大体相当，高等职业教育规模占高等教育的一半以上，总体教育结构更加合理。到 2020 年，中等职业教育在校生达到 2350 万人，专科层次职业教育在校生达到 1480 万人，接受本科层次职业教育的学生达到一定规模。从业人员继续教育达到 3.5 亿人次。

——院校布局和专业设置更加适应经济社会需求。调整完善职业院校区域布局，科学合理设置专业，健全专业随产业发展动态调整的机制，重点提升面向现代农业、先进制造业、现代服务业、战略性新兴产业和社会管理、生态文明建设等领域的人才培养能力。

——职业院校办学水平普遍提高。各类专业的人才培养水平大幅提升，办学条件明显改善，实训设备配置水平与技术进步要求更加适应，现代信息技术广泛应用。专兼结合的“双师型”教师队伍建设进展显著。建成一批世界一流的职业院校和骨干专业，形成具有国际竞争力的人才培养高地。

——发展环境更加优化。现代职业教育制度基本建立，政策法规更加健全，相关标准更加科学规范，监管机制更加完善。引导和鼓励社会力量参与的政策更加健全。全社会人才观念显著改善，支持和参与职业教育的氛围更加浓厚。

二、加快构建现代职业教育体系

（四）巩固提高中等职业教育发展水平

各地要统筹做好中等职业学校和普通高中招生工作，落实好职普招生大体相当的要求，加快普及高中阶段教育。鼓励优质学校通过兼并、托管、合作办学等形式，整合办学资源，优化中等职业教育布局结构。推进县级职教中心等中等职业学校与城市院校、科研机构对口合作，实施学历教育、技术推广、扶贫开发、劳动力转移培训和社会生活教育。在保障学生技术技能培养质量的基础上，加强文化基础教育，实现就业有能力、升学有基础。有条件的普通高中要适当增加职业技术教育内容。

（五）创新发展高等职业教育

专科高等职业院校要密切产学研合作，培养服务区域发展的技术技能人才，重点服务企业特别是中小微企业的技术研发和产品升级，加强社区教育和终身学习服务。探索发展本科层次职业教育。建立以职业需求为导向、以实践能力培养为重点、以产学结合为途径的专业学位研究生培养模式。研究建立符合职业教育特点的学位制度。原则上中等职业学校不升格为或并入高等职业院校，专科高等职业院校不升格为或并入本科高等学校，形成定位清晰、科学合理的职业教育层次结构。

（六）引导普通本科高等学校转型发展

采取试点推动、示范引领等方式，引导一批普通本科高等学校向应用技术类型高等学校转型，重点举办本科职业教育。独立学院转设为独立设置高等学校时，鼓励其定位为应用技术类型高等学校。建立高等学校分类体系，实行分类管理，加快建立分类设置、评价、指导、拨款制度。招生、投入等政策措施向应用技术类型高等学校倾斜。

（七）完善职业教育人才多样化成长渠道

健全“文化素质 + 职业技能”、单独招生、综合评价招生和技能拔尖人才免试等考试招生办法，为学生接受不同层次高等职业教育提供多种机会。在学前教育、护理、健康服务、社区服务等领域，健全对初中毕业生实行中高职贯通培养的考试招生办法。适度提高专科高等职业院校招收中等职业学校毕业生的比例、本科高等学校招收职业院校毕业生的比例。逐步扩大高等职业院校招收有实践经历人员的比例。建立学分积累与转换制度，推进学习成果互认衔接。

（八）积极发展多种形式的继续教育

建立有利于全体劳动者接受职业教育和培训的灵活学习制度，服务全民学习、终身学习，推进学习型社会建设。面向未升学初高中毕业生、残疾人、失业人员等群体广泛开展职业教育和培训。推进农民继续教育工程，加强涉农专业、课程和教材建设，创新农学结合模式。推动一批县（市、区）在农村职业教育和成人教育改革发展方面发挥示范作用。利用职业院校资源广泛开展职工教育培训。重视培养军地两用人才。退役士兵接受职业教育和培训，按照国家有关规定享受优待。

三、激发职业教育办学活力

（九）引导支持社会力量兴办职业教育

创新民办职业教育办学模式，积极支持各类办学主体通过独资、合资、合作等多种形式举办民办职业教育；探索发展股份制、混合所有制职业院校，允许以资本、知识、技术、管理等要素参与办学并享有相应权利。探索公办和社会力量举办的职业院校相互委托管理和购买服务的机制。引导社会力量参与教学过程，共同开发课程和教材等教育资源。社会力量举办的职业院校与公办职业院校具有同等法律地位，依法享受相关教育、财税、土地、金融等政策。健全政府补贴、购买服务、助学贷款、基金奖励、捐资激励等制度，鼓励社会力量参与职业教育办学、管理和评价。

（十）健全企业参与制度

研究制定促进校企合作办学有关法规和激励政策，深化产教融合，鼓励行业和企业举办或参与举办职业教育，发挥企业重要办学主体作用。规模以上企业要有机构或人员组织实施职工教育培训、对接职业院校，设立学生实习和教师实践岗位。企业因接受实习生所实际发生的与取得收入有关的、合理的支出，按现行税收法律规定在计算应纳税所得额时扣除。多种形式支持企业建设兼具生产与教学功能的公共实训基地。对举办职业院校的企业，其办学符合职业教育发展规划要求的，各地可通过政府购买服务等方式给予支持。对职业院校自办的、以服务学生实习实训为主要目的的企业或经营活动，按照国家有关规定享受税收等优惠。支持企业通过校企合作共同培养培训人才，不断提升企业价值。企业开展职业教育的情况纳入企业社会责任报告。

（十一）加强行业指导、评价和服务

加强行业指导能力建设，分类制定行业指导政策。通过授权委托、购买服务等方式，把适宜行业组织承担的职责交给行业组织，给予政策支持并强化服务监管。行业组织要履行好发布行业人才需求、推进校企合作、参与指导教育教学、开展质量评价等职责，建立行业人力资源需求预测和就业状况定期发布制度。

（十二）完善现代职业学校制度

扩大职业院校在专业设置和调整、人事管理、教师评聘、收入分配等方面的办学自主权。职业院校要依法制定体现职业教育特色的章程和制度，完善治理结构，提升治理能力。建立学校、行业、企业、社区等共同参与的学校理事会或董事会。制定校长任职资格标准，推进校长聘任制改革和公开选拔试点。坚持和完善中等职业学校校长负责制、公办高等职业院校党委领导下的校长负责制。建立企业经营管理和技术人员与学校领导、骨干教师相互兼职制度。完善体现职业院校办学和管理特点的绩效考核内部分配机制。

（十三）鼓励多元主体组建职业教育集团

研究制定院校、行业、企业、科研机构、社会组织等共同组建职业教育集团的支持政策，发挥职业教育集团在促进教育链和产业链有机融合中的重要作用。鼓励中央企业和行业龙头企业牵头组建职业教育集团。探索组建覆盖全产业链的职业教育集团。健全联席会、董事会、理事会等治理结构和决策机制。开展多元投资主体依法共建职业教育集团的改革试点。

（十四）强化职业教育的技术技能积累作用

制定多方参与的支持政策，推动政府、学校、行业、企业联动，促进技术技能的积累与创新。推动职业院校与行业企业共建技术工艺和产品开发中心、实验实训平台、技能大师工作室等，成为国家技术技能积累与创新的重要载体。职业院校教师和学生拥有知识产权的技术开发、产品设计等成果，可依法依规在企业作价入股。

四、提高人才培养质量

（十五）推进人才培养模式创新

坚持校企合作、工学结合，强化教学、学习、实训相融合的教育教学活动。推行项目教学、案例教学、工作过程导向教学等教学模式。加大实习实训在教学中的比重，创新顶岗实习形式，强化以育人为目标的实习实训考核评价。健全学生实习责任保险制度。积极推进学历证书和职业资格证书“双证书”制度。开展校企联合招生、联合培养的现代学徒制试点，完善支持政策，推进校企一体化育人。开展职业技能竞赛。

（十六）建立健全课程衔接体系

适应经济发展、产业升级和技术进步需要，建立专业教学标准和职业标准联动开发机制。推进专业设置、专业课程内容与职业标准相衔接，推进中等和高等职业教育培养目标、专业设置、教学过程等方面的衔接，形成对接紧密、特色鲜明、动态调整的职业教育课程体系。全面实施素质教育，科学合理设置课程，将职业道德、人文素养教育贯穿培养全过程。

（十七）建设“双师型”教师队伍

完善教师资格标准，实施教师专业标准。健全教师专业技术职务（职称）评聘办法，探索在职业学校设置正高级教师职务（职称）。加强校长培训，实行五年一周期的教师全员培训制度。落实教师企业实践制度。政府要支持学校按照有关规定自主聘请兼职教师。完善企业工程技术人员、高技能人才到职业院校担任专兼职教师的相关政策，兼职教师任教情况应作为其业绩考核评价的重要内容。加强职业技术师范院校建设。推进高水平学校和大中型企业共建“双师型”教师培养培训基地。地方政府要比照普通高中和高等学校，根据职业教育特点核定公办职业院校教职工编制。加强职业教育科研教研队伍建设，提高科研能力和教学研究水平。

（十八）提高信息化水平

构建利用信息化手段扩大优质教育资源覆盖面的有效机制，推进职业教育资源跨区域、跨行业共建共享，逐步实现所有专业的优质数字教育资源全覆盖。支持与专业课程配套的虚拟仿真实训系统开发与应用。推广教学过程与生产过程实时互动的远程教学。加快信息化管理平台建设，加强现代信息技术应用能力培训，将现代信息技术应用能力作为教师评聘考核的重要依据。

（十九）加强国际交流与合作

完善中外合作机制，支持职业院校引进国（境）外高水平专家和优质教育资源，鼓励中外职业院校教师互派、学生互换。实施中外职业院校合作办学项目，探索和规范职业院校到国（境）外办学。推动与中国企业和产品“走出去”相配套的职业教育发展模式，注重培养符合中国企业海外生产经营需求的本土化人才。积极参与制定职业教育国际标准，开发与国际先进标准对接的专业标准和课程体系。提升全国职业院校技能大赛国际影响。

五、提升发展保障水平

（二十）完善经费稳定投入机制

各级人民政府要建立与办学规模和培养要求相适应的财政投入制度，地方人民政府要依法制定并落实职业院校生均经费标准或公用经费标准，改善职业院校基本办学条件。地方教育附加费用于职业教育的比例不低于30%。加大地方人民政府经费统筹力度，发挥好企业职工教育培训经费以及就业经费、扶贫和移民安置资金等各类资金在职业培训中的作用，提高资金使用效益。县级以上人民政府要建立职业教育经费绩效评价制度、审计监督公告制度、预决算公开制度。

（二十一）健全社会力量投入的激励政策

鼓励社会力量捐资、出资兴办职业教育，拓宽办学筹资渠道。通过公益性社会团体或者县级以上人民政府及其部门向职业院校进行捐赠的，其捐赠按照现行税收法律规定在税前扣除。完善财政贴息贷款等政策，健全民办职业院校融资机制。企业要依法履行职工教育培训和足额提取教育培训经费的责任，一般企业按照职工工资总额的1.5%足额提取教育培训经费，从业人员技能要求高、实训耗材多、培训任务重、经济效益较好的企业可按2.5%提取，其中用于一线职工教育培训的比例不低于60%。除国务院财政、税务主管部门另有规定外，企业发生的职工教育经费支出，不超过工资薪金总额2.5%的部分，准予扣除；超过部分，准予在以后纳税年度结转扣除。对不按规定提取和使用教育培训经费并拒不改正的企业，由县级以上地方人民政府依法收取企业应当承担的职业教育经费，统筹用于本地区的职业教育。探索利用国（境）外资金发展职业教育的途径和机制。

（二十二）加强基础能力建设

分类制定中等职业学校、高等职业院校办学标准，到2020年实现基本达标。在整合现有项目的基础上实施现代职业教育质量提升计划，推动各地建立完善以促进改革和提高绩效为导向的高等职业院校生均拨款制度，引导高等职业院校深化办学机制和教育教学改革；重点支持中等职业学校改善基本办学条件，开发优质教学资源，提高教师素质；推动建立发达地区和欠发达地区中等职业教育合作办学工作机制。继续实施中等职业教育基础能力建设项目。支持一批本科高等学校转型发展为应用技术类型高等学校。地方人民政府、相关行业部门和大型企业要切实加强所办职业院校基础能力建设，支持一批职业院校争创国际先进水平。

（二十三）完善资助政策体系

进一步健全公平公正、多元投入、规范高效的职业教育国家资助政策。逐步建立职业院校助学金覆盖面和补助标准动态调整机制，加大对农林水地矿油核等专业学生的助学力度。有计划地支持集中连片特殊困难地区内限制开发和禁止开发区初中毕业生到省（区、市）内外经济较发达地区接受职业教育。完善面向农民、农村转移劳动力、在职职工、失业人员、残疾人、退役士兵等接受职业教育和培训的资助补贴政策，积极推行以直补个人为主的支付办法。有关部门和职业院校要切实加强资金管理，严查“双重学籍”、“虚假学籍”等问题，确保资助资金有效使用。

（二十四）加大对农村和贫困地区职业教育支持力度

服务国家粮食安全保障体系建设，积极发展现代农业职业教育，建立公益性农民培养培训制度，大力培养新型职业农民。在人口集中和产业发展需要的贫困地区建好一批中等职业学校。国家制定奖补政策，支持东部地区职业院校扩大面向中西部地区的招生规模，深化专业建设、课程开发、资源共享、学校管理等合作。加强民族地区职业教育，改善民族地区职业院校办学条件，继续办好内地西藏、新疆中职班，建设一批民族文化传承创新示范专业点。

（二十五）健全就业和用人的保障政策

认真执行就业准入制度，对从事涉及公共安全、人身健康、生命财产安全等特殊工种的劳动者，必须从取得相应学历证书或职业培训合格证书并获得相应职业资格证书的人员中录用。支持在符合条件的职业院校设立职业技能鉴定所（站），完善职业院校合格毕业生取得相应职业资格证书的办法。各级人民政府要创造平等就业环境，消除城乡、行业、身份、性别等一切影响平等就业的制度障碍和就业歧视；党政机关和企事业单位招用人员不得歧视职业院校毕业生。结合深化收入分配制度改革，促进企业提高技能人才收入水平。鼓励企业建立高技能人才技能职务津贴和特殊岗位津贴制度。

六、加强组织领导

（二十六）落实政府职责

完善分级管理、地方为主、政府统筹、社会参与的管理体制。国务院相关部门要有效运用总体规划、政策引导等手段以及税收金融、财政转移支付等杠杆，加强对职业教育发展的统筹协调和分类指导；地方政府要切实承担主要责任，结合本地实际推进职业教育改革发展，探索解决职业教育发展的难点问题。要加快政府职能转变，减少部门职责交叉和分散，减少对学校教育教学具体事务的干预。充分发挥职业教育工作部门联席会议制度的作用，形成工作合力。

（二十七）强化督导评估

教育督导部门要完善督导评估办法，加强对政府及有关部门履行发展职业教育职责的督导；要落实督导报告公布制度，将督导报告作为对被督导单位及其主要负责人考核奖惩的重要依据。完善职业教育质量评价制度，定期开展职业院校办学水平和专业教学情况评估，实施职业教育质量年度报告制度。注重发挥行业、用人单位作用，积极支持第三方机构开展评估。

（二十八）营造良好环境

推动加快修订《职业教育法》。按照国家有关规定，研究完善职业教育先进单位和先进个人表彰奖励制度。落实好职业教育科研和教学成果奖励制度，用优秀成果引领职业教育改革创新。研究设立职业教育活动周。大力宣传高素质劳动者和技术技能人才的先进事迹和重要贡献，引导全社会确立尊重劳动、尊重知识、尊重技术、尊重创新的观念，促进形成“崇尚一技之长、不唯学历凭能力”的社会氛围，提高职业教育社会影响力和吸引力。

国务院

2014 年 5 月 2 日

教育部关于开展现代学徒制试点工作的意见

教职成〔2014〕9号

各省、自治区、直辖市教育厅（教委），各计划单列市教育局，新疆生产建设兵团教育局，有关单位：

为贯彻党的十八届三中全会和全国职业教育工作会议精神，深化产教融合、校企合作，进一步完善校企合作育人机制，创新技术技能人才培养模式，根据《国务院关于加快发展现代职业教育的决定》（国发〔2014〕19号）要求，现就开展现代学徒制试点工作提出如下意见。

一、充分认识试点工作的重要意义

现代学徒制有利于促进行业、企业参与职业教育人才培养全过程，实现专业设置与产业需求对接，课程内容与职业标准对接，教学过程与生产过程对接，毕业证书与职业资格证书对接，职业教育与终身学习对接，提高人才培养质量和针对性。建立现代学徒制是职业教育主动服务当前经济社会发展要求，推动职业教育体系和劳动就业体系互动发展，打通和拓宽技术技能人才培养和成长通道，推进现代职业教育体系建设的战略选择；是深化产教融合、校企合作，推进工学结合、知行合一的有效途径；是全面实施素质教育，把提高职业技能和培养职业精神高度融合，培养学生社会责任感、创新精神、实践能力的重要举措。各地要高度重视现代学徒制试点工作，加大支持力度，大胆探索实践，着力构建现代学徒制培养体系，全面提升技术技能人才的培养能力和水平。

二、明确试点工作的总要求

1. 指导思想

以邓小平理论、“三个代表”重要思想、科学发展观为指导，坚持服务发展、就业导向，以推进产教融合、适应需求、提高质量为目标，以创新招生制度、管理制度和人才培养模式为突破口，以形成校企分工合作、协同育人、共同发展的长效机制为着力点，以注重整体谋划、增强政策协调、鼓励基层首创为手段，通过试点、总结、完善、推广，形成具有中国特色的现代学徒制度。

2. 工作原则

——坚持政府统筹，协调推进。要充分发挥政府统筹协调作用，根据地方经济社会发展需求系统规划现代学徒制试点工作。把立德树人、促进人的全面发展作为试点工作的根本任务，统筹利用好政府、行业、企业、学校、科研机构等方面的资源，协调好教育、人社、财政、发改等相关部门的关系，形成合力，共同研究解决试点工作中遇到的困难和问题。

——坚持合作共赢，职责共担。要坚持校企双主体育人、学校教师和企业师傅双导师教学，明确学徒的企业员工和职业院校学生双重身份，签好学生与企业、学校与企业两个合同，形成学校和企业联合招生、联合培养、一体化育人的长效机制，切实提高生产、服务一线劳动者的综合素质和人才培养的针对性，解决好合作企业招工难问题。

——坚持因地制宜，分类指导。要根据不同地区行业、企业特点和人才培养要求，在招生与招工、学习与工作、教学与实践、学历证书与职业资格证书获取、资源建设与共享等方面因地制宜，积极探索切合实际的实现形式，形成特色。

——坚持系统设计，重点突破。要明确试点工作的目标和重点，系统设计人才培养方案、教学管理、考试评价、学生教育管理、招生与招工，以及师资配备、保障措施等工作。以服务发展为宗旨，以促进就业为导向，深化体制机制改革，统筹发挥好政府和市场的作用，力争在关键环节和重点领域取得突破。

三、把握试点工作内涵

1. 积极推进招生与招工一体化

招生与招工一体化是开展现代学徒制试点工作的基础。各地要积极开展“招生即招工、入校即入厂、校企联合培养”的现代学徒制试点，加强对中等和高等职业教育招生工作的统筹协调，扩大试点院校的招生自主权，推动试点院校根据合作企业需求，与合作企业共同研制招生与招工方案，扩大招生范围，改革考核方式、内容和录取办法，并将试点院校的相关招生计划纳入学校年度招生计划进行统一管理。

2. 深化工学结合人才培养模式改革

工学结合人才培养模式改革是现代学徒制试点的核心内容。各地要选择适合开展现代学徒制培养的专业，引导职业院校与合作企业根据技术技能人才成长规律和工作岗位的实际需要，共同研制人才培养方案、开发课程和教材、设计实施教学、组织考核评价、开展教学研究等。校企应签订合作协议，职业院校承担系统的专业知识学习和技能训练；企业通过师傅带徒形式，依据培养方案进行岗位技能训练，真正实现校企一体化育人。

3. 加强专兼结合师资队伍建设

校企共建师资队伍是现代学徒制试点工作的重要任务。现代学徒制的教学任务必须由学校教师和企业师傅共同承担，形成双导师制。各地要促进校企双方密切合作，打破现有教师编制和用工制度的束缚，探索建立教师流动编制或设立兼职教师岗位，加大学校与企业之间人员互聘共用、双向挂职锻炼、横向联合技术研发和专业建设的力度。合作企业要选拔优秀高技能人才担任师傅，明确师傅的责任和待遇，师傅承担的教学任务应纳入考核，并可享受带徒津贴。试点院校要将指导教师的企业实践和技术服务纳入教师考核并作为晋升专业技术职务的重要依据。

4. 形成与现代学徒制相适应的教学管理与运行机制

科学合理的教学管理与运行机制是现代学徒制试点工作的重要保障。各地要切实推动试点院校与合作企业根据现代学徒制的特点，共同建立教学运行与质量监控体系，共同加强过程管理。指导合作企业制定专门的学徒管理办法，保障学徒基本权益；根据教学需要，合理安排学徒岗位，分配工作任务。试点院校要根据学徒培养工学交替的特点，实行弹性学制或学分制，创新和完善教学管理与运行机制，探索全日制学历教育的多种实现形式。试点院校和合作企业共同实施考核评价，将学徒岗位工作任务完成情况纳入考核范围。

四、稳步推进试点工作

1. 逐步增加试点规模

根据各地产业发展情况、办学条件、保障措施和试点意愿等，选择一批有条件、基础好的地市、行业、骨干企业和职业院校作为教育部首批试点单位。在总结试点经验的基础上，逐步扩大实施现代学徒制的范围和规模，使现代学徒制成为校企合作培养技术技能人才的重要途径。逐步建立起政府引导、行业参与、社会支持，企业和职业院校双主体育人的中国特色现代学徒制。

2. 逐步丰富培养形式

现代学徒制试点应根据不同生源特点和专业特色，因材施教，探索不同的培养形式。试点初期，各地应引导中等职业学校根据企业需求，充分利用国家注册入学政策，针对不同生源，分别制定培养方案，开展中职层次现代学徒制试点。引导高等职业院校利用自主招生、单独招生等政策，针对应届高中毕业生、中职毕业生和同等学力企业职工等不同生源特点，分类开展专科学历层次不同形式的现代学徒制试点。

3. 逐步扩大试点范围

现代学徒制包括学历教育和非学历教育。各地应结合自身实际，可以从非学历教育入手，也可以从学历教育入手，探索现代学徒制人才培养规律，积累经验后逐步扩大。鼓励试点院校采用现代学徒制形式与合作企业联合开展企业员工岗前培训和转岗培训。

五、完善工作保障机制

1. 合理规划区域试点工作

各地教育行政部门要根据本意见精神，结合地方实际，会同人社、财政、发改等部门，制定本地区现代学徒制试点实施办法，确定开展现代学徒制试点的行业企业和职业院校，明确试点规模、试点层次和实施步骤。

2. 加强试点工作组织保障

各地要加强对试点工作的领导，落实责任制，建立跨部门的试点工作领导小组，定期会商和解决有关试点工作重大问题。要有专人负责，及时协调有关部门支持试点工作。引导和鼓励行业、企业与试点院校通过组建职教集团等形式，整合资源，为现代学徒制试点搭建平台。

3. 加大试点工作政策支持

各地教育行政部门要推动政府出台扶持政策，加大投入力度，通过财政资助、政府购买等奖励措施，引导企业和职业院校积极开展现代学徒制试点。并按照国家有关规定，保障学生权益，保证合理报酬，落实学徒的责任保险、工伤保险，确保学生安全。大力推进“双证融通”，对经过考核达到要求的毕业生，发放相应的学历证书和职业资格证书。

4. 加强试点工作监督检查

加强对试点工作的监控，建立试点工作年报年检制度。各试点单位应及时总结试点工作经验，扩大宣传，年报年检内容作为下一年度单招核准和布点的依据。对于试点工作不力或造成不良影响的，将暂停试点资格。

教育部
2014 年 8 月 25 日

财政部、教育部关于建立完善以改革和绩效为导向的生均拨款制度加快发展现代高等职业教育的意见

财教〔2014〕352号

国务院有关部委、有关直属机构，各省、自治区、直辖市、计划单列市财政厅（局）、教育厅（教委、教育局），新疆生产建设兵团财务局、教育局：

根据《国务院关于加快发展现代职业教育的决定》有关精神，为促进高等职业教育（以下简称高职教育）改革发展，整体提高高等职业院校（含高等专科学校，以下简称高职院校）经费水平和人才培养质量，促进高职院校办出特色、办出水平，现就建立完善以改革和绩效为导向的高职院校生均拨款制度提出如下意见：

一、意义和原则

（一）意义

高职教育承担着优化高等教育结构和人力资源结构的重要职责。近年来，通过各级政府和有关方面的共同努力，我国高职教育经费投入总量持续增长，推动了高职教育事业实现快速发展，培养了大批高素质技能型人才，为实现高等教育大众化和推进我国经济社会发展做出了重要贡献。

但是，由于多种原因，目前高职教育投入仍然不同程度地存在一些突出问题：多渠道筹措经费和财政生均拨款稳定投入机制还不够健全，高职院校总体投入水平仍然偏低，区域间差异较大；财政投入激励高职院校改革的导向作用不够明显；高职教育经费绩效管理基础薄弱，等等。新形势下，建立完善以改革和绩效为导向的高职院校生均拨款制度，进一步加大高职教育财政投入，逐步健全多渠道筹措高职教育经费的机制，鼓励引导社会力量举办职业教育，有利于推动高职教育深化改革，整体提高现代职业教育办学水平和人才培养质量，优化高等教育结构，培养更多高素质技术技能型人才；有利于高职教育更好地为深入实施创新驱动发展战略，加快转方式、调结构、促升级提供人才支撑；有利于促进就业和改善民生。

（二）原则

1. 明确责任。按照现行财政体制和职业教育“分级管理、地方为主、政府统筹、社会参与”的管理体制，地方是建立完善所属公办高职院校生均拨款制度的责任主体，省级要统筹推动本地区全面建立完善公办高职院校生均拨款制度。中央财政引导各地建立完善公办高职院校生均拨款制度。举办高职院校的国务院有关部门是建立完善所属高职院校生均拨款制度的责任主体，并负责落实相关经费。

2. 多元投入。处理好政府与市场、政府与社会的关系。坚持政府投入的主渠道作用，优化财政支出结构，不断加大财政投入力度，新增财政投入要向包括高职教育在内的职业教育倾斜。同时，防止财政“大包大揽”，充分发挥市场机制作用，积极引导社会资本投入，进一步完善多渠道筹措高职教育经费的机制，鼓励企业和社会力量采取直接投资或捐赠等形式参与举办职业教育，促进高职教育经费投入稳定增长。

3. 促进改革。发挥财政资金的激励导向作用，建立完善高职院校生均拨款制度要与深化校企合作等制度改革创新相结合，形成激励相容、奖优扶优的机制，促进高职院校面向市场、面向

就业，改革创新人才培养模式，提高人才培养质量。

4. 注重绩效。切实提高财政资金使用效益，建立完善高职院校生均拨款制度要与强化绩效管理相结合，将绩效理念和绩效要求贯穿于高职教育经费分配使用的全过程，体现目标和结果导向，加快发展现代高等职业教育。

二、主要内容和措施

（一）地方为主建立

1. 明确实施范围。各地建立完善高职院校生均拨款制度，应当覆盖全部所属独立设置的公办高职院校。举办高职院校的国务院有关部门，应当参照院校所在地公办高职院校的生均拨款标准，建立完善所属高职院校生均拨款制度。

2. 科学合理确定拨款标准。各地要根据本地区经济社会发展水平、职业教育发展规划、专业办学成本差异、财力状况以及学费收入等因素，同时，统筹协调公办高职院校与本地区公办普通本科高校、中等职业学校生均拨款水平以及民办职业学校举办者生均投入水平，因地制宜、科学合理地确定高职院校生均拨款标准（综合定额标准或公用经费定额标准），并逐步形成生均拨款标准动态调整机制。

3. 发挥导向作用。各地在建立完善高职院校生均拨款制度过程中，在注重公平的同时，要切实体现改革和绩效导向，以学生规模存量调整为重点，促进高职院校加强内涵建设。防止出现吃“大锅饭”和盲目扩招的问题。要向改革力度大、办学效益好、就业质量高、校企合作紧密的学校倾斜，向管理水平高的学校倾斜，向当地产业转型升级亟须的专业以及农林水地矿油等艰苦行业专业倾斜，引导高职院校合理定位，办出特色和水平。

（二）中央财政综合奖补

从 2014 年起，中央财政建立“以奖代补”机制，激励和引导各地建立完善高职院校生均拨款制度，提高生均拨款水平，促进高职教育改革发展。中央财政根据各地生均拨款制度建立和完善情况、体现绩效的事业改革发展情况、经费投入努力程度和经费管理情况等因素给予综合奖补。综合奖补包括拨款标准奖补和改革绩效奖补两部分，由地方统筹用于支持高职教育改革发展。

1. 拨款标准奖补根据各地提高高职院校生均财政拨款水平的具体情况核定。2017 年各地高职院校年生均财政拨款水平应当不低于 12000 元。年生均财政拨款水平是指政府收支分类科目“2050305 高等职业教育”中，地方财政通过一般公共预算安排用于支持高职院校发展的经费，按全日制高等职业学历教育在校生人数折算的平均水平，包括基本支出和项目支出。中央财政统一以省份为单位考核，不要求对辖区内高职院校平均安排。

2017 年以前，对于年生均财政拨款水平尚未达到 12000 元的省份，中央财政以 2013 年为基期对各地生均财政拨款水平增量部分按一定比例给予拨款标准奖补。具体奖补比例，根据东部地区 25%、中西部地区 35% 的基本比例以及各省财力状况等因素确定。对于年生均财政拨款水平已达到 12000 元且以后年度不低于这一水平的省份，中央财政给予拨款标准奖补并稳定支持。2017 年，对于年生均财政拨款水平仍未达到 12000 元的省份，除不再给予拨款标准奖补外，中央财政还将暂停改革绩效奖补；教育部将在下一年度招生计划安排时予以必要限制，并对其高校设置工作予以调控。财政部、教育部将从生均财政拨款制度建立与完善、预算安排等方面，加强对各地高等职业教育投入情况的监测。

2. 改革绩效奖补根据各地推进高职院校改革进展情况核定。从 2014 年起，教育部每年从优化专业结构、深化校企合作、加快教学改革与产业转型升级衔接、加强双师型教师队伍建设、鼓励社会力量兴办高职教育、提升高职院校社会服务能力等方面，对各地推进高职院校改革的进展情况进行监测。中央财政依据监测数据和相关统计资料，选取体现改革绩效导向的因素分配，并适当向高等职业教育改革成效显著的省份倾斜、向年生均财政拨款水平率先达到 12000 元且稳定投入的省份倾斜。2014 ~ 2017 年，改革绩效奖补资金规模根据中央财政财力状况和各地高等职业教育改革进展情况等因素确定。2017 年以后，当各地年生均财政拨款水平全部不低于 12000 元时，中央财政将进一步加大改革绩效奖补力度。

三、工作要求

（一）切实加强组织领导

各地财政、教育等相关部门要落实工作职责，健全工作机制，共同推进建立完善高职院校生均拨款制度。尚未建立高职院校生均拨款制度的省份要尽快出台，已建立生均拨款制度的省份要进一步完善相关政策措施，逐步提高投入水平。举办高职院校的国务院有关部门，也应尽快建立完善所属高职院校生均拨款制度。

（二）强化省级督促引导

各省级财政、教育部门要积极督促和引导举办高职院校的市、县级政府，落实建立完善所属高职院校生均拨款制度所需经费。同时，要加强对民办高职院校的规范管理和科学引导，制定完善相关政策，积极探索通过政府补贴、购买服务等多种方式，鼓励企业和社会力量参与举办职业教育，促进民办高职教育发展。

（三）着力推进改革创新

各地、各有关部门和企业应积极推动高职院校围绕发展现代高职教育转变办学理念，以服务经济社会发展为宗旨，以促进就业为导向，合理确定办学定位，调整和设置专业，强化内涵建设，改革人才培养模式，积极推进校企合作制度化，将产教融合理念贯穿于人才培养工作各个环节，大力推进高职教育改革创新，促进各高职院校在不同层次、不同领域办出水平、办出特色。

（四）积极开展绩效评价

各地、各有关部门要积极探索建立高职教育经费使用绩效评价机制，制定科学合理的评价指标和管理办法，扎实开展绩效评价工作，并充分利用评价结果，调整完善支持所属高职院校改革发展的政策措施，不断提高经费使用管理水平。

（五）切实加强管理监督

各地、各有关部门和企业要充分发挥现代信息技术的作用，进一步加强基础管理工作，确保学生数等信息真实准确。要加大对高职教育经费使用管理情况的监督检查力度，督促所属高职院校严格执行《高等学校财务制度》、《高等学校会计制度》等相关规定，建立健全相关管理制度。高职院校要切实加强管理，完善经费使用内部稽核和内部控制制度；强化预算管理，防范财务风险；积极配合审计、监察等部门开展相关检查，对发现的问题及时整改；按照有关规定公开财务信息，自觉接受广大师生员工和社会监督，确保经费使用安全、规范、有效。

财政部、教育部
2014 年 10 月 30 日

附录三　中国部分重点高职院校名录

省（市、自治区）	序号	院校名称	电话	地址	邮编
北京市	1	北京工业职业技术学院	010－51511004	北京市石景山区石门路368号	100042
	2	北京电子科技职业学院	010－84551509	北京市朝阳区左家庄北里2号	100028
	3	北京农业职业学院	010－62596941	北京市海淀区香山普安店29号	100093
	4	北京财贸职业学院	010－89532019	北京市通州区北关大街88号	101101
	5	北京信息职业技术学院	010－64312725	北京市丰台区花乡辛庄90号	100070
	6	北京劳动保障职业学院	010－80114009	北京市昌平区旧县村1号	102200
天津市	7	天津职业大学	022－60585310	天津市北辰区洛河道2号	300410
	8	天津中德职业技术学院	022－28776099	天津市海河教育园区雅深路2号	300350
	9	天津医学高等专科学校	022－60276800	天津市河西区柳林路14号	300222
	10	天津电子信息职业技术学院	022－28772524	天津海河教育园区雅深路4号	300350
	11	天津交通职业学院	022－87912866	天津市西青区西青道269号	300110
	12	天津轻工职业技术学院	022－27391636	天津市津南区海河教育园雅观路1号	300270
	13	天津现代职业技术学院	022－28193132	天津海河教育园区雅观路3号	300350
河北省	14	邢台职业技术学院	0319－2273009	邢台市钢铁北路552号	054035
	15	石家庄铁路职业技术学院	0311－87935114	石家庄市四水厂路18号	050043
	16	承德石油高等专科学校	0314－2375666	承德高新技术产业开发区	067000
	17	河北工业职业技术学院	0311－85239666	石家庄市红旗大街626号	050000
	18	邯郸职业技术学院	0310－3162937	邯郸市渚河路141号	056001
	19	河北化工医药职业技术学院	0311－85110061	石家庄市方兴路88号	050026
	20	唐山工业职业技术学院	0315－3271129	唐山市路北区缸窑路29号	063020
	21	秦皇岛职业技术学院	0335－5926919	秦皇岛市北戴河区联峰北路90号	066100
山西省	22	山西财政税务专科学校	0351－6580599	太原市万柏林区千峰南路25号	030024
	23	山西工程职业技术学院	0351－3350198	太原市新建北路131号	030009
	24	山西煤炭职业技术学院	0351－7975124	太原市许坦东街40号	030031
	25	山西建筑职业技术学院	0351－7432646	太原市学府街50号	030006
	26	山西职业技术学院	0351－2306636	太原市坞城路115号	030006
内蒙古自治区	27	内蒙古建筑职业技术学院	0471－3992297	呼和浩特市回民区青少年生态园南侧	010070
	28	包头职业技术学院	0472－6995998	包头市青山区呼得木林大街12号	014030

续表

省（市、自治区）	序号	院校名称	电话	地址	邮编
内蒙古自治区	29	内蒙古化工职业学院	0471 – 5260399	呼和浩特市赛罕区高职园区	010070
	30	内蒙古机电职业技术学院	0417 – 5279084	呼和浩特市高职园区学府路 1 号	010070
辽宁省	31	辽宁省交通高等专科学校	024 – 89708710	沈阳市沈北新区沈北路 102 号	110122
	32	沈阳职业技术学院	024 – 88252727	沈阳市大东区劳动路 32 号	110045
	33	大连职业技术学院	0411 – 86402300	大连市甘井子区夏泊路 100 号	116035
	34	辽宁农业职业技术学院	0417 – 7020038	辽宁营口鲅鱼圈经济技术开发区	115009
	35	辽宁石化职业技术学院	0416 – 3212043	锦州市古塔区北京路	121001
	36	渤海船舶职业学院	0429 – 2465222	兴城市龙兴路 29 号	125105
	37	辽宁职业学院	0410 – 2860888	铁岭市银州区东街一委	112099
吉林省	38	长春汽车工业高等专科学校	0431 – 85751803	长春市东风大街 9999 号	130011
	39	长春职业技术学院	0431 – 84602444	长春市卫星路 3278 号	130033
	40	吉林工业职业技术学院	0432 – 64644361	吉林市丰满区恒山西路 15 号	132013
	41	吉林交通职业技术学院	0431 – 85541105	长春市新电台街 63 号	130012
黑龙江省	42	黑龙江建筑职业技术学院	0451 – 85915000	哈尔滨市利民开发区学院路	150025
	43	黑龙江农业工程职业学院	0451 – 86701967	哈尔滨市南岗区哈双路 348 号	150088
	44	大庆职业学院	0459 – 5874941	大庆市萨尔图区火炬东路 7 号	163255
	45	黑龙江农业经济职业学院	0453 – 6402306	牡丹江市西安区温春镇桥头村	157041
	46	哈尔滨铁道职业技术学院	0451 – 86665036	哈尔滨市南岗区保健路 123 号	150086
	47	黑龙江工商职业技术学院	0451 – 87501262	哈尔滨市南岗区学府路 5 号	150080
	48	哈尔滨职业技术学院	0451 – 86681627	哈尔滨市香坊区哈平路 217 号	150081
上海市	49	上海医药高等专科学校	021 – 33759000	上海市南汇区周祝公路 279 号	201318
	50	上海公安高等专科学校	021 – 28957000	上海市浦东新区凌桥崇景路 100 号	289000
	51	上海工艺美术职业学院	021 – 61421860	上海市黄浦区宁波路 476 号	201808
	52	上海旅游高等专科学校	021 – 57126299	上海奉贤区海思路 500 号	201418
	53	上海医疗器械高等专科学校	021 – 65485551	上海市营口路 101 号	200093
	54	上海电子信息职业技术学院	021 – 64038240	上海市奉贤区瓦洪公路 3098 号	201411
	55	上海出版印刷高等专科学校	021 – 65674045	上海市水丰路 100 号	200093
江苏省	56	南京工业职业技术学院	025 – 85864009	南京市栖霞区仙林大学城羊山北路 1 号	210023
	57	无锡职业技术学院	0510 – 81838821	无锡市高浪西路 1600 号	214121
	58	江苏农林职业技术学院	0511 – 87290000	句容市文昌东路 19 号	212400
	59	常州信息职业技术学院	0519 – 86333036	常州鸣新中路 22 号	213164
	60	苏州工业园区职业技术学院	0512 – 62557072	苏州工业园区独墅湖高等教育区若水路 1 号	215123
	61	南通纺织职业技术学院	0513 – 81050200	南通市青年东路 105 号	226007

续表

省（市、自治区）	序号	院校名称	电话	地址	邮编
江苏省	62	徐州建筑职业技术学院	0516－83889006	徐州市泉山区学苑路26号	221116
	63	江苏畜牧兽医职业技术学院	0523－86158999	泰州市凤凰东路8号	225300
	64	南通航运职业技术学院	0513－85960888	南通市通盛大道185号	226026
	65	常州机电职业技术学院	0519－86331000	常州武进区鸣新东路6号	213164
	66	苏州工艺美术职业技术学院	0512－66501080	苏州吴中区国际教育园南区致能大道189号	215104
	67	南京化工职业技术学院	025－81993305	南京市沿江工业开发区葛关路625号	210048
	68	南京信息职业技术学院	025－58004885	南京文澜路99号	210023
	69	江苏经贸职业技术学院	025－52710218	江宁大学城龙眠大道180号	210007
	70	江苏食品职业技术学院	0517－7088026	淮安市高教园枚乘路4号	223003
浙江省	71	宁波职业技术学院	0574－86891301	宁波经济技术开发区新大路1069号	315800
	72	浙江金融职业学院	0571－86739000	杭州下沙高教园东区学源街118号	310018
	73	浙江机电职业技术学院	0571－87773000	杭州滨江区滨文路528号	310053
	74	温州职业技术学院	0577－88332966	温州市府东路717号	325035
	75	金华职业技术学院	0579－82265012	浙江金华婺州街1188号	321007
	76	浙江警官职业学院	0571－86918742	杭州市下沙高教园区二号大街	310018
	77	浙江经济职业技术学院	0571－86928099	杭州经济技术开发区学正街66号	310018
	78	浙江旅游职业学院	0571－88829336	杭州市萧山高教园区	311231
	79	浙江交通职业技术学院	0571－88481880	杭州市莫干山路1515号	311112
	80	杭州职业技术学院	0571－86916835	杭州学源街68号	310018
	81	浙江建设职业技术学院	0571－82862555	杭州萧山高教园区	311231
安徽省	82	芜湖职业技术学院	0553－5775888	芜湖市银湖北路62号	241006
	83	安徽水利水电职业技术学院	0551－7316800	合肥市东门合马路18号	231603
	84	安徽职业技术学院	0551－64689666	合肥市新站区文忠路	230011
	85	安徽机电职业技术学院	0553－5975048	芜湖市弋江区高教园区文津西路16号	241002
	86	安徽电气工程职业技术学院	0551－63705071	合肥市包河大道56号	230051
	87	安徽商贸职业技术学院	0553－5971000	芜湖市弋江区文昌西路24号	241002
	88	安徽交通职业技术学院	0551－63416906	合肥市太湖路19号	230051
	89	阜阳职业技术学院	0558－2181325	阜阳市阜南路465号	236031
福建省	90	福建交通职业技术学院	0591－83511759	福州市仓山区首山路112号	350007
	91	漳州职业技术学院	0596－2660766	漳州市马鞍山路1号	363000
	92	福建信息职业技术学院	0591－87833394	福州市鼓楼区福飞路106号	350003
	93	福建林业职业技术学院	0599－8823450	南平市金山路140号	353000
	94	泉州医学高等专科学校	0595－22783475	泉州市洛江区安吉路2号	362100
	95	闽西职业技术学院	0597－2589999	福建龙岩市新罗区曹溪闽大路8号	364021

续表

省（市、自治区）	序号	院校名称	电话	地址	邮编
江西省	96	九江职业技术学院	0792－8262600	九江市十里大道1188号	332005
	97	江西现代职业技术学院	0791－88123456	南昌市昌东大学园区紫阳大道388号	330095
	98	江西财经职业学院	0791－88384012	南昌市昌东大学园区紫阳大道338号	330095
	99	江西应用技术职业学院	0797－8327888	赣州市开发区文峰路9号	341000
	100	江西交通职业技术学院	0791－83841116	红谷滩新区双港东大街644支路395号	330013
山东省	101	青岛职业技术学院	0532－86951138	青岛市经济技术开发区钱塘江路369号	266555
	102	威海职业学院	0631－5700888	威海市科技新城	264210
	103	山东商业职业技术学院	0531－86335888	济南市旅游路4516号	250103
	104	淄博职业学院	0533－2828000	淄博新区联通路西首	255314
	105	日照职业技术学院	0633－8172345	日照市烟台北路16号	276826
	106	山东科技职业学院	0536－8187766	潍坊市西环路6388号	261053
	107	滨州职业学院	0543－3278000	滨州市黄河十二路919号	256603
	108	烟台职业学院	0535－6385779	烟台市莱山区滨海中路2018号	264025
	109	济南铁道职业技术学院	0531－82626632	济南市经十东路23000号	250104
	110	东营职业学院	0546－8060063	东营区东城府前大街129号	257091
	111	山东畜牧兽医职业学院	0531－86662366	济南市经十东路2号	261061
	112	青岛港湾职业技术学院	0532－81735177	青岛市胶南市大学一路216号	266404
	113	济南职业学院	0531－82627603	济南市历下区舜耕路12号	250104
河南省	114	黄河水利职业技术学院	0371－23658000	开封市东京大道西段	475004
	115	平顶山工业职业技术学院	0375－4916567	平顶山水库路3号院学院	467001
	116	商丘职业技术学院	0370－3182005	商丘市神火大道南段566号	476000
	117	河南职业技术学院	0371－69307333	郑州市郑东新区龙子湖高校园区祭城路	450007
	118	河南工业职业技术学院	0377－63270276	南阳市工农路291号	473000
	119	河南农业职业学院	0371－67290666	郑州市中牟青年西路38号	451450
	120	郑州铁路职业技术学院	0371－66993105	郑州市幸福路2号	450052
湖北省	121	武汉船舶职业技术学院	027－84804551	武汉市汉阳区月湖街	430050
	122	武汉职业技术学院	027－87766666	武汉市关山一路463号	430074
	123	湖北职业技术学院	0712－2868621	孝感市玉泉路17号西区1号	432000
	124	武汉铁路职业技术学院	027－51168500	武汉市江夏区藏龙大道特1号	430205
	125	襄樊职业技术学院	0710－3564925	襄阳市襄城区隆中路18号	441050
	126	黄冈职业技术学院	0713－8346388	黄冈市黄州区南湖桃园街109号	438002
	127	十堰职业技术学院	0719－8126029	十堰市北京中路38号	442000
	128	鄂州职业大学	0711－3862548	鄂州市凤凰路78号	436000
	129	武汉软件工程职业学院	027－87996677	东湖新技术开发区光谷大道117号	430205

续表

省（市、自治区）	序号	院校名称	电话	地址	邮编
湖南省	130	长沙民政职业技术学院	0731－82763288	长沙市香樟路22号	410004
	131	湖南铁道职业技术学院	0731－28441889	株洲市田心社区	412001
	132	永州职业技术学院	0746－8216500	永州市梧桐路779号	425100
	133	湖南交通职业技术学院	0731－82082092	长沙市韶山南路635号	410132
	134	湖南工业职业技术学院	400－678－4358	长沙市岳麓区含浦科教园	410082
	135	湖南大众传媒职业技术学院	0731－5602222	长沙市星沙经济开发区特立路5号	410100
	136	湖南科技职业学院	0731－85058777	长沙市井湾路784号	410004
	137	湖南工艺美术职业学院	0737－4200777	湖南益阳市栖霞路135号	413001
	138	娄底职业技术学院	0738－8360973	娄底市月塘街新星南路	417000
广东省	139	番禺职业技术学院	020－84736666	广州市番禺区沙湾青山湖	511483
	140	深圳职业技术学院	0755－26731000	深圳市南山区留仙大道2190号	518055
	141	广州民航职业技术学院	020－86120574	广州市机场路向云西街10号	510403
	142	广东轻工职业技术学院	020－61230200	广州市海珠区新港西路152号	510300
	143	顺德职业技术学院	0757－22329969	佛山市顺德区德胜东路	528399
	144	广东交通职业技术学院	020－37236028	广州市天河区天源路789号	510650
	145	广东水利电力职业技术学院	020－87993480	广州市天河区天寿路122号	510635
	146	广州铁路职业技术学院	020－86020034	广州市白云区石井街庆隆中路100号	510430
	147	广东科学技术职业学院	020－85297309	广州市天河区科华街351号	510640
	148	深圳信息职业技术学院	0755－89226360	深圳市龙岗区龙翔大道2188号	518172
	149	中山火炬职业技术学院	0760－88291180	中山市火炬开发区中山港大道60号	528436
广西壮族自治区	150	南宁职业技术学院	0771－2029337	南宁市大学西路169号	530008
	151	柳州职业技术学院	0772－3156666	柳州市柳南区社湾路28号	545000
	152	广西机电职业技术学院	0771－3249900	西乡塘区大学东路101号	530007
	153	广西职业技术学院	0771－4212633	南宁市江南区明阳工业园	530226
	154	广西水利电力职业技术学院	0771－2085123	南宁市经济开发区长岗大道98号	530023
海南省	155	海南职业技术学院	0898－31930666	海口市南海大道95号	570216
	156	海南经贸职业技术学院	0898－65922033	海口市桂林洋校际二号路	571127
重庆市	157	重庆工业职业技术学院	023－61879051	重庆市渝北区（空港）桃源大道1000号	401120
	158	重庆工程职业技术学院	023 61065900	重庆市江津区滨江新城南北大道1号	402260
	159	重庆电子工程职业学院	023－65926593	重庆市大学城东路76号	401331
	160	重庆电力高等专科学校	023－68505288	重庆市九龙坡区五龙庙电力四村9号	400053
	161	重庆城市管理职业学院	023－65626161	重庆市沙坪坝区虎溪重庆大学城	401331
	162	重庆工商职业学院	023－68613575	重庆市九龙坡区九龙科技园华龙大道1号	400052

续表

省（市、自治区）	序号	院校名称	电话	地址	邮编
四川省	163	成都航空职业技术学院	028－88459397	龙泉驿区车城东七路699号	610100
	164	四川工程职业技术学院	0838－2651110	德阳市泰山南路二段801号	618000
	165	四川交通职业技术学院	028－82680050	成都市温江区柳台大道东段208号	611130
	166	四川建筑职业技术学院	028－89339125	成都市青白江区祥福镇青白江大道899号	610399
	167	绵阳职业技术学院	0816－2202006	绵阳市游仙区仙人路一段32号	621000
	168	四川电力职业技术学院	028－87329402	成都市温江区春江南路666号	610072
	169	成都纺织高等专科学校	028－87843204	成都市犀浦泰山南街186号	611731
	170	四川邮电职业技术学院	028－84671557	成都市锦江区静康路536号	610067
	171	成都职业技术学院	028－85327933	成都市高新区益州大道北段15号	610041
	172	宜宾职业技术学院	0831－8271773	宜宾市翠屏区新村74号	644003
	173	四川机电职业技术学院	0812－6251211	攀枝花市东区马家田路65号	617000
贵州省	174	贵州交通职业技术学院	0851－8133355	贵阳市云岩区白云大道245号	550008
	175	铜仁职业技术学院	0856－6909046	铜仁市川硐教育园区	554300
云南省	176	云南交通职业技术学院	0871－5529966	昆明市昆沙路35号	650101
	177	昆明冶金高等专科学校	0871－6050723	昆明市学府路388号	650300
	178	云南机电职业技术学院	0871－66239399	昆明市盘龙区龙泉路704号	650203
西藏自治区	179	西藏职业技术学院	0891－6865697	拉萨市金珠中路金农巷5号	850000
陕西省	180	杨凌职业技术学院	029－87083954	咸阳市杨凌农业高新技术产业示范区渭惠路24号	712100
	181	西安航空职业技术学院	029－86852321	西安市阎良区人民西路48号	710089
	182	陕西工业职业技术学院	029－33152190	咸阳市文汇西路12号	712000
	183	陕西国防工业职业技术学院	029－81481188	西安市户县人民路8号	710300
	184	陕西铁路工程职业技术学院	0913－2221170	渭南市站北路东段1号	714099
	185	陕西职业技术学院	029－85646800	西安市长安区西杨万甲字1号	710014
甘肃省	186	兰州石化职业技术学院	0931－7534156	兰州市西固区山丹街1号	730060
	187	甘肃林业职业技术学院	0938－2111068	天水市麦积区马跑泉路58号	741020
	188	兰州资源环境职业技术学院	0931－8799685	兰州市城关区窦家山36号	730021
	189	酒泉职业技术学院	0937－2652952	酒泉市解放路66号	735000
	190	武威职业学院	0935－6122075	武威市西关街皇台路102号	733000
青海省	191	青海畜牧兽医职业技术学院	0971－2432021	西宁湟源县西大街13号	812100
	192	青海交通职业技术学院	0971－5122242	西宁市柴达木路22号	810003
宁夏回族自治区	193	宁夏职业技术学院	0951－2135023	银川市西夏区文萃路宁夏职业教育园区	750021
	194	宁夏财经职业技术学院	0951－2075016	银川市西夏区文萃北街216号	750021
	195	宁夏工商职业技术学院	0951－6737079	银川市兴庆区清河北街八里桥	750021

续表

省（市、自治区）	序号	院校名称	电话	地址	邮编
新疆维吾尔自治区	196	新疆农业职业技术学院	0994－2345498	昌吉市文化东路29号	831100
	197	克拉玛依职业技术学院	0992－3657009	新疆独山子北京路10号	833600
	198	新疆轻工职业技术学院	0991－6860426	乌鲁木齐市米东区米东南路西四巷259号	830021
	199	乌鲁木齐职业大学	0991－8825404	乌鲁木齐市幸福路723号	830002
新疆生产建设兵团	200	新疆石河子职业技术学院	0993－2059506	石河子市北五路38号小区	832000

附录四　中国中职示范院校名录

附录A　国家第一批中职示范院校名录

省（市、自治区）	学校名称	电话	地址	邮编
北京	北京市昌平职业学校	010－69732637	北京昌平区沙河镇松兰堡	102206
	北京金隅科技学校	010－69320970	北京房山区琉璃河车站东街22号	102403
	北京市商业学校	010－81761419	北京市天坛路57号	102209
	北京铁路电气化学校	010－51025440	北京昌平区南口镇道北文化路1号	102202
	北京商贸学校	010－60221741	北京市西红门路14号	100076
	北京一轻高级技术学校	010－67566081	北京市丰台区马家堡路63号	100068
天津	天津市机电高级技术学校	022－26650245	天津市红桥区本溪路光荣道交口	300131
	天津市第一商业学校	022－84941992	津塘路1号桥129号	300180
	天津市红星职业中等专业学校	022－86513108	天津市红桥区丁字沽三号路45号	300131
	天津市第一轻工业学校	022－26370131	天津市红桥区勤俭道24号	300131
	天津市电子信息高级技术学校	022－88242820	天津海河教育园区雅深路6号	300350
河北	承德工业学校	0314－2072526	承德市大石庙镇偏岭	130800
	南宫市职业技术教育中心	0319－5191234	邢台市324省道附近	055750
	阜平县职业技术教育中心	0312－7892152	阜平县职业技术教育中心	073200
	石家庄工程技术学校	0311－89260032	石家庄市友谊北大街飞翼路9号	050061
	武安市综合职业技术教育中心	0310－5661231	武安市职教路1号	056300
	河北省秦皇岛市高级技工学校	0335－3614842	秦皇岛市海港区西港北路58号	066001
	涿州市职业技术教育中心	0312－3851822	涿州市范阳中路289号	072750
	张家口市职业技术教育中心	0313－8023078	张家口市长青路93号	075100
	河北省唐山市丰南区职业技术教育中心	0315－8283666	唐山市丰南区青年路66号	063000
	河北城乡建设学校	0311－85251695	石家庄市东岗路31号	050031
	鹿泉市职业教育中心	0311－82013699	石家庄市鹿泉开发区	050200
	邢台市农业学校	0319－2616668	邢台市元庄村辖区内	054000
	河北省科技工程学校	0312－5078989	保定市五四东路975号	071000
	河北省邯郸市职业教育中心	0310－3270001	邯郸市联纺东路539号	056008

续表

省（市、自治区）	学校名称	电话	地址	邮编
山西	长治市高级技工学校	0355－2083659	长治市太行北路59号	046011
	太原市高级技工学校	0351－6076404	太原市万柏林区义井街6号	030021
	华北机电学校	0355－2171001	长治市城区延安中路420号	046000
	平遥现代工程技术学校	0354－5671350	晋中市平遥县G5京昆高速222省道入口附近	031100
	太原铁路机械学校	0351－2630291	太原市坞城东街9	030006
	山西省运城市财经学校	0359－6388611	华雄南路山西财经大学运城学院	044099
	山西省晋中市卫生学校	0354－2783008	晋中市榆次区迎宾西街369号	030600
	山西省雁北煤炭工业学校	0352－6013500	大同市北苑路48号	037005
内蒙古	巴彦淖尔市临河区第一职业中等专业学校	0478－8322788	巴彦淖尔市西环路甲1号	015000
	赤峰农牧学校	0476－5893333	松山区111国道	024031
	内蒙古北方重工业集团有限公司技工学校	0472－3335454	包头市青山路2号街坊127号	014000
	呼和浩特市第二职业中等专业学校	0471－6306897	呼和浩特市西顺城街54号	010030
辽宁	沈阳现代制造服务学校	024－25262666	沈阳市西江北街199号	110148
	沈阳市装备制造工程学校	024－25827590	沈阳市肇工北街16号	110027
	辽宁金杯高级技工学校	024－24212822	沈阳市文萃路124号	110000
	本溪市化学工业学校	0414－7259866	本溪市溪湖区彩屯南路34号	117022
	朝阳工程技术学校	0421－3930343	朝阳市竹林路五段224号	122000
	营口市农业工程学校	0417－7031112	营口鲅鱼圈区熊岳镇铁东街八三里	115009
	建平县职业教育中心	0421－7838158	朝阳市建平县向阳街53号	122400
吉林	吉林航空工程学校	0432－3505819	吉林龙潭区吉孤公路双吉镇车站旁	132102
	吉林机电工程学校	0432－66012789	吉林经济技术开发区松九街180号	132101
	长春市机械工业学校	043－81819333	长春市东风大街293号（东风校区）	130011
	长春职业技术学校	0431－84580566	长春市经济技术开发区兴隆大路5999号	130102
	敦化市职业教育中心	0433－6312166	敦化市胜利街西环城委10号	133700
	吉林省工程高级技工学校	0439－3271397	白山市育文路10号	134300
黑龙江	齐齐哈尔铁路工程学校	0452－2693329	齐齐哈尔市铁锋区工校街34号	161000
	鸡西矿业高级技工学校	0467－2433300	鸡西市城子河区214县道	158100
	齐齐哈尔市职业教育中心学校	0452－6118101	建华区文化大街40号（近林化路）	161041
	哈尔滨轻工业学校	0451－51956012	朗江路168	150010
	黑龙江省林业卫生学校	0454－8782947	佳木斯市中山路育林街3号	154007
	哈尔滨市第一职业高级中学	0451－88397437	哈尔滨市道外区南极街76号	150020

续表

省（市、自治区）	学校名称	电话	地址	邮编
上海	上海信息技术学校	021－62506426	上海市真南路 1008 号	200331
	上海石化工业学校	021－57957844	上海市临桂路 2936	201512
	上海市大众工业学校	021－69987070	上海市嘉定环城路 2290 号	201800
	上海交通大学医学院附属卫生学校	021－33759000	上海市南汇区周祝公路 279 号	201318
	上海市城市科技学校	021－67700346	上海市松江区人民北路 925 号	201620
	上海市东辉职业技术学校	021－68456766	上海唐兴路唐镇中学附近	201204
江苏	镇江高等职业技术学校	0511－88784880	镇江市学府路 132 号	212003
	江苏省盐城市高级技工学校	0515－8249454	江苏省盐城市文港南路 5 号	224002
	南京高等职业技术学校	025－86479363	南京市建邺区黄山路 58 号	210019
	江苏省张家港职业教育中心校	0512－8269998	张家港市沙洲西路 109	215600
	常州高级技工学校	0519－85336526	常州市新北区嫩江路 8 号	213017
	江苏省扬州商业学校	0514－87431888	扬州市邗江中路 98 号	225009
	无锡机电高等职业技术学校	0510－80219516	无锡市新区旺庄东路 169 号	214028
	苏州市高级技术学校	0512－65252069	苏州国际教育园区学府路 288 号	215009
	江苏省丰县中等专业学校	0516－89280296	丰县凤城东郊 1 号职教中心	221700
	江苏省溧阳中等专业学校	0519－87220692	溧阳市燕山中路	213300
	江苏省淮阴农业学校	0517－5981027	淮安果林村中心路淮阴区农业干部学校附近	223001
	江苏省宿豫中等专业学校	0527－84496603	宿迁市江山大道 2 号	223800
	盐城机电高等职业技术学校	0515－88110588	盐城市城南新区高等职业教育园区园中路	224000
	泰兴中等专业学校	0523－87661228	泰州市镇南二环东路 1 号	225400
	江苏省仪征工业学校	0514－83452895	仪征市东园南路 3 号	211400
	南通市中等专业学校	0513－89011005	南通市通宁大道 8 号	226004
	江苏省赣榆中等专业学校	0518－87110709	赣榆县青口镇宁海路 72 号	222100
浙江	浙江信息工程学校	0572－2315127	湖州市长兴路 1299 号	313000
	绍兴县职业教育中心	0575－85680399	柯桥区安华路 371 路	312030
	温州市职业中等专业学校	0577－88915432	鹿城区惠民路	325200
	衢州中等专业学校	0570－8022011	衢州市九华北大道 88 号	324000
	长兴县职业技术教育中心学校	0572－6022674	湖州市长兴县清文路 52 号	313100
	绍兴市职业教育中心	0575－88643632	绍兴市平江路 579 号	312000
	浙江交通高级技工学校	0579－2171188	金华市金帆街 966 号	321000
	温岭市职业技术学校	0576－86145033	温岭市万昌西路 360 号	317500
	桐乡市职业教育中心学校	0573－87072487	桐乡市中山西路 588 号	314500

续表

省（市、自治区）	学校名称	电话	地址	邮编
安徽	安徽省宁国市职业高级中学	0563－4183996	宁国市宁阳中路 29 号	242300
	安徽省汽车工业学校	0551－65555588	合肥双凤工业园区凤霞路 15 号	231131
	安徽省濉溪县职业教育中心	0561－6864008	濉溪县环城南路 80 号	235100
	安徽省桐城望溪高级职业技术学校	0556－6204517	桐城市区同安北路 171 号	231402
	安徽省马鞍山工业学校	0555－3100645	马鞍山雨山区向山镇西山村	243031
	安徽芜湖机械高级技工学校	0553－8820579	芜湖市天门山西路 5－3 号附近	241001
	安徽建设学校	0551－63416364	合肥市包河区包河大道 188 号	230051
	铜陵市工业学校	0562－2893881	铜陵市翠湖四路东段 3999 号	244000
	滁州市第一职业高级中学	0550－3067182	滁州市凤凰路 371 号	239000
	安徽省行知学校	0559－6516109	黄山市歙县 215 省道附近	245200
福建	福建省侨兴轻工学校	0591－85380475	福清市石竹街道 123 号	350301
	福建理工学校	0591－83741668	福州市仓山区洪山桥金山学区	350002
	福建建材工业学校	0591－83742451	福州市仓山区山洪桥	350002
	福建工业学校	0591－83768408	福州市仓山区洪山桥上店 13 号	350002
	福建省龙岩华侨职业中专学校	0597－2290370	龙岩市龙川北路 9 号	364031
	福建省三明市农业学校	0598－5822373	三明市沙县城关华山	365500
	龙岩市高级技工学校	0597－2290865	龙岩市凤凰北路 8 号	364000
	福建省晋江职业中专学校	0595－85397087	晋江市金井镇新市村南区 1 号	362200
江西	江西省医药学校	0791－85211454	南昌南郊银三角迎宾南大道 880 号	330200
	江西省冶金工业学校	0790－6855381	新余市渝水区 324 省道附近	330046
	南昌市第一中等专业学校	0791－83809647	南昌市洪都中大道 208 号	330013
	江西现代高级技工学校	0791－88270680	南昌市顺外路 388 号	330000
	江西省通用技术工程学校	0792－3020195	永修云山经济开发区	330306
	江西省水利水电学校	0791－83847800	南昌市经开发区北山路 99 号	330013
	江西省电子信息工程学校	0791－82185186	南昌市高新开发区创业路 925 号	330096
	赣州农业学校	0797－4439676	赣州市赣县赣新大道 29 号	341100
	萍乡市卫生学校	0799－6833798	萍乡市安源区白源街	337000
山东	莘县职业中等专业学校	0635－7322344	聊城市莘县振兴街西首	252400
	山东齐河县职业中等专业学校	0534－5399003	德州市齐河县	251100
	山东省淄博市工业学校	0533－7311473	淄博市临淄区齐兴路 102 号	255400
	山东省宁阳县职业教育中心	0538－6918112	泰安市宁阳县杏岗路 598 号	271400
	临沭县职业中等专业学校	0539－6082882	临沭县苍马山风景区	276700
	博兴县职业中专	0543－2605024	滨州市博兴县博城五路 857 号	256500

续表

省（市、自治区）	学校名称	电话	地址	邮编
山东	莱州市高级职业学校	0535－2212151	莱州城港南路1639号	261400
	莒县职业技术教育中心	0633－6205656	日照市莒县振兴西路888号	276800
	济南市历城职业中等专业学校	0531－68991571	济南市历城区郭店街道办事处	250109
	诸城市技工学校	0536－6439238	诸城市经济开发区（和平北街）	262200
	嘉祥县职业中等专业学校	0537－6861176	济宁市嘉祥县建设北路2号	272400
	山东省潍坊商业学校	0536－8327472	潍坊市潍城区胜利街向阳路34号	261011
	定陶县职业教育中心	0530－2256669	菏泽市定陶县学东路D段047号	274100
	平阴县职业中等专业学校	0531－87643002	济南市平阴县城府前街	250400
	枣庄市薛城区职业中专	0632－666666	枣庄市薛城区茂源南路附近	277000
	烟台经济技术开发区高级职业学校	0535－6371159	烟台开发区金沙江路165号	264006
河南	平顶山市卫生学校	0375－4945343	平顶山市新城区崇文路中段	467001
	河南省建筑工程学校	0371－67875006	郑州市二七区马寨经济开发区工业路中段	450064
	灵宝市职业中等专业学校	0398－6611168	灵宝市长安路西段	472501
	新安县职业高级中学	0379－67284620	洛阳市新安县新安职高	471800
	洛阳市高级技工学校	0379－63189387	洛阳市高新区丰华路20号	471000
	新县职业高级中学	0397－2984212	新县城关首府路183号	465550
	南阳市高级技工学校	0377－63291016	南阳市高新区七里园新街1号	473009
	焦作卫生医药学校	0391－2036858	焦作市建设西路55号	454001
	开封市高级技工学校	0371－3850856	开封市金明区大梁路西段230号	475004
	汤阴县职业技术教育中心	0372－6226251	安阳市汤阴县五里岗	456150
	河南省南阳工业学校	0377－63488988	南阳市宛城区伏牛路22号	473004
	项城市中等专业学校	0394－4280794	项城市正泰路中段	466200
	开封市卫生学校	0371－22921610	开封市滨河路中段28号	475003
	河南省工业科技学校	0373－5031314	新乡市科隆大道114号	453000
	许昌技术经济学校	0374－6316069	长葛市建设路南段	461500
	长垣县职业中等专业学校	0373－8814541	新乡市长垣县蒲东区伯玉路南侧	453400
	鹤壁市理工学校	0392－3337620	鹤壁市淇滨区柳江路	450003
	濮阳市职业中等专业学校	0393－8998502	濮阳市石化中路281号	457000
	河南省驻马店农业学校	0396－2223336	驻马店市十三香路236号	463002
	河南省新密市职教中心	0371－69838134	新密市南环路龙潭大桥东500米	452370
湖北	武汉市仪表电子学校	027－87403681	武汉市东湖新技术开发区流芳园路1号	430074
	湖北信息工程学校	0724－8885259	荆门市掇刀区军马场路1号	448000
	郧阳科技学校	0719－7233288	郧县城关镇郧阳路5号	442500
	湖北省创业技工学校	0716－8337998	荆州市北京东路特1号	434001

续表

省（市、自治区）	学校名称	电话	地址	邮编
湖北	孝感市工业学校	0712－2881711	孝感市城站路235号	431607
	罗田理工中等专业学校	0713－5072728	黄冈市罗田县凤山栗子坳318国道	438604
	秭归县职业教育中心	0717－2880818	宜昌市茅坪镇兰惠路	443600
	武汉市第二轻工业学校	027－86863860	武汉市青山区冶金大道49号	430080
	武汉市新洲高级职业中学	027－8975588	武汉市新洲区汪集街荣生路	430000
	湖北省机械工业学校	0714－6352686	黄石市团城山开发区广州路9号	435003
	东风汽车公司高级技工学校	0719－8260666	十堰市车城西路133号	442000
	湖北黄冈高级技工学校	0714－6350697	黄冈市黄州区坡仙路9号	438000
	武汉市东西湖职业技术学校	027－83220451	武汉东西湖吴家山街七雄路口	430040
	利川市民族中等职业技术学校	0718－7211287	利川市西城路325号	445400
湖南	长沙市财经职业中等专业学校	0731－82227004	长沙市荷花池巷55	410005
	湖南省郴州高级技工学校	0735－2891348	郴州市苏仙区郴州大道	423000
	澧县职业中专学校	0736－3222590	常德市澧县澧阳镇临江东路22号	415500
	永州市工商职业中等专业学校	0746－6312734	永州市零陵区杨梓塘路209号	425000
	株洲市工业中等专业学校	0731－22621398	株洲市荷塘区石宋大道1059号	412008
	株洲市中级技工学校	0733－8223235	株洲市新屋街	412000
	岳阳县职业中等专业学校	0730－3216888	岳阳市岳阳县贺坪西路61号	414100
	中南工业学校	13786019038	岳阳市花板桥路樟树巷48号	414000
	郴州综合职业中专学校	0735－2832948	郴州工业北道19号	423000
	桃源县职业中等专业学校	0736－6619969	常德市桃源县桃花大道060号	415700
	衡阳市职业中等专业学校	0734－2894508	衡阳市红湘路附近	421008
广东	中山市沙溪理工学校	0760－86238100	中山市沙溪镇理工路13号	528471
	广东省机械高级技工学校	020－86606958	广州市白云区江高镇江村松岗街193号	510450
	广州市工贸高级技工学校	020－22239088	广州市天河区中山大道珠吉路	510425
	广州市旅游商贸职业学校	020－84302391	广州市海珠区新滘西路9号	510220
	佛山市顺德区梁銶琚职业技术学校	0757－22661068	佛山市顺德区大良南国西路	528000
	中山市中等专业学校	0760－88325584	中山市广东理工职业学院附近	528458
	广州市交通运输职业学校	020－86093270	广州市白云区嘉禾上胜东街23号	510440
	普宁职业技术学校	0663－3879320	普宁市燎原街道	515344
	佛山市顺德区中等专业学校	0757－22623582	佛山市大良街道105国道	528300
	广东省岭南工商第一高级技工学校	020－86876318	广州市花都区花港大道36号	510800
	河源市卫生学校	0762－6888938	河源市源城区东环路	517000
	广东省轻工职业技术学校	020－84293076	广州市新港东路144号	510310

续表

省（市、自治区）	学校名称	电话	地址	邮编
广东	珠海市理工职业技术学校	0756－8654882	珠海市九洲大道西3024号	519070
	江门市第一职业技术学校	0750－3281488	江门市蓬江区中兴三路67号	529000
	珠海市高级技工学校	0756－3808378	珠海市香洲区吉大白莲路42号	519000
	广州市机电高级技工学校	020－81983543	广州市槎头西洲北路148号	510450
	梅州市职业技术学校	0753－2358768	梅州市东山教育基地	514017
	茂名市第二高级技工学校	0668－2200238	茂名市环市北路26号	525000
	广东省经济贸易职业技术学校	020－36539702	广州白云区均禾街鹤龙二路1121号	510500
	惠州市高级技工学校	0752－2804702	惠州市三新北路31号	516003
广西	广西理工职业技术学校	0771－2503366	广西壮族自治区南宁市五一中路旱塘岭1号	530031
	广西石化高级技工学校	0771－2515068	南宁市江南区槎路8号	530031
	桂林市旅游职业中等专业学校	0773－5815099	广西桂林市穿山东路10号	541004
	柳州市第一职业技术学校	0772－3712940	柳南区潭中西路8号	545006
	南宁市卫生学校	0771－4836425	南宁市江南区石柱岭二路3号	530031
	广西壮族自治区物资学校	0771－3216444	南宁市大岭路75号	530007
	北海市中等职业技术学校	0779－2053504	北海市海城区湾东路	536000
	广西银行学校	0771－3240983	南宁市大学东路91号	530007
	南宁市第一职业技术学校	0771－2418141	南宁市新阳北一路19号	530000
海南	海南省三亚技工学校	0898－88293152	三亚市吉阳镇荔枝沟路	572099
	海南省机电工程学校	0898－65710552	海口市桂林海洋经济开发区双塘路	571127
	海南省海口旅游职业学校	023－89187062	海口市秀英区白水塘西路	570311
重庆	重庆工商学校	023－47331120	重庆市江津区白沙镇马岗路2号	402289
	重庆市渝北职业教育中心	023－67456398	重庆渝北区回兴街道宝桐路308号	401120
	重庆市立信职业教育中心	023－65504790	重庆市沙坪坝区歌乐山镇会车场119号	400036
	重庆市女子职业高级中学	023－67783000	重庆市海尔路1136号	400026
	重庆市龙门浩职业中学校	023－62453799	重庆市南岸区茶园新城	404100
	重庆市旅游学校	023－68916953	重庆市大渡口区春晖路70号	400899
	重庆市巫山县职业教育中心	023－57653881	重庆巫山县新县城苟家坪教育园区	404708
	重庆五一高级技工学校	023－63038897	石油路24号重庆五一技师学院附近	400020
四川	成都市工业职业技术学校	028－69584755	成都市双流县华阳正兴镇成仁路	610000
	四川省中江县职业中专学校	0838－7137598	德阳市中江县工业集中发展区迎宾路16号	618100
	四川省成都财贸职业高级中学	028－87768310	成都市西安南路枣子巷26号	610072
	内江铁路机械学校	0832－2200249	内江市甜城大道300号	641001
	四川宜宾市商业职业中专学校	0831－2381635	宜宾市南岸南广路197号	644099

续表

省（市、自治区）	学校名称	电话	地址	邮编
四川	成都铁路卫生学校	028－67517676	成都市蜀源大道三段566号	611741
	四川省宣汉职业中专学校	0818－5233934	达州市宣汉县石坝湾路	636150
	成都交通高级技工学校	028－84710681	成都市成华区外东槐树店路32号	610051
	四川省射洪县职业中专学校	0825－6703866	遂宁市射洪县大于镇桃木沟村	629200
	四川省成都市礼仪职业中学	028－85560276	成都市镗钯街35号	610041
	成都铁路工程学校	028－87836950	四川省郫县红光镇高店路1666号	611730
	泸州市树风职业高级中学校	0830－2730701	泸州市罗汉场	646004
	四川仁寿县第二高级职业中学	028－36201149	眉山市仁寿县文林镇粮食街86号	620500
	四川省乐山市第一职业中学	0833－2192546	乐山市里仁街257号	614000
	四川省水电高级技工学校	0839－8532113	广元市利州区	628003
贵州	贵州省建设学校	0851－4702126	贵阳市白云大道236号	550008
	贵州省贸易经济学校	0851－5980966	贵阳市瑞金路33号	550003
	盘县职业技术学校	0858－3690817	贵州盘县红果镇干沟桥	553536
	贵州省经济学校	0851－8531170	贵阳市白云大道229号	550003
云南	曲靖市麒麟职业技术学校	0874－3122928	曲靖市珠江源大道曲靖职教园区	655000
	云南省玉溪工业财贸学校	0877－2041588	玉溪市红塔区九龙立交西侧	653100
西藏	西藏自治区日喀则地区职业技术学校	0892－8822036	日喀则市山东路9号	857000
	西藏山南地区职业技术学校	0892－88902101	乃东县泽当镇安徽大道7号	856000
陕西	陕西省电子工业学校	0917－2887899	宝鸡市宝福路56号	721001
	陕西省机电工程学校	029－33612751	咸阳市珠泉西路3号	712025
	陕西省电子信息学校	029－82168855	西安市灞桥区纺渭路4号	710024
	西安西电高级技术学校	029－84226566	西安市西郊昆明路22号	710077
	西北工业学校	029－38369018	兴平市兴化路7号	713100
	陕西银行学校	029－88668630	西安市电子一路253号	710065
	○一二基地高级技工学校	0313－4061852	汉中市勉县周家山乡	724200
	陕西省理工学校	029－85527000	西安市雁塔区西影路116号	710054
	陕西省建筑材料工业学校	029－85221285	西安市长安南路950号	710061
	陕西省工商高级技工学校	029－5229466	西安市丈八东路	710061
甘肃	平凉信息工程学校	0933－8216566	平凉市崆峒区双拥路29号	744000
	天水市职业技术学校	0938－6819350	天水市长开路45号	741000
	甘肃省卫生学校	0931－8265025	兰州市东岗西路60号	730000
	甘肃省张掖市职业中等专业学校	0936－4938032	张掖市环城西路109号	730070

续表

省（市、自治区）	学校名称	电话	地址	邮编
甘肃	定西工贸中等专业学校	18993216259	陇西县东大街 243 号	743000
	甘肃省理工中等专业学校	0935 - 6162326	武威市凉州区东关街市民南路 12 号	733000
	甘肃煤炭工业学校	0943 - 6624762	白银市平川区电力路靖远矿务局水电管理处西面	730913
青海	青海西宁市世纪职业技术学校	0971 - 4710516	西宁经济技术开发区东川工业园区金汇路 28 号	810000
宁夏	银川市职业技术教育中心	0951 - 6093010	银川市新宁巷 43 号	750000
	固原市农业学校	0954 - 2081289	固原市经济发展区六盘路	756000
	中卫市职业教育中心	0955 - 7012459	中卫市城区人民检察院附近	755000
新疆	新疆化学工业学校	0991 - 6862163	乌鲁木齐市新市区河南东路 739 号	830000
	乌鲁木齐铁路运输学校	0991 - 2924755	乌鲁木齐市北京中路 233	830011
	新疆电力学校	0991 - 2924755	乌鲁木齐市迎宾路 220 号	830011
	新疆钢铁高级技工学校	0991 - 3892098	乌鲁木齐市头屯河公路附近	830022
	新疆水利水电技工学校	0991 - 6636050	乌鲁木齐喀什东路 973 号	830013
	昌吉回族自治州卫生学校	0994 - 2353936	昌吉州延安北路 342 号	831100
	新疆维吾尔自治区伊宁卫生学校	0999 - 8028965	伊犁市青年街 8 号	835000
	新疆阿勒泰畜牧兽医职业学校	0906 - 2312199	阿勒泰市团结南路 3 号	836500
兵团	兵团工贸学校	0991 - 4514578	乌鲁木齐市头屯河区 112 省道	830014
	石河子工程技术学校	0993 - 2250461	石河子工程技术学校	832000
大连	大连市轻工业学校	0411 - 84783618	大连市黄浦路 305 号	116038
	大连电子学校	0411 - 84671779	大连市沙河口区黑石礁街 161 号	116023
	大连交通口岸中等职业技术学校	0411 - 82496301	大连市西岗区长春路石春街 2 号	116013
	大连机车车辆厂技工学校	0411 - 84197602	大连市沙河口区兰青街 1 - 1 号	116000
青岛	山东省轻工工程学校	0532 - 87010700	青岛市城阳	266112
	胶南市职业中等专业学校	0532 - 88153206	胶南市大学科研区	266400
	平度市职业教育中心	0532 - 88380279	青岛平度市青岛路 24 号	266700
	青岛市高级技工学校	0532 - 81725111	即墨市长江二路	266229
	青岛市城阳区职业教育中心	0532 - 87867156	青岛市城阳区德阳路 317 号	266109
宁波	宁波市鄞州职业教育中心学校	0574 - 88121179	宁波市鄞州职业教育中心学校	315100
	宁波技工学校	0574 - 88168012	宁波市榭嘉路 800 号	315153
厦门	厦门工商旅游学校	0592 - 6273221	厦门市集美区天马路 316 号	361024
	福建化工学校	0592 - 6079134	厦门市集美区杏滨路 2 号	361022
深圳	深圳市宝安职业技术学校	0755 - 27590998	深圳市宝安区宝城 18 区新安二路 122 号	518101
	深圳市第一职业技术学校	0755 - 83225255	深圳市福田皇岗路 3009 号	518026

附录 B　国家第二批中职示范院校名录

省（市、自治区）	学校名称	电话	地址	邮编
北京	北京市信息管理学校	010－68480044	北京市海淀区清河龙岗路	100081
	北京市工贸高级技工学校	010－87502462	北京市西四环北路 132 号	100075
	北京市工业高级技工学校	010－80278787	北京市化工路	100071
	北京市劲松职业高中	010－67710311	北京市朝阳区劲松八区 811 楼	100021
	北京国际职业教育学校	010－65265578	北京市东城区南河沿大街 19 号	100006
	北京市电气工程学校	010－64373212	将台路 4 号	100016
	北京市实用高级技术学校	010－69249981	北京市大兴区兴华大街三段 21 号	102600
	密云县职业学校	010－69057468	北京市密云县果园西里 2 号	101500
天津	天津市劳动和社会保障局高级技术学校	022－24379634	天津市东丽区程泉道 2 号	300162
	天津市宝坻区职业教育与成人教育中心	022－82621469	天津市宝坻区进京路 28 号	301800
	天津职业技术师范大学附属高级技术学校	022－88181151	天津市大沽南路 1306 号	300162
	天津市经济贸易学校	022－23380968	天津市卫津南路 239 号	300480
	天津市南洋工业学校	022－28392677	天津市津南区咸水沽镇津沽路 700 号	300350
	天津市塘沽区第一职业中等专业学校	022－25218302	天津市塘沽区吉林路 2 号	300451
	天津市信息工程学校	022－29172945	天津市蓟县武定西街 89 号	301900
	天津市东丽区职业教育中心学校	022－84892461	天津市东丽湖路与津汉路交口空港三号桥东	300300
河北	唐山劳动高级技工学校	0315－8337031	唐山丰南区国丰大街 111 号	063000
	临城县职业技术教育中心	0319－7107105	邢台市临城县镇临路 1 号	054300
	石家庄市职业技术教育中心	0311－67268899	石家庄市新石中路 369 号	050090
	河北省玉田县职业技术教育中心	0315－6161840	唐山市玉田县开发区西环北路 305 号	064100
	定州市职业技术教育中心	0311－83806695	定州市北门街北口附近	073000
	张家口机械工业学校	0313－4113330	张家口市朝阳西大街 23 号	075000
	河北省邢台高级技工学校	15132527389	邢台市钢铁北路 850 号	054300
	北方机电工业学校	0313－4039168	张家口桥东区钻石中路 18 号	075023
	平山县职业教育中心	0311－82932500	石家庄市平山县柏坡东路	050400
	藁城市职业技术教育中心	0311－88199337	藁城市收费站西职教桥北行 500 米	052160
	衡水科技学校	0318－2258166	衡水市红旗大街 2199 号	053000
	围场满族蒙古族自治县职业技术教育中心	0314－7840351	承德市围场县四合永镇	068451

续表

省（市、自治区）	学校名称	电话	地址	邮编
河北	廊坊市电子信息工程学校	13832811994	廊坊市新华路195号	065000
	滦南县职业教育中心	0315－4152414	唐山市滦南县兆才大街54号	063500
	涉县职业技术教育中心	0310－38973865	涉县河南店镇沿头村东	056400
	青县职业技术教育中心	0317－4311588	青县新华西路232号	062650
	冀州市职业技术教育中心	0318－8613687	冀州市和平东路45号	053200
	磁县职业技术教育中心	0310－2329580	邯郸市磁县磁州路17号	056500
山西	山西省城乡建设学校	0351－4424957	太原杏花岭区红沟南街13号	030013
	山西省农业机械化学校	0354－5679306	晋中市平遥县校园街5号	031100
	大同市卫生学校	0352－7185306	大同市108国道附近	037056
	山西省交通高级技工学校	0354－6266052	晋中市西环路126号	030800
	山西省贸易学校	0351－4295577	太原市南内环街29号	030012
	山西冶金高级技工学校	0351－2802262	太原市七府坟11路	030003
	太谷县职业中学校	0354－6238701	太谷县康源北路	030800
	晋城市高级技工学校	0356－2069838	晋城市上辇街239号	048000
	芮城县第一职业学校	0359－3087132	运城市芮城县学府东街	044600
	山西省司法学校	0351－7010544	学府街坞城路109号	030006
	高平市中等专业学校	0356－6915602	高平市长晋路2号	048400
内蒙古	赤峰市松山区职业技术教育培训中心	0476－2366418	赤峰市松山区穆家营子镇	024005
	包头机电工业职业学校	0472－5259233	包头市青山区少先路	014000
	鄂尔多斯市卫生学校	0477－5117878	鄂尔多斯市东胜区科技教育创业园	017000
	乌海市职业技术学校	0473－2047532	乌海市滨河区大学路1号	016000
	呼和浩特市商贸旅游职业学校	0471－3366966	呼和浩特市新城区海拉尔大街44号	010050
	通辽市高级技工学校	0475－2295181	通辽市和平路2421号	028000
	巴彦淖尔职业技术学校	0478－8312634	巴彦淖尔临河区北环路1号	015000
	呼伦贝尔市海拉尔区第一职业学校	0470－8378877	呼伦贝尔市海拉尔区健康街389号	21000
	乌兰察布市卓资县职业中学	0474－4708035	乌兰察布市卓资县龙胜路南	012300
辽宁	沈阳市信息工程学校	18640217848	沈阳市沈北新区虎石台经济开发区蒲河大路91号	110122
	沈阳市汽车工程学校	024－29878000	沈阳沈北新区蒲河大道89号	110122
	辽阳市高级技工学校	13235331088	辽阳市河东新城	111000
	丹东市民族中等职业技术专业学校	0415－4154148	丹东蛤蟆塘文化路325号	118003
	鞍山市信息工程学校	0412－8510037	鞍山市铁西区奥育街139号职教城8号楼	114000
	沈阳市化工学校	024－29873366	沈阳市沈北新区蒲河路93号	110122

续表

省（市、自治区）	学校名称	电话	地址	邮编
辽宁	抚顺市第一中等职业技术专业学校	0413－3804250	抚顺市望花区丹东路5号	113000
	鞍山市高级技工学校	0412－5690006	鞍山市园林路329	114000
	盘锦市经济技术学校	0427－6723126	盘锦市大洼县田家镇田家村	124000
	沈阳市外事服务学校	024－22715760	沈阳市和平区北六经街1号	110000
	辽宁煤炭高级技工学校	024－89873903	沈阳沈北新区虎石台南大街	110122
	辽宁省机电工程学校	0419－2335100	辽阳市白塔区繁荣路114号	111004
	锦州市机电工程学校	0416－3867722	锦州松山新区凌南西里41甲	121000
吉林	长春市第二中等专业学校	0431－82910269	长春市绿园区青萍路18号	130052
	中铁十三局高级技工学校	400－999－7710	长春市兴隆山	130102
	长春市农业学校	0431－81986010	吉林省九台市龙嘉镇	130504
	吉林省城市建设学校	13689893490	吉林市通潭路18号	132002
	吉林女子学校	0432－64551007	吉林丰满区吉丰西路1355号	132108
	敦化市职业教育中心	0433－6312166	敦化市胜利街西环城委10号	133700
黑龙江	大庆市蒙妮坦职业高级中学	0459－4567252	大庆市让胡路区爱国路47号	163453
	哈尔滨市第二职业中学	0451－82707476	哈尔滨市南岗区宣化街270	150001
	哈尔滨高级技工学校	0451－55619118	哈尔滨香坊区公滨路108号	150030
	哈尔滨市航空服务中等专业学校	0451－82138349	哈尔滨香坊区文昌街299号	100007
	黑龙江农垦机械化学校	0456－6605929	黑龙江农垦广播电视大学北安分校附近	028412
	鸡西矿业高级技工学校	0467－2340001	鸡西市鸡冠区文化路29号	158100
	哈尔滨市现代服务中等职业技术学校	0451－84805916	哈尔滨道里区新阳路299号	150000
	黑河市职业技术教育中心学校	0456－6109612	黑河市东郊	164300
	黑龙江省伊春林业学校	0458－3767038	伊春伊春区新兴西大街11号	153000
	黑龙江省水利水电学校	0455－2943613	肇东市东升区东大路37号	151100
上海	上海市工程技术管理学校	021－59484358	上海市崇明竖新镇竖新北路188号	202164
	上海市群益职业技术学校	021－33584666	上海市闵行区元江路4080号	200000
	上海市卫生学校	021－64773528	上海市梅陇路21号	200237
	上海市南湖职业学校	021－51260666	上海市虹口区三门路661号	200137
	上海工商信息学校	021－59710101	上海青浦区公园东路2025号	201700
	上海市商业学校	021－56037030	上海市共和新路1458号	200072
江苏	无锡市高级技术学校	0510－80299458	江苏无锡新区旺庄东路169号	214000
	江苏省宜兴中等专业学校	0510－87981604	宜兴市宜城荆邑南路97号	214206
	盐城生物工程高等职业技术学校	0515－88878779	盐城市亭湖大道学府路1号	223311

续表

省（市、自治区）	学校名称	电话	地址	邮编
江苏	江苏省南京工程高等职业学校	025－84124900	南京市中山门外麒麟门68号	211135
	江苏省徐州财经高等职业技术学校	0516－82523607	徐州市金山东路11号	221008
	徐州经贸高等职业学校	0516－69851000	徐州经济技术开发区蟠桃山路31号	221004
	无锡旅游商贸高等职业技术学校	0510－83116678	无锡市广石路999号	214000
	江苏省常熟中等专业学校	0512－51939778	常熟市东南开发区东南大道	215500
	苏州建设交通高等职业技术学校	0512－66503310	江苏省苏州国际教育园南区	215104
	徐州市高级技工学校	0516－5956979	徐州市西郊丁楼	221151
	淮安市中等专业学校	0517－84922416	淮安市经济开发区深圳路3号	223300
	江苏省江都中等专业学校	0514－86895172	江都新都南路返坎河南	225200
	江苏省泗阳中等专业学校	0527－85230080	宿迁泗阳县城洋河北路40号	223700
	常州市刘国钧职业教育中心	0519－68785200	常州市戚墅堰经济开发区富民路296号	213025
	南京市高级技术学校	025－84431945	南京仙林大学城学海路29号	210014
	南京金陵中等专业学校	025－86230011	南京市光华路125号	210014
	江苏省句容中等专业学校	0511－87201822	丹阳市五里墩转盘	212400
	江苏省如皋中等专业学校	0513－80557822	如皋市如城镇福寿东路188号	226500
	江苏交通高级技工学校	0511－336131	镇江市谏壁镇越河街27号	212006
	江苏省灌南中等专业学校	0518－83213354	连云港市灌南县新安镇人民西路	222500
	泰州机电高等职业技术学校	0523－86669306	泰州市迎春东路3号	225300
浙江	杭州交通高级技工学校	0571－64619200	杭州市桐庐县桐君街道	311500
	浙江科技工程学校	0573－82866160	嘉兴经济开发区文博路793号	314001
	三门县职业中等专业学校	0576－83372238	三门县海游镇中海路2号	317100
	温州市瓯海区职业中等专业学校	0577－88601580	温州市温金大道职校路1号	325005
	金华市高级技工学校	0579－82273659	金华市八达路228号	321017
	丽水市职业高级中学	0578－2073536	丽水市莲都区括苍路北端	323000
	浙江省永康市职业技术学校	0579－87153341	永康市九龙北路396号	321300
	浙江省德清县职业中等专业学校	0572－8282027	湖州市德清县武康镇北湖街440号	313200
	富阳市职业高级中学	0517－63479048	杭州市富春街道大青横山下冷水塘1号	311403
	江山中等专业学校	0570－4578518	衢州江山市上余镇乌房山1号	324100
	上虞市职业中等专业学校	0575－82212581	上虞市百官街道人民东路	312300
	平湖市职业中等专业学校	0573－85132977	平湖市当湖街道南市路351号	314200
安徽	安徽机械工业学校	0554－5693208	淮南市谢家集区	230061
	安徽省马鞍山市职业教育中心	0555－2810534	马鞍山市新城东区霍里山中路326号	243000

续表

省（市、自治区）	学校名称	电话	地址	邮编
安徽	池州市职业教育中心	0566－2023726	池州市贵池区教育园区牧之路89号	247011
	安徽马鞍山高级技工学校	0555－2753232	马鞍山市马向路667号	243031
	六安高级技工学校	0564－3395892	六安市佛子岭东路汽车东站西侧	237000
	安徽省宿州工业学校	0557－3630262	宿州市北关雪枫路育才巷1号	234399
	亳州中药科技学校	0558－8139937	亳州市谯城区南部新区	236000
	明光市职业高级中学	0550－2273396	明光市明珠路9号	239400
	宣城市工业学校	0563－5080354	宣城市泾县泾川镇北郊青狮路1号	242500
	天长市职业教育中心	0550－7701699	天长市新河北路75号	239300
	阜阳工业经济学校	0558－2111865	阜阳市颍州区阜南路889号	236032
	淮南市职业教育中心	0554－5677885	淮南市谢家集区谢李路	232052
	安徽轻工高级技工学校	0551－63849489	合肥市肥西路28号	230601
	芜湖市职业教育中心	0553－3832626	芜湖市康复路207号	241000
	黄山旅游管理学校	0559－256985	黄山市天都南路国家职业技能鉴定所附近	245799
福建	福建三明林业学校	0598－8337981	三明市三元区富文路25号	365001
	福建经济学校	0591－83125888	福州市鼓楼区梅亭路17号	350000
	福建省南平市农业学校	0599－8506007	建阳市东桥东路78号	354200
	福建省邮电学校	0519－83573535	福州仓山区上渡李厝山60号	350008
	福建省福州建筑工程职业中专学校	0591－834558511	福州市仓山科技园双湖路9号	350007
	福建省永安职业中专学校	0598－83648318	永安市上吉山268号	366000
	福建省高级技工学校	0591－22612632	福州市西郊桐口下沙31号	350101
	福建省漳州第一职业中专学校	0596－2047123	漳州学府路与腾飞路交汇处	363000
	福建省南平工业技术学校	18950608008	南平市工业路育才路8号	353000
江西	萍乡市职业中等专业学校	0799－6831432	萍乡市安源区	337000
	江西省南康市职业中等专业学校	0797－6565638	赣州市南康市新型工业区中心105国道旁迎宾大道8号	341400
	江西省化学工业学校	4000560791	南昌高新开发区昌东镇氨厂	330012
	江西省商务学校	0791－82293301	江西南昌新建县望城镇昌湾大道中段	330100
	新余市职业教育中心	0798－2661096	新余市城北北湖西路469号	338000
	江西省赣州卫生学校	0791－7688003	赣州市经济开发区高校园区	341000
	鹰潭应用工程学校	0701－2086028	浙赣线刘家站鹰潭应用工程学校	335000
	江西省吉安市中等专业学校	0796－8392856	吉安市跃进路3号	343000

续表

省（市、自治区）	学校名称	电话	地址	邮编
江西	赣州农业学校	0797－4439676	赣州市赣县赣新大道29号	341100
	修水县职业中专	0792－7808108	九江市修水县城郊南桥	332400
山东	德州交通职业中等专业学校	0534－2552616	德州德城区平原县三八东路	253000
	烟台第一职业中等专业学校	0535－6196656	烟台市芝罘区四马路56号	264000
	鲁中中等专业学校	0543－2187055	滨州邹平县城黄山东路22号	264200
	淄博市淄川区职业教育中心	0533－5264018	淄博市淄川区松龄东路246号	255100
	滨州市滨城区职业教育中心	0543－3223101	滨州市黄河二路769号	256600
	潍坊市高密中等专业学校	0536－2820029	高密市杏坛西街1号	261061
	曲阜中医药学校	0537－4412330	曲阜市校场路9号	273100
	淄博建筑工程学校	0533－8164332	建设街2252号	256400
	山东省菏泽信息工程学校	0530－6221509	菏泽市牡丹区西安路766号	274006
	日照市工业学校	0633－5881764	日照市东港区三亚路77号	276800
	枣庄市薛城区职业中专	0632－666666	枣庄市薛城区	277000
	莒南县职业教育中心	0539－7312253	莒南县城上海路19号	276600
	威海工业技术学校	0631－5783816	环翠区威海市张村镇蓬莱路	264201
	新泰市中等专业学校	0538－7314616	新泰小协镇师范中学街49号	271221
	聊城高级工程职业学校	0635－8503060	聊城市高新区光岳南路199号	252000
	莱阳市职业中等专业学校	0535－3341006	莱阳市柏于路1号	265205
	济南电子机械工程学校	0531－88728049	济南市高新区工业南路48号	250101
	山东省济南商贸学校	0531－86553680	济南市历下区历山路10号	250013
河南	周口海燕职业中等专业学校	0394－8318299	河南周口市太昊路东段6号	466000
	鹤壁工业中专	0392－2135777	鹤壁鹤山区鹤山街曹家村1号	458010
	济源市职业教育中心	0391－8320518	济源市黄河大道与东环路交叉口	459000
	河南省南阳农业学校	0377－63138434	南阳市卧龙路338号	473000
	孟州市职业中等专业学校	0391－8188156	河南省焦作市城关镇南关	454750
	平顶山市文化旅游学校	0375－2707773	平顶山市建设路与凌云路交叉口	467000
	安阳县职业中等专业学校	0372－2689906	安阳市安阳县崔家桥镇永康大道8号	455114
	郑州市国防科技学校	0371－67830783	郑州市中原区中原西路富民路18号	450000
	南阳市宛西中等专业学校	0377－65332461	南阳市范蠡大街附近	473000
	濮阳县职业技术学校	0393－4677111	濮阳濮阳县红旗路东段19号	457000
	河南省理工中等专业学校	0371－67264620	郑州市茂花路6号	450046
	内黄县职业技术教育中心	0372－7370581	安阳市内黄县繁阳新区安濮路东侧	456300
	平顶山高级技工学校	0375－3933786	平顶山市卫东区矿工中路南88号院	467000

续表

省（市、自治区）	学校名称	电话	地址	邮编
河南	辉县市职业中等专业学校	0373－6115690	辉县市南环路西段南800米	453601
	正阳县职业中等专业学校	0396－8922177	驻马店真阳镇东顺河街东段	463600
	河南化学工业高级技工学校	0371－22215789	开封市职教园区	475000
	许昌工商管理学校	13937495618	许昌市建设路西段	461000
	商丘中等专业学校	0370－3101678	民权县车站南路123号	476800
	罗山县中等职业学校	0376－7613518	罗山县行政北路与北安路交汇处	464200
	栾川县中等职业学校	0379－66824140	洛阳市栾川县双龙桥北	471500
	河南省三门峡中等专业学校	0398－2976260	三门峡市湖滨区文化路	472000
	信阳高级技工学校	0376－6331849	信阳市北京路92号	464000
湖北	武汉市交通学校	027－87802004	武汉市东湖新技术开发区光谷大道136号	430065
	宜昌市机电工程学校	13545745139	宜昌市夷陵区土门	443111
	武汉一轻工业技工学校	027－84615983	武汉市汉阳区黄金口43号	430051
	武汉市财政学校	027－84874495	武汉市汉阳区汉阳大道790号	430051
	随州市高级技工学校	0722－3816579	随州市交通大道K056号	441300
	武汉铁路桥梁学校	027－84280191	武汉市汉阳区鹦鹉大道桥机新村2号	430052
	荆州市工业学校	0716－8018752	荆州市人民路8号	434020
	湖北十堰职业技术学校	0719－8126029	十堰市北京中路38号	442000
	湖北城市职业学校	0714－6379818	黄石市下陆区发展大道155号	435004
	荆州市高级技工学校	0716－8403825	荆州市楚源大道104号	434020
	湖北省襄阳市第二高级技工学校	0710－3527274	襄阳市建锦路1号	441002
	武汉机电工程学校	027－82282028	武汉市江岸区百步亭建设新村209300号	430012
	钟祥市职业高级中学	0724－4222160	钟祥市金汉江大道28号	431900
	安陆市中等职业技术学校	0712－5260982	安陆市太白大道111号	432600
	恩施市中等职业技术学校	0718－8224954	恩施市五峰山路32号	445000
	崇阳县职教中心	15872837088	崇阳县隽北大道235号	437500
	红安县职业技术教育中心	0713－5204235	红安县师姑洞路7号	438400
湖南	衡阳市第一高级技工学校	0734－8729898	衡阳市西郊三塘镇振兴路5号	421101
	郴州工业交通学校	0735－2221632	郴州市北湖区香花路4号	423000
	祁东县职业中等专业学校	0734－6263940	衡阳市祁东县城南开发区	421600
	湖南省永州市工业贸易中等专业学校	0746－5446326	永州道县寿雁镇寿清路106号	425312
	怀化万昌中等专业学校	0745－2855369	怀化迎丰东路三眼桥学院岭	418000
	湖南省商业技工学校	0739－5322095	邵阳市城西北路120号	421008

续表

省（市、自治区）	学校名称	电话	地址	邮编
河南	汨罗市职业中专学校	0730－5870362	汨罗市职业中专学校	414408
	湘潭市工业贸易中等专业学校	0731－52379188	湘潭市北二环高岭路2号	415000
	湖南省安化县职业中专学校	0737－7291126	益阳市安化县东坪镇萸江路73号	413500
	湖南省机械工业技工学校	0739－5222369	邵阳市宝庆东路	422001
	涟源市工贸职业中等专业学校	0738－4825288	涟源市人民东路	417100
	湖南省湘北职业中专学校	0736－5325867	石门县澧阳中路016号	415300
	湖南省隆回县职业中等专业学校	0739－8380283	邵阳市隆回县茶花路	422200
	宁乡县职业中专学校	0731－87030168	宁乡县金洲新区金洲西路188号	410604
广东	惠州商贸旅游高级职业技术学校	0752－2823206	惠州市江北文华一路80号	516000
	广东省高级技工学校	0752－6280683	惠州市博罗县上塘路51号	510800
	广州市番禺区职业技术学校	020－84736666	番禺区桥南路388号	511400
	中山市高级技工学校	0760－23503616	中山市东区兴文路72号	528400
	佛山市南海区信息技术学校	0757－86685603	佛山南海区狮山镇桂丹路桃源路段	528225
	广东省贸易职业技术学校	020－87229333	广州市天河区天平架兴华直街338号	510507
	广东省旅游职业技术学校	020－37247717	广州市广州大道北同泰路1111号	510515
	广州市轻工高级技工学校	020－84423747	广州市白云区钟落潭镇竹料管理区东凤南路38号	510220
	广东省交通运输高级技工学校	020－3739574	广州市天河区华美路28号	510000
	珠海市第一中等职业学校	0756－8593610	珠海市香洲区心华路268号	519000
	广州市财经职业学校	020－83508774	广州市华侨新村友爱路36号	510420
	广东省高州农业学校	0668－6664870	高州市潘州东路138号	525200
	广东省城市建设高级技工学校	020－28203187	广州市萝岗区天鹿南路289号	510520
	湛江市高级技工学校	0759－3300256	湛江市赤坎区寸金路42号	524037
	河源市高级技工学校	0762－3800313	河源市东环路	517000
	清远市清城区职业技术学校	0763－3312075	清远市清城区西门岗15号	511500
	佛山市顺德区郑敬诒职业技术学校	0757－27752682	佛山市顺德区伦教街道南苑西路	528308
	广东省潮州卫生学校	0768－2310089	潮州市桥东砚峰路西侧	521041
	开平市机电中等职业技术学校	0750－2521151	开平市蚬岗镇	529300
	湛江财贸中等专业学校	0759－3306066	湛江市麻章区麻赤路109号	524094
	肇庆市工业贸易学校	0758－2718193	肇庆市端州一路	526060
广西	广西机械高级技工学校	0772－3862178	柳州市屏山大道262号	545005
	河池市职业教育中心学校	0778－2271038	河池市教育路2号	547000
	柳州市第二职业技术学校	0772－2608305	柳州市柳东新区石冲路6号	545006
	南宁市第六职业技术学校	0771－2808936	南宁市桃源路64号	530000

续表

省（市、自治区）	学校名称	电话	地址	邮编
广西	广西交通运输学校	0771－3830722	南宁市大学东路109号	530007
	柳州市交通学校	0772－3696500	柳州市河西路25号	545007
	广西华侨学校	0771－3862988	南宁市清川大道1号	530007
	广西机电工程学校	0771－3108976	南宁市安吉大道16号	530001
	广西商业学校	0772－3979917	柳州市鱼峰区柳石路410号	545005
	广西机电工业学校	0771－5634738	南宁市东葛路109号	530023
	广西玉林农业学校	0775－2687403	玉林玉州区人民东路75号	537000
海南	海南省农业学校	0898－66890107	海口市城西路41号	813000
	海南省工业学校	0898－63835116	定安塔岭工业园区环城南路	571200
	海南省高级技工学校	0898－65908354	海口琼山区府城大园路77号	571100
	海南省商业学校	0898－68621158	海口市秀英大道6号	813000
重庆	重庆市机械高级技工学校	023－62557126	巴南区龙洲湾新区滨江大道	400055
	重庆市医药卫生学校	023－72266014	重庆涪陵太白大道19号	408000
	重庆市合川职业教育中心	023－42725250	重庆市合川区南津街街道办事处书院路352号	401519
	重庆市科能高级技工学校	023－66515030	重庆市沙坪区上桥二村11号	400037
	重庆市九龙坡职业教育中心	023－65730525	重庆市九龙坡区含谷镇含盛路89号	401329
	重庆市工业学校	023－63307489	重庆市渝中区红岩村	400043
	重庆市开县职业教育中心	023－52245888	重庆开县云枫街道关子社区	405400
	重庆市黔江区民族职业教育中心	023－85086333	重庆市黔江区舟白街道二段学府一路1号	409000
	重庆市涪陵区职业教育中心	023－72222239	重庆市涪陵区李渡街道太白大道21号	408100
	重庆市农业机械化学校	023－49804526	重庆市永川区兴龙大道2号	402160
	重庆市北碚职业教育中心	023－68862536	重庆市北碚区金华路200号	400700
	重庆市渝中职业教育中心	023－68806534	重庆市渝中区浮图关52号	400042
四川	四川交通运输职业学校	028－82742118	成都市温江区麻市街182号	610000
	南江县小河职业中学	0827－8216666	巴中市南江县东榆镇街道	636611
	四川省泸州市江阳职业高级中学校	0830－2360207	泸州市忠山路二段15号	646000
	成都市高级技工学校	028－61835166	成都市通锦桥路66号	611731
	中国水电七局高级技工学校	028－37366818	眉山市彭山县青龙镇	620866
	四川省广元市职业高级中学校	0839－3233888	广元市教育园区	628000
	攀枝花市建筑工程学校	0812－5557589	攀枝花市西区河石坝苏铁中路593号	617068
	四川省什邡市职业中专学校	0838－8202802	什邡市京什东路北段3号	618400
	自贡职业技术学校	0813－8104847	自贡市沿滩新城糍粑坳100号	643000
	四川省达县职业高级中学	0818－2652513	达州市南城华蜀北路398号	635000

续表

省（市、自治区）	学校名称	电话	地址	邮编
四川	西南安装高级技工学校	0838 – 2870543	德阳市金山街 157 号	618000
	四川省大英县中等职业技术学校	13678258048	遂宁市大英县天平街 67 号	629300
	四川江油工业学校	0816 – 3598444	江油市诗城路西段 383 号	621741
	成都市现代职业技术学校	028 – 84442930	成都市水碾河南街 60 号	610066
	四川省成都市中和职业中学	028 – 85651137	成都市高新区中和街道新下街 85 号	610212
	四川省南溪县职业高级中学校	0831 – 3322188	宜宾市南溪区正信路三段 1 号	644100
	凉山州职业技术学校	0834 – 3951141	凉山州西昌市海滨南路 13 号	615022
贵州	贵州省电子信息高级技工学校	0851 – 6839629	都匀市剑江北路 61 号	558000
	翁安县职业技术学校	0854 – 2777522	瓮安县经济开发区	550400
	贵州省旅游学校	0851 – 2508020	贵阳市花溪区迎宾路	550025
	铜仁地区中等职业技术学校	0856 – 5592085	铜仁市清水大道 137 号	554300
	毕节地区卫生学校	0857 – 2162868	毕节地区七星关区环北路	551700
	贵州省电子工业学校	0851 – 3871616	贵阳市花溪区上板桥	550025
	贵州省商业学校	0851 – 5958530	贵阳市花果园沙坡路 124 号	550003
	遵义市职业技术学校	0852 – 8620622	遵义市汇川区福州路中段	563000
云南	云南省工业高级技工学校	0874 – 3320804	曲靖市麒麟西路 392 号	655000
	云南省曲靖农业学校	0874 – 6178887	曲靖市麒麟区职教中心	655000
	云南省交通高级技工学校	0871 – 8781105	昆明安宁市昆畹线 8 公里	650300
	玉溪第二职业高级中学	0877 – 2053249	玉溪市红塔区聂耳东路 13 号	653100
	腾冲县第一职业高级中学	0875 – 3028099	腾冲县腾越镇山源社区阳光小区 140 号	679100
	楚雄民族中等专业学校	0878 – 3020555	楚雄州楚雄市鹿城镇州职教园区	675000
	云南建设学校	0872 – 2206677	大理市下关镇	671000
	昆明市官渡区职业高级中学	0871 – 67207110	昆明官渡区大石坝	650218
	大理市中等职业学校	0872 – 2206399	大理市下关北郊	671000
	云南省临沧卫生学校	0883 – 2122892	临沧市临翔区西河北路 181 号	677000
	云南省普洱卫生学校	0879 – 2122371	普洱市思茅区边城东路 29 号	665000
	芒市职业教育中心	0692 – 2104087	芒市团结大街 175 号	678400
	蒙自市职业高级中学	0873 – 3716306	蒙自市凤凰路南段延长线	661199
西藏	西藏昌都地区职业技术学校	0895 – 4821619	西藏自治区昌都地区昌都县 317 国道	854000
陕西	神木县职业教育中心	0912 – 8324654	神木县东兴街南路	719300
	陕西省理工学校	029 – 85515801	西安市雁塔区西影路 116 号	723003
	眉县职业教育中心	0917 – 5550134	眉县 310 国道附近	722300
	旬阳县职业技术教育中心	0915 – 7201102	旬阳县城关镇党家坝社区	725700

续表

省（市、自治区）	学校名称	电话	地址	邮编
陕西	镇安县职业教育中心	0914－5322890	镇安县南新街1号	711500
	西安西飞高级技工学校	029－86845975	西安市阎良区西飞大道12号	710089
	陕西省渭南工业学校	0913－2074789	渭南市西三路2号	714000
	宝鸡市高级技工学校	0917－3271837	宝鸡市新福路5号	721013
	南郑县职业教育中心	0916－5512326	南郑县汉山镇南新街	723100
	陕西省经贸学校	029－82301290	西安市南二环西段168号	710075
	彬县职业教育中心	029－34929010	彬县西大街34号	713500
	陕西建筑安装高级技工学校	029－8427833	西安市碑林区红缨东坊29号	710075
	陕西省交通高级技工学校	029－36381251	西安市西咸新区泾河新城	713702
甘肃	天水农业学校	0938－7155339	清水县永清镇泰山路12号	741400
	甘肃省水利水电学校	0931－8799341	兰州市城关区东岗镇窦家山46号	730021
	甘肃省中医学校	0931－2666190	兰州市瓜州路306号	730000
	甘肃省环县职业中等专业学校	0934－4421090	庆阳市环县211国道	745700
	甘肃省静宁县职业技术教育中心	0932－2521236	定西市靖安县城关镇北环路37号	743400
	甘肃省武威市凉州区职业中等专业学校	0935－2215828	武威市北关东路90号	733000
	甘肃省定西理工中等专业学校	0932－8200991	定西市安定区永定东路297号	743000
	庆阳市技工学校	0934－8245909	庆阳市西峰区长庆大道南段	745000
青海	青海省水电职业技术学校	0971－7136885	西宁市城东区八一东路33号	810001
	青海省重工业职业技术学校	0971－2813925	西宁市大通县解放北路268号	812100
	西宁市第一职业技术学校	0971－5564018	西宁市经三路42号	810012
	青海省工业职业技术学校	0971－6513973	西宁市城中区城南新区同安路52号	810000
	青海互助县职业技术学校	0972－8323499	互助土族自治县威远镇北街1号	810500
	青海乐都县职业技术学校	0972－8622131	乐都县文化街46号	810700
宁夏	宁夏回族自治区农业学校	0951－5044385	宁夏回族自治区黄河东路686号	754385
	宁夏回族自治区交通学校	0951－8971069	银川德胜工业园区虹桥北街2－1号	750200
	西北煤矿机械制造高级技工学校	0952－2688356	嘴山市大武口区星光大道南8号	753000
	青铜峡市职业教育中心	0953－3051786	青铜峡市小坝城区汉坝东街152号	751600
	中卫市职业技术学校	0955－7616105	中卫市中央大道附与新墩路交叉口东边	755000
	宁夏回族自治区水利学校	0951－5682008	银川市兴庆区掌政镇	750006
	海原县职业中学	0955－2699689	宁夏海原县海兴开发区人和路	755000

续表

省（市、自治区）	学校名称	电话	地址	邮编
新疆	新疆维吾尔自治区哈密职业技术学校	0902－2266218	哈密市八一路	839000
	新疆铁路高级技术学校	0902－2399010	哈密市西郊火石泉车站南侧	839000
	新疆工业经济学校	0991－7867610	乌鲁木齐市喀什东路 792 号	830013
	乌鲁木齐市职业中等专业学校	0991－2560724	乌鲁木齐市中湾路 1 号	830000
	奇台中等职业技术学校	0994－7227279	奇台县东关街 331 号	831800
	喀什地区卫生学校	0998－2513246	喀什市解放南路 494 号	844000
	巴音郭楞蒙古自治州卫生学校	0996－8836088	库尔勒恰尔巴格乡附近	841000
	新疆林业学校	0991－7861746	乌鲁木齐新市区河南西路 299 号	830026
	阜康市职业中等专业学校	18999360998	阜康市天池岔路口东 500 米	831500
兵团	石河子大学护士学校	0993－2850533	石河子市北二路 121 号	832099
	石河子卫生学校	0993－2012949	石河子市西小路 151 号	832001
大连	大连市劳动和社会保障局高级技工学校	0411－86803390	大连市甘井子区虹港路 6 号	116013
	大连商业学校	0411－86643802	大连市甘井子区华北路 1 号	116033
	大连经济技术开发区中等职业技术专业学校	0411－87573439	大连经济技术开发区湾里街道林场村	116620
	大连市经济贸易学校	0411－84666899	大连市沙河口区龙江路 47 号	116023
青岛	青岛海洋高级技工学校	4000532639	青岛市市南区菏泽路 3 号	266001
	胶南市高级职业技术学校	0532－86616258	青岛市黄岛区黄海路 63 号	266400
	四方机车车辆高级技工学校	0532－83762841	青岛市市北区嘉兴路 3 号	266033
	胶州市职业教育中心	0532－58987001	胶州市广州南路南首	266300
	青岛经济技术开发区职业中等专业学校	0532－86609776	青岛市经济开发区阿里山路	266555
宁波	宁波行知中等职业学校	0574－63232800	慈溪北外环线浒崇公路西	315300
	宁波经贸学校	0574－87294544	宁波高教园区文华路 222 号	315100
	宁波市北仑职业高级中学	0574－86150705	宁波市北仑区小港街道小浃江南路 108 号	315801
	宁波市甬江职业高级中学	0574－87257908	宁波市翠柏路 309 号	315000
	宁海县高级职业技术中心学校	0574－65290803	宁波市宁海县梅林街道	315600
厦门	厦门市高级技工学校	0592－5221007	厦门市将军祠 158 号	361102
	福建省厦门电子职业中专学校	0592－5237912	厦门市禾山路 201 号	361006
	厦门市集美职业技术学校	0592－6248517	厦门集美区杏林瑶山路 41 号	361022
深圳	深圳市福田区华强职业技术学校	0755－83905983	深圳福田区红荔西景田东路	518028

附录C　国家第三批中职示范院校名录

省（市、自治区）	学校名称	电话	地址	邮编
北京	首钢高级技工学校	010－88294704	北京市石景山区晋元庄6号	100144
	北京市黄庄职业高中	010－68638293	北京市石景山区鲁谷东街29号	100040
	北京市延庆县第一职业学校	010－69101764	北京市延庆县湖南东路8号	102100
	北京市求实职业学校	010－64391623	北京市朝阳区望京北路20号	100621
	北京市丰台区职业教育中心学校	010－67634859	北京市丰台区方庄芳古园二区9号	100078
	北京市园林学校	010－67012810	北京市崇文区天坛内东里7号	102488
	北京电子信息高级技工学校	010－64369690	北京市朝阳区大山子电机总厂对面	100015
天津	天津水运高级技工学校	022－25707109	天津市塘沽区新港海滨道14号	300456
	天津市劳动经济学校	022－87973331	天津市西青区杨柳青青沙路	300380
	天津市电子计算机职业中等专业学校	022－28300368	天津市河西区利民道48号	300201
	天津市公用高级技工学校	022－27391649	天津市西青区杨柳青柳口路49号	300380
	天津市武清区职业中等专业学校	022－29372170	天津市武清区杨村镇黄庄街	301700
	天津市滨海新区大港职业成人教育中心	022－63219214	天津市滨海新区大港霞光路42号	300270
	天津市静海县成人职业教育中心	022－68692341	天津市静海县静海镇东环路2号	301600
河北	宁晋县职业技术教育中心	0319－5851001	宁晋县宁辛路校园区4号	055550
	迁安市职业技术教育中心	0315－6692048	迁安市惠隆大街西段	064400
	徐水县职业技术教育中心	0312－8750200	保定市徐水县职教中心	072550
	唐山市职业教育中心	0315－2055796	唐山市路北区裕华道17号	063000
	三河市职业技术教育中心	4007101118	三河市京哈公路南	065200
	赵县职业技术教育中心	0311－84930014	河北赵县自强路87号	051530
	石家庄市高级技工学校	0311－89872325	石家庄市胜利北大街469号	050000
	怀安县职业技术教育中心	0313－5631552	张家口市怀安县职教中心	076150
	迁西县职业技术教育中心	0315－5663002	唐山市城关白堡店村	064300
	衡水市职业技术教育中心	0318－2682317	衡水市人民西路康泰街309号	053000
	河北经济管理学校	0311－83632204	石家庄市石获北路73号	050071
	沧州工贸学校	0317－2052598	沧州市运河区开元南大道	061001
	丰宁满族自治县职业技术教育中心	0314－8037185	丰宁满族自治县大阁镇西区路51号	068350
	涿州市劳动技工学校	15930250697	保定市涿州市华阳东路	072750

续表

省（市、自治区）	学校名称	电话	地址	邮编
河北	卢龙县职业技术教育中心	0335－7113208	秦皇岛市秦皇东大街485号	066400
	满城县职业技术教育中心	0312－7072032	保定市满城县南陵山村东	072150
	永年县职业技术教育中心	0310－6728428	永年县刘营村东1公里	056003
山西	山西省工贸学校	0351－6321900	太原市晋祠路三段389号	030021
	介休市职业中学校	0354－7351555	介休市大众街150号	032000
	山西省工业管理学校	0351－7072970	太原市新寇庄南街6号	030012
	山西省忻州市原平农业学校	0350－8222171	原平市前进西街245号	034100
	大同机车高级技工学校	0352－7164441	大同市大庆路1号	037038
	大同财会学校	0352－2023463	大同市魏都大道文昌街4号	037000
	山西省侯马市职业中专学校	0357－4184510	侯马市文明东路北侧	043000
	阳泉煤矿技工学校	0353－7071731	阳泉市西河路东	045000
	潞安矿业集团公司职业高中	0355－5926807	长治市郊区西白兔兵化路2号	047506
	晋城市中等专业学校	0356－2025467	晋城市迎宾街178号	048026
	长治卫生学校	0355－3018660	长治市城北街108号	046011
内蒙古	赤峰市华夏职业学校	0476－7882491	赤峰市北新街附近	025461
	呼伦贝尔市高级技工学校	0470－7202467	呼伦贝尔市牙克石市兴安西街14号	022150
	包头服务管理职业学校	0472－3340030	包头市青山区科学路249号	014030
	科右前旗民族职业高中	0482－8398722	内蒙古兴安盟科尔沁右翼前旗新址	137714
	锡林郭勒职业教育中心	0479－8224716	锡林浩特市阿拉塔尔图街3组8号	026000
	奈曼旗民族职业中等专业学校	0475－4223001	奈曼旗大沁他拉镇教育园区	028300
	阿荣旗职业中等专业学校	0470－4213625	呼伦贝尔市阿荣旗那吉镇桥北街	021008
辽宁	本溪市机电工程学校	0414－4613777	本溪市明山区牛心台滨河南路2008号	117000
	鞍山市交通运输学校	0412－8402005	鞍山市铁西区奥育街149号	114001
	抚顺市农业特产学校	024－56101936	抚顺市高湾经济开发区	113123
	辽宁省劳动经济学校	024－88367800	沈阳市大东区榆林大街53号	110045
	阜新市第一中等职业技术专业学校	0418－6527533	阜新市海州区西山路	123000
	辽中县职教中心	024－87801966	辽中县辽中镇新华街29号	110013
	锦西工业学校	0429－2981542	葫芦岛市连山区化机街1412号	125001
	丹东市中等职业技术专业学校	13384153569	丹东市振兴区	118003
吉林	吉林省四平卫生学校	0434－3152017	四平市铁西区海丰大街3001号	100024
	吉林工贸学校	0432－64872848	吉林市农林街37号	132012
	长春市公共关系学校	0431－2688762	长春市宽城区长白路4号	130052
	吉林省胜利高级技工学校	0432－62048506	吉林山前街平顶山胡同24号	132021

续表

省（市、自治区）	学校名称	电话	地址	邮编
吉林	延吉市职业高级中学	0433－2905967	延吉市朝阳街3051号	133000
	吉林省双辽市职业中专	0434－7321916	双辽市四平卧虎镇	136402
	白山职业技术学校	0439－3297658	白山市浑江区文良街1号	134300
黑龙江	黑龙江商业高级技工学校	0451－55619118	哈尔滨市香坊区公滨路108号	150030
	齐齐哈尔市卫生学校	0452－5961025	齐齐哈尔市建华区健康街118号	161005
	哈尔滨市现代应用技术中等职业学校	0451－88119058	哈尔滨市红旗大街229号	150000
	佳木斯市技工学校	0454－8784518	佳木斯市中华路55号中山路南段东300米	155900
	黑龙江鸡西市职教中心学校	0467－2327438	鸡西市鸡冠区电台路16号	158100
	牡丹江市高级技工学校	0453－6580360	牡丹江市兴平路288号	157000
	黑龙江农垦工业学校	15946636300	鹤岗市萝北县宝泉岭管局宝泉大街东端教育新区内	028412
	五大连池职教中心学校	0456－6322513	黑河市五大连池市职教中心	164100
	黑龙江省机电工程学校	18104557345	海伦市学府路16号	152300
	黑龙江牡丹江市职教中心学校	0453－6681722	牡丹江市东长安街217号	157006
上海	上海市医药学校	021－58856080	上海市浦东新区沈家弄路700号	200135
	上海市交通学校	021－56996296	上海市呼兰路883号	200431
	上海市贸易学校	021－65975980	上海市虹口区赤峰路43号	201620
	上海市建筑工程学校	021－64505038	上海市闵行区龙吴路4989号	200232
	上海市奉贤中等专业学校	021－67101044	上海市奉贤区八字桥路626号	201499
	上海市现代职业技术学校	021－62134885	上海市华阳路112号	200042
江苏	江苏省连云港中等专业学校	0518－65833005	连云港市云台山风景区振华路2号	222003
	江苏省武进中等专业学校	0519－89855066	常州市武进区湖塘镇延政中大道6号	213164
	江苏省海门中等专业学校	0513－82211044	海门市秀山东路413号	226100
	江苏省吴中中等专业学校	0512－69215623	苏州吴中经济开发区龙翔路333号	215005
	常州旅游商贸高等职业技术学校	0519－88898298	常州市新北区红河路8号	213032
	江苏省淮阴商业学校	0517－83615006	淮安市高教园区枚乘东路6号	223003
	宿迁市高级技工学校	0527－82860005	宿迁市经济开发区苏州路1号	223800
	江苏省江阴中等专业学校	0510－86105668	江阴市人民西路532号	214433
	江苏省靖江中等专业学校	0523－89165288	靖江市车站路95号	214500
	江苏省扬州高等职业学校	0514－85829099	扬州市五台山路54号	225003
	苏州旅游财经高等职业技术学校	0512－66503008	苏州市吴中大道国际教育园南区	215104
	江苏省丹阳中等专业学校	0511－86522408	丹阳市丹金路华南巷1号	212345

续表

省（市、自治区）	学校名称	电话	地址	邮编
江苏	南通市工贸技工学校	0513－89193839	南通开发区振兴东路 296 号	226010
	南京浦口中等专业学校	025－58287968	南京市浦口区江浦街道龙华路 18 号	211800
	江苏省东台中等专业学校	0515－85451015	东台市富民路 2 号	224200
	江苏省宿迁中等专业学校	0527－84826059	合欢路宿迁市职业教育中心附近	223800
	扬州市高级技工学校	0514－87922111	扬州市江都路 558 号	225003
	南京卫生学校	025－89622216	南京市外晓庄村 40 号	210038
	江苏省徐州市张集中等专业学校	0516－83180102	徐州市铜山区张集镇	221114
	镇江市高级技工学校	0511－85897720	镇江市桃花坞路 263 号	212003
浙江	临海市中等职业技术学校	0576－85132147	临海市大洋西路 305 号	317000
	海宁市职业高级中学	0573－87088108	海宁市硖石街道海州东路 219 号	314400
	杭州市中策职业学校	0571－88351366	杭州市霞湾巷 65 号	310014
	绍兴市中等专业学校	0575－88589100	绍兴市城南众香路 901 号	312000
	缙云县职业中专	0578－3123592	丽水市缙云县校场路 3 号	321400
	湖州艺术与设计学校	0572－2099008	湖州吴兴区长兴路 1388 号	313000
	瑞安市职业中等专业教育集团学校	0577－65634634	瑞安市体育东路 1 号	325200
	浙江省机电高级技工学校	0579－85411668	义乌市城北路 60 号	322000
	杭州市高级技工学校	0571－88059974	杭州莫干山路 102 号	310011
	衢州市工程技术学校	15905706176	衢州市柯城区三江西路 1 号	324003
	舟山职业技术学校	0580－2611919	舟山市定海双拥路 128 号	316099
安徽	安徽科技贸易学校	0552－3051691	蚌埠市淮上区龙华路 699 号	233080
	安徽电子工程学校	0552－4127958	蚌埠市燕山路 1647 号	233010
	阜阳农业学校	0558－2622184	阜阳颍泉区泉河北阜太路西侧	236000
	安徽蚌埠高级技工学校	0552－3139605	蚌埠市燕山路 588 号	233000
	蒙城县职业教育中心	0558－7651622	蒙城县经济开发区创业园办公楼四楼	233500
	宿州第二职业高级中学	0557－3312098	宿州市道东崔园路 1 号	234000
	枞阳县牛集高级职业中学	0556－2610708	安庆枞阳县义津镇日升村	246735
	宣城市机械电子工程学校	0563－6050866	宣城市杨令圩小区 26 号	242236
	霍邱县陈埠职业高级中学	0564－6098273	霍邱县城关镇霍寿路 58 号	341522
	安徽省淮南技工学校	0554－2681094	淮南市田家庵区朝阳东路 209 号	232000
	安徽安庆纺织技工学校	0556－5698026	安庆市宜秀区北部新城稼先大道学院路 2 号	246000
	安庆市第一职业教育中心	0556－5585477	安庆市集贤北路 394 号	246001
	来安县高级职业中学	0550－5614196	来安县南大街 692 号	239211
	霍山县高级职业中学	0564－5296162	六安市霍山县衡山镇迎驾路 114 号	237200
	宣城市信息工程学校	0563－2629508	宣城市经济技术开发区八里岗	242000

续表

省（市、自治区）	学校名称	电话	地址	邮编
福建	福建省福州电子职业中专学校	0591－83965712	福州市晋安区远洋路58－1号	350000
	福建省福清龙华职业中专学校	0591－85210049	融城文兴路60号	350300
	福建省长乐职业中专学校	0591－28805898	长乐航城街道里仁工业园区厚德1号	350200
	福建省南安职业中专学校	0595－6585283	南安市成功街1号	362300
	福建商贸学校	0591－83417987	福州市仓山区首山路33号	350007
	福建省安溪华侨职业中专学校	0595－68706008	安溪县建安大道二环路交叉路口	362400
	闽东高级技工学校	0593－2955763	宁德市蕉城南路56号	352101
	福建省长汀职业中专学校	0597－6831055	长汀县汀州镇坝园路16号	366300
	福安职业技术学校	0593－6377001	福安市坂中职专北路105号	355000
江西	九江科技中专	0792－8191812	九江市学府二路1号	332200
	江西高级技工学校	0791－85713101	南昌市莲塘北大道1006号	330200
	江西铜业高级技工学校	0701－3338075	320国道江西铜业高级技工学校附近	335400
	兴国县职业中等专业学校	0797－5201701	兴国县城北郊319国道旁	342400
	安远县职业中等专业学校	0797－3725299	赣州欣山路濂江路大胜村	342100
	南昌汽车机电学校	0791－85277948	南昌市青云谱路329号	330043
	上饶市中等专业学校	400－6789－773	上饶市上饶县罗桥坂头村	334109
	江西省机械高级技工学校	0791－83805987	南昌市昌北开发区枫林大道	330013
	高安市职教中心	13870525366	高安市高安大道东路416号	330800
	萍乡市武功山职业中等专业学校	0799－7611998	萍乡市芦溪县宣风镇	337000
	临川现代职业中专	0794－8448857	抚州市临川区抚州市学府路2号	344000
	江西省井冈山应用科技学校	0796－8120081	吉安市青原山	343000
	南昌市卫生学校	0791－86254830	南昌市苏圃路上营坊社区9号	330006
山东	寿光市职业教育中心学校	0536－8796253	寿光市滨海（羊口）经济开发区渤海路3号	262700
	安丘市职业中等专业学校	0536－4261417	安丘市和平路东小关文兴街13号	262100
	武城县职业中等专业学校	0534－6622116	武城县文化街	253300
	莱芜市高级技工学校	400－808－8566	莱芜市鲁中东大街65号	271100
	临沂市高级技工学校	0539－7321968	临沂市滨河大道南至罗程路交会处	276007
	济宁市高级职业学校	0537－2032678	济宁市济岱路8号	272100
	菏泽市牡丹区技工学校	0530－3966306	菏泽市长江路2266号	274000
	枣庄经济学校	0632－3308092	枣庄市市中区建设北路33号	277100
	文登市职业中等专业学校	0631－8801188	威海市文登市山东路18号	264400
	淄博信息工程学校	0533－2185338	淄博市张店区共青团东路27号	255038
	高唐县职业教育中心	1383281199	山东省聊城市高唐县	252800

续表

省（市、自治区）	学校名称	电话	地址	邮编
山东	临朐县职业中等专业学校	0536－3470129	潍坊市杨善镇政府驻地	262601
	邹城高级职业技术学校	0537－5214543	邹城市护驾山路1299号	273500
	山东省交通运输学校	0538－2185606	泰安市御碑楼街2号	271000
	泰安市岱岳区职业中等专业学校	0538－8531161	岱岳区大汶口工业园3号路南段	271024
	五莲县职业技术教育中心	0633－5213859	五莲县城文化路27号	262300
	济南市历城第二职业中等专业学校	0531－82546970	历城区华山镇荷花路37号西	250108
	烟台信息工程学校	0535－2211245	莱州市文化东街682号	261400
	烟台城乡建设学校	0535－2910518	芝罘区卧龙经济园区卧龙北路	264004
河南	河南机电学校	0371－85901035	郑州南大学城（泰山路与郑新快速路交叉口西200米路南）	450046
	安阳市职业教育中心	0372－3392320	安阳市高新区平原路461号	455000
	河南省医药学校	0371－22218518	开封市新区职教园区东京大道与第十大街交叉口	475499
	河南信息工程学校	0371－65853309	郑州市鑫苑路10号	450008
	孔祖中等专业学校	0370－3033688	商丘市夏邑县县府路东段	476400
	河南省禹州市职业中等专业学校	0374－8816068	禹州市颍北新区画圣路北段东侧	461670
	淇县职业中等专业学校	0392－7266012	淇县云梦大道东段路北	456750
	郑州测绘学校	0371－68714400	郑州市大学南路1号	450015
	嵩县中等专业学校	0379－65208977	嵩县城白云路嵩洲公园北100米	471400
	河南省洛阳经济学校	0379－60698008	洛阳市洛常路168号	471000
	镇平县职业教育中心	0377－65905211	南阳市镇平县幸福路北段与312国道交叉口	474250
	平顶山市财经学校	0375－3992387	平顶山市神马大道中段南25号	467001
	延津县职业中等专业学校	0373－7626566	延津县城关镇建设路117号	453299
	巩义市第一中等专业学校	0371－5690506	巩义市汽车站南2公里310国道东侧	451250
	郑州机电工程学校	0371－64960019	河南省荥阳市郑上路111号	450121
	郑州财经高级技工学校	0371－67657657	中原区中原中路128号	450000
	河南省医药高级技工学校	0371－22217109	开封新区第六大街与东京大道交叉口	475499
	泌阳县中等职业技术学校	0396－7958366	河南省泌阳县工业路南段	463700
	滑县裳华职业技术中专	15737299716	滑县产业集聚区昌盛路	456400
	驻马店高级技工学校	13598902234	河南省驻马店市解放路817号	463000
湖北	荆州市机械电子工业学校	0716－8256353	荆州市江津东路30号	434001
	湖北三峡高级技工学校	071－76056119	宜昌市夷兴大道269号	443000
	石首高级技工学校	0716－7182611	石首市东方大道511号	434499
	武汉市第一商业学校	027－85792891	武汉市江汉区江汉北路106号	430000

续表

省（市、自治区）	学校名称	电话	地址	邮编
湖北	武穴理工中等专业学校	0713－6226717	武穴市广济大道西8号	435400
	长阳土家族自治县职业教育中心	0717－5335749	宜昌市龙舟坪镇	443501
	十堰市高级职业学校	0719－8881526	十堰市人民南路15号	442000
	宜都市职业教育中心	0717－4843892	宜都市陆城杨守敬大道纺织路186号	443000
	咸宁卫生学校	0715－8897623	咸宁市横温路距温泉城区6公里职教城内	437000
	武汉市黄陂区职业技术学校	027－85932701	武汉市黄陂区前川街人民道411号	432200
	咸丰县中等职业技术学校	0718－6810678	咸丰县高乐山镇杨关大道181号	445699
湖南	株洲市中等职业学校	0731－22288008	株洲市红港路331天鹅湖公园社区	412000
	醴陵市陶瓷烟花职业技术学校	0731－23253629	醴陵市玉瓷北路光塘1号	412212
	湖南省祁阳县职业中等专业学校	0746－3226249	永州市祁阳县浯溪镇	426172
	长沙市望城区职业中等专业学校	0746－3226249	永州市祁阳县浯溪镇	426172
	湘阴县第一职业中等专业学校	0730－3379112	岳阳市湘阴县冬茅东路426号	410500
	华容县职业中专	0730－4101607	华容县城关镇陵园路22号	414200
	邵阳市高级技工学校	0739－5120918	高速公路南收费站原8531厂	422000
	双峰县职业中专学校	0738－6881355	双峰县职业中专学校	417700
	湖南省怀化工业中等专业学校	0745－2712102	怀化市锦溪北路236号	418000
	张家界旅游学校	0744－8222367	张家界市解放路12号	427099
	湘潭生物科技学校	0731－52360909	湘潭市雨湖区宋仙路49号	411100
	吉首市职业中等专业学校	0743－8222269	湖南湘西香园路17号	416000
	湘潭市高级技工学校	0731－52370308	湘潭市高岭路7号	411199
广东	湛江机电学校	0759－2708603	湛江市麻章区育才南路1号	524094
	江门市新会机电职业技术学校	0750－6368388	江门市新会区今古洲经济开发区东区2号	529000
	东莞市经济贸易学校	0769－2682029	东莞市莞城区学院路287号	523000
	东莞理工学校	0769－22200090	东莞市莞城学院路249号	523000
	清远市职业技术学校	0763－5818552	清远市清城区东城街蟠龙园	511510
	惠州市高级技工学校	0752－2731211	惠州市江北西区31号	516003
	佛山市华材职业技术学校	0757－82301064	佛山市丝织路25号	528099
	广东省对外贸易职业技术学校	020－87034063	广州市天河区龙洞东路128号	510520
	广州市高级技工学校	020－86253314	广州市白云区黄石东路68	510410
	江门市高级技工学校	0750－3362507	江门市江北路1号	529030
	河源理工学校	0762－3692331	河源市东环路大学城河源理工学校	517000
	广州市商贸职业学校	020－81776201	广州市荔湾区珠江桥中东海北路21号（珠岛花园旁）	510163

续表

省（市、自治区）	学校名称	电话	地址	邮编
广东	韶关市高级技工学校	0751-8775991	武江区芙蓉东路2号	512000
	广东省轻工业高级技工学校	020-84450979	广州市海珠区石榴岗七星岗1号	510315
	韶关市中等职业技术学校	0751-8929500	韶关市教育路三公里（原韶塘路）	512000
	阳江市第一职业技术学校	0662-3166157	阳江市东风三路9号	529500
	广州市交通高级技工学校	020-87431095	广州市白云区大源南路56号	510540
	肇庆市农业学校	0758-2621446	肇庆市鼎湖区坑口	526070
广西	广西交通高级技工学校	0771-3334966	南宁市邕武路9号	530001
	来宾市职业技术学校	0772-4286428	来宾市文化路254号	546100
	梧州市第二职业中等专业学校	0774-3861775	梧州市三龙大道88号	543002
	广西柳州畜牧兽医学校	0772-2710191	柳州市沙塘镇沙塘街45号	545003
	广西玉林高级技工学校	0775-2627008	玉林市人民东路东155号	537000
	南宁市第四职业技术学校	0771-5321566	南宁市竹溪大道28号	530021
	北海市卫生学校	0779-3931168	北海市银道大道99号	536000
	岑溪市中等职业技术学校	0774-8534483	岑溪市岑城镇甘冲村灌冲	543200
	广西商业高级技工学校	0773-2694316	桂林市秀峰区九华路18号	541001
	广西纺织工业学校	0771-3243452	南宁市陈西路23号	530007
	贵港市职业教育中心	0775-4324588	贵港市南山路138号	537100
	横县职业教育中心	0771-7222435	横县横州镇茉莉花大道5号	530300
海南	海南省华侨商业学校	0898-65851784	海口市府城新大洲大道铁桥旁	571123
	海南省旅游学校	0898-65711493	海口市桂林洋经济开发区	571155
	海南省经济技术学校	0898-65883158	海口市琼山区板桥路28号	571158
	海口市高级技工学校	0898-66700226	海口市龙华路52号	570102
	海南省卫生学校	0898-68662169	海口市秀华路32号	570311
重庆	重庆市大足职业教育中心	023-63782960	重庆市南二环与迎宾大道交叉口往南50米	400066
	重庆市商务学校	023-68876969	大渡口市大堰	401331
	重庆教育管理学校	023-62966370	重庆市南岸区罗家坝向家坡213号	400066
	重庆市南川隆化职业中学	023-64567131	重庆市南川体育中心附近	408400
	重庆市永川职业教育中心	023-49801999	重庆市永川区中山大道中段242号	402160
	重庆市荣昌县职业教育中心	023-46786610	重庆市荣昌县昌州街道万福路669号	402460
	重庆市云阳职业教育中心	023-55132901	重庆市望江大道553号	404500
	重庆市经贸中等专业学校	023-49863061	重庆永川红河大道北段189号	402160
	重庆市工贸高级技工学校	023-68677005	重庆市白马支路附近	400015
	重庆市工业高级技工学校	15823892332	重庆市永川区箕山路238号	404100

续表

省（市、自治区）	学校名称	电话	地址	邮编
四川	成都电子信息学校	028－85858150	双流县东升街办双楠街道888号	610203
	四川省贸易学校	0835－8509333	雅安市康藏路783号	625000
	四川省商业服务学校	028－67583300	成都市郫县安靖镇下街33号	611731
	大竹县职业中学	0818－6221383	达州市大竹县竹阳镇青年路122号	635100
	成都市工程职业技术学校	028－83615179	成都市青白江区祥福镇祥红路889号	610000
	四川省南充卫生学校	0817－2390983	南充市顺庆区潆溪镇潆康北路107号	637790
	广元市利州中等专业学校	13678397328	广元市市中区学府路1号	628000
	乐山市计算机学校	0833－2687000	乐山市市中区苏稽镇	614000
	四川省成都市中和职业中学	028－85651137	成都高新区中和街道新下街85号	610000
	四川省绵阳财经学校	0816－2271911	绵阳市游仙区华兴南街2号	621000
	攀枝花市经贸旅游学校	0812－2512353	攀枝花市攀枝花大道南段322号	617000
	第十九冶建设技工学校	0812－3315469	攀枝花市枣子坪	617023
	凉山州职业技术学校	0834－3951141	凉山州西昌市海滨南路13号	615022
	四川省乐至县高级职业中学	028－23322552	乐至县天池镇新南路186号	641500
	四川省泸县建筑职业中专学校	0830－8281134	泸州市泸县加明镇牌坊街141号	646128
	四川省武胜职业中专学校	13330624582	广安市武胜县沿口镇太平路5号	638400
贵州	贵州省人民医院护士学校	0851－5605555	贵阳市云岩区煤矿村巫峰路169号	550002
	贵州省机械工业学校	0851－2774715	清镇市将军石路	550004
	贵州省水利电力学校	0851－5938823	贵阳市宝山南路82号	550002
	思南县中等职业学校	0856－6980092	铜仁地区思南县304省道附近	565100
	贵州省财政学校	0851－6807659	贵阳市云岩区南垭路1号	550004
	遵义县职业技术学校	0852－8620622	遵义市汇川区福州路中段	563000
	贵阳市女子职业学校	0851－4843576	贵阳市云岩区三桥中坝路下五里	550003
云南	云南高级技工学校	0871－8616728	昆明安宁市昆畹中路23号	650300
	曲靖财经学校	0874－8778770	曲靖市职教中心	655000
	大理高级技工学校	0872－3159522	大理市海东镇	671000
	曲靖市宣威第一职业技术学校	0874－7122338	曲靖市宣威市庙山西路7号	530609
	云南省楚雄高级技工学校	0878－3013670	楚雄市鹿城镇下白庙	675000
	德宏州中等职业学校	0692－2280138	潞西市芒市镇河东路广弄二巷4号	678400
	保山市隆阳区职业技术学校	0875－2122349	保山市北三环升阳路西端	678000
	云南省曲靖应用技术学校	0874－8977789	曲靖市麒麟巷81号	655000
	禄丰县职业高级中学	0878－4121550	禄丰县金山镇秦家营123号	651200
	云南省红河州农业学校	0873－3194086	红河州蒙自市龙井路土官村	661400

续表

省（市、自治区）	学校名称	电话	地址	邮编
云南	安宁市职业高级中学	0871－68686674	安宁市昆畹中路17号	650300
	曲靖市师宗职业技术学校	0874－5713481	曲靖市师宗县丹凤镇漾月西路74号	655700
西藏	西藏林芝地区职业技术学校	0894－5825083	西藏林芝地区八一镇广福大道19号	860000
陕西	陕西省榆林农业学校	0912－3893541	榆林市理工学校	719000
	陕西省榆林林业学校	0912－6669200	榆林市西沙松林路1号	719000
	韩城市职业中等专业学校	0913－5253169	渭南市新城区新农村	715401
	洛川县职业中等专业学校	0911－3637500	延安市凤栖镇桥西村	727400
	周至县职业教育中心	029－85163372	西安市周至县尚村镇东	710403
	洛南县职业技术教育中心	0914－7380851	洛南县环城西路138号	726100
	岐山县职业技术教育中心	0917－8212474	宝鸡市凤鸣镇北环路西段	722400
	石泉县职业教育中心	0915－6321628	安康市石泉县杨柳路	725200
	陕西汽车技工学校	029－86956560	西安市经开区泾渭工业园渭阳路39号	710006
	陕西邮电高级技工学校	029－85840000	西安郭杜教育科技产业开发区	710118
	陕西省机械高级技工学校	0916－2126533	汉中市汉台区河东店镇	
	陕西建筑安装高级技工学校	029－8427833	西安市小南门外红缨路红缨东坊29号	710000
	陕西铜川工业高级技工学校	0919－2389138	铜川市红旗街育才路29号	727000
甘肃	庄浪县职业教育中心	0933－6821659	庄浪县北滨路附近	744600
	兰州女子中等专业学校	0931－4860749	兰州市城关区嘉峪关北路5号	730020
	兰州城市建设学校	0931－8361483	兰州市城关区左家湾19号	73000
	甘肃省中医学校	0931－2666190	兰州市瓜州路306	730000
	泾川县职业教育中心	0933－3321088	平凉市泾川县泾灵路5号	744300
	陇南市卫生学校	0931－8150196	兰州市白银路47号	730030
	陇东职业中等专业学校	0934－8663320	甘肃庆阳董志乡南街	745000
	甘肃省化工高级技工学校	0931－8330560	兰州市城关区九州中路5号	730000
	兰州理工中等专业学校	0931－2664697	兰州市七里河区西湖东街1号	730000
青海	青海海西州职业技术学校	023－62846626	海西祁连路18号	817000
	青海省西宁市湟中县职业技术学校	0971－2237998	西宁市湟中县鲁沙尔镇通宁路108号	810000
	西宁卫生职业技术学校	0971－8458604	西宁市七一路340号	810000
	青海民和县职业技术学校	0972－8583890	民和县川垣大街93号	810800
宁夏	宁夏机电工程学校	0951－2164383	贺兰山西路855号	750000
	平罗县职业中学	0952－6093798	平罗县团结西路183号	753400
	隆德县职业中学	0954－6014030	隆德县长乐街1号	756300

续表

省（市、自治区）	学校名称	电话	地址	邮编
新疆	新疆伊犁哈萨克自治州高级技工学校	0999－8230419	伊犁伊宁市飞机场路172号	835000
	新疆幼儿师范学校	0991－2503770	乌鲁木齐天山区中湾街45号	830000
	博尔塔拉蒙古自治州中等职业技术学校	0909－2328590	博乐市沿河路14号	833400
	呼图壁中等职业技术学校	13239881288	昌吉呼图壁县幸福路42号	831200
	乌鲁木齐市体育运动学校	0991－4610040	乌鲁木齐市新兴街南二巷69号	830000
	新疆供销学校	0991－6636108	乌鲁木齐市河北东路677号	830000
兵团	农二师华山职业技术学校	0996－2119222	库尔勒市草高公路128号	841000
	石河子大学护士学校	0993－2850532	石河子市北二路121号	83200
大连	大连市女子中等职业技术专业学校	0411－84608127	大连市沙河口区抚顺街2号	116021
	大连市金州区职业教育中心	0411－87872312	大连市金州区金湾路206号	116000
	大连综合中等专业学校	18504256988	大连市甘井子区张前路76号	116000
青岛	即墨市第一职业中等专业学校	0532－87561903	青岛市抚顺路11号	266033
	莱西市职业教育中心	0532－66897196	莱西市团岛中路30号	266600
	青岛胶南珠山职业学校	0532－83182115	青岛市黄岛区灵海路3111号	266427
宁波	余姚市职成教中心学校	0574－62790007	余姚市开丰路388号	315400
	鄞州职业高级中学	0574－88365060	宁波高新技术园区梅墟龙山村	315100
	宁波外事学校	0574－87352888	宁波市海曙波市海曙区启运路298号	315000
厦门	厦门市高级技工学校	0592－7760066	厦门市思明区万寿路41号	361004
	厦门市同安职业技术学校	0592－7398333	厦门市同安区五显镇五显路219号	361100
深圳	深圳市龙岗职业技术学校	0755－28924083	深圳市龙岗区中心城清林中路219号	518172
	深圳市第二职业技术学校	0755－81025169	深圳市罗湖区红岗路1026号	518000

附录五　国外部分职业院校名录

国家	院校名称	电话	院校名称	电话
德国	罗伊特林根应用科技大学	+49（0）7121 271－0	德累斯顿工程和经济应用技术大学	+49 351 462 3377
	达姆斯塔特应用科技大学	+49 6151 16－7979	斯图加特工程应用技术大学	+49－0711/8926－2662
	慕尼黑应用科技大学	+49089 1265－1237	汉诺威应用技术大学	+49－0511/92 96－0
	亚琛应用科技大学	+49（0）241 6009－51018/52839/51019	安哈尔特应用技术大学	+49 3496 675101
	柏林工程和经济应用技术大学	+49（030）5019－2743	奥斯纳布吕克应用技术大学	+49 541 969－2934/－3635
	富特旺根应用技术大学	+49 07723 920－1220	埃斯林根应用技术大学	+49（0）711－397－49
	汉堡应用技术大学	+49［40］80 90 71 740	基尔应用技术大学	+49 0431 210－1800
	明斯特应用技术大学	+49 0251 83－64102	海尔布隆应用技术大学	+49（0）7131 504 262
	柏林工程应用技术大学	+49 30 4504－2020	比勒费尔德应用技术大学	+49521－106－01
	耶拿应用技术大学	+49（0）3641 / 205 135	沃尔姆斯应用技术大学	+49 6241－509－168
	富尔达应用技术大学	+49(0) 661/96 40－148	吉森—弗里德贝格应用技术大学	+49（0）641 309 1324
	多特蒙德应用技术大学	+49（0231）9112－345	埃尔福特应用技术大学	+49 0361 6700－0
	不来梅应用技术大学	+49 421 5905 2640	梅泽堡应用技术大学	+49 3461 46－0
	维斯马应用技术大学	+49（+3841）753－0	美因兹应用技术大学	+49（0）6131－628－0
	布伦瑞克/沃尔芬比特应用技术大学	+49（0）30 85789－0	东威斯特法伦—利普应用技术大学	+49 5261 702 0
	奥格斯堡应用技术大学	+49 821 5586－3552	茨维考西萨克森应用技术大学	+49 375 536 1060
	波茨坦应用技术大学	+49 0331 580 2010	希尔德斯海姆/霍尔茨明登/哥廷根应用技术和艺术学院	+49（0）5121 881－0
	杜塞尔多夫应用技术大学	+49 0211 4351 698	普福尔茨海姆应用技术大学	+49－7231－28－6145
	科隆应用科技大学	+49 0221/8275	米特韦达应用技术大学	+49(0)3727－948－137
	斯图加特工程应用技术大学	+49－0711/8926－2662	科隆应用科技大学	—
美国	美国萨摩亚社区学院	+1 684－699－9155	兰辛社区学院	+1 517－483－1061
	辛克莱社区学院	+1 937－512－3000	奥斯汀社区学院	+1 512－223－6241
	塔拉哈西社区学院	+1 850－201－8258	伊利社区学院	+1 716－851－1079
	盐湖社区学院	+1 801－957－4528	塔科马社区学院	+1 253－566－5190
	奥克兰社区学院	+1 248－232－4440	圣芭芭拉城市学院	+1805－730－4040
	中宾夕法尼亚社区学院	+1 717－780－2403	西雅图中央学院	+1 206－587－3893
	海莱恩社区学院	+1 206－870－3725	雪兰多大学	+1 540－665－4581

续表

国家	院校名称	电话	院校名称	电话
美国	南西雅图社区学院	+1 206 -934 -5360	埃尔金社区学院	1 -847 -214 -6904
	圣莫尼卡学院	+1 310 -434 -4882	岱伯洛谷学院	1 -925 -969 -2621
日本	星美学园短期大学	0081 -3 -3906 -0056	池坊短期大学	0081 -75 -351 -8581
	甲子园短期大学	0081 -798 -65 -3300	奈良佐保短期大学	0081 -742 -61 -3858
澳大利亚	新南威尔士西部技术与继续教育学院	+61 1300 823 393	澳大利亚技能技术学院	+61 7 3259 3015
	金海岸技术与继续教育学院	+61 7 5581 8398	拉筹伯大学	+61 3 9627 4805
	新南威尔士伊拉瓦拉技术与继续教育学院	+61 2 4229 0585	新南威尔士技术与继续教育学院悉尼学院	+61 2 9217 4106
	北悉尼技术与继续教育学院	+612 9942 3322	威廉安格力斯学院	+61 3 9606 2169
	启思蒙技术与继续教育学院	+61 3 9212 5040	维多利亚大学（技术与继续教育分部）	+61 3 9919 1164
	博士山技术与继续教育学院	61 3 9286 9425	澳大利亚联邦大学（技术与继续教育分部）	+61 3 5327 9018
	北墨尔本技术与继续教育学院	61 3 9269 1666	斯文本科技大学	+61 3 8676 7002
	坎培门学院	+61 3 9279 2222	查尔斯达尔文大学（技术与继续教育分部）	+61 8 8946 7215
	昆士兰布里斯班技术与继续教育	+61 7 3244 5000	迪肯大学	+61 3 9627 4877